建湘瓷厂是湖南省主要出口瓷厂之一，该厂连续多年获质量管理优秀奖。图为国务院总理赵紫阳视察该厂制坏车间时的情景。

轻工业出版社　供稿

1986年 8 月，中共中央顾问委员会主任邓小平视察天津时，观看天津摩托车厂生产的样车。图中左二为天津市市长李瑞环，左一为天津市一轻局局长张士勇。

天津市一轻局供稿

上图：1986年10月，万里副总理在上海参观“上海二轻产品升级换代，扩大出口汇报展览。”

周礼钢　摄影

右图：1986年２月，中央书记处书记胡启立视察广东枫溪陶瓷研究所。

枫溪陶瓷研究所　供稿

上图：国务院副总理田纪云在烟台市市长俞振声，烟台钟表工业公司经理孙鼎锟的陪同下，视察烟台木钟厂样品室。

烟台钟表工业公司　供稿

下图：1986年4月，中央书记处书记郝建秀视察贵州省遵义香山轻工机械厂。

香山轻工机械厂　供稿

轻工业出版社

China Light Industry Press

简　　介

轻工业出版社是轻工业部领导的中央级科技出版社，成立于1954年。

轻工业出版社的图书包括：食品、制糖、发酵、塑料加工、陶瓷、玻璃、搪瓷、造纸、皮革、钟表、自行车、日用化工、工艺美术、家用电器、五金、服装、家具、文教用品、经济管理及轻工机械等专业。这些图书分为八类：学术理论、工具书（词汇、词典、手册等）、生产技术、教材、科普读物、经济管理、工艺美术及生活用书。

本社还出版《现代服装》、《中国工艺美术》、《中外消费》、《可爱的童装》、《上海时装》、《巴黎时装》、《中国美食与营养》、《食品译丛》、《发酵译丛》等期刊和丛书。

本社地址：北京市广安门南滨河路25号

电话：366773

本社经营部地址：北京市阜成路3号

电话：894131

本社读者服务部地址：北京市西单北大街93号

电话：655754

編織天地
The World of Knitting

敦煌莫高窟壁画

敦煌歷代服飾图案

OFFICIEL
巴黎时装

《中國傳統圖案系列》
中國龍紋圖集
CHINESE DRAGON PATTERNS

可爱的童装
第2辑
1987

中外消费杂志内容介绍

美化生活　引导消费　交流信息　促进生产

《中外消费》是轻工业出版社出版的有关国内外消费的综合性刊物。主要任务是：宣传党的有关消费方面的方针、政策；研究消费科学和消费意向的变化；传递中外消费信息，反映消费品市场动态；介绍消费科技发展成果；反映消费者的心声，维护消费者的合法权益；开拓新兴的消费领域，促进消费品工业的发展。

《中外消费》将成为消费者、生产者、管理者和经济工作者之友，将成为每个家庭生活顾问。主要栏目有：论坛篇、勤业场、了望哨、采风录、新产品、美食家、服饰美、家务事、美容厅、广角镜等。《中外消费》经国家新闻出版总署正式批准，北京市文化局期刊登记号 1382，为 16 开本，48 页，4 个彩色插页，为双月刊，本刊代号 82－209，全国公开发行，可在当地村局邮阅。

欢迎宣传订阅：消费的指南，家庭的顾问，生活的益友，厂家的参谋，综合性消费杂志。

《中外消费》杂志编辑部

SHANGHAIFASHION
上海時装
8
圖案
第4·5辑
第三次高校图案教学座谈会·专辑
TUAN
中外消费
87·3
中国工艺美术
CHINESE ARTS AND CRAFTS
1987 1
达美时装
1
DAMEI
DM
中外消费
87·4
中国美食与营养
ZHONGGUO MEISHI YU YINGYANG
1
现代服装
3
1987
modern
dress &
dressmaking
现代服装
4
1987
modern
dress &
dressmaking

轻工业出版社出版的《中国美食与营养》丛书是面向全国、面向千家万户，是探索、研究和普及营养科学知识，指导人们如何吃得更科学、更富于营养，有益身心健康、延年益寿的读物。

此丛书的内容丰富，富有科学性、知识性、艺术性和实用性。一年四辑，每辑约8万字左右。文字生动活泼，每辑还有多幅可供欣赏、诱人食欲的美食彩色插页。欢迎大家订阅。

轻工业出版社出版的食品营养卫生基础知识丛书一套共六章：《婴儿的合理营养》、《儿童少年的合理营养》、《中年人的合理营养》、《孕妇和乳母的合理营养》、《老年人的合理营养》和《从事特殊工种人员的合理营养》，目前已出版了前五本。这套丛书由长期从事营养研究的大夫从不同年龄阶段的生理特点和不同工作环境条件对营养素的需要而进行编写的。这套丛书文字通顺，内容丰富实用，针对性强。欢迎选购。

客廳

在客廳內裝飾盆栽，首先着眼於裝飾的美觀。盆栽數切忌過多，室溫要適合。盆栽數太多，不僅顯得雜亂，而且生長不好。除了控制數量外，客廳的地板、牆壁，色調宜淡，盆栽美才可襯托出來。

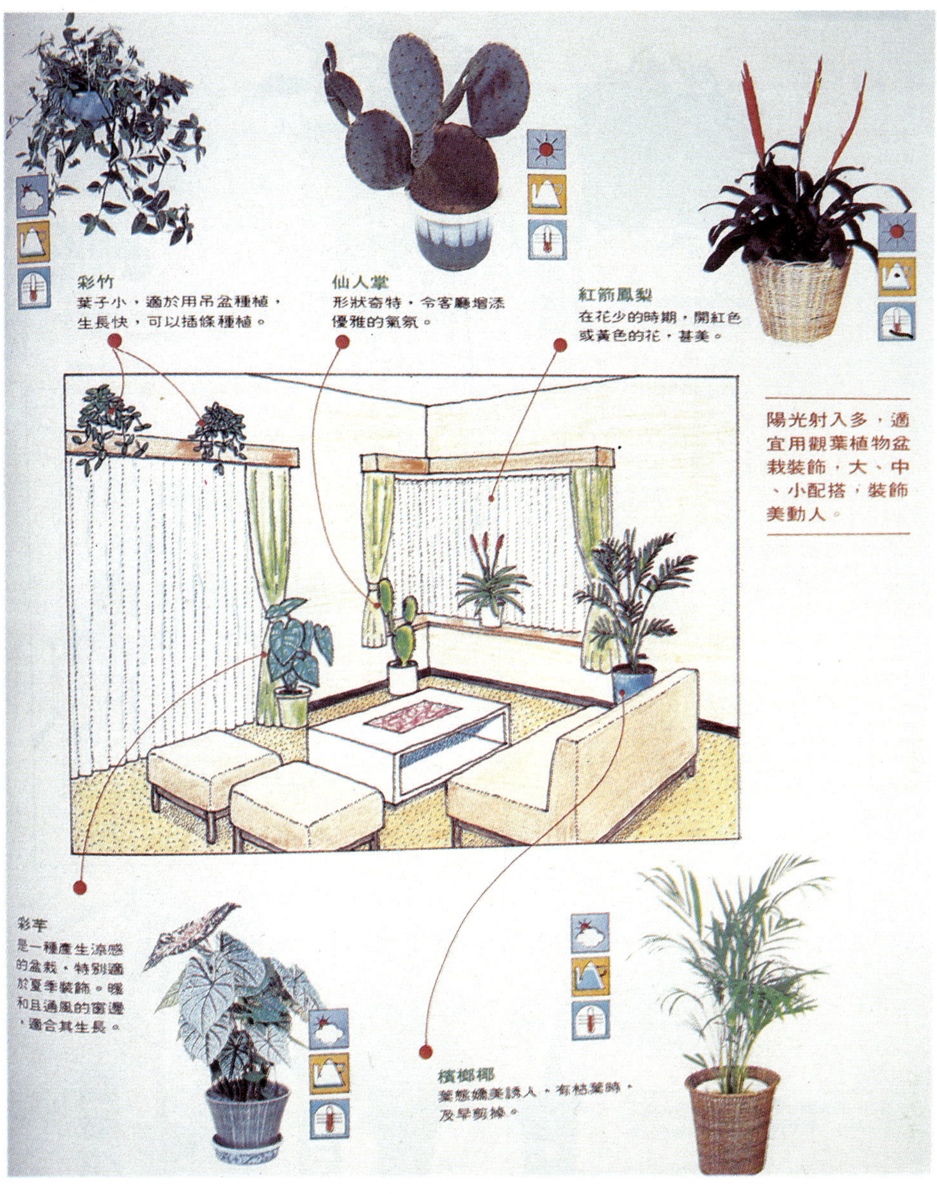

彩竹
葉子小，適於用吊盆種植，生長快，可以插條種植。
仙人掌
形狀奇特，令客廳增添優雅的氣氛。
紅箭鳳梨
在花少的時期，開紅色或黃色的花，甚美。
陽光射入多，適宜用觀葉植物盆栽裝飾，大、中、小配搭，裝飾美動人。
彩芋
是一種產生涼感的盆栽，特別適於夏季裝飾。暖和且通風的窗邊，適合其生長。
檳榔椰
葉態嬌美誘人，有枯葉時，及早剪掉。

广州洗衣机厂

广州洗衣机厂是轻工业部定为全国家用洗衣机大型专业生产厂家之一，同时又被定为国家机电产品出口基地。

我厂现生产的五羊牌、高宝牌洗衣机有双缸普及型、双缸半自动型以及套缸全自动型等六个品种。产品造型美观大方，结构合理，安全可靠，性能良好，达到八十年代国际水平。

产品畅销全国二十多个省市自治区，并率先进港澳、东南亚以及中东地区等国际市场，受到消费者的一致好评，开创了国产家用洗衣机直接进入国际市场的先例。

厂址：广州河南赤岗东　　总机：446885　　电挂：0984

五羊牌 XPB20-8S 型双缸洗衣机系广泛吸取国外先进技术、结合本国实际情况自行设计而成。该机设有“进水转换键”、绒屑绒毛自动滤清装置、脱水桶盖设有安全开关及制动器、脱水桶上设有平衡环及防滑筋、塑料底座带有滑轮等装置。外壳材料采用优质镀锌钢板制造，防锈耐用。

该机造型美观，结构先进，功能齐全，洗净率高。深受广大用户欢迎。

君子蘭牌洗衣機

长春市洗衣机厂是轻工业部洗衣机定点厂之一。设备精良，工艺先进。
“君子兰”铝合金单桶洗衣机1983、1986年荣获轻工业部优质产品奖；新水流双桶洗衣机1986年被评为轻工业部优质产品。 荣获国家经委“六五”全国技术进步先进企业全优奖 。
新水流双桶洗衣机造型精美、性能可靠、功能齐全、质优价廉。行销全国22个省、市、自治区，并进入深圳珠海等特区市场。
“君子兰”奉行用户至上宗旨，对产品实行“三包”和跟踪服务，竭诚为人民生活服务。
XPB 30－1 S 型，新水流、大波轮、洗净度高、缠绕少、磨损率低。脱水桶有喷淋漂洗功能，还有线屑过滤与报警装置。
XPD 25－2 S 型，新水流、高波轮、低转速、容量大、节电。脱水桶有漂洗功能。
W水流33
长春市洗衣机厂
地址：长春二道河子区岭东路14号

方方牌洗衣机

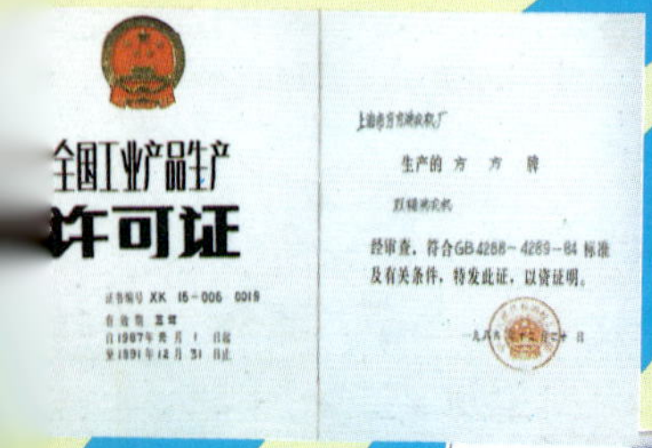

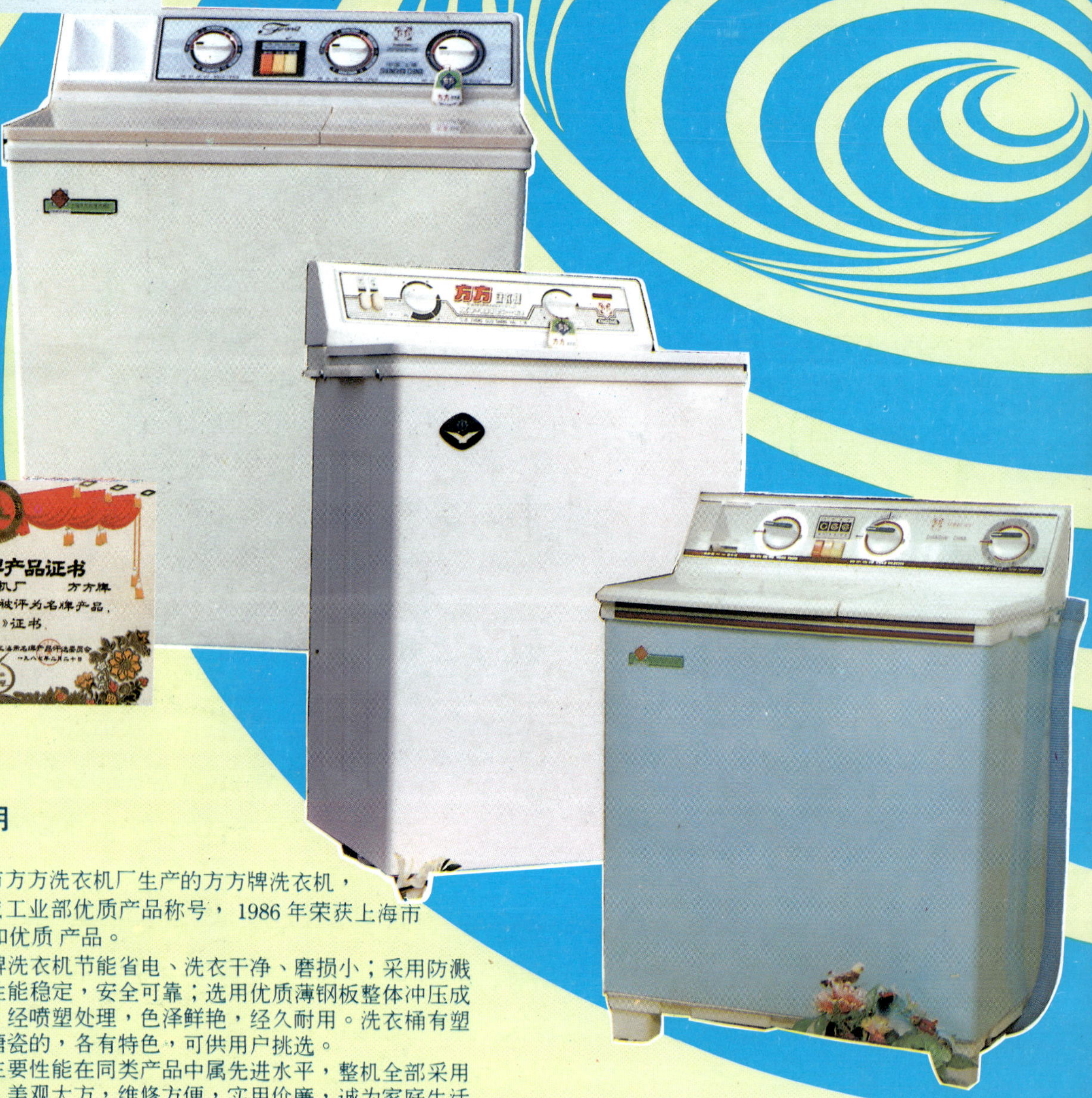

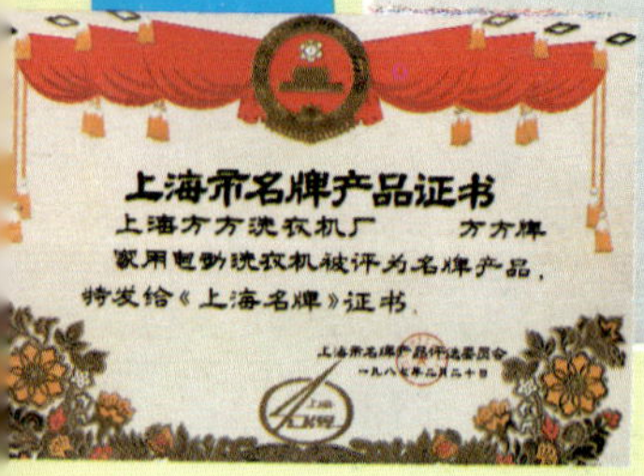

产品说明

上海市方方洗衣机厂生产的方方牌洗衣机，曾荣获机械工业部优质产品称号，1986 年荣获上海市名牌产品和优质产品。

方方牌洗衣机节能省电、洗衣干净、磨损小；采用防溅型电机，性能稳定，安全可靠；选用优质薄钢板整体冲压成型的机箱，经喷塑处理，色泽鲜艳，经久耐用。洗衣桶有塑料的、有搪瓷的，各有特色，可供用户挑选。

该机主要性能在同类产品中属先进水平，整机全部采用国产另件，美观大方，维修方便，实用价廉，诚为家庭生活中的好助手。

该厂于 1986 年首批荣获洗衣机生产许可证。“方方”以美观大方、质量优良，服务周到赢得了国内用户的欢迎。

上海方方洗衣机厂

厂址：崇明　　电话：961686　962169

1987

中国轻工业年鉴

《中国轻工业年鉴》编辑委员会

1987

中国轻工业年鉴

轻工业部经济研究所《中国轻工业年鉴》编辑委员会　编

轻工业出版社出版
（北京广安门南滨河路25号）
北京新华印刷厂印刷
新华书店北京发行所发行
各地新华书店经售

开本787×1092毫米1/16　印张：39　插页：22　字数：1150千字
1988年3月　第一版第一次印刷
印数：1-10,000　定价：2[illegible].00元
ISBN 7—5019—0347—6/[illegible]

《中国轻工业年鉴》编辑部

编辑部主任：郭　晖　周　斌

责任编辑：（以姓氏笔划为序）

戎文佐　吴东彦　赵华龄　夏　拱

编　　辑：（以姓氏笔划为序）

王相钦　王晓静　于彩祥　刘惠明　刘云辉

朱江明　朱　薇　牟新艇　余　平　邵国保

李培松　李宗良　赵志宏　张建伟　柏东海

袁克西　蒋晓平　魏志新

责任出版：王树桐　刘伯雄

责任设计：陈　崙

封面设计：王丽青

责任校对：于　漪　魏志京　李爱华　郎静瀛

编 辑 说 明

一、《中国轻工业年鉴》是专业性的资料工具书。它集中反映轻工业生产建设的历史情况。从1985年以来每年出版一册。1987年《中国轻工业年鉴》是第三册，它记载了1986年我国轻工业战线上各个方面、各个行业、各个地区发生过的重大事情和重要活动。

二、本年鉴的栏目设置和框架结构，与前二册基本一致，以保持史料的连续性，便于读者系统了解轻工业的历史演变，研究轻工业的发展趋势。在具体内容上根据1986年发生的新情况，又有所增减，使它在宏观上更好地反映出轻工业的当年面貌。

三、本年鉴由以下11部分组成：

1. 图片。刊印了中央领导同志视察轻工业的珍贵历史镜头和各地轻工业生产建设成就的彩色照片，新增了一组综合统计图表。

2. 专文。它论述全国轻工业或某一方面已经取得的成就和经验以及发展方向，具有指导性。

3. 特载。是当年中共中央、国务院发布的文件中与轻工业密切相关的文献摘要。

4. 大事记。用最简要的文字记载有关轻工业的全国性的重大活动。地方的具有突出意义的活动也记录进去。

5. 新闻人物。介绍轻工业系统自中共十一届三中全会以来有社会影响的人物的主要事迹。

6. 综合篇。综合反映轻工业的生产、基本建设、科技、教育、劳动、财务、供销、出版、新闻、对外交流等方面的情况。

7. 行业篇。集中反映轻工业部当年管理范围的各行业的重大变化情况。

8. 地方篇。以省、自治区、直辖市为单位，包括计划单列城市、省会市、沿海开放城市和经济特区，反映当地轻工业当年的发展概貌。

9. 典型企业篇。介绍各地推荐的作出过重要成绩的、具有一定典型意义的轻工业企业的情况。

10. 名优新产品篇。介绍各地推荐的在社会上产生过重要影响的轻工业产品的情况。

11. 附录。除选介港台及国外轻工业情况，以增加年鉴的情报性外，还介绍省会市一级的轻工业机构名录。

四、本年鉴由轻工业各界的专业人员约400人参加编写。除图片和专文外，以条目为主体形式，采用说明文体和记叙文体。条目分两类：一类是保留条目，如概况等，以保证史料的连续性；另一类是新设条目，反映当年发生的新的重大事情、重要活动。

五、本年鉴综合篇、行业篇和专文使用的统计资料取材于1986年轻工业统计年报。

六、本年鉴在编写过程中得到各级轻工业部门和一些企业以及有关兄弟部门的关心和支持，谨表示衷心的感谢。由于编辑水平的限制，缺点错误在所难免，欢迎读者批评指正。

轻工业部经济研究所年鉴编辑部

1987年7月15日

1987年中国轻工业年鉴

目 次

综合篇

综　　述

上海、东北经济区

生　　产

基　　建

科　　技

教　　育

劳动工资

财　　务

供　　销

一轻供销

二轻供销

原料基地

经济技术交流

调查研究

集体经济

全国手工业合作总社

出　版

新　闻

轻工协会

展　览

行　业　篇

造纸工业

自行车工业

缝纫机工业

钟表工业

日用陶瓷工业

搪瓷制品工业

日用玻璃工业

电光源工业

感光材料工业

洗涤用品工业

香料香精工业

火柴工业

干电池工业

盐　业

制糖工业

烟草工业

罐头工业

酿酒工业

乳制品工业

饮料工业

糖果、糕点及其他食品工业

儿童食品工业

方便食品、冷冻饮品及其他食品工业

发酵制品工业

塑料制品工业

皮革工业

日用五金制品工业

铝制品工业

工具、建筑五金工业

家用电器工业

家具工业

服装鞋帽工业

文教体育用品工业

制笔工业

工艺美术工业

中华旅游纪念品总公司

地毯工业

玩具工业

少数民族特需用品工业

日用杂品和日用木制品工业

轻工机械工业

衡器工业

包装印刷工业

兄弟部办轻工

航空工业中的轻工业

中国民航航空食品工业1986年的发展

商业部中的轻工业

社会福利企业中的轻工行业

军需工业中的轻工业

乡镇企业中的轻工业

地方篇

省、自治区、直辖市

北京市

北京市一轻工业

北京市二轻工业

北京市工艺美术品总公司

天津市

天津市一轻工业

天津市二轻工业

河北省

河北省轻工业

附：石家庄市一轻工业

石家庄市二轻工业

秦皇岛市一轻工业

秦皇岛市二轻工业

山西省

山西省一轻工业

山西省二轻工业

附：太原市一轻工业

太原市二轻工业

内蒙古自治区

内蒙古自治区轻工业

附：呼和浩特市一轻工业

呼和浩特市二轻工业

辽　宁　省

辽宁省一轻工业

辽宁省二轻工业

附：沈阳市一轻工业

沈阳市二轻工业

大连市一轻工业

大连市二轻工业

大连市制盐工业

吉　林　省

吉林省一轻工业

吉林省二轻工业

附：长春市一轻工业

长春市二轻工业

黑龙江省

黑龙江省一轻工业

黑龙江省二轻工业

附：哈尔滨市一轻工业

哈尔滨市二轻工业

上　海　市

上海市一轻工业

上海市二轻工业

江　苏　省

江苏省轻工业

西藏自治区

西藏自治区民族手工业

陕 西 省

陕西省一轻工业

陕西省二轻工业

附：西安市一轻工业

西安市二轻工业

甘 肃 省

甘肃省一轻工业

甘肃省二轻工业

附：兰州市一轻工业

兰州市二轻工业

青 海 省

青海省轻工业

宁夏回族自治区

宁夏回族自治区轻工业

附：银川市轻工业

新疆维吾尔族自治区

新疆维吾尔族自治区轻工业

典型企业篇

名优新产品篇

附　　录

省会市、沿海开放城市轻工业局（公司）隶属事业单位机构名录

港台和国外轻工业资料

美国造纸工业

加拿大造纸工业

巴西造纸工业

加速轻工模具行业发展　更好地为轻工业生产服务

轻工业部副部长　于　珍

党的十一届三中全会以来，轻工业生产取得了持续的稳定的较快的增长。在第六个五年计划期间，轻工业部门认真贯彻执行党的路线、方针、政策，坚持四项基本原则和改革、开放、搞活的总方针，“打基础、改面貌、上水平、增效益”，逐步实现了工作着重点的转移，取得了显著的成绩。

“七五”时期，是实现我国在本世纪末工农业总产值较1980年翻两番的战略任务的一个极为重要的关键时期。在这五年内，轻工业的生产建设，应该也有条件比前一个五年搞得更好。我们既要保证轻工业继续实现持续、稳定、较快的增长，适应我国人民生活逐步从温饱型向小康型过渡的要求，积极扩大轻工业产品的出口，又要为下一个十年的发展蓄积力量，打好基础，加快轻工业现代化建设的过程。为此，加快轻工模具行业的发展有着极为重要的意义和作用。轻工模具生产对落实“打基础、改面貌、上水平、增效益”的工作方针，实现轻工业发展的战略目标关系甚大。轻工业要大发展，必须狠抓轻工模具这个基础，把轻工模具生产作为一个行业重点抓好。

一、模具在轻工业中的地位和作用

模具是工业生产的重要工艺装备，模具成型具有生产效率高、质量好、材料省、成本低等一系列优点。因此，广泛采用模具生产产品或零件，已成为工业生产的重要手段和工艺发展方向。随着工业生产的发展，科学技术的进步，模具对国民经济的发展起着越来越大的作用。据国际生产技术协会预测，到2000年，产品零件粗加工的75%，精加工的50%，将由模具成型来完成。在工业发达国家，模具的发展十分迅速，已摆脱了从属地位而发展成独立的行业。1984年美国模具的总产值已达60亿美元，西德为53亿马克，日本已超过1万亿日元。与1957年相比，27年增长了近100倍，其发展速度已大大超过了这些国家的机床、汽车、电子等工业。日本把模具称为“进入富裕社会的原动力”，可见模具的重要性和对模具的重视。

模具的重要性在轻工业生产中显得尤为突出，这是因为：

1. 绝大多数轻工产品的生产离不开模具。自行车、钟表、日用五金、玻璃器皿、食品包装、玩具、制鞋以及拉锁、钮扣等小商品，无不大量使用模具，特别是近年来快速发展的塑料制品和家用电器对模具的需要量更大。如一台白兰牌单桶洗衣机共有200个零件，其中180个零件需由模具加工。据粗略估计，我们轻工产品所需用的模具量约占全国模具总需要量的四分之一，是模具用量最大的部门之一。

2. 绝大多数轻工产品是直接面向消费者的。我们是社会主义国家，我们有责任把更多的质量好、价格适宜的轻工产品贡献给社会。而模具质量的优劣，对保证产品的质量，降低产品成本有着重要的作用。没有好的模具，就不会有美观、漂亮、质量好的轻工产品。

3．随着我国人民的生活水平逐步由温饱型向小康型转变，人们的消费需求不断产生新的变化。为了适应人民消费水平的提高和消费需求的变化，必须在各个消费领域和层次中，开发大量的新产品，增加更多的花色品种。而新产品开发的快慢，新花色品种增加的多少，又都直接、间接地受到模具的制约。以手表为例，我国手表的年产量已超过7300万只，居世界产量的第四位，但花色品种单调，广大消费者对国产手表的走时精度虽尚满意，但对其外观质量差及款式陈旧意见很大。正是因为模具跟不上，不能迅速地大量地生产出质量好、款式新、影响手表外观最重要的表壳，既适应不了国内市场的需求，更影响了我国手表的出口。

4．前几年为了稳定市场，回笼货币，国家花了几十亿美元外汇进口高档消费品，轻工战线也引进了一批主要用来生产高档消费品的生产线。“七五”期间，不能再这样办了。这就要求我们轻工业生产在品种、数量和质量方面都有新的发展，尽快地实现引进设备的国产化，而其中模具的消化吸收是一个很关键的问题。如一套双缸洗衣机连体筒的模具，进口需要几十万美元，相当于一台六千克注塑机的进口价格。所以不首先解决进口模具的国产化，不但仍需要花用大量外汇，而且还影响引进生产线的正常使用，同时，国产化也成为一句空话。

二、轻工模具行业的现状和存在的主要问题

轻工模具行业是解放后逐步发展起来的。轻工专业模具厂始建于1958年，当时主要是为玻璃行业服务。1964年前后，轻工模具厂有了较大的发展。与此同时，随着模具的重要性被认识，一些产品厂的模具车间也不同程度地得到加强。1979年成立的北京市二轻模具研究所，不仅是轻工业，而且也是全国第一个专业模具研究所。随后，上海、合肥、南通等地也相继建立了轻工模具研究所，对轻工模具的科研开发做了许多工作。上海轻工机械学校、北京二轻工业学校都设立了模具专业，一些学校开设了模具班，一些工厂也开设了模具技工学校和技工班，这些都为培养轻工模具技术人员和技工、提高其素质，做了大量有益的工作。近年来，一些地区还与大专院校和其它部门的企业开展了横向联合，有的还与港商合营模具厂，为轻工模具事业开拓了新的途径。轻工业生产和科研单位还承担了大型塑料模具、皮革制品花纹模具、塑料异型材模具等重大模具攻关任务。一些先进技术和工艺得到推广应用，并在型腔模涂镀、简易快速制模技术和线切割机计算机编程等方面处于国内先进水平。应该说，轻工模具行业在各级领导的关心下，在有关部门支持下，在广大职大的努力下，做了大量的工作，并取得了相当可喜的成绩。但是，也必须承认，我国的模具工业远远落后于工业发达国家；而在国内的模具工业中，轻工模具行业又是比较落后的。

据1986年统计，轻工系统45个行业，共有72 443个企业，职工1 239.6万人，年产值达1 547.6亿元。而轻工模具专业厂据不完全统计只有76个，职工约2.4万人，年产值约1亿元，仅占企业总数的千分之一，职工人数的千分之二，产值的万分之六。轻工系统内模具的自给量尚不足需要量的70%，而其中由专业模具厂供应的又不到自给模具的10%。总的说，我们轻工模具行业不论设计制造技术、生产能力、管理水平、科研开发、人才培训都还远不能适应轻工业发展的需要。

轻工模具行业当前存在的主要问题是：

1．缺乏行业管理。长期以来没有把模具作为一个行业抓起来，缺乏统筹规划、相互协调。既未能抓住关键，又造成了人力、设备、资金的分散，致使现有的生产能力未能得到充分的发挥。

2．精密、复杂、大型、长寿命的模具还不能自给，主要依靠进口。据了解，近几年仅北京、上海、广州、湛江、重庆等五市的部分轻工企业引进轻工模具就花费了2 000万美元。如折合成人民币，即相当于现有轻工模具专业厂固定资产原值的一半。

3．轻工模具的发展跟不上轻工产品发展的需要。如北京市二轻系统1979～1982年模具需要量平均年增长34.2%，而轻工模具生产量平均年增长仅为13.1%。

4．标准化、专业化程度低。到目前为止，轻工模具的标准化基本上没有得到推行，工厂大都使用企业标准。在为数甚少的专业模具厂中，大多是大而全、小而全的综合模具生产企业，缺乏明确的服务对象，从而形成不了特色和专长，不能充分发挥专业厂的优势。

5．技术水平低，素质差。这一问题在我国模具工业中普遍存在，但在轻工系统中尤为突出。如我们有20多个厂引进了鞋楦加工设备，在集中各厂技术尖子进行技术操作表演时，只有2～3人的操作是正确的。

6．技术装备陈旧落后。有些单位虽然也引进了一些先进的模具加工设备，但不配套，适应不了大型、复杂、精密模具制造的需要。

7．模具专业厂缺乏自我改造能力。模具的效益主要体现在产品上，而模具厂本身的经济效益甚低。一

方面，我国模具的价格低，一套相同的模具，我们的价格约为香港的二分之一，台湾省的三分之一，同外国相比，差距更大，只相当于日本的五分之一，美国、西欧的七分之一。另一方面，利润的分配不合理。模具厂生产一套啤酒周转箱和啤酒瓶模具所获得利润仅为生产周转箱和啤酒瓶生产厂利润的1/192和1/280。某些产品厂的模具车间，不计产值，不计成本，掩盖了矛盾。因此，各级领导部门投资的重点往往放在产品厂，使模具专业厂长期得不到必要的技术改造。正由于模具厂本身获利甚微，对银行贷款也往往因为本厂利润连还贷款利息都不够，不得不望而却步。

8．专业模具厂人心不稳，技术人员外流，经营困难。模具生产集中了冷热加工和特种加工的精华，对技术人员和技术工人要求高，培养时间长，但工资、奖金、福利等不但没有优惠和照顾，反而比产品厂的一般技术员工还低。这就造成了模具技术人员和技术工人的思想不稳，不少骨干力量外流，工厂经营也就更加困难，迫使这部分模具厂不得不采取以副养模的办法，甚至转产，不断萎缩。

三、解放思想、振奋精神，加强对轻工业模具行业的管理

模具在轻工业以至整个国民经济中有如此大的作用，我们必须予以足够的重视，把模具放在应有的位置上，花大力气抓上去。对于当前模具生产所存在的问题和困难，应该分别轻重缓急，逐步加以解决。特别需要从全局考虑，就税收、留利、投资和原材料供应等各个方面，切实制订对模具发展的扶植政策，促进模具加工业的发展。据我们了解，日本、新加坡等国都对模具行业采取特殊的扶植和鼓励政策。我们是社会主义国家，应该更有条件制定一些扶植模具发展的政策，支持模具行业发展。现仅就轻工业部关于加速发展轻工模具行业的设想和拟采取的措施谈几点意见：

1．把轻工模具作为一个重要行业来抓。要坚持改革的思想，打破轻工战线不同行业的界限，打破地区、部门界限，充分利用其它部门特别是军工、机械部门的模具力量，通过横向经济联合建成轻工模具的科研开发和生产制造体系，发挥各自优势来加速轻工模具行业的发展。

2．制定轻工模具“七五”发展规划，作为轻工模具行业发展的蓝图。希望各省、市轻工业厅、局也能相应地制定本地区的模具发展规划。在制定地区规划时要统筹考虑其它部门的模具能力，务请和当地模协及有关部门协商，取得一致意见。

3．组建轻工模具协会。把轻工模具行业组织起来，加强行业间的协作、交流和协调，使之成为政府部门的参谋和助手，起到沟通政企之间的桥梁及纽带作用。这方面，我们要很好地学习中国模协的经验，并把轻工模协的工作纳入中国模协总体规划之中。

4．必须大力加强人才培训和智力开发。人才的培训要采取多层次多形式的办法。除依靠正规的学校外，有条件的厅、局、企业都应开办各种形式的培训班或培训中心，加速人才的培养。根据国外经验和我国的实际情况，对模具技工特别是全能模具钳工及中级模具技术人员的培养，应该是人才开发工作的重点。

5．加速轻工模具的发展，要依靠科技进步，要加强与大专院校、科研单位的联系与合作。要尽快、尽多地把科研成果应用到生产实际中去，变科研成果为生产力，充分发挥其效益。

6．模具产品可以列入轻工业部新产品计划，参加部优秀新产品评选。希望各省、市轻工业厅、局把这项工作抓起来。也希望模具厂、模具车间能生产出更多质量高的模具，在优秀新产品的行列中占据应有的位置。

7．充分发挥产品厂模具车间（班组）的作用。“七五”期间，产品厂的模具车间要逐步地实行单独核算。在满足本厂需要的前提下，积极扩大服务范围，为全行业或本地区服务。

四、资金的来源和使用

发展模具行业的资金主要依靠地方解决。“轻工靠地方”，这是一条方针。“七五”期间，用于基本建设的总投资70%是靠地方解决的，技术改造资金的65%是靠地方解决的。轻工模具行业自然不能例外。尽管如此，为了加快轻工模具的发展，轻工业部还要设法挤出一部份资金用于扶持一批具有特色专长的、承担攻关任务的模具专业厂，加快其技术改造，包括引进一些国内尚无法解决的关键设备和检测手段。但是，即使是列入国家重点扶持的样板厂，在资金方面仍需要国家、部门、地方、企业，共同加以解决。

此外，有两个问题值得注意：

（一）布点问题。需要明确的是，现在不存在定点问题。现有的模具厂都在从事着模具的生产。随着形势的发展，还会涌现一批新的模具厂。只要符合总体需要，我们都支持。这里谈的布点主要是指在技术改造方面选择一些有专长特色的、有明确的专业化目标和服务对象以及对全行业有重大作用的专业厂给予支持，目的是逐步理顺轻工模具的专业化方向，由中央和地方协调一致地发展轻工模具行业，从而形成轻工模具生产体系。如我们考虑要扶持标准件生产厂，

就是因为其对整个行业都有好处，采用标准件可使我们目前的模具加工周期缩短30～50%，从而降低生产成本。由于资金有限，点不可能很多。另外要多层次，我们争取国家扶持几个，部里扶持一些，各省市再扶持一批，以带动全行业。只要我们共同努力，可以期望“七五”期间，轻工模具会出现一个新局面。

（二）采用新技术问题。为了改变轻工模具行业的落后面貌，目前不少工厂已经或准备引进以计算机辅助设计和制造的先进技术，即CAD/CAM。我们认为，对此须持慎重态度。诚然，CAD/CAM是世界上先进技术，可以大大提高模具设计制造水平和效率，降低成本，但其投资大，对人的素质要求高。即使在日本、英国这些工业发达国家，也只有少数模具厂在生产中采用CAD/CAM。目前，轻工模具行业的人员素质还不高，标准化工作基本上尚未推行，再加上原始数据不足，理论、设计方法不完善，对工艺优化分析计算诸因素尚待研究等，应该说，在现有工厂中推行CAD/CAM的条件是不成熟的。我们认为，“七五”期间应首先在大专院校和科研单位对CAD/CAM进行示范性开发研究，已引进的工厂应加快消化吸收工作。一般企业应在加快人才培训，推行标准化的同时，首先在设备上使用数显装置，继而使用NC（数控机床），CNC机床，逐步地向采用CAM过渡。

多年来，我们轻工模具厂、车间、班组的广大干部、技术人员和工人们在相当困难的条件下，默默地为轻工业的发展做出了积极的贡献，他们是轻工战线的无名英雄，应当受到人们的尊敬！今后在新的形势下，轻工模具行业的任务将更为艰巨，希望大家能加倍努力，为全面振兴轻工业的发展作出新的更大的成绩。

（1986年6月18日）

1986年轻工财务工作的回顾

陈　尔　淼

1986年，轻工业生产继续保持了较快的增长。全国轻工业部系统总产值1547.6亿元，较上年增长10%（不包括烟草工业在内），实现了1986年初轻工业厅局长会议上提出的保八增十的要求。按财务口径计算，当年轻工业部系统销售收入1 377.5亿元，比上年增长13.67%，超过了工业总产值的增长速度。在原材料涨价、运费提高和利率上升的条件下，1986年轻工业部系统实现利税231.7亿元（不包括盐税11.9亿元），比上年增长1.63%。这一增长比例虽然很不理想，却是得来不易的。下面谈几项主要工作：

一、积极发挥财会工作的调节职能

1986年，轻工业部门贯彻执行了国务院关于增强企业活力和扶植轻工集体经济发展的一系列方针政策，对企业留利、折旧、资金、产品价格、调节税率等情况进行了调查。在各级经委、计委、财政、税务、物价、银行等部门的支持下，综合运用各种经济杠杆来调节经济，努力为企业排忧解难。一年来，初步理顺了一些轻工产品的价格，降低了部分产品税率，减免了部份调节税，免征了部份集体企业的所得税，对一些微利或亏损产品和企业实行了补贴，还解决了一部分集体企业危房贷款和历史遗留问题。所有这些，为轻工企业创造了一个稍为宽松的外部环境，不同程度地增强了一些企业的活力，促进了生产，更主要的是为今后增加国家财政收入增添了后劲。

二、进一步完善和落实经济责任制

1986年各地轻工部门对企业内部改革进行了新的探索和实践。通过总结推行承包制中的经验教训，改进了承包办法，实行了任期目标责任制。在这一方面突出了一个“包”字，把质量、消耗、效益等指标纳入了承包内容，特别是在销售部门实行了承包，鼓励和保护了供销人员的积极性；克服了一个“平”字，解决了套改工资后出现的奖金平均分配问题；强调了一个“严”字，认真考核，奖罚分明，兑现合同，激发了企业和广大职工生产经营的积极性。与此同时，在部分大中型企业里，通过划小核算单位，把经济责任制落实到企业内部的各个层次，调动了各级核算单位的积极性。此外，各地还根据集体企业的实际情况，对资产股份制进行了试点和探索，从而使轻工企业内部经济改革迈出了新的一步。

三、加强管理，挖掘潜力

1986年初，我们根据国务院“关于抓紧增收节支，确保今年财政收支平衡的通知”精神，各级轻工业部门分别对企业流动资金紧张情况进行了调查，着重从企业内部挖潜，管好流动资金。为了加强轻工行业的资金管理，轻工业部还组织有关轻工厅局参加，率先草拟了《造纸行业流动资金管理办法》。各地轻工业企业还在银行支持下，积极清理了拖欠款项，改进了结算办法，普遍地实行了资金分级归口管理和目标责任制，处理了呆滞积压物资，压缩了长线产品，防止了新的积压。与此同时，各地主管部门开展了筹资工作，吸收系统内企业闲置的自有资金，利用时间差，委托银行贷放，缓解了部分企业资金紧张状况。有的地方还在企业内部向职工集资，解决了生产资金的缺口。一年来，通过加强资金管理，改变了企业吃资金“大锅饭”的思想，初步树立起资金观念、利息观念和融资观念，挖掘了潜力，提高了资金利用率，缓解了银行贷款不足的矛盾。

此外，近两年来，各级轻工财务部门还根据现代化管理的要求，举办了各种短期培训班，交流了有关企业的典型经验，组织编写了各种教材，推行了简单易行、行之有效的目标成本管理、价值工程和A、B、C分类管理方法，引导企业改善了财务成本核算，提高了经营管理水平。同时，各地还结合实际情况，开展了“增收节支”活动，贯彻执行了原材料节约奖办法，提出了开源节流的措施和降低成本的途径，从增加生产、提高质量、降低消耗、节减开支、开展综合利用和减少报废损失等方面大挖潜力，提高了企业消化能力，取得了较好的效果。

四、狠抓扭亏增盈工作

1986年初，针对轻工企业亏损额大幅度增加和亏损面扩大的实际，轻工业部邀请北京、天津、武汉、沈阳、广州、重庆、上海等地轻工局派员共同分析了亏损原因，研究了扭亏措施，着重消除部分企业“束手待亏”等待上级照顾的思想，实行了扭亏责任制，加强了对扭亏工作的领导。下半年，各地根据国家经委、财政部《关于抓好扭亏增盈工作的通知》精神，进一步落实扭亏责任制，深入企业调查分析，针对各种不同情况，采取分类指导的办法，帮助企业解决了一些产、供、销工作中遇到的困难，调动了企业扭亏增盈的积极性。各级轻工部门还对一些长期严重亏损，产品无销路的企业实行了关、停、并、转。由于领导重视，工作扎实，措施有力，方法对头，对扭转亏损起到了一定的作用。

值得重视的是：在这一年中，轻工业部系统企业的成本上升，利润下降，亏损增加，资金占用加多，周转减慢，经济效益不好。出现这种情况虽然有许多客观原因，但是绝不能因此而忽视主观上的原因。据调查了解，多数轻工业企业的技术进步不快，管理水平较低，对各种消耗和费用控制不严，存在着不同程度的浪费现象；不少企业对市场缺乏调查，产品品种、质量不合乎要求，形成滞销积压，影响资金周转。在总结1986年工作经验的时候，我们既要肯定成绩，更要正视缺点。瞻望1987年，各级轻工业部门还须坚决贯彻全国省长会议、全国轻工业厅局长会议和全国财政工作会议的精神，更加广泛地开展增产节约、增收节支运动，深化企业改革，增强企业活力，提高管理水平，不断提高轻工业的经济效益，促进轻工业生产持续、稳定的较快发展。

林纸结合是发展现代造纸工业的必然途径

薛　灵　山

一、国际上的经验值得借鉴

造纸工业是以纤维为主要原料的。在制浆、造纸用纤维中，木材占有极其重要的地位。根据联合国粮农组织出版的《林产品年鉴》统计，从1970年～1984年的15年间，全世界生产的纸浆有94％以上是用木材为原料的。我国的森林资源缺乏，每年的木材产量能够用来造纸的部分比重不大，加上我们对发展造纸专用林重视不够，步伐缓慢，因此，造纸原料历来以草类纤维为主，木浆的比重很小。“六五”期间，轻工业部虽然积极采取措施，努力争取逐渐提高木浆的比重，借以为开发新产品、增加纸张品种、提高产品质量和减轻环境污染创造有利条件，但实际执行结果适得其反。据统计，1980年，在整个纤维原料中，国产木浆占21.2％；1984年已经下降为17.9％，1985年又降为16.6％。加上进口木浆57万吨的因素，1985年的木浆比重也只达到22.4％。在这种情况下，怎样从根本上认识和解决这一问题，加速造纸工业的发展，现在已经是一个关键时刻了。

木材制浆具有许多优点，这是大家公认的；我国森林资源缺乏，外汇来源不足，这也是大家公认的。因此，在现阶段，我们还只能以草类纤维为主来发展造纸工业。但是，木浆造纸必须保持一定的比重，在草类纤维比重过大的情况下，我们应该努力争取逐渐提高木浆的比重。对此，既不能寄希望于增加木材分配比重，也不能寄希望于不断增加进口木浆的数量，问题是要从我国的实际出发，尽快闯出一条加速现代造纸工业发展的新路子。在这一方面，国际上的经验值得借鉴。

在国际上，西班牙、巴西等国家都是森林资源不足的国家。在50年代，这两个国家都是以草类纤维为主要原料来源的。但是，从60年代开始，他们大力发展速生、高产的造纸专用林，从根本上保证了木材原料来源，分别用十几年到二十年时间，实现了造纸原料以草类纤维为主到木材纤维为主的转变，从中积累了丰富的经验。

西班牙原先的造纸工业并不发达。在50年代，木浆用量仅占造纸原料的29％，造纸工厂的平均规模为年产1500吨，产品质量较低，污染严重，人均耗纸只有6公斤。上述情况在许多方面和我国相类似。从60年代开始，他们大力发展造纸专用林，采取人工培养和选育的方法，实现了速生、丰产，保证了造纸用材的来源。1980年，西班牙的纸浆产量较1960年提高10倍，造纸原料基本上靠木材，非木材纤维用量下降到5%，产品质量大为提高，并有部份纸浆和纸出口。

巴西的造纸工业也是从60年代开始重视营造专用林的。从1966年到1984年的19年间，巴西共营造人工速生、丰产林557万公顷，与此相适应，建设了一批大型木浆厂，使木浆产量由45万吨猛增到340万吨，不仅实现了自给，还有了出口。

国际上的经验还告诉我们，实现林纸结合，不仅可以从根本上保证造纸工业的木材来源，而且可以大大增加木材利用的附加价值。据测算，每立方米木材用来造纸以后，一般可增加产值4～6倍。美国惠好林业公司有林地240万公顷，建立了12个营林、采伐、加工和制浆造纸的联合体，把大径材用于制胶合板和其他木材制品，把小径材和加工剩余物削成木片供制浆造纸用，木材利用的经济效益很高。

二、实行林纸结合，统筹规划林纸发展战略

国际上的经验告诉我们：林业和造纸工业是有密切联系的，从木材生产和加工的连续性来说，本来就是一家。但是，在我国，长期以来，从上到下实行条块分割的行政管理办法，林业和造纸工业截然分家。随着经济体制改革的深化，人们已经逐渐认识到改变林纸分割的管理体制势在必行。为此，近年来，林业和轻工业两个部门的同志已经做了许多调查研究工作，各个地区和企业也都做了大量的实际工作，但是总的进展不快。在深化改革的过程中，有必要从根本上认识这一问题，加速对林纸结合的统筹规划，把调整林纸发展战略，作为当务之急。

第一，造纸工业要有计划地调整原料结构，逐渐改变木材原料比重过低的情况。当然，要求在较短的时间内，从根本上改变以草类纤维为主的状况是不切合实际的。但是，可以也应该在调查研究的基础上，结合需要和可能，切实制订一个发展商品木浆的战略设想，作为林纸两业的共同奋斗目标，使纸张质量、品种，更好地适应“四化”建设的要求，使林业和造纸工业的发展符合整个国民经济综合平衡的要求。

第二，林业要改变长期“重采伐、轻森林培育的大木头主义”，大力发展林纸结合的商品经济，把培育林业同发展制浆造纸工业和其他林产品结合起来。应该把发展制浆造纸工业作为林产品加工的重点，在全国形成若干个林纸结合的大型经济实体。对发展包括制浆造纸在内的林产品加工创造的经济效益应该大部份用来发展林业，促使林业发展进入良性循环。

第三，大力培育造纸专用林和制材、造纸混合林。通过这一方面的努力，达到既提高木材原料比重，又提高木材利用率的目的。

应该看到，我国森林资源虽然缺乏，但是，发展造纸专用林和共用林的潜力却很大，有利条件也较多。只要我们把握时机，采取切实有效的措施，及时兴建一批集约化经营的人工速生林，经过几年到十几年、二十年的努力，造纸工业的木材来源应该是可以得到保证的。

三、走林纸结合的现代化道路

在北京中国林学会和中国造纸学会联合召开的“林纸联合论证会”上，有关专家共同探讨了林纸联合的战略指导思想。大家认为：调整造纸工业的原料结构，希望寄托于发展林业，出路在于改革林纸分割的管理体制。我认为，这些意见充分反映了林业和造纸工业战线广大科技工作者和实际工作者的愿望和要求。下面就如何进行林纸结合，谈一点粗浅的看法：

1．对林纸结合一体化，可以先从基层做起。为此，首先要打破部门和地区条块分割管理的界限。有关上级部门要给现有林场、造纸企业以充分的经营自主权，使它们在平等、互利、自愿的基础上直接对话，自行决策，在全国组建若干个大型林纸联合的经济实体。根据我国木材资源和木浆造纸工厂分布情况，可以设想在福建、广西、广东、黑龙江等有条件而又有积极性的地区的现有林场、造纸企业搞起。各级行政部门应予以支持，只要它们的联合是符合法律规定的就不要干涉。作为林纸结合经济实体的功能，应包括营林、采伐、制材、制浆造纸、科学研究各方面。林纸结合可以是多层次、多形式的，但必须政企分开，结合不同地区、企业的具体情况，选择最佳的林纸联合形式，建立富有生机的林纸一体化经济实体。

2．加强宏观管理。林业和造纸工业要在国家计划指导下，制订发展规划，在林业发达地区选点建设若干个大型林纸联合企业。要从开始规划、选点就单列计划，按系统工程科学管理，不要再分什么林业、轻工业的行政管理系统了。有关上级部门在分配投资时，也可以不再按林业、轻工业切块，而是按计划由银行直接与林纸联合实体办理。在这一方面，林业和轻工业部门主要是配合作统一规划和协调工作，并共同组织科技人员进行决策咨询和开展技术服务工作。对基建项目的选择，必须严格按程序办事，要把发展商品木浆作为重点，经过专家审评，力求最佳方案，纸厂搞原料基地也要对林地很好选择，尊重林业科学。

3．对林纸结合要规定若干鼓励政策。例如：发展林业有重要的生态效应，它应该为经济建设提供源源

不绝的再生资源。发展林业既不同于采矿，也不同于一般加工工业，它的生产周期长，见效慢，要解决"重取轻予"的问题。为了使林业生产者得到实惠，使林业再生产得到补偿，就要研究一些政策，促使林业真正成为取之不尽、用之不竭的自然资源。再说，造纸工业虽然属于轻工业部管理，但是较之一般的农产品加工工业有着明显的区别。特别是要建设大型的以木材为原料的制浆造纸工厂，往往需要大量的投资，包括对环境保护和化工原料回收的投资在内。由于制浆造纸工业需要投资较多，收效较慢，人均固定资产投资又比较大，所以在国际上大多把制浆造纸工业划为资金、技术密集型工业。为此，需要由国家制订一系列符合林纸结合特点的经济技术政策和措施，借以促进造纸林基地和林纸联合企业建设的顺利开展。

发展中的合成洗涤剂工业

计　石　祥

合成洗涤剂工业是一个新兴的轻工业行业。在"六五"期间获得了较大幅度的增长。1986年，又取得了新的进展。

一、生产持续稳定增长，人均得量迅速提高

党的十一届三中全会以来，特别是在"六五"期间，合成洗涤剂生产有了持续稳定的较快增长。1980年，全国合成洗涤剂产量为39.3万吨，"六五"计划规定的1985年指标为70万吨，实际执行结果，1985年达到100.45万吨，五年内年平均递增率为20.6%。1986年，合成洗涤剂产量为117.52万吨，较1985年增长17%。由于发展速度较快，人均得量水平迅速提高，市场供应基本上得到了保证。1980年，人均得量为0.4公斤，1985年上升为1.04公斤，1986年又增加为1.17公斤。与此相适应，合成洗涤剂在整个洗涤用品中的比重也逐渐提高。1980年占31.6%，1985年达到50.2%，1986年又上升为52%。在我国人民的洗涤用品中，合成洗涤剂已经占了优势地位，既满足了多种多样的消费要求，又适应了大量使用洗衣机的条件，受到了广大消费者的欢迎。

二、调整了产品结构，扩大了应用领域

在合成洗涤剂生产中，包括洗衣粉、洗衣液、洗衣膏和其他用途的液体洗涤剂等四类产品。几年来，产品结构有了很大的变化。在1981年以前，合成洗涤剂的生产基本上都是洗衣粉生产，液体洗衣液和其他用途的液体洗涤剂，产量很少，产地不多。1985年，整个液体洗涤剂产量达9.5万吨，占合成洗涤剂总产量的9.5%。1986年，液体洗涤剂产量增加到21.46万吨，比重上升为18.2%。

合成洗衣粉内部的品种结构也有了很大的变化。1959年，合成洗衣粉在我国问世时，全都采用单一的活性物——烷基苯磺酸钠和其他助洗剂配制，这种配方的弱点是，活性物单一，洗涤效能不能充分发挥。这种洗衣粉品种在我国市场上一直延续了22年多。1982年以来，上海、徐州、济宁等地区先后采用以烷基苯磺酸钠、非离子、肥皂等活性物和有关助洗剂配制成复合洗衣粉(膏)，它的抗硬水性、去污力等保持了原来特点，突出的是泡沫适中，可调性较大，容易漂清，被洗涤物的手感较好。它比较充分地发挥各种活性物的特点，改善了合成洗衣粉的综合性能，提高了产品质量，受到消费者的欢迎。

在开发新品种，扩大使用领域，改变产品结构过程中，我们始终强调保证产品质量，保护消费者利益。"六五"期间，有32个牌号的产品获得国家经委和轻工业部授予的优秀新产品称号；有9个产品获国家银质奖；有37个产品获得轻工业部优质产品称号。1986年，又有1个产品获得国家银质奖，4个产品获得轻工业部优质产品称号。

三、依靠技术进步，加快技术改造

合成洗涤剂工业创建初期，由于历史的原因，多数工厂是由原来的肥皂厂改建、扩建而成，因陋就简发展起来的。这些企业的技术装备比较落后，工艺陈旧，产品质量不稳定，能耗较高，经济效益也差。党的十一届三中全会以来，通过国际技术交流、出国考察和对引进技术的消化吸收，整个行业的面貌有了较大的变化。"六五"期间合成洗涤剂工业有3项科研成果获得国家科学技术进步奖。有26项科研成果获得轻工业

部科学技术进步奖。在国内开发的三氧化硫膜式磺化技术，取代了用发烟硫酸泵式磺化技术，消除了废硫酸的处理，使每一吨洗衣粉的成本降低150元。国内开发的发生炉煤气生产三聚磷酸钠的工业性试验，现已投入生产，每年可以减少因黄磷炉停车所造成的五钠随之停工的损失1500万元。“六五”期间，合成洗涤剂的产量逐年增加，但新建的装置并不多，主要是通过老企业革新、挖潜、改造，新增了近80万吨生产的能力。在引进装置的消化吸收方面也做了些工作，为了满足引进的烷基苯装置的需要，还研制成功脱氢法生产烷基苯的脱氢催化剂，填补了国内空白，减少了国家外汇支出。

为了进一步提高行业的生产技术水平，加快技术改造的步伐，“六五”期间国家用于洗衣粉工厂的技术改造资金为7400万元。除了自己消化、吸收、开发外，还引进了一部分磺化、喷粉装置。从1983年到1985年，对外签订了12套磺化设备、6套喷粉设备引进合同，已有3套磺化设备建成投产。但是，在这两类技术设备引进方面，近年来出现了重复引进的苗头，已引起轻工业部和主管厅局的注意，采取了一些限制措施。

80年代初期，在引进5万吨烷基苯装置的同时，还引进了一套年产烷基苯磺酸钠8000吨的膜式磺化装置。经过轻工业部安阳轻工机械研究所消化吸收，设计了新的磺化器，由轻工部设计院设计了整套类似的成套设备，已经在徐州合成洗涤剂厂、昆明三聚磷酸钠厂建成投产。1986年，这两个厂的生产情况正常。由上海合成洗涤剂厂、轻工部设计院等单位开发的三氧化硫双膜式磺化器，通过总结，吸收了引进设备的一些优点，设计了新的装置，也已经在成都合成洗涤剂厂建成投入正常生产。在喷粉方面，上海合成洗涤剂厂取得的技术改造成果，已经在广州油脂化工厂推广应用。

原料基地建设取得了新的进展。合成洗涤剂是采用多种化工原料经过化学、物理过程得到的产品，其中的主要原料是活性物和助洗剂。为了发展合成洗涤剂工业，“六五”期间，用于原料基地建设的资金为4.8亿元（不包括芒硝）。特别是南京烷基苯厂、昆明三聚磷酸钠厂的建成投产，为合成洗涤剂的发展提供了可靠的原料基础。1985年，烷基苯产量为73 817吨，为1980年的192％。但是，1986年仍有50％以上的烷基苯需要进口。1985年，三聚磷酸钠的产量为137 611吨，为1980年的397％；1986年，已经基本上满足了现有洗涤剂产量的需要，尚有少量出口。两个原料基地的建成，为国家节省了大量的外汇支出。南京烷基苯厂自建成以来，已经生产了30万吨烷基苯，价值近2.4亿美元，相当于建厂时所花外汇的8倍。昆明三聚磷酸钠厂投产三年来，已经生产了14.8万吨，价值7 000多万美元，接近于建厂时所花掉的外汇。

芒硝也是合成洗涤剂生产中用量较多的原料。“六五”期间，在新疆盐湖化工厂建设了一个年产5万吨的芒硝车间。通过合成洗涤剂行业和芒硝产地发展横向经济联合的办法，投资近500万元，可增产芒硝近3万吨，对缓和芒硝供应紧张状况，起了重要的作用。

四、加强企业管理，提高经济效益

1959年，当国产合成洗衣粉开始生产时，为了保持和肥皂的比价，促进合成洗涤剂行业的发展，定价较低。长期以来，为了满足市场需要，国家采取了减免税收，商业亏本经营和财政补贴等办法，来维持工业企业的生产。以1977年为例，洗衣粉产量为25.7万吨，在完全免去产品税的情况下，商业和财政补贴达5 000多万元，平均每吨粉补贴200元。1979年以后，情况起了明显的变化。一方面，通过企业整顿，建立健全了规章制度，实行了一系列的经济责任制，加强了全面质量管理，企业经营管理水平普遍得到提高。另一方面，通过加强开发研究，实现了技术进步，使全行业的经济效益，有了较大的提高。从1980年开始，在承受了各种原材料、燃料提价的因素，逐步减少以至取消商业补贴的条件下，做到了微利生产。在这一基础上，对产品销售，逐渐改变了完全依靠商业包销的方法，根据企业所在地区情况，把自销和商业包销结合起来，使企业增加了收入。经过各方面努力，到1985年，全行业经济效益普遍提高，平均利润率在10％左右。

总之，在“六五”期间和“七五”的第一年，合成洗涤剂工业取得了较好的成绩。但是，当前合成洗涤剂的产量仍然不能充分满足市场的需要，品种上急需增加，产品质量上尚待继续提高，老厂的技术改造需要继续进行，主要原料的进口缺口也还比较大。因此，在“七五”的后四年，全行业仍然要积极贯彻改革、开放、搞活的方针，全面提高企业的素质，特别要搞好原料基地的建设、老厂的技术改造和新产品的开发等工作，使合成洗涤剂工业取得新的发展。

1986 年的钟表工业

张　遐　令

1986年是实施钟表工业“七五”发展规划的第一年，也是为实现“七五”奋斗目标打基础的一年。一年来，钟表工业的全体职工和科技人员团结奋斗，在党的改革、开放、搞活方针指引下，取得了较好的成绩。在生产方面，1986年我国生产了手表7 332万只，比上年增长34.6%。1986年，钟表工业为适应国内外市场的需要，在产品结构上已初步得到了调整。特别是石英电子钟、表有较大幅度的增长。在产品出口方面，1986年手表出口量567.4万只，比上年增长2.2倍；时钟出口684 万只，比上年增长16.7%。钟表产品出口创汇总额7 413.8 万美元，比1985年增长72.2%。

一年来，国务院机电产品出口办公室批准钟表工业建立4个出口基地企业（上海手表厂、天津手表厂、上海钟厂、烟台闹钟厂）和13个出口扩权企业（其中手表行业6个，钟行业7个），连同一般出口企业，初步形成了钟表行业出口生产体系，使钟表产品的出口有了可靠的基地。为了调动工贸双方的积极性，轻工业部计划先在上海、天津两地建立钟表工贸联营进出口公司，作为改革的试点工作。这一计划得到了国务院的批准。

为使我国钟、表产品在国际上具有竞争力，国务院机电产品出口办公室，已批准了钟表工业第一批技术改造项目13项，总投资为8 217 万元，其中外汇为1 805万美元。这些项目的内容主要是增强钟表外观更新能力，提高精饰加工水平，开发石英电子钟、表生产技术。

1986年，为使钟表产品大批量进入国际市场，轻工业部组织行业技术力量进行了石英电子表和石英钟联合设计，对加速石英电子钟、表的发展起了积极的推动作用。

为促进和鼓励钟、表产品花色款式的更新，轻工业部还组织了全国手表外观创新评选活动，此项活动得到了主机厂和表壳、表盘、表带等外观件制造厂的重视。这些企业相互合作，密切配合，开发了一批新的花色品种。参加这次评选活动的有25个手表主机厂和56个外观件制造厂，共选送了277 种新款式手表，其中男表158种，女表119种。经由轻工业部、中国消费者协会、中国质量管理协会用户委员会和商业、外贸有关单位组成的评选委员会评选，评出全国手表外观创新一等奖20只产品，其中女表9只，男表11只；二等奖产品66只，其中女表34只，男表32只。有22个主机厂获奖，有45个外观件制造厂获得了配套鼓励奖。参加这次评选活动的产品多数是异型（方、长方、多角）表壳和镀金、仿金表壳、表盘。在外观的加工、装饰方面，比过去有不少提高。评委们认为，经过近几年的努力，我国手表在外观花色上已初步改变了30年一贯制，打破了厚、圆、笨、粗的格局，体现了我国钟表工业在改进造型设计装潢技术和采用新工艺、新材料上取得的成效。

1986年11月17至26日，中国钟表协会在民族宫举办了全国钟表博览会。这是我国钟表行业建国以来举办的第一次全国性博览会。这次博览会目的是向各界汇报钟表工业发展成就，交流发展经验，促进今后的发展。这次博览会以展为主，展销结合，以便更好地听取各方面的意见。在博览会上，钟、表产品精品荟萃，琳琅满目，使人耳目一新。据初步统计，全国各地的钟表同行们有2000人前来观摩学习，相互交流。各界人士有11万人次参观了钟表博览会。博览会还为中共中央书记处、全国人大常委会、国务院、全国政协、中直机关各部委、解放军各总部等领导机关举办了三次专场。张劲夫国务委员剪了彩，彭真委员长、陈丕显副委员长等参观了博览会，对博览会给予了肯定和鼓励。这次全国钟表博览会举办得很成功，完全达到了预期目的。这次博览会还被《中国轻工业报》列为全国轻工业1986年十件大事之一。

一年来，在提高钟表产品质量和加强企业管理方面也取得了成就。一年内，中国钟表工业检测中心在商业百货站抽封了65种牌号的手表、9种牌号的闹钟、22种牌号的摆钟进行质量考核。对手表中的一级表进行了二次考核，有8种牌号一级男表、4种牌号的一级女表达到优良水平。考核结果表明，钟表产品的质量是稳定的。1986年内，钟表工业报批了6个国家标准、11个专业标准，预审了13个标准。表用铅黄铜与棒等4项部标准在1986年被评为轻工业部优秀标准。

1986年度，北京手表厂生产的双菱薄型男表及上海手表五厂生产的金雀牌石英电子秒表被评为部优产品；西安红旗手表厂、杭州手表厂和石家庄手表厂获得轻工业部优秀质量管理企业称号。天津手表厂、杭州手表厂、石家庄手表厂被评为全国轻工企业管理优秀单位。

一年来，钟表工业取得了一批科技成果。有40项科研成果参加轻工业部科技进步奖的评选活动，其中有4项被评为轻工业部科技进步二等奖，17项被评为三等奖。

在这一年内，钟表工业还积极开展了对外考察活动。1986年，由轻工业部组织了对日本定时器发展情况的技术考察。考察团参观了松下电器公司、日立制作所、中川电化产业株式会社和三协制作所。通过这次考察，对日本定时器生产和销售情况有了较完整的了解，对我国定时器的开发有很大的启发。结合我国的实际，当前还应该积极开发马达式定时器。

应香港钟表工业总会、香港表厂商会、香港贸易发展局钟表咨询委员会的邀请，1986年9月，中国钟表协会组团去香港参观香港第五届钟表展览会并对香港钟表工业进行了考察，就双方合作问题进行了探讨。通过这次考察，为进一步扩展与香港地区在钟表方面的合作打下了基础。

展望1987年，我们对钟表工业的发展充满了信心。在新的一年里，钟表工业的生产建设必将取得新的成绩，钟表产品的出口将要更上一层楼，钟表工业将向现代化的目标迈开新的一步。

轻工包装印刷工业在前进！

谭 俊 峤

包装工业是涉及多种科学技术和关系着商品生产、储存、运输、销售、使用全过程的一个新兴工业。包装工业的发展水平从一个侧面体现了整个国家经济、技术、科学、文化各个方面的发达程度，是工业现代化的一个重要组成部分，在国民经济中占有重要的地位。在我国，随着社会主义商品经济的发展和国内外市场的扩大，包装工业正在越来越显示它的重要性。加速包装工业的发展已经是促进整个国民经济发展的一个重要环节。

轻工业既是包装用品的主要生产部门，也是包装用品的最大使用部门。据统计，在轻工业部归口管理的40多个行业中，大体上有9个行业直接从事包装的生产和印刷；在轻工业企业生产的成千上万种商品中，绝大部份离不开包装装潢。据统计，轻工业部系统生产和印刷的包装用品大体上有80%左右是为本系统归口产品配套服务的，有20%左右是为纺织、医药、电子、化工和商业、外贸部门的产品包装服务的。

轻工包装印刷工业是近几年来迅速发展起来的一个新兴行业。党的十一届三中全会以来，随着全党工作着重点的转移，轻工业部门的工作着重点也从产值、产量逐渐转移到品种质量上来。包装印刷商品日益引起轻工业部领导上的重视。1984年初，轻工业部包装公司正式成立。同年4月，轻工业部决定将包装公司改组为轻工业部包装印刷联合总公司。总公司既是一个企业性经济实体，又受轻工业部委托，负责管理装潢印刷、纸盒纸箱、印铁制罐和复合包装等4个自然行业的生产和建设。三年来，总公司已经发展了43个分公司，分布在全国28个省（自治区、直辖市），包括320多个企业。据统计，截止1986年底，轻工包装印刷工业共有县以上企业总数5 138个，职工总数达58万人。三年来，轻工包装工业有了较大的发展。1985年包装印刷工业总产值63.87亿元，较1984年的54.29亿元增长17.64%；1986年达到69.72亿元，较1985年增长9.15%。两年平均，年递增速度超过13%。全行业的劳动生产率也有了较快的提高。在两年新增的工业总产值中，有48%是依靠提高劳动生产率取得的。

回顾三年来的工作，主要有四点体会：

一、坚持体制改革，增强企业活力

对此，主要做了下列几项工作：

第一、调整产品结构，增强应变能力。随着计划管理体制的改革，全行业绝大部分产品转变为以指导性计划为主，并直接在市场调节下组织生产和经营。面对这一新的形势，是被动地接受市场机制的制约，还是主动地调整产品结构，这是关系到行业发展前途的一个关键问题。开始，许多企业的同志对新的形势和任务认识不清，感到无所适从，表现相当被动。随着改革的不断深入，有些地区、企业的认识逐渐提高，着重在调整产品结构、增强应变能力上下功夫，变被动为主动。两年来，装潢印刷、纸盒纸箱、印铁制罐、复合包装四个自然行业普遍加强了新产品开发工作。1986年有20项新产品列入了轻工业部计划。1985、1986年两年中,全行业有43个产品获轻工业部优质产品奖。品种的开发和质量的提高,改善了产品结构,促进了升级换代,推动了行业的发展。山东印刷工业公司在近年来确立了以开发包装印刷产品为主要目标的发展方向，1986年全公司总产值已突破3亿元大关，其中包装印刷产值占65%以上。

第二、推行经济责任制，提高经济效益。在包装印刷工业中，集体所有制企业占有较大的比重。三年来，我们在集体所有制企业中全面推行了以承包为主要形式的经济责任制，在全民所有制企业中进行了承包试点，取得了显著效果。天津胶纸带厂在推行经济责任制过程中，把产量、品种、质量、成本、利润、消耗等各项指标分解到各个科室、车间、班组,实行分部门、分层次的承包，突出抓了产品质量，促进了生产的发展和效益的提高。1986年，这个厂生产的胶纸带以质量优势畅销全国，出口到26个国家和地区，取得了较好的经济效益。

第三、端正经营思想，明确经营方针。三年来，许多包装印刷工业企业逐渐由单纯生产型转变为经营开拓型，强调对外开放、主动服务，坚持面向市场、服务用户。广州市包装工业总公司提出了以新产品、出口产品、十五种重点产品为支柱，着重为轻工业和旅游事业服务的经营方针，收到了显著的效果。1986年，全公司完成工业总产值2.27亿元，比1984年实际增长20%；销售收入1.99亿元；实现利润2 200万元，较1984年增长35.9%；产品供不应求。

第四、打破地区和部门界限，发展横向经济联合。通过集资的方式，总公司陆续吸收各地区、各部门的资金，入股金额达1 010万元，于1986年正式组成实行独立核算、自负盈亏的经济联合体。参加这一经济联合体的43个分公司和320个企业在总公司的统一领导下实行分级核算、自负盈亏，促进了生产的发展。

二、坚持质量创优，搞好产品开发

第一、抓基础，建立质量保证体系。三年来，全行业先后开展了企业整顿，加强基础管理，特别是质量管理工作，初步建立了一套行之有效的质量保证体系和质量管理网络。

一方面，加强组织建设，在总公司、分公司和有关企业分别建立和健全了质量管理部门，配备了质量管理人员，在车间、班组设立专职或兼职的质量检验员。另一方面，加速制订、修订产品标准及检测方法。三年来，总公司提出来的瓦楞纸箱、纸板等六项产品标准和检测方法，已经国家标准局批准为国家标准，发放在全国范围内实施；印铁制罐产品的专业技术标准也已经轻工业部批准实施。

综合上述两个方面，全行业先后在轻工业部包装科学研究所建立了包装产品质量监督、检测中心；在天津包装装潢研究所建立了质量检测站；在上海包装装潢技术中心站建立了装潢印刷产品检测站；在浙江省皮革塑料公司塑料研究所建立了复合包装产品质量检测站；在北京包装装潢工业公司科技服务中心建立了印铁制罐质量检测站。通过上述五个检测中心(站)从根本上改变了对包装印刷产品靠眼看手摸，缺乏科学的检测手段、方法的落后面貌，为质量鉴定评比和新工艺、新材料、新品种的开发创造了有利条件。

第二、抓新产品规划，搞好升级换代。三年来，总公司和地区分公司及时地制订了全行业的产品规划。1986年全行业计划开发新产品34个，其中有20种列入了轻工业部新产品试制计划。1985年和1986年两年,全行业开发了许多新产品，其中有一个产品获得了国家银质奖。

第三、抓产品评比,树立优质标兵。1985年以来，总公司先后就装潢印刷、瓦楞纸箱和印铁制罐等重点产品开展了全国性的评比活动。其中包装印刷产品评出部优质产品10件，行业优良产品21件；瓦楞纸箱产品评出部优质产品10件，行业优良产品20件；印铁制罐产品评出部优质产品3件，行业优良产品7件。通过质量评比，调动了企业争创优质产品、实现升级换代的积极性。

与此同时，我们积极组织企业优中选优，及时参加国际包装评选活动。在1986年召开的第13届亚洲包装大赛中，我国参赛的茅台酒盒、景德镇瓷器盒、安徽茶叶包装等6项产品获得了三星奖。这是我国包装产品在国际上第一次获奖，为国家争取了荣誉。

第四、抓开发，扩大轻工包装印刷的领域。在着重抓品种开发的同时，努力开发新工艺、新材料。金华印铁制罐厂利用天津油墨厂试制的油墨发展了紫外线干燥印铁技术,已经通过技术鉴定。山东印刷技术开发中心开发的PS版材生产和济南印刷技术研究所研制的固体感光树脂新材料,为轻工业包装印刷工业开拓了新的发展领域，为整个行业的发展提供了后劲。

三、坚持技术进步，促进技术改造

轻工包装印刷工业装备陈旧、技术落后、工艺老化的情况比较严重,机械化程度很低。根据典型调查,在总公司成立当时，大体上有2/3的装备停留在50年代以前的水平，其中有30%以上是30～40年代的水平。近年来，我们依靠自力更生,加快了技术进步。据统计，1980年，全国只有5条纸箱连动生产线，1981年以来，我们发展了13条国产生产线，总生产能力达到4.7亿平方米。与此同时，先后从国外引进了瓦楞纸箱纸盒生产线27条，复合包装线62条，不干胶印刷机150多台，凹印、苯胺印刷机及复合制版设备60多台（套），还引进了紫外线干燥印铁机。几年来，许多企业通过引进技术，改变了落后面貌，取得了显著的效果。上海纸盒十六厂原先主要用手工和半机械化操作生产药品针剂盒，通过引进卷管机，大量生产纸罐头，为罐头包装闯出了一条新路。原先的药品针剂盒下放街道生产，企业面貌一新，企业经济效益和社会效益都比较好。

四、坚持边扶持、边自强的政策

为了加速包装印刷工业的发展，我们坚持从实际出发，积极采取边扶持、边自强的政策。

总公司成立伊始，我们就针对包装印刷工业基础薄弱、利润微薄和地位低下的实际情况，积极通过各种渠道，争取国务院有关部委和地方政府的支持，落实各种政策措施，扶持行业的成长，为行业的发展提供了有利条件。如天津市印刷装潢工业公司，1985年该公司12个全民所有制企业经市政府批准减免所得税和调节税，全年比1984年多创利1 352万元，为有关企业的技术改造和产品开发创造了有利条件。

吉林省政府对发展印刷包装行业极其重视，他们提出并实施了从5个方面鼓励和扶持包装印刷行业发展的政策：①凡是创优产品的包装必须是优秀包装；②轻工新产品申请减免税优待，必须有较高的包装装潢水平；③对影响面较大、经济效益高的产品包装改进技术项目给以优先安排；④对开发包装新产品给以低息、贴息贷款；⑤对重大包装成果奖励和产品创优奖享受同等待遇。这些政策规定适合包装印刷行业的特点，调动了广大企业的积极性，促进了行业的发展。

在积极争取扶持和努力落实扶持政策的同时，我们坚持眼睛向内，努力挖掘增产节约潜力，在强化消化能力上下功夫。对引进国内外先进技术，我们提倡改造、消化、吸收、效益四者相结合，反对盲目引进、照抄照搬，借以发展有中国特色的轻工包装印刷工业。

通过上述几方面的努力，轻工包装印刷工业在几年中取得了较大的进步。但是，也应该看到，整个行业的落后面貌迄今还没有根本的改变。当前存在的问题主要有六个方面：一是许多地区对发展轻工包装印刷工业的重视还不够，认识落后于形势；二是行业技术进步的步伐还不够快，适应不了形势发展和市场变化的需要；三是行业技术力量薄弱，技术人员只占1.2%左右，培养人才已经是当务之急；四是原材料供应数量不足、品种缺门多，严重制约行业的发展；五是企业干部素质差，许多企业还沿袭着落后的手工业、小生产管理方式；六是许多已经明确的鼓励和扶持政策在不少地区还有待进一步落实。在总结经验的基础上，我们决心坚持改革、开放、搞活的方针，积极贯彻党中央、国务院和轻工业部为发展包装工业的一系列方针政策和措施，切实依靠各级地方和企业共同努力，促进轻工包装印刷工业有一个新的发展。

蓬勃发展的旅游产品

戚　应　祥

旅游业是一个有着广阔发展前途的新兴事业。旅游产品的生产和供应，是发展旅游业的一个重要组成部分。党的十一届三中全会以来，随着旅游事业的发展，在改革、开放、搞活的新形势下，旅游产品的生产也蓬勃发展起来。“六五”期间，来华旅游和港澳同胞回大陆探亲的人数达5 585万人次，平均年递增25.6%；旅游产品累计收汇21.26亿美元，占同期旅游业总收汇的38.2%。在旅游产品中，旅游工艺品收汇10.55亿美元，占旅游产品收汇的50%。1986年，在世界旅游业不很景气的情况下，我国旅游业仍然获得了较快的发展，入境人数达2 282万人次，比1985年增长28%；创汇15.3亿美元，比1985年增长22.4%。旅游产品收汇6.6亿美元，占同期旅游业总收汇的40%左右。其中：旅游工艺品收汇3.17亿美元，占旅游产品收汇的48%。旅游工艺品在工艺美术行业总产值中所占的比重，也由1981年的6%上升到1986年的13%。

旅游产品的生产和供应，是从1978年开始起步，先从旅游工艺品和纪念品抓起，以后轻纺和许多其他旅游产品相继投入市场。为了加速发展旅游产品，国务院先后下达了一系列文件，在方针政策上作了明确的规定，在物资资金上给了大力支持，有力地推动了旅游产品的生产供应工作。1980年，根据国务院批转国家经委《关于旅游纪念品、工艺品生产和经营若干问题的暂行规定》,成立了中国旅游产品生产供应公司，与轻工业部工艺美术总公司合署办公，大部分省、自治区、直辖市和重点旅游城市也先后建立了相应的机构，负责组织轻工、纺织等部门旅游产品的生产和供应，协助有关部门做好生产安排，组织货源，指导销售，协调有关物资供应和价格制订等工作。从1980年以来,每年组织二次全国旅游产品交易会，看样订货，疏通产销渠道。这已成为在全国范围内沟通旅游产品、内销工艺品生产和销售的重要渠道，对促进旅游产品和内销工艺品生产，适应旅游事业发展的需要，活跃城乡市场，起了积极的作用。1986年3月，在西安举办的第十九届全国旅游产品交易会上，到会工商代表7 000多人，展出的品种有38个大类，5 000多个花色品种，成交总额达5.77亿元，出现了购销两旺的好形势。在旅游产品的销售中，全国300多个工艺美术服务部发挥了骨干作用。1986年销售总额达5.3亿元，相当于同期商业部门旅游产品的销售额。全国享有对外经营旅游小额贸易权的工艺美术单位已有34个。为扩大旅游产品经营，1984年以来中国旅游产品生产供应公司还在全国13个省、市筹建联营贸易中心(公司),已经开业的有镇江、武汉、西安、广东、大连五个贸易中心，1986年总营业额达7 000万元。

随着对旅游产品需求的增加，旅游产品的生产规模也日益扩大。1986年，全国生产旅游工艺品的专厂达200多个。旅游产品的花色品种不断增加，出现了一批富有地方特色和纪念意义的旅游产品。1981年9月、1984年5月和1985年9月先后在南昌、北京、镇江三地分别开展了旅游产品评比，共评出受国内外旅游者欢迎的旅游产品200件（套)。评比的标准是：(1)具有民族风格和地方特色，富有纪念意义；(2)产品设计和工艺制作精良；(3)价格适宜，适销对路，为旅游者所喜爱；(4)产品的包装装潢精致美观，便于携带，适宜送礼。旅游产品的销售网点也已铺开，全国旅游产品销售单位共有3 000多个，其中轻工业部门的销售点近400个，对外开放的前店后厂约200多个，占对外销售创汇的三分之一以上。为扶持旅游产品生产，“六五”期间国家每年拨给专项基建投资1 000万元，“七五”期间仍将继续执行。

为了进一步搞好旅游产品的生产和供应工作，1986年3月，中国旅游产品生产供应公司在西安召开了省市旅游产品生产供应公司座谈会，贯彻国务院旅游工作会议精神，拟订了《重点旅游地区“七五”旅游产品发展规划提要》,并通过国家经委拟订了《关于扩大旅游产品生产和销售的若干规定》,上报国务院(1987年1月,国务院批转了这一规定),对旅游商品创汇的外汇留成，生产所需的进口专用原材料，减免关税，放开旅游商品的价格，“七五”期间的基建投资，生产和销售部门所用周转外汇和周转资金等，采取了一系列的扶持措施。

我国地大物博，山河壮丽，是一个有悠久文化历史的文明古国，旅游资源十分丰富。据有关部门统计，全国有重点风景名胜区44个，历史文化名城22个，重点文物保护单位241个，举世瞩目。随着对外开放，对内搞活政策的深入贯彻，不仅来华的外国游客日益增多，国内旅游也在迅速发展。据统计，1986年国内旅游总人数已达2.7亿人次，回笼货币约106亿元。因此，适应旅游事业发展的需求，大力搞好旅游产品的生产和供应工作，前景广阔，大有可为。

1986 年轻工业大事记

1月

3日 轻工业部科学技术咨询委员会和家用电器工业局联合于1日至3日在北京召开家用电器工业“七五”计划论证座谈会，20多位专家对发展家用电器工业的战略、方针和措施提出了建议。

3日 轻工业部部务会议决定，对1986年工作提出了“四抓”、“四增”的要求。即抓改革，增活力；抓改造，增实力；抓管理，增效益；抓精神文明建设，增强队伍素质。

9日 轻工业上海焊接技术研究所在沪成立。该所是由中国轻工业机械总公司、上海交通大学、上海市轻工业局、上海市手工业管理局共同建立的科研、教学、生产相结合的联合体，为提高轻工业产品和轻工业机械的焊接技术服务。

13日 轻工业部日用化工局于10日至13日在山东召开全国火柴生产座谈会议，重点分析了全国火柴积压和滞销的原因，并提出了解决的措施，要求各地制止盲目发展小火柴厂，统一零售价格，严格执行物价部门批准的价格。

15日 轻工业部、国家物价局联合通知，每吨出口原盐出场价增加5元人民币。

17日 轻工业部杨波部长会见日本普拉克公司会长后藤泰次郎先生一行，双方对在经济、技术、贸易方面的合作成绩感到满意，并对进一步加强塑料机械制造方面的合作进行了探讨。

18日 轻工业部二轻供销公司于14日至18日在北京召开分公司经理座谈会议，提出要认真研究物资体制改革的情况，广开原材料渠道，有计划有步骤地建立轻工业专用原材料基地。

20日 中国烟草总公司、中国轻工业机械总公司和许昌轻工业机械厂以技贸结合方式，引进英国技术，已由许昌轻工业机械厂试制成MK 8卷烟机并通过鉴定，在许昌卷烟厂正式投入使用。

中旬 轻工业部归口管理的机电产品出口工作座谈会在上海召开。会议研究、拟订了轻工业机电产品出口“七五”规划和1986年出口计划，初步审议了第一批出口基地企业和扩大外贸自主权企业的名单及为扩大出口所需要采取的技术改造、技术开发措施。

24日 轻工业部颁发《洗衣机产品生产许可证实施细则》。

25日 烟台合成革厂工程获国家优质工程奖，轻工业部基本建设司受国家计划委员会委托为该项工程颁发优质奖证章。

25日 我国最大的一条用于家用空调设备的热交换器生产线，在湖北省黄石市制冷设备厂建成投产。这是目前国内自动化程度较高的一条生产线，年产量为10万套。

27日 轻工业部部长杨波在轻工业部会见了美国百事可乐集团公司董事长唐纳德·简道尔一行，双方就合作问题交换了意见。

30日 轻工业部在北京召开了轻工业机械、衡器工业“七五”计划草案发布会，欢迎同兄弟部门合作生产轻工业机械和衡器。参加会议的有机械工业部、核工业部、航空工业部、电子工业部、兵器工业部、中国船舶工业总公司、航天工业部、国防科学技术工业委员会、商业部、农牧渔业部等有关部门的代表。

30日 轻工业部科学技术咨询委员会和造纸工业“七五”计划讨论会，对造纸工业的原料方针、建设重点、技术装备、环境保护和人才培训等问题提出了建议。

2月

1日 由轻工业部、对外经济贸易部、国家商品检验局、国家建筑材料工业局联合制定的《出口陶瓷质量监督管理办法(试行)》，从2月1日起执行。考核合格的瓷厂发给许可证，不合格的企业，产品不许出口。

5日 国务院第61次常务会议讨论轻工业生产问题，重申对轻工业“六优先”。

20日 轻工业部颁发试行《轻工业部技术引进和设备进口标准化审查管理实施细则》。

24日 轻工业部王文哲副部长会见丹麦新任驻华大使阿纳贝林，就加强中丹啤酒技术协作和利用丹方贷款发展黑龙江制糖工业等问题交换了意见。

25日 轻工业部盐务总局在北京召开全国盐业海水

养殖座谈会议，提出要采取优惠措施，建立盐业水产出口基地。

25日　轻工业部二轻工业局于20日至25日在天津召开全国皮革工业公司经理座谈会议。提出要采取猪、羊、牛皮并举以猪皮为主大力开发原料皮资源的方针，减少毛皮生皮出口，扩大制成品出口。

26日　轻工业部盐务总局于24日至26日在长芦汉沽盐场召开北方海盐区盐业生产工作座谈会。提出必须克服由于前几年盐供过于求而产生的忽视生产的思想，努力完成生产计划。

27日　国家经济委员会召集有关部门会议，决定组织联合调查组，对盐业上存在的重大问题进行系统的调查研究，提出综合治理方案。

27日　轻工业部基本建设司和计划司于23日至27日在苏州召开部直属直供建设单位基建计划会议，要求将投资包干和指标、投标作为重点来抓，严格控制投资规模，调整投资结构。

28日　轻工业部科学技术咨询委员会和一轻工业局于26日至28日在北京联合召开日用玻璃工业“七五”发展计划论证座谈会议，专家们对日用玻璃技术改造重点、投资方向及原材料、耐火材料、模具基地建设提出了建议。

3月

4日　轻工业部发出《关于纸张产品质量问题的通报》。

4日　全国烟草专卖局长、公司经理会议在北京召开，会议就贯彻《中共中央关于制定国民经济和社会发展第七个五年计划的建议》精神，坚持改革，加强烟草行业管理，提高企业素质，保证产品质量进行了讨论。国务委员张劲夫、王丙乾、轻工业部部长杨波出席了开幕式。

10日　由中央电视台、经济日报、中国轻工业报共同主办的首届“家家乐”创新发明奖授奖大会在北京举行。

12日　轻工业部工艺美术总公司于6日至12日在北京召开全国工艺美术公司经理会议，提出要抓好工艺美术品出口工作，加快发展旅游品生产，保护和发展传统工艺美术品，大力发展玩具生产。

12日　中央财经领导小组办公会议决定，糖粮挂钩的奖售粮政策不变，要粮的给粮，要钱的给钱。

13日　全国轻工业厅局长会议于3日至13日在北京召开。会议主要是研究讨论“七五”计划，安排1986年的任务和主要工作。国务委员张劲夫在闭幕会上指出，要坚持质量第一，重视消费品生产，继续对轻工业实行“六优先”。

13日　全国轻工业工会于3日至13日召开部分省市轻工业工会负责人座谈会。会议由全国轻工业工会副主席笪仲主持。出席会议的近60名代表，来自18个省、自治区、直辖市，讨论了动员轻工业职工开展劳动竞赛等问题。

15日　我国最大的啤酒生产企业——华都啤酒厂正式奠基。这个项目被列为北京市重点工程，由国家计划委员会、轻工业部、北京市联合投资。

17日　中国造纸学会碱法草浆专业委员会成立大会暨第一届学术交流会于12日—17日在苏州召开。

19日　轻工业部王文哲副部长会见意大利外贸部弗·马佐拉副部长，双方就木材加工培训和皮革生产技术合作进行了探讨。

19日　轻工业部颁发《日用陶瓷用滑石粉标准》等四项部颁标准。

21日　轻工业部王文哲副部长会见澳大利亚南澳州政府总理班侬率领的州政府友好代表团，双方希望加强食品工业方面的技术合作。

23日　全国自行车、缝纫机、钟表行业重点出口企业工作座谈会议于19日至23日在天津召开，主要研究有关自行车、缝纫机、钟表出口的经济政策问题。

24日　轻工业部王文哲副部长和丹麦首相施吕特共同在北京主持中丹啤酒酿造技术座谈会开幕式。

24日　轻工业部、劳动人事部、国家建筑材料工业局于20日至24日在河南开封联合召开审定会议，一致通过《玻璃生产配料车间防尘技术规章》(国家标准)。

24日　轻工业部于珍副部长会见日本三菱重工产业机器部部长藤幸雄一行，双方就轻工业机械制造业的技术合作交换了意见。

26日　全国盐业工作会议于21日至26日在天津召开，讨论盐的产销、税收、价格等方面的问题。

26日　轻工业部咨询委员会成立，于珍副部长兼任主任。

27日　全国省、自治区、直辖市和计划单列城市手工业联社主任会议于21日至27日在南宁市召开。会议讨论了全国轻工业集体企业第三届职工（社员）代表大会主要文件草案。

29日　轻工业部直属企业、事业单位第二次纪律检查工作会议在北京召开。会议进一步贯彻了中央机关干部大会和中央纪律检查委员会七次全会精神，分析了党风状况，对今年纪律检查工作做出了安排。

30日　轻工业部财务价格司于24日至30日在昆明市召开全国轻工业财务处长座谈会，提出要继续抓紧抓好扭亏增盈工作，提高资金使用效益，加强成本管理和财务监督。

4 月

1 日　河南省撤消一、二轻工业厅，成立河南省轻工业厅。

2 日　轻工业部召开“张洁世同志先进事迹报告会”,会上宣布了部党组《关于开展向优秀共产党员张洁世同志学习的决定》。

2 日　全国啤酒工业专项贷款项目落实及技术进步会议于3月27日至4月2日在上海召开，会上组织推广了14项新技术，检查了专项贷款的落实情况。

2 日　中央职称改革工作领导小组转发轻工业部制订的《工艺美术专业职务试行条例》及《实施意见》。

5 日　全国塑料工业公司经理（处长）座谈会议于3月31日至4月5日在成都市召开，主要是讨论塑料工业“七五”计划（草案）。

10日　赵紫阳总理在轻工业部编辑出版的《廉洁奉公的改革者张洁世》一书上题词，号召学习这位平凡而伟大的改革者的崇高品质。

14日　由轻工业部举办的全国轻工业厅局长经济管理研究班，第一期在天津轻工业学院开学。参加学习的学员共有16人，他们都是各省、自治区、直辖市及计划单列城市轻工业系统的负责人。轻工业部陈士能副部长主持了开学典礼。

15日　轻工业部发出《关于进口果酒、啤酒、清凉饮料、电阻焊缝自动制罐设备和引进技术实行统一归口联合对外管理办法的通知》。

16日　中央财经领导小组会议，同意对自行车、缝纫机、钟表技改项目核减调节税和给予贷款，先在天津、上海进行专业工贸联营公司试点。

17日　轻工业部王文哲副部长以副团长身份随中美经济贸易研讨会中方代表团前往美国访问。

20日　轻工业部杨波部长率中国轻工业代表团访问美国，就轻工业方面的经济技术合作问题深入地交换了意见，并讨论解决了双方过去几年合作项目中所存在的一些具体问题。

24日　轻工业部颁发《关于提高产品质量增加花色品种的意见》;《关于加强轻工业企业管理工作的意见》;《关于进一步开展轻工业经济联合的意见》。

26日　中国室内成套用品总公司于21日至26日在湖北黄石市首次召开五金、家具行业的经理座谈会议，讨论修改五金、家具行业的“七五”计划和出口创汇计划，研究技术进步和消化吸收工作。

5 月

1 日　轻工业部党组决定，由轻工业部经济研究所主办的《轻工业经济研究》杂志创刊，并于年内报请中共中央宣传部，国家出版事业管理局批准公开出版发行。该刊是我国轻工业经济理论与实践相结合的刊物。

6 日　轻工业部部长杨波、中华全国手工业合作总社副主任季龙、轻工业部副部长陈士能，在北京会见了以罗马尼亚手工业合作总社主席达尼卡为团长的罗马尼亚手工业代表团一行5人。双方交流了发展合作社（集体）经济的经验。

10日　长芦汉沽盐场震灾恢复重建工程通过竣工验收。

15日　在全国科技奖励大会上,全国轻工系统有115个项目受到国家奖励和表彰。

20日　轻工业部批复同意《中国轻工业机械总公司章程》,并开始生效。

20日　中共中央书记处书记王兆国在视察昆明三聚磷酸钠厂时指出，对引进设备，一要吸收、消化，二要熟悉掌握，还要进行改造。

24日　轻工业部组织了7个检查小组，分赴46个企业检查质量管理的情况。

25日　全国卷烟销售订货会议在哈尔滨召开，成交135万箱。

25日　由北京市工艺美术品总公司等单位发起的，有北京、上海、广州、沈阳、南京、青岛等24个城市参加的工艺美术公司联合协调组织在北京成立。国家经济体制改革委员会副主任安志文、轻工业部部长杨波到会祝贺。24个市工艺美术公司联合协调组织包括600多个企业，有20多万名职工。

26日　全国二轻供销工作会议于21日至26日在武汉召开。会议明确各级二轻供销部门是各级二轻(轻工)厅局的职能机构，轻工业部二轻供销公司分配的物资只对省、自治区、直辖市、计划单列城市的二轻供销公司。

27日　在北京市工艺美术品总公司召开了庆祝老艺人从艺五十周年暨命名工艺美术大师大会。有近300位多年从事工艺美术工作的专家、艺人获得大师称号或荣誉勋章。党和国家领导人彭真、李鹏、姬鹏飞、刘澜涛及轻工业部、北京市的领导人杨波、李锡铭、陈希同等为这次大会题词。

31日　全国轻工业教育工作会议于23日至31日在南京召开,讨论制订轻工业教育事业“七五”发展规划。

31日　赵紫阳总理视察北京造纸试验一厂，要求扩大水煤浆工业燃烧试验规模，加快推广这项新技术。

6 月

1 日　中华全国手工业合作总社季龙副主任率总社代表团应邀访问波兰，对波兰合作社的生产经营管理体制和改革情况进行了考察。

3日　轻工业部发出通知，公布取得台秤、案秤生产许可证的企业87个。

4日　中国国际工程咨询公司于2日至4日在北京召开抚顺洗涤剂化学厂（合成脂肪醇项目）可行性研究报告的评价会议。

4日　原来挂靠在国家经济委员会领导的中国食品工业协会、中国食品工业技术开发总公司和食品工业办公室被划归轻工业部挂靠领导。

10日　全国烟叶收购、调拨会议于4日至10日在郑州市召开。

12日　西安市啤酒饮料总厂年产10万吨啤酒建设工程举行开工奠基大会。

14日　轻工业部计划司、生产技术司、供销公司、二轻供销公司和中国工艺美术总公司于12日至14日在北京联合召开利用地方和企业留成外汇进口轻工业原材料会议。会议强调指出，组织利用留成外汇和调节外汇进口紧缺原材料，发展轻工业生产，是解决轻工业生产原材料缺口的有力措施。

15日　上海江南造纸厂从联邦德国引进的年产2万吨美术铜版纸生产车间项目举行投产仪式。

16日　上海自行车三厂自行车生产油漆自动生产线技术改造项目举行投产典礼。这个项目由上海轻工业设计院设计，属于目前国内先进水平。

17日　轻工业部生产技术司和财务价格司于14日至17日在安徽铜陵市召开轻工业集体企业危房翻建座谈会。

18日　国家经济委员会召开紧急会议，研究解决小商品经营中的问题。

18日　轻工业部基本建设司于11日至18日在北京召开轻工业设计工作会议，成立了中国勘察设计协会轻工业协会。

19日　轻工业部财务价格司在北京召开经济效益分析会议。

19日　中华全国手工业合作总社第二届理事会议于18日至19日在北京举行。会议专题研究即将召开的全国轻工业集体企业第三届职工（社员）代表大会的有关事项，提出并审议大会的主要文件。

20日　国务院批转轻工业部、中华全国手工业合作总社关于纠正平调二轻集体企事业资产问题报告（国发[1986]63号）。

27日　全国轻工业集体企业第三届职工（社员）代表大会于22日至27日在北京召开，党和国家领导人郝建秀、薄一波、张劲夫等同志出席。全体代表向全国轻工业集体企业职工倡议，为完成“七五”计划建功立业。

7月

1日　经上海市人民政府正式批准，上海市手工业管理局更名为上海市第二轻工业局。

7日　轻工业部、中华全国手工业合作总社联合颁发《中华全国手工业合作总社章程》。

7日　我国目前生产规模最大，技术最先进，生产速度最快的电冰箱生产线在广州市万宝电器工业公司冰箱一厂试产成功。这条生产线年产电冰箱20万台，平均每30秒钟生产一台。所试电冰箱的质量达到轻工业部规定的标准。

13日　中国玩具协会在北京成立。全国从事玩具生产、研究、经营、销售的单位参加了协会，是一个跨地区、跨部门、跨所有制的行业性组织。

17日　轻工业部和国家体委于11日至17日联合召开十一届亚运会体育器材工作座谈会，力争在十一届亚运会上多用国产体育器材。

18日　轻工业部发出通知，要求加强财务管理工作。

20日　广西壮族自治区钦州地区发生了一起1934年以来历史罕见的九号台风、特大海潮的袭击，直接经济损失32 569万元，因灾死亡40人。特别是盐业系统受灾严重，全地区7个国营盐场，海堤大部分被冲毁，盐田全被淹没；房屋、仓库、大部分崩塌；原盐、设备被毁坏、冲走。经济损失5 530万元。各级领导全力以赴，抢险救灾。中央拨款800万元，自治区贷款1 300万元支持灾区，使灾区早日恢复生产，人民生活安定团结。

25日　轻工业部颁布钟表行业11个专业标准。

26日　轻工业部和航空工业部联合试制成功国产第一套豆奶生产设备。首次制出可饮用的豆奶。经检测、化验，豆奶和生产设备的各项指标，完全符合质量指标和食品卫生要求。

30日　由全国规模较大的34家工艺美术服务部参加的工艺美术服务部联合会在沈阳成立。联合会的常务办事机构设在北京工艺美术服务部。

下旬　轻工业部召开了第二次节能工作会议。会议对“六五”期间的节能工作进行了总结，对1986年节能工作进行了安排。会议要求轻工业系统各行业以贯彻落实《节约能源管理暂行条例》为中心，努力节能降耗，提高经济效益为目标，节能率要达到3%，力争3.5%，计划全年节约和少用标准煤180万吨至200万吨。

8月

4日　商业部、国家物价局、轻工业部联合通知，要求认真组织好特号鞋、中老年人鞋的生产和供应工作。

7日　轻工业部发出通知，要求从严控制进口果汁设备及中外合资、合作经营饮料项目。

12日　轻工业部于2日至12日在北京召开了“人事信息管理系统培训工作会议”。轻工业部副部长王文哲在讲话中指出：利用微机系统进行人事管理，是形势发展的需要，是改革人事管理制度的重要手段之一，希望各级领导要重视这项工作，使轻工业部的人事信息管理系统尽快建立起来。

15日　国务院第116次常务会议讨论了《关于增强轻纺工业活力若干政策措施的意见》和《关于建立轻纺产品出口生产体系的请示报告》。

16日　轻工业部家用电器局召集全国十大家用电器名牌厂家（广州万宝电器工业公司、北京电冰箱厂、苏州电冰箱厂、上海洗衣机总厂、北京洗衣机总厂、北京洗衣机厂等）和四大百货商场（北京百货大楼、东风市场、西单商场、东四人民市场）的有关领导，就如何贯彻执行八部委《关于认真落实国产部分家用电器“三包”规定的通知》进行讨论。各大厂家交换了产品售后服务的经验，研究了搞好“三包”的具体作法。四大商场也提出，要加强销售和维修工作。与会者建议成立联合维修点，同时维修各家产品，进行综合售后服务。

19日　全国盐业部分负责人和价格人员会议于17日至19日在太原市召开，重点讨论了盐出场价初步方案和对定点工业用盐实行优质优价方案。

21日　中共中央政治局委员、全国人大常委会委员长彭真视察了唐山市陶瓷工业公司，并写下了“从实用和美观等方面吸收世界先进经验，精益求精，攀登世界高峰”的题词。

23日　轻工业部发出通知，要求抓好1986年轻工业国营企业扭亏增盈工作。

25日　轻工业部颁发《关于增强轻工业机械企业活力若干问题的实施细则》。

26日　轻工业部下放大连红旗机械厂、牡丹江二轻机械厂、佳木斯轻工业机械厂、苏州轻工业电机厂、武汉衡器厂、江门电子技术设备厂6个部直属集体工业企业。

28日　轻工业部出口办公室于25日至28日在烟台市召开落实第一批轻工业机电产品出口基地企业和扩权企业技术改造项目会议。

28日　首次全国轻工业系统干部学校校长座谈会在安徽省屯溪市召开，各省、市、自治区、计划单列城市共34所直属干部学校的校长参加了会议。

29日　全国部分轻工业厅、局信访工作座谈会在抚顺市结束。这次会议认真贯彻落实中央信访工作座谈会精神，交流了轻工业信访工作的经验。

31日　国务院总理赵紫阳视察了青岛啤酒厂。赵总理在听取该厂汇报后，对该厂扩大产品出口和经营体制改革作了重要指示：扩大出口，第一直接对外，第二以你们为中心联合，第三自己以进养出。要增加外销。

9月

1日　轻工业部颁发《气压出水保温瓶专业标准》。

2日　轻工业部在河北省宣化召开了全国凸版纸、新闻纸质量工作会议。全国20个省、市、自治区和计划单列城市的轻工业厅(局)、造纸公司以及80个凸版纸、新闻纸的生产厂家参加了会议。

13日　轻工业部盐务总局和财政部税务总局于9日至13日在福州市联合召开全国调整盐出场（厂）价格会议。

15日　我国第一个研究少数民族服装的专职机构——中国服装研究设计中心新疆民族服装分中心，在乌鲁木齐市正式成立。

16日　全国轻工业质量管理经验交流、表彰会议于12日至16日在烟台市召开。轻工业部表彰了一批优秀质量管理单位和个人，对轻工业质量管理工作进行了部署并制订了提高产品质量的措施。

16日　我国皮革行业第一家中外合资企业和第一个山羊皮革出口基地——江苏省南通苏桑皮革有限公司正式开工投产。这个公司从法、意等国引进了先进的制革设备和制革工艺，投产后，每年可制成100万张优质山羊皮革，全部销往国外，年产值可达3 000万元左右。

17日　轻工业部归国华侨联合会在北京正式成立。

17日　中国工艺美术品百花奖第六届评审会议于10日至17日在北京召开。

18日　贵州省人民政府在首都人民大会堂隆重举行招待会，庆祝茅台酒获巴拿马国际博览会金质奖七十周年，获巴黎国际美食品及旅游委员会金桂奖一周年。党和国家领导人田纪云、方毅、余秋里、秦基伟、彭冲、杨静仁、朱学范、周培源、周谷城、荣毅仁、谷牧、张劲夫、王丙乾、陈再道、吕正操，轻工业部部长杨波，贵州省轻纺工业厅厅长邱栋臣，贵州省茅台酒厂厂长邹开良，酿酒界知名学者、专家苗子岚、周恒刚，以及各界知名人士共300多人出席了招待会。

18日　轻工业部颁发《胶粘布鞋》、《布鞋成鞋检验方法》和《布鞋用线》三项专业标准。

25日　全国部分省市二轻供销公司经理和有关业务

工作人员座谈会于23日至25日在北京召开。会议研究用国家调节外汇和地方留成外汇进口紧缺原材料问题。

29日　轻工业部王文哲副部长率中国轻工业代表团在瑞典、芬兰考察访问，重点考察了木材制浆造纸行业和食品包装工业。

29日　国务院任命江明为中国烟草总公司经理、国家烟草专卖局局长；免去李益三的中国烟草总公司经理、国家烟草专卖局局长职务。

10月

18日　1986年国家重点竣工投产项目——昆明三聚磷酸钠厂二期工程，经过3年多的建设试车成功。

19日　全国轻工业系统家用电器工作会议于14日至19日在广东省中山市召开。

20日　全国轻工业劳动保护工作会议于16日至20日在南京召开。

21日　江苏省第一家大型啤酒厂——南京啤酒厂在江浦县举行开工奠基仪式。南京啤酒厂建设规模为年产啤酒12万吨，总投资1亿多元。

21日　辽宁省联社与辽宁省体制改革办公室联合召开了"辽宁省二轻工业系统租赁经营试点工作座谈会"，会议总结、讨论了63家集体企业租赁经营试点工作的成功经验和失败教训，提出了租赁经营工作应该注意的问题和租赁试点工作的具体要求。

21日　中共中央政治局委员、国务院副总理万里在中共上海市委书记芮杏文陪同下参观"上海二轻工业产品升级换代扩大出口汇报展览"，就轻工业产品提高质量，实现国产化，扩大出口创汇等问题作了重要指示。

24日　华北地区轻工业集体经济研讨会于20日至24日在北京召开。会议研究和探讨发展轻工业集体经济的理论和政策问题。

30日　轻工业部劳动工资司于26日至30日在广东省汕头市轻工业机械厂召开了部属企业工资改革座谈会议。

30日　轻工业部成立工艺美术专业高级职务评审委员会。

30日　全国制糖行业引进技术消化、创新、推广座谈会议于25日至30日在吉林省新中国糖厂召开。

31日　江苏省人民政府批转江苏省计划经济委员会、财政厅、轻工业厅等12个部门《关于扶持发展小商品生产、经营有关政策的报告》，对小商品生产的原材料供应、电力供应、资金扶持、减免税、加强对小商品生产和供应工作的领导等方面作出了八条政策性规定。

11月

2日　轻工业部食品工业局在吉林省新中国糖厂召开北方9省（区）甜菜制糖生产工作会议，提出要大力提高甜菜单产和含糖量，积极争取调整糖价。

4日　轻工业部杨波部长会见以沙捞越州首席部长达图·塔伊卜为团长的马来西亚政府木材贸易代表团部分团员，双方就加强两国木材的贸易往来和加工技术合作交换了意见。

4日　轻工业部在北京政协礼堂召开"小商品生产情况介绍会"。国家计划委员会、国家经济委员会、新华通讯社、人民日报社、经济日报社、中央人民广播电台、中央电视台等各级经济主管部门和首都新闻界的同志100多人到会。轻工业部副部长康仲伦同志介绍了小商品生产情况以及面临的困难。

9日　全国轻工业第二次调研成果交流会于5日至9日在广西壮族自治区柳州市召开。

9日　全国合成洗涤剂会议于4日至9日在洛阳市召开，会议决定从1987年1月1日起对产品质量执行新的部颁标准。

11日　上海市轻工业技术咨询工程承包公司在上海成立。这家公司具备了专业配备和智力结构合理、横向联系广泛的多层次咨询网络，能够承担各类工程和技术咨询的任务。

11日　中共中央书记处书记郝建秀受赵紫阳委派在上海就"振兴轻纺，扩大出口"进行调研，听取了上海市轻工业局领导关于扩大轻工业产品出口创汇规划的汇报，并就发展上海轻工业产品出口发表了重要讲话。

12日　中华全国手工业合作总社季龙副主任会见以手工艺联合会主席安托尼奥·科卡罗为团长的意大利手工艺联合会代表团。

12日　中国室内成套用品总公司与中国工艺品进出口公司于8日至12日在苏州市联合召开扩大家具出口会议。

14日　国务院第124次常务会议决定，二轻工业系统的各级管理机构原则上要撤销，轻工业部内不分一轻二轻。

15日　全国造纸行业流动资金管理办法讨论会于11日至15日在成都市召开。

16日　全国轻工业系统第二次少数民族用品先进企业表彰会议于12日至16日在广西壮族自治区南宁市召开，47个少数民族用品企业获得先进企业称号。

18日　中共中央书记处书记郝建秀到上海梅林罐头食品厂、上海家用化学品厂、上海保温瓶一厂、上海玻璃器皿一厂、上海玻璃器皿二厂进行考察调研。

20日　中国室内成套用品总公司于18日至20日在苏

州市召开家具工业重点科研所所长会议。

21日　轻工业部颁发《合成洗衣膏》标准和《通用水基金属净洗剂》标准。

22日　全国轻工业服装科研会议于20日至22日在北京召开。

24日　轻工业部、国家标准局、国家计量局、国家工商行政管理局联合通告，公布第一批取得大型、专用衡器生产许可证的企业35个，产品344个。

25日　全国钟表博览会于17日至25日在北京举行。

26日　全国盐业局长（经理）会议在天津市召开，会议认为盐业利微税高，需要优惠政策，要尽快解决工业盐和食盐出厂同价的问题。

28日　经中央财经领导小组决定，中国服装工业总公司由轻工业部划归纺织工业部。

28日　轻工业部生产技术司、中国经济记者协会和中国轻工业报社联合举办全国轻工业新产品介绍会，集中地为广大企业和消费者传播轻工业新产品信息。首都30多家新闻单位的记者参加了这个会。经轻工业部生产技术司确认的19家企业在会上介绍了他们的产品，并操作表演。

29日　“吉林省洗衣机工业集团”在长春市正式成立。这个集团是以前长春市洗衣机厂为“龙头”，以生产洗衣机为核心的跨行业、跨地区、跨所有制的联合集团。

12月

3日　中国食品工业协会第二届理事会第二次全体会议在北京召开。

3日　轻工业部颁发《全国搪瓷工业企业成本管理办法》。

3日　我国第一家大型造纸企业集团——东华制浆造纸企业集团在北京成立并正式开业。这个集团由北京市造纸包装工业公司、吉林造纸包装厂、佳木斯造纸厂、青州造纸厂、乐山造纸厂、北京轻工业产品联合公司和吉林轻工业设计院联合组成。

4日　全国轻工业环保工作会议在苏州市召开。

5日　轻工业部杨波部长率中国政府友好代表团访问尼泊尔，主要任务是参加我国援建的巴里科蒂纸厂竣工典礼。

10日　轻工业部部长杨波与航空工业部部长莫文祥共商振兴我国轻工业，两部密切合作，互相支援的具体事项，双方就轻工业有关行业的技术改造合作问题交换了意见，商定会后要具体落实，并纳入各自的规划。

11日　苏州电冰箱厂为扩大生产、上等级，与意大利扎努西公司就电冰箱技术合作和引进设备签订了合约，这是目前国内同行业中规模最大的引进项目，已列入国家“七五”计划。

15日　国务院办公厅转发国务院机电产品出口办公室关于在天津市和上海市组织自行车、钟表联营进出口公司方案（国办发[1986]94号）。

15日　上海英雄绘图机厂试制成功的图形数字化仪通过技术鉴定。图形数字化仪是能将各种图纸和图形信息转换成计算机能够识别的数字信号，是计算机辅助设计系统必备的输入设备，在工程设计和绘图上充分发挥高速度、高效率、高精度等优越性，广泛应用于机械、电子、建筑、服装、船舶、轻纺工业的辅助设计和辅助制造。这种图形数字化仪获上海市优秀新产品一等奖。

20日　上海铝材厂年产6000吨阔幅铝箔车间举行开工典礼。

20日　轻工业部杨波部长率中国代表团于15日至20日出席中国、保加利亚人民共和国经济、贸易、科技合作委员会第二届会议。

23日　全国洗衣机产品生产许可证第一批发证大会于20日至23日在上海召开。

27日　全国轻工业劳动工资统计工作会议于24日至27日在南京市召开，讨论了《中国劳动工资统计竞赛评比办法》。

（张崇和　蒋晓平）

新 闻 人 物

【戴洪祥】 著名的高级小提琴制作大师。男，1928年生，北京房山县人。1951年，他到北京新中国乐器社当锯木工。经刻苦学习，钻研制琴技术，后来成为一名制琴工人。30多年来，他潜心求艺，练就一副精湛的刀法和细腻的工艺风格。为揭开提琴音响的奥秘，他抓住为国内外演奏家修琴的机会，分析了300多把提琴的特点，特别是从许多名贵古琴中积累了有关的大量数据、资料，丰富自己的制琴经验。为使小提琴音、形、色俱佳，他在有关专家的配合下，对我国各主要木材产区的树种、材质进行深入研究，精选出传音速度快的兴安岭白松和共鸣好、有放射性花纹的槭木，分别做面板和背板。戴洪祥继承了提琴发源地意大利古代名琴的传统风格，为中国人演奏方便，对琴型等进行了许多有成效的改革，使戴氏琴琴型典雅、发音灵敏、穿透力强，音色明亮而不失柔美，浑厚而不沉闷。他的琴曾作为中国乐器精品送联邦德国博览会展出，也曾被周总理作为珍贵礼品赠送国际友人。他本人也于60年代初，以中国提琴制作专家的身份，到阿尔巴尼亚传艺。进入70年代后，戴洪祥更加勤奋，技艺也愈益纯熟。1979年，他制作的小提琴获全国提琴制作比赛总分和音质两个第一名；1980年，他应邀到日本参加世界提琴制作家作品展示会，会上以他的琴为基准琴；1983年10月，在联邦德国卡赛尔的国际高级提琴制作比赛中，他制作的小提琴获音质金奖，这是我国第一次在国际小提琴制作艺术大赛中获奖。

戴洪祥精神高尚，技艺超群而不保守，积极培养年轻制琴工人，他名声大而谦虚谨慎。

1979年，他被评为北京市劳动模范。1984年，北京市政府授予他特等劳动模范称号。1985年6月，中共中央整党指导委员会将他的事迹向全国做了介绍。同年，中共北京市委授予他北京市优秀共产党员称号。1986年他又获得全国“五一”劳动奖章。1983年，轻工业部授予他“提琴制作大师”称号。

（杜淑敏）

【袁中伏】 技术革新能手。男，1940年8月生，河北省深县人。北京电池厂工人技师。

1958年，袁中伏小学毕业后考入北京电池厂，当时这个厂拌粉、筛粉等主要工序技术装备非常落后，条件艰苦，劳动强度大。他克服了文化水平低等许多困难，设计制造了一台带有密封防尘罩的磨筒机，减少了污染，减轻了工人的劳动强度。从此他坚持进行技术革新十几年不辍。1980年11月，他和几个青年工人设计、制造了北京电池厂一条电池生产线，使这个厂电池日产量提高了20%，为建成这条生产线，袁中伏放弃了一次难得的考取助理工程师的机会，至今仍然只是一名工人技师。自1972年以来的14年中，他先后成功地完成了15项技术革新，主持了6条生产线、80多台机器的设计制造，其中自动包纸抹腊机是国内电池行业首创的设备，解决了长期以来手工包电芯纸费工费时的难题，工效提高了两倍多，这项革新成果参加了北京市轻纺工业技术革新展览会和轻工业部电池行业经验交流会。袁中伏由工厂保送到清华大学机械系进修了2年，使他的知识及才干又得以提高。

由于工作成绩显著，自1972年以来，他多次被评为北京丽源日化股份有限公司和北京市一轻系统的先进生产者，1972年被评为北京市技术革新能手。1979年至1985年三次被评为北京市劳动模范。并获得全国总工会颁发的“五一”劳动奖章。

（杜淑敏）

【王麟】 男，1938年3月生，北京市顺义县人，大专文化，中共党员。1954年参加工作。自

1957年开始从事纸张生产和生产管理工作至今。曾任干事、党支部书记、车间主任等职，现任北京造纸七厂厂长、北京市厂长（经理）研究会理事、中国企业管理协会理事。

王麟重点抓了科学管理和技术进步两项工作，使企业的面貌为之一新。在实现企业科学管理工作中，形成了具有特点的企业管理体系，保证了企业各项工作持续、稳步发展。因而，在北京市同行业中实现了五个第一。即第一批企业整顿合格的单位；第一批实行经济责任制的企业；第一批实行工资总额与上缴利税挂钩的企业；第一家获得北京市经委企业管理成果奖的企业。1986年，王麟把改变产品结构、提高产品质量、改造动力设备、降低能源消耗作为企业技术改造的重点，收到显著效果。其中4＃圆网纸机的改造，不仅增加了高强瓦楞纸等新产品，而且以优质、高效获得“北京市优秀技术改造项目奖”。此外，还组织了压差发电项目的立项、施工工作。该项目投产后年发电量可达800万度，为全厂耗电量的1/3。

在王麟的领导下，经过广大职工的共同努力，北京造纸七厂在“六五”期间产值平均每年递增20.9%，上缴税利五年累计32 00万元，为全厂现有固定资产的2.5倍。1986年实现利润836.5万元，比上年增长19.2%；人均创利税9757元。年创汇近100万美元。1985年该厂获轻工业部授予的“全国轻工企业管理优秀单位”称号，1985年、1986年均获得北京市授予的优秀管理企业称号。王麟本人连续被北京市评为1984年度、1985年度和1986年度的优秀厂长。

（韦建成）

【李国岐】河北省安平县人，中共党员，生于1935年7月15日。李国岐是北京日用化学四厂的创始人之一，自1961年起，先后担任过该厂厂长、书记等领导职务，自1985年7月起任厂长兼书记至今。25年来，他带领全厂职工艰苦创业，开拓进取，在一个旧庙的基础上，建成了具有现代化生产规模的全国生产化妆品的重点企业。

党的十一届三中全会以来他首先在企业内部进行了大胆改革，有计划、有步骤地狠抓了人员素质、管理素质和技术素质的提高。在人事劳动制度方面实行了聘任制，将一批具有开拓精神，事业心、责任感强的职工安排到各级领导岗位，并赋予他们与其职务相应的权利；在企业内部分配上，以企业总目标为依据，将企业发展战略与各项基础工作相结合，以提高经济效益为目的，按照责权利相结合的原则，正确处理国家、集体、个人三者之间的关系，使全厂干部职工考核有指标，工作有目标，分配有提高，极大地调动了职工积极性，从而使企业的各项经济技术指标年年都有新的突破。1986年工业总产值达到3 200万元，实现利润542万元，分别比上年提高53.9%和50.2%，上缴税金762万元，人均创利税3万元。

李国岐注重企业更新改造，向技术先进和产品结构合理要效益。1983年他两次去美国进行考察，与美国爱芳股份有限公司洽谈合作生产高级爱芳润面霜，进行了建厂以来规模最大的技术改造，建成了布局合理，备有空调及先进设备的亚洲第一流的化妆品生产大楼，为化妆品生产适应时代的需求造创了重要的条件。几年来，北京日用化学四厂生产的紫罗兰系列、洁美系列、华夏男用系列、小天使系列等各种化妆品和护肤品已达200个品种，产品畅销全国，远销海外。其中紫罗兰香粉、防晒霜、丹参膏、发乳、护唇油、儿童霜、古龙水、代雪花、爽身粉9种产品获北京市优质产品称号。紫罗兰药制香粉还获轻工部优质产品称号。

李国岐开拓进取的精神，使他在全国同行业中成为一名有影响的人物。现在他是中国香精香料化妆品协会理事、中国化妆品专业委员会副主任、北京市集体企业厂长(经理)联谊会常务理事、北京丽源日用化学股份有限公司副董事长、北京市广告协会理事。1986年，李国岐被评为北京市经委系统优秀厂长，并当选为北京市宣武区人民代表。

（齐立林）

【袁振国】现任北京市北冰洋食品公司经理。男，1937年生，中共党员。1962年毕业于天津轻工业学院食品工程系，同年分配到北京食品行业工作。先后担任大中型食品企业的车间主任、党支部书记、技术科长、办公室主任、厂长和北京食品总厂副厂长。

袁振国坚持“质量第一、用户第一、服务第一、职业道德第一”的指导思想，制定了推动技术进步，加强经营开拓，扩大出口创汇和发展横向经济联合的经营方针。他重效益，讲速度，实行了多种形式的经济承包责任制，使公司的主要经济技术指标连续两年环比递增：工业总产值递增率为3.8%；实现利润递增率为20%；上缴利税递增率为20%；主要产品产量递增率为28.2%。出口罐头行销欧洲、非洲、中东、东南亚等40多个国家和地区，年创汇600多万美元。产品质量稳定提高，优质品率由1984年的42%提高到48%。出口的猪肉香肠罐头获国家银质奖。袁振国主持制定了以优质产品为龙头、以技术进步为重点的发展规划。该公司先后从美国、日本等7个国家引进了具有80年代国际先进水平的技术装备。调整产品结构，先后开发并投产的新品种、新花色有16种。初步形成北冰洋饮料产品、包装规格系列化。为扩大北冰洋产品的生产能力，袁振国努力向产品集团化发展，该公司已与全国20个企业进行经济联合，并将本市销售网点从1985年的57个，扩大到1 200多个，覆盖面达70%以上，使北冰洋产品在首都169个饮料厂家和392个冷食厂家的竞争中一直处于领先地位。

袁振国1986年获北京市一轻系统优秀共产党员称号；1985年和1986年连续两年获北京市工业系统优秀经理称号。

（谢广福）

【高建余】北京市优秀厂长。男，1931年生，河北省丰润县人，从事酿酒工业多年。曾任北京葡萄酒厂党总支书记，北京双合盛五星啤酒厂党总支书记。1979年起，任北京双合盛五星啤酒厂厂长。

高建余发挥双合盛五星啤酒厂老厂的优势，有两个突出贡献。一是采用引进国外新技术全面改造老设备。进入80年代，这个生产啤酒质量好而设备十分破旧的老厂，面临着老设备要全面更新问题。当时有个改造方案，针对五星啤酒厂场地陕小，没有扩大改造余地，采取在原有规模基础上，用复制古董的方法，更新旧的设备。高建余改变原方案，极力主张引进国外新技术来更新改造，这个新方案，在充分利用现有条件基础上，不但可以成倍扩大生产能力，而且可以进一步提高产品质量，改变产品结构，有利于充分发挥老厂传统优势。这个有远见的改造方案得到获准执行。现在第一期引进比利时技术改造糖化等主体工程已经完成，第二期改造也紧张进行，预计完成后，年产能力可以增加到8万吨以上，比现在增加一倍多，在产品结构上可以改变目前中高档少，低档多的局面。使这个有70多年历史的老厂全部脱胎换骨，不但在国内市场，而且在国际市场上为增强竞争力打下了坚实的技术基础。

二是发挥老厂传统名牌产品优势，建立联合企业集团初见成效。到1986年已与黑龙江、河北、青海、河南、山西、福建等7个省市10家企业进行了多种形式联合，并于1986年8月建立了全国啤酒行业第一家跨省市、跨行业、跨所有制的北京双合盛五星啤酒联合公司，不但有效地提高了联合企业产品质量和效益，而且也扩大了名牌五星啤酒在外地市场的供应。

高建余在企业领导体制改革中，正确处理与党委和职代会的关系，较好地建立了以厂长负责制为中心的领导机制。高建余重视企业的经营管理，推行各项经济责任制。在生产上首先抓节约用水，节约能耗这个重点，初步实现微机监测与控制，并在财务管理、生产统计等企业管理方面开始应用微机管理。由于管理成绩显著，1986年该厂被评为北京市工业系统优秀管理企业。

由于高建余治厂有方，从1983年到1986年，4年累计向国家上缴利税3 527.1万元，相当该厂固定资产净值的2.89倍；1986年完成工业总产值1 738万元，比上年增长26.8%，比1980年增长63.1%；实现利润841万元，比上年增长26.2%，比1980年增长2.4倍；上缴利税839.6万元，比上年增长24.5%，比1980年增长3.59倍；全员劳动生产率21 889元，比上年增长26.9%。产品质量稳定提高。部优、市优产品达4种。1986年五星特制啤酒获国家银质奖，并在国内十大商场和新闻单位发起的评比活动中，评为最受欢迎的产品及“十佳”饮料之一。1986年五星啤酒开始恢复出口，先后进入美国、英国、香港等国际市场，年创汇90万美元。

高建余注意改善职工的生活，在他的主持下，近几年新建职工宿舍11 138平方米，300多户职工迁入新居。随着企业效益的增长，1986年全厂职工人均收入1 500元。

1986年高建余被评为北京市优秀厂长。

（齐立林）

【张洁世】廉洁奉公的改革者。中共北京市委和中共轻工业部党组曾先后发出通知、决定，号召党员、干部、职工学习张洁世的崇高思想

和优秀品质。

张洁世，男，1932年生，1952年参加革命工作，1973年加入中国共产党，历任北京市第24缝纫生产合作社、第65缝纫生产合作社、第一服装生产合作社主任；服装制品厂、服装三厂生产科科长、副厂长、厂长；北京长城风雨衣公司经理等职。1981年起两次被评为北京市劳动模范。1985年被评为北京市特等劳模并获全国“五一”劳动奖章。1986年2月北京市委授予张洁世优秀共产党员的光荣称号。

开拓创新。张洁世是“长城风雨衣”的奠基人。他担任服装三厂厂长时，正值企业“转轨变型”，该厂一直靠商业包销的传统老产品——棉服订货锐减，企业面临严重的困难。他大胆冲破“专业棉服”生产的凝固分工，选定了风雨衣的生产方向，亲带一批人3次外出取经，7访洗染店，4赴印染厂，编工艺，算成本，搞方案，经两个月的奋战，制出了第一批风雨衣，张洁世为之取名“长城牌”。经过试销，一举成功。张洁世对此并未满足，又带领技术人员开发了防寒服和茄克衫，彻底甩掉了老棉服，全年创利比上一年增长20%，不仅在国内市场站稳了脚跟，而且挤进了国际市场。

大力推进横向经济联合，组建长城风雨衣公司。为了提高生产能力，扩大国内外市场，他积极主张跨地区、跨行业、跨部门的经济联合，倡导并组建了有京郊、外埠14个生产厂参加的长城风雨衣公司，与京棉二厂等单位组成了一条龙协作的经济联合体，产品行销国内56个大中城市并远销20多个国家。

坚持实行浮动工资，积极改革企业内部分配制度。张洁世积极依靠党的组织，做好群众的思想工作，在厂内制定并实行了定分、定值的浮动工资方案，为打破平均主义，贯彻按劳分配原则，调动广大职工的积极性进行了大胆的探索，提供了宝贵的经验。

张洁世心底无私，廉洁奉公，正确对待手中的权力，正确对待荣誉，把国家的利益放在第一位，时刻关心企业和职工的利益，从来不在奖金、福利等个人利益上为自己和家庭谋取私利，是新时期一位平凡而伟大的改革者。

张洁世于1986年3月22日因病逝世。

（姚学高）

【邢德海】 北京市皮革行业的优秀领导干部。男，1940年生，1958年参加工作，1961年入党，大专文化程度，1977年被评为市先进科技工作者，1978年以来先后被评为北京市劳动模范、全国劳动模范。现任北京市皮革工业联合公司经理、总工程师。

1986年北京市皮革公司改为企业性联合公司后，他明确提出公司要以“服务于企业，发展行业”为宗旨。他带头下厂办公，认真为企业排忧解难，1986年协助企业解决进口牛皮27万张，猪皮150万张，牛面革1 300万张，疏通季节性贷款600多万元。

邢德海注重市场信息，注重新产品的开发。他撰写论文，提出“更新产品是企业发展之本，企业生存之道是产品的创新”的观点，并指导北京市皮革行业，先后研制成功了代替天然革的浸渍型包头新材料、高频压花、PV革、仿皮底、仿树胶底、牛服装革等。1986年全公司四新产品试制达7 271种，投产506种，新花色试制2 203种，投产468种，在全国质量评比的16个产品中有12个获一类产品，获国家优质产品1个，部优产品5个，市优产品5个。

邢德海重视企业管理工作，积极探索企业租赁制及多种形式的承包经济责任制的改革，推动生产的发展。1986年全市皮革行业完成工业总产值2.9亿元，比1985年增长1.32%；主要产品投皮完成104万张，比1985年增长5%；皮鞋完成836万双，比1985年增长4.17%；上缴利税2061万元，比1985年增长4.1%。

（姚学高）

【向锋】 北京市优秀厂长。男，1943年生，中专文化程度，1963年2月参加工作，中共党员，现任北京市塑料八厂厂长。

1986年在外部条件造成100多万元减利因素的情况下，向锋大胆改革，果断决策，不仅在企业内部消化了减利因素，而且取得了全年实现工业总产值2 668万元（比1985年的2 506.4万元提高6.4%）、利润300万元（比1985年的285万元提高5.3%）、人均创利5 474元的好成绩。

坚持改革。1986年向锋在用人制度上进行了两项大胆的改革，一是对干部实行聘任制，进行公开招聘，打破了干部只能上，不能下的终身制，启用德才兼备，敢于进取，符合“四化”要求的人才；二是对工人实行上岗、试工、编外制，合格的准予上岗，享受企业现行待遇，不合格的进行试工或“编外”，“编外”只领取生活费，这些改革，打破了“铁饭碗”，使全体职工、干部有了压力，激发了工作的热情和积极性，形成了学管理、学技术的好风气。

抓企业的全面管理。注重产品质量，在他的领导下，全厂建立了全员全面质量管理网，该厂的产品质量在同行业中处于领先地位；向锋为了开发市场，他领导、组织全厂八支队伍分别进行市场调查和走访用户，并做到发货及时，信守合同，使产品供不应求，同时他十分重视新产品的开发工作，在巩固“打包带”、“捆扎绳”拳头产品的基础上，又领导研制出了“塑料挤出网”和“塑料缎带”、“填充改性造粒”等产品。

向锋以自己出色的工作，开创了企业的新局面，被北京市经委评为优秀厂长。

（姚学高）

【赵国政】 北京市东单皮鞋厂厂长。男，1936年4月生，1952年参加工作，1953年入党，高中文化程度。赵国政同志勇于开拓，严于律己，正确处理党政关系，自觉接受党委的监督，1985年被评为北京市劳动模范、优秀共产党员，1986年被评为北京市优秀厂长。

赵国政担任厂长后，坚持走“内引外联”、“城乡结合”的发展道路，并与港商合资建立了“东连企业有限公司”，在宁夏建立了“东单皮鞋厂中卫分厂”，巩固发展了加工点（厂）。通过合资，他“就近学习，加强管理，抓好配套，改进自己”，努力提高本企业的管理、技术素质；通过内联，积极输出技术，扩大本厂的生产能力，从而使东单皮鞋厂的生产不断发展，经济效益不断得到提高。

赵国政治厂从严，十分重视维护本厂产品的质量和声誉。他提出并建立了对加工点（厂）发放质量合格证的制度，重视产品售前及售后服务，做到定人、定点、定责服务上门；产品售出3个月内，发现厂方质量问题包退保换，受到商业部门及消费者的好评。东单皮鞋厂的产品在全国同行业产品评比中，有两个产品分别获得一类第一名和第三名。

在赵国政的领导下，东单皮鞋厂的生产经营工作从1982年至1986年连续5年迈了五大步。1982年产量76.5万双，1986年完成137.17万双，平均每年增长15.8%；1982年完成产值1 086.9万元，1986年完成1 882万元，平均每年增长14.7%；1982年完成利润84.2万元，1986年完成401万元，平均每年增长51.3%，取得了显著的成绩。

（姚学高）

【于光远】 优秀的企业管理者。男，1935年生，大学文化程度，中共党员，现任北京市塑料三厂厂长。

于光远自1982年担任该厂厂长以来，致力于企业内部改革和创新，使企业从传统的管理开始进入了现代化管理的轨道。于光远坚持眼睛向内，强化管理，努力增强企业的消化能力。1984年消化减利因素380万元，1985年消化减利因素432.4万元，1986年原材料比上年平均上调41.9%，仍消化516.7万元，年实现利润1 013万元，比1985年的932万元提高了8.7%，是1982年以来的最高水平。

1985年该厂作为北京市首批厂长任期目标责任制的试点单位以后，他提出衡量一个企业家的标准，不仅要看他在任期内如何使企业昌盛，更重要的是要看他离任后企业能否继续向前发展。他提出了必须搞好企业的人才储备、产品储备、市场储备、声誉储备及装备储备，为此，他组织对企业进行了整顿，主持制定了企业的发展战略，对职工进行了“想国家‘四化’建设，想企业困难　发扬拼搏精神”的思想教育，并组织、提供条件让职工参加技术、管理、文学、美术等各科脱产、半脱产的学习，还自筹了500多万元资金建了职工宿舍。

在于光远同志的领导下，塑料三厂1985年以来被评为北京市企业管理先进单位，1986年获轻工业部优秀质量管理奖和全国轻工业企业管理优秀单位称号。于光远本人1985、1986连续两年被北京市委、市政府评为优秀厂长。

（姚学高）

【张长文】 现任北京市环宇电机厂厂长，高中文化程度，男，汉族，中共党员，1933年出生。

张长文自1981年担任厂长以后，为扩大名优产品的生产能力，率先搞了跨地区的经济联合。现已初步奠定了以“环宇”为中心，三个层次联合发展的稳定结构体系。这种联合强调“智力型”资源与“自然型”资源之间不同能量的相互流动和补偿。为了强化生产手段，他明确提出“以日本三菱系统电机制造业水平为参照目标，以自己制造为主，国外引进为辅，在三、五年内逐步实现一条具有先进水平的电机生产线”的战略决策。目前，这条以定子、转子冲压线、转子机加工线、定子吊装生产线、自动绕线机、自动滴浸机、组装流水线和出厂测试流水线为主的具有国内先进水平的电机生产线已初步建成。

张长文积极推行现代化管理方法，实行“方针目标、综合计划、经济责任制三位一体”的综合管理。尊重知识，尊重人才。1986年经他提议并主持，工厂分四批举办中层以上干部培训班和班组长管理知识培训。最近，又提出了企业实行“两个转变”的战略决策，即企业由单一产品型向多品种型转变，由国内向内外结合型转变。

在他的领导下，北京环宇电机厂1986年主要经济指标完成情况同1981年以前相比：产品产量提高40倍，工业产值提高20倍，利润总额提高45倍，人均创利提高16倍，产品质量接近和达到国际80年代先进水平。自1985年来，该厂连续两年被轻工业部和北京市评为“企业管理优秀单位”；XD-120洗衣机电机获北京市和轻工业部优质产品称号。他自己也被评为北京市劳动模范，并连续三年被评为北京市优秀厂长。

（姚学高）

【宋履进】 男，1951年生于天津市，大专文化，现任天津第三制本厂党支部书记兼副厂长。

天津第三制本厂是天津市一轻局印刷装潢工业公司下属的一个小型集体企业，主要经营印刷装订，主产品是工作手册和学生用本，1984年亏损近30万元。宋履进和刘兰香两人承包了这个企业，1985年承包后盈利44万元，1986年盈利130万元，该厂被评为天津市企业管理先进单位，厂党支部被评为天津市先进党支部。

宋履进和刘兰香承包企业后，努力探索企业机制的改革，其主要做法和基本经验是：

优化人员结构，划小核算单位，破除工作岗位终身制，实行厂内人员筛选，人员流动，推行“厂内招聘承包合同制”。厂长向职代会和上级主管部门承包，一年完不成指标自动辞职；厂级招聘中层管理人员，三个月完不成指标辞职；车间招聘工人，工人不称职则被辞退，工人也可自动辞退，另选其他被招聘的岗位。厂内设待业人员安置机构，待业人员第二、三两个月发60％基本工资，第四、五、六三个月均发40％工资，半年后无人聘用视为停薪留职。经过任聘筛选，全厂有三分之一（124人）被筛下来待业，被录用人员，劳动定额上调40％。不在岗人员的奖金补贴到重要岗位上，岗位不同，奖金档次不同。

车间独立经营，有产销权；砍掉成品库和材料库，全厂实行无仓库生产。车间按交货时间组织进料，组织发货，资金周转天数由原来3个月缩短为1个月。厂部考核车间的销售额。

利用削减下来的库房，开办旅馆、饭厅等第三产业，安排编余的人员。

厂开展“信、达、雅”精神教育，即对外讲信誉，对内讲信任；信息反馈达，人际关系达；厂区环境雅，职工仪表雅。树立“信达雅”企业精神，开展“信达雅”标兵评比。

（唐绍忠）

【贾茂】 天津市劳动模范。男，1928年生，中共党员，现任天津市第二塑料制品厂管工班班长。

贾茂多年来从事管工工作，在工作中，他坚持点滴节约精神，变废为宝，从1982年至今共为厂里节约15万多元，连续两年被评为天津市市级劳动模范，被大家誉为增产节约的典范，勤勤恳恳为厂多创效益的老黄牛。

这些年，第二塑料厂陆续引进先进设备和建设新厂房，在管道安装过程中，贾茂随时注意点滴节约，在更换管件、阀门时，他总是先想一想哪个地方可以以旧代新，能修的一定要修一下，不轻易扔到废品堆去。就在前一段这种做法遭到一些人的非议时，贾茂毫不动摇，坚持搞修旧利废。自1982年到1986年，他共修复旧阀门1 919件，各种管件2 736米，为企业节约资金5万多元。

该厂气垫膜3台真空泵和10台吹膜机原用的冷却水直接放掉，他主动向厂领导提出改为循环水冷却的建议。在实施过程中，他克服了种种困难，按期完成。经测定，每年可节水10万吨，节约开支1万元。1986年10月，为了解决地下热力管道耗热量大的问题，他亲自动手搞设计，把地下管道改为高空取暖管道，改造后节约了煤耗，同时为厂节约安装费6 000元。

（薛 奇）

【李临潘】 天津市劳动模范。男，中共党员，1936年生，1959年毕业于西安美术学院。历任天津地毯公司技术科副科长，地毯研究所所长，现任天津地毯工业公司副经理。

60年代初，李临潘对西北地区传统地毯进行了调查研究，并3次出国考察地毯市场。他在艺术挂毯、地毯的设计上有不少成就，其中大型艺术挂毯“长城”已作为国家礼品赠送给联合国总部。1983年，他与国内外学者合著的《中国地毯》在美国出版。

他组织创作了新品种120道古典式地毯，指导试制了轻薄型系列新产品“装饰地毯”。他在公司内主持制订了“创新专用、有偿转让、效益分成”的鼓励创新办法。他多次被评为地毯行业、二轻系统的先进工作者，1984年被评为市级劳动模范。

1986年，李临潘采取与开发区合作，筹建中外合资企业“华信地毯有限公司”，引进欧美最新针刺地毯的先进技术。

李临潘还组织天津地毯研究所与浙江大学合作开发“地毯图案辅助设计电脑系统”，可以用计算机代替人工制作地毯色稿，供订货选择。

国家统编地毯的中专教材，由李临潘担任主编，他制定了教材提纲内容，组织了16位技术人员编写，并审定修改。现该书已经轻工业部审定。

（颜锡嘏）

【马长祥】 国家“五一”劳动奖章获得者。男，1939年1月生，河北省芦龙县人。文化程度中专。1975年10月加入中国共产党。曾先后任秦皇岛市农药厂副厂长，秦皇岛市啤酒化纤厂筹建处副组长，山海关灯头厂副厂长，北戴河钟表厂党支部书记。1984年8月调任山海关食品厂厂长兼党委书记。

该厂有职工1 450人，年产罐头8 000吨，兼营汽水、冰淇淋。1984年由于经营不善，亏损52万元，生产陷入困境。面对这种局面，马长祥通过对1984年和1985年国内外市场的分析，果断做出变“出口为主内销为辅”为“内销为主力争出口”的决策，实行“多品种、少环节”的生产经营方针，迅速打开了销路。1986年，按照出口需要，又将经营方针转为“以出口为主”。在内部管理机制上，把原来的五个车间改建为5个分厂，产供销人财物自主经营，自行支配，自负盈亏；把21个科室合并为5个部、1个办公室，科室人员由176人精减为73人。在人事制度上，采用民主推荐，组织考核，厂长提名，党委研究后厂长任命的办法，允许各部门主要负责人自由组阁。在分配制度上，对分厂考核利润、质量、消耗三项指标，根据指标完成情况确定奖金额；分厂对班组和工人实行超定额计件奖励，完不成质量和消耗指标者扣发基本工资；对各分厂厂长实行岗位目标责任制，根据各季度完成利润情况进行单独奖惩。在产品结构上，初步形成罐头、饮料、综合利用三个方面的系列产品。积极开办第三产业，增加企业收入，安排编外人员。

马长祥1985年、1986年连续两年被评为河北省和秦皇岛市劳动模范，并获国家颁发的1985年“五一”劳动奖章，被命名为“企业优秀管理者”。

（李冬梅）

【杨守信】 男，1931年10月生，籍贯辽宁省北镇县，高中文化程度，技师，1956年加入中国共产党。1982年5月由陕西省化工安装公司调到保定感光材料厂，1983年2月调任保定市第一造纸厂厂长，1985年5月任保定市玻璃总厂厂长。

1983年，杨守信任保定市第一造纸厂厂长后，使这个亏损达290多万元的“亏损大户”一举扭亏为盈，1984年创利税179万元，他本人被保定市人民政府命名为“先进厂长”。1985年5月，在无人愿去的情况下，已退居二线的杨守信主动要求调任玻璃总厂厂长。该厂自1958年建厂到1984年几乎连年亏损，累计亏损

1 000多万元，厂房破旧，设备简陋，工资、医药费等也不能及时支付，企业处于“山穷水尽”的困境。杨守信经过大量的调查研究提出了可行的奋斗目标和工作方案，经过他和全厂职工的努力，1986年实现利润102万元，上缴税金76万元，产量、质量、消耗等项经济指标跃居全省同行业首位。1986年企业被评为市“先进单位”，杨守信获市“劳动模范”称号。

在治厂过程中，杨守信狠抓一个“严”字，首先他为领导干部制定了“自身清，行为正，不信邪，敢碰硬，动真的，干实的，方法当”的21字准则，组织建立了一系列规章制度，组成了奖惩系列监督小组，使玻璃总厂形成了一个照章办事、奖罚分明、管理严格的好风气。

1986年，他在玻璃总厂实行了六项内部配套改革。一是改革承包形式，对下设的4个分厂和4个直属车间围绕产值、产量、利润、消耗等项指标制订承包方案，层层分解，层层承包。二是改革人事制度，变“终身制”为聘任制。对干部和技术人员分别实行逐级聘任和厂内聘任，职责与利益挂钩。对职工实行择优上岗。三是改革分配制度，变固定工资为可变工资。实行了包干工资、计件工资、浮动工资等形式，打破了分配上的平均主义，做到奖勤罚懒。四是精简机构，将原来的10几个科室缩减到9个科室，精简了人员。五是将经销工作作为“龙头”，以经销指导生产，变单一产品为多种经营，使企业向跨行业、多品种的联合集团发展。他还十分重视提高职工和干部队伍的素质，1986年举办了多期现代化管理知识的学习班，讲授现代化管理的基本知识。

杨守信同志以卓有成效的工作，为轻工业的发展作出了贡献。

（卢　旭）

【常贵明】 山西省劳动模范，优秀质量管理工作者。男，1930年生，1947年参加革命工作，历任山西省杏花村汾酒厂车间主任、党支部书记、副厂长、党委书记、厂长等职。常贵明同志把党的路线、方针、政策同本企业的实际情况相结合，使企业成为年产万吨的全国最大的白酒生产基地，其主要工作成绩如下：

坚持改革，勇于开拓。他针对本企业的特点制定了以质量为重点，以效益为中心的经营承包责任制，打破原有管理模式，积极推行事业部制，划小核算单位，进行分级、分权管理，改革了劳动和人事管理制度，实行了工人合同制、干部聘任制和浮动工资制。

推行现代化管理方法，确保产品质量。常贵明坚持把质量管理作为首要的治厂方针。在他的主持下，企业坚持常年进行TQC活动，增设了原材料检验部门，充实了车间及厂部的质量检验机构和评酒小组的技术力量，强化了全面质量管理机构，确保了产品质量的稳定提高。

进行技术革新，开发新产品。常贵明大胆创新提出了增设冷冻机进行水循环利用和夏季不停产试验，1986年经小范围的试点，基本成功。增产汾酒122吨，产值76.86万元，节约水60—70%，从而改变了热天不能产酒的陈规，这项成果得到了国家经委的重视与支持，已列为“七五”计划期间的重要技改推广项目。在常贵明的倡导、组织下，先后试制和改进了12个品种，其中玫瑰汾酒获得国家优质食品银质奖，其它品种都获得了省优、部优产品的称号。

由于常贵明的出色工作及全体干部、职工的努力，企业充满了活力，为国家作出了贡献。1986年汾酒总产量由1979年的3 252吨增加到11 044吨，总产值由1979年的920万元增加到7 201万元，为国家提供的积累由1979年的728万元增加到1986年的4 750万元，劳动生产率由1979年的12 037元增加到1986年的33 699元，优质产品率达到95%以上。国家经委连续4年授予杏花村汾酒厂“经济效益好的企业”称号，1986年汾酒厂获“国家全面质量管理奖”、轻工业部的“技术进步全优奖”。常贵明本人1985年被授予“山西省劳动模范”，并被轻工业部授予“优秀质量管理工作者”称号。

（杨心田）

【刘龙成】 先进科技工作者。男，1946年12月生，1970年毕业于清华大学，1973年调到山西省忻州地区钨丝厂工作，先后任技术员、技术科副科长、科长、工程师、副厂长，1983年担任厂长至今。1986年被山西省政府授予科技先进工作者称号，全国“五一”劳动奖章获得者。

刘龙成重视产品质量工作，对广大职工深入进行质量工作的教育，建立了质量管理体系，成效显著。五台牌10W至100W系列钨丝以及40W日光灯丝被评为省优产品，全厂获得省质量管理奖和轻工业部优秀QC质量奖，真空镀膜钨丝被山西省、轻工业部分别评为优质产品。

刘龙成注意横向联营，积极开发新产品，近几年，忻州钨丝厂与北京金属研究总院、轻工业部南京电光源材料研究所进行了技术协作并对该厂的工艺、设备进行了技术改造，使工艺技术达到了国际上80年代初的水平。

在刘龙成的领导下，企业发展很快，1986年工业总产值实现960.7万元，钨钼丝产量完成2.8亿米，比1985年增长95.8%，全员劳动生产率由1985年的7 575元提高到11 492元，钨丝绕线性能合格率1986年达到88.41%，创历史最好水平。实现利润250万元，是全国轻工业同行业的最好水平，可比产品成本1986年比1985年下降10.26%。

（刘　永）

【王恒】　优秀的企业管理者。男，1943年3月生，1961年山西轻工业学校毕业，中专文化程度，中级技师，1982年任山西省应县陶瓷厂厂长至今。他所领导的应县陶瓷厂占有全国21个省、市、自治区的市场，有6项经济指标连续3年达到全国同行业的先进水平。

王恒以改革者的勇气和魄力在企业中实行全员、全额浮动工资制，并积极推行工人劳动岗位合同制以及中层干部聘任目标责任制。他视提高产品质量为企业的生命，紧紧抓住对生产过程进行质量控制这个中心环节，同时强调销售、服务、设计、工艺各方面的质量管理，不断提高企业全面质量管理的水平。

王恒同志努力研究、摸索商品经济的规律，研究用户的消费心理，并和企业的生产经营结合起来，先后从用户中集资130万元，从职工中集资40万元，并适时地用这些资金对企业进行了技术改造，扩大了日用瓷豆青碗的生产能力。

在他的领导下，企业获国家经委节能银牌奖、轻工业部“提高经济效益成绩显著奖”，该厂产品获省优质产品奖。王恒本人1984年被评为省优秀管理工作者，获省劳动竞赛特等功；1986年获“山西省优秀厂长”称号。

（臧志东）

【刘秀清】“全国三八红旗手”。汉族，女，1946年生，中国共产党党员，现任杭锦后旗制鞋厂厂长兼书记。她先后二十多次受到旗、盟、自治区和全国的表彰奖励，被授于旗、盟、自治区和全国的“三八红旗手”，盟精神文明建设和城镇经济改革先进个人，自治区女工工作先进个人和劳动模范。

积极进取、开拓前进。刘秀清1976年任副厂长分管生产技术工作后，为摆脱落后的生产方式和繁重的手工劳动，她亲自率领一个革新小组经过三个多月的日夜奋战，终于在1976年国庆前夕自制成功液压圆盘注塑机，使注塑布鞋实现了机械化。当年用这一设备生产的一带鞋和童鞋，在自治区质量评比中获第一名。1978年7月在全国推广统一鞋号成果展览会上，他们自制的圆盘注塑机受到高度评价，获轻工业部、化工部和标准局的联合奖励。

1979年初，她提出在站稳国内市场的同时要走向世界。她多次走访有关部门，搜集信息，听取意见，按照客户要求设计出40多个布鞋新品种，远销美国、西德、香港等8个国家和地区。

1981年，刘秀清在资料上看到国外制鞋正向胶塑合成底发展的信息后，决心迎头赶上，她带领老工人和技术人员，历经数月26次的反复试验终于成功，获自治区科技成果奖和优质新产品奖。1985年又试制成功注塑羊面革皮鞋，也被评为自治区优秀新产品。1986年又引进冷粘底流水线，试制成功冷粘聚胺脂底布鞋和布凉鞋新产品。这些产品上市后，十分畅销，供不应求。

勇于改革、狠抓管理。刘秀清1984年经民主选举连任厂长。她连任后大刀阔斧地进行了五项改革：一是改革领导体制，实行厂长负责制；二是精简机构，压缩非生产人员；三是建立规章制度，严明劳动纪律，亲自起草了“全面质量管理实施办法”，并指导QC小组活动；四是改革销售办法，实行销售承包责任制；五是集资入股，把职工的切身利益和企业经营成果紧密的联系在一起。

刘秀清想工人所想，急工人所急，为工人办了许多实事，增强了企业的凝聚力。

1986年，该厂在原材料大幅度涨价和严重供应不足的情况下，克服重重困难，实现了连续7年的增产增收，各项经济指标均创历史最好水平。和1979年比，工业总产值增长5.1倍，布鞋产量增长6.5倍，销售收入增长4.8倍，实现税利增长10倍。

（杨学武）

【王世恒】 内蒙古自治区劳动模范。男，1936年生，中国共产党党员，1952年参加革命工作，先后曾在建筑、金融、商业部门工作过，1984年调任集宁市制胶厂厂长至今。王世恒1986年被评为内蒙古自治区劳动模范。

集宁市制胶厂（原名骨胶厂），是1958年兴建的地方国营小企业。从1980年开始，企业在原材料涨价45%、骨胶又降价18%的情况下，造成连续4年亏损，被迫于1984年6月份停产。集宁市政府为使制胶厂起死回生，将王世恒调到制胶厂任厂长。王世恒上任后，推行经济承包、开发新产品，经过一年调整、整顿，企业面貌大变。1984年的后4个月，职工不但领到了整月工资，企业还盈利15.9万元。进入1985年9月，企业给职工补发了1984年拖欠的6万元工资，弥补了原班子挂帐6万元，归还银行贷款利息6万元以及仓库盘亏损失24万元，又盈利27.8万元，提前4个月完成年度利润计划。1986年集宁制胶厂产值达到370万元，实现税利59.7万元，比1985年增长114.7%，开创了建厂以来最好局面。王世恒救活制胶厂的主要做法是：

一、王世恒上任后第一件事就是狠抓推销积压产品，变坐商为行商。他明确宣布，凡能按企业帐面吨胶2600元推销者奖30元，从而推销积压骨胶174吨，收回货款45.2万元。

二、变废为宝。王世恒看到企业污水坑中漂浮大量骨油，就积极组织职工下坑捞油，以每一大桶（200斤浮油）奖6元，包括清理油桶在内共收集骨油20多吨，另将积压骨油20吨，以每吨600元售给温州化工厂。

三、收集市场信息，积极开发新产品。王世恒听到推销人员反映唐山市瓷厂利用废骨烧制骨炭（又名骨瓷粉）信息后，立即组织试烧。在拖拉机修配厂的帮助下，终于将生产骨胶的下脚料，烧制成洁白的骨炭。他及时让推销人员到唐山瓷厂推销，每吨700元，一次就与唐山瓷厂签订了400吨供货合同。1985年片胶产品销路不畅，他就及时提出改造老设备，生产颗粒胶。

四，推行经济承包责任制。1984年恢复生产后，王世恒立即着手建立全企业内部经济承包责任制，充分调动了各方面的积极性。

（冀占军）

【张俊斗】 男，1935年生，辽宁省庄河县人，小学文化，1956年参加营口盐场工作，当过盐工、作业组长、班长，1971年参加中国共产党。他连续16年被评为营口盐场先进生产者、标兵，1976年至1977年荣获营口市、辽宁省先进生产者称号，1984年至1986年，连续3年被授予营口市特等劳动模范、辽宁省劳动模范称号，曾当选为营口市站前区第八届人民代表大会代表、辽宁省总工会第五届委员会委员，1986年获得全国总工会颁发的“五一”劳动奖章和全国总工会、国家经委授予的“先进班组长”称号。他被营口盐场职工称为盐滩上的愚公和铁人。

1969年张俊斗到十三班担任班长，这个班生产条件太差，连年完不成国家计划，张俊斗却知难而进，带领全班工人根治了这块烂泥滩。1971年是海盐欠产年，省内6个盐场都没完成国家计划，唯有营口盐场十三班完成了生产任务，省市和大连盐务局都送来贺信。接着他又制定了扩大养水与结晶面积的滩田改造的新方案。经过两个冬春的奋战，投用了3 700个工日，动用了4万立方米的土，利用荒滩杂地，扩建了4个40多平方米的大蒸发圈，使上部卤水提高了两度半水，可增灌结晶面积140多公亩，相当原有结晶面积的20%。1983年冬，为了确保稳产高产，张俊斗组织全班工人投入了300多个工日，动用1 400多立方米的土方量，修成了两个可储25000立方米卤水的三用卤库，增强了抗御自然灾害的能力，为稳产高产打下了有力基础。张俊斗班的海盐产量由1969年的3 500吨，增加到1985年的6 200吨，15年共超产海盐20 110吨，为国家多创利税81 939元。

张俊斗在营口盐场32年，在小组渡过30个春节，350多个星期天没有休息，平时是早来晚走，成为“只顾产盐不顾命的铁人”。

张俊斗尊重科学的管理思想，力排阻力，坚持推行先进生产技术，以提高产量质量和经济效益。1983年春晒期间虽然降雨比较濒，但张俊斗却坚持新工艺不动摇，到6月20日十三班第一个完成了国家计划，当年十三班为国家多产盐3 300多吨，多创税利29.64万元，人均12 886元。1985年营口遭受特大洪涝灾害，降雨量高达996.7毫米，但十三班的海盐产量仍占全场平晒班组第一名，大灾之年超过年计划560多吨。

张俊斗积极推广全面质量管理，在班里成立了ＱＣ活动小组，经常开展质量分析活动，使海盐优一级品率达到了100％。1985年十三班被评为省市全面质量管理先进班组。

张俊斗把班组看做“四有”教育的重要场所，他把抓政治思想工作概括为四句话：“生产旺季抓鼓劲，生产淡季抓培训，理想教育打基础，发现苗头就谈心”。最近几年农村实行经济承包，每年春秋家住外地的工人都要回家种地，他安排的合情合理，职工高兴而走，提前而归。他自己总是日以继夜地工作，制卤、修滩、扒盐，干完这样干那样。他有关节炎病，经常不休息，老工人郑动令也有关节炎病，他总是催老郑吃药、休息。张俊斗生活困难，老伴常年有病，他坚决不要组织补助，但工人家属有病住院，他借钱给予帮助，小组工人说老班长对工人关心胜过自己亲人。

张俊斗充分发扬民主，发动大家献计献策，使班组民主管理开展活跃，做到了组织落实，制度健全，坚持经常，效果显著，形成了一套比较完整的民主管理制度。1986年，张俊斗又荣获全国“五一”劳动奖章的消息传开后，在营口盐场和营口市引起很大反响。广大盐工说，老张当之无愧。张俊斗却谦虚地说：“我是大海一滴水，坨上一颗盐，晒盐靠阳光，我的一切全靠党。”

（窦明洋）

【张瑞香】 女，1932年4月生，山东省黄县石良集乡人。1958年10月开始在大连保温瓶厂加工车间镀银班当工人，1974年4月加入中国共产党，1978年10月退休。

张瑞香在平凡的岗位上，以坚韧不拔的毅力和勤恳扎实的作风默默无私地为党的事业和社会主义四个现代化贡献力量，取得了可喜的成绩。她先后获保温瓶厂、市一轻局、大连市先进生产者、优秀党员、市劳动模范、市特等劳动模范等荣誉称号，1986年被评为辽宁省劳动模范。张瑞香退休之后仍不离岗，为了党的事业只讲奉献，不求索取。张瑞香是从事高温作业的镀银工，1977年按照国家的有关规定45岁就退休了。这样辛劳的退休女工，应该回家安度晚年，享享清福。可是她想的是厂子关键岗位人手紧，更缺有一技之长的老工人，如果自己能留下来，为厂子尽点义务，不仅可以缓解人手少的矛盾，而且还能带出几名徒弟，为企业发展增添力量。于是她苦口婆心地说服了家属，说服了好心同志的劝阻，办完退休手续后又立即上岗生产，像过去一样每天早早来到工厂，做好产前准备，下班还是最后一个离开岗位。平时哪里生产任务重，哪里需要人，她就出现在哪里。遇到生产任务紧时，常常是下了一班接着又上二班，有一次她连续工作了72小时，整整三天三夜没休息。这几年同志们给她估算了一下，她每年加班的时间最少也有30个工作日。而在报酬方面，张瑞香认为钱固然是重要的，生活离不开钱，但是一个共产党员决不能把奋斗目标定在钱多钱少上。她退休9年不下岗，为国家创造价值近10万元，而自己每月只领退休金，厂里按规定给她每月补差15元，她坚决不要。从1979年实行奖励制度后，厂里每月都把奖金装在她的退休金袋里，可是到了年底，她把全部奖金交了党费。9年来，她应领的1 600元补差费全部交给了国家，700余元奖金全部交了党费。对于张瑞香这种只讲奉献，不求索取的精神，党和人民给了很高的评价，《大连日报》、《辽宁日报》、《工人日报》先后报导了她的先进事迹，其中《大连日报》于1985年7月6日称赞她“用自己的一言一行谱写了一曲心灵美的乐章。”

（王喜生）

【周双仁】 周双仁，生于1945年12月，大专文化。1959年参加工作，1983年8月升任营口洗衣机总厂厂长、机械工程师。

在对外开放政策鼓舞下，周双仁提出引进国外技术。1982年2月在北京人民大会堂，他和中国轻工业进出口总公司同日本松下电器产业株式会社签订了为期3年的生产双桶洗衣机20万台技术合作合同，使营口洗衣机总厂成为全国第一家引进先进技术发展洗衣机生产的企业。周双仁和他的同事们结合国情、厂情，采取了一条起点高、投资少、速度快、效益好的引进、消化、吸收的新路。1984年7月10日，赵紫阳总理视察该厂时，对此充分肯定，并赞许这是投资少、见效快、技术更新也快的好方式。这就是被人称誉的“营口方式”。

周双仁从1983年到1985年组织进行了两期较大规模的双桶洗衣机技术改造，建起了26条由微机控制和电器程序控制的洗衣机自动化生产线，实现了全部自动化、半自动化生产，平均每38秒钟产出一台优质的双桶洗衣机。该厂先后生产出7个型号的单、双桶洗衣机，形成了多型号、系列化。“友谊”牌洗衣机畅销国内外，产品质量不断提高，先后9次获得国家、省、市颁发的“优秀新产品证书”、“优质产品证书”和国家银质奖，7次入选参加在莫斯科、华沙、莱比锡、索菲亚和布达佩斯等地举办的国际博览会。

周双仁还推行了管理上的改革和经济承包责任制。总厂设置了“五部一司、四个分厂、三个中心”的行政管理体系。废除了干部终身制，实行干部聘用制。总厂只设厂长，不设副厂长。厂长聘用各部、公司领导(由原副厂长或“三师”担任)。干部制度、管理体制、奖金分配配套改革，管理层次分明，起到了发动群众参加管理的效果；责、权、利统一，人人职责分明，提高了工作效率。他提出了“三个一流”的建厂方针，即一流人员、一流产品、一流企业。他当好厂长，自觉接受党委的领导监督，尊重职代会决议，严格执行党的方针、政策和路线，注意做思想政治工作，关心职工疾苦。五、六年来，这个集体小厂变成为产量居世界前列的自动化、半自动化的洗衣机制造厂。1986年同1981年相比，总产值由950万元增到27 818万元，利润由130万元增到3 123万元，产量增长70倍，1986年洗衣机出口4.5万台。该厂已成为辽宁省二轻工业屈指可数的盈利大户，轻工业部授予该厂“企业管理成效显著奖”。

周双仁刻苦自学了机械制造、焊接两门专业的课程，掌握两门专业外语，在国内4家杂志上发表过10余篇专业性科技论文。

党和国家给予周双仁很高的荣誉。1979年，两次获辽宁省授予的“重大科技成果奖。1980年至1986年，13次获营口市委、市政府授予的“优秀共产党员”、“科技先进工作者”、“先进厂长”、“先进工作者”等称号。1985年被辽宁省委经济工作部授予“优秀共产党员”称号。1986年获全国总工会和辽宁省总工会授予的“五一”劳动奖章和“优秀经营管理者”称号。

(吴绍纯)

【张克树】 男，汉族，1935年6月5日生，初中文化，1972年8月25日加入中国共产党，1950年1月参加工作，先后担任过工厂团支部书记、股长、车间主任等职务，1974年10月担任沈阳市金属家具厂厂长。1983年起连续4年被沈阳市政府评为市劳动模范。1986年被评为沈阳市特等劳动模范、辽宁省劳动模范，同年全国总工会授予“五一”劳动奖章，并被辽宁省政府和全国总工会评为优秀厂长。《工人日报》、《中国轻工业报》、《辽宁日报》、《沈阳日报》和辽宁省、沈阳市的电台、电视台都多次介绍了他的事迹。

沈阳市金属家具厂是1978年从沈阳市第二木制品厂一个车间的基础上建立起来的。当时固定资产只有135万元，流动资金不足30万元，技术落后，设备陈旧，产品简单。

张克树担任厂长以后，认真地贯彻了党的十一届三中全会的精神和方针政策，认真地执行了中共中央《关于经济体制改革的决定》。他敢于改革：(一)大胆地废除了干部终身制，实行招聘制，招标选贤任能，不拘一格启用懂业务、会管理的优秀人才任车间、科室的领导职务。为了适应商品市场变化快，要求生产多品种、小批量的特点，他把工厂的车间、商店划成独立核算单位，将供、产、销，人、财、物的经营管理权下放给车间、商店。厂部与车间、商店均实行利润定额承包，超额有奖，完不成任务受罚。打破了“大锅饭”，调动了各层次的积极性。(二)积极开展横向经济技术联合，利用自己的优势，发展生产。1984年先后与沈阳市于洪区联办了沈阳市金平拔管厂、金东冷轧带钢厂、金陵木器厂、金属家具配件厂，与沈阳市苏家屯区合办了金丝金属家具厂，同时又与中国工艺品进出口总公司联办了沈阳金属家具联合企业公司，形成了工工联合、工农联合、工贸联合等7个联合体。通过联合吸收外来资金310万元，年增利润40余万元。(三)加强企业经营管理，以其产品廉、优、新占领市场。自1984年以来，金属家具所需原辅材料普遍提价，同行业酝酿提高产品售价，张克树坚持维护消费者利益，不向消费者转嫁企业的经济负担，坚持产品要以价格适宜、质量优良、样式新颖取胜。两年里他组织研制新产品16种，新增花色规格30多个，同时领导车间积极改进加工工艺，把折椅戴帽变封头，每把折椅降低成本2角钱，胶合板下料合理套裁，又使每把折椅成本降低5角，这样几笔一年可节约费用5.8万元。1985年在原料平均提价27%的情况下，他靠内部挖潜，消化了121万元的增支因素，同时，对圆桌、折椅9种畅销产品，平均降价12.5%，当年创利润100万元。1986年更上一层楼，实现利润115万元，为1978年建厂当年利润的6.7倍。张克树很注意产品质量，近几年产品合格率达到了98%，获部优质产品称号的1种，省优的2种，市优的6种。有1种产品获辽宁省"振兴杯"奖，8种产品获沈阳市"金星杯"奖。1986年出口值达到了600万元，创造了沈阳市二轻企业的的最好水平。

由于张克树带领全厂职工积极努力，1986年沈阳市金属家具厂被沈阳市政府命名为"小型巨人企业"；被轻工业部命名为"全国轻工业系统管理优秀单位"。张克树面对钢材、木材大幅度提价的情况，1986年12月19日，他在辽宁电视台上，面对辽宁省广大观众，提出了"不管1987年产品的原辅材料如何提价，沈阳市金属家具厂的产品质量不降，价格不涨，利润不减"。张克树根据这三不方针，将带领全厂职工向更高的目标攀登。

（王兴武）

【伊世忠】 1932年8月5日生于吉林省延吉市，汉族，1955年参加工作，1958年被选送北京轻工业学院进修硅酸盐专业，1959年结业回到吉林省延吉市玻璃厂，先后任技术员、股长、工程师、副厂长、厂长等职。1983年被评为吉林省特等劳动模范，获得全国少数民族地区从事科技工作者荣誉证书；1985年又被中华全国总工会授予"全国致力改革者"称号，荣获"五一"奖章；多次被评为延边朝鲜族自治州、延吉市优秀共产党员、先进工作者；1986年又被命名为全州的先进企业厂长。

延吉市玻璃厂原是个微利企业，70年代多年处于徘徊状态。1979年伊世忠任副厂长时，实现利润13.7万元，是较好的一年。次年他就任厂长，面临主要产品（输液瓶）积压100多万只等急待销出去的难题。当时他带领人员走访了几十家用户之后，作出了抓"质量、市场、技改、整顿、才智"的十字改革决策。1979年他已建议厂内实行了计件工资制，成为延吉市首先砸了"大锅饭"的企业。1980年他进一步实行按贡献大小、劳动程度，将计件工资分成车间、科室、个人三个档次的工资办法；科室实行"一科一长制"，一年一考核，不搞干部终身制；新设了情报室、技术开发研究所和销售科；3年招聘了39名技术和专业人员，80多名专业熟练工人，并用多种方式培训了500多名工人、约40名技术人员。1986年，全厂技术人员已增加到54人。他当厂长的第一年，就进行了20多项革新，完成了主要一车间的改造任务。第二年担着失败的风险，又上了全国日用玻璃行业先进水平的全保温窑炉。用一年时间完成了第三车间的全面改造任务。接着又改造了第二车间并新建了一个车间。他共用了4年时间，有步骤地完成了对全厂技术设备的全面改造。有两座池窑被轻工业部评为全国红旗窑炉，其中1号窑是东北三省第一座全保温式窑炉。从1985年起，又应用微机对窑炉进行技术参数控制。由于伊世忠狠抓技术进步，大幅度提高了这个厂的生产效率，1979年全员劳动生产率为5 645元，1986年达到20 400元，提高了2.6倍。

伊世忠任厂长7年时间里，与全厂职工共同努力，一厂变十厂，一跃跨入全国日用玻璃行业的先进行列。其主要产品输液瓶，畅销全东北与关内5个省。1979年到1986年，该厂总产值由225.8万元提高到2 856.9万元，产量由2 750吨增加到26 811吨，利润由13.8万元提高到195.6万元，分别增长8至13倍。1983年以来该厂曾连续被国家经委、轻工业部、吉林省、延边朝鲜族自治州、延吉市评为节能优秀企业或先进企业。

（沙永良　段　锐）

【王翰章】 男，生于1931年7月24日，汉族，吉林省长春市人，曾任长春市五金电器工业公司生产科长，现任长春市洗衣机厂厂长兼党委书记，为吉林省特等劳动模范，全国"五·一"劳动奖章获得者。1981年6月，王翰章主动要求到濒于倒闭的长春市二轻机械厂任厂长，经决策转产洗衣机，他带领技术人员，从设计图纸到制造模具，不到三个月的时间，试制出了君子兰牌单缸洗衣机，并开始批量生产。为了争取列入全国定点生产企业，他周密安排，精心调度，克服了技术、原材料、资金等困难，带领全厂职工终于在当年年底完成了1万台的生产任务。

王翰章集中群众智慧，搞了8项企业管理改革方案，落实经济承包责任制，推行全面质量管理，扩大横向经济联合，增强了企业活力。1983年君子兰牌单缸洗衣机以洗净度高、磨损率低、耗电量少的鉴定结果，被评为轻工业部优质产品，长春市洗衣机厂成为全国重点洗衣机生产企业之一。面对产品供不应求的新形势，王翰章提出一方面积极组织计划外原材料，扩大产量；另一方面努力开辟农村和边远地区销售市场，在全国设立了不少销售和维修服务网点，有效地提高了产品的竞争能力。1985年，君子兰牌洗衣机在全国同行业评比中，与“白兰”、“水仙”洗衣机并列第一名,企业被吉林省人民政府命名为“六好企业”。

为了引进双缸洗衣机生产线，王翰章两次赴日本进行考察和谈判，对东芝、松下两大公司所属11个家电厂进行考察。同时，对日本市场30多种洗衣机进行了研究分析，也对国内已引进厂家进行了对比排队，最后选定夏普公司80年代新开发的高波轮、新水流、多功能双缸洗衣机生产设备。这样选定引进的机型、生产线和关键设备，既具有先进性，又注意了国内配套，避免重复浪费，有利于迅速地消化吸收，保证引进项目实现高质量、高速度、高效益。1986年长春市洗衣机厂被命名为全国技术改造全优先进单位，君子兰牌单缸和双缸洗衣机均被评为轻工业部优质产品，共生产34万台，创产值1.2亿元，利税1 400万元，成为吉林省二轻工业的盈利首户。

为了增强竞争能力，王翰章竭力主张扩大横向经济联合。1986年经省政府批准，成立了以长春市洗衣机厂为主体厂的吉林省洗衣机工业集团，由属紧密型和半紧密型的14个企业组成，按专业化生产，这样，投资少、见效快，提高了产品质量，解决了紧缺原材料，又救活了一些企业，发挥了联合厂的积极性，在竞争中形成了很大的实力。

（郭顶权）

【黄澧权】 男，汉族，1940年出生于广东省广州市，1960年广州华南工学院食品系毕业，历任黑龙江省食品工业学校教员、省乳品工业研究所室主任、省乳品工业技术开发中心主任等职务，兼任省乳品工业协会副会长、国际乳品联合会的中国联络员。

黄澧权在全国乳品行业中是一个造诣很深的工程师。他基础理论扎实，专业水平高，知识面广，外文译文准确，口译流畅，常在刊物上介绍国内外乳品生产的新技术，为我国乳品行业组织科技攻关和更新改造提供了很有价值的资料和经验。他在黑龙江省乳品工业研究所担任项目负责人期间，研制成功的“自动出粉装置”，1978年获全国科学大会成果奖。1980年，他领衔研究的“速溶奶粉二次干燥技术”课题，亲自设计做试验，研制出一套具有先进水平的速溶奶粉设备和生产工艺，获轻工业部奖金。1981年参加黑龙江省乳品工业代表团，赴丹麦考察乳品工业生产技术、生产设备、产品品种等，他做了大量的技术资料、文件整理和翻译工作，为引进国外先进技术、开发利用国外资金、建设黑龙江乳品厂和黑龙江省乳品工业技术开发中心，做出了贡献。1984年他首任黑龙江省乳品工业技术开发中心主任，主持建设一个具有80年代国内一流水平的，当前国内唯一的包括乳品专业人才培训、新技术开发、全国乳制品质量检测、全国乳品科技情报交流等中心的工作任务。他精通技术，善于管理，工作勤奋，决策审慎，指挥有力，工程进度较快。1986年，中心的试验厂已开始制出奶油、奶糕、酸奶等新产品。

1985、1986两年，受轻工业部委派先后去新西兰、荷兰出席了国际乳品联合会年会，交流了《中国乳品工业的发展》、《改善奶粉的分散性能》等7篇学术论文，得到与会专家、学者们的较高评价。回国后，黄澧权与内蒙古轻工研究所的同志一起向轻工业部建议我国加入了国际乳品联合会的国际组织。他为我国乳品事业的发展做了不懈的努力。

（金仕儒）

【孙超】 哈尔滨市人，生于1934年5月，1948年参加解放军，历任班长、排长，1956年转业到哈尔滨市工作，先在南岗区政府、红星公社、哈西工业总厂工作，后任南岗纸箱厂和先锋水泵厂厂长，1980年调回南岗工业局，为了进一步发展区街工业和安置待业青年，局里委派他创办包装印刷厂，现任哈尔滨包装印刷厂厂长。1980年，孙超向区贸易公司借款8.5万元，租了三间草房，带着26名青年，从印刷三厂与五厂借来两台老式印刷机，开始了艰苦

创业生涯。1986年这个厂已有1 200多名职工、5 000多平方米厂房、一栋四层大楼、110台国内外先进设备、12台汽车、固定资产和流动资金400多万元。短短的6年里累计完成产值3 780万元，实现利税868万元，上缴税金近400万元。速度之快、效益之好，远远超出同行业的兄弟企业。

孙超有两大特色：一靠勤俭创业。好原料买不起，就买人家库底子和边角余料。没人会干，他就跑到大厂站在机器边琢磨，回来教给工人。他到上海买设备，七天一个来回不买卧铺。为了满足用户印烫金字商标的需要，厂里当时无此设备，孙超和学过机械的工人一起，硬将两台旧机器改造成能烫金的设备。大印刷厂不能按时完成的活，他们接过来加班干，准时完成。他们工作艰苦，讲信誉，工厂发展快，1983年已盈利50多万元。

二靠技术进步。1983年底，孙超在国外印刷机械展览会上看中了一台“不干胶”印刷机，他下决心买下来，但早已被别的厂家买了。国家包装总公司看到孙超的远见卓识，破例拨款40万元为他们从国外引进，及早把工人派出去学习，设备一到就马上投产了。省包装公司又决定同这个小厂联营，作为包装公司的实验厂，拨给120万元的贷款。厂里又引进了“V型袋”、“锁口袋”、“塑料中空成型机”等6套设备，陆续投产。这个厂新产品不断增加，已有4种包装创省优产品，5种包装设计获市优秀包装设计奖，100多个品种的包装，有的已出口了。1985年盈利105万元，1986年又增到135万元。

企业富了，孙超仍然艰苦奋斗。1985年他谢辞了区里奖给厂里的一辆小轿车（或三屋一厨住房），他说：“若是非要给不可，就给工厂一些钱，好再买设备发展生产吧。”上级机关两次让他出国考察，他说两次出国最少要花10万元人民币，能节省点就节省吧。他带人在国内考察了同样设备，完成了引进任务。

哈尔滨包装印刷厂已成为城镇集体企业的先进单位。孙超被选为哈尔滨市人民代表，黑龙江省与哈尔滨市劳动模范，成为赫赫有名的区街工业企业家。

（李春阁）

【李荣】 男，1944年5月生于黑龙江省肇州县丰乐镇，1962年在家乡初中毕业后，先后当了副业队长、本乡的钻井队队长、炼油厂厂长，1981年10月被县政府聘任为国营肇州机床厂厂长，1982年10月受命组建肇州塑料包装印刷厂并当了厂长。李荣上任后，首先抓三件事：一是改革国营企业的管理模式，按照集体企业经营，推行一套联产联利计酬责任制；二是各级领导班子自己组阁，把有能力、会管理的干部放到领导岗位上来；三是制定一套厂规厂法，从严治厂。他放手大胆启用并热心关怀专业人才，一位工程师家庭人口多，住房有困难，他拿出900元帮他建房，还给装上土暖气，使厂里工程技术人员深受感动。由厂技术人员改造的复膜机组创价值16万多元，改造80型造纱机节省6万多元。1985年10月，他们用12天就安装好从西德引进的设备，比计划提前一个月，受到外国专家的称赞。

李荣敢于做负债经营以发展生产，用贷款引进了圆筒织机、宽幅织机生产塑料编织袋。还为迎接大庆30万吨乙烯工程投产上“吃配”项目。他新建一个生产塑料卫生洁具、周转箱、组合集装箱和塑料中空容器的车间。到1986年，第三批设备贷款也已开始偿还。他还积极开展横向经济联合，救活了一家关停企业，与国家包装总公司办合营企业，已成为肇州县第二家跨地区、跨系统联合的厂家。

肇州塑料包装制品厂发展了，成为黑龙江省塑料工业的骨干企业，年产能力超千吨，产品品种增加到12种，产量比1983年翻了10几番，设备比1983年增加了5倍。1986年完成产值1 300多万元，实现利润105万，成为肇州县和全省二轻工业的盈利大户。四年多来，这个厂向国家上缴利税近400万元。1986年李荣被省政府选为特级劳动模范，省二轻厅命名为全省二轻工业系统的企业家。

（李春阁）

【潘尧臣】 黑龙江省与哈尔滨市的劳动模范，黑龙江省二轻系统的“开拓式”领导干部、“企业家标兵”。1928年生，1956年任哈尔滨市锁厂厂长，现任哈尔滨市制锁总厂党委书记。30年来，由于他出色的工作，使企业固定资产增长了97倍，一个几百人的小厂，实现利润连续突破百万元大关，不断刷新水平。这个厂的产品，不仅冲出了黑龙江，进入北京、上海、广州，及许多省、区，并远销东南亚各地。各项经济指标均居省内之首，跨入国内同行业的先进行列。1985年工厂获省“六好企业”光荣称号。

1979年初，哈尔滨锁厂由于产品多年一贯制，特别是由原来的商业包销改为选购，出现了产品滞销，库存积压价值达50多万元，面临着资金不足，没有任务，濒于停产状态。尤其是全国制锁行业三百余家，竞争对手如林。就在上述情况下，潘尧臣重新担任了厂长。他上任后做的第一件事就是带领调查小组，走访全国同行业先进厂家和大百货商店。通过调查研究，他提出了“以新取胜，以优取胜，以快取胜，以廉取胜”的竞争策略。他一手抓经营，一手抓开发新技术。在经营思想上，变“官商”为“面向市场”；在经营方式上，变“单一品种大批量”为“多品种小批量”；在经营方向上，变“民用一个市场”为“民用、工用两个市场”；在产品结构上，变“多年一贯制”为“生产一代，储备一代，研制一代，设想一代”。1980年他冲破了小厂的局限性，抽调了11名工程技术人员和工人，组建了厂科研所，专门从事新产品的开发和新技术的应用，使工厂产品由1个品种、2个规格发展到5大类45个品种、26个规格。其中2个品种被评为国家优秀新产品，并获国家经委颁发的“金龙奖”，填补了国内空白。工厂全部产品中“省优质产品率”高达80.5%；“部优率”达41.5%。“铁牛牌”挂锁在1986年全国行业评比中以99.8分获全国挂锁评比第一名。

潘尧臣重视市场信息，在全国建立了1300多个销售网点和多个信息网点。在工厂内部建立了以科研为中心的技术信息网络和以销售科为中心的市场商情、产品信息网络，避免了产品的积压滞销，争取了时间，使工厂争得了竞争主动权。

由于潘尧臣的出色工作，1980年至1983年的4年与改革前的1976年至1979年的4年相比，工厂产值平均提高44.6%，利润提高55.8%，给国家上缴两税提高37.9%，企业自留提高256.8%。全厂职工称赞他是一名优秀企业家，一个有胆有识的竞争强者。

（宋春华）

【霍坚萍】 女，生于1957年6月，1973年初中毕业到上海工艺编织厂当工人，1980年担任副厂长，1983年任厂长。近年来她先后被评为优秀共产党员、全国三八红旗手、优秀青年企业家，还被选为上海市青年联合会副主席。1986年，该厂获得上海市质量管理奖，该厂生产的“艺术镶拼棒针衫”获中国工艺美术品百花奖的银杯奖。

1983年初，内外销市场发生剧烈变化，工厂月利润从8万元降到100多元。此时霍坚萍担任了厂长，她调查了市场动向后提出：“内外并举，新廉并举，外挤内争，质量第一”的经营方针。她首先抓了新产品的开发，研究、设计流行款式，同时逐步在全国13个沿海城市以及上海市的10个地区布网设点。工厂的设计人员从8～9人扩大到20多人，工厂月月、季季都有新花色、新款式上市，其中，高档艺术镶拼棒针衫成为当时独此一家的热门货。这几年，她们厂每年推出200～300种的新花色新品种，产品出口到美国、加拿大、日本等10多个国家和地区。

霍坚萍在厂内实行了经营承包，改革了分配制度，打破了固定工资，实行了浮动工资，职工劳动定额比原来的平均定额提高30%，工厂的生产有了很大的发展。1986年工厂完成总产值1252万元，比1985年增长23%，实现税利196万元，比1985年增长29%，全员劳动生产率32 436元，比1985年提高11%。

霍坚萍坚持业余自学，以优良的成绩通过了中央广播电视大学经济类18门课程的考试，取得了大专学历。她带领全厂职工学习现代化的管理，使从手工业小生产起家的工艺编织厂走上了现代化管理的道路。

（胡野鹤　王海鸟）

【陆志勇】 苏州缝纫机厂副厂长、副总工程师，1940年生。他十几年如一日，呕心沥血从事电镀新工艺的研究和电镀设备的改造，一项项的成果表明，陆志勇是攀登电镀工艺先进水平的强者。从1979年以来，他已连续5次被评为苏州市劳动模范，1982年和1984年两次被评为江苏省劳动模范，连续二届任苏州市平江区人民代表，1986年光荣地获得全国“五一”劳动奖章。勤奋和钻研，使陆志勇从一个普普通通的电镀工、化验员逐渐成长为副总工程师、副厂长。

陆志勇是1958年高中毕业生。参加工作以后，他以惊人的毅力，坚持不懈地刻苦自学，钻研业务，学完电镀方面4门大专课程，学会日、英两门外语，查阅和翻译了很多国外资料，同时结合工作实践，边学边干，大胆创新。功夫不负有心人，从1963年开始，他出席了省轻工业厅召开的各届电镀技术经验交流会，并先后作了《光亮酸性镀铜锡合金》、《光亮性镀镍》、《无氰焦磷酸盐镀铜锡合金》、《光亮酸性镀铜》等新工艺学术报告。其中《焦磷酸盐镀锡合金工艺》一文1973年在一机部武汉材保所主编的《全国无氰电镀新工艺汇编》书中发表；《光亮酸性镀铜》一文，1978年收入《苏州轻工业科技成果汇摘》。10多年来，他带领电镀车间职工，先后建起了4条自动流水线，使电镀生产摆脱了繁重的手工劳动，提高了电镀产品质量，在全国缝纫机行业中获得了良好的声誉。

陆志勇从1982年至今先后成功地完成了《离子交换法循环处理含铜废水工艺》等5种废水处理工艺，分别获得苏州市轻工系统重大科技成果奖。1982年，他设计主持施工的铜镍铬漂洗废水循环处理站投入运行后，既减轻了环境污染，又节约了大量贵重的化工原料，每年为国家创利25 000多元。1983年，他研制成功的以cni为添加剂的低浓度化学浸锌工艺，经有关专家和技术部门鉴定，基本上达到了国际上先进的英国开宁公司Bondai浸锌工艺水平，被市政府评为重大科技成果二等奖。为了挖掘生产潜力，他亲自动手将闲置报废的“一步法”设备改造成“打字机零件电镀黑镍工艺专线”，仅1985年就为企业多创利6 866元。

陆志勇担任副厂长以后，分管全厂技术和质量工作。单靠电镀知识是不够的，他把精力转向新的技术领域和科学管理方面。他提出直接管理和间接管理的办法，健全了全厂产品质量检验网络，建立了26个质量管理小组，围绕提高三率（即正品率、工序合格率、成品率）提出定量指标和对象，效果明显。1986年第四季度整机正品率达90.8%。陆志勇十分注意勤俭节约，他管理的4项费用，总是从严掌握。1984年出色地完成新电镀调试搬迁项目，费用不超支，边搬迁边投产，工程按期完成，增收6万多元。他还注意发挥群众的智慧，积极组织职工开展献计献策、合理化建议和双革四新活动，1986年，采纳合理化建议78条，搞成技术革新12项，获得直接经济效益7.09万元。

（苏　清）

【吴开福】 安庆造纸厂厂长。他任厂长以来的6年中，团结厂领导一班人，坚持两个文明建设一起抓，带领全厂职工不断改革，锐意取进，迅速改变了企业的面貌，企业素质不断提高，生产规模逐步扩大，经济效益逐年增长。1984年起，连续3年在全省同行业“创最佳经济效益”竞赛中夺得“银杯奖”，荣获省政府颁发的“六五”技术进步先进企业全优奖，跨入省先进企业行列，成为安庆市骨干企业之一。

该厂过去生产工艺落后，产品单一。1981年，吴开福担任厂长后，带领企业走自我改造、自我完善、自我发展之路，加速以新产品开发为内容的技术改造，瞄准市场，生产适销对路的高档工业包装装潢用纸，增强了产品的竞争力。采取以国家贷款和自筹资金相结合的办法，先后开发了铜版纸和白版纸等新品种，建成投产后，产品很快打开销路，取得了较好的经济效益。由于不断抓技术进步，生产能力由1980年的1万吨发展到3.2万吨，产品由低档文化用纸发展为20余种文化和工业包装装潢用纸。1984年，他组织制定了企业中长期发展规划。1985年又进一步提出“七五”期间把企业建设成为以造纸为中心，辅之以印刷、包装为配套的多经营、多类型的联合体的奋斗目标，实行目标管理。为了开拓外部条件，充分发挥企业优势，先后同全国7个省、市的有关单位建立了供销联营、技术和资金协作、合资办厂等多种形式的横向经济联合。几年来，吴开福根据中央精神，坚持不断改革，在企业内部全面实行经济承包责任制，把全厂凡有经济活动的地方都纳入经济责任承包轨道，大胆改革用工制度和劳动分配制度，建立健全一整套管理工作体系，实行科室管理。他在长期实践中认识到，市场竞争的焦点在于产品质量，始终坚持质量第一的观念，制定创优目标，严格按国家部颁标准组织生产，建立厂内外信息工作网络，注重信息反馈，开展全面质量管理，使该厂主要产品获部优1项、省优3项。产品畅销20多个省、市，部分出口。

吴开福以党的方针政策指导生产经营全过程。实行厂长负责制后，从不独断专行，以理顺党、政、工三者关系为前提，严格按照工作程序办事。企业重大决策，能集思广益并提交职代会讨论审议。努力做到决策的科学化和公开化，有力保证了决策的准确性。他不断探索和改进工作方法，在企业内部逐级下放奖金分配等八个权力，实行决策层、管理层、执行层、操作层四个层次管理，分级负责，使厂长负责而不包揽一切，充分显示了他的领导艺术。

吴开福具有较强的政治工作能力。1984年起，他兼任厂党委书记，认真贯彻党中央两个文明建设一起抓的方针。在党的组织建设中，抓党员教育，纠正党内不正之风，以党风促厂风。能联系实际，在职工中进行形势教育，支持工、团组织经常性地开展理想与共产主义道德、职业道德和法制教育，使全厂职工精神面貌发生了深刻的变化，加强了纪律，全厂工作秩序井然。近几年，他从企业需要出发，制定人才培养和职工教育计划。1986年5月起，在全厂80余名中层以上干部中，以单科独进的方法举办了大专班，成立了业余党校，加强对党员的教育，创办了职工中专学校和造纸技工学校，有计划地安排职工脱产学习，提高职工的文化和技术素质。他本人虽然肩负党政工作重担，仍坚持参加业余函授大学学习。在参加厂大专班的哲学、政治经济学、现代管理十八法以及领导科学概论的学习中，他的考试成绩均是优秀。

吴开福1984至1986年，连续三年被评为市劳动模范、市优秀厂长。1986年获省"五一"劳动奖章。

（石象斌）

【王明生】 男，福建省蒲田市人，1943年9月出生。1981年由崇安县供销社调到福州铅笔厂，先任供销员，后任厂党总支副书记，1984年底被任命为厂长兼党总支书记。

王明生接任厂长兼总支书记职务时，面临极为严峻的考验。当时实行改革卓有成效的前任厂长和书记相继上调，新组成的厂领导班子在资历、经验和威信上明显不足，能否担负起企业改革开拓前进的重任，促进生产的发展和职工收入的提高，他成为众所瞩目的人物。当时还适逢南方木材市场开放，价格上涨，全年企业因各种原辅材料涨价要增加支出80万元。而全国铅笔市场饱和，销售竞争激烈，企业能否渡过难关，职工十分担忧。

王明生不负众望，他继承并发扬了前任领导的优良传统和作风，紧紧团结厂部一班人，处处以身作则，自觉按照自己向全厂职工立下的"责任状"、"小立法"办事，多次退回人家送来的礼品和钱款，为端正党风、厂风做出榜样，取得干部、工人的信赖。为了企业的生存和发展，王明生集思广益，提出"重管理、保质量、降消耗、增效益、多换汇"的治厂方针和"眼睛向内、深入挖潜"的具体措施，在企业内部深化改革，进一步健全经济责任制，重新调整修订了各车间的承包合同和考核基数，全面推行超产奖和节约奖，发动群众搞合理化建议，革新挖潜，不仅在企业内部消化了各种因素增支部分，还发展了生产，提高了企业的经济效益。1985年，全厂节电44.27万度，节煤1965吨，节水14.56万吨，节约木材1964.43立方米，完成总产值1 088.75万元，比上年增长21.9%，实现利润184.59万元，比上年增长2%。1986年，各种原辅材料涨价因素有增无减，企业需增支89万元，王明生根据这种形势进一步加强了企业管理，把各项经济技术指标分解到各车间，完善了各项管理制度，日有检查，月有考核。经过全厂工人的努力奋斗，1986年节电34.4万度，节煤2 053.9吨，节水10.1万吨，节约木材1 500立方米。不仅在企业内部消化了增支部分，而且，完成产值1 200万元，比上年增长10.2%，实现税利215万元，比上年增长16.5%。企业获得"福建省企业管理先进单位"的光荣称号，还被省经委、省财政厅评为"内部经济责任制搞得好的企业"。

王明生重视政治思想工作，他亲自抓企业整党工作，认真查处、纠正不正之风，使党组织成为一个坚强的战斗堡垒。党员同志在生产上处处起先锋模范作用，带动了一大批生产骨干，成为厂里的中坚力量。王明生还经常深入到车间，找工人谈话，了解职工的思想动态，在可能的情况下尽量解决职工群众的后顾之忧，深受职工群众的爱戴。针对铅笔厂青年工人占多数的情况，王明生先后举办了"厂长答青年问"和"青年助厂长一臂之力"座谈会，和青年工人直接对话，这种生动活泼的形式，既融洽了干群之间的关系，又达到了思想教育的目的。有的青年工人说：我们厂是"厂长理直、工人气顺"。王明生注意发挥工会、青年团等群众组织的纽带和助手的作用，支持他们开展活动，因而在企业中形成了很强的凝聚力，绝大多数的职工都把企业的兴衰和自己的利益联系在一起。企业的生产年年发展，呈现出一派欣欣向荣的景象。福州铅笔厂连续两年被省政府、省经委、省总工会评为思想政治工作优秀单位。福州铅笔厂党总支也两年被评为"福州市轻工系统先进党总支"。福州铅笔厂还获1986全国先进集体"五一"劳动奖状。

由于王明生工作成绩突出，1986年他获得福建省"五一"劳动奖章，还被评为市劳动模范。

（卢　孚）

【叶家裕】 江苏省六合县人，1933年生，1958年毕业于山东师范大学化学系，1981年12月加

入中国共产党。曾任泰安和潍坊畜牧兽医学校教员，青州（原益都）卷烟厂技术员。1980年任青州铝箔纸厂副厂长、副总工程师，从事卷烟包装真空镀铝纸工艺及设备的研制工作。1980年被吸收为中国真空协会会员。1984年任青州市技术职称评委主任、青州市机械工程协会副理事长、潍坊市造纸协会理事，1985年任潍坊市包装协会理事。

叶家裕自参加工作后，认真学习技术、钻研业务，把自己学到的知识，无私地奉献给社会主义建设事业。1965年至1966年底，在青州卷烟厂研制成功了卷烟生产设备打叶机中的S型分离器，经部级鉴定，在全国推广使用。1978年以他为主研制成功了卷烟包装真空镀铝纸工艺及设备，填补了国内空白，达到国际先进水平，1980年获山东省科技成果奖，1981年11月获国家三等发明奖。1980年至1981年研制成功卷烟镀铝纸用醇溶胶。1981年至1982年与沙心为等合作，研制成功ＹＤＤ型电子计算机镀膜打印纸，获山东省重大科技成果二等奖，填补了国内空白，达到国际水平。1982年至1983年研制成功金属化商标印刷纸和金属化卡纸，获两项国家优秀新产品“金龙奖”，并获山东省科委重大科技成果二等奖，填补了国内两项空白，达到国际水平。1986年9月与李忠伟、沙心为、张惠茹等合作，研制成功真空镀铝纸醇水型高固涂料，并通过省级技术鉴定，1986年获山东省第一轻工业厅优秀新产品一等奖。

叶家裕在科学研究中，既表现了严谨的科学态度，又表现了无私无畏的献身精神。1978年6月轻工业部和山东省第一轻工业厅要求尽快研制一次涂布配方新工艺。在项目进行攻关的时刻，多年未见的老母亲病故了，领导让他回去为母亲办丧事，他向领导诚恳地说：“老人已经过世了，我回去也只是尽一点心意。这里的工作已经到了关键时刻，我应亲自参加，摸准数据才行，就让我用研究的成果去告慰母亲的在天之灵吧！”他把悲痛压在心里，继续进行试验，一连30多天没回宿舍，常常一天工作十三四小时，终于搞清了胶料配方的临界固体含量和各种化学成分的比例。紧接着，他拟定了10个胶料配方，和研究组的同志们一个个试验筛选，直到取得了十分理想的效果。

为解决涂布机运行中多次发生燃烧爆炸及人身安全的问题，他做了一次危险的破坏性试验。试验开始，他让领导和工人们都掩蔽起来，独自一人守在机器旁仔细观察，寻找起火爆炸的原因。试验发生了爆炸，车间门窗的双层玻璃都被震碎了，他也被气浪推倒在地。经过这次破坏性试验，摸到了起火的根本原因。原因探明后，他带领技术人员对原涂布机进行了改造，燃烧爆炸问题得到了彻底解决。

8年来，叶家裕带领全厂技术人员完成了技术革新140多项，为我国镀铝纸生产技术赶超世界先进水平，为青州铝箔纸厂发展成我国目前规模最大、产量最高、质量最好、价格最低的镀铝包装材料生产基地做出了重大贡献。他先后获得山东省总工会授予的技术革新能手，轻工业部授予的先进工作者，国家经委和中国包装协会授予的优秀包装工作者，山东省第一轻工业厅授予的先进工作者，山东省经委和包装协会授予的优秀包装工作者等荣誉称号。1984年被评为益都县劳动模范、潍坊市劳动模范、潍坊市优秀知识分子，1985年5月荣获全国总工会授予的“五一”劳动奖章。

（顾寿达）

【刘洪明】 山东省沂南县人，1947年生，1966年加入中国共产党，现任沂南鞋厂厂长兼党总支书记。1985年获全国“五一”劳动奖章。1986年获山东省劳动模范。

1981年，34岁的刘洪明走马上任，到连年亏损、业不抵债的沂南鞋厂当厂长。

刘洪明当厂长后，抓了四项改革：

一是改革生产结构，解决职工吃饭问题。手绱布鞋是这个厂“几十年一贯制”的产品，由于产量少、无销路，致使企业严重亏损。刘洪明认准了只有生产适销对路的布鞋，才是企业复苏的根本措施。他亲自带领有关人员外出学习制鞋技术，回厂组织技术培训，短期内转产上了市场“热门”的注塑布鞋，当年完成工业总产值42万元，实现利税2万元，职工们盼望企业回生的愿望开始实现。

二是改革分配制度，调动职工的积极性。刘洪明为根除企业多年来“干好干孬一个样”的积习，实现奖勤罚懒，充分发挥工人、干部的生产积极性和创造性，在全厂推行经济责任制，先后制订了180多项560多条岗位责任制，对工人实行联产、联质、联消耗的计件工资责任制；对各职能部门实行任务定额的经济承包，使全厂职工“人人头上有指标，联职联责干劲高。”

三是改革人事制度，提高企业的技术素质和管理水平。为了企业的发展，刘洪明不拘一格选用人才，他提名任命了副厂长和科室车间干部38人，聘请专业技术人才15人，自行招录技术工人280多人，从而使企业摆脱了“管理落后，素质低差”的混乱局面，走上健康发展的道路。

四是改革管理制度，实行科学的管理方法。刘洪明为了使企业在竞争中发展，推行了一套符合企业实际情况的管理制度：以厂部为中心，建立生产、技术、信息、经营、质检、财务为主的6条完整系统管理线，做到了生产有计划、销售有目标、消耗有指标、创新有信息，生产经营一片生机。

刘洪明的“招数”不多，但很灵。1986年，企业拥有固定资产250万元，为1981年的10倍；职工620人，为1981年的6.5倍；完成工业总产值1 100万元，实现利税178万元，分别为1981年的26倍和89倍。目前，企业拥有注塑布鞋、仿革凉鞋、冷粘布鞋、双色旅游鞋等6条流水生产线，其中双色旅游鞋生产线是具有世界先进水平的设备；生产360多个品种的布鞋、凉鞋、旅游鞋，建立6省15市380多家商业销售网点。企业在竞争中站稳了脚跟，连续4年被省、地、县授予先进单位称号。刘洪明挑起了大梁，县委、地委授予他模范党员、先进改革者、先进厂长称号。

（文　刚）

【王集农】山东省龙口市人，1943年生，中共党员。1958年在龙口家用电器总厂参加工作，曾被评为厂先进工作者、标兵、烟台地区工交系统先进工作者，县（市）模范党员，当工人期间为厂里革新设计关键设备17台。1983年任龙口家用电器总厂厂长以来，坚持改革，勇于探索，在全厂实行了全额浮动计件工资制、从社会上择优招工制、依靠职代会实行民主管理制等。同时，积极推行全面质量管理，建立健全了质量管理体系。在他的领导下，企业1986年完成工业总产值1.52亿元，年平均递增70.05%；实现利税2 333万元，年平均递增87.25%；金龙牌电风扇连年被评为省、部、优质产品，该厂成为山东省二轻系统唯一的年工业总产值过亿元的企业。王集农1986年获全国“五一”劳动奖章、全国优秀经营管理者、山东省职工劳动模范。

（尚　贤）

【姜淑卿】女，山东省海阳县人，1931年生，中共党员。1986年被评为省劳动模范。1947年参加革命以来，曾被评为县、地区劳动模范，烟台市企业家。1970年起在海阳县工艺品厂任职，现任副厂长、党支部书记、工贸联营副董事长。在她的领导下，1986年全厂工业总产值完成1 100万元，实现利税135万元，分别比1985年增长10%和43.3%；比1970年分别增加6.59倍和31.14倍。企业生产和产品水平居全国同行业之首。1984年这个厂的玉米皮编织品获国家工艺品百花奖银杯奖。她任职以来，亲自改进创新了200多个新品种，其中有4个被评为省、市过得硬产品，81—9草地毯被法国客户包销3年，大平编地毯1985年被评为全国优秀产品创作一等奖。在经营管理上，坚持以提高经济效益为中心，制订了外贸工作“七个必须作到”制，注重抓科学管理，创优夺标，提高质量，产品远销西欧等50多个国家。1986年倡导与山东省工艺品进出口公司联营，建立工贸联合体；与中国工艺品进出口总公司、山东省分公司联合，成立意大利式手袋加工厂；与日本搞补偿贸易，成立机制棉线地毯厂。由于她的努力，海阳县草制品工业得到较大的开拓和发展。

（尚　贤）

【芦慎文】　全国“五一劳动奖章”获得者。男，1929年12月15日生，汉族，河南省中牟县人，初中文化程度，中共正式党员。1948年参军，在部队历任战士、班长、文化教员、军事参谋、中队长、县武装部军事科长等职务。1978年10月转业到商丘市工作。

1984年7月他被调到商丘市制革厂任厂长兼党支部书记。当时，这个厂是全地区、全市有名的业不抵债企业。200多人的小厂，积欠银行贷款149万元，欠外债 120多万元，库存积压产品90多万元，上班的职工只发给80%的工资，还有部分职工放假在家，自谋生路。芦慎文到厂后的第三天，就在全厂职工大会上表态：制革厂不改变面貌，我死也不离开。他同时宣布了几条纪律：全厂职工必须在三日内报到上班，违者以自动离厂论处；厂内不准喝酒、赌博、打牌，不准私拿公物，违者一律开除。经过慎重的调查研究，芦慎文陆续从五个方面采取了改革措施：一、实行厂长组阁制。副厂长以下的中层干部由他直接任免，不再报请上级审批。两年中他先后任命副厂长、车间、科室负责人37名，免除了6位不称职干部的职务，建立起一支精明强干、以身作则的干部队伍。二、实行厂内技术职称制。为了调动本厂职工的积极性，他先后任命厂内工程师1人，助理工程师9人，技术员22人。并规定，助工以上享受副厂级待遇，技术员享受股长待遇。这些职称、待遇只在厂内有效，使厂内技术人员能充分发挥才干。三、在车间实行了“四定一奖”经济责任制，即定人员、定任务、定质量、定消耗，超产计件发奖。四、建立了全面质量管理系统。从原皮收购直到成革出厂，所有车间、每道工序都把质量指标分解到人，并把产品质量的优劣和每个干部职工的经济收入直接挂钩，赏罚分明，按月兑现。五、从严治厂，强化管理。在建立健全各项规章制度之后，他坚持做到在制度面前人人平等，不讲情面，不搞“下不为例”。

芦慎文体弱多病，在厂主持工作的两年多里，他每天坚持工作十多个小时，从没休息过一个星期天。1985年春节前夕，他因肾结石晕倒在办公室，同志们把他送进医院，出院后医生建议他全休一个月，他却第二天就到厂上班。

由于芦慎文的努力和全厂职工的辛勤劳动使皮革厂面貌发生了很大变化。1985年该厂产值360万元，利润80万元，税金36万元，销售收入 370万元；1986年产值505万元，利润123万元，税金77万元，销售收入 973万元。职工收入也从平均50元上升到 135元。他还利用贷款改造了设备，使产品质量不断提高。

鉴于芦慎文同志的工作成绩及表现，1986年5月1日，中华全国总工会授予他“五一劳动奖章”和“全国优秀经营管理者”称号；7月1日，中共商丘地委授予他“优秀共产党员”称号，省内外有十多家新闻单位从不同侧面报道了他的先进事迹。

（乔宪生）

【侯宇台】 甲骨文摹刻艺术家。男，生于1924年7月，河南省长垣县人，18岁在开封文物商店当艺徒，学习鉴别文物。在金石篆刻家杨实若先生精心培育教导下，他认真临摹甲骨文、钟鼎文及历代名家碑帖，奠定了摹刻甲骨文的良好基础。

侯宇台醉心于甲骨文临摹，日复一日的锲而不舍的究其技巧，捂其神韵，历几十个春秋，所摹刻的甲骨文片皆极精湛，足以乱真。

侯宇台为中国工艺美术学会会员，1982年当选为河南省工艺美术学会副理事长，任郑州市石淙印社社长。侯宇台的《甲骨文集诗》1981年在北京展出后，定为国家收藏品。1980年在深圳展出甲骨文复制品两件，被深圳市留作为长期陈列品。

对中国的甲骨文，郭沫若说：“卜辞契于龟骨，其契之精，而字之美，每令吾辈数千载后人神往。凡此均非精于技者绝不能为。技欲其精，则练之须熟，今世用笔者优然。足知契文，实一代书法。”（见郭沫若著《殷契萃编》）。甲骨文为一代书法，其精美令人神往，而摹刻的人甚少，在全世界屈指可数的摹刻甲骨文的人当中，能取得可喜成果的人更少，摹刻甲骨文能神似而足以乱真的人则绝无仅有。侯宇台的甲骨文摹刻艺术，被人赞为国内外少有，中州独步实在不为过分。侯宇台事迹及其甲骨文摹刻品，曾在《郑州晚报》、郑州广播电台、《河南日报》、河南广播电台、电视台和山东、山西等省报张、杂志介绍。对侯宇台的甲骨文摹刻艺术成就，国内外专家学者都给予了很高的评价。中国社会科学院历史研究所甲骨文专家胡厚宣教授1984年对侯宇台说：“你复制的甲骨文现在就是文物。”美国洛杉矶大学东方语言系周鸿翔教授两次来访，他称“侯先生的甲骨文复制品是天下无双”。近几年美国、日本、台湾等地的甲骨文专家来访者不下十余人次。

侯宇台说：“摹刻与伪造不同。摹刻是原作的复制品，供人作为参考资料或陈列之用。或不止于此，摹刻对古代文明、书法、技艺是一个有益的探寻与研究。”据侯宇台介绍，甲骨文也形体各异，楷、行、草书齐备。更有诸多书法流派，有的凝重肃穆、规矩认真，或强劲有力，或行云流水，或雄健豪放，表现出各种不同的风格。甲骨文是刻在龟甲、牛骨上的文字，虽与用笔书写不同，实是用笔书写之源渊。其用刀有各种刀法，如：冲刀、切刀、反切刀、复刀、发刀、挑刀、单刀等法，另有陡刀与坡刀入刀之法。侯宇台撰写有《摹刻甲骨文与书法》一文，对此有精辟论述。

中山大学商承祚教授于1986年4月23日来信说："示及摹刻甲骨四片，皆极精湛，如在旧社会，可获高利矣。一笑！"今日，候宇台居临闹市，作于斗室，买参考书动辄数千元，每年购甲骨在千元以上，自己则节衣缩食，不求名，不苟利。候宇台说："炎黄子孙能对挖掘发扬我国古老文化做些贡献是我的责任，也是我的光荣。我乐在其中。"

（漆先枝）

【吴培德】 共产党员、全国"五一劳动奖章"获得者。1937年生，高中文化程度。1956年参加工作，当过工人、生产班长、车间主任、厂长和宜昌市一轻工业局副局长，现任宜昌市包装印刷联合工业公司经理兼党委书记。

吴培德，工作勤奋，勇于开拓。特别是1979年他担任宜昌市彩印厂厂长后，他针对企业落后，缺乏活力，带领全厂职工一道，狠抓企业整顿，更新设备，增加品种，以及拉开职工的奖金分配水平，使一个产值不过50万元，固定资产不足50万元的企业，有了比较明显的变化。1983年与1980年比，该厂产值增长1.7倍，利润增长2倍，3年内平均总产值递增40%、利润平均递增45%。

吴培德在对该企业进行改革并取得初步效果的基础上，按照生产特点改革厂部、车间的机构设置，实现精简机构，增强车间管理能力；对干部实行干部目标任期责任制，按"德、能、勤、绩"每年考核一次，不符合要求的回生产岗位，胜任的继续任职，打破干部终身制；在劳动组合中，实行干部层层点名组合；在工资和奖金分配中，按"责任大小、工作难易、技术高低、劳动量强弱"的原则，把全厂184个生产岗位分为11级岗位工资，依完成工作情况、企业效益等进行浮动；对车间、科室实行全面经济承包，使车间不仅享有较多的内部自治权，而且承担一定责任；对职工劳保福利方面也进行改革和发放企业发展股金等8项改革。通过近2年的努力和实践，使彩印厂1985年的工业产值、积累、利润又较1983年有大幅度增长，厂容厂貌也起了很大变化，企业连续5年被宜昌市评为先进企业，1985年还被市委、市政府授予红旗单位称号。吴培德也连续5年被市评为优秀党员、劳动模范，并被选为市人民代表。

吴培德认为，只有搞好行业改组联合，才是增强企业活力，提高经济效益的必由之路。1986年3月，他调市一轻局担任副局长后，集中时间和精力对印刷行业进行认真调查研究，与本市4家印刷厂的各级干部座谈讨论，交换意见后，拟定了关于印刷行业改组联合、建立经济实体性公司方案。这个方案，很快得到市委、市政府的批准。根据这个方案，他同改组联合筹备组的同志一起，将4个印刷企业改组成8个专业分厂和1个物资供应站，并制订了《企业管理制度汇编》，彻底清理了原各单位的财产、债权和债务，调整和安排了20多名厂级干部和200多名管理干部，正式成立了"宜昌市包装印刷工业联合公司"。公司成立后3个月，生产创造了同期最好历史水平。到年底，参加联合的各个分厂产值、积累和利润均比联合前的1985年有很大的提高和增长。目前，这个公司还与外省发展横向联合，通过引进技术、设备、产品，公司面貌已焕然一新。并已涌现出一批颇有工作水平的管理干部。

（喻中权）

【赵南生】 男，汉族，湖南省沅陵县人，生于1944年8月，1968年7月毕业于湖南大学化学工程系有机合成专业，毕业后分配到湖南省邵阳合成洗涤剂厂工作，先后担任技术员、厂调度员、车间主任、副厂长等职，于1973年7月加入中国共产党。赵南生采取正确的经营决策，把长期亏损的邵阳合成洗涤剂厂改变了面貌。

赵南生是在1983年出任邵阳合成洗涤剂厂厂长的。这个厂兴建于1967年，投产后，有11年亏损，到1983年，厂累计亏损金额已达890多万元。他立志不当亏损领导，要做贡献厂长。在厂党委的支持下，他发动群众找亏损原因，献扭亏之计。职工们群起响应，提出了上百条振兴企业的建议，也增强了他的治厂信心。

他上任之初，首先研究制定了"六抓一增"的经营决策。即抓产品质量，抓新产品开发，抓技术改造，抓降低消耗，抓产品销售，抓管理，增加经济效益。并且扎扎实实地开展各方面工作。

1984年，赵南生大胆改革，厂内实行逐级承包，全厂任务分解为5 000多个考核指标层层落实到人。为有效地降低产品成本，他提出搞三级核算，改过去的车间月核算为班组日核算，用料按定额，天天算细帐，日日见消耗。这一年减亏67万元。

为了搞好产品质量和新产品的开发，他上任后就带着有关人员到省内外市场模行情，组织技术人员试制新产品，先后开发了新品种10来个，其中有7个分别获国家金龙奖和省优产品证书。他和科技人员研制的“大洋牌”洗衣粉，出现了商业要包销，新老顾主争订货的局面。1985年产量比上年增长23%，全年盈利145万元，一举甩掉了11年的亏损帽子。

赵南生重视企业的长远发展。他当厂长是“做一、备二、考虑三”。面对厂里设备陈旧的情况，从1984年起就着手规划，抓更新换代。一方面，他组织技术力量，对尾粉系统、风送系统等19项设备、工艺进行了改造，使日产量几乎翻了一番。另一方面，他亲自抓技术引进。厂里从意大利引进的三氧化硫璜化中和装置，他从资料收集、与外商洽谈，到对设备的考察引进和组织安装，都一抓到底，保证了引进设备一次试车成功。

为了表彰赵南生的成绩，1985年中华全国总工会给他颁发了“五一”劳动奖章，省工会给他记了特等功。

（林承炳　韩碧霞）

【戴清升】我国著名的菊花石雕艺术家。戴清升从事菊花石雕已有85年，对中国菊花石雕技艺的保存和发展作出了杰出贡献。1979年被命名为中国工艺美术家。现任湖南省工艺美术学会名誉理事长，中国美术家协会湖南分会名誉顾问、湖南省政协委员。

1889年，戴清升诞生在菊花石产地一湖南省浏阳县永和镇，因家境贫寒，只读了一年多私塾就辍学。13岁从师黄家传学习菊花石雕，17岁出师，在家乡自立门户，以菊花石雕为业。他刻苦好学，潜心钻研，很快就成为当地首屈一指的菊花石雕艺人。1915年，26岁的戴清升所创作的菊花石雕《梅菊瓶》和《梅兰竹菊横屏》，被选送巴拿马万国博览会，获得金牌奖。从1928年到现在，他雕刻了近2000件菊花石雕工艺珍品。有的陈设在北京人民大会堂湖南厅，有的参加了历届全国工艺美术展览，有的送到几十个国家展出，获得了广泛的赞誉。1956年以来，他曾多次参加全国工艺美术艺人代表会议，1979年8月，他出席全国工艺美术艺人代表大会，被命名为中国工艺美术家，并当选为中国工艺美术学会副理事长。

戴清升全心治艺，几十年如一日。他在旧中国度过了大半辈子，屡遭巧取豪夺，打击摧残。在艺人们迫于生计纷纷弃业改行、菊花石雕濒临绝境之时，他矢志不渝，始终坚持石雕阵地，保存了祖国这一独特的工艺花朵。他热爱工艺，更热爱祖国。他曾经毅然拒绝英国传教士雷德斯要他去国外献艺的劝说。新中国成立后，他热情更高，虽已年过花甲，仍壮心不已，经常一天工作10小时以上，始终保持着旺盛的创作热情。

他对艺术的探求孜孜不倦，精益求精。从雕刻题材、品种到技法，他都悉心探索，既取人之长，又出人以新。他把人们喜爱的梅、兰、竹、菊“四君子”，雕刻成《梅菊》、《兰菊》、《竹菊》等作品，使之具有较深的意境。在作品品种上，他淘汰了壶、碗、酒觞等实用品，发展与假山、盆景、花篮、花插等欣赏品、装饰品。在技法上，他改革了传统的雕刻工艺，并在线刻和浮雕的基础上发展了圆雕和镂空雕。不仅扩大了表现范围，而且使菊花石雕的造型和刻划更为生动。为了丰富创作，推陈出新，他十分重视深入生活，从生活体验中探求艺术真谛。他刻菊种菊，雕鸡养鸡，耄耋之年还时与学生郊外赏菊，临溪观鱼。因此，不论是清丽素雅的菊花，翩翩起舞的蝴蝶，还是昂首高唱的金鸡，鼓目待跃的青蛙，他都刻划得生动逼真，使每一件作品充满情趣。

戴清升还为菊花石雕艺术培养了一代新人。他毫无保留地传授技艺，诲人不倦。现在新的一代菊花石雕艺人已迅速成长。1986年8月9日，湖南省二轻厅为戴清升98岁寿辰暨从艺85周年举行了庆祝会。

（孙富殷）

【陈景彤】1935年10月出生，广东省新会县人。1958年毕业于华南工学院化工系制糖专业。现任轻工业部甘蔗糖业科学研究所综合利用研究室主任、工程师。在主持国家“六五”期间科技攻关项目“蔗渣碎粒板工业性生产试验”中，陈景彤勇于创新，成绩斐然，1986年获全国总工会颁发的“五一”劳动奖章和“全国优秀科技工作者”称号。

蔗渣碎粒板是以蔗渣为原料，采用干法工艺，经筛选、干燥、施胶、热压等工序制成，是家具和建筑用材。1980年陈景彤承担了这一项目的研制工作。他从大量的图书文献中一点一滴地搜集有关资料，在涉取他人经验的基础上勇于创新，设计出一套具有我国特色的蔗渣筛选设备S型气流分选器。随后，又研究成功变径式气流干燥器及悬浮式气流施胶机等设备，解决了蔗渣分选、施胶等问题。1982年，年产1 000 立方米碎粒板中间试验获得成功。为了使这一科研成果早日付诸生产，1983年陈景彤带领专题组又投入到碎粒板工业性生产试验中，先后为广东、四川、云南等省区设计7座年产3 500～7 000立方米和1座10 000立方米的碎粒板厂。目前，这批厂大部分已试产成功，成为国内首批采用国产设备生产碎粒板的厂家。蔗渣碎粒板的投产，为蔗渣综合利用开辟了一条新路，可为国家节约大量木材（每立方米碎粒板可代替3立方米原木）。轻工业部两次授予该项目科技成果奖；国家经委、计委、科委和财政部也联合给予表彰。

二十多年来，陈景彤先后参加了植物纤维水解、微生物发酵、人造板制造等近十个专题的研究，多次被评为研究所先进工作者。

（胡瑞贞）

【黎达苏】 男，汉族，广东省新会县人，1934年11月出生，中共党员，现任广州市珠江钢琴工业公司经理、广州钢琴厂厂长。

黎达苏于1975年任广州钢琴厂厂长，他勇于改革，并卓有远见地开拓了“生产、宣传、销售、服务、教学一体化”的经营方式，将钢琴工业生产与社会活动紧密地结合起来，创办了“省、港、澳”地区的和全国性的青少年钢琴邀请赛，为社会主义精神文明建设作出了贡献。

黎达苏就任广州钢琴厂厂长十年如一日，勤勤恳恳，把全部精力投入在加速发展我国钢琴生产事业上。他“以质量求生存、促发展”的治厂方针，在技术改造的过程中，按照“引进关键、消化配套、量力而行、讲求效益”的原则，使钢琴产量从1984年至今一直保持全国领先。1986年年产钢琴10 023台，突破我国钢琴生产万台大关，比1976年增长近20倍。钢琴出口4 216台，出口量居全国之首。

黎达苏对广州钢琴工业的发展作出了贡献。1984年被评为广东省劳动模范；1985年被评为广州市优秀党员；1986年获“全国优秀经营管理者”称号和“五一”劳动奖章。

（许世民　朱妮达）

【吴富林】 1980年初，吴富林同志被任命为柳州市牙膏厂厂长。当时，这个厂刚从市日化厂牙膏车间分出新建，只有123名职工，60多万元固定资产。经过吴富林同志带领全厂职工艰苦奋斗，经过6年的时间使产量、产值比建厂初增加10倍，从原来是全国同行业中倒数第四名跃居全国第二。上缴税利2 801.22万元，相当于国家总投资的3.42倍。拳头产品——两面针中药牙膏产销量居同类产品之首。

吴富林上任后不久，国家对日化产品变商业统购包销为商业选购、企业自销，牙膏厂的产品大量积压，为了寻找工厂的出路，他和其他几个技术人员一起进行市场调查，收集了大量的信息，经过筛选预测确定了中药牙膏这个当时尚属处女地的目标市场，组成了新产品科研小组，在人民医院口腔医生的大力支持下，他们日以继夜，不断进行配方试验。经历了60多次的失败和总结经验之后，终于试制成功了既能保持洁齿功能，又能防治牙病、口腔疾病的两面针中药牙膏。

1981年初，吴富林制定了“调整产品结构，树立拳头产品，狠抓销售宣传”的办厂方针，大刀阔斧地砍掉了12种牌号的产品，使两面针中药牙膏由总产量的20％上升到60％以上，形成该厂名副其实的拳头产品。

经过吴富林的苦心经营，牙膏厂产销量连年翻番。1982年产销量 2 200多万支，实现税利164.5 万元，比前一年分别增长83％和110％；到1985年产销量已达12 500万支，实现税利1 096.87万元，人均实现税利突破万元大关。1984年成为全广西唯一受到国家经委表彰的经济效益好的先进单位。

1986年由于银行收缩银根，商业部门压缩进货，原材料普遍大幅度涨价，全国牙膏产大于销，柳州市牙膏厂产销量税减，库存量占全年总产量十分之一，吴富林与他的助手们一起，研究采取了如下措施：

首先，抓好人才开发，人才培养。他大胆提拔、培养和使用各种人才，并对管理人员和工人进行文化、业务学习轮训达4 000多人次。同时，招聘了经济师、会计师、工程师等多人，委以重任。

其次，他制定出厂长方针目标，并把方针目标层层分解到各车间、部门、班组。

三是根据市场和消费者需求的变化，设立技术开发部，加速开发新产品，使产品形成系列化，做到投产一代，试制一代，构思一代。现在已研制成功儿童两面针牙膏和第2代（B型）两面针中药牙膏。

四是加强经营销售管理，提高服务质量。吴富林亲自抓产品销售工作，要求经营人员要特别注意销售服务，倾听消费者和商业部门的意见。

吴富林采取的措施收到很好的效果。1986年6月份以后，牙膏厂生产销售量显著回升，6—9月份四个月销售牙膏5 092万支，基本消除了库存积压，尤其是9月份销售牙膏1 280.69万支，创历史最高水平。柳州市牙膏厂实现了第二次腾飞。

吴富林能在改革中始终保持清醒的头脑，从不居功自傲。他常说：柳州市牙膏厂能有今天，是党的“对外开放，对内搞活经济”方针的正确指引，是社会主义制度优越，是全厂职工齐心奋斗出来的。

（叶　飞）

【陈　溪】男，1929年出生，1955年4月加入中国共产党，1954年参加工作并任厂长，1970年任南宁手表厂厂长，1980年任南宁钟表工业公司经理兼党委书记，1982年兼任手表厂厂长至现在，1984年任南宁市厂长经理工作研究会副会长，1985年任中国钟表协会理事。从1970年起，他带领广大干部、职工为开拓广西钟表工业，发展手表生产做出了重大贡献。1985年荣获“全国优秀经营管理者”称号，获得全国“五一”劳动奖章，1986年被评为广西壮族自治区优秀厂长经理。

他坚决贯彻党的方针政策，坚持正确的经营思想作风，立足创新务实，锐意改革，从企业全面整顿入手，实行方针目标管理，积极推行现代化管理和全面质量管理，加强标准化、计量和质检这三大基础工作，使企业形成了一套与生产实际相适应的质量管理体系和质量信息网络，保证了产品质量稳步提高。1984年桂花牌手表获得广西优质产品和南宁市最佳产品称号，1985年又获广西名牌产品称号，1986年在国家的二次抽样检查中，桂花牌手表仍然超过国家A类一级表的质量标准，同年该企业被评为自治区轻工业质量管理先进单位。

他不断改善企业经营管理，制定并逐步完善了一套企业内部的分配方案，调动了职工的生产积极性，使企业活力不断增强，经济效益逐年提高。1986年，企业生产大幅度地突破设计能力，完成手表61.2万只，工业总产值4 410.22万元，实现税利668.03万元，分别比上年增长20.71%，20.59%，7.58%。

为生产适销对路的产品，他组织调查了广西86个县和全国24个省市的部分地区。通过分析预测，大胆提出了“立足广西，巩固西南，面向全国”的经营策略。根据市场的变化，努力增加花色品种，并且针对特定市场的消费水平和心理，正确投放市场，使产品销路经久不衰。随着销售市场不断扩大，在各地建立了市场信息管理网和73个经销网点，形成了一个比较完整的市场管理体系和经销体系，使企业充满了生机和活力，产品在全国的覆盖面达24个省市和地区。1985年的手表销量比1984年增长40.06%，在全国手表销量处于疲软之时，1986年广西手表销量仍然比1985年增长11.15%。特别是在广西市场，该厂的手表销售量占全国各家手表销量之首。

他在抓好物质文明建设的同时，也注意抓好精神文明建设，他团结周围的同志，通过开展思想政治工作的目标管理，使企业职工精神面貌焕然一新，1986年南宁市手表厂继续被评为南宁市文明工厂。

（沈首沐）

【肖绍雨】四川省宜宾造纸机械厂厂长、中国轻工业机械总公司华联造纸机械联营总公司副董事长、总经济师。1937年生，中共党员。50年代末毕业于重庆大学机械系，先后在西南科学分院、电子工业部某单位工作。1969年调入宜宾造纸机械厂，当过齿轮工、生产计划员，后任生产计划科副科长、科长、设计科科长、副总工程师、副厂长、厂长等职。曾当选为四川省宜宾市第八届、第九届人民代表。

自1983年肖绍雨担任厂长以来，宜宾造纸机械厂发生了很大变化，连续4年产值、净产值、利润、上缴税利、资金利税率等10个指标都有不同程度的增长。1986年与1982年相比，产值增长30.5%，净产值增长近2倍，利润增长近6倍，上缴税利增长81.3%，资金利税率增长3.6倍。多次受到有关部门的表扬和嘉奖。1986年3月成为四川省第二家“安全达标”的企业，还被评为国家二级计量合格单位。年底又被评为四川省23个“建功立业竞赛活动先进单位”之一。肖绍雨被中华全国总工会授予“全国优秀经营管理者”称号。

肖绍雨勇于开拓。该厂自1968年建厂至1983年一直未摆脱落后局面。肖绍雨自担任厂长4年来，坚持改革、搞活的方针，推行目标管理，追求企业的稳步发展。他大胆使用有真才实学的人材，并敢于承担责任，团结了大多数职工。在他和职工们的共同努力下，宜宾造纸机械厂已从1个年产1 000多吨的配件厂，变成了年产2 000多吨的主机厂；并从1个小型、低速、技术简单的纸机厂，变成了中型、中速、较先进的纸机厂。产品已畅销全国28个省、市、自治区。为了使纸机厂保持竞争能力，在他的组织下，几年来先后同省内外跨行业的8个企业开展了经济联合。

在调整产品结构上，肖绍雨敢于断后路，把企业的着力点放在国际国内先进水平上。为此，他首先在提高职工素质上下大功夫、花大本钱。近3年来通过电大、技校、刊授、函授、内培外训等形式共培训了占职工总数42.2%的各类人员。其次，合理调整生产和产品结构，把建厂以来一直生产的Ⅰ系列1 575系列纸机转让给联合的厂家生产，自己生产Ⅱ系列具有国内先进水平的1760、1880新型纸机。

为了培养企业精神，他通过各种形式使广大职工建立群体意识。肖绍雨特别重视民主对话，他认为“民主对话是沟通厂长与职工心灵的桥梁；是厂长权力得到职工理解，变成群体力量的有力武器；是提高企业管理素质和加快办事效率的有效办法”。他把“拼博、竞争、坚韧、虚心、求实、奉献”作为纸机厂的企业精神。

（唐孝金）

【王文翰】四川宜宾造纸厂厂长，工程师。男，共产党员，1939年出生，北京市人，1963年天津大学制浆造纸专业毕业，分配到宜宾造纸厂，历任车间主任、副厂长、厂长等职务。1984年12月任厂长后，围绕搞活企业，特别是围绕调动人的积极性，王文翰大胆改革人事制度，通过多种民主渠道选贤任能，对中层干部和一般干部实行先免后聘的两年聘任制，打破了干部的终身制，使一代新人脱颖而出，推动着企业前进。并根据各车间、处室的特点，实行以承包为主的不同形式的经济责任制，把经济责任制紧密同企业的年度方针目标结合起来，经过纵向和横向的层层分解落实到班组和个人，使职工的劳动收入紧紧与劳动成果相结合，极大地调动了职工的积极性。

振兴企业。王文翰同志以战略家的眼光清楚地认识到，除了充分发挥企业现有的潜力外，还必须对这个老企业进行大规模的技术改造。他提出“用五年时间根本改变企业面貌，把企业建成一个具有较强竞争能力的现代化水平较高的企业，基本实现宜宾纸厂振兴”的任期总目标。在他的带领下，经过中央、省等120多个单位审批，总投资额为11 713万元的“七五”技术改造规划，已经被国家计委批准并列为国家重点项目，建设资金已经落实，建设征地已全部批准，国外引进装备正开展谈判，引进瑞典3 300纸机生产线的建设安装已进入收尾，即将试车投产，整个“七五”技改规划已全面展开。1986年，这个厂的产值、产量、劳动生产率、税利、能耗等创造了该厂的历史最好记录。同时职工的文化物质生活福利也得到了显著改善。职工年平均个人收入1985年比1984年提高17%，1986年又比1985年提高15%，两年共建住宅26 000平方米，相当于现有总面积的25%，解决职工待业子女166名，办了职工休养所，女工卫生室，职工财产人身保险等，受到全厂职工的欢迎。1986年，王文翰同志被中华全国总工会授予“全国优秀经营管理者”称号，颁发给他“五一”劳动奖章和证书。

（陈举民）

【李剑文】四川乐山市五通桥盐厂党委书记。生于1929年，藉贯乐山，曾任乐山市（县）副市长。他坚决支持实行厂长负责制，党委书记主要抓党的工作，起到了很好保证监督作用。在推行厂长负责制的过程中，他的做法是：

第一,“支持”,做厂长的坚强后盾。他认为要支持厂长的工作，首要的是要坚决支持厂长对行政中层干部的任免权，帮助厂长选配好干部。他一是对厂长提出的人选提出建议，在政治上帮助厂长进行审查、把关，对某干部看法有分歧时，最后坚决尊重厂长的意见；二是对党政干部的合理使用,统筹兼顾,互相支持。

第二,“参与”,为厂长出谋献计。凡是行政生产上的事，李剑文总是支持厂长大胆地工作。但凡属厂里带有发展方向性、决策性的重大问题，他都积极地参与，发表意见，提出建议。他在进行认真的调查研究的基础上，帮助厂长制定了结合企业实际的“立志改革，振兴桥盐，盐为基础，盐化并举，多种经营，综合发展,提高效益，改善生活”三十二字的办厂方针。积极帮助筹划改造真空制盐，扩大生产能力，建设纯碱、烧碱等新项目。

第三,“渗透”,发挥保证作用。紧紧围绕企业的中心工作,他将思想政治工作列入经济承包责任制中去。围绕厂长提出的经营目标和工作大纲，党委同时布置党群和政工部门的工作。厂长工作遇到困难，书记就千方百计帮助解决。他还十分重视加强职工的政治、文化、技术方面的培训。他把发展知识分子入党，作为党组织建设一项重要任务来抓，近几年先后发展新党员 193名，知识分子占93名，有效地调动了知识分子为振兴企业献身的积极性。

第四,“断后”,为厂长排忧解难。企业是一个小社会，内部外部都有很多复杂、难度又大的社会工作和矛盾。例如来信来访、治安保卫、工农关系、土地纠纷等，这些都相当程度地牵制着领导的精力，为了使厂长能够集中精力抓好企业的生产建设，他主动承担了这些工作。

在推行厂长负责制中，由于他作出了成绩，在省、市有关会议上分别被评为优秀书记,坚持改革、端正党风的优秀企业领导干部和企业思想政治工作优秀干部。

（谢立铃　曹继光　荣光友）

【王廷祥】四川省乐山锅炉厂（原乐山市竹根机械厂）厂长。男，生于1941年6月，现年46岁，籍贯四川省乐山市五通桥区，初中文化。1956年任农业社主任，1959年加入中国共产党。1960年任五通桥金山乡党委秘书，武装部长，1968年调任东风乡武装部长，1970年任五通桥电机厂党支部副书记，1972年调五通桥二轻局工作，1979年自动申请，经组织批准到原乐山竹根机械厂任职至今。

王廷祥曾多次被评为先进工作者。1985年被评为全省十个优秀厂长之一，1986年全国总工会授予全国优秀企业管理者称号，奖给“五一”劳动奖章。

1979年，王廷祥担任原竹根机械厂厂长后，率领两个懂技术、会经营的人带上产品样品，跑遍10几个省市、100多个县城，行程6万多公里，边推销产品，边作市场调查,发现民用开水锅炉有广阔的销售市场，决定专业生产民用开水锅炉，使企业很快摆脱了产不适销的困境。这次调查，使他认识到生产要发展必须重视市场信息。他对派出的推销人员，既明确产品推销的责任，也规定市场调查的任务。并先后在全国建立了32个代销、经销、代营等形式的销售点和15个自销点，以扩大信息来源；还利用电信、报刊，及时了解全国民用开水锅炉市场动态，研究确定经营决策。

重视智力开发。王廷祥曾先后派人去重庆大学、成都科技大学学习专业技术，并组织职工参加有关部门举办的机械和焊接技术培训班。还聘请教师为职工补习文化知识。目前，职工技术和文化水平已基本上适应了当前生产的需要。

重视市场竞争。王廷祥把提高产品质量作为提高竞争能力的核心，不断调整产品结构，现在行销的不用电、热效率高、用途广的反烧式锅炉，已是第五代产品，还有两代产品没有应市。在生产中，努力降低物化劳动和活劳动消耗，并努力改进售后服务，加强宣传，使这个集体小厂在对手林立的民用开水锅炉市场上，产品始终畅销不衰。

王廷祥的忘我工作及一系列正确经营决策，使乐山锅炉厂发生了巨大变化。1986年的总产值、利润和税金比王廷祥进厂的1979年分别增长16、99、154倍。

（谢维甫）

【苟文彬】四川重庆巴县迎龙乡人，1934年4月生于农民家庭，1950年2月参加工作，1953年加入中国共产党。1959年评为工程师，1982年晋升为高级工程师，并应聘为轻工业部技术顾问。1986年因身患癌症，医治无效，当年10月28日不幸逝世，终年52岁。

他生前任重庆硅酸盐研究所所长，重庆市科委党组成员，科委副主任。

苟文彬是自学成才的国内外著名搪瓷专家。他仅读过5年私塾和小学，后在重庆大学的夜校中学完大学专业课程，并能翻译德文和俄文专业技术资料。他生前取得20多项科技成果，获得11项重大科技成果奖，其中包括国际奖2项、国家奖3项。这些科技成果已为国家创造经济效益1亿元以上。他生前编著了3本科技书籍，翻译了20多万字的外文专业科技资料，写了65篇学术论文。其中包括被推荐国际交流的论文5篇。他的《计算搪瓷物理化学性质的系数和公式的研究》论文中列举的30个公式和366个计算系数，被学术界称为“苟氏系数”，获1982年国家自然科学四等奖。他的“搪瓷配方数学模型”获1982年四川省科技成果二等奖。他与别人合著的《搪瓷学》获国家优秀科技图书著作奖，并获加拿大徐氏科学基金奖。他主持研制的“TDP辐射器”1986年5月在南斯拉夫萨格勒布春季博览会上获发明与革新金奖，1986年12月在比利时布鲁塞尔第35届尤里卡世界发明博览会上又获银奖。

1980年他的《搪瓷理论初探》一文，在国内外专家学者100多年探讨的基础上，首次建立了搪瓷“密着理论”，被国内外学者认为是搪瓷专业基础理论研究中的代表作。1982年他的《搪瓷底釉层和面釉层结合新理论探讨》一文，被列入中国硅酸盐学会搪瓷专业委员会1983年学术年会上的报告论文，受到与会者好评。他的理论成果现已收入我国高等教育专业教材中。

苟文彬兼任重庆硅酸盐学会理事长、四川省科协常委、四川省人民政府技术顾问团顾问、中国科协委员、中国搪瓷协会副理事长和轻工业部技术顾问等很多社会职务，又是全国第六届人民代表大会代表。并多次被授与重庆市劳动模范称号。

1984年苟文彬在他所领导的重庆硅酸盐研究所实行了全面科技体制改革，推行聘任制和项目承包责任制，全部取消了事业费，调动了全所科研人员的积极性，出现了成果多、水平高、转化生产力快、经济效益显著的新局面。使该所连续两年被评为重庆市科技体制改革先进单位，受到四川省人民政府和国家科委的表扬。

（温元良）

【宋安富】 男，汉族，初中文化，贵州省遵义市人，1943年1月生，1958年8月进遵义香山机械厂当工人，1979年2月经全厂职工民主选举为厂长，1982年3月入党，1984年因成绩突出经批准晋升两级工资，1985年获全国总工会“五一”劳动奖章和“致力改革者”的光荣称号，同时被评为省四化建设标兵，1986年元月被授予省劳动模范称号。

救活企业。该厂前身是遵义市五金二社，从1959年建社到1979年，产值一直在10—20万元之间徘徊。1976—1978年，由于经营管理不善，连续三年亏损9万多元，职工过春节也领不到工资，企业濒临倒闭的边缘。在这种情况下新当选为厂长的宋安富，团结广大职工，努力开拓，使企业面貌发生了显著的变化。(一)生产不断上升，产品品种不断增加。7年内，该厂实现利润137.32万元，平均每年递增123.4%，上缴税金100万元，平均每年递增137.9%。同时，还交联社管理费15.30万元，市轻工系统退休统筹基金9万元。为适应市场需求变化，每年都有新的产品投入生产。(二)企业固定资产（原值）从20.5万元增加到325万元，自有流动资金从几千元增加到73万元，厂房面积也从1 000平方米危房扩大到6 000平方米正规建筑，在逐步淘汰原来的6台破旧设备的同时，增添了46台新设备和真空镀铝生产线一条。(三)职工生活有所改善，素质有所提高。宋安富任厂长后，抓了三个方面的改革。首先根据各车间、科室的不同特点，实行自上而下的包产值、包工资的层层经济承包责任制。其次是实行全浮动工资制。第三该厂从1984年3月开始试行股份制。

抓新产品开发。在激烈的市场的竞争中，宋安富和两位副厂长在广泛收集和分析市场信息的基础上不断开发适销对路的新产品。1979年，根据市场变化，该厂试制成功JZQ250型减速机和两种型号的卷扬机。1982—1983年，又试制和批量生产喷浆机、压路机、破碎机等产品，在上述产品畅销时，在1984年又开发了5个品种的香料油生产，远销美、日、新加坡等国家和地区。1986年，该厂还在上级主管部门的大力支持和帮助下，开发和批量生产烟用香精和卷烟包装用真空镀铝纸两个新产品，其中，卷烟用真空镀铝纸获当年省优秀新产品二等奖。

（刘德义）

【钟美玲】 女，云南省建水县人，1943年8月生，高中文化，现任昆明市墨水厂厂长。

钟美玲于1958年参加工作，1980年参加中国共

产党，在墨水厂工作23年，先后担任过会计、总务、供销工作，1984年5月经民主选举为厂长。她任供销股副股长时，为了降低产品成本，对采购原材料的质量、价格，比了又比，算了又算，如一个墨水瓶盖，为5厘钱的差价，她跑了几个供货地点，仅包装一项，一年为厂里节省了13万元开支。

她任厂长后自学了许多有关企业管理的书籍，并运用这些知识，改进企业生产管理，改革内部分配制度，推行承包责任制，从而推动了生产逐年发展。在她担任厂长后的一年时间，生产增长了57.6%，利润增长3倍多。1986年完成工业产值186.21万元，又比1985年增长19.2%，实现利润21.89万元，比1985年增长0.5%(由于原料涨价影响减少利润10万元)。

钟美玲把整个身心都扑在工作上。她的家里，母亲半身瘫痪，丈夫患中风症5年，还有3个需要照顾的孩子。因为厂里工作太忙，她把照料全家的事都挤到晚上去做，经常是晚上八九点钟才吃饭。有时回到家里才发现缺煤断粮。而她对厂里的事，对职工的生活困难，却时刻放在心上。1985年她患淋巴癌住进医院，消息传开，全厂职工无不震惊。他们说:“钟厂长是为厂里累病的，我们不能没有她。”钟美玲住院治疗期间，仍然时刻关心厂里生产。她对医生说:“如果不让我回厂去看，问问工作，我马上就会垮掉”,“不实现我们厂的发展蓝图，我不会甘心的”。1985年7月工厂召开职代会，她仍坚持到会总结上半年工作，布置下半年任务。

中共昆明市委于1985年7月授予钟美玲同志优秀共产党员、模范干部称号；中共云南省委1985年11月作出决定，授予钟美玲同志优秀共产党员称号，号召在全省范围内开展向钟美玲同志学习的活动。钟美玲同志1986年3月参加了全国“三八”妇女座谈会。1986年4月被评为云南省和昆明市特等劳动模范，1986年5月全国总工会授予她优秀经营管理者称号，授予“五一”奖章。1986年12月出席了全国模范党支部和优秀党员座谈会。

（张之钝）

【刘霞新】 女，汉族，生于1953年8月27日，河北省曲周县人，高中文化程度。现任陕西省宝鸡市制鞋厂技术科副科长。1983年获“陕西省三八红旗手”和“全国三八红旗手”称号。

刘霞新1970年高中毕业后，进宝鸡市制鞋厂当学徒工。工作18年熟练地掌握了布鞋制作全套工艺，并在研制开发新产品等方面作出了贡献。1980年设计的女一带鞋、三眼注塑鞋等4个新品种，在春季广州交易会展出时受到了16国外商的好评，当年宝鸡市制鞋厂向美国、加拿大等8个国家出口布鞋38万双，换汇折合人民币114万元。该厂布鞋从此在国外打开了销路。刘霞新1980年至1986年先后设计和试制新花色品种148种，投产了52种，设计更新模具48套。其中：坤坡偏扣鞋、坤中跟平绒双耳鞋、坤中跟一带偏花鞋，曾先后获“陕西省优秀设计奖”。女坡一带鞋、坤化纤半跟鞋，曾先后在陕西省同行业评比中名列第一名。平跟注塑模具获“宝鸡市科技成果奖”。同行业的人称刘霞新为“设计家”、“技术尖子”，职工们称刘霞新为“实干家”、“老黄牛”、“女能人”。

（刘积仓）

【李百性】 男，生于1937年11月5日，陕西省蓝田县人，高中文化程度，1951年6月参加工作，中国共产党党员。1951年6月起在西安第一印刷厂工作，后任党总支干部。1969年4月调西安市第一轻工业局任宣传干事。1973年4月至今在西安宝石轴承厂先后任厂工会副主席、车间党支部书记、厂工会主席。

李百性担任工会主席后，多年来，热爱工会工作，坚持为群众服务，为改革开路，为企业的生产经营效益服务。他从工会自身改革入手，下放权力，为调动各级分会的积极性，组织发动职工先后开展了“假如我是厂长”、“我为企业献良策”、“三个一”(每人一条合理化建议，每组搞一项革新成果，每组增产节约

1 000元)的活动。1985年全厂共提合理化建议494条，完成革新项目22项，创经济效益14.6万元，1986年全厂增产节约33万元，为提高企业经济效益做出了贡献。

李百性作为厂工会主席，他既抓好职代会对厂长的民主监督，又当好厂长的台柱子。1985年3月，厂长决定在五车间卡钻组实行经济承包，小组减员30%，钻石产量由原来的月产20万粒提高到40万粒，按照承包合同应发给小组奖金2 000元。这时厂里一些害“红眼病”的人开始议论，说这是发展万元户的做法。卡钻组的职工开始观望、徘徊。对此，领导也觉得十分棘手，左右为难。为了明辨是非，李百性召开了职代会，对这一问题组织讨论，对厂长实行承包做法予以明确肯定，当场给卡钻组进行了合同兑现。这件事在厂里引起了震动，促进了全厂经济承包责任制的健康发展。

对厂长的决策，只要是符合党的方针政策、符合群众利益的，他就坚决支持；对不符合党的方针政策，侵犯了职工群众合法权益的，他就及时帮助厂长改进，坚决维护职工群众的合法权益。1986年初厂长针对上一年宝石轴承价格下降25%，预计当年生产宝石轴承要亏损30余万元，拟定了企业不亏损的“三、三、四”生产方案，即：手表钻30%，异型钻30%，珠宝40%，提交职工代表审议，他在会上积极组织代表们讨论，集思广益，提出了四条修改意见，厂长同意了职代会的意见，将原来的“三、三、四”改为“四、三、三”方案，到年底全厂税利超计划40%，比1985年翻了一番，企业初步摆脱了困境。

由于李百性担任工会主席期间工作扎实，成绩突出，1984年、1985年先后被西安市轻纺工会与西安市总工会授予优秀工会干部称号；1986年被全国总工会、陕西省总工会、西安市总工会和西安市经委分别授予全国“五一”奖章和省、市劳动模范称号。

（李殿元）

【周怀谔】 男，1934年生，山东省昌邑县人，1952年毕业于徐州市第二中学。1953年到1958年先后在西安市青年画社、解放军152部队训练部担任美术员，1959年转业到西安市美术工作团(厂)任副厂长。1962年后，先后到中央工艺美术学院、上海美术设计公司进修。1985年担任西安市美术广告总公司经理、陕西省及西安市广告协会副会长、西安市厂长经理研究会副会长、西安市华侨联合会委员等职。

1983年周怀谔在企业内部推行“一业为主、多种经营”的方针，在西安开办了专门经营工艺美术品的“文宝斋”，内设书画创作室、产品陈列室和迎宾厅。三年来接待了大量外宾、侨胞，创汇400多万元。1984年实行联利浮动工资制，把40%的工资和奖金捆在一起浮动，调动了职工积极性。1985年全公司又实行了分级分权管理，各部门独立核算、自负盈亏，层层承包、落实到岗。1986年初，美术广告总公司先后同全国几十家企业建立了联营、联销、代销业务，并与广州东方建筑装饰公司、西安电影制片厂、国际旅行社西安分社等五家联营成立了西安装饰公司、西安声像艺术公司、西安秦深贸易公司，吸收资金50多万元，以扩大经营范围。周怀谔重视人才，先后投资5万多元选送9人出国留学考察，派40多人到西安美术学院、广州美术学院及北京广告函授大学进修，为企业培养了一批骨干力量。

1986年西安美术广告总公司完成销售收入260多万元，实现利润20万元。周怀谔被职工誉为好经理，1984年到1986年先后被评为西安市二轻局勇于改革的先进人物，西安市二轻系统劳动模范。

（付汝俊）

中共中央、国务院
有关轻工业的重大方针、政策文件
摘　　要

【"七五"计划中的消费品工业】 1986年4月12日第六届全国人民代表大会第四次会议通过了《中华人民共和国国民经济和社会发展第七个五年计划（1986～1990)》。

"七五"计划中，消费品工业的基本任务是：

适应人民消费水平的提高和消费需求结构的变化，大力发展消费品工业，促进各种消费品生产的全面增长。到1990年，消费品工业的产值比1985年增长40％。具体任务是：

（一）把食品工业、服装工业、耐用消费品工业作为重点，带动整个消费品工业的更好发展。

（二）努力扩大消费品的生产领域，开辟新的生产门类，大力增加名牌优质产品、适销对路产品和中高档产品的生产，积极促进产品的升级换代，把我国消费品工业的生产提高到一个新的水平。

（三）努力扩大轻纺产品的出口，争取为国家创造更多的外汇收入。

（四）加强企业的技术改造和改建、扩建，促进技术进步，大力提高经济效益，为国家积累更多的资金。

主要行业的生产建设部署：

食品工业。在继续抓好肉类加工、水产加工、制糖、粮食加工、精炼油等基础食品原料生产的同时，重点发展饮料、低度酒等市场短线产品，积极发展各种新型食品和传统食品，更好地适应人民讲究卫生、营养、省时、多样化的消费趋向。

1990年，主要食品的产量指标如下：

食糖550万～600万吨，比1985年增长23.6～34.8％。

卷烟2600万箱，比1985年增长10.6％。

啤酒650万吨，比1985年增长1.1倍。

饮料300万吨，比1985年增长2倍。

"七五"期间，食品工业的建设部署是：依托老糖区进行技术改造，在内蒙古、新疆、宁夏、甘肃、广西和海南岛等地区建设一些新糖厂，增加制糖能力160万吨。在云南、四川、山东、河南、上海等地区改造和改建、扩建一批烟厂，提高卷烟质量和安全型烟、滤咀烟的比重。增加啤酒生产能力350万吨，并推广高效糖化、露天发酵罐、先进灌装等技术，提高啤酒质量。在河北、天津、辽宁、江苏、山东等沿海盐场扩大原盐生产能力，并提高精制盐和洗涤盐的比重。

耐用消费品工业。着重抓好家用电器的生产和建设。要根据国外技术发展趋势和我国的实际情况，选择比较高的起点，积极采用先进技术，狠抓产品质量，降低生产消耗和成本。1990年，电视机、电冰箱、洗衣机等产品基本实现零部件国产化，使绝大部分工厂的产品技术经济指标达到目前发达国家水平。1990年，生产电视机1 500万部；其中，彩色电视机500万部，比1985年增长22％。家用电冰箱650万～750万台，增长3.7～4.4倍。家用洗衣机1 200万台，增长36％。

主要家用电器，要严格按照国家的定点规划，组织生产和建设，防止盲目性；耗电量大的，要限制发展。加强市场预测，搞好产需平衡。增设维修服务网点，搞好技术服务工作。

大力提高自行车、缝纫机、手表质量，增加名牌优质产品的比重。

积极发展中高档成套家具和厨房用具，充分利用各种原料资源，发展钢木、塑木、钢塑等混合结构的家具。

其他轻工业。机制纸及纸板，1990年生产1 000万吨，比1985年增长21％。五年增加造纸能力200万吨。加强原料基地的建设，进一步调整产品结构，重点发展新闻纸、书刊印刷纸、工业技术用纸、包装纸板等品种。1990年，新闻纸产量达到50万吨。

合成洗涤剂，1990年生产140万吨，比1985年增长40.6％，着重发展复配洗衣粉以及多种用途的液体洗涤剂和洗洁剂。

塑料制品、感光材料、日用玻璃制品、工艺美术品、文教体育用品、民族特需用品和各类小商品，都要根据市场需要和资源情况，积极安排生产。

主要政策措施是：

(一) 进一步改革消费品工业的计划管理体制，更好地发挥价格政策的调节作用。国家只对化纤、合纤聚合体、新闻纸、卷烟、盐等少数产品的生产实行指令性或部分指令性计划，其余产品则实行指导性计划或市场调节。有步骤地改革消费品价格。逐步拉开名牌产品、优质产品、新产品同一般产品的质量差价，促进品种增加、质量提高和新产品开发。

(二) 对市场急需产品的生产，继续在贷款、外汇使用、能源和原材料供应、运输条件等方面给予优先保证。

(三) 加强技术改造，促进技术进步。采用技贸结合和与外商合作生产的办法，积极引进国外先进设备的制造技术。有重点地提高食品、造纸、日用化工、纺织印染等行业固定资产折旧率。对微利、低利行业企业的技术改造，要在贷款和税收等方面给予支持。

(四) 轻纺工业部门要积极配合有关部门，有计划地建立一批轻纺生产原料基地，并组织与原料生产单位直接挂钩，或实行联营、合营，使轻纺工业生产所需原材料有稳定的来源。

(五) 围绕名牌产品，以骨干生产企业为中心，组织有关企业的联合，扩大名牌优质产品的生产能力，提高产品质量，促进产品升级换代。

【“七五”计划中的居民收入与消费结构】 居民收入。到1990年，平均每个农民的纯收入为560元，比1985年的397元增长41.1%，平均每年增长7%。在农民纯收入中，从农业生产获得收入的比重将由1985年的70%左右降为60%左右，从其他行业获得收入的比重将由20%左右上升到30%左右。

1990年，全国职工工资总额为1 900亿元，比1985年增加545亿元，平均每年增长7%。职工实际平均工资，平均每年增长4%。

在居民收入分配问题上，要切实注意以下几点：

(1) 认真贯彻按劳分配原则，继续鼓励一部分地区、一部分企业和一部分人先富起来，着重克服平均主义；同时，也要合理调节行业之间、企业之间和社会成员之间的收入水平，克服和防止收入差距不合理的过分悬殊现象。

(2) 加强政治思想工作，教育广大农民、工人和干部正确认识和处理国家利益、集体利益与个人利益之间的关系，长远利益与眼前利益的关系，保持和发扬艰苦奋斗、勤俭建国的优良传统和作风。

(3) 认真实施奖金税、工资调节税、城乡个体工商户所得税法，研究改进个人所得税法，控制消费基金的过快增长。

(4) 加强和改善工资计划管理。对全民所有制单位的工资总额由国家下达计划；对城镇集体所有制单位的工资也要加强指导和管理。所有单位都要严格执行国务院发布的《工资基金暂行管理办法》，有关部门要切实加强对工资基金的监督和管理。

消费结构。随着城乡居民收入水平、消费水平的提高，“七五”期间消费结构将发生如下变化：在居民消费支出中，用于食品消费的比重，由“六五”期间的58%下降到55%；用于烧的比重，由4%降到3%；用于用品的比重，由13%上升到15%；用于住房的比重，由8%上升到10%；穿着的比重基本维持在12%的水平；用于文化、生活服务的比重，由4%上升到5%。

各项消费的内容日趋多样化，质量也将有所提高。主要情况是：

食品方面，主食比重进一步降低，副食品和加工食品的比重有所提高。在主食中，精米、精面和方便食品的消费比重有所提高；在副食品中，肉、禽、蛋、奶、水产品、水果、蔬菜等的消费比重有所提高。每人每天的食物供应热量、蛋白质和脂肪都有不同程度的提高。到1990年，来自动物性食品的热量比重由1985年的9.5%上升到10.7%；来自动物性食品的蛋白质比重由9.8%上升到11.9%。

穿着方面，质量进一步提高，花色、款式增多。服装成衣的比重上升，与服装相配套的鞋、帽、手套等将会更加齐全，适合老人和儿童的服装会有较多增加。

日用品方面，一般日用消费品花色品种增加，质量提高；自行车和手表进一步普及，电视机、电冰箱、洗衣机、成套家具的拥有量有较多增长。

居住条件方面，5年内，城镇居民平均每人增加居住面积1平方米；农村居民平均每人增加住房面积2平方米左右。

烧的方面，1990年城市使用煤气、液化气、天然气的比重由1985年的24%提高到40%；农村沼气、太阳能、风能等各种能源的利用将进一步增加。

文化、服务生活方面，电影、电视、音乐、书报、杂志、健身、体育活动将更加丰富多彩，商业、饮食、洗染、洗澡、理发、修理、旅游等服务进一步扩大。

引导居民消费的政策措施。为了加强对居民消费的引导，促进消费结构向合理方向发展，需要采取以下政策和措施：

(1) “七五”期间以至更长时间内，我国人民膳食结构的改善不可能很快，只能逐步提高肉、禽、蛋等动物性食物的消费比重。

(2) 基本衣着要提倡多穿棉织品和化纤混纺织

物，适当增加纯毛制品和真皮革制品的消费。

(3) 耐用消费品重点发展减轻家务劳动、方便生活、丰富文化生活的家用电器的消费，对于耗电量大的空调器、冷热机等要控制生产和进口。

(4) 在城市，居民的交通工具坚持以公共汽车和自行车为主，限制摩托车的发展。农村用作交通运输工具的摩托车可以适当发展。

(5) 城市住房建设要以解决一户(3～4口人)一套为主。严格控制家庭居住面积不适当的扩大和住宅建筑标准的提高。农村住房要节约用地，尽可能不占或少占耕地。

【中共中央、国务院决定进一步实行厂长负责制颁发三个条例的通知】 中共中央、国务院于9月15日颁发了《全民所有制工业企业厂长工作条例》、《中国共产党全民所有制工业企业基层组织工作条例》和《全民所有制工业企业职工代表大会条例》，同时发出通知，要求正在进行企业领导体制改革试点的全民所有制工业企业从1986年10月1日起认真贯彻实行这些条例。

《通知》说，改革企业的领导体制，是城市经济体制改革的一个重要组成部分。改革的基本内容是：企业实行生产经营和行政管理工作厂长负责制；明确企业党组织的工作重点，为保证和监督党和国家各项方针政策的贯彻实施，做好企业党的思想建设、组织建设和思想政治工作；进一步健全职工代表大会制度和各项民主管理制度，发挥工会组织和职工代表在审议企业重大决策、监督行政领导干部、维护职工合法权益等方面的作用。此项改革，自1984年开始，在全国部分全民所有制工业企业中试点以来，取得了显著效果：第一，强化了企业生产经营管理系统，开始出现了指挥灵、决策快、办事效率高的新气象。第二，初步改变了企业党政不分、职责不明的状况。企业党组织开始从行政事务中解脱出来，党的建设和思想政治工作有所加强。第三，建立和健全了职工代表大会制度，职工民主管理的内容和范围逐步明确，职工主人翁责任感有所加强。第四，生产稳步发展，经济效益有了提高。这些成绩表明，中央关于改革企业领导体制、实行厂长负责制的决定，是正确的，是适合我国工业企业现代化管理要求的。需要指出的是，企业领导体制改革，同其他改革一样，从试点到成熟，要有一个逐步发展的过程。改革中必然会出现许多新的问题，这些问题只能通过改革的不断深入得到解决。企业领导体制改革的各项内容，也只有通过实践才能逐步制度化、规范化。现在颁发的这三个条例，就是在总结了近三年来试点经验的基础上产生的。

实行厂长负责制，必须保证厂长在企业生产经营重大问题上的决策权，突出厂长在行政指挥中的作用。但是，绝不应把实行厂长负责制同加强和改善党对企业的领导、巩固和发扬民主管理对立起来。而是要使企业行政、党组织和工会等群众组织的工作，都紧紧围绕生产经营这个中心，按照分工，加强各自职责范围内的工作，调动各个方面的积极性。实现这一要求，就企业党组织来说，必须从思想观念到工作内容、工作方法，来一个大的转变，要从繁忙的日常行政事务中解脱出来，把工作重心放到积极支持厂长实现任期责任目标和统一指挥生产经营活动上来，放到保证监督党和国家各项方针、政策的贯彻执行上来，放到搞好企业党的建设和思想政治工作上来，保证企业生产、经营工作任务的顺利进行。企业党组织的保证监督作用，概括起来主要是：第一，保证、监督企业生产经营的社会主义方向；第二，保证、监督企业职工能够充分享有民主权利；第三，保证、监督企业正确处理好国家、企业和职工三者利益关系；第四，保证、监督企业遵纪守法，维护国家和企业的合法权益；第五，保证、监督企业和厂长正确执行党的各项方针、政策。总之，企业党组织要教育党员勇于改革、善于改革、支持改革。对那些勇于开拓、锐意进取的干部和职工，应采取积极支持的态度，对于他们工作中出现的某些失误和偏差，应满腔热情地帮助纠正，鼓励和支持他们继续把改革搞好。支持改革，保证改革的顺利进行，是新时期企业党组织的一项重要任务。企业党组织由全面领导本单位工作，讨论和决定生产经营中重大问题，转移到对企业实行思想政治领导，发挥保证监督作用，是新形势下的客观要求，是符合国家和人民的根本利益的。希望各级党组织，通过自己创造性的工作，不断地总结经验，开拓前进。

企业党组织要积极支持厂长行使职权，厂长应自觉地接受党组织和职工群众的监督。厂长和书记都要顾全大局，合作共事，认真贯彻执行三个条例，搞好企业领导体制改革的试点，搞好两个文明建设，改善和加强企业管理，完成国家生产计划和各项任务。对个别不适应试点要求的厂长或党委书记，有关主管部门，要从组织上进行调整。

【工业产品质量责任制】 国务院于4月5日发布《工业产品质量责任条例》的通知，规定自7月1日起施行。条例规定：企业产品质量达不到国家规定的标准，企业主管机关应令其限期整顿。经整顿仍无效者，企业主管机关应令其停产或转产，直至建议有关主管机关撤销生产许可证，吊销营业执照。在整顿期间，企业主管机关视不同情况，可扣发企业负责人和职工的奖金、工资。

生产、经销企业违反本条例规定，有下列行为之一者，由企业主管机关对企业负责人和直接责任者给以行政处分，由工商行政管理机关没收其全部非法收入，并视其情节轻重，处以相当于非法收入的15%至20%的罚款，直至由司法机关追究法律责任。

（一）生产、经销掺假产品、冒牌产品，以“处理品”冒充合格品；

（二）生产、经销隐匿厂名、厂址的产品；

（三）生产、经销没有产品检验合格证的产品；

（四）生产、经销国家已明令淘汰的产品；

（五）生产、经销国家实行生产许可证制度而到期未取得生产许可证的产品；

（六）生产、经销用不合格原材料、零部件生产或组装的产品；

（七）生产、经销违反国家安全、卫生、环境保护和计量等法规要求的产品；

（八）经销过期失效产品。

罚没收入全部上交国家财政。

由于产品的质量责任，造成用户人身伤亡，财产损失，触犯刑律的，由司法机关依法追究当事人的刑事责任。

上述处罚，不免除产品质量责任方对用户承担的产品包修、包换、包退、赔偿实际经济损失的责任。

【税收征收管理暂行条例】 为了保障国家税收法规、政策的贯彻实施，加强税收征收管理，确保国家财政收入，充分发挥税收调节经济的杠杆作用，促进经济体制改革和国民经济协调发展，国务院于4月21日发布了《中华人民共和国税收征收管理暂行条例》。

《条例》要求，凡由税务机关主管的各种税收的征收管理，除国家法律另有规定者外，都应当按照本条例规定执行。

凡从事生产、经营，实行独立经济核算，并经工商行政管理部门批准开业的纳税人，应当自领取营业执照之日起30日内，向当地税务机关申报办理税务登记。

纳税人因有特殊情况，不能按期办理纳税申报，必须报告主管税务机关，酌情准予延期。

纳税人申请减税、免税，应当向主管税务机关提出书面报告。减税、免税申请获得批准之前，纳税人必须按照规定缴纳税款。

纳税人必须按照国家财务会计法规和税务机关的规定，建立健全财务会计制度，配备人员办理纳税事项，并完整保存帐薄、凭证、缴款书、完税证等纳税资料。

纳税人的财务会计制度和具体的财务会计处理办法，不得同税收法规相抵触；如有抵触，应当按照税收法规执行。

纳税人有下列违章行为之一的，除责令限期纠正外，可酌情处以5 000元以下的罚款：

一、未依照本条例规定办理税务登记、注册登记和使用税务登记证的；

二、未依照本条例规定办理纳税鉴定的；

三、未依照本条例规定办理纳税申报的；

四、未依照本条例规定建立、使用和保存帐务、票证的；

五、未依照本条例规定提供纳税资料的；

六、拒绝接受税务机关监督检查的。

对有漏税、欠税、偷税、抗税行为的，按照下列规定处理：

一、漏税：是指纳税人并非故意未缴或者少缴税款的行为。对漏税者，税务机关应当令其限期照章补缴所漏税款；逾期未缴的，从漏税之日起，按日加收所漏税款5‰的滞纳金。

二、欠税：是指纳税人因故超过税务机关核定的纳税期限，未缴或者少缴税款的行为。对欠税者，税务机关除令其限期照章补缴所欠税款外，并从滞纳之日起，按日加收所欠税款5‰的滞纳金。

三、偷税：是指纳税人使用欺骗、隐瞒等手段逃避纳税的行为。对偷税者，税务机关除令其限期照章补缴所偷税款外，并处以所偷税款5倍以下的罚款；对直接责任人和指使、授意、怂恿偷税行为者，可处以1 000元以下的罚款。

四、抗税：是指纳税人拒绝遵照税收法规履行纳税义务的行为。对抗税者，税务机关除令其限期照章补缴税款和处以所抗税款5倍以下罚款外，并可以根据纳税人的具体情况，加罚5万元以下的罚款；对直接责任人和唆使、包庇、支持抗税行为者，可处以1 000元以下的罚款。

纳税人拖欠税款、滞纳金、罚款，经催缴无效，主管税务机关可以酌情采取以下措施：

一、正式书面通知其开户银行扣缴入库；

二、吊销其税务登记证，收回由税务机关发给的票证，限期缴纳；

三、提请工商行政管理部门吊销其营业执照，停止其营业，限期缴纳；

四、采取上述一、二、三项措施无效时，由税务机关提请人民法院强制执行。

纳税人、代征人或其他当事人同税务机关在纳税或者违章处理问题上发生争议时，必须首先按照税务机关的决定缴纳税款、滞纳金、罚款，然后在10日内向上级税务机关申请复议。

纳税人违反税收法规，构成犯罪的，由税务机关提请司法机关追究刑事责任。

本条例自1986年7月1日起施行。

【坚决制止向企业乱摊派】 国务院于4月23日发出通知，各地区、各部门必须严格执行中央和国务院关于制止向企业乱摊派的各项规定。通知要求：

各级人民政府、各部门，各行政、事业单位，各团体以及街道等基层组织，都不准以任何借口、任何形式向企业摊派。

（一）不准以兴办市政建设和城市公用设施为名，向企业摊派费用（包括实物等，下同）。

（二）不准以经费不足为名，向企业摊派办公费、管理费、交通工具购置费和其他费用；不准巧立名目向企业摊派，为本单位搞福利、发奖金、建宿舍和办公楼。

（三）不准以召开会议和举办各种活动为由，向企业摊派活动经费和伙食补贴费等。

（四）不准借举办文体娱乐活动、发行报刊、拍摄电影电视为名或以"赞助"、"资助"、"捐献"等名目向企业摊派费用。

（五）各种协会、学会、研究会、基金会等社会、群众团体，除国家规定的经费来源外，不准向企业摊派各种费用。

除国家法律、行政法规和国务院另有规定者外，任何单位不得向企业集资。

对乱摊派的行为，企业有权抵制，抵制无效时，可向上级有关机关反映，还可向人民法院起诉。企业如受到要挟、刁难和打击报复，要追究有关人员的责任，并从严处理。

【征收教育费附加】 国务院为贯彻落实《中共中央关于教育体制改革的决定》，加快发展地方教育事业，扩大地方教育经费的资金来源，于4月28日发布《征收教育费附加的暂行规定》，凡缴纳产品税、增值税、营业税的单位和个人，除缴纳农村教育事业费附加的单位外，都应当依照本规定缴纳教育费附加。

教育费附加，以各单位和个人实际缴纳的产品税、增值税、营业税的税额为计征依据，教育费附加率为1％，分别与产品税、增值税、营业税同时缴纳。

对从事生产卷烟和经营烟叶产品的单位，减半征收教育费附加。

企业缴纳的教育费附加，一律在销售收入（或营业收入）中支付。

凡办有职工子弟学校的单位，应当先按本规定缴纳教育费附加；教育部门可根据它们办学的情况酌情返还给办学单位，作为对所办学校经费的补贴。办学单位不得借口缴纳教育费附加而撤并学校，或者缩小办学规模。

征收教育费附加以后，地方各级教育部门和学校，不准以任何名目向学生家长和单位集资，或者变相集资，不准以任何借口不让学生入学。

此规定从1986年7月1日起施行。

【商品流通体制改革中的横向联合】 国务院5月30日批转国家经济体制改革委员会、商业部、财政部、国务院经济技术社会发展研究中心《关于1986年商业体制改革几个问题的报告》，要求各省、自治区、直辖市人民政府结合本地区的情况，认真贯彻落实。报告提出：

根据商品流通的特点，发展以企业为基础、以城市为中心、以商品购销服务为主要内容的多种形式的横向联合，逐步形成四通八达的流通网络和全国统一的商品市场。要打破条条块块的分割封锁，打破地区、城乡、部门和行业的限制，促进跨地区、跨部门的工商、农商、农工商、商商、商贸之间的联合。

对日用工业品，应当注意发展工商、商商之间的联合，并在此基础上逐步建立大型综合商社。

除计划商品和地方财政补贴的特定商品以外，允许生产企业自由选择客户和商业企业自由选择进货厂家。

要进一步理顺批发体系。产地商业批发可以为生产企业经销、代销、代理或与生产企业联营联销，可以由生产企业与销地商业批发和零售企业直接挂钩或联营，逐步形成新的批发网络。国营商业批发要根据既经营又服务的原则，一方面支持产地工厂直接批发商品，搞好销售服务和物流、信息服务，一方面根据市场需要，积极经营当地产品和外地产品。要减少调拨分配式的商品品种，少开各种纵向分配商品的供应会。

各大中城市都要统一规划，办好工业品批发贸易中心、农副产品批发市场、小商品市场和农贸市场，并把它列入城市发展建设规划，安排场地，筹集资金，加快建设。

要在保持物价总水平基本稳定的前提下，改进商业物价的管理。对国家已经决定放开的日用工业品和农副产品的价格，除需要实行指导性价格管理的品种以外，均由企业自行定价。生产企业批发和商业批发，应推行批量作价办法。

【合理化建议和技术改进奖励条例】 为了鼓励职工积极提合理化建议，推动技术进步，改善经营管理，增强企业内部活力，促进国民经济发展，国务院于6月4日修订发布了《合理化建议和技术改进奖励条例》。

合理化建议，是指有关改进和完善企业、事业单位生产技术和经营管理方面的办法和措施；技术改进，是指对机器设备、工具、工艺技术等方面所作的改进和革新。

合理化建议和技术改进的内容是：

（一）工业产品质量和工程质量的提高，产品结构的改进，生物品种的改良和发展，新产品的开发；

（二）更有效地利用和节约能源、原材料，以及利用自然条件；

（三）生产工艺和试验、检验方法，劳动保护、环境保护、安全技术、医疗、卫生技术，物资运输、储藏、养护技术以及设计、统计、计算技术等方面的改进；

（四）工具、设备、仪器、装置的改进；

（五）科技成果的推广，企业现代化管理方法、手段的创新和应用，引进技术、进口设备的消化吸收和革新。

对提合理化建议和技术改进者的奖励，实行精神鼓励与物质奖励相结合的原则。

本条例适用于全民所有制企业、事业单位。非全民所有制单位可以参照本条例执行。

职工（集体或者个人）提出的合理化建议或者进行的技术改进，必须经过试验研究和实际应用，并在企业、事业单位的生产或者工作中取得成效，方能获得奖励。

对被采用的、可以直接计算经济效益的合理化建议和技术改进项目，奖励分为五个等级：

奖励等级	年节约或创造价值	奖金额	荣誉奖
一	100万元以上	2 500元至4 000元	奖状
二	50万元以上，100万元以下	1 500元至2 500元	奖状
三	10万元以上，50万元以下	500元至1 500元	奖状
四	1万元以上，10万元以下	300元至500元	表扬
五	1万元以下	300元以下	表扬

对借鉴已经应用的科技成果，在本单位提出合理化建议或者进行技术改进取得显著经济效益者，应当降低一个等级奖励。

本条所称“以上”，含本数；所称“以下”，不含本数。

工程技术人员、管理干部在完成本职工作前提下提出的，与本身职责虽有直接关联，但有创新的项目，采用见效后可以按照本条例奖励。厂级干部的奖励，报上级主管部门审批。

获奖项目不得重复得奖。

集体取得的合理化建议和技术改进项目的奖金，按照各人贡献大小合理分配。

企业、事业单位应当建立合理化建议和技术改进项目评审委员会或者评审小组，负责合理化建议和技术改进项目的评议审定工作。

对合理化建议和技术改进项目奖励等级的确定，由采用单位审查批准，奖金由采用单位支付。

对经济效益较高而本单位无法实施的合理化建议和技术改进项目，应当报上级主管部门或者省、自治区、直辖市经济委员会（计划经济委员会）处理；对经济效益显著的合理化建议和技术改进项目，也可通过技术市场进行有偿转让。

【纠正平调二轻集体企事业的资产问题】　国务院于6月20日批转了轻工业部、全国手工业合作总社关于纠正平调二轻集体企事业资产问题的报告。

报告说：当前，平调二轻集体企事业资产的，不少是在盈利较多的企业身上打主意，有的将整个行业的盈利企业“连锅端”；有的以“联合”、“开发”的名义，强行侵吞一些具有生产经营优势的骨干企业；有的利用二轻管理机构变动的机会，侵占企事业的资产。

为了保证党和国家对集体经济的政策得到贯彻执行，有效地制止以各种形式对二轻集体企事业资产的平调，国务院在批转上述报告的通知中要求：各地区、各部门要对本地区所发生的平调二轻集体企事业资产的问题，进行一次认真检查，并采取坚决措施加以纠正。

报告建议：凡过去利用集体资金创建的二轻院校、手工业干校，现仍被部队和有关单位占用的，要在这次检查中，进行清理，限期归还。不能归还原校舍的，采取合理作价赔偿等办法妥善处理。

各地集体企事业单位的干部职工对无偿平调集体企事业资产的问题，可向有关部门反映，有关部门对提出的问题，要认真查办，维护集体企事业单位的合法权益。任何部门、单位和个人，都不得对反映问题的干部和职工进行打击报复，对打击报复的要从严处理。

【企业上等级工作】　国务院7月4日《关于加强工业企业管理若干问题的决定》中，对企业上等级工作做了具体规定。

“七五”期间，要把提高产品质量、降低物质消耗和增加经济效益，作为考核工业企业管理水平的主要指标。为此，提出国家特级企业、国家一级企业、国家二级企业和省（自治区、直辖市）级先进企业的主要标准：

国家特级企业：主要产品质量和物质消耗指标，达到国际先进水平，进入世界先进行列。

国家一级企业：主要产品质量达到国际70年代末80年代初的先进水平，主要物质消耗指标达到1985年国内同行业先进水平。

国家二级企业：有在国内同行业领先、适合市场需要的优质名牌产品，主要物质消耗指标达到1985年国内同行业先进水平。

省（自治区、直辖市）级先进企业：有在省内同行业领先、适合市场需要的优质名牌产品，主要物质消耗指标达到1985年省内同行业先进水平。

全国工业企业，特别是全民所有制大中型企业，都要从自己的实际情况出发，制定出“抓管理、上等级、全面提高素质”的规划，并采取切实措施，努力实现。

企业上等级工作，应该有计划有步骤地进行。从全国来说，先在机械、电子、钢铁、有色金属、石化、纺织以及某些轻工行业中试行。不论哪一级的先进企业，都不搞“终身制”。要定期评审，有升有降，符合标准的就上，不符合标准的就下。评审工作要由公正的机构组织实施。对达到国家特级、一级、二级标准的企业，国家在信贷、出口、工资、奖金等方面分别给予相应的鼓励。

企业等级的具体标准、上等级规划和实施细则，国家级企业由国务院有关主管部门负责制定，国家经委组织协调；省级企业由省、自治区、直辖市自行制定。企业上等级工作涉及的方面很多，各地区、各部门要有相应的机构负责组织协调。

规定要求积极推行和完善全面质量管理，建立质量保证体系。加强国家对产品质量的监督。要尽快在全国范围内建立起科学、公正、有权威的质量监督网。认真搞好节能降耗工作，要把它列为企业技术改造的重点，优先纳入计划，安排资金。对原料、材料和能源实行节约有奖、超耗有罚的办法。加强企业管理的基础工作，加快企业管理现代化的步伐。到1990年，大中型企业的主要产品都要按照国际标准或国外先进标准组织生产。大力推进企业的技术进步，加速产品更新换代和技术改造。加强财务管理，搞好经济核算。改进和加强企业的经营工作。企业要从生产型转变为生产经营型。认真抓好安全生产工作。以提高产品质量、降低物质消耗为重点，进一步完善和发展企业内部经济责任制体系。切实搞好职工培训，不断提高职工队伍素质。加强纪律，从严治厂。要有领导、有步骤地完成全民所有制工业企业领导体制的改革。健全职工民主管理制度。改进和加强思想政治工作。

规定最后要求各级经济主管部门和综合部门，要在企业开展“抓管理、上等级、全面提高素质”工作中，精心进行指导，为企业创造良好的外部环境。

【国营企业实行劳动合同制】 为改革国营企业的劳动制度，增强企业活力，充分发挥劳动者的积极性和创造性，保障劳动者的合法权益，促进社会主义现代化建设，国务院于7月12日发布了《国营企业实行劳动合同制暂行规定》。

企业在国家劳动工资计划指标内招用常年性工作岗位上的工人，除国家另有特别规定者外，统一实行劳动合同制。用工形式，由企业根据生产、工作的特点和需要确定，可以招用五年以上的长期工、一年至五年的短期工和定期轮换工。不论采取哪一种用工形式，都应当按照本规定签订劳动合同。

企业招用一年以内的临时工、季节工，也应当签订劳动合同。

国务院在发布此规定的通知中还要求，废止“子女顶替”制度。考虑到部分家居农村的老工人的实际情况，在贯彻执行中允许适当灵活一些，即对1957年底以前参加工作、家居农村的老工人，在他们办理退休手续后，允许其一名农村的适龄未婚子女到父母原工作单位的城镇，参加全民所有制单位或集体所有制单位的招工考试或考核，在同等条件下优先录用。被录用的，由当地劳动部门办理录用手续，公安、粮食部门办理户、粮关系转移手续，退休工人本人的户、粮关系同时迁回农村；未被录用的，仍应留在农村劳动。

企业与被招用的工人签订劳动合同时，必须遵守国家政策和法规的规定，坚持平等自愿和协商一致的原则，以书面形式明确规定双方的责任、义务和权利。劳动合同一经签订，就受到法律保护，双方必须严格遵照执行。

劳动合同的内容应当包括：

（一）在生产上应当达到的数量指标、质量指标，或应当完成的任务；

（二）试用期限、合同期限；

（三）生产、工作条件；

（四）劳动报酬和保险、福利待遇；

（五）劳动纪律

（六）违反劳动合同者应当承担的责任；

（七）双方认为需要规定的其他事项。

劳动合同期限，由企业和工人协商确定。

劳动合同期限届满，应即终止执行。由于生产、工作需要，在双方完全同意的条件下，可以续订合同。

轮换工的劳动合同，期限届满时必须终止。

在下列情况下，企业可以解除劳动合同：

（一）劳动合同制工人在试用期内，经发现不符合录用条件的；

（二）劳动合同制工人患病或非因工负伤，医疗期满后不能从事原工作的；

（三）按照《国务院关于国营企业辞退违纪职工暂行规定》，属于应予辞退的；

（四）企业宣告破产，或者濒临破产处于法定整顿期间的。

劳动合同制工人被除名、开除、劳动教养，以及被判刑的，劳动合同自行解除。

劳动合同制工人在下列情况下，企业不得解除劳动合同：

（一）劳动合同期限未满，又不符合前述解除劳动合同的四项规定的；

（二）患有职业病或因工负伤并经劳动鉴定委员会确认的；

（三）患病或非因工负伤，在规定的医疗期内的；

（四）女工在孕期、产假和哺乳期间的；

（五）符合国家规定条件的。

在下列情况下，劳动合同制工人可以解除劳动合同：

（一）经国家有关部门确认，劳动安全、卫生条件恶劣，严重危害工人身体健康的；

（二）企业不能按照劳动合同规定支付劳动报酬的；

（三）经企业同意，自愿考入中等专业以上学校学习的；

（四）企业不履行劳动合同，或者违反国家政策、法规，侵害工人合法权益的；

任何一方解除劳动合同，必须提前一个月通知对方，方可办理解除劳动合同的手续。

解除劳动合同，企业应当报请上级主管部门和当地劳动行政主管部门备案。

一方违反劳动合同，给对方造成经济损失的，应当根据其后果和责任大小，予以赔偿。

劳动合同制工人与所在企业原固定工人享有同等的劳动、工作、学习、参加企业的民主管理、获得政治荣誉和物质鼓励等权利。

劳动合同制工人的工资和保险福利待遇，应当与本企业同工种、同岗位原固定工人保持同等水平，其保险福利待遇低于原固定工人的部分，用工资性补贴予以补偿。工资性补贴的幅度，为劳动合同制工人标准工资的15％左右。

此规定自1986年10月1日起施行。

【国营企业招用工人暂行规定】 国务院于7月12日发布了《国营企业招用工人暂行规定》。

规定指出，企业招用工人，必须在国家劳动工资计划指标之内，贯彻执行先培训后就业的原则，面向社会，公开招收，全面考核，择优录用。实行劳动合同制。

企业招用工人，应当公布招工简章，符合报考条件的城镇待业人员和国家规定允许从农村招用的人员，均可报考。经过考核合格者，应当张榜公布名单，公开录用。

企业不得以任何形式进行内部招工，不再实行退休工人“子女顶替”的办法。

此规定自1986年10月1日起施行。

【国营企业辞退违纪职工暂行规定】 国务院于7月12日发布了《国营企业辞退违纪职工暂行规定》。

企业对有下列行为之一，经过教育或行政处分仍然无效的职工，可以辞退：

（一）严重违犯劳动纪律，影响生产、工作秩序的；

（二）违反操作规程，损坏设备、工具，浪费原材料、能源，造成经济损失的；

（三）服务态度很差，经常与顾客吵架或损害消费者利益的；

（四）不服从正常调动的；

（五）贪污、盗窃、赌博、营私舞弊，不够刑事处分的；

（六）无理取闹，打架斗殴，严重影响社会秩序的；

（七）犯有其他严重错误的。

符合除名、开除条件的职工，按照《企业职工奖惩条例》的规定执行。

此规定自1986年10月1日起施行。

【国营企业职工待业保险暂行规定】 国务院于7月12日发布了《国营企业职工待业保险暂行规定》。

此规定适用于：

（一）宣告破产的企业的职工；

（二）濒临破产的企业法定整顿期间被精减的职工；

（三）企业终止、解除劳动合同的工人；

（四）企业辞退的职工

职工待业保险基金的开支项目：

（一）宣告破产的企业职工和濒临破产的企业法定整顿期间被精减的职工，在待业期间的待业救济金；

（二）宣告破产的企业职工和濒临破产的企业法定整顿期间被精减的职工，在待业期间的医疗费、死亡丧葬补助费、供养直系亲属抚恤费、救济费；

（三）宣告破产的企业离休、退休职工和濒临破产的企业法定整顿期间被精减而又符合离休、退休条件职工的离休、退休金；

（四）企业辞退的职工和终止、解除劳动合同的工人，在待业期间的待业救济金和医疗补助费；

（五）待业职工的转业训练费；

（六）扶持待业职工的生产自救费；

（七）待业职工和职工待业保险基金的管理费。

待业救济金，以职工离开企业前两年内本人月平均标准工资额为基数，按以下办法发放：

（一）宣告破产的企业职工和濒临破产的企业法定整顿期间被精减的职工，在宣告破产和宣告濒临破产法定整顿期以后，工龄在5年和5年以上的，最多发给24个月的待业救济金，其中：第1至12个月，每月为本人标准工资的60％至75％，第13至24个月，每月为本人标准工资的50％；工龄不足5年的，最多发给12个月的待业救济金，每月为本人标准工资的60％至75％。

（二）终止、解除劳动合同的工人，在扣除已发给本人的生活补助费的月份后，按照本条（一）项规定领取待业救济金。

（三）企业辞退的职工，按照本条（一）项规定领取待业救济金。

宣告破产的企业职工和濒临破产的企业法定整顿期间被精减而又符合离休、退休条件职工的离休、退休金的支付办法为：

（一）在社会保障制度建立前，已实行退休金社会统筹的地区，按照统筹办法办理；未实行退休金社会统筹的地区，暂在待业保险基金中按照原规定的标准支付。

（二）距法定离休、退休年龄不足5年的职工，在待业期间符合离休、退休条件的，其离休、退休待遇按本条（一）项规定办理。已享受离休、退休待遇的，不再领取待业救济金。

此规定自1986年10月1日起施行。

【坚决纠正提价或变相提价集资搞基建】 鉴于有些地方和部门采用提价或变相提价的办法筹集资金，用于办电、建厂等基本建设，这不仅增加了企业和人民群众的负担，而且扩大了基建规模，对国家建设的全局十分不利，必须坚决纠正。为此，国务院于7月19日对有关问题发出通知：

一、国家鼓励集资兴办各项经济事业，但资金来源必须符合国家有关规定，严禁擅自提价或变相提价筹集资金，扩大基建规模，增加企业和群众的负担。

二、除经国务院批准的以外，各部门、各级人民政府自行决定提价或变相提价集资搞建设的，从文到之日起，立即停止执行，银行停止拨款，并进行清查和处理。

三、各部门、各级人民政府凡是通过提价或变相提价筹集的资金，或者上交国库，或者退还原单位，由各级计划、财政、审计、银行、物价部门监督执行。所筹资金已经用于基建投资的，由国务院有关部门和各省、自治区、直辖市人民政府妥善处理。

四、今后，如再发生擅自提价或变相提价集资搞基建的，按违反财经纪律从严查处，并按隶属关系，相应扣减国务院有关部门或省、自治区、直辖市下年自筹基建指标。

【深化企业改革，增强企业活力】 按照“七五”期间经济体制改革任务的要求，1987年要在深化企业改革，增强企业特别是大中型企业的活力方面迈出较大的步子。为此，国务院于1986年12月5日特作如下规定。

一、认真落实搞活企业的有关政策规定

各级人民政府要组织有关部门对党中央、国务院颁发的关于扩大企业自主权，增强企业活力的一系列重要文件的贯彻执行情况进行认真检查，逐条抓好落实。凡文件规定放给企业的权利被中间环节截留的，要坚决放给企业。对不符合党中央、国务院关于搞活企业规定精神的文件，应予废止或纠正。

二、推行多种形式的经营承包责任制，给经营者以充分的经营自主权

根据企业所有权与经营权分离的原则，给经营者以充分的经营自主权，是深化企业改革、增强企业活力的重要内容。

全民所有制小型企业可积极试行租赁、承包经营。选择一部分亏损或微利的全民所有制中型企业，进行租赁、承包经营试点。要保证承租人或承包人在遵守国家有关规定的前提下，拥有充分的经营自主权，保护他们按照合同规定取得的合法利益。全民所有制大中型企业要实行多种形式的经营责任制。各地要从实际出发，制订租赁、承包经营的具体试行办法，并加强审计监督。

各地可以选择少数有条件的全民所有制大中型企业，进行股份制试点。企业之间互相投资，或联合投资新建企业，一般宜采取股份制形式。

集体所有制企业仍由主管部门统负盈亏的，一律改为自负盈亏，不再上交合作事业基金。

三、加快企业领导体制的改革

全面推行厂长（经理）负责制。厂长（经理）是企业法人的代表，对企业负有全面责任，处于中心地位，起中心作用。

实行厂长负责制的企业，要同时实行厂长任期目标责任制，并切实保障经营者的利益。凡全面完成任期内年度责任目标的，经营者的个人收入可以高于职工平均收入的一至三倍。做出突出贡献的，还可以再高一些。完不成年度责任目标的，应扣减厂长的个人收入。

为保证厂长集中精力组织生产经营，各级政府部门和其他单位要尽量减少对企业的检查、评比和召开会议等活动。

企业要精简机构，减少脱产人员。任何部门不得强制企业设置对口机构，不得规定企业内部机构的人员编制。

四、进一步增强企业自我改造、自我发展的能力。

1987年，继续减免轻纺企业和其他进行重点技术改造的大中型企业的调节税，企业由此增加的留利，必须用于企业发展生产。对纺织产品和某些轻工产品适当降低产品税或增值税税率。具体减征办法由财政部、国家经委商定。

工业企业全面实行分类折旧。对技术密集的新兴产业，经财政部会同有关部门批准，可试行加速折旧办法。目前仍由上级部门集中掌握的30％的折旧基金，要全部留给企业，原来规定免征能源交通建设基金的部分，继续免征。

今后，企业用税后留利进行生产性投资所增加的利润，按40％的税率征收所得税。

对国家急需发展的社会经济效益好的企业技术改造所需贷款，银行要优先给予安排。

要采取坚决有效的措施，制止对企业的摊派。各级政府以及部门的主要领导人对此要切实负责，违者要追究责任。

五、改进企业的工资、奖金分配制度

在国家规定的工资总额（包括增资指标）和政策范围内，对于企业内部职工工资、奖金分配的具体形式和办法，以及调资升级的时间、对象等，由企业自主决定，国家一般不再作统一规定。

降低奖金税税率。企业全年发放奖金总额不超过标准工资四个月的部分，继续免征奖金税；四个月至五个月的部分，奖金税税率由现行的30％降为20％；五个月至六个月的部分，奖金税税率由100％降为50％；六个月至七个月的部分，奖金税税率由300％降为100％；七个月以上的部分，奖金税税率定为200％。

试行工资总额同上交利税挂钩的企业，工资增长率为7％至13％的部分，工资调节税税率由30％降为20％；增长率为13％以上至20％的部分，工资调节税税率由100％降为50％；增长率为20％以上至27％的部分，工资调节税税率由300％降为100％；增长率为27％以上的部分，工资调节税税率定为200％。

国家经委、财政部、劳动人事部要研究改进能源、原材料节约奖的提奖办法，解决“鞭打快牛”的问题。

六、继续缩减对企业下达的指令性计划

国务院各部门，各省、自治区、直辖市和国家计划单列省辖市，要继续缩减向企业下达的指令性计划产品的种类、生产任务和调拨量，扩大企业自销比例（具体种类、数量由计划下达单位另行规定）。除上述单位外，其他单位一律无权向企业下达指令性计划。

生产资料由企业自销的部分，价格由供需双方议定。加工产品中，小商品价格要切实放开，随行就市；一般机电产品价格要进一步放开，重要机电产品以浮动价格为主，必要时可规定最高限价；工业消费品价格要有控制地逐步放开，其中对人民生活影响较大的商品需要提价时，要履行申报手续。

七、限期清理、撤销行政性公司

在1987年第一季度内，除少数经国务院批准赋予其行政职能的全国性公司以外，要停止行政性公司管理企业的职能，促使其尽快转为经营型或服务型的经济实体，实行独立核算，自负盈亏，并将他们承担的行政管理职能转给政府有关部门。1987年6月底还不能实现转变的，一律撤销。

八、鼓励发展企业集团

在发展横向经济联合的基础上，以大型骨干企业或名牌产品生产企业为主体，根据自愿互利的原则，由企业自主组建企业集团，政府部门不得阻止。允许企业参加两个以上的企业集团，并允许退出。有条件的企业集团可实行股份制。各级政府部门一般不应自上而下地组建企业集团，也不能指派企业集团的经营负责人，要防止把企业集团变成行政性公司或由行政性公司翻牌变成“企业集团”。国家对企业集团主要运用经济的、法律的手段进行间接管理。

在同一行业中，一般不搞独家垄断的企业集团，以利于开展竞争，促进技术进步。

1987年，中国人民银行要在信贷计划中，拨出一定的贷款额度，通过城市专业银行，重点支持企业集团的技术开发与产品开发。

【关于1986年物价工作意见】 国务院3月21日批准国家物价局《关于1986年物价工作的意见》，要求各地区、各有关部门贯彻执行。

《意见》指出：1986年物价工作的主要任务是：努力使零售物价总水平保持基本稳定；巩固、消化、补充、改善1985年已经出台的价格改革措施；有控制地调整少数突出不合理的价格。同时，为1987年价格改革再迈出重要的一步做好准备。

工业消费品价格要努力稳定。轻纺工业生产所需要的计划内原材料和燃料，各方面要按平价优先供应。合成纤维、人造纤维、浆粕、棉纱、纸浆、食糖、塑料原料、合成革等轻工业主要原材料，“企业计划内生产和超产部分都要执行国家定价，不实行超产加价办法”。

南方集体林区木材价格放开后，经国务院批准，国家物价局会同林业部、财政部下达了指导价格方案，限制中间环节的收费和利润。

北方木材价格偏低，1986年采取扩大质量差价的办法，走一小步。由于木材提价，需适当提高北方新闻纸价格。但主要报纸不得提价，发生的亏损，中央报纸由中央财政补贴，地方报纸由地方财政补贴。粘胶纤维建议税务部门给予免税照顾。

甜菜收购价格要整顿，把牌价调至目前的实际价格水平，并实行按含糖率计价。烤烟扩大品质差价，以鼓励多产优质烟叶。

灯泡等轻工业品的价格，可以下放给地方管理。

对计划外生产资料价格，要采取必要的经济手段和行政措施，加强控制和指导。计划内生产资料，主要原材料能基本保证平价供应的，产品除按照规定可以自销的部分外，要严格执行国家定价；主要原材料基本上没有按平价供应，企业经过努力消化不了的，可按价格管理权限，由物价部门按照规定的原则核定临时价格。

食盐零售价格不动。为疏通流通渠道，解决群众买盐难问题，建议适当减税。小包装食盐，可将包装成本计入零售价格。工业用盐价格，可有控制地适当提高。

【促进盐业发展的若干政策规定】 国务院 9 月26日同意国家经委、国家计委、轻工业部《关于发展盐业几个问题的请示》,转发给各地人民政府，各有关部门，要求贯彻执行。

请示报告中说：由于长期以来一直视盐为特殊商品，实行高税、限价，对盐的生产、经营统得过死，比较突出的问题是：(一)税高，利微，出场价低，企业缺乏自我改造能力。(二)制盐企业一般都远离城镇，条件艰苦，职工收入较低，住房、看病、文化娱乐、子女上学和就业的困难较多。(三)生产能力不能适应“七五”期间制碱工业发展的需要。(四)企业办社会设施，负担很重。

针对上述问题，除已经采取和正在采取的减征食盐税、提高食盐批零差价、实行岗位津贴、减免调节税等措施外，建议再采取如下措施：

一、关于税收、价格政策问题

1986年全国食盐的平均出场(厂)价每吨由 48.81元提为68.81元，提高20元，调价资金用让税办法解决，每吨减税20元；工业用盐出场（厂）价每吨提高10元，农业、渔业和出口用盐每吨提高20元，都由用户负担；农业、渔业用盐与食盐同税，畜牧业用盐适当减税。对集体盐场的收购价，随同国营盐场（厂）的出场（厂）价一并调整。

二、关于投资问题

拟从1987年起，由国家计委和国家经委根据当年可能，增加一些固定资产投资。首先抓紧安排大中型基本建设和技术改造项目，并适当安排流通环节项目和多种经营项目。

三、关于职工工资福利问题

建议对制盐工实行一类产业执行的工资标准，并建立岗位津贴。对集体盐场（厂),应使盐民的收入水平不低于当地农民。

盐场各项社会福利事业的开支，在企业照章缴纳各种税费后，由地方财政和有关部门根据财力情况给予支持。

四、关于计划体制问题

从1987年起，除食盐的生产和分配销售仍实行指令性计划外，对工业用盐、农牧渔业用盐改为实行指导性计划，以1984年销售量为基数，超出部分企业可组织自销，价格按照国家规定执行。

五、关于行业管理问题

为了加强行业管理和宏观控制，应通过立法程序制订盐业管理法规，由轻工业部牵头拟定。

【天津和上海组建自行车、钟表联营进出口公司】 为扩大自行车、钟表的出口，探索工贸、技贸、进出口结合的新途径，国务院12月15日转发了国务院机电产品出口办公室制定的《关于在天津和上海组建自行车、钟表联营进出口公司的方案》,请天津市、上海市人民政府和国务院各有关部门抓紧组织落实。

方案中关于联营进出口公司的性质和任务的意见是：

（一）联营进出口公司是按自愿互利原则组成的工贸结合、从事对外贸易的经济实体，是由自行车、钟表行业中的出口基地企业、扩大外贸自主权企业和轻工业品进出口分公司为主体，有一般出口企业参加的进出口联合企业，具有外贸法人资格。

（二）联营进出口公司在国家有关方针、政策的指导下，承担国家下达的出口创汇任务；及时掌握国际市场信息，努力开拓国际市场；协助企业进行技术改造，提高产品档次，生产适销对路的出口产品，提高我国产品在国际市场上的竞争能力。

方案中关于联营进出口公司的权利和义务的意见是：

（一）联营进出口公司开业后，两市轻工业品进出口分公司及参加联营的外省（区、市）外贸公司都不再经营自行车、钟表及其零部件的出口业务，其有关出口业务工作也一并移交给联营进出口公司。

（二）联营进出口公司及参加联营进出口公司的出口企业享受国发[1985]128号文件所规定的优惠待遇和鼓励政策，接受经贸部的外贸政策指导并执行有关规定。

方案中关于联营进出口公司的业务范围的意见是：

（一）自行车联营进出口公司经营自行车及其零部件出口业务；钟表联营进出口公司经营钟表、定时器及其零部件、各种计时仪器以及专用技术和设备的出口业务。

（二）联营进出口公司受各成员企业的委托，按照有关规定组织进口或委托有关外贸公司进口生产出口产品所需专用材料、零配件、产品样机以及企业自身改造需要的软件技术和专用仪器、设备。

（三）联营进出口公司组织各成员企业开展技贸结合、进出口结合、补偿贸易、来料加工、来件装配、来样生产、合作生产等业务活动，组织有关企业与外国公司合作，在国外联合组建商情网、销售网、维修服务网。

方案中关于联营进出口公司的计划与计划渠道的意见是：

（一）联营进出口公司承担国家下达的出口创汇任务，其出口创汇计划由经贸部下达给轻工业品进出口总公司，再由总公司下达给天津、上海联营进出口公司，同时抄送各参加联营进出口公司的轻工业品进出口分公司。出口产品生产计划由轻工部下达给有关省（区、市）轻工（一、二轻）厅、局，再由省（区、市）厅、局下达给出口生产企业。经贸部、轻工部将下达的年度计划同时抄送有关省（区、市）人民政府。

（二）联营进出口公司的年度进口业务计划由董事会确定，按有关规定办理审批手续后执行。

方案中关于联营进出口公司注册资金与经济核算问题的意见是：

（一）联营进出口公司的注册资金，由参加联营的企业集资解决，其资金来源按财政部（86）财工字第105号文件的规定办理。

（二）联营进出口公司的经济核算。根据中央财经领导小组办公会议的精神，天津、上海联营进出口公司分别对五个出口生产企业（天津手表厂、上海手表厂、天津自行车厂、上海自行车一厂、上海自行车三厂）实行代理制，试行取消价差补偿，按汇率结算的新办法［即：出口产品所得税额＝（汇率×出口产品创汇额－出口产品生产成本－出口流通费用－出口奖励－出口营业外支出）×出口产品所得税率］，对其他出口生产企业继续实行按核定的产品出口成本给予价差补偿。为此，联营进出口公司的财务结算应建立两本账，即对按新办法结算的企业，联营进出口公司按规定向出口生产企业收取代理费，出口生产企业按核定的出口产品所得税率，向国家上缴出口产品所得税，承担经济责任。对实行收购制及价差补偿的企业，联营进出口公司按经贸部、财政部的有关规定办理财务结算手续。

联营进出口公司在同时实行上述两种结算办法和经营进出口业务的条件下独立核算，自负盈亏。利润按股金比例分成，亏损也按股金比例分担。各成员单位所得利润，按财政部《关于促进横向经济联合若干税收问题的暂行办法》的有关规定缴纳税金。

（三）由于生产企业、外贸企业双方共同努力，提高产品档次，降低流通费用，卖好价钱而增加的收入，扣除应上缴的部分后，生产企业和外贸企业应合理分成。

（四）联营进出口公司为生产出口产品进口原材料、零配件所需外汇，由地方外汇管理分局直接划拨给联营进出口公司专门开设的“出口机电产品进口原材料用汇专户”安排使用，同时抄送经贸部、国家外汇管理局及轻工业品进出口总公司。

方案关于联营进出口公司董事会和总经理的产生及职责范围的意见是：

（一）联营进出口公司董事会为公司的最高决策机构，按民主集中制原则进行工作。董事会由参加联营的企业代表组成，可吸收一般出口企业的少数代表参加。董事会设常务董事，由出口基地企业和轻工业品进出口分公司的负责人担任。董事会协商产生董事长一人，副董事长若干人，报经市人民政府有关部门批准。董事长、副董事长可以专职，也可以兼职（董事长一般可由出口基地企业的负责人担任，副董事长由轻工业品进出口分公司的负责人担任）。

（二）联营进出口公司实行董事会领导下的总经理负责制。公司设总经理一人，副总经理若干人（总经理一般可由轻工业品进出口分公司主管该项业务的负责人担任，副总经理由出口基地企业的负责人担任）；总经理负责贯彻执行党和国家的方针、政策以及董事会的决议；总经理由董事会提名，市人民政府有关部门批准，董事会聘任；副总经理由董事会批准并聘任。公司根据业务需要，下设若干业务部。业务部的业务干部应本着少而精的原则配备，为保持进出口业务工作的连续性，两市轻工业品进出口分公司的有关业务干部，连同经营其它省（区、市）自行车、手表出口业务的干部，都应转到联营进出口公司工作。

（三）工作人员列入联营进出口公司企业编制，其工资、奖金以及福利待遇统一由联营进出口公司支付。

方案中关于两市以外省（区、市）外贸公司或出口企业参加联营进出口公司的有关问题意见是：

两市以外省（区、市）的自行车、钟表出口生产企业或经营这些产品的外贸公司也可以跨省、市自愿参加联营进出口公司。联营进出口公司同外省（区、市）出口生产企业或外贸公司的经营关系一般实行代理制，原来实行收购制的，也可以暂不改变。关于双方经济利益的分配办法，按国家有关规定协商解决。

方案的其他意见有：

（一）1986年底以前完成联营进出口公司的组建任务，1987年1月1日正式开业。

（二）联营进出口公司的组建工作，请天津、上海两市人民政府组织有关单位共同完成。

（三）属于中央有关部门之间、中央有关部门和地方之间需要研究解决的问题，由国务院机电产品出口办公室协调解决。

（赵志宏）

综 合 篇

综　述

【概况】 1986年是“七五”计划的第一年，轻工业在改革、开放、搞活的正确方针指引下，在完成“六五”计划的基础上，保持了持续稳定的发展，取得了较好的成绩。

工业部门的企业构成。1986年，轻工业部门随着经济体制改革的深入，市场需求的变化，不同行业之间的企业数有增有减。据统计，1986年全国轻工业系统有企业72 443个，比1985年增加1 687个，其中：食品 饮料、塑料制品、机械制造等行业的企业增加较多，而日用机械、灯泡、缝纫、文体教育用品、日用杂品等行业的企业则有所减少。(附表 1)

全国轻工业系统各工业部门企业数增减情况

工业部门	1986年企业数(个)	1985年企业数(个)	1986年比1985年增减企业数(个)
总　计	72 443	70 756	1 687
制浆造纸	1 628	1 616	12
日用机械	955	961	－6
日用硅酸盐	1 821	1 816	5
灯　泡	202	214	－12
日用化学制品	1 169	1 166	3
制　盐	255	254	1
食品、饮料	5 815	5 538	277
缝　纫	7 742	7 762	－20
皮革、皮毛及其制品	3 407	3 314	93
木竹藤棕草制品	1 591	1 575	16
家　具	3 750	3 712	38
文教体育用品	1 071	1 088	－17
工艺美术品	2 758	2 739	19
塑料制品	3 798	3 594	204
金属制品	7 543	7 539	4
家用电器	653	619	34
照明器具	351	319	32
衡　器	251	244	7
日用杂品	1 168	1 184	－16
机械制造	3 247	3 024	223
其他工业	23 268	22 478	790

总产值持续稳定增长。1986年，轻工业系统总产值为 1547.6亿元（不包括烟草工业产值），比1985年1 406.4亿元(扣除中国烟草总公司所属234个企业，总产值167.4亿元)增长10%，基本上适应了人民生活不断改善的需要。从经济类型来看，集体所有制企业总产值增长11%，高于全民所有制企业总产值增长8%的速度，中外合营企业总产值为5.8亿元，比上年增长了1.5倍。(附表 2)

以轻工业21个工业部门总产值1986年与1985年比较，除工艺美术品有所下降外，20个工业部门均有不同程度的增长，其中家用电器增长最快，增长了28.5%。工艺美术品工业部门产值下降的主要原因，是因为压缩了黄金供应，首饰总产值为9.74亿元，比1985年23.88亿元降低了59.2%。

全国轻工业系统总产值

	企业单位数(个)	总产值(不变价：亿元) 1986年	*1985年	1986年比1985年增长(%)
总　计	72 443	1 547.6	1 406.4	10.0
全民所有制	11 480	757.5	701.2	8.0
集体所有制	60 572	761.6	685.9	11.0
全民与集体合营	185	19.9	15.6	27.6
中外合营	112	5.8	2.3	152.0
其　他	94	2.8	1.4	100.0

注：* 1986年年报数均不含中国烟草总公司的资料，为与上年对比将1985年年报数作相应调整。

从21个工业部门结构看，食品饮料占14.8%，日用机械、缝纫、塑料制品、金属制品、制浆造纸分别占8.3%、8%、7.4%、6.8%、6.4%。(附表 3)

全国轻工业系统各工业部门总产值增长情况

工业部门	工业总产值(亿元) 1986年	1985年	1986年总产值 比上年增长(%)	占总计比重%
总　计	1 547.6	1 406.4	10.0	100
制浆造纸	99.4	90.5	9.8	6.4
日用机械	128.7	117.5	9.5	8.3
日用硅酸盐	57.5	52.6	9.3	3.7
灯　泡	11.3	10.7	5.6	0.7
日用化学制品	88.1	78.8	11.8	5.7
制　盐	18.8	16.0	17.5	1.2
食品、饮料	228.6	207.4	10.2	14.8
缝　纫	123.7	121.8	1.6	8.0
皮革、皮毛及其制品	64.1	57.3	11.9	4.2
木竹藤棕草制品	9.4	8.6	9.3	0.6
家　具	31.9	29.9	6.7	2.1
文教体育用品	29.9	26.6	12.4	1.9
工艺美术品	57.5	63.6	－9.6	3.7
塑料制品	115.0	104.3	10.3	7.4
金属制品	104.7	92.5	13.2	6.8
家用电器	76.3	59.4	28.5	4.9
照明器具	11.1	10.4	6.7	0.7
衡　器	3.0	2.7	11.1	0.2
日用杂品	13.3	12.3	8.1	0.9
机械制造	46.8	40.6	15.3	3.0
其他工业	228.5	202.9	12.6	14.8

轻工业独立核算企业净产值增长情况。1986年独立核算轻工企业为69 583个，其中全民所有制企业

11 334个，占16.3%，集体所有制企业57 860个，占83.1%，其它类型企业占0.6%，创造净产值（按分配法计算）477.7亿元，全民所有制企业为254.2亿元，占53.2%，集体所有制企业216.2亿元，占45.3%，其它类型企业7.3亿元，占1.5%。

大中型企业1 692个，占企业总数的2.4%，创造净产值153.9亿元，占净产值总数的32.2%，小型企业67 891个，占企业总数的97.6%，创造净产值323.8亿元，占净产值总数的67.8%。

整个轻工系统全部净产值占总产值比重为30.3%，全民所有制企业为31.3%，其它类型企业均不到30%。大中型企业净产值为153.9亿元，占其总产值487.3亿元的31.6%，其中大型企业的净产值74.9亿元，占其总产值219.9亿元的34.1%。（附表 4）

全国轻工系统独立核算工业企业净产值和总产值

	企业数	按现行价格计算（亿元）		净产值占	比重（%）	
	（个）	净产值	总产值	总产值(%)	企业数	净产值
一、总　计	69 583	477.7	1 574.2	30.3	100	100
按经济类型分						
全民所有制	11 334	254.2	812.0	31.3	16.3	53.2
集体所有制	57 860	216.2	735.0	29.4	83.1	45.3
全民与集体合营	184	5.0	18.7	26.7	0.3	1.1
中外合营	111	1.6	5.9	27.1	0.2	0.3
其　他	94	0.7	2.6	26.9	0.1	0.1
二、按企业规模分						
大型企业	385	74.9	219.9	34.1	0.5	15.7
中型企业	1 307	79.0	267.4	29.5	1.9	16.5
小型企业	67 891	323.8	1086.9	29.8	97.6	67.8
三、按原料构成分						
以农产品为原料	31 729	205.3	734.4	28.0	45.6	43.0
以非农产品为原料	37 854	272.4	839.8	32.4	54.4	57.0
四、按工业部门分						
制浆造纸	1 623	33.9	114.0	29.7	2.3	7.1
日用机械	949	44.1	116.3	37.9	1.4	9.2
日用硅酸盐	1 755	22.9	61.3	37.4	2.5	4.8
灯　泡	201	3.8	11.0	34.5	0.3	0.8
日用化学制品	1 147	23.6	91.0	25.9	1.6	4.9
制　盐	214	15.0	20.6	72.8	0.3	3.1
食品、饮料	5 651	72.1	257.7	28.0	8.1	15.1
缝　纫	7 479	29.4	108.9	27.0	10.7	6.2
皮革、毛皮及其制品	3 334	18.6	74.6	24.9	4.8	3.9
木竹藤棕草制品	1 505	2.9	9.7	30.0	2.2	0.6
家　具	3 676	9.8	31.8	30.8	5.3	2.1
文教体育用品	1 052	11.0	30.9	35.6	1.5	2.3
工术美术品	2 701	18.5	56.3	32.8	3.9	3.9
塑料制品	3 731	25.0	107.1	23.3	5.4	5.2
金属制品	7 354	33.9	109.8	30.9	10.6	7.1
家用电器	619	16.7	65.1	25.7	0.9	3.5
照明器具	346	3.4	10.6	32.1	0.5	0.7
衡　器	243	1.4	3.7	37.8	0.3	0.3
日用杂品	1 116	3.6	11.8	30.5	1.6	0.8
机械制造	3 179	17.9	49.2	36.4	4.6	3.7
其他工业	21 708	70.2	232.8	30.2	31.2	14.7

按工业普查的工业部门的分类，在附表 1 的21个行业中，前20个工业部门企业数最多的是金属制品、缝纫、食品饮料、塑料制品、家具、皮革、毛皮及其制品、机械制造等 7 个部门，共有企业34 404个，占企业总数的49.5%，创造净产值为206.7亿元，占轻工全部净产值的43.3%，从创造净产值所占轻工全部净产值比重看，食品饮料工业为最高，净产值为72.1亿元，占15.1%；其次是日用机械44.1亿元，占9.2%；制浆造纸、金属制品各为33.9亿元，均占7.1%；缝纫占6.2%；塑料制品占5.2%。

各个工业部门净产值占其总产值的比重，制盐业最高，占72.8%，其它部门比重在30%以上的有：日用机械、衡器、日用硅酸盐、机械制造、文教体育用品、灯泡、工艺美术品、家具等13个部门。当然，各部门之间比重有所不同，是不可比的，但计算这个指标，可为本部门进行动态比较，如果本部门净产值占总产值的比重逐年上升，说明部门管理水平有了提高，物化劳动有了节约，因此，观察这个指标变化是很有意义的。

主要产品产量完成情况。1986年轻工业49种主要产品产量有39种比上年有所增长，其中服装、家用电冰箱、提琴增长较快，分别增长了99.3%、55.4%、50.7%，日用不锈钢制品、乳制品、玩具、表、啤酒、钢琴等分别增长43.9%、43.3%、41.4%、34.6%、33%、31.5%；皮革、皮鞋、抽纱刺绣工艺品、日用精铝制品、罐头、糖、原盐、钟、自行车等20种产品产量均比上年增长10%以上，这些产品产量较大幅度的增长，反映了我国人民生活水平的提高，消费结构的变化。但是，还有10种产品产量比上年下降，其中手风琴、风琴、凸版纸、房间空气调节器分别下降了52.6%、24%、22.5%、21.5%。(附表5)

全国轻工业主要指标对比

	计算单位	1986年	1985年	1986年比1985年增长（%）
一、主要产品产量				
纸浆	万吨	892.4	808.9	10.3
机制纸及纸板	万吨	998.5	911.2	9.6
其中：新闻纸	万吨	41.4	42.5	－ 2.6
凸版纸	万吨	76.5	98.7	－22.5
缝纫机	万架	989.4	991.6	－ 0.2
自行车	万辆	3 568.2	3 227.7	10.6
表	万只	7 332.2	5 447.1	34.6
钟	万只	1 995.5	1 616.6	23.4
日用搪瓷制品	万吨	16.4	15.5	5.8
日用陶瓷制品	亿件	40.6	36.4	11.5
日用玻璃制品	万吨	483.9	419.9	15.2
保温瓶	万个	17 334.0	15 541.0	11.5
灯泡	亿只	16.1	15.3	5.2
合成洗涤剂	万吨	117.5	100.5	16.9
肥皂	万吨	109.6	99.6	10.0
火柴	万件	2 821.0	3 163.0	10.8
干电池（折手电池）	亿只	51.3	44.8	14.5
原盐	万吨	1 761.1	1 478.6	19.1
糖	万吨	524.5	451.3	16.2
罐头	万吨	164.1	142.5	15.1
饮料酒	万吨	985.2	851.4	15.7
其中：白酒	万吨	350.7	338.0	3.7
啤酒	万吨	413.0	310.4	33.0
乳制品	万吨	22.58	15.76	43.3
服装	亿件	25.26	12.67	99.3
皮鞋	万双	26 440	23 114	14.4
布鞋	亿双	5.34	4.99	7.0
皮革	万张	5 096	4 164	22.4
家具	万件	12 006	11 585	3.6
钢琴	万架	3.21	2.44	31.5
风琴	万架	6.93	9.11	－24.0
手风琴	万架	8.61	18.17	－52.6
提琴	万把	29.20	19.37	50.7
玩具	亿元	7.14	5.05	41.4
塑料制品	万吨	274.4	248.3	10.5
日用精铝制品	万吨	8.8	7.3	20.5
日用不锈钢制品	万吨	2.72	1.89	43.9
拉链	亿米	2.45	4.04	－39.4
家用电冰箱	万台	225.0	144.8	55.4
房间空气调节器	万台	9.64	12.28	－21.5
电风扇	万台	3 528	3 174	11.1
家用洗衣机	万台	893.4	887.1	0.7
吸尘器	万台	8.4	8.8	－ 4.5
电熨斗	万个	1 144	1 191	－ 4.0
大型及专用衡器	万台	29.23	26.83	8.9
台秤与案秤	万台	139.5	119.0	17.2
抽纱刺绣工艺品	亿元	15.51	13.32	16.4
地毯	万平方米	576.47	578.77	－ 0.4
轻工机械	万吨	21.9	20.4	7.3
二、劳动工资				
年末工业职工人数	万人	1 239.6	11 189.1	4.2
全年工资总额	亿元	132.6	112.6	17.8
全员劳动生产率：	元/人	13 470	12 872	4.6
全民所有制	元/人	16 247	15 851	2.5
集体所有制	元/人	11 052	10 380	6.5
各种合营	元/人	25 915	23 261	11.4
三、财务成本				
固定资产原值	亿元	756.3	639.6	18.2
固定资产净值	亿元	542.2	452.6	19.8
利润税金（包括盐税）总额	亿元	243.6	235.2	3.6
其中：利润	亿元	118.6	120.5	－ 1.6
四、固定资产投资				
固定资产投资完成额	亿元	126.69	95.11	33.2
基本建设	亿元	36.6	28.74	28.6
更新改造措施	亿元	89.73	66.37	35.2
新增固定资产	亿元	89.75	66.50	35.0
基本建设	亿元	20.14	20.18	－ 0.2
更新改造措施	亿元	69.61	46.32	50.3

注：本表产量为全国归口数，劳动工资，财务成本，固定资产投资为全国轻工业系统数。

扩大轻工产品出口，增加创汇，收到了较好的效果。1986年贯彻执行国务院关于扩大轻纺产品出口，实现战略转变的指示以来，在资金、技术、项目方面采取了扶持政策，促使有关企业对质量、品种、档次有所开拓，增加了创汇。这一年，轻工产品外贸出口总额达50.73亿美元(不包括服装、烟草加工)，比上年出口额37.76亿美元增长34.3%。

劳动工资增长情况。1986年末工业职工人数为1 239.6万人，比上年增加50.5万人，增长4.2%，全年工资总额132.6亿元，比上年增加20亿元；增长17.8%。全员劳动生产率1 3 470 元，比上年增加598元，增长4.6%。全民所有制企业的全员劳动生产率为16 247元，比上年增加396元，增长2.5%；集体所有制企业全员劳动生产率11 052元，比上年增加627元，增长6.5%。各种合营企业全员劳动生产率高达25 915元，比上年增加2 654元，增长速度最高为11.4%。

财务成本增长情况。据全国轻工业系统48 612个独立核算工业企业的统计，1986年固定资产原值为756.3亿元，比上年增加116.7亿元，增长18.2%。固定资产净值542.2亿元，比上年增加89.6亿元，增长19.8%。固定资产净值占固定资产原值的比率，1986年为71.7 %，比上年70.8%提高了0.9%。

在原材料涨价，可比产品成本普遍有所上升的情况下，利税总额仍有所提高，1986年实现利税为243.6亿元,(包括盐税11.9亿元),比上年增加8.4 亿元，增长3.6%。

固定资产投资增长情况。1986年轻工业系统固定资产投资完成额为126.69亿元，比上年增加 31.58亿元，增长33.2%。其中基本建设 36.96亿元，比上年增加8.22亿元，增长28.6%，更新改造措施 89.73亿元，比上年增加23.36亿元，增长35.2%。新增固定资产89.75亿元，比上年增加23.25亿元，增长35%，其中更新改造措施新增固定资产为 69.61亿元，比上年增加23.29亿元，增长50.3%。

(计划司统计处)

经济效益分析。据1986年全国轻工业财务成本年报的统计，全国48 612个企业完成工业总产值1 406.5亿元，比上年增长9.5%；产品销售收入1 377.5亿元，比上年增长13.6%；税金（包括盐税）125亿元，比上年增长6.7%。上述指标增长的主要原因有：(1)根据市场需求的变化，增加了生产，调整了产品结构，使适销对路产品和名优产品有了较快发展。另外扩大了轻工产品出口，1986年全国轻工出口产品交货值达187.4亿元，比上年增长48.8%，是近几年来出口交货最好的一年。(2)国家调整了部分轻工产品价格，使企业增加了收益。有些产品拉开了质量差价，实行优

1986年全国轻工业经济效益完成情况(一)

指标名称	计算单位	1986年	比上年增减
造　纸			
每吨本色化学木浆耗碱	公斤	469	+ 2.0
每吨机械木浆耗电	度	1 548	+ 26
机制纸及纸板成品率	%	92.3	—
机制纸及纸板劳动生产率	吨/人	1779	− 2.03
自行车			
每辆28吋载重自行车耗钢材	公斤	29.47	− 4.3
自行车质量分	分	91.30	− 2.88
自行车劳动生产率	辆/人	294	− 8
缝纫机			
每架家用缝纫机耗用生铁	公斤	31.65	+ 0.05
缝纫机质量分	分	91.30	− 0.56
缝纫机劳动生产率	架/人	178	− 17
手　表			
手表成品返修率	%	45.0	+ 7
手表质量分	分	94.32	+ 6
手表劳动生产率	只/人	738	+163
日用陶瓷器　日			
日用普通瓷一级品率	%	49.1	− 3.5
日用细瓷一级品率	%	55.4	+ 3.0
每吨日用陶瓷耗用标准煤	吨	1.24	+ 0.02
灯　泡			
普通灯泡综合合格率	%	88.3	− 2.0
每万只15—40瓦普通灯泡耗钨丝	万米	1.31	+ 0.02
普通灯泡劳动生产率	千只/人	19.70	−2.85
合成洗涤剂			
Ⅱ类合成洗衣粉每吨耗用:			
烷基苯磺酸钠	公斤	106	−15.0
非离子表面活性剂	公斤	26.3	+ 3.26
三聚磷酸钠	公斤	257	+55.0
合成洗衣粉劳动生产率	吨/人	67.70	+11.24
制　盐			
原盐优等、一等品率	%	86.0	− 9.4
原盐劳动生产率	吨/人	173.2	− 6.1
制　糖			
每百吨甘蔗耗用标准煤	吨	7.2	− 0.1
每百吨甜菜耗用标准煤	吨	9.2	—
甘蔗糖劳动生产率	吨/人	31.32	+ 1.02
甜菜糖劳动生产率	吨/人	25.51	− 0.95
罐　头			
出口硬包装罐头合格率	%	96.7	− 0.3
罐头劳动生产率	吨/人	6.27	− 0.51
啤　酒			
啤酒合格率	%	97.9	− 0.5
每吨啤酒耗用麦芽	公斤	134	+ 2
每吨啤酒耗用大米（或杂粮）	公斤	62	− 14

续表

指标名称	计算单位	1986年	比上年增减
每吨啤酒耗用标准煤	公斤	187	－11
塑料制品			
聚氯乙烯压延薄膜一级品率	%	96.6	－0.4
每吨聚氯乙烯压延薄膜耗用:			
树　脂	吨	0.65	－
增塑剂	吨	0.31	－
聚丙烯编织袋一级品率	%	96.4	＋0.9
皮革、毛皮及制品	%		
重革合格率	%	99.3	＋0.1
每吨重革耗用猪皮	吨	1.91	－0.02
每平方米轻革耗用猪皮	公斤	4.58	－0.13
日用五金			
铝锅一级品率	%	69.6	－1.0
每个28公分铝锅耗用铝材	公斤	0.91	－
铸铁锅合格率	%	92.4	－0.2
铁包锁一等品率	%	93.7	－0.1
家用电器			
单桶家用洗衣机一次合格率	%	91.8	＋1.3
每台单桶洗衣机外壳耗薄钢板	公斤	13.2	＋1.9
家用电冰箱一次合格率	%	90.5	＋1.5
每台150—200升电冰箱耗薄钢板	公斤	30.33	＋1.63
家用洗衣机劳动生产率	台/人	347	－10
家用电冰箱劳动生产率	台/人	143	＋7
家　具			
木家具一次合格率	%	96.8	－
木家具板材利用率	%	60.4	－
木家具劳动生产率	件/人	148	＋7
服　装			
内销成衣服装合格率	%	99.2	－0.1
出口服装合格率	%	99.7	－
工艺美术品			
出口地毯合格率	%	98.5	－0.1
地毯下机一等品率	%	87.0	－2.3
每平方米手工地毯耗色毛纱(90道5分厚)	公斤	6.38	－2.1
每平方米手工地毯耗用棉纱	公斤	1.54	－0.04

（计划司统计处）

质优价；有些产品因原材料涨价，企业难以全部消化而提高了出厂价格；还有些产品原订价格偏低，长期未动而提价。另外，按照产品价格分级管理，地方对部分轻工产品价格也作了适当调整。小商品价格放开以后，生产情况逐步好转，产品随行就市，增加了企业销售收入。

但是，从全国轻工业系统来看，经济效益完成得不够理想，多数指标比上年降低（见附表二），降低的主要原因有：（1）原材料涨价幅度大，致使产品成本升高，利润降低；（2）各种费用开支增加，企业负担过重，特别是因流动资金紧缺，贷款利息负担甚重，还有开征城市建设税、提高短途运输价格和各种摊派费用等超支，也造成产品成本升高；（3）有些新建、扩建企业的固定资产投入多、产出少，还有因投产不久，能力未充分发挥；（4）有些产品花色品种少，款式陈旧，市场供过于求，造成产品积压；（5）部分企业经营管理不善。1986年全国轻工系统亏损企业共有6 052个，比上年增加2 078个；亏损额达5.8亿元，比上年增加2.5亿元。

【编制“七五”发展计划纲要】轻工业部计划司从1986年年初起，着手编制第七个五年轻工业发展计划，经过几次反复酝酿讨论，起草了《第七个五年轻工业发展计划纲要》(讨论稿)，在1986年3月召开的厅局长会议上，广泛听取了各地的意见，后又在计划、科研、教育等司召开的会议和一些专业会议上进行了研究讨论，经过多次修改补充，于9月定稿，《纲要》分总论、主要任务和经济目标、行业任务和主要技术经济政策、科学技术发展和政策、教育发展和政策、固定资产投资和投资政策、产品质量和企业管理、调整工业布局和发展地区经济政策、扩大出口增加创汇、经济体制改革、宏观控制和行业管理、原材料、劳动保护和环境保护、社会主义精神文明建设等13个章节，共36 000字。另外，由各专业局编出了造纸、食品、制盐、家用电器、自行车、手表、缝纫机、摩托车、陶瓷、日用玻璃、塑料制品、服装、洗涤用品、干电池、电光源、感光材料、皮革、毛皮、工艺美术、玩具、地毯、抽纱刺绣、文教体育用品、制笔、日用杂品、少数民族用品、轻工机械、衡器工业、包装印刷、搪瓷制品等30个行业的发展计划。

（刘丽蓉　王祥兴）

【召开“七五”计划工作座谈会】 为了编制好第七个五年轻工业发展计划，对部计划司起草的“七五”计划纲认真地进行研究，对各省、自治区、直辖市轻工厅局编制的“七五”计划进行研讨、交换意见，计划司从6月初至7月底，分三片召开了“七五”计划工作座谈会，即：6月4日至9日在长沙召开了中南、华东大区的座谈会；6月20日至25日在银川召开了西北、西南大区的座谈会；7月25日至30日在牡丹江召开了东北、华北大区座谈会。参加会议的代表除各厅局的计划处长外，还有少数厅局长参加。会议由刘峰昌司长及纪文安、王梓基副司长主持、王文哲副部长

1986年全国轻工业经济效益完成情况（二）

	百元产值提供利润税金(元)		百元产值提供利润(元)		百元产值占用定额流动资金(元)		可比产品成本降低率(%)
	1986年	比上年增减	1986年	比上年增减	1986年	比上年增减	
全国总计	17.3	−1.2	8.1	−1.0	29.9	+2.9	升8.0
主要行业							
造纸	22.8	−1.1	11.8	−1.1	21.2	+1.7	升8.9
自行车	22.7	−0.3	13.3	+2.9	17.5	+1.7	升8.9
缝纫机	22.0	−4.9	16.1	−1.3	23.0	+3.6	升8.8
手表	29.8	−3.0	11.9	−1.0	18.7	+1.3	升2.0
日用陶瓷器	15.7	+2.5	9.0	+1.9	30.0	−1.2	升7.1
灯泡	15.1	−5.6	8.5	−1.8	31.5	+2.6	升8.4
合成洗涤剂	15.3	−0.3	9.9	−0.3	23.1	+3.0	升5.4
制盐	10.1	+2.5	8.4	+2.7	19.5	−2.1	升1.1
制糖	22.7	−1.0	6.0	−1.1	19.2	−0.9	升4.0
罐头	7.4	−1.6	2.5	−2.0	31.9	+6.2	升5.0
酿酒	31.9	−1.8	9.2	−3.0	18.6	+8.3	升18.7
塑料制品	10.8	−1.8	6.1	−1.7	29.7	+1.9	升6.1
皮革、毛皮及制品	13.5	−0.8	8.0	−0.3	12.8	+2.0	升5.5
日用五金	15.8	−1.0	9.5	−0.8	32.1	+3.3	升5.4
家用洗衣机	11.3	+0.2	8.1	+1.5	16.4	+3.0	升0.6
家用电冰箱	16.4	−9.7	12.2	−1.8	25.3	−7.2	升4.4
家具	10.3	−1.6	5.5	−1.5	39.1	+3.2	升4.4
服装	7.6	−1.4	3.8	−1.5	24.5	+2.3	升1.9
工艺美术品	12.5	+1.2	7.0	+0.2	32.5	+7.9	升6.4

	百元资金提供利润税金(元)		百元固定资产实现产值(元)		定额流动资金周转天数(天)		可比产品成本降低率(%)
	1986年	比上年增减	1986年	比上上年增减	1986年	比上年增减	
全国总计	25.3	−1.1	186.0	−11.7	109.9	+6.5	升8.0
主要行业							
造纸	27.0	−3.1	110.8	−1.7	74.9	+2.1	升8.9
自行车	51.7	−3.1	303.5	−9.0	61.8	+2.6	升8.9
缝纫机	34.8	−12.3	180.9	−15.6	78.3	+10.6	升8.8
手表	57.3	−5.1	208.0	−1.9	116.9	+15.3	升2.0
日用陶瓷器	15.4	+2.7	95.7	+2.1	101.4	−16.1	升7.1
灯泡	16.6	−7.6	121.1	−2.9	127.6	+13.8	升8.1
合成洗涤剂	23.1	−13.9	186.6	−125.8	85.1	+9.1	升5.1
制盐	10.2	+3.1	85.7	+6.3	122.4	−10.7	升1.1
制糖	22.0	−0.6	91.0	+0.2	64.3	−3.9	升1.0
罐头	10.8	−5.0	227.6	−36.7	127.0	+15.6	升5.0
酿酒	27.8	−7.2	120.8	−16.6	135.2	+7.9	升18.7
塑料制品	15.6	−1.1	191.0	−21.9	114.5	+2.7	升6.1
皮革、毛皮及制品	18.1	−2.1	228.7	−7.6	140.2	+7.8	升5.5
日用五金	25.2	−3.8	214.5	−7.8	113.0	+9.6	升5.4
家用洗衣机	36.7	−3.2	563.9	−6.3	69.5	+8.2	升0.6
家用电冰箱	33.1	−17.4	311.8	−80.7	88.5	−8.1	升4.4
家具	13.4	−3.2	178.7	−13.4	151.8	+11.3	升4.4
服装	18.5	−6.5	433.5	−84.7	119.2	+8.1	升1.9
工艺美术品	22.2	−4.6	305.6	−110.8	121.7	+10.0	升6.4

参加了长沙、银川的会议并讲了话。会前计划司按地区分成小组，对各地轻工业厅局送上来的“七五”计划，进行了认真、细致地审查，根据宏观要求和地区资源、技术水平、工业基础、能源、交通等条件，分析各地的优势，提出了书面意见和建议。会上与省市厅局的同志分别交换意见，引导各地按照本地特点，因地制宜，扬长避短，发挥优势，实事求是地修订“七五”计划。与会同志在认清了形势、了解了全国动向，沟通了信息，明确了指导思想的基础上，抓住了本地区“七五”计划的主攻方向，在一定程度上纠正了计划中的盲目性。例如有的地方准备上电冰箱厂的，了解全国已经进行了许多条生产线，生产能力已经很大大了，决定不上了；有的地方要上异构糖的，后来对原料供应、成品储藏、运输、经济效益等做了分析以后，也决定不上了等等。

三片会议以务虚为主，不定项目和指标，除了与省、自治区、直辖市轻工业厅局的同志对“七五”计划交换意见外，还座谈了“六五”计划执行的情况和问题；分析了当前的产销形势和物资供应的状况。对计划司编制的《第七个五年轻工业发展计划纲要》(讨论稿）也进行了讨论，提出了一些意见和建议。

（刘丽蓉　王祥兴）

【汇编《1990年主要轻工业产品产量国家计划和地方上报计划初步预测》】 1986年6月以前，计划司汇集了24个主要轻工产品1990年生产计划指标（如附表)，编写了《1990年主要轻工产品产量国家计划和地方上报计划初步预测》，印发各省、市、区轻工业厅局，供制订“七五”计划参考。

一般说来，每个厅局编制长远计划，因受地区限制，对全国情况了解不够，难免有局限性。对热门产品，都争着上能力，扩大生产规模，并希望产品占领全国市场。汇集全国上报的24种主要产品，1990年计划指标，从宏观角度上看都偏大。计划司对24个产品进行了一些调查，基本上摸清了“六五”期间的现状、问题及今后的发展方向。对1990年的生产指标，结合市场需求，生产能力和原材料供应的可能，进行了预测，提出了全国水平的建议数与产品的发展方向，结构调整等方面的意见。在24个产品中有7个产品已列入国家“七五”计划中，计划司转发了分地区指标。现将24种产品中部分产品的预测分析情况，简述如下：

1．电冰箱：国家计委确定1990年全国指标为650～750万台，包括轻工、电子、机械、卫生、军工等部门。从目前看轻工产量约占全国的62%。轻工部门各地上报1990年计划数为677万台，显然偏大。“六五”期间，全国引进生产线的企业在一、二年内多数可形成能力，约为一千万台，但配件及原材料还不能平衡，缺口较大。“七五”期间，主要应搞好产品质量，加强管理，做好消化吸收，降低原材料消耗和产品的日耗电量，以及降低产品成本，实现关键零部件的国产化，还要不断开发新的品种，同时做好售后服务工作。因此，不能单纯追求数量。当前，全国布点较多，要严格控制电冰箱厂、点的建设。

2．自行车：汇总各地1990年计划为4 490万辆，预测2 600万辆比较合适。由于1985年社会保有量已达到2.1亿辆，平均每5人一辆，城市1.5人一辆。按目前年产3 000万辆计算到1990年社会保有量将达到3.6亿辆左右。全国平均每3人就有一辆，随着社会保有量的增多，社会需求量将逐渐减少。预计1990年出口量也不超过300万辆，主要投放国内市场。从生产能力上看，1985年末已达到3 988万辆(三班计算)，若按各地意见生产4 490万辆，还要扩大能力，显然是不合适的。

3．缝纫机：汇总各地1990年计划为1 208万架，但应控制在700万架，其中，家用机600万架为宜，主要由于1985年底社会保有量已达1亿架，家庭普及率为40%，其中城镇约75%以上，农村25%左右，1985年产量为939万架，销售量为700多万架，是下降趋势。近几年人民生活水平提高，购买成衣的比重上升，对家用缝纫机的需求量将逐年下降。现在全国的生产能力为1 000万架，今后应重点发展工业机，积极开发短线缺门产品，配套产品，搞好工业机的零部件生产，并应积极开发第二、第三产品。

4．表：汇总各地1990年计划为6 210万只，三十年来全国累计产量为3.11亿只，全民戴表率为29%，1985年生产5 400多万只，销售4 500万只左右（包括进口表)，目前，库存量上升，1990年以年产4 500万只(包括出口600万只左右)，保持1986年和1987年的计划水平，今后应注意增加花色品种，而不应继续增加数量。

5．合成洗涤剂：汇总各地1990年计划为230万吨，国家计委确定为140万吨，这主要是从原材料供需平衡来考虑的，生产合成洗涤剂用的烷基苯、三聚磷酸钠、脂肪醇醚等原材料，除三聚磷酸钠可通过技术改造扩大生产能力增加生产满足需要外，其余原料国内供应不足，尚需大量进口，因此，除考虑市场需求外，还要考虑外汇的可能性。

6．日用搪瓷制品：汇总各地1990年计划为25万吨，从市场需求上看是需要的，但从主要原料、黑铁皮的供应来看是不现实的，黑铁皮主要靠进口，国内产量又上不去，因此，维持现有水平为宜。

7．电风扇：汇总各地轻工业系统1990年计划为

3 680万台，1985年全国实际产量为3 174万台，其中，轻工系统为1 401万台，占全国总产量的44%。目前，电风扇产大于销，非名牌产品出现滞销积压，预测1990年社会需要量为3 000～3 600万台，全国家庭普及率达到70%，1990年轻工系统安排在1 800万台为宜。今后主要是增加花色品种，提高质量，增强产品的竞争能力。

另外，对食品工业中有关果葡糖浆、食品专用油、酶制剂、添加剂、赖氨酸等的发展，各地积极性很高，有一哄而起的苗头，部计划司介绍了这些产品的用途、分析了原料资源、成本、全国产需情况。

通过对24种产品的预测，反映了全国动向，与各地通了信息，在一定程度上避免了盲目性，普遍反映起到了指导作用。

（刘丽蓉　王祥兴）

一九九〇年主要轻工业产品产量国家计划和对地方上报计划初步预测汇总表

产品名称	单位	1980年	1985年	1990年		
		实际	实际	汇总地方计划数	国家计划数	预测数
1. 机制纸及纸板	万吨	534.59	911.15	973.95	1 000	1 000～1 050
2. 糖	〃	257.06	451.27	680.5	550～600	550～600
3. 原盐	〃	1 728.5	1478.6	2 316	2 100	2 100
4. 啤酒	〃	68.78	310.44	813	650	650
5. 合成洗涤剂	〃	39.32	100.45	230.5	140	140
6. 家用电冰箱（全口径）	万台		144.81		650～750	650～750
其中：轻工系统	〃	3.7	89.07	677		
7. 家用洗衣机（全口径）	〃		887.14		1 200	1 200
其中：轻工系统	〃	20.46	629.55	1 615		
8. 罐头	万吨	57.16	142.49	198.35		170～200
9. 果葡糖浆等						
10. 自行车（全口径）	万辆	1 302.36	32 27.65			2 600
其中：轻工系统	〃		2 911.05	4 490		
11. 缝纫机（全口径）	万架	767.81	991.2			700
其中：轻工系统	〃		939.56	1 208.5		
12. 表	万只	2 267.52	5 447.07	6 210		4 500
13. 日用玻璃制品	万吨	164.11	419.92	778.5		600
14. 日用搪瓷制品	〃	15.06	15.46	25.03		
15. 干电池（折合手电池）	亿只	32.28	44.79	66.48		54
16. 塑料制品	万吨	114.4	248.27	409.11		320～360
17. 服装	万件	72 417	115 306.01	124 860		
18. 皮革（折牛皮）	万张	4 144.59	4 164.2	6 086		5 450
19. 钢琴	架	11 220	24 441	105 000	（部专业局意见）	
20. 电风扇	万台	357	1 401.49	3 680		1 800
21. 家具	万件	4 320.86	11 585	9 469		8 800
22. 日用精铝制品	吨	58 016	72 552	122 250		30 000
23. 不锈钢制品	吨		18 853	115 150		80 000
24. 地毯	万平方米	228.98	578.77	2 406.8		1 600
25. 玩具	万元	28 899	50 499	112 275		100 000

（刘丽蓉　王祥兴）

【召开轻工业生产计划座谈会】 为了安排好1987年生产计划，轻工业部计划司于1986年 8月20日至23日在北京召开了部分省市生产计划座谈会，参加会议的有国家经委、本部两个供销公司、生产技术司以及11个省市厅局的同志。会上大家座谈分析了1986年以来轻工业的产销形势；研究了如何安排1987年计划以及存在的主要问题，同时座谈了轻工产品出口供货完成情况及存在的问题。

通过座谈，明确了当前的轻工商品的产销情况是好的，产品产销比较平稳，产销大体同步；出口情况也比较好，结束了近几年徘徊不前的局面。但也存在一些问题，主要是，一、产品结构不适应当前消费的需求；二、原材料、能源供应不足；三、经济效益普遍下降。

关于1987年计划的安排，要保持有一定的速度。因为，据测算，明年社会商品零售总额增长较大。但同时要考虑生产能力、原材料、能源的供应可能。在生产安排上，要坚持按需生产、以销定产、适销对路的原则，增产短线产品，压缩长线产品。对于出口问题，目前，国家对轻纺产品出口极为重视，已经或正在采取一系列优惠政策，要不失时机，下大力量，把出口搞上去。

搞指导性计划，要从“分钱分物”的圈子里跳出来，抓市场调查研究和预测工作，加强信息的交流，树立起搞指导性计划的新观念。会后，轻工业部计划司结合国家计委商业局和轻纺局召开的轻工市场和轻工业计划处长座谈会情况，向各地发出了“关于当前轻工业品的产销形势和明年生活计划安排中几个问题”的材料，供各地分析当前轻工产品产销形势和安排明年生产计划的参考。

（吴曼云）

【加强技术引进宏观管理的情况】　“六五”期间轻工系统从国外引进了近30亿美元的先进技术和装备，大大改善了轻工企业的工艺技术装备水平。但是由于各行各业办轻工、各部竞相引进，再加上宏观管理没有跟上，出现了重复引进，多头对外的问题。轻工业部制定了“轻工业部实行统一归口、联合对外的具体办法”，确定了部内各司局、公司的合理分工、明确了职责范围，并制订了工作方针。

主要的职责分工是：计划司负责牵头、协调立项、上传下达、检查督促，并掌握“统一归口、联合对外”专用章；部内有关专业司局（公司）负责编制行业的发展规划，审查项目，并配合外贸公司制订联合对外方案，组织实施。

制订的工作方针是：根据行业的发展规划，坚持按审批程序办事，实事求是进行综合平衡，合理定点、择优支持，系统内外，一视同仁。

轻工业部加强技术引进宏观管理的工作方法及其成效。

1. 执行政策，严格立项。审查项目时，一是坚持政策原则，二是重视信息指导。主要从国内外市场、原料来源、品种质量、设备造型、地区布局和经济效益等六个方面进行严格审查项目。有力地制止了一些重复引进项目，例如塑料编织袋生产线和塑料壁纸生产设备的盲目引进。有的经过审查，改变了引进内容，使之适合国情，例如福建蒲田、福州、安徽等地几个啤酒厂原计划进口纸板过滤机改成进口板式过滤机。

2. 搞好行业规划，合理定点，合理布局。1985年以来，在国家计委、国家经委的大力支持下，组织了电冰箱、洗衣机的市场预测，分别召开了专业会议，根据市场要求，制订了行业发展规划。将电冰箱的生产厂点由1986年度的116个定点为42个，1990年的能力规模定为842万台，生产规模定为700～750万台；将洗衣机的生产厂点由1985年度的108个定点为72个，1990年的能力规模定为1 214万台，生产规模定为1 200万台。确定了“七五”期间不再进口生产装配线，逐步实现国产化的方针。

3. 坚持统一归口、联合对外。用行政干预和增减关税的经济措施，贯彻实行“统一归口、联合对外”收到了良好的效果。1985年轻工业部将62个“三个为主”的引进项目，按行业捆成15个组，成立了日本、西欧两个考察订货团，统一对外考察、谈判、订货，提高了谈判地位，迫使外商压价，有的压价幅度达40.70%。造纸行业，采取软、硬件引进结合对外谈判，使芜湖东方板纸厂进口的板纸机关键设备、辽阳造纸机械厂引进的板纸机制造技术的价格分别降低了35%和71%。玻璃行业，1984年和1985年先后组织了两批共13个厂家与外贸公司合作，联合对外引进行列机和关键加工设备，成交额比单独谈判成交节省外汇220万美元。

4. 坚持技贸结合，加强消化吸收。硬件和软件在一起联合对外谈判，有的迫使外商转订了原来不愿卖的技术或以较优惠的价格甚至无偿地获得了一些软技术。这对轻工业的消化吸收和国产化提供了条件和可能。例如，杭州、芜湖等8个造纸厂进口造纸机、板纸机关键部件及连续蒸煮器与辽阳、天津、上海等四个造纸机械厂引进设计、制造技术相结合、与奥地利经过近一年的技术、商务谈判，终于以比较优惠的条件与外商签订了合同。1986年机械局等单位将新疆、青岛等五个啤酒厂进口啤酒罐装生产线和技术软件的引进结合起来，使外商无偿转让给我方托盘系统，硅藻土系统和贴标机等三项技术，获得成功。

（代旭易）

【工业普查工作】　1986年是轻工业全面完成工业普查关键性的一年。在国务院工业普查领导小组的统一部署下，做了以下几方面的工作：

一、抓普查资料的质量，普查资料质量好坏是普查工作成败的关键。为了确保普查资料的质量，轻工业系统的50 000多个企业，全面开展了试填普查表的工作，填表过程中，反复研究各项指标的经济含义，口径范围。部工业普查办公室编印了三本（十多万册）轻工专业指标解释，并及时解答各地填表中提出的问题，从而保证了全国数据资料口径范围的统一性。

各级轻工业部门还及时组织经验交流，帮助管理基础薄弱地区和企业抓好普查资料的质量。轻工业部在天津召开部分省市轻工业厅（局）普查资料质量座谈会，并进行了书面交流，汇编了《提高工业普查质量经验材料》。

在填表中，各级轻工部门组织了各方面力量，对普查表进行了认真审核、验收。轻工部属35个企业所在地的省市轻工厅（局）受部委托按时完成了审核验收工作。通过各级轻工部门共同努力，全国轻工企业普查表，基本达到国务院工业普查规定的质量要求。

二、抓普查资料的汇总、编印。普查数据资料是这次工业普查的成果。各级轻工部门对这项工作抓得很紧，认真进行了搜集加工，整理出了大量普查资料。轻工业部工业普查办公室已搜集轻工企业甲、乙普查表5.5万份。并先后同省市轻工业厅（局）及部内各司局汇总了轻工业生产、销售库存、新产品、产品质量、轻工设备技术状况、产品生产能力、原材料和能源耗费、技术经济指标、劳动工资、财务成本、价格以及轻工分行业企业基本情况，1986年已汇总的全国轻工业普查资料数据有130多万个。其中，第一批普查提要表（代年报）汇总 7万多个；第二批轻工产品、产品销售库存、原材料能源消费。职工素质、成本价格等汇总30多万个；第三批轻工分行业企业本本情况80多万个，总之，是一个大的系统工程。这些汇总的资料，有全国轻工业宏观的供、产、销、人、财、物资料也有轻工各行业、企业的资料。

三、充分利用工业普查资料开展分析研究工作。为了充分利用工业普存资料，轻工业部成立了全国轻工业普查资料利用领导小组，领导小组由轻工业部研究室、计划司、经济研究所、轻工管理干部学院和工业普查办公室共同组成，王文哲同志任组长。

轻工业系统企业普查分析采用点面结合，由部工业普查办公室会同有关司局针对轻工行业存在的主要问题，编写了提纲，重点布置了100多个企业开展普查分析。目前，已收到企业分析报告600多篇。轻工系统各部门的普查综合分析，从各省市区轻工业厅局和部内有关司局两方面展开，现已收到综合分析报告200多篇。利用简报对工业普查报告进行了交流，汇编了两辑《轻工系统工业普查资料分析选编》

四、做好工业普查全面总结的前期准备工作。部工业普查领导小组对全系统普查总结评比表彰工作作了部署。1986年 2 月制订了工业普查总结评比表彰办法。9 月在新疆召开了部分省市工业普查工作会议上，征求了与会代表们对表彰办法实施细则的意见。轻工业企业工业普查任务已经全面完成，业已进行了总结，正在进行总结评比表彰工作。

（尹　军　刘光莲）

【国家经委表彰“六五”期间全国技术进步先进企业】国家经委为了进一步推动企业的技术进步，对“六五”期间在提高产品质量、科技开发、科技攻关、技术改造、技术引进和消化吸收、人才智力引进、提高企业管理水平等方面涌现出的成绩卓著先进企业，在1986年11月全国第四次技术进步会议上进行了表彰奖励。授予《“六五”全国技术进步先进企业全优奖》的有234个企业；在某些方面有突出成绩的294个企业，被授予了《“六五”全国技术进步先进企业单项奖》。

轻工业系统获奖项目有自行车、缝纫机、钟表、日用玻璃、电光源、陶瓷、造纸、食品、家电、日化、塑料、皮革等的88个企业（占全国技术进步先进企业总数的17％），其中获全优奖的有35个企业，单项奖的有53个企业。

这批受表彰的轻工业企业，通过技术改造、引进技术，提高了企业素质，增强了后劲，将在今后轻工业的技术进步中起到很好的示范带头作用，有力地推动轻工业的技术进步。

“六五”轻工业技术进步先进企业名单如下：

一、技术进步先进企业全优奖

上海缝纫机一厂
中国标准缝纫机总公司
江苏大丰自行车飞轮总厂
天津手表厂
北京市玻璃仪器厂
安徽蚌埠玻璃厂
广东玻璃厂
北京市保温瓶厂
沈阳灯泡厂
江西赣州钨钼材料厂
佛山陶瓷工业公司
景德镇人民瓷厂
上海儿童食品厂
山西大同糖厂
山西杏花村汾酒厂
广州啤酒厂
辽宁金城造纸厂
黑龙江佳木斯造纸厂
江苏连云港造纸厂
西安造纸网厂
浙江民丰造纸厂
辽宁省营口市洗衣机厂
广东中山洗衣机厂
吉林长春市洗衣机厂

广州万宝电冰箱工业公司
大连塑料彩印厂
湖南湘潭市塑料四厂
广东佛山市塑料一厂
合肥日用化工总厂
沙市日用化工总厂
武汉油脂化学厂
天津市春合体育用品厂
山东轻工业机械厂
汉沽盐厂
塘沽盐厂
二、技术进步先进企业单项奖
上海工业缝纫机厂
辽宁大连手表工业公司
黑龙江牡丹江钟表公司
山东荣城玻璃厂
重庆红岩玻璃厂
安徽芜湖光华玻璃二厂
湖南湘潭玻璃厂
陕西秦川玻璃仪器厂
江苏南通玻璃一厂
武汉灯泡厂
陕西宝鸡灯泡厂
广东佛山电器照明工业公司
江西景德镇光明瓷厂
宁夏石嘴山瓷器厂
内蒙古包头糖厂
沈阳味精厂
江苏扬州食品制造总厂
江苏泗阳洋河酒厂
江苏泗洪双沟酒厂
浙江绍兴酿酒公司
福建漳州罐头厂
重庆饮料厂
吉林新中国糖厂
吉林长白山葡萄酒厂
宁夏吴忠市造纸厂
北京市洗衣机总厂
沈阳温控器厂
浙江杭州电扇总厂
青岛电冰箱总厂
浙江杭州洗衣机厂
上海塑料制品一厂
齐齐哈尔市第二塑料厂
青海塑料二厂
广西梧州市电池厂
广东汕头感光化学材料厂
上海感光胶片总厂
四川成都合成洗涤剂厂
甘肃省轻工研究所试验工厂
天津油墨厂
天津市第一制革厂
西安人民制革厂
安徽蚌埠制革厂
山西太谷玛钢厂
山东烟台制锁总厂
青岛印刷厂
武汉印刷厂
天津胶印厂
南京轻工机械厂
合肥轻工机械厂
北京绢花厂
吉林通化人造毛皮厂
黑龙江牡丹江钢纸总厂
吉林长春市嘉美制罐厂

（吕鸿飞）

【轻工产品出口工作】“七五”期间，扩大出口创汇最有希望的是轻纺产品。因此，轻工业要以出口创汇为龙头，加速实现从主要出口粗加工制成品向主要出口精加工制成品的转变；沿海城市轻工业要由内向型向外向型转变，通过这两个转变，推动轻工业的全面发展。

1986年轻工产品出口创汇取得了较好的成绩，轻工业部在出口工作方面主要抓了以下几项工作：

一、贯彻落实国务院文件精神，狠抓轻工机电产品出口创汇。一年来部出口办公室不断扩大，基本上适应了轻工机电产品出口工作需要。轻工机电产品包括日用机械产品（自行车、缝纫机、钟表）、灯泡、搪瓷、家用电器、五金制品、电池、轻工机械等。这些产品及行业可以享受优惠政策。在组织方面，重点抓了轻工机电产品出口基地37个，扩大外贸自主权企业126个，初步形成了轻工机电产品出口创汇的骨干力量。对这些重点企业安排了2.2亿人民币贴息贷款项目，大约2－3年完成。为这些企业出口创汇增添了后劲。在外贸体制改革方面，重点抓了自行车、钟表两个产品的工贸结合的联营公司工作。经国务院批准，首先在天津和上海分别建立了自行车、钟表联营进出口公司。这为整个外贸体制改革做了试点。在出口战略方面，10月份在深圳召开了轻工机电产品出口发展战略研讨会，提出了自行车、缝纫机、钟表、电冰箱、洗衣机、电风扇、干电池、工具五金、日用五金、造纸机械和啤酒机械等20个行业（产品）的出口发展战略初步方案。通过研讨会，初步确定了轻工机电产品的“七五”规划指导思想和规划目标。另外，轻工机电产品出口工作还抓了人材培养，1986年委托福建省轻工学校、广东省陶瓷公司、天津职工大学等单位，举办短期培训班，共培训人员150人。

二、组织人员对轻工产品的国际市场、轻工产品出口现状和存在的问题进行了分析研究，多次向国务院和有关部门汇报，建议国家对轻工产品出口采取优惠政策。并对扩大轻工产品出口的指导思想、规划目标和措施做了适当调整。原计划1990年出口创汇80亿美元（其中包括服装出口24亿美元），服装行业划出后，仍定为80亿美元，由1985年的38亿美元增加到1990年的80亿美元，5年创汇翻一番，每年要递增15.6%。这个方案已得到国务院支持，经过努力是能够实现的。

（刘士孝）

【轻工产品出口情况】　1986年，轻工产品出口创汇50.73亿美元（不包括服装），比1985年出口创汇37.88亿美元增长33.9%，净增加创汇达12.85亿美元，创历史最好水平，年增长幅度超过历史最高年份。其中，轻工机电产品出口创汇9.5亿美元，比1985年出口创汇6.6亿美元，增长43.9%，净增加创汇2.9亿美元。轻工机电产品占整个轻工产品出口创汇的比重由1985年的18.5%上升到1986年的19.7%，这标志着整个轻工产品出口结构在起变化，即技术较密集的轻工产品出口在不断地增加，轻工产品出口的水平在提高。

1986年，轻工产品出口创汇在1亿美元以上的有抽纱刺绣、罐头、皮革及皮革制品、地毯、竹藤棕草、日用五金、家用电器、建筑五金、纸张、工具五金、陶瓷、珠宝首饰、工艺鞋帽、文教体育用品、塑料制品、香精香料、自行车及零件、玩具等18个行业（产品)。出口创汇总额38.9亿美元，占整个轻工产品出口创汇的76.6%。

1986年比1985年出口创汇额增加幅度比较大的产品有抽纱刺绣、革制品、自行车、皮鞋、钟表、塑料制品、玩具、电冰箱、洗衣机、干电池、陶瓷、竹藤棕草、纸张、电风扇、手工具、珠宝首饰、家具、文教体育用品、烟类、味素、奶粉、炼乳等22个产品。出口创汇额比1985年减少的有皮褥子、皮帽子、啤酒花、洗衣粉、金属拉链、塑料拉链、空调器、文具盒、学生书包等8个产品。出口下降的主要原因是国际市场需求量减少、出口高亏和产品不适销对路。

（一）主要行业和产品出口数量及金额如下：

一、出口总额50.73亿美元

二、按行业和产品分

行　　业	产品名称	单位	数量	金额（亿美元）
造纸行业	纸　张	万吨	31.4	1.39
日用机械工业				2.26
其中：	自行车	万辆	161	0.63
	缝纫机	万架	35.6	0.11
	手　表	万只	1 625	0.47
日用陶瓷工业	陶　瓷	亿件	7.8	1.35
灯泡工业	灯　泡	万只		0.07
日用化学制品工业				2.4
其中：	香精香料			1.26
食品工业				6.29
其中：	罐　头	万吨		4.24
塑料制品工业				1.51
皮革皮毛及制品工业				4.96
其中：	皮革及革制品			3.21
五金制品工业				4.92
其中：	日用五金			2.13
	工具五金			1.43
	建筑五金			1.35
家用电器工业				1.83
其中：	电冰箱	万台	17.3	0.35
	洗衣机	万台	38.1	0.27
	电风扇	万台	617	1
家具工业				0.63
文教体育用品工业				1.94
工艺美术工业				16.91
其中：	竹藤棕草			2.4
	抽纱刺绣			4.17
	地　毯			2.1
	珠宝首饰			1.53

（二）各省、市、自治区、直辖市轻工业出口产品交货值

地　区	出口交货值（万元）		
	合　计	一轻工业	二轻工业
全国总计	**1 874 752**	**631 004**	**1 243 748**
北　京	52 419	11 240	41 179
天　津	118 152	36 166	81 986
河　北	62 746	16 656	46 090
山　西	17 327	7 271	10 056
内　蒙	11 112	2 336	8 776
辽　宁	78 812	22 947	55 865
吉　林	17 312	10 638	6 674
黑龙江	25 578	16 511	9 067
上　海	308 734	140 293	168 441
江　苏	215 652	40 661	174 991
浙　江	151 262	35 156	116 106
安　徽	27 986	9 946	18 040
福　建	95 349	49 101	46 248
江　西	25 458	13 465	11 993
山　东	170 670	45 585	125 085
河　南	29 949	8 335	21 614

续表

地　区	出口交货值（万元）		
	合　计	一轻工业	二轻工业
湖　北	45 169	9 555	35 614
湖　南	44 069	15 656	28 413
广　东	265 538	81 374	184 164
广　西	31 819	17 054	14 765
四　川	47 576	23 104	24 472
贵　州	2 607	1 389	1 278
云　南	6 034	4 012	2 022
陕　西	5 736	2 999	2 737
甘　肃	5 917	1 514	4 403
青　海	1 306	340	966
宁　夏	1 118	142	976
新　疆	3 055	1 268	1 781
部属单位	6 290	6 690	—

（三）主要行业和产品出口交货值数量及金额如下：

产品名称	单　位	数　量	金额(万元)
纸　张	万吨	37.8	66 819
自行车	万辆	226.13	30 691
缝纫机	万架	73.4	8 629
手　表	万只	1 384	58 396
闹　钟	万只	729.3	10 280
搪瓷制品	万个	9 730	15 851
日用陶瓷	万件	73 410	39 532
保温瓶	万个	2 732	15 707
铅　笔	万支	141 020	6 728
干电池	万只	46 805	9 454
香料及香料油	万吨	8 265	13 567
罐　头	万吨	47.4	169 995
柠檬酸	万吨	1.46	6 284
皮　鞋	万双	1 585	27 198
家　具	万件	393	12 494
玩　具	万元	—	22 355
塑料制品	万吨	7.8	39 231
挂　锁	万把	17 657	15 505
手电筒	万个	5 408	7 869
手工工具	万元	—	41 525
电风扇	万台	205	18 967
电冰箱	万台	11.7	10 842
雕塑工艺品	万元	—	15 180
抽纱刺绣	万元	—	80 009
地　毯	万平方米	316	66 394
鬃　刷	万把	8 729	6 326
烟花炮竹	万元	—	15 990
钢骨布伞	万把	1 713	8 973

（刘士孝）

【鼓励沿海地区扩大轻工产品出口的政策措施】 为了落实国务院关于轻工业实行战略转变、扩大沿海地区轻工产品出口的指示，轻工业部对轻工产品的国际市场情况、产品出口现状和存在的问题进行了调查研究，于1986年10月在上海召开了部分沿海省、市厅局长会议，对扩大轻工产品出口的有关问题进行了座谈、研究。在此基础上，轻工业部根据国内外新形势，对沿海省市轻工业转向外向型、产品提高质量上档次、扩大出口进行了规划。10月31日和11月20日，中央财经领导小组两次听取了轻工业部关于扩大轻工产品出口的指导思想、规划目标、措施以及建议国家对轻工产品出口采取优惠政策的汇报，并进行了讨论。会议提出：对于轻工业部提出的关于鼓励轻工产品出口的有关政策问题，应本着与外贸体制改革和鼓励纺织品出口政策一致的原则进一步研究。请国家经委同有关部门协商，提出具体意见。

根据中央财经领导小组会议的决定，在国家经委协调下，轻工部有关人员多次到财政部、国家计委与有关司、局商议，经过反复算帐、协商，在12月下旬达成一致意见：

一、设立重点出口企业发展基金。"七五"期间，对轻工系统出口产品，从1987年开始，以上年实际创汇为基数，每年新增创汇1美元，拨付企业生产发展基金0.4元。这项措施适用于天津、辽宁（包括沈阳、大连市）、上海、江苏、浙江、福建、山东（包括青岛市）、广东（包括广州市、海南岛）8省市的17类轻工产品出口企业（见附注）及8省市以外的150个重点出口企业。这笔基金原则上直接对有关出口生产企业结算。基金来源：外汇上缴中央的，由财政部拨付；上缴省、市的、由省、市财政拨付。具体办法由财政部会同轻工部制定。

二、实行创汇与奖励挂钩。对确属深加工的部分轻工产品，把1985年基数内每创汇1美元奖励0.03元，从1987年开始平均提高到0.035元，并按产品出口的具体情况拉开档次，确定不同的奖励标准。具体产品目录，由轻工部商财政部、经贸部确定。

企业的外汇留成，在国家规定现行的出口商品生产企业外汇留成比例的基础上，"七五"期间平均增加4％，并根据行业和产品的不同情况确定不同的留成增加比例。所增加的留成外汇，主要用于出口企业的技术改造和补充进口用于出口产品所需的国内紧缺原材料。具体奖励标准及增加外汇留成的不同比例，由轻工部会同经贸部详细测算并经国家计委、国家经委、财政部审核后下达执行。

三、换汇率与收购价补贴挂钩。凡出口产品由于质量提高、交货及时等因素增加销售价格，或企业降低换汇成本，按换汇率提高比例补贴人民币，由工贸分成。这项措施，1987年先在上海、天津轻工行业试行，取得经验后再逐步推广。

四、支持轻工机械行业的发展。轻工机械行业的新产品研制开发费用，按现行政策规定摊入生产成本。对于确属技术先进而目前国内尚不能制造的轻工机械，采用中外合资、合作生产、技贸结合等方式在国内生产所必须进口的少数关键零部件，若制造企业在整机出售有困难时，可以申请减免进口关税和进口环节的增值税。

五、增加贴息贷款。1987年扶持轻工产品扩大出口，增加贴息贷款4亿元，1988年以增加4亿元的额度为基数，继续给予安排。

附注：17类轻工产品是：1.罐头；2.糖、糖果、饼干、乳制品及小食品；3.酒及饮料；4.柠檬酸及调味品；5.盐；6.陶瓷；7.机制纸及纸制品；8.玻璃器皿及保温容器；9.日化产品；10．皮革毛皮制品及箱、包、袋；11．文体用品；12．塑料制品；13．玩具；14．工艺美术品（不包括抽纱）；15．日用杂品及其他竹木制品；16．家具；17、汽灯、桅灯。

（蔡翔文）

【我国初步形成轻工业机电产品出口生产体系】 轻工业部自1986年初开始组建轻工业机电产品出口生产体系，到年底，经国务院机电产品出口办公室和经贸部批准，已有37个企业成为出口基地企业，126个企业成为扩大外贸自主权企业。这163个企业是从上千个候选企业中筛选出来的，涉及10多个行业。1986年，这些企业出口换汇达4.66亿美元，占轻工业机电产品出口换汇总额的51％。

出口基地企业一般具有3个条件：（1）产品质量好，大都是适销对路的优质名牌产品，有发展前途，出口潜力大，1985年出口额在300万美元以上或出口额占本企业总产值50％以上；（2）经营管理和销售服务机构比较健全，经过短时间努力就能适应外销需要，（3）通过联合与协作能带动其他企业生产本企业原有内销产品，保证国内市场需要，从而使自己主要承担出口创汇任务。而扩大外贸自主权企业，则是兼营内销和外销任务的重点生产企业。

出口基地企业（37个）名单

1．天津自行车厂
2．天津手表厂
3．天津市搪瓷厂
4．上　海协昌缝纫机厂
5．上海缝纫机一厂
6．上海手表厂
7．上海钟厂
8．上海电池厂
9．上海新兴锁厂
10．上海华生电扇总厂
11．上海餐具厂
12．上海华丰搪瓷厂
13．上海自行车三厂
14．上海自行车厂
15．上海洗衣机厂
16．江苏常州自行车总厂
17．山东烟台造锁总厂
18．山东烟台闹钟厂
19．山东青岛电冰箱总厂
20．浙江塑料机械厂
21．江西赣州钨钼材料厂
22．广东湛江家用电器工业公司
23．广东佛山市家用电器工业公司
24．广东阳江县不锈钢器皿总厂
25．广东阳江县地方国营小刀厂
26．广东自行车工业联合公司
27．广东江门市家用电器工业公司
28．广东南海飞行电扇厂
29．广东中山市洗衣机厂
30．广州电池厂
31．广州电筒工业公司
32．广州洗衣机厂
33．广州市万宝电器工业公司
34．广州市五洋电风扇厂
35．广州电饭煲厂
36．广州衡器厂
37．辽宁营口洗衣机总厂

扩大外贸自主权企业（126个）名单

1．北京手表厂
2．北京市电讯工具厂
3．北京六〇八厂
4．天津自行车零件一厂
5．天津钟表厂
6．天津市自行车脚蹬厂
7．天津市自行车链条厂
8．天津市自行车钢珠厂
9．天津自行车二厂
10．天津市第二手表厂
11．天津立新搪瓷厂
12．天津电焊网厂
13．天津厨房设备厂
14．天津第二餐具厂
15．天津第三餐具厂
16．天津第四餐具厂
17．天津缝纫机厂
18．天津市电冰箱总厂

19．山西太行锯条厂
20．山西汾阳县量具厂
21．山西交城县五金厂
22．山西太谷县玛钢厂
23．辽宁抚顺市五金制品厂
24．辽宁鞍山钟表总厂
25．辽宁沈阳市钟厂
26．辽宁沈阳市电扇总厂
27．辽宁沈阳压力锅厂
28．辽宁沈阳市电热电器厂
29．上海自行车四厂
30．上海自行车链条厂
31．上海自行车飞轮厂
32．上海手表二厂
33．上海手表三厂
34．上海汇明电筒厂
35．上海缝纫机三厂
36．上海汇明电池厂
37．上海第一锁厂
38．上海环球锁厂
39．上海利用锁厂
40．上海中国钟厂
41．上海益丰搪瓷厂
42．上海中国制钉厂
43．上海金属丝网二厂
44．上海奋发金属品厂
45．上海缝纫机针一厂
46．上海手表四厂
47．上海亚明灯泡厂
48．上海电熨斗总厂
49．上海锻压机床三厂
50．上海刀片厂
51．上海金属品厂
52．上海不绣钢器皿厂
53．上海搪瓷三厂
54．上海搪瓷六厂
55．上海市南翔灯泡厂
56．上海打字机二厂
57．上海打火机厂
58．上海铝制品一厂
59．上海钢锉二厂
60．上海卷尺厂
61．上海曹阳灯具厂
62．上海窗纱厂
63．上海铰链厂
64．江苏泰兴自行车脚蹬厂
65．江苏大丰县自行车飞轮厂
66．江苏南京搪瓷厂
67．江苏镇江锁厂
68．江苏无锡市锁厂
69．江苏无锡振奋螺丝厂
70．江苏无锡市搪瓷厂
71．江苏苏州电扇厂
72．江苏无锡电扇厂
73．江苏无锡市红星刀剪厂
74．江苏南京市钢锉厂
75．江苏南京钟厂
76．江苏靖江县金属制品总厂
77．江苏无锡市五金工具集团公司
78．浙江湖州制锁总厂
79．浙江瑞安县工具厂
80．浙江杭州张小泉剪刀厂
81．浙江宁波市五金阀门总厂
82．浙江桐乡金属丝网总厂
83．浙江杭州洗衣机总厂
84．浙江温州市矛牌剪刀厂
85．浙江杭州市临平工具厂
86．山东烟台木钟厂
87．山东青岛锁厂
88．山东招远五金造锁总厂
89．山东阳谷县工具总厂
90．山东掖县台钳厂
91．山东青岛制钉厂
92．山东乳山县造锁总厂
93．山东牟平县造锁总厂
94．山东文登工具厂
95．山东栖霞县工具厂
96．山东黄县工具厂
97．山东郯城县五金工具总厂
98．安徽芜湖市园林工具厂
99．福建福州市灯泡厂
100．江西湖口县工具厂
101．湖北五金工具厂
102．湖北江陵县玛钢厂
103．湖北武汉电扇厂
104．湖北武汉洗衣机厂
105．湖南省株州市钨钼材料厂
106．河南新乡市工具厂
107．河南邓县轻工机械厂
108．广东江门市利器厂
109．中山市自行车零件厂
110．佛山市电器照明公司

111. 广东中山市家用电器二厂
112. 广东江门市电池厂
113. 广州市华达家用电器厂
114. 广州市鸿运家用电器厂
115. 华南缝纫机工业公司
116. 广州自行车工业公司
117. 广州钟厂
118. 广州电热电器厂
119. 广州市红风制锁厂
120. 广州市新风制锁厂
121. 广州市东方灯饰五金厂
122. 广州市指甲钳厂
123. 广州市南方锁厂
124. 四川开江县机电工具总厂
125. 西安人民搪瓷厂
126. 西安红旗手表厂

（孟令彦）

【机电产品出口商品目录（试行）正式下达】 我国机电产品进出口逆差较大，为此，国务院1985年做出决定，把机电产品作为重点出口商品，要求重点扶植。为了进一步明确机电产品范围，1986年国务院机电产品出口办公室、国家计委、国家经委、经贸部联合公布了机电产品出口商品目录（试行)。该目录是以海关统计商品目录为基础（海关目录是按联合国国际贸易标准分类第二次修订本拟定的)，参照经贸部颁发的对外贸易出口业务统一商品目录，结合我国机电行业现状及现行国家标准编制的。目录中轻工业系统的机电产品主要有以下几类：

一、日用机械：自行车及零部件、童车及零部件、缝纫机及零部件、钟及零件、手表及零件、摩托车及零部件、打字机、订书机、装钉机等。

二、轻工机械：各类轻工机械、设备及衡器。

三、家用电器：电冰箱、洗衣机、电风扇、电熨斗、空调器、电饭煲、电动剃须刀、电热电器用具等。

四、五金制品：日用五金、工具五金、建筑五金、园艺工具等。

五、搪瓷制品。

六、灯泡及照明器具（包括灯丝)。

七、干电池。

八、家用贱金属用具：贱金属家具、煤油炉、铝制家用器具。

九、光学制品：眼镜及框架。

（孟令彦）

【召开出口战略研讨会】 1986年10月，轻工业部在深圳市召开了轻工业机电产品出口战略研究讨论会。轻工业部副部长于珍主持了会议。

会议认为，轻工业机电产品近期出口的重点应是五金制品、钟表、自行车、小型家用电器等产品；应采用全方位、多元化的市场战略，即巩固传统的港澳及东南亚市场，重点开拓美国、加拿大市场，积极扩大苏联和东欧市场，重视发展西欧和日本市场。

会议讨论了“七五”期间轻工业机电产品出口创汇目标。到1990年，出口创汇17.3亿美元，比1985年增加10亿美元，占整个轻工业出口产品的比重由目前的14.3%提高到23%。出口创汇额突破1亿美元的将有自行车及零件、电风扇、电冰箱、日用五金、工具五金、建筑五金等行业和产品。

会议对20篇有关商品出口的课题研究成果进行了评选，评出一等奖1项、二等奖2项、三等奖5项。

于珍副部长在会议总结中指出：各部门、各地区、各企业要共同努力，进一步贯彻国务院关于扩大机电产品出口的指示精神；组织、建设好出口基地、扩权企业，尽快实现由内向型向外向型的转变；扎扎实实地抓好出口产品质量，加强企业管理，搞好重点企业、重点产品的出口创汇规划；抓紧抓好对出口基地、扩权企业的技术改造；同外贸部门一起积极而有计划地建立国际销售网、商情网、服务网；抓紧轻工业系统外贸人才的培养；坚持和加强同外贸部门的多种形式的联合、联营，共同扩大出口；进一步深化战略问题的研究，由部各专业局牵头，组织本行业出口战略的贯彻落实、督促、检查；进一步衔接落实1987年的出口创汇计划。

（孟令彦）

上海、东北经济区

【概况】 国务院于1982年建立上海经济区后，范围逐渐扩大，1986年8月19日，国家计委发文同意福建省加入上海经济区。目前，上海经济区包括上海、浙江、江苏、安徽、江西和福建五省一市。

1986年上海经济区轻工业基本情况如下：

单位：亿元

	轻工业总产值	税金	利润	出口交货值
全国总计	1 547.6	113.1	118.6	187.5
上海经济区小计	503.7	38.4	49.4	82.4
上海市	148.2	13.9	25.2	30.9
江苏省	124.9	7.4	7.9	21.6
浙江省	113.3	8	9.5	15.1
安徽省	39.2	3.4	2.1	2.8
江西省	28.4	2	1.3	2.5
福建省	49.7	3.7	3.4	9.5
上海经济区占全国比重(%)	32.5	33.9	41.6	43.9

（唐文华）

【上海经济区制订服装、罐头、自行车、陶瓷“七五”出口规划工作情况】 上海经济区是我国重要的轻工生产出口基地。为了在“七五”期间增强这个地区轻工出口重点企业的创汇能力，根据上海经济区轻工业厅局长联席会议精神，选定服装、罐头、自行车和陶瓷四个传统出口产品为重点，制订四个行业“七五”出口规划。

制订四个行业的规划工作，大体可分为四个阶段：

一、准备阶段。组织了四个行业的经理会议，协商调查研究内容，要求和目的，统一认识，拟定提纲，组织专门力量进行调查研究。

二、调查研究阶段。采取各省市各自调查与经济区集中调查相结合，会议调查与实际查看相结合，典型解剖与面上分析相结合的方法。在调查中发现这四个行业的企业都缺乏自我改造能力。如梅林罐头厂，由于原辅料调价，利润从1982年的1 013万元下降到1985年的414万元，百元产值利润率从12.7元下降到7.2元。该厂为扩大出口急需进行技术改造，需投资3 052万元，而每年留作生产基金的约为148万元，无法偿还贷款。

三、制订规划阶段。在调查研究的基础上，经过分析研究和综合平衡，汇总了四个行业的主要优势和问题，提出了“七五”出口发展规划。经上海经济区轻工业厅局长联席会议审议修改后，以国务院上海经济区规划办和轻工业部的名义报国务院和有关部委。

主要收获：

一、基本上掌握了服装、罐头。陶瓷和自行车行业的基本情况、优势、出口趋势及急需解决的问题，为领导决策及行业发展提供了大量的资料。四个行业的规划摘要如下：

罐头：上海经济区有出口代号的罐头厂41家，1985年出口交货量17.6万吨，占全国罐头外贸额的44%；换汇1.46亿美元，占全国罐头换汇3.6亿美元的40%。扩大出口的指导思想是：扬长避短，加强横向经济联合，理顺贸、工、农关系，充分发挥经济区的综合优势。依靠科学技术进步，较快地提高出口工厂，的素质，增强竞争力，重点抓好原料基地、技术开发等基础工作，建立比较完整的“外向型”生产体系。1990年出口规划为33万吨，比1985年增长87.5%，出口换汇3亿美元，比1985年增长103%。

陶瓷：上海经济区有县以上陶瓷生产企业159家，拥有固定资产3.96亿元，占全国陶瓷工业固定资产的23.8%，1985年出口换汇2 323万美元（不含转口和自营出口），占全国陶瓷出口的22%，平均单件换汇0.28美元，高于全国单位换汇的26%。“七五”期间扩大出口的指导思想是：以出口优质名牌产品为龙头，以日本为主要竞争对手，以欧美市场为主要目标，发展适销欧美市场的各种高档产品，扩大出口创汇。并通过技术改造，促进技术进步，使陶瓷原料工业达到国际先进水平，出口重点企业的设备要求达到国际八十年代初的水平。规划1990年出口创汇8 750万美元，占全国创汇的29%，并使单件平均换汇值由1985年的27.7美分提高到56.6美分。

自行车：上海经济区有自行车整车厂15家，零件厂100多家。15家整车厂于1985年全部取得生产许可证，自行车生产已形成完整的生产体系。1985年整车生产量达1 275.4万辆，占全国的39%，零件总产值5.4亿元，占全国的40%以上。1985年出口自行车114.5万辆，占全国出口总量的80%，零部件出口产值3 755万元，占全国零部件出口的55%。扩大出口的指导思想是：以出口为中心，带动行业的全面发展，把开发适合国外市场和出口整车配套需要的零部件生产放在首位，以“零促整”作为“七五”期间的主攻方向和战略目标。1990年计划出口300～350万辆，比1985年增长1倍。

服装：1985年经济区轻工系统服装企业总产值33.55亿元，占全国的34.2%。出口企业297家，出口服装1.47亿件条，占全国的35%，创汇4.13亿美元，占全国轻工出口服装创汇额的40.2%。今后服装出口的重点放在提高档次，扩大品种，增加售价上。1990年出口产值达到26.8亿元，比1985年增长76.8%，出口创汇7.34亿美元，比1985年增长77.6%，单件售价从2.8美元，增加至3.2美元。

根据四个行业的具体情况，初步选定了177个重点出口企业，安排技改项目236项，需国家安排4.72亿元(其中机电办需安排1.6亿元)。这些重点企业经过技术改造，生产和技术水平与国际先进水平的差距将缩小，产品质量、档次和换汇水平将有提高，预计四个产品可增加产值21.2亿元，新增税利4.31亿元，新增外汇4.11亿美元。

二、加强了经济区四个行业之间的横向联系，密切了相互关系。通过调查研究，四个行业公司之间增进了相互了解，看到了行业发展中的共同问题，密切了工作关系，促进了经济技术联合。

三、促进省市公司和企业制订“七五”规划工作，明确了行业发展方向，同时充实出口部分发展具体内容。

四、为上海经济区轻工行业制订区域发展规划摸索了一些经验，有利于今后工作的开展。工作中的不足之处是：重点抓了企业的技术改造，对经济区的横向联合、合理布局和适当分工工作做得不够。发现的问题没有及时向上反映，不利于及时解决问题。

（唐文华）

【上海经济区一轻、二轻、家电情报中心信息交流活跃】 一、信息网络建设有了进一步巩固和发展。

一年来，上海经济区一轻、二轻情报中心和家电信息中心，在五省一市和所属市、地级建立了信息员的网络，(一轻情报中心有84个，家电信息中心有140多个)，并编印了“上海经济区轻工业情报联络网络通讯录”，沟通了“中心”与联络员之间和联络员相互间工作方面的信息交流，有的还组织专业(如制笔等行业)情报网络组织，为开展行业活动创造了条件。

二、组织刊物和技术交流及咨询服务活动。

1.“一轻情报中心”组织出版《上海经济区轻工业信息》月刊，每期发行1 600份，深受各地欢迎，已基本作到办刊收支平衡。

2.“家电信息中心”，组织五省一市同志参加了上海市科技情报研究所等单位召开的《国外家电发展动向》、《全国家电商品的市场瞻望》以及《全国洗衣机产销概况趋势》等专题报告活动，沟通了国内外家电信息。它们为了了解国际模具技术和装备情况，还组织了省、市部份科技人员参加在上海举办国际交流活动，内容有Sandes公司在关键工序中模具生产的情况，澳大利亚的模具CAP/CAM学术报告，日本先进模具加工技术学术报告，美国的座标磨床在模具加工中的应用，中国的近代模具的技术与发展学术报告等活动，并就大型模具加工、模具新材料的应用，模具表面处理与加工等技术，进行交流和探讨。另外还组织五省一市有关同志参观了在上海举办的横滨生活用品展览会。

3，“一轻情报中心”组织上海市食品、日化、包装行业与安徽蚌埠市对口治谈咨询服务，其中蚌埠“黄山可乐”饮料含汽量低的问题，已由上海汽水厂派人进行技术指导并组织人员培训。

三、专题情报调研有了进一步开展。

1，“一轻情报中心”开展对国内外新兴发展行业《速冻食品》课题的调研和预测，根据部情报所要求，着重在加工工艺方面开展工作，预计1987年上半年提出调研成果报告。

2，“家电信息中心”为了全面了解电冰箱和洗衣机在经济区内行业布局，生产能力、引进消化与国产化情况，对国家经委和轻工业部定点企业基本情况，进行资料搜集和汇编，为探索引进设备消化吸收，逐步实现国产化的途径，为进一步开展调研奠定了初步基础。

（葛传贞）

【上海市自行车联合经济效益显著】 上海市自行车行业联合又有新的发展，到1986年，除原来的苏州、南通和绍兴外，又发展了合肥、烟台、太原、新疆、玉林、武汉、哈尔滨为联合生产厂。

联合的成绩和效果

1. 增加了名牌车的供应，企业利润成倍上升。到1986年底，10个被联合厂生产名牌车234万辆，比1985年的103万辆增加1倍多。其中永久牌175万辆、凤凰牌59万辆。南通、苏州、绍兴、合肥4个联合厂全年可以实现利润近5 000万元(1985年为1 956万元)，扣除价格因素，利润增加1倍左右。上海市从联合厂分得利润约1 800万元（从定牌生产厂取得定牌费273万元)。国家利税也增加了。

2. 被联合厂的质量和管理水平都有所提高。联合厂在龙头厂协助支援下，在驻厂技术人员监督检查下，达不到质量标准的产品不准出厂。由于管理水平的提高，材料消耗、流动资金占用额普遍降低，单位成本在材料、动力普遍调价的情况下，上升幅度很小。

3. 凤凰、永久两个龙头厂已逐步发展形成二个企业集团。两个龙头厂在现有联合厂的基础上各自发展四、五个定牌生产厂。目前又着手把原来有合同订货关系的零配件厂发展成紧密型（超利润分成)，松散型(定牌)关系，进入集团配套范围以内。

（王清良）

【东北经济区轻工经济科技信息中心工作开展情况】 在东北能源交通办公室改为东北经济区规划办公室之后，东北经济区轻工经济科技信息中心也随之建立，1986年以来，“中心”的工作有了新的进展，主要是：

一、信息系统与信息网络建设方面

1. 1986年5月，轻工业部召开的全国轻工信息工作会议，正式将“中心”列为全国轻工信息中心东北经济区分中心，并做为全国轻工信息系统建设的五个试点单位之一，也做为辽宁省计、经委经济信息系统轻工分系统，省五个分系统试点单位之一，现已有三台微机，具备利用计算机开展工作的条件。

2. 东北经济区人工信息网络初步建成，现在全区网点达227个。从省、厅、市、县工业局到重点企业，研究所、大专院校初步形成了东北经济区轻工人工信息网络系统。已建立起来的网点，基本做到每月十日向“中心”发送信息。

3. 重点抓了辽宁省沈阳、丹东、锦州、营口、鞍山、辽阳六个市的信息网建设，建立了76人的通讯队伍，基本做到了六个市重点信息不漏报。

4. 初步编制了“辽宁省轻工业厅经济科技管理信息系统总体方案（草稿）”。方案分三个阶段，第一阶段方案1986年基本完成。

二、发布信息方向

1．1986年1月正式出版了“东北经济区轻工信息”，每月一期，全年已出12期，每期发行量2 000份，总共发布信息523条，基本做到全区和全国信息沟通。

2．利用“中心”的报纸、刊物及各地交换的资料，以剪辑复印形式，向东北经济区轻工厅长、经济区规划办、部信息中心、省计、经委等领导部门发送“参考信息”21期，传送信息381条。

“中心”1986年通过三种不同形式的刊物向各级有关部门和领导共发送信息1 449条。

三、专题调研

1．承担了辽宁省科委、省情报所下达的造纸、啤酒、味精、石英表、化妆品、玻璃节能窑炉、节能型电光源7个专题的国内外新技术发展预测调研课题，已基本结束，1987年1月组织专家审定后予以出版。

2．承担了轻工业部科技司下达的全国一万张轻工产品名称分类编码任务，调研与统计工作已基本完成。

四、计算机开发取得初步进展。

利用IBM-5550机开发了文件编辑、月报表、工资表软件程序，从1986年7月起由计算机代替人工汇编月报，提高效率近10倍，报表准确、清晰。

五、推动横向经济联合

1986年9月，在长春召开的东北经济区轻工厅长联席会议上，发表了六项调研报告，对推进地区之间以名优产名为龙头的横向经济联合起到了促进作用。如以沈阳啤酒厂为龙头的北方啤酒联合开发集团；沈阳味精厂与吉林辽源味精厂；辽宁新宾、新金与吉林通化葡萄酒公司在互惠互利基础上建立了经济联合体，并取得了较好的经济效益。

1986年5月，东北经济区轻工经济科技信息中心被轻工业部评为全国轻工信息先进集体，予以表扬。

（唐文华）

生　　产

【概况】 全国轻工业生产完成并超过了轻工业部提出的“保八争十”的目标。在生产中有一个明显的变化，即各地轻工业部门和企业已逐渐树立起社会主义商品经济的观念，能够根据市场变化来组织生产。出现了四个明显的特点：

一是生产比较平稳，全年没有出现大起大落的现象。前7个月速度比较均衡，曾经出现4、5、6、7四个月保持8.9%的同一增长速度。从8月份开始，生产速度逐月平缓上升。以总体情况看，在国家宏观指导下，轻工业生产已逐步摆脱了生产增长的过热状态，开始以比较正常的速度、与国民经济相协调的步伐稳步前进。

二是国家计划产品、优质名牌产品和市场适销产品得到了较快的发展。12种国家计划产品除家用洗衣机没有完成生产计划外，其余都超额完成了全年计划指标。手表、自行车、原盐、合成洗涤剂、机制纸及纸板都提前一个月完成全年计划。电冰箱、洗衣机、自行车等耐用消费品的产品结构和档次，随着居民消费结构的变化也发生了明显的改变。家用电冰箱累计完成128.58万台，比上年增长48.1%，净增41.75万台。其中双门电冰箱比1985年增长了31.5倍，双门电冰箱的比重由上年的28%提高到45%。双桶洗衣机比上年增长了80%，比重也由42%提高到65%。自行车产量达到了3 284.8万辆，净增268.76万辆，其中三大名牌自行车比1985年增产198万辆。在部管计划产品中，味精、钟、金笔、活动铅笔、皮革、钢琴、提琴、日用精铝制品、地毯、明胶、玩具等产品的增长幅度较大，与上年相比一般增长18%以上，有的高达30%以上。猪皮革产量比上年同期增长37.5%，是近几年来最好的一年。小商品的生产从下半年开始逐步好转。锁、手电筒、打火机、桅灯、秋皮钉等产品的增长幅度都在20%以上。小商品市场供不应求的矛盾也有一定程度的缓和。

三是轻工产品出口出现了前所未有的好势头，外贸收购值和换外汇创历史最好水平。

四是产品质量基本稳定，并有逐步提高的趋势，新产品开发的步伐加快。

【横向经济联合】 1986年，国务院发布了《关于进一步推动横向经济联合若干问题的规定》，国家有关部门也发布了有利于联合的具体规定，对横向经济联合起了推动作用。在2月份召开的全国轻工业厅局长会议上，轻工业部发出了《关于进一步开展轻工业经济联合的意见》。同年11月，在武汉召开的“全国轻工业企业管理工作会议”上，对一年来轻工业横向经济联合的进展情况进行了总结交流。1986年轻工业横向经济联合又有了新的进展，表现为：

一是轻工业横向经济联合的步子加快了，范围也更加广泛，已经从小范围的联营和专业化协作，向跨地区、跨部门、跨所有制的大面积经济联合方向发展。联合企业的数量有较多的增加，所占比重也有扩大。据1985年对17个省、市的粗略统计，当时轻工业系统已经联合的企业大约占企业总数的16%；1986年对14个省、市统计，联合的比重已经达到25%左右。经济发展较快，联合起来较早的地区已经超过了30%。联合的形式也更加多样，不但在生产领域，而且在流通和科研等各个领域都得到了发展。同时，老的联合项目更加巩固，效益显著。

二是轻工业的横向经济联合已经由企业不自觉的

结合走向有组织大范围的联合。各地轻工管理部门在促进联合的过程中起了越来越重要的牵线搭桥、组织服务的作用，不少地方都成立了经济协作或经济联合办公室等专管联合的机构，有的指派专人管理，主要进行一些跨省市或跨行业的联合的意向性接触，以及一些组织服务工作。1986年，哈尔滨、石家庄、西宁、西安等地都组织了大型的经济技术洽谈会，在这些会上，轻工企业十分活跃，达成的协议最多。

三是轻工业横向经济联合开始从短期、松散向稳定、紧密方向发展，出现了一些企业群体和企业集团。主要有：上海凤凰自行车公司、上海永久自行车集团、天津飞鸽自行车集团、广州万宝电器工业公司、吉林省洗衣机工业集团、东华制浆造纸企业集团、石家庄东方塑料联合公司、沈阳八王寺饮料联合公司、陕西标准缝纫机集团等。这些企业集团，在发展生产，提高质量、开发新产品、增加经济效益等方面取得了较好的成绩，体现了改革的方向。自行车行业的“凤凰”“永久”“飞鸽”三大集团1986年共生产自行车1 206万辆，比上一年增长19.6%，其中联营厂生产的名牌车比上年增长141.6%，显示了通过联合扩大名优产品的威力。

【扶持小商品生产】 近年来，小商品生产不断萎缩、市场脱销断档的问题比较突出。其主要原因是小商品价格放不开，原材料价格大幅度上涨，小商品生产企业在两面受挤的情况下获利越来越少，有的甚至亏损、企业缺少生产积极性。加之生产设备陈旧，劳动环境差，福利待遇低，企业后继乏人，简单再生产难以维持，使得不少企业限产乃至转产改行。为此，1986年在扶持小商品生产方面主要做了以下工作：

一、加强调查研究，反映轻工业小商品生产中存在的困难和问题。5月，生产技术司召集全国小商品重点产区的有关同志在西安研究小商品生产存在的问题和解决方法。随后，组织了小商品问题调查组，深入上海、江苏、浙江、广东、四川、武汉等省、市的70多个小商品生产企业进行了两个多月的调查。以《小商品大问题》为题，拍摄了反映小商品生产成就和存在困难的电视录相片。11月4日，康仲伦副部长在北京举行记者招待会，请有关方面的领导和新闻界的同志观看了电视录相片，介绍了轻工业小商品生产的情况。这部录相片还在中央和国务院有关部门进行了播放，引起了有关部门的重视。

二、研究解决小商品生产的有关政策问题。多年来，小商品没有一个明确而统一的范围。轻工部从行业管理的角度第一次组织制订了《轻工业小商品目录》，确定了749种（类）轻工小商品。此外，还协助国家计委、国家经委和国家物价局起草了《关于进一步放开小商品价格等有关问题的意见》。文件规定了放开价格的小商品范围，放开的小商品的定价原则和小商品的价格放开后，允许同一商品在同一市场的不同商店按不同价格出售，并规定小商品调价部分不计入计划控制的物价指数内。

三、从物价和资金方面给小商品生产企业以扶持。6月28日，国家经委召集紧急会议，解决小商品生产中的有关问题，最后落实由国家物资局拨给轻工业部3 000吨铝，重点安排铝锅、铝壶等小商品的生产，解决了当时市场日用铝制品脱销的矛盾。年初国家拨款250万元，扶持了37个十分困难的小商品生产企业的技术改造。轻工业部还决定从1987年起，每年利用2 000万元银行贷款，专项安排小商品生产企业的技术改造和设备更新。1987年的资金主要安排了日用五金、文教用品、日用杂品、粗瓷及土陶等小商品行业的一批企业的技术改造。

【表彰经济效益先进企业】 1986年7月国家经委表彰天津制鞋厂、山西杏花村汾酒厂、营口洗衣机总厂、大连塑料彩印厂、佳木斯造纸厂、上海缝纫机一厂、武汉油脂化学厂7个企业为1985年度全国工业交通商业系统经济效益先进单位。

1986年8月轻工业部表彰78个企业为1985年度提高经济效益成绩显著企业，这些企业是：

北京日用化学二厂
北京眼镜厂
北京玻璃仪器厂
北京长城风雨衣公司
北京环宇电机厂
天津制鞋厂
天津手表厂
天津自行车厂
天津市第二十四塑料制品厂
天津市春合体育用品厂
石家庄市工农机械厂
张家口市第一制皮厂
山西杏花村汾酒厂
山西省应县陶瓷厂
呼和浩特市乳品厂
包头市糖厂
内蒙古吉兰泰盐厂
营口洗衣机总厂
大连塑料彩印厂
金城造纸厂
沈阳油脂化学厂
沈阳味精厂
鞍山市钢木家具厂

吉林省白城市锅厂
佳木斯造纸厂
地方国营双城县儿童乳品厂
佳木斯锅厂
上海缝纫机一厂
上海手表厂
上海儿童食品厂
上海华光啤酒厂
上海打字机厂
上海皮鞋厂
上海文教针厂
上海金属品厂
上海钢椅厂
南京金笔厂
无锡市塑料铺地材料厂
无锡电扇厂
苏州电扇厂
绍兴市酿酒业工商联合公司
浙江塑料机械厂
兰溪化工总厂
兰溪市塑料总厂
杭州洗衣机总厂
合肥日用化工总厂
厦门市家具厂
萍乡市塑料五厂
烟台张裕葡萄酿酒公司
青岛啤酒厂
青岛市第二食品厂
济南煤气用具厂
山东烟台造锁总厂
威海地毯一厂
河南省漯河第一造纸厂
河南省新乡市第二塑料厂
河南省新乡市制革厂
武汉油脂化学厂
湖北省天门县塑料花总厂
武汉市国营武汉塑料一厂
湖北省安陆县圆珠笔厂
广州市万宝电器工业公司
广东省中山县中山糖厂
广州市亚洲汽水厂
佛山市塑料二厂
佛山市石湾美术陶瓷厂
广西贵县糖厂
国营乐山造纸厂
四川省五通桥盐厂
重庆热水瓶总厂
贵州省遵义县鸭溪窖酒厂
个旧市布鞋厂
中国标准缝纫机公司
西安人民搪瓷厂
兰州日用化工厂
汉沽盐场
广东轻工业机械厂
重庆轻工业机械厂

【中国服装工业总公司由轻工业部划归纺织工业部领导】 遵照中央财经领导小组关于中国服装工业总公司划归纺织工业部领导的决定和国家经委1986年10月28日议定并经赵紫阳总理同意的五条意见，中国服装工业总公司于1986年12月1日起正式归属纺织工业部领导。两部经过充分协商就有关事项达成了协议。协议规定：中国服装工业总公司及所属中国服装设计中心（含中国服装杂志社）的现主管业务（含布鞋、布帽）和中国服装工业总公司所有的人、财、物，实行成建制移交。至于地方的服装企业如何移交，什么时候移交，由各省、自治区、直辖市人民政府根据行业归口精神，自行确定。协议的主要内容还包括：债务清理问题；服装行业的计划安排问题；轻工业院校中的服装专业问题；日本民间贷款问题；外汇安排问题；中国服装研究设计中心大楼基建问题；统计问题；服装加工设备引进和中外合资企业的审批问题。1986年12月28日，轻工业部副部长陈士能、纺织工业部副部长何正璋分别代表两部在协议上签字。

【荣获国际奖的产品】 1986年轻工业系统荣获国际奖产品名单如下：

获奖产品	奖别	生产企业
丰收牌桂花陈酒	巴黎第12届国际食品博览会金奖	北京葡萄酒厂
口得福大颗粒结晶味精	巴黎第12届国际食品博览会金奖	天津味精厂
电子表	欧洲共同体质量表扬锦旗一面	山西省华杰电子公司
口得福大颗粒结晶味精	巴黎12届国际食品博览会金奖	吉林辉南味精厂
凤凰牌自行车	西班牙马德里企业指南公司“有名望的企业佼佼者国际星奖”	上海自行车三厂
英雄牌圆珠笔	西班牙马德里企业指南公司“有名望的企业佼佼者国际星奖”	上海圆珠笔厂
出口美国乔其纱女衬衫	美国新立基公司《技艺超群》奖牌	上海第七衬衫厂

续表

获奖产品	奖别	生产企业
牡丹牌男皮夹克	民主德国秋季莱比锡国际博览会	上海皮革服装厂
双面绣"长毛猫"	保加利亚普罗夫迪夫国际博览会金奖	苏州刺绣厂
口得福大颗粒味品味精	巴黎第12届国际食品博览会金奖	浙江义乌味精厂
大富贵雕绣旗包	保加利亚普罗夫迪夫国际博览会金奖	浙江台州绣衣厂
口得福大颗结晶味精	巴黎第12届国际食品博览会金奖	福建泉州味精厂
玩玉牌45头春花玲珑西餐具	民主德国莱比锡春季国际博览会金奖	景德镇光明瓷厂
飞轮牌芦笋罐头	巴黎第12届国际食品博览会金奖	济南罐头厂、山东临沂罐头厂、山东泰安罐头厂
出口烟花	摩纳哥第21届国际烟花比赛第一名	湖南浏阳出口花炮厂
堆雕通花瓶	保加利亚普罗夫迪夫国际博览会金奖	广东省枫溪陶瓷工业研究所
口得福大颗粒结晶味精	巴黎第12届国际食品博览会金奖	广东肇庆味精厂
环球牌堆雕金牡丹花鸟	保加利亚普罗夫迪夫国际博览会金奖	广东潮州市彩瓷总厂
传统烟花	加拿大蒙特利尔第二届国际烟火第一名获朱比特金像奖	广东东莞县炮竹厂
天鹅牌86-S 06女装羽绒长大衣	民主德国莱比锡秋季国际博览会金奖	广州工农服装厂
T.D.P 辐射器	南斯拉夫萨格勒即春季国际博览会金奖	重庆硅酸盐研究所

【国家优质产品】　经国家质量奖审定委员会批准，全国共评选出国家质量奖和国家优质食品奖150个。轻工业部系统有15个产品荣获国家质量奖、7个产品荣获1986年国家优质食品奖。

这些获奖产品质量水平都比较高，有的在全国同行业评比中名列前茅，质量达到或接近国际先进水平，有的是近几年涌现的优秀新产品，有的是我国独具特色的传统产品，在国内外市场上均享有盛誉。

1986年轻工业系统荣获国家质量奖、国家优质食品奖产品名单

产品名称	生产单位	获奖名称
国家质量奖：		
三一牌干法静电复印纸	北京造纸一厂	金质奖
三环牌钼挂锁	山东烟台造锁总厂	金质奖
金狮牌26吋自行车	江苏常州自行车总厂	银质奖
五羊牌26吋自行车	广州自行车工业公司	银质奖
春雷(上海)牌SBIH型机械男表	上海手表厂	银质奖
海鸥牌ST6型女表	天津手表厂	银质奖
银虹牌包装用真空镀铝纸	山东青州铝箔纸厂	银质奖
活力28牌超浓缩无泡洗衣粉	湖北沙市日用化工总厂	银质奖
水晶牌食品包装用聚氯乙烯透明硬片	浙江杭州塑料厂	银质奖
友谊牌XPB20-2S双桶家用洗衣机	辽宁营口洗衣机总厂	银质奖
水仙牌XPB20-2S双桶洗衣机	上海洗衣机总厂	银质奖
山海牌猪正面服装革	山东威海市制革厂	银质奖
万宝牌BYD 158 型双门直冷式电冰箱	广州市万宝电器工	银质奖
飞鹰牌牛皮胶纸带	天津胶纸带厂	银质奖
长城牌(155/84—185/112)男女风雨衣	北京长城风雨衣公司	银质奖
国家优质食品奖		
长城牌猪肉香肠罐头	北京市北冰洋食品公司	银质奖
梅林牌青豆罐头	江苏清江罐头食品厂	银质奖
白玉兰牌优级白砂糖	福建漳州糖厂	银质奖
长城牌精制盐	长芦盐务局汉沽盐场	银质奖
红梅牌雪花啤酒	沈阳啤酒厂	银质奖
五星牌特制五星啤酒	北京双合盛五星啤酒厂	银质奖
南安牌南安板鸭	江西大余县南安板鸭厂	银质奖

【轻工业部优质产品】　为了改进部优质产品评选工作，轻工业部在总结过去几年创优活动经验的基础上，对部优质产品评选办法进行了修订和补充，于1986年3月以（86）轻生字第16号文发了通知。新的评选办法有以下几点改进：一、除了产品质量水平的要求外，还明确要求企业要推行全面质量管理，达到部规定的检查评分办法600分以上，并有主管部门证明，计量工作达到三级以上。这一规定有利于推动企业加强质量管理，建立和健全质量保证体系。二、要求检测机构提供的检测数据要准确可靠，抽样办法由部专业局、公司统一组织有关人员在事先不通知抽样时间、地点的情况下，随时到某地商业、外贸部门或用户、企业抽样，防止抽样弄虚作假。三、规定优质产品有效期为3年，期满后即自动取消称号，但可重新申请，以解决优质产品终身制的问题。四、规定了评优工作严格的纪律，防止不正之风。

根据部优质产品评选办法，1986年共评选部优质产品690个，其中新评的501个，以前评选的部优质产品经过复评重新命名的189个（名单附后）。

这些产品质量水平都比较高，在全国质量评比中

名列前茅，有的已达到或接近国际先进水平；市场信誉较好，产品受到国内外用户的欢迎；经济效益和社会效益也比较好。在1987年2月召开的全国厅局长会议上，这些获奖产品和企业受到表彰，并颁发了部优质产品证书。

（曾焕湘）

（附表）

1986年全国轻工业优质产品名单

（501个）

产品商标、名称	生产单位
钟表、缝纫机、自行车零件：	
金雀牌石英电子秒表	上海手表厂
双菱牌统机二型手表	北京手表厂
双工牌GJ4-2型钉扣机	上海缝纫机四厂
登月牌自行车脚蹬	江苏泰兴自行车脚蹬厂
金鹿牌自行车脚蹬	山东平度县机动脚踏车配件厂
苏州牌ZL60自行车转铃	江苏苏州自行车零件厂
飞鹤牌自行车钢珠	湖北宜昌钢球厂
山狮牌自行车钢珠	山东五莲钢珠厂
玻璃：	
角环牌粘土坩埚	沈阳市坩埚厂
三角牌冰箱有盖碗	上海玻璃器皿三厂
双圈牌离心浇注系列果盆	上海玻璃器皿二厂
制笔：	
东方牌836活动铅笔	青岛活动铅笔厂
云雀牌832活动铅笔	天津铅笔板厂
金星牌7002活动铅笔	北京制笔零件三厂
三星牌721活动铅笔	中国铅笔二厂
哈尔滨牌43普及铱金笔	哈尔滨金笔厂
金凤牌兰黑墨水	福州墨水厂
长白山牌兰黑墨水	吉林文具厂
青岛牌兰黑墨水	青岛红岛文教用品厂
海鹰牌兰黑墨水	辽宁锦州北山文具厂
成都牌兰黑墨水	四川成都墨水厂
英雄牌兰黑墨水	上海墨水厂
大桥牌兰黑墨水	武汉墨水厂
鸵鸟牌普级兰黑墨水	天津墨水厂
搪瓷：	
金钱牌36公分双搪精花面盆	上海益丰搪瓷总厂
凤凰牌36公分深型面盆	上海搪瓷二厂
春星牌36公分双搪花面盆	上海搪瓷六厂
前进牌20公分洗手碗	大连搪瓷工业总厂
蝴蝶牌18公分洗手碗	哈尔滨搪瓷厂
双钱牌20公分卷边食盒	广州搪瓷厂
松花江牌仿陶洗面器	哈尔滨搪瓷三厂
熊猫牌26公分提环卫生桶	四川成都搪瓷联合总厂
电光源	
解放牌、宝石花牌汽车拖拉机用刹车转向灯泡（QT12-21）	河南安阳灯泡厂
五台山牌制镜钨绞丝	山西忻州地区钨丝厂

续表

产品商标、名称	生产单位
造纸：	
红花牌1号书写纸	山东潍坊造纸厂
银峰牌1号书写纸	湖南邵阳造纸厂
金杯牌罗纹书写纸	天津造纸七厂
京玖牌双面胶版纸	北京造纸一厂
长江牌双面胶版纸	安徽安庆造纸厂
亚松牌双面胶版纸	吉林开山屯化学纤维浆厂
雪莲牌双面胶版纸	北京造纸七厂
龙游牌打字纸	浙江龙游造纸厂
潍河牌打字纸	山东昌邑造纸科研厂
打字纸	湖南城步造纸厂
锦绣牌表层纸	辽宁丹东锦江造纸厂
鼎牌双层双密干电解纸	浙江遂川造纸厂
峰山牌考贝纸	江西赣南造纸厂
白山牌白卡纸	吉林辽源造纸厂
凤凰牌纱管纸板	江苏苏州华盛造纸厂
嘉乐牌薄绝缘纸板	四川嘉乐造纸厂
红花牌玻璃纸	山东潍坊造纸总厂
双鸽牌沥青防潮纸	辽宁沈阳第二造纸厂
建设牌计算纸	辽宁本溪印刷厂
鹿牌沥青防水纸板	吉林造纸厂
风筝牌120.80g/m²涂料印刷纸	山东潍坊铜版纸厂
三一牌80g/m²涂料印刷纸	北京造纸一厂
梅花牌低定量涂料画报纸	山东造纸总厂东厂
雪莲牌普通静电复印纸	北京造纸七厂
兰燕牌普通静电复印纸	天津造纸十一厂
象牌1号箱板纸	吉林九站造纸厂
金牛牌1号箱板纸	辽宁沈阳纸板厂
黑金刚牌1号箱板纸	吉林临江造纸厂
天鹅牌滤咀纸	黑龙江牡丹江造纸厂
雪松牌110—330千伏电缆纸	四川乐山造纸厂
雪杉牌弹药筒纸	黑龙江佳木斯造纸厂
白凤牌80克胶版涂料印刷纸	江苏扬州庆丰铜版纸厂
日化：	
象牌乙酸异戊酯、丁酸乙酯、结晶玫瑰、己酸乙酯	上海香料厂
馨露牌甲位戊基桂醛	沈阳新生香料厂
花神牌乙酸芳樟酯	福建省浦城香料厂
海鲸牌乙酸芳樟酯	上海嘉福香料厂
钻石牌药用松油醇	上海联合香料厂
白兰牌药用松油醇	福建福州香料厂
慈云牌己酸乙酯	江苏省吴江香料厂
飞鹿牌结晶玫瑰	天津第一香料厂
奔月牌桂花浸膏	安徽省六安香料厂
花果牌乙酸异戊酯	山东省青岛香料厂
蝴蝶牌冷蝶霜	上海日用化学品四厂
百雀羚香脂	上海日用化学品二厂
北京牌北京香脂	北京合成化学厂
国华牌R20型电池炭棒	河南安阳炭素厂
飞鱼牌、斑马牌R6型纸板电池	江苏南京电池厂
南南牌硬脂酸(1、2、3级)	江苏南京油脂化工厂
六和牌硬脂酸（1级）	浙江杭州油脂化工厂

续表

产品商标、名称	生　产　单　位
人民牌硬脂酸（1、2级）	沈阳油脂化学厂
鸿雁牌硬脂酸（1：3级）	青岛红星化工厂
钻石牌硬脂酸（2级）	浙江温州制皂厂
培新牌硬脂酸（1级）	河北秦皇岛油脂化工厂
新安江牌硬脂酸（2级）	浙江兰溪化工总厂
月湖牌硬脂酸（2级）	武汉油脂化学厂
洪都牌硬脂酸（3级）	江西油脂化工厂
蜜蜂牌硬脂酸（1级）	上海延安油脂化工厂
上海牌黑白胶卷	上海感光胶片厂
五一牌53型肥皂	四川万县日化厂
中州牌53型肥皂	河南郑州油脂化学厂
矛盾牌53型肥皂	河南开封日化厂
丽水牌47型肥皂	浙江丽水化工厂
天天牌甲种工业甘油	哈尔滨化工三厂
天天牌无油高效冷却液	哈尔滨合成洗涤剂厂
活力28牌超浓缩洗衣粉	湖北沙市日用化工总厂
皆乐牌浓缩洗衣粉	河北张家口合成洗涤剂厂
海鸥牌浓缩洗衣粉	江苏徐州合成洗涤剂厂
南京牌铅印书刊黑墨	江苏南京油墨厂
制盐：	
自流井牌精制盐	四川自贡市贡井盐厂
白玉兰牌精制盐	广州军区第七〇七厂
莺歌牌日晒优质盐	广东省莺歌海盐场
玉燕牌滩晒细盐	浙江玉环盐场
银鸟牌工业盐	辽宁营口盐场
槎山牌工业盐	山东荣城县张蒙盐场
双鲸牌工业盐	长芦大清河盐场
岚海牌工业盐	福建平潭县盐场
盐湖牌工业盐	新疆盐湖化工厂
海狮牌精制硫酸镁	长芦汉沽盐场
罐头：	
梅林牌清水马蹄（片）罐头	浙江杭州罐头厂
长城牌清蒸猪肉罐头	四川南充地区食品罐头厂
飞轮牌绿白头芦笋罐头	山东泰安罐头食品厂
飞轮牌白头去皮芦笋罐头	山东乳山罐头厂
	山东烟台罐头总厂
	山东荣城罐头厂
	山东济南罐头食品厂
飞轮牌白头带皮芦笋罐头	山东乳山罐头厂
	山东潍坊罐头厂
水仙花牌糖水龙眼罐头	福建泉州罐头厂
	福建厦门罐头厂
	福建漳州罐头厂
巴山牌内销午餐肉罐头	四川巴中罐头食品厂
燕牌糖水莲子罐头	武汉食品厂
船牌糖水莲子罐头	湖南沅江罐头厂
向阳 红梅 牌滑子蘑罐头	辽宁丹东罐头厂
饮料：	
琼花牌鲜桔汁汽水（高糖）	江苏扬州食品制造总厂
灯塔牌鲜桔汁汽水（高糖）	安徽合肥好华食品厂
天象牌特级鲜桔汁汽水（高糖）	上海汽水厂

续表

产品商标、名称	生　产　单　位
山海关牌特制鲜桔汁汽水（高糖）	天津饮料厂
北冰洋牌特制鲜桔汁汽水（高糖）	北京北冰洋食品公司
黄鹤楼牌橙汁汽水（中糖）	武汉饮料三厂
滨江牌鲜橙汁汽水（中糖）	武汉饮料二厂
山海关牌大桔汁汽水（中糖）	天津饮料厂
本溪湖牌山楂汁汽水	辽宁本溪食品一厂
银杯牌甜橙汽水（中糖）	广西南宁康乐食品厂
本溪湖牌葡萄汽水（中糖）	本溪食品一厂
亚洲牌柠檬汽水沙示汽水（高糖）	广州亚洲汽水厂
亚洲牌亚洲可乐	广州亚洲汽水厂
海滨 向阳 牌中国人参可乐	大连勃海啤酒厂
中华牌菊花晶	浙江嘉兴乳品厂
上海牌桔晶	上海咖啡厂
天象牌鲜桔汁粉	上海汽水厂
雄鹰牌鲜桔汁粉	广州雄鹰糖果厂
椰海牌原汁菠萝晶	广东文昌食品厂
风台牌鲜山渣固体饮料	山西晋城市综合食品厂
99％结晶味精	
星湖牌味精	广东省肇庆地区味精厂
兰江牌味精	浙江兰溪味精厂
双塔牌味精	福建泉州味精厂
罗星塔味精	福建福州味精厂
鸡牌味精	山东青岛味精厂
福寿牌味精	山东烟台味精厂
大桥牌味精	湖北武汉味精厂
金鸡牌味精	江西南昌味精厂
葵花牌味精	广西桂林味精厂
荷花牌味精	广西南宁味精厂
第一泉牌味精	江苏镇江味精厂
淮建牌味精	安徽淮南味精厂
松鹤牌全脂甜奶粉	黑龙江富裕乳品厂
红梅牌 瑞雪牌 全脂 淡 甜 奶粉	黑龙江齐齐哈尔乳品厂
莲花牌全脂甜奶粉	黑龙江拜泉乳品厂
灯塔牌全脂甜奶粉	黑龙江龙江乳品厂
林海牌全脂甜奶粉	黑龙江林甸县乳品厂
北湖牌全脂甜奶粉	黑龙江绥化乳品厂
吊桥牌全脂甜奶粉	内蒙扎兰屯乳品厂
红牛牌全脂甜奶粉	吉林通榆县乳品厂
擒鹏牌全脂甜奶粉	浙江瑞安县百好乳品厂
中华牌全脂甜奶粉	浙江嘉兴乳品厂
青山牌全脂甜奶粉	内蒙呼和浩特乳品厂
乳泉牌全脂甜奶粉	黑龙江泰来县乳品厂
寿字牌全脂甜奶粉	黑龙江庆安县乳品厂
白塔牌全脂甜奶粉（牛、羊）	山西太谷乳品厂
玲珑牌全脂甜奶粉（羊）	山东招远县乳品厂
牧城牌全脂甜奶粉（羊）	山东胶县乳品厂
太行牌全脂甜奶粉	河北行唐县乳品厂
红梅牌全脂淡奶粉	黑龙江泰康乳品厂

续表

产品商标、名称	生产单位
月饼	
珠江桥牌咀香园广式月饼（五仁、白莲蓉）	广东中山咀香园食品厂
日光岩牌广式月饼（椰蓉、豆蓉）	福建厦门鼓浪屿食品厂
童花牌广式月饼（绿豆沙、赤豆沙）	福建三明儿童食品厂
全宝牌玫瑰月饼	山东济宁儿童食品厂
新叶牌月饼（珍味、广东）	沈阳儿童食品厂
大业牌月饼（提浆、蛋皮）	辽宁本溪食品一厂
荆江牌月饼(三鲜、苹果泥)	湖北沙市食品工业公司糕点厂
常青牌提浆月饼	大连糕点厂
冠牌豆沙月饼	武汉冠生园食品厂
梅鹿牌提浆月饼	大连儿童食品厂
珠江桥牌红豆沙蛋黄月饼	广东江门饼厂
蚌珠牌广式香肠月饼	安徽蚌埠食品厂
皋城牌苏式夹沙月饼	安徽六安市健康食品厂
珠江桥牌潮式澇饼	广东汕头糖果饼干厂
丹江牌奶酥月饼	黑龙江牡丹食品厂
晋牌蜜制五仁月饼	山西太原食品三厂
桃花牌青梅月饼	黑龙江肇东食品厂
茶叶：	
福寿牌茉莉花茶(福寿银毫、一级)	福建寿宁茶厂
天山牌茉莉花茶(春毫、银毫)	福建宁德茶厂
罗星塔牌茉莉花茶（外事礼茶、明前绿、绿宝）	福建福州茶厂
凤山牌乌龙茶(特级黄金桂、特级铁观音)	福建安溪茶厂
太姥山牌银毫	福建福鼎茶厂
白云山牌茉莉花茶（超特）	福建福安茶厂
熊峰牌茉莉花茶（三级）	福建政和茶厂
宜红工夫红茶（二级）	湖北鹤峰县国营茶厂
留安塔牌一级水仙	福建永春茶厂
山江牌绿茶（贡熙一级、雨茶一级、珍眉一级）	江西婺源茶厂
峨嵋牌青城雪芽	四川灌县茶厂
雷公山牌茶叶（银球茶、天麻茶）	贵州雷山饮料食品厂
虎牌贡茶	湖北宣恩茶厂
糖：	
钓鱼城牌一级白砂糖	四川合川糖厂
白兰花牌一级白砂糖	浙江义乌糖厂
跃进牌优级绵白糖	山西大同糖厂
友谊牌优级白砂糖	黑龙江友谊糖厂
杏花牌优级白砂糖	福建厦门糖厂
其他食品：	
金龟牌粉状大豆分离蛋白质	吉林前郭县蛋白质厂
华牌代可可脂	江西九江市油脂化工厂
南安牌板鸭	江西省大余县南安板鸭厂
轻机：	
长江牌YQ-Z-20型撕裂度测定仪	四川长江造纸仪器厂

续表

产品商标、名称	生产单位
XZ139φ350双圆盘磨浆机	上海轻机二厂
YL21过滤棒成型机	上海烟草机械厂
全乐牌GJ3H1—150通过式振荡拉软机	常州皮革机械厂
鸣飞牌TQ05型家禽脱毛机	山东诸城县轻机厂
SK-400B开放式炼塑机	江苏常州第二机械厂
SZ-160/80NB塑料注射成型机	浙江宁波塑料机械总厂
初阳牌C4760卧式热塑性塑料注射成型机	杭州磁记录设备厂
B、TB回转式双标贴标机	广东轻机厂
CDY24滴料压瓶式吹泡机	沈阳轻机一厂、沈阳灯泡厂
兰星牌GMJ-400型挂面机	辽宁阜新市轻机厂
H310型高速糊火柴内盒机	上海火柴机制造厂
H309型高速糊火柴外盒机	上海火柴机制造厂
MSTE10（Ⅱ）万能制点心机	上海食品机械厂
黑龙牌RP6K7双效降膜式蒸发器	黑龙江省乳品机械总厂
飞箭牌玻璃制品模具	江苏南通轻机厂
衡器：	
百灵牌二百克学生天平	江苏常熟衡器厂
百灵牌架盘天平（系列）	江苏常熟衡器厂
TGT-500型计量杠杆	青岛衡器厂
泰山牌GGT-150型静态轨道衡	大连衡器厂
塑料：	
红菱牌离型纸法聚氯乙烯发泡人造革（鞋用革）	广州市人造革厂
喜雀牌24支瓶装塑料啤酒周转箱	广东汕头市农用塑料制品厂
航海牌聚乙烯彩色条编织布	广东汕头塑料二厂
双龙牌聚氯乙烯发泡人造革（家具用）	广东佛山市塑料二厂
水晶牌食品包装用聚氯乙烯(PVC)硬片	浙江杭州塑料厂
海贝牌聚氯乙烯硬质薄片材	广东汕头东方塑料片材制品厂
新星牌食品包装用压延聚氯乙烯硬片	四川省塑料厂
牡丹牌聚氯乙烯针织发泡服装革	河北石家庄市第一塑料厂
海豚牌74-Q_2型救生圈	天津市泡沫塑料制品厂
制革及革制品：	
飞鹰牌猪细面革	浙江杭州皮革厂
佛手牌猪全粒面服装革	浙江金华制革厂
GF牌绵羊正面服装革	河北邢台制革厂
瑶池牌绵羊正面服装革	新疆乌鲁木齐第二制革厂
滨江牌黄牛全粒面革	湖北武汉制革厂
大力牌黄牛正鞋面革	吉林长春制革厂
玉兔牌山羊正鞋面革	江苏南京制革厂
玉兔牌山羊正面服装革	江苏南京制革厂
金鼎牌山羊正面服装革	河北张家口市宣化制革厂
三环牌猪正面服装革	黑龙江齐齐哈尔黑龙江制革厂

续表

产品商标、名称	生产单位
金环牌旅游鞋	天津运动鞋厂
火炬牌训练鞋	上海运动鞋总厂
金百合牌羊面革胶粘女皮鞋	天津制鞋厂
金羊牌牛面革胶粘男皮鞋	山东青岛第二皮鞋厂
八达岭牌牛面革仿皮底胶粘女皮鞋	北京东单皮鞋厂
风帆牌（猪、牛面革）胶粘女皮鞋	山东烟台皮鞋厂
兰鹤牌牛面革胶粘男皮鞋	江苏无锡鹤鸣皮鞋厂
山山牌牛面革胶粘男皮鞋	湖北监利皮鞋厂
金猴牌猪面革胶粘男皮鞋	山东威海皮鞋厂
红狮牌牛面革胶粘男皮鞋	江苏无锡皮鞋厂
孔雀牌牛面革胶粘女皮鞋	天津第二皮鞋厂
齐飞牌牛面革胶粘中跟女皮鞋	湖北武汉东风皮鞋厂
迎宾牌猪面革三接头胶粘男皮鞋	天津第三皮鞋厂
天星牌猪面革拉链胶粘女靴	天津第一皮鞋厂
双樱牌猪面革胶粘女皮鞋	山东青岛皮鞋厂
航海牌猪面革胶粘男皮鞋	山东青岛第一皮鞋厂
长虹牌7号胶粘牛皮篮球	广东广州新华制球厂
叶牌T-900系列ABS旅行箱	天津第十一塑料制品厂
双喜牌人造革旅行衣箱	天津第二皮件厂
申江牌(纸胎)人造革旅行箱	上海长江五金厂
双美牌人造革拉链旅行软箱	北京皮件厂
海牌旅行软箱	山东青岛第二皮件厂
对红牌人造革旅行软箱	辽宁锦州帆布造革制品厂
明湖牌三合板旅行软箱	山东济南第二皮件厂
天鹅牌人造革旅行软箱	天津皮箱厂
春花牌猪修饰鞋面革	山东济南制革厂
骏马牌猪修饰鞋面革	江苏南通制革厂
鹰球牌猪修饰鞋面革	江苏徐州淮海制革厂
狮球牌猪修饰鞋面革	江苏苏州制革厂
古盾牌猪修饰鞋面革	湖南邵阳制革厂
人字牌黄牛修饰鞋面革	广州人民制革厂
雄狮牌黄牛修饰鞋面革	上海益民制革厂
舞鹤牌黄牛修饰鞋面革	天津制革厂
熊猫牌黄牛修饰鞋面革	安徽安庆皮革总厂
鹰球牌黄牛修饰鞋面革	徐州淮海制革厂
山海牌猪绒面服装革	山东威海制革厂
方趾牌线缝男皮鞋	上海市北京皮鞋厂
双鹤牌线缝男皮鞋	沈阳第一皮鞋厂
双燕牌线缝男皮鞋	大连第三皮鞋厂
银河牌线缝男皮鞋	湖南长沙第二制鞋厂
花牌线缝女皮鞋	上海皮鞋厂
连双牌牛皮线缝女皮鞋	黑龙江双鸭山市鞋帽厂
双五牌线缝女皮鞋	武汉茂记皮鞋厂
强华牌胶粘牛皮足球	湖南长沙体育用品厂
先锋牌胶粘猪皮足球	浙江奉化皮革厂
金杯牌手缝防水足球	天津利生体育用品厂
长虹牌5号手缝牛皮足球	广州新华制球厂
凯特牌胶粘羊皮排球	江苏南京运动器具厂
山虎牌山羊革服装	江苏无锡皮件厂

续表

产品商标、名称	生产单位
雪兔牌山羊革女上衣	浙江杭州皮件厂
运佳牌山羊革男猎装	哈尔滨皮件三厂
熊猫牌绵羊革填充男茄克	内蒙古集宁皮件厂
金羊牌绵羊革服装	上海皮革服装厂
瑶池牌绵羊革服装	新疆乌鲁木齐市皮件厂
冰宫牌牛面革服装	天津皮件厂
金羊牌牛面革服装	上海皮革服装厂
蓉乐牌猪正面革女上装	成都友谊服装厂
慕尔美猪绒面革女茄克	浙江海宁皮件厂
毛皮：	
鞣制灰鼠皮	吉林市皮毛厂
鞣制兔皮	北京市皮毛厂
雪中笑牌皮面硬胎羊剪绒帽	河北张北县皮毛制帽厂
乐器：	
百灵牌8503 ♭B 调小号	上海管乐器厂
敦煌牌京胡	上海民族乐器一厂
金钟牌武锣	天津锣厂
金顶牌仿古铜鼓	四川成都五一乐器厂
鲁东牌苏锣	山东鲁东乐器厂
姑苏牌仿古双音编钟	江苏苏州民族乐器三厂
星海牌大三弦	北京民族乐器厂
珠江牌MP-004中型立式钢琴	广州钢琴厂
文体用品：	
红光牌乒乓球	河北保定乒乓球厂
青年牌乒乓球	广州乒乓球厂
新华牌乒乓球	浙江杭州塑料化工厂
光荣牌乒乓球	上海乒乓球厂
飞鹿牌金属标枪	北京体育器械厂
雪峰牌C 1101羽毛球	浙江绍兴东风体育用品厂
黑龙江牌SOG 2 高级短跑道冰刀	黑龙江齐齐哈尔冰刀厂
荧光牌单层图钉	安徽桐城县图钉厂
天坛牌单层图钉	北京金属文具厂
钻石牌统一型订书钉	广州南方五金文具厂
三鹅牌订书钉	天津文教用品一厂
安文牌12型订书钉	河南安阳市文化用品厂
长城牌普通型卷笔刀	上海长城卷笔刀厂
蜜蜂牌普通型卷笔刀	广州向阳文教用品厂
长颈鹿牌N888普通型卷笔刀	江苏无锡文体用品厂
大鹏牌普通型卷笔刀	上海文教用品厂
蜜蜂牌玩具型卷笔刀	广州南方五金文具厂
飞鹰牌（雄狮牌）玩具型卷笔刀	天津文教用品六厂
信鸽牌玩具型卷笔刀	江苏江阴桐岐卷笔刀厂
航空牌PA820袋式影集	上海纸品五厂
孔雀（长城）牌粘胶相册	北京纸制品厂
长寿牌毛笔	安徽淮北市留香阁笔厂
令支牌高丽纸	河北迁安市书画纸厂
松花石砚	吉林通化市工艺美术厂
凯达牌学生三用圆规	江苏无锡绘图仪器厂
钻石牌铜金粉	江苏苏州金粉厂
中华牌牙刷	天津第七塑料厂

续表

产品商标、名称	生产单位
大桥牌109型牙刷	武汉牙刷厂
大桥牌聚苯乙烯尼龙牙刷	武汉长江牙刷厂
虎丘（芭蕾）牌106、109A尼龙牙刷	江苏苏州塑料九厂
长命牌215型塑料尼龙牙刷	江苏淮阴大众塑料厂
长命牌牙刷	上海制刷厂
家电：	
双鱼牌书写台灯	上海长虹灯具厂
东风牌水晶礼花台灯	上海东风照明器材厂
环球牌圆珠K8台灯	江苏无锡市人民玻璃厂
星光牌白炽台灯	重庆灯具厂
天城牌单茶色宫罩壁灯	山东招远县灯具厂
金花牌床头壁灯	浙江海盐灯泡厂
恐龙牌白炽壁灯	四川通明电筒灯具总厂
环球牌双叉荷花壁灯	江苏无锡人民玻璃厂
牡丹牌玻璃罩壁灯	广东佛山市灯具厂
双鱼牌射壁灯	上海长虹灯具厂
京字牌双螺口筒型壁灯	北京照明器材厂
庐光牌双叉工艺宝莲壁灯	江西九江灯具厂
高岭牌双火荷花壁灯	辽宁绥中县灯具厂
海棠牌新水流双桶洗衣机	山西长治洗衣机厂
君子兰牌新水流双桶洗衣机	吉林长春洗衣机厂
波浪牌新水流双桶洗衣机	辽宁大连洗衣机厂
小天鹅牌套桶洗衣机	江苏无锡洗衣机厂
白菊牌喷淋双桶洗衣机	北京洗衣机总厂
长风牌喷淋双桶洗衣机	甘肃兰州长风机器厂
白兰牌双桶洗衣机	北京洗衣机厂
友谊牌双桶洗衣机	辽宁营口洗衣机总厂
新乐牌双桶洗衣机	浙江宁波洗衣机厂
水仙牌双桶洗衣机	上海洗衣机总厂
金鱼牌双桶洗衣机	浙江杭州洗衣机总厂
荷花牌双桶洗衣机	湖北武汉洗衣机厂
小鸭牌双桶洗衣机	山东济南洗衣机厂
五羊牌（高宝牌）双桶洗衣机	广州洗衣机厂
威力牌双桶洗衣机	广东中山洗衣机厂
申花牌双桶洗衣机	上海三灵电器厂
友好牌温度控制器	沈阳温控器厂
水晶牌L55-2型喷泉式冷饮器	武汉市武汉小型冷气机厂（武汉轻工模具厂）
服装、鞋帽	
长城牌男、女风雨衣	北京长城风雨衣公司
长进牌男、女风雨衣	吉林长春市西装厂
春雷牌男、女风雨衣	天津市雨衣厂
大丰牌男、女风雨衣	大连第一服装厂
雨色牌男、女风雨衣	青岛服装三厂
光彩牌男、女风雨衣	大连第三呢绒服装厂
海月牌人造毛皮大衣	大连第五服装厂
妙影牌人造毛皮大衣	上海第四服装厂
雪地牌人造毛皮大衣	天津市裘皮服装厂
红翎牌人造毛皮大衣	沈阳市高级呢绒服装厂
对红牌人造毛皮大衣	吉林通化市第四服装厂
幼芽牌童帽	江苏苏州市儿童用品厂
仲秋牌童帽	大连制帽厂

续表

产品商标、名称	生产单位
火炬牌童帽	山东青岛盛锡福帽厂
福字牌童帽	辽宁抚顺市皮毛制帽厂
金菊牌童帽	江苏沙州帽厂
红叶牌童帽	河北石家庄红旗制帽厂
长青牌童帽	北京市东升帽厂
舍予牌童布帽	山东莱芜市布鞋总厂
兰花牌童布鞋	陕西宝鸡市第二布鞋厂
琼花牌童布鞋	江苏扬州鞋厂
沈三牌童布鞋	沈阳市布鞋厂
飞涯牌童布鞋	山东蓬莱县制鞋厂
京花牌童布鞋	北京市前进鞋厂
淮河牌童布鞋	安徽蚌埠市淮河鞋厂
斑马牌童布鞋	武汉市汉口布鞋厂
双齐牌童布鞋	黑龙江齐齐哈尔市布鞋厂
金花牌童布鞋	辽宁抚顺市童鞋厂
嫩支牌童布鞋	黑龙江齐齐哈尔市昂昂溪皮件布鞋厂
竞力牌童布鞋	辽宁抚顺市布鞋厂
天虹牌童布鞋	天津市第二便鞋厂
双星牌硫化挂胶毡底棉布鞋	吉林白城市制鞋三厂
包装、装潢	
红联灯具样本	上海凹凸彩印厂
中国十大风景名胜画册	南京彩色印刷厂
天津装潢印刷公司样本	天津市胶印厂
四季服装大盒	北京商标印刷二厂
黄鹤楼香烟条盒	武汉印刷厂
贵州董酒盒	上海人民印刷厂
花艳果香（塑料年历）	上海人民塑料印刷厂
肉末方便面包装袋	青岛塑料复合印刷厂
众乐牌方便面塑料袋	沈阳市凸版印刷厂
050纸箱	上海纸箱一厂
卫生纸纸箱	湖北麻城市纸箱厂
三鞭酒箱	山东烟台包装装潢厂
501FC机芯箱	天津市纸箱一厂
47C3彩电箱	北京纸箱厂
10×2CC针药箱	广州东方纸箱厂
地方特色饼干桶	苏州印铁制罐厂
百花饼干桶	上海食品工业印铁厂
5P饼干桶	杭州印铁制罐厂
小孩礼品盒	哈尔滨印铁制罐厂
美味佳品礼品盒	北京印铁制罐厂
快乐礼品盒	上海食品印铁厂
日用五金：	
永固牌30mm横开铁挂锁	上海市第一锁厂
皇后牌1088　1089不锈钢套壳弹子挂锁	上海市第一锁厂
三环牌40mm铜铁挂锁	山东招远县锁厂
铁牛牌50mm铜铁挂锁	哈尔滨市锁厂
三环牌38mm铁挂锁	山东乳山县造锁厂
友谊牌20mm铁挂锁	浙江宁波锁厂
唐灯牌40mm铁挂锁	浙江浦江锁厂
帆船牌40mm铁挂锁	江苏苏州锁厂
燕牌40mm铜挂锁	江苏苏州锁厂

续表

产品商标、名称	生　产　单　位
江牌40mm铁挂锁	重庆市制锁二厂
庐山牌30mm铁挂锁	江西永修县锁厂
狼狗牌30mm铁挂锁	浙江海宁锁厂
三环牌38mm铁挂锁	山东牟平县锁厂
三环牌50mm铜挂锁	山东青岛锁厂
鹭牌25mm铜挂锁	浙江杭州锁厂
金鸡牌不锈钢表带	浙江宁波表带一厂
双铃牌不锈钢表带	河北唐山市金属表带厂
矛牌65型旅行剪	浙江温州市矛牌剪刀厂
工字牌1号旅行剪	北京钢刀王工厂
幸福牌FJ-3W理发剪	广州理发用具厂
工字牌10号服装剪	北京王麻子剪刀厂
张小泉10号服装剪	浙江张小泉剪刀厂
蝴蝶牌10号服装剪	江苏无锡市刀剪厂
鱼牌服装剪	沈阳市剪刀厂
三角牌6mm铜质拉链	武汉市武汉拉链厂
蝴蝶牌、钻石牌金属拉链	上海拉链厂
菱环牌金属拉链	哈尔滨市拉链厂
三星牌螺旋拉链、注塑拉链	上海三星拉链厂
JHY牌注塑拉链、螺旋拉链	辽宁锦州市拉锁总厂
珍珠花牌开尾6mm注塑拉链	浙江海宁浙江拉链厂
CDL牌螺旋6·5mm拉链	吉林长春市涤纶拉链厂
哈德牌6mm螺旋拉链	哈尔滨哈德尼龙拉链厂
宇宙（三角）牌GS7940石油气炉	广州宇宙金属制品厂
好运牌电子打火煤气炉	广州市石油气用具厂
双幅牌家用红外线煤气灶	吉林市陶瓷厂
双剑牌钢丝钳	重庆制钳厂
沪工牌胶柄钢丝钳	上海群力工具厂
卫一牌螺钉旋具	上海长征旋具厂
太行牌（长城牌）螺钉旋具	河北平山县五金一厂
工字牌螺钉旋具	北京市五金工具七厂
红狮牌机制钢锹	江苏徐州市钢锹厂
邯字牌飞燕牌钢锹	河北邯郸市制锹厂
云涛牌NB型机制农锹	山东省桓台制锹厂
跃马牌机制钢锹	辽宁黑山县钢锹厂
天字牌泥瓦工具	大连泥瓦工具厂
33牌砌铲、压子	河北石家庄市工农机械厂
剑鱼牌泥瓦工具	河南清丰县五金工具厂
山川牌套筒扳手	重庆扳钳工具一厂
沪工牌套筒扳手	上海人民工具六厂
双环牌套筒扳手	天津扳钳工具二厂
火花牌电焊钳	天津长征五金工具厂
沪工牌Q系列电焊钳	上海恒业五金厂
钻石牌、宝石牌鲤鱼钳	四川新都县机具厂
广字牌镀锌管件	四川广汉县五金厂
太谷牌玛钢管件	山西省太谷县玛钢厂
阳字牌黑铁管件	山西阳泉市玛钢厂
三一环牌黑铁管件	沈阳市玛钢厂
D牌可锻铸铁管件	四川德阳玛钢管件厂
四方牌钢丝布	湖北鄂州市铅网厂
利农牌钢丝布	黑龙江牡丹江市金属线材厂
三桥牌低碳钢丝布	江苏苏州市金属丝布厂
联盟牌绿漆窗纱	山西太原市金属织网厂

续表

产品商标、名称	生　产　单　位
海鸥牌铁窗纱	河北邯郸市窗纱厂
ZJ牌Dg15洗面器水咀、Dg20单联浴缸水咀	江苏竹箦机械厂
家具：	
ZM601金边组合家具	福建漳州市木器厂
金花牌烤漆两面折椅	沈阳市金属家具厂

1986年全国轻工业优质产品名单(重新评定)（189个）

产品商标、名称	生　产　单　位
双狮牌自行车钢珠	天津自行车钢珠厂
东北牌普灯（系列）	沈阳灯泡厂
西湖牌15～40W普灯	杭州灯泡厂
电工牌普灯	重庆灯泡厂
秦字牌25W普灯	陕西宝鸡灯泡厂
B22d/25×26灯头	重庆灯头厂
G13荧光灯头	上海前进无线电元件厂
E27/27、B22d/25×26灯头	上海光明灯头厂
100W普灯钨丝	吉林四平钨钼材料厂
金鱼牌红双喜搪瓷面盆	武汉搪瓷厂
海狮牌德胜36公司搪瓷面盆	上海搪瓷四厂
骆驼牌40公分翻口花面盆	西安人民搪瓷厂
鹿牌36公分德胜白花面盆	北京日用搪瓷厂
红灯牌36公分德胜花面盆	哈尔滨搪瓷厂
蝴蝶牌双凤双喜面盆	大连搪瓷工业总厂
三桃牌36公分德胜花面盆	天津市搪瓷厂
三星牌36公分德胜花面盆	安徽合肥搪瓷厂
丰收牌28～40公分钛白花腰圆盘	上海锦隆搪瓷厂
红玫瑰牌35公分花茶盘	沈阳搪瓷厂
钻石牌40公分花茶盘	云南昆明搪瓷厂
骆驼牌40公分花茶牌	西安人民搪瓷厂
金鱼牌20公分搪瓷汤茶盘	武汉搪瓷厂
丰收牌20公分搪瓷花菜盆	安徽合肥搪瓷厂
蝴蝶牌20公分搪瓷花汤盘	哈尔滨搪瓷厂
牡丹牌铅印书刊黑墨	上海油墨厂
飞轮牌430克白头去皮芦笋罐头	山东临沂罐头厂
水仙花牌425克蘑菇罐头	福建厦门罐头厂
亚洲牌橙汁汽水（高糖）	广州亚洲汽水厂
亚洲牌橙宝汽水（中糖）	广州亚洲汽水厂
天象牌鲜桔汁汽水（中糖）	上海汽水厂
冰川牌鲜橙汁汽水（中糖）	北京饮料厂
金铎牌特制桔子汽水	沈阳八王寺汽水厂
双喜牌橙汁汽水（中糖）	广东佛山酒厂
崂山牌苹果汽水（高糖）	青岛汽水厂
天象牌幸福可乐	上海汽水厂
天府牌天府可乐	重庆饮料厂
崂山牌崂山可乐	青岛汽水厂
乐字牌浓味柑粉饮料	广州糖果厂
生字牌菊花晶	上海咖啡厂
海燕牌味精（99%结晶）	福建厦门侨星化工厂
佛手牌味精（99%）结晶）	上海天厨味精厂

续表

产品商标、名称	生　产　单　位
兰花牌味精（99%结晶）	广东江门味精食品厂
虎丘牌味精（99%）结晶	江苏苏州味精厂
月兔牌味精（99%结晶）	江苏常州味精厂
红梅牌淡 红星牌甜 奶粉	黑龙江安达市乳品厂
红梅牌 全脂 淡 红星牌 全脂 甜 奶粉	内蒙古牙克石市乳品厂
大庆牌全脂甜奶粉	黑龙江大庆乳品厂
青松牌全脂甜奶粉	内蒙古博克图乳品厂
草原牌全脂淡、甜奶粉	内蒙古扎赉诺尔乳品厂
红梅牌、梅鹿牌全脂淡、甜奶粉	内蒙古拉布达林乳品厂
红梅牌、万寿山牌全脂淡、甜奶粉	黑龙江肇东乳品厂
英雄牌全脂甜奶粉	江西乳品厂
淮海牌全脂甜奶粉	江苏新沂县乳品厂
昆仑山牌全脂甜奶粉（羊）	山东文登县乳品厂
白玉兰牌优级白砂糖	福建省漳州糖厂
含笑牌一级白砂糖	广东紫坭糖厂
莲花牌一级白砂糖	广东江门甘蔗化工厂
长城牌精制盐	长芦盐务局汉沽盐场
葵花牌精制盐	青岛盐化厂
峨嵋牌精制盐	四川五通桥盐厂
自流井牌精制盐	四川自贡市舒平盐厂
自流井牌精制盐	四川自贡市张家坝制盐化工厂
桂花牌加碘精制盐	湖北应城盐矿
芦花牌工业盐	长芦盐务局汉沽盐场
银山牌工业盐	山东掖县莱州盐场
雪峰牌工业盐	山东文登县高岛盐场
海晶牌工业盐	长芦盐务局塘沽盐场
方玉牌工业盐	青岛东风盐场
渤海牌工业盐	长芦盐务局、黄骅盐场
飞轮牌猪正鞋面革	上海红光制革厂
金锚牌猪正鞋面革	大连金州制革厂
山海牌猪正面服装革	山东威海制革厂
豹牌山羊正鞋面革	上海新艺制革厂
金鸡牌羊正鞋面革	浙江德泰顺制革厂
金象牌山羊正面服装革	河南新乡制革厂
蜂满牌山羊平纹手套革	上海久新制革厂
蜂满牌山羊平纹服装革	上海久新制革厂
美申牌牛面革胶粘女皮鞋	上海亚洲皮鞋厂
珠峰牌牛面革三接头模压男皮鞋	北京第一皮鞋厂
孚德牌牛面革胶粘女皮鞋	青岛孚德第一皮鞋厂
金桥牌猪皮模压男皮鞋	天津第四皮鞋厂
鹿牌牛面革仿皮底胶粘三接头男皮鞋	北京革制品厂
火车牌S 241S 胶粘牛皮篮球	上海球厂
金杯牌7 ＃8片胶粘牛皮篮球	天津利生体育用品厂
双菱牌（木胎）人造革衣箱	北京皮件厂
三环牌猪修饰鞋面革	天津第一制革厂
狮球牌猪绒面服装革	江苏苏州制革厂

续表

产品商标、名称	生　产　单　位
金锚牌黄牛修饰鞋面革	大连金州制革厂
远足牌线缝男女鞋	上海第二皮鞋厂
无锡牌猪皮硫化男皮鞋	江苏无锡皮鞋厂
金杯牌胶粘牛皮排球	天津利生体育用品厂
箭牌66公分胶粘牛皮排球	辽宁丹东制球厂
箭牌65公分胶粘猪皮排球	辽宁丹东制球厂
冠军牌32片胶粘皮制足球	广州新华制球厂
流星牌813乒乓球拍	青岛球拍厂
爱吉特牌比赛用羽毛球	江苏南京运动器具厂
火炬牌111型羽毛球拍	黑龙江牡丹江体育用品厂
双喜牌木制象棋	黑龙江孙吴县北疆文体用品厂
冰峰牌高级花样冰鞋	哈尔滨体育用品二厂
红星牌双面兰色复写纸	南京文教用品厂
四方牌121单片图钉	上海图钉厂
鹿牌扑克牌	黑龙江佳木斯市印刷总厂
古塔牌传统国画颜料	苏州姜思序堂国画颜料厂
金鼎牌高档书画笔	苏州湖笔厂
双羊牌湖笔	浙江湖州市善琏湖笔厂
双喜牌花纸伞	福州伞厂
西湖牌自开缩折伞	杭州西湖伞厂
普发1201铜质四件大圆规	上海普发绘图仪器总厂
连环牌乒乓球	上海乒乓球厂
航空牌羽毛球拍	上海体育器材四厂
红双喜牌GDHD乒乓台	上海体育器材三厂
红双喜牌乒乓网架	上海体育器材三厂
长城牌369型订书钉	上海文教针厂
菊花牌（上海牌）大头针	上海文教针厂
大鹏牌玩具型卷笔刀	上海文教用品厂
珍珠牌电镀磨花支镜	山东烟台工艺美术厂
百灵牌17键 ♭B 调胶木弹簧管	上海管乐器厂
聂耳牌立式钢琴	上海钢琴厂
红棉牌吉他	广州市广东乐器厂
星海牌SG4—6617键单簧管	北京管乐器厂
金雀牌小提琴	广州长征提琴厂
金钟牌高级小提琴	上海提琴厂
百乐牌80—120BS 手风琴	上海手风琴厂
上海牌24孔口琴	上海口琴总厂
凤凰牌高胡	广州幸福弦乐器厂
孔雀牌601型大三弦	天津民族乐器厂
凤鸣牌京班鼓	上海民族乐器二厂
虎丘牌精制二节笛	江苏苏州民族乐器一厂
星海牌特选京胡	北京民族乐器厂
星海牌板胡	北京民族乐器厂
姑苏牌民族定音鼓	江苏苏州民族乐器三厂
金钟牌中音虎音锣	天津锣厂
星海牌军镲	北京民族乐器厂
姑苏牌武锣	江苏苏州民族乐器三厂
高洪太牌武锣	武汉锣厂
高洪太牌虎音锣	武汉锣厂
高洪太牌广钹	武汉锣厂
黄河牌柳琴	江苏徐州乐器厂
歙　砚	安徽歙县工艺厂

续表

产品商标、名称	生产单位
民航牌角梳	福建福州角梳厂
金猫牌乒乓白料	江苏无锡塑料二厂
虎牌扑克	江苏泰州友谊印刷厂
潜泉印泥	上海西泠印社
一得阁牌精制八宝印泥	北京一得阁墨汁厂
一得阁牌103# 精烟墨锭	北京一得阁墨汁厂
方圆牌小圈圆规	北京绘图仪器厂
方圆牌单、双曲线笔	北京绘图仪器厂
象牌回形针	北京金属文具厂
皇冠牌金属标枪	北京文体研究所
北京牌打字蜡纸	北京文教用品厂
北京牌复写纸	北京文教用品厂
一得阁牌墨汁	北京一得阁墨汁厂
友谊牌双兰复写纸	浙江衢州蜡纸厂
双圈牌打字蜡纸	浙江杭州新华造纸厂
警钟牌铁笔蜡纸	浙江温州蜡纸厂
玉屏牌箫笛	贵州玉屏箫笛厂
星海牌高级大提琴	北京提琴厂
高档书画笔	北京制笔厂
瓷城牌柏茂中号画笔	江西景德镇瓷用毛笔厂
飞鹰牌牛皮胶纸带	天津胶纸带厂
龙尾砚	江西婺源龙尾砚厂
狮牌飞轮牌扑克牌	上海扑克牌厂
海棠牌单桶洗衣机	山西长治洗衣机厂
君子兰牌单桶洗衣机	吉林长春洗衣机厂
金鱼牌单桶洗衣机	浙江杭州洗衣机厂
小鸭牌单桶洗衣机	山东济南洗衣机厂
水仙牌单桶洗衣机	上海洗衣机总厂
白兰牌单桶洗衣机	北京洗衣机总厂
小喇叭牌童布鞋	北京市六一鞋厂
标准牌 BGZ-250 型字型包裹秤	北京衡器厂
津衡牌 ZGT-20型地中衡	天津衡器厂
方向牌SGT-3型地上衡	吉林长春衡器厂

续表

产品商标、名称	生产单位
大地牌ZGT-20型地中衡	湖南长沙衡器厂
天文牌ZGT-5型地中衡	江苏南京衡器厂
东方牌HGT-1000型容重器	上海东方衡器厂
地球牌50 mm铁挂锁	上海市第一锁厂
三环牌50 mm铁挂锁	山东烟台造锁总厂
雄鹰牌50 mm铁挂锁	广州市锁厂
狮牌45 mm钢挂锁	内蒙呼和浩特制锁公司钢锁厂
钻石牌40 mm铜挂锁	广州市南方锁厂
凤凰牌不锈钢表带	浙江杭州金属表带厂
天津牌不锈钢表带	天津表带一厂
双箭牌 3 号有尾11型削发剪	上海新中华刀剪厂
蝴蝶牌、钻石牌金属拉链	上海拉链厂
金钢牌钢丝钳	河南省新乡市工具厂
鱼牌机制钢锹	沈阳市钢锹厂
铁塔牌低碳钢锹	山东济宁制锹厂
沪工牌锂鱼钳	上海锻压机床三厂
昆虫牌绿漆窗纱	上海窗纱厂
北京牌不锈钢表带	北京表带厂

（曾焕湘）

【中国工艺美术品百花奖】 第六届中国工艺美术品百花奖评审会于1986年9月在北京召开。由专家、教授、工艺美术家、老艺人和中央有关部门的78名评审委员，对参加评选的511件(套)产品进行了反复认真地评审，评选出珍品（金杯）奖4个，金杯奖20个，银杯奖22个，已经国家质量奖审定委员会批准；评选出优质产品奖28个，优秀创作设计（部级）奖246个（其中一等奖52个，二等奖194个），经轻工业部批准，颁发了奖杯和证书。附表如下：

附件：

一九八六年度（第六届）中国工艺美术品百花奖获奖产品和企业名单

序号	产品名称	类别	企业名称	备注
1	玉雕碧玉山《石刻聚珍图》	珍品	江苏扬州玉器厂	
2	玉雕珊瑚《梅兰竹菊》	珍品	北京市玉器厂	
3	玉雕水胆玛瑙《牛郎织女》	珍品	天津市特种工艺品厂	
4	玉雕珊瑚《释迦牟尼降生图》	珍品	上海玉石雕刻厂	
1	紫禁城牌雕漆产品	金杯	北京雕漆厂	
2	金漆屏风	金杯	北京金漆镶嵌厂	
3	金凤牌漆器屏风	金杯	江苏江都特种工艺厂	
4	梅花牌网扣绣花	金杯	山东招远县网扣绣花厂	
5	白洋河牌棒槌花边	金杯	山东栖霞县工艺品厂	
6	水仙花牌化纤手绣绣衣	金杯	广东汕头市绣衣厂	
7	孔雀牌真丝、化纤手绣绣衣	金杯	山东荣城县石岛刺绣厂	
8	水仙花牌真丝、化纤手绣绣衣	金杯	广东潮州市绣衣厂	

续表

序号	产品名称	奖别	企业名称	备注
9	大富贵牌（真丝）、枫山牌（化纤）手绣绣衣	金杯	浙江台州绣衣厂	
10	牡丹牌、百合花牌真丝、化纤手绣绣衣	金杯	浙江宁波丝绸绣服联营厂	
11	巧丽牌真丝、化纤手绣绣衣	金杯	江苏南通县绣衣厂	
12	天宫牌缂丝日用品	金杯	江苏吴县缂丝厂	
13	玫瑰牌萧山花边（万缕丝花边）	金杯	浙江花山花边总厂	并列13
13	牡丹牌万缕丝花边、镶边大套	金杯	浙江绍兴花边厂	
14	地球牌高级脱胎漆器	金杯	福建福州第二脱胎漆器厂	并列14
14	飞马牌高级脱胎漆器	金杯	福建福州第一脱胎漆器厂	
15	熊猫系列普通金币	金杯	中国造币公司上海造币厂	
16	马牌礼花弹	金杯	广东东莞市烟花炮竹厂	
17	红灯牌礼花弹	金杯	湖南浏阳县出口花炮厂	
18	汝州牌汝瓷	金杯	河南临汝县工艺美术汝瓷厂	
19	景德镇牌瓷板画	金杯	江西景德镇市艺术瓷厂	
20	堆金类工艺美术瓷	金杯	广东潮州市二轻彩瓷总厂	
1	银铃牌金银丝涤纶亮片工艺美术品	银杯	沈阳市羽毛工艺厂	
2	芙蓉牌真丝、化纤手绣绣衣	银杯	江苏南通市东风绣衣厂	
3	和合牌缂丝日用品	银杯	江苏苏州缂丝厂	
4	牡丹牌、百合牌真丝、化纤手绣绣衣	银杯	浙江临海市绣衣总厂	
5	珊瑚牌漆器屏风	银杯	江苏扬州漆器二厂	
6	漆器屏风	银杯	山西平摇推光漆器厂	
7	漆花牌漆器屏风	银杯	江苏扬州漆器厂	
8	王冠牌珍珠工艺台灯	银杯	浙江嘉兴市工艺美术厂	
9	芦进桥记牌曲阳汉白玉石雕	银杯	河北曲阳县芦进桥建筑艺术雕塑公司	
10	新蕾牌凤尾纱补花	银杯	北京市挑补绣花厂	并列第10
10	凤尾纱补花	银杯	北京市补花二厂	
11	孔雀牌真丝、化纤手绣绣衣	银杯	山东文登县刺绣厂	
12	丽字牌网扣	银杯	山东昌邑县绣花厂	
13	宁海州牌棒槌花边件货	银杯	山东牟平县绣花厂	
14	亚麻线编结衣	银杯	哈尔滨市抽纱厂	
15	水仙花牌化纤手绣绣衣	银杯	广东潮州市潮安绣衣服装厂	
16	贵丽牌珠绣毛衫	银杯	广东汕头市工艺日用品厂	
17	牡丹牌、百合花牌、达美牌真丝、化纤手绣绣衣	银杯	上海绣衣五厂	
18	彩蝶牌塑料花鸟盆景	银杯	辽宁锦州市塑料花厂	
19	兰花牌中高档漆筷	银杯	福建福州漆筷厂	
20	顺风牌艺术镶拼棒针衫	银杯	上海工艺编织厂	
21	瓷板画像	银杯	江西南昌工艺美术厂	
22	飞天牌石刻镶嵌屏风	银杯	甘肃天水市雕漆工艺厂	
1	大桥牌14吋两轮儿童自行车	部优	武汉市童车厂	
2	红花牌14吋两轮儿童越野自行车	部优	上海童车厂	
3	汉白玉石雕《跨兽观音》《坐山观音》	部优	河北曲阳县第三雕刻厂	
4	马踏飞燕牌镶嵌、彩绘、刻漆屏风	部优	上海漆器雕刻厂	
5	漆器彩绘屏风	部优	山西太原市金漆厂	
6	神鸟牌漆器屏风	部优	四川成都漆器工艺厂	
7	渭杨牌刻灰仿古屏风	部优	陕西咸阳市场陵区工艺美术厂	
8	刻灰围屏	部优	山西新绛工艺美术厂	
9	漆器镶嵌屏风	部优	天津市工艺雕刻厂	
10	三环牌漆木碗	部优	福建仙游县工艺厂	
11	茉莉牌中高档漆筷	部优	福建福州市亭头漆筷厂	
12	千日红牌真丝手工绣衣	部优	江苏常熟市绣衣服装厂	
13	天府牌丝绸手绣绣衣	部优	四川阆中绣品厂	

续表

序号	产品名称	奖别	企业名称	备注
14	孔雀牌手绣女绣衣（真丝、化纤）	部　优	山东文登县服装厂	
15	合欢花牌真丝、化纤手绣绣衣	部　优	湖南长沙市湘绣厂	
16	瑞香牌手绣女绣衣	部　优	天津市绣花厂	
17	昭君牌、牡丹牌真丝百合花牌化纤手锈绣衣	部　优	上海绣衣四厂	
18	牡丹牌、百合花牌、婷婷牌真丝化纤手绣绣衣	部　优	上海绣衣二厂	
19	烟艺牌棒槌花边件货	部　优	山东烟台工艺品厂	
20	丽花牌网扣	部　优	山东海阳县绣花厂	
21	王冠牌工艺台灯	部　优	浙江杭州工艺美术机械厂	
22	福寿牌青花斗彩彩色玲珑薄胎皮灯	部　优	江西景德镇市艺术瓷厂	
23	钟楼牌缂丝日用品	部　优	上海丝绸进出口分公司吴县缂丝丝绸联营厂	
24	牡丹牌、百合花牌、佳佳牌手锈锈衣（真丝、化纤）	部　优	上海绣衣一厂	
25	薄木镶嵌工艺品	部　优	大连市家俱研究所	
26	押双麻平帽	部　优	浙江台州麻帽联营总厂	
27	景龙牌青花六头文具	部　优	江西景德镇市青花文具瓷厂	
28	散花牌B型花釉双鹿电子钟台灯	部　优	江西景德镇市雕塑瓷厂	

序号	产品名称	奖别	企业名称	主要设计	主要制作
1	发丝绣《黔娄之俦》	创优一等奖	山东济南刺绣厂	张培明	赵玉兰　赵秀芬
2	象牙大宫扇《松鹤长青》	创优一等奖	江苏苏州檀香扇厂	顾宗保	虞心昌　顾　涛　祝春才
3	九龟荷叶金星砚	创优一等奖	江西星子县工艺美术厂	陈茂林	钱炳仁
4	兰印花布系列产品	创优一等奖	江苏南通市工艺品印染厂	王永平　施　楠	曹建中　郑　华
5	舒软高档机绣品	创优一等奖	山东青岛刺绣厂	电子绣衣机设计室花	绣制组
6	真丝全雕绣花叠袖旗袍	创优一等奖	浙江台州绣衣厂	陈　克　陶正甫	叶仙春　叶仙娟
7	京绣《洛神赋》	创优一等奖	北京市首饰厂	李树元	翟玉霜　赵玉梅　赵振英
8	漆器攒盒	创优一等奖	四川成都漆器工艺厂		
9	软螺甸镶嵌漆器	创优一等奖	山西稷山县工艺美术厂	马登岐	王良便　马汉茵
10	装饰漆膜“双面画”棹屏	创优一等奖	福建福州漆器研究所	郑益坤	郑益坤
11	玉雕不规则薄胎《喇叭花》	创优一等奖	江苏邗江玉雕厂	耿有文	朱世林
12	玉雕水胆玛瑙《怀远》	创优一等奖	北京市玉器厂	冯道明	冯道明
13	象牙雕《梁祝》	创优一等奖	上海玉石雕刻厂	梁端玉	梁端玉
14	石雕《三个和尚》	创优一等奖	福建工艺美术综合实验厂	陈文斌	陈文斌
15	石雕《秋菊傲霜》	创优一等奖	浙江青田县工艺美术公司	倪东方	倪东方
16	古生物化石《十二生肖》	创优一等奖	湖南省工艺美术研究所	曾汉辉	曾汉辉　黄子文
17	TO-24型儿童四用童车	创优一等奖	四川重庆童车厂	江长万	江长万
18	8512儿童自行车	创优一等奖	北京童车一厂	郝振生	郝振生　胡达平
19	工艺陶瓷台灯	创优一等奖	山东淄博美术陶瓷厂	设计室	台灯工段
20	信宜玉特大仙桃盆景	创优一等奖	广东信宜工艺厂	杨献宗　骆雪峰	骆雪峰　吕雪亮
21	水晶灯（内画长安灯会）	创优一等奖	北京长城美术品厂	郭振刚　刘守本	杨志刚
22	多工艺壁挂《柳毅传书》	创优一等奖	北京地毯五厂	孔祥华	康玉生
23	TS手工艺术胶背地毯	创优一等奖	天津市地毯四厂	陈少奎	
24	精档错锦毯	创优一等奖	天津市地毯十四厂	王风来　夏福林	龚云芬　刘玉华
25	鹤的絮语	创优一等奖	北京地毯研究所	程源安　刘书转	孔庆华　董连琴
26	SK1017系列配套丝毯	创优一等奖	上海丝织地毯厂	杨宪仁　陈禹豪	毛静贤　蔡逸梅
27	涤塑花庭院装饰系列产品	创优一等奖	湖北天门县塑料花厂	郭义宾　谭　雄	金家振
28	贝壳软化装饰板	创优一等奖	大连旅游工艺品总厂	金阿山　庞原成　王　健	李本超　关淑兰　由成琴
29	贝雕镶嵌壁画《万寿长青》	创优一等奖	大连贝雕厂	邹文华　王克礼	马秀琴　李秋红
30	涤纶花新产品	创优一等奖	北京市绢花厂	涤纶花设计组	涤纶花设计组
31	电子音香味装饰盆景	创优一等奖	上海制花一厂	周万涛　杨亚平	丁孟康　陆兴中
32	18K金摆件《诞生》	创优一等奖	上海宇宙金银饰品厂	刘力群	陈玲敏　孔鲁飞
33	金銮殿	创优一等奖	北京首饰厂	曾一兵　肖国英	崔银玉　候重宾

续表

序号	产品名称	奖别	企业名称	主要设计	主要制作
34	银摆件《女娲补天》	创优一等奖	上海宇宙金银饰品厂	宋　清	高桂生　沈玉莉　邢贵海
35	华冠万年灯	创优一等奖	北京华艺景泰兰厂	张同禄	集　体
36	金钻、珠翠、多功能摆件《金屑紫幄图》	创优一等奖	上海市首饰设计研究中心	刘红宝	刘红宝
37	三彩壁画《永恒的魅力一龙门》	创优一等奖	河南洛阳市美术陶瓷厂		
38	瓷片镶嵌壁画	创优一等奖	河北唐山市工艺美术厂	刘来源　孟祥龙	白凤鸣　曹春英
39	莹光台灯座	创优一等奖	河南禹县陶瓷一厂	刘富安　赵俊峰	
40	套装小秦俑	创优一等奖	西安工艺美术研究所	姚喜来　祖丽荣	吕玉民　魏小玲
41	黑釉刻花梅瓶	创优一等奖	山西平定县陶瓷厂		张　聪　王宝玲
42	竹编《昭陵六骏》	创优一等奖	浙江嵊县工艺竹编厂	张庄耿　俞樟根	钱兆雄　胡文久
43	皮革、合成革、草编合制提兰	创优一等奖	山东掖县革制工艺品厂	集　体	集　体
44	五彩响花	创优一等奖	广西北海炮竹厂	凌国权	
45	母鸡下蛋	创优一等奖	江西万载东风花炮厂	王明照	郭昆文　龙小鹏　孙玉英
46	欢乐烟花	创优一等奖	湖南醴陵市出口花炮厂	魏启祥	
47	多工艺异形机绣室内用品	创优一等奖	江苏南通市绣品厂	李菊萍　陈惠君	朱育林　练素兰
48	湘绣双面屏风《九龙寿桃》	创优一等奖	湖南湘绣研究所	李欣中　昌士军	集　体
49	棒针衣	创优一等奖	江苏如皋县工艺结网厂	贾　燕　谢瑞如　吕玉泉	徐　萍　薛金美　陆文芳
50	美乐牌棒针衣	创优一等奖	江苏海安工艺编结总厂	编结总厂创作设计小组	编结厂打样车间
51	散点式大机行缝卧室系列配套	创优一等奖	上海绣品厂		
52	镀银宫廷餐具	创优一等奖	山西大同市金属工艺厂	集　体	集　体
1	三套组合桌代凳	创优二等奖	甘肃天水市雕漆工艺厂	张国栋	何进元　张建民　唐跃琴
2	桐木纹漆器	创优二等奖	河南郑州市金银漆器工艺厂	林观榜　郭仲铭	林观榜
3	朱浑金吉祥如意脱胎果盆	创优二等奖	福建福州第一脱胎漆器厂	陈天赣	
4	彩绘《四美图》四扇围屏	创优二等奖	福建福州第二脱胎漆器厂	陈桂官　俞开明	罗　兰　许　敏
5	漆画《上游》	创优二等奖	陕西户县漆器厂	高智民	高智民
6	写意漆画	创优二等奖	福建福州市漆器研究所	沈旭心	沈旭心
7	漆木印章	创优二等奖	福建福州第一脱胎漆器厂	黄时忠	黄时忠
8	大型木雕船《郑和宝船》	创优二等奖	武汉市工艺雕刻厂	龙从发　潘国勋	龙从发　潘国勋
9	玉雕绿松石《高山流水》	创优二等奖	湖北省工艺美术厂	袁嘉骐	袁嘉骐
10	喷水鱼洗	创优二等奖	武汉市工艺美术研究所	黄炳荣　黄可复	张翠琴　黄可复
11	豆　雕	创优二等奖	云南工艺美术公司生产科	张元昌	靳德志
12	青石碎石雕	创优二等奖	福建惠安石雕厂	吴水木	集　体
13	牛角雕长颈鹿	创优二等奖	广西合浦县工艺美术厂	曾沛贤	曾沛贤
14	象牙雕《夸父追日》	创优二等奖	天津市特种工艺品厂	李松亚	李松亚　杨桂森
15	玉雕水胆玛瑙《风火神威》	创优二等奖	天津市特种工艺品厂	赵志善	张少荣
16	云芝根木雕刻鸩鸟系列产品	创优二等奖	吉林省吉林市木雕厂	徐淑春　韩升旭	徐淑春　韩升旭
17	金丝木工艺品	创优二等奖	四川南川工艺美术厂	钟光韬	钟光韬
18	木雕《渔翁》	创优二等奖	浙江乐清县特艺雕刻厂	高公博	高公博
19	大理石工艺钟	创优二等奖	陕西汉中大理石厂	韦纯学　刘蔚中(省公司)	高　昆
20	大理石刻杨贵妃浮雕像	创优二等奖	陕西汉中大理石厂	徐人伯	徐人伯
21	玉雕松石《史湘云》	创优二等奖	北京玉器厂	宋世义	宋世义
22	象牙雕《嫦娥奔月》	创优二等奖	上海玉石雕刻厂	徐根双	徐根双　袁丽娟
23	玉雕碧玉《大千世界笔筒》	创优二等奖	上海玉石雕刻厂	刘嘉玲	陈　敬　袁　杰
24	玉雕翡翠《龙兽炉》	创优二等奖	上海玉石雕刻厂	林　谊　朱云发	韩永年
25	玉雕翡翠《五亭炉》	创优二等奖	上海玉石雕刻厂	陈思仁　秦程林	毛志刚　刘建华
26	达摩（树根雕）	创优二等奖	福建、福州雕刻工艺品总厂研究所	林学善	林学善

续表

序号	产品名称	奖别	企业名称	主要设计	主要制作
27	蒙古象棋	创优二等奖	内蒙呼和浩特市民族用品厂	王　曦	王　曦
28	玻璃艺术品水晶鹿	创优二等奖	甘肃兰州玻璃厂	侯占海	侯占海
29	琉璃龙门蜡台对狮	创优二等奖	山西河津县玻璃工艺厂		
30	盆景点缀件园林盆景	创优二等奖	河北广宗县工艺美术厂	张廷勋	张洪儒
31	古月轩鼻烟壶	创优二等奖	河北衡水市特种工艺厂	王冠宇　王　千	刘和平　龙凤华
32	磁州水石超声喷泉盆景	创优二等奖	河北磁县工艺美术厂	王玉升　俎翠亮	范德军　白梅清
33	明清历史人物蜡象	创优二等奖	浙江杭州市工艺美术研究所	张澄之　赵玉刚	金贵富　楼永泉
34	仿金茶色工艺灯	创优二等奖	浙江杭州市工艺美术机械厂	厂技术科	灯具试制小组
35	观花戏珠组合文具台灯	创优二等奖	江西景德镇市青花文具瓷厂	曹玉贵	方和平
36	神凝"中国金星砚"	创优二等奖	江西星子县工艺美术厂	陈茂林　姚盛松	谷春水　钱炳仁
37	象牙丝细编官扇	创优二等奖	上海长江刻字厂	陈海龙　叶德麟	胡建民　吴林海
38	浮雕盘龙洞箫	创优二等奖	贵州玉屏箫笛厂	姚本林　薛群杰	薛群杰　姚本林
39	树脂合成工艺品	创优二等奖	贵州工艺美术研究所	翟思正、刘邦一、余友才、岳　振	岳　振
40	艺术绣壁挂	创优二等奖	四川成都市挑绣厂	黎建伟	王小兰　刘伯千
41	刺绣织锦戏剧脸谱一套(八个)	创优二等奖	湖南湘绣研究所	罗梓彬	任建儒　程永香(土家族)
42	湘绣装饰壁挂	创优二等奖	湖南湘绣研究所	本所集体设计	浣美云　刘小丹
43	全棉拼通时装裙	创优二等奖	广东潮安二轻针织服装厂	郑妙英	陈丽红　许少娜
44	麻捻袋RA359等	创优二等奖	浙江台州市麻帽联营总厂	王云玉　梁菊琴	社员编织
45	梭锦绣花边	创优二等奖	浙江萧山县花边总厂	付月樵　苏荣甫	机绣、机镶车间
46	双面补花门帘	创优二等奖	北京市补花二厂	李崇武	试制小组
47	苗族儿童狮头帽	创优二等奖	贵州镇远县民族绣品厂		储吉林
48	民族织锦工艺品	创优二等奖	贵州安顺县民族工艺厂	王一万	王一万
49	1°麻布壁挂	创优二等奖	贵州镇宁布依族苗族自治县腊染厂	集体创作	集体创作
	2°粗布手绘彩色腊防染壁挂	创优二等奖	贵州镇宁布依族苗族自治县腊染厂	集体创作	集体创作
50	全竹单人沙发床	创优二等奖	四川合江县竹藤工艺厂	冯汉忠	陈书康　吴淑文
51	扎染绣花旗袍	创优二等奖	贵州贵阳绣品厂	胡瑞敏　蔡桂英	胡瑞敏　翁小青
52	扎染机绣室内装饰系列工艺品	创优二等奖	贵州贵阳绣品厂	李祥宽　刘进	罗　琦　王玲玲
53	真丝穿珠手绣连衣裙	创优二等奖	江苏常熟市绣衣服装厂	叶利生　陆丽娜	王丽华　包明玉
54	能走的木马	创优二等奖	重庆木竹工艺厂	杨义为　唐　英	桑万才
55	背式多用童车	创优二等奖	湖北嘉鱼县童车厂	程泽贵	童车厂集体
56	电子音响积木	创优二等奖	福建浦城县工艺玩具厂	何子禧	何子禧
57	电动月球车	创优二等奖	武汉市金属玩具厂	涂琛明　严德超　盛汉平	俞跃良　张红军
58	儿童压力水壶	创优二等奖	北京市玩具五厂	王积勇	
59	电动鸟	创优二等奖	北京市玩具八厂	仿制（集体）	
60	电子长毛绒玩具	创优二等奖	江苏扬州玩具公司	朱子辉　陈淑琴	
61	路声牌陶瓷薄胎皮灯	创优二等奖	江西景德镇市景兴瓷厂		
62	蝶式圆领时装绣花套件	创优二等奖	湖南长沙市湘绣厂		
63	红花18型自行车	创优二等奖	上海童车厂	江绍强	
64	音乐杂技车	创优二等奖	上海玩具一厂	张业美	
65	游乐车站	创优二等奖	上海玩具十五厂	王永昌	
66	歙州竹砚	创优二等奖	安徽歙砚厂	汪启渭	
67	玉雕岫玉《五环炉》	创优二等奖	安徽蚌埠玉雕厂	武保元	郭　斌
68	生风牌毛绒春秋工艺鞋	创优二等奖	浙江工艺鞋厂	徐永根	设计室
69	提花绒	创优二等奖	浙江萧山花边总厂	蒋华良	新产品试制组
70	TM-1型化纤帽	创优二等奖	浙江台州麻帽联营厂	研究所	研究所

续表

序号	产品名称	奖别	企业名称	主要设计	主要制作
71	行缝喷绣床罩	创优二等奖	吉林长春市刺绣工艺厂	于长胜	张立英　藏桂香
72	腊绣民族挂包	创优二等奖	云南昆明市机绣厂	董坤维	蔡绍仙
73	宽条绒皮革口男拖鞋	创优二等奖	天津市第五便鞋厂	王会来	孙敬华　吕淑云　孟广仁
74	柔姿纱房间装饰十五件套	创优二等奖	武汉市绣花厂	周志坚	江启和　董丽华
75	“小夜曲”17件套室内装饰	创优二等奖	武汉市抽纱绣品厂	刘　萍	王想芙
76	CE02真丝雪纺钉珠活三层长裙	创优二等奖	广东潮州市潮绣厂	李奕群	陈丽枝
77	厘士料钉珠枚花套裙	创优二等奖	广东潮州市潮绣厂	王华南	王华南
78	母子床上用品五件套	创优二等奖	广西南宁市刺绣厂	夏蓓蒂	孙卓珍
79	富丽丝	创优二等奖	河南商丘市抽纱工艺总厂	刘洪范	李瑞莲
80	绣花童装	创优二等奖	黑龙江富锦县刺绣厂	高　艳　宋凤清	高　艳　宋凤清
81	机绣沙发巾	创优二等奖	黑龙江巴彦县绣品厂	阎丽娟　姜崇昆	姜玉新　于春丽
82	儿童稻谷衫	创优二等奖	西安凤凰刺绣厂	民间工艺研究小组	民间工艺研究小组
83	五毒图案民间实用工艺品	创优二等奖	西安凤凰刺绣厂	民间工艺研究小组	民间工艺研究小组
84	喷印儿童实用品	创优二等奖	西安凤凰刺绣厂	郑培熙	技研组
85	潇湘竹网扣窗帘	创优二等奖	山东招远网扣绣花厂	刘君善	
86	K13-B27针结花边	创优二等奖	江苏沙州县花边经理部	设计组集体	实验组集体
87	彩锦绣壁挂《渔歌》	创优二等奖	江苏南通市工艺美术研究所	康卫东	万显珍　何跃英　秦　丽
88	工艺餐巾	创优二等奖	江苏南通县工艺品厂	张　萍　沙松涛	沙志英　唐　燕
89	绣丸编织时装	创优二等奖	江苏南通市旅游工艺品研究所	集体创作	试制小组
90	“贝贝”工艺手套	创优二等奖	北京市第一绣花厂	庞宝林	李燕军　张秀花
91	六扇青铜镜屏风	创优二等奖	甘肃天水市雕漆工艺厂	张国栋	孟段秀　石玉英
92	脱胎薄料竹瓶	创优二等奖	福建福州第二脱胎漆器厂	王炳顺	郑开朗
93	彩漆平嵌《春风十里》地屏	创优二等奖	江苏扬州漆器厂	张　宇	黄玉尧　尤　真
94	玉雕玛瑙《童子拜观音》	创优二等奖	北京市玉器厂	陈长海	陈长海　王震宇
95	玉雕玛瑙《吉祥如玉》	创优二等奖	北京市玉器厂	邹仁序	邢文刚
96	花果匾	创优二等奖	福建福州雕刻工艺品总厂研究所	冯久和	冯久和
97	腰果花三件套装	创优二等奖	广东中山市烟墩珠绣综合厂	欧少瑜	林爱华
98	亚麻布手绣相拼窗帘	创优二等奖	哈尔滨市抽纱厂	申娜好	高喜萍　叶红霞
99	“美多牌”儿童自行车	创优二等奖	河北唐山市儿童用品厂		
100	“红花”10型推车	创优二等奖	上海童车厂	孔宝丰	孔宝丰
101	PE068五用教育火车	创优二等奖	上海玩具八厂	袁文蔚	
102	大象火车	创优二等奖	上海玩具十厂	陈纪林　王国辉	陈纪林　王国辉
103	真丝手绘房间套	创优二等奖	上海沪东绣品厂	赵　亮　徐海南	魏桂珍
104	双筒枪	创优二等奖	大连玩具厂	陆银凤　王吉军	黄浪波　机加班
105	绳　绣	创优二等奖	大连抽纱工艺厂	由景琮	于桂花
106	艺术刻纸装饰壁挂《湘妃》	创优二等奖	湖南省工艺美术研究所	陈咨旺	陈咨旺
107	持花仕女图	创优二等奖	大连抽纱工艺厂	焦　丹	王传敏
108	儿童工艺被及系列产品	创优二等奖	天津第五绣花厂	王　伟	郭宝芬　袁　瑛
109	网眼布冷粘女工艺鞋	创优二等奖	天津第五便鞋厂	王会来	孙敬华　吕淑云　孟广仁
110	人丝勾针连衣裙、蝴蝶套衫	创优二等奖	广东汕头市剧装工艺厂	黄楚明　庄　桦	谢佩芬　林家贤
111	400道精工高档丝毯	创优二等奖	河南省镇平县卢医地毯厂	李云合　魏继武	魏淑芬　李小娱
112	平纹印花地毯	创优二等奖	沈阳平纹地毯厂	石立斌	集　体
113	纳尔松地毯	创优二等奖	内蒙准格尔旗民族地毯厂	贾　珊	贾　珊　蔺培珍
114	金凤牌青竹旅游地毯	创优二等奖	山西山阴县地毯厂	贺淑萍	阎月兰
115	现代新工艺艺术壁毯	创优二等奖	江苏如皋工艺丝毯总厂	袁运甫、李玉坤、蒋靖东、曹春阳、薛秋生	刘云英　龚玉梅
116	机拉洗高级手工仿古软毯	创优二等奖	浙江美术地毯厂		

续表

序号	产品名称	奖别	企业名称	主要设计	主要制作
117	150道拉绞手工打结高级羊毛地毯	创优二等奖	北京市地毯五厂	金善田　候鸿林	厂内车间
118	90道《青铜溢香》挂、地毯	创优二等奖	上海地毯总厂	范圣芳	
119	莫高式津工地毯	创优二等奖	天津市地毯三厂	杨怀盛　张淮海	吴志舫　李忠秀
120	琼台仙侣图	创优二等奖	天津市地毯研究所	崔树民	许文秀　周　炎
121	160道精档地毯	创优二等奖	天津市地毯五厂	李成群	丁秀云　魏立玲
122	平行型手工栽绒地毯	创优二等奖	天津市地毯二厂	周学成　路保泰	王长瑞　尹会荣
123	天国图	创优二等奖	天津市地毯研究所	张宝树	顾蔚兰
124	陕北花灯	创优二等奖	北京市地毯研究所	武允仁　刘书转	
125	丝毛交织艺术壁挂毯	创优二等奖	江苏东台地毯总厂	王柏林	任春生
126	磁装裱系列	创优二等奖	武汉国画院	王传导	黄鼎国
127	紫银芝系列(三)《紫芝双面平贴座屏松鼠》	创优二等奖	吉林长春市工艺美术厂	李东辉	冷　玲
128	麦秸画新工艺	创优二等奖	哈尔滨工艺美术厂	黄忠礼　杨国英	宋美丽　王洪江
129	系列化室内装饰贝雕画屏	创优二等奖	浙江舟山工艺美术厂	陈全昌	伊淑燕
130	布贴沥粉画	创优二等奖	西安市锦江刺绣厂	朱枫桐　梁　琪	朱枫桐　梁　琪
131	工艺植绒画	创优二等奖	浙江杭州墨水厂	蔡定河　郭杭建	张娄根　凌　云
132	《水墨效果贝雕》《镂空贝雕》双面龙座屏	创优二等奖 创优二等奖	大连贝雕厂	孙国亮　陶艺光	孙国亮　陶艺光
133	树皮壁饰工艺品	创优二等奖	吉林吉林市工艺美术研究所	赵艳华　吴士昌	梁巨林　周井卫
134	涂饰高分子无失真封闭剂的仿古国画《桃花鸂鶒图》	创优二等奖	武汉市中国书画院	唐正安	云南琴　游代源
135	涤纶花盆景《鱼缸芙蓉》	创优二等奖	湖北云梦县涤纶花总厂	刘元斌	集　体
136	木贴画《狐狸和月亮》	创优二等奖	云南昆明市工艺美术二厂	刘荣生	刘荣生
137	羽毛平贴画	创优二等奖	广西玉林市工艺美术厂	何家福	苏辅华
138	棉花画	创优二等奖	福建樟州市第二棉花画厂	黄家声	黄惠华
139	涤丽斯人造花	创优二等奖	上海创新工艺品一厂	韩一民　施明仪	
140	通草堆画	创优二等奖	贵州黔西南州工艺美术厂	舒静波　李修惠	李修惠
141	鎏金屏风	创优二等奖	山东潍坊工艺品厂	谭新湖　周洪冈	谭新湖　周洪冈
142	瓷盘铁画	创优二等奖	安徽芜湖市工艺美术厂	张振家	张德才　叶　合
143	立体浮雕画	创优二等奖	安徽肥东县城关工艺美术公司	李绍荣	陈　勇
144	足金车花链	创优二等奖	江苏常熟市金属工艺厂	邹建刚	邹建刚
145	“福、禄、寿”18K金摆件	创优二等奖	上海远东金银饰品厂	沈福民	张志荣
146	景泰蓝豪华仿古艺术钟	创优二等奖	天津第一金属工艺品厂	郑俊华　房树常	集　体
147	金银大摆件《郑和宝船》	创优二等奖	江苏江都县金属工艺厂	方学斌	高宏保　高德惠
148	铜壁画《长风万里》	创优二等奖	北京市工艺美术研究所	周道生　吴　健	张文玉　薄士友　熊士华
149	银花丝摆件《龙舟》	创优二等奖	河北张家口市工艺美术厂	韩国星	王会明
150	金丝釉台灯	创优二等奖	天津市第一金属工艺品厂	王金昌　郭书平	集　体
151	银葫芦鼎炉	创优二等奖	天津市首饰厂	靳继年	王世起　王　力
152	蒙古鸳鸯刀	创优二等奖	内蒙呼和浩特市民族用品厂	王　曦	刘玉琢
153	马超龙雀系列产品	创优二等奖	北京金属工艺品厂		开发四部
154	银摆件《果盘》	创优二等奖	上海宇宙金银饰品厂	张家康	张家康
155	14K钻饰四件套《夏日四重奏》	创优二等奖	上海首饰设计研究中心	陆莲莲	傅志庆
156	18K金女装三件套《心声》	创优二等奖	上海首饰设计研究中心	卢惠卿	徐秀琴
157	22K二开手镯　、	创优二等奖	江苏常熟市金属工艺厂	集　体	集　体
158	刚玉系彩色宝石和小面型宝石钻	创优二等奖	福建福州珍宝有限公司福州市工艺晶体厂	钮天然	林红儿　马　曦　王建国
159	兽面纹龙流	创优二等奖	上海长江刻字厂	刘晓钟	王美玲

续表

序号	产品名称	奖别	企业名称	主要设计	主要制作
160	钧瓷《玉兰瓶》	创优二等奖	河南禹县钧瓷二厂	温　振	温　振　张秋宪
161	曜变天目釉	创优二等奖	河北唐山市陶瓷研究所	张玉春　任继武	张玉春　任继伍
162	仿秦汉瓦档	创优二等奖	河北唐山市工艺美术厂	赵俊满	
163	花釉陶	创优二等奖	福建龙海县花釉陶厂	马达明　郭小鹏	洪树德　陈朝龙
164	巡天壁挂	创优二等奖	广西钦州昵兴工艺一厂	李人栟	李人栟
165	仿古青铜陶制品	创优二等奖	广西柳州市美术陶瓷厂	黄肇东	罗永强
166	锦彩朱泥答赠礼品组合	创优二等奖	广西工艺美术研究所	周清立	周清立
167	钧瓷《余丰瓶》	创优二等奖	河南禹县钧瓷一厂	许海君	
168	粗陶陈列瓷	创优二等奖	甘肃两当工艺陶瓷厂	刘正刚	工艺品车间
169	三足笔筒	创优二等奖	云南建水工艺美术陶瓷厂	陈绍康	陈绍康
170	稀土釉变形一动物系列	创优二等奖	湖北蕲春县岚头矶工艺陶瓷厂		
171	白砂系列工艺品	创优二等奖	吉林吉林市工艺美术研究所	白羽人	
172	三彩壁饰《持花菩萨》	创优二等奖	河南洛阳美术陶瓷厂	杨建芳	杨建芳
173	钧瓷《塔炉》	创优二等奖	河南禹县钧瓷二厂	温国立	温　振　张秋砚
174	陶器高浮雕壁画	创优二等奖	四川彭县桂花陶瓷厂	毛超群	陶瓷研究所
175	三彩瓷板装饰画	创优二等奖	西安美术陶瓷厂	试验室集体	试验室集体
176	鹈鹕鸟烟盒	创优二等奖	河北唐山市工艺美术厂	张庆厚	
177	釉中彩餐具	创优二等奖	河北唐山市陶瓷研究所	张玉春　谢春波　王前进	张玉春　谢春波　王前进
178	唐三彩《武则天》像	创优二等奖	陕西乾县工艺美术厂	罗建福　邱永健	刘美丽　冯亚兰　吴利州
179	美术陶瓷装饰壁挂	创优二等奖	陕西省工艺美术公司	康　义	康　义
180	贵州美术陶（三足鼎）	创优二等奖	贵州工艺美术研究所	余有才　刘邦一　岳　振	余有才　岳　振
181	SO249仿止骨四件套花屏家俱	创优二等奖	广东揭阳县藤厂	卢岳耀	卢岳耀　创新组
182	WF881B刨皮上油菊花套椅	创优二等奖	广东南海藤厂	范伟文	李裕潜
183	仿生型立体麦秸工艺盒	创优二等奖	黑龙江省工艺美术试验厂	高元英	吴　曼
184	竹壳工艺鸟	创优二等奖	浙江仙居县艺术品厂	集　体	集　体
185	竹木两用沙发床	创优二等奖	贵州赤水县竹木家俱厂	胡作成　向朝明	雷帮华　丁泽正
186	线径扭编高档座垫	创优二等奖	工贸联营山东省掖县革制工艺品厂	集　体	集　体
187	蜂花烟花	创优二等奖	广西合浦县炮竹厂	江泽远	顾际邦　陈善文
188	凤凰牌8311型无硫磺芳香炮竹	创优二等奖	广东南海县红旗炮竹厂	英柏宁　钟增培　刘建中	黄灿銮
189	彩光芳香炮竹	创优二等奖	广东高要县烟花工业公司	陈志强　邱云龙　黄沛章	陈志强　邱云龙　黄沛章
190	新小蜜蜂	创优二等奖	江西万载县东风花炮厂	王明照	邓新杰、郭昆文、龙小鹏　陈德才
191	西湖牌混合火箭	创优二等奖	浙江苍南县烟花总厂	何传崇　黄振宇	何传崇
192	民间工艺十二生肖	创优二等奖	山西蒲县工艺美术厂	卫效玠	陈美鲜
193	通草堆画	创优二等奖	贵州罗甸县工艺美术厂	欧阳元莉　欧阳元明	欧阳元莉　欧阳元明
194	菊花石雕《龙虎戏菊》	创优二等奖	湖南省工艺美术研究所	袁跃初　林长绵	徐幼章　易志红

（晓　绍）

【评选国家级、部级质量管理奖】 1986年，国家经委和中国质量管理协会组织了国家质量管理奖评选工作。轻工业系统山西杏花村汾酒厂被正式命名为《国家质量管理奖企业》。山东省烟台木钟厂被评为国家质量管理奖预评企业。

1986年5月至7月，轻工业部组织了部级优秀质量管理企业的评审工作。由轻工业部委托部分省、市厅局负责组成7个巡回检查组，代表轻工业部检查了35个省、市的47个企业。评审结果，达到优秀标准(900分以上）的有37个企业，被命名为《轻工业部1986年优秀质量管理企业》；7个企业接近优秀标准，被评为《轻工业部1986年优秀质量管理预评企业》。附表：轻工业部命名1986年优秀质量管理企业名单（37个）

北京日用化学二厂

北京塑料三厂
北京地毯五厂
石家庄手表厂
张家口市第一制皮厂
山西长治太行锯条厂
丹东金笔厂
沈阳油脂化学厂
大连搪瓷工业总厂
辽宁阜新市红旗塑料机械厂
沈阳钢锹厂
大连童装厂
长春衬衫厂
佳木斯造纸厂
哈尔滨日用化学厂
海伦县塑料制品厂
哈尔滨新光工艺美术厂
上海中国版纸厂
上海金属品厂
江苏大丰县自行车飞轮总厂
杭州手表厂
浙江塑料机械厂
厦门罐头厂
福州第二塑料厂
江西油脂化工厂
景德镇宇宙瓷厂
山东蓬莱县绣花厂
河南安阳自行车工业公司（一厂、二厂）
湖北松滋县白云边酒厂
武汉防锈纸厂
广东江门市三桁瓦厨房设备工业公司
广州电池厂
广州电冰箱二厂
广西梧州电池厂
陕西西凤酒厂
西安红旗手表厂
重庆电扇厂

轻工业部1986年优秀质量管理企业预评名单（7个）

天津市油墨制造厂
天津市第二十四塑料厂
内蒙海拉尔乳品厂
通化市葡萄酒公司
徐州合成洗涤剂厂
安庆市香皂厂
池州造纸厂

（李新国）

【优秀QC小组】 1986年，由轻工业部命名的全国轻工业优秀QC小组共114个，名单如下：

厅局名称	优秀QC小组名称	企业名称
北京一轻	柔软剂QC小组	北京日用化学二厂
北京二轻	一车间划皮QC小组	北京衬衫厂
北京工艺美术	染线车间QC小组	北京地毯一厂
	内销工段QC小组	北京补花二厂
天津一轻	锅炉一组QC小组	天津油墨厂
	工具科滚刀QC小组	天津手表厂
天津二轻	扎毯车间QC小组	天津地毯七厂
	抽丝车间QC小组	天津塑料五厂
河北轻工	彩烧工序QC小组	唐山市第二瓷厂
	节水工程QC小组	石家庄市油脂化工厂
	污水治理QC小组	张家口市第一制皮厂
	质量科QC小组	邯郸市酒厂
山西轻工	成品洗衣粉攻关QC小组	太原市洗涤剂厂
	粉末车间压型QC小组	忻州地区钨丝厂
山西二轻	手锯车间QC小组	山西太行锯条厂
	提高泡沫强度攻关	阳泉市泡沫塑料厂
辽宁轻工	排气挂丝QC小组	锦州市新光灯泡厂
大连一轻	原木削片刀QC小组	大连机械刀片厂
沈阳一轻	二车间QC小组	沈阳市造纸厂
	提高实物质量QC小组	沈阳市钟厂
辽宁城镇集体	创优QC小组	鞍山市衬衫厂
大连二轻	PE造革拖鞋QC小组	大连第五塑料厂
吉林轻工	六车间镶字QC小组	吉林手表厂
	蜂蜜加工QC小组	长春第一食品厂
吉林二轻	裁断车间QC小组	长春市衬衫厂
	童车QC小组	白城市眼镜玩具总厂
黑龙江轻工	制浆分场洗涤QC小组	佳木斯造纸厂
	洗衣粉QC小组	黑龙江省合成洗涤剂厂
哈尔滨一轻	制版QC小组	哈尔滨印刷一厂
黑龙江二轻	电镀QC小组	齐齐哈尔冰刀厂
	改革工艺QC小组	孙吴北疆文体用品厂
哈尔滨二轻	机车汞氙灯QC小组	哈尔滨炬光灯厂
上海轻工	铸造一车间现场QC小组	上海协昌缝纫机厂
上海二轻	缝纫五大组QC小组	上海衬衫四厂
	工艺钮面子伸花模改进QC小组	上海金属品厂
江苏轻工	剁齿刀改进QC小组	南京钢锉厂
	油毡原纸创优QC小组	苏州红叶造纸厂
广东一轻	化皮榄QC小组	潮州市果子厂
广州轻工	烘漆车间QC小组	广州缝纫机厂
广东二轻	吹塑车间QC小组	佛山塑料六厂
	厂部QC小组	佛山市利生利刀具厂
广州二轻	技术科QC小组	广州塑料三厂
广西轻工	抄纸车间QC小组	贵县红旗纸厂
	整体锌筒QC小组	梧州市电池厂
广西二轻	烟花QC小组	合浦县廉州炮竹厂

续表

厅局名称	优秀QC小组名称	企业名称
	科宝QC小组	梧州市五一塑料制品厂
四川轻工	电容器纸车间QC小组	乐山造纸厂
重庆一轻	铝轧分厂QC小组	重庆热水瓶总厂
四川二轻	布卷尺QC小组	自贡市卷尺厂
	练漂攻关QC小组	开江县染织厂
重庆二轻	厂部QC小组	重庆电扇厂
	卫生巾制造QC小组	重庆卫生巾厂
贵州轻纺	黔春车间QC小组	贵阳酒厂
	大型衡器计量杠杆QC小组	贵阳衡器厂
	熔制车间QC小组	贵阳玻璃包装瓶厂
	二车间QC小组	惠水造纸厂
云南轻工	锡制品车间QC小组	个旧市锡工艺美术厂
	成品车间QC小组	昆明市合成洗涤剂厂
	提高电池质量QC小组	蒙自电池厂
	注塑车间QC小组	个旧市制鞋厂
陕西轻工	造纸工段QC小组	商洛地区造纸厂
	科研所QC小组	西凤酒厂
西安一轻	发酵QC小组	西安味精厂
陕西二轻	注塑发泡鞋QC小组	汉中市制鞋厂
	光洁度QC小组	白水县菜刀厂
西安二轻	壁纸QC小组	西安塑料一厂
	铸铅车间QC小组	西安冶炼铸造厂
甘肃轻二	耐晒桃花色源QC小组	甘肃油墨厂
	质量创优QC小组	天水啤酒厂
	塑编QC-08小组	甘肃省塑料编织袋厂
	铅丝创部优QC小组	兰州铅丝厂
宁夏轻纺	制浆车间QC小组	青铜峡造纸厂
长芦盐务局	安技科QC小组	塘沽盐场
部盐务局	净化卤水QC组	五通桥盐厂
	一车间真空制盐QC小组	自贡市贡井盐厂
部造纸局	南分厂四号机QC小组	北京造纸一厂
部家电局	提高工业用喷汽电熨斗QC小组	上海电熨斗总厂
部日化局	白猫洗衣粉QC小组	上海合成洗涤剂厂
部轻机总公司	铸造车间QC小组	辽阳造纸机械厂
部工艺美术总公司	技改攻关QC小组	广州市铝金彩瓷工艺厂
	新产品攻关QC小组	天津市第五便鞋厂

（李新国）

【实施生产许可证】 根据国家经委公布的发放生产许可证的产品目录及增补修改目录的通知，1986年轻工业部对衡器、洗衣机、自行车等3种产品、144个企业发放了300张产品许可证。其中给43个洗衣机企业发了53张证书；给96个衡器企业发了242张证书；给5个自行车企业发了5张证书。同时为已列入1986年发证书目录的电冰箱、压力锅、精制盐3个产品也做了一系列的准备工作。

至1986年止，自行车、台案秤产品的发证工作已全部完成。根据国务院有关规定，未取得生产许可证的企业，不得生产该产品，各级经济管理部门不得安排计划，不得供应原材料、动力和提供生产资金。1986年尚未结束发证工作的产品，1987年继续进行。

（李流芳）

【国家监督抽查产品质量情况】 根据国家经委通知，从1985年第三季度开始，实行国家监督抽查产品制度。这项工作在国家经委领导下，由质量监督局会同有关部门组织国家检测中心进行。

1986年，轻工业部所属企业接受国家监督抽查的产品共11类，检测结果如下：

从抽查的结果看，轻工产品质量呈逐步提高的趋势。1986年国家统一抽查轻工业系统企业产品306个，达到合格要求的205个，抽查合格率为66.9%，比1985年的51.2%提高15.7%，尤其是第三季度抽查的纸袋、电容器纸、普通灯泡合格率分别为100%、92.8%、82.9%，情况较好，比一、二季度有较大提高。

检测结果还表明，轻工业各行各业和各企业之间发展不平衡，有的产品质量较好，而有的产品质量较差。

针对国家监督抽查产品质量暴露的问题，轻工业部认真抓了不合格企业的整改工作，要求各省市主管部门督促不合格企业查明原因、制定措施，限期达到合格要求。

1986年9月，轻工部召开了全国新闻纸、凸版纸工作会议，研究解决新闻纸、凸版纸的质量问题。邵阳造纸厂、德州造纸厂、金城造纸厂、石岘造纸厂等十几个单位在会上介绍提高产品质量的经验，对提高新闻纸、凸版纸的质量起了积极推动作用。不合格企业变压力为动力，认真整顿产品质量，取得了显著成效，已有一批企业经省市标准部门复查，达到了合格标准。

（曾焕湘）

【轻工业部第二次节能办公会议纪要】 轻工业部于1986年7月召开了第二次节能办公会议，王文哲副部长主持，杨波等几位正、副部长和各司局的负责同志参加了会议。会议着重研究了贯彻国务院颁发的《节约能源管理暂行条例》有关事宜。会议决定：

1. 继续做好重点耗能产品能耗定额制订工作，建立重点耗能企业，能耗季度考核制度。要求在制订定额的同时，把计算细则和考核制度一并制订和建立起来。关于季报考核工作，按行业进行，汇总工作由专业局负责。全系统汇总工作由部节能办公室负责。并要求各专业局负责组织能耗统计人员培训班，切实按计算细则的要求把考核办法统一起来。另外确定由计划司负责从1986年开始在轻工业统计年报中，增加有关能源消耗的统计内容。

2．根据《条例》规定要求，凡有窑炉的行业，都要抓紧制订窑炉等级标准，开展窑炉晋升级活动。

3．由基建司负责抓紧把节能和合理用能的章节充实到《设计规范》和《轻工业初步设计内容暂行规定》中去。

4．编制1987－1989年轻工业节能技术改造样板项目三年滚动计划和1987年节能技改样扳项目计划。涉及配套外汇时，由生产司会同计划司统一向有关部门申报。节能基建项目由计划司纳入基建计划，统一管理。

5．节能新产品的申报和批准，由生产技术司在评审轻工业新产品时一并办理，各专业局要协同抓好这项工作。

6．由机械局负责制订轻工业专用设备省能型产品推广目录和限期淘汰的费能型产品目录，并分批公布。

7．继续推进节能管理的改革，不断完善能源包干、择优供应、节奖超罚、企业内部用能责任制等改革措施。

8．抓好节能技术改造，推进技术进步，各地都要广泛筹集和落实节能资金，对于已立项的项目要认真督促检查。各地在审批所有新建、改建、扩建和技改项目时，必须同时安排好节能的内容，坚持“三同时”。要继续抓好压缩烧油工作。

9．要求各地轻工主管部门和企业继续加强节能管理基础工作，重点抓好能源计量、能量平衡、产品能耗定额考核及统计工作。各级都要建立、健全节能管理体系，配备素质好的管理人员，推行节能办公会议制度。

上述各项已陆续开展工作，增订了味精等13个产品能耗定额及计算细则，肥皂等10个产品建立了季报，搪瓷行业制订了窑炉等级标准，编制了1987年节能技改项目计划，完成了轻工业“七五”节能计划定稿工作。

1986年国家安排给轻工业节能技改贷款投资54项6 380万元，项目均在施工之中。

根据国家计委和经委的布置，组织北京中北玻璃耐火材料联合公司等单位开展了轻工耐火、隔热、保温材料的调查工作，基本摸清了硅酸盐行业所需耐火、隔热、保温材料生产和使用情况以及存在的差距和主要问题，为进一步制订发展规划提供了重要依据。

一年来，由于认真贯彻执行《节约能源管理暂行条例》，轻工业节能工作取得了新的进展，万元产值耗标准煤由1985年的3.5吨（不含区街工业和烟草工业）降到3.18吨，下降9.1%，全节能总量超额完成计划指标。多数重点耗能产品单耗均有所下降，年报考核的9个产品中，有日用玻璃制品（燃料单耗下降7.1%）、保温瓶胆燃料单耗下降4.4%）、啤酒（燃料单耗下降5.6%）、百吨甘蔗（燃料单耗下降1.9%）、百吨甜菜（燃料单耗下降0.4%）、铁锅（焦耗下降6.3%）新闻纸（由耗下降1.3%）等七项下降，仅有日用陶瓷（燃料单耗上升1.6%）和机械木浆（耗电上升1.7%）两项略有回升。

（陈文荣　董洪运）

【制定“七五”节能规划】　为在“七五”期间贯彻落实国务院颁发的《节约能源管理暂行条例》，加强节能管理基础工作，1986年制定了“七五”节能规划，其主要内容是：

目标。1990年万元产值能耗由3.15吨（标准煤，下同）降到2.7吨，年平均节能率为3%，5年累计节能1 000万吨，1990年能耗总量要控制在6 200万吨左右，“七五”期间，轻工业能源消费弹性系数要控制在0.6以内。

主要措施。一、继续推行能源管理改革，推行并完善能源包干、择优供应、节奖超罚和企业内部节能责任制。二、加强节能基础工作，抓好重点耗能产品综合耗能定额及其计算细则的制订工作。三、积极推行节能技术改造和设备更新，抓好余热回收利用工作，开展综合利用。四、狠抓耗能重点行业和耗能大户的节能工作。五、抓好间接节能，合理调整行业和产品结构，发展低能耗的行业及产品，改进产品设计，发挥能源效益。六、广泛筹集节能改造资金，对于新建、改建、扩建及技术改造项目要做好节能方面的评估。

（董洪运）

【评选设备管理优秀单位】　1986年6月国家经委召开了第二次全国设备管理、维修工作会议。会上表彰了荣获“1984－1985年全国设备管理优秀单位”100个，其中轻工7个。即华丰造纸厂、天津自行车二厂、包头市糖厂、营口市洗衣机总厂、吉林造纸厂、华生电扇厂、轻工业部广东轻工业机械厂。荣获《1984－1985年全国设备管理先进单位》100个，其中轻工9个，即北京酒精厂、大同糖厂、丹东金笔厂、石岘造纸厂、佳木斯造纸厂、齐齐哈尔乳品厂、南京缝纫机总厂、福建省南平造纸厂、福州市第三塑料厂。

1986年7月根据《轻工业部设备管理优秀单位评选办法》评选出1985年度轻工业设备管理优秀单位42个，设备管理表扬单位46个。

荣获1985年轻工业设备管理优秀单位名单：

北京酒精厂
北京衬衫厂
天津自行车二厂
天津手表厂
天津第八塑料厂
天津衬衣厂
石家庄油脂化工厂
大同糖厂
包头糖厂
丹东金笔厂
沈阳灯泡厂
营口洗衣机厂
大连塑料制印厂
吉林造纸厂
石岘造纸厂
佳木斯纸厂
齐齐哈尔乳品厂
上海新华金笔厂
上海中国版纸厂
华生电扇厂
上海衬衫厂
南京缝纫机总厂
南京衡器厂
华丰造纸厂
嘉兴民丰造纸厂
浙江塑料机械厂
安徽造纸厂
合肥制革厂
南平造纸厂
福州第三塑料厂
景德镇宇宙瓷厂
烟台木钟厂
青岛制钉厂
漯河第一造纸厂
武汉印刷厂
湖南轻机厂
广东石湾建筑陶瓷厂广东玻璃厂
广东玻璃厂
轻工业部广东轻工机械厂
重庆灯泡工业公司
自贡市镀锌铁丝厂
宝鸡五一造纸厂

（周　岗）

【企业升级工作开始起步】 继企业整顿工作之后，为进一步加强企业管理工作，1986年，国务院《关于加强工业企业管理若干问题的决定》中，提出了“抓管理、上等级、全面提高企业素质”的要求。国家经委对企业升级工作做了布置。为贯彻这些精神，轻工系统着重进行了企业升级的准备工作，为1987年企业升级的评比工作打下了基础。

一、建立了加强企业管理的组织协调机构。按照国务院《决定》的要求，经部长办公会议决定，成立了轻工业部加强企业管理领导小组，负责轻工企业“抓管理、上等级、全面提高素质”的工作。康仲伦副部长任组长、龚兆荣同志任副组长，成员为各专业司、局的负责人。领导小组下设办公室(生产技术司企业管理处兼)，负责轻工企业升级的组织协调和具体工作。到目前为止全国已有14个省、自治区、直辖市的轻工部门相继建立了加强企业管理领导小组及办公室。加强了对企业升级工作的组织领导。

二、对企业现状进行了摸底调查，着手制订企业升级规划。不少地区的轻工部门对企业现状按《决定》提出的四个等级（国家特级企业、国家一级企业、国家二级企业和省级先进企业）标准，进行了调查摸底。在此基础上，针对各企业管理基础的好坏，进行分类排队，首先对一批管理基础好的企业制订了企业升级规划，初步确定了率先升级的试点企业。

三、制订了部分行业主要产品的企业升级标准。部内各专业局、公司根据企业升级工作的要求，组织有关科研情报单位和企业开展了广泛的调查研究。从中搜集资料，采取上下结合的办法，制订了造纸、制盐、制糖、啤酒、味精、自行车、缝纫机、手表、日用玻璃、电光源、塑料、合成洗涤剂、家具、地毯、制革、衡器、电冰箱、洗衣机、钢琴等19个轻工行业的83种主要产品的国家级企业升级标准（草案)，印发各地试行。各省、自治区，直辖市轻工厅、局的管理部门在部订的企业升级等级标准的基础上，也着手制订了省级先进企业的升级标准。

四、组织拟订了《轻工业企业升级工作实施细则》(草案)。根据《决定》要求，轻工业部组织了部分省市轻工厅局和企业的同志共同起草了《轻工业企业升级工作实施细则》(草案)，并已下发各地轻工部门征求意见，在全国轻工业加强企业管理工作会议上也进行了讨论、修改。现已连同19个轻工行业国家级企业升级标准，下发试行。

五、为了指导全国轻工系统的企业升级工作，轻工部下发了《轻工业贯彻国务院（决定）的意见》。各地轻工业部门也都作了相应部署，推动了系统内企业升级准备工作的开展。

（贺黎光）

附件：1985年轻工业主要经济效益指标

造纸工业	单位	全国平均	先进		落后	
每吨本色化学木浆耗碱	公斤	467	江西	319	黑龙江	519
每吨机械木浆耗电	度	1.522	吉林	1.184	江西	1.795
机制纸及纸板成品率	%	92.3	上海	94.7	新疆	85.8
机制纸及纸板劳动生产率	吨/人	19.82	江苏	44.55	甘肃	10.03
自行车工业	**单位**	**全国平均**	**先进**		**落后**	
每辆28吋载重自行车耗用钢材	公斤	29.9	福建	28	辽宁	34.45
自行车产品铭牌质量分	分	94.18	凤凰	97.79	峨嵋	90.14
自行车劳动生产率	辆/人	302	上海	615	山西	53
缝纫机工业	**单位**	**全国平均**	**先进**		**落后**	
每架家用缝纫机耗用生铁	公斤	31.60	上海	30.45	江西	35.29
缝纫机产品铭牌质量分	分	91.86	电工	98	太行	72.20
缝纫机劳动生产率	架/人	195	浙江	318	北京	43
手表工业	**单位**	**全国平均**	**先进**		**落后**	
手表成品返修率	%	38	天津	24.5	河北	47.6
手表产品铭牌质量分	分	114.81	上海	127.60	广州	90.60
手表劳动生产率	只/人	575	上海	933	云南	205
日用陶瓷工业	**单位**	**全国平均**	**先进**		**落后**	
日用普通瓷一级品率	%	52.6	辽宁	97.2	河南	24
日用细瓷一级品率	%	52.4	广西	71.1	云南	13.5
每吨日用陶瓷耗用标准煤	吨	1.22	江苏	0.35	吉林	3.71
灯泡工业	**单位**	**全国平均**	**先进**		**落后**	
普通灯泡综合合格率	%	95.6	天津	90.3	贵州	81.2
每万只15—40瓦普通灯泡耗用钨丝	万米	1.02	上海	1.92	黑龙江	1.51
灯泡劳动生产率	千只/人	22.55	山东	65.85	江西	7.43
合成洗涤剂工业	**单位**	**全国平均**	**先进**		**落后**	
烷基苯硫酸钠	公斤	121	安徽	52	天津	343
非离子表面活性剂	公斤	23.04	浙江	13	甘肃	41
三聚磷酸钠	公斤	202	辽宁	84	甘肃	333
合成洗衣粉劳动生产率	吨/人	56.46	上海	176.26	辽宁	27.19
制盐工业	**单位**	**全国平均**	**先进**		**落后**	
原盐优等、一等品率	%	95.4	辽宁	100	山西	55.9
原盐劳动生产率	吨/人	179.3	内蒙	470.62	甘肃	23.37
制糖工业	**单位**	**全国平均**	**先进**		**落后**	
每百吨甘蔗耗用标准煤	吨	7.34	广东	6.54	贵州	19.50
每百吨甜菜耗用标准煤	吨	9.24	甘肃	7.79	四川	26.48
甘蔗糖劳动生产率	吨/人	30.30	广东	43.66	贵州	6.43
甜菜糖劳动生产率	吨/人	26.46	新疆	40.36	四川	2.91
罐头工业	**单位**	**全国平均**	**先进**		**落后**	
出口罐头合格率	%	97.0	湖北	98.8	北京	89.5
罐头劳动生产率	吨/人	6.78	上海	23.09	甘肃	2.54
塑料制品工业	**单位**	**全国平均**	**先进**		**落后**	
聚氯乙烯压延薄膜一级品率	%	97.0	湖南	100	湖北	87.1
每吨聚氯乙烯压延薄膜耗用树脂	吨	0.65	福建	0.60	上海	0.68
每吨聚氯乙烯压延薄膜耗用增塑剂	吨	0.31	云南	0.26	江西	0.35
聚丙烯编织袋一级品率	%	95.5	广西	99.9	宁夏	71.7
皮革、毛皮工业	**单位**	**全国平均**	**先进**		**落后**	
重革合格率	%	99.2	山西	100	湖北	96.7
每吨重革耗用猪皮	吨	1.93	安徽	1.42	甘肃	2.61
每平方米轻革耗用猪皮	公斤	4.71	上海	2.98	内蒙	9.61
日用五金工业	**单位**	**全国平均**	**先进**		**落后**	
铝锅一级品率	%	70.6	宁夏	91.2	新疆	45.3
每个28公分铝锅耗用铝材	公斤	0.91	辽宁	0.57	河北	1.39
铸铁锅合格率	%	92.6	新疆	98.4	天津	85.6
铁包锁一等品率	%	93.8	广西	98.7	陕西	82.1

家用洗衣机工业	单位	全国平均	先进		落后	
单桶家用洗衣机一次合格率	%	90.5	福建	100	贵州	76.9
每台单桶洗衣机外壳耗用薄钢板	公斤	11.3	北京	6.55	贵州	15.75
每台单桶洗衣机电机耗用的矽钢片	公斤	4.36	广东	3.89	浙江	4.81
家用电冰箱工业	**单位**	**全国平均**	**先进**		**落后**	
家用电冰箱一次合格率	%	89.0	山西	95.2	广西	79.60
每台100～150升电冰箱耗用薄钢板	公斤	31.68	广东	20.02	湖北	51.50
家具工业	**单位**	**全国平均**	**先进**		**落后**	
木家具一次合格率	%	96.8	云南	98.9	新疆	86.5
木家具板材利用率	%	60.4	江西	70.0	宁夏	42.6
服装工业	**单位**	**全国平均**	**先进**		**落后**	
内销成衣服装合格率	%	99.3	北京	100	河北	96.1
每件男长袖衬衣耗布料	平方米	1.79	广西	1.65	河北	1.96
每件女长袖衬衣耗布料	平方米	1.49	天津	1.32	黑龙江	1.65
工艺美术品	**单位**	**全国平均**	**先进**		**落后**	
出口地毯合格率	%	98.6	北京	100	陕西	66.6
地毯下机一等品率	%	89.3	上海	96.4	陕西	28.9
每平方米手工地毯耗色毛纱（90道5分厚）	公斤	6.59	陕西	5.2	云南	7.67
每平方米手工地毯耗用棉纱	公斤	1.58	新疆	1.00	青海	2.69

（郭　晖）

【企业管理现代化工作全面展开】 在贯彻国家经委《企业管理现代化纲要》和落实1985年9月全国轻工企业管理经验交流会议精神的基础上，各地轻工部门于1986年内认真进行了一系列的工作，有力地推动了企业管理现代化工作的广泛开展。

一、制订和修改规划。各省、市轻工业部门，根据部提出的现代化管理奋斗目标，结合本部门和企业的实际，分层次制订、修订了推行企业管理现代化的规划，做到有计划、有目标地指导本地区轻工企业开展现代化管理工作。

二、层层举办培训班。1986年初，轻工业部在贵阳市举办了以中南、西南为主的第二期现代化管理培训班。有省、市厅局企管部门的负责同志和部分企业厂长和轻工学校的老师参加，共120多名学员。为中南、西南地区的轻工部门培养了一批推行企业管理现代化工作的骨干力量。同时，轻工业部与河北省轻工协会合编了《18种现代化管理方法应知应会手册》，各地轻工部门按应知应会的要求，对所属企业的管理干部进行了现代化管理知识的考试，以此推动本地区企业管理现代化工作的开展。

三、抓试点，以点带面。1986年5月，轻工业部在山西杏花村召开了部分省、市和10个试点企业的现场经验交流会，以此推动面上工作。上海、山东、湖南、陕西、安徽等省厅（局）以及青岛、南宁等地、市轻工部门，在进一步巩固原有试点企业的基础上，又增加了一批试点企业。试点企业先行一步，起到了典型示范作用。黑龙江省经委评选出55个现代化管理先进企业，省轻工厅占18%；省轻工、二轻两个厅也被评为黑龙江省推行现代化管理先进单位。

四、抓成果应用，提高经济效益。1986年内，一些轻工部门组织了现代化管理现场经验交流会和成果应用发布会，用以推动企业管理现代化工作的开展。石家庄手表厂在推广应用的13种现代化管理方法和手段的基础上，结合生产经营管理的实际、使人、财、物资源得到了合理的组织和有效的利用。该厂在推行中，市场经费销售和目标成本管理2个项目荣获省级成果一等奖；价值工程、网络技术、ABC分类法以及微机应用4个项目获市级成果三等奖，产生直接效益219万元。据17个省、市24个轻工部门的不完全统计，应用现代化管理方法和手段的企业达7 965个，占企业总数的70%，应用项目共6 007项，共创经济效益3.4亿元。

（赵福生）

【评选全国轻工企业管理优秀单位】 1986年11月，轻工业部在武汉市召开了第二次全国轻工企业管理工作经验交流和表彰大会。康仲伦副部长主持会议。会上交流了企业上等级、改革搞活企业和企业横向联合的经验，并授予40个企业1985年度全国轻工业企业管理优秀单位称号，50个企业受部表扬，分别发给奖旗和奖状。40个受表彰的企业是：

北京玻璃仪器厂

北京衬衫厂

北京塑料三厂
北京玉器厂
天津手表厂
天津制鞋厂
石家庄市手表厂
山西太行锯条厂
丹东金笔厂
营口洗衣机总厂
沈阳油脂化学厂
沈阳市金属家具厂
吉林造纸厂
长春市衬衫厂
牡丹江钢纸总厂
齐齐哈尔冰刀厂
哈尔滨猪鬃厂
哈尔滨市汽车白金厂
上海缝纫机一厂
上海第二衬衫厂
上海市金刚石工具厂
常州自行车总厂
江苏洋河酒厂
杭州手表厂
厦门罐头厂
青岛啤酒厂
青岛机锈花边厂
湖北沙市日用化工总厂
济南塑料一厂
武汉油脂化学厂
武汉东风电机厂
湖南醴陵国光瓷厂
中山糖厂
广西贵县糖厂
广东省江门市三桁瓦厨房设备工业公司
四川乐山造纸厂
昆明轻工机械厂
广东省湛江市家用电器工业公司
西安人民搪瓷厂
青海铝制品厂

其中，吉林造纸厂，被国家经委企业管理协会列为全国10个优秀管理企业之一。　（丁惟莲）

【部分企业减免调节税】　为增强大中型企业和出口企业的活力，国务院决定，1986年对部分大中型骨干企业减免了调节税20亿元、增提折旧10亿元，以解决企业负担过重的问题。

1986年减征调节税的重点是：1985年11月经过全国第三次技术进步工作会议和1986年2月全国经济工作会议研究确定的国家重点支持技术改造的580多个大中型骨干企业、1984年经国家批准列入“七五”计划及三年技术改造规划的、出口任务重的轻、纺和丝绸行业、还有调节税率高，需要国家支持的陶瓷、皮革和制盐行业以及交通企业。企业减免调节税从1986年1月1日开始。所减免的调节税的资金一律用于技术改造。不准挪为他用。

根据上述规定，轻工业部党组确定以部生产技术司为主，部财务司配合，做好这项工作。生产司企管处经过上下多次调查，测算、核实提出了初步方案，上报国家经委审批。1986年6月，国家经委、财政部联合下达了1986年重点支持大中型骨干企业技术改造名单；国家经委和财政部批复了经各地核实后的减征额。两项合计，轻工业系统被批准的企业数为236个，减征调节税总额为1 8863.01万元，占20亿元总额的9.43%。其中：国家重点支持技术改造的轻工系统大中型骨干企业70个，占全国被批准重点技术改造企业总数的11.9%，减免额为11 026.34万元，重点支持的陶瓷、皮革和制盐三个轻工行业，共64个企业，减免调节税额3 898.47万元，其中：陶瓷行业减免额758.5万元，皮革行业减免额1 723.84万元，制盐行业减免额1 416.13万元；还有“三为主”的企业（轻纺、沿海、出口为主）102个，减免额为3 939万元。

被列入重点支持技术改造的企业，除享受减免调节税的待遇外，还可享受固定资产分类折旧、提高折旧率、折旧基金全部返回企业、免征能源交通税以及在贷款、人才引进等方面优先安排等优惠政策。

国家经委为在1987年继续实行减免调节税等优惠政策，再次审定1 000个大中型骨干企业为“七五”期间第二批重点支持技术改造的企业。轻工系统有148个大中型骨干企业被审定为1987年国家重点支持技术改造的名单。已下达各级有关部门。　（丁帷莲）

【厂长负责制试点工作情况】　自1984年以来，轻工系统的部分企业进行了厂长负责制的试点工作。两年多来，在17个省、自治区、直辖市和7个计划单列市的轻工企业中，已有7 370个企业试行了厂长负责制，占全国轻工企业数的10%。在全国试行厂长负责制的27 000多个企业中，国家经委选出98个厂长负责制搞得好的企业，其中，轻工系统有4个，即佳木斯造纸厂、湖南醴陵国光瓷厂、唐山陶瓷厂和昆明轻工机械厂。这些企业自试点以来，取得了显著效果：一、强化了企业生产经营管理系统，开始出现了指挥灵、决策快、办事效率高的新气象；二、初步改变了企业党政不分、职责不明的状况，企业党组织开始从行政事务中解脱出来，党的建设和思想政治工作有所加强，三、建立了职工代表大会制度，职工民主管理的内容和范围逐步明确，职工主人翁责任感有所加强；四、生产稳步发展，经济效益有了提高。试点工作为全面推行厂长负责制起到了指导作用。但是，在试点过程中也出现许多新的问题，需要通过改革的不断深入，逐步解决。

为了加快全面推行厂长负责制的步伐，推进企业领导体制的改革，中共中央、国务院于1986年9月正式颁发了“关于全民所有制工业企业三个条例”的通知及补充通知，中组部、中宣部、国家经委和全国总工会又共同编写了《关于全民所有制工业企业三个条例的宣传提纲》，要求全民所有制工业企业全面推行厂长负责制。遵照通知要求，目前，各地轻工部门和企业，正在组织企业领导干部和广大职工认真学习领会文件精神，狠抓试点，带动全面，切实加以贯彻。

（丁帷莲）

【环保工作】 1986年11月在苏州市召开了第五次全国轻工系统环保工作会议。康仲伦副部长总结了“六五”期间轻工环保工作成绩和经验；提出了“七五”期间“增产不增污”的奋斗目标；讨论修改了《轻工业环境保护工作暂行条例》，会上表彰了在“六五”期间取得显著成绩的46个先进企业，64个先进集体，133名先进工作者。

根据李鹏副总理在国务院环委会第六次会议上的指示：“要抓一下造纸行业污染防治工作”，轻工业部作出了贯彻这一指示的决定。与农牧渔业部和国家环保局共同组织两个调查组，分赴山东、四川和湖南、河南进行重点调查。在此基础上，结合各省、市、自治区上报的总结，于1986年11月，写出了《关于造纸工业水污染防治规划》上报国务院环委会。

1986年3月，轻工部环保办组织了电镀行业环保工作调查组，对广州、重庆、沈阳三大城市轻工系统的电镀环保工作，进行了重点调查。4月在无锡市召开了全国轻工业系统电镀环保技术经验交流会，轻工业部电镀环保技术考察组在会上汇报了1985年末赴英国进行技术考察的情况和技术报告。会议要求到1990年末，各地轻工系统的电镀厂点，都要有防治措施，并达到国家规定的排放标准。

在轻工系统，酒精行业所排放的高浓度有机污染负荷仅次于造纸行业。为逐步解决这一问题，轻工业部与北京市经委共同给北京酒精厂贷款2 500万元，引进挪威斯托巴斯公司的干燥技术装备，将酒精废液和溶剂废液生产蛋白饲料。既可消除污染，又变废为宝，为社会增加财富，还可出口换汇。计划1989年投产后三年还清贷款。并提供典型样板。

继组织京、津、沪三大城市一、二轻局、总公司环保处科长定期进行交流活动之后，1986年7月，部环保办，又组织了计划单列城市和风景旅游城市一、二轻局、总公司环保处、科长的定期交流。起到了交流经验，传播信息，相互服务，取长补短的作用。

举办了四期环保技术培训班。其中轻工环保干部培训中心举办了二期电镀环保技术培训班；部日化局与培训中心联合举办一期日化行业环保技术培训班；部皮革所举办了一期皮革环保技术培训班。四期培训班每期各约50人左右，一个月时间。

附：

“六五”期间全国轻工业环保先进企业名单

北京灯泡厂
北京造纸一厂
北京皮革五金厂
北京玉器厂
天津造纸五厂
天津灯泡厂
天津东郊地毯染纱厂
天津第二制镜厂
河北唐山自行车总厂
山西太原市耐火材料厂
辽宁抚顺市工具厂
吉林造纸厂
黑龙江佳木斯造纸厂
黑龙江佳木斯电镀厂
上海洗涤剂厂
上海缝纫机零件九厂
上海市自行车厂
上海光明电镀厂
上海市鞋钉厂
江苏南京制革厂
浙江嘉兴民丰造纸厂
杭州滚镀厂
安徽合肥制革厂
福建青州造纸厂
山东淄博印刷厂
湖南醴陵国光瓷厂
广东中山市石岐玻璃总厂
广东佛山市工业陶瓷厂
广西贵县糖厂
四川自贡市邓关盐厂
青海西宁市皮革化工厂
新疆皮革毛皮工业公司
广州市人民制革厂
广州市电筒工业公司

重庆市曙光电镀厂
武汉市手表厂
西安市人民搪瓷厂
沈阳市油脂化学厂
沈阳市纤维板厂
大连市搪瓷厂
大连市洗衣机厂
哈尔滨市灯泡厂
哈尔滨市塑料二厂
青岛市轻工机械厂
苏州市华盛造纸厂
桂林市锁厂

附：

“六五”期间全国轻工环保先进集体名单

北京市第一轻工业总公司环保技安处
北京市一轻环保监测站
北京市丽源日化联合公司环保技安科
北京市第二轻工业总公司环保技安处
北京市测绘用品厂环保技安科
北京市皮鞋厂环保技安科
北京市料器制品厂设备动力科
北京市地毯六厂污水处理站
天津市第一轻工业局环保处
天津市一轻环保监测站
天津市造纸研究所环保室
天津市油墨厂环保科
天津市手电筒厂环保办公室
天津市乐器厂安全环保科
天津市五金工具三厂电镀车间
河北邯郸市自行车飞轮厂技术科
河北张家口市第一制皮厂技术科污水处理站
河北石家庄市一轻局环保监测站
山西大同市糖厂环保监测站
内蒙通辽市制镜厂
辽宁丹东市手表工业公司安技科
上海市轻工局环保办公室
上海市自行车四厂安全环保科
上海市宏文造纸厂污水处理车间
上海市钟表工业公司
上海市二轻局环保办公室
上海市日用五金工业公司环保监测站
上海市塑料制品一厂环保安全科
上海市红光制革厂污水处理站
江苏南京市一轻局环保科
江苏镇江树脂厂环保科
江苏常州自行车总厂废水处理站
浙江美术地毯厂环保站
浙江杭州滚镀厂环保科
福建青州造纸厂安技环保科
江西景德镇为民瓷厂安保科
山东济南自行车厂安全环保科
山东淄博灯泡材料厂安全环保科
山东造纸总厂环保科
山东济南市二轻环保监测站
河南安阳电筒厂电镀车间
广东汕头自行车厂电镀车间
广西梧州电筒厂电镀车间
四川成都市一轻局环境监测站
四川自贡市轻工局安技环保科
云南昆明造纸厂环保科
重庆钟表公司基建环保科
重庆电扇厂技改办公室
重庆铝制品厂基建科
武汉油脂化学厂环保科
武汉日用五金科研所电镀废水设计室
沈阳制刷厂安全设备科
大连手表工业公司安技环保科
哈尔滨轻工局技术处
哈尔滨化工三厂红旗锅炉房
哈尔滨二轻化工资源回收实验厂废渣废液处理及综合利用车间
哈尔滨市二轻局技术处
哈尔滨制革厂环保科
苏州华盛造纸厂环保科
苏州缝纫机厂电镀车间
无锡利用造纸厂环保科
上海轻工设计院环境工程室
轻工部环保监测中心站

附：

“六五”期间全国轻工环保先进工作者名单

单位名称	姓姓名
北京市第一轻工业总公司	李青山
北京市造纸包装工业公司	吴桂荣
北京市管乐器厂	范宝恒
北京市第二轻工业总公司	李荣生
北京市皮革联合公司	田秀云
北京市塑料三厂	宋日恭
北京市制革厂	蔡宪一
北京市工艺美术品总公司	任继明
北京市玉器厂	韩瑞林
北京市地毯公司	祝健美
天津一轻局	董哲生

天津市自行车工业公司	柏文光	山东潍坊市一轻局环保监测站	李安民
天津市日用化学工业公司	周家驹	山东淄博博山灯泡厂	于金涛
天津市香料厂	徐福珍	山东济南造纸厂	钟　华
天津市二轻局	刘洪俊	山东济南市二轻局	王友训
天津市二轻局	王连冬	山东济南电筒厂	周　红
天津市建筑装饰五金工业公司	殷鉴成	山东青岛电镀厂	周云程
天津市皮革化工厂	周庭勋	河南新乡制革厂	买世录
河北邯郸市轻工业公司	汪加军	湖南醴陵国光瓷厂	邓子铎
河北邢台造纸厂	高艺梅	湖南日化总厂	黄菊华
河北宜化造纸厂	黎明芳	四川万县地区工业局	黄光虎
河北唐山陶瓷厂	杜　来	四川五通桥盐厂	曾国钧
山西太原市轻工业局	岳晓岚	云南昆明造纸厂	杨惠勤
山西长治市轻工局	史清水	云南大理造纸厂	朱文元
山西大同糖厂	林桂珍	甘肃轻工厅	孟尔柽
山西二轻厅	薛改玉	新疆皮革皮毛工业公司	杨恩贵
山西长子县制革厂	张虎堂	广州日用五金公司	刘碧霞
内蒙古巴彦高勒皮革化工厂	马越潭	广州二轻局	王友春
辽宁抚顺市第二轻工局	王承秋	重庆西泉造纸厂	邹开元
吉林造纸厂	李秉举	重庆綦江造纸厂	单永新
黑龙江阿城糖厂	王文彤	武汉市油脂化学厂	付斯贤
黑龙江佳木斯市二轻局	胡文国	武汉汉阳造纸厂	黄春仙
上海市轻工局	谢长风	武汉日用五金科研究所	宋毓秀
上海市钟表工业公司	周玉华	武汉红星制革厂	李桂传
上海市日化公司	胡祖荣	武汉市二轻局	周　康
上海自行车厂	陈淑衡	武汉制革厂	高寿山
上海喷枪厂	金同卓	西安市一轻局	张保中
上海缝纫机一厂	徐金度	西安市人民搪瓷厂	袁遇周
上海自行车三厂	徐斌发	西安工艺美术公司	张银钟
上海市二轻局	周　梓	沈阳一轻局	银士印
上海日用五金电镀中心	江志兴	沈阳味精厂	姜盛贵
上海日用五金公司	宋永清	沈阳纤维板厂	翟云来
上海二轻局	严泽华	沈阳制刷厂	蒋家瑞
江苏南京手表厂	程淑明	沈阳皮毛厂	周　欣
江苏常州酿造厂	朱耀西	大连保温瓶厂	李　俊
浙江省轻工厅	唐经美	大连一轻总公司	袁福绥
浙江省轻工厅环保监测站	余淦申	大连电镀厂	苗仁富
浙江嘉兴民丰造纸厂	李维森	哈尔滨一轻局	肖在人
浙江美术地毯厂	赵丽华	哈尔滨灯泡厂	王玉庆
杭州滚镀厂	钟运来	南京市二轻局	刘为群
安徽合肥制革厂	张孙璋	哈尔滨中国酿酒厂	史荣晨
福建青州造纸厂	宗　兰	哈尔滨环保技术开发公司	邬德浩
福建漳州糖厂	陈甘霖	哈尔滨二轻局	曹文珍
福建漳州电镀厂	蔡伟国	哈尔滨制革厂	王春华
江西为民瓷厂	成茜子	哈尔滨市五金工具工业公司	林宝昌
江西省陶瓷工业公司	陈厚安	青岛一轻局	苏圣敏
山东省轻工厅	孔令春	杭州华丰造纸厂	张国英

杭州自行车厂　李　敏
杭州灯泡厂　徐有根
杭州塑料厂　倪祖昂
苏州市轻工局　高富传
苏州华盛造纸厂　华夕民
苏州华盛造纸厂　张仁华
苏州红叶造纸厂　张德联
桂林味精厂　陈丁能
桂林锁厂　袁孝久
无锡利用造纸厂　许荣娣
无锡市轻工环保监测站　徐抗菌
无锡市轻工局基建科　王再林
轻工部食品发酵研究所　王定昌
轻工部造纸所　邹志鹗
轻工部造纸所　王文九
轻工部皮革所　苏晓春
轻工部皮革所　胡桂英
轻工部日化所　马菊英
轻工部日化所　程恭仁
轻工部甘蔗糖研究所　梁秉华
轻工部甜菜糖研究所　陈淑组
北京轻工业学院　张　珂
轻工部设计院　王荣选
轻工部上海轻工设计院　冯步铨
无锡轻工业学院　陆炎培
轻工部广州轻工设计院　罗　铨
轻工部环保所　周镜心
轻工部环保所　沈振寰
轻工部环保所　易理芬

（程葆世）

【新技术推广和技术革新】 1986年跨行业的技术推广的重点，是组织综合性技术推广工作，如：国外先进技术的消化吸收、稀土应用、表面处理和模具新技术等。年内部里组织召开了“轻工业仿金镀技术推广会”和“稀土助染毛皮技术交流座谈会”；并有7个项目列入了“七五”期间国家重点新技术推广项目计划。即：金属制品仿金镀和非金属制品表面金属化技术，静电植绒技术在毛皮和塑料上应用、热喷涂技术、电刷镀技术、稀土发光材料制造技术，稀土材料在轻工产品上的应用技术和玉米酿造低度酒及酒精生产技术等。

1986年轻工业部新技术推广贷款425万元，比去年减少22%；拨款指标320万元，签订拨款合同23项。全国各地结合地方的资金，一年来实现新技术推广和技术革新约2万项，其中重大项目约400项，这些项目具有以下特点：

一、立足于消化吸收国外先进工艺技术，努力实现进口原材料零部件的国产化，为国家节省了外汇。

广东江门电子技术设备厂通过对关键生产工艺和设备的改造，改进国外产品的设计，实现了程控器、进水阀、水位开关及排水阀电磁铁等四大关键配套件的国产化。该厂试验生产了4 000套四大件，节省外汇6.6万美元，每台洗衣机降低成本30多元。大连轻工业研究所研制出ＰＶＣ混合树脂，填补了国内空白，用以生产酒瓶王冠盖的垫衬，代替了进口树脂材料。1986年生产43吨，节约外汇7.5万美元。北京塑料六厂改进食品包装用ＰＶＣ玻璃纸主辅料的工艺配方，原进口的11种主辅料中有9种实现了国产化，按年产500吨计，可为国家节省外汇50万美元。

二、积极采用新技术、新材料、提高了产品质量，降低了产品成本，增强了企业活力。

保定市刀剪厂采用对焊新工艺焊接菜刀的刀身刀尾，刀尾由原来直接下料改为用冲型后的废料对焊，年节约原材料21.6吨，节煤91.8吨，节电2 215.4千瓦，操作人员也由11人减为4人，年创效益4万元。上海市中国铅笔一厂采用立刨新工艺代替传统的平刨工艺，通过改变铅笔接缝位置和走刀方向，在6支笔，7支笔、8支笔的木板上生产出7支笔、8支笔、9支笔，一年节约木材920立方米，相当于该厂一个月的木材用量。天津市二轻局积极推广盐浴炉快速启动技术，改造了几十台旧式盐浴炉，降低电耗100度以上，节约工时2万多个，直接经济效益达30多万元。大连搪瓷工业总厂在搪瓷钛白釉中用金红石代替钛白粉，使原材料成本价格由4 300元/吨降至1 300元/吨，年节约资金24万元。

三、继续大力推广钛白合金和稀土材料的应用，取得了新成果。

湖南省湘澧盐矿在真空制盐中应用钛材制造制盐提硝设备和盐水管道，钛材加热室寿命比原钢材加热室提高1－2倍，达10－15年，增加了有效生产时间，采用钛钼镍合金管，提高了传热系统，可增产精盐；可多回收冷凝水，节约用煤。综合经济效益，每年可增加利润33.65万元。

稀土在毛皮上的应用。在前几年工作的基础上，1986年召开了重点应用稀土厂家的技术交流会，行业内基本肯定了应用效果，在染色中匀染效果好，可提高毛被的上染率，有一定的固色作用，减少了染料和助剂用量，降低了成本，并减少了污染，在增白中可代替增白剂，白度提高，增白均匀，增白后皮张毛被松散，成本也可降低。目前全国已有十多个毛皮厂推广应用。

在玻璃生产中用稀土—氧化铈作澄清剂，可取消白砒的使用，消除环境污染，改善食品包装和饮水器具的卫生。轻工部以杭州人民玻璃厂和蚌埠玻璃厂为示范点，分别在瓶罐玻璃和保温瓶玻璃生产中应用，技术上可行，成本也有一定的降低，为玻璃行业在“七五”期间逐步推广应用，并扩大其应用范围，大力压缩使用白砒原料创造了条件。

据不完全统计，全国已有近200个轻工企业将稀土材料应用到日用陶瓷、玻璃、眼镜、电光源、搪瓷、塑料制品、皮革毛皮、地毯、日用与建筑五金铁制品和铝制品等10多个行业的数十类产品上。这对于轻工产品增加花色品种、提高质量。提高产品档次，起到了很好的作用，经济效益和社会效益都较显著。

（林巧容）

【轻工模具工作情况】 模具是工业生产的重要工艺装备。目前轻工系统44个行业7万多个企业年需要模具量约250万套，约占全国模具总需要量的四分之一。据统计，轻工系统现有模具专业厂83个，拥有设备3 000余台，固定资产2.3亿元，年产模具能力15万套，年产值约1亿余元，年利润约2 000万元。职工总数约2.4万人，其中技术人员（包括工人设计员）约1 400人，占职工总数的6％，6级以上技工约1 000人，不足职工总数的5％。轻工系统模具自给能力约为需要量的70％，其中模具专业厂的供应量不足自给部份的10％，大部份模具由产品厂自制。近年来一些地区与大专院校、外系统企业开展了横向联合，有的与港商合营模具厂，为轻工模具事业开拓了新的途径。有些地区承担了国家大型塑料模具、皮革制品花纹模具、塑料异型材模具等攻关任务。一些先进技术和工艺得到了推广应用，并在型腔模涂镀、简易快速制模技术、线切割机计算机编程等方面处于国内先进水平。

为了加强管理、统筹规划，以使模具更好地为轻工业生产服务，1986年轻工业部决定打破轻工业系统各个行业的界限，把轻工模具作为一个行业管起来，并决定由部生产技术司负责轻工系统模具的管理，协调工作。部生产技术司在广泛调查研究的基础上草拟了《轻工模具行业“七五”规划(草案)》。1986年6月，轻工业部在上海市召开了第一次全国轻工模具工作会议。会议由于珍副部长主持，会上二十多个生产、科研、教学单位介绍了经验。代表们对《轻工模具行业“七五”发展规划(草案)》进行讨论并提出了修改意见。根据讨论意见修订的《轻工模具行业“七五”发展规划纲要》中，明确了轻工模具生产的指导思想，即：“在重点扶持有特色专长的模具专业厂，逐步形成各有特色的专业化协作网点的同时，充分发挥产品厂模具车间（班组）的作用，逐步理顺轻工模具的专业化方向。加强横向联合，充分利用系统外的技术优势和能力，更好地为轻工业生产服务；”制订了“七五”发展目标和有关技术政策；规划对11个类别20个左右的具有特色专长的模具专业厂给予重点扶持；《纲要》还就人才培训、标准化、组织进口模具的消化吸收等方面进行了规划。

根据规划纲要，轻工业部于1986年7月选定了28个模具专业厂作为第一批重点扶持技术改造的预选点，并于9月份组织专家组对其中20个厂的技术改造项目建议书进行了可行性论证，9个模具专业厂列为部技改项目，2个模具专业厂列为部基建项目。轻工业部还承担了筹建全国模具标准化技术委员会下设的塑料模具标准化分技术委员会和起草塑料模具标准，玻璃模具标准的任务。

全国轻工模具工作会议期间通过了“轻工模具协会章程，组建了轻工模具协会，于珍同志当选为理事长。轻工模具协会成立以来，主要开展了如下几项工作：协助政府部门对模具专业厂技术改造项目进行论证；召开了全国轻工模具专业厂会，组织了塑料模具、玻璃模具等四个协作组，制订了“轻工模具产量计算标准暂行规定”，组织了塑料模具技术交流以及协会刊物《轻工模具》的筹备工作。

（周俊全）

【轻工产品更新换代】 1986年各地轻工系统针对市场需求变化，加强了新产品开发的可行性研究，加快了新产品开发的步伐。据对22个厅(局)的不完全统计，共开发新产品和新品种（包括重复开发项目）13 500种，其中投产的6 588种，占48.8％；新花色、新包装近4万种。这些产品的特点是：

一、有的已达到或接近国际同类产品的现有水平。如上海缝纫机四厂开发的GJ4-3型自动送扣、钉扣机的零部件，全部国产化，机构设计有所创新，实现了钮扣定位、送扣连续化，钮扣正反识别具有双保险功能，其性能达到了国外八十年代初同类产品水平。西安灯具厂试制的直流电致发光屏是一种新型的固体平面光源，具有体积小，反光面积大、均匀、寿命长、节电，长期观察不易疲劳、无放射性等特点，可用于工业、民用和军事等方面。天津市保温瓶工业公司开发的PL-1型全自动保温套具，自动化程度较高，能自动供水、自动停水，非定量补给水，保温瓶的杯托对套具专用水杯的放置位置有判别能力，自动与手动供水兼用，手动开关对专用水杯有记忆自锁功能，产品具有八十年代国际水平。

二、有的填补了国内空白，如无波轮式套筒全自动洗衣机、园柱式电风扇、塑料挤出缠绕管道，聚氨酯夹芯板材、防水手电筒、冰箱用旋转式压缩机，男用系列化妆品等。这些产品的问世，使轻工消费品更加丰富多采。河南安阳电筒厂试制的SG-S_2型防水电筒，在10米以内水中作业24小时后性能正常，它具有防潮、防腐、防水、抗冲击等独特优点，填补了我国电筒市场的空白。在我国广大农村、南方市场以及农、林、牧、渔、盐业、地质、边防部队等领域，具有普遍的适应性。

三、消化吸收引进技术，实现了国产化。如青岛的高层建筑防火卷帘门，武汉的手动多功能编织机、天津的园形数字化仪、大连的王冠盖衬垫用聚氯乙烯混合树脂，和广东的洗衣机四大配套件等产品的试制成功，改变了我国一些产品的配套件长期依赖进口的被动局面，目前这些产品已批量投入生产。

四、不断更新花色品种。家电行业继续向高档、多性能方向发展，开发了无缠绕磨损小、高波轮新流水双桶洗衣机、热效率高可用于软床的无电阻丝电热毯、多功能电扇、节能型小吊扇和电热烘发帽等，均已投入市场。深受用户欢迎。

五、化妆品、洗涤用品和食品行业向系列化方向发展。为了进一步加强对新产品开发工作的指导。1986年部里进一步明确了新产品的定义，制订了《轻工业新产品开发管理暂行办法》，对新产品的规定是：凡是在全国（省、自治区、直辖市）轻工业行业范围内首先生产的产品，或是首先在原理、结构、性能、技术、特征、用途等某一方面或几方面有显著改进和提高的产品为国家（省、自治区、直辖市）轻工业新产品。这个规定有助于推动轻工业新产品的开发、统计和管理工作的开展。

为了扶植和鼓励各地轻工企业开发新产品，轻工业部按照产品“应为赶超国际先进水平或填补国内空白并有较显著的经济效益或社会效益”的原则，将中文打字机、手动多功能编织机，电致发光极等88项列入1986年新产品试制计划。经财政部确认，其中62项予以免税。

轻工业部生产技术司会同中国轻工业报社、经济新闻工作者协会于1986年11月28日在北京组织了首次全国轻工业新产品、新品种介绍会，通报了“六五”期间及1986年1～10月轻工新产品开发情况。

（孙庆茹）

【集体企业危险厂房翻建工作】 在国家经委、财政部、建设银行等部门的支持下，由建设银行发放1亿元专项贷款，给轻工集体企业用于翻建危房。贷款期限为5年，月利率6.6%。在确保到期还清本息的前提下，对提前收回的本金，可由省（区、市）轻工（一轻、二轻）厅（局）和建设银行掌握，周转发放，继续用于城镇轻工集体企业翻建危房。允许企业自筹资金的比例放宽10%。企业贷款本息的归还，先用自有资金归还，不足时用企业新增利润税前归还60%。如用上述资金归还仍有较大困难，可向当地税务部门申请，放宽税前还款比例。危房改建或重建项目，原有建筑面积免征建筑税。在还款期内，地方主管部门不得提取合作事业基金，地方政府和有关部门也不得收取各种附加费用。翻建所需材料，由各地物资计划部门帮助解决。

为了用好这笔资金，搞好轻工集体企业危房翻建工作，轻工业部会同国家经委、财政部、中国人民建设银行、国家物资局、中华全国总工会、联合发文，提出了关于解决轻工业集体企业危险厂房问题的意见。轻工业部于1986年6月，在安徽省铜陵市召开了轻工集体企业翻建危房工作座谈会。各省、自治区、直辖市轻工业（一轻、二轻）厅、局和建设银行及部分省市建行分行派人参加了这次座谈会。会议明确规定，这笔贷款发放范围仅限于轻工集体企业，安排项目的重点是在确保还贷的条件下，优先安排那些危房严重、财力困难的企业和担负国计民生重点产品生产的企业，特别是担负日用小商品生产的企业。为了增强企业还贷能力，提倡翻建危房与企业技术改造结合进行，经济效益允许一并考核。所需技改资金可寻求其它途径解决。到年底，落实翻建计划1.4亿元，翻建规模70万平方米。但由于危房太多，资金相差甚远，轻工集体企业翻建危险厂房的问题，还未能得到根本解决。

（陈文荣）

基 建

【压缩固定资产投资规模，继续推动基建管理体制改革】 1986年，国家采取了一系列加强和改善宏观控制的措施，使固定资产投资增长过猛的势头有所控制。1986年，全国轻工业固定资产投资完成额比上年增长33.2%，低于1985年增长69.8%的速度。经过清理在建项目，基本建设施工项目比上年减少9.7%，其中新开工项目减少了16.8%。

1986年部直属直供建设项目中有14个项目进行了投资包干，包干投资额5 263万元，占直属直供项目投资总额的14.5%。初步经验表明：投资包干有助于节省资金、缩短工期。

设计单位推行和完善技术经济责任制，1986年，部直属各设计院先后通过整顿验收，全部达到了验收合格标准，全年完成设计投资额达24.3亿元。

1986年，人民币对外汇汇率变化对引进项目影响较大。此外，材料、设备涨价也影响到工程造价和基本建设管理体制改革措施的推行。

【固定资产投资完成情况】 1986年，全国轻工业固定资产投资共完成1 266 937万元，比上年增长33.2%。其中基本建设投资完成369 597万元，比上年增长

28.5%；更新改造投资完成897 340万元,比上年增长35.2%。更新改造投资大大超过基本建设投资。在全部完成的固定资产投资总额中、食品、塑料、造纸、家用电器、日用硅酸盐、日用化学等行业投资占64.2%。从投资来源看，国家预算内投资比重逐年减少，资金来源趋于多元化，横向联合、集资、合资等投资形式得到发展。

1986年轻工业固定资产投资完成额及比重

（单位：万元）

	合　计	基本建设	更新改造	比重
总　计	1 266 937	369 597	897 340	100.0
一、按所有制分				
全民所有制	847 896	289 163	558 733	66.9
集体所有制	419 041	80 434	338 607	33.1
二、按隶属关系分				
部直属、直供	38 343	35 610	2 733	3.0
地　方	1 228 594	333 987	894 607	97.0
三、按资金来源分				
国家预算内投资	66 618	52 437	14 181	5.3
国内贷款	853 886	177 034	676 852	67.4
利用外资	37 915	20 225	17 690	3.0
煤代油投资	2 624	2 624	—	0.2
自筹投资	264 203	106 165	158 038	20.9
其他投资	41 691	11 112	30 579	3.2
四、按构成分				
建筑工程	392 160	177 168	214 992	31.0
安装工程	71 184	24 263	46 921	5.6
设备、工具、器具购置	713 084	119 598	593 486	56.3
其他	90 509	48 568	41 941	7.1
五、按建设性质分				
新建	184 698	145 099	39 599	14.6
扩建	742 348	150 782	591 566	58.6
改建	234 907	23 693	211 214	18.5
单纯建造生活设施	41 040	34 490	6 550	3.2
迁建	25 849	11 388	14 461	2.0
恢复	1 851	1 314	537	0.1
单纯购置	36 244	2 831	33 413	3.0
六、按用途分				
生产性建设	1 158 383	283 334	875 049	91.4
非生产性建设	108 554	86 263	22 291	8.6
其中：住宅	65 889	52 294	13 595	(60.70)
七、按建设规模分				
大中型（更改为三千万元以上）	226 857	169 074	57 783	17.9
小型	1 040 080	200 523	839 557	82.1

【固定资产投资经济效益】 1986年，全国轻工业固定资产建设新增固定资产897 546万元，(其中基本建设新增固定资产201 468万元，更新改造新增固定资产696 078万元)，比1985年增加35%。固定资产交付使用率为70.8%；建设项目建成投产率为59.1%(其中大中型项目建成投产率为17.8%)。房屋建筑面积竣工率为55.2%，年末未完工程资金占用率为58.1%，以投资额计算的建设项目平均建设工期为2.9年。

为满足人民生活需要的轻工业产品在注重质量、更新换代的前提下，生产能力大幅度增加，经济效益与社会效益十分显著。其中，仅通过更新改造节约原材料、燃料、动力一项，每年即可少消耗煤炭7.75万吨，燃料油3 808吨，电力510多万度以及大量焦炭、钢材、纯碱、木材。

1986年轻工业固定资产建设主要产品新增生产能力（或效益）

新增生产能力（或效益）	计算单位	合　计	基本建设	更新改造
机制纸及纸板	吨/年	519 533	11 876	507 657
自行车	万辆/年	298	80	218
缝纫机	万架/年	15	—	15
手表	万只/年	545	—	545
日用陶瓷	万件/年	19 564.6	—	19 564.6
日用搪瓷	万件/年	117.9	1.5	116.4
日用玻璃制品	吨/年	669 405	69 500	599 905
合成洗涤剂	吨/年	36 921	—	36 921
合成洗涤剂原料	吨/年	92 900	46 700	46 200
香料	吨/年	801	—	801
原盐	万吨/日	17.8	1	16.8
机制糖日处理料	吨/日	17 180	11 200	5 980
产糖量	吨/年	233 530	151 020	82 510
罐头	吨/年	117 126	5 500	111 626
啤酒	吨/年	601 800	180 000	421 800
白酒	吨/年	102 938	4 650	98 288
其他饮料酒	吨/年	97 456	5 124	92 332
糖果	吨 年	32 655	1 000	31 655
饼干	吨/年	13 785	3 000	10 785
奶粉	吨/年	2 397	930	1 467
塑料制品	吨/年	395 183.21	31 813	363 370.21
皮革	(折牛皮)万张/年	707.5	85.5	622
皮鞋	万双/年	1 679.7	330.7	1 349
日用精铝制品	吨/年	3 932	—	3 932
洗衣机	万台/年	230	10	220
电冰箱	万台/年	152	20	132
电风扇	万台/年	375	15	360
灯具	万元/年	8 401	—	8 401
大型及专用衡器	台/年	37 572	3 000	34 572
家具	万件/年	321.75	35.3	286.45
服装	万件/年	4 937.75	821.4	4 116.35
文教体育用品	万元/年	4 486	405	4 081
工艺美术品	万元/年	68 619	12 490	56 129
轻工机械	吨/年	29 223	5 868	23 355

【一批建设项目建成投产、通过国家验收】 1986年，全国共建成建设项目8 011个，其中基本建设项目1 793

个，更新改造项目6 218个；限上项目24个。

1986年国家计划建成投产的基本建设项目：昆明三聚磷酸钠丁二期工程，黑龙江依安糖厂、广州啤酒厂已经全部建成投产。

“六五”国家重点工程烟台合成革厂CT工程已于86年11月投料试车成功，生产出合格产品。

部直属直供建设项目汉沽盐场、汉阳造纸厂压油工程、郑州轻工业学院基建工程先后顺利通过国家验收。

此外，还有齐齐哈尔造纸厂、新疆盐湖化工厂一期工程、秦皇岛耐酸材料厂等一批建设项目和单项工程收尾消耗。

【按合理工期组织建设的国家重点工程简介】 北京电冰箱压缩机厂扩建工程，建设规模年产电冰箱用压缩机90万台。设备和生产工艺从意大利引进，其余配套设施和公用工程系国内自行设计和施工。该项工程设计总概算11 467万元，合同工期36个月。1985年8月正式破土动工。

广州电冰箱压缩机厂新建工程，建设规模年产电冰箱用压缩机100万台。设备和技术从日本三家公司引进，国内自行设计、施工配套设施及公用工程。该项工程计划总投资10 581万元，合同工期33个月。1985年7月正式破土动工。

厦门感光材料有限公司彩色照相感光材料工程，建设规模年产彩色胶片180万平方米，彩色相纸920万平方米，全部技术和设备从美国尹斯曼·柯达公司引进，其余配套工程和公用设施由国内自行设计和施工。该项工程设计总概算53 081万元，建设期限36个月。1985年1月正式破土动工。

上述三项按合理工期组织建设的国家重点工程全部将于1987年内建成。这批项目建成投产后，每年可为国家节约大量进口外汇，对于提高我国家用电器工业、感光材料工业的技术水平意义重大。

【轻工业工程建设标准定额工作】 由于历史上的多种原因，轻工业系统工程建设标准定额工作起步较晚，基础薄弱。目前，轻工业部系统40多个行业，仅在1963年颁布了造纸工业设备安装施工及验收规范，1980年颁布了制糖工业设备安装施工及验收规范，且多年未加修订。实际工作中，轻工业专业工程建设长期以来一直套用其他行业的定额标准，这种无章可循的局面给轻工业基本建设管理工作带来了混乱和麻烦。

国家计委已经将轻工业工程建设标准定额工作列入“七五”规划。轻工业部组织了十几个有关单位、数百名专业人员，首先从大行业、老行业、目前基建任务较多的行业和制订标准定额条件比较成熟的行业抓起，安排了造纸，制糖、制盐、食品、玻璃、制革等行业的设计、施工验收规范及预算定额共32项。1987年，将有其中7项在全国颁布试行。

【一批设计、安装单位通过资格认证】 在国家计委组织的设计资格复查工作中，下列轻工业设计单位分别获得甲级证书，并将以重新认证的资格承担任务。

轻工业工程设计甲级单位：

轻工业部设计院
轻工业部上海轻工业设计院
轻工业部长沙设计院
轻工业部广州设计院
轻工业部武汉设计院
轻工业部西安设计院
轻工业部成都设计院
轻工业部南宁设计院
湖南省轻工业设计院
黑龙江省轻工业设计院
福建省轻工业设计院
天津市轻工业设计院
广东省轻工业设计院
内蒙古轻化工设计院
吉林省吉林轻工业设计院
江西省轻工业设计院
辽宁省轻工业设计院

轻工业工程勘察设计甲级单位：

轻工业部上海轻工业设计院

轻工业工程建筑设计甲级单位：

轻工业部设计院
轻工业部上海轻工业设计院
轻工业部广州设计院
轻工业部南宁设计院

根据国家计委、国家工商行政管理局《关于制订国营施工企业资格等级标准和定级发证工作的通知》，经轻工业部审核评定：轻工业部安装工程公司为一级国营施工企业。

【技术改造情况】 1986年全国轻工业系统技术改造完成投资89.73亿元，比1985年的66.37亿元增长了35.2%。轻工业技术改造资金来源主要依靠地方。1986年轻工业部安排工商银行贷款14.6亿元，仅占全国轻工业系统技术改造投资完成数的16.3%；地方安排投资75.13亿元，占83.7%。1986年轻工业的技术改造资金来源为：国家预算内投资14 181万元，占1.6%，比上年下降31.9%；国内贷款676 852万元，占75.4%，比上年增长31%；利用外资17 690万元，占2%，比上年增长99.9%；自筹资金158 038万元，占17.6%，比上年增长55.1%；其它投资30 579万元，占3.4%，比上年增长98.1%。其主要资金来源是国内贷款和自筹资金，共为834 890万元，占当年投资完成数的93%。

1986年全国轻工业系统技术改造在建项目10 121个，当年完成投产的项目有6 194个，项目投产率达61.2%，比1985年投产率（54.6%）提高12.1%。新增固定资产69.6亿元。据不完全统计，可新增产值110多亿元，新增利税21多亿元，新增创汇2亿多美元。

【技术改造投资结构情况】 一、生产性与非生产性建设投资构成。1986年全国轻工系统技改投资完成89.7亿元。其中生产性建设投资为87.5亿元，占完成投资数的97.5%，与1985年的比重大体一样。再从生产性投资的构成看，增产性投资1986年52.6亿元，比1985年比重下降了1.51%；增加品种的投资1986年为25.4亿元，比1985年的比重上升3.6%，投资增长了54.9%；提高质量的投资1986年为38.7亿元，比1985年增长了28.3%；节约能源投资1986年为13.8亿元，比1985年投资增长了8.3%；为了搞好环境保护，治理污染，三废治理投资1986年为8 765万元，比1985年也有所增加。1986年非生产性投资为2.23亿元，占完成投资数的2.48%，比1985年的比重上升了0.07%，其中因职工住房太紧张，历史欠帐太多，根据生产发展需要适当解决职工住房，所以，住宅性投资比1985年的比重上升了0.35%，其它非生产性投资比1985年比重下降了0.27%。

二、行业产品的投资构成比较合理。1986年轻工业技改投资的重点行业及产品主要是：造纸、食品、罐头、名优酒、陶瓷、工艺美术、皮革皮毛、皮鞋、塑料制品、家用电器、五金制品、家具、日用玻璃、盐等。纸及纸板目前市场严重短缺，1986年投资83 893万元，比1985年的54 265万元，增长了54.6%；制盐，随着工农业生产的发展，对盐的需求不断增长，1986年投资8 729万元，比1985年的6 582万元增长了32.6%；五金制品，国内外市场销路看好，1986年投资46 692万元，比1985年的29 414万元增长了58.74%；随着人民对美的追求，化妆品行业十分景气，1986年投资比1985年增长了93.45%；罐头，目前国际市场需求量很大，是我国轻工产品出口的传统大宗产品之一，1986年出口创汇达4.1亿美元，1986年投资21 348万元，比1985年的15 070万元增长了41.7%；日用陶瓷，目前国内外市场广阔，出口换汇从徘徊不前已开始回升。1986年投资13 614万元，比1985年的8 454万元，增长了61%；皮革，是基础原料，1986年投资24 771万元，比1985年的14 942万元，增长了65.8%；工艺美术品，随着人们生活水平的提高，国内外市场需求量很大，1986年投资25 623万元，比1985年的12 079万元，增长了1.12倍；家用电器，作为一个新兴行业，国内市场潜力很大，而且目前出口也逐年增加，是轻工业有待大力发展的一个技术密集型行业，1986年投资75 116万元，比1985年的44 678万元，增长了68.13%。

自行车，供过于求和结构性供不应求同时并存，因而对自行车行业，主要是支持国家三大名牌车的改造，而且重在提高质量、增加花色品种上，其它一般不再上多大能力。1986年投资11 683万元，比1985年的12 518万元，下降了6.6%；塑料制品有市场，但其发展主要受到原材料短缺的制约，当前主要是发挥现有设备的生产能力。因此，1986年投资112 510万元，占每年投资完成数的12.54%，比1985年投资比重下降了1.61%；此外，如缝纫机、表、干电池等市场基本饱和或已经饱和的产品，投资比重下降，新增产量、能力减少，主要是提高质量、档次、开发新产品、增加新品种的问题。如缝纫机技改投资新增产量15.5万架，比1985年的41.4万架减少了25.9万架；表，新增产量545万只，比1985年的747万只，减少了202万只；干电池新增产量21 470万只，比1985年减少了1 005万只。

三、地区的投资构成。轻工业1986年技术改造投资，注意处理重点地区与非重点地区、先进地区和落后地区的关系，尽可能做到统筹兼顾，共同发展。1986年加强了沿海轻工出口企业的技术改造，轻工业部共安排“三为主”出口换汇项目275个，贷款额9亿元，占国家给轻工业投资的61.6%，以引导地方企业资金的合理投向。1986年沿海8个重点省市的技改投资完成数达49.8亿元，占全国投资完成数的55.5%。1986年完成产值853.3亿元，占轻工系统总产值的55.1%，实现利税占轻工业系统一半，创汇额达80%。采取重点支持沿海轻工业生产“外向化”，同时兼顾一般，带动内地轻工业发展的投资政策，不仅符合国民经济发展战略的方针和中央领导的指示精神，也符合经济发展的客观规律。

（王力争）

科　技

【科技体制改革】 1986年轻工业科技体制改革在许多方面有新的进展。

在4月和8月先后召开了轻工业部直属研究所所长会议和全国轻工业局科技处长会议。汇报交流了科技体制改革的经验；印发了造纸、制糖、制盐、食品、发酵、香精香料、塑料、皮革、感光材料、家用电器、洗涤用品、日用陶瓷、日用玻璃、钟表、缝纫机、自行车、电光源、生物技术18个行业的《“七五”科技发展意见和重点项目》初稿；还研究了加强科技工作的宏观管理，抓好科技攻关，加强情报信息和标准化工作，加强智力开发等问题，并做了相应的工作安排。

改革拨款制度。根据国务院关于科学技术拨款管理的暂行规定，轻工业部26个科研单位的事业费由财政部划归国家科委管理，取消了限额存款，采取分类管理。其中甘蔗制糖科学研究所、甜菜制糖科学研究所、环保科研所、情报所、标准所作为经费包干单位，其余各研究所为技术开发型科研单位，逐年减少事业经费，1986年国家科委减拨轻工业部科研事业费10%。

按照科技体制改革决定的精神，参照中央有关文件和规定，制订了《轻工业部科技项目管理方法》、《轻工业科技成果部级鉴定暂行办法》、《关于部属研究所科技体制改革中若干问题的实施意见》和《直属科研单位科研课题成本核算试行办法》4个文件，已发布试行。

国家科委、轻工业部、纺织工业部、商业部、经贸部、机械工业部、电子工业部、航空工业部、航天工业部、农牧渔业部等单位协商，于10月8日成立了科技振兴轻纺领导小组，组长由国家科委副主任兼国家计委副主任曾宪林同志担任。领导小组的主要任务是：会同有关部委研究调整科技力量布局，加强轻纺工业科技开发能力，研究制订科技振兴轻纺工业纲要、政策和措施，编制规划。轻工业部科技局组织力量已编写出《科技振兴轻工业的设想》，同时提出了当前振兴轻工业中急待解决的若干科技问题。

（王珏　叶有义）

【科技普查】 根据国家科委的统一部署，1986年上半年进行了科技普查工作。至1985年12月31日止，全国轻工系统共有独立科研机构406个，职工总数39 920人，1985年全国轻工系统研究所拨款外收入1.6亿元，占总经费收入的55%以上。实现经费自立的研究所共21个；不同程度减拨事业费的研究所共222个。轻工业部科技局承担的科技普查工作获得国家科委三等奖，参加普查工作的14位同志获得国家科委授予的荣誉证书。

1985年底科技普查轻工业系统独立科研机构情况

	总　数	其中：地方	轻工部直属
科研机构数	406	380	26
职工数	39 920	33 919	6 001
从事科技活动人数	29 833	24 834	4 999
高级职称人数	221	105	116
固定资产（千元）	548 660	416 080	132 580
占地面积（平方米）	12 604 350	7 505 340	5 099 010
建筑面积（平方米）	1 639 469	1 317 528	321 941
其中科研用房（平方米）	770 964	635 758	135 206

轻工业系统科研机构按行业分类

（1985年12月底止）

序号	行　业	单位数 合计	单位数 其中：部直属	职工数	从事科技活动人数
1	造纸	11	1	2 854	484
2	制盐	7	1	623	131
3	制糖	6	2	1 661	357
4	自行车	3		847	62
5	缝纫机	2		524	31
6	钟表	5	1	676	176
7	陶瓷	15	1	1 978	220
8	玻搪	9	1	1 501	371
9	硅酸盐	6		883	177
10	电光源材料	2	1	393	99
11	化学电源	1	1	94	41
12	日用化工	12	1	1 667	470
13	香料	2	1	293	124
14	食品	22	1	2 423	789
15	发酵	5		645	195
16	乳品	1		110	34
17	塑料	34	1	2 834	590
18	皮革毛皮	18	1	1 387	215
19	服装鞋帽	19	2	1 541	75
20	工艺美术	47		2 760	294
21	地毯	1		89	17
22	玩具	2		228	19
23	五金	12		693	147
24	家用电器	14	1	1 053	316
25	文体用品	5		380	66
26	灯具	2		454	21
27	家俱	14		795	119
28	衡器	1		35	10
29	竹藤棕草制品	1		50	14
30	包装装潢	6	1	308	83
31	模具	3		117	37
32	印刷	3		503	23
33	科技情报	7	1	276	139
34	标准化	1	1	23	12
35	环保	1	1	156	87
36	轻工机械	8	4	1 226	537
37	综合（一轻、二轻所）	90		6 800	2 275
38	其他	8	1（自动化）	1 040	217

（王　珏）

【轻工产品标准化】 根据赵紫阳总理有关争取1990年"有40%左右的主要工业产品在性能和质量上达到发达国家70年代末或80年代初的水平"的指示，和国家经委1986年6月召开的全国采用国际标准工作会议的精神，将轻工业部有关司、局对轻工主要产品目录进行审议，提出了采取国际标准和国外先进标准产品共计780种，其中：

(1) 传统产品32种（以“△”表示者），需制订具有我国特色的质量的性能标准，逐步向国际标准化组织推荐采用；

(2) 需要采用国际标准的主要产品748种，力争在“七五”期间都要制定具有国际先进水平的质量和性能的产品标准；

(3) “七五”期间要达到发达国家70年代末80年代初水平的主要产品有362种（以＊表示者）。

分行业列表如下：

一、造　纸

序号	产品名称	序号	产品名称
1*	新闻纸	19*	化学分析滤纸
2*	胶印新闻纸	20*	照相原纸
3*	胶印书刊纸	21*	打孔电报条纸
4*	胶版印刷涂料纸	22*	仪表记录纸
5*	胶版纸	23*	纸袋纸
6*	凸版纸	24*	牛皮纸
7*	书写纸	25*	卫生纸
8*	考贝纸	26*	卷烟纸
9*	打字纸	27*	茶叶滤纸
10*	字典纸	28*	玻璃纸
11*	描图纸	29*	玻璃卡纸
12*	字型纸板	30*	邮封纸
13*	普通干法静电复印纸	31*	牛皮箱纸板
14*	电缆纸	32*	提箱纸板
15*	浸渍绝缘纸	33*	高强瓦楞原纸
16*	汽相防锈纸	34*	白纸板
17*	电容器纸	35*	高纯度绝缘纸浆
18*	电绝缘纸板		

二、计时仪器

序号	产品名称	序号	产品名称
1*	机械手表	15*	体育场(馆)综合显示系统
2*	指针式石英表		
3*	数字式石英表	16	数字式石英秒表
4*	双显示石英表	17	计时用集成电路
5*	指针式石英钟	18*	计时仪器用单相永磁步进电机
6*	数字式石英钟		
7*	双显示石英钟	19*	定时器用同步电机
8*	机械闹钟	20	洗衣机机械式定时器
9*	机械摆钟	21*	洗衣机电动式定时器
10*	电钟	22	洗衣机电子式定时器
11*	数字式汽车石英钟	23	电风扇机械式定时器
12*	石英航海天文钟	24*	电风扇电动式定时器
13*	石英子母钟	25	电风扇电子式定时器
14*	显示式石英世界钟		

三、自行车

序号	产品名称	序号	产品名称
1*	普通型自行车	6*	自行车前、后轴
2*	载重型自行车	7*	自行车轮辋
3*	轻便型自行车	8*	自行车链条
4	运动型自行车	9*	轻便摩托车
5*	自行车飞轮		

四、缝纫机

序号	产品名称	序号	产品名称
1*	工业用平缝机	5	绣花缝纫机机头
2*	工业用平缝机机头	6	上袖缝纫机机头
3*	工业用包边式线进缝纫机机头	7	服装开袋缝纫机机头
		8*	家用缝纫机
4	工业用锁钮孔缝纫机机头	9*	家用缝纫机机头

五、电光源

序号	产品名称	序号	产品名称
1*	普通照明灯泡	7	高压钠灯
2	汽车灯泡	8	低压钠灯
3	飞机灯泡	9	卤钨灯
4*	矿用头灯灯泡	10*	荧光灯启动器
5*	直管型荧光灯	11*	荧光灯镇流器
6	高压汞灯泡	12*	高压汞灯镇流器

六、搪瓷

序号	产品名称
1	搪瓷食盆类
2	搪瓷锅壶类
3*	搪瓷烧锅
4	搪瓷碗盘类
5	搪瓷大盆类

七、陶　瓷

序号	产品名称	序号	产品名称
1△	普通陶器		(5) 薄胎瓷
2△	精陶器		(6) 颜色釉瓷器
3△	普通瓷器		(7) 彩釉瓷器
4△	细瓷器		(8) 紫砂陶器
5△	高级细瓷器	8△	细炻器
6△	艺术瓷	9△	高级白炻器
7△	中国传统名陶瓷	10△	铁炻器
	(1) 青瓷	11△	琉璃制品
	(2) 白瓷	12△	陶瓷用高岭土
	(3) 青花瓷与青花玲珑瓷	13△	陶瓷用长石
		14△	陶瓷用石英砂
	(4) 五彩瓷器	15△	陶瓷用滑石粉

八、玻璃

序号	产品名称	序号	产品名称
1	玻璃杯	5*	量　器
2*	气压保温瓶	6	培养皿
3	保温瓶	7	试剂瓶
4	烧　器	8*	眼镜镜片

九、自来水笔、圆珠笔、铅笔

序号	产品名称
1*	自来水笔
2*	圆珠笔
3*	铅　笔
4	活动铅笔

十、打字机

序号	产品名称
1*	中文打字机
2*	英文打字机

十一、日用化工

序号	产品名称	序号	产品名称
1*	香　皂	29*	黑白胶卷
2*	肥　皂	30*	人像胶片
3*	药物香皂	31*	医用X光胶片
4	合成洗衣粉	32*	印刷胶片
5	合成洗衣膏	33*	缩微胶片
6*	毛纺工业用洗涤剂	34*	彩色照相纸
7*	洗涤衣服织物用洗涤剂	35*	黑白照相纸
8*	金属清洗剂	36*	工业用X光胶片
9*	厨房洗涤剂	37*	锌锰干电池
10*	洗涤剂用醇	38*	碱性锌锰干电池
11*	硬脂酸	39*	碱性锌锰扣式电池
12	甘　油	40*	银锌扣式电池
13*	工业烷基苯	41*	碱性汞扣式电池
14*	三聚磷酸钠	42	锂锰扣式电池
15*	工业烷基苯磺酸	43	锂电池
16*	聚乙氧化脂肪醇醚	44	电池用电解二氧化锰
17*	乙氧基化脂肪醇硫酸盐	45	电池用炭棒
18	丁基萘磺酸钠	46*	牙膏
19*	洗涤剂用羧甲基纤维素	47*	日用安全火柴
20	洗涤剂用硅酸钠	48	护肤化妆品
21	甲苯磺酸钠	49	美容化妆品
22*	醇系表面活性剂	50*	头发化妆品
23	羟基纤维素	51	化妆品用十二醇硫酸钠
24*	照相明胶	52	化妆品用单硬脂酸甘油脂
25*	食用明胶		
26*	药用明胶	53*	香豆素
27*	工业明胶	54	80%桉叶油
28*	彩色胶卷	55	二甲苯麝香

续表

序号	产品名称	序号	产品名称
56	香兰素	89	结晶玫瑰
57	97%柠檬醛	90	柏木油
58*	葵子麝香	91	白兰花油
59	洋茉莉醛	92	白兰浸膏
60	丁酸乙酯	93	芳樟醇
61*	合成薄荷脑	94	香茅醛
62	天然薄荷脑	95	大花茉莉浸膏
63	乙酸苄酯	96	香叶醇
64	合成桂醇	97	香茅醇
65	邻氨基苯甲酸甲酯	98	羟基香茅醛
66	苯甲醇	99	苯甲醛
67	苯乙醇	100*	紫罗兰酮
68	桂花浸膏	101	亚洲薄荷油
69	茉莉浸膏	102△	山苍子油
70	乙酸异戊酯	103	树兰浸膏
71	丁酸异戊酯	104	甲位乙基桂醛
72	异戊酸异戊酯	105	佳乐麝香
73	乙酸烯丙酯	106	柳酸甲酯
74*	甲位戊基桂醛	107	二氢月桂烯醇
75*	乙基香兰素	108*	乳化香精
76*	松油醇	109	桔子油
77	柠檬油（冷磨）	110	甜橙油
78	亚洲薄荷素油	111*	铃兰醛
79	墨红花浸膏	112	丁香酚
80*	苯甲酸乙酯	113	乙位紫罗兰酮
81	丙酸苄酯	114	香叶油
82*	丁酸苄酯	115	丁　酸
83	桃　醛	116*	印刷彩色版油墨
84	兔耳草醛	117	印刷彩色凸版油墨
85	乙酸芳樟酯	118	印刷彩色凹版油墨
86	赖百当浸膏	119	印刷彩色网孔版油墨
87	苯甲酸苄酯	120*	彩色塑料印刷油墨
88	异戊酸乙酯	121	蚊　香

十二、食品工业

序号	产品名称	序号	产品名称
1△	浓香型白酒	16	果、菜汁饮料
2△	清香型白酒	17	固体饮料
3△	米香型白酒	18	蛋白饮料
4△	酱香型白酒	19	乳酸饮料
5△	黄　酒	20△	糕　点
6	苹果酒	21	饼　干
7	柑桔酒	22	面　包
8*	葡萄酒	23	方便面
9*	白兰地	24△	糖　果
10*	啤　酒	25	婴幼儿谷物配方食品
11	啤酒酒花	26	婴幼儿强化食品
12*	啤酒大麦	27*	白砂糖
13*	酒精(发酵法)	28*	绵白糖
14*	二氧化碳(发酵法)	29	赤砂糖
15	汽　水	30	冰　糖

续表

序号	产品名称	序号	产品名称
31	方　糖	60*	干　酪
32	干　粕	61	麦乳精
33	颗粒粕	62*	冰淇淋粉
34	咸牛肉罐头	63	柠檬酸
35	咸羊肉罐头	64	食用酶制剂
36	午餐肉罐头	65	果葡糖浆
37	清蒸猪肉罐头	66*	酵　母
38	火腿罐头	67*	谷氨酸钠(味精)
39	凤尾鱼罐头	68*	赖氨酸
40	豆豉鲮鱼罐头	69	嗜酸菌乳粉
41	茄汁鲭鱼罐头	70	乳　酸
42	糖水桔子罐头	71	天门冬氨酸
43	糖水桃子罐头	72	木糖醇酐硬脂酸酯
44	糖水梨罐头	73	甜菊糖甙
45	糖水菠萝罐头	74	叔丁基—4—羟基
46*	果酱罐头	75	茴香醚
47	蘑菇罐头	76	单硬脂酸甘油酯
48	芦笋罐头	77	叶绿素铜钠盐
49	清水马蹄罐头	78	没食子酸丙酯
50	青刀豆罐头	79	柠檬酸钠
51	番茄酱罐头	80	乳酸亚铁
52	蚕豆罐头	81	果胶
53	牛奶粉	82	红曲米
54	羊奶粉	83	葡萄糖酸锌
55	婴儿配方奶粉	84	可可棕色素
56	孕妇奶粉	85	可拉胶
57	老人奶粉	86	甜菜红
58	儿童奶粉	87	异抗坏血酸钠
59*	奶　油		

十三、制盐工业

序号	产品名称
1	工业盐
2*	食用盐
3	氯化钾
4*	工业溴

十四、家用电器

序号	产品名称	序号	产品名称
1*	家用电冰箱	12*	换气扇
2*	吸收式冰箱	13*	房间空调器
3*	冷　柜	14*	空调器用全封闭压缩机
4*	电冰箱用全封闭压缩机	15	增湿器
5*	温控器	16*	家用电动洗衣机
6	家用冰淇淋器	17*	真空吸尘器
7	家用冷饮水器	18	擦窗器
8*	电风扇	19	电热水器
9*	壁　扇	20	吸热式电热水器
10*	箱式扇	21	贮水式电热水器
11*	排气扇	22	电淋浴器

续表

序号	产品名称	序号	产品名称
23*	电熨斗	32*	开式电炉
24	熨平机	33	微波炉
25*	电热毯	34	吸油烟器
26	灭蚊器	35	压力电饭锅
27	取暖器	36	家用多切机
28*	自动电饭锅	37	洗碗盘器
29*	电炒锅	38	家用食物搅拌器
30*	电烤箱	39	按摩器
31*	电水壶	40	皮肤及毛发护理器具

十五、灯　具

序号	产品名称	序号	产品名称
1*	吊灯灯具	19	本质安全型防爆灯具
2*	吸顶灯灯具	20*	深水作业灯具
3*	壁灯灯具	21*	船用白炽灯具
4*	落地灯灯具	22*	船用荧光灯具
5*	台灯灯具	23*	船用防爆灯具
6*	荧光灯具	24*	机场照明灯具
7*	道路照明灯具	25*	航空白炽灯具
8*	广场照明灯具	26*	航空荧光灯具
9*	公共建筑用灯具	27*	机场跑道灯具
10*	矿井照明灯具	28*	机场滑行道灯具
11	隧道照明灯具	29*	机场标灯灯具
12	机床灯具	30*	航空照明灯具
13*	一般型防爆灯具	31*	交通信号灯具
14	正压型防爆灯具	32*	医疗卫生灯具
15*	隔爆型防爆灯具	33*	摄影灯具
16	增安型防爆灯具	34*	舞台灯具
17	无火花型防爆灯具	35*	农用灯具
18	粉尘防爆灯具		

十六、轻工机械

序号	产品名称	序号	产品名称
1	地上衡	16*	动态电子汽车衡
2*	地中衡	17*	注塑成型机
3	光栅数显地中衡	18	双色注射成型机
4	度盘地中衡	19	低发泡注射成型机
5*	动态电子轨道衡	20	热固性注射成型机
6*	轨道衡	21*	薄膜挤出机组
7*	轻轨衡	22*	吹塑薄膜挤出机
8	移动式度盘秤	23	板、片材挤出机组
9	移动式光栅数显秤	24	管材挤出机组
10	起重秤	25	单丝挤出机组
11	配料秤	26	异型材挤出机组
12*	电子皮带秤	27	挤出吹塑中壳成型机
13*	电子计价秤	28	三辊压延机
14*	称重传感器	29	四辊压延机
15*	无线传输吊秤	30	制袋机

续表

序号	产品名称	序号	产品名称
31*	织袋机	65	压缩试验仪
32*	真空成型机	66*	耐折度测定仪
33	废薄膜回收机组	67*	撕裂度测定仪
34*	葡萄破碎机	68*	纸板挺度测定仪
35*	葡萄压榨机	69*	湿强度测定仪
36*	压滤机	70	摆锤式抗张力测定仪
37*	灌酒压盖机	71	吸收率测定仪
38*	发酵罐	72*	打浆度测定仪
39*	糊化锅	73*	纸与纸板厚度测定仪
40*	糖化锅	74*	纸张粗糙度测定仪
41*	啤酒灌装线	75	纸张表面吸收重量测定仪
42*	饮料灌装线		
43	冰淇淋冷凝灌装线	76*	透气度测定仪
44	罐身联合四道机	77*	耐破度仪
45*	电阻焊制罐机	78*	砂光机
46	封罐机	79	带锯机
47*	食品工业用不锈钢管与配件	80	圆锯机
		81	木工刨床
48*	食品工业用不锈钢细纹管件	82	木工铣床
		83	木工钻床
49*	刀盘削片机	84	开榫机
50	链式磨木机	85*	去肉机
51*	管式连续蒸煮器	86*	片皮机
52*	压力洗浆机	87	熨平机
53	离心筛	88	转　鼓
54*	圆盘磨浆机	89*	拉丝机
55*	水力碎浆机	90*	吹玻壳机
56	压光机	91	普灯自动装配机
57	涂布纸机	92*	荧光灯自动装配机
58*	黑夜蒸发器	93*	球磨机
59*	喷射炉	94*	真空炼泥机
60	苛化器	95*	滚压成型机
61	石灰回转窑	96*	行列式制瓶机
62*	静电除尘器	97	保温瓶胆机
63	纸张象限秤	98	剪裁机
64	纸板戳穿强度测定仪		

十七、工艺美术

序号	产品名称	序号	产品名称
1△	手工打结羊毛地毯	9	惯性玩具
2△	手工打结丝织地毯	10	发条玩具
3	机制化纤地毯	11*	长毛绒玩具
4*	金首饰	12*	玩具电机
5*	银首饰	13	童　车
6*	首饰钻石	14△	漆木工艺家具
7△	烟花爆竹	15△	机绣制品
8	电子玩具		

十八、文教用品

序号	产品名称	序号	产品名称
1△	民族乐器	17	射箭器材
2	钢　琴	18	冰　刀
3	提　琴	19*	篮　球
4	西管乐器	20*	排　球
5	电子乐器	21*	足　球
6*	手风琴	22	手　球
7	口　琴	23	羽毛球拍
8*	单　杠	24*	羽毛球
9*	双　杠	25*	乒乓球台
10*	高低杠	26*	乒乓球拍
11*	跳　马	27*	乒乓球
12*	鞍　马	28	复写纸
13*	平衡木	29	打字腊纸
14*	吊　环	30	誊写腊纸
15*	举重杠铃	31△	文房四宝
16	击剑器材		

十九、家　具

序号	产品名称
1	木家具
2*	钢家具
3	软体家具

二十、服装鞋帽

序号	产品名称	序号	产品名称
1*	衬　衫	7*	风雨衣
2*	男女毛呢上衣	8*	睡　衣
3*	男女毛呢裤	9*	牛仔裤
4*	男女毛呢大衣	10*	羽绒服
5*	男女西服套装	11△	注塑布鞋
6△	中山服		

二十一、建筑五金

序号	产品名称	序号	产品名称
1*	平开门	14*	双舌复式门锁
2*	转　门	15*	球形门锁
3*	上翻门	16	执手门锁
4*	卷帘门	17*	多保险门锁
5*	玻璃门	18*	钢窗五金件
6*	保温门	19*	缓冲关门器
7*	防火门	20	可锻铸铁管件
8*	铝合金门	21	煤气用旋塞
9*	推拉窗	22	铜阀门
10*	落地窗	23*	民用阀门
11*	铝合金窗	24	减压阀
12*	隔音窗	25*	旋塞阀
13	弹子门锁	26	冲洗阀

续表

序号	产品名称	序号	产品名称
27	螺旋升降式水嘴	36*	金属窗纱
28	热水嘴	37*	镀锌钢丝布
29	脚踏水嘴	38*	钢丝布
30	感应水嘴	39*	编织网
31	调温水嘴	40*	镀锌铁丝
32	浮球阀	41	通讯丝
33	水箱水位控制阀	42	圆钢钉
34*	三角阀	43	木螺钉
35*	便池冲洗阀		

二十二、工具五金

序号	产品名称	序号	产品名称
1	剪切钳	25*	电讯旋具
2	夹扭钳	26	钳工锉
3	夹扭剪切两用钳	27	锯　锉
4*	断线钳	28	整形锉
5	剥线钳	29	木　锉
6	电焊钳	30	钳工锤
7	大力钳	31	羊角锤
8	台虎钳	32	八角锤
9*	管子钳	33	什锦锤
10	管子台虎钳	34*	手工钢锯条
11	链条管子钳	35	钢板锯架
12*	管绞板及板牙	36	钢管锯架
13	活扳手	37	木工刨刀
14	呆扳手	38	木工凿
15	梅花扳手	39	木工钻
16	套筒扳手	40	木工锯
17	十字形套筒扳手	41	弓摇钻
18	两用扳手	42*	园艺工具
19	棘轮扳手	43	金钢石玻璃刀
20	内六角扳手	44*	钢卷尺
21	内六角花形扳手	45*	布卷尺
22	一字形螺钉旋具	46*	斧
23	十字形螺钉旋具	47*	防爆工具
24*	内六角花形螺钉旋具	48	喷　灯

二十三、日用五金

序号	产品名称	序号	产品名称
1*	刮脸刀片	11*	汽车用锁
2*	旋开式双面刀架	12*	自行车锁
3	电推剪	13*	电子卡片锁
4*	电动剃须刀	14*	程控电子门锁
5	理发工具（推子、剪子、剃刀）	15	铝　锅
		16	铝压力锅
6	菜　刀	17	铝水壶
7	电动裁衣剪	18*	家用煤气灶
8	气动裁衣剪	19*	公用煤气灶
9	民用剪	20	煤气蒸锅灶
10*	家具锁	21*	煤气烤箱

续表

序号	产品名称	序号	产品名称
22*	厨　具	29	手电筒
23*	餐　具	30*	桅　灯
24	铸铁锅	31*	打火机（气体、电子）
25*	不锈钢器皿	32	金属拉链
26	镀银餐具器皿	33*	煤气热水器
27	不锈钢压力锅	34	非金属拉链
28	不锈钢厨房设备	35	尼龙伞

二十四、毛　皮

序号	产品名称	序号	产品名称
1	山羊毛皮		（2）兔毛皮
2	绵羊毛皮		（3）狗毛皮
3*	剪绒细毛绵羊毛皮	7*	细毛皮：
4* △	绵羊毛革两用毛皮（绒面光面）		（1）水貂毛皮
			（2）狐狸毛皮
5*	羔猾毛皮		（3）黄狼毛皮
6	杂毛皮：		（4）貉子皮
	（1）猫毛皮	8	毛皮服装

二十五、皮　革

序号	产品名称	序号	产品名称
1*	铬鞣猪皮正鞋面革	14	铬鞣山羊绒面鞋面革
2	铬鞣猪皮修饰鞋面革	15	铬鞣山羊正面服装
3*	铬鞣猪皮正面服装革	16	铬鞣山羊正面手套革
4*	铬鞣猪皮正绒面鞋面革	17	铬鞣绵羊正面服装革
5*	铬鞣猪皮绒面服装革	18	铬鞣绵羊正面手套革
6	铬鞣猪皮苯胺鞋面革	19*	胶粘皮鞋
7	植鞣猪皮底革	20	硫化皮鞋
8*	铬鞣黄牛正鞋面革	21	模压皮鞋
9*	铬鞣黄牛修饰鞋面革	22	线缝皮鞋
10	铬鞣牦牛正鞋面革	23	旅游皮鞋
11	铬鞣牦牛修饰鞋面革	24	旅行衣箱
12	植鞣水牛底革	25*	皮革服装
13	铬鞣山羊正鞋面革		

二十六、塑料制品

序号	产品名称	序号	产品名称
1*	ＰＶＣ压延膜	9*	ＰＶＣ针织泡沫革
2*	ＰＶＣ硬板	10*	ＰＶＣ塑料壁纸
3*	ＰＶＣ门窗用型材	11*	排污ＰＶＣ－Ｕ管
4*	ＰＶＣ电缆料	12*	ＰＶＣ煤矿用传送带
5*	供水ＰＶＣ－Ｕ管材管件	13*	ＰＶＣ泡沫塑料
		14	ＰＶＣ塑料凉鞋
6*	ＰＶＣ矿用管	15	ＰＶＣ泡沫拖鞋
7*	ＰＶＣ－Ｕ波纹穿线管	16	化工用ＰＶＣ－Ｕ管件
8*	ＰＶＣ人造革（布）	17	ＰＶＣ软管

续表

序号	产品名称	序号	产品名称
18	PVC电焊条	26*	PP膜(双向拉伸)
19*	PE工业膜	27	PP薄膜
20*	PE农用膜	28*	ABS板
21*	PE/OPP复合膜	29*	PU硬质泡沫塑料
22*	PE地膜	30*	PU合成革
23*	PE单丝	31*	PU人造革
24*	PE编织布	32	PU软质泡沫塑料
25*	PE电缆料	33	PS泡沫塑料

二十七、包装装潢

序号	产品名称	序号	产品名称
1	印铁制罐	10	聚乙烯瓦楞箱
2*	包装用瓦楞纸箱	11	聚乙烯中空容器
3*	啤酒瓶	12*	聚丙烯打包带
4	白酒瓶	13*	聚丙烯编织袋
5*	饮料瓶	14*	聚丙烯周转箱
6	500 ml 罐头瓶	15	聚丙烯食品包装膜
7	食品包装用纸	16	聚丙烯捆扎绳
8*	聚氯乙烯食品包装用透明片	17	聚苯乙烯食品包装用片、盒
9*	聚乙烯周转箱		

(叶有义)

【“三为主”科研项目】 国家经委，财政部为扶植轻纺工业扩大产品出口，多创外汇，继1985年之后，1986年以“更新改造专项措施项目”安排轻工系统科研、设计、检测和教育专项拨款 4 500万元。其中科研为1 600万元。共安排了21个行业，50个单位，67个课题。其中部直属科研所10个单位，14个项目，465万元；地方科研所为40个，53个课题，1 135 万元。

项目的安排是根据国务院“三为主”(即：以沿海地区为主，以轻纺工业为主，以出口创汇为主）的原则，同时要求时间短，见效快、创汇高。

1986年项目下达时间较晚，已落实65项，1 460万元。有的单位做到了当年投资、当年见效。如丹东市二轻研究所承担的提高“海豹”牌出口钢锹产品质量的课题，采取科研所向市经委，二轻局、财政局承包，科研课题组向所领导承包的办法，签订合同。完成者有奖，完不成者不仅无奖，还要扣所长及承担者的工资，充分调动了科技人员积极性，出色地完成了任务。1986年丹东钢锹出口量比1985年提高68.9%，利润达172.1万元，比1985年增长88.9%，创汇70.3万美元，比1985年增长了81.75%。

上海日用化学研究所承担的提高化妆品产品质量，加强化妆品有效率的分析，开发新产品的课题。初步建成了国内第一个化妆品效应测试实验室，已完成了二种化妆品产品的测试效应，为5个单位的产品进行测试，提供数据。冷烫精配方小组，利用该实验室对国内7种烫发精和国外8种冷烫精进行卷曲效率的测定，根据测定的数据，确定了赶超世界先进水平的目标，调整冷烫精的配方。经过上百次的配方测试，终于获得了理想的配方，生产了海鸥牌冷烫精，经过上海各大美容厅的使用，认为各种效果均已超过联邦德国的“波美”冷烫精，卷曲效率的数值见下表：

品名	海鸥	波美	上海	天鹅	多美	真优美
卷曲效率(%)	95.4	81.6	56.0	76.0	75.9	62.5

轻工业部毛皮制革科研所承担了提高毛皮产品质量的课题，该技术在西北某厂推广使用，使出口羊皮服装的价格由原来的每件20美元，提高到60美元。

福建省轻工研究所建立起罐藏食用菌培育中心，对我国大量生产出口蘑菇罐头及开发其他菇类罐头新品种创造良好条件。1986年；又培育出新菌种，单产提高40%，同时还开发了金针菇、香菇、草菇等出口罐头新品种。

山东省硅酸盐研究所承担的陶瓷金红颜料系列产品的开发，1986年12月通过了技术鉴定。该项目开发了6个新品种，平均节约黄金用量28.0%以上，直接经济效益年节约黄金49公斤，约80多万元。如全国推广，则可节约180多万元。提供花纸厂，制成花纸，降低成本，经济效益更高。

(叶有义)

【评审轻工业科技进步奖】 根据《中华人民共和国科学技术进步奖励条例》的规定和有关精神，轻工部科技局会同生产技术司对轻工系统1981年1月至1986年6月底的科技成果和推广成果进行部级科技进步奖的评选工作，旨在奖励那些在各个科技工作岗位上进行了创造性劳动，为推动科技进步、提高经济效益和社会效益做出积极贡献的科技工作者。申请项目共1 470项，初审受奖项目共672项，其中一等奖10项，二等奖93项，三等奖569 项。

(王　珏)

【轻工系统计算机应用成果】 1986年6月，全国计算机应用展览会在北京举行，展览会上展出微机应用于轻工系统各行业的有100多项，现将其中133项应用于16个行业的项目列表如下，作为“七五”期间推广应用的第一批项目，其中有4项获得大会评定的一等奖，4项为二等奖，有10项奖得三等奖。(见附表)

附表　轻工系统计算机应用成果及建议“七五”推广项目（第一批）表

序号	行业	成果名称	成果提供单位	获奖情况
一、造纸				
1		造纸生产微机调度管理系统	江西造纸厂	二等奖
2		造纸生产过程(定量、水份)的微机控制系统	浙江大学、嘉兴民丰造纸厂	三等奖
3		造纸机定量、水份值计算机控制系统	航天部二院	
4		纸张定量、水份检测控制计算机系统	电子部六所、广州纸厂、广东省测试所	三等奖
5		微型机在相纸干燥道中的应用	清华大学、汕头市感光化学厂	
6		QZK1300切纸机微机控制系统	温州自动化设备厂	
7		微机纸页定量控制系统	河北省唐海县垦丰造纸厂	
8		QZWK920微机控制切纸机	温州印刷机械厂	
9		1760长网纸机微机自控系统	武汉市自动化技术成套设计研究所	
10		激光液位检测微机控制系统	天津大学	
11		ZSY-2型纸机线速度综合测试仪	广东省电子技术研究所	
12		微机控制纸轴称重、纸长计量系统	北京市计算机软件中心	
二、制糖				
13		微机控制煮糖	轻工部广州设计院	二等奖
14		微机糖厂管理系统	轻工业部自动化仪表研究所	三等奖
15		MTJ-065电脑煮糖专用机	佛山市中南电脑厂、华南工学院	
三、发酵				
16		FK-88口FK-5型啤酒发酵微机控制系统	河北省电子研究所	三等奖
17		配方研究技术	浙江大学	
18		PTF-192-32型微机自控啤酒酿造系统	黑龙江省绥滨啤酒厂、七〇三所	
19		BTMC-Ⅱ型啤酒发酵微机控制系统	佛山市中南电脑厂、广州自动控制研究所	
20		啤酒生产中蒸汽流量一压力微机检测与控制系统	北京工业学院	
21		WJK-1微机酒曲发酵控制仪	贵州省电子工业研究所	
22		锥形罐温度压力控制	双鸭山市啤酒厂	
23		酒厂发酵、制曲工艺参数采集处理系统	航天部二院	
24		酒精蒸馏工序微机自动控制系统	航天部二院210所	
25		微机控制酒精生产	中科院力学所	
26		无水乙醇生产过程控制	天津农药厂、南开大学	
27		烘房温湿度微机控制系统	武汉市自动化技术成套设计研究所	
28		温度测控仪	航天部五院五四九厂	
四、食品				
29		食品传热特性值的测定计算机程序	轻工部食品发酵研究所	
30		微机控制罐头杀菌装置	航天部502所	
31		味精结晶微机控制装置	西北工业大学、西安味精厂、西安地区科技交流中心	
32		WFK味精发酵工艺微机实时控制系统	苏州电子计算机厂	
33		味精结晶过程微机控制系统	空军雷达学院、武汉市味精厂	
34		PPS-80集散型实时控制系统	核工业部二院、靖江无线电三厂	
五、窑炉、硅酸盐				
35		玻璃窑炉微机控制系统	中船总公司武江七〇九所	三等奖
36		KSWB玻璃熔炉微计算机控制系统	中国计算机技术服务公司吉林分公司	
37		玻璃窑炉燃烧自动控制	天津工业自动化仪表研究所	三等奖
38		318车间环形炉微型计算机控制系统	成都无缝钢管厂、重庆仪表研究所	
39		玻璃窑炉热工参数微机控制系统	西北电讯工程学院、西安玻璃制品厂	
40		BYW-1型玻璃窑炉微机控制系统	哈尔滨计算机厂、哈尔滨玻璃二厂	
41		隧道式窑炉微机控温系统	天津大学、天津元件十五厂	
42		隧道窑微型机控制装置	重庆工业化仪表所、上海第二耐火材料厂	
43		微机隧道窑温度控制系统	清华大学	
44		R-T法测温控制技术	西北轻工学院	
45		微机在真空热处理炉过程控程中的应用	上海市电气自动化研究所、上海市机械制造工艺研究所	

续表

序号	行业	成果名称	成果提供单位	获奖情况
46		GQ-A热处理炉微机群控装置	宜昌自动化研究所、宜昌市自行车钢球厂	
47		电流温度控制仪	轻工部电光源材料研究所	
48		微电脑控制垂熔窑	株洲钨钼材料厂	
49		K20型微机控制制瓶装置	衡阳市电子研究所	
50		分布式计算机控制系统在玻璃生产中的应用技术	国家建材局建筑材料科研院	
51		硅酸盐产品化学成份及配料组成的CAD软件包CRMCOM	西北轻工业学院	
六、家用电器				
52		洗衣机洗净度测试仪	轻工部家电所	获北京市成果奖
53		全自动洗衣机电脑控制部件	温州市微机应用技术开发中心	
54		洗衣机洗净率及洗衣机电性能综合测试仪	机械部广州电器所、中国日用电器产品检测中心	
55		洗衣机定时器走时精度测试仪	轻工部家电所	
56		分马力电机动态测温仪	轻工部家电所	
57		ZJ/CI电冰箱测试系统	浙江省计算技术研究所，杭州电冰箱厂	
58		家用电冰箱自动检测线	沙市电冰箱总厂	
59		SC/801台扇风量自动测试仪	轻工部家电所	
60		带微机的电风扇叶动平衡机	清华大学	
61		微机控制吊扇检测作业线	武汉吊扇厂、武汉钢铁院、武汉日用五金所	
62		热效率测试仪	轻工部家电所	
63		CR-9型微机控制电热毯测温试验仪	机械部上海电动工具研究所	
七、自行车				
64		微型机应用于企业管理	天津市自行车二厂	
65		微型机应用于自行车——道路系统	唐山市自行车总厂	
八、缝纫机				
66		高中速工业平缝机电脑控制系统	北京轻工业学院	
九、钟　表				
67		表壳防水测试仪	上海手表二厂	
68		钟表齿形设计计算软件	天津大学、轻工部钟表研究所	
十、干电池				
69		工业微机在密闭拌粉系统中的应用	河南安阳电池厂	
70		DE-1型干电池放电特性微机自动检测及数据处理系统	机械部广州电器所、广州电池厂	三等奖
十一、皮革工业				
71		PC-8501A型微机数控皮革、印刷板打孔机	重庆大学	三等奖
72		毛皮鞣制、染色过程微机控制系统	河北机电学院	
十二、服装行业				
73		78-1暖体假人实验设备	中国服装设计中心、服装功能分中心	一等奖
74		计算机辅助服装设计和自动裁剪系统（CAD/CAM）	北京轻工学院、上海第十服装厂、上海实用电子所、上海工具工业研究所	一等奖
75		导轨式图形数字化仪	上海英雄绘图机厂	
76		HF-1计算机辅助服装设计系统	航天部710所	
77		微机服装辅助设计及优化排料	航天部二院	
78		带立体造型及款式设计功能的CFS-1型服装CAD系统	中国纺织大学	
79		MQC-CAD系统	复旦大学	
80		SF-1型计算机辅助服装优化设计、排料系统	上海大学工学院	
81		智能计算机服装CAD系统	浙江大学、浙江工艺美术所	
82		微机辅助服装设计	北京航空学院、北京市服装研究所	
83		JFY-AB型凹面光栅测色计及计算系统	天津市纺织工业研究所	

续表

序号	行业	成果名称	成果提供单位	获奖情况
84		WGS 测色色差计	浙江大学、杭州光学仪器厂	
十三、工艺美术				
85		计算机彩色平面图案创作设计系统（智能模拟计算机美术图案创作系统）	浙江大学、上海市印染技术研究所	一、二等奖
86		织物花型准备系统	南昌市激光技术应用研究所	
87		微机控制自动轧制纹板装置	湖北省自动化所、武汉毛巾厂	
88		艺术图案辅助设计	哈尔滨工业大学	
十四、烟草工业				
89		微机自动控制烟叶发酵系统	贵州省新技术研究所	
90		卷烟机微机数据采集处理系统	安徽电子科学研究所	
91		卷烟计算控制系统	航天部二院二一〇所	
92		YSJ-1型烟叶收购微机系统	空军一机校、登封县烟草专公司	
十五、轻机、仪表				
93		微机在塑料注射机上的应用	上海电气自动化所、大隆机械厂	
94		微机控制颗粒糖体自动包装机	北京计算机软化中心	
95		微机控制自动称量包装机	山东省计算机服务公司、济南化肥厂	
96		HT-MEWI 型电子秤二次仪表	航天部二院	
97		MCP-1 型微电脑皮带电子秤	湖南湘乡无线电厂	
98		微电脑自动给料秤	上海市计算技术研究所	
99		电子皮带秤微机自动调整系统	首钢公司电子公司	
100		直流电子秤	上海船用柴油机研究所	
101		微机在工业称重、配料装置中的应用	电子部第四十七研究所	
102		微电脑牙刷植毛机	武汉牙刷厂	
103		冰箱冷凝器微机控制丝管焊机	沙市自动化应用技术研究所	沙市科技成果一等奖
104		WHK-B 型微电脑厚度控制仪	重庆通信学院	
105		MC14500一位微处理器控制电镀生产自动线	河北省科学院自动化所、北京工学院	
106		微机控制自动电镀生产线	天津市第二制镜厂	
107		压力容器 CAD 系统	石油规划设计院、西安交大微机开发中心	
108		压力容器缺陷评定方法计算程序	化工部化工机械院	
109		微机色谱仪数据处理与温度控制装置	上海石化厂研究院	
110		GCP-1色谱数据处理机	上海农药厂	
111		微机动态轨道衡应用软件	湖南大学	
112		通用三维 CAD 系统	浙江大学	三等奖
113		B-SURF 三维 CAD 系统	南京航空学院	
114		JSOS 型三座标测量机	新天精密光学仪器公司	
115		IC80工业控制机系统	北京一轻研究所	
116		机械的计算机辅助设计系统	武汉水运工程学院	
117		计算机辅助测量分析系统	华南计算机公司、上海机械学院	
118		三座标测量机数据处理软件	机械部北京机床研究所	
119		HZ-100 型微机化计算积分仪	化工部自动化所	
120		常用机械零部件及机械优化设计程序库	合肥工业大学	
121		齿轮加工计算机辅助工程	同济大学	
十六、模具辅助设计				
122		计算机辅助塑料注射模冷却系统设计与分析（CADMICOOL）	天津轻工业学院	
123		冲裁模计算机辅助设计-CCD-1程序系统	北京机电研究院、北京农业工程大学机床电器厂	
124		微机CAD/CAM 系统在冷冲级进模设计中的应用	北京自动化研究所	
125		模具计算机辅助设计软件包	西安交通大学	
126		轴对称锻件热锻模具 CAD 系统	吉林工业大学辊锻工艺研究所	二等奖
127		Z-D 冲裁模 CAD/CAM 系统	浙江大学	
128		冷冲模 CAD/CAM	华中工学院、国营733厂、北京模具厂	二等奖

续表

序号	行业	成果名称	成果提供单位	获奖情况
129		冲裁模计算机辅助设计与制造系统	华中工学院、国营733厂等七单位	
十七、科技管理				
130		通用中英文事务处理软件系统	北京轻工业学院	
131		IBM-5550应用软件包	华南计算机公司	
132		PC-1500技术平价软件	机械部机械院	获机械部科技成果三等奖
133		科技档案管理系统	太原重型机器厂	

注：获奖项目中，未注明单位与年限的，均为1986年“全国计算机应用展览会”上所评的等级。

（叶有义）

【组织实施“七五”国家科技攻关项目】 国家计委下达的“七五”科技攻关计划中与轻工业有关的有制糖、造纸、塑料、合成洗涤剂和表面活性剂、皮革、食品、军工配套材料，电子信息材料、生物工程等行业。轻工业部科技局按项目组织课题分解，组织承担单位编制可行性报告，进行专家论证，签订科技合同，下达课题经费。共20个课题，分解为179个专题，已签订合同105个，下拨经费1 219.3万元。在组织实施工作中贯彻了科技攻关与技术改造、消化吸收、技术引进相结合的方针。注意发挥各部门的优势，组织联合攻关，协同管理，有农业、商业、化工、石化、中国科学院、教委系统和军工系统的有关单位共同分担了有关课题的攻关任务。

“七五”轻工国家科技攻关专题合同签订情况表

编号	课题名称	分解专题合同数	合同数已开题
75-02-08	糖类新品种选育技术	2	2
75-07-05	造纸林培育技术	8	6
75-35-06	氟塑料加工及应用技术研究	6	6
75-35-07	农用塑料制品开发	8	7
75-39-03	合成洗涤剂与表面活性剂技术开发	24	16
75-47-01	麦草原料备料系统工艺和设备	1	1
75-47-02	麦草制浆连续蒸煮工艺设备	5	4
75 47-03	胶印书刊纸的研究	4	3
75-47-04	麦草浆黑液回收及废水处理	13	7
75-48-01	面粗质次猪皮制革新技术的研究	2	2
75-48-02	华北路云贵路山羊皮制革技术开发	2	2
75-48-03	水牛皮牦牛皮制造轻革的研究	2	1
75-48-04	革裘制品的技术开发	6	5
75-48-05	皮革化工新材料开发	22	1
75-48-06	皮革新设备开发	20	5
75-49-07	少污染无污染皮革加工技术及三废综合治理利用	3	0
75-49-02	玉米薯类深加工技术	16	11
75-49-04	食品添加剂的开发及食品检测技术	22	15
75-70-06	军工配套材料研制	5	4
75-70-01	电子信息材料研究	8	7
合计		179	105

（王 珏）

1987年国家科学技术进步奖项目简介

【河南东部黄河故道沙区优良酿酒葡萄选育、栽培及酿酒技术的研究】 项目完成单位河南省民权葡萄酒厂葡萄科学研究所、河南省民权葡萄酒厂科学技术研究所完成的。

豫东故道沙区，先后从国内外引进五十多个葡萄品种，经过多年栽培特性的对比观察及酿酒试验，筛选出适合豫东故道沙区栽培的适合酿造白葡萄酒的品种有贵人香、白羽、红玫瑰等，适合酿造红葡萄酒的品种有黑比、法国兰、晚红蜜、蛇龙珠、佳里酿、黑格兰等10余种，已经推广3万余亩。在栽培方面从育茵、直插建园、幼树早期计产、化学物质提高浆果品质、主要病虫害防治、成龄树优质丰产等方面进行了栽培配套技术研究。地膜复盖直插快速建园达到当年结果、第二年丰产、亩产达1 500公斤的丰产园，处于国内领先地位。首先应用黄腐酸制剂(多效增糖灵)、助壮素、调节磷提高浆果品质。应用大富丹、杀毒矾有效地防治了白腐病、炭疽病和霜霉病。由于酿酒品种选择适合、栽培配套技术先进，使葡萄平均亩产量达到1 100公斤，浆果含糖量提高1度以上。在酿酒技术研究上，从去梗破碎，果汁分离速度，膨润土、皂土、二氧化硫澄清处理果汁，发酵温度，生物及复盐降酸，氮气密封及抗氧剂的添加等方面研制出一整套酿造工艺。利用水泥池、金属罐生产出接近国际水平的干白葡萄酒和国家名酒，破除了国内外“必须用橡木桶生产高级酒”的迷信。取得重大经济效益。

【利用发生炉煤气生产三聚磷酸钠工业性试验】 项目完成单位轻工业部设计院、昆明三聚磷酸钠厂

昆明三聚磷酸钠厂是由联邦德国引进的成套设备和生产工艺，采用塔式一步法生产三聚磷酸钠，这种生产方法是西德Knapsack厂的技术专利。原设计采用黄磷电炉气为能源。自1983年工厂投产以后，由于黄磷电炉运行难度大，经常发生磷炉气供应中断或不足的情况。该厂没有发生炉煤气站，我方曾多次建议德方用发生炉煤气作为第二热源。德方委托某燃烧研究所进行试验，结论是:“这种发生炉煤气只能供应五钠干燥聚合塔保温用，不能作为生产之用”。课题组应用紊流无焰燃烧的原理设计了具有多层次混合、多股分流、重复保火等措施的燃烧器。在对原设备不作丝毫改动的情况下，完成了燃烧器的更新工作。

产品质量达到国际水平，产量比原设计略有超过(由原设计每小时生产8.75吨达到每小时生产10吨)，能耗明显下降，操作安全可靠。本项目的开发提高了三聚磷酸钠设备的开工率，全年可增加三聚磷酸钠产量7 945吨，产值1 390万元。当磷炉不正常时，则产生的效益更为突出。确保了三聚磷酸钠的正常生产，使全国几十家洗涤剂厂的三聚磷酸钠的供应有了较可靠的保证。

【提高汉口路山羊皮革质量的研究】 项目完成单位：河南省新乡市制革厂、河南开封制革工业联合公司(原开封制革厂)、轻工部毛皮制革研究所、河南省二轻皮革塑料研究所、西北轻工学院

我国汉口路山羊板皮世界闻名，长期以来一直以生皮出口为主。为将山羊板皮的资源优势变为成品革和制品优势，变原皮出口为制品出口而提出本课题；并列入“六五”国家科技攻关项目。

本课题1985年11月完成。正鞋面革，通过二阶段浸灰碱、PAT助复鞣、真空干燥、细砂磨面，机械整理、蛋白涂饰；正面服装革，通过浸灰中间片皮、滚盐净面、变型二浴法鞣制、KS_1铬复鞣、一次染色加油、KS_2及其他新型涂饰剂涂饰的工艺技术研究，突破了山羊正鞋面革和正面服装革复鞣、机械整理和新型涂饰材料涂饰的技术关键，使我国山羊皮革的质量达到高档山羊皮革水平。(开发了打光苯胺鞋面革和泡沫型山羊服装革新产品。)制成皮革制品出口，能与西班牙、意大利、西德、日本制品质量水平媲美。换汇率鞋面革每张10～12美元，皮衣每件70～75美元，都比攻关前提高一倍以上。

【贝壳软化与成型工艺】 项目完成单位：大连旅游工艺品厂、科学院大连化物所、大连工艺美术研究所

贝壳软化与成型工艺，是根据贝壳的化学物理特性研制成以氧化还原反应为基础的软化剂。为提高软化速度及保持贝壳原型质感，建立起贝壳预处理技术及浸渍工艺流程。软化后，根据设计要求，采用热压成型工艺，将贝壳压制成任意形状，制成保持贝壳质感的各种系列产品，达到国际先进水平。

该工艺可与木材、陶瓷、塑料及金属等多种材料相结合，不仅可以生产出人民生活需要的新颖别致的实用与欣赏工艺品和旅游品，又可生产出建筑业急需的具有中国传统特色的室内装修装饰材料。采用该工艺，打破了我国贝雕行业近三十年来品种单一的浮雕画老框框，对于开发新产品，增强我国出口创汇能力，具有重大的技术经济意义。

【造纸生产微机调度管理系统】 项目完成单位：江西造纸厂、南昌市科学技术研究所

该系统是在总结纸厂调度管理经验的基础上，为实现全厂浆、电、汽、水、物料、产销六大平衡而设计的调度管理系统。

该系统的用途：一、可掌握全厂生产情况，处理生产中的矛盾，协调生产各环节的衔接，减少停机，提供必要的数据。二、合理分配用电、用汽，节约能源。三、监督工艺操作规程的执行，可提高产量和质量，节约原材料消耗，为优化工艺条件积累数据。四、有利于安全生产和事故分析。

江西造纸厂使用该系统效果良好，全国已有十四个厂矿接受技术转让。

【配制奶粉中间试验】 项目完成单位：内蒙古轻工业科学研究所海拉尔乳品厂、黑龙江省乳品研究所、黑龙江省双城县儿童乳品厂

该试验在工艺路线上采用模拟母乳成分设计配方。通过乳清脱盐、物料混合、均质乳化、超高温杀菌、板式真空快速浓缩、喷雾干燥等工艺过程，制得粉状配制奶粉，亦即统称的“母乳化奶粉”。按照配方设计调整并置换了牛乳中蛋白质、脂肪、碳水化合物，其营养成分对于哺乳期婴儿的消化、吸收、代谢更为适宜，优于普通全脂消毒牛乳和普通全脂加糖奶粉。由于该产品强化增补了适量的维生素和铁盐等微量成分，对防止婴幼儿佝偻病、缺铁性贫血等有效。又由于采用脱盐乳清并减少了一部分酪蛋白，使产品中酪蛋白与乳清蛋白之比、钙磷之比近似于人乳。对蛋白质的氨基酸的组成经过调整之后，也近似于人乳。因为降低了产品中盐类含量，可以减轻婴儿肾脏负担。添加了适量的玉米胚芽油取代部分乳脂肪，从而增加了豆油酸含量以提供足够的必需脂肪酸。

该项成果在海拉尔乳品厂和黑龙江双城县儿童乳品厂已经投产。

【柠檬酸发酵新菌种黑曲霉Co 827的生产应用】 项目完成单位：上海市工业微生物研究所、上海酵母厂、上海新型发酵厂

上海市工业微生物研究所在我国土壤中筛选出野生柠檬酸产生菌，经化学诱变和放射性同位素钴60辐射诱变，获得柠檬酸生产菌Co827。该菌种具有强大的淀粉酶和酸性糖化酶，能直接将淀粉转化为柠檬酸，并能使用粗原料如甘薯、木薯等，在发酵中不必添加任何营养剂和生酸促进剂。发酵能耐高温，低通风量，发酵周期极短，一般为72小时，发酵水平可高达40公斤/天·米^3，转化率高达100％。此工艺为我国独有。

此成果目前已在全行业四十多家工厂生产使用。普遍获得产酸提高10％，转化率提高10％，周期缩短10％，增产30％以上，成本下降20—30％的效益。

【干白葡萄酒新工艺的研究】 项目完成单位：轻工业部食品发酵工业科学研究所、中国长城葡萄酒有限公司

本项目从原料、工艺到设备作了全面的研究，主要以沙城的龙眼葡萄为主，并对引进的国际名种，研究原料最佳采收期，以提高酒的果香和丰满的口感。新工艺的特点是：果汁和果渣快速分离，以减少酒中酚类化合物，提高酒的爽口感；应用低温发酵，既保持原果香又使酒中增加高炭酯类，而使酒增加香气与风味；生产全过程防止氧化，保持原果香，提高稳定性；应用硅藻土结合下胶去除杂质，进一步提高酒的风味和稳定性；选用隔菌冷装瓶全套设备，使灌装于瓶中的酒无空气(氧)又无菌，避免使用热杀菌，既保持了酒的果香、酒香，又可以节约能源。生产周期由原来的两年以上缩短到一年。新工艺所酿制的龙眼干白葡萄酒，色、香、味均达到国外同类产品水平，多次在国际上获奖。

【24工位滴料压饼式吹泡机】 项目完成单位：沈阳灯泡厂

沈阳灯泡厂研制成功24工位滴料压饼式吹泡机。其中的吹泡机主机、供料机、搅拌机、电子控制设备以及料道温度自动控制装置，却是采用国产原材料、仪表及元器件。整机达到日本H-24型吹泡机的水平。日产量为9万只，机速每分钟68—72只，吹制合格率90％，玻壳壁厚均匀，封口线公差0.35—0.75mm。该机于1986年推广到合肥、郑州灯泡厂应用，淘汰了原来所用的12工位吹泡机。

【香皂连续煮皂生产线】 项目完成单位：上海制皂厂

连续煮皂工艺采用脉冲连续皂化、脉冲连续洗涤、离心机分离的新技术，从物料进装置到出产品，全部实现连续化、管道化、半自动化。其中主要设备萃取筛板塔和洗涤脉冲泵在国内都是首创。该系统的甘油回收率高，皂基含甘油量平均为0.2％，是大锅煮皂基的40％，达到国际先进水平。该系统生产能力为年产1万吨皂基。与间歇锅煮法相比，连续煮皂的特点是：成品质量高，能耗低，占地面积小，生产周期短，劳动条件好。

【胶印亮光快干四色机油墨】 项目完成单位：天津油墨厂

1980年天津油墨厂开始在油墨结构方面进行了重大改进，试制出对石油溶剂溶解性较好的叔丁酚树脂，成功地应用了蜡类助剂，改进油墨连结料组分和制造工艺，使油墨的质量达到了大日本（DIC）同类产品的水平，为国内公认的高档名牌产品。

该新产品已应用于全国11个省、直辖市的60余个有四色胶印机的印刷厂，推广面约占全国60％，对我国胶版印刷有很大推动作用。

【聚氯乙烯波纹排水管加工工艺及设备的研究】 项目完成单位：上海塑料制品研究所、上海机电机修三厂、水利电力部水利电科学院水利研究所

聚氯乙烯排水管系采用特定的聚氯乙烯混合料经锥形双螺杆挤出机直接挤出，吹塑成波，冲孔缠丝连续成型而制得。主要用于农田地下排水，围海造田，盐碱地改良，辐射井水平集水灌溉和市政降水工程。本项目已形成年产450吨的生产能力。排水管的主要技术指标已达到国外同类产品的先进水平。目前，已在上海郊县埋设管子200万米，耕田3万亩左右，促进了农业增产和机械化耕作。该项目研制的锥形双螺杆挤出机，已在上海机电机修三厂投产；研制的成波机和打孔机，已在上海奉贤县齐贤机械厂投产。

【提高猪皮革质量的研究】 项目完成单位：上海红光制革厂、上海新兴制革厂、成都制革厂、四川省皮革研究所、轻工业部毛皮制革研究所、浙江省杭州皮革厂、上海皮革工业研究所

提高猪皮革质量的研究为“六·五”国家科技攻关项目之一。该项目分以下三个子项：(1)高档猪正面革生产工艺技术和设备的研究；(2)良种猪皮制造高档轻革的研究；(3)猪皮制造细面革的研究。使猪皮鞋正面革、服装等产品达到粒面细致，光泽好，厚薄均匀，革身平整、丰满、软硬一致且有弹性，得革率高，各项理化指标均达到攻关合同要求。经专家鉴定，产品质量达到或接近国际先进水平。该项研究技术已应用到猪革生产中，产品深受国内外顾客欢迎，经济效益显著。

【毛皮染整加工技术的研究】 项目完成单位：轻工业部毛皮制革研究所、山东省济宁市新华皮毛总厂、四川成都科技大学

为改变我国裘毛染整技术落后，换汇价值低，在

国际市场上缺乏竞争力。对低档家畜动物皮通过染整加工和美化处理，增加花色品种，实现毛皮产品的升级换代。

本课题以青猾皮作为幼龄动物皮的代表，兔皮作为有针类毛皮的代表，剪绒绵羊皮作为毛被要经过特殊加工的毛皮的代表，黄狼皮作为细毛皮的代表，进行了褪色、染色、整饰工艺技术的研究，还配合工艺研究了青猾皮的组织结构。

本课题在毛皮染整加工技术的研究方面取得了突破性的成就。褪色方面突破了原来只能褪成浅黄色的水平，不仅可以把带色毛皮完全褪成白色，而且毛的光泽和弹性还得到了有效的保护，其褪色质量达到了国际先进水平。染色方面突破了只能进行平面染色的水平，掌握了立体染色的技术，开拓了多色彩的染色新领域，其中渐变染色为国内首创，立体染色中的“雪霜效应”技术，在改进原有工艺的基础上有所创新。幼龄动物皮组织结构的研究，在国内是首次进行，为正确制定青猾皮鞣、染、整工艺提供了科学依据。截止1986年年底，济宁市新华皮毛总厂已生产各种染整产品十余万件。

【高压开关设备用机械锁——CZS系列程序组合锁】 项目完成单位：大连锁厂

高压开关设备用机械锁——CZS系列程序组合锁是安装在高压开关设备的控制开关手柄，隔离开关手柄、柜门（网门）、接地刀闸手柄、接地桩头等部位上的专用锁具，用以防止因电气误操作而引起的大面积停电和人身伤亡、设备损坏等事故的安全装置。

该产品包括控制开关锁、隔离开关锁、柜门锁、接地锁、换钥匙盒等五大类57种基本锁具，已编制出218种标准程序，基本上满足了高压开关设备各种联柜运行方案的操作需要。大连锁厂已试制17 000多套，已安装在全国各地的发电厂、供电局供变电站（所）以及高压开关设备制造厂的开关柜上，为电力运行中的安全操作提供了可靠的保证措施。

【LSD-1流化床蔬菜速冻装置】 项目完成单位：辽宁省商业科学技术研究所

LSD-1流化床蔬菜速冻装置是用来快速冻结颗粒状食品的，如芸豆、豇豆、豌豆、蒜苔、油炸茄子、油炸土豆片、青椒、菜花、笋类、竽头、草莓、荔枝、樱桃、葡萄、板栗、对虾、春卷、饺子等。其特点是冻结速度快，产品质量好，产量大，干耗小，耗能低，连续生产，冻结后的食品卫生，易于分装、销售，食用方便。其主要技术经济指标为：生产能力每小时1 000公斤，（以芸豆为例）冻结时间10分钟，进料温度＋15℃，出料温度－20℃，冻结平均温度－30℃，制冷剂蒸发温度－40℃，装置本身耗能不大于54.8KW，冻结每吨产品耗能不大于192.8千瓦小时。

目前该装置已在东北三省、新疆、内蒙、华北、华东等地推广使用了三十台。该装置的研制成功，为解决我国东北、西北、华北地区冬季吃菜难，缓解旺季烂菜、淡季缺菜的矛盾，创造了条件。

【HZ24多工位钻孔攻丝机】 项目完成单位：上海制笔机械厂

多工位钻孔攻丝机是手表工业生产中主要的专用精密机床之一。用于手表夹板零件的钻孔、攻丝、倒角和锪座。我们一直依赖于瑞士进口。本项目分度精度标准为15μm，与瑞士豪泽570型机床相同，但实际制造水平达7μm，达到国际先进水平，居目前国内同类机床领先地位。生产节拍为26拍/分，超过豪泽570型机床21拍/分的先进水平。

本机已生产88台，推广到铅笔、照相机行业。

【纸张涂布用白土的精选技术】 项目完成单位：轻工业部造纸工业研究所

采用刮刀涂布机生产涂布印刷纸（铜版纸）是国内外发展的趋向和主流。国内外造纸界长期以来认为刮刀涂布用白土必须是六角片状纯高岭石型白土。国内商品土的现状是多为管状埃洛石型，颗粒粗，粘度高，不能应用。为此，采用了以离心分级法为核心的精选技术。

本工艺适应于矿山各类白土的精选，也可用于涂布纸厂的商品白土的精加工。除应用于刮刀涂布白土外，还可广泛用于气刀涂布白土。采用本成果的青山白泥矿，建成一条年产4 000吨生产线，目前已向六个单位技术转让。进口白土价格昂贵，每吨275美元，由于刮刀涂布用白土的国产化，使国家节约大量的外汇。

【空气吹出酸法吸收制溴新工艺五百吨规模工业性试验】 项目完成单位：山东省盐业公司、山东羊口盐场山东掖县菜州盐场

目前国内制溴的原料百分之九十来自制盐制钾毋液，采用蒸出法生产工艺，由于受原料限制总产量只有四千吨。本项目采用的主要技术是亚硫酸喷雾顺流一次吸收工艺和捕抹技术。海水与卤水中的溴含量为60—300克/立方米，提取溴的重要工艺过程是先富集。由于这种方法接触面积大，混合效果好，反应充分，因而吸收率高，一次吸收率达98.5%，经捕沫装置收集的吸收液，每立方米含溴量达到130公斤，是原料含溴量的350—400倍。富集后的吸收液经二次氧化蒸出即可得到产品液溴。本项目取得成功，为我国充分利用海水和卤水资源，大力发展溴素工业辟了一条新路。

【罐头、儿童食品检测技术及有关标准的研究】 项目

完成单位：轻工业部食品发酵研究所、上海市食品工业研究所、江苏省食品发酵研究所

罐头和儿童食品在营养上有较高的要求，对有害污染物质更应作严格的控制。

此项目采用国际先进分析技术，结合国内情况，创新地完成了十五个新检测方法和二类产品标准。其主要内容为：荧光法测定儿童食品中的维生素 B_6；气相色谱法测定罐头儿童食品中残留氯酚；氨基酸自动分析法同时测定儿童食品中十八种氨基酸；高效液相色谱法测定婴儿奶粉中的泛酸和叶酸；恒温平台石墨炉原子吸收光谱法同时测定罐头儿童食品中的微量锰、钴、镍、铅、镉和锡；气相色谱法测定果汁中的有机酸；离子色谱法快速测定饮料中的有机酸；离子色谱法测定婴幼儿食品中的微量氟；离子选择电极法测定强化婴儿食品中的氟离子；比色法测定婴幼儿食品中的微量总碘；气相色谱法测定婴儿食品中的无机碘；酸酶萃取——火焰原子吸收光谱法测定婴幼儿食品中的总铁和亚铁；高效液相色谱法检测大豆食品中的寡糖；研究完善婴幼儿食品的营养与卫生标准；研究完善罐头产品标准。方法的灵敏度分别达到ppm或ppb极，相对标准偏差低于5％或10％，均为国内领先水平，部分方法达到国际先进水平。

【赖氨酸生产工艺研究】 项目完成单位：上海市工业微生物研究所、广西轻工业研究所、广西梧州市糖厂

L-赖氨酸是一种必需氨基酸，人和动物体自身不能合成，必须从食物中摄取来满足其生长和维持生命活动的需要。由于谷类食物中L-赖氨酸的含量低，影响人和动物对植物性蛋白质的利用率。

本研究的重点是选育适合工业化生产的赖氨酸高产菌种及其最优化发酵条件。在30 M^3 发酵罐规模，上海市工业微生物研究所和广西轻工业研究所已分别取得平均产酸率5.2％以上、提取总收得率70％以上的成绩。接近国际先进水平。

【L-天门冬氨酸生产新工艺】 项目完成单位：上海天厨味精厂

L-天门冬氨酸是一种氨基酸，具有一定的鲜味，可作食品添加剂，与苯丙氨酸结合成一种新型甜味剂，甜度是蔗糖的150倍，是新兴饮料的原料。在医药上用途也较多，它的钾盐、镁盐可以治疗心脏病、肝脏病以及配制氨基酸大输液。也可用于化妆品中防止皮肤老化等。

本项目采用微生物发酵法培养某种具有天门冬氨酸酶的大肠杆菌，利用这种酶能专一地催化反丁烯二酸和氨进行酶反应，生成L-天门冬氨酸。上海天厨味精厂通过菌种诱变筛选，获得了具有高活力天门冬氨酸酶的大肠杆菌 $5F_3$-75和AS·1881（后者出发菌株为中国科学院微生物研究所的），每克湿菌体酶活有39—40万单位，转化率达98％以上，提取收率92％以上。几年来共生产了700多吨，产品主要出口，年平均产量为126吨，占世界总产量的12.6％。

【硫酸盐光亮镀锌工艺及光亮镀锌辐条】 项目完成单位：河南省新野县自行车辐条厂、上海轻工业专科学校

硫酸盐光亮镀锌工艺，系国外70年代起开发研究的一类能直接获得光亮锌层、废水治理简便易行，适应自动化生产的弱酸性镀锌工艺。其内在质量和表现质量均高于其它同类镀锌层。可对铸铁、炭素钢、合金钢、不锈钢、铜合金等进行电镀精饰，因此可广泛用于轻工、电子、机械、建筑、交通等工业生产。河南省新野县自行车辐条厂应用该成果于自行车辐条的电镀生产。截止目前，已销售自行车辐条16 740万支。

【80米节能隧道窑】 项目完成单位：山东淄博张店陶瓷厂

80米节能隧道窑是在原80米传统式隧道窑基础上，采用新技术、新材料等措施，进行综合治理性的节能技术改造项目。该窑运行两年多来，性能稳定，烧成能耗由改造前每公斤瓷8 765大卡降低到4 097大卡，在国内居领先地位，接近国际先进水平。

该窑在山东淄博张店陶瓷厂投产后，淄博美术陶瓷厂采用该窑的全部技术改造措施，改造了一条74米长的隧道窑，取得同样效果。

【系列红外线煤气灶具】 完成单位：吉林市陶瓷厂

吉林市陶瓷厂试制成功的系列红外线煤气灶具，包括以液化气为燃料的842型普通单眼灶具，以天然气为燃料的普通单眼灶具，以液化气为燃料的电子打火854型台式单眼灶具，865型台式单眼、双眼灶具。红外线煤气灶具形成红外线辐射，温度高于820℃。热效率为62％，废气中一氧化炭含量低于0.01％，热负荷为每小时2 600千卡，能节约燃料9～18％，且不污染灶具。吉林市陶瓷厂自85年投产以来，已生产45万余套，销售各地。

【JB-D_2 水平拉管生产线】 项目完成单位：北京玻璃仪器厂

该生产线是由北京玻璃仪器厂引进国外新技术经过消化吸收而研制成功的。可用来生产钠钙玻璃、硼硅玻璃、铅玻璃的各种高精度玻璃管。该生产线日生产能力，硅硼中性玻璃管为7.5吨，钠钙玻璃管为10吨。

北京玻璃仪器厂用JB-D_2 水平拉管线改造老式生产线五条，投资只及进口价的三分之一，共可节约人民币2 900万元。

【高去污率铅笔皮头擦字橡皮】 项目完成单位：杭州

塑料橡胶厂、北京橡胶工业研究设计院

国内普遍反映国产擦字橡皮去污能力差，有越擦越污现象。杭州塑料橡胶厂等单位，通过对各类橡皮进行化学分析，对影响产品质量的关键材料白油膏中各种原辅材料的配比进行了调整，并采用了新的工艺流程，试制出高去污率铅笔皮头擦字橡皮。该产品消字率为48.5%，已达到国际同类产品先进水平。并且不损纸张，去污后再用钢笔写字，墨水不会扩散。高去污率皮头已在上海铅笔一厂和济南铅笔厂与铅笔配套出口。

【兰钨掺杂、钨粉酸洗及其装置】 项目完成单位：赣州钨钼材料厂、中南工业大学

生产耐高温钨丝，均添加有SiO_2、Al_2O_3、K_2O等附加剂。要让一定量的钾进入钨中，钨丝才有耐高温性。实际生产中加入的附加剂数量大大超过，未进入钨中的附加剂变成了杂质，夹杂在钨的晶界上，使钨丝低温延性差，易脆断。要改善钨丝性能，必须除去钨中多余的附加剂（杂质）。氢氟酸不溶解钨而溶解钨中硅、铝、钾，这就是钨粉酸洗的作用和原理。赣州钨钼材料厂在国内首先自行设计并建立了我国第一套具有国内先进水平、钨粉酸洗工业生产流程及全套设备。本技术在赣州钨钼材料厂生产应用已近三年，生产正常，可控制钨中的含钾量，生产的钨条100%为耐高温钨条，生产的钨丝可做特灯灯丝。

【F-D_{65}高显色性荧光灯】 项目完成单位：复旦大学、浙江海盐灯泡厂

显色性是荧光灯质量的主要技术指标之一，它表示灯发出的光在被照物体表面产生的效果，普通日光灯的显色指数Ra仅70左右，使被照物颜色失真。显色指数Ra在95以上的高显色性荧光灯，是纺织、印染、丝绸业配色，辨别色差的必备光源。本项目研制成了能吸收蓝紫光的稀土碱土复合硼磷酸盐高效荧光粉和其它多种高显色性灯用荧光粉，模拟CIE标准D_{65}照明体光谱，采用了合适的组份配比，解决了荧光灯中蓝紫区汞辐射的影响，使F-D_{65}高显色性荧光灯的光谱与标准照明体的光谱一致。并采用了一次涂层法，实现了荧光灯的高光效和高显色性。

F-D_{65}高显色性荧光灯达到色温6 500±300K，显色指数Ra达到98，稳定在95以上，填补了国内空白，主要技术指标达到国际先进水平。我国过去靠国外进口这种光源，每支32美元，而F-D_{65}高显色性荧光灯的售价为每支15元。

该成果已在浙江海盐灯泡厂正式投产，全国已有150多家纺织、印染和丝绸厂在生产实践中应用。

【太阳光管及冷光源晒版机】 项目完成单位：中国科学院长春物理研究所、上海金光灯具厂、铁道部长春客车工厂附属标牌厂

太阳光管是目前世界上唯一的一种最近似太阳光谱的人造光源，它具有照明，保健和促进生物生长等作用。中国科学院长春物理研究所等单位，按着太阳光谱的能量分布，设计研制了模拟太阳光谱的高效、高显色性荧光材料和能截止短波紫外，而对保健紫外UV-B波段和长波紫外、可见光以及近红外波长有较好透过率的高硼玻管，制成直管形预热式阴极低压汞蒸汽放电灯，辐射出模拟自然阳光的连续光谱。研制成功的太阳光管的光谱范围为290～760nm，平均显色指数Ra=94～95，色温为6 000K，其主要技术指标优于目前国外同类太阳光管。

冷光源晒版机是根据我国晒版行业中普遍使用的PVA版和PS板感光物质的吸收光谱和夹板玻璃的透过率而设计研制成功的更新换代产品。即以低压汞蒸汽放电型冷光源代替老式大功率热光源（氙灯、镝灯、炭弧灯），其突出优点是：晒版质量好，感光均匀，节电率高达90%以上，光源省去冷却设备，噪声小；光源寿命长，发光利用率高达70～80%，整机成本降低30%，降低了环境温度，改善了劳动条件。现已定型生产。

【黄磷电炉电极壳生产线设备及制造工艺】 项目完成单位：昆明三聚磷酸钠厂、轻工业部设计院、成都电焊机厂

本项目可用于制造生产黄磷的电炉用的直径1.35米自烧结电极的电极壳。昆明三聚磷酸钠厂黄磷电炉(54 000KW)就是由本生产线提供所需的电极壳的。该电炉是国内最大的电炉，电极壳直径也是国内第一。在本生产线上也可生产用于其它行业，如电石炉、冶金炉的自烧结电极的电极壳。

生产这种大型电极壳，就工艺及设备来讲，在我国是一个空白。

本项目投产后，保证了昆明三聚磷酸钠厂如期投产。全部采用国产设备，实际投资60万元，如从联邦德国引进，报价为330万马克。如每年从联邦德国购买电极壳，每年360个，要花103.5万马克。本项目开发成功至少为国家节省330万马克。

【美加净双氟牙膏】 项目完成单位：上海牙膏厂

美加净双氟牙膏是以防治龋齿为目的的药物牙膏，它是目前国内唯一含有两种氟化物的牙膏，包括能有效地消除牙面菌斑，并使牙面再矿物化的单氟磷酸钠，以及能使病损牙体再矿化，加强牙齿珐琅质，对抗酸液侵蚀的氟化钠。牙膏总氟量为1 000ppm，年有效氟保存率超过60%，达到国际同类产品的水平。经上海口腔医学研究所实验证明有明显的防龋效果。经上海医药工业研究院药理鉴定，牙膏长期使用安全

无副作用。

美加净双氟牙膏采用两种磨擦剂、两种湿润剂及两种坛稠剂的复和配方结构。牙膏的洁齿力高，能变性好，刷牙时分散快。主要技术指标达到美国Colgate双氟牙膏的水平。并为国内牙膏工业开拓新的原料领域，牙膏质量升级换代做出贡献。

1986年新增利税114.2万元，创汇58.1万美元。

【“神力”糖果薄膜(单向拉伸聚乙烯扭结包装薄膜)】 项目完成单位：常州市工贸合营光明塑料厂

该项目是利用引进的流延聚丙烯薄膜设备，经过技术改造，自行开发成功的。采用高密度聚乙烯树脂和各种添加剂混合，经挤出机加热熔融后挤出，通过模具在冷却辊上定型成薄膜厚片，由β射线测厚仪监控，再经预热、拉伸、热定型，薄膜再通过电晕处理而制成。

“神力”糖果薄膜不仅具有玻璃纸的特性，与玻璃纸相比还具有比重轻、价格低、强度高、防潮性能好等优点。每吨糖果使用“神力”糖果薄膜可比用玻璃纸节约包装费180元。“神力”糖果薄膜并能适应1 000～1 100粒/分高速包糖机使用。代替进口玻璃纸，可为国家节约外汇支出。

【聚乙烯型复合铝带】 项目完成单位：青岛塑料八厂

聚乙烯型复合铝带是新型的电缆护层用复合材料。它是用国产聚乙烯树脂经流延法预制薄膜并在生产线内对薄膜和铝带进行表面处理后，以干法复合工艺制成的。与铅护层相比，它具有重量轻、耐腐蚀、强度高、资源丰富、制造方便等优点。主要技术指标在国内领先，接近同类产品的国际先进水平。它的研制成功，使我国通信电缆工业与国际先进水平的差距缩短，解决了长期阻碍我国通信电缆产品更新换代的一大难题。目前，使用该产品的单位已超过五十家，用这种新材料研制出的电缆、光缆新产品已超过十项。

【奶山羊皮仿青猺、白猾皮仿彩貂等仿珍贵毛皮服装的新产品试制】 项目完成单位：河北省畜产进出口分公司、河北省邯郸县皮毛厂、河北省枣强县大营皮毛厂

国际市场对彩貂、青猺、兰狐等珍贵毛皮服装始终是畅销紧俏货，而我国丰富的奶山羊皮、白猾皮和兔皮资源自1980年以来却很难销出。根据硫化退色的原理，利用某些化学试剂如硫化钠、硫酸、乙酸、氯化钠等经过染色、退色、着色等处理，可使奶山羊皮等染成“一毛三色”从而仿制成多种珍贵毛皮。该项成果已在河北、山西、辽宁、上海等省市十八个厂家推广应用，换取了外汇，取得显著经济效益。

【国产水貂皮加工工艺技术的研究】 项目完成单位：轻工业部毛皮制革研究所、辽宁省辽阳市皮毛厂、四川省成都科技大学

水貂皮是珍贵的细毛皮。由于我国毛皮加工技术差，长期以来一直以生皮出口。为改变生皮出口为制品出口，本课题首先对国内外的生水貂皮及成品水貂皮进行质量对比及组织学的观察，找出了差异。在工艺技术上实行助剂快速浸水，蛋白酶软化，新型合成鞣剂鞣制，增色、染色采用国产助剂和染料代替进口材料，加强了后期整理，使成品质量有明显提高。研制成果已在沈阳市皮毛厂投入批量生产，共投产貂皮10万张，经济效益明显。

【六工位高频模塑机的研制】 项目完成单位：上海市皮革工业研究所

本机采用捋大功率高频发生器产生的高频率、高电压电磁场，加于被加热材料两端，使材料在高频中电场作用下分子剧烈运动而产生热量，从而达到对被加工材料进行表面或成型加工的作用。整机由高频发生器、六工位旋转工作台、控制台和冷却机组组成。可对聚氯乙烯或其他改性材料进行表面或成型加工，也可对二层皮革进行表面整饰，以充分利用天然皮革资源。可广泛应用于各种人造革制品、皮鞋、文教用品、工艺美术制品等产品的生产，具有仿真性好、生产工艺简单、模具变换迅速等独特优点，对促进有关产品的升级换代、丰富市场、提高劳动生产率具有重要意义。本机已由上海市奉贤县齐县机械厂进行批量试产。试产设备已在各地得到推广应用。

【电冰箱铝蒸发器板研制】 项目完成单位：广东工学院、广州铝轧延厂

蒸发器是电冰箱致冷的关键部件。国外在七十年代末期研制成铝-铝复合板式蒸发器，它具有热交换效率高、寿命长、工艺简单、成本低等优点，在国外得到迅速推广。但冰箱对铝——铝复合板式蒸发器要求苛刻，如：管道尺寸和容积变化应小于5%，致冷剂泄漏应小于2克/10年，管内止焊剂残留量极少且对铝无腐蚀，对氟里昂不影响等等，所以制造过程技术难度大，前阶段国内冰箱用铝——铝复合板式蒸发器全靠进口。

广东工学院和广州铝轧延厂在联合研制铝——铝复合板式蒸发器中，优选出最合理的工艺和轧辊辊型，保证制得的蒸发器上的管道具有足够的耐压强度和尺寸精度。成功地配制出JH1 023止焊剂，它的性能指标达到日本同类产品水平。并解决了单面胀管技术和附加管道胀管技术。该项成果已在广州铝轧延厂投产。

【节能吊扇电机的优化设计】 项目完成单位：上海工业大学

本项目在优化匝比，参数设计和实验手段等方面

均有新的创造。新产品电子采用了优化设计的节能吊扇电机，使吊扇的使用值由原来的3.48米^3/分·瓦提高到3.82米^3/分·瓦。按相同风量折算，每台电机比原来的电机平均节电7瓦多，占用电量约9％，在全国同类产品中达到先进水平。使葵花牌吊扇不仅畅销国内，而且打入了国际市场。

【稀土铝合金窗纱】 项目完成单位：湖北省安隆县窗纱厂

利用稀土元素在铝合金中具有净化、变质作用。使用稀土铝合金窗纱，强度、耐腐蚀能力、白亮度、使用寿命均高于国内外普遍采用的铝镁合金窗纱。该产品广泛地用于轻工建筑行业的纱门、纱窗、机械筛网，滤网及海洋养殖等多个行业。到1985年，湖北省安隆县窗纱厂已形成年产100万米的能力，历年来共生产稀土铝合金窗纱118万米，出口10多个国家。

【石膏陶土电镀工艺推广应用】 项目完成单位：上海市日用五金研究所

石膏陶土电镀工艺是非金属电镀的1种。它的技术原理是使非导体获得表面导体，然后进行电镀。本工艺与一般非金属电镀的不同点是：它的前处理不用湿法，也不用价格昂贵的银和钯作为导体剂，导电层是以非金属为主体的1种导电胶，因此成本低，前处理无污水。通过本工艺的表面处理加工的产品，可以使表面产生“铜”质感，在外观上得到酷似铜像的产品，并使石膏的强度提高10倍以上。目前已有上海电钟厂、并使第四钟厂、无锡钟厂等样本工艺产品为石英电子钟配套；绍兴电镀厂等将本工艺产品为台灯配套；上海胜利电镀厂、绍兴电镀厂等将本工艺制品作为工艺品和旅游纪念品等行销于各旅游点，颇受欢迎。

【木家具表面装饰新材料“水性涂料”及其应用工艺】 项目完成单位：上海市家具研究所

水性涂料是由丙烯酸酯类单体在以水为分散相的介质中经反应成为共聚乳液，再经调制而成的一种常温交联的水溶型有光乳胶漆。可广泛适用作家具、缝纫机台板、钟表木壳、文教和体育用品、工艺品和竹藤器等各种制品的底漆和表面装饰涂料，对作为光固化木器漆的配套底漆尤为相宜。其特点为基本无毒，无味，无污染，不会燃烧，施工、清洁方便，为溶剂型涂料所不及。涂层干燥速度快，漆膜光洁平整，清晰度高，兼有一定的硬度和韧性，同样可以打底抛光。且与基材及聚氨酯、硝基、光敏漆等均有极佳的结合力。不易龟裂。漆膜技术指标已与硝基漆相近。本成果已转让上海皮革化工厂进行生产。

【双辊喂料压榨机列】 项目完成单位：轻工业部甘蔗糖业研究所、广东省轻工业设计院、轻工业部广州轻机所、广东雅塘糖厂

本项目是在甘蔗糖厂原三辊榨机的基础上加装二个喂料辊，配合入料高位槽及中间扒齿输送机，可使我国现在糖厂用的五座或四座的压榨机，生产能力提高80％以上。这是对我国甘蔗厂技术改造的一项重大技术突破。在渗透水对蔗比并不增加的情况下，确保压榨生产能力提高80％以上，压榨机列的抽出率在96％左右，并大大节省建设资金。

双辊喂料器的应用，已使压榨机列的“比生产能力”达到每小时每立方米辊容1.624吨纤维，接近和达到国际先进水平。

【ＳＺ-4000/800·ＳＺ-6300/1000大型塑料注射成型机】 项目完成单位：浙江塑料机械厂

大型塑料注射成型机适用于生产高、中档大型工业及民用的塑料制品如洗衣机筒、周转箱、电视机外壳、汽车配件等，过去大部分依靠进口，以ＳＺ-6300/1000为例，每台需要40—50万美元。浙江塑料机械厂在学习、消化、吸收国外先进经验基础上，自行设计制造了ＳＺ-4000/800·ＳＺ6300/1000大型塑料注射成型机。该机的双缸注射、锁模部件采用外反射式连杆锁模，液压系统采用插装阀均为国内首次应用。已生产27台，为国内节约了大量外汇。

【ＦＭ·3方便面成套设备】 项目完成单位：广东省粮食局粮油机械厂、天津市粮油工业公司、上海市粮油工业公司、广东省粮食科学研究所

ＦＭ·3方便面成套设备，是在引进油炸方便面设备基础上，进行消化吸收，并结合我国国情而改进设计的。它不但能生产油炸方便面，增加一台烘干机，还能生产热风干燥波纹方便面。班产3万包，耗电28千瓦，耗汽量750公斤/时。采用双轴多棒式低速和面，和面时间长达15—20分钟，保证面粉和盐、碱、水充分均匀混合，使淀粉和蛋白质充分吸水。和面后进行熟化处理，使面粉中的蛋白质在较长时间内均匀吸收盐碱水，改良面团的粘弹性和柔软度。采用复合和多道轧辊压延面带，倾斜式蒸槽，定量切断、折叠、分排装入传动链盒，高温快速脱水油炸或热风干燥。广东省粮食局粮油机械厂已生产85套，供全国各地使用。

（汪寿宝）

教　育

【轻工业教育基本情况】 1986年轻工业教育事业贯彻执行《中共中央关于教育体制改革的决定》进行教育改革，调动各方面的积极因素，实行多层次，多规格，各种形式办学，使轻工业教育有了进一步发展和提高。这一年，普通高等教育为保证教学质量，适当压缩了招生人数。成人高等、中等教育主要由于学生来源和

校舍容量问题，招生人数较大幅度下降，但在校生人数都比上年有较大增长。全国普通轻工业高等院校，管理干部学院及其他院校归口专业1986年共招生8 466人，比1985年减少1.9%，在校生28 097人，比1985年增加14.6%。如下表：

1986年全国轻工业高等院校及其他院校归口专业招生人数及在校生人数统计表

院　　校	1986年（人）	比1985年+(-)%
1. 部直属普通院校招生	4 376	− 3.6
部直属普通院校在校生	14 861	+12.8
2. 部属成人高校招生	216	+25.6
部属成人高校在校生	387	+24.4
3. 普通中等专业学校招生	12 603	+ 4.9
普通中等专业学校在校生	33 723	+ 9.1
4. 职工大学招生	3 902	−15.5
职工大学在校生	13 352	+29
5. 职工中专招生	3 902	−15.5
职工中专在校生	25 673	+22.8
6. 部属轻工业学校函授招生	215	−50.2
部属轻工业学院函授在校生	1 103	+24.6
7. 夜大招生	204	−34.2
夜大在校生	789	+34.9

【召开全国轻工业教育工作会议】 1986年5月轻工业部在南京召开全国轻工业教育工作会议。这次会议在总结“六五”轻工业教育的成绩与经验的基础上，根据《中共中央关于教育体制改革的决定》和《关于国民经济和社会发展第七个五年计划》以及《“七五”轻工业发展规划》，结合轻工教育的现状，明确提出“七五”期间发展轻工教育事业的指导思想和各级各类轻工教育事业的奋斗目标。会议经过认真讨论，修改通过了轻工教育事业“七五”发展规划纲要和协作代培试行条例，关于加强师资队伍建设，加强专业教材建设，加强普通中专建设以及加强职工大学，职工中专建设，开展科技人员继续工程教育，专业管理干部岗位职务培训等文件。这些文件对各级各类轻工教育的发展明确了方向和目标，并提出了主要政策和措施，为理顺各级各类教育关系，着重加强宏观管理，发展轻工教育勾划出了一个蓝图。

这次会议，讨论包括各级各类轻工教育工作，有关厅局，院校，企业的负责同志参加，代表面比较广泛。

【教师队伍建设和表彰老教师】 为了帮助地方轻工教育解决专业师资问题，轻工业部教育司决定从1986年开始举办大专起点的本科师资班，共委托无锡轻工业学院，天津轻工业学院，大连轻工业学院和中央工艺美术学院分别举办了食品工程，发酵工程，塑料工程和工业造型设计等4个专业师资班，招生93人。同时，还委托西北轻工业学院，天津轻工业学院分别办轻工机械和食品工程为期一年的师资培训班，共培训65人。

部直属院校师资建设方面，1986年开展了职称改革工作，实行聘任制。到年底多数院校已完成教授，副教授资格评审报批工作，教授、副教授在教师中占比例估计可由过去的7.5%，提高到22%左右。师资队伍的结构将趋于合理。1986年部属院校委托其他高校代培研究生48名，部资助代培费50.8万元。继续选派教师出国进修。国家派出研究生和进修人员26名（另有科研单位9名），自费公派出国留学人员9名；还录取出国研究生，进修生和预备人员20名（另有科研单位8名），出国研究生6名（另有科研单位3名）。外语培训工作进一步开展，三个院校的培训点，在原有英语的基础上新增加了德语和法语。轻工业部教育司于1986年10月开了外语培训班工作会议，交流教学管理工作经验，研究提出改进措施，进一步明确培训班的任务和要求。派教师出国考察参加学术活动。1986年派出出国参加学术活动，学术会议，办艺术展览共30人次。出国考察7人，分赴罗马尼亚考察了制浆造纸工艺和美国、日本签署校际交流协议。1986年，无锡轻工业学院与日本东京造型大学，北京、西北轻工业学院分别与美国威斯康星——斯陶特大学，郑州轻工业学院与美国匹兹堡和堪萨斯州立大学建立了校际关系。

聘请外国专家学者来华讲学，共10组、18人。通过不同途径邀请短期来华讲学共26人。

此外，还完成了国家科技人员数据库填表汇总建库工作；为轻工业系统教育工作者颁发了从事教育工作30年的荣誉证书和纪念章，1985，1986两年共发荣誉证书和纪念章1 947份；1986年暑假期间，青岛一轻学校接待全国轻工系统教师休养4批150人。

【加强教材建设】 除调整部属普通高校教材编审计划外，注意抓紧中专，职工教育，技术培训的统编教材的编写，沟通编写、出版信息，组织选优交流地方编写的教材、讲义。为了加强普通高校教材的编审工作，着手组建化工机械、精细化工、工艺美术类专业教材委员会。普通中专，1986年11月召集部分学校有经验的教师对轻工机械制造、制浆造纸工艺、甘蔗制糖工艺、工业企业财务会计等4个专业的教学计划进行了修订和完善工作。并对“七五”期间教材建设提出了初步设想。1986年，出版了《图案设计基础》、《物理化学与陶瓷物理化学》、“陶瓷工业热工设备》和《轻工企业管理》4本中专教材。出版了技工统编教材7种。这一年，普通高等教育、职工大学、职工中专、技工学校教材向出版社交了一批书稿。

【进一步改善办学条件】 注意抓了按基建程序办事，理顺各环节的关系，加强管理。1986年11月，轻工业部教育司召开了部直属院校主管基建的院校长、处长座谈会，交流了各院校基建工作情况和经验，要求各院校加强基建工作的管理，堵塞漏洞，搞好工程质量，节约开支，更加讲求效益。轻工业部1986年给教育投资共6 691万元，比1985年增加21.8%，其中：部直属院校投资5 461万元，比1985年增加8.4%，新增校舍98 768平方米，其中教工宿舍15 343平方米，比1985年竣工面积增加67.9%。增添教学仪器设备投资1 353万元，比1985年增加25%。资助地方轻工教育投资956万元和部长基金222万元，分布在50个点；还安排为出口行业培训人才，"三为主"资金1 400万元，分布在36个点，各级各类院校办学条件有了进一步改善。

【多种形式办学取得新进展】 为了多出人才，出好人才，积极发展多种形式办学，联合办学迈出了新的步伐。在全国轻工业教育工作会议期间，天津轻工业学院与黑龙江乳品中心，大连轻工业学院与沈阳家具职工大学，分别确定联合办乳品、家具专业；其后，无锡轻工业学院和上海轻工业专科学校确定联合办香料专业。经过多次磋商，并经轻工业部批准，同成都科技大学签订了联合创办成都科技大学轻工业学院的协议书，开辟了新的联合办学形式。轻工业系统普通中专，职工大学，职工中专跨省区的协作代培继续开展。1986年跨省协作代培生2 700名，为了帮助二轻企业解决专门人才不足的困难，用财政部拨的款，1986年安排11所院校为二轻代培大学本科和专科生619人。

职工教育在抓学历教育的同时，开始抓专业管理干部岗位职务培训试点。1986年有财会、经销、人事劳动工资，计划统计，车间主任等5个岗位在6个单位试点。为适应扩大轻工产品出口的需要，安排"三为主"项目已陆续开办各种急需的培训班，为轻工业企业培训了一批外贸人才和产品设计、工艺人才。经过培训的陶瓷等专业人员设计的产品，已取得对外成交的好成绩。1986年首次举办了厅局长经济管理研究班（共两期）。直属企业厂长参加国家统考又有41名合格，总计合格率90%，已达到国家经委的指标要求。各司局公司举办各种业务培训班80期，培训了3 800人。

【轻工教育研究】 各级各类轻工教育研究活动开展得比较活跃。轻工高教研究协作组成立了体育分组，并召开第一次会议，研究制定了1986年至1988年工作计划；在大连召开了工艺美术分组专题讨论会，对工业设计，服装设计，包装装潢设计三个专业的办学方向进行了专题讨论。轻工中专教育研究会抓了重大课题的研究。研究会组织研究提出的关于理顺中专层次关系的论文，在国家教委职业技术教育司召开的中专层次讨论会上宣读后，得到好评。进一步抓了中专专业研究会的组织工作。1986年，成立了硅酸盐、化工分析、皮革等三个教学研究会，至此，共组织起13个专业教学研究会，覆盖38个专业，初步形成了教学研究网络。这些教学研究会已制定20个专业教学计划，51门课程的教学大纲。中国轻工职工教育研究会，经过一年多的筹备，于1986年11月正式成立，通过研究会章程，选举产生了理事会，会长、副会长，并召开了首届年会，宣读了一批论文，创办了《轻工职工教育》刊物。省、自治区、直辖市、计划单列市的轻工业厅局共建立59个职工教育研究或筹备组。各级各类轻工教育研究活动的开展，对指导轻工教育的实践，掌握教育规律，促进轻工教育的发展起了积极作用。

【研究生和科研工作】 1986年7月经国家学位委员会批准，轻工业部直属院校中又有一所学院（中央工艺美术学院），3个学科获得博士学位授予权，两所学院（北京、大连轻工业学院）6个学科专业点获得硕士学位授予权。至此，在部属8所普通高等院校中，有博士学位授予权的为3所学院，有硕士学位授予权的为6所学院，见后表。

科研工作，轻工部直属高等院校完成的项目有：国家级9项，部级30项，省（市）级40项，市级14项，自选124项；获奖的有国家级3项，部级27项，省（市）级43项，市级13项；获专利权的2项；科研成果转让的202项。

在1986年中，共完成并通过鉴定的科研项目有36项，其中国家级11项，部级6项，省市级19项。获科研成果奖的有：

——在1986年武汉举行的第二届全国发明展览会上，天津轻工业学院的"湿裂化法处理制浆黑液"获金牌奖，"纯毛阻燃地毯"获银牌奖；西北轻工业学院的"测量控制料道玻璃液温度的装置和方法"获银牌奖，"单针双梭芯双线缝纫机"获铜牌奖。

——在1986年全国计算机应用展览会上，北京轻工业学院的"服装的计算机辅助设计"获得一等奖。

获科研成果进步奖的有35项，其中部级14项，省市级21项。

【直属高校四大化学实验室工作评估】 进行教育评估，是加强对高等教育宏观指导和管理的重要手段。1986年轻工业部教育司对部直属七所高等工科学校无机化学、分析化学、有机化学、物理化学（简称四大化学）实验室工作进行了评估。此项评估，主要对实验室建设、实验室教学质量、实验师资队伍建设、科学研究工作情况，实验室管理水平及其效益评估。通过评估，明确各高等工科学校实验室工作的方向和任务，分析和发现存在的问题，提出解决问题的措施和方法，促进高等工科学校教学和管理改革，提高教学质量。经过这次评估，提高了各校领导对实验室工作的认识。以前，各校在实验室教学方面抓得不力，有的学校认为实验室只要能进行实验就行，不够重视训练学生基本操作技能和动手能力；有的学校在基础实验未开好的情况下去追求"高水平"。在实验室建设方面，有的学校不够重视，主要表现在：实验室仪器设备投资与基建总投资的比例不协调。评估后，各校看到自己不足，都表示要重视实验教学和管理工作，从满足基本实验教学出发，适当增加投资比例，增加仪器设备套数，增加学生动手的机会，按照实验教学大纲要求，在开出基础实验的同时，不断充实，更新实验内容，改进教学方法，开设综合性，设计性实验，提高学生科学实验能力。

【举行部属院校首届田径运动会】 为了推动德智体全面发展教育方针的贯彻执行，1986年4月31日至5月1日，在郑州轻工业学院举办了轻工业部直属院校首届田径运动会。11所部直属高中等院校的312名运动员，进行了34个项目的比赛，创造了一批好成绩。大连轻工业学院获得第一名，天津轻工业学院和广州轻工业学校分获第二、三名。通过比赛，增强了学生们的集体主义精神和集体荣誉感。运动会期间，轻工业部教育司召开了直属院校体育工作会议，贯彻德智体全面发展教育方针，讨论体育的教学改革，提出了进一步加强体育工作的意见。

（刘松滔）

轻工业部直属高等院校获得博士、硕士学位授予权情况

学位授予权 学校及专业名称	博士	硕士	备注	学位授予权 学校及专业名称	博士	硕士	备注
无锡轻工业学院	3	9		轻工机械		√	
食品工程	√	√		北京轻工业学院		2	
工业发酵	√	√		有机化工		√	
油脂工程	√	√		工业自动化		√	
轻工有机合成		√		大连轻工业学院		4	
粮食加工		√		机械学		√	
食品机械		√		纺织工程		√	
工业自动化		√		工业发酵		√	
纺织工程		√		硅酸盐		√	
针织工程		√		中央工艺美术学院	1	10	
天津轻工业学院	1	5		工艺美术史研究	√	√	
制浆造纸工程	√	√		陶瓷美术研究		√	
食品工程		√		装饰雕塑研究		√	
工业发酵		√		商业美术研究		√	
塑料成型加工		√		书籍装帧研究		√	
轻工机械		√		室内设计研究		√	
西北轻工业学院		4		染织美术研究		√	
制浆造纸工程		√		装饰绘画研究		√	
制革及鞣料		√		工业造型		√	
硅酸盐		√		服装设计		√	

注：√为有授予权的符号

劳动工资

【单位数与职工人数】 1986年轻工业部系统企、事业及机关单位数81 775个，比上年80 215个（不含烟草公司）增加1 560个。其中全民所有制单位17 469个，比上年17 544个减少75个；集体所有制单位63 933个，比上年62 436个增加1497个；其他各种所有制形式单位373个，比上年235个增加138个。单位数的增加主要是由于集体所有制单位数的增加，占本年增加单位数的96%。轻工业部系统单位数按经济部门分类的情况见下表：

1986年末轻工业部系统全部职工人数1 309.11万人，比上年末1 255.84万人（不含烟草公司）增加53.27万人，增长4.24%。其中，固定职工1 012.13万人，比上年1 004.22万人增加7.91万人，增长0.79%；合同制职工55.24万人，比上年36.22万人增加19.02万人，增长52.51%；其他职工241.74万人，比上年215.4万人增加26.34万人，增长12.23%。女职工634.23万

	单位数(个)	占总计的百分比(%)
轻工业部系统总计	81 775	100
工　业	69 521	85.0
建筑业	893	1.1
商业、物资供销和仓储业	5 649	6.9
居民服务和咨询服务业	757	0.9
卫生、体育和社会福利事业	272	0.3
教育、文艺和广播事业	653	0.8
科研和综合技术服务业	620	0.8
机关和团体	3 410	4.2

人，占职工总数的48.45%。轻工业部系统全部职工人数按隶属关系分：一轻工业509.01万人，占职工总数的38.88%；二轻工业800.10万人，占职工总数的61.12%。按经济类型分：全民所有制单位521.79万人，占职工总数的39.86%；集体所有制单位776.10万人，占职工总数的59.28%；其他所有制形式单位11.22万人，占职工总数的0.86%。按经济行业分：工业1 239.67万人，占职工总数的94.7%；建筑业21.38万人，占职工总数的1.63%；商业、物资供销和仓储业22.95万人，占职工总数的1.75%；居民服务和咨询服务业2.74万人，占职工总数的0.21%；教育、文艺和广播事业4.24万人，占职工总数的0.32%；科研和综合技术服务事业4.52万人，占职工总数的0.35%；机关和团体12.93万人，占职工总数的0.99%。工业的职工年末人数按行业大类分的情况见上表：

	全部职工年末人数（万人）	1986年比1985年增减（万人）
工业总计	1 239.67	+50.58
制浆造纸业	70.32	+ 5.88
日用机械制造业	59.24	+ 1.91
日用硅酸盐制造业	74.84	+ 3.45
灯泡制造业	12.28	+ 0.25
日用化学制品业	35.54	+ 1.77
制盐业	18.48	+ 0.30
食品、饮料制造业	155.95	+ 9.65
缝纫业	105.95	+ 1.98
皮革、毛皮及其制品业	59.74	+ 3.11
木材加工及竹、藤、棕、草制品业	12.60	+ 0.06
家具制造业	39.38	− 0.12
文教体育用品制造业	22.09	+ 0.85
工艺美术品制造业	51.89	+ 3.94
塑料制品业	66.65	+ 2.09
金属制品业	103.90	+ 2.73
日用电器制造业	21.49	+ 1.67
照明器具制造业	8.48	+ 1.20
衡器制造业	3.61	+ 0.17
日用杂品制造业	12.86	+ 0.65
机械制造业	55.97	+ 6.10
其他工业	248.41	+ 2.94

注：本表资料不包括烟草公司，与1985年比较时，已对1985年资料统计口径作了相应的调整。

【职工人员分类构成情况】 1986年末轻工业部系统工业企业全部职工1 239.67万人，其中工人959.64万人，学徒43.06万人，工程技术人员19.19万人，管理人员120.33万人，服务人员64.69万人，其他人员32.76万人。工程技术人员占全部职工人数的1.55%，管理人员占全部职工人数的9.71%。1986年工程技术人员在工业企业职工人数中的比重比1985年的1.48%增加0.07%。其中，一轻工业中工程技术人员所占比重2.33%，比1985年的2.27%增加0.06%；二轻工业中工程技术人员所占比重1.05%，比1985年的0.98%增加0.07%。轻工业企业技术人员的比重虽然比1985年有所增加，但技术力量薄弱的状况依然存在。培养轻工业技术力量和提高全体职工的业务素质仍是一项长期任务。1986年职工人员分类的构成情况如下表：

	占全部职工年末人数的百分比(%)						
	总计	工人	学徒	工程技术人员	管理人员	服务人员	其他人员
工　业	100	77.41	3.47	1.55	9.71	5.22	2.64
其中：							
一轻工业	100	74.34	3.14	2.33	10.72	6.55	2.92
二轻工业	100	79.39	3.69	1.05	9.05	4.35	2.47

【工资总额和平均工资】 1986年轻工业部系统全部职工工资总额1 407 657.8万元，比上年1 193 447.6万元(不含烟草公司)增加214 210.2万元，增长17.95%。全部职工平均工资1 116元/人年，比上年987元/人年(不含烟草公司)增加129元/人年，增加13.07%。其中，全民所有制单位职工平均工资1 246元/人年，集体所有制单位职工平均工资1 025元/人年，其他各种所有制单位职工平均工资1 367元/人年。从隶属关系看，一轻工业全部职工平均工资1 220元/人年，二轻工业全部职工平均工资1 050元/人年。1986年职工工资比上年又有了较大幅度的增长。增长的原因主要是由于企、事业和机关工资改革改变了工资标准，增加了基本工资部分；另外，加班加点工资和其他工资(含调整工资的职工补发的上年工资）也有较多的增加。全民所有制单位全部职工工资总额构成与1985年比较的情况见下表：

【保险福利费用】 1986年轻工业部系统全民所有制单位在职职工全年保险福利费用总额为101 437.6万元，平均每个在职职工支付保险福利费用总额为202.96元。其中，一轻工业保险福利费用总额为78 831.2万元，

单位：万元

	全年工资总额	计时工资	基础工资与职务工资	计件工资	
				计	其中超额工资
1986年	622 657.3	350 392.3	23 437.7	45 099.9	7 823.1
%	100	56.27	3.77	7.24	1.6
1985年	510 507.8	297 078.6	9 912.6	40 907.6	8 175.4
%	100	58.19	1.94	8.01	1.60
1986年比1985年增减(%)	+21.97	+17.95	+36.44	+10.25	−4.31

	各种奖金		各种津贴		加班加点工资	其他
	计	其中未列入奖金税计征项目的奖金	计	其中工龄津贴		
1986年	93 542.2	11 712.2	73 198.3	2 487.4	25 485.9	11 501
%	15.02	1.88	11.76	0.4	4.09	1.85
1985年	76 473	−	61 906.4	965.5	18 507	5 722.6
%	14.98	−	12.13	0.19	3.63	1.12
1986年比1985年增减(%)	+22.32	−	+18.24	+57.63	+37.71	+100.98

注：本表资料不包括烟草公司数字。

平均每个在职职工支出保险福利费195.53元，二轻工业保险福利费用总额为22 606.4万元，平均每个在职职工支出保险福利费用233.92元。1986年全民所有制单位非在职职工全年保险福利费用总额97 436.7万元，截止本年末止计有离休、退休、退职职工867 267人，平均每个非在职职工支出保险福利费用1 123.49元。轻工业部系统全民所有制在职职工保险福利费用构成情况如下表：

计算单位：万元

	全年保险福利费用总额	医疗卫生费	丧葬抚恤救济费	生活困难补助	文体宣传费	集体福利事业补贴费	集体福利设施费	计划生育补贴	上下班交通费补贴	洗理卫生费	其他
总计	101 437.6	39 797.0	1 070.2	3 044.3	2 626.0	8 709.5	10 331.0	4 338.2	6 433.6	15 732.6	9 355.2
占总数的百分比(%)	100.00	39.23	1.06	3.00	2.59	8.59	10.18	4.28	6.34	15.51	9.22
其中：											
一轻工业	78 831.2	30 960.88	849.4	2 348.9	2 043.3	6 833.9	8 695.5	3 380.8	4 593.7	11 847.9	7 277.0
占总数的百分比(%)	100.00	39.27	1.08	2.98	2.59	8.67	11.03	4.29	5.83	15.03	9.23
二轻工业	22 606.4	8 836.2	220.8	695.4	582.7	1 875.6	1 635.5	957.4	1 839.9	3 884.7	2 078.2
占总数的百分比(%)	100.00	39.09	0.98	3.08	2.58	8.30	7.23	4.23	8.14	17.18	9.19

1986年轻工业部系统集体所有制单位职工全年保险福利费用总额185 849.1万元。其中，在职职工保险福利费用81 749.8万元，平均每个在职职工支出保险福利费用108.82元；离休、退休、退职人员保险福利费用104 099.3万元，截至本年末止离休、退休、退职人员1 226 292人，平均每人支出保险福利费用848.89元。

【劳动生产率】 1986年轻工业部系统全员劳动生产率为13 470元/人，比上年12 872元/人(不含烟草公司)增加598元/人，增长4.65%。其中，一轻工业14 971元/人，比上年14 478元/人增加493元/人，增长3.41%；二轻工业12 331元/人，比上年11 663元/人增加668元/

人，增长5.73%。各行业全员劳动生产率增长情况见下表：

	全员劳动生产率（元/人）				1986年比1985年增减(%)
	合计	全民所有制	集体所有制	其他各种所有制	
总计	13 470	16 247	11 052	25 915	4.65
一、按隶属关系分					
一轻工业	14 971	15 822	8 700	22 733	3.41
二轻工业	12 331	18 259	11 187	27 316	5.73
二、按工业行业分					
纸浆造纸业	14 728	15 817	9 508	18 912	1.76
日用机械制造业	22 200	26 695	13 932	21 865	6.39
日用硅酸盐制造业	8 132	8 778	5 885	10 329	5.12
灯泡制造业	9 321	9 493	8 375	40 838	2.16
日用化学制品业	25 716	27 513	15 253	64 606	8.20
制盐业	9 831	9 858	9 406	—	15.77
食品、饮料制造业	16 038	16 508	9 962	32 972	－1.30
缝纫业	12 467	23 118	11 306	24 521	－1.13
皮革、毛皮及其制品业	11 531	14 444	9 767	16 950	7.56
木材加工及竹、藤、棕、草制品业	8 120	12 703	6 703	13 735	10.31
家具制造业	8 320	9 895	8 050	35 108	7.87
文教体育用品制造业	14 578	20 356	10 199	10 634	6.61
工艺美术品制造业	12 107	13 733	11 854	14 527	－17.23
塑料制品业	18 383	26 786	15 577	29 281	6.43
金属制品业	10 419	15 455	9 339	16 075	10.48
日用电器制造业	37 917	30 480	37 960	73 729	16.82
照明器具制造业	14 001	21 525	10 779	24 589	－2.87
衡器制造业	8 174	10 899	6 216	35 156	8.78
日用杂品制造业	11 270	15 621	10 140	24 146	8.08
机械制造业	8 721	9 782	8 387	9 368	7.05
其他工业	9 997	11 219	9 203	31 901	8.59

注：本表资料不包括烟草公司数字，与1985年比较时已作了相应调整

1986年轻工业企业40种产品的工人、学徒实物劳动生产率指标有23种是从1985年开始试行计算的，1986年与1985年比较增减情况如下表。

	计算单位	工人、学徒实物劳动率	1986年比1985年增减(%)		计算单位	工人、学徒实物劳产率	1986年比1985年增减(%)
机制纸及纸板	吨/人	17.79	－9.33	白酒	吨/人	9.97	－14.79
自行车	辆/人	294	－2.65	葡萄酒	吨/人	18.47	－8.88
缝纫机	架/人	178	－8.72	啤酒	吨/人	61.42	－1.87
手表	只/人	738	28.35	酒精	吨/人	55.99	17.48
闹钟	只/人	1 041	－2.62	乳粉	吨/人	6.94	－7.47
日用陶瓷器	件/人	18 843	49.33	味精	吨/人	3.54	1.43
日用玻璃制品	吨/人	28.34	－7.81	糖果	吨/人	7.56	－10.53
日用搪瓷制品	吨/人	3.44	－1.99	塑料薄膜	吨/人	12.36	14.66
保温瓶	只/人	5 210	1.84	电风扇	台/人	418	－3.34
普通灯泡	千只/人	19.70	－12.64	家用洗衣机	台/人	347	－2.80
荧光灯	千支/人	5.40	－1.46	电冰箱	台/人	143	5.15
合成洗衣粉	吨/人	67.70	19.91	轻革	平方米/人	1 962	－8.91
肥皂	吨/人	79.34	－3.83	重革	吨/人	5.67	27.99
牙膏	万支/人	16.33	－26.31	衬衫	件/人	1 980	－8.38
火柴	件/人	431	－19.59	自来水笔	千支/人	12.66	－5.59
电池	万只/人	13.14	8.77	圆珠笔	千支/人	31.04	－2.02
原盐	吨/人	173.24	－3.38	铅笔	万支/人	59.57	－1.96
甜菜糖	吨/人	25.51	－3.59	木家具	件/人	148	4.96
甘蔗糖	吨/人	31.32	3.37	皮鞋	双/人	698	－16.51
罐头	吨/人	6.27	－7.52	手工羊毛地毯	平方米/人	35	－18.60

【轻工企业职工素质】 根据轻工业部系统工业企业普查手工汇总资料统计，轻工业企业职工年龄结构如下表：

	1985年末人数(%)	按年龄分组(占年末人数的百分比)					
		20及20岁以下	21岁—35岁	36岁—50岁	51岁—55岁	56岁—60岁	61岁以上
固定职工和合同制职工	100.00	7.09	56.61	29.34	4.68	1.85	0.43
其中：工　人	100.00	6.60	60.80	26.90	3.84	1.50	0.36
工程技术人员	100.00	0.28	42.05	47.13	7.72	2.27	0.57
领导成员	100.00	0.03	23.50	57.43	14.32	3.95	0.77

从上表看出：轻工企业固定职工和合同制职工中，青壮年职工占85.95%，其中领导班子成员已开始年轻化。轻工企业职工的文化技术（业务）素质的情况如下表。

	1985年末人数(%)	按文化程度分组(占年末人数的百分比)						
		大专	中专	技工	高中	初中	小学	不识字或识字很少
固定职工和合同制职工	100.00	1.70	2.24	1.61	18.83	47.46	23.88	4.28
其中：工　人	100.00	0.25	0.70	1.70	18.60	47.90	25.82	5.03
工程技术人员	100.00	40.85	31.97	2.43	10.42	13.45	0.86	0.02
领导成员	100.00	9.82	7.73	0.72	18.70	44.94	17.83	0.26

由以上资料可以看出，轻工企业职工文化程度偏低。初中以下的人数占总人数的75.62%，中专、技工和高中程度的占总人数的22.68%，大专程度的只占总人数的1.7%。领导成员的文化程度也不高，44.9%是初中程度，另有18%左右是小学以下文化水平。轻工企业工人按工龄分组情况如下表。

	固定职工、合同制职工中工人年末人数(%)	按工龄分组(占年末人数的百分比)			
		5年及5年以下	6年—10年	11年—20年	21年以上
全民所有制企业	100.00	26.13	25.37	28.65	19.85
集体所有制企业	100.00	22.99	33.04	28.29	15.68
其他各种所有制企业	100.00	28.85	31.57	24.81	14.77

上述资料表明，轻工企业中工龄在5年及5年以下的工人约占工人总数的四分之一。加强对新职工业务培训和思想教育是一项迫切的任务。

1985年末，我国轻工企业工程技术人员中评定技术职称的占总人数的54.29%，尚未评定技术职称的占总人数的45.71%。在已评定技术职称的工程技术人员中，一般技术职称的占43%，高级技术职称人员只占0.11%。据普查资料统计，轻工企业固定职工、合同制职工中共产党员占总人数的8.87%，共青团员占总人数的13.17%。其中，工人中5%是共产党员，14.44%是共青团员；领导成员中65.21%是共产党员，2.39%是共青团员。轻工企业固定职工和合同制职工的政治状况和技术职称情况见下表。

	1985年末人数(%)	占年末人数的百分比				
		按政治状况分组		已评定技术职称人员		
		中共党员	共青团员	高级技术职称人员	中级技术职称人员	一般技术职称人员
固定职工和合同制职工	100.00	8.87	13.17	0.003	0.30	1.49
其中：工　人	100.00	5.00	14.44	—	—	—
工程技术人员	100.00	24.01	17.02	0.11	11.18	43.00
领导成员	100.00	65.21	2.39	0.04	3.26	7.37

（陈九皋）

【劳动工资改革调研工作情况】 为配合当前劳动工资改革，部劳动工资司于1985年组织了自行车、钟表、火柴、陶瓷、造纸、玻璃、皮革、塑料和服装9个行业劳动工资改革调研组，在牵头单位所在地轻工业部门指导下，以行业公司或企业为主体，积极开展活动。1986年，增加了洗涤剂、罐头、制糖3个行业劳动工资改革调研组，共计12个行业。1986年做了以下几项工作：

一、建立、健全了组织机构。

12个行业全部成立了机构，民主选举了领导班子，组长、副组长均由各企业（公司）的劳动工资科长兼任。

行业名称	正副组长单位
塑料	上海市塑料工业公司（组长）
	北京市塑料工业公司（副组长）
	天津市塑料工业公司（副组长）
皮革	上海市皮革制品公司（组长）
	北京市皮革工业公司（副组长）
	天津市皮革工业公司（副组长）
服装	上海市服装工业公司（组长）
	北京市服装工业公司（副组长）
	天津市服装工业公司（副组长）
	大连市服装工业公司（副组长）
	杭州市服装工业公司（副组长）
钟表	上海市钟表工业公司（组长）
	天津市钟表工业公司（副组长）
火柴	北京火柴厂（组长）
	济南火柴厂（副组长）
	成都火柴厂（副组长）
陶瓷	宜兴陶瓷工业公司（组长）
	醴陵陶瓷工业公司（副组长）
造纸	佳木斯造纸厂（组长）
	广州造纸厂（副组长）
	上海造纸工业公司（副组长）
制糖	江门甘蔗化工厂（组长）
	紫坭糖厂（副组长）
洗涤剂	上海市日化工业公司（组长）
	上海合成洗涤剂厂（副组长）
	北京日化二厂（副组长）
	沈阳油化厂（副组长）
	天津合成洗涤剂厂（副组长）
	西安日化公司（副组长）
	武汉油脂化学厂（副组长）
自行车	上海自行车工业公司（副组长）
	天津自行车工业公司（副组长）
	青岛自行车工业公司（副组长）
	广州自行车工业公司（副组长）
罐头	上海食品工业公司（组长）
	北京、天津、上海等地罐头厂（副组长）
玻璃	北京玻璃总厂（组长）
	重庆玻璃工业公司（副组长）
	西安玻璃制品厂（副组长）

二、研究、拟订行业工资改革方案。

根据中央和国务院指示精神，以及国务院企业工资改革研究小组工作安排，1986年要在调查研究，分析论证的基础上，拟订企业工资改革方案，以供中央决策时参考。各行业调研组积极组织力量，深入调查研究，制订本行业的工资改革方案，也为轻工业部制订轻工企业的工资改革方案打下了坚实的基础。行业的工资改革方案，主要包括以下几个方面：第一，研究企业工资改革的基本方针、方向、原则和指导思想；第二，研究正确处理国家与企业分配关系的具体模式；第三，研究企业内部工资分配的制度和形式；第四，研究国家对工资基金增长的宏观控制和调节手段；第五，研究工资管理体制。

钟表行业的工资改革方案，已刊登在“劳动与人事”杂志上，得到了理论界和实际工作部门的好评。上海市轻工业局对各个行业提出的方案，进行充分研究论证，经上海市劳动局批准在英雄金笔厂、新华金笔厂等15个单位试点，取得了一定效果。

三、组织行业内部工资改革的经验交流。

1986年，各行业组都把工资制度、工资形式和内部分配办法的改革经验，定期或不定期地进行交流。主要是二个方面：第一，交流企业内部分配关系的模式和方法。如企业应该实行什么样的工资分配模式，当前大多数企业实行的等级工资制是否符合我国的国情；国家对不同地区、部门、行业、企业是否要规定一个大体统一的工资标准；企业内最高、最低的工资倍数和级差如何确定；职工的标准工资、奖金、津贴和其他收入各占多大比重；计件工资制等行之有效的工资形式实行的条件、范围；实行岗位津贴的范围、条件；为了搞好内部分配，如何做好编制定员、定额和经济责任制、岗位责任制等基础管理工作。第二，交流国家与企业的分配模式。根据行业的特点，提出不同的挂钩指标、保证指标、制约指标和质量否定指标，实行各种挂钩办法的条件、范围。

四、培训劳动工资专业干部。

火柴、洗涤剂、服装等行业，从实际出发，配合中心工作，举办不同类型的劳资专业干部培训班，邀请理论界和实际工作部门的同志讲课，提高了政策理论水平和业务管理水平。

五、进行劳动工资有关资料的交换工作。

塑料行业已汇编数期“劳动工资信息交流资料”，

范围是26个地区 104个单位（公司、企业），编制人均创利、劳动生产率、人均收入、奖金水平、工业总产值、净产值、职工人数、工资总额、劳保福利费、职工构成及文化程度分组、原料能源价格变动因素分析和财务等多种措施。其他如服装、自行车等行业也在搞资料汇编和交换工作。

（唐逎昌）

【轻工业重大事故】 1986年全国轻工业系统共发生各种重大人身伤亡事故2 322起，比1985年下降9.2%；死亡职工481人，下降3%；重伤职工1 965人，下降11%。共发生火灾事故416起，上升6%；造成直接经济损失3 499.6万元，上升22%。

职工死亡人数比1985上升的有16个厅局。其中上升50%以上的有：河北省轻工业厅，内蒙自治区轻工业厅，山东省第二轻工业厅，湖南省第二轻工业厅，甘肃省轻工业厅、二轻总公司。职工重伤人数比1985年上升的有21个厅局。其中上升50%以上的有：北京市第一轻工业总公司，内蒙自治区轻工业厅，安徽省轻工业厅，广东省陶瓷公司、盐务局，青海省轻纺工业厅。

从事故类别来看，机器工具、高处坠落、触电、爆炸、车辆等伤害造成的职工伤亡比较严重，共伤亡1 839人，仅这五类事故就占全国轻工业系统职工伤亡人数的75%。因机器工具伤害造成的断指事故 319 人次，轧断手指1 425节。其中有两人各被轧断一只手，造成终身残废。

一次伤亡二人以上的事故共发生14起，造成职工死亡47人，重伤32人。例如1月26日，河北省邢台县烟花爆竹厂，由于非法使用氯酸钾配制炸药，并擅自提高炸药中氯酸钾的比例。当工人领回炸药放下时引起爆炸，炸死11人，重伤2人，轻伤4人。4月24日，四川省资阳糖厂造纸车间，由于蒸球装料口盖被冲脱，造成房屋被砸塌，死亡6人，重伤1人。8月2日，四川省兴文县大坝硫磺厂一号矿井，因井下管理人员及瓦斯检验员工作失职，在瓦斯超浓度的情况下，强令工人下井作业，由于井下工作面电线接触不良，当工人牵动电线时，接头处产生电火花引起瓦斯爆炸，死亡9人，重伤4人。10月31日，辽宁省沈阳市第一制革厂三车间，由于排风设备长时间运转，摩擦生热产生的火星引燃聚氨脂光亮剂挥发物爆炸，死亡6人，造成直接经济损失60余万元。

火灾事故件数及造成的经济损失金额都比1985年有所上升。50万元以上的火灾事故共发生8起，造成直接经济损失1 035.9万元，其中火灾损失100万元以上的有3起：8月3日，广西自治区桂林市第八塑料厂丙烯拉膜车间，由于挤出机过滤网漏料，漏下的丙烯料掉至地面上的丙烯料堆后随即着火，加之当班的11名工人全部脱岗，火势迅即蔓延至整个车间酿成特大火灾，造成直接经济损失500余万。8月19日，湖北省黄岗县造纸厂，由于11万伏高压线横穿草场发生重大火灾，造成直接经济损失约100万元。12月31日，大连市第一塑料厂一车间，因节日检修，在使用电、气焊封口时，火花落到一楼厂房内的聚氨酯泡沫上随即起火发生重大火灾，造成直接经济损失100多万元。

发生事故的主要原因是：一些地区轻工业部门和企业对“安全第一”“预防为主”的方针贯彻不力，企业管理不善，劳动纪律松弛，存在着只抓生产，忽视安全。违章指挥和职工违章作业较为普遍；缺乏对职工的安全和防火教育；消防制度不落实，各种消防设施、消防器材短缺等方面存在的严重问题长期得不到解决；法制观念淡薄，也是重大人身伤亡和火灾事故严重的一个重要因素。有的重大伤亡和火灾事故不能及时处理结案，特别是一些涉及到领导责任的事故，更是一拖再拖，长期得不到处理，因而重复事故不断发生。

（钟世权）

【劳动保护工作】 在国务院和地方各级人民政府的领导下，各级轻工业部门和企业认真贯彻执行了党的安全生产方针，在轻工业生产发展的同时，加强了安全管理，治理尘毒危害，改善劳动条件，进行安全教育、安全培训等方面的工作，对减少职工伤亡、职业病的发生收到了明显效果，为轻工业的发展做出了贡献。

1886年劳动保护工作进展情况：

一、认真贯彻党的安全生产方针，树立了“安全第一，预防为主”的思想。各级轻工业部门坚持不懈地通过各种方式提高企业领导对安全生产重要性的认识，基本上解决了长期以来存在的安全和生产“两张皮”的现象，扭转了领导过问安全少的局面，不少地区做到了全系统从上到下层层有人抓、有人管安全工作。辽宁、吉林、黑龙江等省的轻工业系统在经济体制改革中，建立起一套较为完整的安全管理体制，实行厂长负责制的企业，厂长对本企业的安全工作负全面的领导责任。由于注意了提高各级领导对安全工作重要意义的认识，从而使轻工业安全生产的状况有所好转。大连市一轻总公司全年消灭了死亡和火灾事故。北京、天津、上海市轻工业部门制定了局机关从局长到各职能部门的安全生产责任制，并完善了所属企业的各项安全操作规程和规章制度，对保障生产的顺利进行起了很大的促进作用。

二、加速了轻工业劳动保护的立法工作。轻工业部受劳动人事部的委托制订的《玻璃生产配料车间防尘技术规程》（国家标准）和《火柴工业企业劳动安全技术规程》(专业标准)已正式颁发各地轻工业部门和玻璃、火柴工业企业执行。另外，陶瓷工业、烟花爆竹生产、聚氯乙烯生产、平压压痕切线机设备、压延机等五个劳动安全技术规程正在加速进行中。

三、开展了多形式多渠道多层次的安全技术培训和教育。各级轻工业部门对公司、企业领导干部普遍采取办学习班、举办讲座等形式进行劳动保护方针、政策以及有关安全法规、制度、安全技术、工业卫生等方面的培训。对企业安全干部，各地采取集中与分散相结合，即对大中型企业与重点防范企业的安技干部采取集中培训或送出进行专业培训，以提高他们的业务水平。在此基础上，逐步建立了行业性的安全技术骨干队伍。对特殊工种工人，则采取了与地方有关部门联合举办脱产专业培训班。天津市一轻局采取分级培训、层层办班。局办经理、厂长班，培训了201人，各公司办中层干部班，培训了1 273人，各企业办管理人员和工人班，培训了8 531人，为生产的顺利进行创造了良好的安全条件。对事故进行现场教育，这是轻工业部门和企业普遍采取的一种形象化教育，通过事故现场活生生的教训，增强了各级领导安全生产的责任心。在沈阳、北京、广州、哈尔滨等市的一些轻工业部门办起了生动活泼的安全有奖智力测验活动，参加的有局长、经理、厂长、一般干部和工人，这种形式能达到对劳动保护法规、操作规程宣传教育的目的。

四、开展尘毒治理工作，改善了职工的劳动条件。在轻工业的新建、改建、扩建以及在技术改造项目中，比较注意了防尘防毒和安全技术措施和主体工程同时设计，同时施工，同时投产。天津市一轻局加速尘毒治理工作，1986年尘毒治理项目90个，总投资达1 541万元，杭州市轻工业所属各厂一年来已完成的安全技术改造项目53项，总投资222.3万元。这些劳动保护项目竣工投产后，不仅改善了工人的劳动条件，保障了工人的安全健康，同时，也提高了产品的质量和数量，取得了较好的经济效益和社会效益。

五、推行安全系统工程科学管理。1986年，各地一些轻工业企业实行安全目标管理和用全面质量管理方法管理安全工作，收到了明显的效果。齐齐哈尔市一轻局推行安全目标管理，将安全目标的制订、展开、实施、检查和信息反馈等有机地结合起来，收到了一定的效果。1986年全系统实现“三无”，即无死亡、无重伤、无重大锅炉压力容器事故。千人负伤率由1982年的1.6‰，下降到1986年的0.3‰。沈阳市油脂化学厂把安全系统工程原理结合工厂的实际，全面推行“一部四点”法，即要害部位，危险点、控制点、危害点、事故点，从而有效地加强了管理和控制，使这个厂的千人负伤率从3‰下降到0.16‰。沈阳市轻工业局正有计划地推行这种科学管理方法。

六、加强了压力容器设计资格的审查。1986年，对部属食品发酵所、太原日化所、上海香料所、哈尔滨甜菜所、长春轻机厂、合肥轻机厂、上海高压容器厂、成都轻工业设计院等单位的压力容器设计资格进行了审查，都获准设计资格，部并向这些单位颁发设计资格证书。

七、表彰先进。1986年10月20日，经轻工业部和中国轻工业工会研究决定，授予138个轻工业部门和企业为“六五”期间轻工业劳动保护先进单位，81个个人为劳动保护先进工作者，并分别颁发了奖杯和证书。

（钟世权）

财　务

【轻工业利润下降】　1986年，轻工业企业在贯彻执行“巩固、消化、补充、改善”方针的过程中，逐步树立起社会主义商品经济观念，重视市场信息，及时调整产品结构，大力增产适销对路产品；依靠技术进步，加强和提高产品质量，加快了产品的更新换代，轻工业生产摆脱了“过热”状态，以正常的速度稳定地向前发展。据48 612个独立核算工业企业的统计，其完成利税总额232亿元，比1985年增加1.63%，其中利润118.6亿元，比1985年减少2.3亿元，下降1.89%。这是1981年以来从未发生过的情况。其原因，主要是随着一系列改革措施的出台和宏观经济机制的变革，轻工业生产面临着一些新情况。例如生产资料和农副产品价格上涨；计划内平价供应的原材料减少了，市场调节议价的原材料不断扩大；套改工资进成本，贷款利息上升，运费、电费提价等等，超过了企业承受消化能力，生产受到一些影响，出现了利润下降，成本上升，亏损增加，资金周转缓慢的情况。部分轻工业利润转移到生产资料行业和农业、交通、银行等部门。据统计1986年影响轻工业利润的各种减利因素达561 635万元，比1985年增加了47.7%，其中经国家调整主要原材料价格和市场调节议价部分共432 213万元，占76.9%，比1985年增加49.4%；套改工资、贷款利息和电费、运费提价及其他等共129 422万元，占23.1%，比1985年增加42.8%。

由于各行业发展不平衡，利润增减情况十分悬殊。总的说，以生产资料为原料的行业影响小些，而以农副产品为原料，以市场调节议价原料为主的行业影响较大。在19个主要行业中，利润比1985年增加的有自行车、洗涤剂、电冰箱、洗衣机等10个行业，其中自行车行业比1985年增加利润40.03%，家电行业增加28.47%；比1985年下降的有造纸、制糖、罐头、食品、酿酒、家具、服装等9个行业，其中罐头食品行业下降42.95%。

各主要行业利润增减情况：

行业	1986年利润总额（万元）	比1985年增、减（%）
造纸	109 361	－3.3
自行车	78 399	＋40
缝纫机	28 281	＋13.7
手表	45 928	＋1.7
陶瓷	16 166	＋46.5
灯泡	9 276	＋3.5
洗涤剂	16 799	＋22.3
制盐	14 698	＋78.2
制糖	33 354	－7.2
罐头	8 598	－43
酿酒	67 233	－16
塑料制品	66 691	－15.1
皮革	48 975	＋6.9
日用五金	49 577	－3.1
洗衣机	19 936	＋67.5
电冰箱	14 229	＋62.2
家具	16 911	－16.4
服装	35 701	－28.2
工艺美术	39 267	－6.2

1986年利润影响因素分析

项目	金额（万元）	比1985年增加（%）
1. 国家调整主要原材料价格	189 263	＋17.85
2. 原材料调价（浮动价格）	242 950	＋88.65
3. 调整工资	79 745	
4. 银行借款利息	18 824	＋2
5. 运费及其他	30 853	
合计	561 635	

【扭亏工作】 1986年，部分轻工企业由于原材料涨价、各项费用开支增加等影响，亏损大幅度上升。轻工业部召集了北京、天津、上海、沈阳、广州、武汉、重庆等市轻工业局共同研究了扭亏措施，清除部分企业“束手待亏”等靠上级照顾的思想，实行了扭亏责任制，加强了扭亏工作的领导。各地轻工部门根据国家经委、财政部《关于抓好扭亏增盈工作的通知》精神，实行了首长负责制，各级领导亲自抓，层层负责，现场办公，一户一户地分析亏损原因，采取分类指导办法，促进企业改善经营管理，挖掘内部潜力，增强信心，扭转亏损。主要的做法是：年初就将扭亏任务落实到责任处（室），组织地、州、市、县开展扭亏目标管理，亏损企业与各主管部门签订责任制，奖罚兑现。各厅、局加强与财政、税务部门的联系，对亏损企业进行“会诊”，帮助企业建立和健全经营承包责任制，改变产品结构，淘汰滞销产品；抓技术引进、技术改造，尽快投产见效；开展横向经济联合，充分发挥企业的优势；对小型亏损企业实行租赁经营；对长期亏损严重，产品又无销路的企业实行关、停、并、转等。例如辽宁省轻工业厅，由于领导重视，工作扎实、措施有力，方法对头，正确贯彻执行了当地政府制订的各项有利于扭亏的政策，1986年亏损额比1985年减少28.48%。

尽管各地轻工部门采取和运用一系列措施和方法，在扭亏工作方面取得了一定成效，但由于部分轻工企业，特别是中、小型企业，底子薄，素质差，管理水平低，无力消化外部因素的变动。因此，1986年轻工企业亏损户数已达6 052个，比1985年增加52.28%；亏损金额达580 86万元，比1985年增亏75%。在19个重点行业中，亏损最多的有制糖行业，亏损户118个，亏损面占23%，亏损金额7 610万元；酿酒行业亏损户305个，亏损面占17%，亏损金额5 342万元；罐头食品行业亏损户99个，亏损面占28%，亏损金额4 463万元；塑料行业亏损户383个，亏损面占13.6%，亏损金额3 569万元；造纸行业亏损户138个，亏损面占10.93%，亏损金额2 716万元。综合各地的情况，亏损原因主要是：原材料涨价，包括进口原材料改为代理价等，如木浆价格平均上调25%—30%，烧碱、纯碱上调30%，北方粮食（玉米）上调20%，南方粮食（稻谷）上调15%；原料有缺口，生产任务不饱满，如糖料，北方甜菜和南方甘蔗的产量减少，糖厂的生产能力无法充分利用；出口任务受限制，产品转作内销，如出口蘑菇改内销，一次性削价处理；产品老化不适销造成积压，如散装白酒不适销，有十几个省、市降价竞销；企业管理不善，领导班子不力，也影响企业经济效益的正常发挥等。

各主要行业亏损情况：

行业	亏损企业（个）	亏损金额（万元）	比1985年增减（%）
造纸	138	2 716	＋129
自行车	27	1 987	＋7
缝纫机	14	695	＋53
手表	8	425	＋90.5
陶瓷	153	1 706	－5.3
灯泡	20	633	＋99.7
制盐	30	869	－59
制糖	118	7 610	＋45.2
罐头	99	4 463	＋229
酿酒	305	5 342	＋173.9
塑料	383	3 569	＋61.7
皮革	296	2 066	＋86.6
日用五金	224	665	＋77.3
洗衣机	6	598	＋417

续表

行　业	亏损企业（个）	亏损金额（万元）	比1985年增减（%）
电冰箱	2	341	+ 32
家　具	393	1 125	+ 39.9
服　装	796	3 434	+ 291.5
工艺美术	234	1 032	+ 24

【定额流动资金占用增加，周转缓慢】 1986年，轻工业定额流动资金占用达463.5亿元，其中成品资金143亿元，占30.85%，资金周转为110天，比1985年慢了7天。全年平均定额流动资金余额420亿元，比1985年增长19.6%。资金占用的增长虽然超过了产值增长的幅度（按财务口径统计，产值增长为9.54%），但是资金紧张状况并未得到缓解。据分析，一是由于生产发展，所需要的流动资金要相应增加；二是物价上涨，对流动资金的需要量增加了；三是由于原材料有缺口，又是涨价的趋势，致使企业抢购超储，多占用了资金；四是企业产品结构调整后，部分老产品的原材料没有及时处理，占用了储备资金；五是扩大产品自销，成品资金占用增加；六是部分产品不适销，造成资金积压；七是企业之间互相拖欠占用资金；八是原材料涨价后资金占用增加，但产品价格未调整，销售收入没有增加，资金周转显得更缓慢了；九是企业留利低，无法补充自有流动资金；十是近几年核销了一部分流动资金，但尚未补上。

为了缓解资金紧张状态，轻工业部组织有关厅、局制订了流动资金管理办法，从企业内部挖掘潜力，促进企业管好用好资金。同时，各地在银行的支持下，积极清理了拖欠往来款项，处理了积压物资，压缩了长线产品的生产，实行了资金分级归口目标管理，并开展了筹资工作。例如，上海市轻工业局建立了局和公司两级资金调度和信息反馈网络，组建了内部资金调度中心，向系统内企业筹集暂时闲置的自有资金79 957万元，利用时间差，委托银行贷放了190个技改项目。杭州市二轻工业公司发动职工筹集资金，全系统已有75个企业16 744名职工筹集资金1 820万元，对挖掘社会闲置资金的潜力，减轻银行贷款压力，解决生产资金不足问题，都起到一定的作用。

19个主要行业定额流动资金全年平均占用情况：

行　业	1986年定额流动资金全年平均余额（万元）	比1985年增、减（%）
造　纸	227 772	+19.9
自行车	102 975	+21.8
缝纫机	40 363	+45.6
手　表	72 100	+18.4
陶　瓷	53 853	+10.8
灯　泡	34 284	+36.1
洗涤剂	39 707	+44.4
制　盐	33 888	+ 8.7
制　糖	107 513	+10.7
罐　头	118 135	+22.5
酿　酒	354 713	+34.0
塑　料	327 069	+17.4
皮　革	263 193	+16.7
日用五金	168 531	+17.6
洗衣机	40 174	+48.9
电冰箱	29 478	+44.8
家　具	119 796	+16.2
服　装	228 424	+10.3
工艺美术	181 980	+19.8

【可比产品成本上升】 1986年，轻工企业可比产品总成本647亿元，比按上年实际单位成本计算的总成本599亿元升高7.99%。据统计，影响产品成本升高的因素达55.9亿元，比1985年增加75%。其中，原材料涨价影响43.2亿元，占77.2%，比1985年增加49.4%；银行储款利息1.9亿元，占3.36%，比1985年增加2%；调整工资7.9亿元，占14.3%；运费及其他2.9亿元，占5.14%。在原材料涨价、工资费用增加等外部因素大幅度增加的情况下，各地轻工部门和企业以提高经济效益为中心，挖掘内部潜力，努力降低成本，主要是全面推行现代化管理方法，提高企业成本管理水平。并进一步完善和落实经济责任制，改进承包方法，将目标成本管理、实行原材料节约奖等与承包责任制结合起来，各项指标层层落实到车间、班组和个人，严格考核，奖罚分明，以调动广大职工积极性，降低原材料消耗。与此同时，各地还开展了各种形式的“增收节支”活动，制定了开源节流和降低成本的途径，提高企业消化能力。例如，天津市一轻局在全面推行目标成本管理中，针对企业产品成本升高、消耗增加的现象，制订了降低原材料消耗，开展综合利用、节约代用，减少废品损失，节约利息支出、降低能源消耗等11项节约措施，落实到基层企业。全年降低成本2 324万元，其中降低消耗412万元，综合利用、节约代用321万元，减少费用开支412万元，减少废品损失123万元，节约利息支出457万元，节能183万元，从而抵销了一部分增支减收的因素。

一年来，轻工企业通过加强成本管理，增加生产，调整产品结构，节约原材料消耗，共挖掘内部潜力

20 1425万元，占各种影响成本升高因素的36%，其中降低消耗为43 309万元，消耗了原材料涨价因素的10%。

主要行业可比产品总成本情况：

行　业	1986年可比产品总成本（万元）	按上年实际单位成本计算的总成本（万元）	增、减（%）
造　纸	775 593	712 444	+8.86
自行车	368 027	337 905	+8.91
缝纫机	101 389	93 190	+8.79
手　表	89 223	87 458	+2
陶　瓷	99 097	92 545	+7
灯　泡	66 976	61 790	+8.39
洗涤剂	126 054	119 589	+5.4
制　盐	68 085	66 682	+2.1
制　糖	427 880	411 379	+4
罐　头	244 411	232 730	+5
酿　酒	587 019	494 360	+18.7
塑　料	485 746	457 972	+6
皮　革	198 004	187 651	+5.5
日用五金	218 675	207 450	+5.4
洗衣机	127 989	128 755	-0.6
电冰箱	65 858	63 099	+4.3
家　具	59 752	57 241	+4.38
服装装	26 317	25 817	+1.9
工艺美术	93 424	87 842	+6.3

【调节经济，增强企业活力】　根据国务院关于增强企业活力的有关规定，轻工业部决定在生产技术司经办的基础上，由财务司负责办理轻工企业减免调节税的工作。为此，重新对系统内2 058个企业进行了调查，核实了调整企业第二步利改税实施方案的调节税基数11.9亿元。1986年初，经国家经委、财政部批准，轻工行业第一批技术改造大中型骨干企业70个和生产发展困难较大、缺乏自我改造能力的制盐、陶瓷、皮革3个行业优先减免调节税1.9亿元。至此，轻工企业调整第二步利改税实施方案的调节税额为10亿元。按照国家对支持企业技术改造减免调节税的原则精神，经过反复研究和磋商，确定了1987年轻工行业第二批技术改造大中型骨干企业148个的名单和重点支持技术改造的制糖、玻璃、搪瓷、制笔4个行业。减免调节税的额度据初步测算，148个大中型骨干企业为1.5亿元，制糖、玻璃、搪瓷、制笔4个行业为1.15亿元。连同第一批大中型骨干企业可继续减免的测算数0.9亿元，合计为3.5亿元左右，约占1987年全国减免调节税计划指标的1/5。国家经委、财政部已于1986年底和1987年初先后将1987年第二批大中型骨干企业名单和减免调节税的有关政策及减免额度切块下达到各地。目前正在落实、衔接中。

为了贯彻执行中央、国务院关于增强企业活力和扶植轻工集体经济发展的一系列方针、政策，各地轻工部门还对企业留利、折旧、资金、税率、价格等情况进行了了解，对确实有困难的企业和确实需要解决的问题，积极主动地向各有关部门反映并提出解决的意见和建议。在财政、税务、物价、银行等有关部门支持下，综合运用各种经济杠杆来影响和调节经济，努力为企业排忧解难。一年来，初步理顺了少数轻工产品的一些价格，降低了部分税率，减免了部分调节税，免征了部分集体企业的所得税，解决了一些微利或亏损产品和企业的补贴，以及集体企业危房贷款和历史遗留问题等。据统计，1986年共减免部分产品税（包括实行增殖税）6.1亿元；国家调整少数轻工产品售价20.3亿元；集体企业危房贷款1亿元；国营企业留利22.5亿元，人均留利502元，比1985年增长1%。所有这些为轻工企业创造了一个稍为宽松的外部环境，不同程度地增强了一些企业的活力，促进了生产，更主要的是为今后增加国家财政收入，打下了基础。

【财务大检查工作】　遵照国务院批转财政部《关于开展税收、财务大检查报告》的通知精神，轻工业部于1985年9月9日成立了财务大检查办公室，设在财务价格司，办公室主任由主管副部长康仲伦兼任。部直属企、事业单位也成立了相应的组织机构，并制订了具体行动方案。杨波部长于1985年12月19日指示大检查工作必须实事求是，严肃认真。凡是违反财经纪律和党纪国法的都不要讲情面，决不能姑息迁就，要制止违法乱纪活动，刹住不正之风。康仲伦副部长亲自在各单位主要负责人会议上进行了思想动员，并多次听取大检查工作汇报。根据部直属企、事业单位的实际情况，办公室分别提出检查的重点：企业单位着重检查漏、欠交各种税收，乱挤乱摊成本，截留应上交国家的收入和违反价格管理的情况，事业单位着重检查滥发奖金、实物、补贴、服装，私分国家资财和私设“小钱柜”等主要问题。在部直属企、事业单位普遍进行了自查或互查的基础上，办公室还抽调了一些熟悉财会业务的干部先后组成十九个检查组，对六十个单位进行了重点检查。两年来，参加财务大检查的工作人员有800多人次。检查中始终贯彻国务院税收、财务、物价大检查办公室颁发的《关于税收、财务、物价大检查处理经济违纪问题的若干政策界限》，按政策办事，实事求是，宽严适度。对违纪情节严重，有滥发服装和擅自动用信贷存款利息发奖金等问题的单位给予通报批评。对进口塑料的差价处理问题要本着国家的减税外贴要落实到生产企业以及为基层服务的精神，根据国家物价局的规定处理。经过检查结果，部直属企、事业单位的违纪金额中，属于漏、欠交税款（包括能源、交通重点建设基金）占25.6%；属于截留应上交国家收入占20%；属于挤占成本占14.8%；属于滥发奖金实物占7.5%；其他(私设小钱柜、乱涨价、请客送礼、铺张浪费、贪污盗窃、违反社会集团购买力规定及职工长期拖欠公款等其他）占32.1%。通过大检查，锻炼了干部，提高了思想认识和广大职工群众的法制观念、政策观念、纪律观念和全局观念，促进各单位建立和健全了规章制度，堵塞漏洞，改善了经营管理。

在开展直属企、事业单位财务大检查的同时，部里还抽调副部长、司局长参加国务院税收、财务、物价大检查工作组，赴安徽、河北等省协助地方开展大检查工作。

（王德毅）

供　销

一轻供销

【概况】 据统计,1986年一轻工业产品销售总值555.2亿元,比1985年的479.4亿元增长15.8%，与同口径产值相比，产品销售率为101%，销略大于产，其中：工业自销316.8亿元,占销售总值的57.1%。1986年末一轻工业产成品库存额为38亿元，比年初的34.4亿元上升10.3%,但比三季度末的46.6亿元下降18.6%。

汇总的主要产品中：

自行车销量明显增加,比上年的3 151.9万辆增加454万辆。增加销量的主要原因：1.以名牌自行车为龙头的横向经济联合的发展丰富了市场货源；2.自行车拉开价格档次后带动了非名牌自行车的销售；

日用搪瓷制品生产受到原材料短缺的影响，产不足销，销售吃了库存，加之国内需求量增加，外贸出口扩大，市场供需矛盾继续存在；

日用陶瓷制品生产盈利少，影响企业积极性，近年来一直是短线产品；

自来水笔销售回升，高档笔畅销；

饮料酒中，白酒上半年一度出现积压，工业企业及时调整品种结构，压缩长线生产，下半年库存明显下降，年末库存比年初和三季度末分别下降16.1%和20.6%。啤酒生产能力上的较快，个别地区的啤酒在淡季出现滞销；

钟、灯泡、日用玻璃制品、干电池、合成洗涤剂、肥皂、保温瓶、牙膏、火柴、铅笔、普通化妆品均属平销产品，这些产品在质量、价格上竞争较激烈，个别产品已局部积压；

手表、缝纫机产略大于销。手表年末库存比年初上升119.3%，异型表、镀金表、女表、石英表的销路仍不衰。缝纫机的市场需求量还在递减。

1986年，工业部门进一步加强市场观念，以需定产，并积极和商业部门配合，打破部门界限共同组织日用工业品流通市场。

（张巧玲）

一轻工业产销存汇总表（一）

1986年1—12月　　　　金额单位：万元

地区	本期销售					期末库存
	合计	商业收购	外贸收购	工业调拨	工业自销	
合计	5551 514.5	1281 435.2	475 669.4	626 096.4	3168 313.5	379 764.3
北京	142 740.2	42 980.7	11 068.2	13 599.4	75 091.9	12 113.2
天津	346 759.9	110 410.9	40 308.2	80 119.9	115 920.9	6 927.8
河北	138 394.2	11 114.1	13 809.2	6 497.4	108 973.5	12 926.8
山西	85 387.1	15 644.2	6 261.6	2 025.0	61 456.3	12 980.4
内蒙	25 276.6	8 878.2	577.0	269.6	15 551.8	1 738.2
辽宁	381 017.5	61 886.2	19 953.4	54 380.3	244 797.7	20 210.9
吉林	173 155.7	16 745.1	12 070.4	38 217.4	106 122.8	13 491.1
黑龙江	255 563.0	57 620.2	14 806.8	34 604.2	148 531.6	23 937.2
上海	843 356.0	331 519.0	126 872.0	103 203.0	279 762.0	21 294.0
江苏	336 760.3	54 206.3	27 456.4	43 197.8	211 899.8	18 526.7
浙江	218 841.4	50 420.6	28 890.2	29 830.0	109 700.7	11 023.8
安徽	169 590.5	23 368.9	4 806.3	5 188.8	136 226.5	12 653.1
福建	326 822.1	56 180.7	45 483.1	54 149.5	171 008.8	34 074.2
江西	129 874.0	28 590.0	12 038.0	11 306.0	77 940.0	8 591.0
山东	518 039.9	43 797.8	34 301.8	32 411.8	407 528.5	43 292.9
河南	121 662.6	9 650.7	1 393.2	1 359.7	109 259.0	12 610.9
湖北	297 394.6	86 553.0	8 209.3	15 013.6	187 618.7	25 946.2
湖南	211 995.5	27 977.1	13 145.3	17 226.8	153 646.3	18 068.0

续表

地　区	本期销售					期末库存
	合　计	商业收购	外贸收购	工业调拨	工业自销	
广　东	210 901.4	69 016.5	22 379.4	14 531.7	105 020.8	10 336.1
广　西						
四　川	335 912.8	77 886.6	22 979.1	38 056.7	196 990.6	32 013.7
贵　州	19 942.4	1 057.4	464.1	1 077.0	17 343.9	1 418.0
云　南	89 811.1	42 219.6	2 009.2	18 542.1	27 040.3	2 905.1
西　藏						
陕　西	88 669.6	18 581.5	2 633.0	9 743.9	57 710.3	9 324.7
甘　肃	27 764.5	9 428.4	1 060.8	266.9	17 008.4	4 102.2
青　海	13 977.6	2 743.5	227.8	1 001.3	10 005.1	5 427.4
宁　夏	9 365.3	3 633.7	115.4		5 616.3	786.9
新　疆	32 538.9	19 308.3	412.8	276.9	12 541.0	3 343.8

一轻工业主要产品产销存汇总表（二）

1986年1—12月

产　品	单位	本期销售					期末库存
		合　计	商业收购	外贸收购	工业调拨	工业自销	
机制薄纸	吨	3609 254.3	311 905.3	192 873.3	1279 546.8	1824 928.9	124 511.8
机制板纸	吨	1865 110.8	203 029.9	78 183.1	321 817.0	1262 080.8	70 436.5
糖	吨	2193 902.8	1340 105.9	20 357.5	202 917.4	630 522.0	75 875.2
饮料酒	吨	5037 709.7	860 007.3	96 813.1	74 501.2	4006 388.2	480 661.7
其中：白酒	吨	1787 534.4	285 715.1	8 390.3	14 169.1	1479 259.9	284 724.9
啤酒	吨	2272 519.6	379 543.2	85 198.7	21 748.2	1786 029.6	47 200.7
罐　头	吨	785 277.6	24 458.9	371 764.7	2 483.5	376 570.5	150 866.9
自行车	万辆	3 151.9	1 222.7	220.8	14.3	1 694.0	46.1
缝纫机	万架	872.1	389.0	64.5	11.8	406.9	50.7
手　表	万只	3 920.1	1 288.0	584.3	8.1	2 039.8	498.7
钟	万只	1 787.3	411.3	767.9	40.7	567.3	89.2
灯　泡	万只	111 254.2	35 235.4	5 583.9	400.2	70 034.7	16 680.9
其中：普灯	万只	113 370.0	53 020.6	4 510.6	24.6	55 814.2	11 061.7
日用陶瓷制品	万件	262 629.8	52 921.7	46 898.4	4 249.7	158 560.0	27 933.2
日用搪瓷制品	万件	39 799.1	16 237.5	8 535.1		15 026.5	2 177.8
其中：面盆	万件	8 710.9	4 029.2	442.0		4 239.7	222.1
口杯	万件	9 138.1	4 581.4	1 472.4		3 084.3	202.4
日用玻璃制品	万件	1035 863.3	22 546.7	14 113.2	193 937.8	805 265.6	91 598.5
干电池	万只	431 856.3	107 759.9	40 114.9	11 612.6	272 369.0	15 518.3
合成洗涤剂	吨	1007 061.7	380 074.8	31 017.4	15 388.1	580 581.4	30 994.7
其中：洗衣粉	吨	825 555.5	347 116.1	29 880.7	1 414.6	447 144.2	23 793.8
肥　皂	吨	983 379.5	502 598.2	15 114.4	10 363.5	455 303.4	20 718.7
其中：香皂	吨	105 939.0	63 864.0	8 397.2	1 346.9	32 330.8	3 708.1
保温瓶	万个	15 768.7	6 143.5	2 697.7	56.3	6 871.2	505.9
牙　膏	万支	112 534.7	52 742.6	3 430.6	3 809.3	52 552.2	5 409.0
火　柴	万件	2 448.5	563.6	58.2	0.5	1 826.2	275.2
自来水笔	万支	19 759.3	8 357.5	3 152.9	104.8	8 144.1	684.5
圆珠笔	万支	42 302.6	20 035.1	4 033.0	9.5	18 225.0	2 620.3
铅　笔	万支	350 105.8	119 841.1	136 010.8	11 411.3	82 842.7	14 277.9
化妆品	万元	74 320.1	41 240.4	2 651.2	1 515.7	28 912.8	3 047.8

【计划内分配物资的落实情况】　1986年国家计划内分配的轻工生产建设所需的主要原材料基本落实。进口钢材因到货迟结转了4万吨，重点企业煤炭订货合同有少量未完成，其余金属材料、化工原料、木材、油脂、燃料、建材等物资基本订到拿到。国家分配的汽车352辆，电缆230公里均完成计划，还订购了其它国

内机电产品3 200多万元，进口机电仪器7 898万美元，基本上满足了用户需要。由轻工业部掌握用于进口物资的轻工、化工外汇全年安排和使用了7.18亿美元，订货率为99.83%，到货率为94.52%。由轻工业部分配组织供应的各类产品达234万吨。(详见附表)

（梁江东）

1986年国家计划内分配物资落实情况

一、统配部管物资

物资名称	单位	分配指标	实际定货	订货缺口
钢材	万吨	198		
部组织供应	万吨	87	82.7	4.3(进口结转4万吨)
其中：定点定量供应	万吨	10		
地方组织供应	万吨	111	111	
其中：定点定量供应	万吨	53	53	
铜	吨	19 238	19 238	
部组织供应	吨	3 991	3 991	
地方组织供应	吨	15 237	15 237	
铝	吨	92 238	92 238	
部组织供应	吨	982	982	
地方组织供应	吨	91 256	91 256	
铅	吨	3 390	3 390	
部组织供应	吨	1 371	1 371	
地方组织供应	吨	2 019	2 019	
锌	吨	62 408	62 408	
部组织供应	吨	52 999	52 999	
地方组织供应	吨	9 409	9 409	
锡（部组织供应）	吨	837	795	42
铜材	吨	16 938	16 938	
部组织供应	吨	2 694	2 694	42
地方组织供应	吨	14 244	14 244	
铝材	吨	11 725	11 725	
部组织供应	吨	1 012	1 012	
地方组织供应	吨	10 713	10 713	
铅材(部组织供应)	吨	20	20	
生铁	吨	50 000	50 000	
焦炭	吨	20 000	20 000	
煤炭	万吨	195.3	197.3	（含2万吨议价煤）
重油	万吨	16.87	16.87	
烧碱	吨	47 500	47 500	
纯碱	吨	51 000	51 000	
硫酸	吨	7 000	7 000	
硝酸	吨	4 650	4 650	
橡胶	吨	70	70	
硫化碱	吨	12 000	12 000	
硫铁矿	吨	87 000	87 000	
纯苯	吨	6 000	6 000	

续表

物资名称	单位	分配指标	实际定货	订货缺口
电石	吨	1 100	1 100	
甲醛	吨	3 723	3 723	
沥青	吨	11 000	11 000	
重腊	吨	7 000	7 000	
轻腊	吨	6 200	6 200	
汽油	吨	174	174	
柴油	吨	70	70	
自行车轮胎	万套	5 622	5 200	422
水泥	万吨	25.99	25.24	0.75
普通平板玻璃	重量箱	50 950	56 350	
金刚石	克拉	9 295	9 295	
油毡	卷	50 000	53 500	
石棉水泥瓦	张	37 600	37 600	
木材	万立方米			
北方：部组织供应	万立方米	206.02	205.46	0.56
地方组织供应	万立方米	130.8		
南方：部组织供应	万立方米	38.7	38.7 （四川省）	
企业自行采购（造纸材）	万立方米		142	
各类机电产品	万元		2248.9	2 248.9
各种车辆	辆		352	
猪大油	万吨	15	15	

二、轻工业部分配产品

物资名称	单位	组织供应
纸及纸板	万吨	228
氯化钾	万吨	5.6
溴素	吨	3 740
造纸毯	吨	3 800
造纸网	万平方米	156

三、进口物资安排和使用外汇

（单位：万美元）

	货单	订货	到货
合计	71 888.74	71 769.33	67 838.6
（一）列名商品	25 025	25 038	23 745
（二）金属材料	25 050	25 050	23 868
（三）有色金属	931	931	931
（四）轻工原料	4 973	4 966	3 903
（五）化工原料	15 556	15 517	15 246

【计划外组织供应物资的情况】 1986年在积极落实计划内物资的同时，轻工业部和各级轻工部门、轻工企业广泛开展横向经济联合，积极参与市场调节，开发

计划外轻工生产所需的原材料。

轻工业部全年组织供应的计划外原材料主要有钢材18万吨，有色金属5 000吨，木材42万立方米，油脂6万吨，纯碱烧碱15万吨，木浆5万吨，纸张12万吨，其它轻工杂品15万吨。

主要做法是：组织各类外汇代理进口原材料。1986年共组织计划外外汇2亿美元，其中地方（企业）留成外汇9 300万美元，其它外汇1.1亿美元。代理进口物资的品种由马口铁扩大到搪瓷板、自行车卷板、木浆、油脂、塑料、烧碱、纯碱、胶合板等；物资协作。1986年在江苏省镇江市召开了第二次物资协作会，组织轻工企业计划外生产的名优产品串换原材料，协作钢材有色金属4.5万吨，这样的协作，有利于加强供需之间的相互了解，开辟原材料渠道。（附表如下：）

1986年计划外组织供应的物资

（一轻部分）

物资名称	单位	数量
1. 钢材	万吨	
其中：轻纺外汇进口	万吨	1.7
协作	万吨	2.5
地方外汇进口	万吨	14
2. 有色金属	吨	
其中：轻纺外汇进口	吨	1 200
协作	吨	3 800
3. 木材	万立方米	42.9
4. 进口油脂	万吨	6
5. 烧碱	万吨	3.7
其中：补缺进口	万吨	2
东欧	万吨	1.7
6. 纯碱	万吨	11.5
其中：补缺进口	万吨	2.5
东欧	万吨	5
代理进口	万吨	4
7. 芒硝	万吨	8.5
8. 水泥	吨	7 665
9. 平板玻璃	重量箱	5 400
10. 油毡	卷	3 500
11. 纸张	万吨	12
12. 木浆	万吨	5

（梁江东）

【发展工贸联合解决出口罐头原材料不足】 1986年7月西南地区出口罐头工贸联合体正式成立。这个联合体由13个出口罐头厂、3个出口产品包装厂，轻工业部西南供销管理处和重庆粮油食品进出口公司等18个单位组成。打破条块分割和行业界线，把产、供、销有机地结合起来，9月至12月计划外出口罐头3 400吨，创汇300多万美元，解决进口马口铁近千吨。

从1984年国家对轻工业生产原材料按基数供应以来，罐头出口计划不断增加，而原材料供应不足，由于国家外汇紧张，从中央增拨外汇解决马口铁不足的问题，已不太可能，因此，发展罐头生产，增加出口创汇需要多渠道解决原材料的问题。

越来越多的生产企业认识到，出口留成外汇首先用于进口原材料，才能增加生产实现多创汇。随着外贸出口业务的不断扩大，出口罐头企业与外贸企业组成一个供应、生产、外销相结合的联合体。外贸部门随时报告国际市场的行情，提出出口品种需求，组织贸易谈判并且补贴出口罐头用马口铁的差价。轻工供销企业组织马口铁进口，并负责储备周转，按生产周期供料。生产企业按计划分期分批保质保量生产并交外贸出口。这样，一方面生产企业可以及时得到马口铁，另一方面外贸货源充足，全力对外经营，开拓国际市场。同时也使轻工供销工作周转流畅，进一步顺应社会主义商品经济的客观要求。

从西南出口罐头联合体的实践看，这样做是基本可行的，增加出口创汇的势头很好，预计1987年效果将更加显著。如果有条件的地方都根据具体情况实现工贸结合，形成不同特点的出口罐头企业集团，就一定会增强我国出口罐头在国际市场上的竞争能力，出口罐头所需的包装原材料供应不足的问题也会有所缓解。

（铁军）

【计划外纸张批发市场初步形成】 根据国家经济体制改革的要求，轻工业部计划分配的纸张从品种到数量都将逐步缩小，参与市场调节的计划外纸张的品种数量不断增加。为了搞活流通，扩大生产，1985年成立了第一个跨地区、跨部门、自愿结合、平等互利、自负盈亏的计划外纸张批发市场——东北纸张联营公司。这个公司成立后经销计划外纸张29 000多吨，实现税利207万元。1986年在这个公司经验的基础上，全国各地相继成立了西南、华北、中南、华东、广州纸张联营公司。到1986年底已经联合了135个企业（其中大中型造纸厂121个），集资1 375万元，经销计划外纸张、纸板52 467吨，销售额1.13亿元，实现税利339万元。联营公司还多方设法，积极帮助企业组织生产所需的原材料，协助解决企业生产中的能源、运输、资金方面的困难。各联合单位之间互相支持、协作配合、互通信息，发挥联营的优势，积极参与市场调节，开发纸张销售的新渠道，初步形成了以本地区为主，面向全国的计划外纸张的批发市场。起到了调节产需余缺、保证重点需要、促进生产发展的积极作用，深受各方面和广大用户的欢迎。

（李元治）

【筹集地方外汇进口供罐头生产用马口铁减免税问题】

罐头是轻工业主要出口商品，1986年出口收汇4.2亿美元，占轻工产品出口收汇总额8％。罐头生产从1983年以来发展很快，内外销都有很大增长，而国家分配的马口铁指标仅维持1983年计划水平16.5万吨，其中罐头用12.5万吨。1984年以来，轻工业部多次向国家计委反映要求增加马口铁分配量。并同财政部、海关总署交涉，经请示国务院经济调节办公室、中央财经领导小组同意，姚依林、田纪云两位副总理批准，对由轻工业部筹集地方外汇统一组织进口的专门用于罐头生产的5万吨马口铁，实行一次性减免关税和增值税，关税从15％减到7.5％，增值税从14％减到7％。海关总署在1986年7月23日函给北京、天津、上海海关下达了“关于轻工业部筹集地方外汇进口供罐头生产用的马口铁5万吨准予减税的通知”。至1986年底，5万吨减税马口铁已全部落实到罐头厂。

（蔡翔文）

二轻供销

【二轻物资供应】 根据国务院关于物资体制改革的规定，1986年二轻系统生产需要的国内计划分配物资维持1985年的水平，不足部分由市场调节解决；进口物资，1986年开始把国家安排进口原材料的中央计划外汇比1985年减少三分之一，即由8.88亿美元（其中包括计划安排7.76亿美元、专项安排1.12亿美元）减为5.93亿美元。中央计划外汇减少的部分由地方留成外汇弥补。

由于物资体制改革的这一新措施的实施，1986年二轻工业的物资供应发生了一些新的变化，出现了一些新的问题，因此，二轻供销公司在1985年底对1986年的物资供应形势进行了专题研究和分析，并针对可能出现的问题制订了措施。

1986年出现的问题主要是：

（一）国内计划分配物资缺口进一步扩大，影响产品的成本和企业的经济效益。1986年虽然维持1985年的分配水平，实际上是1984年的基数，但是生产在发展，需要在增加。1985年二轻工业总产值比1984年增长21.2％，1986年国家要求轻工业增长速度“保8争10”，因此，计划分配材料占实际需要量的比例进一步缩小，市场调节所占比重相应增大。由于市场价格比计划价格高得多，有的高出一倍以上，有些企业因为原材料成本在整个产品成本中占的比例大、或者消化能力低，企业的经济效益必然会受影响；有些本来就亏损或接近亏损的企业，遇到的困难就更大。

（二）有些省、自治区地方外汇不多，改用地方外汇进口的原材料难以落实，直接影响生产。由于地区间对外贸易发展不平衡，有些省、市如上海、天津、广东、福建、辽宁、山东、江苏、浙江等，出口的商品多，地方留成外汇也多，地方政府有能力拿出外汇进口原材料，支持轻工业生产；但也有不少省、自治区外汇不足，轻工业原材料进口排不上队，所以这些地区的地方外汇进口原材料难以落实。

针对上述存在的问题，二轻供销公司采取了以下措施：

第一，努力争取国内计划分配物资订满拿足，组织好计划内外汇的进口订货。这一部分材料在总的需要量中的比重虽然在逐年下降，但品种对路，质量较好，价格合理，是二轻工业的“细粮”，一定要力争把这一部分材料全部拿到手。

第二，积极组织各地二轻部门向当地政府争取地方外汇，同时各级二轻供销公司都千方百计地购买调剂外汇，尽最大努力计划外多进口一些紧缺的原材料。

第三，积极开展横向经济联系，通过建立原材料生产或供应基地，参与市场调节、组织调剂串换等方式，开发计划外物资来源，以弥补计划内供应之不足。

为了使这些措施得以实施，保证轻工业“保八争十”这一目标的实现，二轻供销公司在三、四月份，派出三个调查组分赴东北、华北和中南、西南，到了十一个省、市，用了一个多月的时间进行调查研究。与各地交换意见，并在调查研究和做了充分准备的情况下，于四月和五月分别在南京和武汉召开了部分省市参加的利用地方外汇座谈会和全国二轻供销处长、经理会议，座谈分析形势，研究制订措施。经过全国二轻系统供销部门的共同努力，基本上保证了二轻工业生产的需要。

1986年部二轻供销公司组织供应了钢铁材料90万吨、有色金属12.5万吨、塑料原料80万吨、皮革化纤原料2.7万吨、木材52.5万立方米、胶合板23.47万立方米、牛皮115万张、雨伞绸792万米、玻璃158.5万标箱、铬矿石2.1万吨、家电产品零配件3 700万美元。总计260余万吨，进销额62亿元。其中二轻供销公司组织地方外汇,1.2亿美元、购买调剂外汇6 050万美元，用以进口了塑料原材料24.4万吨、胶合板8.4万立方米、钢材3 100吨、家电零配件287万美元。

【二轻产品销售】 1986年上半年，二轻产品销售遇到了近几年来未曾有过的困难。许多以前非常畅销、甚至供不应求的产品转为平销或滞销，有些原来销售正常的产品、特别是一些大路货，销售呆滞。库存大幅度上升。从八、九月份起，才开始转入正常。

据可比的22个省、自治区、直辖市1—6月份统计，销售总额269.56亿元，比1985年同期仅增长2％。如果扣除外贸收购增长39%的因素，国内销售实际上只增长1.02%。22个省、自治区、直辖市中，有上海、北京（二轻与工艺美术一起是下降的）、天津、广东、四川、陕西等八个省、市销售额比1985年同期下降，这是十一届三中全会以来从未出现过的情况。由于产品销售困难，6月末库存金额由60.56亿元上升到75.9亿元，比1985年同期增加75%。其中皮革、家电、灯具、衡器、轻机行业库存上升30%以上。服装行业在出现销售困难后即实行以销定产，库存虽仅增长25%，但积压严重，比1985年增长一倍以上。

市场销售形势发生这样的变化，一是由于国家对投资和消费的过度膨胀采取了宏观控制措施，总需求下降；二是银行紧缩售货，使工商企业流动资金短缺，尤其是商业批发部门流动资金不足，直接影响销售活动；三是产品结构的调整还跟不上市场需求的变化。四是一些正常的业务往来也被作为不正之风紧缩掉了。

1986年省长会议后，各地从六、七月份开始，先后在奖金发放、落实承包责任制、银行信贷、以及搞活供销等方面，从政策上作了一些调整，加上市场旺季的来临，市场销售情况自八、九月份起开始好转。到年底止，26个省、自治区、直辖市统计、全年完成销售额627.97亿元，比1985年增长13.27%。其中商业收购76.77亿元，比1985年下降1.6%，在销售总额中所占比重由1985年的13.85%下降到12.03%；外贸收购91.29亿元，比1985年增长38.93%，所占比重由1985年的11.85%上升到14.54%；工业自销（包括内部调拨）461.13亿元，比1985年增长11.93%，所占比重由1985年的74.3%下降到73.43%。在工业自销额中，零售39.64亿元，比1985年增长4.6%，占销售总额的比例由1985年的6.84%下降到6.31%；占自销额的比例由1985年的9.17%下降到8.6%。

【二轻经济信息专修班结业】 为了加强二轻系统的经济信息工作，搞好市场预测，提高企业经营决策的科学性、减少生产的盲目性，二轻供销公司在1981至1983年分别在丹东、厦门、北京办了三期商情干部短期培训班的基础上，于1984年委托北京轻工业学院办了一期学制两年的大专经济信息班。这个班已在1986年7月结业，28名学员毕业后都已返回原来的工作单位，成了二轻系统经济信息工作的骨干，有的已成为商情科室的负责人。

经济信息专修班的学员，是从全国二轻系统供销部门在职干部中，通过全国成人统考招收来的，学员质量比较高，又有一定的实践经验，在校两年，除根据高教部规定学完了哲学、政治经济学、外语、数学、语文等共同课程以外，着重系统地学习了市场学、市场预测、计算机、工业经济、企业管理、工业统计、工业会计、经济法律等有关专业课。学员们能够联系实际，思路宽、接受快、领会深，学习成绩一般都比较好。今后一定会对二轻系统开展市场预测工作，提高二轻企业经营决策的科学性做出贡献。

（张乃文）

【用地方外汇进口塑料树脂减免税问题】 随着外贸体制改革的进行，从1984年开始，进口塑料树脂逐步由中央财政补贴改为代理进口。经有关部门批准，用中央计划内外汇进口的聚氯乙烯、高压聚乙烯、低压聚乙烯、线型聚乙烯、聚丙烯关税由40%减为15%，产品税由10—25%减为5%，1985年以前用地方外汇进口塑料原料不能享受减税待遇。

1986年，由于中央外汇减少，国家计委通知轻工部“塑料原料中央进口减少20万吨，请各地用地方外汇增加进口原料补进去。”由于地方外汇进口不能减税，按代理价进口结算比国拨价高，大部分企业出现亏损。为了不影响塑料制品生产，适当满足工农业生产及轻工市场需要，经财政部、海关总署特准”由轻工业部统一组织用地方外汇进口的塑料原料与用中央外汇进口的享受同样的减税优惠。各地海关可径凭轻工业部计划司的证明办理。”

1986年，用地方和企业留成外汇实际签订进口塑料树脂184 886吨，计金额11 643.62万美元，加上轻工部组织用中央调剂外汇进口52 913吨，计3 163.68万美元，总计进口为237 799吨，计14 807.3万美元。为解决塑料树脂供应不足，促进塑料工业发展起了极大作用。

（吕蓉娇）

原料基地

【辽宁省造纸芦苇基地】 辽宁省现有芦苇面积130万亩，长苇面积82万亩。15个苇场主要分布在辽东湾北部滨海一带。其中较大的有东部、羊圈子、赵圈河、辽滨、大有苇场，这5个苇场地势平坦，土地连片，总面积为98万亩，长苇面积65万亩，是辽宁省造纸工业的重要原料基地。党的十一届三中全会以来，芦苇生产有较快的发展。1980年全省芦苇产量22.8万吨，1986年达到41.7万吨，增长83%。其中省属东部、羊圈子苇场总面积57万亩，长苇面积47万亩，同一期间产量由10.5万吨提高到25.5万吨，增长1.4倍。总的看，全省芦苇面积基本稳定，产量稳步上升，芦苇生产形势很好。具体做了下面几点：

（一）深入改革，增强企业活力，保证芦苇的持续发展。1980年以来，苇场端正了经营思想，坚持贯彻“以苇为主”的经营方针，确定经营目标，制定了联产承包的经济责任制和岗位责任制，奖惩分明，初步解决了“吃大锅饭”的问题。在企业整顿中，推行了厂长负责制，较好地理顺了党、政、工三者关系，推动了生产不断发展。

(二) 搞好工程建设，为芦苇的发展创造条件。芦苇是喜水作物。1981年到1986年在轻工业部支持下，苇田基本建设进展较快。共投资4 800万元，其中育苇费2 860万元，自筹资金980万元，国家投资960万元。修建大小抽水站13座，灌溉船3艘，大型水闸7座，配套桥涵闸157座，完成土方558万立方米，输配电线路200公里。全省苇田提水能力已提高到112.3立方米/秒，工程控制面积90万亩。其中省属东部，羊圈子苇场的工程控制面积为54万亩，初步建成了能灌能排的渠道体系。两场近几年共打井33眼，可灌溉苇田高地4万亩。同时还围海造田12万亩，扩大了苇田面积。辽宁省造纸芦苇工业公司机械施工队，在修渠、堵河、围海、清淤等一些较大的建设项目中，起到了积极作用，五年共完成土方211立方米，产值327万元。

(三) 科研与生产结合，促进芦苇的发展。(1) 近几年，辽宁省芦苇科研所取得了一批科技成果，并把芦苇高产综合措施、飞机施肥、药剂灭草、芦苇蚜虫防治等逐步运用于生产。省芦苇科研所还研制成4LW-3型和4LW-1.5型芦苇收割机，并已通过鉴定，1985、1986年冬进行了小批量的试割作业，效果很好，是解决收割劳动力不足的可靠出路。(2) 辽宁省缺水较为严重，为了合理利用有限水源，近几年来采取了抢抽桃花水、利用回归水等办法，节约用水，合理灌溉、有效地缓解了缺水的紧张局面。省属的东部、羊圈子苇场修建了人工小水库，解决了春季用水急需，还可以反复利用。几个较大苇场可平均灌溉2至3次，保证了芦苇逐年增产。苇场对高地修筑隔堤，修建灌溉点，解决高地的灌水，扩大长苇面积。对洼地，找排水出路，解决内涝，实现能灌能排。(3) 为建设高产稳产田，羊圈子苇场建成4米方田，修建桥涵斗闸180座，格堤土方10万立方米，建成4米方田70个，总面积达10万亩。东部苇场1986年修建500米方田2万亩，修建支斗渠闸门39座，完成土方11.5立方米。(4) 1984年至1986年共施化肥6万亩，灭蒲草4万亩。

(四) 加强管理保证芦苇的丰产丰收。由于多年受“左”的思想影响，芦苇生产管理比较粗放，不能发挥生产潜力。1984年至1986年各苇场全面进行了企业整顿，实行了场长负责制，组建了新的领导班子，加强了芦苇的生产管理，合理灌溉排水，还加强了计划、财务、物资管理，加强基本队伍建设，培训专业技术人员，提高业务素质，加强施工管理，增产节约。各部门之间通力协作，分兵把口，各尽其责，使生产井然有序，取得了物质文明和精神文明双丰收。

辽宁省政府重视芦苇生产与发展，1983年发布了《关于认真保护芦苇资源的布告》。省水电厅在水资源紧张的情况下，1985、1986年给水3 000万立方米，支持芦苇发展。

发展横向经济联合，有效地促进芦苇发展。如金城造纸厂与大有苇场，营口造纸厂与赵圈河苇场搞横向联合，1985年金城造纸厂给大有苇场贷款80万元，用于苇田基本建设，使芦苇产量由1984年的3 000吨，上升到1986年的1.2万吨，芦苇全部供金城造纸厂造纸，互惠互利。

辽宁省造纸工业生产量居全国第二位，1986年纸与纸板的产量为75.4万吨，造纸芦苇基地作出了贡献。今后在大力发展芦苇生产的同时，还要抓好造纸林业基地建设。

(周昭悟　王正熙)

【造纸网】 造纸网在造纸制浆和纸张成型过程中起着举足轻重的作用。在抄纸机上，它不但是纸页成型和脱水的重要器材，而且还担负着输送纸页的任务。因此，纸张质量的优劣，浆料消耗的多少，产量高低、技术经济指标好坏都与网子的品种规格的选择及网子的质量好坏有着密切关系。积极发展造纸网的生产能力和提高产品质量是造纸工业建设中的一个重要组成部分。

造纸网生产发展的概况　解放前，我国没有自己的造纸网专业厂，国内生产需要的造纸长网全部依靠进口。解放后，在党和人民政府的关怀下，为了减少进口，生产自给，东北企业管理局于1949年组织力量进行了磷青铜网的试制研究工作，随之建立了我国第一个造纸网厂——沈阳铜网厂。当时由于技术设备条件的限制，还只能生产较为简单的圆网。“一五”期间国家兴建了佳木斯网厂，改造了沈阳网厂。在此期间，沈阳造纸网厂试验成功了磷青铜长网。当时生产能力很低，每年仍需进口铜网10万平方米左右。“二五”期间又将天津、上海、开封三个网厂纳入造纸网专业厂，造纸网生产能力有了很大提高，但仍不能满足造纸行业的需要。“三五”期间，国家投资建设了西安网厂，70年代又新建了芜湖造纸网厂。80年代以来天津、沈阳、西安网厂扩建了聚酯网生产线。至此，我国的造纸网产量大幅度提高，基本上满足我国造纸行业发展的需要。目前，一个拥有7个专业工厂、9 000余名职工、年产160万平方米的完整的专业化造纸网生产体系已经建成。而且，生产布局合理，产品结构完整，生产设备和工艺技术均较为先进，为我国造纸工业的发展创造了有利条件。造纸网产品的更新换代已历经三代产品。第一代铜网（包括磷青铜网、高锡磷青铜网、稀土合金铜网等），第二代产品塑料网（包括低压聚乙烯网、尼龙网等），第三代产品为聚酯网(成型网、干网)。第一代铜网。抄造纸张在世界上已有近200年的历史。目前我国纸机所用的网子仍然以铜网为主。铜是一种塑性变形材料，铜丝最大缺陷就是耐疲劳性差，在较小的伸长率下易产生永久性变形，加之铜网的主要原料资源紧张，限制了造纸网的发展。我国在60年代曾提出过以塑代铜的途径，并从那时起就开始了塑料网的研制。经过数年的努力，70年代初，开封造纸网厂和天津铜丝铜网厂相继试制成功了塑料造纸网，并成功地把塑料网应用于打浆洗鼓及造纸圆网等方面。目前7个造纸网厂均可生产塑料网，节约了大量铜材。第二代塑料网。它采用低压聚乙烯为原料。我国以塑代铜具有可能性，但是由于所采用低压聚乙烯本身回弹率低，不可能永久定型，影响了塑料网在造纸工业中的进一步推广应用。第三代聚酯网。我国从1973年起，参照国外技术情报及有关资料开始了对聚酯单丝的研究，是80年代以来成批生产的新型造纸网，原料采用聚酯单丝(学名:聚对苯二甲酸乙二酯)。有两个大品种即：聚酯成型网和聚酯干网，分别应用于长网抄纸机的网部和各类纸机的干燥部。其优点、比重性、耐磨性及寿命比铜网大三到四倍，最多可达十几倍。目前我国所生产的成型网均采用四开梭破缎纹织法。

造纸网的资源与供应　全国7个专业网厂年产各类造纸网的产量，自1984年以来与全国机制纸与纸板的产量均以每年12％的速度同步递增，至1986年底已达160万平方米，其中:铜网103万平方米，塑网46万平方米，(另有山东、江苏、广东、四川省等小厂年产塑料网20万平方米）聚酯网已建成投产11万平方米，在建能力约有19万平方米。

造纸工业用网，目前仍以铜网为主，全年共需造纸铜网144万平方米，其中：长网85万平方米，圆网59万平方米。长网造纸机全国约有665台（1985年底统计)。日产100吨以上的纸机7台，日产50吨纸机23台，日产50吨以下的纸机635台，可产纸400多万吨，用网幅宽1米至6米，长10米至40米。圆网纸机估算有6 000多台，年产纸及纸板约500多万吨，年需铜网59万平方米，塑料网46万平方米。此外生产8微米以下电容器纸所需85/255目以上的三织网每年尚需进口5 000平方米计130条，约占长网资源量的6‰。近几年来铜网缺口越来越大，而塑网有近20万平方米的产量没有销路。随着聚酯网生产的发展与推广应用的成功，铜网的紧张形势将逐渐缓和。

普及应用聚酯网　70年代聚酯单丝材料出现后，欧美一些国家开始研究生产聚酯单丝造纸网，并应用于造纸工业，至70年代中期已广泛采用，以代替铜网，干毯和帆布。近几年来我国佳木斯、吉林，青州，南平纸厂先后进行了纸机改造并用上了进口聚酯成形网、干网取得了较好的经济效益。

为促进造纸工业现代化，推广应用聚酯网是当务之急。在1986年聚酯网已正式纳入生产计划，其中：天津网厂7万平方米（含干网4万平方米)，沈阳4万平方米（含干网3万平方米)，成型网实际生产共约4万平方米，相当于铜网16万平方米，可解决国内长网纸机10—20％的用量。干网7万平方米也缓和了造纸毯的供应紧张状况。1986年1月6日至16日在天津召开了“全国推广应用聚酯网动员大会”全国25个省市139名代表出席了大会。会议期间统一了用聚酯网代替铜网、帆布和干毯的认识。这是造纸工业的一项重大的技术改革，在中小型纸机上无须进行大的改动均已试用成功。在这次会议上与南平、青州、佳木斯纸厂商定在大型纸机上应用国产聚酯网代替进口网。又于4月12日至24日，5月15日至24日分别在天津，沈阳，举办两期培训班，培训了来自28个省市区共350名技术人员，还有27名业务人员。到目前为止已有600多个厂家订购国产聚酯网11万平米，其中：干网7万平方米，成型网4万平方米。仅节约换网时间就可增加产量11 200吨，产值1 568万元，节约用网费140万元，干网节能8％并可节煤4.4万吨节省资金270万元。

聚酯网不仅成功的应用在长纤维低车速的中小长网机上，寿命比铜网长4—15倍。而且，1986年又应用在全草浆和低克重纸机上。天津所产聚酯网在南平纸厂，佳木斯纸厂，青州纸厂应用，在各种技术参数不变的情况下，达到了进口网的水平。迄今全国600多台长网纸机有近120台中小纸机应用聚酯网，覆盖面近20％。可以预见：我国造纸网逐步由铜网向聚酯网转变，造纸网面临重大的改革，不久绝大部分长网纸机将近入全面应用聚酯网的时代。

（张佩华）

【造纸毯】　建国后，随着造纸工业发展的需要，国家于50年代末扩建了上海、天津工业用毯厂，1966年又新建了青海工业用毯厂。在1966年以前，我国造纸毯一直沿用传统的机织毛毯，它是采用进口羊毛织造的。早在50年代，工业较发达的国家已经采用合成纤维用针刺方法生产针刺毛毯。从1970年开始，我国应用新技术生产羊毛与化纤混合针刺毛毯。它是由基布和纤维层组成，基布约占成品重量的20—50％，经线为羊毛、锦纶混纺纱与锦纶长丝合股，以增加强力和缩小纱支体积，有利于滤水。1976年开始研试生产全化纤维针刺毛毯，经过十多年的生产实践，针刺毛毯已被证明在高温定型后，规格稳定，伸长收缩很小，滤水性又有所提高。1981年全化纤、高化纤针刺毛毯已普遍适用于造纸工业。造纸机继续向日产100吨到200吨的速宽幅方向发展,我国由国外引进的7台宽3 940～5 500mm大型纸机正在利用国外先进技术,相继进行改造。23台3 150立方米的日产50吨纸机也在着手设计改造，以提高技术装备水平，促进技术进步，达到增加产量的目的。更新改造后的新型号纸机压榨线压将提高到100～150公斤/厘米,现时国产造纸毯的性能已不能适应高强压榨、高压喷洗和脱水更好的要求，因此需要高线压复合针刺造纸毛毯。

造纸毯的供需情况　工业用呢厂是纺织工业部隶属企业，造纸毯属于纺织产品列入我部产品分配目录，由我部下达分配计划实行通讯定货。3个厂机织及针刺造纸毯的年生产能力约4 000吨，其中：上海厂为2 100吨,天津厂为1 400吨，青海厂为500吨。

近年来造纸毯的供应除了尚需进口少量大型纸机的干网约15 000平方米，高线压毛毯20吨外，基本上立足国内。1984年造纸毯分配基数为3 200吨(不包括帆布),其中：湿部压榨用毯2 700吨，干毯500吨，针刺造纸毯约占7%，机织毯占30%。因进口原料羊毛减少,1985年造纸毯分配计划只能保持基数3 200吨水平不变，1986年因外汇紧张，进口羊毛原料不能满足生产需要。造纸毯分配计划仍然下达3 200吨。

近三年来全国机制纸与纸板的生产速度约以12%增加，但需要造纸毯的数量不能同步增长，供需矛盾日益突出，形成供不应求的局面。1984年造纸毯的缺口为400吨，1985年缺口为600吨，1986年缺口为800吨。为适应造纸工业生产的需要，3个工业用呢厂以市场调剂购入部分议价原料，维持生产。造纸毯实际供货量：1984年约为3 600吨，1985年约为3 800吨，1986年约为4 000吨(不含帆布),预计1987年全国纸和纸板产量达到1 000万吨。在部分干毯被干网代替的情况下，年仍需造纸毯5 000吨，现有能力不能满足需要，需要同步扩大生产能力。

造纸帆布不属于计划分配产品，上海、青海两厂现有年生产能力约1 000多吨,供需基本平衡。今后将大部分逐步被聚酯干网代替，造纸帆布的需要量将逐渐减少，现有生产能力将可能出现不能充分发挥的情况。当前聚干网已行销全国约7万平方米,有600余家纸厂采用，效果较好。

造纸毯供应上急待解决的问题　首先要调整造纸毯的产品结构，增加高线呢的针刺毛毯的生产，以适应抄纸技术水平提高的需要。提高造纸机湿部压榨线压是其中的主要措施之一。目前国内造纸毯最高线压只能承受60公斤/厘米的线压,与进行技术改造后的压榨线压提高到100～150公斤/厘米及现在的国产造纸毯的性能不适应，因而，全部依靠进口高线压造纸毯供应生产需要。其次是随着毛毯逐步化纤化，需进一步扩大应用范围。目前国际上造纸毛毯多采用全化纤造纸毛毯而不用羊毛，不仅节省了大量高级羊毛，减少外汇支出,而且使用寿命延长了,还提高了造纸产量。根据多年来的生产实践证明全化纤针刺毛毯，一般在中小纸机上以车速100米/分生产普通纸比机织毛毯寿命长1～3倍。进口的高线压造纸毯在大中型纸机上应用,以车速400～600米/分生产印刷工业用纸寿命比一般的针刺毛毯又高4～10倍甚至还要多。若在产品结构方面逐步从低化纤、高化纤到全化纤化,在部分中、小纸机上提高水洗技术装备水平，以化纤针刺毛毯取代机织毛毯，同时引进设备尽快生产高线压造纸毯，这样才能尽快立足国内，并可少量出口。

(张佩华)

【沙棘】　沙棘是胡颓子科，又叫酸柳、酸刺、黑刺，柳树状灌木。果近球形或卵圆形，黄色或橙黄色，主要分布于中国、苏联以及欧洲东部地区。

沙棘兼有生态、经济、社会三种效益的植物。它生长适应性强，具有耐旱、耐寒、耐瘠薄和抗盐碱等特性，它的根系发达，萌蘖性强，生长快，三、五年即可成林，对防风固沙，保护水土效益大，据调查：

一、沙棘林能保持水土。沙棘林冠能截留全年降雨量的49%，每公顷沙棘1厘米厚的枯枝落叶层，重量为7吨，可吸持约20吨地表迳流，大大超过其他树种。沙棘根系发达，三年生沙棘林，每公顷土壤中根系总重量约7吨多，能对土壤起着网络固结作用，起着把地表迳流转变为地下水的疏导作用。

二、防风固沙作用大，沙地上的沙棘丛能降低近地面层的风速，一般能消减风速的80%，由于风所播带的砂粒90%在接近地面流动，因此沙棘能稳定林内沙面，拦阻林外沙粒。

三、有改良土壤作用,它的根系与短杆状固氮细菌共生结瘤固氮，固氮能力超过豆科植物，每亩可固氮12公斤，相当于25公斤尿素。而且沙棘叶凋落量大，能较好地形成腐殖质层。现在华北、西北黄土丘陵和风沙地区，已广泛地用沙棘防风固沙，保持水土，改良土壤。

沙棘的果实含有可溶性总糖（果糖和葡萄糖),有机酸（主要是苹果酸),蛋白质、胡罗卜素以及维生素E、B_1、B_2等，尤以维生素C含量最高，远远超过其他水果、蔬菜。一般每百克鲜沙棘果汁含维生素C 850—1 500毫克，为弥猴桃的2至3倍、山楂的20倍、苹果的170—300倍。鲜沙棘果含油约5—8%，沙棘油可抗辐射，抗疲劳，全面增加肌体活力，也可用来制作高级保健食品。

沙棘一般3—4年开始结果，果熟期9—10月，采果期9月开始。

目前世界上有些国家如苏联、美国、意大利、罗马尼亚、波兰等都出现沙棘资源开发利用研究工作。我国对沙棘开发利用仅仅处于起步阶段。1985年建立了全国开发沙棘协调小组，1986年9月在山西太原召开了全国沙棘开发利用经验交流会，提出要在培育品种基地建设、采摘加工、包装储运和经营销售等方面加强科学研究。目前中国沙棘资源基本上是天然沙棘林，人工培育的沙棘林很少。现有沙棘资源广泛分布于华北、西北、东北和西南地区，主要有山西、陕西、河北、辽宁、内蒙古、宁夏、甘肃、新疆、青海以及四川、云南、西藏等省区。总面积约67万公顷(1 000多万亩)。

山西省沙棘资源丰富，约占全国一半，有沙棘约500万亩，目前全省有25个沙棘加工厂，年生产能力6 000多吨，主要产品有沙棘汁、沙棘酒、沙棘精、沙棘药品等40多个产品。为了解决掠夺式采集资源，山西省在采摘、收购、价格等方面作出规定，以有利于资源开发。

为了促进人工沙棘园发展，山西省沙棘基地建设协调组公布了沙棘园建设标准（草案)。对沙棘良种选择、整地规格、园地规划和造林的技术设计、结果前、结果期的园地管理都作了具体规定。

陕西省有沙棘400万亩。全省可开发利用的沙棘有200万亩，年产鲜果8 000万公斤以上，陕西省把沙棘资源划分为3个基地：陕北长城沿线风沙区基地，渭北乔山、黄龙山基地，渭北关山基地。陕西省还将以陕北、渭北为主，利用几千万亩的荒山荒坡建立人工沙棘基地。1986年陕西省已在靖边、永寿两县投资各建一个人工沙棘园。靖边县位于陕西北部，原有沙棘13.6万亩，果实粒大饱满，无污染，北京丰台区沙棘饮料厂与靖边县联名，用靖边沙棘果原汁为原料，年产沙棘汽水和沙棘露2 500吨。现在又扩大了人工种植面积30万亩。

陕西在沙棘选育、栽培、管理、加工等方面的研究工作，取得初步成效。1975年到1979年，西北水土保持研究所等单位，在陕北吴旗县进行了1.86万亩沙棘飞播试验，有效面积占36.6%，在吴旗县试验将沙棘和沙打旺一起进行条带状飞播造林，也获得成功。西北农业大学食品科学系还研制出沙棘原汁饮料加工工艺和4种沙棘果汁饮料配方。1986年陕西成立了陕西省沙棘开发利用科研协调中心。陕西攻关的主要项目：现有沙棘资源更新、改造、利用、沙棘良种选育（包括引进)，人工造林技术，沙棘加工研究。现在陕西共有20个沙棘加工厂（点)，生产40多种产品，年产量1万吨。

辽宁省在1959年就开始引种，主要是为保持水土，防风固沙。该省建平县从1984年起，把种植沙棘生态效益与经济效益结合起来，沙棘种植速度加快，由过去每年一万亩，发展到每年10万亩，目前全县已种植450万亩，其中16万亩已进入结果期，1985年采收沙棘果60万公斤，全县共收入150多万元。这个县沙棘发展快是采取了把沙棘林同荒山荒坡一起承包到户，并允许继承。

沙棘是一种宝贵的经济植物资源，当前我国在开发和利用现有天然沙棘林生产的同时，正注意逐步采用产量高、含油多的优良品种培育人工沙棘园。

（孙　立）

【啤酒大麦】 大麦属禾本科，学名Hordeum Satium jessen。大麦可供食用、饲料用和酿制啤酒用。食用大麦以多棱裸大麦为主，饲料大麦则以高产、高蛋白含量为主，啤酒大麦基本限于皮大麦类。大麦按籽粒生长形态可分为三种：一、六棱大麦，是大麦的原始结穗形态，其麦穗断面呈六角形，其粒度较小，一般蛋白质含量较高，大多数六棱大麦品种以做饲料用为宜。二、四棱大麦，此类大麦品种较广，实际上也是六棱大麦，在麦穗断面中，有两对籽粒相互错位很小，故看起来像是在穗轴上形成了四行籽粒。三、二棱大麦，由六棱大麦变异而来，麦穗呈扁平状，沿穗轴只有对称的两行籽粒。二棱大麦籽粒大而均匀，蛋白质含量相对较低，宜于酿造啤酒的品种较多。大麦根据播种期可分为春大麦和冬大麦两种：在我国春大麦播种期自三月上旬到六月上旬，由南向北逐渐延迟。冬大麦播种期最早在九月初，最迟在十二月底。

啤酒用大麦和食用、饲料用大麦在成份和质量要求上差别较大。啤酒用大麦要求的品质特点是：粒大饱满，均匀、皮薄、色浅、体形短；休眠期短、浸出率高；千粒重量高，二棱大麦不低于42克，六棱大麦不低于34克；粉状粒应在80%以上；吸水能力强；蛋白质含量适中，二棱大麦为9—11%，六棱大麦为10—12%；经发芽后，制得的麦芽胚乳溶解好，酶活性高；要求发芽力应达到90%以上，发芽率应在95%以上。

我国大麦栽培历史悠久，始于公元前2 000多年，是世界上大麦品种起源中心之一。大麦种植适应性强，在我国种植分布很广，基本各省、区均有栽培种植。西起西藏高原，东至沿海平地，北起黑龙江，达北纬52°，南到广东，可至北纬21°，全国各地都有栽培。其中春大麦分布于北纬27°至52°之间，冬大麦分布于北纬21°至29°之间。根据我国大麦地理分布的情形和特点，我国大麦可划分为四大区域：即裸麦春播区，皮麦裸麦春播区，冬春大麦混合区和皮麦裸麦秋播区。一、裸麦春播区。包括西藏、青海及甘肃和四川的部分地区。这一区域以栽培裸大麦类青稞为主，基本没有酿造啤酒的品种。二、大麦裸麦春播区。包括黑龙江，吉林、辽宁、内蒙古、新疆、冀北、晋北、陕北及陇西地区、此区均有酿造大麦种植，但数量有限，现在啤酒大麦原料尚不能自给自足。三、春冬大麦混合区。包括山东、冀中、陕中及甘肃和四川的部分地区。其中山东省啤酒大麦种植较多。四、皮麦裸麦秋播区。包括江苏、安徽、河南、四川、云南、贵州、湖南、湖北、浙江、广东、广西、福建等省区及陕西和甘肃南部地区。这一区域是我国啤酒大麦的主产区。江苏、浙江、湖南、湖北、安徽、河南、四川等省均有较为集中的啤酒大麦产地，也是我国啤酒大麦的主要供应地区，尤以江浙一带产量最多。近些年来，我国各地，包括华北、东北区的啤酒大麦原料基本由此调出。

我国的大麦栽培面积从历史上看变化较大，从最高年份的三十年代中期至今基本处于下降趋势。在三十年代曾发展到9 570万亩，总产85亿公斤，当时居世界之首；四十年代中期为9 105万亩，总产62.5亿公斤；五十年代初降为5 809万亩，总产34.5亿公斤；1957年曾回升到8 100万亩，后又下降；八十年代初约为5 000万亩，总产约70亿公斤。其后仍呈下降趋势。近两年来，由于我国啤酒产量猛增，对大麦原料的需求大大增加，使大类价格由每公斤0.23元上涨到0.60元多，大麦的种植面积虽开始回升。但1986年全国大麦种植面积尚不足5 000万亩，总产维持在70亿公斤左右。

在我国大麦产区分布中，江苏、浙江两省占有重要位置；这两省的大麦收购量约占全国大麦总收购量的78%，调出量约占全国调出量的90%以上。江苏省1985年种大麦 660 万亩，1986年种大麦670万亩，浙江省1986年种大麦 325 万亩。由于啤酒产量增加，大麦需求量上升，价格上涨，这一地区已形成了“种大麦热”，两省的种植面积都在继续增加，1987年将分别扩大200万亩和106万亩。黄河中下游平原的河南、河北、山东等省是棉花主产区，发展与大麦间作、轮作效益最好，现大麦种植面积均维持在 200 万亩左右，由于有利的气候条件，是发展我国啤酒大麦最有前途的地区之一。随着我国啤酒生产量的增加和产品质量的提高，我国啤酒大麦的主产地将在湖北、四川、山东、河南、河北、宁夏、内蒙古等省区形成新的啤酒大麦主产区。

当前我国大麦总产量约70亿公斤左右(即700万吨左右)，啤酒按1986年总产量 413 万吨折算，需大麦约为82万吨，仅占总产量的11.7%，即使到1990年，啤酒用大麦130万吨，也只占总资源的20%左右。啤酒大麦原料供应紧张的原因，就在于可用于酿造的品种太少。江浙地区的“早熟三号”大麦和河北邯郸地区的塔大麦品种等色淡，皮薄、蛋白质含量适中，发芽率较高，是优良的酿造啤酒大麦。但这类优良品种在大麦生产中所占比例很少。我国啤酒用大麦，从60年代开始引种和选育品种试验，我国当前种植的啤酒大麦主要品种“早熟三号”就是 60 年代从国外引种的，在江浙一带种植，一直没有更新，现已经退化，抗病力减弱，出现大面积黄花叶病。但是，目前我国尚没有适合的可以取代“早熟三号”的优良啤酒大麦品种进行大面积推广。长期以来啤酒大麦研究工作几乎空白，使我国啤酒大麦品种研究、品种更新处于停滞状态。1978年轻工业部同农业部组织了啤酒大麦优良品种选育试验协作组，经几年努力，初步定出了14个有希望推广的优良品种。各地农业科研单位也分别选育出较好的品种，预计在几年后可以推出既具备良好的农业性状，又可满足啤酒酿造工艺要求的好品种。

目前国内啤酒大麦在数量和质量上不能满足需要，特别是不能满足出口啤酒的质量要求。我国从1981年到1985年，年进口量维持在 8 ～10万吨。1986年进口量又超过10万吨。现进口量仍有增加的趋势。

（王延才　孙　立）

【猪皮】 我国利用猪皮有着悠久的历史，据有关史书记载，距今1 300多年前的隋唐时代，居住在黑龙江、松花江一带的靺鞨人“善养猪，食猪肉，以猪皮为衣”，山东胶东地区在清朝已经用烟熏法制造猪皮革。但是把猪皮做为一种工业原料，大规模开发利用，却是在新中国成立后才逐步得以实现。

解放后，皮革工业主管部门——轻工业部鉴于制革工业原料过去主要是依靠黄牛皮，经过八年抗战及三年解放战争以后，国内耕牛损失甚巨，牛皮供应数量有限，为了保护耕牛以恢复和发展农业生产，同时又必须照顾和维持制革工业生产，因而在1950年12月召开的全国第一届制革工业会议上提出了利用猪皮制革的方针。1951年 8 月起在北京市试剥猪皮、试制猪皮革的工作中，在组织训练屠宰工人的剥皮技术、去皮猪肉的销售、猪皮革制造技术等方面均取得了经验，并且就解决屠宰场剥皮设备、训练剥皮工人及其工资待遇、猪毛及余油的处理、加强宣传工作等问题提出了建议。中央财政经济委员会根据北京市试行利用猪皮制革的成功经验，于1951年11月26日决定在北京市全面推行猪皮制革，同时决定在天津市推广北京市猪皮制革的经验。此后，在全国逐步推广了利用猪皮制革，至1957年已有20个省、自治区、市开剥了263.3万张猪皮，四川、山东两省成为当时最大的猪皮原料基地。1958年12月 7 日中共中央批转了轻工业部党组“关于大力发展猪皮制革的报告”，肯定了利用猪皮是皮革工业原料发展方向，指出各地要重视开剥猪皮和大力发展猪皮制革。至1960年全国有22个省、自治区、市共开剥了599万张猪皮，相当于300万张牛皮，为同年牛皮收购量的50%，利用猪皮制革有了初步基础。

我国历史上只有山东省胶东地区习惯猪肉去皮销售，其它省市的广大地区猪肉都是带皮出售，因此当市场上出现去皮猪肉，人们误认为它是死猪肉、病猪肉，对于猪皮革制品人们也缺乏使用经验，总认为猪皮革见水变软不耐用。工业和商业食品部门为解决上述认识问题，进行了大量的宣传和科学解释，特别是用事实和实物产品，消除了人们的种种误解，改变了猪肉消费习惯，从而使开发猪皮资源、利用猪皮制革工作有了广泛的群众基础。

猪皮与猪肉之间由肥膘紧密连成一体，不像牛皮、羊皮那样容易从胴体上将皮剥下来，手工剥皮需要有熟练的操作技巧，才能避免剥皮刀伤，为此首先培养了一支剥猪皮技术队伍，以后屠宰场在制革企业的支援下研制了剥猪皮机，采用机器剥皮较手工工效提高一倍，而且大大减轻了工人劳动强度。为了适应大量开剥猪皮的需要，许多屠宰厂、肉联厂进行了技术改造，有的将原来的烫退屠宰线改造成剥皮流水线，有的新安装了剥皮机，目前大部分采用机械剥皮。猪皮的保藏一律采用盐腌法加工成盐湿皮，较之我国的干板牛皮是一大进步。1980年 9 月商业部与轻工业部颁发了猪皮等级试行标准，从而提高了猪皮质量，使猪皮成为一种正常的工业原料。

国家在经济政策上对开发猪皮资源利用、猪皮制革给予了有力支持，1954年规定开剥猪皮实行免税，1955年猪皮开剥数量就比1954年增长了167%，1956年实行免征猪皮革商品流通税，同时提高牛皮的税率，鼓励制革企业利用猪皮制革。1965年底国家计委、国家经委、国务院财贸办公室(简称二委一办)批转财政部、商业部、第二轻工业部、对外贸易部（简称四部)“关于大力开剥猪皮，利用猪皮制革问题的报告”，二委一办批转四部的报告中规定：全国开剥猪皮，利用猪皮制革的工作，应当按照统一领导，省、市经营的原则，实行计划开剥、计划收购、就地加工制造，工业部门进行地区之间的调剂，猪皮供应由各地工商直接挂钩，以减少中间环节，降低费用，对于鲜猪皮的价格应当贯彻执行优质优价、分等论价的原则，每市斤鲜猪皮的加权平均价格为0.45元，对商业部门因剥猪皮所产生的亏损，由国家财政进行补贴，从1966年起，每剥一张猪皮，国家财政给商业补贴 3 元（注：后改为按鲜猪皮重量补贴，每斤鲜猪皮补贴0.3元，补贴金额拨交工业掌握)，外贸部门应当积极扩大猪和猪品革制品的出口，少出口鲜猪皮。要求皮革工业要好字当头，为城乡人民更多地生产一些经济适用，物美价廉的猪革制品。此外还规定了若干具体办法和措施。二委一办批转的四部报告是总结了我国十多年来利用猪皮制革的经验和存在的问题，采取的政策对头，措施有力，解决了长期存在的猪皮价格问题，调动了各方面开发猪皮资源利用猪皮制革的积极性，贯彻执行以后立即收到良好效果。1966年和1967年开剥猪皮分别达到2 020万张和2 100万张，较1965年的525万张增长2.8倍和 3 倍，利用猪皮制革再次出现了高潮，进入了新的历史阶段。此后在10年内乱中虽遭遇不少挫折，由于开剥猪皮已有一定的基础，广大人民喜欢购买去皮猪肉，愿意使用猪革制品，因而剥猪皮数量还是有了增长。

粉碎“四人帮”以后，利用猪皮制革进入新的历史时期。1979年随着部分农副产品提高收购价格政策的实施，猪皮价格也做了相应调整。1979年 7 月财政部、商业部、轻工业部发出联合通知规定：坚持“皮肉并重”的方针，做好开剥猪皮的工作，鲜猪皮收购价格继续执行“斤皮斤肉”的原则，随着肉价的调高，相应增加国家补贴金额，工业负担的份额基本不变。由于新的猪皮价格对工商均有利，猪的饲养量也有较大的发展，猪皮开剥数量从1978年的3 618万张，增加到1979年的4 986万张，1980年又猛增到7 985万张，二年期间净增4 400万张猪皮，增长了1.2倍，我国利用猪皮制革出现第三次高潮。

1981年以来猪皮的开剥数量经历了较大的起伏变化。1981年剥猪皮7 355万张，1982年下降到5 463万张，1983年又下降到4 317万张，仅为历史最好水平1981年的58.7%，从1984年开始回升，当年剥猪皮5 085万张，1985年增加到5 884万张，1986年达到7 522万张，基本恢复到历史最好水平。

我国在开发猪皮资源利用猪皮制革的历史中，有过大发展，也出现过停滞倒退，但是由于它符合我国国情，加上在经济政策上予以扶持和猪皮革产品质量的不断的改进提高，终究还是有了很大发展，猪皮成为我国制革工业的一项重要原料，在国际上我国猪皮产量居于首位。1986年在制革原料皮构成中猪皮占75%，而开剥猪皮只占生猪屠宰量的29%，可见猪皮资源潜力还很大。从1952年至1986年的35年，共开剥猪皮8.67亿张，相当于4.34亿张牛皮，为同期牛皮收购量的 1.7 倍，由于开发利用了丰富的猪皮资源，同期皮革产量平均增长速度达8.2%，显然单纯依靠牛、羊皮或进口牛皮，皮革工业是不会有这样的发展的。

（许龙江）

经济技术交流

【引进技术和进口设备】 据统计，1986年全国轻工系统引进技术、进口设备770多项，成交合同金额约4.3亿美元，比1985年的12.4亿美元（增加漏报项目后的调整数）下降65%左右。

按地区划分，广东省引进项目的成交额为6 000多万美元，山东省为5 148万美元，吉林省约3 840万美元，上海市3 590多万美元，河北省约3 480万美元，辽宁省约3 338万美元，江苏省约3 140万美元，以上七省市的成交额为2.8亿多美元，占成交合同总额的64.5%。

按行业划分，1986年引进项目按成交合同金额的大小排列：食品饮料行业约8 600万美元，造纸行业为5 230万美元，日用电器为5 303万美元，金属制品为3 938万美元，塑料制品为3 200万美元，日用制品为2 532万美元，以上六个行业的成交合同总金额为2.9亿多美元，占1986年成交总金额的65.9%。

食品饮料行业的引进项目，以引进啤酒生产设备和灌装线居多，占成交金额的48%左右。绝大部分省、市都引进了啤酒设备，仅引进啤酒灌装线就达29条，最大的生产能力为每小时2.5万瓶。食品饮料行业中500—1 000万美元的引进项目有：长沙高果糖厂从比利时引进的高果糖生产技术和设备，年产14万吨，计划于1989年投产；佛山市三水县啤酒厂从联邦德国引进啤酒生产关键设备26台(套)。造纸行业的引进项目，成交金额在限额以上的有山东造纸总厂东厂从法国引进的薄页纸生产技术和设备等。其它如芜湖东方纸板厂引进的日产150吨牛皮箱板纸的长网纸机等、牡丹江钢纸总厂引进特种工业纸板生产技术和设备及废纸处理设备、吉林造纸厂引进的CTMP车间、石灰窑装置等生产设备的项目，成交额均在400万美元以上。以上四个项目的成交额约占造纸引进项目成交总金额的36%。日用电器行业53个引进项目中，洗衣机引进项目23个，成交金额占37.8%。该行业的进口设备中的注塑机、发泡机和模具居多数。金属制品行业中，限额以上的引进项目有佛山市五金电器工业公司从美国、澳大利亚引进的二片罐身、盖生产工艺和生产线；广州铝轧延厂从法国引进的铝板式蒸发器工艺技术和生产线。此行业的引进项目以广东省居多，占成交金额的一半以上。塑料行业引进项目比1985年大幅度下降，其中，江苏省的引进项目较多，占总成交额的五分之一，其次是广东、吉林、黑龙江和山东。

从引进技术、设备的来源看，1986年轻工系统从29个国家和地区引进技术和设备，其中与日本的成交金额仍居首位，其次是意大利、联邦德国、香港和美国。上述国家和地区的成交额占总成交额的66.7%。其中，啤酒生产设备和灌装线有一半以上是从联邦德国引进的；电阻焊、制罐设备大部分是从意大利引进的；造纸关键设备有68%是从法国、联邦德国、瑞士、瑞典、奥地利引进的；日用电器生产设备一半是从日本，20%是从意大利引进的；塑料制品生产设备有三分之一是从日本引进的。

1986年轻工系统重复引进的情况有所减少，但仍然存在着引进技术特别是制造技术少，进口设备多的情况。

【利用外资】 据统计，1986年全国轻工系统经经贸部批准的中外合资、合作经营项目共111项，总投资2.4亿多美元，其中直接吸收外资约1亿多美元，占总投资的42%左右，合作生产7项。合资、合作经营范围包括：造纸、电子琴、玩具、游戏机、计算器、石英钟、电子表、计时电子产品、金属制品、搪瓷制品、卫生陶瓷洁具、玻璃制品、香皂、香水、乳化香精、美发用品、牙膏、和筷、对虾、食品、饮料、包装、服装、鞋类、箱包、皮革制品、家具、铅笔、工艺美术品、玩具、塑料制品、日用电器、照明器具、日用杂品、印刷等。外方有来自香港、美国、日本、新加坡、法国、英国、澳大利亚、意大利、联邦德国、菲律宾、澳门等国家和地区的客商。其中，与香港客商合资的项目最多，共70项，吸收直接投资约5 590万美元，占吸收直接投资总额的55%左右。

从地区看，广东、福建二省的合作、合资项目较多；从行业看，以塑料、食品、皮革、服装的项目为多数，较大的合资、合作项目有：

1. 青岛饮料工业公司与香港、澳门合资经营的青岛啤酒第二有限公司，年产啤酒10万吨，外销60%。

2. 华东陶瓷厂、上海投资信托公司、开隆投资开发公司与美国、香港合资的上海太平洋陶瓷有限公司，年产卫生陶瓷洁具50万件，外销60%。

3. 江西南昌罐头啤酒厂与香港合作的南玮综合制罐合作公司，年产两片易拉罐2.1亿套，外销70%。

4. 上海食品工业开发中心、上海投资信托公司和美国可口可乐公司合作经营的上海申美饮料食品有限公司，年灌装饮料2.45万吨，年产PET塑料瓶430万只，年产饮料基料9.5万单位。

5. 河南镇平皮件一厂与香港中义发展有限公司合作生产牛皮革，年产30万张，100%返销。

1986年成交的补偿贸易项目54项，引进技术进口设备价值2 525.7万美元。比较集中于服装、食品、皮革三个行业。补偿产品有铜板纸、镀锌六角铁丝网、自行车零件、电子表、玻片、墙地砖、和筷、对虾、啤酒、甜菜颗粒粕、芦笋罐头、童装、牛仔裤、风雨衣、西服、连衣裙、劳工鞋、刺绣针织衫、劳保皮手套、皮鞋、皮革箱包、竹卫生筷子、塑软吸管、金属眼镜架等。

1986年来料加工、来件装配等收入工缴费4 815万美元。其中广东一个省就收入工缴费4 000多万美元。从行业看，主要是服装的来料、来样加工，收入工缴费近50%。其它产品有：纸箱、纸盒、钟表、皂类、罐头、旅行袋、制革、箱包、手袋、劳保运动手套、皮鞋、钱包、圆珠笔、红木家具、球类、乐器、藤草制品、珠制品、牙雕、玉雕工艺品、钻石加工、金首饰、珠片绣衣、圣诞饰图、圣诞花草、节日礼品、金属眼镜架、餐具、五金制品、雨伞、日用电器等。

【生产技术合作，承包劳务和国外合资】 1986年，中国轻工业对外经济技术合作公司继续执行合同的南斯拉夫、罗马尼亚生产技术合作项目共36项，其中进口项目32个，出口项目4个，合同总金额1 269.5万美元，当年新签合同27个，其中进口项目25个，出口项目2个，合同总金额2 110万美元，已完成14项，总金额约1 747万美元。

1986年，完成承包工程，劳务合作项目10项，合同总金额246.4万美元。新签和续签合同9项，合同总金额334万美元，共派出考察组、劳务人员12批，共250人。

1986年，中国轻工业对外经济技术合作公司在国外组建了二个中外合资公司。一个是该公司和中国盐业公司、中国轻工业北京工程咨询公司与泰国曼谷房产有限公司、海同建筑有限公司合资的“泰中合营盐业有限公司”，经营范围是：加工生产和销售盐及其系列产品、研究开发新产品，合资公司将在曼谷以东的北柳省建设一个年产3万吨的真空制盐厂。另一个是该公司和中国轻工业北京工程咨询公司、中国建筑设计咨询公司、金陵石油化工总公司、南京信托投资公司、城乡建设环境保护部工程勘察技术发展中心与阿拉伯也门共和国有关公司组建的“也中工业开发有限公司”，经营范围是：在阿拉伯也门共和国以及周围地区的国家开展工业咨询及从事一般贸易，进行工厂的规划、设计，提供设备和管理人员、工程技术人员、劳务人员、承包工程，承包室内装潢设计、装配施工并提供装修工程和室内装潢的用品和材料（地毯、工艺美术品、配套家具等）。

【援外工作】 随着外贸经济体制改革，援外体制由承建部负责制逐步改变为承包责任制。1986年轻工业部援外任务有所减少，共承担24个项目（24个专家组），涉及18个国家，完成项目12个。派出出国人员34批，158人次，年底尚在国外人员250人，16个专家组。

合作管理是巩固经援成果的一种新的合作方式，经过二年多的探索，中国轻工业对外经济技术合作公司与马里合作管理的马里制糖联合企业和皮革厂至1986年生产面貌焕然一新，而且扭亏为盈，糖联二年企业获利3亿非洲法郎，马里皮革厂盈利1亿多非洲法郎。

（陆启英）

调查研究

【轻工业调查研究工作】 1986年，轻工业的调查研究工作有了明显的加强。随着我国经济体制改革全面、深入的发展，轻工业发展出现了新的形势，面临着许多新情况、新问题，这要求轻工业各级管理部门转变机关职能，在管理的内容、方法和观念上都有所转变，逐渐从日常事务工作中摆脱出来，集中力量调查研究，解决好方针、政策和带有方向性、战略性的问题，搞好统筹、规划、协调、服务。因此，各级轻工业管理部门都普遍重视并加强了调查研究工作。1986年轻工业调查研究工作有如下几个主要特点：

领导重视，亲自组织。许多省市厅局领导同志，亲自抓调研工作，为进一步正确的决策提供了科学的依据。如吉林省二轻厅，几位现职厅长和原厅长分别带队下基层，做了大量调查研究，原厅长李国安同志带队深入到三个县市、八个部门，对“六五”期间115个地方工业投资项目进行调研，写出关于吉林省轻工业固定资产投资效益的调查报告，为省厅、省政府决策提供了很好的依据。

充实了机构，建设了队伍。据初步统计，1986年各省、自治区、直辖市以及计划单列城市轻工业厅局，有47个设立了专门的调查研究机构，有专职调研人员177人，比1985年增加了12个厅局、35名专职人员。没有设立专门机构的厅局，也大都有一个小班子，负责组织开展调查研究工作。武汉市轻工业局设立了调研处，几年来，配备了经济、管理等方面的人才，局领导把日常秘书文字工作都交给办公室，让调研处专心从事调研工作。1985年和1986年，调研处都拿出了一些很有份量的调研成果，关于二级公司改革的调研报告，对武汉市委批准的公司改革方案起了重要参考作用，关于机关转变职能的调研成果，受到市委重视并转发。

调研课题重要，成果影响深远。各地轻工业主管部门在选定调研课题时，一般都十分重视与当前轻工业的生产建设、改革密切相关的重要问题，因而不少调研成果对轻工业的发展影响很大。如天津市一轻局通过调查研究，提出天津地处沿海，要转变眼睛向内的传统观念，树立开放型、外向型的新观点，舍此别无出路，并在投资结构、产品结构、技术结构等方面提出了一系列措施。他们的新观念，完全符合赵紫阳总理视察天津时指出的“沿海工业要向开放型、外向型、轻加工型发展”的重要思想。上海市二轻局也通过调查研究提出了同样的新观念，把发展外向型经济作为全部经济工作的着眼点和立足点，作为研究和制定上海二轻发展战略的中心和依托。天津和上海的新观念必将对我国沿海城市轻工业产生广泛的影响。又如黑龙江省二轻厅，为了解决头四个月生产逐月下降的问题，深入五个城市、两个地区和五个县调查研究，提出必须坚持放开搞活，“在政策上抓兑现，在资金上搞挖潜，在产品上搞创新，在生产上搞联合，在完成任务上搞责任制”，抓住这五个关键环节，立即贯彻到实际中去，五月份生产回升，六月份大幅度增长。

调研内容广泛。1986年轻工业调研的内容很多，主要有：一，改革。轻工业改革中遇到很多新问题，各地都积极开展了调研。如西安一轻局调研处深入调查了西安味精厂，搞清了八年来生产三起两落的原因，写出了敢于暴露问题的报告，提出了坚持改革的意见。二，联合。如天津二轻局着重调查了在联合中出现的产品质量下降的问题，认真分析了原因，提出了解决联营产品质量的对策。三，提高轻工企业消化能力。由于原材料、能源等涨价幅度大，轻工业如何提高消化能力问题十分突出。广西轻工业厅分析了企业承受过重　消化力差的原因，并提出了增强消化能力的若干对策。四，集体经济政策。西安二轻厅深入调查研究，提出了发展集体经济的七项对策。陕西二轻厅会同四个单位联合调查了西安市集体经济的问题，提出了改革的意见，在省委常委会上得到了肯定。五，轻工业地区发展战略。江苏、云南、河北等省轻工业厅都就本省轻工业发展战略进行了广泛的调查研究，拿出了比较全面、合乎实际的意见，受到了省领导的支持。六，轻工业行业发展战略。如广东、广西、福建、黑龙江等省区，对制糖工业进行了调查，提出了很有说服力的意见。七，轻工业行业管理。黑龙江、陕西、江苏、河北、重庆等省市轻工业厅局，不仅对系统内轻工企业，而且对系统外轻工企业也进行了调查研究，提出了行业管理的许多好的措施。八，轻工业企业管理。九，思想政治工作。十，技术改造、引进技术及消化吸收。除了这十个方面以外，轻工业调查研究还有许多内容，如价格、税收、贷款、利润分配等各方面的经济政策，及搞活企业、厂长负责制、质量管理、工业扶贫，等等。

评选并表彰了一批调研成果。1986年11月召开了全国轻工业第二次调研成果交流会，评选并表彰了33篇优秀调研成果。

（胡东光）

集体经济

【概况】 1986年，轻工业部系统共有集体所有制单位60 572个，职工776.1万人，比1985年747.4万人增加28.66万人，增长3.83%，占轻工业系统职工总数的59.28%。其中：集体工业企业总数59 025个，职工人数740.56万人。包括县以上合作组织38 783个，740.56万人；街道工业20 242个，136.68万人。在职工总数中，工程技术人员7.3万人，占0.94%。1986年，共完成工业总产值761.68亿元，比1985年增长10.64%。其中县以上合作企业648.62亿元，比1985年增长9.1%；街道工业104.46亿元，比1985年增长11.5%。另有全民与集体合营企业185个，产值19.88亿元，比1985年增长27.4%；集体与私人合营企业17个，产值0.81亿元，比1985年增长52.8%。

1986年度轻工业集体企业利润汇总表统计42 860个（包括3 341个供销企业)，职工人数为621万人，完成产值675.88亿元，比1985年增长14.29%，销售收入743.76亿元，实现利润44.1亿元，比1985年减少3%，实现两税 52.29亿元，比1985年增长4.63%，税后利润总额 16.39亿元，扣除提交能源交通建设基金2.25亿元，弥补上年亏损0.16亿元，盈余分配总额为13.44亿元，其中提交合作事业基金2.74亿元，占20.38%，企业利润留成基金10.7亿元，占79.62%。在留成基金中，生产发展基金6.03亿元，占56.36%；公益金2.5亿元，占23.36%；分红基金1.33亿元，占12.43%；奖励基金0.84亿元，占7.85%。1986年，领取股金分红的78.22万人，占职工人数的12.6%，本年应发股金分红2 146万元；领取劳动分红的235.94万人，占40%，本年应发劳动分红1.13亿元；年末退职退休离休的118万人，占19%，退职退休离休金8.72亿元，占劳动保险总额的82.3%；1986年全年职工工资总额63.09亿元，平均工资为1 042元。

1986年，轻工集体企业会计决算年报汇总38 232个工业企业，比上年汇总企业数38 268个，减少0.09%；年末有亏损企业4 791个，比上年的3 161个增加51.57%；亏损面为12.53%，比上年的8.26%增加4.27%；全年完成工业总产值658.82亿元，实现销售收入600.93亿元，分别比1985年增长9.81%和12.25%；利税两项合计完成75.73亿元，比1985年减少0.93%，其中利润总额为40.76亿元，比1985年减少4.79%；销售利润率和销售利税率分别为6.78%和2.6%，比1985年分别降低1.22%和1.68%；亏损额达2.23亿元，比1985年增加105%；可比产品成本上升5.47%；定额流动资金年末占用230亿元，比1985年的188.73亿元增加21.87%。其中产成品资金占用82.26亿元，比1985年增加22.27%，定额流动资金平均周转天数为127天，比1985年减慢11天。

1986年影响轻工集体企业经济效益下降的减利因素，除能源供应紧张使生产受到一定影响外，主要有以下几方面：一是料工费用成本普遍上升。1986年，由于主要原材料、燃料价格上调（包括议价)，减少利润12.06亿元。二是由于职工调整工资，企业的加班费、夜餐费等工资性开支标准提高，约计增加支出3.68亿元。三是由于银行贷款利率提高，水电、运输、办公用品等价格上涨，差旅费开支标准增大等因素，产品成本中的费用开支越来越大。其中由于银行借款利率调整，增加利息支出7 935万元。四是由于开征城建税、教育费附加、房产税、车船使用税，相应减少利润23 395万元。五是部分轻工集体企业产品滞销积压，资金周转失灵，积压产品被迫贬价推销。六是由于国际市场和汇率变化，使部分盈利大户利润锐减，甚至发生亏损。由于各种减利因素的影响大于增利因素的影响，超过了企业的承受能力和消化能力，致使轻工集体企业经济效益明显下降。

（吴东彦）

【搞好城镇集体工业的特殊措施】 1986年，为了解决集体经济出现的新问题，进一步放开搞活集体工业企业，河北、广西、江西、四川、黑龙江、河南、江苏、辽宁、贵州、北京等省自治区、直辖市以及一些城市的党政领导，根据党中央、国务院有关指示精神，结合本地区实际情况，先后颁发了关于进一步搞活集体工业企业，扶持集体工业发展的文件。这些文件的主要内容概括起来有以下几个方面：

一、进一步简政放权、深化企业改革。经过几年来的改革，集体企业在一定程度上增强了活力，但是还没有真正搞活，企业应有的自主权还没有完全落实。为了深化企业改革，进一步把企业搞活，有些省市在文件中规定，各级主管部门要进一步对企业简政放权，使企业真正成为自主经营、自负盈亏的商品生产者和经营者，拥有属于自己的资产所有权和支配权，经营自主权，干部管理权，职工录用、奖惩、辞退权，工资奖金分配权，联营、转产权，机构设置权等，任何单位和个人不得截留或侵犯。同时规定，企业内部要推进和完善各种形式的经济责任制；推进厂长（经理）任期目标责任制；积极推行股份制试点；开展集体或个人承包、租赁，实行所有权和经营权分离；保证经营者的应有权利和合理收入；亏损严重、资不抵债企业，可以按破产法处理。

二、在财政税收、资金上给予优惠，扶持集体工业发展。为了减轻集体企业的负担，增强企业活力，扶持集体工业发展，一些省市重申了前两年行之有效的一些税收政策。如新办的集体企业，自投产之日起定期内免征所得税；对集体企业超过上年基数的新增利润部分，实行定期内减半征收所得税；亏损的集体企业扭亏为盈后，可将盈利先抵补上年亏损，后征所得税，或免征所得税；减免征收建筑税等。

三、鼓励集体企业开发新产品，加速技术改造，增强后劲。有些省市规定企业用银行贷款进行技术改造项目投产后，可先用新增利润税前还贷；企业全部用自有资金进行的技术改造项目，投产后新增利润部分定期内免征所得税，减免税金用于发展生产；适当提高企业固定资产折旧率；集体企业开发研制新产品、新技术所购置的单位价值在五万元以下的测试仪器、试验装置，试制用关键设备和样品、样机等购置费，允许摊入成本，当年摊销不了的，可在下年摊销；企业可以按销售收入的1％提取新产品开发基金，计入成本；对名，优、新小商品，经济效益好的企业技术改造项目，由银行优先安排贷款。

四、改进集体企业工资奖金分配办法，实行工资总额与企业经济效益挂钩。有的以主管局为单位计算奖金总额，然后根据不同企业的经济效益确定企业奖金额。有的拿出一定比例的奖金由主管部门调剂使用，鼓励效益好的企业。

五、进一步放开企业产品价格。有的省规定除国家管理的产品以外，对集体企业生产的小商品和计划外组织原材料生产的产品价格要完全放开。可以根据成本和市场需求变化随行就市，生产和经营单位双方也可以直接议价；对按政策规定已放开的小商品做到谁生产、谁定出厂价，谁经营、谁定销售价。

六、鼓励集体企业增加出口创汇，发展对外贸易。有的省规定对生产出口产品的盈利企业优先放贷款；有出口产品的企业按创汇比例给予奖励；外贸给的奖金用于增发职工奖金，在标准工资一个月内的部分免征奖金税。有的规定集体企业按国家有关规定，经过批准，可以进行对外贸易。如补偿贸易、来料加工、来件装配，与外商、侨商、港商洽谈合作生产和合资经营项目。

七、鼓励集体企业多渠道、多形式组织人才发展。有的省规定企业内部可以实行经济、技术职称的评定和聘用，发“地方粮票”，享受国家评定的经济、技术职称的同等待遇；经过培训或自学成才并取得国家承认学历的大专毕业生与国家分配到国营企业的大专毕业生在政治、经济待遇上一视同仁；调入集体企业的全民所有制技术人员工资待遇可以从优。

八、保护集体经济的合法权益。有的省规定凡是平调集体企事业财产的要坚决退赔；严禁对集体企事搞所有制“升级”、“过渡”。企业有权拒付国家和省政府明文规定以外的各种摊派。

（冯丽溁）

【轻工业集体经济的理论研究】 1986年轻工业集体经济理论研究，在前几年取得丰硕成果的基础上，继续蓬勃开展。

1986年10月20日至24日，华北地区轻工集体经济研讨会首次会议在北京召开。中央有关部门和北京市的领导，华北地区五省市区轻工业厅（局）、手工业联社、北京市城市生产服务联社的代表，经济理论界的专家学者，新闻界的同志等120余人出席了会议。研讨会共发表论文48篇。著名经济学家薛暮桥同志、许涤新同志到会就集体所有制经济的改革作了发言，轻工业部副部长王文哲同志、北京市政府顾问张彭同志、全国手工业合作总社副主任王金光同志出席会议并讲了话。全国手工业合作总社常务副主任季龙同志作了书面发言。会议就集体经济在国民经济中的地位和作用、集体所有制结构的改革、搞活集体企业的若干政策、联社和管理体制改革等问题展开了热烈的讨论。会议取得了圆满成功。

1986年11月11日至16日，中国劳动学会、轻工业部劳动工资司、全国手工业合作总社办公室、中国轻工劳动学会等四个单位，在宜昌市联合召开了全国轻工业集体企业工资和保险制度改革理论讨论会。参加会议的有经济理论界、大专院校、国家体改委、劳动人事部、财政部、轻工部等单位理论工作者和实际工作者81人，会议共收到论文126篇，集中探讨了集体企业与国家之间的分配关系、集体企业分配制度的改革、集体企业职工退休统筹等问题。

1986年11月17日至20日，沈阳市委政研室、市计经委、市体改办和市二轻局联合召开了关于集体企业厂长负责制研讨会。参加讨论的有理论研究工作者，实际工作者和有关党政部门的同志共60余人。这次研讨会是在沈阳市二轻局45个集体企业实行厂长负责制试点后的基础上组织的，针对性强，从理论与实践结合上进行了深入探讨和论证分析，对城镇集体工业企业内部领导体制改革有着积极的作用。

1986年11月26日至30日，中南地区第二次城镇集体工业经济理论讨论会在武汉市举行。中南地区五省区二轻、轻工厅（局）、联社的同志和理论研究单位、大专院校、新闻单位120人出席了会议，提交论文近100篇。会议对近几年城镇集体工业经济改革进行了回顾和基本估计，对所有制结构改革、管理体制改革、集体工业企业领导体制、搞活企业联社等问题进行了热烈的讨论。

（朱荣琪　谷新德）

【纠正平调集体企事业资产】 1986年6月20日，国务院批转了轻工业部、全国手工业合作总社《关于纠正平调二轻集体企事业资产问题的报告》，要求各地区、各部门对本地区所发生的平调二轻集体企事业资产的问题，进行一次认真检查，并采取坚决措施加以纠正。

许多省、自治区和直辖市的党委和政府领导亲自过问，直接听取汇报，具体部署，督促检查情况。河南省委书记何竹康、副省长秦科才，甘肃省省长贾志杰、辽宁省副省长闻世震、江西省副省长钱家铭、湖北省副省长徐鹏航、湖南省副省长俞海潮、青海省副省长吴承志等领导同志分别听取了省二轻主管部门和联社负责人关于贯彻落实国务院63号文件的汇报，提出了一些关于贯彻落实的具体要求。到年底，全国已有28个省、自治区和直辖市对贯彻落实文件精神作了部署，有14个省的人民政府转发了国务院63号文件，还有一些省政府责成有关部门组成联合调查组或成立临时领导小组，负责检查、纠正工作。有些省还规定了纠正平调的具体措施。

各地二轻（轻工）厅、局、总公司和手工业（轻工二轻集体企业）联社，也都积极行动，组织力量对本地区发生的平调二轻集体资产问题，进行了调查，并制定贯彻落实国务院文件、纠正平调的具体措施，协助有关部门做好工作。

各地根据先易后难、边清理边退赔的原则，抓紧时机开展退赔工作。山西省运城、晋城和长治等市，已退回29个二轻集体企业；甘肃省成县、渭源、陇西等县的平调也已基本上得到了纠正。江西省一些地市的退赔工作也取得很大进展，到年底，已划回的企业有8个，退回被平调的资财270万元。

轻工业部、全国手工业合作总社还和国务院信访局等有关单位组成联合调查组，对几个多年来未解决的“老大难”平调案例进行了实地调查，经过各方面努力，有些问题已得到较妥善的解决。西安市碑林区平调问题，高阳县平调五金农具厂、天津冷气机厂二分厂被平调案都已基本上得到纠正；山东省二轻学院校舍及资财被平调案也有了进展。

（孙士玉）

全国手工业合作总社

1986年，中华全国手工业合作总社积极开展了各项活动，取得了许多成果。

【全国轻工业集体企业第三届职工（社员）代表大会】 经国务院批准，全国轻工业集体企业第三届职工（社员）代表大会于1986年6月22日至27日在北京召开。这是继1963年全国第二届手工业合作社社员（职工）

代表大会以来的又一次盛会。

6月22日大会开幕。中共中央书记处书记郝建秀、中共中央顾问委员会副主任薄一波、国务委员张劲夫、国家经委主任吕东等领导同志出席了大会。全国总工会、共青团中央、全国妇联、全国供销合作总社等部门的负责同志参加大会并致贺词。大会由杨波同志主持，季龙同志致开幕词。薄一波、张劲夫同志在大会上讲了话。薄一波同志在回顾了我国手工业合作社几十年的发展历史后指出，轻工业集体企业现在已经打下了一定的基础，是轻工业的重要组成部分和城镇集体经济的骨干力量。“七五”期间，轻工集体经济要稳定发展，进一步理顺企业内部、外部的各种关系，根据人民的消费需求以及外贸出口的要求，在质量、品种、产量上都要有新的突破。张劲夫同志代表国务院向大会表示祝贺，并要求各级政府和各部门为搞活轻工集体企业创造条件。他指出，集体经济是我国社会主义公有制的经济形式之一，发展集体经济是建设具有中国特色的社会主义的一项重要任务，是党和国家长期的、重要的政策。进一步发展轻工集体经济，必须坚持改革，不断探索改革的新路子。各地政府和各部门要为搞活集体企业创造条件，从政策上给予必要的支持。在领导管理体制的调整和改革中要考虑集体经济的特点，避免发生工作脱节、管理削弱的情况，给集体企业带来不必要的损失。对待集体所有制单位及职工要坚持在政治上一视同仁，在经济上平等对待。

在大会期间，季龙同志代表理事会作了题为《坚持改革，发展轻工集体经济，为胜利完成“七五”计划而奋斗》的工作报告。报告回顾了我国手工业集体经济“三起两落”的发展过程，充分肯定了轻工集体经济取得的巨大成绩，总结了正反两方面的经验，部署了“七五”期间的任务，强调要继续发挥联社在新时期的积极作用。陈士能同志作了关于修改《中华全国手工业合作总社章程》的报告；陈尔淼同志作了中华全国手工业合作总社财务工作报告。代表们对上述报告作了认真的讨论，并一致通过。

大会正式代表609名，由各省、自治区、直辖市召开职工代表大会选举或通过民主协商推选产生；特邀代表69名。代表中有生产战线上的劳动模范和先进生产者，有勇攀技术高峰、取得卓越成就的工程技术人员，有勇于改革、开创集体经济发展新局面的开拓者，有肩负领导重任的各级联社负责同志。既有朝气蓬勃、富有探索精神的青年同志，又有勤勤恳恳、富有实践经验的老同志，包括长期从事手工业工作并做出重大贡献的老干部、老领导。有少数民族代表，有妇女代表。

大会选举产生了全国手工业合作总社第三届理事会成员，共68名。第三届理事会第一次会议选举杨波为理事会主任，季龙为理事会常务副主任，陈士能、王金光为理事会副主任，于珍等18名同志为常务理事。大会一致通过聘请薄一波为总社名誉主任，徐运北等10名同志为名誉理事。

6月27日全国轻工业集体企业第三届职工(社员)代表大会在北京闭幕。全国政协副主席程子华出席闭幕式并讲了话。杨波致闭幕词。当日，国家副主席乌兰夫，国务院副总理万里、姚依林，中共中央书记处书记郝建秀，还有宋任穷、王首道、朱学范、荣毅仁、胡子昂等领导同志在人民大会堂接见了出席全国轻工业集体企业第三届职工(社员)代表大会的全体代表，并合影留念。

（朱荣琪　谷新德）

【全国手工业合作总社外事活动】 1986年，总社积极开展了外事活动：

（一）中华全国手工业合作总社代表团访问波兰。

应波兰民间工艺合作总社的邀请，全国手工业合作总社常务副主任季龙同志率领中华全国手工业合作总社代表团一行五人于1986年5月23日至6月1日前往波兰进行友好访问，着重对波兰合作社的生产经营管理体制和改革进行了考察。

代表团在波兰访问期间，受到了波兰民间工艺合作总社热情友好的接待。代表团在波期间，参加了波兰1986年民间工艺节活动，会晤了民间工艺合作总社社长沙维茨基及其他领导同志，还会见了波兰商业及服务部长尤日维亚克同志，听取了他们关于民间工艺合作总社和其他合作总社的情况和经验介绍，参观了华沙、克拉科夫、扎克巴奈、奥波契纳等地的六个民间工艺合作社。代表团所到之处，受到了合作社广大干部、社员的热烈欢迎。通过访问，双方就两个合作总社领导人互访、交换情况和资料、互派专家进行考察和科技交流、加强两国在国际交往中合作等问题交换了意见，并签署了“中华全国手工业合作总社代表团同波兰人民共和国民间工艺合作总社代表团会谈纪要”。

通过访问了解到，波兰全国共有14个合作总社，其中属于农业方面的5个，属于住宅建筑方面的2个，属于消费方面的2个，属于生产方面的5个。这些合作总社是各类合作社的中央管理机构，是独立的经济实体，具有法人地位，由一位部长会议副主席分管合作社的工作。波兰议会制订了“合作社法”、“小生产法”。各合作总社根据国家法律和本社实际情况，制订了各自的章程。为了沟通各总社之间的情况，研究合作社的有关问题，14个合作社还联合组成中央理事会。

由各总社社长轮流担任中央理事长。中央理事会是松散性的机构，不具有任何权力，定期协商有关合作社的问题，向政府反映情况，提出建议。波兰政府在研究制订合作社有关政策、计划等问题时，均征求中央理事会和各总社的意见，请总社领导人参加会议进行讨论。

在访问中，代表团还着重了解了民间工艺合作总社的情况。该总社拥有合作社117个，职工5万人，年生产经营总值为500亿兹罗提(约合3亿多美元)，主要生产民间工艺品、民族服装、铜器、银器、陶瓷、柳编、壁毯、家具等产品。总社下设有产品开发设计中心，艺术委员会和原材料基地。有7个经理部和400多个基层商店，协助合作社和个体户推销产品，供应原材料，为基层合作社提供服务。

(二) 罗马尼亚和匈牙利手工业、工业合作社代表团对我国进行友好访问。

为了加强与国际上合作社组织的友好合作关系。1986年5月4日至13日和5月15日至25日，应轻工业部和全国手工业合作总社的邀请，罗马尼亚手工业合作总社主席达尼卡率罗马尼亚手工业合作总社代表团一行5人，匈牙利工业合作社联合会主席列伏率匈牙利工业合作社联合会代表团一行5人先后对我国进行了回访。在访问期间，这两个代表团参观了北京、上海、武汉、苏州等地的部分集体企业。在访华期间，分别受到了国务委员张劲夫的会见。

(三) 意大利全国手工艺者联合会代表团的来访

1986年11月10日至10月20日，以意大利手工艺联合会主席安托奥·科卡罗为首的意大利手工艺者联合会代表团一行8人，应轻工业部、全国手工业合作总社的邀请，首次来我国进行了访问。代表团访问了北京、西安、上海、广州等地，参观了首饰、电子玩具、花边、家具、服装、职业培训等方面的工厂。代表团在北京期间，全国手工业合作总社常务副主任季龙同志会见了代表团，就双方手工业合作社之间的友好和经济合作问题进行了会谈。季龙同志向代表团介绍了我国轻工业集体经济情况。意大利方面表示愿意为我国服装、塑料、皮革、工艺美术等行业提供技术设备和人员培训。

【集体企业职工休养工作】 1985年以来，全国手工业合作总社开始组织轻工集体企业职工休养，两年来，这项工作已取得很大成绩。截止1986年底，组织休养人数已达到2 900人次。休养点从最初的庐山一个点发展到庐山、桂林、广州三个点。广大集体企业职工对此表示热烈欢迎，把它看成是党和国家对他们的极大关怀。

全国轻工集体企业职工的休养工作开展以来，总社和各省、自治区、直辖市主管部门及联社对此项工作十分重视，把它看成了党和国家关心群众生活，搞好集体福利事业的一件大事，作为联社为基层服务工作的一项重要的内容列入了议事日程。为了物色好休养点，全国手工业合作总社办公室、轻工业部手工业合作指导局的领导同志和江西省轻工业厅、南昌市二轻局、九江市二轻局、庐山二轻局的同志们积极承担了安排休养的任务，并及时采取措施，解决了“中转难”的问题，使休养工作一开始就打下了一个好的基础。

为了搞好休养工作，全国手工业合作总社办公室于1986年先后两次召集了由各省、自治区、直辖市轻工集体企业主管部门和联社参加的座谈会，对休养工作作了具体布置。会后，有关地区利用二轻休养基地的现有条件，稍加整修后就开始接待工作，边接待边完善。对庐山二轻招待所、桂林东风饭店和广州二轻疗养院进行了必要的维修改造，基本上做到了少花钱多办事，初步具备了接待成批休养人员的条件。各地对参加休养的人数每年都有计划地进行具体安排，在休养过程中，以休养为主适当安排一些参观访问活动，这些既开阔了休养人员的眼界，又推动了当地企业的改革工作。

(马玲之　高元琴)

出　版

【书刊出版概况】 1986年轻工业出版社出版图书210种，其中新书161种，重印书49种。出版种数、新书种数分别比1985年增长36%、57.8%。总印数566.63万册，总印张40.557千令，分别比1985年下降26.4%、21%。

1986年出版的轻工业图书按图书分类统计为（不包括《现代服装》等期刊）：科普读物14种，占7%；工人读物5种，占2.5%；生产技术69种，占34.7%；工具资料35种，占17.6%；教材22种，占11.1%；基础理论8种，占4%；学术著作6种，占3%；经济管理3种，占1.5%；政治类1种，占0.5%；生活用书36种，占18.1%。

1986年出版翻译书45种，占全年出版总数的23%。其中科普读物6种，生产技术26种，工具资料5种，基础理论3种，学术著作2种，生活用书3种。

1986年还出版了《现代服装》7期，《上海时装》3辑、《中外消费》1期。

【制订轻工业图书“七五”选题计划】 为适应两个文明建设和轻工业发展需要，轻工业出版社制订了《轻工业图书“七五”选题计划（草案)》

贯彻党和国家的方针政策，搞好为生产、科研、教育和人民生活的服务，促进两个文明建设的发展，是这次制订轻工业图书“七五”选题计划的指导思想。在这一指导思想下，轻工业图书“七五”选题计划力求体现以下重点和方向：

一、上水平、上档次：为了出版高水平、高档次的图书，狠抓优秀选题和优秀著译者，争取使轻工业出版社出版的轻工书刊达到国内先进出版水平，并使部分图书、期刊能在国际间进行交流。为此，将工具书、新技术与学术著作、具有民族特色的大型丛书、优秀教材列为重点。

二、适应新技术革命和轻工科技信息的发展：遵循我国技术经济发展战略，加速引进适用技术，推广科技新成果，积极编译新技术书籍，及时传播新兴科学知识和信息。

三、调整图书结构，多层次、系列化：为适应广大读者的迫切需要，按照不同行业、不同学科、不同图书的类别、不同用途、不同读者对象的多层次，实现选题的合理化、多样化、规范化、系列化。

四、开拓图书的新领域：随着对外开放、对内搞活经济的深入发展，城乡人民生活水平的提高，乡镇企业的蓬勃发展，科技“星火计划”的推行，职业高中的开办，部队两用人才的培养，独生子女的优育与培养，青年生活方式的新追求，老年职工退休的增多等等，都给轻工出版工作带来了新课题。针对这些情况，相应地开拓新领域，确定新选题。

五、抓好教材的出版：随着轻工业高、中等院校和职工教育的不断发展，“七五”期间各类轻工教材的需要量很大。为此，将急需的、成熟的教材列入计划，逐步使轻工业高等、中等、技工等教材配套齐全。

六、加强对外合作出版：近年来，对外合作出版有了新的发展。为加强对外宣传和文化交流，扩大我国影响，为国家增加外汇收入，以及吸取国外先进技术和经验，改进我国出版工作，在计划中列入了多种合作出版书刊。

七、开发科普和生活用书，为丰富和改善人民生活服务：努力开发衣、食、住、行、用等物质消费方面的图书选题，以及精神消费方面的选题，为丰富和美化人民的物质生活和精神生活服务。

【参加1986年北京国际图书博览会】 由中国图书进出口总公司主办的1986年北京国际图书博览会于9月5日～9月11日在北京展览馆举行。这是建国以来第一次在我国举办的大型国际图书博览会。参加单位有国内170家出版社，国外有29个国家、四个国际组织和香港地区等227家出版商，代表1000多家出版社参展。展台面积7000多平方米，展出中外图书5万余种。

轻工业出版社参加了这届博览会，展出轻工类图书115种。在博览会期间，轻工业出版社组织编辑、美编、出版、发行人员进行了参观学习。我参展人员除了进行我国轻工图书宣传、推广与发行工作外，把主要精力放在开展对外合作出版工作上，先后与10个国家和香港地区的38家出版社进行了50多次洽谈。并与国外4家出版社达成了合作出版的初步协议，与7家出版社有合作意向，可以合作的图书有10余种。此外，与国外各出版社交换图书10多种。

【对外合作出版】 为了加强国际间文化交流，轻工业出版社开展了对外合作出版业务。

轻工业出版社与日本镰仓书房合作出版《日本童装》丛书（现改名为《可爱的童装》）。本书由日方供稿，轻工业出版社出版，在国内发行。每年分春、夏、秋、冬四辑。1986年已出版了四辑。这套丛书将日本童装的新款式，制作童装的新技术、新工艺介绍给我国服装行业及广大消费者，以丰富我国儿童服装的花色品种，增进中日两国儿童的友好感情。

轻工业出版社与香港万里书店有限公司合作出版了《敦煌历代服饰图集》、《编织天地》。《敦煌历代服饰图集》由轻工业出版社供稿、香港万里书店有限公司出版。《编织天地》由香港万里书店有限公司供稿，轻工业出版社出版。1986年轻工业出版社还向香港万里书店有限公司供稿《中国传统图案》(共四辑)。

为改进《日本童装》(丛书）的合作出版工作，应日本镰仓书房邀请，轻工业出版社副社长刘绍济、总编辑姜申、三编室主任王钊于10月26日～11月3日赴日访问。访问期间，与镰仓书房商谈了改进《日本童装》(丛书）合作出版的具体事项，并达成了将镰仓书房出版的《图解服饰用语辞典》译成中文，由轻工业出版社出版的意向性协议。此外，还与日本朝仓书店进一步商讨合作出版《日中英科学技术用语辞典》的有关事宜。还访问了日本讲谈性、东方书店等出版社，达到了了解情况、交流经验、探索合作出版途径的目的。

【重点图书介绍】 1986年轻工业出版社出版了《廉洁奉公的改革者张洁世》、《中国轻工业年鉴（1986）》、《1979－1984年全国轻工业名优产品全集》、《中国香料植物栽培与加工》、《乳品超高温杀菌和无菌包装》、《塑料助剂手册》、《细菌学分析手册》、《中国古塔》、《日语会话》、《日汉造纸工业词汇》、《英汉塑料工业词汇》(第二版)、《英汉皮革工业词汇》、《英汉发酵工业词汇》等13种重点书。

优秀共产党员、全国总工会“五一”劳动奖章获得者、北京市特等劳动模范、北京市长城风雨衣公司经理张洁世同志，是一位无私无畏的改革者、开拓者，优秀的企业家，廉洁奉公的好干部。他因病于1986年

3月22日逝世。轻工业部党组和中共北京市委分别作出决定，号召全国轻工业系统和北京市全体共产党员、广大职工向张洁世同志学习。为了响应这一号召，推动向张洁世学习活动的开展，轻工业部研究室、中共北京市委组织部、中共北京市委整党办公室、北京市第二轻工业总公司编写了《廉洁奉公的改革者张洁世》。书中汇集了轻工业部、中共北京市委有关文件和领导同志关于学习张洁世的言论以及几年来报刊上介绍他的主要先进事迹，张洁世本人的文章。

《中国轻工业年鉴》是记载轻工业生产建设活动的资料性工具书，内容主要是反映上一年的有关轻工业的重大事件、发展情况和统计资料。《中国轻工业年鉴（1986）》由七部分组成，其主要内容有：(1)照片和专文，这部分有反映轻工业生产建设成就的彩色照片专页和十多篇反映轻工业“六五”成就的专题文章；(2)1985年轻工业大事记和特载（1985年颁发的党中央和国务院文件中与发展轻工业有关的方针政策的摘要)；(3)综合篇，反映1985年轻工发展概况；(4)行业篇，反映各行业1985年的发展情况；(5)地区篇，反映各省、自治区、直辖市1985年的轻工业发展情况；(6)典型企业和名优产品；(7)附录部分，有省、自治区、直辖市轻工业厅局和所属机构的名录，轻工业部直属大专院校和中专学校简介等。

为了向有关经济领导部门提供择优安排生产、建设计划的依据，为广大企业和消费者传递名、优产品的信息，从而宣传和推动名、优产品进一步发展，更好地满足市场的需要，轻工业部组织有关人员编写了《1979年—1984年全国轻工业名优产品全集》。全集内容包括产品名称、牌号、规格、奖别、获奖年份、企业名称、1984年生产水平等资料。全集分为上、下两册，上册是荣获国家、轻工业部评定的优质产品，下册是荣获省、自治区、直辖市评定的优质产品。上、下两册都是按行业分类，共有18个大类，77个细分类。

由轻工业部香料工业科学研究所、中国科学院北京植物研究所、轻工业部上海轻工业设计院、杭州植物园、四川省日化所、广州香料厂、黑龙江省资源研究所等单位组成的《中国香料植物栽培与加工》编写组编写的《中国香料植物栽培与加工》一书总结了我国天然香料植物主要品种的栽培和加工提取精油方面的技术经验。全书共分总论和各论两大部分。总论中概述了我国香料植物资料的分布及利用、香料植物栽培技术、引种与新品种选育方法、加工提取原理、工艺与设备以及产品分析检验等。各论详细介绍了我国69种主要香料品种的栽培技术和加工方法，每种附植物形态图。本书对发展我国香料植物的栽培与加工技术具有重要参考价值。

美籍华人徐守渊先生所著的《乳品超高温杀菌和无菌包装》是一本超高温消毒法的权威著作。本书主要介绍世界各国迅速发展的乳品超高温杀菌工艺和无菌包装机。全书除了对超高温杀菌概念、标准、原理作了深入浅出的一般性叙述之外，还以一定篇幅介绍了这种方法生产的乳品，特别是在没有冷冻情况下可以保鲜6个月之久的市售牛乳品质，包括化学变化和物理变化的风味特色，重点叙述了近年来研制的各种超高温杀菌工艺和无菌包装机的流程、运行、技术参数、结构和特点。徐守渊先生早年赴美深造，获农化博士学位，后任美国Johanna食品公司总化学师等职。他积数十年经验编著了《乳品超高温杀菌和无菌包装》(英文版)。徐先生十分关心祖国的四化建设，他将原著作了适当增修，补充了最新技术资料，并译成中文奉献祖国，愿为祖国的乳品工业作出贡献。

由吕世光编的《塑料助剂手册》全面介绍了塑料工业中所使用的各类加工助剂。全书共分十六章，包括增塑剂、热稳定剂、光稳定剂、抗氧剂、阻燃剂、防霉剂、防白蚁剂、防鼠剂、抗静电剂、防雾剂、填充剂、增强剂、偶联剂、抗冲击剂、加工改性剂、交联剂、着色剂、润滑剂、脱模剂、发泡剂和助发泡剂等类助剂约1 000多个品种，介绍了它们的化学名称(俗称)、英文名称（简称)、结构式、制法、性质、用途、毒性、国内生产厂、国外商品名及生产厂等。

对食品中有害微生物的检验，是实行食品卫生监督、维护人民身体健康的重要手段。近十余年来，随着现代医学和生物学的飞速发展，国际食品微生物学检验技术有了很大改进，检验对象也增添了不少新的内容，由甄宏太、俞平译的《细菌学分析手册》反映了近年来该领域内的重要研究成果，是一本较好的食品卫生检验参考书。本书由美国食品与药品管理局编写，书中介绍了有碍食品卫生的主要细菌的取样、检验及鉴定方法和步骤，并附有培养基和试剂的配制方法。此外，对罐头食品及化妆品检验也有专门论述。本书内容充实，叙述简明扼要，条理性强。

中国古塔蕴藏着中华民族科学、艺术、文化的精华，也是我国古建筑艺苑中的一朵灿烂奇葩，素来受到历代人民的赞颂和欣赏。由徐华铛编著的《中国古塔》以流畅生动的语言，饶有兴味地概述了我国古塔的历史演变和艺术特色，并对全国各地的古塔进行分析研究，分门别类地将古塔系统地分成密檐式塔、楼阁式塔、金刚宝座塔、单层塔、喇嘛塔、傣族塔和其它塔等10个大类，详细地介绍了各地名胜古塔的风采和近貌。书中还配以写实的精细画面，借以达到手捧书卷即能博览全国古塔的功效。全书有机地把科普、文物、工艺美术、旅游等几方面融合在一起，是对青少年进行爱国主义教育的极好材料，也可供科普文物工作者、广大旅游爱好者、各行业的工艺美术设计工作者阅读、参考和借鉴。

近年来我国去往日本科技人员和派出人员日益增多，他们在学习基础日语之后，迫切需要一本实用的日语会话书。由协力编的《日语会话》(日汉对照)就是为了满足社会上广大读者的需要而编写的。本书的特点是从实用角度出发，帮助广大赴日访问、参观、学习人员学会常见的各种场合（如机场迎送、接待、座谈、谈判、购物、问路、访友等）的会话。文字简明易懂，循序渐进，容易上口。

《日汉造纸工业词汇》、《英汉塑料工业词汇》(第二版)、《德汉皮革工业词汇》、《英汉发酵工业词汇》分别收入了造纸工业、塑料工业、皮革工业和发酵工业有关原材料、工艺、设备、产品、检验、环保等方面的日汉、英汉对照词汇，均为上述各行业必备的工具书。

（滕炎福）

【轻工业理论刊物和专业刊物简介】 轻工业部系统除轻工业出版社出版的书刊以外，还有部属各有关单位出版的书刊杂志。属于经济理论的刊物有轻工业部经济研究所主办的、由轻工业经济研究杂志社编辑出版的《轻工业经济研究》杂志。中华全国手工业合作总社主办，由轻工集体经济杂志社编辑出版的《轻工集体经济》杂志。上海市工艺美术协会主办的《美化生活》杂志等。

轻工业部系统现有31个专业科技情报站，每个情报站都办有专业的科技期刊和情报刊物。据不完全统计，1986年共办刊物71种，其中专业科技刊物45种，文摘类7种，信息类19种。按刊物发行范围统计，公开发行的11种，限国内发行的25种，内部发行的36种。

3种经济理论刊物简况如下：

【轻工业经济研究】 由轻工业部经济研究所主办、轻工业经济研究杂志社编辑出版的《轻工业经济研究》杂志，于1986年5月创刊。该刊为双月刊，国内外公开发行。

《轻工业经济研究》杂志是一个密切联系实际的理论性刊物，它着重研究和探讨有关轻工业经济体制改革中带有普遍性的问题，力求为轻工业经济改革提供理论服务。它以研究轻工业经济问题为主，同时还包括有关消费品工业、消费经济等方面的问题；以研究国内轻工业为主，同时还涉及国外轻工业发展趋势及特点、介绍国外轻工产品信息等有关内容；以研究轻工业部门和行业管理为主，同时还为各轻工企业介绍经营管理经验、为厂长经理制定经营决策服务；以理论性文章为主，但同时又为理论工作者和实际工作者提供各类轻工业经济史料及统计资料。为此，该刊群有：论坛、战略问题、政策研究、消费问题、经营管理、厂长经理论坛、轻工业经济史、海外轻工业、专题讲座、统计资料、文摘等栏目，并根据经济改革中有关重大问题随时开辟新的栏目。如该刊在1986年开辟了“出口问题”、“经济联合”栏目，专门组织了出口和联合问题的两组文章。该杂志还为介绍各省、自治区、市轻工业发展状况增设专刊、专辑。

因此,《轻工业经济研究》杂志不仅受到各省市轻工业部门的管理工作者、全国各高等院校经济系师生、社会科学研究系统的经济理论工作者的欢迎，而且也成为广大轻工企业厂长经理及职能工作人员的良师益友。该刊创刊时间虽不长，但发行已遍及全国二十多个省、自治区、直辖市。

《轻工业经济研究》杂志遵循“坚持四项基本原则”、“百花齐放、百家争鸣”的方针，本着“理论联系实际、为经济改革服务”的指导思想，1986年共出刊4期，组织和编发了68篇文章，其中主要有：战略问题11篇、政策研究4篇，出口问题5篇、经济联合问题5篇、经济评论3篇、消费问题4篇、国外轻工业6篇、轻工业经济史5篇、经营管理8篇等。

该刊的创办，不仅为轻工业经济研究的理论工作者提供了发表成果的园地，而且为实际工作者开辟了交流管理经验、了解市场动态、产品发展趋势、掌握各类信息的途径，并为进一步加强轻工业经济研究工作发挥了应有的作用。

该刊编辑部地址：北京市朝阳区呼家楼向军南里二巷五号。电话：582931—西楼503

（牟新艇）

【轻工集体经济】 是我国宣传轻工业集体经济的月刊。该刊由轻工业部、中华全国手工业合作总社主办。于1985年7月正式创刊每期发行量均为3万份。目前刊物遍及全国（除台湾省以外）二十九个省、市、自治区的轻工系统。创刊二年多来受到全国轻工战线广大职工、干部和理论工作者以及非轻工系统集体经济战线的广大读者的欢迎。

《轻工集体经济》杂志坚持“四项基本原则”，遵循“百花齐放、百家争鸣”的方针，以宣传和贯彻党和国家关于振兴和发展我国轻工业集体经济的一系列方针和政策为宗旨，以“指导、维护、协调、服务”于基层企事业单位为办刊目的。为此刊物辟有：文件转载、专论、工作研究、理论探讨、地方轻工业集体经济、企业经营与管理、新人新事、知识讲座、轻工史话、信息、文摘、经济杂谈、读者来信等栏目，以宣传和介绍各地发展轻工业集体经济的先进经验，模范人物的先进事迹，维护集体企业的合法权益，对轻工业集体经济的重大理论和实践问题开展探讨和争鸣。《轻工集体经济》杂志既是轻工业部、中华全国手工业合作总社机关的宣传喉舌，同时也是广大实践工作者和理论工作者的良师益友。

《轻工集体经济》杂志社分设编辑总部和分部，总部设在北京，分部设在上海。刊物在各省、市、自治区轻工、二轻工业厅（局)、联社中建立通讯组，目前在全国各地已拥有近1000人的通讯员队伍。

（阮恩光）

【美化生活】 由上海市工艺美术协会创办的《美化生活》杂志（双月刊），是为了适应党的十一届三中全会以后“人民热爱生活，生活需要美化”的客观形势应运而生，并于1983年初正式公开发行。创刊的宗旨是“普及健康、明朗、大方、优美的社会主义实用美，提高人民群众在这方面的鉴赏能力和学一点专门技能，推动物质文明和精神文明建设”。《美化生活》“将促进日用品工艺化，工艺品日用化，指导消费，传递信息，活跃学术交流，繁荣创作设计”。

四年来，《美化生活》杂志编辑部忠实地执行了自己的办刊宗旨，刊物上经常设立的栏目有：“名人谈美”、“论坛”、“溯源”、“名牌走廊”、“新产品一瞥”、“播美者”、“工艺名作”、“乡土艺术”、“信息与预测”、“商品比较”、“生活顾问”等，立足上海，放眼全国，系统地介绍了轻工业（包括一轻工业和二轻工业）和工艺美术名优产品的生产历史和发展状况；介绍了轻工业和工艺美术系统为发展新、名、优、特产品而作出了辛勤劳动的“播美者”；介绍了选购日用消费品、耐用消费品的知识和使用、保养方法；还介绍了如何欣赏工艺名作等知识，使刊物的内容和人民的生活息息相关。因而公开发行以后，深受读者的喜爱。

1985年下半年，著名作家、上海市作家协会副主席孙峻青同志担任了《美化生活》杂志社的社长兼主编，从1986年第4期（总第21期）起，编辑部对《美化生活》杂志进行了全面改版，使刊物的内容质量有明显提高，栏目设置更符合读者需要。改版后，《美化生活》的全部篇幅中，实用美学约占60％左右，共设置了20个栏目，分期轮流刊出，内容包括服装、美容、室内装饰、房间布置、名画欣赏、艺术讲座等，文章的组织体现了“横看成岭侧成峰”的布局，“每一个单篇独立成章，可以帮助读者解决一个或几个在日常生活中遇到的实际问题，以代替咨询、顾问的职能。几期连起来看，前后衔接，形成体系，将使读者对某一类问题获得完整的知识。

1986年8月，《美化生活》杂志编辑部在上海市邮政局的支持下，把改版后的《美化生活》杂志，除按原来的渠道发行外，还在上海设点试销。结果，1986年第4期，试销5千本，一天即售完；第5期试销2万本，五天售完；第6期试销4万本，七天售完。实践证明，改版取得了成功。从而，《美化生活》杂志的总发行量也因此而直线上升，从创刊初期的几千本、几万本，一跃而到三十万册。发行范围也从原来的少数几个省市、进而扩展到全国各省市，并开始跨出国界，现在每期都有几千册发行到香港、澳门和东南亚、西欧等地区和国家。

（胡晓申、郑大镇）

36种专业刊物简况如下：

1 中国陶瓷

2 家具

3 玻璃与搪瓷

4 皮革科技

5 皮革文摘

6 工业微生物

7 食品与发酵工业

8 家用电器科技

9 家用电器报

10 乐器

11 造纸文摘

12 中国造纸

13 国外造纸

14 日用化学工业

15 日用化学文摘

16 日用化学工业译丛

17 井矿盐技术

18 海盐与化工

19 中国乳品工业

20 烟草科技

21 五金科技

22 钟表

23 电光源

24 甘蔗糖业

25 甜菜糖业

26 火柴工业

27 中国塑料

28 电池

29 自行车科技

30 制笔

31 缝纫机科技

32 香料香精化妆品

33 衡器科技

34 制鞋科技

35 文体工业情报

36 全国轻工信息

【中国陶瓷】 由全国日用陶瓷工业科技情报站、轻工业部陶瓷工业科学研究所编辑出版。于1978年创办，双月刊。从1987年开始为国内外公开发行。至1987年第一季度已发行90期，每期约10万字。

编辑部地址：江西省景德镇市新厂。

本刊主要报导国内外日用陶瓷行业的生产、科研、教学、市场及陶瓷美术、古陶瓷研究等方面的成果和动态。每期都有彩色插页，展示了我国陶瓷艺术的绚丽多彩。

主要栏目有：科研与应用、技艺交流、评论与述评、陶瓷资料、古陶瓷研究、理化测验、动态、陶瓷纵横、陶瓷艺术品。

1986年荣获轻工业部科技情报成果三等奖。

【家具】 由全国家具工业科技情报站编辑出版。于1980年创办，双月刊。从1987年起为国内外公开发行。至1987年第一季度已发行36期，每期约10万字。

编辑部地址：上海市南京东路石潭弄89号。

本刊有八省、三市、两所大学的工程技术人员、有关专家、教授等18人组成的编委会。本刊具有科学性、知识性和实用性特点。主要报道家具工业的新技术趋势、行业的技术改造、科技成果及新产品开发、引进技术设备的消化吸收、坚持改革增强企业活力、依靠科技发展生产、改善经营管理、提高经济效益、国内外家具行业经济科技信息、各类产品的设计与开发、国内外的新家具以及科技咨询服务等内容。

主要栏目有：专论、科学与技术、研究与探讨、科技讲座、科技咨询、科技考察、科技交流、科技知识、科学管理、经济科技信息、设计佳作、时新家具、装饰与陈设、标准与检测、读编之间、交流与借鉴。

1986年本刊荣获轻工业部科技情报成果三等奖。

【玻璃与搪瓷】 由全国玻璃搪瓷工业科技情报站、轻工业部玻璃搪瓷工业科学研究所编辑出版。1971年创刊，双月刊。国内外公开发行。

编辑部地址：上海市新华路365弄6号。

本刊为适应当前改革形势，在沟通情报、指导生产、加强对外联系等方面做了大量工作。主要报道国内外玻璃搪瓷工业的发展状况及先进技术等内容。"七五"期间本刊要加强对引进技术设备之后的消化吸收、技术进步、企业管理以及政策研究等方面的报道。

主要栏目有：研究与实验报告、生产技术经验、造型与装饰、国外见闻、综述、讲座、专论、信息、信箱、新书介绍。

【皮革科技】 由全国皮革工业科技情报站编辑出版。于1972年创办，月刊。现为国内外公开发行。至1987年第一季度已发行167期。每期约9万字。

编辑部地址：北京市东四六条45号。

本刊主要报道国内外皮革工业的先进技术、研究动态、发展状况和我国引进的国外先进技术设备的消化情况等内容。

主要栏目有：试验研究、理论探讨、工艺、技术、设备、材料、企业管理、设备引进、编译、国内外动向。

1986年本刊荣获轻工业部科技情报成果二等奖。

【皮革文摘】 由轻工业部毛皮制革工业科学研究所编辑出版。于1980年创办，双月刊。限国内发行。

编辑部地址：北京市东四六条45号。

本刊著录美、英、法、日、联邦德国、苏联等国的主要期刊，介绍毛皮制革等方面的先进经验、发展动态、专利等内容。著录项目顺序和格式完全按照中华人民共和国国家标准GB 3793—83《检索期刊条目著录规则》进行著录。

【工业微生物】 由全国工业微生物科技情报站，上海微生物研究所编辑出版。于1971年创办，双月刊。现为国内外公开发行。至1986年底共出版发行16卷157期，每期约5万字。

编辑部地址：上海市新闸路1209弄60号。

本刊着重报道采用先进的生物工程技术生产各类微生物发酵产品（如酶制剂、有机酸、氨基酸、核酸类物质、酒精、啤酒及其它酒类、酵母及单细胞蛋白等）及防霉、防腐、废水处理、能源开发、综合利用等方面的研究动态和生产、应用情况。刊物还介绍国内专业性技术会议、出国考察、技术座谈等内容。

主要栏目有：研究报告、研究简报、综述、译文、史料、国外动态、新技术、分析方法、信息库。

每期刊物都附有英文目录，每篇研究报告附有英文题目及英文摘要。

【食品与发酵工业】 由全国食品与发酵工业科技情报站、轻工业部食品发酵研究所编辑出版。于1970年12月创办。1975年经轻工业部批准正式出版。双月刊。国内外公开发行。至1986年12月已发行72期，每期约10万字。

编辑部地址：北京市三里屯东一街。

本刊根据本行业现状，密切结合生产实际，为发展食品与发酵工业生产和科研服务，吸取国外先进技术，对我国的食品与发酵工业的发展起到了一定的促进作用。

报道内容包括食品工业和发酵工业两大类内容。

食品工业包括罐藏食品、乳制品、豆制品、蛋制品、面制品、方便食品、婴幼儿营养食品、食品调味剂、添加剂等。

发酵工业包括酒精、各种饮料酒、味精、氨基酸、酵母、微生物酶制剂、发酵法生产的高级醇类和有机酸等产品。

此外，还有工业微生物选育保藏技术、食品和发酵设备、废水废渣处理及综合利用、食品卫生标准、产品及质量标准、防污检测技术等内容。

主要栏目有：试验报告和小结、生产和科研动向、综述和专题评论、原料品种、产品介绍、国外科研动向、调研报告、会议报道和考察。

【家用电器科技】 由全国家用电器工业科技情报站编辑出版。1981年创刊，双月刊。从1985年起国内外公开发行。至1987年第一季度共发行37期，每期约9万字。

编辑部地址：北京市阜外月坛北小街6号。

本刊是全国性家用电器科技刊物，主要报道国内外有关电冰箱、洗衣机、电风扇、空调器、电饭锅、吸尘器、电熨斗、灯具、整容和保健器具、电子产品及其它各种家用电器产品的科研和生产的技术资料。

主要栏目有：专题研究、专题论述、经验交流、国外技术、设计与计算、标准与测试、产品介绍、维修技术、技术知识、综述、情报动态、资料。

本刊1986年荣获轻工业部科技情报成果二等奖。

【家用电器报】 由全国家用电器工业科技情报站编辑出版。于1985年创办，原名《家用电器信息报》，1987年改为《家用电器报》，半月刊。限国内发行。至1987年第一季度发行总数为54期。

编辑部地址：北京市阜外月坛北小街6号。

本报是全国性唯一的集中报道国内外有关家用电器各种新闻消息的报纸，能及时提供国内外家用电器的技术、经济、产品和市场信息。

本报设有国外新产品和国内名、优、新产品专栏。刊登有关家用电器研制、生产、销售和行业活动的情况，家用电器专利提要和技术成果转让消息，介绍各类家用电器的基础知识、质量鉴别、选购和维修知识。

【乐器】 由全国乐器工业科技情报站编辑出版。于1972年创办，创刊号名《乐器科技通讯》，从第二期起更名为《乐器科技简讯》，1977更名为《乐器科技》，1981年更名为《乐器》。1972—1973年不定期出版，内部发行。从1980年起改为双月刊，国内外公开发行。国内邮局发行代号：2—329。国外代号B M346。至1986年底已发行71期。

编辑部地址：北京市朝阳区九龙山黄木场6号。

《乐器》的创刊方针是：为普及、提高国民的乐器知识和音乐素养服务，为推进我国的乐器工业现代化和精神文明建设服务。

《乐器》主要刊登：国内外科研成果及消息，学术探讨文章，乐器改良实验，新产品、新技术的开发和应用，古今中外乐器介绍，乐器原理、构造、用材、制作、维修和商品知识，乐曲赏析，演奏入门，乐理讲座等。

《乐器》自创刊以来，向读者推出国内外科研报告30余篇，学术性、理论性文章100余篇，乐器改良试验和成果近200例，革新工艺、设备100余项，沟通了信息，交流了经验，促进了新技术的开发和生产。

1986年本刊荣获轻工业部科技成果三等奖。

【造纸文摘】 由全国造纸工业科技情报站，轻工业部造纸工业科学研究所编辑出版。于1978年创办。双月刊。至1986年共出版44期。

编辑部地址：北京市光华路12号。

本刊是我国公开发行的唯一的综合性造纸科技文献检索刊物，采取文摘、简介、题录混编或自编和翻译相结的方式编辑出版。收录的文献类型有期刊、特种文献、专利、标准和图书等。

本刊每期50页、刊登200多篇文献，并有年度分类索引。内容主要有：世界各国造纸工业概况，制浆造纸基础理论、原料及辅助物料、机械设备、工艺方法、产品和副产品、标准及检验、环境保护等。从1987年起增加国内造纸科技文献资料。

本刊1982年荣获中国科技情报编委会检索刊物二等奖，1986年获轻工业部科技情报成果二等奖及中国科技情报学会表扬奖。

【中国造纸】 由中国造纸学会、轻工业部造纸科学研究所合办。1981年创办，双月刊。国内外公开发行。

编辑部地址：北京市光华路12号。

本刊着重报道我国造纸工业在纤维原料、制浆、造纸、废液综合利用和防治污染、专业设备、分析检验、工艺和质量控制以及有关专业基础理论等方面的新成就和重大科研成果，纸史和造纸技术资料及有关论述等文章。

设有论文与报告，综述与专论、简报、纸史专栏、学会活动及科技消息等栏目；并设英文目录及主要文章的英文摘要。

【国外造纸】 由中国造纸学会、轻工业部造纸工业科学研究所编辑出版。1982年创刊。双月刊。国内外公开发行。至1986年底共发行36期。

编辑部地址：北京光华路12号。

本刊主要报导国外造纸工业的新技术、新设备、新原料、新产品等文章，报导重点为适用技术、具有时代气息、发展眼光的新观点，企业管理、经济信息、专业外语讲座、专业基础知识、专业外语词汇。

本刊是专门报道国外造纸工业及有关工业科技

与经济的唯一刊物，是了解世界造纸工业发展动向与趋势的窗口，是世界纸业技术与经济信息的总汇。

主要栏目有：述评、纸涂布技术、热喷涂技术、纸加工设备、测试方法、专利介绍、设备运转与维修、造纸用药品、新技术新消息、市场信息、词汇、世界造纸工业简介等。

【日用化学工业】 由全国日用化学工业科技情报站、轻工业部科学技术情报研究所编辑出版。于1978年创办，双月刊。国内外公开发行。至1987年第一季度发行总数达95期，每期约8万字。

编辑部地址：山西省太原市文源街14号。

本刊主要报导我国日用化学工业生产洗涤剂、表面活性剂、肥皂、脂肪酸及其衍生物、化妆品、牙膏等产品的科研成果、技术革新成就和行业的发展概况。刊登了大量有关氯化法制烷基苯、三氧化硫磺化、合脂酸工业三废治理、脂肪醇的合成利用、洗涤用品的配方技术、化妆品生产工艺及原料等文章。

主要栏目有：科学实验、生产与技术、专论与综述、分析方法、知识讲座、工厂介绍、专题讨论、出国考察、国内简讯。

【日用化学文摘】 由全国日用化学工业科技情报站、科学技术文献出版社编辑出版。于1978年创办，双月刊。国内外公开发行。每期14.4万字。

编辑部地址：山西省太原市文源街14号。

本刊是以文摘、简介为主，题录为辅的检索刊物。内容选自国外54种期刊。文摘和简介选译自“美国化学文摘”、“苏联化学文摘”、日本的“速报”和“集报”。题录选自其余50种专业期刊。主要内容包括洗涤剂、表面活性剂、天然与合成脂肪酸及其衍生物、油脂加氢、甘油、牙膏、化妆品等专业的基础理论、生产工艺和设备、安全、三废处理、原材料和产品的分析，表面活性剂和脂肪酸在轻工、纺织、石油、冶金、采矿、煤碳、铸造、建筑、塑料、涂料、高分子合成、化学工业、医药、生物化学、农业等各部门的应用。

本刊于1982年荣获中国科技情报编委会检索刊物二等奖，1986年荣获中国科技情报学会三等奖。

【日用化学工业译丛】 由全国日用化学工业情报站编辑出版。于1978年创办，季刊。限国内发行。至1986年底共发行35期。每期10万字。

编辑部地址：山西省太原市文源街14号。

本刊根据我国日用化学工业行业发展的需要，及时选择并翻译国外近期专刊、期刊和资料上有关表面活性剂、洗涤剂、脂肪酸及其衍生物、油脂、肥皂、甘油、牙膏和化妆品等方面的先进技术和科研成果，包括原料、产品、工艺、设备、分析、应用等内容。

《日用化学工业》、《日用化学文摘》、《日用化学工业译丛》三种杂志是全国日用化学工业科技情报站的系列刊物。1986年5月荣获轻工业部科技情报成果一等奖，1986年10月荣获国家科委科技情报成果三等奖。

【井矿盐技术】 由全国井矿盐工业科技情报站编辑出版。1979年创办。双月刊。限国内发行。至1986年底共发行17卷70期。

编辑部地址：四川省自贡市东兴寺。

本刊以报导井矿盐工业科学技术，促进井矿盐生产的发展为主要目的，交流推广井矿盐工业在地质、钻井、真空蒸发制盐工艺设备及盐业化工、制盐机械、仪表自控、盐业分析、综合利用、盐厂设计、制盐节能技术等方面的科研成果、生产经验、基础理论研究、企业经营管理及国内外制盐工业动态和信息。

主要栏目有：盐矿资源与开采、制盐工艺及设备、盐化工及产品、盐化分析、节能技术、盐厂技计、基础理论研究、企业管理、改革论坛、科技简讯、信息之窗、译文、文献综述、小资料、小统计。

【海盐与化工】 由全国海湖盐工业科技情报站，轻工业部制盐工业科学研究所编辑出版。1972年创办，双月刊。从1980年起限国内发行。至1987年第一季度共发行16期，每期约10万字。

编辑部地址：天津市塘沽地区营口道27号。

本刊坚持四项基本原则，面向两个文明建设，促进盐业技术进步，提高盐业职工素质，为盐业产值翻两番和制盐工业现代化服务。主要报导国内外海盐和盐化工行业的科技成果、生产经验、专论、综述和译文等内容。

主要栏目有：专论与综述、实验和技术、调查与考察、讨论园地、译文、国外动态、国内简讯、会议消息。

本刊自创办以来，刊物质量不断提高，发行量逐年上升。1986年荣获轻工部科技情报成果三等奖。

【中国乳品工业】 由全国乳品工业科技情报站与黑龙江省乳品工业技术开发中心共同编辑出版。1973年创办，双月刊。限国内发行。至1987年第一季度共发行56期，每期约5万字。

编辑部地址：黑龙江省哈尔滨市学府路113号。

本刊以辩证唯物主义为指导，坚持理论联系实际、实事求是、群众路线和百家争鸣的方针。报导我国乳品工业的科学研究新成果、交流经验、反映国内外乳品工业的新理论、新技术、新设备和新产品，促进国内外学术、技术交流，推动我国乳品工业的发展。

主要栏目有：研究报告、专题论述、生产与管理、标准与法规、国外乳品工业、讲座和综述、译文、书刊评介、文摘、简讯。研究报告附有英文题目、英文摘要及英文主题词。

【烟草科技】 由全国烟草科技情报站、中国烟草学会编辑出版。于1971年创刊，双月刊。限国内发行。至1987年第一季度已发行62期，每期约9万字。

编辑部地址：郑州市金水路98号。

本刊主要报导国内烟草工业的科技发展概况、科研、生产和技术革新成果以及国际烟草界的科技动态等内容，为烟草行业的情报交流和生产、科研及教育事业发挥了积极的作用。

主要栏目有：烟草论坛、机械设计与改进、烟草化学、工艺探讨、栽培与调制、技术革新、技术讲座、简讯。

【五金科技】 由全国日用五金工业科技情报站编辑出版。于1979年创办，双月刊。限国内发行。至1987年3月底已发行58期，每期约8万字。

编辑部地址：辽宁省沈阳市皇姑区松花江街一段四里30号。

本刊主要报导日用五金工业的新技术、新工艺、新材料、新设备以及生产、科研等成果和经验，突出针对性、实用性、新颖性和连续性，并反映我国五金制品工业的现状和水平及发展趋势。

主要栏目有：综述、研究与应用、工艺与设备、热处理、表面处理、模具技术、技术革新、企业管理、国内外新产品、专利摘编。

本刊1986年荣获轻工业部科技情报成果三等奖。

【钟表】 由全国钟表工业科技情报站编辑出版。于1970年创办1月刊，1979年7月正式批准。

编辑部地址：陕西省西安市翠华南路6号。

本刊主要报导国内外钟表工业的先进技术、先进设备及发展状况等内容，以促进我国钟表工业的发展。

主要栏目有：回顾与展望、理论设计、工艺交流、技术革新、仪器设备、检测技术、经济信息、基础知识、行业简讯。

本刊1986年荣获轻工业部科技情报成果三等奖。

【电光源】 由全国灯泡工业科技情报站编辑出版。于1971年创办，双月刊。限国内发行。至1987年第一季度共发行88期。每期约7万字。

编辑部地址：北京市朝阳门外呼家楼。

本刊主要报导电光源的科研、生产、应用及灯具与照明应用等内容。

主要栏目有：专题研究、经验交流、技术改进、国外技术、国外资料、国外简讯、文摘、新闻、服务台、读者来信。

【甘蔗糖业】（甘蔗分刊）（糖业分刊） 由全国甘蔗糖业科技情报站编辑出版。均于1972年创刊。双月刊。限国内发行。

编辑部地址：广州河南赤岗轻工业部甘蔗糖业研究所内。

《甘蔗糖业》（甘蔗分刊）主要报导有关甘蔗农业方面的选育种，耕作栽培、土壤肥料、病虫防治、蔗田机械化等科研成果、生产经验、基础理论知识以及国外有关文献资料。

《甘蔗糖业》（糖业分刊）主要报导甘蔗制糖工业及其综合利用，三废治理的工艺技术、机械设备、自动控制、化学管理等的科研成果、技术革新、生产经验和基础理论知识、以及国外有关技术文献资料。

【甜菜糖业】（甜菜分册） 由全国甜菜糖业科技情报站编辑出版。1978年创办，季刊。至1986年底共出版91期。

编辑部地址：黑龙江省哈尔滨市学府路111号。

本刊系甜菜糖业科学技术性刊物。主要报导甜菜科学研究和生产等方面的技术交流、学术讨论、国内外先进科学技术和动态，促进我国甜菜生产发展。

主要栏目有：甜菜遗传与育种、甜菜生理与栽培、甜菜保藏、甜菜生产机械、国内外概况、基础知识等。1986年共刊登59篇各类内容的文章。

【甜菜糖业】（制糖分册） 由全国甜菜糖业科技情报站、《甜菜糖业》编辑部编辑出版。1964年创刊，季刊。限国内发行。至1986年12月共出版77期。

《甜菜糖业》（制糖分册）是全国性科技情报刊物，以技术为主，主要报导甜菜制糖方面的生产经验、技术改造、科研成果、制糖基础知识、先进技术、工艺、设备、基础理论研究、学术论文、生产自动化、节能措施、综合利用、污染防治、国外科技、出国考察、专业会议的内容。

1986年共发表64篇文章。

【火柴工业】 由全国火柴工业科技情报站，中国火柴工业协会编辑出版。1979年创刊，季刊。

编辑部地址：天津市和平区多伦道240号。

本刊是火柴工业唯一的专业科技期刊。主要刊载国内外火柴科技动态、发展方向、交流经验等内容的文章，反映国内外火柴工业经济现状，为我国火柴工业的发展提供科技资料。

主要栏目：新产品、新工艺、新设备、新材料、技术探讨、经济情报、新科研成果、企业管理经验、市场动态、会议消息、综合评述、火花专栏等。

【中国塑料】 由全国塑料加工工业科技情报站编辑出版。1987年创刊，季刊。限国内发行。

编辑部地址：北京阜成路3号。

《中国塑料》是全国性塑料科技综合刊物，主要报导国内塑料工业，以塑料加工工业为重点，以塑料加工应用为中心，广泛报导塑料原料工业，加工工业，塑料机械工业的新成果。重点介绍国内外塑料工业科研、生产、应用开发方面的论文、学术报告、塑料测试与标准化工作(包括理论、技术、设备)、市场调研、预测、技术市场动态、生产经营管理经验、技术与专利引进剖析等。

【电池】 由全国干电池工业科技情报站、湖南轻工研究所编辑出版。1980年创刊，双月刊。至1986年底已发行62期。每期约7万字。限国内发行。

编辑部地址：湖南省长沙市仰天湖新村1号。

本刊是干电池行业的综合科技期刊，主要报导锌锰干电池及其它系列的各种电池科研、生产、使用等情况。

主要栏目有：综述、技术交流、企业管理、挖潜革新改造、技术讲座、讨论会、知识讲座、国外电池工业、文摘与题录。

1986年本刊编辑部被轻工业部授予“全国轻工业科技情报先进集体”的光荣称号。

【自行车科技】 由全国自行车工业科技情报站编辑出版。1980年创刊，双月刊。直1986年底共发行133期。

编辑部地址：上海市安远路360弄6号。

本刊主要报导国内外自行车工业发展动向，国内外自行车行业的有关理论、工艺、技术、设备、标准、管理经验以及行业的有关会议和信息等内容。

主要栏目有：工艺与设备、新产品、新材料、设想与试验、工作研究、专题讲座、企业管理、国外技术与信息、消息点滴、专论、专利、史话、轶闻、使用与维修、自行车运动、会议消息。

【制笔】 由全国制笔工业科技情报站编辑出版。1980年创刊。季刊。至1986年底共发行25期。本刊被列入全国报刊索引《科技报》T 1493文体用品栏目。

编辑部地址：上海市天目中路397号。

本刊是全国制笔行业唯一的科技情报刊物。主要报导全国制笔行业包括自来水笔、圆珠笔、铅笔、活动铅笔、油墨、墨水以及新门类的书写工具在生产科研中的科技成果、新产品、新工艺、新材料、新设备、全国制笔行业的技术引进、学术交流、市场调研、制笔行业的理论研究、基础知识介绍、国外制笔行业的动态（新产品开发、新技术应用等)、国外制笔标准、制笔专利等内容。

本刊共有40多个栏目：理论研究、基础知识、考察访问、技术讲座、材料研究、工艺研究、模具设计、技术引进、经营管理、新产品新工艺、新材料、新设备、市场预测、测试仪器、测试分析、市场调研、表面处理、国外市场、环境保护、国外标准、国外文摘、讨论园地、2000年制笔工业发展对策讨论等。

【缝纫机科技】 由全国缝纫机科技情报站编辑出版。1980年创刊，双月刊。内部发行。

编辑部地址：上海市中山南一路210号。

本刊系科技经济信息刊物。综合缝纫机、服装、针织、皮革、刺绣等行业的科技资料，反映国内缝纫方面的科技成果，介绍国外新产品、新工艺、新材料、新设备及市场动态。文章短小精悍，内容丰富多样。

主要栏目有：缝纫设备、设计与工艺、科技动态、知识与讲座、缝纫机小工具、维修与调试、文摘与专利、读者与编者。

【香料香精化妆品】由中国香料香精化妆品工业协会、全国香料工业科技情报站、轻工业部香料工业科学研究所编辑出版。1973年创刊。1985年由《香精与香料》改名为《香料香精化妆品》,季刊。至1986年底共发行8期。

编辑部地址：上海市汾阳路138号。

本刊主要报导本行业国内外的科技成果、新工艺、新设备、新产品，交流科研生产经验等有关信息。

主要栏目有：述评、研究报告、新产品介绍、讲座、文摘、情况介绍。

【衡器科技】 由全国衡器工业科技情报站编辑出版。1972年创刊，季刊。限国内发行。至1986年底共出版41期。

编辑部地址：沈阳市沈阳区长春街一段集贤里5号。

本刊广泛系统地收集整理和报导国内外衡器行业的新产品、新技术、新工艺、新材料、市场动向和发展趋势，有关文献资料的题录或摘要、会议报导、译文、名词术语解释等。

【制鞋科技】 由全国制鞋工业科技情报站、轻工业部制鞋工业科学研究所编辑出版。1980年创刊，双月刊。至1986年底共发行32期。

编辑部地址：北京市东四六条45号。

本刊系全国制鞋工业综合性的科技情报刊物。主要报导国内外制鞋工业的科研成果、新材料、新技术、新工艺、新设备；产品设计、生产、管理方面的经验及标准化工作；制鞋技术的发展史；国内外技术动态；市场调研和预测等内容。

主要栏目有：综述、科学研究、技术革新、经验介绍、国外制鞋、国外考察、人物志、市场信息等。

【文体工业情报】 由全国文体工业科技情报站编辑出版。1980年创刊，双月刊。内部发行。至1986年底共出版35期。

编辑部地址：北京市北池子大街27号。

本刊是全国文教体育用品工业科技情报站的网刊。主要报导本行业的科研、新产品、技术革新、技术改造的完成情况；国内外有关文体行业的新技术、新工艺、新材料、新设备、新包装的介绍；公司、企业的情报工作及经营管理工作的先进经验；行业重点产品质量评比结果和质量分析的数据；名、优产品的发展史及重点厂史介绍；全国性的运动会和大型国际体育活动、体育比赛情况及器材介绍；本行业出国人员考察报告及座谈、采访纪录；国内外有关文体产品的展销会、订货会、交易会情况介绍；文体产品的发展趋势及市场动态情况；技术引进、来料加工、补偿贸易、合资经营等中外经济合作的效益和经验以及其它有关文体行业技术、经济情报资料的内容。

版面栏目有：科技成果介绍、新产品介绍、情报知识座讲、专利文献介绍、市场动态、技术转让、资料目录选登。

【全国轻工信息】 是由轻工业部和新华通讯社联合主办的供内部参考的信息刊物。

1985年11月创刊。周刊。全年52期。至1987年4月共发行70期。

编辑部地址：北京市第9609信箱。

《全国轻工业信息》受权发布轻工业部有关计划、生产、科研、外事、供销、财务价格、基建等综合部门和专业部门的政策、指令、统计数字和通报等各种指导类信息、为轻工业各级领导经营决策提供依据。同时还密切结合国内外消费品工业生产的发展和市场动向，及时提供可靠的动态类经济、科技信息。

主要栏目有：轻工业部专讯，国内信息（包括：市场、新产品、新材料、新设备、信息服务、轻工专利），海外信息（包括：研究与开发、技术与产品、市场与价格）。

（郑美玲）

新　闻

【中国轻工业报】 《中国轻工业报》1986年由1985年每周一期，改为每周出两期，每逢星期四、星期日出版，全年共出版103期。

在中共轻工业部党组织领导下，《中国轻工业报》在宣传党和国家有关轻工业的方针、政策和轻工业部采取的各项具体措施，向社会报道轻工业生产建设成就，交流经济技术信息，反映本系统职工精神面貌，介绍轻工业名、优、新产品等方面，均取得了一定的成绩；在众多的产业报行列中，树立了自己的形象，知名度正在逐步提高。据不完全统计，由中央人民广播电台、中央电视台、北京电视台及《人民日报》等报刊摘播或转载的新闻或文章计有150余条（篇）次，使轻工业的各项活动在社会上产生了广泛的影响。

报纸质量较1985年有了明显提高，新闻时效性也有显著增强，版面栏目增加，较之初创的1985年更有了生气。发行量年末比年初增加了50%，比初创的1985年初翻了一番。

各版分工也逐渐明确了，内容也较丰富了，设置了不少受读者欢迎的栏目。诸如：

新闻版（一版） 是综合新闻版，主要刊登党和国家关于轻工业的重要方针、政策，各地轻工业发展动态，轻工业发展趋势的分析预测，轻工业生产建设以及轻工业品消费中存在的倾向性问题，以及轻工业战线上的典型人物介绍等等。主要栏目有："在改革的道路上"，"经济工作述评""省、市领导谈轻工""新风赞""轻工动态""出口动态""天地纵横""市场见闻""开放之窗""专家建议"及"读者来信"等。

管理版（二版） 主要反映轻工业的行业管理、企业管理、生产经营等方面经验。这个版又可分综合版和专题版两类，专题版中，又可分为行业版、地方版和调查研究版。综合版设有"来自改革第一线的报告""随感录""论坛""厂长的话""工作研究""经营之道""轻工通讯""新闻集锦""经济案件汇萃""他山石""读者来信""记者来信"等栏目。专题版中行业版，主要反映轻工业各行业的历史、现状、发展趋向、各方面成就、与国际先进水平的差距、存在的问题等等方面；地方版主要反映各地轻工业发展状况、地方特色、生产建设成就以及存在的问题；调查研究版主要反映轻工业各行业发展中各种问题的探讨。

信息版（三版） 主要反映轻工业品国际、国内市场信息，包括各类产品的产销情况，供求趋势，新产品、新技术方面信息。主要栏目有："市场预测""市场分析""市场拾零""供求信息""轻工市场""售后服务""新产品""科技简讯""技术市场""国外新产品""世界轻工""国际市场""走向世界""轻工产品在国外""考察归来"等。

生活版（四版） 旨在促进轻工业产品的生产与消费，丰富轻工业战线广大职工的业余文化生活，发展轻工业战线社会主义精神文明建设。共设四个专版：综合版，提倡新思想、新观念，鼓励广大职工努力站在时代的前列；"职工园地"版，用以加强职工思想、文化、法制教育；"翡翠"版（即文学版），用文学形式宣传轻工业先进企业和先进人物的先进事迹；"群星"版（即产品版）用文学形式宣传名、优、特、新产品。主要栏目有："槐荫杂谈""耕耘者""张博士漫游轻工世界""知识窗""街头""一瞥之间""四有新篇""华厦揽胜""何干事琐事录""火花""班组之间""文化宫""俱乐部""文化课堂""生活顾问""婚姻与家庭""美味篇""史话鳞片""报告文学""小说""散文""观星阁随笔""能工巧匠""掌故传奇""银河泛舟""数珍楼""名优橱窗""中华美酒”等。

【全国轻工系统1986年十大新闻】《中国轻工业报》于1986年底评定当年全国轻工系统十大新闻。

一、赵紫阳总理题词赞扬长城风雨衣公司经理张洁世坚韧不拔的改革创新精神，一心一意为人民的廉洁作风，号召大家向他学习。

二、1986年，轻工系统平均每天有八种以上的新产品、新花色投入生产，这些新产品、新花色的产值占全国轻工业总产值7％。

三、1986年轻工业总产值预计突破1 500亿元，出口创汇创历史最高纪录，达到50亿美元。

四、我国海盐、自行车、洗衣机、缝纫机、电风扇1986年产量均居世界首位。

五、在第七届世界杯体操赛上全部使用我国的体操器械。

六、“雪花”冰箱质量下降引起极大反响，为此老专家沈鸿和轻工部部长杨波、副部长于珍互致信函，共商如何提高轻工产品质量。

七、北京、上海十六位老艺人首次被授予工艺美术特级大师称号。

八、我国第一次规模盛大的全国钟表博览会在京举行，全国有240个钟表厂家、700多种款式的钟表参加展出。

九、轻工业部、航空工业部两部部长亲切对话，共商振兴我国轻工业。航空工业部将集中3 000名技术人员、3万名职工支持轻工业改造。

十、我国生产室内装饰用品的企业已拥有800多家，产值超过40多亿元，成为轻工系统迅速发展的新兴行业。

（谢祥英）

轻 工 协 会

【中国轻工协会】 1986年轻工学会工作主要情况如下：

一、中国轻工协会第二届第三次常务理事会于1986年4月26日在北京举行，会议审议并通过了《中国轻工协会1985年工作总结及1986年工作安排》；听取了《关于中国轻工协会1985度财务收支情况汇报》；通过了《关于组织工作的提案和汇报》。会议一致同意增选康仲伦同志为副理事长，郑春滨同志为副理事长兼秘书长，李为同志为常务理事。会议还同意推荐四川省一轻厅副厅长徐荣凯同志为常务理事候选人，会后按程序进行通讯选举。

二、中国轻工协会长城玻搪窑炉科技联合开发公司于1986年1月14日在上海成立。

三、中国轻工协会表面涂饰专业委员会于1986年11月正式成立，办事机构设在上海轻工研究所内。

四、中国轻工协会、中国煤炭学会、中国金属学会、中国有色金属学会、中国核学会、中国硅酸盐学会、中国化工学会等七个学(协)会于1986年11月21日到26日在河北唐山市联合召开了第二次全国采矿学术会议。会议交流了采矿工程近几年在新技术、新方法、新工艺、新材料方面的科研成果和应用经验，提出了有益的建议供领导和决策部门参考。

五、中国轻工协会邀请电子计算机局、中国技术经济研究会、轻工业部日用品工业局、轻工业部食品发酵所、家电研究所、北京塑料研究所和无锡的有关专家、学者于1986年7月31日至8月2日在无锡市召开了无锡市2 000年发展战略论证会，对“无锡市轻工业2 000年发展纲要”进行了研究、论证，并对无锡市轻工业2 000年发展战略的基础评估、发展途径、综合措施和战略目标等提出咨询意见。

六、据不完全统计1986年中国轻工协会各专业协(学)会，各省、市、区轻工协（学）会共举行国内学术交流会议420次，参加人数16 032人；国际学术交流活动74次，参加人数3 923人；共交流学术论文1 363篇。出版科技刊物34种，发行量12.8万册；出版科普刊物24种，发行量50万册；举办科普讲座44次，参加人数5 362人；举办科技培训班476次，参加人数13 708人；开展咨询项目400余项，参加的科技人员有1 288人，咨询服务收入19.8万元，创经济效益1 000余万元。

（刘天水）

【中国造纸学会】 1986年充分发挥理事会的领导作用，在各工作委员会和各地方造纸学会的大力配合下，圆满地完成了1986年学会的各项工作。主要情况归纳如下：

学术活动：中国造纸学会1986年共组织国内学术交流活动92项，交流学术论文252篇，参加人员共668名。开展活动的有硫酸盐法制浆、涂布加工纸、机浆新闻纸、白板纸、电容器纸、机械设备、纸史研究以及碱法草浆专业技术委员会。其中较有影响的是中国造纸学会和中国林学会联合召开的“林纸联合论证会”。参加会议的有轻工业部和林业部的领导、专家、教授、工程技术人员以及首都10家新闻单位的记者共计99人，收到论文60余篇。会议研究了林纸联合的各种形式及其政策措施，探讨了林纸联合的必要性和可能性。会议最后向党中央书记处和国务院呈报了建议书。会议受到了轻工系统、林业系统以及社会各界的广泛关注。

此外，“中国造纸学会国外学术交流工作委员会”1986年共进行了较大的国际学术交流协作活动9项。

接待了来自美国、法国、英国、瑞士、瑞典、日本等国的36名教授和企业家，分别就造纸工业中的碱性施胶、化学助剂、纤维素化学以及新设备、新技术等专题进行交流、探讨。经过交流，国内已有6家纸厂及科研所与美国、瑞士以及英国的部分公司签定联合实验或技术攻关的协议，同时中国造纸学会还将从1987年向瑞典沃伦堡奖金会推荐中国候选人；国际纸史协会接纳中国造纸学会会员王菊华、黄河二同志为国际纸史协会会员。

编辑工作：1986年中国造纸学会除了继续出版学术性期刊《中国造纸》双月刊、《国外造纸》双月刊和科普性杂志《纸和造纸》季刊外，根据行业发展的情况及社会需求，增加出版《全国造纸信息》月刊和《纸史研究》半年刊，从而使学会的期刊更趋向系统化，结构合理化。

组织工作：组织工作委员会于下半年在安庆市召开了全国各省、市、自治区造纸学会秘书长暨团体会员代表大会，大会上修改了中国造纸学会章程修改草案（讨论稿），讨论了中国造纸学会“七·五”期间工作计划（讨论稿）。在结合中国科协“三大”会议精神的指导下，确定了今后学会活动的几个重点即：开展横向学术活动，更新知识和普及教育，提高所属刊物的质量，组织评选优秀论文，坚持咨询服务的方向，争取经费自理，加强组织建设，扩大会员队伍。中国造纸学会1986年新发展团体会员单位12个。

咨询工作：科技咨询中心本着科技咨询为社会服务、为人民服务、为经济建设服务的宗旨，1986年继续为河南省焦作纸厂年产5万吨棉杆纸板的扩建项目提供技术咨询。5月份在保定市召开了全国造纸技术信息交易交流会，参加会议的单位共243个，交易会期间意向洽谈150项，意向成交56项。另外，科技中心还举办了为时三个月的碱回收学习班和为时2个月的微机管理学习班，参加人数80名，由于学习的理论知识内容与生产实践结合比较紧密，因此，反映和效果都比较好。

科普工作：科普工作委员会1986年除了继续编辑出版《纸和造纸》季刊外，经轻工业部批准，组织编辑我国造纸工业第一部综合性、技术性、资料性的大型工具书《中国造纸年鉴》1986年卷，计划于1987年出版。

（陈　璿）

【中国轻工劳动学会】 编写《轻工业劳动工作手册》。《轻工业劳动工作手册》是中国轻工劳动学会1986年重点学术活动之一。这项工作是同轻工业部劳动工资司和轻工业出版社共同组织进行的。《轻工业劳动工作手册》是一部工具书。它的读者对象面向全国各有关行业（大轻工），以轻工系统广大劳动工作干部为主；在内容上，实用性与知识性相结合，以实用为主；在深度上，普及与提高相结合，以普及为主。全书60万字，分为三大部分，第一部分轻工业各行业生产劳动特点；第二部分为轻工业劳动工作简明历史；第三部分为轻工业的劳动工作手册。第三部分约占50万字，近400个条目，是全书的主体。这部分又分为八章即：（1）劳动工作的任务和内容；（2）劳动力的组织与管理；（3）工人的技术培训；（4）劳动报酬；（5）劳动保险与职工福利；（6）劳动保护；（7）劳动计划与统计；（8）劳动科学研究与现代化管理。

《轻工业劳动工作手册》的主编，由轻工业部副部长、中国轻工劳动学会会长王文哲同志担任。编辑委员会的成员由七人组成：王文哲、伊苇、魏寅生、曹声道、陈传奇、郭晖、张核。本书第一部分《轻工业生产劳动特点》是由各省市轻工业厅局推荐的有代表性的企业负责提出草稿，中国轻工劳动学会编辑部负责加工整理，最后请轻工业部有关专业局审定；第二部分《轻工业劳动工作简明历史》主要由轻工业部劳动工资司和中国轻工劳动学会有关同志撰稿；第三部分，《轻工业劳动工作手册》，采取征集和邀请相结合的方式，吸收了70多名作者，其中，大部分是轻工业部系统内有经验，又有一定理论水平的实际工作者和北京经济学院的教师、研究生。为了确保质量，按《手册》第三部分框架结构，组成8个编写小组，每组聘请两名比较有经验的同志担任组长，负责小组统稿工作。

《手册》的编写工作，大体分为四个阶段：酝酿发动提出框架结构阶段，“五定”（定框架、定作者、定小组统稿人——组长、定编写口径及方法、定进度）阶段，个人分工编写与小组统稿阶段，总筹定稿阶段。

开展学术研究活动。中国轻工劳动学会依靠各方面的关怀和支持，经过一年多的努力，初步组成了三支队伍，成为全系统开展劳动科学研究工作的骨干力量。三支队伍，一是发展了170个团体会员（其中企业会员110个），每个团体会员单位指定一名联络员，形成一支联络队伍；二是通过召开理论讨论会，初步形成130多人参加的撰写文章的理论队伍；三是通过组织编写《轻工业劳动工作手册》，初步形成一支70多人参加的作者队伍。此外，还有93名理事。这四股力量成为学会开展学术活动的骨干。

中国轻工劳动学会的成立，对各省市轻工业系统开展劳动科学研究工作，起到了推动促进作用。目前，各省市轻工系统开展劳动科学研究的队伍正在形成，势头很好。行动比较快的省、市轻工厅（局）已经成立了劳动学会、研究会或学组。据不完全统计，到1986年末，湖北、吉林、黑龙江、浙江省和上海、沈阳、大连、西安等市的轻工系统，成立了劳动学会(学组、研究会)，四川，天津和中国盐业总公司成立了筹备小组。

轻工集体企业工资和保险制度改革理论讨论会在湖北宜昌召开。1986年11月，由中国劳动学会、轻工业部劳动工资司、中国轻工劳动学会和全国手工业合作总社办公室四家联合，在湖北省宜昌市召开了《轻工集体企业工资和保险制度改革理论讨论会》。讨论会共征集到学术论文，调查报告等133篇，提交会议宣读交流和书面交流43篇。根据大会交流和小组讨论的材料，理出七个重点课题，并把不同学术观点进行了归纳，形成《会议纪要》，供有关方面进行深化探讨。七个重点课题是：（1）关于集体企业与国家之间分配关系问题；（2）关于集体企业工资改革模式问题；（3）关于集体企业是否有统一工资标准问题；（4）关于集体企业征收奖金税问题；（5）关于集体企业实行股份制、租赁制中分配问题；（6）关于如何进一步发挥工资的经济杠杆作用，把集体企业放开搞活问题；（7）关于集体企业保险（统筹）制度改革问题。经大会介绍和小组讨论，对不同学术观点进行了论证，并对一些具体做法和经验进行了小配套。为了对这些问题进行深化研究，讨论会之后，由中国轻工劳动学会编辑部负责，会同中国劳动学会，对优秀的论文和调查报告，进行了加工整理，将其中的一部分，收编到《集体企业的工资、保险、股份、租赁》一书。参加这次讨论会的有：来自轻工系统、劳动系统、财税系统的论文作者；有国家体改委，国务院工资改革研究小组，劳动人事部，轻工业部，财政部税务总局，中国社会科学院经济研究所，《红旗》杂志社，北京经济学院，西北轻工业学院等有关部门的领导、专家、教授共81人。

（张　核）

【中国盐学会】 中国轻工协会盐学会1986年召开了第三届会员代表大会，选举产生第三届理事101人，常务理事24人，并选出了第三届理事会的理事长、副理事长和秘书长。会议还交流了47篇学术论文，体现出盐业科技和管理水平有了一个新的起点。其中，“软科学在盐业上的应用”、“海盐生产工艺新的计算公式”、“运用系统工程的方法进行盐业资源调查和宏观控制”等几篇论文，对现代管理方法在盐业上的应用，作了有益的探索，引起了代表们的浓厚兴趣和好评。

（庄克强）

【中国烟草学会】 中国烟草学会于1985年建立。1986年成立省级烟草学会的有贵州、黑龙江、四川、山东、山西、湖北、广东、上海、河南、安徽、辽宁、湖南等12个省、市。中国烟草学会设有农业、工艺、经济三个专业委员会和学刊编辑委员会。1986年的主要活动是：农委会着重于探讨提高烟叶质量，组织有关专家到闽西龙岩、上杭、永定和粤东大埔等优质烟叶产区进行考察，认为这些地区可作为我国东南部优质烟叶生产基地，该委员会还在云南分别召开了遗传育种、全国烤烟优质适产栽培以及病虫害防治讨论会，在湖南召开烟叶烘烤学术交流会，工委会分别在昆明、承德和牡丹江召开制丝生产线、药物型卷烟和盘纸生产技术讨论会，经委会在重庆召开会议就烟草行业实行专卖与搞活开放的辩证关系进行了初步探讨。

（张奇珍）

【中国搪瓷协会】 中国搪瓷协会成立于1984年11月，1986年经国家经委再次复查，正式得到确认。协会常务理事会下设经营管理与改革，技术开发与国际交流，人才开发，咨询服务，工业搪瓷等五个专业委员会；一个美术设计研究会；一个《中国搪瓷》双月刊编辑委员会和编辑部。1986年中国搪瓷协会新设立五个地区分会。

在本年内，协会主要做了以下工作：1.开展咨询服务。协会驻襄阳搪瓷厂的咨询服务队，经过近两年的努力，使该厂改变了面貌。这个厂在过去的9年中，商业补贴了54.6万元，财政拨款128.5万元，免税149.9万元，亏损109.4万元。9年来只缴纳税金23.8万元。1986年该厂纳税48万元，取得利润24.5万元。5月20日赵紫阳总理在襄樊市听取市政府的汇报后，对这一工作加以肯定，并要求巩固成绩，加以提高。国家经委对中国搪瓷协会的咨询服务工作也给予很好的评价。当年，协会还对湖北宜都搪瓷厂、青海互助搪瓷厂、内蒙古兴和铸造厂、河南周口地区搪瓷厂、宁夏银川建新搪瓷厂等企业进行了咨询服务。2.协助行政部门调查研究。1986年协会派出人员走访了中央有关部门和有关钢铁公司，基本上摸清了国产材料的生产供应情况；抽样调查了部分搪瓷厂的产品成本结构，原材料在成本中比重和其涨价幅度；对40多个企业的消耗成本和利税情况，以及年产量500吨以上的企业的搪烧炉产品产量和能源消耗进行了调查；并协助行政部门调查了各厂的“七五”规划制订情况和制订出《新产品管理条例》。协会还及时交流、通报各地搪瓷制品价格浮动情况。对一些“抓管理、增效益”比较好的企业进行了总结，并将其经验在行业中进行交流。3.编辑出版了《中国搪瓷》双月刊。经过二年试刊，到1986年底共出刊12期，提供资料180余万字，其中：著作稿152篇，译文稿70篇，文摘401条，消息报道166篇。为本行业的生产、科研、经营、教学等方面做了大量报导与交流工作，符合技术、管理、教学、研究人员的需要。1986年10月9日，经国家科委批准《中国搪瓷》双月刊公开发行。此外，协会还协助行政部门推广定型窑炉；举办短训班；参加标准的制订和组织人员参加国际搪瓷会议等大量工作。

（蔡吕春）

【中国眼镜协会】 1986年中国眼镜协会发展了5批团体会员。包括轻工、商业、农牧渔业、卫生、机械、教育等系统，现共有会员单位249个，会员42 808人，除台湾、西藏、贵州以外，各省、市、自治区都有会员单位。1986年眼镜行业工业总产值24 870万元，利润5 590万元，产量有镜架1 701万副（其中金属架543万副），镜片3 826万副，接触镜87 253只。

1986年协会协助行政部门做了如下工作：1.1986年，在上海举办了国际眼镜钟表展览会。2.组织行业调查，制订了眼镜行业"七五"规划。通过调查初步摸清行业的现状和存在的问题。协会质量检测、经营管理、技术开发三个专业委员会还联合组成16人调查组，对行业内企业进行了典型调查。分别调查了13个省，48个企业，其中：全民24个，集体15个，中外合资企业2个。收集调查表41份，抽样55种、480件。调查中发现，产品结构有变化，塑料架代替了大部分赛璐珞架，金属架、半金属架的产量有很大增加；光学和变色镜片代替了传统的普通镜片，软、硬性角膜接触镜发展比较快。工艺技术有新突破，电熔压制成型工艺代替了人工用嘴吹玻璃球工艺；金钢石砂轮铣磨，微粉精磨高速抛光工艺代替了传统磨料工艺；镜片磨边成型采用金钢石砂轮仿形磨边机代替手工划片磨边工艺；开发了塑料架的铣型注塑工艺设备，采用铣型插芯，上铰链、滚光、染色新工艺。生产和经营队伍有较大发展。军工企业不仅投入镜片、镜架的生产，而且还制造眼镜专用设备和仪表。眼镜行业中的乡镇、街道企业，中外合资企业，城乡个体户均有较大发展。仅江苏丹阳县就有眼镜厂340家，从业人员15 000余人，年产值近亿元。湖南省镜片产量的80%以上出自个体户。中外合资企业，加上来料加工的全国约有40家。3.抓专业人员的培养。协会对上海眼镜职工中等专业学校开设眼镜制造专业和广州第一职工商业学校开设眼镜管理专业，起了很大的推动和组织作用。这二个专业面向全国招生，学制均为二年半。上海已招收了两个班，共60多名学员；广州招收了50余名学员。协会还协助并组织眼镜行业专家，为上海中专学校编写了眼镜专业教材。同时，协会还在北京、上海分别举办了两期眼镜验光、眼镜造型设计短训班，培养学员100多人。4.协会在商业部门的支持和配合下，着手解决配镜难的问题。据初步统计，全国目前能验光配镜的专业店已由1983年的400个发展到500个左右。现在大中城市配单光眼镜一周内即可取货，配散光镜的周期也从过去的30～40天缩短为15～20天。

（黄学袖）

展　览

【概况】 1986年，由中央部委、群众团体以及省市有关部门举办的各种类型的轻工业产品展览、展销会，比往年兴盛，香港厂商回国办展览的、外国客商来我国参加展览的和我国出国参加国际展览的也越来越多。这种现象的出现，是我国贯彻"对内搞活、对外开放"方针，在展览工作上的一个明显标志。展览次数增加、规模范围在扩大，已出现规模较大的综合性展览，组织形式趋于多样化；展览的地点、场所，既在展览馆举办也在百货大楼、商场举办。1986年在首都北京举办的展览就有34次之多，其中香港厂商举办的有3次、外国客商举办的有12次。在各省市地方举办的展览、展销会有23次，出国展览参加国际展览的有18次。展览过去都在展览馆举行，现在发展到在百货大楼、商场举办，既展又销同时洽谈订货业务。在广州举办的室内装饰配套用品展销会，是一个规模较大的综合性展览，有174家厂商参加展出，有家具、装饰灯具、室内电器、纺织配套用品、陈设用品、美容器械用品、建筑饰面材料、化工装饰涂料、厨房设备及器皿、卫生洁具与配件、门窗和配件、通讯音象设备、文体用品、消防报警设备等14大类产品共2 700多个品种。规模之大是过去少有的。展览的类型趋向多样化，除产品展览展销外，有产品设计、包装装潢，有软件、技术，有新产品样本展览等多种展览内容。还有江苏省举办的别开生面的"出口服装索赔案例展览"。外国客商来华参加展览的有日本、联邦德国、意大利、美国、澳大利亚、瑞士、英国、法国等工业发达国家。兹将在首都北京举办的、地方省市举办的、出国展览和参加国际展览的1986年轻工业产品展览展销会情况，各选择一部分介绍如下：

【在北京举办的轻工展览选介】 由中国国际贸易促进会北京分会和香港展览公司联合主办的国际纺织服装工业展览，于3月7日至19日在北京举行。参加展览的有联邦德国、美国、英国、日本、香港等14个国家和地区的300多个厂商。共展出纺织和服装专业机械500多台，是国内举办的国际纺织、服装机械展览规模最大的一次。

1986年，在中国国际展览中心举办的国际展览，与轻工业关系密切的展览会有11个：

5月6日至15日　罗马尼亚工业展览
5月15日至19日　国际服装机械展览会

5月14日至22日　意大利食品包装展览会
6月5日至15日　国际玩具制造技术展览会
6月30日至7月9日　国际体育仪器器材展览会
6月5日至12日　国际教育展览会
6月10日至16日　国际塑料橡胶展览会
9月18日至23日　国际广告制作设备展览会
11月15日至25日　苏联工业技术展览会
12月3日至10日　法国农业食品机械展览会
12月1日至6日　国际饮料制造技术展览会

大连服装展销会于4月25日至5月15日在北京展览馆举办。花色品种齐全、款式新颖的各式服装，深受首都男女老少欢迎。在品种繁多的服装中最受欢迎的有中年人穿的深灰色和浅灰色中山装，加肥暗花太太衫，款式新、花样多的青年人穿的夏令裙衫。还有大连市第二、第三呢绒服装厂制做的西装，由于款式大方、面料考究，都是展销会的畅销货。全国素负盛名的大连童装厂为孩子们准备的色彩缤纷的节日服装，是展销会的紧俏产品倍受欢迎。其中获全国儿童用品“金鹿”奖的玉兔牌童装，两天即已售完。

由香港喜好国际展销中心主办，贸促会北京分会接待，轻工业部、商业部赞助的国际轻工业机械展览会，于6月1日至7日在北京举行。有联邦德国、日本、意大利及香港地区20家公司参展。展出的产品有面包生产线、糖果生产线、饼干生产线、快餐饭盒生产线，方便米饭生产线、花生酱生产线、土豆粉加工设备等轻工业生产机械设备。

由民族文化宫主办的全国少数民族乐器展览，于7月18日至8月20日，在北京民族文化宫举办，展出了打击乐、吹奏乐、弦乐和改良乐器等民族乐器400余件。

北京西单百货商场为广东省顺德灯饰一厂开设的顺风、顺利牌全钢灯饰专柜，于9月1日开始展销。随着人们生活水平的逐步提高，住宅条件的改善，灯具作为一件高档的装饰品，已在逐渐为更多的人们所接受。展销的品种有豪华的水晶吊灯、吸顶灯、壁灯、台灯、座地灯、楼梯灯、楼底灯等一百多个品种。开业第一天销售额达14 000元，创该商场民用灯日销售额的最高纪录。

中国服装工业总公司供销经理部于9月30日至10月9日，举办了杭州市服装公司丝绸服装展销会。展出的服装款式有500多种，近一万件。展销的前四天，两面穿和一面穿的锦缎棉衣、男女绣衣、双绉、桑波缎套装、特号套衫、被面、涤棉方格男衬衫、粗仿花呢女西装、秋夹呢娃娃衫、卡西衫等产品销路非常好。

由轻工业部包装印刷联合总公司，全国印刷机械企业联合销售管理委员会，中国印刷物资公司，北京市印刷物资公司联合举办的1986年全国印刷、包装、装潢机械展销会于10月4日在北京农业展览馆举办。展品包括新闻、出版、包装、装潢、塑料制品、电子电器产品、文件等印刷使用的编排、制版、印刷、装订、裁切等各种专用设备及通用设备。

国庆前夕，苏州灯具联合公司在北京东风市场举办民用建筑灯具展销，购买者十分踊跃，三天销售额达8万多元。苏州灯具联合公司有6个专业灯具生产厂，是我国重点灯具生产企业之一，灯具品种近千个，年产185万台套，畅销全国各地。这次进京展销的品种以吊灯、壁灯和吸顶灯为主，有140余种，多是近年来设计生产的新产品，其中也有获奖的产品。款式新颖、结构合理，有的采用喷砂、刻花、贴花、仿金电镀工艺制成的各种动物和花卉造型的新颖灯具，既有浓郁的民族特色，又有强烈的时代感，价格也比较便宜，受到顾客的青睐。

南京日用工业品展销评议会在北京市百货大楼，于10月15日开幕至25日结束。吸引了成千上万的消费者光顾选购。参加这次展评会的有轻工、食品、电子、纺织行业的产品共计1 300多种，其中名优特产品有159种，还有不少新产品，汇集了南京日用工业品的精华名萃。获得国家银质奖的熊猫牌电子产品、电工牌日光灯、江花牌钢化玻璃器皿、万里牌、长城牌皮鞋、钟山牌镀金女表，大桥牌26吋女彩车、芭蕾牌化妆品、友谊牌男女西服、儿童爽口液等，深受消费者欢迎。

第二届天坛家具展销定货会于10月18日至30日在北京农业展览馆举办。展出了该厂1986年新设计制做的餐厅、客厅、卧房、书房、客房、办公、会议、计算机房、幼教、庭院、旅游、健身等12个系列210多种500多件产品。其中多功能健身椅，以它简练的造型和独特的功能，赢得了顾客们的好评，五颜六色的幼教家具，引起了与会小朋友和家长以及幼教人员的极大兴趣。

由《中外产品报》举办的全国首届营养补剂暨科学知识展览会，于10月25日至11月6日，在北京中国革命博物馆举办。随着人们生活水平和知识水平的逐渐提高，人们已经不仅仅满足于吃饱，而是要吃好，要在饮食上讲究科学、增加营养。各种补品随之越来越多地与消费者见面了，它不仅为老幼病弱者食用，而且越来越多地走进了健康人的家庭。这次展销会展出了几十家企业的产品，其中有久负盛名的名优产品，如哈尔滨制药三厂的人参蜂王浆、有北京葡萄酒厂的莲花白酒和桂花陈酒、有北京天然补品厂的花粉素等。展览会还用文字和图片介绍了这些产品的营养成份等知识。

安徽省合肥元件七厂生产的雀翎牌调温、恒温电热毯及中草药保健电热毯，10月下旬在北京东风市场展销期间受到顾客欢迎，日销一千多条，特别是中草药电热毯引起首都市民的很大兴趣。该厂是最早生产电热毯的厂家之一，年产120万条，雀翎牌电热毯曾荣获安徽省优质产品证书，他们在中国中西医结合研究会安徽分会的协助下，利用中西医热透疗法和中医外治疗法，研制出中草药保健电热毯，对腰、胃、关节等病患者很有疗效。该厂还在全国电热毯行业中首次向保险公司投保，在三年内，用户因电热毯故障引起其他意外事故的，由保险公司赔偿损失，此举使用户更加放心，促进了产品销售。

全国钟表博览会。由中国钟表协会主办、北京钟表工业公司及其自销中心协办的全国钟表博览会，于11月17日至26日在北京民族文化宫举行。国务委员张劲夫为博览会剪彩，在轻工业部部长杨波陪同下，参观了我国钟表工业丰富多彩的产品和图片。钟表博览会历时十天，平均每天有八千至一万人次参观了展览，共销售两万只产品。其中，手表零售加批发共销售250万元。石英表占25%。19日、23日，彭真委员长、陈丕显副委员长和中顾委副主任宋任穷参观了博览会。彭真参观博览会后说："钟表工业取得了很大成绩，希望今后能超过日本。"这次博览会取得了圆满成功，盛况空前，它体现了三十年来钟表工业的建设成就。通过各种资料和实物，充分显示了我国钟表工业的实力，体现了多、新、美钟表产品的特色。这次博览会还为各钟表厂家提供了一个极好的学习机会。到23日为止，约有两千人专程来京参观。通过博览会，使各展团参展人员和学习人员增强了提高质量、上花色品种、迅速提高外观能力和加速钟表石英化进展的紧迫感，有助于经营决策的转变，以适应市场的变化。

由北京市西单百货商场、鞍山市一轻工业公司、二轻工业公司，纺织工业公司举办的鞍山轻工针织产品展销会在京举行。近30家单位的443种产品参加了展出。

今天的钢城，除钢铁产品外，琳琅满目的轻工民用品以崭新的面貌展现在人们的面前。其中省以上优质产品有57种。有获国家银质奖的海城丝绸厂生产的"千山绸"；获轻工业部优质奖的鞍山新华印刷厂生产的"鹤牌扑克"；获国家银质奖的鞍山钢木家具厂7 609全电镀软折椅；被评为国家优秀儿童用品的鞍山方便食品厂生产的菠萝豆、鞍山长甸童装厂生产的女童套装等产品。轻工业部定点生产自行车专业厂鞍山自行车总厂采用优质15钛钢制造的梅花牌自行车，具有体轻、防腐、耐用等优点，在全国各地有600多个消费网点，产品供不应求。鞍山钟表总厂生产的白鹤牌闹钟、飞鸽牌石英钟、鞍山市帆布靠垫厂的席梦思床垫、鞍山虹桥五金厂生产的不锈钢菜刀等产品，都是消费者欢迎的产品。

江西共青羽绒制品厂生产的"鸭鸭"牌羽绒制品，从11月4日至20日在北京市东四人民市场、民族文化宫同时展销。展销的羽绒制品丰富多彩，有男女老幼大衣、登山服、背心、手套、被褥、枕头、睡袋等。产品加工精细、造型新颖、质量优良，给严寒的北京增添了暖意。

在北京举办的不锈钢制品展览会上，当选为最受欢迎的25种产品由商业部百货局颁发了证书。这25种产品是：上海不锈钢器皿厂的美式高锅、有盖煎盘、28厘米单柄炒锅；上海跃进厂的大号饭盒、二号格食篮盖杯、14厘米、16厘米长柄锅；上海搪瓷五厂18厘米、20厘米中高锅、方盘、28厘米圆盘；上海搪瓷三厂的22厘米的叫嘴水壶；广州肇庆不锈钢器皿厂的大号饭盒、9吋火锅、18厘米到22厘米高锅；广州扬江12厘米、14厘米单盒带花食蓝；天津不锈钢器皿厂的30厘米双篦锅、精美牌三件套厨具；天津第三餐具厂的皇冠牌四件套厨餐具、26厘米单柄炒菜锅；天津厨具厂的双峰牌厨具；天津不锈钢制品厂的擦丝器；抚顺市五金制品厂的22厘米复合低压力锅；温州不锈钢制品厂的五件套炊具；杭州金属制品厂的多刨器；山东泰安新大铝制品厂的圆菜盒。

全国室内装饰装修展览会。由国家经委、轻工业部联合主办的全国室内装修装饰展览会于12月13日至25日在北京展览馆举行。中共中央书记处书记郝建秀、国务委员张劲夫为展览会剪彩。费孝通、宋平、杨波、吴文英、郑柘彬、贾石等有关部门的领导人和全国室内装修装饰领导小组成员出席了开幕式。这次展览会是建国37年来室内装修装饰行业第一次全国性的、综合配套性的大型展览会。全国有576个单位和企业参加了展览，展出面积为9 600平方米，展台209个。展览会设序厅、中央厅和东厅3个展厅，以地区为单位展出。有客房、卫生间、厨房、餐室、咖啡室、休息室、美容室、写字间、会议室等93个样品间。

根据赵紫阳总理1983年以来多次指示精神，国家经委、轻工业部、城乡建设环境保护部、纺织部、国家建材局以及省市政府有关部门都把室内装修装饰工作列为重点，做了大量工作，取得了可喜成绩。我国室内装修装饰作为一个新兴行业正在迅速发展。生产室内装饰用品的企业已有800多家，产值已达40多亿元。在全国范围内已建立了北京、上海、辽宁、广东四个配套区，相继成立了78个室内装饰承包公司，其中省市级公司有16个，具备了从设计、施工到室内装饰用品组套供应的承包能力。据四个配套区18个装饰公司的初步统计，共承包107项室内装饰工程，总面积为20多万平方米，总金额为一亿多元。轻工部副部长于珍代表国家经委、轻工业部向首都新闻界发表讲话时指出:“当前，就全国产品质量水平而言，已基本上达到了中档旅游宾馆的装饰标准，个别产品也符合高档宾馆的要求”。

【地方举办的轻工展览选介】 广东省首届室内装饰配套用品展销会，于1985年12月30至1986年1月6日在广州对外贸易中心举办。主办单位：广东省经委和省室内装饰配套用品协调小组。展览会占地面积4000多平方米。展出了174家企业生产的各种家具、装饰灯具、室内电器、纺织品配套用品、陈设用品、美容器械用品、建筑饰面材料、化工装饰涂料、厨房设备及器皿、卫生洁具与配件、门窗和配件、通讯音像设备、文体用品、消防报警设备等14大类产品共2700多个品种。此外，还展出全部用国产材料设计和装饰的宾馆卧室、套房、会客室、现代写字楼、豪华美容厅、中式餐厅、酒吧间、咖啡厅、现代家庭厨房和标准卫生间等10种样板室（间）。

江苏省外贸服装公司，于2月在江阴安排了一次别出心裁的展览。近百家生产出口服装的厂长、经理参观了“索赔案例展览”。展览会陈列了一件件被索赔的实物和文字说明，使代表们看到了出口服装质量上存在的问题。江苏出口服装金额已达到12500 万美元，占全省外贸出口的20%，生产外贸服装的厂家约有100多家，分布在全省各地。由于一些生产厂忽视产品质量，外商索赔事件时有发生。为了搞好产品质量，增强国际市场竞争能力，努力多出口，多创汇，省外贸服装公司会同有关部门在江阴召开了这次出口服装质量会议，会上对13个生产厂进行了表彰。同时举办了“索赔案例展览”。

由香港永宜贸易公司和广东省珠海特区珠海度假村合办的香港轻工机械陈列中心于5月20日在珠海度假村商业服务中心举办。展出的产品是香港生产的具有八十年代水平的屏幕显示全电脑自动控制精密注塑机、微电脑全自动凸版卡片印刷机，全自动发泡胶成型机等。

浙江工业产品赴西南南北展销订货会于10月12日起在四川省绵阳市举行。参加展销的有来自全国20多个省城自治区4 000多位代表，2 100多家企业，参展的产品有5 000个，展览会场占地7 000平方米。浙江省参加展出的商品中80%以上是轻工业产品，共有20多个大类，3 000多个品种，组织了约20亿元货源。浙江的家电、服装、食品、丝绸等展销馆里，产品琳琅满目，人们争相选购，客户踊跃订货。绵阳市各展团成交了5 700多万元，成交额之大，在全国各类展销订货会上是少见的。

由江苏省对外贸易公司、江苏省鞋帽工业公司和无锡市服装工业公司联合举办的日本山福贸易株式会社先进时装缝纫设备技术交流会，从10月10日到14日，在无锡市艺华服装厂举行，共展出开片、裁剪、整烫、绣花、拉网、放样等94台（套）先进时装缝纫机械。

9月18日至23日，由贸促会天津分会主办的国际皮革工业展览会在天津举行。会上展出了制革技术、制鞋设备、制胶设备。美国、加拿大、日本、联邦德国等外国厂商参加了展出。

由上海市国际贸易信息和展览公司主办的国际模具技术与设备展览会，已于6月在上海举行。参展国家有美国、瑞士、英国、法国等。

陶都宜兴陶瓷展销会。由江苏省陶瓷公司和香港中艺公司于8月在香港联合举行的陶都宜兴陶瓷展销会上展出的产品都是近几年研制成功的最新产品。品种有：驰名中外的紫砂工艺陶、青瓷、均釉陶、彩釉陶、精陶、美术陶、旅游陈设陶以及传统日用陶和园林陶瓷等。分为茶具、酒具、艺术餐具、花瓶、花插、壁饰、插(挂)盘、雕塑、艺术灯具和喷金新装饰特艺品等。这些产品造型新颖、风格独特、装饰别具一格，具有时代生活气息。某些产品还具有较高的艺术欣赏和珍藏价值。

天津市一轻局于7月21日至28日在香港举办了天津轻工产品赴港展览会。展出了574种新产品。每日到展销会的参观者川流不息，香港市民多数不知道天津市能生产这么多日用消费品，他们在展览柜前寻找自己喜爱的用品。来做生意的客商们在展柜前细心地搜寻能够做买卖的商品。被他们看中的都是有特色的产品，而一般大路货产品多遭冷落。成人、儿童均可骑用，折叠后可放进手提包，携带、存放十分方便的16吋三折叠自行车备受香港市民和客商的青睐。有三个大公司要求经销这种车，不少参观者要出高价买展览会唯一的一辆样品车。而自行车展柜上其他28吋、26吋等十几种在国内十分热销的车型却很少有人问津。采用光敏新技术、可以把人像照片、国画等烧结到瓶体上的光敏玻璃艺术瓶也吸引了许多客商。造型简洁的10件野营餐具很有销路，素色面盆也有订货，而大红牡丹花的搪瓷盆却不吸引人。被客户看中的还有动物造型儿童钟、精刻艺术玻璃、金属印刷画、绢面线装集邮册、相册等。展销会反映，我们的产品在香港，在国外不是没有销路，主要是产品设计思路不对头，款式不对路，只有按国外消费习惯、要求和特点改进产品设计，才能打开产品出口销路。扩大出口市场。

江苏省镇江市科技情报所和轻工业情报所于9月8日至13日在镇江市举办了“国际最新产品样本展

览”。展出的有造纸、食品、塑料、家电、服装、家具等行业的制造设备和新产品。

香港现代中国有限公司于12月9日至15日在广州外贸中心举办了国际印刷、造纸及纸制品技术设备展览会。　（王文侠）

四川省二轻旅游产品评比展销会由四川省第二轻工业厅与省计经委、省对外贸易厅、省旅游局于1986年9月24日联合举办的《四川省二轻旅游产品评比展销会》10月8日结束，占用场地3 670平方米。6个展厅。陈列全省20个市、地、州509个二轻企业和四川省工艺美术研究所、省工艺美术学会、省美术学院的各类旅游工艺品、纪念品、旅游用品、食品共2 947个花色品种，其中属于新品种，新花色、新工艺、新材料的新产品14020个，占送展产品总数的41.6%。

参加本次评比展销会的有全省23个代表团，工业代表人数832人。还有广西、武汉、天津、河南、上海、安徽、新疆、哈尔滨、广州、昆明、北京、陕西等省、市和省内园林、宾馆、商店、民航、工艺美术服务部、旅游产品销售门市部的商业代表。同时接待了美国、荷兰、日本、法国、瑞士、加拿大等国的旅游者、华侨及港商，成交总额647.88万元（不含会外成交5 00多万元），其中零售商品53.46万元。

会议上由专家、教授、专业技术人员和行政领导共同组成的评审委员会，对各地推荐出来的1 365个产品评出570个获奖产品，其中旅游产品优秀奖170个，旅游产品创新奖163个，旅游产品表扬奖237个。

（谢维甫）

【出国展览和参加国际展览选介】 中华人民共和国经济贸易展览会于7月25日至8月10日在莫斯科举办。有近千种中国优质轻工产品参加了展出，受到了广大苏联观众的欢迎。这些产品既有中国传统出口商品，也有近年来新开发的产品。这次展出的日用陶瓷制品，有茶具、酒具、西餐具、咖啡具以及其它艺术陶瓷制品，质地优良，做工精湛，造型幽雅。家用电器有万宝牌、香雪海牌和其它名牌电冰箱，小鸭牌、友谊牌洗衣机，以及各种电饭煲、吸尘器、灯具、电风扇等。日用化工制品有新型的浓缩型和杀菌型洗衣粉，气味芬芳的高级香皂，以及引人注目的20件套和14件套的美加净、露美牌成套化妆品等。此外还有种类繁多的文化用品、体育器材、日用百货等。展览会还展出了款式新颖、工艺考究的男女服装，如各种绣花、贴花、珠绣、勾花边的女式套衫和女裙等。为了向广大苏联观众展出中国服装设计师设计的各种以丝绸面料为主的出口服装，中国丝绸公司时装表演队在展览会期间，举行了富有中国民族特色并充满时代气息的时装表演，为这次展览增添了光彩，给广大观众留下了美好的印象。此次展览会上，还展出了机械、电子、石油化工、纺织、工艺、粮油、土畜产品和各种书刊杂志。展览会总面积为2 500平方米，参加展出单位有5个部门和22家外贸、工贸公司。

中国湘西土家族苗族自治州民间工艺美术品赴日展览团，于9—10月赴日展览受到日本各界的欢迎。展览团共携带了400多件土家族、苗族工艺美术精品，其中有民族服装、服饰、银器、织绵、苗绣、挑花、蓝印花布、花带、剪纸、编织、土陶、石雕、苗画和其他民间用具等。随团派出了民间剪纸、石刻、蓝印、织锦等能工巧匠现场表演。当富有浓厚的民族特色和风土人情的展品在大阪展出后，吸引了上万日本各界人士，排长队等候入场，以一睹西邻友邦瑰宝为快。在大阪展出6天，观众达2万多人，随后移到东京展出，前来参观的人络绎不绝。展览团的展出，引起了日本舆论界的重视，《读卖新闻》、《每日新闻》、《世界日报》、日本广播电台、电视台、都纷纷登载介绍文章和播发消息和录象。这次展览向日本人民展示了我国湘西民间民族工艺品的精湛技艺，同时也增进了两国人民的友谊。

中国出口商品展览会于10月在巴拿马举行。展览会展出的各类商品受到了巴拿马商人和观众的热烈欢迎。展出的地毯很快被巴拿马、美国商人争购一空。工艺品中的塑料盆景、景泰蓝、仿古瓷、唐三彩、仿古家具和轻工产品中的小五金、搪瓷、不锈钢餐具、锁头、唐山瓷板画、山东烟台的木刻挂钟及短袖服装等商品是最受欢迎的。有的商人提出，希望在当地建立长期销售商店。

为了适应我国对外经济、贸易的发展，中国国际贸易促进委员会1986年在17个国家举办了19个经济贸易展览会，其中参加国际博览会12个：

3月8日至17日	瑞士巴塞尔样品博览会
3月16日至22日	民主德国莱比锡春季博览会
3月26日至30日	日本神户进口博览会
4月12日至20日	意大利米兰博览会
5月2日至10月13日	加拿大温哥华世界博览会
5月5日至11日	保加利亚普罗夫迪夫国际博览会
7月12日至27日	马来西亚吉隆坡国际博览会
9月19日至22日	伊朗德黑兰国际博览会
9月19日至28日	匈牙利布达佩斯秋季国际博览会
9月24日至29日	博茨瓦纳哈博罗内国际博览会

9月26日至10月26日　美国达拉斯德克萨斯州博览会

11月1日至15日　伊拉克巴格达国际博览会

此外，在6个国家单独举办7个经济贸易博览会，即赴苏联莫斯科市举办经济贸易展览会，赴日本东京市，圣马力诺圣马力诺市、巴拿马巴拿巴市、喀麦隆杜阿拉市和雅温得市、法国拉德苏斯市等举办我国出口商品展览会。

上述展览中，规模最大的是赴苏联的经济贸易展览会，其次是赴日本和加拿大的展览会。展出的商品主要是轻工业产品及出口商品。在民主德国和保加利亚举办的博览会上对展出的商品进行了评比，其中轻工业产品有的获得了金质奖，为祖国赢得了荣誉。有的展览会采用了国际惯用的摊位展形式，展品就是样品，参展人员就是贸易人员，直接与客商洽谈贸易、签订合同。改善了过去展卖结合不紧的状况。我国赴瑞士巴塞尔、意大利米兰、马来西亚吉隆坡和日本东京等地的展览，都已采用了摊位展形式。

第52届巴黎国际女装博览会。中国轻工业部服装工业代表团一行6人，参加了于9月2日至10月1日在巴黎举行的第52届巴黎国际女装博览会。这是我国第二次参加国际女装博览会。全国25个省市共选送参展服装千余件套：有北国大连的柞蚕丝绸服装、南国江浙一带丝绸服装、广东的珠绣服装、少数民族的新疆艾德力丝服装和用民间蓝色印花布、蜡染、鲁锦、土家族土布等制成的丰富多彩的服装。经过评委会审评，从中产生了18个系列402件套服装参加了第52届巴黎国际女装博览会。

在402套服装中，根据款式和面料不同可分为18个系列，其中比较引人注目的是：麻系列、柞蚕丝绸系列和珠绣系列。麻系列服装，主要用国产优质麻织物，加以现代款式设计，形成了麻系列独特的效果。

国际食品博览会。应法方邀请，我国的保健饮料猕猴桃汁参加了于10月20日在法国巴黎开幕的国际食品博览会。巴黎国际食品博览会是一个由众多国家参加的大型展览，每年举行一次。我国于1984年第一次参加展览。这次送展的保健饮料新产品——猕猴桃汁，是轻工业部食品发酵研究所、首都医学院附属宣武医院合作研制的，由江西省婺源县山珍食品厂生产。它具有明显的降血脂及降血压的作用，对于冠心病的治疗及心肌病的防治有一定疗效作用。

（王文侠）

行 业 篇

造 纸 工 业

【概况】 1986年，轻工业部系统共有造纸工业企业1 628家，职工人数70.32万人。工业总产值994 388万元，比1985年增长9.8%。实现利润109 361万元，比1985年减少了3.3%。全员劳动生产率14 728元，比1985年提高了1.8%。主要产品产量如下表：

造纸工业主要产品产量

单位：万吨

产品名称	1986年	1985年	1986年比1985年增减%
纸及纸板总产量	998.57	911.15	9.6
其中：轻工系统内产量	689.73	658.92	4.67
新闻纸	41.44	42.53	−2.57
凸版纸	75.60	98.70	−23.41
双面胶版纸	28.28	25.53	10.77
单面胶版纸	15.46	13.94	10.90
书皮纸	2.01	1.45	38.62
涂料印刷纸	14.36	11.56	24.22
书写纸	50.45	37.67	33.92
打字纸	15.28	12.38	23.42
有光纸	50.16	41.96	19.54
纸袋纸	45.66	43.43	5.13
牛皮纸	17.59	15.98	10.07
卷烟纸	6.83	6.32	8.06
晒图原纸	1.20	1.42	−15.50
卫生纸	45.66	39.23	16.39
纸板（合计）	429.52	379.27	13.24
其中：工业纸板	6.1	4.82	26.6
油毡原纸	34.7	39.98	−13.2
包装纸板	388.72	334.47	16.22
回收碱产量	29.10	28.68	1.46

1986年，产量增长幅度在10%以上的有14个省(自治区、直辖市)。产量在40万吨以上的，由1985年的12个省、直辖市增加到1986年的13个。顺序是：河南、辽宁、四川、山东、江苏、浙江、广东、河北、吉林、湖南、黑龙江、福建省和上海市。1986年，轻工业系统内纸及纸板产量的增长为4.67%，而系统外纸及纸板的增长速度为22.44%。

产品质量。1986年，北京造纸一厂的静电复印纸获得国家金质奖，山东青州铝箔纸厂的真空镀铝纸获得国家银质奖；另有32个企业的21个品种被评为轻工业部优质产品。佳木斯纸厂、武汉防锈纸厂、上海中国板纸厂被评为轻工业部优秀质量管理企业。沈阳市纸厂二车间、佳木斯纸厂洗涤小组、红叶纸厂油毡原纸小组、池州纸厂蒸切小组、青州铝箔纸厂新产品试制小组、北京造纸一厂四号机小组、青铜峡纸厂制浆车间小组等被轻工业部授给优秀QC小组称号。

1986年上半年，一些企业的某些产品质量出现了波动。在国家质量管理部门的监督下，轻工业部造纸工业局和省市轻工业厅局对一些重点产品组织抽查检验，将不合格的产品在报纸上公布生产厂名和抽检结果，进行批评限期改进。9月轻工业部造纸局召开了质量工作会议，制订了严格控制产品质量的10项措施，并举办了全面质量管理学习班，质量波动的状况基本上得到控制，并逐渐稳定。

基本建设和技术改造。1986年完成基建投资39 165万元，施工项目共118项。全部建成投产的40项，部份建成投产的9项。技术改造完成投资83 893万元，施工项目共688项，完成投产的369项。基建和技改新增纸及纸板生产能力51.95万吨，新增回收碱能力2.1万吨。

上海江南纸厂年产2万吨高档涂布纸生产线已建成投产；佳木斯纸厂三号纸机，南平纸厂一号纸机二期改造工程均已建成投产，效果较好。南平纸厂技改工程已进行验收，由国家经委颁发了竣工验收证卡。天津纸厂6 000千瓦自发电工程和金城纸厂12 000千瓦电站工程也相继建成投产。

设备管理与节能。1986年国家经委和中国设备管理协会组织进行了设备管理评优活动。经过检查评定，吉林纸厂、华丰纸厂获得国家金质奖；南平纸厂、佳木斯纸厂、石岘纸厂获得国家银质奖；民丰、安徽、和上海中国板纸厂、漯河第一纸厂、宝鸡五一纸厂评为轻工业部设备管理先进企业；北京造纸一厂、金城、岳阳、广州纸厂受到轻工业部表扬。1986年汉阳纸厂和营口纸厂两个厂实现压缩烧油1万吨，并获得国家压油奖金30万元。

原料基地。1986年，重点抓了芦苇重点产区的苇纸联合和林场的建设工作。汉阳纸厂和湖北省的鄂州市、洪湖县、钟祥县等产地联合，投资374万元，建成后每年供应造纸用苇9万吨。天津纸厂与河北省唐山市唐海县联合，投资200万元，建成后每年供应造纸用苇4万吨。1986年，造纸林场共造林145万亩，育林24万亩。宜宾纸厂林场已经开始少量间伐，全年供应生产用木材2 330立方米，初见效果。

1986年，商品木浆严重不足，全年生产用木浆的比重(包括自产木浆和进口木浆)只有20.4%，较1985年下降。由于商品木浆不足，限制了一些市场急需产品的生产，新产品的开发和产品质量的提高都受到影响。

计划管理。1986年，造纸工业在计划管理方面进一步缩小了指令性计划，下放了部份产品的价格管理权限，并配合有关部门调整了部份产品的税率，降低和减免了一部份大中型企业的调节税。生产新闻纸和凸版纸的企业，经财政部批准由1986年1月开始实行分类折旧，折旧费全部留给企业用于发展生产和技术改造，使企业的经营活力有所增强。

经济联合。主要有：芦苇集中产区的湖北省和天津市、唐山市造纸工业通过联合，相对稳定芦苇的供应；黑龙江纸厂与上海造纸公司搞纸浆生产联合，为上海提供木浆约0.5万吨，既缓和了上海纸浆严重短缺的困难，也提高了黑龙江纸厂的经济效益。

为适应社会主义商品经济的发展，北京造纸包装公司，佳木斯、吉林、青州、乐山造纸厂，吉林轻工业设计院和北京轻工产品联合公司等7个单位组成了“北京东华制浆造纸企业集团”。这个集团是跨地区、跨部门的经济联合体，是经济与技术、设计与科研、生产与流通相结合的集团，其宗旨是以扬长避短、形式多样、互利互惠、共同发展为原则，积极开展技术经济协作和专业协作，并承担新建、扩建、技术改造项目的设计、施工、设备制造、人员培训和技术咨询等业务。

【科学研究和环境保护】1986年科研工作的中心是围绕“七五”重点项目非木材纤维制浆造纸技术的开发研究，主要抓了泰州纸厂麦草浆制胶印书刊纸生产线的技术论证和线内20个科研项目的落实并展开工作。对草类纤维制浆的机理研究、化学助剂、溶剂法制浆和亚铵法制浆废液处理等研究课题，已落实到有关高等院校承担并展开工作。对红麻化学浆代替木浆抄凸版纸的生产试验，已经取得了基础资料，组织进行了中性施胶纸生产试验，摸索了在各种施胶条件下加填料的生产工艺。根据中国～瑞典科技合作项目，佳木斯纸厂派出了12人到瑞典学习节约能源和管理经验。中瑞双方就草浆黑液除硅交换了技术资料。减法草浆快速蒸煮新工艺，经过生产实践证明，可以缩短蒸煮时间，改善纸浆质量，经济效果较好，已召开交流会议进行推广。继续推广纸机封闭循环用水，圆盘磨打浆等节水节能设备。天津造纸公司重复用水率由45.4%提高到47.8%，新鲜水用量大大降低。1986年造纸工业获得科学进步奖38项，其中一等奖1项，二等奖8项，三等奖29项。

1986年，部造纸局与国家环保局、农牧渔业部共同组织力量，对河南、山东、湖南、四川等重点省区进行了污染调查。在轻工系统的造纸企业中，年产量在万吨以上的大中型企业有180多家，其中有碱回收的企业只有45家。多数中小企业，特别是乡镇企业污染情况比较严重，污染治理难度大。根据调查测算，1985年造纸工业全年排放污水量约33亿立方米，约占全国污水排放量的10%，其中悬浮物约146万吨，有机污染物约143万吨，直接排入江河水系，造成严重污染。在调查的基础上，经过和有关单位共同研究讨论，提出了“造纸工业水污染10年防治规划”，上报国务院环境保护委员会。计划要求在10年内使造纸工业的污染物有65%经过治理达到国家排放标准。污水排放量和悬浮物、有机污染物比1985年各减少50%。

【利用棉杆制造强韧箱纸板】　这是开发棉杆利用和增产箱纸板的重大措施，也是重大科技攻关项目之一。1986年，在轻工业部晋、冀、鲁、豫纸板基地开发领导小组的统一规划下，“七．五”期间初步确定纸板基地23个厂，24万吨的生产能力。1986年共安排试验攻关、基建、技改措施10个项目，生产能力为11万吨。当年已有山东阳谷纸厂、临清纸厂，河南焦作纸厂、孟县纸厂等4家纸厂利用棉杆以不同的木浆配比，生产了牛皮箱纸板和全棉杆高强瓦楞纸板约3.5万吨，产品质量好，供不应求。山西省闻喜纸厂年产0.6万吨高强棉杆瓦楞纸板技措项目已经在1986年建成试车。山东临清纸厂3 000吨/年亚铵法全棉杆高强瓦楞纸板中试生产线已通过鉴定正式投产，产品质量达到日本同类产品水平。　（王群生）

自行车工业

【概况】　1986年全国自行车总产量比上年增长10.6%，达到了3 568.24万辆，其中：26～28吋载重车1 551.95万辆，28吋普通车736.8万辆，24～26吋轻便车1 260.38万辆，16～22吋小轮车17.44万辆，其他车1.67万辆。凤凰、永久、飞鸽三个老名牌的产量达到904.39万辆，包括联营厂生产的产量则达到1 208.16万辆，占全国总产量的33.9%。获1986年国家银质奖的金狮、五羊两个新名牌的产量为298.11万辆。以上五个名牌车的产量共达1 506.27万辆，占全国总产量的42.2%。1986年全国自行车零件商品量为15.95亿元，比1985年的13.45亿元增长18.6%。

1986年全国自行车销售量为3 541万辆，比1985年的3 185万辆增长11.2%，其中：出口交货量为226万辆，比上年的150万辆增长50.7%，交货值30 691万元；出口零件交货值11 739万元。1986年底工商业成品库存526万辆，比上年增长5.8%。这一年的市场形势是：名牌车继续供不应求，非名牌车销售见好；轻便车畅销，加重车供过于求；内销量继续上升，出口量大幅度增长。

1986年全国轻工业系统从事自行车及其零部件生产的企业有458家（其中独立核算企业291家），职工总数24.6万人，自行车产量3 172.25万辆，比1985年的2 911.05万辆增长9.0%，工业总产值63.05亿元，比上年增长11.9%。

1986年9月，根据国务院的部署，自行车的价格全面放开。这次调价中，永久、凤凰、飞鸽三个老名牌的载重车和普通车的产地零售价平均提高30元左右，中档、高档车分别提高50元和80元左右，地方名牌自行车也相应按20元、30元和50元三个档次向上进行了调整。这次调价基本上拉开了质量差价，对品种之间、男女车之间、黑色与彩色车之间的差价也相应地进行了调整。价格调整后，名牌自行车难买的情况并没有得到改善，而一般牌号车也仍然很好销。

1986年自行车协会又发展了41个新会员，目前协会共有会员169个。年内协会先后召开了4个专业会议，就协会的自身建设，横向经济联合，企业管理，技术改造，技术引进，以及包装技术和三废处理技术等问题进行了研究与交流。

1986年，自行车行业内，被国务院批准为出口产品生产基地企业的有5个，扩大外贸自主权企业的有12个。5个出口基地企业是：上海自行车厂、上海自行车三厂、天津自行车厂、常州自行车总厂和广东省自行车工业联合公司；12个扩大外贸自主权的企业是：上海自行车四厂、天津自行车零件一厂、上海自行车链条厂、上海自行车飞轮厂、天津自行车二厂、广州自行车工业公司、天津自行车脚蹬厂、天津自行车链条厂、天津自行车钢珠厂、江苏泰兴自行车脚蹬厂、江苏大丰县自行车飞轮厂和广东中山市自行车零件厂。

【新科技与新产品】 1986年行业内有17项科研项目获得轻工业部科学技术进步奖，其中：有两项获得二等奖。

在新工艺方面，河南新野县自行车辐条厂研究成功硫酸盐光亮镀锌新工艺，它可以使辐条的耐腐性提高3～5倍，电镀成本比传统镀锌工艺降低30%。上海轻工业研究所和上海自行车厂研究成功多层镍电镀新工艺，它与国内现有的电镀工艺相比，具有镀层结合力强，平整性好，耐腐蚀性优良的特点，同时还降低了电镀成本，增加镀件的使用寿命。

在新设备方面，行业内研制成功高效多功能电镀液过滤机，该机能除去电镀液中严重影响产品质量的固体微粒、重金属离子和各种有机杂质，使电镀液保持清洁，从根本上杜绝了镀槽周期性停机处理的弊端。

在新产品方面，据不完全统计，1986年有33家整车厂开发出一批新型轻便花色自行车，有些已批量生产；有10家整车厂发展了小轮车的生产；还有一些企业生产出越野车、健身车、保健车、疗养车及其他特殊专用车。如天津自行车厂的16吋49型、24吋65型自行车；天津自行车二厂的26吋53型、54型高级自行车、16吋折叠自行车；上海自行车厂的永久301、401、303、403型26吋高级轻便男女车；上海自行车二厂的电动自行车和24吋三轮旅游车；上海自行车三厂的6飞12速轻便车和705型大弯管女车；上海自行车四厂的ＹＭ206型ＢＭＸ越野车；常州自行车总厂的24型轻合金自行车及男女对车；广州自行车公司的ＱＨ-95型24吋和ＱＥ-56型26吋自行车；江门自行车公司的前轮驱动自行车；黄石自行车厂的20吋迷你车和24吋成人豪华健身车。此外，还有树脂喷涂彩色辐条，全塑料脚蹬，彩色轮胎等零部件新产品。

【产品质量与质量管理】 自行车的质量总的来看是稳中有升，特别是自行车的油漆质量提高迅速。在1986年度的创优活动中，又有两个牌号的自行车获得国家经委颁发的质量银质奖，它们是常州自行车总厂生产的金狮牌和广州自行车工业公司生产的五羊牌26吋系列轻便车。有5个企业的自行车零配件获得轻工业部优质产品称号，它们是：江苏泰兴自行车脚蹬厂的登月牌和山东平度县机动脚踏车零件厂的金鹿牌自行车脚蹬，苏州自行车零配件厂的苏州牌自行车转铃，山东五莲自行车钢珠厂的山狮牌和湖北宜昌自行车钢珠厂的飞鹤牌自行车钢珠。

1986年8月，中国质量协会，全国用户委员会，中国消费者协会，以及全国优质产品总汇4个单位，联合主办了名牌自行车质量跟踪活动。永久、凤凰、飞鸽、红旗、金狮和五羊6个牌号的自行车参加了这一活动。这次采用发放“信息跟踪卡”的形式，从产品开箱后的零件清点，运输磕碰情况，装配中出现的质量问题，直到用户使用情况都进行记录登记。从最后揭晓的结果看，用户对产品的花色、外观和内在质量都比较满意。但也存在着组装粗糙，运输中碰损等问题，个别车还有油漆不均，内胎慢漏气现象。

随着横向经济联合的发展，许多自行车厂与名牌自行车厂联合生产名牌自行车，但联合企业的产品质量却成了消费者关心的一大问题。为了有效地保证名牌产品的质量，各龙头厂对联合企业都相应地制定了一些质量监督措施，如生产永久自行车的上海自行车厂，他们定期召开联合厂质量工作会议，定期派人对联合厂的产品质量进行抽查，并在经济责任制上实行“四挂钩”，对联合厂实行“一派、二带、三控、四抓、五把关”，有效地保证了联合厂的产品质量符合要求。

【技术改造与技术引进】 1986年全国轻工业系统的自行车企业共完成技术改造投资11 683万元，这些投资大部分用来提高产品质量，发展花色品种，扩大出口，只有少数企业放在扩大生产能力上。我国目前自行车行业最大的生产车间——上海自行车三厂车架车间，经过几年的改造，于1986年6月16日投入试生产。该车间及配套工程的占地面积为24 578平方米，每年可以生产300万只车架，共有12条生产线，可以同时生产多种规格的车架。该车间的设备在国内属一流水平，加工制造出的车架机械强度、表面质量等项指标都比过去有了明显提高，工人的操作环境也得到了改善，其静电喷房的含苯量低于国家标准浓度50%。完成的另一个较大技术改造项目是天津自行车二厂的多层镍电镀生产线。

在技术引进方面：据不完全统计，1986年有31家自行车生产厂从国外引进了生产技术和设备，其中比较大的项目有：广州自行车工业公司从联邦德国引进的高频焊管生产线和车圈缝焊生产线；上海自行车厂从英国Lancy公司引进的电镀废水处理设备——大气蒸发浓缩器；江苏大丰自行车飞轮厂引进的滴注式碳氮共渗热处理生产线；浙江绍兴自行车厂引进的彩色油漆线和杭州自行车厂从美国引进的电镀生产线。

1986年在与外国合资、合作生产方面，厦门经济特区建设发展公司和日本大阪国际贸易有限公司合资的“中日合营厦门国际自行车有限公司”正式开业，该公司以生产车圈为主，计划年产150万套，60%的产品返销日本。天津与丹麦合资的自行车生产企业“丹华企业有限公司”的厂房已建成并交付使用。

【经济联合与机构改组】 1986年以名优产品为龙头的横向经济联合得到进一步发展。到年底为止，正式与上海自行车三厂联合，并生产凤凰牌自行车的有浙江绍兴、广西玉林、山西太原自行车总厂，新疆自行车厂和武汉自行车二厂。与上海自行车厂联合，并生产永久牌自行车的有南通、苏州、合肥、烟台自行车厂。与天津自行车厂联合，并生产飞鸽牌自行车的有长春、唐山自行车总厂，四川峨嵋、南充自行车厂。此外，生产红旗牌和麒麟牌自行车的天津自行车二厂，根据天津市人民政府的决定，于1986年8月改产飞鸽牌自行车。南京自行车总厂和常州自行车总厂也进行了联合，定牌生产金狮牌自行车，并于12月通过了产品鉴定。

我国主要的自行车专业研究所——上海自行车研究所，已于1986年撤销。该所撤销后，原有的标准、检测和情报室经过充实和调整，成立了全国自行车标准化中心和全国自行车科技情报站，并分别由上海市轻工业标准计量所和上海市轻工业情报研究所代行管理。

以原上海自行车厂为主体的永久自行车企业集团，和以原上海自行车三厂为主体的凤凰自行车(集团)公司于1986年12月分别成立。参加永久自行车企业集团的除生产永久牌自行车及其零部件的各分厂、定牌整车厂和挂牌零件分厂外，还有沙市982厂、无锡橡胶二厂、上海交电批发公司等10多个单位。参加凤凰自行车（集团）公司的有上海、浙江、江苏、新疆、湖北等13个省市自治区的整车厂、配套零件厂和商业企业，共计24家企业。两个集团的内部均实行统一规划、统一计划、统一产品标准、统一质量标准的“四统一”。各集团成员将根据自愿、平等、互利、互惠的原则，按合同或协议进行经济合作，并各自独立经营和承担民事责任。

（戴维平）

缝纫机工业

【概况】 1986年全国轻工业系统从事缝纫机及其零部件生产的企业有299家（其中独立核算企业156家），共有职工11.3万人，生产缝纫机937.21万架，较1985年的939.56万架下降0.25%；完成工业总产值19.67亿元，较上年的17.54亿元增长12.14%。

1986年全国缝纫机总产量为989.41万架，比1985年下降0.22%，其中：家庭用和服务行业用缝纫机927.71万架，较上年的929.16万架下降0.16%；工业缝纫机61.7万架，较上年增加21.5%。全国缝纫机零件商品量为1.63亿元，较上年1.37亿元增长18.98%。

天津、上海、广州、陕西四个地区的骨干企业缝纫机产量为610.85万架，占全国总产量的61.7%，其中家用和服务行业用缝纫机585.61万架，占全国同类产品的63.1%；工业用缝纫机的产量25.25万架，占全国工业缝纫机总产量的40.9%。如果将联营、定牌生产的产量算在一起，它们的总产量为758万架，其中家用和服务行业用缝纫机720万架，工业缝纫机38万架，分别占全国同类产品产量的77.6%和61.6%。

1986年全国家用缝纫机销售量为890万架，比上年的960万架下降7.3%，其中出口交货量73.4万架。年底工商成品库存265万架，比1985年的230万架上升15.2%。市场上畅销的产品有上海产的飞人、蝴蝶、蜜蜂三个牌号，其他牌号有些滞销，社会总销售量继续减少。

1986年8月，由上海、西安中国标准、广州华南、天津4大缝纫机公司发起，并联合45家缝制设备制造厂参加，在烟台举办了缝制设备联合订货会，这是我国历史上首次由缝制设备生产厂家自己组织的订货会。参加订货会的供需单位有225个，其中，供方69个，需方156个。共展出了平缝、包缝、绷缝、锁眼、钉扣等12个系列70多种不同规格型号的缝制设备。会期共订出工业缝纫机25万架，其中，平缝机系统12.8万架，包缝机系列7.2万架，花色机5万架，总成交额达31亿元。

1986年以名牌产品为龙头的联合、定牌生产得到进一步巩固和发展。国内36家缝制设备制造厂以集资入股形式联合成立“华联缝制设备咨询销售服务总公司”,现已组成董事会，总公司设在上海市，该公司由轻工业部日用品工业局和上海市轻工业局双重领导，它的宗旨是：全心全意为用户服务，坚持质量第一，信誉第一，促进中国缝制工业的发展。业务范围：为国内外用户提供咨询；为生产厂家提供市场和技术信息；经销各种缝制设备（包括成套的),并组织联合订货活动；为用户提供设计、安装、调试、培训、维修等服务。

年内国务院批准上海协昌缝纫机厂和上海缝纫机一厂为出口基地；批准上海缝纫机三厂，华南缝纫机公司，天津缝纫机厂，上海缝纫机针一厂为扩大外贸自主权企业。

【新产品】 1986年我国第一台电脑控制家用多能缝纫机问世，它是由上海缝纫机一厂研制成功的。该机的控制部分由16块集成电路组成，经过2个步进电机和1只微型电机驱动机械机构运动，能缝绣30种基本花样，具有锁眼、钉扣、加固缝、反向缝、双针缝等多种功能，各种花样可以随意组合，并由电脑进行记忆，组合量有2.65×10^{32}种之多，该机操作使用方便，智能化程度达到80年代初国际先进水平。

陕西缝纫机厂，上海江湾机械厂，广州华南缝纫机工业公司和上海工业缝纫机厂等单位都开发、试制了GC型电脑平缝机，其中比较突出的是，上海工业缝纫机厂与上海缝纫机研究所、上海电器二厂联合研制的电脑型自动高速平缝机，该机的功能有：自动停针位、剪线和拨线；手触快速电动倒缝；自动及膝碰电子抬压脚和20多种模式缝纫。整机国产化程度达到98%，其他主要性能指标达到或接近国外80年代同类产品的水平。

1986年开发的新产品还有，上海缝纫机一厂的轻金属电子多能缝纫机；上海协昌缝纫机厂的工业跳针机；杭州缝纫机厂的简易锁眼机；上海缝纫机零件厂的NJ85-900型连续滚式粘合机；标准缝纫机公司的GK10-10尼龙拉链机和大旋梭中原料平缝机；上海缝纫机四厂的GJ4-3自动送扣钉扣机；武汉服装机械厂的上袖机；常州光电机械厂的CHJ101型超声波花边机。

1986年各缝纫机厂积极贯彻一业为主，多种经营的方针，开发了一些第二门类产品，取得了较好的经济效益。比较突出的是开发生产了家用编织机，这种产品在我国1983年才开始进行开发，起步较晚，但生产发展迅速，目前已有5个厂从事家用编织机的生产，其中南京缝纫机厂和湖南益阳缝纫机厂都具备了年产5万台的生产能力。1986年全国编织机的产量约为4万架，较上年增长3倍以上。

【产品质量与质量管理】 1986年，在家用缝纫机市场继续缩小，原材料价格不断上涨的情况下，许多企业加强经营管理，向管理要资金、要效益。上海缝纫机一厂和华南缝纫机工业公司利用电子计算机进行质量管理，使产品质量一直稳定在A级水平。上海缝纫机一厂的飞人牌JA8-1型轻金属多功能家用缝纫机获得国家质量银质奖，上海缝纫机四厂的GJ4-2型钉扣机被授予轻工业部优质产品称号。

为了对消费者负责，抓好联营产品的质量，1986年6月,上海市缝纫机公司在河南省开封市组织了“联营、定牌、监制家用缝纫机质量测试评比交流会”,有7个企业的产品参加测试评比，其中：定牌的有开封缝纫机厂生产的“蝴蝶牌”,柳州缝纫机厂生产的“蜜蜂牌”,昆明缝纫机厂生产的“飞人牌”;监制的有徐州缝纫机厂生产的“皇后牌”,芜湖缝纫机厂生产的“美狮牌”,老河口缝纫机联营公司生产的“美狮牌”;联营的是上海缝纫机三厂吴江分厂生产的“蜜蜂牌”。经过测试，7家送测产品的质量平均得分92.428分，基本上达到了上海三个龙头厂的质量水平，其中开封缝纫机厂生产的蝴蝶牌得最高分95.225。

为了搞好产品质量鉴定检测工作，上海市缝纫机质量监督检验站委托上海轻工业标准计量研究所试制成功了GL型工业缝纫机力矩测试仪，该仪器主要用于测试工业用平缝机正反两个方向的旋转力矩，也可兼顾其它类型工业缝纫机的监测。上海缝纫机研究所还研制成功JDL-1型家用缝纫机动力矩测试仪。

【技术改造与技术引进】 为了改变我国缝制设备制造工业的落后面貌，从1986年开始，国家经委将“服装加工生产线”纳入引进技术消化吸收重大项目计划，该项目由36个子项组成，分别由轻工、国防、教委、中科院系统的39个单位承担，预计“七五”末期可以研制成功，并形成批量生产能力。

在技术引进方面：1986年10月，上海工业缝纫机厂从日本东京重机公司引进的高速工业平缝机的机壳、底板加工生产线和机头装配生产线设备安装调试完毕，经过交接验收，正式投入生产，当年共生产具有国际先进水平的高速平缝机1 145台，其中电脑控制的自动机64台。8月，上海缝纫机一厂委托中国国际信托公司与日本胜家日钢公司签订价值2.3亿日元的技术协作合同，按照合同规定，双方共同开发和设计具有世界先进水平的家用电动多能机，并由日方提供部份生产新产品的现代化制造设备和技术。年内，广州顺德机针厂还从联邦德国引进了一条莱茵高速机针生产线，年产能力为500万包。

（戴维平）

钟表工业

【概况】 1986年全国时钟产量1 995.5万只,比上年增长23.4%；其中：机械摆钟产量674.5万只，机械闹钟1 026.6万只,石英钟247.3万只。1986年全国表产量7 332.2万只，主要为手表产量7 317.7万只(包括进口件组装表),比上年增长34.7%；其中，女表产量1 269.2万只，日历及自动日历表645.1万只，电子表2950.7万只。

1986年钟表工业总产值45.2亿元，比上年增长11.1%。手表行业实现税收和利润11.5亿元，与上年持平。

1986年手表出口量为567.4万只,比上年增长2.2倍；时钟出口量为684万只，比上年增长16.7%；钟表产品出口共创汇7 413.8万美元,比上年增长72.2%。

1986年国家批准上海手表厂、天津手表厂、上海钟厂和烟台闹钟厂为机电产品出口基地企业。另外还有13个钟、表厂被批准为扩大外贸自主权企业。

1986年钟表工业有21项科技成果获国家科学技术进步奖，其中：二等奖4项，三等奖17项。经国家批准，1986年钟表工业公布的新标准共有17个，其中：国家标准有“钟表用功能宝石和非功能宝石”等6个，行业专业标准有“钟用金属外观件漆层”等11个。

【产品质量、外观和石英化】 1986年钟表行业继续重视企业的基础管理,健全全面质量管理组织和质量保证体系。全国主要牌号的一级手表，按行业内部新修订的质量考核要求，普遍达到优良水平。1986年，上海手表厂的春蕾（上海）牌SBⅡ型机械男表和天津手表厂的海鸥牌ST6型女表获国家质量银质奖；北京手表厂的双菱牌统一机芯二型手表和上海手表五厂的金雀牌石英电子秒表被评为轻工业部优质产品。天津手表厂被轻工业部评为轻工业企业管理优秀单位。石家庄手表厂、杭州手表厂和西安红旗手表厂被评为轻工业优秀质量管理企业。

钟表工业在石英化和外观更新方面继续向前发展。1986年国产石英钟产量比上年增长了1.1倍，国产石英表155.6万只,比上年增长34%。外观造型多样、富有装饰感的石英壁钟和台钟已批量上市并在各地畅销。小、薄型指针式石英女表开始推向国际市场。

1986年11月轻工业部首次举办了全国手表外观创新评奖活动,277种新款式手表参加评选，从中评出外观创新一等奖20个，二等奖66个。这次获奖产品外观加工精致，创新意识突出。表壳外观异形化，即有椭圆形、长方形、多角形等，并且体现出壳、盘、针、带一体化协调设计。

【全国首届钟表博览会】 1986年11月17日至26日，中国钟表协会在北京举办了建国以来首次全国钟表博览会。博览会反映了我国钟表发展历史，展示了1949年以来，尤其是党的十一届三中全会以来，我国钟表工业的改革、生产、科研等方面的发展成就。来自全行业的生产、科研、教育等方面的240个单位参展，共展出850多个花色品种，其中：时钟280多个，手表570多个。有三分之一的品种是1986年的最新款式。展期共接待11万人次参观。这次博览会，扩大了我国钟表工业在国内外的影响，广泛地、直接地听取了消费者的意见,获得了大量的市场信息。钟表行业内同行之间进行了一次全面的相互交流和观摩学习。它有利于推动行业的进步。　(高振华)

日用陶瓷工业

【概况】 1986年全国日用陶瓷行业认真贯彻了党中央、国务院关于振兴陶瓷工业，恢复瓷器之国盛誉的指示精神，并根据轻工业部对陶瓷工业“七五”计划的要求，以及5月下旬在湖南醴陵召开的全国陶瓷工业工作会议上研究落实的休养生息、振兴陶瓷工作的几项措施，即免征调节税、减免一部分所得税、价格开放、随行就市等，使陶瓷行业呈现了产销两旺、经济效益增长高于生产增长的好势头。全年工业总产值17.19亿元，比上年增加0.5亿元，增长3%。日用陶瓷总产量40.63亿件，比上年增加4.27亿件，增长11.7%。

1986年基本建设完成投资额 5354万元，更新改造完成投资额 13614 万元，新增日用陶瓷生产能力18718 万件。湖南建湘瓷厂等7个企业在1986年所签约的引进国外先进技术和设备1 136 万美元。广东电白县东方艺术彩釉砖厂和广东潮州市彩釉砖厂于1985年全线引进意大利的墙地砖生产线已经投入生产。与外商合资经营的中华瓷器有限公司(厦门)、广东清远瓷厂已进入试产或试产前的准备阶段。

1986年，我国广东省潮州市彩瓷总厂设计生产的“堆金牡丹花鸟”三百件花瓶、江西省景德镇光明瓷厂设计生产的“玩玉”牌45头青花玲珑餐具，广东枫溪陶瓷研究所生产的通花瓷雕瓶分别在民主德国莱比锡举办的春季博览会和在保加利亚举办的第六届普罗夫迪夫国际消费品博览会上荣获金质奖章。

1986年，陶瓷出口有回升。全年交货量为7.34亿件，创汇1.51亿美元，较上年的交货量6.3亿件增长16.5%，创汇额增长33.6%。

1986年陶瓷行业存在的主要问题是：（1）产品质量、花色品种不能满足国内外市场需要。重产量、轻质量的现象在一些企业还存在。出口创汇的增加还是靠产量，单件产品的出口单价总平均仍徘徊在0.20美元左右，这是国际市场上售价最低的价格，急待解决。世界出口数量最多的是香港地区，约为6 075万美元，其次是美国市场，约2 148万美元，欧州共同体的配额贸易量约1 800～1 900万美元，而我国只出口1 319万美元，仅为配额的70%左右。出口价格与出口量有待进一步发展。(2)大部分企业的生产成本上升。客观原因是近几年原材料、燃料、电力、低值易耗品价格上涨，营业外支出增加，并且因陶瓷工厂均远离城市，社会负担大。但是，一些企业管理不善，"增产节约、开源节流"的措施不力，则为造成企业生产成本上升的主观因素。(3)国内市场供应偏紧。在一些地区群众日常生活用碗、盘、砂锅、药罐等产品不时出现短缺，商业部门多次提出"告急"。

【轻工业系统内建筑、卫生、工业陶瓷发展迅速】 随着现代科学技术的发展，家庭生活的电气化水平日益提高和普及，陶瓷产品由于耐热、耐腐蚀、抗老化、绝缘、耐磨、易制造等多种功能，以它独特优势出现于餐饮之外的生活领域。现代生活用瓷已不能仅仅局限于碗、盘、杯、碟、壶等范围，凡餐桌上摆的、墙上挂的、地上铺的、卫生间用的，以及装置于家用电器中的一些陶瓷器具元件等，均与日常生活有密切联系，均已列入生活用瓷范围，其领域十分广阔。消费者所需要的，即应组织生产，满足需求。近几年来，轻工系统内建筑、卫生、工业陶瓷发展迅速。如广东省佛山陶瓷公司1986年生产建筑装饰砖，包括彩釉砖、墙地砖、锦砖等共1 250余万平方米，较1985年增长40%多，其产量约占全国建筑陶瓷砖总产量（包括建材工业系统）的三分之一。据不完全统计，1986年轻工系统内建筑、卫生、工业陶瓷的总产值已达5亿元左右，约占全国日用陶瓷工业总产值的四分之一。其中包括墙地砖、面砖、琉璃瓦、卫生洁具、高压与低压电瓷、电子陶瓷、敏感陶瓷、工程陶瓷与耐火材料等。

为协调上述各类陶瓷的生产，并研究"七五"期间的发展规划，轻工业部日用品工业局曾于1986年3月29日至4月2日在江苏宜兴召开了轻工业系统工业陶瓷座谈会。

【全国陶瓷新产品创作设计评比】 为促进陶瓷设计工作的发展，调动广大设计人员的积极性，以提高陶瓷产品的设计水平，1986年6月20日至25日在浙江省绍兴市进行了陶瓷新产品创作设计评比。参加这次评比的作品仅限于1983年后新创作设计的作品，共有795件(套)，参加的品种繁多，有高级成套瓷、高级旅馆用瓷、台灯、壁画、壁饰、挂盘、雕塑等；装饰手法多种多样，有雕、镶、刻、画、捏等；有传统的、民间的、现代的各种艺术流派；有老艺人的传统精品，也有青年设计人员的新颖创作。共评出74件（套）作品获奖，其中，一等奖8件(套)，二等奖25件(套)，三等奖41件(套)。获日用瓷一等奖的有：浙江龙泉瓷厂徐朝兴设计的36头组合餐具；中央工艺美术学院杨永善设计的斜口提梁茶具；江苏宜兴紫砂工艺厂刘建平、鲍志强设计的富贵茶具。获艺术瓷一等奖的有：广东省枫溪陶瓷研究所陈钟鸣创作的《十二金钗》雕塑；浙江龙泉瓷厂创作的哥窑61公分大挂盘；江西省陶瓷研究所诸葛伟、游亚非创作的青花写意山水200件鱼篓瓶；江苏宜兴紫砂工艺厂徐秀棠、李昌鸿创作的《丙寅大吉》雕塑；江西省陶瓷研究所秦锡麟创作的青花满菊花台灯。评比期间召开的高级成套瓷和艺术陈设瓷座谈会上提出了今后发展方针，主要是工业美术陶瓷和工艺美术陶瓷要共同发展，以市场需求为依据，各艺术流派百花齐放。

【汕头经济特区陶瓷公司正式开业】 汕头经济特区陶瓷公司，是汕头市陶瓷工业总公司与汕头特区发展总公司合资成立的工贸结合的实体公司，1986年5月正式开业，经广东省政府批准，该公司享有进出口经营权。公司遵照"以办工业为主，产品以出口为主，资金以利用外资为主"的方针，充分利用特区优惠政策，实现了当年加工增值，当年创汇见效。该公司首先办了2个工厂，一是陶瓷工艺厂，主要生产仿古瓷器，供出口；二是纸箱包装厂，利用外资以补偿贸易形式引进瓦楞纸箱全套生产设备，年产双层瓦楞纸200万平方米。当年加工增值的工业总产值214.8万元。其次，与内地企业广泛联合，扩大出口。与饶平县陶瓷工业公司，潮州市彩瓷总厂等12个单位联营，利用特区窗口扩大出口。1986年共出口陶瓷1 653.94万件，创汇233.25万美元，联营企业也相应得到实惠，饶平县陶瓷工业公司联营后增加出口747万件，创汇43.48万美元，工厂收入222万元，比未参加联营时增加收入6.5万元，还得到1万多元的创汇奖金。该公司还帮助华侨瓷厂解决资金，用以扩建窑炉，帮助枫溪陶瓷批发部解决堆放产品的仓库等。该公司还有一些问题未得到解决，如交易会的成交权和出口许可证等。

（吴绳愚）

搪瓷制品工业

【概况】 1986年全国搪瓷制品总产量为16.45万吨，比1985年增长6.4%；总产值7.67亿元，比1985年的7.27亿元增长5.5%。本年内搪瓷制品所需各种原材料涨价幅度较大，但因在税收上得到适当照顾，即产品税改为增值税，实际税收负担可以减轻3％，加上大部分企业重视抓好企业管理工作，增强了自我消化能力,企业利润有所提高,75个定点企业实现利润8 329.7万元,比1985年的6 283.4万元增长32.6％。

1986年搪瓷制品产销形势好的原因是：不少企业调整了产品结构，适当压缩了日用传统产品的产量，积极地开拓了新产品和增加了中高档产品的生产；传统产品已经大量进入农村市场；外销出口量进一步扩大，出口产品产值已占总产值的23％；商业库存已经大幅度下降。

1986年搪瓷制品被批准纳入国家机电产品出口范围，为扩大产品出口创造了有利条件，为此召开的提高搪瓷出口产品质量座谈会上，研究确定并上报批准了搪瓷产品出口基地和出口扩权单位。会上还研究了影响产品出口的因素，除企业管理基础薄弱外，主要是原辅材料、技术装备、技术素质、产品质量等方面都存在一定的差距。针对上述问题，提出了相应措施，其中有建立配件专业生产厂，提高贴花纸的产品质量，研制新的瓷釉配方，提高釉浆质量，拟订化工原料的质量标准，研究吊架钢材材质，以及交流技术与工艺管理经验等措施。1986年分三批批准了出口基地企业2个，外贸扩权单位7个。第一批出口基地企业有上海华丰搪瓷厂一家，外贸扩权单位为上海益丰搪瓷厂；第二批出口基地企业为天津搪瓷厂，外贸扩权单位为南京搪瓷厂、西安人民搪瓷厂和天津立新搪瓷厂；第三批外贸扩权单位有上海搪瓷三厂，上海搪瓷六厂和无锡搪瓷厂。

【技术改造与人员培训】 为了改进搪瓷烧窑炉结构，节约能源,1986年抓了搪烧窑炉的统一定型设计工作，分别组织技术人员在柳州、上海研究了以煤、油、电为燃料的搪烧窑炉设计方案。到年底，搪烧煤炉的整套图纸、包括炉窑及烘床结构等图纸和设计说明书已经设计复制完成，陆续提供给有关企业使用。在设计中改动较大的有烧成室进出口同热交换带的连接方式，转角圆弧的放大，烘收制品操作部位增加水平段等。

1986年还制订了《搪烧窑炉技术管理条例》和《搪烧节能等级炉评比办法》,并已公布实施。

9月在成都召开了推广低温搪瓷经验交流会，决定推广低温搪瓷同推广定型窑炉相结合，并加强督促检查,掌握进度。会议还邀请联邦德国搪瓷专家协会、克劳斯塔尔工业大学教授汉斯·瓦特·海涅克博士到会讲学，题为《用钢板浸渍涂布法观察添加粘土或聚合物的搪瓷釉浆流变性》,组织了科技人员与之专题座谈，使大家开阔了眼界，了解到国际搪瓷行业的动态。

1986年重庆搪瓷职工大学83级学员暑期毕业。经征求送培学员单位意见后，根据“搪瓷行业急需，提高产品质量，降低消耗成本”三个原则，审定了16个设计课题，指定学员进行毕业设计，提高了学生综合运用所学知识去解决实际问题的能力，并取得了一批好的科研成果。论文优秀和答辩优秀者各占30％左右，其中工业搪瓷底面合一釉、铸铁钛白釉、钒钛渣的应用、低钛乳白釉、无氟釉、钾土代用六个课题达到小型试验水平，7月底通过了重庆市科委组织的鉴定。1986年搪瓷职工大学除原有的搪瓷工艺专业外，增加了热工窑炉专业一个班。

1986年在天津举办了一年制的职工美术设计学习班，在重庆举办了小型企业厂长管理学习班，在北京举办了能源统计人员学习班，为行业培养了技术、管理人员。

为了改变教学结构,使培训的科技人员组成合理，1986年批准在职工大学内附设中专班，以培养一批初级技术人员。

（蔡吕春）

日用玻璃工业

【概况】 1986年日用玻璃制品产量为483.89万吨，较1985年增长15.23％；其中：啤酒瓶产量117.11万吨，较上年增长52.98％；罐头瓶产量66.44万吨，较上年增长34.33％。

1986年玻璃保温容器产量为19 135万个，较上年增长8.64％；其中：保温瓶 17 334万个，较上年增长11.54％。

1986年玻璃器皿出口创汇1 878万美元，较1985年提高了6.9％，其中：北京、天津、上海、南京、大连、重庆北碚等八个玻璃器皿厂，出口产品交货值3 822万元，占玻璃器皿总出口额的45.28％；创汇额878.8万美元，占创汇总额的46.79％。大连的水晶牌、重庆北碚的荷花牌、天津的梅花牌、南京的燕牌、上海的三角牌等玻璃器皿在国际市场享有较高的声誉，并销往各大洲80多个国家和地区。

1986年保温瓶出口2 549.62万个，比上年的1 929.83万个增长了32.12％；年创汇3 136.23万美元，比上年的2 626.26万美元增长16.61％。产品在第三世界国家销路优于其他同类产品。

1986年在提高玻璃熔化质量、降低能源消耗方面，不少企业从改进窑炉结构，采用全保温、全分隔式、深澄清池、炉底鼓泡及电助熔等技术，使熔化率从原来的每天每平方米0.8～1.2吨提高到1.35～1.5吨，西安玻璃制品厂引进八组双滴料制瓶机配套设计窑炉，熔化面积仅为35.7平方米，而熔化率已达到每天每平方米2.5吨，这是国内目前小型池炉熔化率最先进的指标。1986年还评出窑炉节能一等炉生产线38条。

1986年，5磅瓶胆的万只平均消耗硝酸银比1985年降低0.3公斤，全年节约硝酸银5200.2公斤。

主要技术经济指标：每吨日用玻璃平均耗用标准煤0.65吨，纯碱172公斤。每万只5号保温瓶胆平均耗用纯碱1556公斤，平均耗用硝酸银 3.29 公斤；而芜湖光华玻璃厂纯碱耗用为1 236公斤，杭州热水瓶厂硝酸银耗用为2.7公斤，此二项均为行业先进指标。

1986年日用玻璃行业还开展了科研成果评奖活动。根据技术难度、科学技术水平、经济社会效益，以及对推动技术进步的作用等四个方面，评审出17项获科学进步奖。其中：BL-D_2水平拉管生产线被评为一等奖，光学玻璃用砂净化和分类用耐碾浮选冷酸法制高纯石英砂被评为二等奖，其余15项为三等奖。

沈阳坩埚厂角环牌粘土坩埚，上海玻璃器皿三厂三角牌冰箱盖碗和上海玻璃皿器二厂双圈牌离心浇注系列果盘获得本年度轻工业部秀质产品称号。

1986年共制定标准12项，其中：基础标准5项，产品标准7项。

【产品质量与技术进步】 1986年瓶罐产品质量普遍有所提高。啤酒瓶质量提高更为突出，大多数企业都制定了较国家标准高的内控标准。从啤酒瓶的理化性能看，耐热急变由早期的35℃，普遍提高到 39～40℃，先进企业已达到42℃的国际先进水平。耐内压力一般企业都能达到12～14公斤，西安玻璃制品厂达到国际先进水平的16公斤标准。垂直轴偏差合格率由1985年平均80.5%，提高到1986年的83%，其中：广东玻璃厂等企业的垂直轴偏差指标已达到1.75毫米以下，超过了3.3毫米的国际先进水平。

1986年生产工艺和设备改进，对提高产品质量起了主要的作用。在原料称量精度方面，由1985年的普遍误差2～5%，减少到1%左右。西安玻璃制品厂、宁波玻璃厂等单位采用微机控制配件系统，使原料称量精度达到0.5%以下；有的厂应用“中子水份测定仪”控制配合料水份，确保了混合料的实际精度；有的厂还应用工业闭路电视监视窑炉熔化状态，保证了称量数度，稳定了炉温、窑压和玻璃液面，从而保证了产品质量。在引进设备中，1986年产生效益的有美国的八组、十组双滴料；比利时的S_{10}型单滴、S_{111}型双滴制瓶机和气体加热热风循环退火窑，以及联邦德国的电加热热风循环退火窑等。这些引进设备应用到生产后，除了增加产量外，产品质量也有明显提高。如瓶子合缝线不合格率由1983年的66.8%，下降到1986年的35%；裂纹不合格率由1983年的34.7%，下降到6%；光洁度不合格率由1983年的84.5%，下降到15.4%。采用瓶子表面冷、热端喷涂新工艺，可增加机械强度30%左右，提高了瓶子表面光洁度，减轻了瓶身重量。青岛晶华玻璃厂使用该项新工艺后，使640毫升啤酒瓶重量由540克减到480克。

随着啤酒瓶的高机速生产，靠人工检验已难以保证产品质量，1986年主要生产厂家检验方式已由原来的网带抽查改进为炉前检查与网带抽查结合进行；由过去的手感、目测，改进为使用部分检测仪器；同时还建立自查、互检和质量监督三级网络体系，以保证产品质量。

（黄学袖）

电光源工业

【概况】 1986年全国灯泡总产量为160 951万只，比1985年增长5%。全行业归口管理的企业211个，其中：灯泡企业145个，配套企业66个。职工总数为13.4万人。

1986年紧凑型荧光灯大发展。这种系列产品是国外80年代新兴产品，其发光效率高，光色好，使用寿命是普通灯泡的5倍。由于紧凑型荧光灯采用了稀土三基色荧光粉，实现了小型化、异形化，并可与电器附件一体化，有些产品可以直接替换普通灯泡。轻工业部于1981年开始布置SL型紧凑型荧光灯的研制，次年在上海沪光灯具厂通过鉴定。其后，不少企业在科研部门支持下生产了双D、H型、环型等类紧凑型荧光灯，并陆续上市，少量出口。到1986年，全国紧凑型荧光灯产量约150万只。7月间，国务院有关部门遵照国务院领导同志的批示，召集了国家计委、国家经委、轻工业部、冶金工业部、电子工业部、财政部、中国人民银行、中国建设银行等单位，专题研究加快发展紧凑型荧光灯，决定加强规划，重点扶持，并就资金、产量、稀土荧光粉等问题作了计划安排。

1986年，赣州钨钼材料厂被批准为第一批机电产品出口基地企业。上海亚明灯泡厂、株州市钨钼材料厂、佛山市电器照明公司被批准为第二批扩大外贸自主权企业。

1986年电光源行业共有19项科研成果获轻工业部科技进步奖。其中一等奖1项，二等奖6项，三等奖12项。一等奖获得者，沈阳灯泡厂研制的CDY24头滴料压饼式吹泡灯，实现了全部国产化，从已安装投产的二台看，效果良好，质量与国外同类产品相近，而价格便宜，受到使用单位的好评。

1986年9月18日，经国家经委批准，中国照明学会正式成立，挂靠单位为轻工业部。

1986年灯泡产品的价格管理权限全部下放。为更好地发挥价格对生产、流通和消费的调节作用，实行多层次，多种形式和方法的价格管理制度，国家物价局、轻工业部、商业部等10个部、局(总公司)于1986年4月15日联合下达了有关工业消费品价格管理的规定。确定将原由国务院有关部门管理的普通灯泡、荧光灯管的出厂价和销售价，下放给地方政府管理。在落实这项改革时，轻工业部还积极指导有关企业按照财政部的有关要求，做好试行增值税的改革工作。

【技术改造与技术引进】 1986年，全行业列入技术改造项目的有20项，其中18项列入国家技术改造计划，2项为地方计划。全年安排技改贷款7 342万元，实际完成7 247万元，当年验收投产10项。新增生产能力，高压钠灯100万只，普通灯泡3600万只，环形荧光灯300万只，E型汽车灯泡400万只，普通灯泡灯头5000万只，钨丝1亿米，氧化铝陶瓷管30万只。

1986年，列入引进国外先进技术设备计划的有6项，总用汇885万美元，其中列入国家计划的4项，用汇185万美元。1986年完成签约4项，总计7 962万美元。

福州灯泡厂从日本东芝公司引进了TS—F环形荧光灯生产线和玻璃拉管线。环形荧光灯的年生产能力为300万支。全套设备已于1986年11月20日正式投产。现二种产品合格率分别为83%和93%以上，达到了合同要求。产品受到消费者的欢迎，在广州秋季交易会上，订货达100余万支。

【产品质量与质量管理】 为加强对电光源产品质量的检查和监督，统一全国电光源行业产品质量的检测标准，轻工业部决定将北京电光源研究所的电光源工业产品质量检测中心华北站，建成全国电光源产品质量检测中心。该中心承担轻工业部下达的各项测试工作及30多项全国性电光源工业产品的质量评比任务，还承担了“全国电光源标准化中心”和“全国灯泡工业科技情报站”的任务，同时，它也是国际电工委员会(IEC)灯泡灯具及其附件的技术归口单位。目前,该中心共有专职检验技术人员17人,实验室总面积600平方米，检测仪器总值150万元。

根据1985年国务院批准的产品质量监督试行办法，轻工业部组织专门人员对28个企业的产品质量抽检，对普通照明灯泡类抽查140种，检查5项质量指标，全项合格的116种产品，合格率82.9%，不合格的24种，占17.1%。轻工业部要求有关管理部门对不合格的生产企业，督促其迅速查明情况，进行整改和复查验收，对合格产品的生产企业予以表扬。

在各科研、生产企业的紧密配合下，加上引进国外先进技术和设备，高压纳灯生产技术不断改进，产品质量不断提高，国产高压纳灯质量已达国际水平。1986年，我国已形成年产150万只高压纳灯的生产能力，主要生产厂有上海亚明灯泡厂，沈阳华光灯泡厂，南京电子管厂。其中，亚明灯泡厂的高压纳灯生产线是从英国THORN-EMI照明公司引进的，1986年2月设备到齐，4月完成电弧管工段与总装工段的考核验收工作，6月完成陶瓷管工段考核验收工作，7月完成产品1000小时测试点燃考核工作，产品的有关指标达到合同中所规定的要求。该项设备年产能力50万只，普通型高压纳灯有35W、50W、70W、150W、250W、400W和1000W等7种规格；高显色型高压纳灯有250W、400W。普通型高压纳灯35W寿命达16 000小时，50W-1000W寿命达24 000小时；高显色高压纳灯寿命达12000小时，150～1000W灯泡的发光效率达到每瓦106～130流明的80年代国际水平。

（赵　革）

感光材料工业

【概况】 1986年，轻工业部系统感光材料工业有企业13个，职工人数为1.2万人。1986年主要产品产量完成情况见下表：

产品名称	单　位	1986年	1985年	1986年为1985年%
感光胶片	万平方米	938.14	929.07	101
其中：胶卷	万平方米	197.96	314.87	62.9
(其中：彩色)	万平方米	(2.53)	(2.38)	
人像胶卷	万平方米	84.61	65.19	129.8
医用X光片	万平方米	401.11	305.71	131.2
工业X光片	万平方米	58.28	35.41	164.6
印刷胶片	万平方米	44.01	54.65	80.5
航空胶片	万平方米	6.44	11.73	54.9
传真胶片	万平方米	2.83	1.62	174.7
其他胶片	万平方米	15.11	8.16	182.1
电影胶片	万平方米	127.79	131.73	93.0
(其中：彩色)	万平方米	(126.82)	(87.4)	
感光纸(黑白)	万盒	185.58	276	67.2

医用X光片产量迅猛增长，是1986年生产中的一个突出现象。工业X光片产量的增长幅度也是前所未有的。印刷胶片原系轻工汕头感光化学厂独家产品，现在产量重点已转移到化工系统，影响轻工系统产量。1986年轻工化工两部门印刷胶片产量合计136万平方米(其中轻工44万平方米，化工92万平方米)，比1985年的120.7万平方米(其中：轻工54.7万平方米，化工66万平方米)增长12.7%。黑白胶卷和相纸产量的下降，反映出广大消费者的爱好迅速由黑白摄影向彩

色摄影转化。

1986年，医用X光片在解决了高温快显和防粘连技术问题之后，通过调整配方、改进工艺，经老化试验，感光度基本不衰退，灰雾度变化也很小，多数产品的单位面积含银量已降至8克/平方米左右，个别产品降到7克/平方米，比早期产品15克/平方米降了一半，为国家节省了大量白银。黑白胶卷方面，上海产品的解象力，均方根颗粒度、模量传递函数等质量指标和实际拍摄的画面层次、艺术效果已可与英国依尔福产品媲美，含银量为3.34克/平方米，比依尔福胶卷低。

1986年，对全国3家主要生产厂产品的统一质量检测表明，汕头产品在感光度、宽容度和最大密度指标上反映出最佳的稳定渐变效果，能有效地描绘出景物的明暗色调和影象层次，涂层薄，解象力高，节银效果好。

1986年厦门黑白相纸、汕头黑白胶卷、上海医用X光片、天津医用X光片4种产品获国家银质奖；汕头医用X光片、汕头黑白照相纸2种产品获部优质产品奖。

1986年，主要原材料单位消耗量有所下降。各主要厂的平均水平为：医用X光片消耗片基1 130平方米/千平方米，硝酸银19公斤/千平方米；“135”黑白胶卷消耗片基1 150平方米/千平方米，硝酸银9公斤/千平方米，人像胶片消耗片基1 155平方米/千平方米，硝酸银9.5公斤/千平方米；黑白光面放大纸消耗钡地纸9000平方米/千盒，硝酸银16公斤/千盒。

【科研成果和技术引进】 1986年由轻工业部主持或委托地方鉴定获得通过的科研成果有13项，地方自行鉴定的有3项。重要科研成果中，包括照相明胶提高物理机械性能项目通过对明胶分子量分布的研究；ASA 400Ⅱ型彩色胶卷的剖析；直接正性X光复制片采用新型感光乳剂；激光照相排字胶片等。

1986年，全行业感光材料产品中有5项获科技进步奖，其中明室复制片获二等奖；提高照相明胶物理机械性能、居民身份证感光材料、双注乳化装置、光学增感剂SG 09等获三等奖。

厦门感光材料有限公司引进美国柯达彩色感光材料生产线项目，1986年如期完成了基建进度。该厂派出受训的技术骨干数十人已经先后学成回国。汕头感光材料工业公司引进日本富士彩色感光材料生产线，1986年11月17日破土动工，土建施工进展顺利。天津感光胶片厂涤纶片基引进生产线，11月起在英国专家指导下开始设备安装。上海感光胶片总厂多层一次挤压涂布工业性试验项目1986年10月23日开始打桩，11月底由轻工设计院完成施工图，引进智利技术的咨询活动按合同进行，引进关键单机、部件已定购50%。

（俞士忠）

洗涤用品工业

【概况】 1986年，全行业共有企业216个，职工10万人。1986年总产值为37.84亿元，比1985年增长8.1%。洗涤用品总产量（包括合成洗涤剂和肥皂）为227.11万吨，比1985年增长13.5%。全员劳动生产率：合成洗涤剂为4.6万元，比1985年提高4.2%；肥皂为4.2万元，比1985年提15.4%。

洗涤用品1986年主要产品产量完成情况：

产品名称	单位	1986年产量	1986年为1985年的%
合成涤洗剂	万吨	117.52	117.0
其中：洗衣粉	万吨	105.66	115.9
肥　皂	万吨	109.59	110.1
其中：香　皂	万吨	11.13	101.8
烷基苯	万吨	6.84	92.7
三聚磷酸钠	万吨	15.70	114.1
合成脂肪酸	万吨	4.53	98.0
硬脂酸	万吨	4.74	121.4
甘　油	万吨	3.41	111.6

销售情况。1986年商业系统销售洗衣粉比1985年增长12.8%，肥皂增长6.4%；企业自销洗衣粉比1985年增长37.8%，肥皂增长27.5%。企业自销量占市场销售量比重：洗衣粉为44.6%，肥皂为41.7%。

出口。1986年出口洗衣粉2.94万吨，肥皂28.7万箱，香皂46.7万箱，分别为1985年的86.5%、114.8%、140.7%。

轻工业部日化局于1986年9月11日到17日在大连召开了全国肥皂会议，会议期间有12个单位在大会上作了体制改革、提高产品质量、开发新品种、加强企业管理和提高经济效益的经验介绍。与会代表对肥皂行业“七五”计划的发展方针、技术政策以及肥(香)皂国家质量标准进行了讨论。

轻工业部日化局于1986年11月4日到9日，在洛阳召开了全国合成洗涤剂会议，会上有9个单位就企业经济体制改革、改变产品结构、开发新品种、提高产品质量、提高经济效益和加强销售工作等方面作了经验介绍。会议开展了技术情报交流，并对1987年合成洗涤剂生产计划以及所需的专用原材料进行了预定安排。

中国洗涤用品工业协会于1986年11月12日到15日，在洛阳市召开了一届四次理事会议，对协会1986年工作进行了审议，并提出了1987年协会工作的重点。会议还通过了接纳大连轻工学院应用化学系精细化工教研室等9个单位为协会会员。

为了解决洗涤用品行业技术和管理力量薄弱的问题，轻工业部日化局与中国洗涤用品工业协会在1986年联合举办了肥皂技术学习班，表面活性剂基础知识学习班，合成洗涤剂中技工人培训班和肥皂节能培训班。

【体制改革与企业管理】 洗涤用品企业在1986年坚持改革，加强了企业管理，取得了较好的经济效益，有一批企业获得轻工业部优秀管理企业称号。

徐州合成洗涤剂厂先后与芒硝厂、黄磷厂、三聚磷酸纳厂、纸箱厂、塑料袋厂发展横向联合。上海制皂厂与郑州油脂化学厂等企业联合扩大优质名牌产品的生产。为了疏通销售渠道、密切工贸关系，一些生产洗衣粉的企业与当地商业部门联合成立销售公司。通过联合使各方的优势均能得到发挥。

为了把加强企业管理的任务落实到每个企业，合成洗涤剂行业制定了合成洗衣粉企业升级标准。

1986年，各地洗涤剂行业、企业按照责、权、利相结合，国家、集体、职工个人利益相统一，职工劳动所得同劳动成果相联系的原则进一步健全企业内部经济责任制。一部分企业已应用了市场预测、决策技术、目标管理、全面质量管理、价值工程等现代管理方法；有些企业开始在企业管理上使用了电子计算机，并初步取得了成效。沈阳油脂化学厂、武汉油脂化学厂、沙市日用化工总厂获得轻工业部优秀管理企业单位的称号。

【产品品种与产品质量】 1986年各企业对调整产品结构、增加新品种、生产适销对路的产品作了大量工作，有一批新产品通过了鉴定，先后投入市场试销。这些产品是消毒洗涤剂、洗面膏、外墙清洗剂、矿工药用浴剂、药用护肤浴剂、制糖助剂、羽绒服清洗剂、啤酒生产线链条润滑剂等。淮南、蚌埠、江门、太原等肥皂厂试制的合成肥皂已成批生产，投放市场。重点发展了产品质量好、经济效益高、适销对路的产品。通过调整产品结构，增加花色品种和提高产品质量，扩大了市场销路。洗衣粉、含氧彩漂洗衣粉发展较快，1986年全国生产加酶洗衣粉6.5万吨，比1985年增长1倍多；生产浓缩洗衣粉1.4万吨，比1985年增长75%。在液体洗涤剂中，餐具洗涤剂1986年与1985年比较增长5倍多；洗发香波较1985年增长2倍多。

1986年，洗涤用品企业继续推行和完善全面质量管理，严格质量责任制，健全质量保证体系，开展QC小组活动，使质量管理逐步作到经常化、制度化、群众化。仅合成洗涤剂行业就有上千个QC小组开展活动，并取得了一定的效果。武汉油脂化学厂、北京日用化学二厂、沈阳油脂化学厂、江西油脂化工厂、徐州合成洗涤剂厂、安庆香皂厂先后获得轻工业部质量管理优秀企业称号。

1986年对肥皂、香皂、甘油、硬脂酸、羧甲基纤维素、浓缩洗衣粉等产品的质量进行了评比或试评，总的来看，质量是稳定的。湖北沙市日用化工总厂的活力28浓缩洗衣粉获得国家银质奖。获得1986年全国轻工业优质产品称号的产品有：肥皂4个，硬脂酸10个，甘油1个，浓缩洗衣粉3个，工业用洗涤剂1个。

【科学研究和技术开发】 1986年，洗涤用品行业在科学研究与技术开发方面取得了可喜的成果。获得1986年轻工业部科学技术进步一等奖的有1项，二等奖的有5项，三等奖的20项。用发生炉煤气生产三聚磷酸钠在昆明三聚磷酸钠厂试验成功，1986年3月，通过技术鉴定，4月投入生产，为昆明三聚磷酸钠厂开辟了第二热源，减少了停产时间，增加了产量。用磺酸直接配料生产洗衣粉的新工艺技术，于1986年4月通过了鉴定，它改变了传统的工艺技术形式，简化了工艺程序，降低了能源消耗，改善了产品质量，这一先进技术已在洛阳、合肥、芜湖、四平等洗衣粉厂推广。北京轻工学院研制十二醇硫酸三乙醇胺中试成功。轻工业部太原日用化学研究所开发的脂肪醇一步法制叔胺技术，中试生产装置已在长治市轻工化学研究所和北京合成化学厂建成。无锡轻工学院和南通油脂厂联合研制的脂肪酸甲脂磺酸盐也于1986年7月通过了中试鉴定。

【技术改造和基本建设】 1986年，洗涤用品工业固定资产投资完成13 404万元。按投资性质分，基本建设投资额完成4 153万元，占30.98%，技术改造措施投资额完成9 251万元，占69.02%。按产品划分，合成洗涤剂6 341万元，占47.31%；肥皂3 485万元，占26%；洗涤剂原料工业3 578万元，占26.69%。

昆明三聚磷酸钠厂二期工程于1986年10月试车成功，引进的三氧化硫磺化装置已有7套设备试车投产（1985年3套，1986年4套）。天津引进的后配料装置，苏州肥皂厂引进的彩色条纹皂生产线，成都肥皂厂引进的液体洗涤剂生产装置，及13个品种的软件，也都在1986年先后试车投产。

（夏雨亭）

香料香精工业

【概况】 1986年，轻工业部归口管理的全行业香料香精企业83家，职工18 587人，其中工程技术人员有1 487人，占职工总数的8%。1986年，香料香精总产值为8.42亿元，产量34 167吨，与1985年的32 141吨相比，增加6.3%，其中，香料产量为16 745吨，比1985年减少1%；香精产量为17 422吨，比1985年增加14.4%。全员劳动生产率为45 300元，年出口创汇额为15 324万美元。

质量。1986年6月，在山东省青岛召开了全国香料产品质量评比会，有13个产品获轻工业部优质产品奖。到1986年底，全国香料产品被评为国家和轻工业部优秀产品共的42个。

【标准化工作】 1986年4月21日至25日，轻工业部日化局在辽宁省大连市召开了全国香料工业标准化工作会议。会议就加速我国香料质量指标和检测方法采用国际标准的进度进行了研究，并制订了香料工业标准化的"七五"规划和1987年采用国际标准的计划。会议还审议了精油——填充柱气相色谱分析——通用法等4个检测方法的专业标准，已获国家标准局批准。

7月18日至20日，轻工业部日化局在杭州召开了全国食品添加剂标准化技术委员会香料分委员会第二次年会。会上预审了食用香料产品乳酸乙酯、已酸乙酯、丁香酚、薄荷素油(亚洲)、生姜油等5个国家标准。10月9日至15日，在广东省顺德县召开了全国食品添加剂标准技术委员会第七次年会，会议审查通过了乳酸乙等5个食品香料的国家标准，并对香料分委员会上报的94种食用香料组织了讨论，其中80种列入允许使用名单，14种列入暂时允许使用名单。

1986年，轻工业部进一步开展了颁发生产许可证工作。到1986年底，经轻工业部批准发给生产许可证的香精定点生产厂共48家，其中生产香皂化妆品用香精厂18家，生产食用香精厂39家，生产烟用香精厂35家。(有的是多产品生产厂,故定点厂家数有的重复)。根据卫生部的要求，轻工业部还按照国际标准，对我国目前300多种食用香料进行了整理登记，并根据"FEMA"公布的资料进行了全面审核。

【规划与调研工作】 1986年3月28日至4月2日，在广州召开了全国食用香精"七五"规划会议，会议在总结"六五"成绩，讨论拟订全国食用香精"七五"规划的同时，观摩品评了各种新产品，促进了食用香精生产厂与食品厂的配合与协作。1986年10月27日至11月1日，在福建省漳州市召开了全国香料工业"七五"规划议会。会议在总结香料工业"六五"期间的成绩和经验，确定"七五"发展规划的同时，组织了品评新产品活动。

根据国务院关于开发海南岛的指示精神，由轻工业部日用化工局组织了轻工业部香料工业科学研究所、四川日用化学研究所、上海鉴臣香料厂、广州百花香料厂，会同广东省轻工业厅、海南岛行政区轻工业局，对该岛的重点地区、自治州、热带作物科研部门等的芳香作物及其基地进行了为期近1个月的实地调研，同时对该岛的自然地理、气候等作了概括的了解。调研结果，现在利用的和尚未利用的香料作物，共有39个主要品种，目前已经利用的和短期内可发展的主要品种有这样几类：已种植并已投入生产的芳香作物(广藿香)；可以深加工的芳香作物(胡椒、香茅草)；在短期内需要发展的品种（香荚兰豆、斯里兰卡肉桂、大叶丁香、小叶丁香、依兰、肉豆蔻、海南砂仁等)；国内尚属缺门，可放在远期发展的热带香料作物（檀香、吐鲁香、安息香、肖乳香)；需要集中利用的部分芳香品种（金合欢、柠檬桉、米兰、九里香、白兰、黄兰、鸡蛋花、含笑、鹰爪花、山桔树等)。

（刘树荃　郭振艺）

火柴工业

【概况】 1986年，全国轻工系统有火柴厂131家，职工7.79万人。产量2 820万件，为计划的100.7%，比1985年减少10.85%；全员劳动生产率6 127元，比1985年降低3.4%。出口火柴和梗盒片共计创汇362万美元。

产品质量检测。1986年6月1日至27日，全国火柴质量检测中心对全国114家的木梗火柴进行了质量检测。检测结果，全国平均得分95.53分，质量基本稳定。全部达到国家标准的108家，占送检样品企业的94.7%。其中达到优级品标准的67家，占58.8%；一级品32家，占28.1%；二级品的9家，占7.9%。

主要经济技术指标。火柴梗支耗原木量，北方以椴杨木为主，南方以松杂木为主，每万件火柴耗用原木，取前5名平均先进水平是：北方万件木耗140.4立方米；南方万件木耗180.22立方米。取前10名平均先进水平是：北方143.1立方米，南方185.55立方米。全员劳动生产率，全行业前15名平均先进水平是8 046元。

智力开发。为了扩大行业的技术力量，提高技术管理的水平和职工队伍的素质，1986年先后在湖南长沙和河北秦皇岛市火柴厂，举办了两期火柴生产工艺培训班，共培训学员74人。此外，为了普及行业的技工教育，轻工业部日化局还组织有关工程技术人员，编写完成了《火柴制造》一书，并通过了审定。

【技术改造和技术交流】 济南火柴厂作为行业的技术改造样板，一期工程已经完成，并在泊头、安阳等6个火柴厂进行了推广；二期工程方案已经制定，并召开了多次的论证会、审定会，但是由于该厂1986年实现利润下降，技术改造资金不落实，二期改造工程被迫推迟。与此同时，轻工业部机械局组织有关轻机厂先后对H320型、H314型火柴专用的纸板糊盒机、全纸糊盒机、套盒机、TMZH20型药浆调磨机等进行了鉴定与推广，为提高机械化程度保证药浆安全生产，改善劳动条件，创造了有利的条件。

1986年4月15日至19日，由轻工业部外事司、日化局邀请瑞典阿仁科公司来华，在南京召开了火柴技术交流会。有2个火柴机械厂，38个重点火柴厂参加了技术交流。通过交流，使行业开阔了眼界，坚定了借鉴国外先进技术，推进行业技术改造，加速技术进步的步伐。

【行业管理和限产保价】 1986年，火柴行业盲目上马的计划外生产厂不断增多。据不完全统计，1985和1986 2年内，新建起来的小火柴厂有106家，生产能力约600万件左右。这些企业规模小，技术落后，产品质量差，迫切需要加以整顿。根据轻工业部统计，1983—1985年，全国火柴工厂连续3年超产1 100万件，其中计划外的工厂估计生产火柴200多万件。1985年底，火柴出现了全国性的严重积压。1986年初，轻工业部提出了限产保价的措施，虽然产量得到基本控制，但价格并没有得到恢复。各厂为了推销产品，竟相降价销售。加以从第4季度开始，火柴用木材、石蜡等调价幅度较大，火柴生产成本上升，全行业实现利润普遍降低，使企业和国家都蒙受较大的损失。据123个厂统计，21个厂亏损，亏损额553万元。3个厂基本上不盈不亏，99个盈利厂微利，总计只实现利润2 860万元。

（孟志熙）

干电池工业

【概况】 1986年，全国轻工业系统共有干电池企业162家，职工6.27万人。工业总产值9.54亿元，比1985年增加11.84%。总产量（折手电池）为51.30亿只，比1985年增加14.50%，其中手电池产量为48.98亿只，比1985年增加13.56%。全员劳动生产率为14735元，比1985年增加10.28%。全国新增生产能力6.23亿只。

1986年全行业人均实现利税率前3名厂家是：上海汇明电池厂为4 500元/人，广州电池厂为3 800元/人，梧州电池厂为3 500元/人。全员劳动生产率前3名厂家是：上海汇明电池厂为32 000元，广州电池厂为24 000元，上海电池厂为24 000元。

【标准、检测、评比】 轻工业部日化局1986年6月在北京召开了电池用电解二氧化锰专业标准验证会，并经国家标准局和轻工业部批准正式颁发，标准编号ZBG13 001-86。7月，轻工业部日化局在北京召开了锌银扣式电池国家标准讨论会，就如何参照国际标准展开了讨论，经过协商制订了国家标准，并上报国家标准局审批。1985年组织制订的“R_{20}、R_{14}、R_6型锌锰干电池”国家标准于1986年12月由国家标准局正式批准颁发，自1987年12月1日起实施，标准编号为GB-7112-86，原轻工业部颁标准QB389-80届时作废。

1986年全国干电池检测评比在湖南轻工研究所进行。参加评比的有R_{20}、R_6型高容量和糊式电池，评比情况及平均放电时间与1985年同期比较如下：

型号	品种＼项目	总牌号（个）	5Ω连放（分钟）					5Ω间放（分钟）			R_6型75Ω、R_{20}型39Ω间放（小时）			
			平均	与1985年比较	最高	最低	平均	与1985年比较	最高	最低	平均	与1985年比较	最高	最低
R_6	糊式	15	49	2%	59		111	4.7 %	136		31.3	3.64%	37.6	
	高容量	57	65	－ 3%	95		155	－1.27%	226		49.5	1.22%	61.9	
R_{20}	糊式	180	357	0	528	253	960	－5.88%	1161	531	149.1	－1.58%	199.8	94.9
	高容量	8	514	－0.5%	650		1116	－11.63%	1233		170.5	1.06%	207.2	

经过检测评比，温州电池厂白鹿牌R_6型高容量电池和安阳电池厂金钟牌R_6型糊式电池，湖南衡阳电池厂金莲牌R_{20}型糊式电池和南平电池厂KK牌R_{20}型高容量电池分别获1986年全国检测评比第一名。

1986年全国R_{20}电池炭棒评比工作在苏州轻工业部化学电源科学研究所进行，共有10家厂参加，安阳炭素厂以总分108分获得第一名。

1986年全国优质产品评比中，南京电池厂飞鱼牌、斑马牌R_6型高容量纸板电池，安阳炭素厂国华牌R_{20}型电池用炭棒分别获得轻工业部优质产品奖。

1986年广州电池厂、梧州电池厂分别获得轻工业部优秀全面质量管理奖。

【科研和技术交流】 1986年3月，轻工业部日化局和机械局在江门召开了R_6纸板电池生产线鉴定会，该生产线是广州日用机械厂研制，由江门电池厂协作，共同对引进国外设备进行消化、吸收和创新的结果，生产效率为80只/分，原材料、零部配件国产化，该项成果获得轻工业部科技进步二等奖。

1986年11月，上海汇明电池厂组织鉴定通过了对Li—(CF)$_n$电池的鉴定。

1986年3月，轻工业部日化局和中国原电池专业委员会在广州召开了国外电池技术和设备引进工作交流会，总结交流了电池行业技术引进工作中的经验教训，针对多头对外，重复引进的弊病，要求立足国内，做好引进技术和设备的消化、吸收和创新工作。

1986年8月，在新疆乌鲁木齐召开了三北地区电池技术协作组会议；1986年11月在四川万县召开了全国第4届炭素技术协作会议；1986年12月，在上海召开了华东地区电池技术协作组会议。这些会议交流了国内外电池和电池炭素生产、技术经验，加强了本地区电池工业和全国电池炭素工业的联系。

1986年3月，轻工业部日化局和中国原电池专业委员会在广州开展了与联邦德国瓦尔塔电池公司纸板电池生产工艺和技术装备的交流。1986年12月，常州电池厂、香港南华电池公司和法国西贝尔电池公司在常州联合组织了纸板电池和碱性电池技术交流会。

1986年8月，在新疆乌鲁木齐召开了第二届中国原电池专业委员会理事会议，对专业委员会的章程进行了修改，并增补了理事、常务理事，总结了1986年的工作，安排了1987年的工作计划，并成立了专业委员会下属的原材料开发组。

1986年11月至1987年1月，在长沙湖南轻工研究所举办了全国电池化验员培训班，参加短训班的有来自全国各地49个单位的54名学员，对提高电池行业的检测、原材料化验等技术素质起到了积极的作用。

1986年12月，轻工业部日化局和中国原电池专业委员会共同组织了引进国外纸板电池生产工艺和技术装备情况调查组，对上海、厦门、常州、安阳、新乡、沈阳、阜新等电池厂引进的日本、美国、联邦德国、法国、丹麦等国家的纸板电池生产工艺和技术装备作了调查，为提高引进工艺技术和装备的经济效益，改进对引进技术力量的消化、吸收和创新工作打下了基础。

【出口换汇和基本建设】 1986年，电池行业共出口创汇21680万美元，比1985年增加79.5%，其中电池出口量为4.01亿只，创汇2323万美元，比1985年增长64.2%。炭棒出口量为2393.96万打，创汇357万美元，比1985年增加357.69%。1986年，干电池行业批准了广州电池厂和上海电池厂2个出口基地企业，上海汇明电池厂和广东江门电池厂2个扩大外贸自主权企业。1986年4个出口基地和扩权企业共出口创汇约1780万美元。广州电池厂1986年出口创汇近800万美元，比1985年增加了一倍，其中自营出口约300万美元。

1986年5月和8月，轻工业部日化局先后在北京和烟台召开了出口基地和扩权企业技术改造项目讨论会和落实会，对广州、上海电池厂2个基地企业和上海汇明电池厂的扩权企业所提出的改造项目进行了讨论和落实。1986年8月，轻工业部日化局在北京召开了电池产品出口战略设想的起草工作讨论会议，在10月提交深圳召开的轻工机电产品出口商品与市场战略研讨会征求了意见。

【供销、价格、税收】 1986年1月轻工业部日化局与供销局在湖南湘潭共同组织召开了电池用电解二氧化锰分配定货会议，由于近年来材料提价对电池成本影响较大，企业不愿使用价格高昂的电解二氧化锰，使这次定货会议没有达到预分配计划，造成积压。1986年6月，轻工业部日化局与供销局在北京联合召开了电池用电解二氧化锰与锌材分配会议，通过计划分配，暂时缓解了电解二氧化锰积压的问题。加以有关地区、企业积极扩大产品的出口，使积压问题基本得到解决。电池用锌长期供不应求，国家计划分配的数量仅占电池生产需用总量的62%，剩余部分企业只能使用高出国拨锌价1500～2000元/吨的议价锌。1986年4月15日起，国拨锌锭每吨又提价600元，加上加工费的提价，实际工厂使用1吨锌锭要多花800～1000元，其它主要原材料绝大多数也涨了价。

1986年5月，轻工业部日化局和财务价格司在北京召开了有国家计委、经委、国家物价局和部分企业参加的电池价格座谈会，针对电池主要用原料——锌等原材料涨价对电池产品成本和效益的影响，进行分析、测算和讨论。6月，轻工业部日化局组织了部分地区企业和当地百货公司及国家计委、经委、商业部代表参加的电池价格座谈会，进一步提出了调整电池产品价格和减免电池产品税的方案。同月，又在北京召开了全国电池价格座谈会，参加会议的有各省、市轻工业厅(局)及全国八十多家电池厂的代表，了解了全国各地的价格和税收情况，征求了各省、市对电池产品价格调整和减免产品税的意见，提出了具体方案和协调办法。

1986年10月，轻工业部发文调高全国电池产品价格，平均提价25%，要求各企业在征得当地物价部门的批准后实行。截止1986年底，除9个省市由于种种原因尚未提价外，其余省市均陆续提价。在调整产品价格的同时，1986年下半年，国家税务总局发文批准R_{20}型电池（占全国电池总产量的80%左右）产品税由1986年7月1日起由12%减为4%。通过调高产品价格和削减产品税，使全国电池行业渡过了1986年这困难的一年。　（许扬明）

盐　　业

【概况】 1986年全国23个省、市、自治区共有制盐企业733个(不包括社队企业),其中全民所有制企业169个，职工17万人，产盐量占全国85%。1986年末全国盐的生产能力为1 943万吨，其中海盐1 396万吨，占71.8%；井矿盐329万吨，占16.9%；湖盐217万吨，占11.1%。全国共有盐化工企业54个，产品总吨位80多万吨。盐业是产销合管的行业，全国28个省、市、自治区有盐业运销机构，共有批发网点1 200多个，职工3万人。

1986年全国共产盐1 766.64万吨，完成年计划的112.5%,比上年增长21.4%。其中海盐1 227.26万吨，占69.5%；井矿盐333.6万吨，占18.9%；湖盐205.8万吨，占11.7%。全国共产盐化工产品52种，其中部管产品氯化钾2 9372.4吨，溴素3 783.4吨。盐和盐化工产品质量稳定，品种增加。1986年全国盐的分配销售量达1 935.16万吨，完成年计划的118%,比上年增长12.3%，创历史最高水平。其中食盐904.31万吨，占46.7%；工业盐877.13万吨，占45.3%；农牧渔业用盐33.49万吨，占1.7%；出口盐119.88万吨,占6.2%。全国盐业总产值22亿元，盐税收入约10亿元，盐业利润约2.9亿元，其中工业利润1.4亿元,运销利润1.5亿元。

中国盐业公司直属制盐企业共产盐241万吨，总产值2.55亿元，利润总额3 615万元；直属运销企业销售收入1.15亿元，利润总额1363万元。

1986年由轻工业部安排的盐业基本建设计划总投资为3 960万元，新增生产能力17.1万吨，实际完成3 939万元,占总投资的99.5%。其中直属直供投资额2 700万元，实际完成2 793万元;地方项目投资额为1 160万元，实际完成1 146万元。基本建设计划完成情况好于上一年度。盐业“七五”建设项目逐步落实。到1986年底，经省（区）计经委批准审批立项或审批了设计任务书的有7个小型项目，可新增盐的生产能力61万吨。限额以上的建设项目，国家计委正式审批计划任务书的有3个，上报待批的有2个，以上5个项目可新增生产能力154.9万吨。

【销大于产，供应紧张】 由于1985年海盐严重受灾，1986年盐业的生产基础不如往年。北方海盐区滩存三级卤水特别是高级卤水比上年减少30～50%，灌池面积和池内存盐都少于往年。井矿湖盐区也存在缺电、缺燃料和原辅材料等困难。各盐区都采取多产盐的对策，福建省采取价外补贴等扶持政策，大连市采取生产计划内吨盐提取0.86元、计划外吨盐提取3元奖金的措施，江苏省实行吨盐工资含量包干，浙江省调整了公收价,四川省对新增工业用盐实行浮动价格等等。各企业进一步落实了各种形式的经济责任制，如海盐企业实行土方维修承包，按产量、质量计酬，制卤按量计价等。这些措施有力地调动了企业和职工的积极性，比上年多产盐200多万吨。

但1986年社会需要量增长更快，分配销售量突破了1 900万吨,当年仍产不敷销150多万吨。加上1983年开始，连续三年销大于产，吃掉大量库存，1986年又是销大于产，所以盐的市场供应十分紧张。1986年一季度辽宁、天津、上海等12个省市食用盐和制碱用盐均纷纷告急，特别是经由北方沿海调进原料用盐的20多个化工厂，濒于停产边缘。由国家经委牵头，组织紧急运输。由于存盐集中于山东、长芦等地，交通不便，山东动用四、五百辆汽车从昌潍地区向二、三百公里以外的威海港和岚山港集运，长芦盐区春节期间还组织职工调盐。全年先后从关内调往东北的盐就达160万吨以上。预计1987年盐的供求关系将更为紧张。

【调整食盐产品结构】 为了实现1984年提出的直接食用盐三年内全部精细化的任务，轻工业部盐务总局在辽宁、长芦、山东、江苏、内蒙、青海、新疆等七个盐区安排了改产210万吨大粒原盐的加工盐建设项目32个，截止1986年底已基本建成，共新增加工盐生产能力222.4万吨。同时，还加强了加工盐的产销衔接工作，在下达各省区的产销计划中对加工盐做出了安排,从而解决了一些地区加工盐产销脱节的问题。1986年食用盐销量中，精细盐的比例已占70%以上，塑料小包装盐占食盐总销量的21%。目前已初步形成食用盐的品种系列：真空盐、粉洗精盐、日晒精盐、餐桌盐、粉碎洗涤盐、粉碎盐；医疗保健用盐有加碘盐、加硒盐、海群生盐、低钠盐和老年保健盐、儿童富养盐；调味盐、汤料盐有五香盐、胡椒盐、麻辣盐、大虾盐、海味盐、鲜菇汤料盐、三鲜木耳汤料盐等二十多个品种。

【多种经营】 1986年在充分利用盐场（厂）的资源和有利条件，发展多产品生产，取得了好成绩。特别是海盐区水产养殖，除广西受台风影响外，南北所有盐区普遍丰收，水产品总吨位比上年增产30.25%,其中对虾产量比上年增长54.6%，对虾总产值比上年增长86.7%，出口创汇3 700万元。养殖对虾获得纯利润5 249.9万元,比上年增加1.5倍。对虾单位面积产量有了较大提高，全国平均亩产已达100.6斤，全国约有五分之一的盐场亩产超过150斤，有11个盐场亩产

200斤以上，山东烟台林北盐场亩产达319斤。全国盐业12厘米以上的大规格养殖虾占总产量的42.9%，经济效益显著，山东省烟台市盐业公司半数以上的盐场搞养殖，人均利润达万元以上。目前盐、盐化工和水产养殖已成为海盐企业的三大经济支柱。除了水产养殖之外，盐办轻工、盐办化工、第三产业等多种经营项目也在蓬勃发展之中。

【管理改革】 1986年国家经委会同国家计委、轻工业部、财政部、劳动人事部、国家物价局组织联合调查组，对江苏、浙江、福建、广东、四川、天津、河北、辽宁等省、市盐业的生产、流通情况进行了综合调查，报经国务院批准，对盐业实行了一系列扶持政策和管理改革，不仅缓解了当前盐业企业和职工的困难，而且对盐业今后的发展有着深远的意义。

1. 关于税收、价格政策。国家采取让税增利的办法，调整了盐的出场(厂)价，食盐每吨出厂价调高20元，资金减税解决；工业盐、农业、渔业和出口用盐的调价资金由用户负担。对集体盐场的收购价，随同国营盐场(厂)的出场(厂)价一并调整。同时，国家还采取让税的办法，提高了食盐的批零差价。

2. 关于投资问题。随着国民经济的发展，盐的需要量将会大幅度增加，国家决心加大对盐业的投入。从1987年起，由国家计委和国家经委根据当年可能，增加一些固定资产投资。首先抓紧安排十个大中型基建和技改项目，并适当安排流通环节项目和多种经营项目。

3. 关于职工工资福利方面。国家明确了海、湖、井、矿盐业，属于一类产业，不同于一般加工工业。对制盐工实行一类工资标准，并建立了岗位津贴。

4. 关于计划体制。根据逐步缩小指令性计划管理的原则，从1987年起，除食盐的生产和分配销售仍实行指令性计划外，对工业用盐、农牧渔业用盐改为指导性计划，以1984年销售量为基数，超出部分企业可以组织自销，价格按国家规定执行。

5. 关于行业管理。为加强行业管理和宏观控制，国家要求轻工业部运用立法手段制订全国盐业管理条例，另行报批。

(庄克强)

制糖工业

【概况】 1986～1987年制糖生产期，全国产糖527.36万吨，比1985～1986年生产期516.89万吨增加了10.47万吨，增长2.02%。1986年糖料收获面积为1 828.14万亩（其中：甘蔗收获面积为1 161万田，甜菜收获面积为667万亩），收购糖料4 716.61万吨（其中：甘蔗为4006万吨，甜菜为710.61万吨）。

1986年～1987年制糖生产期，甘蔗糖产量为447.27万吨，比上生产期的426.32万吨增产20.95万吨，增长4.91%，其中，主要靠广西和云南增产。广西壮族自治区产糖比上生产期增产22.89万吨，增长25.98%；云南省比上生产期增产7.75万吨，增长16.49%；广东省比上生产期略有减少；福建减产4.63万吨，减幅为8.89%；四川减幅为6.67%；江西减幅为16.27%；浙江减幅为24.22%（见甘蔗糖主产区产量统计表）。1986年～1987年制糖生产期，全国甜菜糖产量为80.09万吨，比上生产期的90.57万吨，减产10.48万吨，下降11.57%。甜菜糖减产主要是内蒙古自治区比上生产期减产8.4万吨，下降34.29%；吉林省减产3.01万吨，下降36.22%；甘肃省减产1.34万吨，下降23.97%；辽宁下降34.84%；山西、山东、河北、陕西、江苏等省区也不同程度的比上生产期减产。只有黑龙江增产了2.11万吨，增长5.98%；新疆增产了2.81万吨，增长56.88%（见甜菜糖产区产量统计表）。

食糖产量在糖料收获面积比上生产期减少86.92万亩的情况下，增长2.02%，主要是甘蔗单产和糖料含糖份提高。甘蔗平均亩产比上生产期提高了200公斤，甘蔗含糖份平均提高0.245%，甜菜含糖份平均提高0.37%。糖料含糖份和甘蔗单产的提高所增产的糖量和收获面积减少的糖量基本持平。但由于1987年甘蔗播种面积减少129.5万亩，多榨了80多万吨甘蔗苗，使得食糖产量比上生产期略有增加，这和我国十一届三中全会以来食糖产量平均每年递增34万吨对比，增长速度明显地大幅度下降。

甘蔗糖主产区产量统计表

省区	1986～1987年制糖生产期 收获面积（万亩）	收购甘蔗量（万吨）	产糖量（万吨）	1985～1986年制糖生产期 收获面积（万亩）	收购甘蔗量（万吨）	产糖量（万吨）
甘蔗糖合计	1161	4006	447.3	1196.6	3894.5	426.3
其中：广东	500	1714.8	191.3	550	1750	192.5
广西	305	927	111	282	750.8	88.1
福建	90	427.4	47.5	97.6	465.7	52.1
云南	125	496	54.8	110	415	47
四川	59.3	181.7	18.2	68	198	19.5
江西	39.7	117.2	12.2	41.5	144.3	14.6
浙江	8	24	2.2	12.3	54.8	2.9
湖南	27	95	8.4	27	92.8	7.9

1986年统计年度(即1月1日至12月31日)，制糖工业总产值为60亿元，比1985年度的52亿元增长15.07%。产糖量524.57万吨，比1985年度的451.27万

甜菜糖主产区产量统计表

省　区	1986～1987年制糖生产期 收获面积（万亩）	收购糖料（万吨）	产糖量（万吨）	1985～1986年制糖生产期 收获面积（万亩）	收购糖料（万吨）	产糖量（万吨）
甜菜糖合计	667.1	710.6	80.09	691.4	847.4	90.6
其中：						
黑龙江	396.7	331	37.4	367	332	35.3
内蒙	105	140.3	16.1	132	233.3	24.5
吉林	59.4	59.1	5.3	68.1	85.4	8.3
新疆	29	61	7.8	26.1	36.4	4.9
山西	19.7	25.7	3.3	17.7	27.5	3.5
宁夏	14.4	25.3	2.9	15.8	33.0	2.9
甘肃	16.1	35.6	4.3	22	46.8	5.59
辽宁	16.0	21.9	1.9	18.4	30.3	2.9
河北	4.2	4.6	0.5	9.9	9.5	1.2
山东	3.0	2.9	0.4	5.2	5.5	0.6
陕西	2.7	2.5	0.2	5.0	4.4	0.6
江苏	0.9	0.8	0.08	4.1	3.2	0.3

1986年度产糖量统计表

省　区	产糖量	省　区	产糖量
全国合计	524.57		
甘蔗糖	434.11	甜菜糖	90.46
其中：广东	192.59	其中：黑龙江	39.3
广西	97.07	内蒙古	20.6
福建	52.88	吉林	7.59
云南	45.94	新疆	5.95
四川	19.43	甘肃	5.27
江西	13.65	宁夏	3.83
浙江	2.73	山西	3.38
湖南	8.34		

吨，增长16.24%。

【种植糖料采用新技术的进展】 在甘蔗方面：一、推广施用稀土微肥增产、增糖工作方面成绩显著。广东省1986年施用稀土微肥已扩大到20万亩，亩增产甘蔗0.169～0.322吨，其中粤北亩增产0.121～0.241吨，粤中亩增产0.319～0.369吨，粤东亩增产0.052～0.431吨；全省甘蔗含糖提高0.382%（绝对值，下同），其中粤北提高0.33～0.43%，粤中提高0.218～0.335%，粤东提高0.22～0.32%。广西自治区1986年施用稀土微肥57万亩，亩增产甘蔗0.2～0.8吨，提高蔗糖份0.2～0.77%。湖南省推广19.3万亩，占全省机制糖甘蔗面积的65.6%，平均亩增产甘蔗0.42～0.6吨，提高蔗糖份0.6～0.7%；1985、1986两年全省飞机喷施稀微肥 11.27 万亩。江西省赣州地区1986年喷施稀土微肥12万亩，亩增产甘蔗0.28～0.74吨，提高蔗糖份0.5～0.68%。广西自治区1986年甘蔗喷施稀土微肥57万亩，以亩增产原料蔗0.35吨，蔗糖份提高0.25%计，就比上生产期增产原料蔗19.95万吨，增产白砂糖26 390吨，蔗农增加纯收入1 263万元，糖厂增加产值2 692万元，增加利润169万元，国家增加税收580万元。二、甘蔗冬育春移和地膜覆盖宿根蔗苗栽培技术的研究和推广工作在上一年的基础上又有了新进展。仅冬育春移全国就达到了200多万亩，一般可延长甘蔗生长期3～4个月，产量和含糖份接近秋植蔗的水平。三。积极推广早熟、高产高糖良种。甘蔗早中熟良种比例比上年更趋向于合理。1986年广东省达178.4 万亩，占总面积的35.6%；广西达50%；福建达68%。广东省湛江早熟高产高糖良种粤糖63/237、印度997、桂糖11号面积就达94.63万亩，占种蔗总面积的63.7%。

【种植甘蔗的扶持政策措施】 一、各地分别采取补贴的办法，及时调整了糖料收购价格。1986年在农民不愿种糖料，播种面积大幅度减少的情况下，各地不同程度的对种植糖料采取了补贴的办法，调动农民种植糖料的积极性。广东省甘蔗平均收购变通价格（包括中央、省、地、县、糖厂的各种补贴，下同）为80.20元/吨；广西为89.0元/吨；福建为90.0元/吨；云南为70.59元/吨；全国甘蔗主产区平均为81.12元/吨。各地还积极组织化肥、农药供应，同时给蔗农发放甘蔗贷款，扶持糖料生产。仅广东省湛江地区就给蔗农发放专项贷款2 000 多万元。广西贵县糖厂在这方面工作做得好，效果突出。1986年他们给蔗农投放秋植蔗补贴款15万元，良种蔗补贴款53万元，组织化肥供应贴息给蔗农20多万元，推广良种、营养钵、地膜覆盖等补贴15万元，加上利润返还给蔗农共计540多万元。同时还投资20万元，本着"民建公助"的原则，修建蔗区公路205条548公里。为了进一步稳定蔗农情绪，还发放甘蔗预购定金177万元。由于甘蔗原料增产多，产糖量10.807万吨，全厂工业总产值1.142 亿元，实现税利4 380.16万元（包括财政补贴在内），是全国创税利最多的糖厂。二、抓砍运榨管理改革。广东省海南地区制订了《海南区甘蔗砍运条例》和《关于加强糖蔗砍运管理的通告》，采取有力措施进行整改，成立了稽查组，解决了砍运榨工作中的不正之风，为提高糖厂的经济效益和信誉起了重要作用。三、扶持发展甘蔗专业户。福建省闽南蔗区仅厦门、漳州市芗城区，晋江县、惠安县1986年户种20亩以上的甘蔗专业户就有232户，面积达13 691亩，占该蔗区总面积的10%左右。种植的甘蔗一般单产都在6吨以上，比当地水平高10%以上。实践证明，甘蔗专业户具有种植甘蔗连片集中的经济规模，便于经营管理，乐意推广应用良种和新技术，有利于提高单产和经济效益，为糖厂提供大量原料等优越条件。四川省内江市为了保证糖厂有可靠的原料来源，在少数糖厂蔗区进行了甘蔗生产基地试点工作,取得初步成效，甘蔗含糖份与单产也有所提高。

【甜菜贴补和增产措施】 一、各地在甜菜播种面积急剧下降的情况下,采取了补贴的办法。黑龙江、吉林、内蒙古等省区好多糖厂每吨甜菜补贴7～10元，同时采取种籽、农药、植保器具免费供应等办法来调动农民种甜菜的积极性。二、甜菜喷施稀土微肥工作在近几年试验、示范的基础上，1986年开始推广，黑龙江省甜菜喷施稀土微肥 46.25万亩，占全省播种面积的9％，亩增产甜菜52公斤，提高糖份0.62％。三、继续推广内蒙古自治区土默特右旗对低产低糖区进行大面积综合治理的经验。黑龙江省推广了近10万亩，内蒙古东部地区，辽宁省部分地区也进行了示范，亩产和含糖份不同程度的有所提高。

【制糖技术进步和技术引进消化吸收工作】 一、1986年10月,轻工业部食品局、中国食品科学技术学会、甜菜糖业学会联合在吉林省新中国糖厂召开了全国糖厂引进技术消化、创新、推广座谈会，重点交流了新中国糖厂从丹麦引进的设备和工艺，同时交流了其它糖厂和院、所引进或自行研制的新设备、新技术。技术组对会议交流的29项制糖新技术、新设备作了技术评价。还邀请丹麦专家作了技术报告。二、“七五”期间继续把热喷涂技术列为重点推广项目。据1986—1987年生产期统计，广东省 160 多家糖厂中已有43％的糖厂不同程度地应用了这项技术。过去糖厂机械磨损严重，采用这项技术后，既可以提高机械使用寿命，也可以减少设备维修费用。广东省江门甘化厂经过反复试验，在大型压榨机底梳上采用喷涂技术，使底梳从原来使用30天提高到90多天，过去一个榨季要用18～24只，现在只用10～12只（包括备用件），仅这一项就节约28 800元。由于更换底梳次数减少，全榨季可节约36小时，可多榨蔗 7 200吨，增加利润3万元　全榨季共受益58 800元，节约钢材8～9.6吨，为大型底梳应用这项技术创开了路子。广东省清远糖厂对第二座压榨机φ 510×800的顶辘齿纹二分之一处进行喷焊试验，经过84～87年三个榨季的应用，共榨甘蔗14万吨，磨损量仅仅是5毫米，等于没喷前的一个榨季的磨损量，同时整个榨季不用换辘，不用光辘（车削），不用保养，达到了耐磨、耐蚀、持蔗力好的要求。这一技术同时在新建永灵糖厂进行试验，效果更为明显。广东省在糖厂推广普及热喷涂技术应用方面，已经从目前的蔗刀、底梳、面梳、泵轴等工件上的应用扩大到三星齿轮、轴颈、压榨辘等量大面广的工件上。三、从1983年以来，由无锡轻工业学院、四川食品工业研究所、内蒙古甜菜制糖工业研究所、轻工业部太原日化所和天津轻工化学研究所等单位承担的国家“六五”攻关课题《表面活性剂的研制及其在成糖系统中的应用研究》,经过三年的努力，取得了显著效果，并于1986年2月通过了轻工业部科技局组织的技术鉴定，弥补了表面性活剂在制糖工业中应用的空白。四、改进工艺，提高产品质量，提高制糖经济效益。广东省今年的压榨收回、总收回、安全率、万吨甘蔗利润等指标均有所提高。混合产糖率比上榨季同期提高0.3％,相当于多产糖3万吨左右。广西本榨季也出现了“四高二降”的新局面。即与去年同期相比较，混合产糖率提高0.51％（绝对值，下同),总收回率提高1.09％，生产安全率提高了1.73％，白砂糖合格率提高了2.1％,吨糖耗蔗降低了0.38％，等折耗标煤降低了0.47％。

【节能和三废综合利用】 一、1986～1987年制糖生产期,轻工业部食品局和全国大型甘蔗第一、第二协作组,在广东省珠江糖厂召开了全国甘蔗糖厂节能工作座谈会。会议主要总结交流了近几年的节能经验，认为推行节能岗位责任制和节约奖，是增强职工节能工作责任心和积极性的主要措施；制定先进的热力方案，经济合理地充分利用蒸发汁汽,是糖厂节约用汽的关健；推广应用先进的节能技术、装备先进的节能设备是节能的主要手段。二、在管理和技术改造两方面节能降耗工作，做的较好的有广东、广西、福建等省区，许多糖厂积极推广应用蔗渣流态干燥技术，在提高锅炉效率，降低煤耗上起了一定的作用（广西全区共有31家糖厂使用)。广东省积极组织大型糖厂研究热力方案，充分利用透平发电废汽，发挥多种途径的热能利用，使全省有中压锅炉的厂都能多抽二效蒸发汁汽煮糖。中山糖厂1985年增加一座65吨/小时的中压锅炉和一台6 000千瓦中间抽汽背压透平发电机，改用硅整流电动机拖动压榨机，淘汰热效率低的柯利斯式蒸汽机，同时千方百计节约点滴水、电、汽，使制糖万元产值综合能耗为4.12吨标准煤,居全省大型糖厂之首。广西西场糖厂推广应用轻工业部甘蔗科学研究所的节能科研成果，在不增加锅炉设备的情况下，依靠降低汽耗，提高榨量,来降低能耗,日榨量比上榨季提高了28％,等折标准煤耗从上榨季的6.84％降低至5.80％。福建省近几年来采取有效措施，通过走出去，请进来等办法，一改过去煤耗较高的状况。近年来，煤耗逐步下降,每年的下降率约为0.3％左右，广东省顺德、中山、紫坭、市头、梅山、南海和福建的漳州等大型糖厂的自备电站，在停产期间向社会发电，充分发挥了电站的利用价值。三、广开财路，多种经营，发展综合利用的新进展。广东省中山糖厂实行一业为主，多种经营的方针，根据市场的要求，利用糖厂的副产品和下脚料，大力发展副产品的综合利用。到目前为止，已拥有纸、酒精、冰醋酸、乙酯、汽水、蔗汁、花粉酸豆奶等多种综合利用产品。1986年综合利用生产的产值占全厂总产值的21％。

【基本建设和新增生产能力】 1986年度制糖工业固定资产投资完成额为55 458万元，其中：基本建设完成投资额34 787万元（全民企业26 284万元，集体企业8 503万元）；更新改造完成投资额20 671万元（全民企业20 653万元，集体企业18万元）。

1986年度新增生产能力，日处理糖料量17 180吨（基本建设11 200吨/日，更新改造5 980吨/日），年产糖能力233 530吨（基本建设151 020吨/年，更新改造82 510吨/年）。

1986年度全部建成投产的大中型（更改为3 000万元以上）制糖项目有黑龙江依安糖厂，日处理糖料1 500吨；广东陵水桃园糖厂，日处理甘蔗1 000吨；广东海康雷城糖厂，日处理甘蔗 1 500吨；广东东方黎糖厂，日处理甘蔗 1 000吨；广西峦城糖厂，日处理甘蔗 1 000 吨；云南保山昌宁干斯糖厂，日处理甘蔗800吨。

（贾志忍）

烟　草　工　业

【概况】 中国酒草总公司共有 117个卷烟厂、29个雪茄烟厂、93个烟叶复烤厂、2个过滤嘴厂、1个印刷厂、7个其他厂，加上地方各级烟草公司、卷烟销售、烟叶收购和储备以及科研、教学、产品检验等共计1 860多个单位，从业人员396多万人，其中全民所有制企、事单位职工 375多万人，集体所有制企业2万多人，遍布于除西藏外所有省、自治区、直辖市，1986年总公司所属计划内烟厂（下同）生产卷烟2 560.5 万箱、雪茄烟26.66万箱，分别比上年增长8.5％、40.9％（分地区详见附表），销售卷烟2 371 万箱，比上年增长7.3％，烟叶歉收，收购烤烟126万吨，比上年减少27％。烟厂（不包括复烤厂和其他工业企业）完成工业总产值166.3 亿元，比上年增长15.7％。全行业实现税利145亿元，比上年增长20.3％。出口卷烟86.7万箱（含国内销售收外汇券的旅游烟采用国际计量标准万支箱），比上年增长983.7％，出口烟叶21 918吨，比上年增长29.1％。出口换汇 1.2亿美元，比上年增长54.1％。

1986年生产卷烟所需要的配套材料供应较紧，卷烟盘纸需6万吨，总公司分配5.47万吨，需铝箔纸3.5万吨，只调拨一半，过滤嘴材料丝束需 2.8万吨，总公司只解决 2.2万吨，其不足都是由各地企业设法解决的。为解决过滤嘴丝束材料，已与美国合资在南通兴建丝束厂。

1986年卷烟技术经济指标：卷烟合格率全国平均为98.8％，广西玉林烟厂达99.1％，其中无嘴烟全国平均99.3％，零陵、兰州烟厂达100％，嘴烟全国平均96.9％，庆阳烟厂达100％；一等品率全国平均79.4％，新郑、许昌两厂达100％；无嘴烟单箱耗烟叶全国平均57.4公斤，长春厂为53.8公斤，其中甲级烟全国平均59.7公斤，广州二厂为52公斤；嘴烟单箱耗烟叶全国52.2公斤，玉溪厂为44.8公斤；单箱耗盘纸全国平均3 775.3米，玉溪厂为3 609米；单箱耗标准煤，全国平均20.8公斤，玉溪厂为9.3公斤；全员实物劳动生生率平均年产量全国为 126.9箱，玉溪厂为 232 箱，杭州厂为243.6箱；生产工人计算全国平均为197.4箱，玉溪厂为 407箱，杭州厂达 416.7箱；杭州厂人均创税利 16.05万元，单箱利润68元，为全国平均水平的3.4倍。

【增加甲级烟生产，调整卷烟产品结构】 根据市场需要，中国烟草总公司在增长甲级烟采取了下列措施：一、整顿牌号，将现有甲级烟 500多个牌号择优初步保留烤烟型甲级烟牌号 158个，混合型、外香型、药物型甲级烟牌号 65 个，实行定点生产，由总公司颁发生产许可证，同时对部分全国性的名牌甲级烟如上海的中华、牡丹、凤凰，云南的云烟、茶花、大重九、红塔山、阿诗玛，北京的金健、中南海，广东的双喜，吉林的黄人参，天津的嘴恒大，河南的彩蝶，贵州的黄果树都作了重点安排；二、原材料（包括进口的）分配贯彻优先供应全国名牌、照顾重点、兼顾一般的原则；三、协调组织名优甲级烟联合生产。总公司还规定自1986年7月1日起甲级烟都必须装接过滤嘴，正式执行国家标准局颁布的卷烟国标（以往是采用轻工部部颁标准）和醋酸纤维过滤嘴国标（以前无统一标准）。1986年共生产甲级烟 278.7万箱，比上年增长42.9％，其比重由上年的8.3％上升到10.9％；共生产过滤嘴烟（包括各类型、各等级烟）470.3万箱，比上年增长51.9％，其比重由上年的13％上升到18％。由于总公司积极组织研制和开发混合型、外香型、药物型烟，并在技术改造上和价格上给予照顾，1986年都有较大增长，加快了卷烟结构调整的步伐。当前世界盛行的混合型烟共生产66.75万箱，比上年增长9.95％，改变了长期以来我国这类型卷烟每年增长率不超过2％的徘徊局面。薄荷型、外香型烟分别比上年增长51.7％、33.4％，药物型烟比上年增长18.1％，北京卷烟厂从中草药提取有效成份，经过严格配方和特殊工艺处理生产的金健、长乐、中南海牌烟1985年在日本筑波国际科学博览会展销成功，当年出口日本2 100箱，1986年达17 100箱。

中国烟草总公司卷烟、雪茄烟产量

地　区	1986年		1985年		1986年比1985年%	
	卷　烟（万箱）	雪茄烟（箱）	卷　烟（万箱）	雪茄烟（箱）	卷　烟	雪茄烟
全　国　总　计	2 560.51	266 584	2 359.51	189 154	108.51	140.93
北京市	12.25		13.01		94.16	
天津市	48.49		48.53		99.92	
河北省	78.28		67.74		115.56	
山西省	18.95		18.72		101.23	
内蒙古自治区	20.84		17.23		120.95	
辽宁省	46.05		43.58		105.67	
吉林省	37.55		31.56		118.98	
黑龙江省	46.73	157	39.24	95	119.09	165.26
上海市	86.25	222	86.25		100.00	
江苏省	97.77		87.55		100.25	
浙江省	91.28	103	87.51	220	104.31	46.82
安徽省	199.23	5 358	179.47	3 362	111.01	159.37
福建省	52.57		46.26		113.64	
江西省	29.91		32.10		93.18	
山东省	234.24	234	221.30	54	105.85	433.33
河南省	321.17		316.12		101.60	
湖北省	182.08	65 887	170.10	42 679	107.04	154.38
湖南省	205.82	85	193.55	17	106.34	500.00
广东省	89.73	1 707	79.49	2 404	112.88	71.00
广西壮族自治区	73.91	527	65.57	144	112.72	365.97
四川省	128.32	149 897	108.40	103 291	118.38	154.12
其中：重庆市						
贵州省	119.94	142	105.24	103	113.97	137.86
云南省	235.73	3 107	206.25	6 582	114.29	47.20
西藏自治区						
陕西省	72.40	35 343	68.50	28 837	105.69	122.56
甘肃省	18.78	3 815	15.47	1 366	121.40	279.28
青海省	1.58		1.53		103.27	
宁夏回族自治区	2.01		1.21		165.98	
新疆维吾尔自治区	8.65		8.04		107.59	

【引进新技术】 1986年中国烟草总公司系统完成基建、技改固定资产投资9亿元，竣工面积9.7万平方米，重点是引进先进技术改造落后面貌，自1981年至1986年，引进各种设备1 750台（套)。全国计划内卷烟厂的设备能力约有五分之一得到更新改造，现有卷烟年产能力按两班计算为3 885万箱,三班为4 250万箱,具有八十年代水平的制丝生产线，每分钟产7 000支滤嘴烟的卷接机组和新技术膨胀烟丝装置以及国内自行研究开发的打叶复烤设备均已正式投产发挥效益。如北京卷烟厂利用引进的第一流卷接机发展出口烟的生产,玉溪卷烟厂引进的制丝生产线投产后单箱嘴烟耗烟叶41.5公斤，接近国际先进水平，膨胀烟丝是烟草工业近十几年来的新技术，将烟丝、梗丝经过化学处理改变其细胞结构、增加其填充能力，是减少烟气中焦油含量,降低卷烟烟叶耗量的重要途径,我国从美国引进两套装置分别安装在广州第二卷烟厂和长春卷烟厂,1986年下半年正式投产。甲级混合型卷烟掺用10%膨胀烟丝，烟支烟气中的焦油含量可减少2毫克，卷烟单箱烟叶耗用量可节约6.1%。

中国烟草总公司郑州烟草研究所和有关厂家共同研究开发的国内第一条打叶复烤生产线于1986年在云南楚雄建成投产。其主要特点是将切尖解把、两次润叶、定量喂料、打叶、叶和梗分离复烤以及打包等工序联接组成，机械化程度达90%，部份工序还采用自动控制装置，改变了我国长期以来一向是将初烤烟叶的复烤和打叶分别在两地进行的落后工艺，不仅可减少4.2%的烟叶损耗，而且打出的烟叶质量达到国际水平，可直接与引进的膨丝生产线配套生产，标志着我国烟草工业技术向国际水平迈进了一步。

近几年来，引进的卷接机（组)、切丝机、横包机等共14项制造技术，已与机械、船舶、航天等部门的工厂横向联合，开展消化、吸收工作，1986年已制出

MK 8 卷接机（组）100套，质量符合要求，价格比进口货低40%，其他设备也在陆续批量投产。

【烤烟质量提高，生产和收购量下降】 1986年全国种植烤烟1 410.7万亩，实收面积1 235.6万亩。按正常年景可产 165万吨，收购 153万吨左右，但只收购 126万吨左右，比上年减少27%。主要原因一是全国大部分产烟区遭受旱、涝、风、雹、病等严重自然灾害；二是烟叶价格虽在1985年作了适当调整，那是在总水平基本不动的前提下拉大质量差价，有升有降，由于其他农作物都是普遍涨价，种烟又更费工，影响了烟农的积极性。但收购的烤烟质量有所提高，上等烟占5.48%，中等烟占64.55%，上中等合计达70.03%，从等级率看与上年相比无大变化，但1986年是用比以前更严格的新国家标准（接近国际烤烟标准）检验收购，烤烟质量实际提高的主要原因除认真执行新国标外，还有：一、进一步实行良种化、区域化、规范化，全国推广良种面积达94%以上，多数产烟区实行统一供应良种，根据主次质量要求，适当调整布局，择优集中发展，严格按技术规范生产；二、开展国内外技术合作，在国内有关科研单位和大专院校指导下搞试验田、示范区，和中国科学院南京土壤所横向合作，组织七个省区烟草公司和科研单位进行优质烟土壤环境和合理施肥的研究试验；中国烟草总公司组织河南、贵州、湖北产烟区与美国奥斯汀烟叶公司进行技术合作，黑龙江省与加拿大烟叶科研单位合作进行开发试验，云南省楚雄彝族自治州烟科所与英美烟草公司、联邦德国劳琪公司以及美国环球烟草公司合作试种主料烟和优质填充料烟叶都获得良好效果，质量达到外商要求，扩大出口，又以示范方式促进了我国种烟技术的提高。

【专卖管理和简政放权】 1986年继续广泛深入地宣传和贯彻《烟草专卖条例》，在有关部门配合下查处了十二万多起违章案件，罚没并焚毁 200多万条假冒牌卷烟，在总公司系统内部，对省级烟草公司简政放权，卷烟销售实行计划分配与自由选购相结合。

1986年有88个单位试行厂长负责制和厂长任期目标责任制，其中包括74个卷烟厂。

（张奇珍）

罐　头　工　业

【概况】 全国罐头工业1986年产量164万吨，比1985年142万吨增长15.5%，1986年总产值34.9亿元，比上年增长2.6%。1986年出口罐头43.39万吨，换汇4.3亿美元，分别比上年增长18.9%，19.4%，创历史最好水平。1986年出口罐头厂（轻工业部批准并编有统一代号的）有170多个。其中有7个厂年产2万吨以上，有16个厂年产1万吨以上。全国罐头产品生产能力207万吨，其中轻工业系统占73%。

1986年沿海一带罐头产量占全国总产量64%，浙江、广西、福建、山东和江苏五个沿海省区年产量在10万吨以上。内地以四川省的产量最大，达16.72万吨，居全国第三位。

1986年，水果、蔬菜罐头产量最大，占总产量72.6%。其中水果罐头占47.21%，蔬菜罐头占25.37%。其次为肉类罐头占15.3%。从1986年出口产品仍以蔬菜罐头为主，蘑菇罐头出口量近13万吨，并已左右国际蘑菇罐头贸易市场。芦笋罐头拳头产品发展较快，1986年出口增加到1.45万吨，比上年增长40%以上。此外用铝、塑复合材料包装的软罐头也有发展，1986年产量2.14万吨。

【质量管理】 1986年罐头行业质量管理工作有以下几方面：一、抓拳头出口罐头产品质量。1986年继续以芦笋罐头质量为中心开展工作，1986年初工贸商检联合召开芦笋罐头会议修订规划，研究有关经济政策，制订芦笋罐头质量标准。1986年6月召开了芦笋罐头协作会，除交流原料栽培、加工及出口等方面经验外，着重交流质量管理经验。

二、抓基础工作。1986年在标准化工作方面，一是修订专业标准。在198个罐头专业标准中，把清蒸猪肉、番茄酱、青刀豆、青豆、蚕豆、菠萝、桔子、桃子、洋梨等11个标准，组织有关单位做好升为国家标准的准备。二是基础标准。对空罐系列化及名词术语部分，按国家标准要求，修改补充。三是制定旋开式玻璃瓶及瓶盖标准（解决玻璃罐头瓶开盖难的问题）。轻工业部召开了玻璃瓶及四旋转瓶盖标准审定会，并把审定标准草案先在有关企业试行，准备1987年底再在全国试行。四是制定罐头细菌检验方法。由轻工业部与国家商检局联合制订，并指定轻工业部食品发酵研究所与天津商品检验局于1987年共同拟出试行稿。在技术培训方面，轻工业部食品局1982年委托无锡轻工业学院举办“罐头封口和杀菌技术学习班”，到1986年已办7期，参加学习的有400余人，1986年还组织了天津轻工业局职工大学开办饮料检测班、重庆轻工业职工大学出口食品培训班，普及罐头、饮料的基本技术知识。

此外，制定了罐头企业卫生规范。这是根据全国食品工业协会，全国标准化技术委员会提出在全国11个行业1986年制订食品企业卫生规范的要求制定的。罐头企业卫生规范被认为搞得最快最好，符合要求。

三、质量评比与检测。1986年6月在武汉召开的全国罐头、饮料质量评比会议，评出1986年部优质罐

1986年全国罐头产量　　　单位：万吨

地　区	罐头产量	(一)硬包装罐头	其中					(二)软包装罐头
			蔬菜类	水果类	肉　类	水产类	禽　类	
全国总计	164.11	161.97	41.04	76.47	24.78	6.12	2.28	
北　京	0.84	0.83	0.14	0.10	0.34		0.15	0.01
天　津	2.35	2.35	0.17	0.17	1.88	0.03	0.01	
河　北	9.20	9.20	0.30	5.87	1.90	0.14	0.09	
山　西	1.75	1.75		1.62	0.02		0.02	
内　蒙	0.65	0.65		0.15	0.29	0.04	0.02	
辽　宁	7.90	7.90	0.49	5.53	0.60	1.18	0.01	
吉　林	1.29	1.29	0.17	0.24	0.60	0.04	0.03	
黑龙江	2.31	2.31	0.52	0.66	0.96	0.12	0.01	
上　海	7.03	6.95	4.32	0.19	1.74	0.55	0.04	0.08
江　苏	10.26	10.26	3.84	1.24	3.39	0.80	0.45	
浙　江	26.52	26.52	7.22	16.96	1.18	1.07	0.09	
安　徽	3.21	3.21	1.00	0.50	1.09	0.01	0.15	
福　建	13.72	13.71	9.84	3.19	0.52	0.06		0.01
江　西	2.99	2.97	1.22	1.12	0.38		0.01	0.02
山　东	12.89	12.89	0.89	8.46	1.46	1.25	0.50	
河　南	5.59	5.59	0.10	1.47	3.10		0.38	
湖　北	4.00	3.99	0.50	2.88	0.20	0.25	0.05	0.01
湖　南	4.15	4.15	1.14	2.68	0.32	0.01		
广　东	9.29	7.28	1.93	3.20	0.17	0.55	0.01	2.01
广　西	17.40	17.40	2.79	9.38	0.03	0.01	0.03	
四　川	16.72	16.72	4.02	8.29	4.19		0.08	
贵　州	0.10	0.10	0.06	0.03				
云　南	0.82	0.82	0.03	0.51	0.17		0.10	
陕　西	0.57	0.57	0.05	0.39	0.08		0.05	
甘　肃	0.91	0.91	0.01	0.37	0.08			
青　海	0.05	0.05			0.05			
宁　夏	0.13	0.13		0.12	0.01			
新　疆	1.47	1.47	0.29	1.14	0.03	0.01		

头产品10个。从1979年到1986年，罐头质量评比共评出国家金质奖1个，银质奖12个，部优质产品62个。获得国际奖—法国国际美食及旅游委员会金质奖6个。

目前全国食品工业产品质量检测中心总站和地区性检测站对罐头食品质量、卫生检查起了很大的推动作用。食品检测中心是1981年建立的，总站设在轻工业部食品发酵研究所内。到1986年已建立起9个地区性检测站，即沈阳、天津、上海、杭州、福州、成都、广州、南京、郑州站。各检测站的检测地区、行业分工、职责等等在1986年都进一步作了明确规定。目前大部分罐头厂都按规定向检测站送样，由检测站把检测结果反馈工厂改进。

国家商检局、中国粮油食品进出口总公司、轻工业部食品局还组织检查组对出口罐头厂进行卫生质量检查。从1982到1986年共检查过3次。

【科学研究】 1986年通过部鉴定的轻工业部“六五”科研攻关项目有两个。

一、大容器无菌保藏设备研究项目。由轻工业部食品发酵工业研究所和上海益民一厂共同研制成功。这是一项综合性的新技术，包括大容器内壁的新型涂料、高温短时连续杀菌自动控制、气体净化系统、无菌阀门、无菌贮罐、以及管道段杀菌工艺等。1986年经试验用40吨12～14％番茄酱，装入容积为20立方米的不锈钢罐和20立方米碳钢罐（内壁有防腐涂料）贮存半年，各项质量指标均符合部颁标准。这个项目研究成功，就可以在果蔬上市旺季加工半成品，淡季进一步加工复制，减少果蔬旺季烂损，有利于企业延长加工期，节约马口铁，这不仅大大有利于提高加工企业的经济效益，也十分有利于提高社会效益，促进农业原料生产。

二、软包装材料工业性试验项目。是“六五”国家科研攻关项目，由武汉人民印刷厂、南京大学和轻工业部食品发酵研究所完成。1986年通过了利用无毒粘合剂生产软包装罐头的工业性试验项目。正式投产后，每年可提供3 000万个软罐头包装袋。

此外，苏州罐头食品厂利用电子计算机控制罐头杀菌试验成功，杀菌是罐头生产的关键工序之一，这个项目很有推广价值。

【技术改造和技术引进】 1986年经过批准的罐头厂技术改造项目共44个，其中续建的项目34个，新开项目10个，改造项目主要有厂房卫生设施改造，电阻焊制罐设备，封口、杀菌等关键环节改造以及必要的配套等等。

引进新技术的重点是引进电阻焊制罐设备替代落后的有害的锡焊罐。当前有一些发达国家已明确提出要在近期内淘汰锡焊罐头，美国生产罐头最大厂家之一美国“绿色巨人”，也是我国罐头的主要买主，已提出从1987年起不再进口锡焊罐的罐头，显然再不加快改造，出口罐头就没有前途。自1982年福建漳州罐头厂从瑞士进口电阻焊制罐设备以来，到1986年已经进口和签约的电阻焊机(包括焊接、补涂、固化装置)和电阻焊制罐生产线（包括切板、翻边、压筋、分切、封口等配套设备）共50台套。电阻焊制罐优点是：1.防止铅污染，锡焊罐铅含量高的有90%以上。2.焊缝宽度仅0.4mm，平滑牢固，甚至超过马口铁强度，有利于提高空罐封口质量，保证密封性。而且可节约焊锡和马口铁（但要使用专用规格马口铁条件下才有节约效果〕)。

已采用电阻焊制罐设备的罐头厂的空罐质量已显著提高，空罐废品率由过去3～5%降为1%，有的降到0.8%。出口罐头由于空罐质量不好造成外商索赔事件已明显减少。

关于电阻焊制罐设备国产化问题，轻工业部于1985年已列为科技攻关项目，由于国家机械工业委、航空工业部等部门协作已取得初步成效。汕头轻机厂也已引进瑞士（Sondronic公司）电阻焊制罐技术软件，并与该公司合作经营维修中心，解决制造、维修问题。

【统一归口，联合对外收效大】 轻工业部从1985年执行国务院关于进口电阻焊制罐设备、浓缩果汁设备等统一归口、联合对外的归口管理以来取得显著成效。一是有效地控制了进口设备范围，只允许批准有统一编排出口代号的出口罐头厂方可申请，内销罐头厂可以待国产电阻焊设备投产后再改造，对出口罐头厂申请，还要坚持择优原则安排，凡产品适销对路，质量好，出口量大，技术力量较强的才予以批准。二是由于联合对外统一谈判，摸清了当前国际上有关厂商的情况，各种设备性能、型号、报价、优缺点，配套设备情况，就能帮助工厂选定合适设备，不致因某些外商乘机抬价而吃亏。而且由于把几套设备捆起来谈判，对外商有较大的吸引力，因而能争取较优惠的条件，节约了外汇。到1986年共进口 50 台套，有33台套是在国务院（1985）90号通知前，地方组织进口的，有17台套是统一归口组织的。从地区分布看，已进口这些设备的有京、津、沪和浙江、江苏、河北、山东、福建、广东、广西、辽宁、黑龙江、河南、四川、湖北、宁夏等地。

【亏损面扩大】 1986年罐头行业处境困难，全行业产值利润率平均只有2.54%，损失面扩大到近30%，上海、江苏、浙江是罐头工业基地，经济效益向居全国之首，到1986年江苏省12个出口罐头厂有4家亏损，2家勉强保本。浙江省1986年全省罐头产值利润率降到1.9%。罐头行业效益仍是继续下降趋势。主要是原材料价格上涨幅度大。仅就马口铁包装材料看，1985年开始实行以1984年为基数办法供应，1986年又核减基数31%。缺口部分，如用外贸代理价马口铁要比调拨价每吨提高1 000元，仅此一项就使每吨罐头成本提高250元，而1986年罐头行业每吨罐头利润仅54.6元。如用议价马口铁要比调拨价每吨高 2 000元，每吨罐头成本要提高 500 元，远远超出企业消化承受能力。罐头行业普遍反映，现行经济政策不合理，不利于多出口多创汇。如罐头出口后所退的50%产品税，本来应归还生产企业，现在却退给外贸企业。出口外汇留成，不但给企业很少，而且企业只有外汇所有权，没有使用权等等，需要从税收、贷款、外汇留成、以及发展原料基金等方面采取新的办法扶植出口企业。

【出口体制改革】 一、罐头企业自营出口。1985年以来，在有些开放地区的罐头厂如厦门罐头厂、广东罐头厂、南宁罐头厂已批准自营出口，但由于出口贴补、商标、配款以及出口手段等方面的种种限制，不能与外贸出口企业享受同等待遇，很难开展自营业务。经过近两年努力，目前厦门罐头厂已取得进展。1986年该厂出口马蹄罐头约 1 000吨，并掌握了国际市场信息，1987年该厂出口配额将由经贸部直接审批，可望获进一步发展。

二、把罐头行业转变成贸工农的联合经营形式是一项有成效的根本性改革。从出口拳头产品看，关键是工、贸、农密切联合，不能各打本部门小算盘。70年代发展拳头产品蘑菇罐头出口，是贸工农联合出口的一个成功试验。80年代又以贸工农联合形式开发芦笋罐头拳头产品，收效也很大。在其他品种上这两年也有不少是成功的，辽宁省丹东按日本要求开发了滑子蘑菇罐头，1986年出口可扩大到1 000吨，福建泉州罐头厂发展金针菇罐头，准备从原料栽培到加工组织一条龙生产。

（陈　莹）

酿　酒　工　业

【概况】 1986年全国酿酒工业总产值为94.63亿元，比1985年的87.3亿元增长8.4%。税利约为44亿元，比1985年的37亿元增长19%，酒类总产量895.09万吨，比1985年的851.37万吨增长15.7%；其中：轻工业系统产量676万吨，占全国产量69%，比1985年增长11.63%。酒精产量84.75万吨，比上年的83.28万吨增长1.76%。

酒类中只有果露酒产量比1985年略有下降，其他品种酒的产量比1985年均有不同幅度的增长，其中：啤酒增长33.03%，黄酒增长32.15%，葡萄酒增长8.94%，白酒增长3.74%。啤酒产量占酒类总产量的百分比，由1985年的36.46%提高到1986年的41.92%，白酒产量占酒类总产量的百分比，由1985年的39.69%下降到1986年的35.59%，啤酒产量的迅速增长已跃居酒类产量中的第一位，改变了历年来我国烈性酒白酒产量处第一位的状况。

1986年酿酒工业产品产量情况：

单位：万吨

品　种	1986年	1985年	增长率(%)
酒　精	84.75	83.28	1.76
酒　类	985.09	851.37	15.7
其中：			
啤　酒	412.98	310.44	33.03
黄　酒	86.85	65.72	32.15
葡萄酒	25.33	23.25	8.94
白　酒	350.61	337.96	3.74
果露酒	109.32	114.32	-4.1

【饮料酒消费结构和生产结构继续变化】 近三年来酿酒工业酒类产量结构变化情况如下：

单位：%

品　种	1984年	1985年	1986年
啤　酒	31.49	36.46	41.92
黄　酒	8.75	7.22	8.82
葡萄酒	2.24	2.73	2.57
白　酒	44.59	39.69	35.59
果露酒	12.91	13.39	11.09

在酒类产品的消费需求上，继续向优质、低度、多样化方向发展；在生产结构上，正按照消费结构变化和政策需要，向着四个方面变化，即：高度酒向低度酒转化，蒸馏酒向酿造酒转化，粮食酒向水果酒转化，普通酒向优质酒转化。

1986年啤酒产量比上年净增102.5万吨，占酒类总产量的41.9%。整个低度酒类（包括啤酒、葡萄酒、黄酒、果露酒）产量，由1985年占酒类总产量60.3%上升到1986年的64.41%。整个酿造酒(包括啤酒、葡萄酒、黄酒、果酒）产量，由1985年约占酒类总产量48%左右，上升到1986年约占55%左右。使用浆果原料的葡萄酒、果酒，除利用了葡萄、山葡萄、柑桔、苹果、梨等水果酿酒外，在利用野生浆果资源酿酒上1986年也有较大的开发，早已利用的有猕猴桃、黑加仑子、越桔、红豆、马林果等，新开发的有刺梨、沙棘、酸枣、酸浆等野果酿酒，增加了不少新的果酒品种。对市场上较紧俏的各类酒的优质产品，虽然采取了扶植扩大产量的措施，但消费需求仍有增无减，给酿酒工业提出了更迫切的要求，除了增加产量外，对提高产品质量，增加优质品比例，降低原材料消耗，扩大正品合格率，均需在生产技术和经营管理上要有一个较大的突破。

黄酒是历史悠久营养丰富的民族传统性酒类产品，1984年产量比1983年下降0.19万吨，1985年产量比1984年增加3.45万吨，1986年产量比1985年有较大增加，达21.13万吨，1986年是黄酒产量历史上最高的一年。保持这种发展的势头，要加强黄酒的宣传介绍，扩大产品影响，不断适应消费需求的变化，及时在生产上采取有力措施。如黄酒生产的机械化改造，改罐坛装为瓶装，以利于销售和消费；开拓新原料资源玉米等酿制黄酒，使北方地区发展黄酒生产；增加黄酒的新花色品种，发展露黄酒和汽黄酒等；研究如何配合中式菜肴应用等，以使这种酒类产品更具有广阔的发展前途。

【酒类出口】 1986年各地区低度酒类和啤酒产量所占比重（见表一）。1986年啤酒产品的出口量增加较快，其他酒类产品出口量也有增加（见表二）。

【新技术和专业设备国产化】 1986年在啤酒工业方面，着重进行了新技术的推广和专业设备国产化的工作。推广了切实可行的12项技术，即：高效全能大麦精选、浸渍、喷雾、充气、抽二氧化碳法浸麦，原层通风制麦芽，圆桶型单层高效烘烤麦芽，雾润法粉碎麦芽，高效醣化，浓醪醣化后稀释，露天罐快速发酵，碳钢涂料发酵罐，缩短发酵期，固定化酵母发酵，保压快速发酵等技术经验。在啤酒工业专业设备国产化上，组织协调各有关部门的机械加工业，由制造麦芽起至罐装成品酒止，系列安排了科研、引进、吸收仿造、自行制造和批量生产的工作，以使啤酒工业能形成有自行装备的力量。此外，对啤酒原料大麦，有针对性

表（一）

省　别	低度酒类占酒类总产量　%	其中：啤酒占酒类总产量%	省　别	低度酒类占酒类总产量　%	其中：啤酒占酒类总产量%
全　国	64.41	41.92	山　东	51.47	41.50
北　京	81.02	66.83	河　南	67.80	40.25
天　津	87.12	63.29	湖　北	56.28	41.54
河　北	71.76	58.16	湖　南	43.79	9.66
山　西	57.89	39.42	广　东	63.13	52.66
内蒙古	67.74	62.12	广　西	52.86	18.42
辽　宁	79.98	66.68	四　川	30.20	18.26
吉　林	68.97	58.35	云　南	38.61	13.94
黑龙江	71.40	64.26	西　藏	—	—
上　海	93.37	56.40	陕　西	57.96	35.89
江　苏	69.32	34.08	甘　肃	76.06	65.06
浙　江	98.82	41.30	青　海	43.16	37.89
安　徽	41.93	27.39	宁　夏	79.77	73.03
福　建	79.03	47.81	新　疆	66.57	19.49
江　西	64.71	29.66	贵　州	11.63	6.94

表（二）

	1986年		1985年	
	出口量（吨）	换汇（万美元）	出口量（吨）	换汇（万美元）
啤　酒	75 474	3 305	45 672	1 995
啤酒花	1 913	404	4 519	709
颗粒酒花	370	106	1 104	77
米黄酒	13 938	1 384	12 254	1 136
葡萄酒	1 494	183	1 136	97
露　酒	1 975	524	1 722	507
其他酒类	2 605	118	735	109

1986年各地区啤酒产量

	产量（万吨）	年人均产量（公斤）		产量（万吨）	年人均产量（公斤）
全　国	412.98	4.13	山　东	37.14	4.99
北　京	14.51	15.72	河　南	18.00	2.42
天　津	6.19	7.97	湖　北	19.44	4.06
河　北	20.66	3.89	湖　南	2.75	0.47
山　西	3.52	1.39	广　东	25.44	4.29
内蒙古	11.61	4.96	广　西	2.54	0.69
辽　宁	39.60	11.08	四　川	15.96	1.60
吉　林	22.70	10.06	贵　州	1.11	0.39
黑龙江	39.57	12.11	云　南	2.08	0.64
上　海	11.58	9.76	西　藏	—	—
江　苏	29.48	4.87	陕　西	4.62	1.59
浙　江	53.20	13.68	甘　肃	3.37	1.72
安　徽	10.87	2.19	青　海	0.36	0.92
福　建	7.75	2.99	宁　夏	1.30	3.34
江　西	6.23	1.88	新　疆	1.40	1.07

地草拟了国家标准，区别开与饲料大麦的界限，以利于发展啤酒大麦。

（辛海庭）

乳制品工业

【概况】 1986年全国良种及改良种乳牛存栏184万头，比1985年162.7万头增长13%；产牛乳286万吨，比1985年249.9万吨增长14.4%。乳制品产量为225 814吨，比1985年163 561吨增长38%。其中乳粉148 187吨，占总产量的66%，干酪素894吨。轻工系统1986年有乳品厂155个，乳制品产量为80 088吨，占全国总产量的35.4%，1986年全国乳制品出口4 324吨，其中乳粉1 570吨。

1986年主要产区乳制品产量增长情况

单位：吨

	1986年	1985年	增长%
黑龙江	59 927	47 227	26.9
内　蒙	15 770	14 317	10.1
浙　江	22 706	12 091	87.8
广　东	22 240	6 407	247
上　海	10 380	9 739	6.6
江　苏	9 225	6 472	42.5
陕　西	11 888	8 034	47.9
山　西	8 816	6 445	36.8
河　北	6 878	5 802	18.5

【调整牛奶和乳制品价格】 1985年以来由于饲料涨价，牛奶成本增加，养奶牛经济效益下降，在不少地区出现了奶牛头数下降，牛奶产量减少的现象。如哈尔滨市郊，1984年9月有奶牛10 345头，到1985年底减少到9 799头。养牛成本增加的因素有：1.青干草由每公斤0.166元增加到0.22元；豆饼每公斤由0.23元涨到0.33元，议价0.52元；麸皮每公斤由0.09元涨到0.18元，议价0.22元。草料提价使每公斤牛奶成本增加0.0958元。2.其他原材料涨价：煮饲料用煤每吨由40元涨到65元，用电每度由0.085元涨到0.157元，养路费、汽油、工具都涨价30～50%。因而生产1公斤牛奶的成本，由1979年的0.36～0.40元增加到0.50～0.54元。为了增加市场供应，解决吃奶难的问题，1986年全国不少地方调整了鲜牛奶收购及消毒牛奶、乳制品的销售价格。（见附表）。

【世界粮食计划署的调制奶】 根据世界粮食计划署与我国签订的奶类发展项目规定，世界粮食计划署于1984年至1988年无偿向我国提供总价值为6 473万美元的45 000吨脱脂奶粉和13 300吨无水奶油。到1986年底，已到我国口岸的脱脂奶粉30 017吨，无水奶油为7 609吨，这些奶粉、奶油，已由北京、上海、天津、武汉、南京、西安等六个城市调制成液体奶供应市场，市场供奶有了明显改善，现在六个城市人均年消费奶及乳制品20.9公斤，比1982年增加90%。

十九个城市乳品购销价格调整情况

项目 城市	牛乳 收购价格	销售价格		
		巴氏消毒乳	酸乳	乳粉
北京	0.48/0.66	0.60/0.84	0.96/1.20	6.80/8.84
沈阳	0.47/0.55	0.60/0.70	0.96/1.20	6.40/7.04
西安	0.46/0.58	0.58/0.76	1.00/1.20	6.20/7.64
成都	0.468/0.656	0.58/0.80	0.96/1.20	6.20/7.88
重庆	0.44/0.60	0.58/0.76	0.96/1.16	6.54/7.88
大连	0.48/0.60	0.58/0.72		6.30/6.98
青岛	0.44/0.54	0.60/0.76	1.08/1.20	7.27/8.14
合肥	0.40/0.56	0.72/0.76	1.145	5.46/6.58
上海	0.48/0.552	0.71/0.88	0.969/1.145	5.78/6.784
南昌	0.48/0.56	0.72/0.84	1.52	6.61/7.71
武汉	0.46/0.62	0.58/0.80	1.00/1.20	6.00/7.30
南京	0.50/0.60	0.66/0.88	0.938/1.098	5.76/6.96
广州	0.66/0.76	0.90/1.10	1.78	
福州	0.48/0.56	0.71/0.79	1.145	6.54/7.20
杭州	0.57/0.60	0.68/0.88	1.00/1.14	6.68/8.00
长沙	0.48/0.62	0.60/0.80	1.00/1.10	6.00/7.40
哈尔滨	0.46/0.55	0.58/0.72	1.20	6.16/7.40
苏州	0.55/0.60	0.78/0.88		5.08/6.10
无锡	0.48/0.60	0.60/0.88		6.10/7.70

注：是以1公斤计算的价格，以元为单位。

【乳品质量和国家标准】 1986年各地乳品厂在当地卫生、标准计量等部门的积极配合下，抓了以脂论价收购鲜奶，查处了一些往鲜奶里兑水、掺假等违法行为，收到了一定效果，鲜奶干物含量、卫生质量都有所提高。各地标准部门对市场销售的乳制品经常进行抽样检查，结果公开登报，对质量低劣的产品给予限期改正和罚款的处理，对各企业加强生产管理、提高产品质量起到促进作用。1986年二季度国家经委委托全国乳品标准化质量检测中心对黑龙江、吉林、内蒙古、山西、陕西、河南、天津、北京八省市25个企业27个奶粉样品进行了抽检、采样，由检测中心派人到工厂仓库采样，进行了15项指标的检验。检验结果：特级品12个，占全部样品的44.4%；一级品5个，占18.5%；二级品2个，占7.4%；等外品8个，占29.6%。

1986年9月在山东省胶县召开了第三届轻工系统全脂奶粉和全脂加糖奶粉质量评比会。评比分理化、微生物指标检测和感观评比两方面。

参加评比的样品共计56个，其中属于上届部优复评的14个，其余均为各地推荐的地方优质产品。评比结果，14个复评样品均再次获部优质称号，新评出的部优质产品18个。从评比结果看，产品质量普遍有所提高。主要表现在：杂质度、卫生指标、特级品达标率高；微生物、重金属指标全部达标；优质产品质量稳定。

乳、乳制品及其检验方法国家标准GB 2746-2747-85，GB 5408-5425-85，从1986年8月1日正式颁布执行。自本标准实行之日起，原轻工业部部标准QB 41-60《乳、乳制品及其检验方法》作废。这部标准包括：消毒牛奶、酸牛奶、全脂乳粉、脱脂乳粉、全脂加糖乳粉、稀奶油、奶油、全脂加糖炼乳、全脂无糖炼乳、硬质干酪、粗质乳糖、工业干酪素等12个产品的质量标准及检验方法和乳与乳制品卫生管理办法。

【婴儿配方奶粉（母乳化奶粉）】 自1983年试产试销以来，质量趋于稳定，产品供不应求，深受广大消费者的欢迎，到1986年产量达6 000吨。在5月份“六五”国家科技攻关项目成果展览会上受到国家领导人的重视和有关方面的专家好评。为了不断地提高产品质量，5月20日至26日轻工业部食品局在河北省石家庄市召开了婴儿配方奶粉技术座谈会。这次会议审订了婴儿配方奶粉的国家标准。与会专家、教授就产品的名称进行了讨论，考虑到同国际标准的衔接，考虑到产品的升级换代和系列化发展及目前市场、消费者的习惯，原名“母乳化奶粉”改为“婴儿配方奶粉（母乳化奶粉）”。会议确定，对生产厂家实行审批制度，由轻工业部食品局统一管理，各生产厂要按统一标准，统一配方生产，包装容器上应印有统一标志及编号。

（宋昆岗）

饮　料　工　业

【概况】 1986年，全国具有一定规模的饮料厂有204个，1986年全国饮料总产量183.9万吨，比1985年增长83.0%。（其中轻工业系统1986年产量92.2万吨）。从地区看，饮料产量最多的是广东，为39.5万吨，占全国总产量21.8%，辽宁省次之，为27万吨，占全国产量11%，产量在10万吨以上的有湖北、黑龙江、四川、江苏、吉林等省。

近几年为提高饮料工艺装备水平，改善产品质量和卫生，到1986年全国共更新了多种灌装生产线204条，年生产能力141.6万吨，其中汽水玻璃瓶灌装线127条，年产能力101.8万吨，汽水易开罐灌装生产线15条，年产能力23.7万吨，各种复合软包装灌制线62条，年产能力16.1万吨，塑料瓶灌装线16条。还有引进皇冠盖制造设备38条，年产皇冠盖95亿只，可为237.5万吨汽水相配套。

轻工业部1986年6月召开的全国软饮料质量评比会，有33个产品获1986年轻工业部优质产品，其中广州亚洲汽水厂有5个产品，上海汽水厂有4个。

【可乐型汽水】 1986年国产的可乐型汽水产量（不包括引进的灌装可口可乐和百事可乐）30 488吨，比1985年增长244%，现有12种国产可乐型汽水牌号，其中产量最大的是天府可乐、崂山可乐、均在1万吨以上。

1986年有5种可乐型汽水被评为轻工业部优质产品。

1986年国产可乐型汽水生产情况

单位：吨

牌　号	单　位	1986	1985
幸福可乐	上海汽水厂	837.4	435.4
天府可乐	重庆饮料厂	10 305	1 735
崂山可乐	青岛汽水厂	6 106	4 900
中国人参可乐	大连渤海啤酒厂	657	2.17
亚洲可乐	广州亚洲汽水厂	213	203.1
黄山可乐	安徽蚌埠果糖饮料厂	11 000	250
如意可乐	四川灌县猕猴桃公司		210
密桔可乐	江西南丰县罐头厂	1 003	650
泰山可乐	山东泰安罐头厂	300	247
逍遥可乐	安徽合肥好华食品厂	975	205.6
多力士(可乐)	湖南长沙酒厂	28	
天乐可乐	浙江杭州啤酒厂	33	15
人参可乐	吉林长白山葡萄酒厂	2	8
合　计		30 488.2	8 861

【引进的可口可乐和百事可乐】 可口可乐和百事可乐灌装厂，从1981年到1986年底在中国共合作新建投产6个厂，引进外资1 625万美元，灌装生产能力9万吨。6个灌装厂中可口可乐有4个，即北京饮料食品厂，广州可口可乐厂，厦门饮料厂、珠海可口可乐厂。百事可乐有2个，即深圳饮乐汽水厂，广州百事可乐厂。1986年生产汽水79 410吨，其中可乐型汽水69 002吨，占86.9%，其他型汽水10 408吨，占13.1%。按牌号：可口可乐22 396吨，占28.2%，百事可乐57 014吨，占71.8%。1986年这两种可乐牌号产品销售换汇情况是：出口31 573吨，占39.8%，供应国内外宾16 505吨，占20.8%，国内市场销售31 322吨，占39.4%。两种可乐1986年共换汇2 065万美元，扣掉进口可乐原液及包装配套材料用的外汇1 900万美元，当年只结余165万美元。税利总额2 768万元。

1986年国内可口可乐等汽水生产情况

	单位	合计	百事可乐 小计	深圳饮乐汽水厂	广州百事可乐汽水厂	可口可乐 小计	厦门饮料厂	北京广州可口可乐汽水厂	珠海可口可乐饮料有限公司
一、产　量	吨	79 410	57 014	43 683	13 331	22 396	8 713	12 800	883
其中：可乐型	吨	69 002	48 246	38 218	10 027	20 756	7 556	12 300	400
其它型	吨	10 408	8 768	5 464	3 304	1 640	1 157		483
二、销售情况									
出口量	吨	31 573	31 573	31 573					
国内合计	吨	47 810	25 441	12 110	13 331	22 369	8 713	12 800	883
供外宾	吨	16 505	2 990		2 990	13 515	273	12 800	442
内销(人民币)	吨	31 322	22 441	12 110	10 341	8 881	8 440		441
三、外汇平衡									
用汇(美元)	万元	1 900.4	1 052	1 475	177	248.4	101	139.4	8
创汇(美元)	万元	2 065	1 671	1 501	170	394	47	331	16
结余(美元)	万元	173.6	19	26	−7	145.6	−54	200.6	8
四、积累总额	万元	2 768	1 630	1 330	300	1 138	416	722	—
其中利润	万元	1 681	850	700	150	831	300	531	—

注：广州可口可乐厂积累利润为估计数。

【引进浓缩果汁生产设备的利用】 到1986年，我国从国外引进浓缩果汁生产线有28条，每小时可加工水果原料135吨，年处理原料总量能力为27万吨，共用外汇3 136万美元。

按进口国别分：瑞典12条，日本6条，法国3条，英国2条，美国1条，西班牙1条，意大利1条，西德1条，瑞士1条。

按进口地区分：四川8条，湖南3条，江西3条，山东3条，新疆2条，浙江2条，辽宁1条、广西1条，广东1条，安徽1条，北京1条，河南1条，贵州1条。

按产品品种分：柑桔汁18条，苹果汁5条，哈蜜瓜汁2条，猕猴桃汁1条，刺梨1条，梨1条。

1986年已投产的有25条，其中1983年4条，1984年1条，1985年2条，1986年最多为17条。1986年已投产25条生产线共加工水果原料32 059吨，折算100%，全固体浓缩果汁为1 545吨，其中：浓缩柑桔汁737吨，浓缩苹果汁438吨，浓缩猕猴桃汁52吨，浓缩哈蜜瓜汁216吨，浓缩刺梨汁96吨，浓缩梨汁6吨。

1986年投产的25条生产线设备平均利用率14.1%，其中柑桔汁10.6%，苹果汁11.9%，猕猴桃汁23.4%，刺梨汁27.9%，哈蜜瓜汁64.3%。浓缩果汁生产设备利用率低的主要原因：一，水果价格放开后收购价高，成本增大，影响产品销路，二，由于多数设备第一年投产，销售渠道尚未打开。

【引进一次性饮料包装设备】 饮料包装分为重复使用的玻璃瓶和一次性包装两类，目前我国仍持以玻璃瓶为主的方针，但引进一次性包装发展很快，目前已引进的有：金属易开罐、各类复合软包装、利乐包、自立袋、百利包、塑料杯、聚酯瓶、聚氯乙稀塑料瓶等，当前问题一是一次性包装制造与灌装能力不配套，二是制造一次性包装材料很多要依赖进口，这就是目前为什么要对发展一次性饮料包装要有计划地加以控制的原因。当前我国引进一次性包装具体情况是：

1986年进口浓缩果汁生产设备利用情况

品　　名	生　产　厂　名	生　产　能　力	加工原料总量（t）	利　用　率　%
苹果汁	小　　计	25　吨/时	5 977	11.90
	辽宁熊岳果酒厂	5　吨/时	242	2.4
	山东五连食品厂	5　吨/时	735	10.5
	山东烟台果汁厂	5　吨/时	5 000	50
	北京永定门食品厂	5　吨/时		
	山东烟台罐头食品总厂	5　吨/时		
梨　汁	安徽砀山果汁厂	1.5 吨/时	77.4	2.58
刺梨汁	贵阳龙泉食品厂	5　吨/时	2 794.73	27.90
猕猴桃汁	西峡猕猴桃制品厂	2.5 吨/时	11 170	23.40
哈蜜瓜汁	新疆吐鲁番果酒厂	3.5 吨/时	4 500	64.30
柑桔汁	小　　计	82.50吨/时	19 247.1	11.66
	四川万县果汁厂	7.5 吨/时	3 553.9	23.70
	四川南充北京嘉陵食品厂	2　吨/时	1 170	29.30
	四川岳池果品加工厂	7.5 吨/时	540	3.60
	四川蓬安联办果品厂	7.5 吨/时	2 758.6	18.40
	四川重庆罐头厂	2.5 吨/时	1 706.70	34.13
	四川南充果品饮料厂	8　吨/时	1 376	8.60
	四川果汁厂	5　吨/时	48	0.5
	广东新会果汁厂	7.5 吨/时	600	4
	江西新干罐头食品厂	5　吨/时	126	1.3
	湖南洞口果酒厂	5　吨/时	3 000	30
	广西溶江罐头厂	5　吨/时	208	2.1
	湖南石门果汁厂	5　吨/时	4 160	41.6
	浙江黄岩罐头食品厂	2.5 吨/时		
	江西宁都罐头厂	5　吨/时		
	湖南桑植罐头厂	5　吨/时		
	四川内江沱江果品公司	5　吨/时		
总　计		120　吨/时	33 766.23	14.06

易开盖两片罐，适装含二氧化碳气的汽水（包括啤酒），易开盖两片罐制造设备到1986年进口13条，年产空罐22亿只，可生产 78.1 万吨汽水或啤酒，与此同时，易开盖两片罐装生产线已进口29条，其中汽水15条，生产能力为23.8万吨，分布在：广东10条、北京 2 条、福建 2 条、重庆 1 条。一般产品可保存半年以上。每套空罐约 6 角多，制罐用铝材、密封胶、内涂料、外印铁油墨还要依靠进口。

利乐包是纸锡箔、聚脂等复合而成的方砖型软包装，适灌装不含汽的果汁饮料、凉茶及蛋白饮料等，常温下可保存半年。我国已进口利乐包材料制造设备两套，年产12亿只，可灌装30万吨饮料。其中北京制浆造纸试验厂从瑞典进口的利乐包材料制造设备于1987年 3 月投产，年产 6 亿只，（250毫升），每只空盒利乐包约 2 角多，现在国内12个省市自治区已进口利乐包灌装生产线42条，生产能力 11.34 万吨，分布在：广东21条，北京 7 条，上海 3 条，广西 3 条，山西、内蒙、黑龙江、江苏、福建、湖南、云南、新疆各 1 条。

自立袋是铝箔、聚酯等复合而成的软包装，适装果汁饮料及蛋白饮料。福建厦门和漳州从日本进口 2 条自立袋材料制造设备，年生产能力为 4 亿只，可与 8 万吨饮料相配套。目前自立袋灌装生产线进口 6 条，生产能力约 1 万吨。

聚酯瓶，聚酯瓶装汽水是70年代发展起来的。目前广东、福建有 6 条玻璃瓶、聚酯瓶两用灌装生产线，生产能力为1.25升聚酯瓶装汽水7.67万吨，因开启和使用方便，颇受餐馆和家庭欢迎。但聚酯材还依靠进口。

还有聚氯乙稀瓶，制瓶及灌装生产线已进口10条，适装不含气果汁饮料及矿泉水。塑料杯无菌包装设备，江苏扬州已进口样机，尚未投产。

【技术设备的引进和消化】 南京轻机厂和合肥轻机厂从日本三菱重工引进每分钟300瓶汽水瓶灌装设备制造技术，到1986年已生产10多条生产线，安装在北京、无锡、徐州、南京等地，运转正常，质量达到日本标准。

由轻工业部食品工业开发中心与航空工业部航空热工机械设备工程公司联合制造的每小时350升豆乳制造设备，用了一年多时间已生产出两台样机，安装在苏州和深圳，质量基本达到日本的水平，价格只有进口的一半。在果汁设备制造方面，由四川省包装和食品机械公司制造原料处理量为1—1.5吨/时的小型浓缩柑桔成套设备，1986年已生产3套，安装在成都军区后勤部饮料厂、四川壁山果品厂、达县柑桔综合加工厂。航空工业部和商业部联合安排，由西安航空发动机公司引进和制造的柑桔汁生产线每小时处理原料2.5吨，年处理柑桔5 000吨，可于1988年制出样机。

【行业协作会】 第一届全国软饮料工业协作会1985年10月召开。协作会常设机构设在上海汽水厂，现有成员厂96个。在协作会下，设情报中心和技术委员会。情报中心设在沈阳八王寺汽水厂，主要编辑出版《软饮料工业》杂志，负责沟通国内外软饮料工业科技、经济、管理、市场等方面信息，《软饮料工业》杂志1987年出季刊，内部发行。技术委员会也是中国食品科学技术学会软饮料专业分科学会，简称“中国软饮料学会”，现有委员44人，来自轻工、商业、农业、部队、地矿等系统。

（史其禄）

糖果、糕点及其他食品工业

【概况】 1986年，轻工业部系统生产糖果36.26万吨，比1985年41.49万吨，减少12.6%，饼干25.35万吨，比1985年24.23万吨，增长4.6%，糕点11.03万吨，比1985年11.94万吨，减少7.6%，方便主食5.26万吨，比1985年5.1万吨，增长1.2%，面包2.54万吨，比1985年2.75万吨，减少7.6%，方便面2.35万吨，比1985年1.98万吨，增长18.7%。

1986年，方便面消费者9 100万人，年人均消费不到10公斤，方便面的普及比较缓慢，主要原因是调味料的品种单一。1986年，城市职工家庭平均每人每月购买糕点0.36公斤，0.87元，比1985年0.72公斤，0.86元，数量减少50%，金额增加1.1%，一季度平均每月0.94公斤，1.21元，比1985年同期1.01公斤，1.18元，数量减少7%，金额增加2.5%，二季度平均每月0.75公斤，0.77元，比1985年同期0.62公斤，0.71元，数量增加21%，金额增加8.5%，三季度平均每月0.84公斤，1.14元，比1985年同期0.77公斤，1元，数量增加9.1%，金额增加14%。城市职工家庭全年平均每人每月购买糖果0.1公斤，0.34元，比1985年0.2公斤，0.35元，数量减少50%，金额减少3%。一季度平均每月0.38公斤，0.7元，比1985年同期0.4公斤，0.69元，数量减少5%，金额增加1.4%，二季度平均每月0.16公斤，0.29元，比1985年0.17公斤，0.3元，数量减少6%，金额减少3.4%，三季度平均每月0.11公斤，0.19元，比1985年0.11公斤，0.18元，数量持平，金额增加5.6%。

1986年，全国糖果、糕点出口换汇2 176万美元，比1985年2 021万美元，增长7.7%。其中中式糖果2 564吨，186万美元，比1985年1 625吨，169万美元，增长10%；西式糖果5 384吨，619万美元，比1985年5 187吨，616万美元，增长0.5%；巧克力2 830吨，858万美元，比1985年3 075吨，894万美元，减少4%；饼干6 265吨，437万美元，比1985年2 747吨，248万美元，增加76.2%；糕点467吨，79万美元，比1985年544吨，94万美元，减少16%。

【技术改造与技术引进】 1986年，轻工业部系统糖果、饼干及其他食品固定资产投资为58 438万元，比1985年47 562万元，增加23%。其中基本建设投资额13 936万元（全民所有制13 712万元，集体所有制224万元），比1985年7 594万元，增加83.5%；更新改造措施投资额44 502万元（全民所有制38 011万元，集体所有制6 491万元），比1985年39 928万元，增加11.5%。糖果固定资产投资9 927万元（基本建设投资228万元，更新改造措施投资9 699万元），比1985年6 615万元，增加50%。饼干固定资产投资3 835万元（基本建设投资114万元，更新改造措施投资3 721万元），比1985年3 604万元，增加6.4%。其他食品固定资产投资44 676万元（基本建设投资13 594万元，更新改造措施投资31 082万元），比1985年37 343万元，增加19.6%。1986年新增生产能力，糖果32 655吨（基本建设实现的1 000吨，更新改造措施实现的31 655吨），饼干13 785吨（基本建设实现的3 000吨，更新改造措施实现的10 785吨）。具有60年历史的大连儿童食品厂改建工程1986年竣工，可年产儿童食品3 000吨(包括婴幼食品500吨，大豆蛋白500吨，儿童发酵食品2 000吨），增加生产菠萝豆、华夫饼干、纳花点心、宝宝豆、婴儿奶豆、蜜汁奶豆和酥心巧克力豆等百余种儿童食品。沈阳、天津、青岛、西安、重庆、郑州食品厂从国外引进6条婴儿断奶食品生产线投产，以大米、大豆为原料，经科学配方生产婴幼儿断奶食品能力2.4万吨，1986年实际生产1万吨。中华旅游服务开发公司与香港新港公司合作经营的上海第一家生产日式面包的樱花面包房于1986年底投产。全套设备都是从香港引进日本组装机器，日产量达2吨。日式面包以品种繁多、做工精巧、吃口松软、色味香俱佳著称，上市供应的有椰丝面包、车轮面包、巧克力葡萄面包等50多种。

【特色节日糕点、糖果】 1986年，中秋月饼市场的主要特点是生产增加，品种增多，质量提高，需求增长，档次上升，旺季提前，价格稳中有降。上海市仅市区月饼产量即达15 300吨，比1985年同期增长10%，其中广式月饼占75%，苏潮式月饼占25%。上市的品种除鲜肉、牛肉、净素、豆沙、椒盐、椰丝等传统产品外，还有适合消费者新需求的香菇、咖喱牛肉、香醇肉丝、烤鸭、奶椰菠萝、香鸡、黑芝麻五仁等新品种。北京市上市月饼15 400吨，品种达200多个，新包装品种40多种。除保持历年畅销的多种优质月饼外，增加了吉祥如意寿字大月饼，用蝙蝠图案组成的“五福献寿”，用形象寿桃和大小月饼配套的“红白套饼”，“香油五仁”月饼，以桂圆、银耳、枸杞子配制的清真“营养、滋补月饼”，用黄油松子仁配制的清香可口“黄松子月饼”，以酸、甜、苦、辣组成的“四味月饼”，以及皮软馅细的“软型”月饼等。天津市仅糖业糕点公司系统生产的月饼就有5 500吨，与1985年同期实际销售量持平，供应品种150多个，其中更新换代品种58个。广东省月饼货源充足，总产量为25 000吨，比1985年同期增长4%，其中蓉类月饼约占总产量50%，有纯正莲蓉、蛋黄莲蓉、奶油白莲蓉、五仁甜肉等10个部优产品大量上市，供应品种达300多个。广州市就有200个品种，包装美观新颖，规格多种多样，上市量达13 000吨，比1985年同期1 500吨增长11倍。重庆市月饼总产量3 700吨，比1985年同期增长10%。

一些风味食品仍然盛销不衰。天津的菠萝豆，甜酸适中，深受儿童喜爱，广州“卜卜星”，西安咖喱锅巴等，都因带有独特风味而十分畅销，上海“宝宝花”饼干，因含钙质有助于儿童发育，十分抢手，武汉强化智力豆，广州用鲜牛奶发酵制成的“益力德”，云南产“好味乐”饼干，由于其保健营养功能奇特而连销连旺。

糖果在城市作为馈赠礼品而风行一时，现在这种势头已转到农村，开始出现滞销，这种滞销品种往往是不适应消费者口味的老品种，但具有特色的糖果仍然畅销。过去人们吃糖越甜越好，现在甜度低些，带点酸味，反而为人喜爱。上海冠生园的大白兔、益民食品六厂的仙桃牌夹芯糖，因为适应消费者口味，依然十分抢手。以往的各种“条”“块”为主的巧克力，正在被各种蛋形、金币、金条、元宝、酒心巧克力代替，上海系列花色巧克力，甜而不腻，脆而不硬，很好销。辽宁省地方特产辽阳塔糖，其产品已有800年历史，具有品质纯净，甜脆可口，性凉芬芳等特点，是糖果中美味佳品，在糖果市场滞销，竞争激烈的情况下，久销不衰，供不应求。

糖果是国际性商品，跟上国际流行产品是许多厂家的追求目标。长期以来，在软糖的品种里，口味千篇一律，仅突出了奶味，消费者无选择余地，有的软糖还会粘牙齿，对此，消费者兴趣也不大了。针对这一市场信息，上海汽水厂积极开拓新产品，他们根据国际流行的求士糖试制了桃子、桔子、苹果、柠檬、草莓、猕猴桃、哈蜜瓜、苹果薄荷等8个品种的求士糖，从而形成系列。求士糖有独特的配方，它几乎不含奶制品，在生产过程中，加香，加酸，使糖果的甜度下降，这样在咀嚼时非常爽口，并且口中充满香气。求士糖的最大特点，就是一个品种一个风味，适应不同味消费者的需要。幸福可乐硬糖果，是上海又一个新产品，它由砂糖、葡萄糖、柠檬酸、可乐色、天然香料等配制而成，其甜美的整体风味可与液体幸福可乐媲美，并采用多样包装（卷装、袋装、盒装、散装等），非常适应旅游的需要。

【调整产品结构，开展产品评优工作】 根据糖果、糕点、饼干的消费中出现的新趋向，讲求质量要好，花色品种多，包装新颖，要求糖果、糕点、饼干的甜度低、口感好，具有特殊风味，加快了产品结构调整。糖果工业压缩了一般奶糖、硬糖的生产，增加了多味夹心硬糖，果汁糖果胶软糖、果汁巧克力等糖果的生产。特别是利用野生浆果如黑加仑子、猕猴桃、刺梨、沙棘等生产的糖果，因其含维生素较高，风味好受到消费者的欢迎，因此发展较快。饼干逐步向多味、夹心型发展，广东江门、肇庆、佛山等食品厂生产的奶油巧克力、柠檬、椰子夹心饼干和葱油饼干、蔬菜咸味饼干等，各具特色，国内外市场均较畅销。上海、广东等地生产的曲奇饼干以其酥松、细腻、奶香味浓郁适口而著称，是老人、幼儿食用的佳品。糕点、月饼等传统食品向着多味、多型、精美包装发展。天津起士林的生日蛋糕、如意酥等点心，在花色上不断翻新，并与深圳食品饮料公司联营，将其扩散到经济特区和开发区，扩大了传统名特产品的知名面。

在产品质量管理工作中，对糖果、巧克力及其制品1985年以前获国家优质食品奖的20个产品，获轻工业部优质产品称号的88个产品，进行了质量复查，绝大多数产品质量均能保持优质产品的水平，也有些产品质量有不同程度的提高，包装装潢有改善。为了促进月饼增加花色品种，提高产品质量，1986年，在山东省胶县召开了轻工系统第一届月饼质量评比会，全国有十多个省、市，40个工厂，66个产品参加评比，有17种产品被评为轻工业部优质产品，这些月饼的特点是：风味独特，口感好，花色新，包装美。

（徐广涛、吴东彦）

儿童食品工业

【概况】 为适应不同月龄的婴幼儿、不同年龄的儿童各个阶段的营养和生长发育需要而专门设计生产的食品统称为儿童食品。我国儿童食品生产，六十年代初只有上海少数儿童食品厂，现在已发展到近30家，并有部份食品厂设立了儿童食品生产车间或生产儿童食品的专业班组。1982年第一届全国儿童生活用品展销会展出儿童食品有8大类共2 100个品种。产量较大的是代乳品，轻工业系统1986年生产10 122吨，比1981年增长60％。其中上海产量居全国之首，达6 080吨，比1981年增长3.7倍。主要省市、自治区的代乳品产量如下：(单位：吨)

省、市、自治区	1986年	1985年	1986年比1985年增长 ± %
全国轻工业系统	10 122	10 086	＋0.4
其　中：上　海	6 080	5 693	＋6.8
湖　北	804	854	－5.9
青　海	682	—	—
江　苏	638	1 227	－48.0
广　西	619	619	0
辽　宁	576	483	＋19.3
安　徽	330	245	＋34.7
福　建	220	191	＋15.2
四　川	173	116	＋49.1

【品种质量】 三十多年来，经过有关工厂、科研单位、营养卫生和儿童保健部门共同协作，研究、生产出一批适合儿童不同发育期要求的儿童食品，除了乳制品外，已形成包括主食品、辅助食品、强化食品、疗效食品、课间餐、象形食品等六个大类系列。

儿童主食品，除以乳为基础的婴儿奶粉、(婴儿配制奶粉)等配方奶粉外，主要是以粮食、大豆为主要原料的断奶食品、代乳粉（糕)、菠萝豆等。上海儿童食品厂生产的上海宝宝乐乳儿粉，是由联合国儿童基金会专家和我国儿童食品专家共同研讨制订配方，主要配料是大米、大豆、植物油、砂糖和营养强化剂，蛋白质含量高，并含有适量的维生素、磷、钙、铁、碘等营养素，以补充婴儿日常营养需要，加之甜度适口，很易被婴儿接受，是婴儿的理想主食。武汉市冠生园食品厂生产的多维奶糕，是针对该市几十万儿童的营养状况，在原有葡萄奶糕基础上改进配方研制成功的。以优质面粉、大米、大豆、蛋黄粉和精炼豆油为原料，含蛋白质15.9％，脂肪13.9％，碳水化合物65.5％，该产品口感好，为儿童所喜爱。

儿童辅助食品，主要包括果酱、果泥、果汁、蔬菜汁、肉泥、菜泥、猪肝酱等。北京北冰洋食品公司研制的苹果泥、胡萝卜泥、鸡肉菜糊和肉菜糊，是很好的婴幼儿食品，不添加任何防腐剂、香精和色素等添加剂，既富有营养，又卫生安全，易被婴幼儿消化吸收。吉林省大安县罐头厂生产的骨髓肝酱罐头，是采用新鲜骨髓和肝脏加工而成的，含有丰富的蛋白质、维生素A、钙、磷、铁和造血物质。

儿童强化食品，是针对儿童常见病、多发病而设计的专用食品，包括强化米粉、面包、饼干、菠萝豆、饮料等。广东省佛山市儿童营养食品联合公司生产的婴乐多种强化米粉，选用优质大米粉，加入了赖氨酸、铁、钙和维生素 B_1、B_2 等精制而成，食后有助于预防缺铁性贫血。为了解决儿童缺铁性贫血所需儿童强化食品的强化剂问题，上海市食品工业研究所于1985年研制成功儿童铁质营养强化剂——乳酸亚铁，其特点是铁腥味较微，对食品的色香味无不良影响，成本较低，质量稳定，临床试验效果良好，可广泛用于儿童强化食品。

对儿童食品的营养、卫生、产品质量，开展了多种形式的评优工作，推动儿童食品不断提高质量水平。1983年有89个产品被全国儿童生活用品委员会评为优秀儿童食品；1985年又有100多个新产品获全国儿童生活用品委员会颁发的“金鹿奖”。上海儿童食品厂生产的多维乳儿粉、母乳多，北京第一食品厂生产的代乳粉、天津长城食品厂生产的栗羊羹、北京第二食品厂生产的米乐等十多种儿童食品被评为轻工业部优质产品。天津利民食品厂生产的字母淀粉软糖等获国家质量奖。还有一批儿童食品被评为省、自治区、直辖市优质产品。

【技术改造】 近几年来，儿童食品通过引进技术、设备，增加了花色品种，提高了卫生、质量、机械化水平。1983年由联合国援助的上海儿童食品厂断奶食品生产线建成投产。这套设备，机械化程度高，卫生条件好，产品的蛋白质、脂肪含量能满足儿童需要，并添加了维生素、无机盐等，食用方便，提高了儿童食品的水平。沈阳、鞍山、潍坊等食品厂(儿童食品厂)引进了菠萝豆生产线，年生产能力可达数千吨，菠萝豆，蛋白质含量达到规定要求，富有营养，酥松可口。

1985年轻工业部批准在沈阳、郑州、青岛、重庆等六个城市新建六个断奶食品生产车间，设备分别从意大利、瑞士等国引进的，年生产能力可达2万吨，这批项目截止1986年底接近收尾。

（徐广涛）

方便食品、冷冻饮品及其他食品工业

【方便食品】 方便食品主要包括方便主食、方便副食以及方便汤料等。国家已把发展方便食品列入《1980～2000年中国食品发展纲要》中，我国工业化的方便食品，是在第六个五年计划以后逐步得到发展的。据统计，1986年全国已有23个省、自治区、直辖市轻工业系统生产方便主食品，产量5.26万吨，比1985年增长了3％。年产3 000吨以上的有上海、北京、辽宁、广东、山东、江西等六个省市。北京、上海、武汉等城市还开设了快餐馆、快餐车，为旅游、流动人口服务。沈阳、天津、上海、常州等味精厂，开发了方便汤料，品种有海鲜、牛肉、鸡肉、蘑菇、五香等数十种风味。价格便宜，受到消费者欢迎。

方便面条在方便主食中开发较早，全国轻工业系统内方便面条产量1980年约1 000吨，1986年达到2.35万吨。生产最早产量最多的是上海市，产量5 800吨，约占全国轻工业系统产量的四分之一。上海益民食品四厂是生产方便面条较早的企业之一，开始采用补偿贸易的方式，引进日本方便面条生产线，在技术改造中又自制了一条线，初步形成年产万吨的能力。1986年生产5 800吨，比1985年增加1 200吨，销往全国19个省五十多个城市。每年出口500吨，换汇40多万美元。近几年中，北京、沈阳、武汉、西安、南昌、合肥、青岛等城市也相继引进日本的方便面条生产线或用国产设备，建立起一批生产车间或厂，增加了方便面条的生产能力。与此同时，各生产企业比较重视提高产品质量，增加花色品种，积极研制了各类风味不同的调料与其配套，现已有北京、上海等地区生产的六个产品获轻工业部优质产品称号。

我国面包生产的历史较久，而主食面包的生产起步较晚。1986年全国轻工业系统内生产主食面包2.54万吨，遍及18个省、市、自治区，产量较多的是上海、北京、辽宁三个省市，产量1.34万吨，占全国轻工业系统产量的52％。1981年美国小麦协会赠送给我国一条主食面包生产线，安装在北京义利食品公司，自1982年投产以来，产品质量较稳定，受到消费者欢迎，被评为轻工业部优质产品，并获国家优质食品银质奖。上海面包厂用国内的设备配套安装了主食面包生产线，效果也很好。1984年以来武汉、沈阳、鞍山、本溪等市也分别引进了主食面包生产线，先后投入生产，已有6个产品获轻工业部优质产品称号。

其他方便食品也逐步得到开发，上海生产的方便米片，采用优质大米制成，佐以多种营养辅料，口味鲜美，食用时加6倍水即可冲调成粥状，也可用牛奶、豆浆冲调，是老人、儿童的理想食品。广州羊城食品厂生产的即食白果腐竹粥、皮蛋瘦肉粥、鲜奶杏仁糊、鲜奶绿豆沙等，省时省力，风味独特。天津、青岛、北京等地通过引进设备生产了油炸土豆片、香酥片。还有玉米膨化食品、玉米片、燕麦片也相继得到开发。

为了加快方便食品及焙烤食品工业专门技术人才的培养，在天津轻工业学院开办了大专专修班。北京市义利食品公司在美国小麦协会的资助下，组建了义利烘焙学校。

【冷冻饮品】 冷冻饮品主要包括冰淇淋、雪糕、棒冰和食用冰等，它是人们夏季防暑降温的佳品，同时还可向人们提供脂肪、蛋白质、糖类等营养素。1986年全国轻工业系统冷冻饮品，产量9.22万吨，比1985年增加4 900吨，比1984年增长21.8％。年产3 000吨以上的有上海、北京、广州、天津等九个省市。产品标准，自1980年起开始组织产品标准的起草工作，并于1985年颁发执行。为尽快改变我国冷冻饮品生产水平低，装备落后，卫生条件差的状况，近几年来通过引进设备武装了大中城市的一批冷冻饮品厂，据统计，现已引进40台套冷冻饮品设备。北京北冰洋食品公司引进的雪糕生产线，日产能力25吨，有蛋卷冰淇淋、巧克力雪糕、盒式冰淇淋等品种，质量较好，口感细腻，香甜可口，深受群众欢迎，投入生产以来，畅销不衰。上海益民食品一厂、上海泰康食品厂等也引进了花脸雪糕、紫色雪糕生产线，增加了品种，丰富了市场。产品结构逐步由低档向中高档过渡。产品质量不断提高，1985年在行业评比中，有35个产品获轻工业部优质产品称号。

【食品专用油脂】 轻工业系统食品专用油脂生产处于刚刚起步阶段。现已有四平、江门、杭州、九江等地油脂化工厂开始生产。仅四平、南河两个厂年生产能力达6 000吨。经过精炼已达“三脱”(脱色、溴、酸)，质量符合国家标准。可广泛用于方便面条、糕点、油炸土豆片等产品生产。家庭用来炒菜，很少有油烟，减少空气污染，有利于身体健康。“七五”期间重点改造四平油脂化学厂、驻马店食品专用油脂厂、郑州油脂化学厂，项目完成后，可新增食品专用油脂2.5万吨。

方便主食品产量

单位：万吨

省、直辖市	1986年			1985年	1986年比1985年±
	小计	其中			
		面包	方便面		
全国轻工业系统	5.26	2.54	2.35	5.10	+0.16
其中：上海	1.23	0.63	0.58	1.14	+0.09
北京	0.93	0.42	0.51	1.00	−0.07
辽宁	0.50	0.29	0.21	0.47	+0.03
广东	0.47	0.08	0.34	0.46	+0.01
山东	0.35	0.23	0.12	0.55	−0.20
江西	0.32	—	0.29	0.15	+0.17

冷冻饮品产量

单位：万吨

省、自治区、直辖市	1986年	1985年	1986年比1985年±
全国轻工业系统	9.22	8.73	+0.49
其中：上海	2.23	2.31	−0.08
北京	1.52	1.70	−0.18
广东	0.90	0.66	+0.24
天津	0.60	0.80	−0.20
内蒙	0.53	0.35	+0.18
湖北	0.52	0.30	+0.22
安徽	0.41	0.70	−0.29
黑龙江	0.33	0.27	+0.06
辽宁	0.32	0.33	−0.01

（徐广涛）

发酵制品工业

【味精】 1986年全国味精产量9.77万吨，比1985年8.28万吨增长18%；年产值11.4亿元；出口5 300吨，比1985年增长1倍以上，换汇850万美元。1986年有10多家味精厂试生产一种大颗粒味精，出口到西非等国，每吨价1 500～1 700美元，比小颗粒高200～300美元。我国天厨味精厂帮助缅甸建立的年产600吨规模的味精厂于1985年6月完成全部工程，投产后产品质量达到部颁标准。

1986年各省、市、自治区，味精生产量最多的是广东，其次是江苏，分别占全国总产量15.8%，13%。

1986年味精生产和市场形势都不错，但是原辅材料紧缺，价格不断上涨，成本上升，利润下降，甚至有的厂出现亏损。

1986年全国已有10多家味精厂生产复合味精和复合调味料，品种由5种增加到10种以上。青岛味精厂从日本引进的一套连续式喷涂法生产复合味精，年产300吨，已投入了试生产。沈阳味精厂自制的一套间歇法

1986年全国味精生产情况

地区	产量(吨)	占总产量(%)	地区	产量(吨)	占总产量(%)
北京	702	0.72	山东	5 773	5.9
天津	2 886	2.9	河南	3 124	3.2
河北	513	0.53	湖北	3 399	3.5
山西	203	0.21	湖南	2 495	2.55
内蒙	217	0.222	广东	15 480	15.84
辽宁	6 238	6.4	广西	4 932	5.0
吉林	902	0.923	四川	4 724	4.83
黑龙江	2 610	2.6	云南	779	0.8
上海	7 336	7.5	陕西	470	0.41
江苏	12 686	13	甘肃	169	0.173
浙江	6 494	6.6	宁夏	93	0.095
安徽	1 786	1.83	新疆	694	0.71
福建	9 501	9.72	合计	97 721	
江西	3 515	3.6			

生产复合味精设备，使用方便节省投资，1986年生产了200多吨复合味精。常州味精厂引进美国爱莱克斯弗莱斯公司调料技术，生产了鸡肉、三鲜等6个品种复合调味料，1986年生产150吨，销往国内外。

由于市场对味精需求量增加，各地都在扩大味精生产能力，1985年1 000吨以上的味精厂有23家，到1986年已增加到35家。

在味精生产技术进步方面：一，在谷氨酸提取工艺方面推行一次冷冻等新工艺的工厂越来越多，据南昌、青岛、北京、桂林等味精厂的实践效果，与老工艺比，酸碱用量可降低60%左右，成本可下降5—10%，并可减轻环境污染。二，东北工学院、沈阳味精厂、灯塔县轻工机械厂共同研制的PZG－4×32型水平振动干燥机、GZS－6×8型单轴惯性振动筛及CZG－Q10型振动式多层水平圆运动干燥机，这三台新设备经沈阳味精厂生产验证，干燥能力提高一倍以上，单位时间电耗降低四分之三，产品质量稳定。三，福州味精厂对发酵培养基连消器进行了改造，采用螺旋板换热将消毒后的高温培养基和进加热器前的常温培养基进行热交换，用管道维持器代替罐式维持器，提高了培养基质量，使深井水高峰负荷降低50%以上。

全国味精行业技术协作组于1973年建立，到1986年共召开5次大会，对促进味精行业管理起了较大作用。第2次大会1975年9月召开。1977年10月协作组召开用糖蜜原料生产味精的经验交流会。第3次大会1978年11月召开。第4次大会1981年11月召开。第5次大会1984年10月召开，参加会议的有企业、机关、院校、研究所的代表，交流了39篇论文，按照会议要求，由沈阳味精厂牵头，开展了部分厂能耗调查并制定了能耗定额和计算细则，1986年举行味精行业各区正副组长厂会议，修定了国家级味精行业企业升级标准。

【柠檬酸】 1986年全国柠檬酸产量4.32万吨，比1985年3.7万吨增长16.8%。出口量1986年近3万吨，与世界各国生产量比，我国已成为美、英、奥、比之后列世界第五位。"六五"期间共换汇1亿美元。1986年我国柠檬酸产量以江苏产量最多为1.52万吨，占全国总产量35.2%。

1986年全国柠檬酸生产情况

地　区	1986年产量（单位：吨）	占总产量%
天　津	297	0.69
河　北	1 429.3	3.3
黑龙江	67	0.15
上　海	6 162	14.3
江　苏	15 211.9	35.2
浙　江	1 027.5	2.3
安　徽	4 269.5	9.9
福　建	189	0.44
江　西	2 841.1	6.5
山　东	1 207.3	2.8
河　南	1 574	3.6
湖　北	2 007	4.6
湖　南	922	2.13
广　东	387	0.9
广　西	275.3	0.64
四　川	4 799	11.1
云　南	523.4	1.2
合　计	43 189.3	

柠檬酸国内外销售形势都好，产品供不应求，国际上对无水柠檬酸需求量更大，无水柠檬酸出口价格比一水柠檬酸高15～20%，每吨1 100～1 300美元。

国内销售价格5 000～5 500元/吨，平均每吨5 200元，比1985年增加20%左右，但企业利润仍显著下降。由于原料价格上涨，柠檬酸生产用薯干原料由每吨200元猛升到600元，仅这一项就占到成本费用1 500元，现在利润率一般都降到10%以下，1986年有5家亏损。

目前生产的品种有：一水柠檬酸、无水柠檬酸、药用柠檬酸、柠檬酸钠和柠檬酸钙。上海新型发酵厂是我国研制生产无水柠檬酸最早的单位之一，结晶率达到50%左右，在行业内处于领先地位。产品质量达到英国和美国药典要求，产品出口，受到外商好评。

近年来，各地柠檬酸厂都在积极扩建改造，扩大生产能力，1986年1 000吨以上的工厂有20余家，比1985 17家增长18%，比1984年7家增加近2倍。1986年广东省计委已批准在广东湛江建立年产5 000吨柠檬酸工厂，这个项目是引进先进技术，由中外合资经营的。由南通发酵厂分出来新建的南通柠檬酸厂是柠檬酸行业重点厂之一，1986年第一期基本建设工程已完成。这个厂自行设计的150立米发酵罐是当前柠檬酸最大发酵缸。该厂污水是采取消化、生化和气浮三级处理，很有成效，消化部分COD去除率达85%，生化部分COD去除率达80～85%，消化产生的沼气已应用于本厂锅炉和代替部分生活用煤。

柠檬酸行业的技术进步表现在：一，上海工业微生物研究所、上海新型发酵厂、上海酵母厂共同研制的CO827柠檬酸新菌种，已在全国40多家工厂推广应用，1986年10月在四川万县召开的全国柠檬酸行业协作会上，认为应用这个菌种后可提高产酸10%，转化率10%，周期缩短10%，增产30%，成本降低20～30%，增加效益约4 500万元，获1986年轻工业部科技进步二等奖。二，天津工业微生物研究所从土壤中分离到一株柠檬酸高产菌种-T419，在江西国药厂进行生产试验，总酸达13.3～13.4%，转化率达99.28%，发酵周期81小时，是目前柠檬酸生产优良菌株之一。三，黄石市微生物研究所研制的无母液循环新工艺，在黄石柠檬酸厂生产试验，新工艺比老工艺好，缩短了母液处理过程，柠檬酸回收率提高5～8%，节省了能源，减少了设备腐蚀和环境污染，按年产1 000吨产量计，每年可以为国家，增加经济效益25～30万元。四，湖北化学研究所利用柠檬酸水溶液来酸解柠檬酸钙的提取工艺，1985年11月通过鉴定，新工艺比老工艺，每吨柠檬酸可节约65元，母液还可多次套用，减少了设备腐蚀，改善了劳动条件。

柠檬酸行业协作组自1973年4月成立以来，到1986年共举行7次大会，13年来在互通信息，生产技术交流，促进行业发展起了积极作用。协作组第2次大会1975年6月在广州召开。第3次大会1977年9月在湖南宁乡召开，推广了Y353、Y144、5016及糖蜜发酵新菌种G195。第4次大会1979年在湖北黄石召开。第5次大会与第一次柠檬酸学术组年会1982年7月在杭州举行，大会交流了23篇论文，南通柠檬酸厂介绍了赴西德、瑞士考察柠檬酸生产情况。第6次大会与柠檬酸学术组第二次年会1984年5月在江西南昌召开。大会推广了上海工业微生物研究所、上海酵母厂、上海新型发酵厂共同研制的CO827柠檬酸高产菌种，在行业协作组内，实行有偿转让。第7次大会和柠檬酸学组第三次年会1986年10月在四川万县召开。讨论了柠檬酸质量标准，总结了推广CO827新菌种的实际效益和研究了存在的问题，这次会议决定将协作组改名为协作委员会。

【酵母】 1986年酵母产量1.7万吨，比1985年1.61万吨增长6%。限制产量增长的原因，主要是糖蜜原料紧缺。另外由于原辅材料价格上涨，再加上有些厂管理不善，致使企业利润下降。全国酵母工厂有43个，其中：北京3个、上海1个、河北2个、吉林2个、黑龙江5个、山东4个、安徽1个、天津1个、浙江2个、江苏6个、福建2个、湖北1个、湖南2个、广西1个、四川1个、江西2个、河南1个、甘肃1个、广东5个。

酵母品种近两年又开发了高维生素酵母、富硒酵母、高铁酵母、活性葡萄酒干酵母、TQ嗜杀(Killer)活性干酵母、高核酸酵母、高活性面包酵母、高麦角固醇酵母等。

在酵母的建设和技术改造取得的新进展有：广东东莞糖厂从丹麦BTI公司引进的高活性干酵母生产线已经建成，1987年2月试车。生产的高活性干酵母的发酵力，超过了原定指标20%。广东梅山糖厂与澳大利亚合营的年产2 000吨高活性干酵母工厂，经1986年建设，在1987年即可投产。

上海酵母厂从联邦德国、意大利引进的糖蜜分蜜机、酵母分离机、真空转鼓过泸机以及鲜酵母包装机等技术设备，已经投产，既改进了酵母质量，又提高了工效，降低了消耗。

利用味精和柠檬酸两种废液混合培养饲料酵母、年产500吨规模的试点厂，由常州味精厂建成，1986年投产，生产的饲料酵母符合部颁标准，蛋白质含量达到60%。

南阳酒精厂利用酒精废液生产酵母的项目已在1986年基本建成。

我国以酵母为原料生产核酸系列产品的研究，从60年代开始，並于1969年建立了我国第一个年产3吨的核糖核酸生产车间，现在已发展到10吨规模。福建莆田糖厂利用上海有机化学研究所的高核酸酵母菌种，在1985年建成年产200吨的高核酸酵母车间，现在从高核酸酵母中可生产核酸14吨，脱核酵母120吨。

全国酵母行业协作组建从1978年11月成立以来，有力地推动了行业发展。协作组第二次大会1980年12月召开。1981年在广州召开起草全国酵母产品标准会议。第三次大会与酵母学组成立会1982年8月召开。第四次大会与单细胞蛋白学术讨论会、酵母技术培训教学大纲审定会1984年9月召开。第五次大会与发酵学会酵母学组年会于1986年10月召开。会上交流了促进技术进步的新成果新经验，研讨了行业“七五”发展规划。

【赖氨酸】 1986年赖氨酸生产不景气，据20家厂统计，年产能力4 000吨左右，而实际产量约400吨左右。这主要由于生产技术起点低，原材料涨价成本高，加上销售渠道没有打开。

1986年建成了两个年产1 000吨的车间，是我国目前规模最大、生产技术设备比较先进的单位。一个是福州味精厂建成的1 000吨规模的赖氨酸车间，另一个是广西轻工研究所与梧州糖厂协作采用甘蔗糖蜜为原料的1 000吨规模车间，于1987年1月进行试产。

赖氨酸菌种研究取得的进展有：上海工业微生物研究所筛选出一株赖氨酸高产菌种，已向法国进行了技术转让，双方合作利用法国选育菌种的先进手段进行菌种的再提高工作。上海复旦大学生物系以高产谷氨酸菌株为出发菌，进行诱复，定向筛选，获得了一株产赖氨酸菌种（FML-8412)，在葡萄糖和糖蜜为主要原料的培养中产酸水平达6.43%，转化率为44.9%。

【酶制剂】 1986年酶制剂产量2.64万吨，比1985年2.5万吨增长5.6%，1986年产值比1985年增长16.8%。由于原辅材料价格上涨，1986年利润643.1万元，比1985年下降20.6%。1986年全国20个主要工厂统计：生产淀粉酶的有8家，产量4 138.8吨，占总产量17.5%；生产糖化酶有12家，产量15 677.6吨，占总产量59.4%；生产1 398蛋白酶有7家，产量2 371.3吨，占总产量8.9%；生产2 709碱性蛋白酶有4家，产量3 154.6吨，占总产量11.9%；生产166蛋白酶有3家，产量111.7吨，占总产量0.4%。其他品种有209蛋白酶、3 942蛋白酶、537蛋白酶、异构酶、酯肪酶、食品级淀粉酶等，占总产量1.8%。

食品级α-淀粉酶，无锡酶制剂厂1985年投入试生产后，1986年产量达到489吨，基本上达到食品级酶制剂的标准。还有河北省科学院微生物研究所与迁安酶制剂厂共同研制的食品级α-淀粉酶，采用新型凝聚剂解决酶制剂固液分离的难题，并用外压式中空纤维超泸装置浓缩酶液，以造粒、沸腾干燥法制成符合食品级要求的α-淀粉酶。天津工业微生物研究所和天津利华食品厂研制成的精制果胶酶，质量基本上达到食品级要求，并在天津天宫葡萄酿酒厂进行果汁澄清试验，与法国、荷兰果胶酶澄清效果相等。

1986年上海工业微生物研究所选育出一株适合高浓度（含葡萄糖14%）发酵的高活力糖化酶菌种P10，经生产性试验，每毫升酶液可转化150克淀粉，DE值达到96%以上。

酶制剂行业协作组与学组的活动情况是，行业协作组于1981年5月成立。第二次协作组大会及酶制剂学组第一次学术交流会1983年3月召开。第三次大会与酶工程学术讨论会1985年6月召开，会上介绍了酶制剂国内外发展情况，组织了技术交流和技术市场。1986年1月协作组召开了组长厂会议，制定酶制剂“七五”发展规划草案，介绍了赴联邦德国考察酶制剂的生产情况。1986年11月召开了全国发酵工程学术讨论会，学术论文115篇，内容有菌种选育、发酵工艺、工程技术、发酵液后处理及新技术、新品种的开发和应用。

【淀粉及淀粉糖】 1986年全国有淀粉生产企业约200个(不包括土法生产的作坊式淀粉厂),生产总量约100万吨,其中轻工系统占二分之一。全行业产值12亿元。主要品种为玉米淀粉,约占总产量的80%。其余是红薯淀粉、木薯淀粉、马铃薯淀粉、小麦淀粉及豆类淀粉。

1986年全国淀粉厂和产量分布

地　区	生产厂数(个)	淀粉产量(万吨)
东　北	68	35
华　北	28	18
西　北	20	8
华　东	50	15
西　南	18	8
华　南	15	8
中　南	20	8
合　计	200	100

由于味精等用粮行业的迅速发展和1985年粮食减产,1986年淀粉行业一改往年产品滞销的局面,出现供不应求的现象。淀粉价格也随着供求关系的变化和粮食价格的上涨有较大的提高。一般玉米淀粉价格每吨1 200元,红薯淀粉1 300元,木薯淀粉和马铃薯淀粉1 400～1 500元,豆类淀粉价格更高。

1986年全国淀粉糖总产量约50万吨,其中轻工系统约占三分之一。在品种上,液体葡萄糖25万吨,麦芽糖(饴糖)18万吨,结晶葡萄糖6万吨,果葡糖浆近2 000吨。由于议价粮上涨幅度大,而食糖的价格多年一直未动,致使粮糖比价不合理。加上1986年淀粉销路好、价格高,因而,一些淀粉糖厂只生产淀粉,而不生产淀粉糖。很多淀粉糖厂的设备闲置,生产能力不能发挥。

技术改造和设备引进。玉米淀粉生产由三个主要工序组成,即去胚芽过程,去纤维过程,去蛋白质和淀粉洗涤过程。用薯类等原料生产的淀粉除不需要去胚芽外,其余生产过程与玉米淀粉大体相同。我国大多数淀粉厂都采用传统的酸浆法工艺生产。这种方法占地面积大,开放式生产,不卫生,淀粉收率低。到1986年已有30余家淀粉生产厂结合企业的技术改造引进关键设备,对传统的酸浆法旧工艺进行了改革,使淀粉行业的面貌有了较大改观。1986年引进设备新投产的企业有上海淀粉二厂、广东省兴宁县葡萄糖厂、西安淀粉厂、河北廊坊市淀粉厂。吉林省梨树县淀粉厂引进的关键设备3万吨淀粉生产线,在没有影响正常生产的情况下,已经安装完毕,1987年即可投入生产。1986年轻工业部还批准吉林榆树淀粉厂引进关键设备,对老厂进行技术改造,新增生产能力3万吨。

引进关键设备,采用新工艺比老工艺效率高。分离胚芽过程,新工艺用旋流器代替胚芽分离槽,分离效率可达95%以上,淀粉损失少,设备体积小,节省钢材,占用厂房面积也小。分离纤维过程新工艺用压力曲筛代替转动筛或振动平筛。压力曲筛分离效率高,设备在静态下工作,不用转动或振动,节省动力。分离蛋白质过程新工艺用离心机和旋流器代替流槽。流槽是一个30～40米长,0.4～0.6米宽,坡度为千分之三的斜槽,占地面积很大,又是开放式生产。用离心机和旋流器代替流槽,可节省90%的占地面积,分离效率提高40%以上。分离以后不但淀粉收率提高,而且蛋白质纯度也提高。新工艺不但比老工艺节省厂房,而且物料在密封条件下分离,生产环境卫生,淀粉回收率也可由原来的70～80%提高到85～95%,即提高10～15%,因而生产成本可以有较大幅度的降低,只是动力消耗要略高一些。为了满足淀粉行业需要,国内有些设备制造企业对引进设备进行了制造。搞曲筛的有上海矿筛厂、广州重型机器厂、沈阳黎明公司、湖北机械研究所;搞旋流器的有中国农机科学院、华北制药厂;搞离心机的有湖北随县油脂油肪厂、安庆船舶工业公司、广州重型机械厂;搞针磨的有江苏宜兴粮食机械厂。

新产品开发和科研攻关,1986年全国有30多个科研单位和大专院校开展变性淀粉的研制和开发应用工作。云南工学院以芭蕉芋淀粉为原料研制的磷酸脂淀粉生产工艺,已转让给云南省江边林业局,目前正在安装设备。天津市一轻局造纸研究所研制的PS-01造纸用阳离子淀粉在天津红旗淀粉厂生产后,试用这种变性淀粉的有60多个造纸厂,其中13家反馈的资料表明净增效益101万元。安徽省生物研究所研制的酸变性定粉获安徽省1986年科技进步奖,其成果转让给安庆食品总厂后,使该厂增加经济效益12万元。轻工业部造纸研究所研究的阳离子淀粉和氧化淀粉已经在吉林榆树淀粉厂和河北省涞水县726厂生产,其产品应用于新闻纸、书写纸、牛皮纸、瓦楞纸板中效果很好。大连市轻工业研究所研究的氧化淀粉生产技术转让给大连纸制品厂,其产品可应用于瓦楞纸板。郑州大学研制的用于刨花板粘合剂和用于妇女、儿童卫生用品的变性淀粉均通过了省级鉴定。无锡轻工业学院研制的纺织工业用变性淀粉1986年也通过了技术鉴定。

1986年,我国变性淀粉的研制工作很活跃,但是由于原料淀粉价格较高和推广应用工作没有跟上,所以,变性淀粉还没有大量生产。为了改变这种状况,增加变性淀粉品种,扩大应用领域,国家科委委托轻工业部组织无锡轻工学院、广州轻工研究所、广州食品研究所、武汉轻工研究所、武汉食品研究所和上海市淀粉研究所共同进行食品用变性淀粉的开发和推广应用工作。这项工作已列入“七五”攻关计划,1986年已取得初步成果。

山东省食品发酵所研究用淀粉生产微生物多糖,1985年在山东省烟台味精厂微生物多糖车间投产。1986年该车间与味精厂分开成立了烟台微生物多糖厂,又安装了两个20吨发酵缸,年生产能力达到50吨,实际产量15吨,产值36万元,利润1.5万元,税金3.6万元。目前生产的微生物多糖主要有两个品种,一种是石油钻井用的,在华北、长庆、渤海、大庆、胜利等油田使用,效果和经济效益都很好。另一种是消防灭火用的,在廊坊、石家庄、兴化、江都、沈阳、齐齐哈尔等消防药剂厂使用,反映效果也不错。1986年淀粉及淀粉糖行业制定国家标准和专业标准开始工作。食用淀粉标准由商业部牵头。工业用淀粉(包括食品、发酵制药、造纸、纺织等工业用淀粉)标准,由轻工业部牵头,已经组织有关单位进行准备,并做了大量测试工作。

液体葡萄糖专业标准,由轻工部食品发酵所、上海市食品公司、上海汽水厂、天津葡萄糖厂、广州珠江食品厂等单位进行测试和编制,现在讨论审定完成。饴糖专业标准轻工部和商业部正在共同组织制定中。

行业协作会活动:1986年第四季度分别在哈尔滨和天津召开了东北淀粉行业地区协作会会议。这两个会议,介绍了企业管理、技术改造等方面的经验,并讨论了淀粉行业面临的形势和对策。

轻工系统淀粉与淀粉糖行业协作会创办的刊物与轻工业部环保所的《水解工业》合并,已经发行了第一期。

基本建设:国家计委和轻工业部计划在“七五”期间建设10个大中型淀粉项目。为了切合实际,把淀粉和淀粉糖项目上得更好,轻工业部于1986年8月在吉林省吉林市召开了玉米综合利用大中型项目座谈会。国家计委、中国建设银行的有关同志参加了会议。会议聘请10名专家对计划建设的10个大中型项目,进行了评议,并就我国淀粉及淀粉糖行业的发展提出了建议。国家计委和轻工业部决定采取积极稳步的方针,分别情况,有先有后地上。到目前为止,湖南长沙高果糖厂的项目已经与外商签约,破土动工。江苏淮阳、辽宁铁岭和吉林公主岭三个项目的可行性研究报告国家计委已经批准。已批准项目建议书的天津、河北三河、山东潍坊、吉林松源的项目以及上海的项目仍在做准备工作。

此外,在医药系统筹建的牡丹江和郑州两个项目的筹建工作也取得了一些进展。

为了使淀粉及淀粉糖行业能够统筹规划,国家计委已委托轻工业部对这一行业的引进工作进行归口管理。

【酱油、食醋等调味品】 1986年产量约300万吨,比上年增长15%。其中食醋近70万吨,酱油230万吨。1986年全国共出口酱油、食醋等调味品(不包括味精)3万多吨。广东佛山市珠江酱油厂出口量仍保持在1万吨左右。我国的四大名醋镇江香醋、山西老陈醋、四川保宁醋、福建永春乌醋出口量也有增加。仅山西老陈醋、保宁醋和永春乌醋就出口250余吨。此外,吉林辽源的米醋、山东济宁的味珍酱油、黑龙江的大豆酱油、绍兴的腐乳、广东和福建的海鲜酱、蚝油等调味品出口量都有所增加。1986年全国轻工系统主要调味品企业列入各地计划的技术改造项目有22项,总投资1 800余万元,这是我国解放以来调味品行业技术改造项目最多、投资规模最大的一年。

食品调料工业协作会。1985年成立的全国轻工系统食品调料工业协作会,1986年开展了一系列活动,六月份在浙江省绍兴市召开了一届二次常务理事会,十二月份在福建省永春县召开了一届二次全体理事会议,出席这次会议的有37个单位的59名代表,这两次会议的主要议题是依靠技术消化涨价因素,加强企业管理,促进横向经济联合,并向有关部门反映一些行业存在的实际问题。

10月份在河北省廊坊市食品研究所举办了食醋生产培训班,来自六个省十三个厂的十八名学员参加了学习。培训班先由中科院微生物研究所和河北廊坊市食品研究所的中高级科技人员讲课,并到厂现场教学。

1986年轻工系统食品调料企业较多的广东、广西、福建、山东、黑龙江等省区相继成立了本省区轻工系统食品调料协作会。福建省还由永春醋厂负责编辑了《福建食品调料工业简讯》。1986年调味料行业处境困难,产值、产量虽有所提高,但经济效益下降,甚至有些企业出现亏损,生产难以维持下去,造成这种困难局面的原因:

一是原辅材料大幅度提价,而产品价格不能相应调整。湖北省酿造行业用的黄豆,原来平价供应时每500克0.174元,1985年改成议价后为0.46元;豆饼每500克由0.121元上涨为0.21元,麸皮由0.044元上涨为0.0988元。原料涨价因素使生产成本提高25%。此外,燃料、动力价格也大幅度提高。据统计,原辅材料价格放开前后,生产成本相差46%以上。成本上升,大多数地区的价格仍然维持五十年代的价格,少数地区只做了较小幅度的调整。整个行业效益普遍下降。以湖南省为例,产值增加了7%,而利润却下降了

77%。

二是优惠政策无法落实。国务院曾以国发(1984)104号文规定对商办工业的优惠政策,后来又另行下文规定其它部门的同类产品享受商办工业的优惠政策。这个优惠政策的基本点是增加了企业利润留成比例。但是，由于调味品行业利润逐年下降,有的甚至亏损,因而优惠政策也就无法兑现。企业缺乏资金，设备无法更新，很多企业的设备都是“带病”工作。山东省140多个调味品企业，盈利5万元以下的有49个,无利及亏损的有23个，生产困难重重。

调味品生产困难，除商办企业外，其它部门的调味品企业困难更大。主要是，国务院规定的相同产品享受商办工业的相同优惠政策落实不好，一些地方怕减少地方财政收入而不执行优惠政策。此外，在原辅材料供应和产品销售市场方面由于部门、地区分割,各部门企业也无法同等条件对待。

(齐庆中)

塑料制品工业

【概况】 1986年,全国塑料制品工业企业数14 487个,比1985年增加968个，其中：轻工业部系统企业数3 798个，职工人数66.65万人（全民所有制14.08万人，集体所有制51.79万人，合营企业0.78万人),其中工程技术人员占1.91%。职工人数比1985年增加2.09%。全员劳动生产率18 383元(全民所有制26 786元,集体所有制15 577元,各种合营企业29 291元),比1985年提高6.43%。工业总产值全国178.3亿元,比1985年增长12.7%，其中轻工业部系统115亿元，比1985年增长11%。生产能力386.9万吨，其中轻工业部系统内能力324.4万吨(引进设备能力100万吨,占30%)。1986年塑料制品总产量274.5万吨（包括轻工业部系统内外，但不包括乡镇企业），比1985年248.2万吨增长11.06%。主要产品产量完成情况：

聚氯乙烯制品104.9万吨，其中薄膜19万吨，板(片)材9.8万吨，比1985年7.8万吨增长25.6%（硬片3.8万吨，比1985年2.1万吨增长80.9%),异型材1.7万吨,比1985年1万吨增长70%，人造革2.4亿平方米，塑料鞋21.6万吨。

聚乙烯制品93.8万吨，其中农用地膜23.7万吨，比1985年14.9万吨增长59%。

聚丙烯制品42.2万吨,其中编织丝及制品19万吨,比1985年的14万吨增长35.7%。

聚苯乙烯制品5.2万吨。

聚氨酯制品3.9万吨，其中泡沫塑料制品3.2万吨，比1985年2.7万吨增长18.5%。

在塑料制品总量中，废旧料回收再生制品为12.3万吨,占制品总量的4.9%,比1985年10万吨增长23%。按应用范围分：农业用塑料制品44万吨，占制品总量的16%；日用塑料制品76万吨，占28%；包装用塑料制品72.3万吨，占26.3%；建筑及装饰用塑料制品14万吨,占5%;工程配套用塑料制品46.7万吨,占17%,其他制品21万吨，占7.7%。

1986年全行业重视了产品质量工作，促进了产品质量的提高。有水晶牌食品包装用聚氯乙烯透明片获国家银质奖,有7个产品获得轻工业部优质产品证书。在提高产品质量的基础上，适销对路的新产品有所增加。据不完全统计,1986年投放市场的新产品有160多种，如旅游鞋、轻型拖鞋、聚氯乙烯扭结膜、发泡浮雕壁纸、静电植绒、医用注射器、多层复合膜等。在企业管理方面，有北京塑料三厂、黑龙江海伦塑料制品厂、福州第二塑料厂、天津第二十四塑料厂命名为轻工业部优秀质量管理企业。

1986年，轻工业部系统塑料工业企业固定资产投资额123 715万元(全民所有制39 993万元,占32.3%,集体所有制83 722万元,占67.7%),比1985年108 474万元增加14%。其中基本建设完成投资额8 657万元(全民所有制3 284万元，集体所有制5 373万元),比1985年12 695万元减少32%；更新改造措施完成投资额115 058万元（全民所有制36 709万元，集体所有制78 349万元),比1985年95 779万元增加20%。在投资总额中，用于塑料制品120 821万元（基本建设8 311万元，更新改造措施112 510万元)，比1985年105 046万元增加15%，占97.7%；用于塑料原料的1 002万元，占0.8%；其他1 892万元，占1.5%。塑料制品新增生产能力39.52万吨，由基本建设实现的占8%，由更新改造措施实现的占92%；塑料原料新增生产能力1.7万吨，全部通过更新改造措施实现。

1986年，根据2 796个独立核算工业企业统计,产品销售收入102.82亿元，实现利税总额为11.93亿元，比1985年12.6亿元下降5.4%。其中利润6.67亿元,比1985年7.9亿元下降15.5%;产品销售税金5.26亿元，比1985年4.76亿元增加10.5%。归还基建借款和专项借款利润2.57亿元，应交所得税2.4亿元，企业留利1.28亿元，按盈利企业2 413个计算，平均每个企业留利水平为5.3万元。1986年有亏损企业383个，占汇总企业13.7%，比1985年增加139个企业,亏损金额3 659万元，比1985年2 206万元增加65%。在利润下降的原因中，由于原材料、燃料和运输价格提高因素占80%左右，其中原材料提价因素占71%。

1986年出口塑料制品15 132万美元，比1985年1 152万美元增长35.7%。其中编织袋5.8亿条，创汇4 645万美元，比1985年增长14.3%；塑料鞋8 276万双，换汇3 272万美元，比1985年3 220万美元增长1.6%，其中塑料拖鞋7 889万双，换汇3 113万美元，比1985年2 996万美元增长3.9%，塑料凉鞋387万双，换汇159万美元，比1985年224万美元下降29%。

【开辟原料来源与降低消耗】 塑料制品产需矛盾的最大困难是原材料不足。为适应国民经济各部门发展对塑料制品日益增长的需求，每年需进口原料弥补国内不足，以满足社会最低需要量。1986年由于国家外汇紧缩，减少进口，仅轻工业部系统即减少20万吨。为此，轻工业部系统只安排生产计划161万吨，比1985年产量202万吨少41万吨，减少五分之一。为了扩大原材料来源，，着重抓了下列几项工作：

1．落实计划内原料资源。1986年计划安排国产原料131万吨，进口原料50万吨。国产原料按物资供应渠道由省市按计划进行衔接，各地塑料工业部门在衔接过程中出现的问题，及时向有关部门反映，通过协商逐一得到解决。进口料的落实，主要通过在沈阳、南京召开的有关方面协调会议进行了具体安排，组织订货、调拨，加强调度，使计划内原料基本落实，保证了生产的正常运行。

2．积极筹集地方外汇，增加原材料进口。1986年3月，轻工业部在广州召开了专门会议，会同有关地区和部门进行安排，经国家计委、海关总署批准使用地方外汇2.2亿美元，进口30余万吨原料，并享受与中央外汇同等免征关税的优惠。经各个地区和企业的共同努力，实际落实18万吨。

3．争取来料加工，扩大制品出口。1986年1月和10月，轻工业部分别在北京和厦门召开了出口工作会议，交流和总结了这批来料加工的经验，制订了按实际出口额奖励10%原料等鼓励出口的措施。鉴于大宗产品的出口主要由外贸公司经营，特别是沿海省市塑料制品企业出口量有的已超过总产量的80%，大部份原料由外贸公司提供，保持了生产的持续发展。

4．筹集议价料，缓解“无米之炊”。1986年是塑料制品工业所需原材料实行计划供应和市场调节两种价格的第一年。由于部份原材料价格放开，进入市场调节，许多企业被迫使用一部份高价原料，维持了生产。

5．积极回收利废，搞好综合利用。1986年，全国利用废旧塑料回收再生塑料制品12.3万吨，占塑料制品总量的4.9%，比1985年的10万吨增长23%。四川、湖南、湖北、广东四省利用废旧塑料再生产制品分别达到万吨以上。四川省达到28 489吨，占全省塑料制品总产量的20%，大大超过全国平均5%的水平。

6．加强定额管理、降低原料消耗。通过考核泡沫塑料、周转箱、编织袋、单丝、电缆料、印花薄膜、地膜、透明片、下水管、合成革等10个产品的原料消耗定额，引起了有关方面的重视，努力降低消耗，使单耗普遍下降。压延薄膜消耗定额下降5%，人造革下降22%，压延薄膜一次合格率为96.34%，比1985年提高0.21%，电缆料一次合格率为96.51%，比1985年提高0.28%，相应地降低了消耗。

【行业管理与技术经济协作】 1986年，为了加强塑料制品工业的行业管理，根据专业化协作的原则，按品种大类在自愿、平等、互利、互惠的基础上组成了各个技术经济协作组，全国先后成立了塑料编织袋、周转箱、钙塑瓦楞箱、中空容器、聚苯泡沫塑料、聚氯乙烯硬片、塑料绳带、塑料风机、塑料泵、塑料复合薄膜、聚氨酯制品、塑料壁纸、塑料管材及管件、聚氯乙烯异型材及门窗、全国塑料工业经济信息交流站、全国中心城市塑料公司供销信息协作中心等16个。

协作组或联合中心是跨地区、跨部门、跨行业的经济组织。其宗旨是沟通行业内部技术经济、市场信息；研究行业发展方向；协调企业间利益；为行业和企业的发展提出政策性意见和建议。这对于加强行业管理，沟通横向联系，提高产品质量和企业的经济效益，促进行业发展都起了积极的作用。

各协作组成立以后，根据各产品生产发展中存在的问题，开展了多种形式的技术经济活动。通过行业内技术经济信息的调查和汇总，及时反馈到企业，供给企业领导研究决策参考。信息内容包括行业内各企业的基本情况、设备状况、原材料消耗、经济指标及综合分析、国内外市场动向等。开展了各种形式的技术活动，包括技术交流、专题学术讨论、论文评选、举办技术培训班、收集质量标准、进行质量检测以及技术咨询等；此外，还协调企业间产品内外销价格，统一研究解决引进设备的备品备件、编印行业“通讯”“简讯”等。总之，这些行业协作组织的成立，初步起到了协调和组织成员的活动，促进行业发展的作用。

【塑料模具生产情况和对策】 塑料模具是塑料制品工业重要的技术装备。1986年，轻工业部对轻工系统轻工业塑料模具生产状况进行调查研究，制订了对策。

根据调查，我国塑料模具的生产早在50年代就开始生产热固性塑料制品所需的模具如酚醛制品、电料、耐酸石棉制品、刹车片等，多以简单的机加工、热处理、凭手工靠经验操作为主。60年代，又发展了各类热塑性塑料制品所需模具如塑料鞋、各类日用品、工程配套用的注塑制品等，模具生产由原来以班组为主逐步扩展为模具车间，少数省市开始建立专业模具制造厂。到“五五”、“六五”期间，在有关部门的支持下，重点改造了上海、武汉、重庆、北京、哈尔滨塑料模具厂，初具规模后逐步形成以大中型模具为主的制模中心。据1986年不完全统计，塑料行业有专业模具厂30余个，职工8 000多人，其中工程技术人员561人，机加工设备1 600多台，1985年总产值5 300余万元，年生产能力1万标准套。存在主要问题：

1. 制模能力不足。塑料模具的制造，大中型企业主要靠各厂自制，或自制加外协，但有相当部分企业，尚无模具设计和制造能力，所需模具主要靠外购，适应不了塑料制品品种发展需要。由于全行业制模能力不足，模具生产周期长，一般需要半年，大型模具需一年，有些产品特别是出口产品等模具制造出来，其制品销售旺季已过。为了适应塑料制品花色品种的变化，“六五”期间相当多的企业所需大型、精密模具，不得不依赖进口解决。据不完全统计，北京、上海、广州、重庆、湛江五市的轻工业部门为发展家用电器产品而进口的塑料模具用汇达500万美元以上。各类注射制品所需要模具数量很大，仅引进4 000克以上注射机达100台以上，每台配五套模具，需500套以上，若进口用汇则达千万美元。

2. 技术装备差。塑料行业拥有的机加工设备，基本上都是过时的设备，难以生产精度高、质量好的模具。“六五”期间虽然改造了上海、武汉等少数几个模具厂，但设备不平衡不配套不能发挥作用。国外已经采用先进工艺设备如数控机床、加工中心、电火花、线切割、电脉冲、以及CAD/CAM设计等，国内不仅缺设备，就其技术力量也不适应。

3. 模具用钢材缺乏。塑料模具，特别是注射模具对钢材材质要求较高，国内缺乏专用钢材，一般都选用45# 钢加后处理，以致模具使用寿命短，相当于进口模具的三分之一。

4. 塑料模具的标准化工作也跟不上。标准模架至今未全面推广，从选材到模具生产的全过程几乎都由各厂完成，既费时间，质量又不能保证。

5. 技术力量薄弱。塑料模具制造需要许多机械加工技术工种，由于模具生产利润低，对质量要求高，凡机加工较强的厂偏重于生产塑料机械而减少模具生产，甚至专业模具厂也是如此。因此，对技术力量配备也是重机械轻模具。

为了逐步改变上述状况，轻工业部决心加速开发塑料模具，经过调查研究与论证，确定以广州、北京、杭州、武汉、重庆和四川广汉等地的塑料模具厂为重点，进行技术改造，继续充实和完善，增加大中型模具的生产能力，提高工艺装备水平，以带动全行业的发展。

（雷在忠）

皮 革 工 业

【概况】 1986年，全国皮革、毛皮及制品工业共有企业单位8 505个，比1985年增加770个。轻工业部系统共有皮革工业企业3 407个，其中制革企业468个，皮鞋企业1 769个，皮革制品企业822个，毛皮企业348个。年末职工59.74万人(全民所有制18.35万人，集体所有制39.76万人，各种合营企业1.63万人)，其中制革业12.49万人，皮鞋制造业29.48万人，皮革制品业12.4万人，毛皮业5.37万人。1986年，全国皮革工业总产值89.6亿元，比1985年76.54亿元增长17.1%，轻工业部系统工业总产值64.04亿元，比1985年增长11.9%。其中制革业19.33亿元，比1985年增长14.9%；皮鞋业25.71亿元，比1985年增长10.8%；皮革制品业14.55亿元，比1985年增长10.4%；毛皮业4.44亿元，比1985年增长9.9%。全员劳动生产率11 531元(全民所有制14 444元，集体所有制9 767元，各种合营16 950元)，比1985年提高7.56%。其中制革业16 047元，增长6.34%，皮鞋业8 997元，增长3.09%，皮革制品业11 734元，增长18.3%，毛皮10 200元，增长10.14%。

主要产品产量完成情况

主 要 产 品	计量单位	1986年	1985年	1986年与1985年相比+(-)%
皮革(折合牛皮)	万张	5 094.3	4 164	22.3
其中：猪皮(自然张)	万张	7 638.1	5 413	41.1
轻 革	万平方米	11 224	9 202	22.0
重 革	吨	40 419	36 420	11.0
皮 鞋	万双	26 434	23 114	14.4
其中：牛面皮鞋	万双	9 854	8 519	15.6
猪面皮鞋	万双	8 993	9 128	－1.5
人造革、合成革鞋	万双	2 913	2 705	7.7
儿童皮鞋	万双	2 199	2 107	4.6
毛皮(折羊皮)	万张	884.6	1 089	－18.8

在皮鞋总量中，胶粘皮鞋占61%，线缝皮鞋占30.5%，硫化模压皮鞋占6%，注塑皮鞋占2.5%。

1986年，皮革工业固定资产投资完成额为33 259万元（全民所有制18 674万元，集体所有制14 585万元），比1985年20 446万元增加62.67%。其中基本建设完成投资8 488万元，占25.52%；更新改造措施完成投资24 771万元，占74.48%。制革业固定资产投资13 546万元（基本建设投资3 597万元，更新改造投资9 949万元），革制品固定资产投资14 439万元（基本建设投资2 919万元，更新改造投资11 520万元），毛皮加工及制品固定资产投资2 522万元（基本建设投资324万元，更新改造投资2 198万元）。新增生产能力，皮革707.5万张(更新改造措施新增622万张)，皮鞋1 680万双（更新改造措施新增1 349万双）。

1986年，皮革工业（轻工业部系统）利润税金总额8.3亿元，比1985年增加0.4亿元，增长5.1%，其中利润额4.9亿元，比1985年增加0.32亿元，税金3.4亿元，比1985年增加0.08亿元。

1986年，皮革工业出口交货值9.28亿元，相当于工业总产值14.5%。出口创汇5.13亿美元，比1985年增加1.63亿美元。其中皮鞋类1 878.3万双，9 066万美元，比1985年增长78.2%，皮件类3 122.2万美元，比1985年增长39.2%，皮革服装手套类14 162万美元，比1985年增长51.3%，人造革箱包类9 100万美元，比1985年增长81.4%，裘皮及制品类8 197万美元，比1985年增长10.1%。出口的主要产品：猪皮革658万张，2 144万美元，增长93.9%，羊皮革72.2万张，216万美元，下降4.3%，皮鞋1 090.6万双，5 465万美元，增长32.9%，漫步鞋594万双，3 354万美元，增长218%，皮革服装72.6万件，2 930万美元，增长69.2%，皮票夹129万打，1 484.6万美元，增长41%，日用手套86万打，1 940万美元，增长62.8%，劳保手套1 039万打，8 642万美元，增长34.3%，人造革及帆布包5 817万个，5 643万美元，增长76.7%，皮褥子250.7万条，2 291.7万美元，下降14.4%，裘皮大衣72万件，3 804万美元，增长22.2%，皮帽子49.6万顶，516.2万美元，下降31%。

【产品质量】 1986年，对皮革、皮鞋、皮革服装、皮制球和旅行衣箱五种产品进行了全国质量鉴定评比，经过省、自治区、直辖市推荐，共有364个企业的528个产品参加，评比结果表明，从1984年以来皮革、皮鞋质量有所提高，其他产品质量基本稳定。1986年与1984年质量评比结果对比见下表（%）：

产　品	1986年			1984年		
	一类产品	二类产品	三类产品	一类产品	二类产品	三类产品
皮　革	50.3	45.8	3.9	46.8	50.0	3.2
皮　鞋	37.7	44.2	18.1	35.9	50.6	13.5
皮革服装	51.1	44.9	4.0	57.1	31.0	11.9
皮制球	87.1	12.9	0	93.6	6.4	0
旅行衣箱	46.0	46.0	8.0	58.3	33.3	8.4

1986年全国产品质量鉴定评比一类产品前三名由轻工业部发给了奖状。包括皮革8种，有25个企业，皮鞋12种，24个企业，皮革服装5种，9个企业，皮制球9种，10个企业，旅行衣箱4种，6个企业。

1986年，山东省威海制革厂生产的山海牌猪正面革荣获国家质量银质奖。皮革工业这一年共有91个产品被评为轻工业部优质产品。

1986年，上海皮革服装厂生产的“牡丹牌”羊皮男式茄克荣获民主德国莱比锡国际博览会金质奖，这是我国皮革工业制品首次在国际上获奖。

【开发猪皮资源】 1986年，开剥猪皮7 523万张，比1985年增长27%。开剥数量最多的有山东省1 175万张，江苏省1 166万张，四川省754万张，湖南省581万张，河北省396万张，这5个省共4 072万张，占全国总量的54%；其次是湖北省366万张，浙江省357万张，辽宁省341万张，上海市298万张，广西壮族自治区246万张，广东省244万张，河南省241万张，江西省219万张，这8个省、自治区、直辖市共2 093万张，占全国总量的27.8%；再其次是陕西省152万张，福建省151万张，北京市145万张，黑龙江省135万张，天津市107万张，山西省87万张，安徽省85万张，云南省71万张，甘肃省71万张，吉林省56万张，贵州省47万张，内蒙古自治区30万张，这12个省、自治区、直辖市共1 137万张，占全国总量的15%。猪皮开剥量1986年比1985年增加100万张以上的有7个省：江苏省增加258万张，河北省增加191万张，山东省增加155万张，广西壮族自治区增加136万张，辽宁省增加120万张，陕西省增加112万张，四川省增加110万张；比1985年减少的有广东省、湖南省、安徽省。

1986年比1985年猪皮开剥数量增加1 642万张，是近几年猪皮数量增加最多的一年。1986年全国猪皮平均重量为每张7.97公斤，比1985年每张下降0.32公斤，这是因为加强管理，猪皮带油率有所减少，这对于猪皮制革降低成本有利。1986年猪皮开剥率（占屠宰量)29.6%，比1985年增加4%。1986年猪皮开剥好的原因，主要是:在经济体制改革中猪皮补贴政策得到落实，生猪饲养量有了发展，猪源比较充足，内外销市场对猪皮革制品需求增加，促进了猪皮开剥工作的进展。

【经济效益】 1986年，皮革工业经济效益比1985年有所下降。1986年亏损企业296个，亏损金额2 066万元，分别比1985年增加59.1%和86.6%。1986年与1985年比较，百元产值提供利税下降5.6%，百元产值提供利润下降3.61%，百元资金提供利税下降10.24%，百元固定资产实现产值下降3.22%，百元产值占用定额流动资金增加4.9%，定额流动资金周转天数增加5.89%。虽然全行业实现利税总额比1985年增加5.06%，但低于产值增长11.79%的增长幅度。经济效益下降的原因，除原材料、辅料、燃料提价因素外，主要是经营管理不善，企业素质不高，消耗过高，浪费较大。1986

年，每吨重革耗用猪皮原料，有13个省、自治区、直辖市的企业高于全国1.91吨的水平，其中最高的达2.81吨，超出平均水平47.1%，每平方米轻革耗猪皮原料，有17个省、自治区、直辖市的企业高出全国4.58公斤的平均水平，其中最高的达11.2公斤，超出144.5%，说明皮革工业需要在增产节约，增收节支工作中，努力提高经营管理水平，降低消耗，杜绝浪费，提高经济效益。发展不平衡，经济效益较好的在皮革工业也有不少企业。哈尔滨制革厂由于不断加强计量和定额管理，将企业的增收节支，提高质量，降低消耗指标同各个生产环节的经济责任制紧密挂钩，经济效益创建厂以来最高水平，各项经济指标均名列东北三省同行业之首。哈尔滨制革厂是个具有60多年历史的老厂，职工500多人，1986年实现利润230万元，比1985年增长53%。何以取得这样好的经济效益？1986年初，他们认真算了一笔帐，仅原料皮涨价、产品销售价不变这一项，全年就要影响工厂效益120万元，几乎吃掉上年的全部利润。要解决这个问题，只有向加强企业的内部管理要效益。过去，原料皮消耗没有严格的考核，致使得革率不高，造成很大浪费，1986年初，制革车间实行了定额、计量管理，使皮革伸长率降低，得革率明显提高。成革手工剪边，历来没有控制，剪掉多少算多少。这次，他们打破常规，对剪边工序也进行了定额定量管理，对剪到什么程度，做了明确规定，并设专人考核。1986年一年，仅原料皮降耗一项，就增收60万元。红矾和栲胶是制革工业的主要辅助材料，过去用多少领多少，一次性使用，1986年，他们实行了按工艺标准投料，并且实行了废液回收、循环使用的技术改革，不仅节约了3.5万元资金，还减少了环境污染。这个厂还加强了节约能源工作，对原料煤实行了计划、定额管理，改变了过去“管吃管添”的传统做法。锅炉房同生产车间建立了合理供气制度，用多少，送多少，不用就停，避免了浪费，1986年一年节约煤炭450吨。

（许龙江）

日用五金制品工业

【概况】 1986年，轻工业部系统日用五金制品工业企业共有3 143个单位，年末职工人数为41.61万人（全民所有制企业8.82万人，占21.1%，集体所有制企业32.35万人，占77.8%，各种合营企业0.44万人，占1.1%）。同1985年相比，企业单位增加171个，职工增加3.91万人（全民所有制0.8万人，集体所有制3.16万人，各种合营企业0.15万人）。全员劳动生产率11 612元（全民所有制17 420元，集体所有制9 850元，各种合营企业13 551元），比1985年提高2%。

1986年，日用五金制品工业总产值达到47亿元，比1985年增长15.6%。根据23种主要产品产量统计，1986年比1985年增长的有19种，减少的有4种。增长的产品列表如下：

主要产品产量完成情况

主要产品	计量单位	1986年	1985年	1986年与1985年相比+(−)%
日用不锈钢制品	吨	27 198	18 853	44.3
剪　刀	万把	10 308	9 024	14.2
锁	万把	70 722	56 311	25.5
铸铁锅	万口	8 143	7 039	15.7
烟　筒	万节	1 955	1 659	11.8
铁皮水桶	万个	1 843	1 800	7.9
刮脸刀片	万片	76 024	63 106	20.5
理发推剪	万把	428	366	11.7
桅　灯	万个	1 083	704	53.8
汽　灯	万个	58	54	6.2
打火机	万个	10 717	8 374	28.0
秋皮钉	吨	15 069	12 055	25.0
手电筒	万只	17 328	14 437	20.0

产品产量减少的产品有普通菜刀、铸铁煤炉、缝衣针、拉链。一种情况是相近产品互为消长，不锈钢菜刀1986年产量比1985年增加101万把，达到614万把，增长19.7%，普通菜刀则由1 901万把减到1 896万把，菜刀总量增加96万把，增长4%。煤油炉大量增加，1986年产量达505万个，比1985年313万个增长61.3%，铸铁煤炉有所下降，由228万个减少到214万个，下降6.2%。另一种情况是前几年增加较多，库存加大，生产有所压缩。缝衣针1986年产量91.16亿支，比1985年94.9亿支减少4%。再一种情况是受走私影响。拉链产品由于走私货倾入内地，国内厂家严重受挫，从1986年初开始，已有近7亿米拉链从广东、福建等沿海涌进来，给内地生产带来很大困难，1986年产量比1985年下降39.3%，由40 420万米减少到24 520万米。全国近200家拉链生产厂三分之一停产，三分之一转产，余下厂家也处于微利保本和转产状态。辽宁省锦州拉链总厂1985年盈利200多万元，1986年反而亏损近20万元。

1986年，日用五金制品工业荣获全国轻工业优质产品证书共35个，其中有锁具15个，表带2个，剪刀7个，拉链8个，煤气炉(灶)3个。

1986年，全国固定资产投资完成额27 397万元（全民所有制12 312万元，占36.5%，集体所有制15 075万元，占63.5%），比1985年增加37.3%。其中：基本建设投资完成额2 973万元（全民所有制936万元，集体所有制2 037万元)，占固定资产投资总额10.85%，比1985年减少7%；更新改造措施完成额24 424万元(全民所有制11 386万元，集体所有制13 038万元)，占89.15%，比1985年增加45.8%，上述情况表明日用五金制品主要依靠内涵扩大再生产能力。

1986年，日用五金制品工业实现利税情况，据2 889个独立核算工业企业统计，产品销售收入53.68亿元，产品销售利润5.58亿元，销售利润率为10.4%，产品销售税金3.33亿元，平均税率为6.2%，盈利企业的利润总额5.02亿元，亏损企业224个，占汇总企业的7.75%，亏损金额达665万元，比1985年增加77.3%，盈亏相抵的利润为4.96亿元，比1985年减少3.1%，利税总额为8.29亿元，比1985年减少1.2%。应交利税2.23亿元(所得税1.77亿元)，归还基建借款和专项借款的利润1.03亿元，企业留利1.2亿元，按盈利企业2 665个计算，平均每个企业留利水平只有4.5万元。

【经营管理】 1986年，日用五金制品工业在改进经营管理方面，着重突出了两点：一是坚持小商品生产。日用五金制品的小商品比较多，本小利微，一般企业生产积极性不高，但是不少企业社会主义生产目的明确，坚持小商品生产，证明小商品也能赚大钱。哈尔滨市日用五金厂靠“一厘钱”的小商品生产，1986年实现利润超过20万元，跨入市二轻企业富户行列。这个五金厂是1955年组建的集体企业，过去一直以生产铝鞋眼为主。随着经济体制改革的深入，工厂规模也不断扩大，有的人对小商品生产发生动摇，但厂领导权衡利弊，从企业设备、工艺、技术力量等条件出发，坚持小商品生产不动摇，使1986年全厂销售收入和实现利润均比1984年增加1倍。这个厂依靠本厂的技术力量、配套齐全的设备、先进的生产工艺，使产品进一步向多门类、系列化方向发展，除生产铝鞋眼外，还生产鞋拔子、鞋别子、帐蓬圈等20多个小商品，这些产品都成为黑龙江省内独家生产的省优质产品。上海市为了扩大日用小五金商品的宣传，促进小五金商品生产发展，1986年3月31日专门设立了日用五金产品展销部，作为联系消费者的信息反馈的窗口，该部展销70多家日用小五金工厂的2 000余种产品，月销量达13万元。根据信息反馈，上海东风针厂试制成功并投产一种供盲人使用的手缝衣针，它具有特殊结构的针眼，使用时不需穿针线，只要将线够到缺口处往下一来，线即进入针眼，最大优点不用目力也能很快将线嵌入针鼻内。二是重视对消费者负责问题。为了保证我国煤气用具的质量，确保人民生命财产的安全，1986年4月轻工业部室内成套用品总公司在芜湖召开全国煤气用具技术质量座谈会，对煤气用具质量安全问题作了5条新规定：(一)煤气用具的一氧化碳排出量、热负荷、热效率等指标内控标准应高于国家和部标准一个数量级；(二)煤气热水器应在产品明显部位标明安全使用方法；(三)对煤气用具(热水器和杜具)进行一次质量大检查；(四)从1987年1月1日起，没有安全熄火装置的热水器，不得销售；(五)南京、沈阳、芜湖的三个厂家要立即对生产售出的20万台煤气热水器组织技术服务工作，协同用户移至浴室外；(五)今后的煤气用具新产品鉴定会要经检测中心测试合格后，方可召开。对产品质量安全问题，这样一抓，1986年内未发现有安全事故，但仍然需要经常抓，反复抓。

【传统工艺与新工艺】 日用五金制品中传统产品众多，优良的传统生产工艺的继承和发扬，有待于总结提高。1986年各地在把传统工艺与采用新工艺结合方面有了可喜进步。闻名中州的李胡子厨刀，经过不断改进工艺，质量越来越好，荣获河南省优质刀称号。李胡子厨刀是名铁匠李松祖传产品，早在明代就著称于世，距今已有300多年的历史。60年代初期，此刀在开封召开的全国刀剪锁质量评比会上名列前茅。宝丰县李胡子厨刀厂的锻打、刃磨、削把等工序现在基本上实现了机械化生产，工艺上改方形刀背为弧形，增加了刀头重量，把圆形刀把改为椭圆形，克服了涨手和遇逆转动的缺点，把人工铲刃改为机械磨刃，增加了用油回火工艺，使厨刀坚韧锋利，平整光亮，使用得心应手，使这一名牌产品进一步发扬光大。江苏省无锡市刀剪厂，适应社会需要多功能产品的要求，试制成功了一种多用途的镀镍厨房剪，既能裁剪，又能切割，不仅可以开启瓶盖，而且能剪扎带壳的硬物，还兼有锄头和螺丝刀等功能，大小片能分能合，启合灵活，使用方便。该产品剪头采用65号锰钢，在工艺上其脚柄用精密浇铸，对焊成型，实现了升级换代。苏州市民丰锅厂13名能工巧匠复铸了534把“吴王夫差剑”，经化学处理呈古铜色，擦试后寒光凛凛，靠近剑柄的刃部顶端雕有两行篆文。有关专家认为，复铸的“吴王夫差剑”仿古逼真，与真品放在一起难辨真假。这是为纪念苏州建城2 500年专门设置的作为馈赠中外来宾和港澳同胞一种礼物。苏州冶铸剑早在2 000多年前就名扬天下，如今又焕发出夺目的光彩。苏州锁厂把传统锁具引向现代化方面做出了贡献。为了把声、光、电、磁、波等现代科学技术应用到锁具上，用先进电子结构取代弹子结构，苏州锁厂接受研制语音识别控制锁的项目后，与苏州大学物理系联合研制，经过300多次试验，于1986年7月试制成功。这种语音识别控制锁，有电子按键控制系统、电子计算机和接口电路系统、电子报警和电磁机械结构系统三大部分组成。其特点是应用微机语言识别控制、电子密码控制和电磁控制等原理而制作的。这种锁只有主人的声音输入后，经锁内微机识别，锁才能自动开启，即使“密语”泄露，或者偷录主人的密语来重播，也无济于事，一定要主人当场亲口发出口令，才能开锁。该锁还装有防盗报警装置和具有防撬防拨功能的电乒头，提高了锁的保密性和多防性。该锁适用于需专人保管的保密机关、仓库、武器库、档案室、机要室等场所。上海通达电子仪器厂推出的新产品煤油汽化炉，集各种油炉之优点，改进设计，采用手动气泵打气1～2公斤，用调节开关控制，火焰高度为190毫米。它具有外型美、耗能小、火力大、轻便安全等特点，是家庭、医院、学校、航船和单身职工的理想炊事用具。

【产品出口】 1986年，各地积极贯彻中央鼓励出口的一系列政策，使日用五金制品出口有了新的进展。轻工业部系统日用五金制品出口交货值达7.83亿元，相当于日用五金制品总产值16.7%；主要产品出口交货量占总产量的比重都很大，有的产品甚至以出口为主，挂锁占37%，家具锁占21%，门锁占17%，不锈钢制品占65%，煤油炉占74%，桅灯占77%，拉链占36.7%，电筒占31%，电珠占28%，秋皮钉占34.5%。

1986年，日用五金制品出口创汇21 656万美元，比1985年增长25.9%。金属器皿类4 152万美元，比1985年2 799万美元增长48.3%，其中不锈钢餐具1 320万美元，比1985年增长3.3%。日用金属品10 270万美元，比1985年7 894万美元增长30%，其主要创汇产品包括拉链977万美元，比1985年增长12%，桅灯及零件781万美元，比1985年增长28.7%，汽灯及零件775万美元，比1985年增长30%，煤油炉590万美元，比1985年增长17.5%，鞋钉300万美元，与1985年持平，小刀752万美元，比1985年增长34%，打火机317万美元，比1985年增长11%，别针259万美元，比1985年下降14%，指甲钳168万美元，比1985年增长3%，发卡131万美元，比1985年增长4.8%，手缝衣针180万美元，比1985年增长18.4%，理发工具231万美元，比1985年增长26%，刮脸刀架237万美元，比1985年增长18%，刮脸刀片150万美元，比1985年增长35%，剪刀373万美元，比1985年减少19.3%。锁类4 444万美元，比1985年增长14.8%。电筒类2 032万美元，比1985年增长8.9%，金属电筒1 888万美元，比1985年增长5.5%，塑料电筒144万美元，比1985年增长87%，电珠758万美元，比1985年增长53%。

日用五金制品的传统出口产区和重点企业初步形成出口基地。1986年，苏州市五金小商品外贸出口收购值突破1 000万美元，比1985年增长42%。苏州小五金远销欧美、中东、东南亚等40多个国家和地区。苏州五金小商品具有料轻、艺精、批量大、创汇率较高的特点。在国外，10把高档多开小开刀的售价420美元，高于两台彩色电视机价格。双菱牌指甲钳8年出口1 400万把，创汇150万美元。烟台造锁总厂1986年出口创汇800万美元，比1985年增长28%，广州电筒工业公司1986年创汇1 430万美元，比1985年增长35%。

【经济改革】 日用五金工业改革取得进展。广东省肇庆市不锈钢器皿厂，在实行厂长负责制的基础上，试行了全浮动的厂长责任工资制的配套改革，从而克服了过去厂长责利两脱节的弊端。该厂原来的助理副厂长张桂荣经民主选举当选为厂长后，在主管部门和财政税务部门支持下，大胆试行厂长责任工资制的配套改革，将正副厂长和书记五人的级别工资、职务津贴、奖金和其他生活补贴统统取消，以完成产值、销售、税利和技术改造措施等经济技术指标来计算工资，实行全浮动，从而将厂长的责任与企业的效益和发展相联系，增强了厂长们的责任感和积极性。这个厂的铜工艺是开厂“元老”产品，订货数量甚少，试行厂长责任工资制后，厂长们便果断地决策转产铜火锅、钢火锅，结果获利36万元，他们从中百站得到高压锅出现销售高峰的信息后，又大胆决策将一部分设备用来生产压力锅，仅此一个产品即增加产值120万元。杭州张小泉剪刀厂不断加强企业管理的各项基础工作，使企业素质明显提高。该厂现有职工1 600人，产品分日常生活用剪、工业生产用剪和农业生产用剪三大类，有90多个品种，120个规格，250多个花色，全厂获国家、轻工业部、浙江省优质产品的产量占年产量的90%以上。在全国100多个城市200多个单位设有销售点和专柜，在上海、南京、重庆设有分店。该厂坚持走城乡联合之路，在杭州市郊和省内6个县建立起7个分厂，11个加工点，拥有从业人员4 000人。采取“进来培训、出去辅导、严格检验”的办法，保证外协件的产品质量。一个以城市名牌产品为“龙头”，乡镇企业为“龙尾”的生产联合体已初具规模，因而保证了近几年每年增加300把的生产。随着生产的发展和现代化科学技术的运用，他们以管理思想现代化为先导，从实际情况出发，结合经济体制改革，有选择地应用各种现代化管理方法，并逐步深化。实行全面计划管理，积极推行目标管理，将总指标进行层层分解，落实到各部门、车间、班组和个人，形成了上下目标一致，各自职责明确的目标管理体系，并且与经济责任制挂钩，奖勤罚懒、奖优罚劣，调动了职工的生产积极性，保证了各项工作顺利发展。1986年工业产值达到1 505.51万元，比1985年1 172.45万元增长28.4%。剪刀产量2 341万把，比1985年1 965万把增长19.1%。实现利润321万元，比1985年267.56万元增长20%。全年出口剪刀600万把，创汇100多万美元。沈阳市金属薄板制品厂把挖潜改造、搞活经营作为增产节约、增收节支的主要目标，四年来，从改革分配制度入手，经济效益逐年稳步提高。1982年产值只有587万元，利润74.8万元，1986年产值猛增到1 365万元，增长2.3倍，实现利润451.4万元，增长6倍，人均创利达万元，列居沈阳市集体工业企业第一个富户，成为沈阳市“小型巨人”企业，厂长白凤才同志于1985、1986年连续荣获沈阳市“优秀企业管理者”称号。

（黎　明　戚学钧）

铝制品工业

【概况】 1986年，铝制品工业有企业单位287个，年末职工人数6.56万人，其中全民所有制2.16万人，占33.9%，集体所有制4.4万人，占66.1%。全员劳动生产率全国平均为16 145元（全民所有制19 070元，集体所有制14 556元），比1985年下降7.63%。重点企业劳动生产率高于全国平均水平的有天津铝制品厂为29 307元，天津铝制品二厂为22 764元，天津铝制品三厂为30 354元，江苏仪征铝制品厂为19 563元，杭州铝制品厂为21 559元，青岛铝制品厂为20 029元，宁波铝制品厂为24 610元；低于全国平均水平的有北京铝制品总厂为12 412元，张家口铝制品厂为12 980元，沈阳工农铝制品厂为13 042元，平顶山铝制品厂为12 851元，广州铝制品工业公司为9 338元，武汉铝制品厂为14 076元。

1986年，铝制品工业总产值达到10亿元，占日用五金制品工业总产值的21.4%，比1985年增长14.15%。主要产品产量都有不同程度的增长，日用精铝制品增长幅度较大，铝饭盒和压力锅增长幅度更大一些，铸铝制品增长幅度较小，铸铝锅增加近1倍。

主要产品产量完成情况

主　要　产　品	计量单位	1986年	1985年	1986年与1985年相比+(-)%
日用精铝制品	吨	87 936	72 552	21.2
其中：普通铝锅	万口	4 016	3 499	14.8
压力锅	万口	327.5	198.4	65.1
烧水壶	万只	1 931	1 661	16.3
饭　盒	万只	1 756	1 300	35.1
铸铝制品	吨	13 157	12 548	4.9
其中：铝锅	万口	486	244	99.2

国内市场，工业自销扩大以后出现了商业收购增长，库存增加，销售下降情况。铝锅商业收购增长15%，销售下降40%，库存增加16%；铝壶收购增加4%，销售下降1.6%，库存增加80%；压力锅收购增加62%，销售增加52%，库存增加128%。

1986年，日用精铝制品固定资产投资完成额为2 313万元（全民所有制882万元，占38.13%，集体所有制1 431万元，占61.87%），比1985年增长0.4%，其中基本建设投资完成额528万元（全民所有制175万元，集体所有制353万元），占固定资产投资总额22.83%；更新改造措施投资完成额1 785万元（全民所有制707万元，集体所有制1 078万元），占77.17%。1986年新增生产能力3 932吨，铝锅123万口。

日用精铝制品实现利润情况，重点企业年利润超过100万元的有北京铝制品总厂为361.1万元，天津铝制品厂为456.3万元，天津铝制品三厂为117.6万元，沈阳工农铝制品厂为114万元，上海铝制品一厂为727.3万元，青岛铝制品总厂为740万元，杭州铝制品厂为242.6万元，平顶山铝制品厂为201.7万元，宁波铝制品厂为460万元，广州铝制品工业公司为200万元；年利润100万元以下的有天津铝制品二厂为41.12万元，张家口铝制品厂为68.7万元，武汉铝制品厂为81.5万元，西安铝制品厂为36.8万元。

【产品出口】 1986年，日用精铝制品出口交货量为3 163吨，占全部总产量的3.6%，出口交货值3 328万元，相当于总产值的3.3%。有些企业进行工贸合作，扩大产品出口。广州市铝制品工业公司过去生产出口产品的企业得到的好处并不明显，不少出口产品较内销利微甚至无利，企业对生产出口产品兴趣不大，1986年国家鼓励出口优惠政策逐步兑现后，加之外贸公司的大力支持，大大鼓舞了企业扩大出口的积极性。

1986年“幸福牌”双保险压力锅和“双菱牌”铝锅签订了大宗出口交货合同。在原材料供应上工厂有困难，在广州市轻工业品进出口公司帮助下，为工厂提供了大部份所需的原材料。在扩大出口的过程中，该公司属下各厂都尽可能做到先外后内。广州市铝制品三厂出口的“幸福牌”双保险压力锅，因配件生产跟不上，影响按时交货，该厂急出口所急，优先配套出口产品，使交货得以按时完成。1986年仅10个月全公司出口创汇达150多万美元，比1985年同期增长近8倍，达到历史最高出口水平，压力锅出口量居全国同行业之首。

【经济联合】 1986年铝制品工业企业经济联合又有新的进展，沈阳市几个铝制品厂尤为突出。沈阳市铝制品厂与泰安市新泰铝制品厂、乌鲁木齐市铝制品厂、集宁市铝制品厂组建了三星压力锅经济技术联合体，使三星牌压力锅每年新增产量150万口。沈阳市压力锅厂与济南市铝制品厂、临汾市铝制品厂、武汉市长江铝制品厂、沈阳市工农铝制品厂组建了双喜压力锅联合公司，使双喜压力锅每年增加新的生产能力150万口。在联合中既出人才也出效益。沈阳压力锅厂厂长何义成，是在该厂年亏损38万元的困难条件下上任的。他上任以后，狠抓了“提高产品质量”这个中心环节，实行了全面质量管理，使产品质量不断提高。该厂生产的“双喜牌”压力锅获得国家银质奖，畅销全国各地，并成为沈阳市轻工业重点出口产品之一。他们以其名牌产品与各地进行联合，使工厂的经济效益迅速增长，1986年实现利润371万元，比1985年增长15.5%，出口创汇108万美元，成为沈阳市轻工业创汇大户，被命名为沈阳市“小型巨人”企业。福州铝制品厂以“飞蝶牌”电饭锅为龙头，同省内外12家配套协作单位成立了福州电饭锅总厂，扩大了再生产能力，1986年完成工业总产值1 341万元，比1985年增长18.7%，实现利润48.7万元，比1985年增长46.7%。

（黎　明　戚学钧）

工具、建筑五金工业

【概况】 1986年，工具、建筑五金工业有企业单位2 322个（工具五金645个，建筑五金1 677个）。年末职工人数32.41万人（全民所有制3.46万人，占10.7%，集体所有制28.66万人，占80.3%），其中工具五金14.73万人（全民所有制1.82万人，集体所有制12.76万人）；建筑五金17.68万人（全民所有制1.64万人，集体所有制15.9万人）。全员劳动生产率，工具五金9 049元（全民所有制12 774元，集体所有制8 494元，合营企业8 217元），比1985年提高6.72%；建筑五金9 869元（全民所有制19 127元，集体所有制8 730元，合营企业9 101元），比1985年提高12.3%。1986年完成工业总产值40.22亿元，比1985年增长16.4%，其中工具五金12.02亿元，比1985年增长20.6%，建筑五金28.2亿元，比1985年增长14.6%。

主要产品产量完成情况

主要产品	计量单位	1986年	1985年	1986年与1985年相比+(−)%
板　手	万把	9 767	7 786	25.4
钳　子	万把	5 499	4 891	12.4
锤　子	万把	2 729	2 049	33.2
锉　刀	万把	6 019	4 911	22.6
木工刨刃	万件	1 250	847	47.6
园艺工具	万件	633	495	28.2
铁　丝	万吨	76	82.9	− 8.9
元　钉	万吨	49	44	11.8
合　页	万付	71 161	55 057	29.2
拉　手	万件	21 030	20 617	2.0

销售情况。1986年，原来在市场上并不起眼的铁铰链、窗钩、铁插肖、羊眼圈、灯钩、箱扣、翻窗绞、翻窗插等一批门窗建筑小五金商品，出现了城乡全面告急的状况，各方面反映日益强烈，矛盾突出。究其原因，主要有两个方面：一方面，制造这些产品的原料（薄板、带钢、线材）供应不足，除了由国家安排的部份是平价供应外，要增产需购议价物资，成本增高，而这些产品基本上仍维持老价格投放市场，因此工厂获利甚微，甚至无利，影响了生产积极性。另一方面，这些用于木门木窗的传统老产品的使用量仍在上升。以上海市为例，市区就有100多万户居民主房是木门木窗，每年维修更换耗用量甚多，再加上每年有400到500万平方米的新住宅兴建，室内门窗大部仍是木结构，非用这些配件安装不可。更为突出的是市郊10县广大农民造房乐于使用木门木窗，有关建筑五金配件需求量相应增加。

1986年，工具、建筑五金共获得轻工业部优质产品证书30个，其中钳子5个，螺钉旋具3个，钢锹4个，泥瓦工具3个，板手3个，管件5个，丝网5个，水嘴2个。10月间，在太原市举办的全国建筑五金产品质量评比会上，对4种产品评出的前三名是：窗纱第一名上海窗纱厂，第二名杭州丝网厂，第三名太原金属丝网厂；镀锌低碳钢丝布第一名鄂州市铅网厂、第二名牡丹江金属线材厂，第三名苏州金属丝网厂；可锻铸铁管（镀锌）连接件第一名广汉县五金厂，第二名太谷玛钢厂，第三名德阳市玛钢铸铁管件厂；黑铁可锻铸铁管连接件第一名太谷玛钢厂，第二名沈阳市玛钢厂，第三名阳泉市玛钢厂。

1986年，工具、建筑五金固定资产投资完成额16 168万元，比1985年增加41.9%，其中全民所有制3 610万元，比1985年增加41%，占22.3%；集体所有制12 558万元，比1985年增加38.7%，占77.7%。基本建设完成的投资额2 173万元，比1985年增加15%，占13.4%；更新改造措施完成的投资额13 995万元，比1985年增加47.2%，占86.6%。工具五金固定资产投资完成额5 941万元（全民所有制1 327万元，集体所有制4 614万元），比1985年增加30%；建筑五金固定资产投资完成额10 227万元（全民所有制2 283万元，集体所有制7 944万元），比1985年增加50%。

【产品出口】 1986年，轻工业部系统工具、建筑五金出口交货值7.23亿元，相当于工业总产值的18%。工具五金出口交货值4.15亿元，相当于工具五金总产值的34.5%，其中钳子2 529万把，占总产量的46%，出口交货值1.08亿元，占工具五金出口交货值的26%；

建筑五金出口交货值3.08亿元，相当于建筑五金总产值的9.2%，其中铁丝元钉11.32万吨，占总产量9.1%，出口交货值1.4亿元，占建筑五金出口交货值的45.5%。

1986年，工具和建筑五金产品出口创汇总额38 103万美元，比1985年30 224万美元增长26%。工具类出口创汇14 279万美元，比1985年10 695万美元增长33.6%。其中：各种锤1 264万美元，比1985年1 055万美元增长19.8%；各种钳3 173万美元，比1985年2 623万美元增长21%；各种扳手2 267万美元，比1985年1 632万美元增长38.9%；各种锉刀1 042万美元，比1985年754万美元增长38.2%；各种锯条1 229万美元，比1985年742万美元增长65.6%；各种尺449万美元，比1985年585万美元下降23.3%；各种螺丝批414万美元，比1985年250万美元增长65.6%；各种钻268万美元，比1985年225万美元增长19%；杂项工具4 171万美元，比1985年2 829万美元增长47.4%。建筑五金类出口创汇总额12 904万美元，比1985年9 579万美元增长34.7%。其中：建筑小五金5 565万美元，比1985年4 007万美元增长38.9%；金属网1 229万美元，比1985年1 019万美元增长20.6%；索具494万美元，比1985年283万美元增长74.6%，家具小五金551万美元，比1985年576万美元下降4.3%；杂项小五金603万美元，比1985年450万美元增长34%。元钉铁业等金属制品出口创汇10 920万美元，比1985年9 950万美元增长9.7%。其中：元钉2 946万美元，比1985年3 987万美元下降26%；铁丝3 861万美元，比1985年3 122万美元增长23.7%；水管零件1 380万美元，比1985年1 488万美元下降7%。

工具、建筑五金工业出口创汇有以下四个显著特点：一是不少企业通过引进设备发展成生产和出口基地。广东省开平县水暖器材厂率先从国外引进具有80年代国际先进水平的高级水暖器材生产设备，包括双头浇铸机、砂芯机、八千瓦电感应熔炉、自动程序同步追踪双头仿型铣床、自动软管机等，建成自动化程度高的生产和出口全铜水暖器材阀门、洁具配套用品的专业厂。该厂是轻工业部水暖器材定点厂，1986年定为广东水暖器材出口基地。该厂建成投产，不仅使我国室内装饰配套用品实现成套生产和成套供应，实现中、高档宾馆、饭店、住宅卫生间水暖器材装饰配套工程的国产化、民族化和系统化，为开发国内所急需的各种异型水暖器材产品提供了保证，并且大量出口。现该厂生产150多种产品，新开发的自动卫生饮水器、浴缸单把手水嘴、面盆单把手水嘴、双联水嘴等新产品，填补了国内空白。二是工贸农联合开发出口产品。山东省栖霞县工具厂原来生产的出口双头板手，由于设备差，产品规格品种少，外贸部门投资169万元搞设备改造，生产出系列出口产品，1986年收购额比1985年增加近2倍。三是乡镇五金企业出口异军突起。浙江省肃山五金工具厂原是一家主要靠手工生产土钉的小厂。目前，已发展到年产500万把花色钳的生产规模，产品85%销往美国、日本、联邦德国等24个国家和地区，一年为国家创汇200万美元。四是整个产品出口地区广。现在工具、建筑五金产品已行销世界122个国家和地区，一些不出名小厂的产品打进美国市场。

【体制改革与企业管理】 工具、建筑五金工业企业内部深化改革有了新的进展，经济效益明显提高。沈阳市建筑五金厂原来是个只有百余人的小厂。现任厂长李闯在几年前上任时，厂内亏损0.4万元，濒临倒闭。面对这种情况，他大刀阔斧地进行一系列的改革。他首先破除干部终身制，聘用能人，精简非生产人员，实行经济责任制，打破大锅饭，使工厂起死回生。在此基础上，他积极开发新产品，注重产品质量和售后服务，使工厂的经济效益逐年大幅度上升，1983年创利12.5万元，1985年创利43.5万元，1986年创利80万元。李闯先后获得辽宁省、沈阳市劳动模范等荣誉称号，工厂被命名为沈阳市“明星”企业。沈阳市金属门窗厂，原来是由几个手工作坊式小厂组建起来的，技术力量薄弱，管理落后，品种单一，企业很不景气。近几年来，新任厂长司贵智积极贯彻改革精神，建立全面质量管理、物资管理、经济核算、全员培训、设备管理、技术管理和人事、劳动管理等八大管理体系，使企业复苏，经济效益不断增加，从根本上改变了企业年创利仅几千元的面貌，1986年实现利润403万元。1985年被沈阳市命名为“明星”企业，1986年获市“小型巨人”企业称号。司贵智同志获“优秀管理工作者”称号。

（维　坚　戚学钧）

家用电器工业

【概况】 1986年，轻工业部系统家用电器和灯具工业企业共934个(洗衣机51个，电冰箱31个，电风扇154个，灯具281个)。家用电器工业年末职工人数21.49万人（包括全民所有制2.8万人，集体所有制18.12万人，其他各种所有制0.57万人），其中洗衣机制造业3.49万人，电冰箱制造业2.43万人，电风扇制造业6.75万人，灯具制造业5.88万人（全民所有制1.22万人，集体所有制4.64万人，其他各种所有制0.02万人）。1986年，家用电器工业完成工业总产值76.34亿元，比1985年59.37亿元增长28.58%，其中洗衣机完成

24.52亿元，比1985年17.93亿元增长36.75%；电冰箱完成11.98亿元，比1985年6.66亿元增长79.88%；电风扇完成27.03亿元，比1985年23.34亿元增长15.8%。灯具工业完成产值7.8亿元，比1985年7.29亿元增长7%。

1986年，电冰箱、洗衣机、电风扇等主要产品的产量都继续有新的增长，部分产品受市场供求关系的影响，比上年有不同程度的下降。

主要家用电器产品产量情况

产　　品	单位	1986年产量	1985年产量	1986年比1985年+－%
家用电冰箱	万台	225.5	144.8	55.4
其中：轻工系统	万台	131.5	89.1	47.6
家用洗衣机	万台	893.4	887.2	0.7
其中：轻工系统	万台	669.4	629.6	6.3
电风扇	万台	3 529.0	3 175.0	11.1
其中：轻工系统	万台	1 774.0	1 401.5	26.6
房间空调器	万台	9.6	12.3	－21.8
冷　柜	万台	2.0	3.0	－33.4
吸尘器	万台	8.4	8.8	－4.6
电熨斗	万个	1 744.1	1 191.0	4.0
电饭锅	万个	543.6	511.8	6.2
灯　具	万件	3 780	3 100	21.9

随着经济体制改革的发展，适应市场需求变化，产品结构有了调整。据统计，1986年轻工系统双门电冰箱的产量比1985年增加一倍多，双门电冰箱占电冰箱总产量的比例，由1985年的28%上升到45%；直冷式、风冷式和具有速冻功能的电冰箱已相继投放市场；产品规格也由一两种发展到10种，初步形成了不同地区、不同消费水平的品种、规格系列。1986年轻工系统双桶洗衣机的产量也比上年增加80%，比例已由1985年的42%上升到70%，各种造型新颖、花色多样的新水流和喷淋式洗衣机以及套筒半自动、全自动洗衣机竞相投放市场。电风扇和灯具随着市场供求变化，在市场竞争更加激烈的情况下，各式各样的花色品种增加的更多。1986年各地家用电器工业企业管理普遍有了改善和提高。这一年，仅轻工系统家用电器工业企业中，有营口洗衣机总厂和广东湛江市家用电器工业公司评为全国轻工业企业管理优秀单位称号，重庆电扇厂评为轻工业企业管理成效显著单位。还有营口洗衣机总厂和上海华生电扇总厂被国家经委命名为全国设备管理优秀企业。轻工系统597个独立核算企业，1986年利税总额为9.37亿元，与1985年相比，电冰箱利润增长67.5%。洗衣机利润增长62.2%。

【产品质量】 随着生产技术水平的提高和企业管理的改善，1986年家用电器产品质量继续有新的提高。如洗衣机，据中国家用电器工业标准化质量检测中心站对全国49个主要洗衣机厂的产品测试结果看，一次抽样测定合格的占69.84%，比1985年提高了23.1%。在测试的13个可比项目（共测16项）中，有电源线拉力试验、溢水绝缘电阻、脱水制动时间、混热试验等7项比1985年抽测时有大幅度的提高。技术难度较大的电冰箱，在有关部门抓了广州“万宝”和北京“雪花”为重点的全行业质量整顿以后，产品质量也有了新的提高。北京电冰箱厂从7月份开始，经过4个多月的整顿，生产面貌发生很大变化。11月末，上级验收团从该厂的生产线上随机封样8台电冰箱，抽验结果，所有项目均合格。验收团又从该厂在北京的三个商业部门的销售点共抽验了50台雪花牌电冰箱，经考查开箱检查，合格率为100%。

1986年全国家电行业有广州“万宝”双门直冷式电冰箱和营口“友谊”、上海“水仙”牌双桶波轮式洗衣机获国家银质奖，有16个双桶波轮式洗衣机和13个灯具产品获轻工业部优质产品称号。

【产品维修和服务】 1986年各地家用电器工业部门和企业，针对家用电器大量进入千家万户，产品维修服务问题日益突出的新情况，与商业等部门密切配合，增设了维修网点，充实了维修人员，改善了维修的手段和设施，改进了售后服务的态度和办法。如广州万宝电器工业公司吸取了1985年“万宝风波”的教训，在抓好产品质量的同时，十分重视改进售后服务工作，正在积极探索制定一套适应电冰箱特点的，从产品出厂到用户使用全过程的科学管理办法，逐步在产品销售比较集中的城市建立产品销售与技术服务相结合的网络，并拨出100万元资金，帮助各地维修网点增添检修设备和交通、通讯工具，为进一步搞好维修服务创造了条件。营口洗衣机总厂在全国各地较大的商场共设立了67个维修网点，维修人员180多人，还准备一、两年内在15个大中城市解决上门服务问题，并把“友谊”牌洗衣机的保修期从3年延长到5年。北京市二轻总公司与清华大学合作试制的电冰箱维修车，已经通过鉴定，证明性能好，使用方便，为电冰箱行业开展上门服务提供了良好的设备和器具。

各地在搞好维修服务中，还创造了许多新的形式和办法。如宁波洗衣机厂实行的产品维修“联保”制，用户可委托任何集体和个人保修该厂新乐牌洗衣机，被委托者可凭用户委托单向生产厂领取保修费。苏州电扇厂实行信誉卡制度，即在售电扇的同时，带一张信誉卡，消费者凭这张信誉卡可随时到该厂在各地的特约经销商店维修。另外，天津洗衣机厂根据消费者的新需求，可将过去购买该厂的单桶洗衣机换成双桶洗衣机，工厂按改装成本适当加收一定的费用，受到群众欢迎。武汉洗衣机厂实行的产品保险制度，以及北京东风市场、东四人民市场同企业合作，采取的质量跟踪办法，等等，也都是很好的尝试。

【产品出口】 1986年各地家用电器主管部门和企业，抓住出口的有利时机，工贸密切配合，加强协作，使家用电器产品出口有了突破性的进展。这一年轻工系统共建立广东湛江市家用电器工业公司等13个出口基地企业和14个出口扩权企业，全年出口创汇达到1.83亿美元,比1985年增长 1.3倍。不仅电风扇、电饭锅、电熨斗、灯具等产品出口大幅度地增长，而且电冰箱、洗衣机等出口难度较大的产品，随着引进技术、设备的消化、吸收和创新，也都进入了国际市场，出口量已分别达到17.3万台和38.1万台。

为了配合扩大出口的需要，我国家用电器产品在1985年参加了中国国际贸易促进委员会组织的赴莫斯科国际市政展览以后，1986年又参加了莱比锡国际博览会、索非亚中国经济展览会以及莫斯科中国经济贸易展览会。通过参加这些外展活动，不仅向世界人民展现了我国在党的十一届三中全会以来经济发展的巨大成就，扩大了我国家电产品在国际上的影响，也激励了地方和企业面向国际市场，到国外去竞争的信心和决心。

【进口零部件和原材料的供应】 1986年，家用电器主管部门面对国家减少家用电器进口零部件和原材料外汇的实际困难，首先充分发动群众，千方百计挖掘地方和企业的潜力。如广州市1986年家用电器工业生产所需进口原材料和部分关键零部件的外汇，有一半以上是地方和企业通过扩大产品出口解决的。第二、积极同有关部门密切配合，改进订货办法，充分发挥有限外汇的作用。因而使1986年进口所需的原材料和部份关键零部件订货早、价格合适、供货及时，适应了生产需要。第三、采取择优分配的措施，重点支持了电冰箱、洗衣机生产名优产品厂家和出口厂家,从而使名优产品得到较快的发展。据统计，1986年，广州“万宝”和苏州“香雪海”电冰箱产量比1985年增产74.5%,营口“友谊”、上海“水仙”、广州“五羊”、中山“威力”洗衣机产量比1985年增长54.6%。

【技术改造和技术引进】 1986年，轻工业部系统家用电器企业共完成固定资产投资101 180万元，比1985年51 617万元增加96%，其中基本建设完成投资额26 064万元（全民所有制企业14 048万元，集体所有制企业12 016万元),比1985年6 939万元增加275.6%；更新改造完成投资额75 116万元（全民所有制24 301万元，集体所有制50 815万元),比1985年44 678万元增加68%。在固定资产投资总额中，基本建设占25.76%，更新改造占74.24；全民所有制占62.1%，集体所有制占37.9%；洗衣机占20.2%，电冰箱占43.9%，电风扇占6.9%，其他家电产品占28.95%。另外，灯具企业完成固定资产投资4 068万元,比1985年 3 087万元增加31.8%，其中基本建设完成投资额619万元（全民所有制118万元,集体所有制501万元),比1985年307万元 增加63.2%；更新改造完成投资额3 449万元（全民所有制1 619万元,集体所有制1 830万元)，比1985年2 780万元增加24%。1986年新增生产能力：洗衣机 230万台（更新改造实现220万台)；电冰箱152万台（更新改造实现132万台)；电风扇375万台（更新改造实现360万台)；灯具 8 401 万元（全部为更新改造实现)。

1986年一大批引进技术、设备的安装投产，给家用电器工业增添了后劲,加快了零部件国产化的步伐。

1986年上海、重庆、青岛、贵州、沈阳、长沙、新乡等电冰箱厂以及杭州、上海洗衣机厂引进生产线投产，广州“万宝”改造 158 型生产线投产，营口洗衣机厂第二期改造工程完工，天津电冰箱总厂引进成套设备安装试车完毕，即将正式投产。到1986年底，全国家用电器行业通过技术引进和技术改造，共形成了电冰箱生产能力550万台/双班,洗衣机生产能力880万台/双班。另外,上海引进日本三菱电冰箱项目已于年底建成投产。广州、北京引进日本松下、意大利伊瑞电冰箱压缩机各年产 100 万台的重点项目，基建和安装工程进展快、质量好，将于1987年第二季度建成试产。这些项目的建成投产，对实现我国电冰箱零部件国产化将起重要的作用。

1986年轻工业部组织了四个洗衣机厂引进大型注塑机的技贸结合,统一对外工作。通过统一对外谈判、统一签约成交所进口的14台注塑机，比过去分散购进价格优惠，还无偿带进了相应的软件技术。

【横向经济联合】 1986年家用电器行业横向经济联合，在原有的基础上又有了新的发展。上海市由市经委牵头，市家电公司做具体工作，打破了地区、部门的界限，组织了电冰箱零部件生产大协作，加快了国产化的步伐。江苏省无锡菊花电扇工业公司，通过发展横向经济联合，组织生产大协作，1986年在产品质量提高的基础上,产量由1980年的 7.5万台增加到116.6万台，利润由 122 万元增加到2 111.9万元,分别比联合前的1980年提高十几倍。

随着经济体制改革的深入发展，一些技术密集、经济实力雄厚的企业，正向集团企业型发展。如以万宝家用电器工业公司为主体，组成了跨12个省、自治区、直辖市50多家企业参加的大型经济联合体，集团公司内采取合资经营、合作生产、来料加工及其他适合的方式，各成员企业按自愿互利的原则，分别参加紧密型、半紧密型、松散型的经济联合。另外，以营口洗衣机总厂为主体的北方友谊电器工业公司也已正式成立，吉林成立了君子兰洗衣机工业集团，苏州成立了香雪海电器股份有限公司和长城电扇股份有限公司，无锡成立了小天鹅电器公司，杭州成立了金鱼洗衣机工业公司，等等。

【行业管理】 轻工业部抓家用电器行业管理工作，主要从1985年受国家计委、国家经委的委托，召开电冰箱、洗衣机两个专业会议，抓这两个行业的宏观控制和宏观指导工作开展起来的。1986年通过抓洗衣机生产许可证的发放工作，把家用电器行业管理工作又向前推进了一步。

这次洗衣机生产许可证的发放工作，是全行业统一进行的。从1985年9月全国洗衣机专业会议之后，经过半年的酝酿准备，第一批企业检查和实物测试工作，在1986年4月至12月初进行，历时8个月，共检查了49个企业、163个产品，占申请生产许可证企业总数的73%；这些企业的产量占全国产量的90%以上。经过检查和考核，取得生产许可证的企业43个，占第一批申请企业的87.75%；获得生产许可证的产品53个，占申请产品的84.1%。

这次洗衣机生产许可证的发证工作，是在国家经委、国家标准局、全国工业产品生产许可证办公室的直接指导帮助下，在有关兄弟部门以及有关省、市、自治区计委、经委的支持协助下进行的。从洗衣机生产许可证《实施细则》的起草、制定，到企业检查、复查、产品实物封样和检测等工作，都由行业归口部门轻工业部牵头，电子、航天、航空等各有关部门参加，打破了部门观念，平等协商，团结协作。轻工业部在整个工作中，都力求做到秉公办事，对系统内外的企业一视同仁，不偏不倚；在企业检查中，力求做到深入细致，对问题抓得准，对企业的评判公正合理；在测试工作中，要求严格，努力做到测试的科学性和公正性。各部门、各地方和企业都表示满意，受到了有关方面的赞扬和好评。

（何一埠）

家具工业

【概况】 1986年，全国家具工业（轻工系统）共有3 750个企业（其中木家具企业3 112个），39.38万名职工，26个省、市、自治区（包括计划单列市）家具工业公司（室内装饰公司），23个地方家具协会，34个地方家具研究所，19个地方家具工业科技情报站，11个地方家具质量检测站，并且有全国家具协会，全国家具工业科技情报站，全国家具标准化质量检测中心等全国性的机构和组织，出版了国内外公开发行的《家具》杂志和《家具与生活》杂志。在人才开发方面，全国已有4所大专院校、2所职工大学、6所中等专业学校、11所职工中专学校分别设置了家具制造工艺或家具设计专业，面向社会招生，为家具工业培养人才。

1986年，全国家具工业（轻工系统）完成工业总产值31.86亿元，比1985年增长6.73%。其中木家具产值20.87亿元，增长6.69%。实现利税31 677万元。全员劳动生产率8,091元/人、年。出口创汇6 150万美元，比1985年增长79%。

1986年，全国家具工业完成家具总产量12 006万件，其中：木家具5 563万件，钢家具1 529万件，钢木家具2 768万件，轻金属家具16万件。在木家具中，成套家具14.4万套，组合家具5.1万套。完成人造板30.9万立方米，细木工板2.9万立方米。完成家具贴面板917万平方米。

1986年，各地家具协会开展了一系列活动。北京家具协会开展了多次学术报告、国内外资料阅览活动，并且举办了一次家具设计竞赛，出版了一本《家具设计集锦》、一本《国外现代家具》，举办了油漆涂饰、沙发制造和家具封边工艺等三期培训班，为12个中小企业提供了信息、情报、决策及科技咨询服务，提高了中小企业的经济效益和社会效益。

【科学研究和技术进步】 1986年，家具工业通过人才培训、设计竞赛、计算机应用和开发新技术、新产品、新设备等途径，广泛的开展科学研究活动，促进了家具工业的技术进步，取得了显著成效。

全年共举行了18次有影响的家具设计、家具制造工艺、家具表面涂饰、家具设备的安装和调试、家具0.25毫米微薄木贴面、刨花板应用、刨花板设备改造等方面的学习班和培训班，对提高家具企业素质和技术水平起到了积极作用。

全年还举行了12次家具设计竞赛。全国宾馆室内家具设计竞赛，参赛者遍及全国26个省、市、自治区的家具设计工作者、建筑设计工作者、装潢设计工作者及少数业余爱好者，共180人次，总稿540余幅，共评出一等奖2项，二等奖6项，三等奖12项，鼓励奖15项。山东省首届家具设计大奖赛，先后共收到设计作品305份，其中16份作品入选，47件（套）产品获奖。

1986年，电子计算机已初步用于家具工业。上海家具研究所研制成功的椅类强度试验机，试验方法系用国际标准，电子计算机控制，精确度较高，具有国际先进水平。该机在北京国际展览中举行的国际家具样品及制造设备展览会上参加了展出，得到了国内外参观者的好评；天津家具技术研究所完成了微电脑在家具设计上的应用科研项目的调研和建立数据库、图形库工作；天津、山东、湖北、江苏、北京、广东等地在家具生产、设备、科研、管理等方面也都应用了电子计算机技术。

1986年，全国家具工业开发新技术的研究，取得了不少成果。武汉二轻研究所和广东番禺金属家具一厂完成的有机涂层钢板在钢制家具上的应用研究，于1986年2月26日通过鉴定，有机涂层钢板无损焊接机的研制和有机涂层钢板冲压、弯折成型、模具研究、家具结构连接工艺等，为我国钢板家具的生产开辟了一条新路；咸阳市金属家具厂研制的“显微手术”医生座椅于1986年1月通过鉴定，其座垫和脚踏垫可上下调整，双臂前肘扶手垫可随手术的需要调整上、下，前、后，内、外六个方面的位置，并且稳定性好，该椅填补了我国医用家具的一项空白，经使用证明：该椅性能可以满足显微外科手术者长时间坐势的需要；安徽省蚌埠市家具研究所承担的“建筑模数系列组合家具研究”，确定以5作为组合家具的基本模数，可以较好地满足建筑模数系列的要求，为家具与住宅配套进一步研究打下了基础，该所设计生产的两套组合家具样品系单体组合与部件组合相结合，可根据不同的住房面积要求，组合成30多种造型。

1986年，上海家具涂料厂研制了4种涂料新产品，一是860聚酯色浆底漆，它具有施工工艺简单，操作方便，劳动强度低，干燥速度快，表面光滑等优点；二是861硬树脂，它可以代替虫胶，克服了虫胶不足之处，具有优良的封闭性和施工性；三是821双组份聚氨脂涂料，具有漆膜固化迅速，光亮度理想的特色；四是丙烯酸色漆，主要特点是光泽度高，保色保光，不泛黄、耐沾污，耐腐蚀等。

1986年，全国家具工业还研究成功了真木纹饰面热压工艺、新型激光锯指示器、双头液压弯管机、钢家具凸焊机、多工位液压式铆钉机、曲面高速研磨机、高频单板含水率测定仪、树脂浸渍上胶机及质量控制装置、双道淋漆机、气动打钉枪、热泵式木材干燥机、充气家具、气动转椅的气动装置、凸凹圆弧铣刀、多孔钻钻头和定孔卡尺、孔距卡尺、孔角规、角规、位差度指示器、板材方度规，平整度指示器等7种家具专用量具。

【技术改造】 1986年，全国家具工业完成固定资产投资20 118万元，其中更新改造措施投资17 967万元，分别比1985年增长17.64%和29.48%，通过技术改造，全国家具工业的生产技术水平、产品质量、生产能力和经济效益均显著提高。安徽省家具工业在六安市等地的8个企业投资1 200万元，用汇90万美元，引进的设备已先后安装调试生产，肥西等地的20个企业投资500万元购置的国内设备也陆续投产发挥作用，使这些企业的生产发展很快。六安市家具厂引进的部分板式家具关键设备从1986年7月份安装调试投产以后，显著的提高了生产能力、产品质量和经济效益。1986年该厂工业总产值和利税分别比1985年增长37.4%和53.8%。

1986年，上海解放家具厂利用30万元资金进行了技术改造，购置了部分板式家具关键设备与原有设备配套，形成了板式家具生产能力，开发了10种家具新品种，全年完成工业总产值560万元，利润93.59万元，产量39 688万件，分别比1985年增长6.5%、20.45%、53%，该厂实现了当年投资改造，当年见效受益，还款15万元，占总投资的50%。

1986年，山东省潍坊市第二木器厂，购置了部分国外设备，并和国内配套设备相结合，使家具的部件加工和表面涂饰全部实现了机械化，显著的提高了生产效率，1986年，该厂的工业总产值和利税分别比1985年增长33.3%和30.7%。

1986年，轻工业部家具设备调查组，对6个生产家具设备的机械厂和6个家具厂进行了调查，调查表明：通过引进先进设备和技术，普遍提高了企业的生产技术水平、产品质量和生产能力，对适应国内外市场需要起到重要作用。

【行业管理】 1986年，中国室内成套用品总公司加强了家具行业管理工作和宏观指导工作：①组织制定了全国家具工业“七五”生产发展规划、“七五”家具出口规划和“七五”科学技术发展规划。②进行了全国家具工业重点企业的生产、经济、技术指标的统计工作，并将“指标”加以分析、汇总整理，反馈给企业，促进了企业的信息交流和家具工业的发展。③召开了扩大刨花板应用座谈会，促进了刨花板的应用。④组织制订了“全国家具企业等级标准”（试行稿）。⑤加强了对引进设备的归口管理工作。

1986年，为了加强上海市家具行业管理，保护消费者利益，上海市家具公司加强了家具质量控制工作。上海市家具质量检测站有权随时抽查上海市场的家具，经检验发现质量不合格的产品不允许在市场上销售；北京市家具公司加强了家具价格管理工作，该公司的价格检查员有权随时抽查北京市场家具的价格，如发现质次价高，质价不等的产品，当时处理或令其调整价格，否则不允许在北京市场销售；山东省家具公司在行业发展规划、技术改造规划、人造板的生产和应用、原辅材料的供应、产品销售、人才培训、科学技术的研究和推广等方面加强了行业管理和统一组织，取得较好效果。

【市场开发】 1986年，全国家具工业加强了国内外市场的开发工作，主要采取以下三个措施：一是开发新产品、提高产品质量；二是举办各种类型的家具展销会、订货会；三是进行市场调查，生产适销对路产品，开展多种经营业务。

1986年，全国家具工业开发了近万种家具新产品。天津市家具工业全年设计和试制新产品399种，投产388种，新产品的产值占天津市家具工业总产值的22.8%；浙江省家具工业全年设计、开发、试制新产品产值4 500万元；上海市家具工业全年完成新产品134件(套)，投产80件(套)，全年完成新产品产值3 000万元，占上海市家具工业总产值的9.5%；山东省家具工业开发新产品42个，增加新品种203个。

1986年，上海市家具公司通过开展质量意识教育，进行产品质量监督检验，强化标准化工作，加强了质量管理，使产品质量显著提高，一等品率由1985年的62.5%上升到83.62%，二等品率由1985年的33.3%下降到16.38%，三等品率由4.16%下降到零；山东省家具工业完成优质产品产值比1985年增长19.94%，木家具一次合格率98.28%，一级品率91.4%，金属家具一次合格率97.7%，一级品率93.9%，比1985年的指标都显著提高，达到了全国较先进水平。

1986年，全国家具工业举行了90余次地区性大中型家具展销会。中国室内成套用品总公司组织了20个省市的家具企业（公司）参加了全国室内装修装饰展览会，参展的家具产品加工工艺精细，使用功能齐全，款式造型新颖，色彩十分丰富，表面装饰和涂饰有新的突破，家具产品已基本能适应不同等级的宾馆、饭店和民用住宅的需要。天津市家具公司组织或参加各种家具展销会12次，销售额871万元；沈阳市家具公司举办的名优新家具展销会，展出196个品种，占地3 000平方米，是沈阳家具工业有史以来规模最大、展品最多，品种最全的一次盛会；武汉市家具公司举办的武汉市家具新产品展评会共有24个企业600件产品参展，展评期间举办了6次技术信息交流会，评出12种获奖产品。

1986年9月在香港举行的中国家具展销会，展出新式家具108种(套)，其中杭州木器厂展出的仿欧式造型的橡木家具，木纹秀丽、工艺精细、高雅华贵、美丽大方，受到客商好评。福建省家具公司于7月12日至27日选送35种家具参加了马来西亚第二届国际博览会，展品全部售出，并签订了期货合同，带回5种来样加工样品。

1986年，上海市家具公司对上海市虹口区长春街道、虹镇街道等7个单位进行了抽样调查，共收回有效调查表格1 872张，分析了解了人们对家具的需求意向，有利于生产适销对路产品。北京、上海、重庆、西安等地分别开展了以新家具换取旧家具收取部分价格差额的业务，以及来料、来样加工业务，送货到家，保修半年的经营服务，深受人民群众欢迎，开辟了一条开发市场的新路。

【横向联合】 1986年，全国家具工业广泛的开展了跨行业、跨部门、跨地区的横向经济联合，缓和了厂房、设备、技术、资金、材料的矛盾，解决了转椅气动装置、多孔钻钻头、凸凹面铣刀、合金钢锯片、热熔性封边胶、砂带、各种油漆涂料和表面装饰材料等配套产品。

1986年，浙江省家具企业开展了多种形式的经济联合，形成了一批与科研、外贸、商业、物资部门结合的经济联合体和一些以名优产品为龙头的相互配套群体，扩大了商品生产和销售，建立了原材料基地，争取木材10万立方米，胶合板2.5万立方米，钢材1.8万吨。佳木斯市家具联营公司同省内外十几个企业组成了25个经济联合体，从供应、生产、销售、以市带县、引进技术、铁路运输等6个方面进行横向经济联营联合。还和北京、杭州、广州、重庆、绍兴等地进行技术交流、联合设计、技术服务等活动，提高了生产能力和经济效益，仅横向联合一项，全年新增产值250万元，利税25万元。上海钢椅厂受厂房、设备、场地的限制，年生产能力只能达到43万件钢椅，通过重新安排生产结构和横向联合，1986年完成钢椅产量80万件，实现工业总产值2 500万元，利润342万元，全员劳动生产率达54 585元，人均利税10 200元。该厂本着平等互利的原则先后和江苏、安徽、湖北、甘肃、河南、广东等省11个企业签订了技术服务协议书，派出技术人员进行技术指导，既促进了这些企业的发展，又增加了本厂20万元的收入；该厂还与江苏、广东的钢椅厂进行联产联销，返销钢椅8万支，获利8.8万元。

1986年，上海家具研究所积极发展技术成果转让、技术承包、技术咨询、技术服务、产品开发等多种形式的横向联合协作，经济效益显著提高，在实现事业费自给2/3的情况下，全年净收益达46.6万元，比1985年增长20%。

【国内外交流】 1986年，全国家具工业采取多种形式，广泛开展了国内外交流活动，使我国家具工业沟通了国内外信息，增进对国际家具工业发展趋势和现状的了解，对引进和促进我国家具工业的发展起到了重要作用。

1986年，全国家具工业举行了5次大型技术交流活动，其中国际交流活动三次。10月13日至27日，轻工业部邀请由16个技术专家组成的意大利木工机械家具制造技术交流团来我国沈阳、上海、重庆进行技术交流，有26个省、市、自治区的代表700多人次参加，取得了较好的效果。

1986年11月11日—17日，全国家具工业科技情报站在苏州市举办了首届全国家具工业科技和配套产品交流交易会。参展单位来自于21个省、市、自治区的136个科研和配套产品生产单位，展示了很多新技术、新产品、新材料、设备、仪器、工具、家具五金件、家具油漆、家具表面装饰材料等家具工业配套产品，展出期间约有一万人次到会参观和交易，十分活跃，洽谈单位7 800家次，发出各种说明书15万份，举行了10个内容的技术讲座，参加者达600多人次，提供了2 000余册技术讲座汇编资料。这次交流交易会交流了信息，开拓了纵向和横向供需渠道，密切了家具工业和其配套产品行业的协作关系，促进了家具工业的横向联合和技术进步。

1986年1月21日至27日，由中国国际贸易促进委员会主办，轻工业部赞助，香港务强和雅式公司协办了建国以来我国家具行业第一次大型国际家具样品及制造设备展览会。意大利、联邦德国、瑞士、荷兰、英国、美国、日本、卢森堡、奥地利、西班牙、新加坡、南斯拉夫和香港等14个国家和地区，121个厂商，480余名外宾参加了展览会，我国5万多人次参观了展览。展览会共展出设备237台(套)、家具样品37件(套)，展示了国际家具和家具设备制造业的生产水平现状和发展趋势，展后，我国留购了先进、适用的加工设备，约占来展设备总价值的85%，展出期间，我国家具工业的技术人员和联邦德国、意大利、日本等三国27个公司举办了30场专题技术交流，参加的有800多人次。　（王法新）

服装鞋帽工业

【概况】 1986年，全国服装鞋帽工业(缝纫业)有企业单位23 551个。轻工业部系统服装鞋帽工业企业7 742个，其中服装制造业6 036个；年末职工人数105.95万人（全民所有制8.1万人，集体所有制96.78万人，各种合营企业1.07万人），其中工程技术人员0.54万人，占职工总数的比重由1985年占0.47%提高到0.51%；服装制造业年末职工人数79.53万人(全民所有制5.44万人，集体所有制73.76万人,各种合营企业0.33万人）；全员劳动生产率12 467元（全民所有制23 118元,集体所有制11 306元,各种合营企业24 521元),比1985年下降1.13%，其中服装制造业12 830元（全民所有制24 346元，集体所有制11 709元，各种合营企业10 483元),比1985年下降1.9%。1986年，全国服装鞋帽工业（缝纫业）完成工业总产值达209.33亿元，比1985年增长5%。轻工业部系统工业总产值为123.72亿元，比1985年增长1.63%，其中服装制造业产值97.67亿元,与1985年持平。县以上服装企业生产成衣12亿件，比1985年增长4%，布鞋生产53 405万双，比1985年增长7%,缝制帽10 434万顶，比1985年下降8.6%。1986年，在提高产品质量,抓好企业管理和等级工作方面，有了新的进展。共有32个产品（包括风雨衣6个，人造毛皮大衣5个，童帽7个，童布鞋13个，毡底棉布鞋1个）获部优。北京长城风雨衣荣获国家银质奖，大连童装厂、长春衬衫厂被授予全国优秀质量管理企业称号。在民主德莱比锡国际博览会上，广州市工农服装厂天鹅牌羽绒女长大衣荣获金质奖，上海、北京、广东、天津等地分别收到国际客户9块奖牌。

1986年,轻工业部系统服装鞋帽企业固定资产完成额为38 926万元，比1985年增加18.7%，其中基本建设完成投资额7 998万元（全民所有制331万元，集体所有制7 667万元），比1985年增加14.4%；更新改造措施完成投资额30 928万元（全民所有制5 456万元，集体所有制25 472万元),比1985年增加15.4%。服装制造业固定资产投资完成额为32 347万元,比1985年增加16.5%,其中基本建设完成投资额6 917万元（全民所有制243万元，集体所有制6 674万元),比1985年增加12.6%,更新改造措施完成投资额25 430万元（全民所有制5 323万元，集体所有制20 107万元),比1985年增加14.2%。新增生产能力4 938万件(基本建设增加821万件，更新改造增加4 116万件)。

1986年,轻工业部系统服装制造业实现利润35 701万元，比1985年减少28.2%，有亏损企业796个，亏损金额达3 434万元，比1985年增加亏损291.5%。

【国内市场】 个性化、多样化、时装化已成为国内服装消费的特点。上海服装日趋多样化，1986年上海流行服装博览会上，共推出流行服装1 000多种，其中有一半左右是新款式服装。明显变化一是衣服和裤子的穿着上宽下窄，二是上衣向宽松式发展，胸围宽大下摆紧小，成为春季服装的主要特点。衣服的色彩，总趋势是追求中心色。流行服装开始进入中老年群，那种认为中老年人舍不得花钱购买高档衣物的旧观念一去不复返了。茄克衫盛行，运动服继续流行，风雨衣继续走俏。夏季服装需求旺盛。1986年裙服款式、造型更加丰富多彩，其特点是时装化、艺术化、多样化、个性化。北京街头花团锦簇的裙装中，黄裙子力压群芳，成为最时髦的一款衣着。旗袍再度步入服装市场。紧身健美裤成了最时兴的女裤。柔姿纱面料的“太太服”风靡北京城。喷雾花样乔其纱面料翻领睡衣趋向流行。男女衬衣已从一衣多季向一季多衣发展。服装销售在连续几年大幅度增加的情况下，百业上服装，全国计划失控，生产不看行情，导致一个时期、某些品种的供过于求，各地都因积压而普遍减产。造成服装积压的原因：款式不应时，服装难于适销。多数服装企业不下功夫研究市场，以新款式引导消费潮流，而是跟在潮流的后面跑。童装、男装、中老年服装没有大的突破，女时装也有一定的盲目性。面料在一定程度上制约着款式的发展。面料跟不上，使服装行业难以无米之炊。上海第九服装厂有件用米咖色条子粗花呢缝制的男式卡曲衫，1984年服装展销会上获得优秀设计奖，1986年上海服装展评上仍是陈列品，因为厂家没有面料，无法生产，消费者求购不得。1986年，城市职工家庭平均每人每月购买服装：布服装为3.69件，17.89元，比1985年4.21件，20.99元，数量下降12.4%，金额下降14.8%；化纤服装11.43件，128.4元，比1985年11.23件，128.19元，数量只增加1.8%，金额增加0.16%；呢绒服装1.63件，89.69元，比1985年1.95件，99.65元，数量下降16.4%，金额下降10%；绸缎服装0.84件，19.69元，比1985年0.88件，20.96元，数量下降4.5%，金额下降6%。农民家庭每百户每季购置：棉布（包括成衣折量）10.02米，19.41元，比1985年13米，24.71元，数量下降23%，金额下降21.4%；化纤布（包括成衣折量）12.8米，65.73元，比1985年12.82米，57.64元，数量下降0.16%，金额增加14%。

由于贯彻国营、集体、个体一齐上方针，各地出现众多的服装专业市场。海城市西柳服装市场是全国性专业市场，每天有24个省市7 000人兼程赶到这里，一年成交额达2亿元。在共有8 100户的西柳镇里，由3 900 个服装专业户组成的专业生产群，跟2千农户组成的服务网络，连成互相依存、互相促进的经济体系。服装专业已由开始的自购、自裁、自缝、自销，逐步形成专业分工的协作生产。在西柳市场里，各户自主经营，自负盈亏；他们之间同舟共济又互相竞争，优胜劣汰。这种快节奏的经济环境“逼”着人们千方百计提高生产技术和经营水平，获得竞争的主动权。因而招来了“服装王国”的广州、上海的人们，都赶来大捆大捆地买服装了。

【出口贸易】 服装已成为我国出口商品中仅次于石油的第二大商品。1986年，我国梭织服装出口主要特点是：(一)增长幅度大，出口金额达13.9亿美元，比1985年增长28.51%，比“六五”期间平均增长幅度11.55%高17.02%，同1975年相比，出口金额增长7倍以上。(二)档次有提高。1986年服装出口已扩大到100多个国家和地区。对美国、加拿大、欧洲共同体、日本和香港等发达国家和地区出口约占80%。我国出口服装中，中高档品种已占三分之一。出口平均单价由1985年的每打35.4美元，提高到1986年的每打38.36美元，提高了8.36%。这些中高档服装大部分已进入发达国家的高级百货公司。(三)进料加工发展得快。1986年出口服装4亿件，使用各种面料8.8亿米，是进料加工发展最快的一年，进料为2.4亿米，占服装用料总量的28%。这2.4亿米进口的各种服装面料中，国内暂时不能生产的占进料总量的64.8%；国内虽能生产，但数量不足，不能按期交货的占进料总量的35.2%。在增加创汇中占有很大比重。1986年服装出口额比1985年增加2.9亿美元，其中进料加工服装出口增加部分2.5亿美元，占86%。(四)进料加工增加外汇收入，也增加地方财政收入。1986年进料加工出口服装1.2亿件，为地方增加利税1亿多元。大连服装工业公司是我国久负盛名的服装出口基地，他们坚持“不买现代化，要创现代化，进口为出口，用汇为创汇”的原则，引进时精打细算，优中选优，优中选廉；引进后，积极消化吸收，创新改造，融合提炼，自成一家，使引进设备的利用率达到98%。用汇310万美元，而服装出口创汇则达17 000万美元，等于用汇额度的55倍；引进的服装生产设备3 900台，经过消化创新，自制设备3万台，除自用外，还为全国28个省市区提供创新设备2万多台，等于为国家节省外汇600万美元。技术素质的提高，带来了产品的升级，1986年与1978年相比，中高档服装增加19倍，产值增加2倍，利润增加3倍。产品质量赢得了国际声誉，美国服装巨商和日本《朝日新闻》、《产经新闻》、电视网广播公司都齐声赞扬大连服装好，国际羊毛局还吸收这个公司所属的三家西服制造厂为会员单位，并允许使用国际羊毛局的统一商标。天津、江苏、福建、广东、辽宁充分发挥沿海口岸城市的优势，大胆兴办与外商合资企业，探索一条企业自我改造，提高创汇额的成功之路。1986年共兴办合资企业17个。天津市服装工业公司兴办合资企业中，坚持“三不原则”（同我们合资厂家没有配额的不谈，不能提供先进技术和设备的不谈，没有外销渠道的不谈），两年中谈成10个合资企业，已投产3个。其中与港商合资的化纤棉厂，90%返销，全年创汇190万美元，节约外汇30多万美元，人均创利3万元。与美国合资的高档钮扣厂，产品50%返销，30人年产3亿粒，比一般企业实物劳动生产率高出19倍。浙江省诸暨县童装厂与日本微笑堂株式会社合办的旦旦有限公司，4月份投产，到年底返销童装95万件，实现产值1 228万元，税利137万元，创汇227万美元。

【科技教育】 1986年，中国服装工业总公司和中国服装研究中心首次召开了全国服装研究所会议，确定了70多个科研课题规划，有24个研究所已开展对53个课题科研工作。中国服装研究设计中心又在北京、新疆、大连建立了“服装功能”、“少数民族服装”、“男西服”三个研究分中心，初步形成了服装科研设计信息体系。首次发布了“春夏季服装流行趋势”，首次举办了“服装基本知识百题竞赛”。有14项研究成果获得轻工业部科技进步一等奖和三等奖。1986年，中国服装工业总公司、中国服装研究设计中心和北京市服装工业联合公司、北京市服装研究所联合办了“中国服装教育函授中心”，9月份在北京正式开学函授，学员达3 000多人。1986年，中国首次派专家到东京参加国际服装功能学术交流会议，宣读了论文，得到各方面的好评。第二次参加巴黎国际女时装博览会获成功，18个系列402件（套）产品参加展销，成交40多万美元，洽谈成功各种合作项目16个。聘请法国著作服装设计大师伊夫·圣洛朗和管理专家皮爱尔·贝尔吉先生为中国服装工业总公司和中国服装研究设计中心高级艺术顾问和高级管理顾问。

（张留根　吴东彦）

文教体育用品工业

【概况】 1986年，轻工业部系统文教体育用品制造业共有企业1 071个，其中文化用品企业580个（制笔企业138个），乐器及其他文娱用品企业102个，体育用品企业120个，玩具企业218个。年末职工人数22.09万人(工程技术人员0.38万人，占职工总数1.72%)，其中文化用品企业8.03万人(全民所有制2.26万人，集体所有制5.51万人)；制笔企业5.41万人(全民所有制4万人，集体所有制1.35万人)；乐器和其他文娱用品企业2.74万人（全民所有制1.36万人，集体所有制1.33万人）；体育用品企业2.58万人（全民所有制0.35万人，集体所有制2.91万人）。工业总产值29.91亿元，比1985年增长12.4%，其中文化用品17.68亿元，比1985年增长8.9%（制笔9.62亿元，增长11.65%)；乐器及其他文娱用品2.81亿元，比1985年增长3.5%；体育用品3亿元，比1985年增长12.5%；玩具5.8亿元，比1985年增长24.8%。

1986年，全行业（包括制笔）共完成固定资产投资7 880万元，比1985年7 171万元增加9.9%，其中基本建设投资973万元（全民所有制353万元，集体所有制620万元），比1985年减少37%；更新改造措施6 907万元（全民所有制5 135万元，集体所有制1 772万元)，比1985年增加23%。新增生产能力4 486万元，其中由更新改造措施实现的4 081万元，占91%。

【产品出口】 文教体育用品大部份属于小商品，全行业创汇构成大商品。1986年，全行业包括玩具、制笔

主要产品产量完成情况

主要产品	计量单位	1986年	1985年	1986年与1985年相比+(－)%
皮制三球	万个	453.8	368.7	23.0
三杠（单杠、双杠、高低杠）	付	9 596	13 844	－30.7
汽步枪	万支	43.8	27.9	57.1
乒乓球	万个	19 028	17 716	7.4
羽毛球	万个	3 493	3 165	10.4
乒乓球台	付	28 925	33 511	－ 14
冰刀	万付	17.5	17.2	1.7
绘图仪器	万套	363	306	18.6
学生圆规	万个	1 973	1 810	9
铁皮文具盒	万个	4 305	4 361	－ 1.3
宣纸	吨	1 685	669	151.8
毛笔	万支	3 267	1 845	77

创汇32 531万美元，比1985年24 773万美元增长31.3%，不包括玩具、制笔创汇17 900万美元，比1985年13 973万美元增长28.1%。主要行业纸制品3 373万美元，比1985年2 994万美元增长12.7%；文教用品6 526万美元，比1985年5 424万美元增长20.3%；体育用品7 581万美元，比1985年5 345万美元增长41.8%；乐器1 173万美元，比1985年955万美元增长22.8%。主要产品创汇额500万美元以上的有铅笔1 998万美元，比1985年增长16.7%，铱金笔949万美元，比1985年增长33.7%，运动手套650万美元，比1985年增长6.7%，其他运动鞋740万美元，比1985年增长3.7倍，气垫床(船)1 043万美元，比1985年增长48%，扑克牌592万美元，比1985年增长26.7%，玩具11 314万美元，比1985年增长39%，这7种产品出口17 285万美元，占全行业出口53%，不包括玩具为5 971万美元，占28%；创汇额300到500万美元的有圆珠笔329万美元，增长49.5%，钢琴475万美元，增长32%，塑料卷笔刀300万美元，增长48.7%，乒乓球450万美元，增长23%，羽毛球369万美元，增长22.6%，健身用品306万美元，增长76.8%，帐蓬302万美元，增长51%，胶粘皮制球335万美元，增长6%；创汇额200到300万美元的有日本记、练习本、相册、油画笔、文具盒、学生书包、订书钉、手缝皮制球、人造革球、乒乓球拍等；创汇100到200万美元的有活动铅笔、蜡笔、水彩笔、成套绘图仪器、学生用绘图仪器、文具剪刀、订书机、大头针、图钉、外文打字机、网球、汽枪等。

许多小企业生产的产品产值不大，但摸准市场信息，知难而上，使小商品进入国际市场，为国家多创外汇。只有450名职工的上海文教针厂，产品是回形针、订书钉、大头针之类的称为“文教三针”的小商

品。1986年出口创汇 265.3 万美元，人均创汇6 200美元。文教针厂的小商品为何能创这么多的外汇？他们的秘诀在于千方百计开发适应外商需要的新产品。该厂在“文教三针”的领域里共开发了19个新品种。1986年下半年，美国ＧＸＯ公司来厂订购该厂从未做过的蝴蝶型特大回形针，每个月的销售量只需要 200 箱。该厂迅速接下了这批生产难度高、批量小的产品，克服困难，按质按时交货。“蝴蝶”首次飞进美国市场，由于它的质量特别好，立即受到消费者的欢迎，ＧＸＯ公司又订了７个集装箱的回形针(合 126吨)。该公司从７月份开始，又将回形针的订购量扩大到10个集装箱。ＧＸＯ公司在美国首次成功地销售上海文教针厂的各种回形针，引起当地许多客商的重视，于是又接踵来了３位美国客商，纷纷要求与文教针厂做生意。开发了一只“蝴蝶”，引来了大宗的生意。

【产品质量】 1986年，全国文体用品和全国乐器两个标准化质量检测中心对1979年到1983年度的轻工业优质产品进行了质量复查。全国文体用品标准化质量检测中心对65项新创优产品、42项原有部优产品复查，有 15 项已检测过的需重新申报的部优产品， 13 项属当年全国行业评比的产品， 进行分类、划区、排队，共出示测试报告 135 份，并对申报部优产品写了书面质量评审意见。经部审查批准新创部优文体产品26项；经复查合格，继续保留部优称号的文体产品40项，从检测结果来看，绝大多数产品能够达到部标准和企业标准。,但质量有明显提高的为数不多。通过检测还发现，有些优质产品和名牌产品的质量水平不够稳定，有的甚至有所下降(如扑克牌等)，被出示“黄牌”警告。

天津市春合体育用品厂为1986年在北京举行的第七届世界杯体操锦标赛作了全套 (10种) 体操器材，以其优良的质量博得国际体操界的一致好评。其中的跳马、高低杠、鞍马、吊环、双杠、单杠、平衡木等7种被国际体操联合会批准为国际正式比赛用器材。这是我国第一次承办的世界杯体操锦标赛，也是世界杯体操锦标赛第一次使用来自一个国家的一个企业的产品作为正式比赛用器材。国际体操联合会一次批准一个企业的７项产品为国际比赛用器材，也是前所未有的。

【经营管理】 1986年，文教体育用品工业面对原材料价格上涨，企业内部各项费用增加的严峻考验，大多数企业领导审时度势，采取有效对策，取得较好成绩。哈尔滨市文教体育用品工业公司，适应经济体制改革的发展，结合本公司实际，增强“四开意识”，即开动脑筋，开阔视野，开辟新路，开拓前进，采取14条措施：(一)靠联营联合，克服企业自身的不利因素，推动生产的发展；(二)靠以发展新产品为龙头的技术改造和引进，扩充能力，提高效益，增添后劲；(三)靠扩大适销对路产品的生产和销售，保证任务的完成；(四)靠搞好整党，促进机关作风的改变，推动全系统两个文明的建设。1986年与1985年相比，工业总产值增长13.8%，达到 4 121 万元；实现利润增长26%，达到 291 万元；销售额增长10%，完成 4 122 万元。长春扑克牌厂1986年实行 厂部对各部门经济承包时，就首先抓住制约本厂生产形势好坏的“瓶子口”销售科，制订了严格的销售数量合同，要求销售人员既要完成销售任务，又要及时提供市场信息，当好领导的参谋。一年内这个厂新增销售网点21个，产品销售地区扩展到 170 个，而销售人员却从原来11人减少到 4人，销售量则大幅度增加，1986年比1985年增长 2 倍。该厂在企业内部，区别不同的生产部门制订不同的经济合同，把关键的技术劳动与一般的熟练工种从政策上区别开来。印刷工序技术性强，劳动强度又大，产品质量、材料消耗、设备保养等方面的责任风险也大，许多人不愿干也不敢干，怕吃力不讨好。厂部就在奖励政策上采取优待优惠，这样就保证了任务的超额完成，产值、产量和效益都有较大幅度的提高。1986年这个厂完成产值 840 万元，扑克牌产量达到 1 400 万付，利润 168 万元，全员劳动生产率达 1.2 万元。上海美术颜料厂1986年在原有 3 个联营厂的基础上，以开拓精神，继续发展横向经济联合，又新开辟两个联营厂；在资金、减税、改造设备、扩建厂房等方面得到领导机关支持；努力增产节支，试行分配改革，促进了各项工作的进步，使企业经济效益有了较大提高，主要技术经济指标均创历史最好水平。1986年比1985年，工业总产值增长13.4%，达到 2 456 万元；税利增长3.7%，达到406.5万元；全员劳动生产率增长13.3%，达到3.57万元；销售总额增长15.5%，达到 2 706 万元；小水彩色产量增长56.3%，达到 8 026 万支。绍兴市体育用品厂在1986年坚持改革，坚持产品质量第一，提高竞争能力，增产优质产品，多出口，多创汇，全年完成工业总产值 605 万元，超计划12.8%；利税总额 108.5 万元，超计划9.8%；出口羽毛球近40万打，超计划13.4%。这个厂通过开展社会主义劳动竞赛活动，全厂职工利用休息时间为外贸加工出口产品，全年就为企业增收13.5万元；该厂对企业重点产品羽毛球的质量十分重视，一方面改善外观质量，另一方面又根据运动发展的趋势，试制投产了重量较轻的羽毛球，以适应运动员的要求，为此还专门修建了 100 平方米的试球场，供运动员实地检验测定羽毛球的飞行稳定性，这是国内生产企业的第一个专用试球场；该厂除了继续执行浙江省外贸的羽毛球联营协议，还扩大渠道为北京、天津、上海等口岸提供握力计、握力球、握力圈、羽毛球、汽枪、拉力器等出口货源，总交货值达到100万元。

（许鹏程）

制笔工业

【概况】 1986年制笔行业主要产品产量：自来水笔18 270万支，比1985年增长14.96%；圆珠笔33 794万支，比上年增长9.9%；木杆铅笔358 718万支，比上年增长4.75%；活动铅笔 5 312万支，比上年增长32.7%；其他新兴品种，如彩色水笔、微孔笔、滚珠笔分别比上年增长 5～10%不等。

1986年出口自来水笔2 728.86万支，圆珠笔3 737.99万支，木杆铅笔82 227万支，自来水笔——圆珠笔对笔 21.45 万对，活动铅笔279.26万支，彩色水笔674.26万支。其他出口产品还有圆珠笔芯、活动铅笔芯、墨水及制笔零件等。出口创汇总额 3 462 万美元，比上年增长24.22%。在出口产品中，自来水笔和木杆铅笔已居世界各国出口量的第一位。我国的自来水笔、铅笔已占香港地区总进口量的90%以上，并由此转销世界各地。

木杆铅笔生产厂家为节约国家紧缺物资——椴木，在1986年采取了一系列措施。全行业除了推广细芯活动铅笔代替一部份木杆铅笔外，还组织了技术力量，对使用椴木为主的有代表性的工厂进行了调查，从生产管理、产品品种、生产设备等几个方面，组织交流节约木材、降低材耗的经验。

制笔协会在1986年组织力量，针对建国以来笔的市场起伏变化大， 十一届三中全会以来销售形势好，企业已从单纯生产型转向生产经营型等情况，在全国六个大区，对制笔产品的市场供需、社会容量、品种需求、质量情况等几个方面进行抽样调查，提出了调查报告，供行业组织生产参考。

主要经济指标如下表：

指标 行业	资金利税率 （%）	全员劳动生产率 （元/人）	人均利税额 （元/人）
自来水笔	150～250%	24 000	12 000
铅　　笔	100%	19 000	6 000
圆 珠 笔	121%	20 000	8 800

注：表里指标为行业平均先进水平。

1986年 2 月，上海圆珠笔厂被西班牙马德里国际企业指导中心（B I D）授予企业界著名的国际明星奖。

【技术改造和新产品开发】 1986年实现的主要技术改造项目有：笔尖点、磨、检测联合机，笔尖激光焊接机，小零件多工序合并多工位组合装配机，模具应用氮化钢新材料，笔舌加工联合机等 100 多个项目。上述技术改造项目中，有部分项目在国际同行业中也属先进水平。行业还组织力量，学习国外先进技术，试制成功圆珠笔多工位设备，细铅芯制造设备及圆珠笔芯拉管机等一些主要配件设备。同时还组织行业内外有关协作单位和科研单位，对适用于新设备要求所必需的金属材料、化工材料，以及刀具和工夹模具等分别进行了试制工作。

在开展技术改造的同时，还结合专利法的颁布，开展了科技人员对专利的提出和申请工作。提出申请的专利项目有：不锈钢表面立体浮雕、特种吸水管、滚珠笔芯，递进式活动笔、集邮笔等项目。

在新门类、新品种的开发中，继续加强细芯活动铅笔、微孔签字笔、滚珠笔等开发工作，使这些产品技术、质量进一步提高和产量进一步扩大；还试制成功了儿童用消色笔、变色笔、揿动式活动铅笔、甩动式出芯活动铅笔、系列成套化妆用笔等各种新门类、新品种。对计算机及仪表用笔的开发工作，也有了新的进展。目前已从墨水到笔头、笔体全部国产化生产，并开始为仪表行业及使用单位配套服务，使这些产品可以不再进口。其中：中国产电子计算机使用的彩色记录笔，已被广泛使用。

【经济联合】 1986年制笔工业的横向经济联合又有新的发展：上海英雄金笔厂与浙江丽水金笔厂从上年的松散联合进入到紧密联合。新联合的有：英雄金笔厂与西安金笔厂、南京金笔厂；上海新华金笔厂与安徽合肥金笔厂、黑龙江金笔厂；上海中国铅笔二厂与山东威海铅笔厂；上海圆珠笔厂与苏州圆珠笔厂；上海丰华圆珠笔厂与宁波圆珠笔厂等 5 个联合体。在联合中继续坚持质量第一，平等互利，各自发挥优势的原则。有的联合体还和商业部门建立了三方联合关系。从联合所取得的效果看，一、经济效益有显著提高。有的工厂在联合前接连亏损，联合后彻底改变了面貌；二、产品结构和档次发生明显变化，高档产品大体上增加30～50%左右；三、质量有明显提高，凡属联营产品，目前无论自检或抽检，均能达到规定的质量标准要求，并将产品标明产地，以明确质量责任。部份联合产品已进入出口行列。

联合中也有一些新问题，需探讨解决。一、产品价格尚待进一步理顺，目前有优质产品价格低于一般产品价格的情况。这对巩固联合不利。二、在贯彻平等互利原则时，还有一个发扬互谅互让精神的过程。三、在深化改革中提出的建立企业群体或集团，与目前经济联合的关系如何？如何转化？尚待探讨。四、在搞好联合的同时，如何进一步搞好大本营工作，使联合双方共同得到提高和进步，也是联合中的一个重要问题。

（徐正元）

工艺美术工业

【概况】 1986年，据轻工业部工艺美术总公司统计资料，共有企业3 601个(集体所有制3 361个)，全部职工年末人数为75万人（集体所有制63.5万人)，其中工程技术人员6 368人，占0.85%，命名工艺师1 312人，占0.18%，创作设计人员8 689人，占1.16%。另外有厂外加工人数为359.7万人（加工费9.5亿元)。1986年，工艺美术系统内共完成产值76.69亿元，比1985年增长24.6%。在全行业24个大类产品中，20类产品的生产均有不同程度的增长，人造花、画类、绣衣、地毯、草柳制品、美术陶瓷、烟花炮竹、工艺伞扇、工艺用矿产品、玩具和自产原料11大类产品产值增长幅度高于全行业增长水平；实现产值、利税、创汇三同步增长的有人造花、画类、刺绣、抽纱、绣衣、地毯、美术陶瓷、剧装道具、烟花炮竹、工艺伞扇、玩具11类。

1986年，我国工艺美术品在各种国际博览会和大型国际评比会上获奖的产品是：广东东莞出口烟花5月23日至6月19日在加拿大蒙特利尔举行的第二届国际烟花比赛中获朱庇特金像奖；湖南浏阳出口烟花8月在摩纳哥蒙特卡罗举行的第二十一届国际烟花节比赛中荣获世界烟花冠军。1986年度中国工艺美术百花奖评选出珍品（金杯）奖4个，金杯奖27个，银杯奖23个；评选出轻工业部优质产品奖28个，优秀创作设计（部级）奖246个（其中一等奖52个，二等奖194个)。

1986年，盈利企业的利润总额为56 760万元，比1985年下降4%，其原因除了原材料、能源不足和大幅度涨价、工人工资和厂外加工费增加等之外，还有内销黄金饰品的生产用金大幅度削减，仅此一项即减少利润6 058万元（比1985年下降51%），扣除首饰利润总额则增长8.39%。1986年，工艺美术系统创利税10.06亿元，比1985年增长2%，集体所有制实现利税比1985年增长3.4%，而全民所有制企业则下降4.9%。1986年共有亏损企业260个，比1985年增加44个，亏损面由上年6%上升到7%，亏损额达到1 282万元，比上年上升30%。1986年工艺美术行业可比口径全员劳动生产率比1985年提高13.84%，由于劳动生产率提高而增加产值20 926万元，占1986年新增产值的38%。

【出口创汇】 1986年，工艺美术总公司统计，出口交货值43.89亿元，相当于工业总产值57.2%，比1985年30.68亿元增长43%，全年出口换汇达18.8亿美元，比1985年增长28.9%。旅游工艺品全年收汇3.17亿美元，比1985年增长22%。雕塑工艺品4 534万美元，比1985年增长26.3%，金属工艺品1 271万美元，比1985年增长5.6%，首饰10 836万美元，比1985年增长73.7%，漆器工艺品1 181万美元，比1985年增长41.7%，人造花3 663万美元，比1985年增长72.4%，画类工艺品1 090万美元，比1985年增长32.4%，天然植物纤维编织工艺品23 509万美元，比1985年增长24%，刺绣工艺品21 110万美元，比1985年增长24.6%，抽纱工艺品17 934万美元，比1985年增长44.6%，染织工艺品2 583万美元，比1985年增长3%，工艺鞋帽10 288万美元，比1985年增长22.9%，绣衣4 695万美元，比1985年减少37%，地毯22 137万美元，比1985年增长6.4%，美术陶瓷2 414万美元，比1985年增长26.6%，烟花炮竹8 817万美元，比1985年增长17%。

世界经济正从近几年的危机萧条中缓慢回升，特别是由于国际货币汇率的调整，为我国工艺品出口创造了有利时机。1986年与1985年相比，我国工艺品出口香港就增加59%，出口日本增加30%，出口美国增加21%，出口澳门增加41%，对西欧出口也有较大幅度的增长。

【技术改造】 1986年，工艺美术品工业完成固定资产投资31 653万元，比1985年17 858万元增加77.3%。其中基本建设完成投资额6 030万元（全民所有制818万元，集体所有制5 212万元），比1985年5 779万元增加4.3%；更新改造措施完成投资额26 623万元（全民所有制4 765万元，集体所有制20 858万元)，比1985年12 079万元增加120%。以固定资产投资总额为100，基本建设所占比重为19.05%，更新改造措施占80.5%；全民所有制占17.64%，集体所有制占82.36%。1986年新增生产能力68 619万元，由基本建设而新增能力12 490万元，占18.2%，由更新改造措施新增能力56 129万元，占81.8%。

1986年由轻工业部工艺美术总公司统一安排基本建设和技术改造项目63项，资金达8 292万元(包括原材料基地建设资金3 272万元)。技术引进工作也是上得最快的一年，不仅沿海城市引进的项目多，就是一些内地省市也开始重视技术引进工作。仅湖北一个省，全年实现的技术改造和引进项目就有电子玩具生产线、洋娃娃生产线、涤纶盆景生产线、多头绣花机和塑料花双色注塑机等，这些新的技术装备投产后，将大大增强新的生产力。

【生产管理】 1986年工艺美术行业在搞好企业改革的

同时，着重抓了产品结构的调整，加强了以提高产品质量为中心的企业管理，不断开发新产品。浙江省工艺美术公司全年仅工艺鞋、工艺伞、小特艺三个门类的新产品，出口值就达515万美元。福建省厦门市工艺美术公司，1986年新产品的产值占总产值的30％以上。为了改进创作设计，借鉴国外的经验，1986年3月轻工业部工艺美术总公司和中国工艺品进出口总公司在北京联合举办了第二次国外工艺品样品内部观摩展览，并先后在六个城市进行巡回展出，参观展览和座谈的工艺美术专业技艺人员达2万人(次)，推动了工艺品的创新和新产品开发工作。据两届广州交易会统计，工艺美术新产品、新设计从春交会的20％上升到秋交会的40％。

1986年，工艺美术行业围绕“抓管理、上等级、全面提高企业素质”,在改进企业管理方面取得了成效。如地毯行业，制订了三级企业标准化，修订了原材料消耗、综合能耗、经济效益三项指标，推动了上等级试点工作的开展。全行业推行全面质量管理和质量管理小组活动，也在广泛开展。1986年5月，轻工业部工艺美术总公司在黑龙江省哈尔滨市召开了全国工艺美术系统第二届全面质量管理成果发表会，评选了68个优秀质量管理小组，并予评了15个优秀质量管理企业。各地还加强了检测工作，修订和完善了产品质量标准，从而使产品质量得到稳步提高，创优工作迈开了新的步伐。

工艺美术生产的发展，使原材料供应出现了较大的缺口。为解决这一困难，轻工业部工艺美术总公司通过参加各种订货会、衔接会、出国采购以及和有关单位协调等多种渠道，扩大了物资来源。同时，还集中了部份地方外汇指标，进口了一些急需的原材料。

【人才培养】 为了加速工艺美术行业的人才开发，1986年轻工业部工艺美术总公司委托有关院校举办了英语、企业管理、工艺造型和编织设计四个大专班；烟花炮竹、玩具机芯设计与模具制造二个中专班。为配合科研、艺术与情报信息工作，还举办了金属模具、抽纱设计、装饰绘画、情报信息等八个短期培训班，全年共培训专业人员300人。委托中央工艺美术学院和浙江美术学院代培的地毯设计干部专修班、金属工艺设计班和抽纱刺绣班，1986年毕业人数共60人。工艺美术专业技术人员的职务聘任工作，也已在重点单位开始进行试点。

为了进一步落实国家对工艺美术的各项方针政策，总结交流第二届“艺代会”以来在繁荣创作，发展生产，扩大出口，促进两个文明建设方面所取得的成就和经验，表彰先进，进一步调动工艺美术技艺人员的积极性，努力开创工艺美术事业的新局面，实现“七五”计划规定的奋斗目标，经国务院1986年8月批准，轻工业部准备在1987年第二季度召开第三届全国工艺美术艺人、专业技术人员代表大会，并同时举办1987年全国工艺美术展览。1986年12月，部工艺美术总公司分别召开了第三届全国“艺代会”预备会和全国工艺美术展览筹备会议。各省、自治区、直辖市工艺美术（地毯、玩具）公司的负责同志和部分省市轻工厅、局的同志参加了会议。第三届全国“艺代会”的任务，主要是研究如何更好地继承和发扬工艺美术的优良传统，如何赋予传统工艺品以时代气息，使其增添新的光彩，以适应当代社会生活和审美的要求；研究在新形势下工艺美术的发展方向及其历史使命；研究保护、发展传统工艺美术的方针、政策和具体措施；评授第二批中国工艺美术家，表扬奖励贡献较大的专业技术人员。

（戚应祥）

中华旅游纪念品总公司

【概况】 中华旅游纪念品联合开发总公司，从1986年8月份起，经轻工业部批准，并经国家工商行政管理局核准变更登记，正式更名为中华旅游纪念品总公司。1986年10月，又实行了受轻工业部和上海市人民政府财政贸易办公室双重领导的新体制。

1986年，中华旅游纪念品总公司总结了前两年盲目经营批发业务的教训，实施了“改革、整顿、巩固、提高”的方针，缩减了批发业务，扩大了对外国旅游者的零售服务，年接待外宾、华侨、港澳台同胞达到25万人次。全年实现销售额1 828万元，低于1985年销售水平，但创汇225.86万美元，比上年增长80％以上，超计划23％。

1986年，中华旅游纪念品总公司还加强了旅游纪念品的研究、计划、开发工作，全年共设计、投产了20个大类、500多个花色品种的旅游纪念品。其中，设计、投产的140余种旅游纪念衫，在图案设计、色彩运用、制作工艺上都有新的突破，给人以新颖独特、美观别致、各具风采的感觉。例如，采用夸张而又细腻技法绘制的戏剧脸谱纪念衫，所设计的图案，既保留了原来戏剧脸谱的神韵，反映戏剧人物的性格，同时又结合服饰穿着效果的需要，有所改进，增添了装饰艺术效果。以龙头蜈蚣风筝为题材的纪念衫，图案设计新颖，色彩对比强烈，气势壮观，尤如蛟龙出海。运用传统年画技法，配以穿珠工艺，使绘制在纪念衫上的杨玉环、西施等古代美女，更加婀娜多姿，美丽动人。用丝绸为原料的民族纪念服装，在充分运用我国镶、嵌、滚、荡等传统工艺的同时，配以手绘、手绣精致图案，堪为女性锦上添花。这些新设计的旅游纪念衫，曾先后在北京、上海两市，由时装模特儿穿着进行展演，受到了中外有关人士和外国旅游者的热烈欢迎。1986年，中华旅游纪念品总公司开设在上海的旅游纪念品商场，共向外国旅游者销售旅游纪念衫10余万件，创汇20余万美元，比上年度增长一倍以上。

中华旅游纪念品总公司在1986年里，认真整顿了所属18个区域公司。经过整顿，淘汰了5个经营不善的区域公司，使保留下来的北京公司、长城公司（北京市八达岭）、江南公司(苏州市)、绍兴公司、普陀公司、成都公司、齐鲁公司(济南市)、齐东公司（烟台市)、长江三峡公司（重庆市)、西安公司、中州公司(开封市)、闽江公司(福州市)、杭州公司等十三个区域公司的经营工作有了新的起色。例如，与北京市八达岭特区联合经营的长城公司，热诚为中外旅游者服务，1986年实现利润近120万元，约为投入流动资金的三倍。

（郑大镇）

地毯工业

【概况】 1986年，轻工业部系统共有地毯制造业企业343个。年末职工人数9.93万人(全民所有制1.91万人，占19.2%，集体所有制8.02万人，占80.8%)。全员劳动生产率10 402元（全民所有制10 167元，集体所有制10 463元)，比1985年提高17.28%，手工羊毛地毯实物劳动生产率年/人均35平方米，比1985年下降18.6%。工业总产值9.95亿元，比1985年8.07亿元，增长23.3%。地毯总产量576.47万平方米，比1985年578.77万平方米减少0.4%，其中手工羊毛地毯346.53万平方米，比1985年311.6万平方米，增长11.2%。

1986年，轻工业部工艺美术总公司地毯业年末固定资产原值44 738万元，占工艺美术全行业16%，固定资产净值32 703万元，占全行业的16.4%，产品销售收入97 073万元，比1985年增加37.1%，占全行业12.7%，盈利企业利润6 996万元，比1985年增加18.5%，占全行业12.3%，全年实缴利税13 187万元，占全行业19.5%，其中所得税7 304万元，占全行业29.6%，销售税5 266万元，比1985年3 927万元增加34%，占全行业12%。亏损企业由1985年16个增加到22个，亏损额由192万元增加到276万元。1986年地毯业销售利润率为7.2%，销售利税率13.58%。

天津“风船”牌高级羊毛地毯在1985年3月民主德国莱比锡春季博览会上获国际金质奖；5月在保加利亚普罗夫迪夫春季国际博览会上荣获金奖。

1986年，中国工艺美术品百花奖评选中，评出地毯行业优秀创作设计一等奖4个，二等奖15个。

【出口创汇】 1986年，轻工业部系统地毯业出口交货量316.08万平方米，占总产量的54.83%，出口交货值6.64亿元，相当于工业总产值66.73%。其中手工羊毛地毯交货量218.22万平方米，占手工羊毛地毯总产量的75.8%。出口创汇22 137万美元，比1985年20 798万美元，增长6.4%。

地毯出口总量320.14万平方米。包括四大类：(一)羊毛地毯283.6万平方米，占总出口量88.2%，出口换汇18 574万美元，比1985年增加4.2%，占地毯出口总创汇83.9%；(二）丝织地毯13.5万平方米，占总出口量4.2%，出口换汇2 791万美元，比1985年增长21%，占地毯出口总创汇12.6%；(三）天鹅绒毯出口331.37万条，比1985年增加35%，出口换汇355万美元，比1985年增加6.9%，占地毯出口总创汇1.6%；(四)其他地毯23.03万平方米，占地毯出口总量7.2%，出口换汇416万美元，比1985年增加24.7%，占地毯出总创汇1.87%。

出口地毯计有13个大类品种，包括手工打结地毯、仿古地毯、民族地毯、东方式地毯、丝毯、其他手工打结地毯、羊毛胶背地毯、化纤胶背地毯、其他手工针扎地毯、机织地毯、机制栽绒地毯、天鹅绒毯、编织地毯。1986年出口创汇超过1 000万美元的有：羊毛手工打结地毯，出口量167.24万平方米（占羊毛地毯出口的59%)，在地毯出口总量中占52.3%，出口创汇12 287.2万美元（占羊毛地毯出口的66.2%)，占地毯出口总创汇的55.5%；东方式地毯出口量25.32万平方米（占羊毛地毯出口的8.93%)，出口换汇2 508万美元（占羊毛地毯出口的13.5%)，占地毯出口总创汇的11.33%；羊毛胶背地毯出口66万平方米(占羊毛地毯出口的23.3%)，占地毯出口总量的20.6%，出口换汇2 573万美元（占羊毛地毯出口的13.85%)，占地毯出口总创汇的11.62%，加丝毯共4种产品，出口量全年为274.31万平方米，占地毯出口总量80.12%，出口换汇20 159万美元，占地毯出口创汇总额的91%。

（吴东彦）

玩具工业

【概况】 1986年玩具工业在胜利完成“六五”计划的基础上又迈开了新的步伐，取得了新的发展。1986年全国轻工系统共有玩具企业246个，从业人员54 490人，总产值达7.19亿元，比1985年增长40%。其中，出口交货2.3亿元，比1985年提高76%（出口创汇1.6

亿美元)；内销4.4亿元，比1985年提高27%。全年实现税利7 980万元，为培养教育儿童和“四化”建设作出了贡献。

一年来，全国玩具生产能力有很大提高，除上海、江苏、广东、浙江等一些重点产区外，其他省市也都加快了前进步伐，取得了可喜的成绩。福建省1986年的玩具产值比1980年增长20多倍，平均每年以90%左右的速度递增。国内外市场的需求正在不断扩大，外销已出口到50多个国家和地区；内销由于人民生活水平的提高，特别是随着国家计划生育政策的深入贯彻，家长对婴幼儿早期智力发展极为关心，虽然自1980年到1986年玩具平均每年递增20.6%，但是一些智力玩具和中高档玩具仍然供不应求。

一年来，在调整玩具产品结构方面取得了较大进展。1986年生产的玩具有7 500多种。1986年9月，财政部对60个玩具品种实行减免税政策，促进了产品结构的调整。各地根据自己的技术和资源优势，正加速发展塑料玩具，不断提高塑料玩具所占的比重，适当控制金属玩具的生产。木制玩具趋向精工细致，产品向高档化发展。积极发展婴儿玩具、幼教玩具、模型玩具、科学实验玩具、电脑玩具、大型充气玩具、多功能娃娃以及成人玩具和集体游戏玩具。产品质量不断提高，有些玩具获得了国家和省级奖，有的出口达到了免验水平。1986年通过试点颁布了《国家玩具安全卫生标准》，并在全国开始试行。近期内，将首先使具有优势的布绒、木制、充气及娃娃等四大类产品达到国际安全标准，性能接近世界先进水平。广东佛山的绒布娃娃和番禺的婚纱娃娃，均获1986年省级优质产品。江苏扬州的长毛绒玩具，由于长期以来狠抓产品质量，用色泽鲜艳的高档面料代替低档面料；用轻软卫生原料代替普通填塞物；用装饰性强的卡通艺眼代替其他艺眼；用装潢精美和彩印包装代替简陋包装，使产品质量大为提高，合格率达到99.9%，获国家银质奖，被外贸部门定为免检产品。

【技术进步】 1986年，玩具行业不断采用了新技术、新工艺，加速了企业的技术改造。模具生产设备的改进，缩短了模具生产周期，使开模周期从原来的一年左右缩短到一至三个月。塑料玩具设备和工艺、工装卡具的改进，大大提高了工效。搪塑玩具采用滚塑技术，吹塑玩具采用一机多头，注塑玩具采用先进的液压技术和内热式螺杆新技术等，使能耗在现有的基础上降低了30%。焊接工艺采用超声波，表面图案采用曲面移印，真空镀膜、快速丝印工艺代替手工操作，大大减少了环境污染。玩具的零部件和机芯，也逐步实现标准化、系列化和通用化，并以塑料代替金属原料。国外引进的滚塑成型机、高精高效注塑机、超声波焊接机、移印机、电抛光等设备，塑料喷涂、塑料电镀、移印贴花等装潢工艺、改善了玩具行业的生产面貌。1986年，扬州市共投资132.9万元，先后进行了塑料艺眼流水线、滚塑流水线、开模生产线、吹塑生产线、长毛绒玩具生产线的技改项目，投产后新增产量106万打，新增产值482.4万元，新增税利55万元，创汇67.5万美元，取得了显著的经济效益。由于电缝、冲裁、冲棉等机械化手段的普遍推广和使用，布绒玩具生产的效率提高了10倍多。福建省“六五”期间共引进项目15项，投资1 200万元，外汇300万美元，大部分项目已在1886年投产，为企业生产增强了后劲。广东番禺县和惠阳地区通过引进技术和来料加工，全省1986年出口比1985年增长3倍多；创汇约7 000多万美元，比1985年增长3倍以上。

一年来，广泛加强了横向经济联合，迅速扩大了玩具生产能力。如长毛绒玩具是劳动密集型产品，近几年随着国内外市场需求的大幅度增长，生产能力不足的矛盾日益突出。各省、市开展了多种形式的联合。扬州长毛绒玩具的横向联合，已达到4个省市，12个县、区，共80多个企业，初步形成了以名优产品为中心的经济联合群体，促进了玩具生产的发展，促进了城乡经济的交流。

国际玩具市场很大，据有关资料统计，年贸易额在60亿美元左右，而我年出口仅占其1.6%。国内市场广阔，潜力很大，一些中高档玩具和童车经常断档脱销。因此，大力发展玩具生产，努力开发新产品、新门类，不断调整产品结构，使玩具逐步形成婴儿、幼教、科教等系列产品，实现玩具全面配套系列化，为我国3亿儿童服务，为出口服务，是玩具工业光荣而艰巨的任务。

（戚应祥）

少数民族特需用品工业

【概况】 据21个省、自治区、直辖市轻工业部门的调查统计，1986年少数民族用品生产企业为1 648个。其中云南258个，新疆263个、广西138个、内蒙古120个，青海113个、湖南100个、湖北80个、西藏77个、甘肃72个、四川62个、广东56个、辽宁60个、贵州55个、宁夏30个、吉林28个、黑龙江22个、江苏9个、天津3个、河北、山东、江西各1个。1986年，全国少数民族用品生产有较大的发展。据新疆、云南、四川、广西、贵州、内蒙古、青海、宁夏、甘肃、西藏、广东、湖南、湖北、辽宁、吉林、黑龙江、江苏、河北、山东、天津等20个省、自治区、直辖市轻工业部门的统计，少数民族用品工业总产值完成10.9亿元，比1985年的 8.4 亿元增长近30%，超过了“六五”期间平均每年增长21%的发展速度。其中新疆维吾尔自治区完成1 932亿元，比上年增长38%，列入自治区计划的主要民族产品，有14种超额完成年度计划，其中民族家具超额40%、搪瓷制品超额51%，金首饰超额190%，比上年实际增长50%以上。湖南省完成7 193万元，比上年增长30.8%，实现利润 230 万元，比上年增长39.7%，利润的增长幅度超过了生产的增长幅度，取得了较好的经济效益，主要产品产量也有较大幅度的增长。如民族金银饰品增长 3.8 倍、民族箱增长 3.4 倍、八宝被增长 2.3 倍、布鞋增长 2.2 倍。在为少数民族服务的同时，全国民族用品生产企业开始重视抓旅游和出口产品，1986年少数民族用品出口额达到3 700多万元。

1986年，全国少数民族用品生产投资继续有所增加，中央和地方合计安排 5 000 多万元。其中轻工业部安排基本建设技改贷款投资1 000万元，安排100多个项目，到年底又经国家计委和财政部批准豁免了本息；轻工业部在贴息和一般贷款中又安排 980 万元。对少数民族用品生产企业进行技术改造，除个别项目因无还款能力没有使用外，大部分都完成比较好，有的企业效果比较明显。如黑龙江省杜尔伯特蒙古族自治县民族毛毯厂，为了扩大民族毛毯生产能力，1985年上半年批准了技术改造方案，总投资 370 万元，轻工业部在1986年技改贷款中安排 100 万元，加上地方200多万元技改贷款，1986年 9 月末扩建项目全部竣工投产，新建厂房 4 910 平方米，购置设备68台，年生产毛毯能力从 6.8 万条增加到11.5万条，当年工业总产值完成 602 万元，比上年增长93%，利税实现133万元，比上年增长 1 倍多。毛毯质量很好，被评为省和部的优质产品，并且已开始接到外贸部门定货出口的计划。在各省、自治区有关部门安排的少数民族用品投资和贷款中最多的还有广西壮族自治区，1986年安排了 600 万元，依次是湖南省 550 万元，湖北省250万元，内蒙古自治区234万元，新疆维君尔自治区200万元，甘肃省 153 万元，贵州省 152 万元，宁夏回族自治区 116 万元。为了加强对少数民族用品生产企业基本建设和技术改造项目的管理，增加投资效果，1986年 6 月轻工业部在四川省成都市召开了座谈会，强调了项目选择、审查一定要严格，安排的投资项目要按基本建设程序办事，建立项目负责人制度，竣工要验收，年终要报决算等问题，收到了很好的效果。因此，1986年全国少数民族用品投资项目经济效益普遍有所提高，绝大多数都是当年投资当年投产见效。四川省二轻厅调查，1986年中央和地方共安排少数民族用品投资 122 万元，到年底财务支出全部完成，完成工程量 117 万元，投产后可增加产值 440 万元，投入产出比例为 1:3.9，比全省二轻投资项目投入产出比例1:1.8，高出 1 倍多。

为了提高少数民族地区民族用品生产企业的职工技术文化素质，帮助企业领导提高管理水平，1986年轻工业部决定在吉林省二轻工业学校开办少数民族地区民族用品生产企业职工技术短训班和职工中专班。1986年 9 月开办了第一期皮鞋设计培训班和服装设计培训班，学期五个月，1987年 1 月下旬结业。两个班共培训了93名职工，学员都基本学会了皮鞋和服装设计的理论知识和实际工作的能力。轻工业部还在中国轻工业管理干部学院开办了第一期少数民族地区民族用品生产企业干部培训班，主要是培训企业的厂长，共有学员49人，学期 3 个月，主要讲现代化企业管理知识，收到了很好的效果。1986年各地自行培训了445名技术人员。

【创先进企业】 为了加强企业管理，提高少数民族用品的质量，增加新产品，新品种，促进民族用品生产企业改善经营管理，全面提高企业素质，调动创先进企业的积极性，国家民委和轻工业部在1986年11月14日于广西南宁召开全国少数民族用品先进企业代表会议。会前各地开展创先进企业的活动，组织评选，推选出最优秀的先进企业出席全国的代表会议。

在各省、自治区、直辖市评选出 122 个先进企业的基础上，经过会议评定，经工业部和国家民委领导审查批准，有47个企业被授予全国民族用品先进企业的称号，在会上发了奖旗和奖品。会议要求在“七五”期间，要力争有 1/3 的民族用品企业达到省级先进企业和国家二级企业标准，其中要有一部分企业达到国家一级企业标准。

附表：全国第二次轻工业系统民族用品先进企业名单（共47个）

黑龙江省	1．杜尔伯特蒙古族自治县民族毛毯厂
	2．牡丹江市装饰工艺品总厂
	3．哈尔滨市民族帽厂
吉林省	4．延吉市朝鲜族鞋厂
	5．图门市民族家具厂
	6．龙井县工艺美术厂
辽宁省	7．沈阳市电热炊具厂
	8．沈阳市人造毛皮厂
	9．凤城满族自治县制帽厂
内蒙古自治区	10．海拉尔市金属容器厂
	11．赤峰市民族皮件厂
	12．乌拉特中旗民族用品厂
宁夏回族自治区	13．银川市制毯厂
	14．银川市建新搪瓷厂
	15．固原县民族童装厂

青海省	16．青海民族用品厂
	17．西宁市民族金银首饰厂
	18．互助县搪瓷厂
甘肃省	19．平凉市清真食品厂
	20．临夏市铸造厂
新疆维吾尔自治区	21．伊宁市金银首饰厂
	22．喀什市民族家具厂
	23．乌鲁木齐市民族乐器厂
	24．乌鲁木齐地毯厂
西藏自治区	25．日喀则镇铁器厂
	26．拉萨市城关区儿童服装厂
云南省	27．昆明市民族铜器制品厂
	28．牟定县五金厂
	29．双江自治县民族服装厂
	30．陆良县民族金属制品厂
四川省	31．阿坝藏族自治州制革厂
	32．新都县刀剪厂
	33．灌县民族金属制品厂
	34．康定县民族服装厂
广西壮族自治区	35．昭平县木器制品厂
	36．容县皮革制品厂
	37．玉林市制鞋厂
	38．百色市五金厂
湖南省	39．吉首市民族服装厂
	40．花垣县民族五金工具厂
湖北省	41．恩施市民族前进服装厂
	42．利川市民族工艺美术厂
	43．来凤县民族丝织厂
广东省	44．陵水县藤竹厂
贵州省	43．遵义市民族商品厂
	46．安顺市蜡染厂
	47．镇远县民族绣品厂

【横向经济联合】　1986年全国有122个少数民族用品生产企业开展了各种不同形式的经济联合和技术协作。如开展横向经济联合比较广泛的湖南省，少数民族用品生产企业共有100个，1986年就有30家开展了不同形式的经济联合和技术协作，而且效果都很好。湘西自治州吉首市民族布鞋厂，前几年产量小、质量差、成本高，企业濒临于倒闭的边缘，1986年7月与本省比较先进的益阳市布鞋厂联营，成为益阳市布鞋厂吉首市第一分厂，由益阳市布鞋厂派人参加管理和技术指导，在厂房和设备条件不变的情况下，仅下半年布鞋产量就达25万双，比上半年增长1.5倍，利润5万元，比上半年的3 641元增长了十几倍，企业由濒临倒闭到欣欣向荣。长沙民族乐器厂采取多种经济联合的形式，解决了场地不够、劳动力不足、原材料缺乏的矛盾，在厂房依旧，人员不增的情况下，日用铜制品产量1986年达到20万件，比1983年增长4倍，产值从1983年的164万元增加到1986年的610万元，增长了2.7倍，而利润从十几万元增加到153万元，三年增长9倍，大大超过了产值和产量的增长，取得了非常突出的经济效益。特别是他们与铜材厂的联合，解决了原材料问题，使铜大锅的年产量从5万个猛增到15万个，形成了拳头产品，并且产品质量好，被评为省优质产品，销售到全国各地，成为全国最大的铜大锅生产厂家。

（宫相友）

日用杂品和日用木制品工业

【概况】　1986年，日用杂品制造业有企业单位1 168个；日用木制品业有企业单位750个。日用杂品制造业年末职工人数12.86万人（工程技术人员0.11万人，占0.86%），其中全民所有制1.96万人，占15％，集体所有制10.75万人，占83.6%，各种合营0.15万人，占1.4%。全员劳动率11 270元（全民所有制15 621元，集体所有制10 140元，各种合营24 146元），比1985年提高8.08％。工业总产值，日用杂品制造业完成13.31亿元，比1985年增长8.12%；日用木制品完成4.05亿元，比1985年增长19.1%。主要产品产量完成情况，民用镜完成20 451万面，比1985年增长38.16%，其中怀镜完成7 934万面，比1985年增长97.2%，眼镜完成815万副，比1985年下降11.2%，眼镜架（商品量）完成1 267万副，比1985年下降9.2%，钢骨布伞完成5 951万把，比1985年增长22.27%，其中钢骨尼龙伞3 998万把，比1985年增长30%。1986年有5个产品（均是牙刷）被评为全国优质产品证书。全国固定资产投资完成额5 426万元（全民所有制1 130万元，占38.2%，集体所有制4 296万元，占61.8%），比1985年4 039万元增加34.3%，其中基本建设完成的投资额797万元（全民所有制358万元，集体所有制439万元），占固定资投资完成额14.7%，比1985年减少25%；更新改造措施完成的投资额4 629万元（全民所有制772万元，集体所有制3 857万元），占固定资产投资完成额85.3%，比1985年2 974万元增加55.6%。

【新产品】　1986年，日用杂品业产品创新有所突破。制伞业，上海向化制伞厂推出了色彩新鲜的儿童丙纶伞、棉布童伞、35公分的浪边伞、规格齐全的手开长伞、自动开伞、自动缩折伞等10多个品种，丙纶裙边大芭蕾伞是全国首屈一指的新型伞，整个一把伞犹如一朵色彩鲜艳的花朵，伞的浪边似一只只蝴蝶扑在“花”的周围，把伞收拢起来，挽在手臂上又好象在胸前别着一朵鲜花。绍兴市制伞总厂推出6大系列30多个品种，其中自动开启和关闭的晴雨伞是国外风行的长柄伞，它采用国外最新流行款式，开闭自如，能单手使用，给消费者带来很大方便。安徽省研究出一种充气雨伞，它的上部呈雨衣头部形，下部呈张开伞形，边沿充气，防雨性能比雨伞和雨衣都好，是一种轻巧、方便、舒适的塑料雨具。它可张合，可直接穿在身上。它沿口比雨伞低，落水浅低，反溅水也小，四周没有金属骨架，穿着不闷人。折叠后只有一个烟盒大，便于收藏和携带。福州伞厂在广州举行的第59届中国出口商品交易会上，纸伞出口成交量达16万多把，居全国同行业首位。被誉为“福州三宝”之一的福州雨伞，是福建省的传统名优产品。他们与日本三重友好社、美国大庆公司、香港联合纸遮厂建立商情信息联络先后推出适合异国民情风俗的日本高级伞、日本人物伞、日本跳舞伞、大庆花伞、供装饰的屏风伞、窗帘伞、双层伞、壁伞、塔伞和别具一格的广告伞、游泳伞、5 053纸伞等，在国外备受欢迎。眼镜业，“无形眼镜”七年前在上海问世以来，备受近视患者，尤其是女青年的青睐，但是，美中不足的是每天要脱卸，配戴者感到不便。上海科技大学研制成功“超薄型无形眼镜”，可以连续使用一周到10天，不需每天脱卸。它具有质地纯净、无毒无味、性能柔软、安全舒适等特点，经上海铁路中心医院眼科对134人的临床观察证明，它不仅能有效降低近视程度，还对水晶体破裂、角膜外伤发炎、角膜干燥等眼病有较好疗效。经上海市科委、市卫生局及10几个医疗、科研单位的鉴定，认为它的主要物理、机械性能已达到国内外比较先进的同类产品水平。制刷业，广州制刷二厂生产的衣鞋刷、厨具刷、油漆刷物美价廉。洗锅刷象一只长柄匙，匙底有无毒、耐高温的尼龙丝用作锅刷；匙前端有硬舌，用作铲除积在锅里烧焦的食物；塑料柄设计得较长，刷锅时不会弄脏手。奶瓶刷是专门为洗婴儿奶瓶设计的。一大刷和一小刷合成一套，用无毒尼龙做，刷柄是不锈钢丝。大刷顶端弯曲，能刷奶瓶内任何一个角落；小刷较尖细，能把奶嘴内也刷得干干净净。油漆滚筒刷手柄前有一个带有绒毛的滚筒，家庭刷涂墙料、乳胶漆等，用这种刷效率高又均匀，滚筒用旧了还可拆下来更换。制镜业，河南省博爱县制镜厂研制成功一种新型制镜涂料（LJZ涂料），适用于各种工艺制镜的保护层，无沉淀、无毒害，附着力强，干燥速度快，浮在镜子背面光滑细腻，延长了镜子使用寿命，操作简单，使用方便，比“牡丹”涂料每吨降低成本640余元。蚊香业，浙江省东阳县吴宁镇第一小学三年级八岁学生吴超，1986年夏天设计出一种“方便蚊香灰盘”，使蚊香燃烧后的灰烬不会直接掉在地面上或桌面上。11月小吴超通过专利代理人向中国专利局提出专利申请。中国专利局通过初步审查，已予以受理，并确定了申请日和申请号。

【内销市场】　市场对民用镜需求出现高档、组合和装饰化的倾向。传统的电镀镜架持续增销，两用或三用工艺镜和金属或塑料为支托的大规格衣帽镜的销势更加旺盛，而木框镜销售量则明显下降，低档和本色架镜在城镇几乎无人问津，在农村虽然仍有一定销路，但总销量锐减。天津市百货站1986年上半年联销会上，成交架镜比上年同期增长71%。以羽毛画和贝雕画为背衬的工艺架镜深受欢迎，成交量占架镜40%以上。成交各种衣帽镜8.76万个，比上年同期增长近7倍，成为联销会上的热门货。一种由钟、灯和大规格圆镜组成的台式衣帽镜虽然售价高达22元，但也成交近万个。眼镜市场活跃，全国戴眼镜人数2.12亿人，占总人口20%，其中戴度数镜1.23亿人，占58%，城市戴眼镜7 840万人，占城市人口38%，农村戴眼镜13 360万人，占农村人口16%。据上海调查，大学生戴眼镜人数占80%，中学生占50%，需求越来越大。1986年上半年全国百货商店供应会上，眼镜类成交额达1 458万元，比上年同期增长92%，比上期增长1倍。销售统计，全金属架和秀朗架占全部眼镜架比重由1984年39.7%、1985年44.3%、上升到1986年57%。全塑太阳镜已由占眼镜总销售量七成降到四成以下，低档变色镜基本上无人问津，高档金属镜架经常脱销，成为抢手货。苏州眼镜一厂努力开展市场预测，更新产品品种、款式，与进口镜架争奇斗艳。研制成功12种光泽好、颜色艳、造型新颖的带眉珐琅镜架，1986年11月和12月在西安举办的全国眼镜订货会上，他们推出的姑苏牌眼镜规格品种达1 000多种，两次订货成交额达400多万元，其中仅带眉珐金属架就成交50万元，居各类镜架之首。素有“眼镜之乡”美称的江苏丹阳县生产眼镜厂家340家，1.5万人，年产值近亿元，丹阳县为搞活和扩大眼镜交易，在火车站前开辟了近百间门市的眼镜专业交易市场。过去眼镜交易虽然活跃，但因无固定地点，只能在旅社或露天成交。1986年10月下旬眼镜专业市场开业后，引来浙江，安徽等客商。1986年，晴雨伞以自开为主，手开伞逐步下降，消费者要求一伞多用。前几年以廉价充斥市场的台湾伞好看不中用，易坏不易修，如今需要更新；由于城乡流动人员增多，旅游业发展，喜欢携带方便的自开缩折伞；在竞争中淘汰了一批质次价高的产品，定点厂的产品在竞争中取胜，发展较快；市场由城市转向农村，而农村已由斗笠、油漆伞、油布伞向晴雨伞转化。由于布伞重，色调单一，不如尼龙伞轻巧，花型多，携带方便，因此，布伞销售逐年下降，尼龙伞上升。国内市场上新出现了一种三折伞，外出携带方便，放在拎包里不外露，但还存在使用不便，容易断骨，伞面易损等毛病，需要改进。筷子市场，在广州花县581户中小型饮食店一律使用一次性（用后即弃）的卫生筷子（每双售价只一分钱），这是对传统饮食方式的一项改革。过去按老习惯把筷子让顾客反复使用，卫生检查合格率往往低于30%，因此极易造成疾病的传染和流行。多花一分钱可以减少肝炎等传染病的传染渠道。但是做大量卫生筷子，需要消耗木材，人们在研究选用枝丫材或者改用竹子，全国市场普遍采用卫生筷子还需慎重。

【产品出口】 1986年，日用杂品和日用木制品出口换汇18 330万美元，比1985年16 616万美元增长10.3%。主要出口产品，竹制品3 897万美元，比1985年2 961万美元增长31.6%，各种伞及零件 2 897万美元，比1985年 1 774万美元增长66.1%，渔网渔具 2 086万美元，比1985年1 422万美元增长46.7%，鬃刷2 576万美元，比1985年2 492万美元增长3.4%，蚊香1 107万美元，比1985年 926万美元增19.5%，卫生香443万美元，比1985年386万美元增长14.8%，蜡烛1 380万美元，比1985年1 795万美元下降23%，小百货1 811万美元，比1985年 1 072万美元增长68.9%，镜子198万美元，比1985年 193万美元增长2.6%，木制品182万美元，比1985年95万美元增长92%，牙签 143万美元，比1985年65万美元增长120%，扫把138万美元，比1985年 148万美元下降3.2%，鸡毛撣114万美元，比1985年 131万美元下降13%，眼镜 109万美元，比1985年69万美元增长58%。

日用杂品业一些大厂逐步形成出口生产基地。江苏泰州渔网厂1986年建成了抽丝、捻线、制绳、织网等自动生产流水线，组成了一条龙配套联合生产线，年产化学纤维渔具材料达 8 000吨以上，居全国同行业之首，这条生产线达到了产品系列化、生产自动化、管理科学化的标准，具有80年代先进水平。日本参观团把这个厂誉为远东第一流的渔具材料生产大型企业。福建省漳州市蚊香厂与龙海县蚊香厂联合精制的“雄鸡牌”蚊香，产品热销中外市场，获得良好经济效益，1986年产品进入非洲各国市场。哈尔滨市猪鬃工厂，发展细尾毛系列产品、裘皮制品、毛刷制品等品种，使全厂产品品种由1986年20种增加到1986年38种，1986年由于新产品投产全年获利 400万元，出口创汇达 1 000万美元。武汉牙刷厂 1986 年引进香港产微电脑注塑机 4 台，从交付货款到安装投产和工人培训仅用半年时间，年产牙刷 410万把，塑料制品 158万套，增加品种20余个，为出口创汇增强了活力和后劲，1986年总产值中新产品增加产值占年产值21.1%。一些小厂以质优价廉争市场多创汇，福州茗益蜡烛厂，山东曹县光明蜡烛厂产品都销往美国、英国、意大利、比利时等国家。

浙江省永康伞厂准确掌握国际市场信息，重视产品质量，童伞和自开缩折伞等产品行销美国、英国、加拿大、澳大利亚等10多个国家。1986年出口童伞60多万把，自开缩折伞15万多把，创汇产值达 260 万元，比1985年增长 5 倍，总产值突破 1 000 万元。英国市场流行格子布作伞面的童伞，但这种布料在国内已很少生产。该厂先后找了10多家纺织厂，终于在上海采购到这种布料，生产出 2.4 万把童伞，及时满足了英国市场的需要。澳大利亚喜欢11吋童伞，伞骨只要 6 根，且要求伞杆、伞柄采用木杆本色。该厂根据澳大利亚的爱好，特别生产了这种童伞，1986年销量达24万把。该厂为了以优取胜，道道工序严把质量关。厂里规定的质量“内控标准”，大大超过部颁标准，赢得外商信赖。

（吴东彦）

轻工机械工业

【概况】 1986年，承担轻工业部和省、自治区、直辖市、计划单列城市两级计划的轻工机械企业共541个，完成工业总产值23.2亿元。其中承担轻工业部计划的轻工机械企业 333个，职工人数17.2万人，完成工业总产值18.9亿元，比1985年增长18.3%。主要轻机产品产量完成情况见下表。

承担部计划的轻机企业分行业产量完成情况

	单位	1986年	1985年	1986年比1985增减+(-)%
轻工机械	吨	21 9273	20 3642	7.7
其中：造纸机械	吨	41 661	38 570	8.0
塑料机械	吨	30 271	26 854	12.7
食品机械	吨	40 621	35 692	13.8
日用轻工机械	吨	36 645	34 459	6.3
皮革、服装、五金等机械	吨	30 456	35 604	2.4
轻机配件	吨	33 619	32 463	3.6

1986年，中国轻工业机械总公司26个直属轻机厂工业总产值 3.5 亿元，比1985年增长14%；产量1.5万台，5.5万吨，比1985年增长2.3%。国家和市场急需的短线产品有较大幅度的增长。

轻工业部定点生产轻工机械的企业1986年全员劳动生产率10 985元，比1985年提高10.1%；其中轻机总公司所属26个轻机厂全员劳动生产率10 428元，比1985年提高11.4%。

1986年，轻机重点企业的主导产品质量稳定，并有所提高。广东轻机厂生产的啤酒灌装生产线，辽阳造纸机械厂的烘缸，山东省轻机厂的玻璃制瓶机等在用户中树立了信誉。1986年，轻工机械行业通过产品创优活动，获得轻工业部产品优质奖16个。轻机总公司表彰直属企业优秀质量管理工作者9名，优秀质量检验员23名。部属杭州轻工机械设计研究所建立了质量检测中心，着重对造纸机械、日用轻工机械产品进行了质量检测；全国服装机械销售技术服务中心，建立了专业服装机械产品质量检测中心。

1986年，全行业颁布国家标准1项，服装机械专业标准30项。轻工业部机械局下达新产品试制任务201项，实际完成127项。获轻工业部科学技术进步产品二等奖9项，三等奖52项。

1986年，通过轻工业部机械局安排的基建项目35项，投资3 358万元；技术改造项目50项，损资6 564万元；技术引进成交额1 474万美元。轻工业部轻机出口供应公司出口成交额600万美元。

【造纸机械】 1986年4月，部机械局在天津市召开造纸机械专业会议，共安排造纸机、板纸机136台，其中圆网纸机、板纸机94台，长网纸机、板纸机42台。

1986年，造纸机械完成新产品试制16项。其中比较突出的有：部杭州轻工机械设计研究所设计，湖北省沙市第一轻机厂制造的ZGT11型1575防锈纸涂布机，车速每分钟10～60米，涂布范围原纸定量40～120克/平方米，传动部采用无级变速，加热系统采用闭路供风循环；天津纸厂机械分厂设计制造的ZDP23型双回转圆盘磨浆机，磨盘直径915毫米，磨盘间隙调整范围0—7毫米，生产能力每日18—20吨，磨浆浓度20—30％，适用于针、阔叶木混合化学浆蒸煮后高浓磨浆。轻工业部长沙轻工设计院设计、湖北省广济轻纺机械厂制造的ZOC21型双锥草片除尘机，生产能力每小时6.25吨，除尘效率92.7％，筛选草片损失0.45％；上海造纸机械总厂设计制造的ZW24，1 760长网多缸造纸机，车速每分钟150—200米，抄净纸宽1 760毫米，抄纸定量范围每平方米40—80克，生产能力每日20吨，该机结合我国造纸原料的特点，消化吸收了阶梯扩散流浆箱和606复合压榨等先进技术，达到国内先进水平。

【塑料机械】 1986年，塑料机械完成新产品试制12项。其中比较突出的有：山东莱芜塑料机械厂设计制造的3FM1100-C型三层共挤出复合吹塑薄膜机组，螺杆直径45毫米，螺杆工作长度923毫米，生产能力每小时60公斤，模头采用复合式螺旋流道，双口双风环和牵引辊冷却装置；武汉塑料机械厂制造的高密度聚乙烯容器工艺及设备，采用了十点型坯控制系统，生产能力1升容积容器制品产量每小时540个，容器壁厚控制在0.6—1毫米之间。

【食品机械】 1986年，食品机械完成新产品试制33项。其中比较突出的有：上海饮料机械厂设计制造的OHS-4自动喷射汽水混合机，生产能力每小时4吨，采用先进的液体喷射一次混合成型技术，设有真空装置，装有水糖和气液两个连续可调混合配比系统；部上海轻工设计院设计，江苏海门动力机械厂制造的SD-1型蔬菜速冻机，生产能力每小时1吨，采用隧道拉盘式连续机械传动，配有空间强制循环冷风系统；部西安轻机设计研究所设计、宁波食品设备制造厂生产的PR8C-1型鲜奶包装机；天津市第二轻机厂生产的BJT100型粉料连续计量充填机；辽宁灯塔县轻机厂生产的WZD1000型振动干燥机、WSP1200型振动筛分机；此外，常德电兴机械厂、平水机械厂试制生产的YJ14-YJ13卷烟装接咀机等，也都具有较高水平。广东轻机厂从联邦德国引进技术、合作生产的每小时2万瓶啤酒灌装生产线中的5种6台设备，1986年9月通过机械鉴定，达到联邦德国同类产品的水平。

【其他轻工机械】 1986年，日用轻工机械新产品试制完成30项。其中比较突出的有：广州日用机械厂生产的每分钟80只R_6纸板电池生产线；上海电池机械厂生产的每分钟160只R_{20}电池生产线；武汉轻机厂生产的H314A火柴纸板制盒机等。山东省轻机厂从美国惠顿公司引进技术制造的BLH8-140型8组双滴料行列式制瓶机，采用回转试分料器、翻转钳瓶气缸，液压缓冲、软瓶网带牵引、磁性滚轮、林肯润滑、同步传动等先进技术，1986年9月，在广东玻璃厂通过生产鉴定。

1986年，皮革、服装、五金等机械共完成新产品试制36项，其中比较突出的有：上海家具机械厂试制的MLS-25型剪刀磨床，将剪刀内外刃口加工的8道工序合并成2道工序，技术指标达到国外同类产品的水平；同济大学与上海家具机械厂合作设计试制的MJD103型低噪声木工圆锯机等。

【行业管理与军民联合】 1986年1月，轻工业部机械局在北京召开了讨论轻工机械“七五”计划草案的会议。会议提出轻工机械行业要打破条块分割、军民分家的局面，由封闭型生产经营管理转向开放型生产经营管理。1986年7月，在长春市召开了轻工机械、衡器行业工作会议，会上讨论了轻机、衡器行业“七五”计划的具体实施方案及行业管理办法草案。1986年9月，中国轻工业机械总公司下放了佳木斯轻机、牡丹江第二轻机、大连红旗机械、苏州轻工电机、江门电子技术设备厂等5个轻机制造企业。在下放中，商定物资供应采用直供的形式，基建、技术改造项目在建的由总公司继续搞完，新开项目按地方项目办理，计划统计、人事、财务、劳动工资工作从1986年10月1

日起正式划归地方管理。

1986年12月，航空工业部部长莫文祥与轻工业部杨波部长会晤，双方就振兴轻工业、加强合作进行会谈。莫文祥部长表示：航空工业部要积极贯彻中央指示精神，在“军转民”过程中，为轻工业提供先进技术装备，为振兴轻纺工业做贡献。杨波部长表示：轻工业技术改造任务很重，要真心实意地依靠航空工业部门和其他军工部门协作。在两部会谈的基础上，轻工业部机械局和航空工业部民品司进行了多次商谈研究，确定紧密合作，发展各自优势，实行多形式、多层次的横向经济联合。初步商定先在罐头机械、皮革加工机械、家用电器测试、陶瓷机械、大型塑料模具、高速精密冲切模具、塑料机械关键配套件、搪瓷和铝制品设备、蝶式离心机、服装机械精密铸件、灯泡和灯具、高级糖果生产设备、包装材料加工设备等10个方面进行合作，由两部开展联合调查和协同技术攻关。

（崔良魁）

衡器工业

【概况】 1986年，全行业共有衡器企业251个。总产值3.04亿元，比1985年增长15%，总产量166.6万台，比1985年增长16%。其中，大型专用衡器27.8万台，比1985年增长12.7%；台案秤138.8万台，比1985年增长16.2%；计量杠杆125万套，比1985年增长20%。在领到生产许可证的105个定点企业中，共有职工3.1万人，固定资产原值1.7亿元。其中32个生产大型专用衡器企业有职工1.85万人，固定资产原值1.4亿元。这32个企业的产值1.96亿元，比1985年增长20%；劳动生产率为10 566元，比1985年提高5.2%。上海衡器厂和上海东方衡器厂的劳动生产率分别以22 897元和21 023元列行业之首。

销售。1986年，衡器产品国内销售总额约3.3亿元，比1985年增加14%；大型专用衡器占总销售额的2/3，电子衡器（包括机电结合衡器）约占总销售额的5%。外销创汇约为120万美元，比1985年增加20%。出口产品基本上是机械式台、案秤，主要销往东南亚地区。广州衡器厂已被国家批准为出口基地企业。

品种、质量和质量管理。1985年计划试制和生产新产品18项，有9项在年内完成技术鉴定。1986年相继成立了全国日用衡器检测中心和全国大型、专用衡器检测中心，统一了衡器产品质量的检测手段和标准。一年内，通过发放、检查、复查生产许可证的活动，扭转了企业产品质量下降的趋势。北京衡器厂铸件废品率为4.5%，比1985年下降3.3%；项次合格率为94.3%，比1985年提高0.9%；万元产值耗电608度，比1985年降低15%，成绩比较显著。

1986年获得轻工业部优质产品称号的有：常熟衡器厂200克学生天平和系列架盘天平；青岛衡器厂ＴＧＴ-500型计量杠杆；大连衡器厂150Ｔ静态轨道衡。获部优质产品称号满3年，经过考核仍保留部优质产品称号的有：北京衡器厂ＢＧＺ-250型字盘包裹秤；天津衡器厂ＺＧＴ-20型地中衡；长沙衡器厂ＺＧＴ-20型地中衡；长春衡器工业公司ＳＧＴ-3型地上衡；南京衡器厂ＺＧＴ-5型地中衡；东方衡器厂ＨＧＴ-1000型容重秤。1986年，共制定了称重传感器、称重示控制器、电子计价秤、电子皮带秤和固定式电子秤5项衡器国家标准，修订了杆秤统一图纸和检定规程。

生产许可证制度。1985年开始的衡器产品发放生产许可证工作继续进行。1986年初，轻工业部、国家工商行政管理局、国家计量局、国家标准局（以下简称一部三局)，联合签发了《关于对部分台秤、案秤生产企业质量保证体系进行复检的通知》，并随后组成联合检查组进行复检。复查结果：全国共有90个企业的252个合格产品取得台秤、案秤生产许可证。7月5日，一部三局联合签发《关于组织检查组检查大型、专用衡器企业质量保证体系与产品质量的通知》，联合检查组对全国30个申请大型、专用衡器产品许可证的企业进行了检查，结果有28个企业的323个合格产品获得生产许可证。

根据《中华人民共和国计量法》要求，推行以公斤为法定计量单位。原生产的非公斤制衡器产品图样经过修订后，在1986年7月1日起开始实施。非法定计量单位的衡器产品，可以延续生产到1986年底。

【技术引进与经济联合】 1986年，长春衡器工业公司引进美国利维尔公司5种型号24个规格称重传感器及应变片的制造技术基本完成，开始小批量生产。该公司还从联邦德国申克公司引进100吨静重式标准测力机和5吨精密天平。沈阳衡器厂从美国维姆公司引进的电子料斗秤制造技术已完成散件样机的安装调试工作。武汉衡器厂引进美国拉姆齐公司动态电子轨道衡制造技术，中美双方已确定检定规程和进行样机的安装调试工作。上海衡器厂引进日本先进技术，建设的年产6万台电子计价秤生产流水线,已经投入试生产。

经济联合。1986年10月，由18个企业发起，41家衡器厂参加的“衡器工业联营公司北京总部”经轻工业部机械局和北京市工商行政管理局批准成立。该公司注册资本为235万元，主要经营称重系统的成套设计、安装、调试服务工作，采购供应衡器零部件及各种砝码，并由轻工业部机械局委托该公司承担对大型及专用衡器、日用衡器、计量杠杆等产品的销售服务工作。

1986年12月，中国衡器协会第二次全体会员代表大会在厦门召开。会议总结了协会成立3年来的工作，确定了今后的工作方针和任务，审查了第一届理事会的工作报告，选举出第二届理事会成员。

（胡　平）

包装印刷工业

【概况】 轻工包装印刷行业1986年有县以上企业5 138个，其中装潢印刷企业(包括复合软包装企业）3 802个，纸包装企业1 186个，印铁制罐企业150个，职工总数58万人。工业总产值63.9亿元，占全国轻工业总产值的4％。实现利润8.7亿元，全员劳动生产率11 000元。截止1986年底，轻工包装印刷联合总公司，已有股东52个，股份68股，集资680万元（每股10万元),年销售额8 803万元。

1985年初，轻工业部包装印刷联合总公司曾对沙市彩印厂投资100万元帮助该厂发展彩印业务。1986年该厂返过来入股10万元，加入轻工业部包装印刷联合总公司，形成了双方互相投资入股的情况。在总公司的积极支持与协作下，该厂两年来先后在沙市、北京、武汉等地分别发展了“工工”“工商”“工贸”联合，在香港组织了与港商合资企业，初步形成了一个打破地区、行业和内外界限的、包括多种多样的松散的、半松散、半紧密的、紧密的经济联合组织，取得了显著的经济效益。1985年，该厂的产值和利润比1984年分别增长65％和93％；1986年又比1985年分别增长25％和61％。

郑州纸箱厂在发展与科研单位及纸板生产企业的联合上都取得了成就。该厂是一个只有190人的小型集体企业。1986年，厂与科研单位共同研制成功了CCOS型冷制玉米淀粉粘合剂，填补了国内空白。该厂还与郑州郊区城关老虎屯造纸厂(乡办企业)在原料供应上签订了联营协议。协议规定：在联营期间，纸箱厂每年向造纸厂交纳利润5万元，造纸厂生产的箱板纸全部归纸箱厂使用。通过供产联营，使郑州纸箱厂有了可靠的原材料的来源，为企业的生产发展创造了根本条件。由于来价降低38％，1986年就受益3.2万元。1986年，该厂实现利润23.7万元，比1985年提高36％。工业总产值和劳动生产率也都有所提高。另一方面濒临倒闭的关虎屯造纸厂由于产品销售有了保证，使企业得以起死回生。

1986年，总公司积极贯彻国务院1985年12月12日批转的《国家经委、国家计委、财政部关于采取措施从严控制去港澳印刷的报告的通知》，选定轻工包装印刷行业系统的22个定点企业，承担印刷彩色画册、产品样本、说明书和商品广告等高档印刷品的任务。据不完全统计，一年来这些企业共承接上述各种印刷品807批，约计1 352万册，总销售额2 685万元，折合外汇725.6万美元。

【产品标准与质量评比】 轻工业部包装印刷联合总公司，组织轻工业部包装科学研究所、天津包装装潢研究所等单位制订的我国瓦楞纸箱国家标准，已经国家标准局批准，自1986年10月1日起实施。其编号和名称为：

GB6543-86瓦楞纸箱；GB6544-86瓦楞纸板；GB6545-86瓦楞纸板耐破强度的测定方法；GB6546-86瓦楞纸板边压强度的测定方法；GB6547-86瓦楞纸板厚度的测定；GB6548-86瓦楞纸板粘合强度的测定方法。

印铁制罐产品的专业标准，经轻工业部批准，送国家标准局备案，自1987年1月1日开始实施。编号为：ZBA82001-86包装装潢马口铁印刷品；ZBA82002-86包装装潢马口铁罐产品。

1986年，包装印刷工业开展了主要产品质量评比工作。

1986年7月21—28日，总公司在天津召开了全国轻工系统瓦楞纸箱产品质量评比会，评选出1986年度外销瓦楞纸箱和内销瓦楞纸箱部优产品，结果如下：

类别名次		产品名称	生产单位
外销	第一名	050纸箱	上海纸箱一厂
	第二名	卫生纸纸箱	麻城县纸箱厂
	第三名	三鞭酒纸箱	烟台包装装潢厂
内销	第一名	501FC机蕊箱	天津纸箱一厂
	第二名	$47C_3$彩电箱	北京纸箱厂
	第三名	$10X_2$针药箱	广州东方纸箱厂

1986年8月10—15日，在安徽省芜湖市召开了全国轻工系统装潢印刷产品质量评比会，评出1986年度平、凸、凹印三大类的前三名产品，结果如下：

类别	名次	产品名称	生产单位
平印	第一名	红旗灯具样本	上海凹凸彩印厂
	第二名	中国十大风景名胜画册	南京彩色印刷厂
	第三名	天津印刷装潢工业公司样本	天津胶印厂
凸印	第一名	四季男套大盒	北京商标印刷二厂
	第二名	黄鹤楼烟条盒	武汉印刷厂
	第三名	董酒盒	上海人民印刷八厂
凹印	第一名	对开水果双月历	上海人民塑料印刷厂
	第二名	肉末方便面	青岛塑料复合印刷厂
	第三名	方便面袋	沈阳凸板印刷厂

1986年8月20－25日，在天津召开了全国轻工系统印铁制罐产品质量鉴定会，评定结果如下：

类别	名次	产品名称	生产单位
饼干桶	第一名	"地方特色"饼干桶	苏州印铁制罐厂
	第二名	"百花"饼干桶	上海食品工业印铁厂
	第三名	饼干桶	杭州印铁制罐厂
礼品盒	第一名	小孩礼品盒	哈尔滨印铁制罐厂
	第二名	美味佳品礼品盒	北京印铁制罐厂
	第三名	快乐礼品盒	南京印铁制罐厂
综合类	第一名	麦乳精桶	湖北洪湖印铁制罐厂
	第二名	固体人参饮料精桶	湖北宜昌印铁制罐厂
	第三名	珍珠麦乳精桶	湖北监利印铁制罐厂

轻工业部《包装产品质量监督检测中心及专业检测站》于1986年11月7日正式成立。该站在1986年包装印刷产品质量评比和标准制订的过程中，已经投产使用，发挥了作用。

【技术引进和更新】 1980年以来，包装印刷工业积极开展了技术引进和更新改造工作。据不完全统计，截止1986年底，全行业已引进瓦楞纸板生产线27条，复合软包装生产线62条，不干胶印刷机150台，凹版、苯胺印刷机和照相、制版设备60多台(套)，还引进了双色、四色胶印机以及紫外线干燥印铁机若干台，使工艺、装备提高到70年代末、80年代初的水平。以装潢印刷专业为例，在全国大、中城市的重点印刷厂、传统的园盘机、方箱机、鲁林机、平台机等陈旧落后的设备已基本上为立飞、卧飞、仿海德堡、08、05胶印机等国产先进设备和引进的联邦德国、日本的四色胶印机、多色轮转凹印机所替代。对辅助印刷的配套工艺，如照相、电子分色、晒版、上光、烫金也都采用了机械化、半机械化的设备。1986年，根据总公司对系统内50家大、中型包装印刷企业的设备调查表明，1980年以后购置的设备已经占原有设备总数的55—60%，引进设备占设备总数的31.8%。其中中南、西南地区1980年之后购进的设备占设备总数的61%，东北地区1980年以后购进的设备占原有设备总数的40%。山东省一轻包装印刷公司1986年拥有各种包装印刷设备6 243台，其中近年引进的360台（套)和国内配套设备190余台（套)已于1986年上半年全部安装投入使用。中山市包装印刷公司现有职工783人。该公司从1983年开始，对老企业进行了全面技术改造，形成了平、凸、凹印刷齐全，拥有彩色纸张包装，塑料复合包装，彩色铝箔复合包装和真空镀铝包装基材的多元化产品加工能力的包装印刷企业。1986年，该公司年工业总产值、全年实现利润、人均创利润、全员劳动生产率分别比1985年增长106.2%、11.53%、11.7%、68.3%。

大连塑料彩色印刷厂在引进日本先进技术上取得了显著成就。该厂是生产软塑料印刷复合包装材料的专业厂，现有职工254人。近年来，他们由日本引进的五色凹版印刷机、八色凹版印刷机、挤出机、复合机、分切机、复卷机、制袋机等组成的全套自动控制生产线已经顺利投产。1986年完成工业总产值2 278万元，实现利税677.3万元，人均创利税2.67万元，全员劳动生产率8.97万元。

（张　芳）

兄弟部办轻工

航空工业中的轻工业

【概况】 1980年航空工业继续贯彻中央、国务院、中央军委关于军民结合、平战结合的方针，遵照中央、国务院领导同志对我部"生产民用产品，为四化服务，成为国民经济的装备部，成为出口创汇的主力军"的三建指示精神，部党组适时地提出了"军民结合，以民为主；航空为本，多种经营；发挥优势，科研先行；面向国际，集团竞争"的32字战略方针，利用航空工业部的技术、设备优势，除完成军品和科研任务外，积极发展和推进民品生产。1978年以前民品产值长期徘徊在一亿元左右，只占当年工业总产值的4%，1986年民品产值达18.9亿元，占全年工业总产值的61%，民品品种已发展到3 000多种，并生产了一些具有国际先进水平的产品。

航空工业部从事轻工业生产已有多年的历史，直接由轻工业部归口的产品有空调器、家用电冰箱、家用洗衣机、电风扇、卷发器、冷藏柜、三色软冰淇淋机、工业缝纫机、中文打字机、各种型号轻便自行车、机动脚踏两用车、厨房用具、工量具、大型工程复印机、钟表、服装等30多个品种，涉及到14个行业。1986年轻工产品有了较大的发展。新开发了干法复合机、干洗机、彩色扩印机、便携灶具等10多个品种。生产轻工产品的企事业单位有50多个，共有职工5.5万人，其中工程技术人员有5 500人左右，比1985年增长10%，产值3亿多元，比1985年增长7%，全员劳动生产率为8 000元。出口创汇700多万美元，比1985年增长15%左右。

1986年航空工业轻工业保持持续稳定发展，各项指标有了较大幅度增长。其主要特点：一是轻工产品的范围有所扩大，花色品种有了增加；二是注意了产品的更新换代，向系列化方向发展；三是加速了主要产品的技术改造和建线工作。如对国营秦岭电工厂的电机生产线、国营清江仪表厂、苏州长风机械厂的温控器生产线进行了验收；四是注意了产品质量，进一步提高市场的竞争力。在军转民的方针指引下，航空工业除生产和发展了电冰箱、洗衣机、空调器外，还生产了一些小家用电器，如电子门铃、卷发器等共有十多个品种。目前已初步建成了生产、经营、设计、检测的科研机构。现将1986年航空工业部中主要轻工产品情况分别介绍如下：

洗衣机。1986年生产洗衣机的工厂有沈阳飞机制造公司、黎明机械制造公司和四川成都发动机公司，有航空牌、松陵牌、双燕牌、玉叶牌等6个型号30多个品种，其中新开发的有10个品种，实际完成321 184台，职工人数4 500人左右，总产值为6 500万元。目前工厂对原型洗衣机正在改进改型，并进行了双缸洗衣机的研制和生产。如沈阳飞机制造公司生产的松陵牌洗衣机已发展成为五个型号，逐步向喷淋式半自动和自动化方向发展。

电风扇。从事电风扇生产的有上海铁岭电器厂、沈阳北陵机械厂和陕西秦岭电器公司，从业人员5 500人，1986年计划产量172 000台，实际完成72 216台，比1985年增长22％，生产的品种12吋、14吋、16吋各种型号的坐式落地挂灯的电风扇；

空调器。航空工业部从事空调器生产已有14年的历史，已形成了四个系列20个品种，生产的企业有宝鸡宝成仪表厂，合肥江淮仪表厂，北京青云仪器厂等6个主机厂和配件厂，职工约2 000名。实际完成156 19台，比1985年增长3％完成产值5 200万元。主要大类包括集中式空调和空调器两大类。集中式空调主要满足于具有恒温及净化要求高的工程需要。具体品种有天鹅、宝花牌3 000大卡/小时的窗式空调，包括单制冷、双制冷和冷热两用。还有挂墙式、吊顶式、落地式的分体式空调器和显管式空调器以及小型家用空调器。陕西宝成通用电子公司和合肥江淮仪表厂生产的空调器是在引进日本松下公司和大金公司的先进技术基础上，进一步开发了三个系列，9个品种，同时引进了日本大西热学的测试手段，建立了空调器测试中心和制订了空调器技术标准。空调器的主要配套件压缩机由西安宇航公司和上海铁岭机械厂生产。1986年空调器压缩机完成了14 552台，热交换器由河南新乡公司生产，完成7 000套。空调器是国家限购产品，航空工业部生产的空调器约占全国空调器总产量的20％，销售率达到90％以上。

电冰箱。航空工业部从事电冰箱及其主要配套件生产的有四川成都发动机公司等6个工厂，已有职工3 000人，工程师以上的技术人员占10％，实际完成52 175台，其中双门1 575台，产值达5 600万元，比1985年增长2倍多。双门电冰箱引进了日本夏普公司的技术，进行了消化吸收，外形美观大方，国产化率达80％以上。单门电冰箱仿制日本松下公司的产品，主要部件，如压缩机、温控器、蒸发器分别由西安远东公司、成都清江仪表厂、苏州仪表厂等配套生产。四川新都机械厂生产的电冰箱已被正式列入国家冰箱定点生产厂之一，冰箱的各项指标均达到了轻工部标准，在多次参加全国的抽样试验中，各项指标完全符合要求，冰箱压缩机的各项指标已达到了国外同类产品水平，其优点是耗电量低、体积小、制冷速度快。国内的主要冰箱厂纷纷订货，市场供不应求。

缝纫机行业。航空工业部万里电机厂生产GGP-1高速工业平缝机，从业人员约250人，其中工程师以上技术人员占20％，1986年实际完成3 000台，是1985年实际完成855台的3倍多，产值达400万元。1986年经过重点技术改造后年产量可达2万多台。该机的主要特点是针速高，不漏油，用途广，噪音小，受到国内外用户的欢迎，1986年高速工业平缝机出口。

钟表行业。1986年航空工业生产的钟表已由木钟发展到机械座钟、挂钟、电子、石英钟表等，已形成了三大系列30多个品种，并已打入国际市场。主要生产厂是苏州长风机械厂、深圳工贸中心。苏州长风机械厂，为了扩大产量，成立了时钟分厂，1986年实际完成产量182 611台，比1985年增长34％，产品质量稳定，造型美观，远销国内十几个省市。目前已经形成了20万台的石英钟和25万台木钟的生产能力。

自行车行业。航空工业部从1981年就开始自行车生产。主要生产厂有沈阳黎明机械制造公司和西安航空发动机制造公司。分别生产“航宝牌”“哪吒牌”钢质和“银燕牌”铝合金自行车共18个品种。1986年实际完成产量86 711辆，现有职工2 500多人，其中工程技术人员占20％以上，全年销售96 749辆，产值达1 800多万元。航宝牌轻便自行车和铝合金自行车曾获得部优质产品奖，两个厂均取得轻工部颁发的生产许可证，成为“中国自行车协会”的团体会员。钢质自行车采用新研制的中轴与左右曲轴连成一体的整体中轴，结构合理、新颖，骑行轻便，很受用户欢迎，并已同外商签订了协议，销往欧美市场。铝合金变速自行车架接头部分焊接采用氩弧焊接工艺，优于压铸联接和胶接工艺，坚固耐用。目前国务院机电出口办公室已把航空工业部生产的铝合金自行车列为出口的重点项目，并确定由航空工业部定点归口。1986年在秋季广交会上航空工业部与美商就20吋、23吋的铝合金自行车达成协议。

随着公路建设的飞速发展，农村道路的日益改善，高层住宅的兴起，轻便自行车愈来愈受到人们的瞩目和欢迎。航空工业部利用自己的独特工艺优势，已把铝合金自行车,钢铝结合自行车作为发展的重点方向，将不断的发展赛车、运动车和童车等品种，以满足国内外市场的需要。

（张治明）

中国民航航空食品工业1986年的发展

【概况】 随着民用航空事业的发展，机型不断更新，国际、国内和地区航线不断增加，航程越来越远，为了满足乘坐飞机的旅客对机上的饮食要求越来越高的需要，航空食品部门不断改进配餐技术，提高餐食质量，使航空食品业得到进一步发展。中国民航现有航空配餐部门9家，其中有北京、上海航空食品公司和广州、成都、西安、沈阳、乌鲁木齐、昆明、兰州机场航空食品配餐部门。现已有多家外国航空公司在我国航空配餐部门配餐，对我航空食品质量给予了较高的评价。

【1986年的发展】 北京航空食品有限公司。围绕提高经济效益，加强了经营管理和成本核算工作，克服了因航班减少影响配餐业务等不利因素，充分挖掘生产潜力，提高工作效率，减少原材料浪费，降低餐食成本;在保持餐食价格稳定的基础上,取得了较好的经济效益。该公司现有工作人员457名，全年配餐214.3万份，日平均配餐量5 870份，比1985年减少0.5%,但是，由于外国航空公司配餐的增加和所配餐的正餐比例的增大，仍完成了营业收入2 723.8万元，比1985年增加11.7%，年分配利润为383.7万元，比1985年增加1.9%,该公司还从提高食品卫生标准和餐食质量入手，促进了服务水平的提高，增强了在国际配餐行业中的竞争能力。目前，通航北京的瑞航、法航、英航、日航、苏航、联合(美)、菲航等18家外国航空公司在北京航空食品有限公司配餐。1986年，为外航配餐收入为823.9万元，比1985年增加53.7%；年外汇收入1 519万元。该公司1986年为中国民航的24条国际航线和17条国内航线的航班配餐，年配餐收入为1 663.7万元，比1985年增加2.3%；全年共为中国民航和外国航空公司提供配餐服务8 892个班次，承担了240架次重要专、包机的配餐任务。中外贵宾对该公司为专机提供的服务表示满意，并对配餐技术给予了较高的评价。北京航空食品有限公司还扩大服务项目和范围，全年其它营业收入达236.2万元。

上海航空食品有限公司。随着国际航线的不断开辟，上海虹桥机场日益繁忙，起降外航飞机增加。自该公司成立以来，陆续有美国泛美、香港国泰、加拿大太平洋和日本全日空等航空公司与之签订了配餐合同。1986年该公司有工作人员191名。全年为中国民航和外国航空公司配餐119.5万份，日平均配餐量为3 275份,比1985年增长12%；总营业收入1 078万元，比1985年增长31.5%,其中为中国民航配餐收入864万元，占总收入的83%；为外航配餐收入178万元，占总收入17%；年分配利润182.7万元，比1985年增加27.7%；年外汇收入353.5万元，比1985年增长11%；1986年该公司还保证了专、包机的配餐。英国女王访问上海时,对上海航食部门提供的服务表示非常满意。该公司外卖业务也比较活跃，共为各驻沪领馆、外商机构提供自助餐、鸡尾酒会餐食服务达三十多次，收入达36万元。上海航空食品公司为了适应上海未来航空事业发展对配餐的需要，决定购买北京航空食品公司在上海航空食品公司的全部股份，提前结业。与香港沪港航空食品公司、达益公司等合资组建上海东方航空食品公司。该公司已于1986年10月取得了“中国上海东方航空食品公司”营业执照。并计划再兴建6 000平方米现代化配餐车间,加强人员培训工作，提高职工队伍素质。1987年计划完成业务收入1 160万元。

民航广州管理局。其配餐间担负着部分国内航班和中菲、中泰、中新等国际航线航班的配餐任务。1986年有工作人员71名，全年配餐115.5万份，日平均配餐量3 165份,比1985年增加75.3%；营业收入489.8万元,比1985年增加52.8%；利润140.5万元，比1985年增加51.7%。目前，在广州机场起降的航班不断增加，航空食品需要量逐步增长。为此，民航拟进一步扩大航空配餐的规模。

民航成都管理局。配餐间担负着由成都始发的国内航班和至香港包机的配餐任务。现有工作人员43名，1986年配餐84万份，日平均配餐量2 301份，年营业额225.9万元。

民航云南省局。昆明配餐间担负着部分国内航班和经停的国际航班及旅游包机的配餐任务。1986年，有工作人员35名,全年配餐25万份，日平均配餐量685份，年营业额101万元，全年为中国民航配餐收入95万元。

民航西安、乌鲁木齐、沈阳、兰州机场配餐部门业务量较小，其中西安、沈阳、兰州机场配餐间未单独核算，与机场旅客餐厅合在一起。民航沈阳管理局配餐间担负着由沈阳始发的国内航班的配餐任务，有工作人员25名，全年配餐15万份，年营业额60万元，上交利润18万元。民航甘肃省局兰州配餐间担负着由兰州始发的国内航班的配餐任务，6名工作人员年配餐4.6万份，营业额16.2万元。民航西安管理局配餐间担负着由西安始发的国内航班的配餐任务，业务量不大；民航乌鲁木齐管理局配餐间担负着由乌鲁木齐始发的国内航线的航班配餐任务，目前业务较少。为了适应乌鲁木齐机场航空运输的发展，满足航班飞机配餐的需要，民航正在乌鲁木齐兴建新的、较现代化的配餐车间。

（沙洪江）

商业部中的轻工业

【概况】 商业部生产的轻工产品按照轻工业部归口管理的行业计算有香精香料、罐头、酿酒、乳品、糕点糖果、服装、日用杂品、商业机械共8个行业。1986年经商业部安排，生产轻工业产品的8个行业用于技术改造的总投资共计3.93亿元，其中银行贴息贷款0.98亿元，共改造了201个项目，1986年全员劳动生产率平均为1.21万元/人，比1985年提高了4.3%。基本情况如表：

企业数和职工人数

行业名称	企业数	职工人数
香精香料工业	245	2 234
罐头工业	469	23 865
酿酒工业	1 744	96 305
乳品工业	69	10 209
糕点糖果工业	12 546	406 124
服装鞋帽工业	652	64 607
日用杂品工业	527	12 918
商业机械工业	403	42 305
合　计	16 655	658 567

主要产品产量

产品名称	计量单位	1986年产　量	1985年产　量	1986年比1985年+(-)%
香精香料	万　吨	3.01	0.71	323
罐　头	万　吨	11.95	7.01	70.47
酿　酒	万　吨	67.09	64.01	4.81
乳　品	万　吨	1.46	1.27	14.96
糖果糕点	万　吨	229.86	232.09	－0.96
服装鞋帽	万　件（万双）	5 718	5 410	5.69
商业机械	万　元	45 800	50 800	－9.84

利润和税金完成情况。1986年商业部所属生产轻工产品的8个行业，其亏损企业共有1 626个，比1981年增加了40.9%，亏损金额为5 597万元，比1985年增加了206.3%，其中糕点糖果行业亏损情况最为严重，占8个行业亏损企业总数的65%，亏损金额占8个行业亏损金额的47%。造成亏损的原因主要由于原辅料及能源价格的上涨，另外也由于企业经营管理不善，产品更新较慢，销路不畅。

（吴韵华　贺亚庆）

社会福利企业中的轻工行业

【概况】 社会福利企业，是民政部门为安置有一定劳动能力的残疾人员参加生产而举办的特殊企业。目前，全国城乡约有19 000多个生产单位；其中从事轻工生产的企业约占40%以上。这些轻工企业以中小型居多。为适应残疾人从事生产劳动的特殊情况，福利企业扬长避短，因人制宜，坚持以质量求生存，以品种求发展，自筹资金和物质供应渠道，百折不挠，艰苦创业。到50年代末，60年代初，不少福利企业从事轻工生产已具相当规模，作为轻工发展的补充，收归轻纺系统管理。近年来，特别是在党的十一届三中全会之后，福利企业中的轻工生产又得到迅速的恢复和发展。目前，这部分企业生产的产品，由自行车、缝纫机、钟表、家电、轻工机械工业配件至造纸、电光源、感光材料、洗涤用品、日用陶瓷、搪瓷制品、日用玻璃、香料香精、制糖、酿酒、罐头、糕点、饮料、塑料加工、皮革、日用五金制品、铝制品、工具、建筑五金、家具、服装鞋帽、文教体育用品、工艺美术、地毯、玩具、日用杂品、衡器、包装等工业的生产，品种繁多。配件生产和自行设计生产的产品，几乎涉及了所有的轻工行业。仅化妆品生产一项，就有近200个福利企业。不少产品曾荣获省优市优和部优称号；有些还是行业评比的拔尖项目；有的产品，连续多年覆盖地方市场；福利企业的轻工产品还行销40多个国家和地区。差不多每个轻工行业中都有几项名牌产品。上海自行车配件厂的永久牌自行车脚蹬，上海图钉厂的四方牌图钉，郑州市大兴福利服装厂的服装制作，北京毛织品厂的地毯、沈阳第四印刷厂的唐马牌扑克，丹东市棉织六厂的坚固呢产品、北京市三露厂的大宝牌系列化妆品等等，都是在地方以及国内外享有很高声誉的轻工产品。

随着经济体制改革的不断深化，福利企业的轻工生产必将为我国的轻工行业作出更大的贡献。

（韩全永）

军需工业中的轻工业

【概况】 军队办工厂源于红军时期。新中国成立后，为适应军队现代化建设，合并和新建了一批工厂。截止到1986年，全军已拥有装备修理、军训器材修造、军需用品生产等200余个工厂，职工30余万人，固定资产40亿元。其中，属于轻工业的有服装、制革、制鞋、装具、缝纫机械、造纸、印刷、罐头、日用五金等60余个工厂，职工8.6万人，固定资产8.1亿元。建国以来，军队工厂年年完成和超额完成装备修理、军训器材制造、军需用品生产任务，并提供了不少民用产品，军需工业为部队实现革命化、现代化、正规化建设，为支援国家社会主义建设作出了贡献。

1986年，军队工厂认真贯彻了"军民结合"的方针，大力开拓民品生产，轻工业生产有了新的发展。轻工业产品的产值已达到23.98亿元，上缴税金9 341万元。仅民品服装的产量即比1985年增长3.6倍。耐穿、适用、经济的解放胶鞋比1985年增产1 000余万双，其它民品生产也都有所增长。

主要产品产量完成情况

主要产品	计量单位	1986年产量	1985年产量	1986年为1985年(%)
帽子	万顶	133.15	95.45	139.5
服装	万件	767.53	166.48	461.03
皮鞋	万双	59.65	55.72	107.05
胶鞋靴	万双	3 479.88	2 372.64	146.67
塑料鞋	万双	57.9	25.77	224.68
布鞋	万双	388.89	375.91	103.45
服装革	万平方米	14.95	12.29	121.64
面革	万平方米	56	71.39	78.44
底革	吨	1 723	225.67	763.50
人造毛皮	万米	72.99	71.66	101.86
人造革	万平方米	19.26	/	/
球类	万只	16.18	15	107.87
雨衣	万件	39.69	58.37	68
帐蓬	顶	2 200	/	/
气垫床	万个	30.4	22.77	133.51
电热毯	万个	3.72	4.65	80
电风扇	万台	36.34	24	151.42
门锁	万把	67.43	42	160.54
造纸	吨	5 834	5 661	103.06
罐头	吨	6 658	7 437	89.53
压缩口粮	吨	1 656	1 487	111.4

为了适应市场需要，提高军需产品声誉，军需工业开展了创优质产品活动。1986年评出的全军优质产品有162种。其中，食品类有：红星牌味素、白兰牌加碘精制食盐、金鱼牌高级鱼籽酱；酒类有：龙溪牌黑加伦酒、银河牌银河特液、奇峰牌虎骨过山乌蛇酒、军民堤牌曲香米酒、宝昌牌宝昌酒、茅桥牌五粮特液、潇湘潇湘液；日用五金类有：铁锚牌弹子插蕊门锁、环球牌太阳能热水器、峨嵋牌自行车脚蹬；家用电器类有：武夷牌台扇、凯灵牌定时遥控落地两用扇、月仙牌落地扇；服装鞋帽类有：西蜀牌毛粘粗花呢男西服、热河泉牌儿童尼龙绸夹克衫、78式草绿绒衣裤、3 534厂的带袖雨衣、栽绒帽，3 516厂的低腰皮鞋、3517厂的解放胶鞋、童鞋；造纸类有：石林牌卷烟纸、玉凤牌凸版纸；印刷类共256个品种，包括书刊杂志、画报、画册、挂历、地图等，还有人造毛布等。

目前，军需工业正在发挥自己的技术、设备优势，进一步开拓军民结合的路子，为国内外市场提供更多的轻工业产品。

（杨善举）

乡镇企业中的轻工业

【概况】 乡镇企业是农民办的企业，是在我国农村手工业的基础上发展起来的，1976年定名为人民公社企业，1979年改名为社队企业，1984年根据中央四号文件又改名为乡镇企业。

乡镇企业轻工业，各省都有，但发展不平衡，最集中的还是华东地区，它起步早、发展快、起点高、活力强、品种全、质量好。

乡镇企业中的乡村两级轻工业，1985年的总产值是548亿元，比1980年增长三倍多；1986年的总产值是625亿元，比1985年增长12.6％。

乡镇企业轻工业，占轻工全行业的比重较大。1985年相当于轻工部门的35％，1986年相当于轻工部门的36％。

乡镇企业轻工业，有下列几大主要行业：

一、食品工业。乡镇企业的食品工业，是我国农村80年代兴起的具有优势的一大产业。主要特点：1.国情需要。长期以来，我国食品工业的90％集中在城市，而作为原料产地和主要消费市场的农村却占不到10％，因而有许多难题得不到解决。为了调整食品工业的布局，中央作出了一系列政策规定。1979年中共中央在《关于加快农业发展若干问题的决定》中指出："社队企业要有一个大发展，…凡是符合经济合理的原则，宜于农村加工的农副产品，要逐步由社队企业加工。"1981年中央13号文指出：在农村发展食品工业，"不仅可以提高农副产品的利用率和价值，还可以大大减少贮藏和运输的困难"1983年中央1号文提出："长期以来把农产品远距离运到城市加工，农村光生产原料的状况，不但造成农产品不必要的损耗浪费，而且限制了农村劳动者就业的范围和农产品综合利用的效益。这必须逐步地有计划地加以改变。今后新增加的农产品加工能力，都要尽可能接近原料产地。”这是从我国的国情出发，指出了发展乡镇企业食品工业的必要性重要性。2.品种齐全。现已形成的乡镇企业食品加工业，有粮食及其复制品、食用植物油、乳品、制茶、酿酒、饮料、罐头、禽蛋、水产品、食用菌、糕点、糖果蜜饯、制盐等20多个行业，并且各地也都形成了自己的优势。3.发展较快。1985年全国乡镇企业食品工业总产值是114.6亿元，比1980年的38亿元增长200%；1986年产值150亿元，比1985年增长31%。它在食品全行业中的比重逐年增加，1979年只占3.6%，1986年增加到14.3%；在乡镇工业中的比例也不断提高，1978年约占6%，到1986年达10%以上。4.重视科技。1980年以来，部局为各地举办了各种专业技术培训班16期，学员1 200多名。现在乡村两级食品企业中，每个企业约有1—2名具有实践经验的技术员，全国有30—40万人；有一部分企业还从大专院校、科研单位聘请了工程师。从1983年起，部局从实践中总结推广了14项先进技术，1984、1985年，召开了7次技术座谈会、9次食品工业会和专业会。还3次派员出访意大利、瑞士、保加利亚、日本等国考察食品工业。5.积极创优。1982年以来，普遍开始了一手抓食品卫生、一手抓产品质量。产值在30万元以上的罐头、酒、奶粉、茶叶企业，一般都已建立了质检室，配有专人和必备仪器，进行常规检验，多数企业都是委托有关部门、单位进行质检。近五年来，已对20种1 600多个食品进行了质量评审，奶粉、茶叶、酒、松花蛋、水产品、肉禽罐头等产品，获部优的有225个，获国家金质奖1个、银质奖7个。6.努力出口。辽宁省乡镇企业食品出口占乡镇工业品出口的50%；河南省乡镇企业食品出口占全省出口的30—40%，烤花生年出口40—50万斤，全部是乡镇企业的；湖南省每年出口红碎茶30万担，乡镇企业占80%。

二、造纸工业。乡镇企业造纸工业，既保留了传统的手工纸生产，又发展了大量的机制纸生产。乡镇企业机制纸生产，起源于70年代中期，虽时间不长，但发展较快。基本情况如下：

时　间（年）	企业数（个）	职工数（万人）	产　量（万吨）	产　值（亿元）
1980	2 700	13	80	4
1981	2 750	14	101	4.9
1982	2 770	14.5	114	6
1983	2 580	14	136.9	6.9
1984	7 000	31	158.4	15
1985	6 200	32	218	18
1986	6 700	36.2	271	23

注：以上统计资料1983年以前为社办企业，1984年以后为乡村两级企业。

乡镇企业的造纸工业其原料立足当地资源，以草类纤维为主。企业现有规模：1万吨以上企业10个，5千至1万吨企业50个，3千至5千吨企业100个，1千吨至3千吨企业650个，1千吨以下的有5 800个。全部固定资产已达七亿多元。造纸工业的生产工艺中，石灰法占70%，碱法占14%，亚铵法占6%，其他占10%。历年所获部优产品，1984年为2个，1985年为1个，1986年为20个。另，部局投资建纸张质检站一个。

三、陶瓷工业。乡镇陶瓷工业，经历了萌芽阶段(1956至1958年)、徘徊阶段(1958至1976年)、稳定提高阶段(1976年至今)。近几年的基本情况是：

时　间（年）	企业数（个）	职工数（万人）	产　量（亿件）	产　值（亿元）
1978	716	3.9	/	0.8
1979	545	3.3	/	0.75
1980	630	3.8	9.5	1
1981	358	2.9	9.4	0.7
1982	340	3.5	12.6	0.9
1983	396	3.9	11.8	1.2
1984	1 346	7.7	/	2.5
1985	/	/	/	/
1986	496	21 850	/	0.69

注：以上统计数字1983年以前为社办企业，1984年以后为乡村两级企业。1986年指标只含美术陶瓷。

主要特点：1.由封闭型向开放型发展；2.机械生产逐步代替手工操作；3.由单一生产型转向科研—生产-经营型发展；4.品种较多，质量较好。1984、1985年获国家银质奖1个，部优质奖28个、部创新设计奖16个。

四、塑料工业。乡镇企业的塑料工业，是一个新兴工业。近几年发展较快，基本情况如下：

时　间（年）	企业数（个）	职工数（万人）	产　值（亿元）
1980	2 870	18	7.5
1981	3 365	22.2	9.8
1982	3 503	22.3	10.2
1983	3 781	25.3	13.2
1984	18 500	88.8	39
1985	20 000	95.8	55.6
1986	21 000	96.9	66

注：以上统计数字1983年以前为社办企业，1984年以后为乡村两级企业。

五、皮革工业。基本情况见表：

时　间 （年）	企业数 （个）	职工数 （万人）	产　值 （亿元）
1980	2 227	13.9	4.7
1981	2 321	14.5	5.2
1982	2 361	13.8	4.8
1983	2 112	13.2	5.1
1984	7 295	35.6	13.3
1985	8 500	48.21	23.14
1986	9 153	51.9	30.9

注：以上统计数字1983年以前为社办企业，1984年以后为乡村两级企业。

全国乡镇企业皮鞋行业，1986年部优产品17个。

六、工艺美术品。基本情况见表：

时　间 （年）	企业数 （个）	职工数 （万人）	产　值 （亿元）
1981	3 025	27.8	5.4
1982	3 474	29.7	6.2
1983	3 218	27.7	6.6
1984	15 000	81.7	14.4
1985	15 000	86.3	24.64
1986	2 000	119.7	36.5

注：以上统计数字1983年以前为社办企业，1984年以后为乡村两级企业。

其中：花炮国优产品 1 个，部优产品30个。

七、文教用品。基本情况见表：

时　间 （年）	企业数 （个）	职工数 （万人）	产　值 （亿元）
1980	4 063	26.8	6.2
1981	2 646	11.7	3.4
1982	2 713	11.3	3.5
1984	4 731	23.8	6.8
1985	2 300	14	6.95
1986	2 764	19.2	11.2

注：以上统计数字1983年以前为村办企业情况，1984年以后为乡村两级企业情况。

八、家具工业。近两年的情况是：

时　间 （年）	企业数 （万个）	职工数 （万人）	产　值 （亿元）
1985	1.59	33.1	17.3
1986	1.6	34.4	20.6

注：以上统计数字为乡村工业两级情况。其中：沙发部优产品 2 个。

九、化妆品。1986年有企业 456 个，职工 1.9 万人，产值2.6亿元。

（郑宗道）

地 方 篇

省、自治区、直辖市

北 京 市

北京市一轻工业

【概况】北京市一轻工业包括：造纸、玻璃制品、日用化学、酿酒、食品、钟表、缝纫机、乐器制造、光学眼镜、制笔、灯具、灯泡、搪瓷、陶瓷、轻工机械等15个行业。1986年共有企业97个（其中：全民所有制企业70个，集体所有制企业25个，全民、集体合营企业2个），研究所11个，职工大学、轻工学校（中专）、党校各一所，技工学校8所。年末共有职工82 577人，其中：工业企业职工76 329人，科研部门职工1 401人，工程技术人员4 413人。

1986年工业总产值145 401万元，比1985年136 797万元（不含北京卷烟厂，下同）增长6.3%，工业净产值51 331万元，比1985年47 594.1万元增长7.9%。主要产品产量的完成情况如下表：

1986年主要产品产量完成情况

产品名称	单 位	1986年完成	1986年比1985年增减（%）
机制纸及纸板	万吨	21.88	6.4
合成洗涤剂	万吨	5.74	12
日用玻璃制品	万吨	18.76	34.6
手 表	万只	120.1	13.5
啤 酒	万吨	14.51	7.2
缝纫机	万架	19.8	11.8
钢 琴	架	6 504	18.2
灯 泡	万只	2 633.3	7.5
汽 水	万吨	2.9	12.4
肥 皂	万吨	2.29	10.5
化妆品	万元	8 979	60.36

1986年，出口商品交货总值11 240万元，比1985年增长50.26%，出口创汇3 000万美元，比1985年增长30.43%。生产出口商品的企业由1985年的31家增加到37家，出口产品由55种增加到67种。

1986年，销售收入14.56亿元，比1985年增长6.27%。万元产值综合耗能（标准煤）3.47吨，比1985年下降5.4%。可比产品成本上升8.34%，全员劳动生产率19 139元，比1985年增长8.1%。实现利税3.19亿元，比1985年下降2.66%，其中：利润1.83亿元，比1985年下降1.19%。主要原因，从客观分析：原材料涨价减利4 395.9万元，各种费用增加减利3 055.8万元。

1986年职工大学招生101人，毕业学生121人，在校学生686人；轻工学校（中专）招生418人，毕业学生77人，在校学生1 013人；技工学校招生420人，毕业学生108人，在校学生1 282人；参加电视大学学习的242人，毕业166人。举办领导干部商品经济理论学习班6期，培训厂、处级干部450人。

【产品质量】 1986年，北京一轻工业总公司在国家重点考核的32种产品中，质量稳定提高率100%。有32种产品采用了国际标准。总公司对80种重点产品进行不定期的抽查，合格率93.7%。1986年10月，北京葡萄酒厂生产的“丰收牌”桂花陈酒，在法国巴黎第十二届国际食品展览会上获金质奖，这是桂花陈酒在国际上第三次获得质量金质奖。北京造纸一厂生产的“三一牌”干法静电复印纸，获国家金质奖。北冰洋食品公司生产的“长城牌”454克猪肉香肠罐头和北京双合盛五星啤酒厂生产的”五星特制啤酒”，获国家银质奖。北京造纸七厂生产的“雪莲牌”17g/m²考贝纸和北京保温瓶工业公司生产的“鹿牌”6号气压出水保温瓶，经北京市鉴定达到国际先进水平。在各级质量评比中，获轻工业部优质产品称号19种，获北京市优质产品称号53种。优质产品产值，占总公司工业总产值38.6%。北京市日用化学二厂，被评为轻工业部优秀质量管理企业。北京造纸一厂、北京造纸七厂，被评为北京市质量管理奖企业。北京北冰洋食品公司在产品畅销的情况下仍规定：凡销售点或顾客发现不合格的北冰洋汽水，均可到厂里更换，并予奖励。

【科研及新产品开发】 1986年，北京一轻工业总公司在7个研究所实行了“技术合同”制，在企业设立了科技成果奖，促进科研与生产的紧密结合，取得了较好成果。有92项科研成果通过鉴定，其中，1项达到世界先进水平；52项达到国内先进水平；23项获轻工业部技术进步奖；16项获北京市技术进步奖。北京玻璃研究所研制的“MCVD长波长低损耗高带宽多模梯度光纤”的产品质量和工艺技术都达到国际同类产品的先进水平。北京608厂研制的NP270复印机变焦距镜头的成像质量、变倍误差、机械转动力距等都符合复印机性能要求，分辨率等光学指标。“LKY36-400彩色扩印卤钨钉”质量达到国际同类产品水平，解决了进口彩色扩印设备的光源国产化问题。

科研成果推动了新产品的开发和主导产品的升级换代。1986年共研制成功新产品328种，新品种、新花色524种，当年投产338种，实现产值23 989万元，占总公司工业总产值的16.5%；实现利润4 351万元，占总公司实现利润的23.13%。北京啤酒厂研制、投产的清爽型啤酒，采用新菌种和高温加压发酵新工艺，发酵周期由28天缩短到14天，提高了产量和设备利用率，创产值392.4万元，利税244万元。北京钟表厂，在闹钟严重滞销的情况下，淘汰老产品，研制新产品，试制并投产了双菱牌异型石英钟。

1986年计算机推广运用15项；机床设备改造应用单板机12项；安装数显29个座标；窑炉微机改造3座。全年职工提出技术革新、合理化建议8115条，实现2895条。

【横向经济联合】　1986年，北京一轻系统横向经济联合，从1985年的小范围经营和专业化协作发展到跨地区、跨部门、跨所有制的联合。到1986年底，有52个企业与全国18个省、市、自治区的地方企业、原料基地、科研单位实行不同形式的经济联合。实现的联合项目已由上年的20项，发展到183项，新成立的经济联合体60个。实现产值3 778.2万元，比上年提高36.37％，实现利润913万元（一轻系统分利633.2万元），比上年提高7.47％。

北京一轻总公司，1986年为稳步发展横向联合，做到联合前坚持可行性论证，联合后坚持利益共享，风险共担，互利互惠，共同发展的原则。联合的内容主要是：①与原材料产地的联合。北京啤酒工业与河北省成安县和临章县分别联合成立年产3 500吨和5 000吨的麦芽厂。北京星海乐器联合公司与吉林省和黑龙江省的木材基地联合，分别为北京钢琴厂提供了3 000套和5 000套钢琴的毛坯料和木制件。北京造纸包装工业公司与湖北省江陵县南门造纸厂联合扩建了棉浆生产能力，每年为北京提供棉浆3 000吨。②以优质名牌产品为龙头的联合。北京双合盛五星啤酒厂，先后与黑龙江省肇州县、黑龙江省宁安县农场、青海省贵南牧场、河南省林县、福建省漳州、山西省阳泉等地建立了联营厂或分厂，与河北省邯郸市和成安县分别建立了两个麦芽厂，并于1986年10月20日正式成立北京双合盛五星啤酒联合公司。通过联合，双方都取得较好的经济效益。北京双合盛五星啤酒厂，通过联合分到利润40万元。黑龙江省肇州啤酒厂，原来年产啤酒3000吨，由于技术和设备落后，产品卖不出去，联合后啤酒质量的各项指标均达到了标准，年税利超过100万元，成为该县第一财政支柱。③科技协作。1986年与清华大学、北京工业学院、北京轻工业学院、北京钢铁学院、北京航空学院、北方交通大学等十几所大专院校和解放军防化所等科研单位进行协作，共立项50项，年底已完成20项，提高了企业现代化管理水平和开发新产品的能力。④引进名牌产品的技术、工艺。1986年北京缝纫机行业与生产“标准牌”、“飞人牌”缝纫机的中国标准缝纫机公司和上海缝纫机一厂联合，提高了自己产品的质量，扭转了北京缝纫机行业经济效益连年下降的局面。

【基本建设和技术改造】　1986年基本建设计划安排51项，总投资11 603万元，实际竣工15项，竣工面积134 354平方米，完成投资9 707万元，比1985年增长56.4％。其中：工业项目26项，竣工68 691平方米；职工宿舍25项，竣工65 663平方米。

1986年4月22日，北京华都啤酒厂建厂工程正式开工，计划总投资15 260万元，建筑面积65 658平方米，建成后年生产能力为啤酒10万吨，麦芽2万吨。这是北京市1986年4个重点工程项目之一，预计1988年下半年可竣工投产。

1986年，北京一轻工业技术改造、技术引进在建项目共70项，总投资55 595万元（含外汇7 202万美元）。年底竣工验收28项，竣工项目总投资9630万元（含外汇1 838万美元），比1985年竣工项目总投资5 686万元增长69％，这是1981年以来完成投资规模最大的一年。这些项目投产后，年新增产值1.45亿元，利润2 542万元，税金1 884万元。北京双合盛五星啤酒厂引进的易拉罐啤酒灌装线年初投产，当年达到设计能力，并出口创汇60万美元。北京造纸一厂引进的低定量涂布纸生产线，在项目试车阶段，产品质量就达到市优质产品水平，被市外贸公司正式纳入1987年的出口产品。

【实行领导干部目标责任制】　1986年在全系统推行了企业领导干部目标责任制，总公司与各公司、总厂的主要领导干部签订了全年的目标责任状，内容包括：经济效益目标，企业发展目标，企业管理目标，精神文明建设目标，职工受益目标等五个方面。根据考评办法的规定，季度和年终对企业执行目标责任状的情况，分别评出一、二、三、四等，企业主要领导干部的奖金与本企业脱钩，由总公司按照考评结果的四个等级，分别发给相当于本企业职工季度平均奖的200％，170％，140％和不得奖。质量、安全指标有一项达不到的不奖。对完成全年目标责任状成绩优异的企业，给予厂长晋升一级工资的奖励。执行结果：①总公司各项经济技术指标超额完成了当年计划，各项工作目标也完成的较好，在北京市工业系统对各局（公司）的综合考核中，由1985年的第十几名提到第四名。被评为总公司级的优秀厂长（经理）18名，其中，有6名被评为北京市工业系统1986年度的优秀厂长（经理）；被评为总公司的优秀书记9名，其中2名被评为北京市工业系统先进党委书记。有4个单位被评为总公司先进企业。北京造纸七厂、北京双合盛五星啤酒厂、北京日用化学三厂被评为北京市工业系统1986年度优秀管理企业。北京造纸一厂推广的“ＡＢＣ管理法在原辅材料管理上的应用”被评为北京市工业系统1986年度17个优秀管理成果之一。北京造纸七厂、北京玻璃仪器厂分别被评为北京市工业系统1986年度思想政治工作优秀企业和思想政治工作先进企业。

（邹晋思）

北京市二轻工业

【概况】 1986年北京市二轻工业系统直属企业198个，其中，全民企业66个，集体企业129个，其他3个。固定资产原值91081万元，净值64 820万元。职工113 711人，其中女职工60 312人。工业总产值23.6亿元，比上年增长2.8％，销售额23.1亿元，比上年增长6.3％。开发四新产品9 719种，投产4 431种，其中，新产品128种，新品种51种。科研完成15项，科研协作完成40项。新技术推广34项。计算机应用10项。用数控数显装置改造机床34台、67个数显座标。模具开发完成4项、178套，模具消化吸收18套。重点抓了冰箱、洗衣机、窗式空调、绘图机和洗碗机5个产品国产化，消化引进“洗衣机箱体成型线”、“洗衣机电机转子流水线”、“薄膜回收造粒机”、“双头吹膜机组”等5项重要设备。1986年技措项目（包括新开工和结转的）共50项，计划总投资13859万元，截止到年底累计完成投资额12 190万元，占88％，其中外汇1 557万元。这些项目的竣工投产，当年提供产值2亿多元，利润2 000多万元。1986年出口换汇显著增长，全系统出口产品200多种，创汇达1亿美元，居全市第二位。其中，服装出口交货值达1.1亿元人民币。到1986年末，已立项合资项目22个，有的已正式投产。万元产值综合能耗比上年降低2％；可比产品成本降低1.26％。利润比上年下降6％，原因是：（一）原材料涨价、转移利润6 000万元；（二）停电断油影响利润400万元；（三）拉锁行业受盲目进口影响利润450万元；（四）外汇调价，增加还贷400万元；再加上其他政策性因素，总计减利8 000多万元。

【经济体制改革】 （一）二级公司改革：1986年全部撤消了原行政性二级公司建制，除4个总厂外，其余都改革为企业性的经营服务型或联合性公司。（二）试行租赁制：在“双五”(年利润50万元以下，固定资产增值500万元以下）小企业中亏损、微利的北京市鞋楦厂（全民）和北京市朝阳鞋厂（集体）试点，两个厂分别在1986年11～12月份，签订租赁经营合同，进行法律公证。租期由1987年1月1日开始，一订4年。（三）试行厂长负责制：到1986年末，全系统已有36个企业试行了厂长负责制，其中，全民所有制企业26个，集体所有制企业10个。其中15个成效显著，比较差的9个企业。36个试点企业1986年产值比上年平均增长11.3％（高于全局的2.8％），实现利税比上年平均增长2.7％。企业留利水平提高，职工生活较前改善。（四）企业内部分配制度改革：有127个企业把部分工资和奖金捆在一起浮动；有15个企业实行工资总额和上缴利税挂钩；加工费分成、金额记件工资；还有一部分企业在销售、新产品研制、节能、维修、模具制造等方面实行专项承包。（五）横向经济联合：1986年末有160个企业建立1 500多个外加工协作点（厂），年加工费1.2亿元，办35个中外合资企业；有105项经济技术协作项目，获各种转让费160万元；建立了个原材料基地，各种物资协作签约36项，金额达1 860万元；有37个单位建立44个紧密或半紧密的经济联合体，年产值达1.43亿元。

主要产品产量完成情况表

产品名称	单位	1986年	1985年	1986年比1985年增长％
双桶洗衣机	万台	49	24.8	97.6
雪花牌冰箱	万台	17.3	16.2	6.8
家　具	万件	16	11.5	39.1
裘皮制品	万元	6 104	4 570.2	33.6
不锈钢制品	吨	203	179.9	12.8
民用炉	万套	25	21.1	18.5
烟　筒	万节	258	209.4	23.2
皮　鞋	万双	838	801.5	4.6
布　鞋	万双	3 996.3	2 766.1	44.5
塑料制品	万吨	12	10.1	18.8
鞣制皮革	万张	105.9	99.9	6.0
洗衣机电机	万台	130.1	112.1	16.1

【质量管理与创优】 全系统质量管理工作进一步加强，有92个企业实行质量否决权，104个企业达到国家计量升级标准，有850名厂长、经理参加了ＴＱＣ教育学习班，436人获得了合格证。有22种产品采用国际标准或国内先进标准进行生产。塑料三厂获轻工业部和北京市质量管理奖。1986年轻工业部、北京市考核的16种产品和总公司考核的100种产品，质量稳定提高率都达到100％。优质产品产值达5.7亿元，比上年增长2.9％。全系统有40余种产品参加了全国同行业评比，其中获第一名的13种，第二名和第三名的4种，获国家银质奖的一种（长城牌风雨衣），达到国际先进水的4种。雪花牌电冰箱质量一度下降，《经济日报》8月登报批评后，北京市电冰箱厂经过3个月的的整顿，出箱合格率达到98％以上。

【扶持小商品生产】 1986年北京市政府和有关部门采取措施，积极扶持和发展小商品生产。

（一）原材料、燃料优先供应。北京市二轻系统的

45种市管小商品生产所需钢材，在1985年供应水平的基础上，1986年又专项安排3 600吨；民用炉生产用铁、焦碳按平价供应，超出部分财政补贴，拨给发电用柴油5吨；烟筒计划内生产200万节所需镀锌钢板每吨按1 460元供应，超出部分由财政补贴。

（二）财税支持。北京市财税部门对市管的小商品生产贷款予以照顾，对微利和亏损的减免所得税、产品税。市经委、财委、税务和工商银行共同签发《关于扶持玩具行业发展会议纪要》，规定玩具行业开发新产品费用可列入成本，拨款100万元用于玩具行业技术改造，项目投产后，全民所有制企业由新增利润税前还贷，集体所有制企业税前还贷60%。为解决储存棉鞋所需资金，财政拨款936万元，减免税60万元。对23类小商品共减免税收和补贴666万元，其中财政补贴158万元。

日用小商品完成情况表

产品名称	单位	1986年产量	1985年产量	1986年比1985年±(%)
发卡	亿只	4.7	4.5	4.4
理发推子	万把	50.6	42.6	18.8
子母扣	亿粒	1.7	1	70.0
鞋眼	亿只	10	7.6	31.6
领钩	万盒	25.3	21.9	15.5
扣吊	万盒	53.8	28.6	88.1
铁锅	万口	32.1	24	33.8
饼铛	万个	16.4	5.7	187.7
菜刀	万把	93	66	40.9
镊子	万个	40.2	27.2	47.8
衣刷	万把	39.5	35.5	11.3

单位：万元

产品名称	优惠政策类别						备注
	合计	减免产品税	减免所得税	减超价电费	财政补贴	其他费	
总计	666.382	238.62	268.37	0.22	158.6	0.572	
1．拉锁	181	114	67				
2．烟筒	191.22	29	100	0.22	62		
3．学生圆规	7.56	4.41	3.15				
4．镊子	0.45	0.17	0.28				
5．王麻子剪刀	64				64		
6．菜刀	2.5				2.5		
7．布鞋	42.53	18.44	24.09				
8．理发推子	12.7		12.7				
9．领钩	2.8		2.8				包括发卡
10．小铁锅	69.1	25.5	23.5		20.1		
11．皮鞋钉	3.4	3.4					
12．子母扣	6.4		6.4				
13．鞋眼	7		7				
14．裤勾	3.1		3.1				
15．扣吊	1		1				
16．铁锅	22	6	6		10		包括饼铛
17．民用炉	16.1	16.1					
18．衣刷	7.4	7.4					包括鞋刷
19　铁纱蝇拍	2.71	1.74	0.97				
20．饼干桶	17.092	7.7	8.82			0.572	
21．皮腰带	6.04	4.54	1.5				
22．竹衣架	0.19	0.14	0.05				
23．竹夹子	0.09	0.08	0.01				

【运用法律手段保护经济利益】　1985年全系统共签订各种经济合同6.2万余份，而实际履约率仅70%左右。合同条款内容不完备，含糊不清，多数合同没有违约规定，拖欠、呆帐或死帐现象较多；业务人员多数不懂法，一般是以“关系”代法，不知道，也不愿意运用法律手段解决经济纠纷。

1985年8月，总公司成立“法律事务组”，在各企业中都有专职或兼职法律工作人员，协助企业调解合同纠纷，代理企业催款和打官司。1986年共接受企业委托的诉讼和非诉讼的经济案件93起，挽回经济损失

130万元。组织法律干部用法律手段帮助企业清理陈年滞帐、呆帐。仅10名兼职法律顾问，1986年就催回拖欠款549.9万元。如电讯工具厂的薛敏英为本厂催回54万元；塑料二厂的李汶催回长期拖欠款17万元。

（姚学高）

北京市工艺美术品总公司

【概况】 1986年，北京市工艺美术品总公司工业总产值36857.2万元，比上年减少37.5%；利润5 109.8万元，比上年增长0.3%；利税7 164.7万元；工业销售收入37 382.4万元；出口交货值15 165.7万元。产品质量稳定提高，抽验合格率达96%。公司产品参加中国工艺美术百花奖评比，获金杯奖3个、银杯奖2个、希望杯8个。1986年技术引进总投资280万美元。北京绢花厂引进的无纺布设备下半年投产，创利30万元。地毯二厂引进簇绒地毯织机设备于10月份投产，到年底共织地毯19万平方米。与外资合作联营的北京屋拉菲装饰品有限公司、北京长城原子印章厂、北京友联洗衣有限公司和北京中辉空运服务有限公司均进入生产营业阶段。

1986年总公司领导机关名称改为“总部”，对总部各部室（各部实行经理负责制）按照有利于生产管理的要求做了适当的调整，并且建立起公司生产总调度制度，成为企业集团的指挥中枢。取消了抽纱工业公司建制，改地毯工业公司为地毯事业部，成为总部的一个职能部室。至此总公司系统的二级行政性公司改革基本完成。对供销公司、外经公司、基建公司进行了机构调整，如将供销公司分为供应部、销售部(均属总部职能部室）和销售中心（成为独立企业)，使这些部门的管理职能同经营严格分开。总公司各企业资产全部归企业集团整体所有，设立总公司董事会，年底总公司与北京市经委签订了四年承包生产目标责任制协议书，由董事会代表企业资产的利益。1986年对企业集团内的企业作了调整，将玉器二厂合并到服务部，把工艺美术家具厂合并到首饰厂，骨雕工艺品厂与工艺美术研究所合并，第二绣花厂、机绣花边厂、抽纱经理部、抽纱研究所合并为抽纱工艺品厂。通过登记注册，全公司统一使用“工美商标”。将试行了工贸合一体制5年之久的北京市抽纱公司解体，4月1日正式宣布，工贸双方各归原口。解体原因：由于工贸之间责权利不统一，微观改革和宏观改革不配套，影响经济效益。

1986年3月13日至23日，总公司在中国美术馆举办了壁饰壁挂展览，共展出现代纤维艺术壁挂、金属壁挂饰、抽纱壁挂、雕漆画、漆画和漆饰挂五大类292件作品。

【开发新产品】 总公司为增加新产品开发能力，为全系统设计人员开设了平面构成、立体构成、色彩构成、新型包装及装饰浮雕等现代化设计基础课程。组织由技术、销售、生产共同参加的产品开发协调组。1986年新产品开发71项，新花色、新品种4 138项。良乡毛纺厂的缝边绒产品填补了北京市场的空白。金属工艺品厂开发的室内装饰产品今年实现产值120万元，创利30万元。首饰厂的亚金、德银首饰，材料新、款式新，深受消费者欢迎，创利45万元。总公司还发挥集团力量的整体优势，集中10多个企业近30名设计人员到绒鸟厂、锦盒厂、木刻厂进行产品联合开发，设计试制新产品、新花色300余种。公司组织35个企业近百名设计人员进行旅游产品开发及慕田峪长城的专点开发。在1986年全国内销旅游产品销售会上，展示1436种新颖别致的样品，销售额达215万元。在北京市第三届儿童玩教具春芽奖评比中，总公司获新产品开发奖38项。北京地毯研究所夺得全国地毯图案评选会现场设计团体第一名。

【质量管理工作】 1986年，总公司坚持了每季度抽查产品质量制度。进一步加强了金属、地毯检测站建设，共投资40万元购置先进检测设备。对企业的产品标准都进行了修订和完善，基本消灭了无标准生产现象，各企业产品质量稳定提高。在全国工艺美术百花奖评比中，玉器厂的珊瑚“梅兰竹菊”获珍品奖；金漆厂的屏风、雕漆厂的漆瓶获金杯奖；挑补绣花厂、补花二厂的补花制品获银杯奖。1986年，地毯五厂获轻工业部全面质量管理优秀企业称号。地毯四厂获国家先进质量管理小组奖；获部、市级ＱＣ奖的单位有地毯一厂、四厂、五厂、挑补绣花厂、补花二厂。

【巩固和发展外加工队伍】 总部引导企业在地毯、抽纱、首饰、珐琅及其它工艺品门类新增170个厂点，扩大了外加工生产能力。确定了香河等十个县作为发展生产加工的重点基地，同这些县签定了互惠互利、共同发展的长期合作协议书。为了更有效地稳定外加工队伍，总部制定了“关于企业在外加工点中建立分厂的暂行办法”。到目前共建立55个分厂，职工达55 00人。对这些分厂在生产任务、原材料分配、福利待遇等方面都实行了优惠政策。

【命名工艺美术大师设立工艺美术奖学金】 总公司于5月27日命名34位“工艺美术大师”，其中：特级工艺美术大师6人，他们是牙雕艺术家杨士惠，玉雕艺术家王树森、夏长馨，雕漆艺术家杜炳臣，花丝琅嵌艺术家吴可男，景泰兰艺术家金世权；一级大师8人，二级大师10人，三级大师10人。“大师”的称号与工资挂钩。与此同时，还向270名从事工艺美术50年、30年的专家老艺人授予荣誉勋章。北京市长陈希同等颁发证书和勋章。

总公司自1986年起设立工艺美术奖学金。凡北京地区各类工艺美术高等院校、职工大学、中等专业学校和非工艺美术院校中所设的工艺美术专业在校生和应届毕业生，以及自学成才者均可提出获奖申请。奖学金共设35个名额。奖学金分别为300元、400元和500元。总公司每年从税后利润中提取15 000元为奖金来源。3月18日成立了工艺美术奖学金评审委员会。评委会由张汀、李泽厚、袁运甫、常书鸿、王树森、杨士惠等23名著名专家学者组成。10月23日，第一届工艺美术奖学金评委会评出35名获奖者。

（王奎俊）

天　津　市

天津市一轻工业

【概况】 1986年天津一轻工业系统有企业193个，其中全民企业123个，集体企业66个，联营企业4个。科研所11个。固定资产14.04亿元，净值8.98亿元。完成工业总产值36.1亿元，比上年的33.7亿元增加7.12%。150种名优产品和22种市场紧俏产品产值达22.5亿元（已扣除重复计算），比上年增长16.6%，占总产值62.32%。

1986年主要产品产量完成情况

产品名称	单位	1986年产量	1986年比1985年增减（%）
纸及纸板	万吨	22.71	5.2
自行车	万辆	590.13	4.8
缝纫机	万架	97.56	－2.6
手　表	万只	442.38	10.3
洗涤剂	万吨	5.4	6.9
轻工机械	台	1083	－0.1
造纸网	万平方米	18	64.8
罐　头	万吨	2.1	4.1
钟　表	万只	107.2	10.2
合成脂肪酸	万吨	1.2	2.7
搪瓷制品	吨	9 633	9.5
香　精	吨	2 197.8	20.6
纸　浆	万吨	16.3	6.7
糖　果	万吨	1.7	－5.2
糖　精	吨	866	17.2
鞋　油	吨	3 955	22.4

1986年实现利润5.5亿元，比上年增长22%，上缴利润3.44亿元，比上年增长21%，利税总额9.9亿元，比上年增加9 971.2万元，增长11.2%。可比产品成本升高13 125万元，上升率8.49%。亏损企业4个，比上年增加3个，亏损额329.5万元。定额流动资金周转指标为65.49天，比上年64.82天慢0.67天。万元产值耗煤2.5174吨，比上年下降6%，节约标煤5.9万吨。万元产值耗水193.81吨，比上年下降5.34%，节水391.35万吨。

1986年试制新产品262种，四新产品2 400种。投产新产品185种，四新产品1 600种，产值32 187万元，利润5 516万元。全年有150项科技成果获奖，其中有6项获国家科技进步奖，19项获天津市首次科技进步奖，X光胶片增墨剂、铅笔板旋切工艺分别获得国家发明二、三等奖，光敏微晶玻璃获第二届全国发明展览会银质奖。

1986年增收增利主要情况：（1）通过项目投产，增产市场急需产品增收3 750万元；（2）调整产品结构2 950万元；（3）提高产品质量492万元；降低消耗、节约费用1 372万元；（4）产品优质优价9 680万元；（5）扩大自销和降低采购费用840万元；此外加上税转利及其他增利5265万元，总计增利24349万元。抵销14 387万元减利因素之后，纯增利19 962万元。

1986年投产验收技术改造（包括技术引进）项目38项，新增产值7 683万元，新增利润1 592万元，创汇237万美元。全年完成投资1.2亿元，比上年增长31%。

【合资企业】 1986年，一是巩固扩大已开业的两个合资企业。合资企业丽明化妆品公司自1985年以来累计盈利468万元，经中外双方协商决定在天津经济技术开发区新建厂房，扩大经营，已于12月投产。津华盘针制造有限公司，今年全部还清贷款。二是抓紧新合资企业天津磁带公司、天美食品公司、丹华企业有限公司、津龙表业公司、平马缝纫机公司的筹建工作。1986年丹华企业有限公司、天津磁带公司、天美食品公司三个合资企业已开业。1986年，新批准立项的合资企业有可口可乐固体饮料、妇女卫生巾、相册、自行车链条、无碳复写纸、沥清乳剂、化妆品、气雾杀虫剂、玻璃器皿等9项。三是创办境外中外合资企业。搪瓷公司与轻工业进出口公司共同投资在委内瑞拉与当地私商合资兴建搪瓷厂，由中方提供设备并派人参加管理，获利按双方投资比例分配。设备已经发运，近期已派人前往委内瑞拉安装施工。

【外向型经济】 1986年开始向外向型经济发展，制定了自行车、手表两个出口产品外向型整体改造规划。将自行车分三类，分别提取不同的工资和奖励基金，实行鼓励出口工资制度和奖励办法。一是普通车每生产一辆提取3.468元；二是轻便品种车每辆提取6.27

元；三是出口车，在1985年基数内每辆提取6.27元，基数外每增加一辆出口提取10元；出口新品种车，每辆提取11元。8月份实行新的鼓励出口工资奖励制度后，情况大变，原来全年40万辆出口车任务，有5万辆难以完成，结果提前15天全部完成。天津手表厂和天津手表二厂向罗马尼亚出口机械和石英电子表机芯及散件。已签定向罗马尼亚出售机械表机芯25万只，电子表机芯5万只的合同，其中机械表机芯已有15万只交货。1986年重点出口产品增长幅度：手表增长83%，电子表机芯增长72.8%，自行车增长51%，香皂增长84.2%，自行车零件增长51%，纸张增长23.1%，搪瓷制品增长39%，罐头增长11.6%。1986年轻工机电产品出口总值1.48亿元，比1986年增长59%。1986年天津自行车厂、天津手表厂、天津搪瓷厂经国家批准为出口基地企业。为加强对外联系，天津一轻局筹办了驻港办事机构："天津联义庆有限公司"。这个公司已介绍三十几家香港及外国公司来天津一轻局洽谈业务。

【自行车行业改革】 1986年8月，天津市政府对自行车行业实行五项改革：实行"当量工资含量"分配方法；"自行车一厂、自行车二厂联合生产飞鸽牌自行车"；"自行车对商业直供成车"；"自行车优质优价"；"撤销行政性公司"。全行业实现利税比上年增长17.9%，自行车出口增长51%。

自行车一厂、二厂1986年联合生产飞鸽牌自行车50万辆。自行车厂对商业直供成车，是改变过去以散件包装箱交货办法，由工厂或由厂组织装车点装成成车，直接供给销售点，从9月开始至1986年底在天津市直供30万辆。当量工资含量即把各种型号的自行车按工时定额折合成标准车，按每辆标准车支付一定数量的工资。其中品种车要高于标准车，出口车要高于品种车，以鼓励企业改变产品结构，增加花色品种，增加出口创汇。天津自行车公司于1986年10月1日撤销，成立自行车零件总厂。自行车零件厂、天津自行车厂、天津自行车二厂成为独立法人，直属天津一轻局领导。

自行车行业实行改革后，收效显著。一是生产均衡率提高。天津自行车日产车已达10 400辆，由改革前生产均衡率88%，改革后提高到98%。自行车零件总厂的短线品种轴皮、转铃等配件生产提高23～66%，保证了590万辆车的配套。二是效益增长。自行车二厂改革后5个月平均每月完成利润914万元，相当前7个月平均月利润360万元的2.58倍。三是产品质量提高。天津自行车厂产品合格率由80%上升到96.77%。故障成本由辆车0.167元下降到0.145元。自行车二厂正品率由92.44%提高到95.03%。零件总厂10种主要零件31项指标中有26项稳定，5项明显提高。

【产品质量】 1986年市管产品15种，质量稳定提高率为100%，比去年提高了13.33%。全局全年累计检测364种产品，合格353种，比上年提高5.6%。出口产品商检全年累计检验7 265种，合格7 208种。全年优质产品产值为15 2237.72万元。1986年有30种产品采用国际标准。1986年天津市一轻局制定了《对局管重点产品、优质产品进行监督检测通知》和《对联营产品进行质量监督的若干规定》，对自行车研究所、计时研究所、轻工业化学研究所等5个检测站投资115万元，购买检测仪器设备，提高了检测站的检测能力。目前全局的监督检测网已初步建成，重点、名优产品的检测覆盖率已由去年的85%扩大到90%以上。

【物资供应和产品销售】 1986年原材料缺口较大，自行车用的卷板供应不足，经多方努力筹借到4种规格5 000吨卷板，保证自行车厂正常生产。全年筹集地方外汇1 024.25万美元，进口钢材、手表原材料、木浆、油墨专用料、塑料及其他原材料共计2.8万吨。造纸公司与外贸部门合作，进口纸浆8.35万吨，生产出口纸；还以提供资金形式与河北、吉林等省联合建立纸浆原料基地，共投资600万元，基地建成后每年可得到纸浆2.8万吨。另外节约原材料耗用(共节约1 200万元)。收缴废钢铁换回平价钢铁700吨，也缓和了原材料供应不足。

全年完成销售额34亿元，比上年增长10.87%，其中，内贸完成10.88亿元，比上年下降5.3%；外贸完成4.08亿元，比上年增长43%；工业自销完成19.04亿元，比上年增长16%，占销售总额的56%。全局组织各种订货会51个，各企业参加订货会330次，在与全国160个二级站巩固发展业务联系的基础上，全国的业务往来商业网点已发展到1 934个，比去年增加434个，经营销售人员由年初的1 648人增加到1 850人。1986年在疏通流通渠道、开拓销售市场方面，采取的具体做法：一是在静海县、河北省文安县搞了2个大集，带去几十种产品。闹钟、石英钟等在市里不十分热销的产品，在大集上变成抢手货。二是和商业联营联销。缝纫机公司和天津百货站搞了缝纫机联营联销协议，盈利二八分成，积压损失二八分担。结果没有因积压影响生产。三是加强产品宣传。第二日用化学厂的郁美净花露水靠强化宣传，进入湖南市场，仅湖南一省的需用量就占全厂生产量的90%。四是加强售后服务。天津第二手表厂今年组织100多人次到东北、西北等省、市巡回修表。

（唐绍忠　梁建平）

天津市二轻工业

【概况】 1986年，天津市二轻工业有企业400个，职工16.84万人。1986年工业总产值28.06亿元，比1985年增长1%，净产值7.44亿元，比上年增长11.4%。

主要产品产量完成情况

主要产品	计量单位	1986年产量	1985年产量	1986年比1985年+(-)%
家用洗衣机	万台	9.66	16	-39.63
家用电冰箱	万只	7.02	5.17	35.78
塑料制品	吨	77 995.54	75 027.35	3.96
日用精铝制品	吨	5 892.63	5 258.3	12.06
皮　鞋	万双	994.7	943.62	5.27
家　具	万件	165.16	200.26	-17.53
成衣服装	万件	4 209	3 822.43	10.03
民用镜	万面	1 118	816.53	36.92
手风琴	架	37 200	33 700	10.39
家用吸尘器	台	12 816	10 064	27.34
日用不锈钢制品	吨	7 626.31	7 059.95	8.02
地　毯	万平方米	84.85	96.23	-11.83
体操器械	架件	5 009	7 089	-29.34
皮制球	万个	135.22	123.9	9.14
礼　帽	万顶	50	51.49	-2.89

1986年，天津二轻工业在原材料提价和供应量减少、流动资金严重不足的情况下，销售额完成25.42亿元，比上年增长3.63%；税金1.45亿元，比上年下降2.17%；利润实现2.41亿元，比上年减少6.46%；全员劳动生产率为16 735元。全年试制新产品262种，投产170种；试制新规格、新花色、新包装16 000种，投产6067种，创产值58601万元，占工业总产值20.88%，创利润6610万元。新研制的1.5米削匀机、依车胶背阻燃毯、电子舞鼓、健身浴盆、健美鞋等产品达到了国际、国内先进水平。1986年，全局有亏损企业17个，亏损额为312万元。

1986年，五金工具工业公司和制锁工业公司改组合并为建筑装饰五金公司；二轻建筑公司和装饰成套服务联合公司改组合并为天津装饰建筑公司。至此，天津二轻局共有18个公司，2个总厂。

【出口】 全年出口交货值8.6亿元，比1985年增长27.59%，比计划增长23.1%；创汇2.1亿美元，比1985年增长近28%；出口产值占全局工业总产值的30%，比上年增加6.3%。1986年全行业出口服装3328万件，占总产量的79%，比上年增长39.85%；产值达3.97亿元，比上年增长46.68%，创外汇9750万美元，比上年增长44%。1986年出口产品商检合格率达97.46%。全局有固体胶、涤纶花、珠光刀、超级胶背地毯等12种新产品进入国际市场。同时改进了30多种产品设计，增加了近50个花色品种，恢复手工工具、发卡、秋皮钉、鲤鱼钳等20种断档出口产品，为国家增加创汇达300多万美元。

1986年，全局共承接了14个品种的“三来一补”任务，交货值1000万元；同时发展跨口岸交货，全局从山东、河北、武汉、广州、上海等口岸出口产品有30多种，交货值达3000多万元。

【产品质量】 1986年，天津二轻局举办了质量工作学习班，公司、企业两级领导共300多人参加了学习。

1986年天津二轻局恢复了质量处，有9个公司恢复了质量科，300人以上企业大部分成立了质量检验部门，1/5以上企业设置了全面质量管理部门。

1986年，天津二轻局向12个质量检测站投资373万元购置仪器设备，新建了2个检测站，轻工业部新批准3个地区检测站，有18个企业取得二级计量证书，40个企业取得三级计量证书。轻工业部批准天津二轻局标准计量检测站为“天津二轻产品检测总站”，天津二轻局被天津市评为计量工作先进局。

1986年，局、公司先后抽查了63种产品质量，合格的56种，合格率达89.2%。对抽查不合格的产品，限期整顿。局还对56个企业进行产品质量普查，并制定了6条32项100分的普查评分标准，既使普查工作标准化，又便于企业自查。

1986年，局颁发了《天津市第二轻工业局质量工作条例(试行)》、《二轻局工艺监督管理办法》。

1986年，局管70种主要产品质量稳定提高率为91.2%；优质产品率达19.6%，比1985年提高1%。天津特种工艺品厂的玉雕水胆玛瑙《牛郎织女》获金杯奖，并被评为珍品；天津胶纸带厂生产的飞鹰牌牛皮纸胶粘带获国家银牌奖；有32种产品获轻工业部优质产品称号；44种产品获天津市优质产品称号。50种参加全国同行业质量评比，其中30种进入前三名，16种名列全国第一名，创历史最好水平。春合体育用品厂生产的7种体操器械被国际体操联合会颁发认可证书，可作为世界体操比赛用器械，该厂还被国家授予技术进步奖。

1986年，天津二轻局在质量管理方面，被天津市评为质量管理先进局；第四皮鞋厂、地毯三厂、春合体育用品厂被评为天津市质量管理标兵企业；有26人被评为天津市质量标兵；有27人被市经委评为先进质量工作者。地毯七厂获轻工业部质量管理奖。全局QC小组由1985年的801个增加到1986年的1002个，共发表成果35项。第十二塑料制品厂一车间和第二十四塑料制品厂抽丝车间的QC小组获国家级优秀小组称号，第五便鞋厂新品攻关小组、地毯七厂一车间、第五塑料制品厂抽丝车间的QC小组获轻工业部优秀小组称号，还有12个QC小组获天津市优秀小组称号，有45个QC小组获二轻局优秀小组称号。

【职工教育】 1986年，天津二轻系统培养和输送了各类专门人才913名，其中大专生436人，中专生173人，技校生304人。各类学校新招生995人，在校生达2 848人。

全系统参加各类干部培训班的有5 121人，其中参加培训的厂长有162人，经考核有5名厂长取得双优成绩，参加培训的技术干部有1 026人，管理干部有3 303人，其它792人。参加各种工人岗位技术培训的有14 183人，其中有班组长1 061人。完成轻工业部委托编写的《制球》、《地毯》、《箱包》三个教材，并成立了二轻系统教育理论研究会。

天津二轻局共投资195万元，完成了局职工大学、文体职工中专学校、工艺技校的扩建任务，新建校舍10 400平方米，同时新购置了部分教学仪器和设备。

【技术引进与合资经营】 1986年，天津二轻局技术引进和技术改造项目共计37项，总投资额为22 376万元（其中含外汇3986.4万美元），土建面积10.9万平方米。其中由上年结转续建的项目有20项，投资额为19 102.5万元（其中含外汇3 258万美元），1986年新开项目17项，投资额为3273.6万元（其中含外汇12 72.84万美元）。到1986年底，共完成项目26项，完成投资为40 24.02万元（其中含外汇930.43万美元），国内配套资金883.56万元。这些项目有塑料制品、服装、工艺美术品、乐器、家用电器等产品，当年可新增产值2 849.01万元，创利润578.4万元，税金161.6万元。被列为天津市重点项目的电冰箱总厂，已于12月20日安装完毕，具备了试车生产条件。

1986年，全局新建成中外合资企业4个，即：天津裕平空调器有限公司、天津特版有限公司、天津梦乡软体家具有限公司、天津津松制衣有限公司。以上企业注册资本共为937.1万元，其中中方投资为592.9万元，占资本总额的63.3％，外方投资344.2万元，占资本总额36.7％。

【企业管理】 1986年，天津市二轻系统企业管理主要抓了以下几项工作。

1986年，天津二轻局重点推广了价值工程、目标管理、量本利分析、ABC管理法和市场预测5种方法。到年底有143个企业采用了ABC管理法，有127个企业采用了全面质量管理方法，有72个企业采用了市场预测方法，有39个企业采用了价值工程方法，有29个企业采用了量本利分析方法，还有18个企业采用了微机辅助企业管理。有12个单位参加了天津市举办的现代化管理成果展览。天津二轻局举办了企业管理上等级学习班，在调查摸底的基础上，初步确定了第一批上等级的企业。落实经济承包责任制。天津二轻局为确保全民企业5 700万元上缴利润的完成，下半年与18个工业公司、总厂签定了经济承包责任书，把经济指标落实到每个班组和个人，到年底完成承包上缴利润为5 987万元。

（刘学智）

河　北　省

河北省轻工业

【概况】 1986年底河北省轻工业系统共有企业2 157个，职工45 4181人。1986年工业总产值45.68亿元，比上年增长6.9％，据全省汇总的209个企业统计，利税完成6.1亿元，比上年增长7.3％，其中利润2.87亿元，比上年增长6.1％。销售收入45.1亿元，比上年增长15.1％。主要产品质量稳定提高率由上年的68％提高到75％。优质产品产值率由上年的11.95％上升到13.56％。全年创国优产品1个，轻工业部优质产品16个，河北省优质产品110个，经省鉴定的新产品开发项目141个，当年新增产值7 336万元，利税1 127.2万元。评出优秀管理企业50个，其中：3个被评为轻工业部优秀管理企业。

1986年河北省轻工业系统出口产品交货值完成6.27亿元，比上年的4.46亿元增长40.6％。出口创汇1.5亿美元，比上年增长36％。出口产品较上年成倍增长的有自行车零件、搪瓷制品、猪皮革、裘皮服装、抽纱刺绣、砂纸、工农机具等11种。

1986年河北省轻工业系统与23所大专院校和职工大中专学校挂钩，培养629名专门人才。与普通中学联合办职业中学，目前已有7个地、市轻工业局同当地教育部门联合办起15所职业中学，在校学生500多人。省轻工业厅所属3所中专新开办了工业造型、服装设计、环境设计3个专业。举办企业管理、装潢设计、轻工机械培训班。对全省1 000多个企业及地、市局的2万多名干部进行系统工程、市场预测等现代化管理培训。

1986年河北省轻工业系统国际技术经济洽谈会共签约引进项目50项，成交额3 297.9万美元。

1986年全系统共有69个联合企业，着重以名优产品和优势产品为龙头的省内外横向联合。唐山龙凤自行车厂与天津自行车一厂进行联合，从1986年10月开始生产飞鸽牌自行车，当年获利190万元。邯郸蝴蝶牌自行车厂参加上海凤凰牌自行车集团，签订联合定

主要产品产量

产品名称	单位	1986年产量	1985年产量	1986年比1985年+(-)%
机制纸及纸板	吨	412 903	467 292	-11.6
啤　酒	万吨	20.66	13.2888	55.46
日用陶瓷	万件	36 210.73	30 712	17.9
饮料酒	万吨	35.52	27.6721	28.4
日用玻璃制品	吨	199 282	171 976	15.9
自行车	辆	971 295	992 739	- 2.2
手　表	万只	82.6	75	10.1
罐　头	吨	91 999	72 610	26.7
时　装	万件	8 675.44	4 209.68	106.1
皮　革	万张	213.05	164.35	29.6
家　具	万件	472.38	523.05	- 9.7
塑料制品	吨	91 888	88 453	3.9

牌生产凤凰车意见书。全省五金、地毯、抽纱刺绣、罐头、饮料、皮革等行业，已形成跨地区、跨部门的企业群体和企业集团。据69个联合企业统计，产值比上年增长2.5倍，利润增长9倍多。

【深化企业改革】　1986年，据12个地、市轻工业部门统计，已有70%的企业实行厂长负责制。地、市轻工业部门切实为企业放权。唐山陶瓷公司，是拥有职工16 000多人的单位，1985年仅实现利润229.6万元。1986年，主动为企业放权，企业就活了起来，产值比上年增长24.6%，利润增长6倍多。改革分配制度，多数企业变固定工资为可变工资。保定市玻璃总厂1986年以前累计亏损1 000多万元，1986年该厂在企业内部实行包干工资、计件工资、浮动工资3种分配办法，1986年产品产量比上年增长1倍以上，利润增长4.4倍。改革人事制度，变“终身制”为“聘任制”。推行承包制、股份制。石家庄市造纸厂马胜利承包3年来，与承包前对比，利润增长20倍，相当于该厂现在的固定资产。唐山市塑料五厂从1986年8月实行股份制，当年产值、利润分别比上年增长39.8%和15.6%。

【试行行业管理】　河北省轻工业1986年总产值为74亿元，轻工业系统的产值才45亿元，近30亿的产值分散在其他部门。为发展轻工业生产，在食品、服装、造纸、陶瓷等行业试行行业管理，分别颁发国家和省的轻工业产品质量标准和管理办法，健全省级质量监督检验机构。在质量评比时，凡属轻工产品不分系统内外，只要质量优胜就榜上有名，使所有轻工产品都纳入轻工系统的质量管理轨道。在白酒、啤酒、罐头、软饮料、糖果、制糖、方便食品、乳制品等8个行业建立行业协会。啤酒行业协会已吸收19个会员厂，有7个是系统外企业，该协会对所有成员做到了“三个一律对待”，即产品质量检验、技术审查会诊和发放专酿许可证一律对待。各行业协会1986年主要作了4项工作：一是组织专家和技术人员对产品质量进行检查；二是召开推广新技术、新工艺研讨会；三是组织考察国内技术；四是技术服务和培训。据统计，各行业协会全年为300多家系统外企业生产的轻工产品进行质量检测。

【技术改造】　1986年技术改造项目112个，总投资2.6亿元，重点改造食品、陶瓷、造纸等行业，引进新技术重点装备塑料行业。1986年省以上计划在建技术改造项目89项，当年完成37项，完成投资6 674万元。新增能力：啤酒2.5万吨，罐头5 000吨，饮料4 500吨，柠檬酸500吨，优质白酒1 000吨，塑料制品588吨，日用陶瓷600万件。1986年河北省评出30家技术进步企业，其中轻工系统占8家。

（李冬梅）

附：石家庄市一轻工业

【概况】　1986年，石家庄市一轻系统共有县属以上企业27个（其中市属16个），职工18 354人，固定资产原值1.4亿元，净值1亿元。有造纸、日用化工、日用硅酸盐、日用机械、印刷、电光源、食品等8个部门16个行业；生产省以上计划大类产品19种，市计划产品5种，共有近400个品种规格。全系统工业总产值24 631万元，比1985年增长6.8%，其中市属企业完成21 442万元，比1985年增长7.2%。多数产品大幅度增长，如啤酒、手套、日用陶瓷、罐头、搪瓷制品、保温瓶、肥皂、香精、香料、味精、糠醛等比上年增长8%以上。产品质量稳定提高，全部产品质量稳定提高率达76.5%。重点产品质量的稳定提高率达87.5%。1986年，全系统共有32种产品获省以上优质产品称号，其中猫球牌卫生纸获国家银质奖。优质产品产值比1985年增长24%。出口产品有所增加，全系统出口交货总值1 135万元，比1985年增长76%，创历史最好水平。1986年开发新产品13种。全系统实现利润1 667万元，比1985年增长5.2%，其中市属企业实现利润1 592万元，比1985年增长8.4%。全系统实现利税4 563万元，比上年增长2.5%，其中市属企业实现利税4 238万元，比1985年增长4.1%。企业管理迈出了新的步伐，手表厂被轻工业部命名为质量管理优秀企业和企业管理优秀单位；油脂化工厂被轻工业部命名为设备管理优秀企业，被省轻工业厅命名为质量管理优秀企业和企业管理优秀单位。全系统实现了安全生产，成为全市唯一的无重伤以上事故的工业局。

主要产品产量

产品名称	单位	1986年产量	1985年产量	1986年比1985年±%
机制纸	吨	19 875	20 173	-1.5
手表	万只	82.6	74	11.6
搪瓷制品	吨	5 112	4 699	8.8
日用陶瓷	万件	3 842	3 395	13.2
日用玻璃	吨	29 404	31 372	-6.3
灯泡	万支	2 087	2 361	-11.6
合成洗涤剂	吨	2 681	2 514	6.6
肥皂	吨	18 437	17 039	8.2
精甘油	吨	505	536	-5.8
干电池	万支	1 443	1 512	-4.6
香精	吨	85	63	34.9
罐头	吨	4 342	3 404	27.6
啤酒	吨	16 361	15 322	6.8
非酒精饮料	吨	4 172	2 552	63.5
糠醛	吨	2 092	1 101	90

【经济联合和技术改造】 到1986年底，横向经济技术联合共64项，其中合资经营11项，联合生产12项，技术协作16项，建原料基地7项，工贸联合2项，与大专院校科研单位的联合13项，联合群体3项。推动了技术开发和生产的发展。如轻工机械厂与吉林省永吉县联合，引进膨化雪糕生产线，填补了石家庄市空白，产品畅销，不到3个月盈利3.5万元。

1986年市属企业基建技措13项，竣工投产10项，年产值增加5 187万元，利润增加689.8万元。较大的有啤酒厂改扩建项目，新增生产能力1.5万吨，利润172万元；手表厂扩建，新增生产能力45万只，利润157万元。

【经济体制改革】 1986年，石家庄市一轻系统经济体制改革又有新的进展。市属16个企业，有9个企业实行厂长任期目标责任制，7个企业实行目标利润滚动承包，3个小型企业试行厂长兼书记。各企业继续推行了适合本企业特点的经济责任制，其形式主要有5种：一是实行工资总额与上缴利税挂钩；二是奖金与实现利税挂钩浮动；三是奖金与上缴税金挂钩；四是实行盈亏包干，减亏分成；五是小型国营企业按集体企业的办法对待。调动了企业和职工的积极性。如市造纸厂，马胜利承包以来，该厂起了根本性的变化，产品由承包前的9个品种，发展为46个，经济效益连年增长，承包第一年就甩掉了亏损的帽子。1984年实现利润140万元，1985年280万元，1986年320万元。

为了增强企业活力，解决生产经营中存在的问题和薄弱环节，石家庄市一轻局批准了18项单项奖，是支持企业发展生产提高效益所采取的变通措施。

（白成三）

石家庄市二轻工业

【概况】 石家庄市二轻工业系统，1986年底有服装鞋帽、塑料皮革、五金家电、工艺美术包装装潢、家具制造5个工业公司和1个二轻供销公司、1个二轻科研所，二轻职工中专和二轻技工学校各1所。现有企业62个（其中国营企业6个，集体企业56个），比上年减少1个。职工26 626人（其中国营企业职工4 062人，集体企业职工22 564人）。1986年工业总产值31 942万元，净产值8 169万元，分别比上年增长1.5％和1.6％；实现利润2 926.3万元，比上年降低6.5％；劳动生产率11 997元，比上年降低5.7％；销售收入40 901.6元，比上年38 718.6万元提高5.6％；缴税金1 610.8万元，比上年降低7.3％；固定资产原值14 690万元，净值10 253万元，分别比上年增长13.3％和12.7％。主要产品产量有所提高，其中提高幅度在20％以上的有二丁酯、电焊条、玩具、出口服装、焊炬、钢盒尺、刨花板、裘皮服装8种，占16.7％。

主要产品产量

产品名称	单位	1986年产量	比1985年增长±%
仿抽纱台布	吨	384	7.3
大型专用衡器	台	235	30.6
台案秤	万台	5.27	11.2
内销服装	万件	203.12	13.9
出口服装	万件	354.63	20.9
铁锅	万口	93.48	12.2
焊炬	万套	3.009	32.6
钢盒尺	万盒	54.87	52.9
玛钢管件	吨	1 305	4.2
电焊条	吨	3 662	36.7
二丁酯	吨	568	188.3
二辛酯	吨	1 515	10.7

1986年亏损企业4户，亏损额106.19万元，其中五金行业亏损企业2户，亏损额98.04万元；塑料行业亏损企业2户，亏损额8.15万元。

据局考核的21项消耗指标统计，扣除2项不可比外，累计比上年降低18项，稳定降低率为95％。全系统节煤2 700吨，节电260万度，节水7万吨，平均每万元产值耗能折标煤2.46吨，比上年降低4.3％，全年累计节能折标准煤2 500吨，价值39万元。

由于原材料和能源涨价、产品降价、各项费用增加的影响，1986年可比产品总成本比1985年提高13.8％，净增额1 083万元。

1986年全系统出口产品达17种，比1985年增加3

种，出口交货值 4 959 万元，比上年的 3 964 万元提高25.1%。

【质量和品种】 1986年，重新修改制订了《质量奖励条例》和《技术革新、产品开发奖励办法》，在企业生产中行使产品质量否决权。有41个企业开展了全面质量管理，工农机械厂和钢锉厂分别被评为轻工业部和河北省全面质量管理先进企业。在全系统广泛开展了QC小组活动，制订了《QC小组注册登记和预报课题办法》，注册登记的QC小组已达 152 个、1 482 人，完成课题67个，发表成果15项，其中 4 项获市级成果奖，累计创经济效益102万元。

1986年，石家庄市二轻系统考核的35种38项质量指标，质量稳定提高率达84%。有 3 种产品获轻工业部优质产品称号；有15种产品获河北省优质产品称号。在全国和全省同行业评比中，有 5 种产品获全国第二名；有13种获河北省第一名。优质产品创产值5 739万元，优质产品率达20.5%。

1986年，试制新产品52种，批量生产42种，其中达到国内先进水平的13种，有 6 种获河北省优秀新产品奖。全年增加新品种、新花色 1 450 种。新产品、新品种年创产值 3 050 万元，利润 310 万元。铜铝制品厂研制的防爆工具系列产品，已成为石家庄市二轻工业的拳头产品，覆盖全国19个省、市的市场。焊割炬厂研制成功的干式乙炔回火防止器和气功清洗枪，当年就创利30多万元。

【技术改造和技术引进】 1986年技术改造和技术引进项目共21项，已经实施的15项，其中引进项目 3 项。已完成总投资 2 646 万元（含外汇274.5万美元）。到年底，全部建成投产 9 项，包括引进项目 3 项。新增固定资产 1 598 万元，年增生产能力：软包装食品袋 3亿个、PP编织袋 1 000 万平方米、塑料食品周转箱24万个、二丁酯 1 000 吨、塑料贴壁纸90万平方米、贴膜革80万平方米、塑料包带 250 吨、皮鞋10万双、钢家具3.5万件。

【经济体制改革】 1986年，石家庄市二轻工业系统先后制定30多条放宽政策和搞活企业的规定。针对实行厂长负责制后，部分企业存在党、政、工关系不协调，职责不清，职代会作用发挥不力等问题，提出集体企业实行职工代表大会领导下的厂长负责制，并在 9 个小型集体企业实行了厂长兼书记的体制。在16个企业推行了厂长任期目标责任制和企业党委（总支、支部）保证监督目标责任制。还根据集体企业的性质、特点，研究制定了《集体所有制工业企业领导体制工作条例（草案）》。

1986年第四季度，石家庄市二轻在第一塑料厂和焊割炬厂两个集体所有制企业开始试行财产股份制，将企业的财产划分为国家股、联社股、企业股（含集体股和个人财产股）和职工个人持币股四种成份，并制定了具体分红办法。企业实行股份制后，建立股东（职工）代表大会制，并设董事会。股东代表由入股各方选派，并吸收部分职工代表参加。董事会由股东（职工）代表大会选举产生。股东（职工）代表大会是企业生产经营的最高决策机构和监督机构。董事会是股东（职工）代表大会的常设机构，负责讨论决定企业的发展规划、经营决策、财务决算、干部人选及其它重大事项。实行股份制企业的厂长由董事会聘任，负责组织实施董事会和股东（职工）代表大会的各项决策、决议和决定；还负责对副厂长及中层干部的任免。

【横向经济联合】 1986年，石家庄市二轻局帮助企业组建“33建筑工具总厂”、“北方塑料机械工业联营公司”等 8 个经济联合体，使全系统形成19个以名优产品为龙头，同省内外134个工业、商业、农业、外贸、科研等单位组成的各种形式的联合体。

石家庄市钢锉厂生产的“双剑”牌钢锉，是国家银牌产品，在国内外享有较高信誉。该厂与市种子机械厂实行紧密联合，充分利用种子机械厂的现有厂房、部分设备和富余劳力，扩大生产能力。年产钢锉将由原来的 150 万支增加到 250 万支，出口创汇将由原来的47万美元增加到 150 万美元以上。石家庄市木制品四厂和木制品五厂与中国进出口包装总公司河北省分公司联合经营，中国进出口包装总公司河北省分公司根据承担的外贸出口商品包装任务的大小，每年负责向以上两个联营厂提供 2 000 立方米左右的木材，由两厂按规格、要求组织生产包装箱。在完成外贸包装产品任务的前提下，为国内市场和用户服务。联营期限为 5 年。这项联营，使两厂的生产任务和原材料都得到了保证。

（薛　冰）

秦皇岛市一轻工业

【概况】 1986年，秦皇岛市一轻工业有市、县区属企业28个，其中，抚宁县综合食品厂转产石粉，划出系统外，昌黎县磷肥厂改建为昌黎县昌宝啤酒厂，划入系统内。全系统职工人数13 425人，工业总产值15 386万元，比1985年增长6.15%，工业净产值4 931万元，比1985年增长13%，国营企业实现利润 1 547.8 万元（包括财政退库 246.1 万元），比1985年增长 14.09%，13种主要产品产量，比1985年增长的有10种，持平的 1 种，下降的 2 种。1986年全部企业实行厂长负责制，企业内部实行各种形式的承包经济责任制。一轻工业开始转向行业管理，并设置行业管理职能科室行业信息科。

主要产品产量

产品名称	单位	1986年	1985年	1986年与1985年相比±%
机制纸及纸板	吨	53 007	44 133	20.1
纸浆	吨	45 946	41 922	9.6
日用玻璃制品	吨	45 611	45 130	1.1
罐头	吨	18 180	18 176	0.02
饮料酒	吨	38 249	18 984	101.5
火柴	万件	42	45	−6.7
灯泡	万只	1 027.7	876.7	17.2
硬脂酸	吨	1 492	1 227	21.6
日用陶瓷器	万件	614.7	519.3	18.4
无酒精饮料	吨	4 679	1 747	167.8
自行车零件	万元	240.4	167	44.0
糖	吨	2 643	3 837	−31.1
灯头	万只	4 903.9	4 508	8.8

1986年建成经济联合项目35个。昌黎县葡萄酒厂以技术和培训的形式，向省内外10厂家提供了工艺技术和管理。内引外联，筹措资金1 000万元，用于企业技术改造。建成芦笋、葡萄等五个生产基地。列入考核的主要产品质量指标，稳定提高率75%，比上年提高8.3%；全年创部优产品1个，有3个产品被评为省优质产品；有5个产品被评为秦皇岛市优质产品。优质产品产值达到2 639万元。出口产品交货值1 509万元，比上年增加75.1%。肉类罐头产品出口交货量2 363吨，比上年提高55.9%。青龙县果酒罐头厂出口果脯50吨，打破了全市县属一轻工业无出口产品的局面。1986年市属企业完成销售收入11 117.8万元，比上年提高19%，创历史最好水平。全年研制重点新产品18个，投产新产品18个，实现产值2 841万元。全年巩固、开拓售销网点1 000多个，遍及全国。企业自销产品量占全部销售收入的74%。1986年全系统技术改造项目总投资12 584万元，超过“六五”期间技术改造的总投资。主要技术改造项目有：市资料印刷厂引进银盐纸版工艺及设备，第一陶瓷厂新上釉面砖生产线等重点项目投产。山海关啤酒厂投资6 000万元，年产4万吨，山海关食品厂投资2 326万元，引进肉糜及制罐生产线，燕山玻璃制品总厂投资3 529万元，扩大年啤酒瓶生产能力3.8万吨。此外开工建项的有投资887万元，更新1760长网纸机等四个较大的技术改造项目。举办TQC知识普及培训班51期，参加职工2 950人，占市属企业职工总数的36.8%。有2个QC小组被评为市级先进QC小组，山海关啤酒厂被省轻工业厅评为全面质量管理先进单位，山海关食品厂、造纸厂等厂办科研机构先后与成都电讯工程学院等院校和科研单位建立科研与开发新产品的协作关系，完成杀菌罐微机自控、造纸白水回收等项目11个。

【算帐挖潜与增产增收】 1986年，一轻工业原材燃料涨价因素较大。据不完全统计，全系统原材燃料提价因素390.5万元，各种影响利润因素1 008万元，为1985年全系统实现利润的74.3%。面对这种情况，全市一轻企业普遍开展了“算企业经济帐”的活动。围绕设备利用、原材燃料消耗、产品质量、产品产量、管理费用、资金占用、劳动占用等7个主要方面算细帐，把1986年度实际完成指标同上年度对比，找出管理中存在的问题和增加效益的潜力。全系统共算帐400多笔，找出管理中存在的问题840个，对存在的问题，分别制定改进措施，提出1986年挖潜增收目标。将目标分解，落实到科室、车间、班组、机台和每个职工，并与经济利益结合。通过“算帐挖潜”，原材燃料消耗下降，列入考核的一轻主要产品原材燃料消耗稳定降低率达100%，1985年只有33.3%。万元产值耗煤由上年的6.5吨，下降到5.8吨，节煤7 796吨。全年节约原材燃料价值108.4万元。各厂努力调整产品结构，扩大生产能力，增产实现效益101万元；扩大自销产品数量，节约销售费用230.3万元；开展综合利用，增收20.8万元；节约车间经费、企业管理费14.4万元。大多数企业消化了原材燃料涨价等不利用因素。全系统实现利税2771.5万元（含财政退库246.1万元），比1985年提高15.5%。

【搞活企业政策】 1986年秦皇岛市政府下发《关于进一步搞活企业有关政策两个暂行规定》，主要内容是：

一、“对小型国营工业企业，执行‘全民所有，集体经营，照章纳税，自负盈亏’的办法，即企业实现利润按八级超额累进税率缴纳所得税后全部留给企业，不再上缴承包费”。秦皇岛市一轻工业小型企业多，按这个规定，这些小型国营企业税后可以留有较多的资金发展生产。市制酒厂、第一陶瓷厂已按这个规定执行。

二、“国营企业为了进行技术改造和扩大生产能力的贷款，企业在缴纳所得税之前，用贷款项目投产后增加的利润归还，有困难的企业，经税务部门批准用减免产品税的办法归还。”这个规定，使一轻企业技术改造和发展生产贷款增多，还款能力差的问题得到一定程度解决。

此外，市经委、财政局、税务局和工商银行经多次调查研究，给8个企业财政退库246.1万元，其中山海关食品厂48.2万元，第一陶瓷厂46.8万元，造纸厂75.5万元，制酒厂64.5万元，等等。

（王乃平）

秦皇岛市二轻工业

【概况】 1986年秦皇岛市二轻工业系统共有企业63个，其中有直属企业15个，其余48个企业分属于4个县、3个区经委。在15个直属企业中由于市制革厂污染问题，于1986年1月停产，改为秦皇岛第三塑料厂。

秦皇岛市二轻系统完成工业总产值10 360万元，比上年增长6.7％，首次突破1亿大关。全系统实现销售收入10 470万元，比上年增长15％，出口产品交货值为2 000万元，与上年持平。实现利润460.5万元，比上年下降34％。主要原因：原材料涨价幅度大，仅直属企业减去产品提价部分，全年仍有113万元的减利因素；多支付劳保工资20万元、工资80万元；一些企业原材料严重短缺，生产任务严重不足，停工停产；库存产品占用资金多；直属企业全年车间经费、企业管理费比上年增加30％，多支出225万元。1986年市二轻系统先后同日本、联邦德国、奥地利、意大利等国签订引进建筑装饰玻璃、塑料编织袋、旅游鞋、高档家具生产线等4个项目的合同。

主要产品产量

产品名称	单　位	1986年	1985年	1986年与1985年相比±％
塑料制品	吨	3 549.9	4 173	－14.9
皮　鞋	万双	39.4	43	－8.4
布　鞋	万双	174.5	165.5	5.4
木制家具	万件	4.77	5.35	－10.8
钢木家具	万件	24.3	23.7	2.5
民用镜	万块	131.4	105.6	24.4
服　装	万件	107.4	145.2	－26.0
铁　锅	万口	27.1	18.8	44.1
铁皮钉	吨	164.4	106	55.1
园艺工具	万件	9.3	6.2	50.0
机制锹	万把	162	108	50
粗铝制品	吨	330.8	243	36.1
自行车锁	万把	46.3	30.8	50.3
元　钉	吨	3 065	3 079	－0.5

【经济体制改革】 秦皇岛市二轻系统15个直属企业1986年全部实行厂长负责制。在1986年9月又在市制镜厂、市建国木器厂、抚宁县标准件厂、海港区第二五金工具厂等集体企业进行股份制试点，把企业财产按职工的工龄、技术等级、贡献分给企业内每个职工，企业盈利后，按职工股份指标进行分红。抚宁县标准件厂将集体积累的财产划分给职工，工龄占20％、技术等级占30％、贡献占50％。平均每个职工占有1 492元，每个职工入100元的终身股。职工除平时按政策领取奖金和工资外，年终劳动分红平均每人74元，股金分红平均每人75元。市二轻工业总公司、市财政局和市制钉一厂进行了经济承包一定3年的试点。以企业1983年、1984年和1985年3年平均实现利润为基础，以后3年每年递增10％作为企业承包指标。企业完成当年利润承包指标，按国家政策纳税和分配。对利润超额部分实行倒二八分成，企业得大头，这部分不再纳税，企业有权自行支配，但应主要用于发展生产和集体福利事业。如果企业完不成当年承包的利润指标，国家仍按承包利润指标纳税和提留。

【经济联合】 1986年市二轻系统15个直属企业中有7个企业与外地和本市有关部门开展了不同形式的联合。市第一服装厂，按北京长城风雨衣公司要求的质量规格、款式，每月为该公司加工100万件风雨衣，这项联合促使市第一服装厂产品质量稳步提高，合格率达100％，扭亏为盈。该市液压件厂为张家口煤机公司的SGZ—764/264刮板运输机生产部分主要部件，由于部件质量好，保证供货质量，深获主机厂的信任。这项联合使液压件厂40％的生产任务有了保证，使一个只有150人的小厂年创利达22.3万元。市二轻机械厂（集体企业）同本市五金工具厂搞联合，市二轻机械厂的人员得到充分安置，设备得到充分利用，并促使了新产品（建筑模板）的投产。联合1年市二轻机械厂由上年亏损变为盈利4万元；市五金工具厂实现利润49.6万元，比上年增长82％。

【质量创优新产品开发】 1986年市二轻系统28种主要产品的质量指标全部完成计划。列入市考核的元钉、机制锹和两家民用镜产品稳定提高率达到100％。有11种产品参加河北省行业质量评比，有4种产品获河北省第一名，PE管材和男胶粘半跟三接头棉皮鞋获河北省优质产品称号。市五金工具厂的“工”字牌铁锹被授予“消费者信得过”产品称号，获河北省的“信誉杯”。有8个新产品和新技术推广项目通过鉴定，省级4项，市级4项，其中吸收式冰箱被列入河北省重点项目，并列入轻工业部1986年新产品试制计划，7月进入中间试验阶段，省、市予拨贴息贷款403万元。复合膜、聚苯乙烯自熄型板材、汽车后视镜、锅炉报警器等4种新产品获河北优秀新产品奖。1986年新产品实现产值733.7万元，利润43.79万元，占市二轻工业总公司直属企业利润总数的21.7％。

（刘欣然）

山　西　省

山西省一轻工业

【概况】 1986年，山西省一轻工业企业309个，其中大型企业4个，中型企业21个，职工总数8.45万人，固定资产原值7.25亿元，净值5.5亿元，工业总产值8.57亿元，比1985年增长12.86%，出口交货值7 264万元，增长48.31%，实现税利1.88亿元，增长19.48%，其中利润0.85亿元，增长29.41%。主要产品质量上升，产品质量稳定提高率为87%，比上年提高12%。开发新产品150种，其中有21种获省优秀新产品奖。获轻工业部优质产品奖的有6种，获省优质产品奖的有48种，在全国沙棘制品评比会上有9种产品获优良奖，占全国获奖沙棘产品的一半以上。

主要产品产量

产品名称	单　位	1986年	1985年	1986年比1985年增长%
机制纸及纸板	万吨	20.44	18.75	9.0
甜菜糖	万吨	3.38	3.1	9.0
日用玻璃	万吨	7.21	6.39	12.8
日用陶瓷	万件	10 825	9 525	13.6
钨钼材料	万米	28 145	27 083	3.9
合成洗涤剂	万吨	6.4	6	6.7
乳制品	万吨	0.88	0.64	37.5
饮料酒	万吨	8.93	8.36	6.8
其中：汾酒	万吨	0.63	0.58	8.6
竹叶青	万吨	0.47	0.32	46.9
啤酒	万吨	3.52	2.61	34.9
老陈醋	万吨	1 867	1 809	3.2
油　墨	吨	2 308	2 026	13.9

【企业管理】 1986年成立了啤酒、造纸、合成洗涤剂、日用玻璃制品4个行业管理委员会，增设了行业管理处。组织了造纸、酿酒、日化、食品、玻璃、陶瓷6个行业的财务物价协作组。举办10次全面质量管理、目标成本管理、包装装潢设计、酿酒、陶瓷等管理与技术培训班，参加培训的有500余人次。杏花村汾酒厂是山西省第一个获国家全面质量管理奖企业，应县陶瓷厂、忻州地区钨丝厂在全国同类型企业中经济效益处于领先地位，忻州地区玻璃厂等两个企业为节能先进单位，太原耐火材料厂等两个企业获得全国轻工系统劳动保护安全先进奖。

【经济联合】 截止1986年底，山西省一轻工业企业实行各种形式的联合企业有150个，占企业总数的一半。引进省外的优质名牌产品，省内的优势产品打出去，并在省外联合建厂组织生产。汾酒厂与青岛汽水厂联合生产出"崂山可乐"销往广州。另外还引进四川"天府可乐"、上海的"绿宝香皂"、石家庄"维力饮料"等。将山西省的老陈醋、沙棘汁、钨钼材料、罐头、合成洗涤剂等产品扩散到山东、北京、吉林、甘肃等地生产。运城洗涤剂厂在沙迦与阿拉伯联合酋长国合办合成洗涤剂厂一座，年产能力5 000吨。

【厂办科研】 1986年抓了厂办科研工作。全系统厂办科研（所、室、组）发展到85个，科研人员增加到521名。开发新产品120余种，增加产值1 000万元，税利200万元。获省优秀新产品奖21种，评出厂办科研先进单位10个。太原洗涤剂厂开发的芳芳洗洁净效能高，去污力强。加酶洗涤剂能去掉血迹、奶迹，是洗涤佳品，当年产量6 000余吨，市场走俏。另开发真武沙棘酒、高粱威士忌、多维山楂饼、红色陶瓷强地砖、白钼丝等新产品。

【沙棘开发利用】 山西是全国沙棘分布面积最大的一个省，沙棘面积有500万亩，占全国一半，沙棘集中分布在雁北高原、吕梁山、太行山、中条山四大片十个县，占全省面积的40%，总产量约1.5亿公斤。山西沙棘鲜果维生素C含量高达400—800毫克/百毫升，最高可达2 100毫克/百毫升。1983年山西科研部门进行开发利用沙棘鲜果的研究，山西省经委、山西省轻工厅拨款在方山县、右玉县建立加工试验点进行试生产，生产出沙棘饮料、沙棘酒、沙棘罐头等产品。右玉县饮料厂1986年收购沙棘鲜果190吨，农民收入8万元，生产沙棘原汁、沙棘浓缩汁、沙棘汁、沙棘果酱、沙棘果丹皮共260吨，产值140万元，税利20万元。大同综合食品厂生产沙棘精出口日本。

【基本建设和技术改造】 1986年基本建设和技术改造共投资2.01亿元，完成1.23亿元，占总投资的61%。在总投资中基本建设占42%，技术改造占58%。在总投资中，省投资占65%。竣工投产的骨干项目有：朔县啤酒厂、杏花村汾酒厂二期补充工程、汾酒的万吨制曲工程、太谷乳品厂扩建工程、闻喜造纸厂白纸板工程、祁县酒厂六曲香酒工程、忻州地区钨丝厂搬迁扩建工程、运城玻璃厂2号炉改造工程和新建应县糖厂工程等。

【物资供应和产品销售】 1986年通过各种渠道，千方百计组织供应各种原材料2.5万吨，解决了一些企业的急需。在产品销售方面，除加强企业自销外，着重组织企业联销，由省厅供销公司牵头，组建山西省酿酒工业联合销售部。联销部组织和参加各种订货会，商品交易会和展销会。10月份，由联销部组织酿酒、罐头、饮料、包装等62个企业、10个地区轻工联销部门近400人参加商业部在郑州举办的全国糖酒三类商品交易会，销售额达1.04亿元。全系统轻工产品自销额达70%。

【简政放权转变职能】 1986年山西省轻工厅机关机构进行调整，由原来的18个处室合并为12个处室，撤消了三个行政性的公司，即开发公司、陶瓷公司、服务公司，人员由300名精减为150名。根据山西省委、省政府制定的《山西省经济体制改革实施方案的决定》及补充规定，对直属企事业单位下放了人事管理权、职工调动权、机构设置权、奖金发放权，在全系统下放了计划管理权、产品销售权以及省分配物资权。厅机关转变职能，重点抓方针政策的指导和规划、协调、调查研究。

（刘　永）

山西省二轻工业

【概况】 1986年，山西省二轻工业全系统共有企业、事业单位2 093个，职工236 244名。物资供销、科研、文教卫生及管理等非工业部门职工18 916名。全系统工程技术人员2 683名，占职工总数的1.1%，专业管理人员25 146人，占职工总数的10.6%。现有省、地市级研究所9个，职工大学1所，中专3所，干校2所。1986年，工业总产值192 543万元，比上年增长9.9%。44种主要产品中，洗衣机、液化石油汽钢瓶、不锈钢制品、漆器、电子手表、地毯、钢木家具、台案秆、电风扇、日用精铝制品、皮革、皮鞋、裘皮衣、塑料制品、五金工具、锯条、高档服装等26种产品都比1985年有所增长，小商品生产有所回升。实现利润11 152.2万元，比上年增长3.11%，补内亏2 495万元，使一部分企业甩掉包袱。产品销售额166 581万元，比上年增长7.2%，有17类产品销往欧、亚、非50多个国家和地区，出口值达10 056万元，比上年增长3 656万元。1986年共有76种产品获国优、部优或省优称号，其中，平遥推光漆器厂的围屏获国家银杯奖。1986年有56种新产品试制成功，投入生产。太原市塑料研究所研制成功聚丙烯塑料油墨用氯化聚烯烃获得国家科技进步二等奖。1986年又有20家企业的14种产品领到生产许可证。太行锯条厂获轻工业部全面质量管理优秀奖；长治洗衣机厂、太行锯条厂获山西省质量管理奖，太原人造革厂、太谷玛钢厂获得山西质量效益先进企业称号。1986年，全省二轻系统安排技改项目296项，完成投资12 267万元，1986年部、省专项技改项目142项，投资4 895.7万元。1986年，山西二轻系统获山西省职工教育先进单位称号。1986年共发生各种伤亡事故23起，其中死亡23人，事故比上年下降30%，死亡人数比上年下降15%。

【深化改革搞活企业】 据统计，1986年山西省二轻系统绝大部分企业实行计件工资，一部分企业已突破原来的八级工资制，把消耗、质量、数量和安全生产捆在一起，依据工序操作的复杂程度，确定工资档次，真正体现多劳多得的原则。如大同市口泉鞋厂“九定、一奖、六挂钩”的经验值得借鉴和学习。1986年已有部分企业开展股份制试点。到1986年底，全系统二轻企业已全部推行厂长（经理）任期目标责任制，一般任期3—5年，基本上解决了一些基层干部“打短工”的思想，保证了企业执行政策和加强管理的连续性。已有553个企业参加了各种类型的联合体，引进资金7 980.6万元，设备198台（套），新技术88项，专业技术人才354人。以山阴地毯厂为主跨地区组织的出口地毯工业集团，统一制定产品标准、产品价格、原材料供应等，彼此之间，互通有无，企业增强了社会竞争能力和知名度。1986年，供销部门组织部分物资和产品与兄弟省市二轻部门串换、调剂，尝到了甜头。在较大的销售中心设立专柜、代销点、积压产品处理点。各地、市集资开办“迎泽交易大厦”。大厦开业一年来，经营商品已达13 000余种，销售总额达3 650万元，实现利润100多万元，为企业提供各种信息1 707条，其中32%的信息得到利用。

【扶持贫困县】 山西省二轻工业历来发展很不平衡，效益好的县产值可达4 000万元，而贫困县有的产值不到50万元。为缩小差距，山西二轻系统重点抓了扶贫工作。具体为贫困县办的实事是：1985年安排扶贫项目47项，投资1 322.5万元，这些扶贫项目，都是当年投资当年见效。屯留县的化工厂当年投资、投产、受益，对本县二轻工业脱贫起到重要作用。1986年，在原材料非常紧缺的情况下，还拿出1 000吨钢材、1 000立方米木材、1 000标箱玻璃给予支援。仅原材料差价90多万元，由省二轻供销公司补贴，厅机关还从管理费中挤出37万元，支援贫困县。吕梁、忻州、临汾等地区采取“富县帮穷县，大厂帮小厂”，积极开发新产品，效果很好。

【原材料基地建设】 目前，改制和轧制钢材生产能力已达到8万余吨，可以轧圆、扁、角钢、高频焊管，阳泉、襄汾、介休、太谷、浑源、榆次、阳高等轧钢厂已初具规模。现在，全系统年产生铁能力可达28万吨，产煤650万吨，产焦炭20万吨，铸铁管5万吨，大大缓和了原材料紧张状况。1986年，各地、市二轻采取多种形式引进资金1 217万元，新建大小炼铁炉8座，计113立方米，新增生产能力约6万吨，大同市、晋城市树脂厂年生产烧碱7 000吨，聚氯乙烯7 000吨，人造革生产能力可达2 500万平方米，制革能力达50万张，每年可取回牛、羊、兔、猪皮44万张，生产纤维板能力达1万立方米，太原市木器一厂引进的刨花板生产线也即将投产。

【清理平调资产】 1986年，山西省二轻系统基本上澄清了自1977年以来全省共划走、平调二轻集体企业282个，职工31 245人，资产9 514万元。其中，带走各级联社资产4 927万元。两年来各级政府批准由二轻集体企业转为全民企业35个，带走各级联社资金577万元。历年地方有关部门向各级联社借款226.6万元，占用部分校舍、医院、房屋等资产均未归还。在基本查清联社家底的基础上，根据国务院和省政府的有关规定，在省政府和各级地方政府的支持下，绝大多数企业已基本归还，有些财产也已归还或作价处理，如电子工业部1933研究所长期无偿占用省二轻干校，经多方交涉于1986年作价200万元分期偿付。

（常渑生）

附：太原市一轻工业

【概况】 1986年全局22个企业，其中：全民所有制企业12个，集体所有制企业10个，期末职工总数14 765人。工业总产值17 146万元，比上年增长12.16％；14种主要产品产量，有11种比上年有增长（附表）；12项产品质量指标稳定提高率达到80％；2种产品创省优，3种产品创市优；预算内企业上缴税金1 207.8万元，比上年增长5.81％；实现利润1 526.66万元，比上年增长20.88％；有2个企业扭亏为盈，太原搪瓷厂上年亏损12.5万元，1986年盈利32.4万元；12项主要原材料消耗指标，稳定降低率达到67％；全员劳动生产率达到13 039元，比上年提高6％。外贸出口值829.34万元，比上年增长54.4％，销售总额17 826.78万元，比上年增长23.59％。1986年，全系统原材料涨价等不利因素共1 010万元，除国家和地区政府在产品价格、税收方面给予政策上的支持外，企业内部从开发新产品、提高产品质量和档次、调整产品结构、降低原材料消耗、控制两费支出等方面消化37％。

1986年，选择太原洗涤剂厂和太原印刷厂两个单位，试行了厂长任期目标责任制。厂长任期定为5年，考核项目14项：产值增长率、实现利润增长率、上缴利税、质量管理、新产品开发、投入产出率、技术改造项目、污染治理、现代化管理、人才开发、职工收入增长、职工福利实施和厂区建设、安全生产、原材料和能源节约。太原洗涤剂厂工业总产值比上年增长了16.46％，利润比上年增长了25.01％。

【新产品开发】 1986年，共研制成功新产品、新品种45种，已投入批量生产和试生产的37种，投产率达到82.22％，新产品创造的产值3 569.13万元，创利税569.6万元，新产品产值占全局工业总产值的20.8％。有30种填补了省内空白，有5种达到国内同类产品先进水平。获省、市优秀新产品奖10种。

主要产品产量完成情况

主要产品	计量单位	1986年产量	1985年产量	1986年比1985年+(－)％
机制纸及纸板	吨	20 976	20 354	＋ 3.05
自行车	辆	75 095	39 007	＋ 92.52
灯泡	万只	2 093.53	2 157.70	(－) 2.97
玻璃制品	吨	21 493	19 238	＋ 11.72
合成洗涤剂	吨	27 575	26 618	＋ 3.59
自行车零件（商品量）	万元	320	358	(－) 10.62
日用陶瓷制品	万件	147.72	38	＋ 288.74
日用搪瓷制品	吨	1 473	1 371	＋ 7.44
干电池	万只	3 107.56	3 033.68	＋ 2.44
肥香皂	吨	16 255	14 004	＋ 16.07
油墨	吨	2 308	2 026	＋ 13.92
精甘油	吨	507	383	＋ 32.38
印刷制品	全张万印/万元	10 696/	10 762/1 261	(－) 0.61/
耐火材料	吨	21 029	18 688	＋ 12.53

【技术改造】 1986年，全局系统有13个企业技术改造，共实施项目25个，总投资3 521万元，其中，实际落实投资1 906万元，年底实际完成投资913万元，累计完成投资2 031万元，占总投资的57.68％。到年底，有8个项目已竣工投产，即：太原肥皂厂的皂粉工程、太原搪瓷厂的搪烧炉改造、太原印刷厂的制版工艺改造和引进四色胶印机、太原灯泡厂的城市煤气使用、太原洗涤剂厂的喷粉塔改造、太原玻璃瓶厂的新增白料瓶系统；有5项部分投产；有12项正在施工。投产项目的年新增能力为：洗衣粉1.6万吨、印刷制品4 873万印、卷筒纸3 440吨、搪瓷制品500吨、

凤凰自行车10万辆，当年实际新增产值 1 997 万元，新增利税450万元。

【横向联合】 1986年，全局系统有11个企业与省内外有关单位签订了联合意向书63项，经济技术协作项目23项，其中，当年见效项目增加产值约 3 700 万元，增加利润 107.5 万元。太原自行车总厂原生产“铁锚牌”自行车，因技术、设备和工艺比较落后，管理基础差，产品成本高，多年处于亏损局面，1984年11月26日太原市自行车总厂与上海自行车三厂在上海签订了“关于联合生产65型凤凰自行车协议书”，该年末太原市政府给该厂投资 320 万元，在上海自行车三厂的帮助指导下，进行厂房、工艺和工装装备改造。1986年 4 月份通过了凤凰自行车生产技术和质量鉴定， 5 月份投入批量生产，正式增挂了“上海自行车三厂太原分厂”的牌子，12月份加入了凤凰工业（集团）公司。1986年共生产凤凰自行车59 630辆，从 9 月份开始扭亏，全年除弥补了头 8 个月53.4万元的亏损外，盈利5.02万元。

（杨　汶）

太原市二轻工业

【概况】 1986年，太原市二轻工业总产值完成31 900.23万元，比上年增长4.36%，其中局属企业完成22 762.33万元，比上年增长3.7%；县区企业完成9 137.9万元，比上年增长6.02%。上缴利税 2 426 万元，比上年增长3.69%，其中局属企业上缴4 93.9万元，集体企业上缴 1 223.9 万元，县区企业上缴 708.2 万元。销售总额29 919万元，比上年增长 6.9 %。产品质量有所提高，局考核的33种产品，稳定提高率为91%，市经委重点考核的10种新产品，稳定提高率为 100 %，创部优产品 3 种，省优产品 6 种，市优产品 8 种，获得 2 项国际奖。全年技改项目共27项（包括1985年结转项目 7 项）、竣工项目10项，新增产值1 073.3万元，新增利润98.1万元，税金52.6万元。塑料四厂的软包装生产线投产后，被列为市牛奶包装、肉食包装的定点厂。全局列入计划的60种产品，有37种产品完成和超额完成了产量计划，占61.67%。

职工教育双补工作全面完成，文化补课合格率84.15%，技术补课合格率 85.27 %，达到国家规定的要求，厂长、经理统考工作取得了好成绩，钢锉厂副厂长王默明名列全省第一。实现了安全工作管理目标，全局无重大人身伤亡事故。

1986年，由于塑料、服装两个主要行业原材料供应不足，资金短缺等原因，严重影响企业生产，经济效益不好。全局利润完成1 255.02万元，比上年下降

主要产品产量

产品名称	单位	1986年	1985年	1986年比1985年±%
秋皮钉	吨	111.03	92.13	20.5
搭　扣	万盒	27.06	20.8	30.1
拉　手	万盒	33.85	24.55	37.9
灯　具	台	160.46	69.21	131.8
聚乙烯制品	吨	5 368.01	4 234.44	26.8
塑料拖鞋	万双	95.14	76.48	24.4
各种刷子	万把	223.3	162.24	37.6
各种胶	吨	473.9	383.21	23.7
猪皮革	万张	12.28	5.12	139.8
重　革	吨	199.44	160.4	24.3
镀锌铝丝	吨	1 947.43	1 403	38.8

21.44%。其中，全民企业完成280.42万元，比上年下降 28.77 %；集体企业完成 974.6 万元，比上年下降19.04%。

1986年，基本澄清了被无偿平调的集体企业及资产，仅1978年就以行业归口为由划走集体企业39个，无偿平调联社集体资金 4 865.4 万元，全部自有资金5 271.2万元。1986年已收回了丢失24年之久的联社财产太原市桥头街 108 号楼的产权，收回房屋47间，建筑面积1 199.4平方米。

在位于市中心的钟楼街投资 400 多万元，建成建筑面积达 5 000 平方米的二轻市场，于1986年11月30日正式开业。

【增强企业活力】 1986年，继续推行和完善各种形式的经济承包责任制。全局有17个企业实行了计件工资，1 个企业实行了浮动工资，39个企业实行综合奖励。太原制旗蓬套厂实行计件工资和超定额计件工资等分配形式，取得了较好的经济效益，产值完成441.15 万元，利润完成 82.07 万元。全局68个企业中实行厂长负责制的有54个，占企业总数的80.6%。实行厂长任期目标责任制的10个，占企业总数的14.7%。全局有40多个企业集资入股，集资额达118.45万元，缓解了资金紧缺的矛盾。到1986年底，全局已有40多个企业开展联合、联营项目57项，其中已联营生产的16项，新增产值 963.4 万元，新增效益63.65 万元。

【产品质量及新产品开发】 全年创优质产品18种。太原金漆厂的漆器彩绘屏风、太原金属织网厂的联盟牌铁窗纱、太原红旗橡胶厂的黑胶布被评为轻工业部优质产品；太原金漆厂的彩绘永乐宫大型屏风、太原制旗蓬套厂的12× 6 米蓬布、太原华光鞋油厂的软袋鞋油、太原塑料一厂的ＰＶＣ硬板、太原塑料二厂的ＰＶＣ异型材、太原五金厂的 200 公升油桶等 6 个产品被评为省优质产品；太原塑料七厂的ＰＶＣ楼梯扶

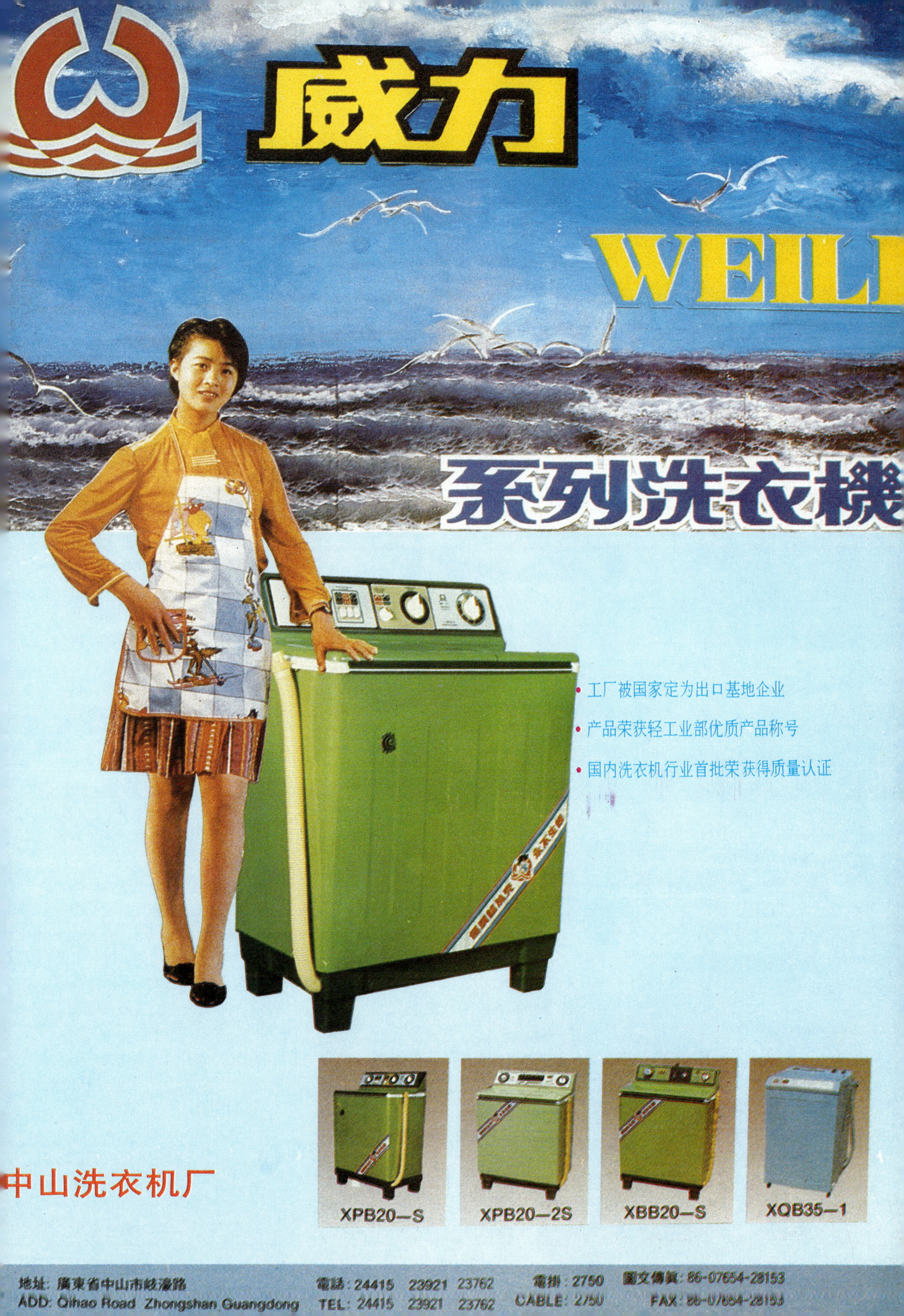

威力
WEILI
系列洗衣機
工厂被国家定为出口基地企业
产品荣获轻工业部优质产品称号
国内洗衣机行业首批荣获得质量认证
中山洗衣机厂
XPB20—S
XPB20—2S
XBB20—S
XQB35—1
地址：廣東省中山市岐濠路
ADD: Qihao Road Zhongshan Guangdong
電話：24415 23921 23762
TEL: 24415 23921 23762
電掛：2750
CABLE: 2750
圖文傳眞：86-07654-28153
FAX: 86-07654-28153

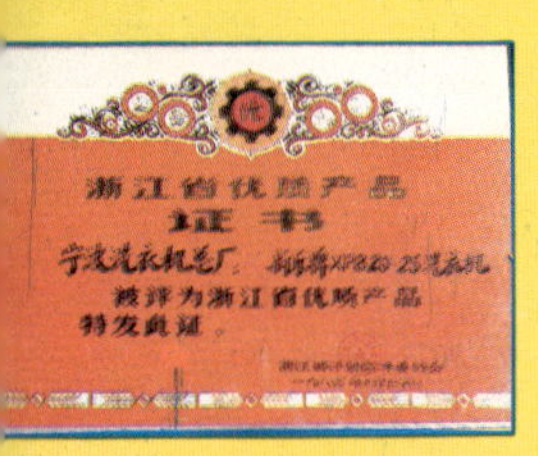

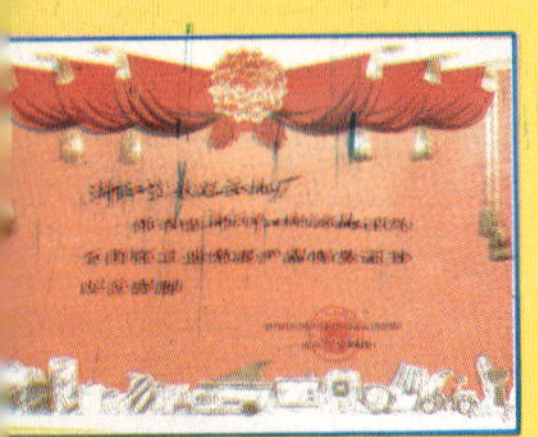

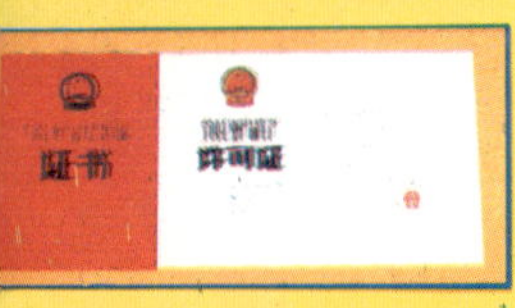

浙江省优质产品
证书
宁波洗衣机总厂：
被评为浙江省优质产品
特发此证。

证书
许可证

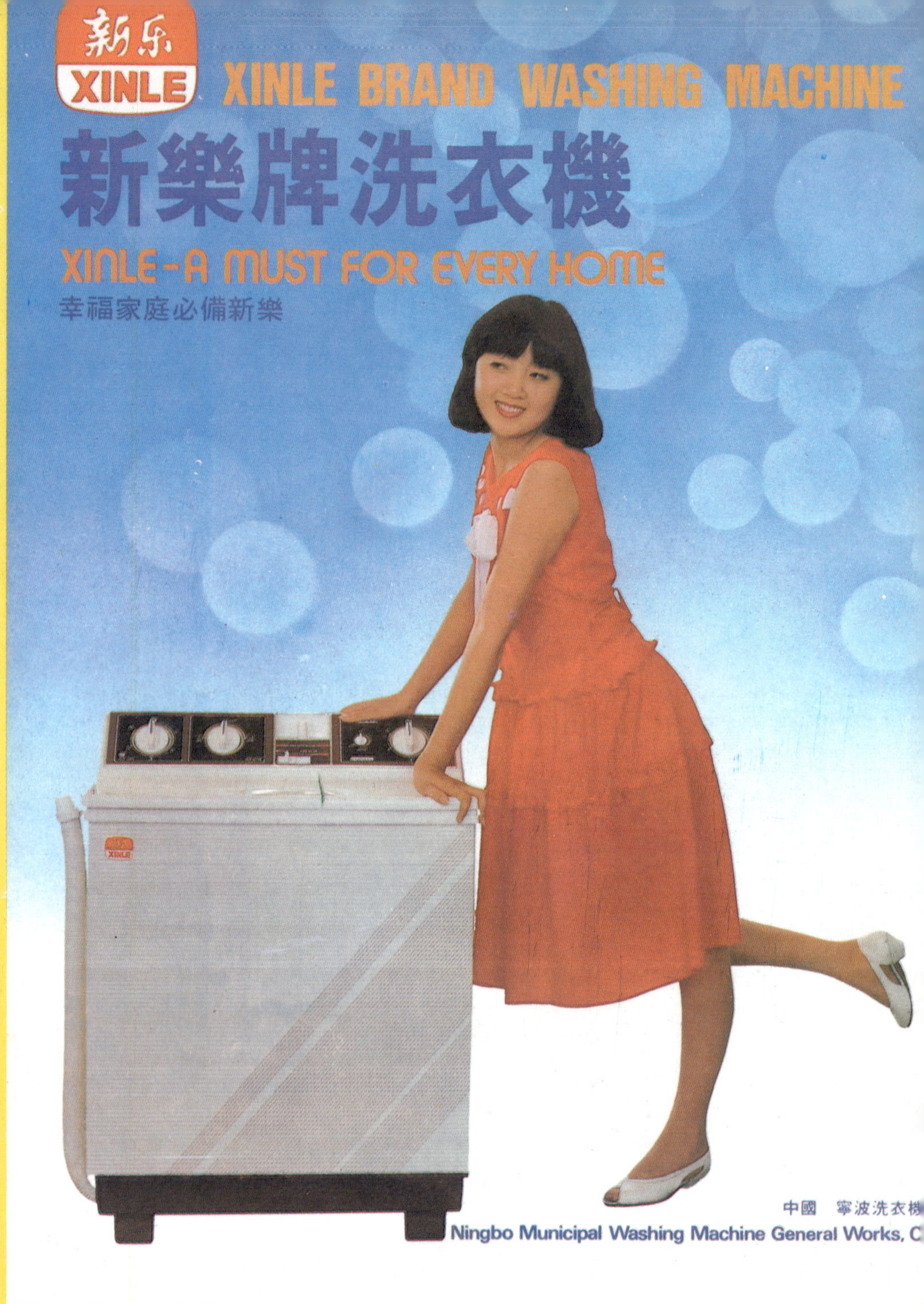
新乐
XINLE
XINLE BRAND WASHING MACHINE
新樂牌洗衣機
XINLE-A MUST FOR EVERY HOME
幸福家庭必備新樂
中國 寧波洗衣機
Ningbo Municipal Washing Machine General Works, C

宁波洗衣机总厂

宁波洗衣机总厂1981年开始生产洗衣机，生产迅速发展，企业面貌发生了巨大变化，成为国家择优扶持的重点洗衣机专业生产厂之一。产量和销量居全国前列。新乐牌洗衣机已成为国内名牌产品。

几年来，该厂共开发了近15个洗衣机品种。由于注重产品质量，新乐牌洗衣机1984年被评为“浙江省最佳日用消费品”，1985年被评为“浙江省优质产品”，1986年又荣获“轻工部及浙江省优质产品”及省经委的“新名优特产品金鹰奖”。1986年获国家第一批洗衣机生产许可证。产品销售全国28个省市自治区。

本厂在各地设有200多个维修点，维修服务将逐步实行全国联保，用户可就近保养，主要零部件保养3年，此举为国内同行业首创。维修主要采取电话预约、上门服务的方式。

厂址：浙江宁波新典桥　　电话：61486 65103　　电挂：4070

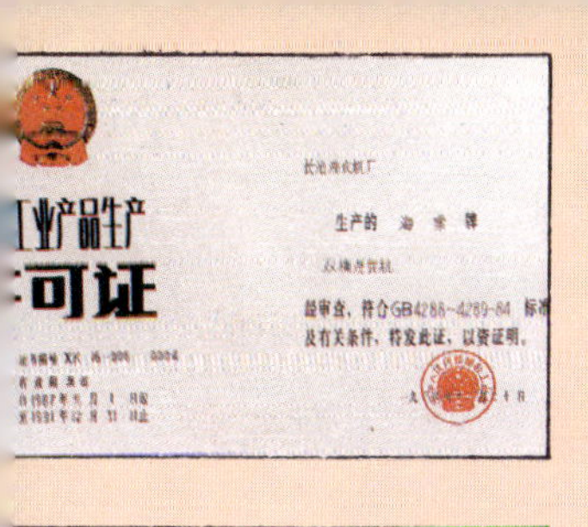

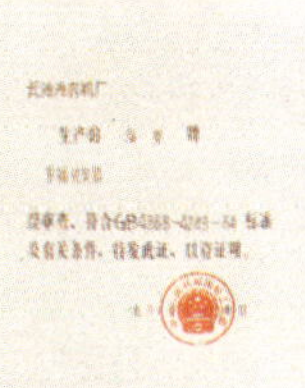

海棠牌洗衣机

XPB 20—3 型单桶洗衣机

XPB 30—1 S 型双桶洗衣机

海棠牌洗衣机，造型美观，功能齐全，洗净度高，磨损率低，噪音小，省水、省电、省时间。

该机曾分别被评为轻工业部优质产品、山西省优质产品、河北省首届日用消费品“信得过”产品，并荣获“信任杯”奖和太原日用工业品展览评比“金兔杯”一等奖等荣誉称号。

海棠洗衣机靠质量求生存，以品种求发展。深受广大用户欢迎。现已畅销全国十九个省市、自治区。敬请惠顾。

址：山西省长治市南门外苏店镇　厂长：梁吉祥　电话总机：2965　电报挂号：0892

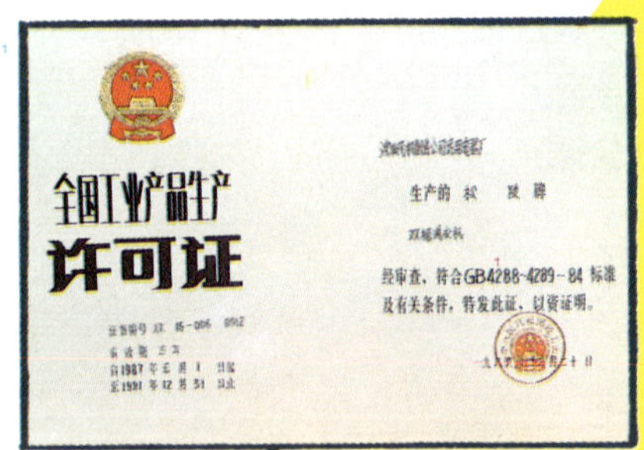

全国工业产品生产
许可证

生产的 松 陵 牌

双桶洗衣机

经审查，符合GB4288-4289-84 标准及有关条件，特发此证，以资证明。

沈阳衣机制造公司

沈阳飞机制造公司是中国航空工业部直属的重点骨干企业。是全国第一个五年计划期间建立起来的大型联合企业。

本公司拥有一支实力强、经验丰富的科研、设计、工艺队伍；有大批经过专业培训，素质优良的技术工人；有各类先进的技术、精密的工艺、完善的检测手段；有比较健全的适应现代化科研生产需要的管理体制；是实力雄厚的企业。

本公司为民品生产，进行了一系列调整。四年来共生产了百余种产品，受到各界的好评。“松陵”牌产品在国内外享有盛誉。

松陵牌洗衣机是全国首批荣获全国工业产品生产许可证厂家之一。

松陵牌洗衣机功能齐全：

△具有先进的全自动、半自动、喷淋、漂洗功能。

△具有强、中、弱洗涤功能。

△装有溢水孔，注水口，标有高低水位线。

△装有排水开关。

性能优越：

△采用自行研制的新型波轮，产生水流好，洗净比高

△选用先进定时器，低噪音、低温升电机。

△所有电气性能超过国家标准。尤其在消耗电功率标准上，国际规定为115%Pe，实际检测为85%Pe

△洗涤性能优异，国家标准洗净比为0.8，实际检测为1.11～1.22。国家标准磨损率为0.2%，实际检测为0.04%。

△噪音＜60分贝。

结构及选材合理：

△内桶选用1.5毫米防锈铝合金板材，整体拉伸成型。内桶最小壁厚＞1毫米，居全国首位。表面阳极化处理抗腐蚀性能高，保证使用寿命长久。

△外箱体选用0.8毫米厚优质冷轧钢板，压有压强图案，刚性强，外表喷塑、及镀锡冰花烤漆处理，美观大方。

△操纵台选用高强度ABS工程塑料，坚固耐用，抗老化性能强。

△上口框设有防溢水裙，防溢水效果好。

△波轮传动轴采用航空密封新技术，密封性可靠、寿命长。

松陵牌洗衣机一九八三年荣获国家经委优秀新产品奖牌。一九八四、八五年荣获沈阳市金星杯一等奖。

名优出口产品

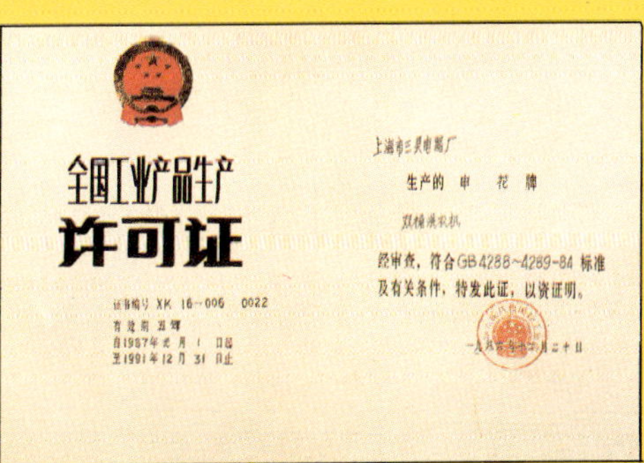
全国工业产品生产

许可证

证书编号 XK 16-006 0022

至1991年12月31日止

上海市三灵电器厂

生产的 申 花 牌

双桶洗衣机

经审查，符合GB4288~4289-84 标准及有关条件，特发此证，以资证明。

上海三灵电器厂

申花牌双桶洗衣机

轻工业部优质产品　上海市优质产品　上海市名牌产品

洗涤桶采用铝合金防腐蚀，
耐冲击性能好。
箱体外壳采用喷塑工艺，抗折弯、
防锈蚀性能好。
洗涤完毕能鸣叫的自动报警装置。
设有分水机构，在洗涤与淋脱之间随意
选择。
采用万向脚轮，移动灵活方便。
上海地区零售价：385元/台。

厂址：浦东潍坊西路陈家宅35号　电话总机：834040　电报挂号：2293

友谊洗衣机

辽宁营口洗衣机总厂是我国洗衣机行业重点发展的单位。拥有职工五千五百多人，占地三十多万平方米。

从一九八二年起，该厂同日本国松下电器产业株式会社技术合作，先后建起二十六条现代生产线，形成了年产一百万台友谊牌系列洗衣机的生产能力，创造出了闻名全国的“营口方式”。一九八四年七月十日国务总理赵紫阳视察了这个厂，称赞这个厂，投资少，见效快，技术更新也快。国务院副总理李鹏、田纪云，国务委员谷牧也视察了这个厂，给予了很高的评价。

几年来，该厂生产的友谊牌洗衣机后荣获各种荣誉，畅销全国和出口。产量居全国之首，销量居全国之首，经济效益居全国同行业之首，成为我国洗衣机规模最大的洗衣机基地。

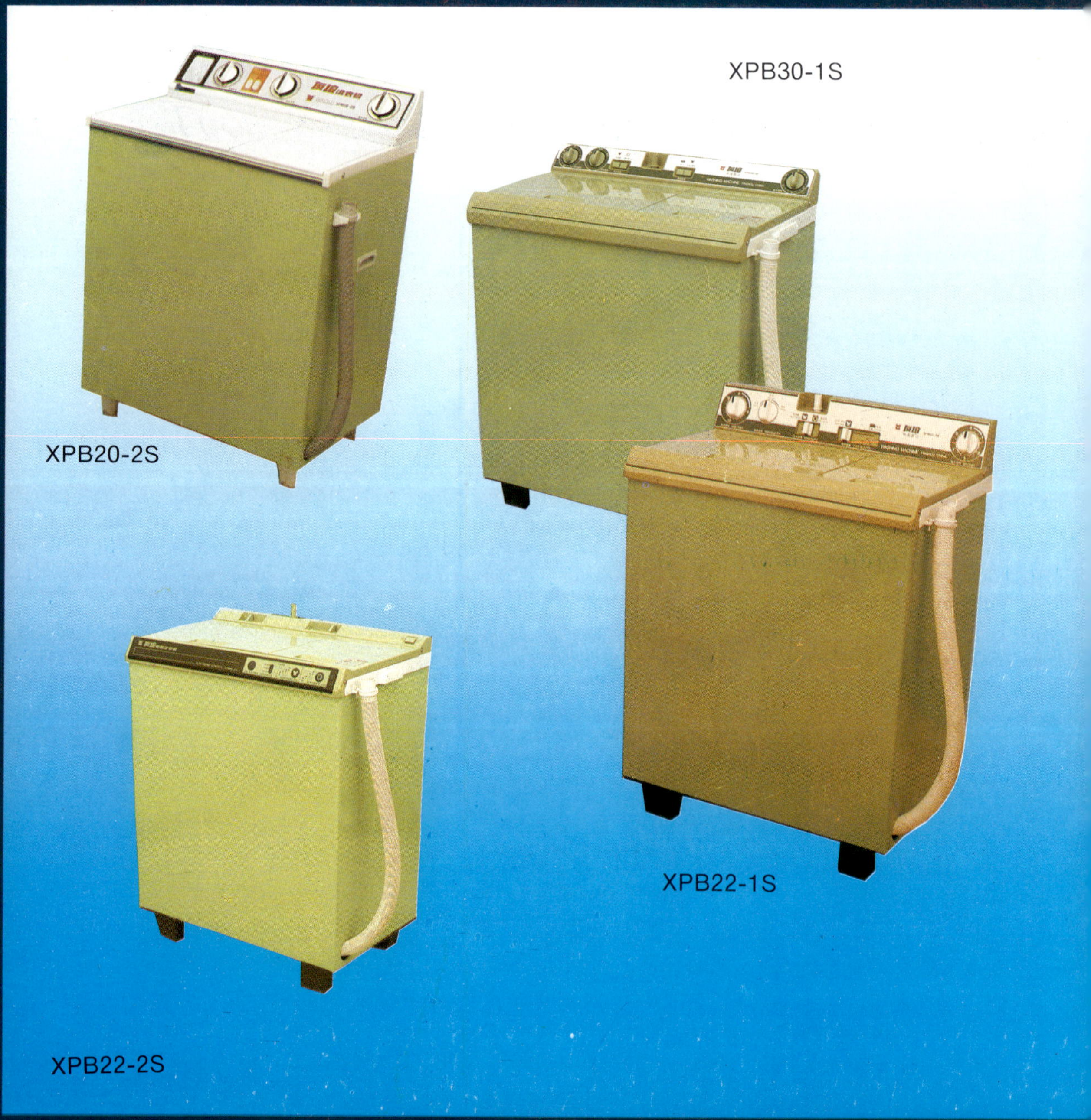

XPB30-1S

XPB20-2S

XPB22-1S

XPB22-2S

营口洗衣机总厂

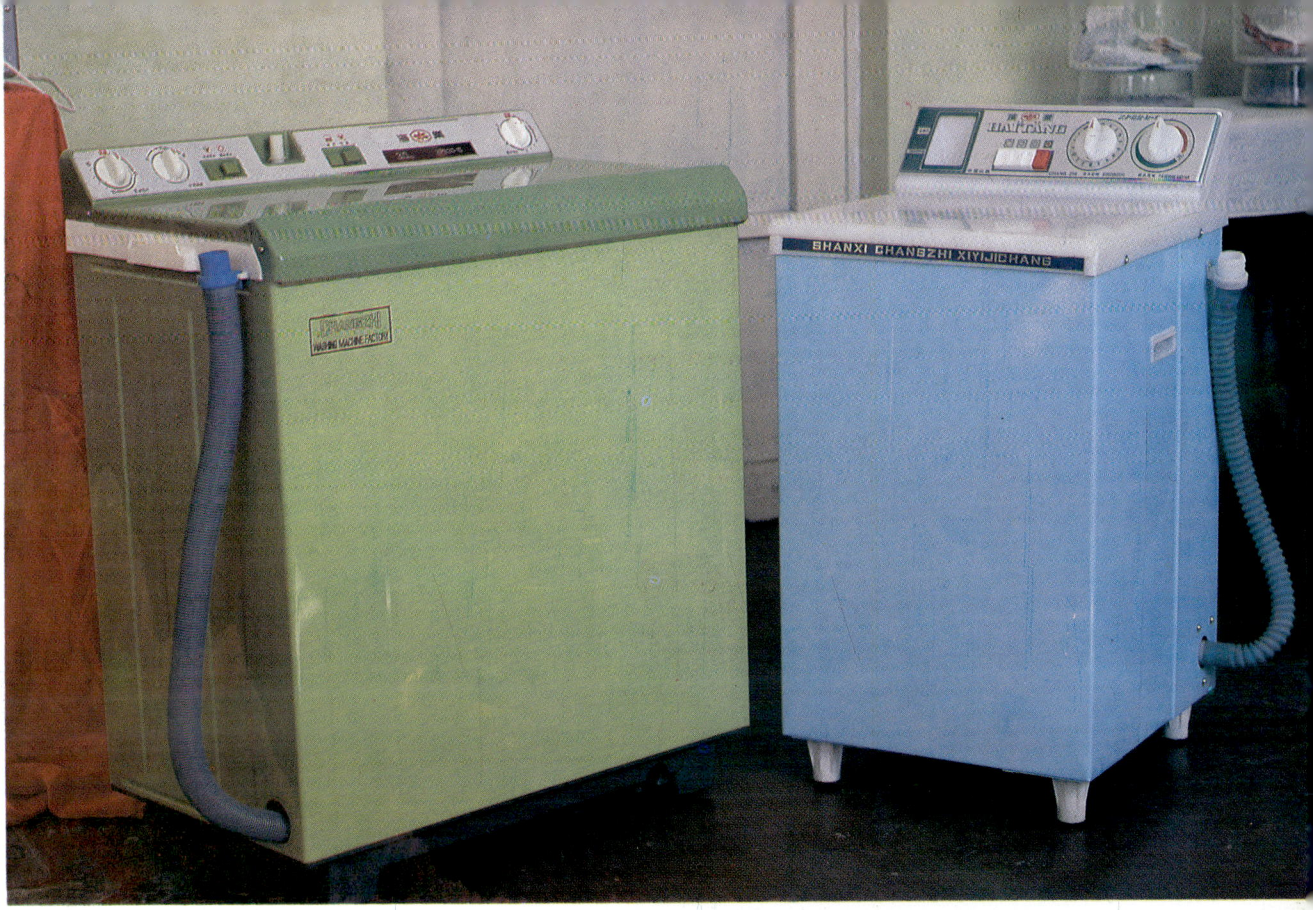

上图：山西省长治洗衣机厂从日本引进松下电器公司的设备和技术生产的海棠牌洗衣机。

长治洗衣机厂　供稿

右图：天津裕年空调器有限公司是与香港合资制造冷设备的专业公司。图为该公司生产的柜式空调器。

天津裕年空调器有限公司　供稿

不锈钢 厨房设备

产品目录

产品名称	规格
双向工作台	2000 × 1000 × 800　1800 × 800 × 800
	1500 × 800 × 800
单向工作台	2000 × 800 × 800（可带靠墙板）
	1800 × 800 × 800　1500 × 800 × 800
双间配菜台	2000 × 1000 × 1500　1000 × 800 × 1500
单间配菜台	1800 × 800 × 1500　1500 × 800 × 1500
	2000 × 1000 × 1500
带抽屉面案调理台	2000 × 1000 × 800　3000 × 1200 × 800
	1000 × 800 × 800
楼面工作台	1500 × 800 × 800　1500 × 750 × 1800
大单槽	1500 × 750 × 1800　1000 × 750 × 800
小单槽（带涡轮水板）	1500 × 600 × 800　1100 × 600 × 800
	1800×650×800
双槽	1500×600×800（可带沥水板）
三槽	2000 × 760 × 800（可带沥水板）
	1500 × 600 × 800
双层储藏柜	1500 × 600 × 1800　1200 × 600 × 1800
货架	1500 × 800 × 1500　1500 × 550 × 1500
调理车	850 × 550 × 820　1100 × 550 × 1000
送餐车	670 × 420 × 800　900 × 500 × 100
	900 × 600 × 100
收餐车、搬运车、客房车、保温车	

北京制锁厂

北京市制锁厂，是北京市厨房设备工程总公司下属的不锈钢厨房设备厂之一。本厂主要生产各种规格系列的不锈钢厨房设备，以及各种规格的商品柜台，展柜，科研，医疗和宾馆室内装饰用不锈钢制品。

厂长：王裕民

不锈钢制品经营办公室主任：

杨春华　班中东

地址：北京市西城区展览路5号

电话：894962　891944

电挂：2272

CHUFANGSEBEI

称心如意　长风电器

长风电器集团公司
国营长风机器厂

长风牌喷淋双桶洗衣机
荣获轻工业部优业产品奖

厂址：中国兰州　电话：66321　电挂：0524

山东省烟台市第二化工厂生产的获国家银质奖的全鹿牌罗锅香皂。

烟台第二化工厂　供稿

北京丽源日用化学厂生产的华姿系列洗发用品。

丽源日用化学厂　供稿

广东省枫溪陶瓷研究所制作的"通雕花瓷"，在1986年保加利亚普罗夫迪夫国际消费品博览会上获金质奖。

枫溪陶瓷研究所　供稿

江西省景德镇光明瓷厂生产的玩玉牌青花玲珑45头清香西餐具，1986年 3 月获莱比锡国际博览会金质奖。

景德镇光明瓷厂　供稿

国家六五计划重点建设项目昆明三聚磷酸钠厂，第二期工程于1986年9月建成投产。图为该厂厂景。

昆明三聚磷酸钠厂　供稿

内蒙古自治区吉兰太盐湖是我国内陆大型盐湖之一，总储量1.1亿吨。图为盐湖的机械化采盐现场。

李新民　摄影

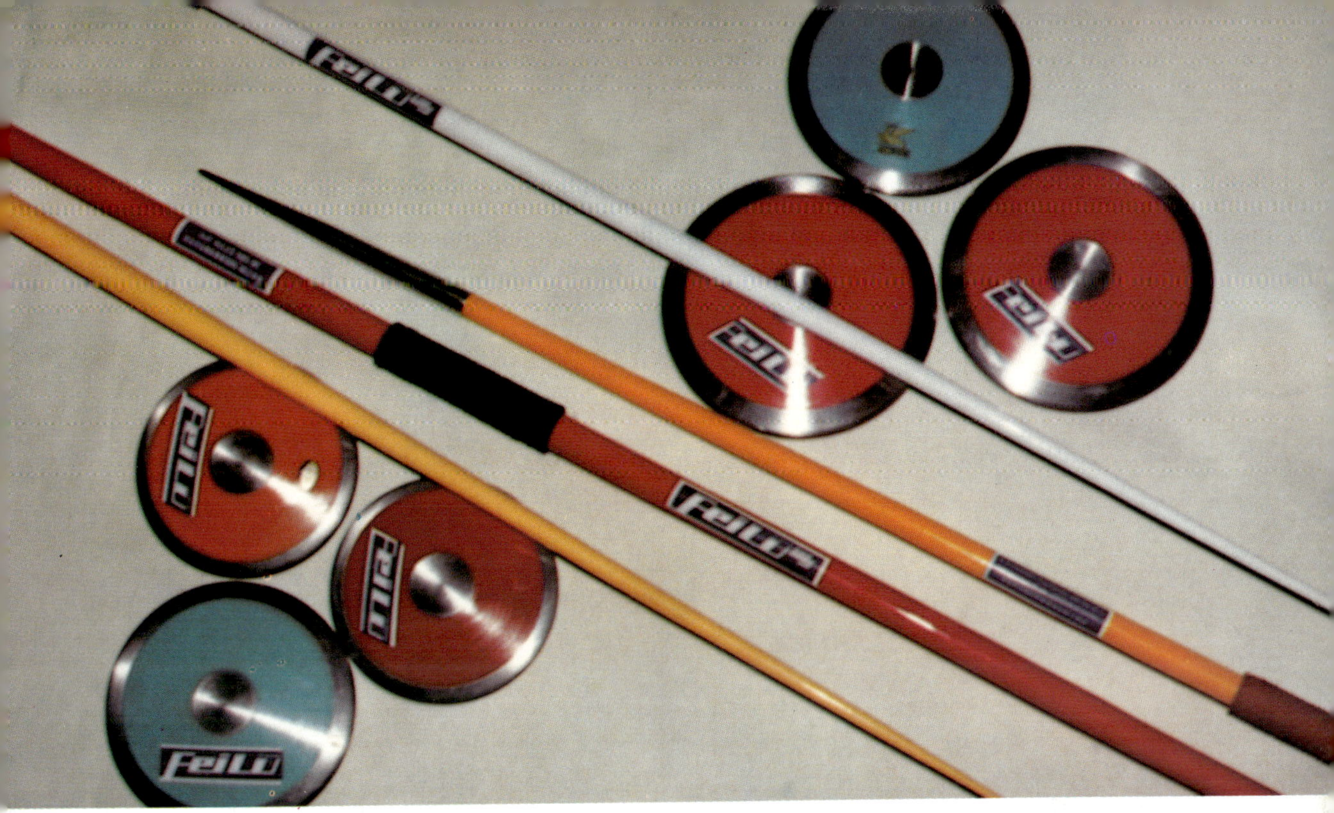

上图：北京体育器械厂生产的飞鹿牌金属标枪、铁饼。中国运动员使用它们多次打破亚洲及全国纪录。

北京体育器械厂　供稿

下图：天津利生体育用品厂生产的金杯牌皮制球。其中足球和篮球经国际足联和篮联批准被定为国际比赛用球。

利生体育用品厂　供稿

西安造纸网厂生产的沣镐牌高纬密半斜纹造纸铜网，该产品获国家优质产品银质奖。

西安造纸网厂　供稿

由中国自行设计、施工、安装的四川省乐山纸厂，专业生产高纯度绝缘纸浆和电力、电子工业用纸。图为该厂生产的部分产品。

高潮　摄影

广东省梅山实业总公司是甘蔗糖业综合开发的企业集团。

左图　该公司所属日处理甘蔗6500吨的梅山糖厂压榨车间。

下图　中澳合资的梅山—马利酵母有限公司。

梅山实业总公司　供稿

申字牌

照明灯具

本厂是生产各种“申”字牌照明灯具的专业化工厂　品种繁多　有各种规格的普通直管型荧光灯，高光效节能系列异形灯管、灯具、及各种台灯、壁灯、吊灯、吸顶灯，共二大类，七个系列　260 多个品种　八七年又推出 YD-H、SL、2D 型节能系列异形灯管及灯具，该新产品具有寿命长、节电显著、光色柔和、造型美观、使用方便等特点

本厂技术力量雄厚　厂内具有国内先进的光仪测试设备　产品采用 IEC 国际同类产品的先进标准组织生产，质量稳定可靠，产品远销全国 22 个省（市）自治区，部份产品出口意大利、香港等地，深受用户欢迎

本厂宗旨：质量第一，用户至上

上海前进灯具厂分厂
厂址：浙江省余姚市临山镇
电话：厂总机 71　225
电报挂号：8223

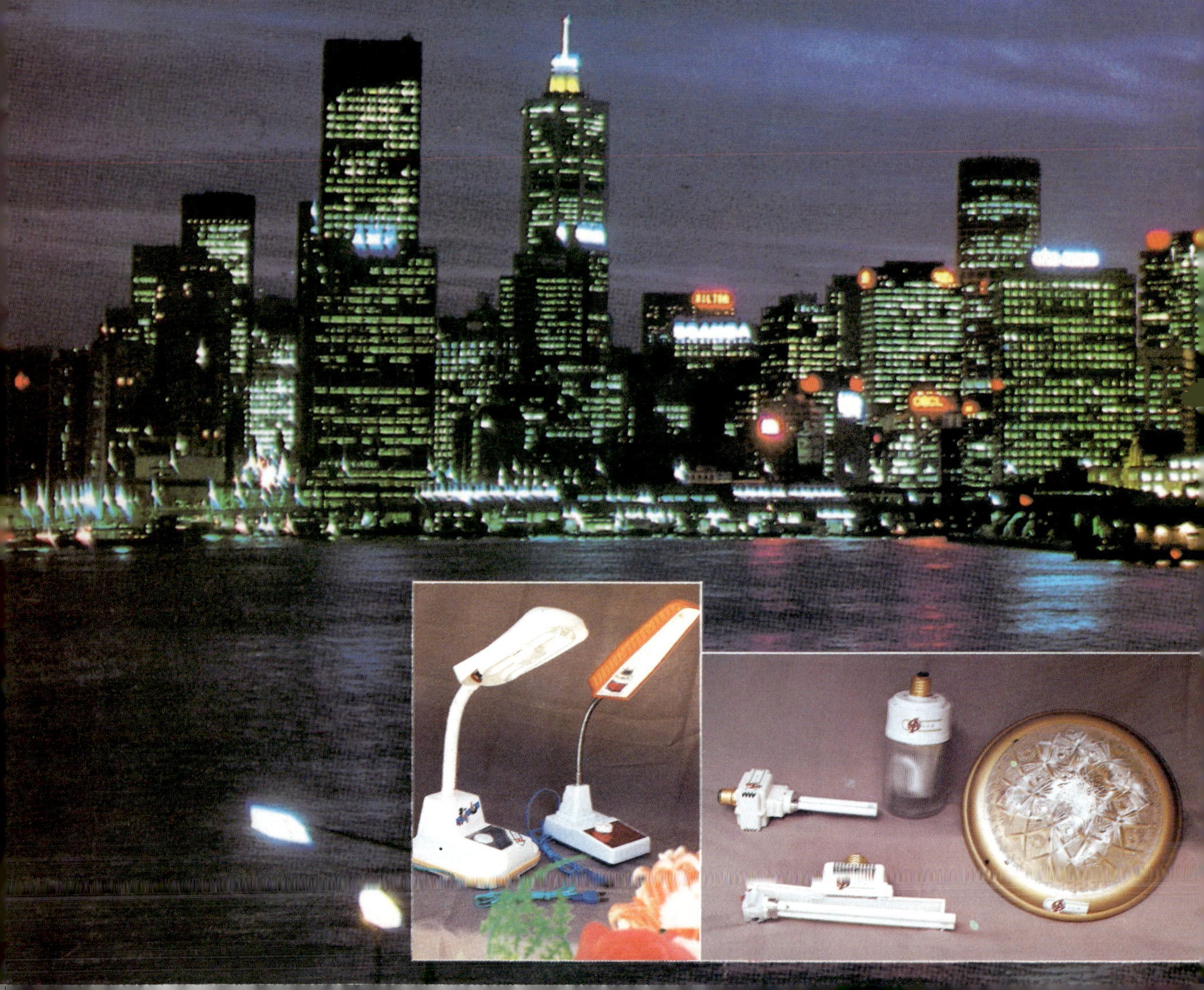

手和PVC管材、太原皮鞋厂的绝缘鞋、太原制刷厂太字牌油漆刷、太原不锈钢制品一厂的JFR-B型家用煤气灶、太原制鞋二厂21—24中长礼服呢女坡跟一带鞋、太原塑料十厂的矿用网袋、山西工艺美术厂的玉雕花等8种产品被评为市优产品。中外合资企业山西华杰电子公司生产的电子表赢得了国内外用户的好评，获欧洲共同体“品质优异奖”，在美国络杉矶获“高品质奖”，在国内销售量名列第一。

1986年，全局共开发新产品、新品种82项。太原塑料七厂的PVC给水管、太原五金厂的糠醛桶、太原轻工机械厂的“三七”牌家用煤灶、太原汽车电器厂的进口轿车分电器、太原塑料五厂的塑料安全帽、太原塑料七厂的PVC涂饰剂、太原不锈钢制品三厂的氮气净化器等产品已通过技术鉴定，正式投入批量生产，实现产值1 025万元，利税130.3万元。

（蔡惠芬）

内蒙古自治区

内蒙古自治区轻工业

【概况】 1986年，内蒙古自治区轻工业系统有企业1 553个，其中：全民企业311个，集体企业1 242个。职工176 224人，其中：全民企业63 045人，集体企业113 179人。全年完成总产值184 145万元，比上年增长11.08%。出口交货值10 223万元，比上年增长52.1%。全年实现税利31 349万元，比上年增长9.9%，其中：实现利润10 137万元，比上年下降3.3%。全员劳动生产率为10 449元/人，比上年增长24.25%。全区轻工业系统计划总投资为11 888万元，实际完成11 011万元。年内竣工投产项目131个，建成投产率为73.48%。基本建设项目大部份是上年扫尾和续建项目。年内竣工投产新增生产能力主要有：奶粉500吨/年，皮革12.5万张/年，塑料制品200吨/年，大型专用衡器3 000台/年，皮鞋0.5万双/年，工艺美术品100万元/年。1986年自治区轻工业厅所属的内蒙古轻工业科学研究所、内蒙古乳品科学研究所和内蒙古甜菜糖工业研究所承担科研项目25项，完成并通过鉴定的项目19项。1986年全区轻工系统共获轻工业部、自治区两级技术进步奖6项。其中：由内蒙古甜菜糖业研究所承担的“土默特右旗甜菜低产低糖综合治理”、内蒙古轻工业科研所承担的“配制奶粉中间项目”获轻工业部技术进步二等奖；内蒙古轻工业科学研究所承担的“甜菜丛根病发生规律及防治研究”获轻工业部技术进步三等奖。1986年，自治区轻工业系统共研制开发新产品27种（自治区级认定）。敖汉旗白酒厂利用当地荞麦资源，生产出含有多种氨基酸及其它有利于人体的微量元素的荞麦酒。集宁市制胶厂将废骨深加工为骨碳（又名骨瓷），为废骨利用开辟了新途径。包头市精胶厂首次试制成功水解明胶。

主要产品产量

产品名称	单位	1986年	1985年	1986年比1985年+(−)%
纸及纸板	吨	106 961	95 329	12.2
机制糖	万吨	20.60	17.87	15.3
原　盐	万吨	99.13	66.34	49.4
啤　酒	万吨	11.61	9.4	23.5
合成洗涤剂	吨	8 261	7 898	4.6
乳制品	吨	15 770	14 317	10.2
白　酒	万吨	6.03	7.05	−14.5
塑料制品	吨	16 247	14 214.6	14.3
皮　鞋	万双	296.67	273.91	8.3
皮革(折合牛皮)	万张	85.85	81.47	5.4
布　鞋	万双	1 160.7	1 113.7	4.2
地　毯	万平方米	24.61	25.95	− 5.2
蒙古刀	万把	6.62	5.11	29.5
马鞍子	座	8 667	9 855	−12.0

1986年甜菜收购量较1985年大幅度下降。1986/1987榨期收购甜菜140万吨，比1985/1986榨期甜菜收购量233万吨下降40%。

1986年内蒙古轻工业学校和内蒙古二轻工业学校共招生278名，毕业生435名，其中：职工中专班98名。内蒙古二轻工业学校新增设少数民族服装专业，招生40名。

【技术引进和技术改造】 1986年，技术引进和技术改造计划总投资15 933万元（其中：技术引进2 464万元），实际完成13 623万元，年内竣工投产项目186个（其中：技术引进项目4个）。新增生产能力主要有：机制纸13 700吨/年，日用玻璃制品5 000吨/年，机制糖10 110吨/年，啤酒5 000吨/年，饮料酒6 150吨/年，糖果1 800吨/年。包头糖厂引进第二条颗粒粕生产线，总投资766万元，仅用4个月，一次试车成功，年新增颗粒粕9 000吨，新增产值480万元，税利200万元，可换汇135万美元。

【产品质量和名优产品】 1986年，内蒙古自治区重点考核的44种产品，质量指标提高的有23种。1986年3月，全国乳品标准化质量检测中心对自治区获轻工业部优质产品奖的4种洗奶粉、3种甜奶粉的质量重新检测，全部稳定提高。内蒙古自治区产品质量监督检验所，于1986年一至三季度对全区17家糖厂生产的绵白糖、白沙糖进行检验，全部符合标准；对19家酒厂生产的熟啤酒检验，有15家酒厂的啤酒各项理化指标完全符合标准。1986年，自治区轻工业系统共有72种产品获轻工业部和自治区优质产品证书。其中：集宁市皮件厂生产的熊猫牌绵羊填充男茄克、呼和浩特市乳制品厂生产的青山牌全脂甜奶粉、扎兰屯乳品厂生产的吊桥牌全脂甜奶粉等11种产品获轻工业部优质产品证书；16种获自治区优质产品证书。在自治区第一次举行的地方名牌产品评选中，共评选出25种，其中轻工业产品占17种。

【自治区对有关轻工业政策的规定】（一）1986年6月4日，自治区人民政府颁发了《关于新上毛纺、皮革、皮毛、乳品厂审批权限的通知》，主要内容如下：今后凡新上毛纺（包括技术改造扩大能力）、乳品、皮革、皮毛、皮件厂，不论项目规模和投资大小，一律由自治区计委统一审批。凡未经自治区计委审批的新建项目，各级银行、财政部门不予贷款、拨款，不贷给流动资金；工商行政管理部门不发给营业执照；土畜产和物资部门不供原材料；电力、煤炭部门不供给能源。(二)1986年10月10日，自治区人民政府下发了《批转自治区经委关于对上调食糖补贴分配意见的报告》，主要内容如下：上调食糖的补贴分配，应本着谁调拨补给谁的原则，对食糖生产企业要给予适当补贴，并兼顾商业部门增加的经营费用，同时要划出相当比例给农业部门，扶持发展甜菜生产。具体分配比例是，按调出每吨糖补贴93元计算，其中补给糖厂43%，补给农业部门35%，补给商业收购部门22%。上述补贴分配，以财政部实拨补贴额为准，一次结算。(三)1986年12月27日，内蒙古自治区农业委员会、轻工业厅联合下发了《关于尽快建立我区啤酒大麦基地的联合通知》，主要内容如下：啤酒大麦生产要列入各级国民经济计划，顶征购任务。为了鼓励基地农民种植啤酒大麦的积极性，原则上每亩大麦收入不低于一亩小麦收入下定价，也可随行就市。

（冀占军）

附：呼和浩特市一轻工业

【概况】 1986年，呼和浩特市轻化工业局直属的一轻工业共有10个企业，全部职工6 632名，其中集体所有制企业1个，职工123名。完成工业总产值9 366.8万元（其中全民所有制工业完成9 306.4万元，集体所有制工业完成60.4万元），比上年增长15.02%。产品质量稳定提高率达100%，其中凸版纸、绵白糖、洗衣膏、卫生纸、灯泡、干电池等产品的合格率均超过上年考核指标。1986年2个产品（丰产牌昭君酒、青山牌速溶奶粉）获自治区优质奖。优质产品占总产值的50.3%。1986年开发新产品6种，其中3种已大批量生产，新增产值203.18万元，新增利润16.41万元。基本建设和技术改造1986年由国家投资4 834万元，

主要产品产量

产品名称	单位	1986年	1985年	1986年比1985年+(－)%
绵白糖	吨	36 099	24 122	49.7
酒　精	吨	3 740	3 162	18.3
味　精	吨	62	50	24.0
牙　膏	万支	68	130	－47.7
啤　酒	吨	9 395	10 363	－ 9.34
白　酒	吨	551	946	－41.8
奶　粉	吨	1 378	1 211	13.8
灯　泡	万只	944.95	1 066.8	－11.42
干电池	万支	924.1	991.5	－ 6.8
机制纸	吨	7 227	5 663	27.6
洗衣膏	吨	8 030	7 605	5.6
卫生纸	吨	604	588	2.7
火　柴	件	190 000	210 050	－ 9.5

当年安排240万元，新建3万吨啤酒工程，截止年底，已完成当年安排投资的58%。新上5个技改项目，投资540万元，已完成2项，完成总投资的70%。全年实现利润1 119.1万元，比上年提高4.2%。白酒滞销，亏损额达29.9万元，盈亏相抵后，净盈1 089.2万元，比上年提高1.4%。上缴税金777.9万元，比上年增加2.26%。全员劳动生产率为13 848元，比上年提高8.6%。呼和浩特市糖厂与日本共荣商株式会社，以补偿贸易方式引进资金和设备，建成日产30吨颗粒粕生产线一条，在榨期一个月就获利18万元。生产糖、酒、洗涤剂、乳品的4个企业，1986年与区内外签定经济联合协议6项，其中联合生产1项、技术协作5项。利用天津牙膏厂、北京食品公司、江苏轻工业科学研究所、轻工业部太原日化研究所、内蒙古轻工业厅科研所等单位的技术以及内蒙古土默特左旗当地资源，生产脱敏牙膏、北冰洋汽水、干洗剂、毛能净、蜂蜜酒、冷饮等产品，共投资692万元，实现产值144.23万元，除上缴税金外，得利18.66万元。全系统有45%的企业生产增长速度都超过10%，其中糖厂比上年增长30.4%。由于上半年原材料涨价，企业产品成本普遍上升，出现55%的企业利润下降。

【酒花基地】 呼和浩特市现有酒花基地1处，种植酒花200亩，年产酒花23吨。这个基地建于1958年春，开始位于呼市南部、呼一清公路5公里处，占用耕地面积2亩，栽青岛花苗百株，为科研试种性质。取得成功后，1960年扩种到87亩。采取厂社挂钩，社队经营办法。由于社队资金紧张，又无大面积管理酒花的实际经验，不久基地毁坏。

1963年，呼和浩特市人民政府先后投资14.60万元，在市南郊昭君坟一带，征地300亩，重整酒花基地，经几年的努力，基地逐步发展壮大，1964年酒花曾出口加拿大。酒花的α—酸含量曾达到10.25％，1981年在全国酒花质量评比中名列第一，居世界第二，仅次于南斯拉夫。现酒花基地隶属于呼和浩特市啤酒厂，为独立核算单位，有职工90名，其中固定工9名，拥有固定资产原值9万元，种植酒花200亩，栽植青岛大花、青岛小花、香型酒花三个品种，并配有酒花初加工、回潮压榨、烘干、储蓄等设备。1986年产酒花23.55吨。上缴利润3万元。目前酒花以花质确定计价标准。一级品6 500元/吨；二级品5 500元/吨；三级品4 500元/吨。收购方式由轻工业部按质按量计划调拨，1986年调出酒花15吨。

（王斌）

呼和浩特市二轻工业

【概况】 呼和浩特市二轻系统1986年底共有企业89个，职工13 842个。其中市二轻局直属企业43个，职工11 416人。1986年完成工业总产值12 402万元，净产值3 789万元，分别比1985年增长7.84％和10.47％，其中局直属企业完成工业总产值9 069.1万元，净产值2 664.3万元，分别比1985年增长7.32％和8.57％。

主要产品产量

产品名称	单位	1986年	1985年	1986年比1985年(±)%
地毯	平方米	18695	18725	－0.2
塑料制品	吨	3310	2093	58.1
蒙古刀	万把	5.8	4.78	21.3
马鞍子	座	55	71	－22.5
服装	万件	58.8	45.87	17.3
剪绒皮	万张	8.78	6.54	34.3
皮革(折牛皮)	万张	10.87	9.26	17.4
重革	吨	230	122.9	7.5
轻革	万平方米	23.27	21.64	7.5
马靴	万双	2.71	2.44	11.1
皮鞋	万双	22.67	31.33	－27.6
民用锁	万把	545.35	523.47	4.2
民用镜	万面	12.8	12.9	－0.8

产品质量有所下降。直属企业38种重点产品质量提高率为86.84％，比1985年下降4.58％；列入考核的14种产品的质量稳定提高率为92.8％，全系统有2种产品在全国评比中获得百花奖，有5种产品被评为内蒙古自治区优质产品，另外还有2种产品获内蒙古自治区首批名牌产品的称号。全年共有10项新产品通过鉴定，有2项推广应用的新技术验收，有24种新产品，53个新品种，225个新花色投产。有2项科研成果通过鉴定、投入生产。完成技术革新项目19项，其中2项获呼和浩特市技协成果奖。1984年的2项科研成果在1986年获内蒙古自治区科学技术进步三等奖，1983年、1984年的2项情报调研成果获轻工业部和国家科学技术委员会科技情报成果三等奖。

全系统全年上缴税金642万元，比1985年增长2.72％，实现利润667万元，与1985年持平。全员劳动生产率8 959.69元，比1985年提高3.41％。

经过2年，编纂完成了《呼和浩特市二轻工业志》，于1986年3月印刷成书。这在全国大中城市二轻局中是第一个。全书30余万字，共9篇、29章、75节，并附有大量的图表和照片，全面翔实地论述了呼和浩特市手工业－二轻工业从辽代开始所走过的历程，反映了二轻生产发展状况，各行业的历史与现状。1986年出口交货值达到2 339万元，占呼和浩特全市外贸收购总值的34.66％。出口的14种产品中，有4种是1986年第一次进入国际市场。各生产出口产品的企业努力保持传统的出口项目，特别注意发展具有地区特点、民族特点的产品。利用内蒙古丰富的皮、毛资源，扩大裘皮制品、地毯以及鬃刷的生产，为国家换取外汇。

（刘仲轩　林絮果）

辽　宁　省

辽宁省一轻工业

【概况】 1986年，辽宁省一轻工业系统有县以上工业企业709个。其中：全民所有制企业364个，集体所有制企业333个，合营企业12个。共有职工378 129人。其中：全民职工264 191人，集体职工105 051人，合营职工8 887人。全体职工平均年收入为1 142元，比上年提高17.49％。全行业拥有固定资产(原值)294 783万元，比上年增长10.9％。

1986年各项经济技术指标完成得比较好。实现工业总产值40.5亿元，比上年的36.5亿元，提高11％，增长幅度大于上年（1985年比1984年的33.46亿元，增长9.1％）。利税总额77 523万元，比上年提高9.63％。其中：利润33 817万元，提高11.45％；税金43 706万元，提高8.26％。万元产值综合耗标煤5.25吨，比上年下降6％。主要产品产量超额完成计划。全员劳动生产率人均实现11 686元，比上年的10 639元提高9.84％。完成固定资产投资3.64亿元，占计划的86.8％，比上年增加43％。完成商品出口额2.29亿元，比上年提高85.3%。换取外汇5 737 万美元，是历史最高水平。企业扭亏进一步好转，亏损额2 575 万元，比上年的2 894 万元减少11.1%。工业销售收入 392 286 万元，比上年的 339 691 万元，提高15.48%。产品质量稳定提高率为90.97%，比上年提高0.85%。优质产品产值12.5亿元，占工业总产值的31.2%，比上年提高5.4%。

同时，轻工行业的党风进一步好转。据统计，在市属的355 个企事业单位中，实现党风基本好转的有143个，明显好转的203个，共占97.5%；并有 6 个企业党委，9个党支部，10个党小组被评为辽宁省经济战线先进单位。

1986年辽宁一轻工业生产的基本特点是：(一)各级党政部门互相配合，互相支持，坚持两个文明一起抓，两个成果一起要的方针，精神文明和物质文明建设成果显著。(二)改革促进了生产的持续稳步增长，企业更加充满活力，生产起步早，月月超额完成计划。(三)产品质量稳中有升，产品结构有很大变化，名优新产品依靠联合扩大了生产能力，企业的竞争力有所增强。(四)产品出口和创汇额大幅度增加，高于“六五”期间的任何一年。

1986年教育工作又有新发展：基本完成了大中型企业厂长（经理）的统考培训，全系统20%的技术人员参加了知识更新、补缺学习，向高等院校与中专输送463 名学员，加强了直属学校的管理，并有 252 名毕业生。

主要产品产量增长情况

品　种	单　位	1986年产量	比1985年增长（%）
机制纸及纸板	吨	754 665	7.2
自行车	辆	1 982 132	18.5
手表	万只	674	22.8
日用玻璃	吨	259 840	4.7
灯泡	万只	9 132	9.7
盐	万吨	165.4	44.7
白酒	吨	118 915	16.2
名优白酒	吨	10 804	46.2
啤酒	吨	396 005	15
糖	万吨	2.43	12.5
味精	吨	6 238	2.5
钟	万只	206.3	30.2
非酒精饮料	吨	137 043	54.7
日用搪瓷制品	吨	10 104	12.2

【体制改革】 辽宁省一轻系统贯彻“巩固、消化、补充、改善”的方针，深化了企业的改革，发展和完善了租赁制、股份制和各种形式的经济承包，为搞活企业，特别是搞好中小企业的改革探索了新的方向。据不完全统计，全行业有14个企业实行了租赁制，有 5 个企业实行股份制，有 167 个企业实行了厂长任期目标责任制。

三月间，辽宁省轻工业厅召开市县轻工业局长会议，重点研究和部署了改革工作，推广典型，推动企业改革的深入发展，还多次派出工作组，由厅领导带队调查研究，帮助企业解决改革中出现的一些实际问题。沈阳市一轻局勇于排除改革遇到的阻力，积极兑现承包合同，支持和保护了一批企业家和改革者的积极性，全系统出现了改革的热潮。沈阳酒厂实行厂长任期目标责任制以后，对各车间实行了经济承包，生产大幅度增长，如液态酒车间实行了在确保产品质量的前提下，以48%的出酒率作为考核基数，每提高0.1%，奖励一元；每降低0.1%，扣罚五角。责权利明确以后，出酒率提高到53%以上，全年超产白酒757吨。每吨酒的成本由1983年的1 700元，降到1 250元，降低26.5%，产品竞争能力不断提高。大连市一轻工业总公司对集体企业实行经营者集团任期目标承包责任制，企业领导者的责权利更加明确。在改革的浪潮中，全行业涌现一批改革的先进企业：丹东手表工业公司、辽中县造纸厂、辽中县印刷厂、沈阳市造纸厂、沈阳酒厂、丹东日用化学工业公司、辽阳工业纸板厂、丹东金笔厂、鞍山自行车厂、鞍山钟表总厂、抚顺市酒厂、丹东市人民日用化学厂、金城造纸厂、锦州新光灯泡厂、建平县火柴厂、丹东罐头厂、营口造纸厂等。目前全行业经济体制改革的经营形式已从租赁制发展到实行股份制。

1986年，各市还对轻工业管理体制进行了相应的改革。丹东市撤消了市一轻工业公司、市包装装潢广告公司，成立了市工业管理委员会轻工行业办公室。沈阳市撤消了一、二轻工业局，成立了市轻工业管理局。新的管理体制的诞生，标志着经济管理由微观控制向宏观搞活方向进一步转变。

【经济联合】 在改革的推动下，横向经济联合有了新的发展。1986年辽宁省轻工业系统有 195 个企业与全国18个省、50多个市、200多个厂家进行了多种形式的联合。联合的项目230 项，新增产值6 486 万元，新增利润1 300万元。

联合以后，扩大了辽宁轻工业名优产品的市场覆盖率，解放了生产力，救活了一批企业，联合的各方都获得了较好的经济效益。沈阳市八王寺汽水厂金铎牌桔子汽水曾两次获轻工业部优质产品称号，企业信誉蜚声全国。近年来产量每年都以20%的幅度递增，但仍供不应求。该企业积极扩大联合，到1986年与6个省、18个市(县)、48个企业进行跨地区、跨行业的联合，组成了半紧密型的名牌联合体——沈阳八王寺饮料总公司，汽水年产量达250多万箱，增加产值800多万元，增加利润200万元，扩大了产品的市场覆盖率。鞍山自行车总厂的梅花牌自行车，曾获轻工业部优质产品称号，总厂以名牌优势为头龙，与江苏、广东、河北、山东、山西等省37个厂家进行专业化协作，产量迅速提高到100万辆，取得较好的经济效益。营口造纸厂与内蒙古鄂温克旗、黑龙江省造纸芦苇公司等8个芦苇产地和部门联合，确保10年之内每年可得11万吨原料苇，占全厂生产用苇量的30%。辽阳市轻工机械厂与东北工学院、轻工业部食品研究所等5个部门联合开发精密饮料过滤器等8种产品，其中有4种分别获得国家和辽宁省优秀新产品奖和科技进步奖，有的填补了国内空白，达到国际80年代水平。锦州市绥中酒厂是个一度处于亏损边缘的国营小型企业，为了摆脱困境，他们同锦州市凌川酒厂联合，小厂绝路逢生，1986年完成工业总产值213万元，比上年增长30.7%，实现利税84万元，比上年增长1.36倍。

【技术改造】 全行业技术改造与发展的指导思想是：坚持把改革放在首位，依靠技术进步，逐步实现行业结构合理，工艺设备先进，企业应变能力强，产品大量出口的外向型轻工业体系，产品向高、新、深、广（高质量档次、新花色规格、深度加工、广阔领域）方向发展，使一批产品尽快达到亚太地区或世界先进水平。重点改造和发展的行业有：食品、日用化工、造纸、电光源、日用玻璃、包装印刷、日用机械等。

1986年进行技术改造的项目有167项（不含沈阳、大连两计划单列市），计划投资21 397万元，完成19 453万元，占90.9%。已完成投资组成的基本情况是：国内贷款14 368万元，占完成投资的73.86%；自筹投资3 854万元，占完成投资的19.81%；利用外资319万元，占完成投资的1.64%；其它投资912万元，占完成投资的4.69%。投资主要分布情况是：食品行业6 802万元，占35%；造纸行业4 161万元，占21.4%；日用机械行业3 395万元，占17.5%；日用化工行业2 253万元，占11.6%。由于各级轻工部门狠抓了续建项目和新建项目的落实工作，工程进度进一步加快。1986年建成投产的项目有102项，投产率为61.1%，其中：(一)开发和增加新产品、新品种的12项。主要有：鞍山钟表总厂引进的石英钟生产设备，年产石英钟100万只，填补了辽宁空白；丹东市凤城酒厂低度白酒生产设备，年产白酒4 000吨；鞍山自行车厂增产小轮径20英寸的自行车20万辆；鞍山酒厂、阜新第二酒厂各产香槟酒1 500吨等。(二)提高产品质量档次的8项。主要有：鞍山自行车厂年电镀自行车零件60万套生产线；丹东灯泡厂引进年产650万只普通灯泡生产线；阜新电池厂引进年产3 500万只电池生产线等。(三)提高技术装备水平的9项。主要有：鞍山自行车厂引进薄壁高频焊管和车圈生产线，可产轻体车20万辆；锦州金城造纸厂5号机改造；建平县啤酒厂引进啤酒灌装生产线等。(四)节能降耗项目5项。主要有：丹东玻璃制品厂引进的行列机和池炉设备，朝阳县酒厂生料发酵制酒设备等。(五)“三废”治理项目6项。主要有：丹东鸭绿江造纸厂的苛化工程，年回收烧碱5 000吨；锦州金城造纸厂的切苇除尘设备等。

技术引进工作也取得新的进展。1986年引进项目26项，外汇额度为2 186.8万美元。主要有：沈阳玻璃仪器厂烧器成型生产线、沈阳铜网厂拉丝模生产线、营口荧光材料厂荧光粉生产线、鞍山矿泉啤酒厂啤酒生产线、营口盐化厂精盐生产线、大连渤海啤酒厂啤酒灌装生产线及发酵设备、丹东市化学厂复合管生产线等。另外，中外合资和补偿贸易项目2项，外汇额度为215.6万美元，其项目是：锦州女儿河造纸厂墙壁纸生产线、沈阳搪瓷厂不锈钢炊具生产线。这批项目投产以后，将为辽宁轻工业的持续发展增添后续力量。

【出口创汇】 1986年辽宁省一轻工业完成出口产值22 947万元，比上年增加85.3%。出口创汇5 737万美元，是全行业出口创汇最好的一年。1986年全系统有84种产品出口，其中计划外出口25种。出口产品增长幅度较大的有纸张、罐头、味精、闹钟、手表、铅笔、铱金笔、日用陶瓷品等26种，出口产品交货值达100万元以上的品种有粉面白板纸、铅笔芯等21种；出口产品交货值达500万元以上的品种有商品纸浆、水产品罐头、味精、日用陶瓷、铅笔、搪瓷制品等6种；出口交货值达1 000万元以上的品种有水果罐头、猪肉罐头、蔬菜罐头、手表、闹钟等5种。洗衣粉没有完成出口计划，主要是外贸部门不收购。

目前，全行业涌现出一批出口产品骨干企业。12个企业被省政府批准为出口产品专厂。鞍山钟表总厂被国务院机电产品出口办公室批准为扩大外贸自主权企业。同时，有17个企业创汇额均突破了100万美元大关，即大连罐头食品厂、铅笔厂、搪瓷厂，营口罐头厂、造纸厂、造纸厂劳动服务公司，丹东罐头厂、手表公司、金笔厂、沈阳味精厂、油脂化学厂、啤酒厂，锦州罐头厂、女儿河造纸厂，鞍山钟表厂，凤城造纸厂，抚顺造纸厂。

【科学研究】 辽宁省一轻系统有省属研究所5个，市属研究所10个，拥有工程技术人员7 997人，占职工总数的2.1%。1986年全省一轻工业共完成科研成果50项，其中各市完成38项，省属研究所完成12项。在这批科研成果中，由省轻工业厅主持鉴定的有34项。比较重大的科技成果有：省造纸研究所和辽阳造纸机械厂联合开发研究的压力干燥新技术，对解决我国生产高强度纸板缺乏长纤维原料，长期依赖进口问题，提供了新技术。营口荧光材料厂与南京电光源材料研究所联合研制成功的荧光灯用三基色荧光粉，为我国进一步开发新型高光效、高显色性、紧凑型节能荧光灯，提供了新材料，质量达到国内先进水平。朝阳县酒厂研制的液态生料酿制酒精新工艺，对节约能源，提高工效，降低成本，均有新的突破。还有省轻机设计研究所研制的手摇式誊写印刷机，省造纸研究所研制的妇女卫生巾衬纸，大连保温瓶厂研制的薄银涂层新工艺，大连渤海啤酒厂用固定化酵母加速啤酒发酵的研究，营口辽河电子材料厂研究成功的液封直拉法低错砷化镓单晶，海城陶瓷三厂研制的摩擦压砖机自动压砖装置，本溪市电子技术制图材料所研制的不干胶纸等，为轻工业带来新的科技进步。

1986年开发新产品项目10项。总投资105万元，到年末完成90万元，占85.7%。据不完全统计，连同上年结转，已批量投产的新产品有大理石纹理玻璃器皿、汽冷式冷水瓶、发光陶瓷荧光粉、QH61厘米(24英寸)轻便自行车、S Z 型电子石英钟、全搪瓷双桶洗衣机、凌川低度酒等210种，增加产值约2亿元，占总产值的5％。为市场提供新花色、新规格、新包装1 000余种。全年获辽宁省人民政府颁发的科技进步二等奖2项，三等奖6项；获省轻工业厅科技进步一等奖4项，二等奖20项，三等奖34项。

【产品质量】 1986年辽宁一轻工业系统质量管理工作得到进一步加强。(一)坚持质量教育。各地共举办质量培训班421期，有34 592人参加了培训。其中沈阳一轻系统举办质量学习班175期，培训7 075人，职工受教育面累计达60％以上。(二)推行全面质量管理，建立健全质量保证体系。按国家要求，全系统1986年被列入省和国家推进全面质量管理计划的有7个企业，按照抓重点带一般的原则，多次帮助企业检查、诊断，这些企业年末全部达到合格标准。丹东金笔厂等3个企业被轻工业部命名为优秀质量管理企业，大连糕点厂等9个企业被省轻工业厅命名为优秀质量管理企业，大连玻璃制品厂等6个企业被省轻工业厅复评为优秀质量管理企业。(三)开展产品质量检查监督，有针对性地进行质量整顿。对暴露出的质量问题进行跟踪监督，先后对丹东造纸厂、八王寺汽水厂、沈阳啤酒厂等名牌产品的质量波动问题，采取扣发厂领导人工资等措施，限期整顿，质量迅速提高，重新进入名牌产品行列。(四)抓各项基础工作，为提高产品质量创造先决条件。全年制订和修订标准260个，有30个企业确定为二级计量单位，有91个企业确定为三级计量单位，有15个企业定为单项三级计量单位，共136个企业，占市属企业的39.3％。其中有86％的大中型企业已经定级。

1986年，省厅考核86种重点产品，完成和超额完成质量指标的75种，占87.6％；与上年可比的76种产品，质量稳定提高的70种，占92.1％；有25种产品获轻工业部优质产品称号，有42种产品获1986年度辽宁省优质产品称号，并有42种产品复评为辽宁省优质产品。沈阳啤酒厂生产的红梅雪花牌啤酒，沈阳新生香料厂生产的馨露牌乙酸苄酯等获国家银牌奖。

（窦明洋）

辽宁省二轻工业

【概况】 1986年，辽宁省二轻系统共有2 051个单位，职工431 418人，其中工业企业1 538个，职工407 078人。全年全系统工业总产值47.33亿元，比上年增长9.3％。省联社重点检查的67种产品中，完成年度计划的有27种，占40.3％；在与上年可比的71种产品中，产量提高的有54种，占76％。利税总额5.97亿元，比上年增长2.1％，其中利润3.32亿元，比上年下降2.5％；税金2.64亿元，比上年增长8.49％。出口交货总值2.2亿元，比上年增加49.47％。全员劳动生产率10 978元，比上年增长7.6％。工业总产值、税金、出口创汇均为历史最好水平。试制新产品300余种，增加新规格、新花色9 000余种。获国家、部和省优质产品奖共计147项，其中：国家银质奖、工艺美术百花奖银杯奖3个，部优质奖23个，省优质奖121个，省优质奖首次居全省各系统首位。参加全国同行业评比的28个产品，获前三名的有19种，占参评产品的67.9％。计划技术改造项目151项，投资计划1.8亿元。年末竣工投产项目98项，完成投资1.4亿元。新增产值4.3亿元，利税6 143万元，创汇578万美元，开发新产品新品种13种。

但是，1986年辽宁省二轻系统利润减少、亏损增加。主观原因是由于一些主管部门和企业的领导人还不会按有计划的商品经济规律办事，经营不善。客观原因主要是：(1)由于大部分地区没有划清承包兑现同滥发奖金的界限，不正之风同正常经济活动的界限，致使经营承包责任制兑现、落实的不及时，一至七月利润累计比上年同期下降9.3％。(2)由于原材料涨价，工资、福利等费用增加，致使增支减利因素增多，影响利润2.32亿元。(3)省管的105种计划产品和计划外产品所需原材料中的钢材、废钢轨、有色金属、木材、玻璃等缺口50—70％，流动资金缺口3亿元，致使生产停停打打。(4)不少设备老化，消化提价因素能力弱。下半年，政府重申和制定了搞活企业的各项决策，省联社同10个市联社签订了利润目标责任状，举办了辽宁省二轻工业名优新产品展销会，挖掘价值5 469万元计划外原材料，增加适销对路产品55种，派出工作组到各地抓盈利大户，加强生产调度工作，使经济效益明显回升。但由于前7个月利润下降幅度大，1986年利润总额仍比上年下降2.5%。

【撤销行政性公司】　辽宁省城镇集体工业联社，于1984年10月开始，着手对省联社当时所属8个行政性公司进行转轨变型的预改工作，到1986年底完成了公司的改革，基本实现了政企职责分开。这8个行政性公司，除了家电公司因条件不具备改为家电处以外，其余7个公司都变为经济实体。它们是供销、皮革、轻机、塑料、美术、储运、服装公司。服装公司划归纺织厅后，加上原有的经济实体公司出国人员服务公司，现有7个经济实体公司。公司转轨变型的主要做法是：

1．实行企业化管理，开辟经营业务。省联社所属各行政性公司在1984年10月以前，执行政府职能，对下发号施令，这是多年形成的模式，想要一朝一夕做大的改动很难成功，要有一个预改过程。因此，1984年10月起，省联社采取了思想先行，改革方向早说明，工作逐步进行的办法。一有机会就宣讲行政性公司的弊病，势在必撤，不撤则转，要早做准备以争取主动的道理。这就是要实行企业化管理，开辟经营业务。经过反复动员，各公司先后组建了合营工厂和直属商店20户，开辟了经营业务，取得了较好的经济效益。

2．停止花用管理费，实行自收、自支、自我发展。1984年以前，大多数公司花管理费，以后逐年压缩。到1986年10月，各公司都能自收、自支了。各公司请能人，普遍建立供应科销售科经营机构，为二轻系统服务，并开辟增加收入的门路。1986年各公司自费开支194万元，还给省联社上交40万元管理费。

3．建立行业管理科，公司内部分工合作。在行政性公司向经济实体公司过渡期间，为了防止抓了经营而放松了行业管理，1985年初各公司都建立了行业管理科，抓行业管理工作，由一名经理分工负责。这样就形成了行业管理和业务经营两条线，各行其职，共同协作，促进了经营业务发展，又加强了行业管理。

4．贯彻国务院有关指示，实行政企职责分开。经过以上3项预改，工作就序，条件基本成熟，省联社根据国务院有关撤消、改革行政性公司的精神，决定：公司的行政职能转给省联社生产处、塑料皮革处、美术家具处，各公司行业管理科人员到机关各行业处任职，从1987年元旦起政企职能分开，公司转轨变型工作基本结束。由于这项工作抓的早而稳，这项改革水到渠成，各个经济实体公司的经营和企业的生产都得到顺利发展。

【企业集团】　1986年，辽宁省二轻系统共完成联合项目397项、技术协作项目26项。联合新增产值2.6亿元，比上年增长23.5%；新增利润2 694万元，比上年增长27.4%。共计协进钢材15 117吨、生铁2 512吨、焦炭6 784吨、木材5.3万立方米、布料19.4万米、资金2 716万元。

1986年，辽宁二轻横向经济联合的一个重大突破，就是建立了企业集团。从上年7月开始，经过半年筹备，经营口市计委批准，1986年12月10日，营口友谊电器总公司成立了。这个企业集团是以营口洗衣机总厂为主体，联合营口冷藏箱总厂、营口塑料器械厂等8户企业建立的经济实体联合体，日后发展为北方友谊家电集团公司。这个企业集团是横向经济联合的深化，它调整了企业组织结构，使生产要素实现优化组合，使生产向系列化、成套化、服务综合化的方向发展，适应当前国内外市场竞争形势的需要。这个企业集团公司是跨地区、跨部门、跨行业、跨所有制的大型经济联合体。其中有生产企业、金融企业、原材料基地、工贸企业和科研教育等104家，分散在全国17个省市。它是复合型、多层次的经济结构，各成员企业在自愿互利的原则基础上，分别参加各种联合形式：参加实体制的有8户生产企业，实行人财物供产销六统一或实行领导、规划、核算三统一，企业名称、经济往来、企业建制三不变。参加股份制的共计20家，其中金融界11家、原材料基地6家、生产企业3家；股份制的原则是利润均摊，风险共担。参加协作合同制的76家，协作合同制的原则是以产品、技术协作为基础，以经济合同为纽带组织起来，除履行集团公司章程所规定的权力、义务外，原有其他关系不变。这个集团公司的实力雄厚，据8个实体制企业统计：现有职工6 390人(其中工程技术人员258人)；占地面积36万平方米，其中建筑面积13万平方米；固定资产原值9 600万元、净值7 800万元，在建固定资产6 050万元；流动资金5 900万元，自有流动资金1 200万元。集团公司已经生产和将要生产的主要产品是各种类型的洗衣机、冷藏箱、吸尘器、厨房用小家电、卫生间设备、组合家具等。预计到1990年产值将超过30亿元。

【名优新产品展销会】　为了纪念手工业合作化30周年，检阅辽宁二轻工业30年的成就，推动二轻工业向前发展，省联社于1986年8月25日至9月4日，举办了辽宁省二轻工业名优新产品展销会。这是全省建国以来首次举办的二轻产品大型展销会。省内13个市45个个县(区)近千户企业参加。展出的产品共计4 218种，10 407个规格花色，其中名优新产品759种。参加展销会的有全国25个省市785个单位1 935名代表。展销期间，国务院、省委、省政府领导同志到会参观指导。展销会不仅吸引了国内消费者，每天近万人参观，也使外国朋友感到兴趣，他们看到了中国经济开放的实效。这次展销会经济效益好，原计划成交额8 000万元，实际成交金额达到5.4亿元。这次展销会办的成功主要原因是：

1．领导办展决心大、信心足。1986年上半年全省二轻产成品资金占用达5.76亿元，比上年同期增加38.8%。库存积压并不全是销路问题，而是宣传、广告、展销作得不够。为了带头冲破不敢开展销会的余悸和做好销售工作，省联社决定开这次展销会，并由主要领导人亲自抓，上上下下共同努力，终于取得了较好的成绩。

2．货源充足，名优新产品比重大。为了开好展销会，各地准备了充足的货源，货源总金额为3.4亿元。特别是准备了大量的名优新产品，取得了成交较好成果。759种名优新产品虽然只占展出产品总数4 218种的18%，但成交额为3.3亿元，占成交总额5.4亿的61%。

3．评比活动调动了各市县和企业办好展销的积极性。各地为了本地成交额、优质产品的领先，都为本地区办好展销会兢兢业业工作。这次展销会共颁发奖旗20面、奖杯80个、优秀产品证书129个，有力地推动了名优新产品的发展。

4．转变机关工作作风，为基层企业服务。这次展销会共花费6万元，省联社不把这笔费用摊派给企业而自身承担。省联社虽然花了钱，但为基层订货5.4亿元，打开了销路。

【思想政治工作】 为了在全省二轻系统进行一次理想纪律教育，推动两个文明建设的发展，省联社组织了辽宁省二轻系统先进人物事迹汇报团。这个汇报团由3人组成，他们是沈阳市皮鞋二厂厂长刘宝山，他入党34年来，始终保持一个共产党员的本色：工资晋级、住房分配先想到职工；出国精打细算，节约外汇全部交公；在经营上模范遵守国家政策，自觉抵制不正之风，是党和人民放心的厂长。开原县开关厂厂长郑坚，近几年来凭着自学的技术，连续扭转了4个亏损企业，是一位敢于革新、勇挑重担、讲求实效、坚持原则的好厂长。大连市帆布制品厂党支部书记王淑华，在新形势下，探索政治工作的新路子，思想政治工作深入细致生动活泼，使职工精神面貌发生很大变化，是一位优秀的政工干部。这个汇报团组成后，从1986年5月15日起，先到省联社和直属单位作报告，又由联社主任带队，到抚顺、铁岭两市向二轻的干部职工作报告。省联社并录制成套报告磁带发给其他11个市，组织播放汇报团录音，并发出决定号召全省二轻工业战线广大干部群众，向刘宝山、郑坚、王淑华学习。

这次巡回报告深受职工群众欢迎，全系统干部职工议论，决心学习他们牢固树立共产主义远大理想，坚定信念不动摇，勇往直前；全心全意为人民服务，为人民群众的利益勇于自我牺牲；艰苦奋斗，严以律己，带头力行，为企业发展而顽强拼搏；发扬民主，时刻注意团结，敢于坚持原则性斗争；大胆改革，不断探索创新的精神。同时，省联社还总结了省服装公司副经理杨青山坚信共产主义跟党走，身患绝症仍为辽宁服装工业发展而奋力拼搏的事迹。干部职工通过学先进，找差距，有力地促进了思想作风的转变，增强了投身改革的热情，更好地为基层为企业服务。

（姚　健）

附：沈阳市一轻工业

【概况】 1986年经沈阳市政府批准，将沈阳市日用陶瓷厂划归机电工业局，改名为瓷瓶厂；将缝纫机台板厂并入沈阳市气体压缩机厂，划归机电局。截止1986年底，沈阳一轻工业共有9个联合工业公司，4个总厂，3个直属厂，172个计划单位。固定资产原值74 474万元，净值48 280万元。职工总数95 165人，其中工程技术人员2 219人，占职工总数的2.3%，管理干部10 537人。年末占地面积3 536 476平方米，房屋建筑面积1 750 307平方米。

1986年，沈阳市一轻工业出现了1983年以来最好的形势：完成工业总产值111 040万元，比上年增长8.5%；实现利润11 957万元，比上年增长9%。出口完成3 718万元，比上年增长3.6倍。在38种出口产品中，有8种是第一次进入国际市场。全局共有37个企业有出口产品，其中出口总值在百万元以上的有11个企业：味精厂、油脂化学厂、啤酒厂、搪瓷厂、兴华造纸厂、人民造纸厂、沈阳造纸厂、电池厂、明胶厂、制针厂、铅笔厂。其中味精厂、制针厂、兴华造纸厂被定为市出口专厂。另外，钟厂被定为国家机电产品出口扩权单位。1986年，全局万元产值耗能4.2吨，比上年下降了7%，共节煤5 000吨，节电1 800万度，折合价值585万元。千人负伤率为0.22，比上年下降了0.06，创历史最低水平。42名全民企业的厂长参加了国家统考培训，3 544名干部参加了现代化管理培训，598名干部参加了普及高中文化培训，基本上完成了年初制订的计划。

【调整产品结构】 1986年摆在沈阳一轻工业面前的突出矛盾是：产品结构与消费者的需求结构不相适应。市场急需产品的生产能力不足，花色品种陈旧、质次

主要产品产量完成情况

名　称	单位	1986年产　量	1985年产　量	1986年比1985年±%
自行车	辆	810 097	750 180	8.0
木　钟	只	352 097	360 517	-2.3
手　表	只	590 000	563 860	4.6
灯　泡	万只	5 815	4 975	6.9
干电池	万只	4 616	4 891	-5.6
日用玻璃制品	吨	75 690	76 172	-0.6
日用搪瓷制品	吨	4 374	3 523	24.2
啤　酒	吨	108 628	105 804	2.7
味　精	吨	5 600	5 344	4.8
非酒精饮料	吨	51 475	40 245	27.9
洗衣粉	吨	22 435	21 049	6.6
化妆品	万元	2 208	1 622	36.1
机制纸及纸板	吨	104 391	104 022	0.4
造纸用网	万平方米	29	27	7.4
轻工机械	台/吨	1736/4 898	1 790/4 303	97/113.8

价高的产品产量过大。为此，局、公司、企业都狠抓调整产品结构。调整的方向和原则是：提高传统产品，振兴出口产品，开发新产品，发展优势产品。经过一年的努力，全系统共开发新产品、新品种293种，比上年增长83.1%；有176种新产品、新品种通过鉴定，其中达到或接近国际水平的8种，填补国内空白的9种，达到国内先进水平的40种；21种产品获辽宁省的轻工业优秀新产品称号，占全省获奖总数的30%，居全省各市之首；10种产品获沈阳市优秀新产品奖，居全市各工业局第二位；有84种新产品获市第四届金星杯奖，在25个参展系统中居首位；有9项科技成果获轻工业部科技进步奖，其中一等奖1项、二等奖3项、三等奖5项；3项科技成果获电子工业部二等奖；1项科技成果获省三等奖；2项科技成果获市二等奖，10项成果获市三等奖；新产品产值占全局工业总产值的11.5%，比1985年提高5.6%。20个重点企业全年调整了44种产品，实现产值2.9亿元，比1985年增加0.9亿元，增长40%。

【产品质量】 为了增强一轻产品的竞争能力，沈阳市一轻局对40种重点产品提出了质量升级目标。各企业据以制订了质量升级规划，目标明确，措施具体，有时间进度与奖惩办法，绝大多数都实现了升级规划。局管的40种重点产品质量稳定提高率达到了100%；优质产品产值率为36.6%，比1985年提高了12.6%。在1986年的全国质量行业评比中：红双喜面盆、粘土质坩锅、大红兰铅笔获第一名；肥皂，一、二、三级硬脂酸进入国内先进行列；味精继续保持全国一流水平，雪花牌12°啤酒获国家银质奖；全系统共创部优10种、省优30种、市优27种。油脂化学厂获轻工业部质量管理奖；市酒厂获市质量管理奖。获部级QC小组2个、省级3个、市级7个，QC小组共创经济效益450万元。

确保产品质量的措施是：(1)提高干部工人的质量意识。年初，一些企业对产品质量有所忽视，一轻局重申一定要坚持质量第一的指导方针，并做出《提高产品质量，开展产品质量大检查》的决定，明确产品质量的优劣为衡量企业工作的主要依据，质量指标为厂长任期目标的必保指标；对46个重点企业的质量管理工作，按轻工业部颁发的全面质量管理验收细则，进行了现场检查和诊断；对118个企业的250种产品进行了抽查，发现的质量问题都及时得到了解决。(2)对产品质量问题敢于严肃处理。在三次质量大检查中，发现质量问题就地严肃处理，不搞下不为例。八王寺汽水厂由于放松了对分厂的质量管理，两个分厂出现了质量问题，局里为此做出决定，取消厂长上半年应该得到的奖金，随之制订了《关于横向联合企业产品质量监督的暂行规定》。自行车厂有一个月没有完成质量指标，厂长引咎自责，在厂内贴出布告，扣自己20元工资。(3)实行质量监督和咨询服务并举，促使企业提高质量管理水平。为了调动各方面力量为企业提高质量服务，一轻局成立了一轻行业质量管理协会与一轻检验学会，发挥群众团体的作用，不定期地组织各种交流、研究活动，对企业中出现的质量问题，“诊断病情”，“对症下药”，帮助制订改进措施。

【技术引进、技术改造】 1986年沈阳一轻系统计划竣工的36个技术引进、技术改造项目，全部按计划投入生产，共完成投资额8 842万元。按照设计能力，这36个项目共计可创年产值15 486万元，利润2 959万元，税金1 387万元。沈阳造纸厂引进的大型刮刀式涂布机具有80年代国际先进水平，每分钟可涂原纸600米，成纸率提高3%，合格率提高4%，铜版纸的质量达到国际80年代水平，年产量可达2.5万吨。市凸版印刷厂引进的塑料复合包装材料生产线，包括六色凹印机等生产及检测设备10台（套），年产塑料复合包装材料800吨，主要技术指标套印、墨印、牢度、制袋等都达到了国际上80年代初水平，将改变沈阳一轻工业“一等商品，二等包装”的落后局面。沈阳钟厂引进的石英钟生产线，包括真空镀涂、全塑料机件成型、钟盘彩色移印、外观装潢等设备共110台（套），其中部分设备为电子计算机控制。这条生产线年产石英钟60万台，可生产壁钟、摆钟、扭摆钟3个系列10种产品。

【横向联合】 全民企业对外开展横向经济技术联合，由1985年28户发展到1986年58户，实现联合项目104

个，联合的企业200个，联合的地区发展到18个省、48个地区。初步形成了5个联合群体：沈阳市八王寺饮料联合总公司，由汽水厂、玻璃制瓶厂、香精厂、商标印刷厂、制糖厂、汽水机械厂等48个单位组成的半紧密型的一条龙汽水生产联合体；沈阳味精厂生产联合体，以沈阳味精厂为龙头，由双城县、瓦房店、清原县、吉林辽源县等味精厂提供酞酸1 200吨，共同生产两次获得国家金奖的红梅牌味精；沈阳市酿酒厂生产联合体，由酿酒厂和江苏省建湖县共同投资建立年产7 000吨大麦，5 000吨麦芽的原料生产基地；沈阳铜网联合公司，以沈阳铜网厂为龙头，联合铁岭拉丝厂、辽阳、新民、海城、瓦房店等5个企业，共同生产轻工业部优质产品“金狮牌”工业铜网，联合体实行产品方向、生产计划、原料供应、技术质量标准、商标使用、出口渠道“六统一”；沈阳啤酒联合公司，以沈阳啤酒厂为龙头，共有12个企业参加，主要以技术咨询、技术服务、联牌生产为主，共同开发新产品，联合生产沈阳牌啤酒的半紧密型的生产联合体。

【经济体制改革】 1986年沈阳一轻工业认真贯彻“巩固、消化、补充、改善、探索”的十字方针，从增强改革意识入手，以搞活企业，特别是以全民大中型企业为中心，以全面落实企业内部经济责任制为重点，深入进行改革，在以下几个方面取得了新的进展：

1．全面实行厂长(企业）目标管理，完善企业内部三级经济责任制。厂级责任制，以厂长任期目标管理为主要形式，有3种情况：(一)厂长负责制试点单位实行厂长任期目标管理，由局长与厂长签订经济责任状；(二)未实行厂长负责制的全民企业实行企业经营目标管理，由局与企业签订经济责任状；(三)集体企业实行厂长目标管理，由厂长同企业职工代表大会签订经济责任状，报主管部门备案。目标管理的主要内容包括工业总产值、利润总额、产品质量、产品开发、技术改造等14项指标，实行按标准考核，按分数奖惩。奖励分金牌、银牌、铜牌3个档次，并有相应的物质奖。惩罚分取消全年奖金、扣发20％基本工资、免职3个档次。年终考核结果，得金牌的19个企业，得银牌的13个企业，得铜牌的2个企业。

车间（部门）责任制，以划小核算单位为主要形式。市一轻局要求大中型企业的车间，有条件的都要实行独立核算，自计盈亏或自负盈亏。汽车队、托儿所、食堂等部门都实行独立核算、自负盈亏。截止1986年底，全局有55户企业在部分或全部车间划小了核算单位，共有170个车间、50个辅助部门实行独立核算、自计或自负盈亏。划小核算单位后，厂部把厂长担负的经济技术指标分解到车间、部门，并下放权力。厂长与车间、部门负责人签订经济责任状，明确奖罚标准。

职工个人责任制，以各项经济承包和计件工资为主要形式。各企业结合本单位的实际情况，分别实行原材料采购成本承包、产品销售承包、工程项目承包、新产品开发承包等。已有54个企业实行了计件工资，计件人数18 774人。

2．认真贯彻“三个条例”，深化厂长负责制试点。第一批、第二批28户厂长负责制试点企业，进一步理顺了企业内部的关系。又选择了第三批23户全民企业和2户集体企业作为第三批厂长负责制试点单位。截止1986年底，已有51户全民制企业实行厂长负责制，占全民企业总数的80％。

3．进行股份制经营试点，探索企业所有制改革的途径。本着企业领导干部和职工自愿的原则，先后在4户集体企业和1户全民企业中进行了股份制经营试点。5户企业职工共计入股金额30多万元。职工的切身利益同企业的兴衰存亡紧密地联系在一起，增强了职工的主人翁责任感，更加关心企业的生产经营。企业增加了资金，为进一步搞活企业创造了条件。企业的领导体制也相应的改革，实行股东代表大会和董事会领导制度。

4．行政性公司改造步伐加快，为简政放权搞活企业创造了外部条件。市一轻局原有12个公司，基本都属于行政性公司。从1985年开始，经过两年时间已经对6个公司进行了改造。一是撤消的纸制品公司，将所属企业按产品配套归口到其它行业；二是撤消了日用化学公司，将油脂化学厂归局直管，日化一、二、三厂组建日用化学总厂；三是撤消照明电器公司，着手组建沈阳灯泡、华光灯泡、电池三个企业联合体；四是将制钟工业联合公司改造为经济实体性公司；五是撤消包装装潢公司和印刷公司，合并为包装装潢工业总公司。剩余的轻工机械、玻璃搪瓷、食品酿造、造纸、手表、自行车等6个公司，都拟定了改造方案，并做了大量准备工作，为日后的改造创造条件。

（王兆山　穆晓男）

沈阳市二轻工业

【概况】 沈阳市二轻工业1986年下属9个行业，232个企业，其中全民企业29个、集体企业192个、合营企业11个。另有职工大学、职工俱乐部、建筑工程公司、产品经理部各1个，科学研究所9个。全系统职工总数92 253人，其中全民职工18 858人，集体职工64 497人，合资企业职工8 898人。固定资产原值48 610万元，其中全民企业16 117万元，集体企业32 493万元。

固定资产净值28 895万元，其中全民企业9 702万元，集体企业19 193万元。1986年工业总产值113 782万元，比1985年的110 387万元增长3.1%；扣除1985年加工黄金4 800万元不可比因素，增长7.8%。劳动生产率11 410元/人，比上年的10 583元增长7.8%。产品销售119 353万元，比上年增长10%。其中企业自销89 453万元，占总销售额的74.9%，比上年自销额增长8.7%。库存产品1986年末为11 317万元，比上年末增加9 %。实现利润10 305万元，比上年增长0.95%。其中全民企业实现利润2 818万元，比上年增长1.3%，集体企业实现利润7 487万元，比上年增长0.8%；上缴利税10 052万元，则比上年下降7%，其中全民企业上缴2 969万元，集体企业上缴7 083万元。企业留利2 469万元，比上年下降24%，其中全民企业留利987万元，集体企业留利1 482万元。1986年末有亏损企业17户，亏损金额468万元，与上年末比较，亏损企业增加13户，亏损金额增加229万元。1986年末占用定额流动资金39 947万元，资金周转天数为122天，比上年的116天减慢6天。全局80种计划内产品中，有60种产品有较大幅度增长。局考核的40种重点产品，全部完成技术质量指标，与1985年34种可比产品的78项指标比，稳定提高率为94%。1986年全国同行业评比中，象牌钢锹、羽毛工艺品等获第一名；民用剪刀、玛口管件等进入国内先进行列。创国优1种、部优8种、省优20种、市优23种。这52种优质产品年产值22 756万元，优质品产值率达到20%，比上年增长4.3%。

主要产品产量

产品名称	单位	1986年	1985年	1986年与1985年相比(±)%
大型及专用衡器	台	994	676	47
压力锅	万台	105	92	14
日用铝制品	吨	396	221	79
锁	万把	278	211	32
大勺	万把	65	41	59
拉链	万米	176	219	－20
家用电冰箱	台	12 600	—	—
电风扇	万台	35	28	25
镇流器	万个	176	129	36
儿童皮鞋	万双	94	77	22
人造皮毛	万米	122	62	97
塑料制品	万吨	2.8	2.6	8
民用家具	万件	84	79	6
工艺美术品	万元	2 941	6 852	－57
服装	万件	702	705	－1

1986年，技术改造项目65项，计划总投资14 011万元。其中引进项目35项，计划投资11 726万元，用汇额度2 715万美元。实施项目中有新开工项目32项，总投资5 153万元，用汇额度726万美元。新开项目中，国内改造项目15项，引进项目17项。全年实际完成改造项目42项，完成投资额9 025万元，用汇额度1 190万美元。1986年有一个特点是利用外资引进技术有新发展，在17个新开引进项目中，利用外资就有7项。其中补偿贸易2项、来料加工3项、合资经营2项，加快了沈阳市二轻工业的设备与技术更新。

1986年从局到公司、主要企业均组建了外贸科室或设立办事人员，共有人员195人。出口企业由上年的51个，扩展到63个，并建立13个出口专业厂，2个扩权企业。出口产品品种由37种增加到51种。出口国家和地区扩展到50多个。全局年度出口值为11 781万元（创汇2 945万美），比上年的6 930万元增长70%。

【经济体制改革】 1986年沈阳市二轻工业经济体制改革的新进展：

（一）坚持了经济承包责任制。实行各种形式的经济承包的有212个企业，其中，148个企业实行了奖金与利税挂钩、按率提奖的经济承包；64个企业实行了超利分成的经济承包；有123个企业实行了把销售人员的工资、奖金、旅差费捆在一起同销售回扣额直接挂钩的销售大承包；3个企业实行了工程项目承包；2个企业实行了新产品设计、试制、销售一条龙承包。

（二）厂长负责制也有新发展。1986年沈阳二轻工业先后召开了集体企业和全民企业的厂长负责制试点单位的现场经验交流会。进行了全面检查，完善规章制度，理顺了关系，使试点好的和比较好的企业达到44个，并将试点单位扩大到91个。其中全民企业由7个增加到21个，集体企业由45个增加到70个。沈阳市二轻局并于11月18日至20日召开了《集体企业厂长负责制研讨会》，来自北京、天津、沈阳的76名专家学者和实际工作者参加讨论。

（三）领导机关的转轨变型有所深化。市二轻工业的领导机关，由过去抓钱、抓物、抓眼前，转向抓软件、抓长远；由直接组织生产、调配，转向主要搞好规划、协调、监督、服务、研究生产关系。经过调查制定了沈阳市二轻企业的《原材料、燃料节约奖励试行办法》、《工程技术人员招聘办法》等。同时，对局和9个行政公司的机构加快了改革，加强了经营服务，把彻底地使企业放手搞活，做为衡量领导机构转轨变型的主要标准。

（四）进行了股份制探索。有192个集体企业实行了"职工百元入股办法"，据118个企业统计，到年末入股金额329万元。为了进一步扩大生产资金和改变资金的占有关系，又在沈阳市制镜厂、沈阳市羽毛工艺厂等9个企业实行了股份经营制。如沈阳市金属家具厂实行股份制，扩大了经营范围。该厂汇集职工闲散资金35.5万元，与中国美术进出口公司联合创办了沈阳金属家具联合企业公司，吸收外来股金310万元，与沈阳市金车带钢厂等2个企业联合办厂输出股金48万元。全厂股份资金相当于原流动资金的3倍。职工入股增强了主人翁责任感，使企业生产与效益明显提高。1986年出口值达600万元，比上年增长2倍；工业产值1 744万元，增长17.5%，实现利润115万元，增长15%，是1978年建厂时的6.7倍。

（五）进行了除本分成制试点。除本分成制这项新改革，是在企业销售收入中扣除物资消耗的成本以后，按照国家税收规定，在国家、企业和职工之间进行净产值的合理分配，职工的工资和奖金与企业的经济效益更紧密地挂钩。职工工资按一定比例，随着净产值的升降而增减，创造的净产值多就多得，少就少得，没有创造净产值就没有工资。这就使职工更关心企业的经济成果。沈阳市金属薄板制品厂，1985年是沈阳市二轻工业的盈利大户，职工人均创利达到1万元。为了使企业在原材料涨价的情况下，继续保持利润增长，1986年经沈阳市政府批准，在该厂试行了除本分成制试点。结果不仅提高了企业的经营管理水平，而且当年实现利润451.4万元。

【经济技术横向联合】 沈阳市二轻工业1986年经济技术横向联合又有新突破：

（一）积极发展名优产品的联合生产。沈阳市压力锅厂上年与济南、临汾两个铝制品厂联合，1986年又加上沈阳市工农铝制品厂、武汉市长江铝制品厂共5个企业联合组建了“双喜压力锅联合公司”，使双喜牌压力锅可新增年产量150万口。又如沈阳市铝制品厂与乌鲁木齐市铝制品厂、集宁市铝制品厂、泰安市新泰铝制品厂联合，共同生产三星牌压力锅，年新增产量150万口。以上均扩大了名优产品的辐射面和知名度。

（二）积极发展与科研单位的联合，开发新产品。沈阳市制冷机械厂与解放军驻辽宁省的237医院联合，共同研制生产了多功能冷冻治疗机，经临床实验和专家鉴定，具有较高的医疗价值，填补了国内眼科冷冻医疗机械的空白。

（三）积极发展与原材料产地的联合，开辟原料基地。如沈阳市高级呢绒服装厂与黑龙江毛纺厂联合，服装厂帮助毛纺厂组建服装加工企业，输出加工技术，毛纺厂每年向服装厂提供优质面料20万米。

（四）积极发展城乡联合，提高经济效益。如沈阳市羽毛工艺厂的羽毛工艺品，是国际市场的畅销货，1986年与沈阳、鞍山、盘锦、铁岭等13个乡镇企业组建经济联合体后，产值和利润均比联合前增长了4倍，成为沈阳市“小型巨人”企业之一。

到1986年末，沈阳市二轻工业已有67个企业，同广东、新疆、黑龙江等14个省市签定了157个经济技术联合项目，组建了金属家具、压力锅、羽毛工艺品、电热电器等81个经济技术联合体。全年引进资金968万元，新增产值3 000万元，新增利税750万元。

【小型巨人企业】 沈阳市政府为了振兴城市集体经济，鼓励先进，开创沈阳市集体经济发展的新局面，于1985年2月颁布了《关于在城市集体所有制工业企业中发展“小型巨人企业”的试行规定》。“小型巨人企业”的评定标准：

（一）坚持四项基本原则，遵守国家政策法令，按集体企业改革内容和要求进行配套性改革。企业的固定资产逐年增加，管理先进，适应市场的应变能力强，职工队伍素质好，具有专业技术职称人员占职工总数的3%以上。

（二）主导产品符合下列条件之一：获省级或部级以上优质产品称号；产品适销对路，竞争能力强，在用户中享有较高声誉，质量居全国同行业领先地位，产量占全国同类产品50%以上；连续两年进入国际市场，外销量占企业总销量40%以上。

（三）经济效益高，生产日用小商品的企业，连续两年人均实现利润600元以上，实现利润总额50万元以上。一般工业企业，连续两年人均实现利润达到3 000元以上，实现利润总额达到300万元以上。获得“小型巨人企业”称号的企业，可实行百元利润工资含量包干浮动办法，可按上年税前计入成本中的工资总额，占当年实现利润总额的百分比，随当年实现利润的多少上下浮动，原则上职工每人可晋升一级浮动工资，副厂级以上干部可晋升两级浮动工资，均可计入成本；企业超上年利润部分，可比照一般企业高20%留给企业，增长部分用于技术改造；可奖售紧俏的汽车、机床等生产资料。沈阳市政府这项规定，引起了全市集体所有制工业企业的强烈反响，竞相争取。1986年沈阳市政府首批命名了15个“小型巨人企业”，二轻系统就有以下9个：沈阳市制镜厂、电热电器厂、钢锹厂、金属制品厂、气管厂、羽毛工艺厂、金属家具厂、压力锅厂、金属薄板制品厂。

【经济信息与新产品开发】 1986年初，沈阳市二轻系统3次上信息课，给650人次的企业领导讲明道理，教授方法；举办一期120人的信息员学习班，提高其业务水平。形成了300余人的三级信息网络。沈阳市塑料十六厂是个百余人小厂，1986年上半年亏损6 000元，依靠信息，7月起生产出了市场上深受欢迎的健身拉力塑料球，不到两个月仅这1个产品就盈利10万元。沈阳市制帽厂设立了信息专项奖，对厂内厂外提供信息被采用者一律发给奖金。9月份二轻系统组织了局、公司和企业三级参加的社会大调查；10月又组织了辽宁西北、吉林东南的市场调查，随后召开了沈阳二轻工业经济形势分析会和工商座谈会，分析沈阳市场形势和产品发展趋势，进一步开发新产品。沈阳市皮鞋四厂坚持产品更新换代，一年内设计新款式200种，投产52种，成为了市场的热门货。在6月间沈阳市皮革行业12个企业举办的北京联销会上，皮鞋四厂一家的销售额就占总销售额的1/3。沈阳市制帽厂针对消费变化趋势，设计了尼龙网眼纱礼帽，上半年生产了15万顶，获利12万元。全年全系统共试制新产品217种，投产了186种，创产值10 665万元，新产品产值率为9.3%，比上年增上了3.9%。沈阳市温控器厂生产的ＤＴＢ型、ＹＴＢ型温控器、市电热电器厂生产的550瓦调温电熨斗、市塑料二厂生产的线性低密度水稻膜等45种新产品，达到了国内先进水平；沈阳市铝制品厂生产的稀土合金压力锅，市皮鞋九厂生产的化纤网眼皮鞋、市水暖器材厂研制生产的ＦＡＩＸ-6型防污空气隔断阀等9种新产品填补了国内空白。沈阳市羽毛工艺厂研制生产的金银丝涤纶亮片获得了轻工业部银牌奖。通过技术引进开发并投产的沈努西牌电冰箱、华乐牌喷雾电熨斗、美发器、塑料彩印、塑料粘胶带、空调器、电子料斗称等7个新产品，在9-12月的时间内新增产值2 297万元，新增利税431万元。

【企业管理与职工教育】 1986年初沈阳市二轻工业局通过调查分析，制定了加强基础工作的参考标准和初步升级计划，确定了10个试点单位，突出抓了沈阳市金属门窗厂、市金属家具厂、市制绳厂和市皮鞋四厂4个典型企业，及时总结了他们制定升级规划和有步骤地开展活动的经验。还举办了两期企业厂长短训班，培养厂长树立商品经济观念，学会运用目标管理、成本控制等方面的知识，在新形势下当好厂长。近几年已涌现了一批象沈阳市建筑五金五厂厂长李闯似的有战略眼光、懂经营、会管理、善于开拓的优秀厂长、企业家。有9个集体企业被市政府命名为“沈阳市小型巨人企业”，9个企业被命名为“沈阳市明星企业”，15个企业被命名为“沈阳市先进企业”。沈阳市制绳厂、市塑料厂被评为“沈阳市企业管理先进单位”；沈阳市金属家具厂被轻工业部命名为“全国轻工业系统管理优秀单位”。实行现代化管理的企业由上年的138个，上升为165个。应用的方法也由12种上升到15种。全系统实行现代化管理共增加利润1 376万元，占全系统利润的13%。

1986年，全系统轮训各类人员22 268名。其中，高等教育1 494人，毕业370人；中专教育1 332人，毕业722人；高中文化教育1 058人，毕业432人；初中文化教育1 049人，毕业997人；技术业务进修5 456人，结业2 817人；培训工人11 879人，结业8 422人。输送培养大专毕业生119人，中专生30人，使技术人员占职工总数的比率由上年的2.12%上升为3.6%。同时加强了政治思想教育。积极组织广大干部和工人认真学习中共中央《关于社会主义精神文明建设指导方针的决议》，全局涌现了53个先进党支部、60个先进党小组、11名优秀厂长、11名优秀书记、18名最佳职工、122名优秀党员。

【沈阳市第一制革厂火灾】 1986年10月31日，沈阳市第一制革厂三车间四工段发生一起严重火灾。

沈阳市第一制革厂位于铁西区北二马路三段8号，有职工926人，是皮革加工的骨干企业。三车间四工段位于工厂北部，厂房为砖木结构，建筑面积1 400平方米，是皮革加工中磨光、喷涂、磨平、出成品的最后工段。10月上、中旬因生产供气不足，造成月底半成品积压，为了赶任务，从10月26日起加班生产，10月30日晚21时，该工段12名工人夜班作业，午夜后转入喷涂光亮剂，由于该工段排风设备长时间带病运转，31日1时10分，排风叶轮与进风筒磨擦起火，引着了附着在筒壁上的甲类化工材料J_2-6型改性聚氨酯光亮剂，引起大火。同时祸及沈阳市皮革鞋帽公司仓库和沈阳市皮革机械厂，共烧毁沈阳市第一制革厂三车间四工段生产厂房1 200平方米，烧损生产设备14台，半成品猪、牛皮革2.5万张，及沈阳市皮革鞋帽公司仓库和皮革机械厂部分物资，直接经济损失49万元，四工段有6名工人在扑火中牺牲。

火灾发生后，沈阳市计经委、总工会、劳动人事局、第二轻工业局、检查院和公安局，组成了“10.31”火灾事故联合调查组。1986年11月对造成火灾的主要责任者由沈阳市检察机关追究了刑事责任，对沈阳市第一制革厂、沈阳市皮革鞋帽公司的有关领导干部给予了政纪处分。同时按照《沈阳市消防管理处罚办法》对沈阳市第一制革厂进行了罚款。

（王兴武）

大连市一轻工业

【概况】 1986年大连市第一轻工业总公司有直属单位37个，其中工业企业32个（全民企业16个、集体企业16个），事业单位5个。职工总人数28 944人，其中全民职工17 372人，集体职工11 436人，合营职工136人。全系统拥有固定资产原值24 591万元，净值17 128万元。完成工业总产值38 564万元，比上年增长3.4%；产品销售收入42 297万元，比上年增长26.5%；实现利税总额7 738%元，比上年增长5.77%，其中实现利润 4 010 万元，比上年增长14.2%；全员劳动生产率完成13 881元，比上年增长17.7%。32个企业全部完成年计划。

1986年产品质量创市优11个，省优 4 个，部优 4 个。省优复评 8 种产品和部优复评1种产品全部合格，大连市考核的15种产品质量全部完成质量考核指标，稳定提高率达100%。总公司考核的44种产品有43种完成质量指标。开发新产品67项，已鉴定投产36项。研制新花色品种2 009项，全年新产品创产值5 081万元。完成重大科研和技术推广项目 6 项，其中金红石代替彩釉应用研究、薄层常温镀银、纯淀粉生产酒精等项目，达到国内先进水平。

技术改造和技术引进年计划投资额 1 894 万元，实际完成 1 675 万元。安排改造项目14项，竣工 8 项，其中投产 7 项，竣工面积15 726平方米，增加设备265台（套），其中引进设备18台（套）。

大连一轻总公司在不增编制的情况下，设立了经济技术联合办公室，全年有15个企业以多种形式同市内外有关单位实行了经济技术联合，包括37个项目，增加产值 1 045.8 万元，增加利税 153.3 万元，获技术转让费36.9万元。

主　要　产　品　产　量

产品名称	单位	1986年产量	比1985年±%
木钟	万只	25.4	8
搪瓷制品	吨	5 295.3	4.1
洗衣机	台	49 200	－33.6
保温瓶	万个	506.3	－ 2.1
罐头	吨	20 666	1.8
白酒	吨	7 997	32.9
啤酒	吨	22 814	9.8
葡萄酒	吨	4 320	5.4
酒精	吨	19 659	11.9
面制品	吨	11 178	－ 8.7
玻璃纸	吨	1 248	12.3
日用玻璃	吨	30 251.3	7.3
铅笔	万支	22 507	－ 7.4

大连市政府决定从1986年 7 月 1 日起，一轻总公司所属大连海燕自行车联合公司正式与大连重型机器厂建立紧密型经济联合体，海燕自行车联合公司隶属重型机器厂管理。大连海燕自行车联合公司始建于1972年10月，原名大连自行车厂；1982年有职工6 295人，固定资产 3 560 万元，工业总产值7 448.8万元，产量45.5万辆，利税总额达1 019.5万元；1983年后，由于多方面原因造成产品滞销，企业亏损，至1986年 6 月累计亏损额达1 228.7万元。

【厂长负责制的深入】 大连市第一轻工业1984年开始在全系统实行厂长负责制。1986年进一步在31个企业中推行厂长任期目标责任制。对任期目标的制定，经过调查研究、周密测算，针对企业基础、生产条件、供应和销售不尽相同的特点，因厂制宜、该高即高、该低就低，先进性与可行性统一，确定了各企业三年总目标和逐年的奋斗目标，与相应的奖罚条例。

任期目标的内容分 9 个部分，18个项目，有主有次，实行百分考评，主要项目超额完成计划，可按比例加分，有一次完不成就视为没完成任期目标。对完成目标的厂级领导集团成员，根据规定分别给予立功、立大功、评劳模、发奖金和晋级等奖励。对没完成目标的领导集团成员，给予免奖金、扣工资等处罚，三年均没完成目标的，免去领导职务。厂长、书记的奖励由市政府负责，其他领导成员由总公司负责。

为保证厂长任期目标的全面实现，各企业都把总目标层层分解到科室、车间、班组和个人，千斤重担大家挑，人人头上有指标。总公司还把厂长任期目标的 9 个部分按业务归口划分到总公司机关的六处一部一室，并把厂长任期目标完成的好坏作为考核机关工作的重要内容，使机关处室的责任同企业厂长肩负的目标紧紧联系起来，从而促进了机关作风的转变，工作比较协调，提高了办事效率和服务水平。在大连市开展的“提高服务水平、提高办事效率活动”中，一轻总公司机关被评为市级先进单位。

厂长任期目标责任制推行的效果良好，年终考核评定，达到 110 分以上的单位有 6 个， 100 分以上的18个，90分以上的 3 个，90分以下的 4 个。有46名企业领导受到市政府表奖，其中记大功 1 人，记功 2 人，一次性奖励28人，通报表扬15人，有74人受到总公司的表奖，其中记大功12人，记功62人。

【利用优惠政策搞活企业】 1986年大连一轻总公司采取多种形式贯彻落实优惠政策，通过一年的实施，企业增加了效益，多创利税1 780万元。

（一）实行资金追踪反馈责任制。大连玻璃纸厂和大连保温瓶厂第一季度生产经营情况都不好，玻璃纸厂亏损34万元，保温瓶厂瓶胆收获率仅达51.4%，利润大幅度下降。总公司专门组织力量，解剖分析企业的现状，在市财政局等有关部门支持下，批准在这两个企业实行资金追踪反馈责任制。具体办法是：玻璃纸厂全年必保实现利税 330 万元，玻璃纸年产量1 200吨，月产量以 102 吨为基数，每超产 1 吨可提取奖金300元，若全年达不到目标，罚厂长和有关人员工资2 000元；保温瓶厂是以瓶胆收获率55.4%为基数，实现后，每多产 1 个瓶胆可提奖金0.25元，若达不到目标，罚厂长和有关人员工资2 000元。新的分配形式把生产经营好坏同干部、职工的基本工资和奖金紧密挂钩。到年底玻璃纸厂扭转了亏损，还多创利税393.6万元；保温瓶厂瓶胆收获率提高到64.5%，利润大幅度提高。

（二）推行原辅材料节约奖和成本效益奖。理顺工资后，企业奖金减少了，职工的生产积极性受到一定的影响，为了充分利用好奖金，调动职工的积极性，总公司根据市政府的有关规定，在部分企业实行了这两项奖励：原辅材料节约奖是按1985年万元产值所耗费的能源和原材料为基数，节约部分以实际价值按8—12%提取奖金；成本效益奖也是以上年实际成本为基数，降低部分按8%提取奖金。这种奖励办法在大连渤海啤酒厂、酿酒厂、罐头食品厂等企业实行后，生产成本大幅度下降，经济效益明显提高。其中大连渤海啤酒厂产值比上年增长8.5%，利润增长了39.1%。

（三）贯彻优质优价政策。截止1986年末，全系统累计共创名优产品68种，其中获国家优质产品奖的10种，获轻工业部优质产品证书的19种，获省、市优质产品称号39种。在市有关部门的配合下，对各级名优产品重新全面进行了质量指标考核，对质量稳定提高而又适销对路的产品，如罐头、啤酒、白酒、搪瓷制品、糕点等在规定幅度内实行优质优价。产品实行优质优价既保障了消费者的利益，满足了群众的需要，又促进了企业的技术进步，缓解了原材料涨价、生产成本增高的压力。据统计优质优价企业增加收入130余万元。

【出口创汇】 1986年，大连一轻系统完成出口产品收购值4 138.4万元，比1985年增长66.7%，扭转了产品出口前三年徘徊的局面。

1983年到1985年影响一轻系统出口任务完成的原因主要有三条：（一）价格问题。1983年以来，原材料的价格不断上调，有的甚至上调一倍多，而出口产品收购价格不仅几十年不提价，有的还下降，如罐头外贸部门平均收购价从1966年就定而不动，在原材料不提价的情况下，1984年外贸收购价却下调9%，使生产企业无利所图。（二）原材料供应不足。（三）出口体制不适应。生产企业没有机会直接面对国际市场，信息闭塞。

1986年大连市政府为了调动企业出口创汇的积极性、推动出口创汇工作的发展，针对以上存在的问题，颁布了一些优惠政策。在价格问题上，作出按1985年创汇值为基数，每超创一美元，外贸给企业一角钱补贴的决定。在原材料问题上，市里除计划拨给100万美元外，又增拨128万美元的调节外汇，使企业有能力进口部分紧缺原材料，缓解了原材料紧张的状况。在外销手段和渠道上，有5个企业同市外贸建立了工贸联营关系，企业经营副厂长兼任有关公司的副经理，使企业对国际市场行情有所了解，并能同外商直接接触，减少了外销的中间环节。

这些政策，一定程度上缓解了出口创汇工作的困难，调动了企业多出口多创汇的积极性。全年调剂各种物资万余吨，其中，急需的马口铁、薄铁板达4 000余吨。罐头、搪瓷制品、保温瓶、玻璃器皿等产品的出口量都有较多的增长。

（王喜生）

大连市二轻工业

【概况】 1986年大连市第二轻工业总公司有企事业单位179个，比上年增加13个。职工由上年的54 568人增加到55 750人。技术人员占职工总数2.7%，由上年的1 546人减少到1 529人。工业企业149个，职工51 982人，其中全民所有制企业23个，职工10 238人，集体所有制企业126个，职工41 744人。占地面积由上年的156.5万平方米增加到185万平方米。建筑面积80.3万平方米，比上年增加7.8%。固定资产原值38 338万元，净值27 238万元，分别比上年增加23.4%和20.9%。

1986年，大连市二轻工业克服了原材料调价，缺口较大，流动资金短缺，企业费用增加等困难，生产持续增长。工业总产值完成83 207万元，比上年增长11.8%。工业净产值完成23 847万元，比上年增长8%。产品销售收入79 304万元，比上年增长17.2%。实现利润8 272万元，比上年增长6.9%。上缴税金5 647万元，比上年增长10.1%。

重点考核的82种产品产量中，增长10%以上的有45种。主要经济技术指标均超额完成年度计划。连续第三年消灭了亏损企业。

1986年主要产品产量

主要产品	计量单位	1986产量	1986比1985 +(-)%
洗衣机	万 台	20.0	23.5
手表	万 只	90.0	9.5
塑料制品	吨	27 192.0	- 3.3
全塑凉鞋	万 双	915.3	-14.7
皮鞋	万 双	232.0	0.4
布鞋	万 双	130.0	- 1.1
人造板	立方米	3 546.0	23.9
家具	万 件	23.2	- 8.1
玩具	万 元	538.0	166.3
元钉	吨	5 681.0	5.4
日用精铝制品	吨	907.0	13.2
日用不锈钢制品	万件/吨	331/255	45.8/9.9
服装	万 件	1 347.7	3.5
大型衡器	台	815.0	31.7
雕塑工艺品	万 元	35.0	123.6

1986年试制新产品113种，比上年增加13%。大连锁厂程序控制锁、大连第三皮鞋厂铜环旅游鞋、大连电风扇厂洗衣机脱水电机等35种新产品投入生产，投产率达31%。推出新花色、新品种4 122个。新产品创产值21 467万元，占总产值25.8%；创利润2 109万元，比上年提高2.2%。

大连衡器厂泰山牌GGT-150型静态轨道衡、大连第三皮鞋厂双燕牌线缝男皮鞋、大连洗衣机厂波浪牌新水流双桶洗衣机、大连第一服装厂大丰牌男女风雨衣、大连第五服装厂海月牌人造毛皮大衣、大连泥瓦工具厂天字牌泥瓦工具、大连金州制革厂金锚牌猪皮鞋面革等10种产品被评为全国轻工业优质产品。大连铝制品厂金杯牌20厘米精铝氧化水壶、大连铜管乐器厂前进牌ᵇB调回转式四键抱号、大连帆布制品厂大连牌坤包、大连综合修配二厂宝乐牌娃娃鞋等30种产品被评为辽宁省优质产品。21种产品评为大连市优质产品。在辽宁省城镇集体工业联社举办的“纪念手工业合作化三十周年展销会”上，有20种产品获辽宁省二轻工业“振兴杯”奖。

组织企业党政主要领导167人学习了科学管理知识，推行5种以上科学管理方法的企业占50%以上。评选出的44项现代化管理优秀成果共获经济效益680万元。5个企业分别获得轻工业部、辽宁省、大连市“质量管理奖”，获总公司级以上“管理优秀”称号的QC活动小组有43个。制订和修订产品标准比上年增加23%，采用国际标准比上年增加26%。降低物耗470万元，超额完成计划14.6%。

横向联合已形成物资、人才、技术、设备等多方位、多层次、多渠道的协作，已同26个省市区建立协作关系，组织成13个联合体，完成产值2.3亿元，实现利润1 500万元。

1986年出口产品由上年的32种增加到50种，出口交货总值12 073万元，比上年增加39.9%。大连洗衣机厂波浪牌双缸洗衣机和大连手表厂珍珠牌手表同为第一年进入国际市场，出口量分别为1 100台和20万只。

全员劳动生产率16 052元，比上年增长10.7%。工资总额7 080万元，比上年增加36.1%。工业企业人均工资1 261元，总额6 554万元，分别比上年增加9.3%和11.4%。

1986年有中等以上技工学校8所，研究所9所。全系统参加中、高等教育和初、高中文化学习、技术进修和业务培训9 473人，已结业和毕业了4 727人。轻工业部安排的9个科研项目中有6个获大连市“科技进步”三等奖。

【推行新的厂长(经理)任期目标责任制】　在总结1983年开始的民主选举厂长任期目标责任制的经验和表彰、奖励前三年在任期目标中做出较大贡献的143名厂长和书记的基础上，推行了1986—1988年新的厂长(经理)任期目标责任制。新的任期目标责任制弥补了民主选举厂长任期目标责任制的不足，坚持“五条标准”：(一)坚持实事求是，保证目标先进性和可行性的统一；(二)坚持目标的后劲和竞争力，主攻方向是提高质量，降低消耗；(三)坚持眼睛向内，充分利用现有的生产能力；(四)坚持和“七五”计划，年度计划相吻合；(五)坚持厂长(经理)、书记共同对企业负责，共同在任期目标合同上签字。有122个企业分别与上级主管部门签定了1986—1988年厂长(经理)任期目标责任制合同。到年底，有97.5%的企业完成或超额完成了1986年任期目标。经过一年的实践，厂长任期目标责任制有十大好处：①有利于加强对干部的考核管理，由定性考核变为科学的定量考核，从而激励厂长(经理)、书记的责任感和事业心。②有利于激励职工的主人翁责任感。③有利于强化企业管理，提高企业素质，任期目标的层层分解，使企业上下形成一个纵横相联的目标管理体系。④有利于增强企业的竞争能力。⑤有利于宏观控制，促进总公司和专业公司两级主管部门按照政企分开的原则，从宏观上为企业搞好服务，使企业扩大自主权。⑥有利于正确处理国家、集体、个人三者利益关系。⑦有利于企业进一步理顺党政关系。⑧有利于企业处理好眼前与长远利益的关系，做到干当年，想明年，三年有打算，积蓄后劲。⑨有利于促进两个文明建设一起上，克服政治工作与经济工作相互脱节、扯皮现象。⑩有利于职工福利设施的进一步发展。职工关心的福利事业作为重要考核项目，使职工更加热爱本职工作，热爱本企业。

【技术改造的成就与一条引进生产线被焚毁】　1986年，大连二轻系统技术改造列入计划的共50项，比上年增加12项，投入实施的31项，加上前3年的续建项目7项，共有38个在建，总投资额5 500万元，用汇1 407万美元，分别比上年减少9%和3.3%。年内竣工的29项，新增固定资产5 517万元，其中有16项投入生产，增加产值5 685万元，实现利税889万元，出口创汇132万美元。

1986年12月31日上午11时，大连第一塑料厂一车间发生火灾，烧毁一条从国外引进的聚氨脂泡沫生产线，并殃及厂房和其它物资、设备，直接经济损失185万元。火灾的直接原因是假日进行维修的焊接工人在焊堵二楼到一楼投料口时，产生的大量溶渣从二楼落到一楼地面后，飞溅到成品聚氨脂泡沫堆上而引起的。

(刘旭光)

大连市制盐工业

【概况】 1986年，大连盐业系统职工总数17 866名，其中国营职工14 791名，大集体职工 3 075 名；固定资产原值14 072万元，净值9 261万元，滩田总面积为30 957公顷，原盐生产能力 150 万吨，还有化工生产点 9 处。养虾面积 3.5 万公顷，年产虾 800 吨左右。

1986年是大连盐区受特大洪水灾害后恢复生产的第一年，在滩田设备条件差，卤水基础薄弱的不利情况下，由于充分发动群众，克服重重困难，狠抓改革，全年完成工业总产值13 061万元（其中全民的12 343万元，大集体的 718 万元），比上年度增长55.46%，是“六五”平均产值的89.1%，这是大灾后恢复生产取得的较好成绩。主要产品产量完成较好，比去年有较大增长，海盐总产量 111.4 万吨，比上年67.7万吨提高64.5%；氯化钾5 527吨，比上年提高244.45%；溴素452.18吨，提高231.41%；无水硝18 549吨，氯化镁4.1万吨。产品销售收入6 462万元，实现利润 675.5 万元，占年计划的186%（由于1985年受灾，1986年国家计划允许亏损780万元）。固定资产投资全年计划1 390万元，实际完成 906 万元，占计划的65.2%。出口创汇完成 273 万元。全员劳动生产率达到 8 437 元，为计划的127.3%，为上年的154.9%；盐工实物劳动生产率 219 吨，为计划 153 吨的143%，比上年增加46吨，增长43%。水产养殖面积为33 334亩，全局产虾1 045.5吨，为年计划产量122%。饵料生产 160 吨，实现利润45.7万元，育亩12亿，创利 180 万元。以上三项合计获利 295 万元，这是近几年中最好的一年。试制新产品的成果有：皮子窝化工厂、旅顺盐场的四溴双酚A，大连制盐设计研究所的溴化钠，辽宁盐业机械厂的节能泵，金州盐场的防腐膜，复州湾盐场的小型收放机等。创优成果有：皮子窝化工厂的无水硝创辽宁省优（复评），金州盐场再制盐创省优产品。1986年优质产品产值率为 56.2 %。盐税计划 4 000 万元，实际完成5 030万元。集体企业完成产值 889 万元，比上年增长44.15%。销售收入和商业销售款达 1 250.7 万元，完成计划 111.62%。实现利润达89.8万元，完成计划81.63%。全局文明单位由上年的 3 个市级，1986年又进入省级 1 个，市级 1 个。

【坚持改革搞活】 1986年大连市盐务管理局紧紧围绕增强企业活力这个中心环节，在深化改革中，着重抓了3项：(一)继续深化场长负责制。1985年11月开始的，对5个全民所有制企业普遍实行场长任期目标责任制，经过1986年，收到了比较好的效果。场长们增强了责任感，千方百计保证目标实现，增强企业活力，变场长目标为广大职工的奋斗目标。如皮子窝化工厂将厂长目标层层分解落实，层层签订目标合同，形成全厂目标网络体系，生产指挥得力，职工积极性高，全厂产盐 29.47 万吨，是1983年以来最好水平。(二)继续完善企业内部各种经济责任制。辽宁盐业机械厂 1 至 2 月份连续欠产，从 3 月份实行部分工资浮动、超产计奖责任制，当月就完成计划。各盐场（厂）在百日夺盐大战中，实行“三项基金”联产联利分配，利润包干，增税分成和超基数奖励，运输、化工和机修实行联产联质联利经济责任制，水产养殖实行“五定一奖”和租赁等经济承包责任制，提高了经济效益，也提高了工人收入，如复州湾盐场统计，6 月份盐工超额奖最高每人 186 元，最低25元。(三)开始进行横向经济联合。为完成“七五”期间的盐业技术改造和滩田扩建任务，正在和瓦房店市一些地方小盐场洽谈联合；局属辽宁盐业机械厂、大连盐化制药厂、大连市盐工医院等正在考虑发挥各自优势，在横向联合的路子上迈出一步。

【开展百日夺盐】 大连盐业在1985年受到特大洪水灾害中损失惨重。1986年初针对广大职工的思想和生产实际，提出要发扬愚公精神，狠抓三项生产准备工作，并尽快恢复生产：(一)抓滩田设备恢复和灌池前准备。各级领导到生产第一线指挥，号召“重灾之后不减志，增产增收做贡献”，积极紧张地抢修滩田，全局又上土方90多万立方米，上石方30多万立方米。春灌前结晶部分的恢复工作全部结束。同时抓冰下抽咸，抓风天制卤，到灌池前全局有混合卤量 1 032.6 万立方米，完成计划156.45%，保证了灌池需要。比1985年末增长了51.5%。(二)抓化工生产准备。在抓好海盐生产准备的同时，合理调用人力，狠抓化工设备和苦卤的收、晒、保工作，改变了盐化工原料卤水缺、开车时间晚的不利情况，较好地完成了生产任务。(三) 抓育苗和水产养殖。1986年的水产养殖生产所以能取得比较好的成效，主要是虾池整修抓的早，五月初基本结束。育苗工作抓得细，开了全局育苗工作会，培训了育苗队伍，对育苗设备进行了全面检修。进一步落实了各项经济责任制，调动了职工的积极性。

特别是春晒一开始，大连盐务局党委于 4 月12日召开了开展百日夺盐的动员大会，号召全局职工大干100天，夺盐90万吨，力争实现一年任务春晒完。会后各场积极响应，开展竞赛。在夺盐中：(一)加强了领导，坚持做到一月一次生产调度会，总结交流经验，分析掌握情况，正确指挥生产。(二)气象工作先行。建立和建全了“三结合”的观天队伍，土洋结合、专群结合，提高了予报准确率。(三)加强了工艺管理。采取因地制宜，不搞一刀切。春初做到适时抢灌，4、

5、6月做到分类指导。分三个战役，针对不同特点，采取不同措施，使生产步步主动。例如各场都根据本单位的实际情况，制订了不同的塑苫管理条例，使塑苫管理初步走向正规化，单产也大有提高。(四) 认真落实了市政府和有关单位为支持盐业生产发展所给予的优惠政策。广泛开展了场与场、班与班、人与人之间多种形式的勇争排头兵的劳动竞赛，以劳取酬不搞平均主义，调动了广大职工的积极性。5月29日，全局扒吊盐量达4.1万吨，创造了日扒吊量历史最高纪录。6月24日至27日各场相继超额完成了国家计划，实现了一年任务提前完。进入秋晒之后,由于雨量偏多，7月到10月只产6万多吨盐，这也是历史上少有的。总之1986年海盐生产抓的得力，指挥主动。

【加强企业管理】 (一)全局通过清仓挖潜、修旧利废节约物资百余种，价值5万元。充分发动群众提合理化建议1 033件,已实现498件，创造价值43.2万元。(二)在加强物资管理工作中，积极推行和运用现代化管理手段，加强业务基础建设，开展全局核库工作，修改和调整了物资库存储备定额，使物资管理工作更加系统化。(三)在产品销售工作中，由于加强了产品平衡、调运和挖潜，扩大了产品销售量，全年销售海盐98.7万吨（包括社队盐场共销102.2万吨）。(四)组织了大检查，堵塞了漏洞。各场从粗硝生产、保管到使用都加强了管理，降低了产品单耗。(五)加强能源和设备管理。在企业能源管理定级、升级活动中，全局5个企业全部评为一类企业。皮子窝化工厂为轻工业部节能先进单位，并为大连市设备管理先进单位。皮子窝化工厂东老滩变电所由1985年的省级先进单位跃进东北三省红旗变电所的行列。皮子窝化工厂三级计量，经大连市标准计量局验收合格。评出大连盐区设备管理先进车间11个。(六)1986年企业管理现代化工作有一定进展，多数企业推行现代化管理方法10种左右，最多的是皮子窝化工厂已推行了15种。各企业比较注意抓培训、抓应用、抓考核，取得了比较好的成效。仅以皮子窝化工厂为例，1986年获得现代化管理成果16项，创造价值42.3万元,其中6项获奖。1986年，全局没有亏损。

【转变机关作风】 1986年大连盐务管理局党委主要5名领导下基层指导工作575天，平均每人115天，最多的达到151天。在百日夺盐中，局党委组织了思想政治、经营管理、生产指挥、生活福利、水产养殖等6个工作组，由主要领导带队，蹲在生产一线就地解决问题。皮子窝化工厂组织了一百多名干部深入到班组，参加劳动和现场办公。金州盐场领导在现场办公，对基层提出的96个问题，当场拍板解决了93个，生产由被动转为主动。

1986年大连盐业生产的突出问题仍然是资金不足，原材料短缺。盐务局在向上级反映情况的同时，组织供销部门积极开辟计划外物资资源，解决了计划外钢材415吨、生铁270吨、木材5 165立方米、水泥1 088吨等10种物资。并节约购料款130万元，

注意办好集体福利事业，关心职工生活。各个盐场远离城镇，副食品供应十分困难，各级领导十分重视自己办实业和集体福利事业。总结推广皮子窝化工厂这方面的经验后，在全盐区开花结果。全盐区发动职工群众刮碱皮、捞卤虫和养虾（工会办的）的收入达45.3万多元，平均海盐班组每月每人可降低伙食费25%。1986年继续组织288个班组职工种好房前屋后小块园地103亩，产菜13.3万多公斤，有20%班组的蔬菜自给或自给有余。为了解决盐区职工生活苦、条件差的问题，大连盐务局多次向有关部门反映情况，取得各级政府的重视和支持，解决了盐业职工野外补贴日标准为3角、5角、7角。这是盐业职工盼望已久的一个大问题。在海盐生产旺季，积极与市有关部门联系，先后为职工解决细粮161.97万公斤、大豆24.5万公斤、液化罐1.1万个，4个盐场为职工建房1.2万平方米，解决缺房户443户。大连市总工会还为困难职工解决粮票12万公斤、补助福利2.5万元。全局还解决职工建房所需木材2 374立方米，玻璃8 321平方米、煤1.01万吨等，调动了职工积极性。

大连市委副书记傅万忠与副市长宫明成，两次带领大连市搞活企业政策协调服务组到大连盐务局现场办公，专门研究盐业发展问题，当场拍板解决问题。为鼓励发展盐业生产还采取了一系列的扶植和优惠政策，主要是实行利润包干、增税分成和超基数奖励的办法等。

（雷玉音）

吉　林　省

吉林省一轻工业

【概况】 1986年吉林省一轻工业共有企业419个，其中全民企业262个，集体所有制企业156个，合营企业1个;职工总数158 993人，其中全民所有制134 835人，集体所有制24 015人，合营143人。继1985年之后，1986年度吉林省再一次遭受了特大洪涝灾害。一轻工业系统受灾企业达84个，比1985年度多54个，造成直接经济损失1 694万元，是上年379.4万元的4.5倍。各级轻工业主管部门和各企业单位响应吉林省政府“抗洪救灾”的号召和“农业损失工业补”、“工业内部以丰补欠”的要求，一手抓抗灾救灾、一手抓生产，

使一轻工业生产仍取得了持续、稳定、协调的发展。全年完成工业总产值174 388万元，比上年的156 299万元增长11.57%。13个主要行业的工业总产值普遍比上年增长8%以上，食品、日用机械、日用化学、造纸4个行业超过了10%。全年完成工业净产值53 443万元，比上年的51 077万元增长4.63%；全民企业全员劳动生产率为12 433元，比上年的11 830元增长5.1%；实现利润12 851万元（包括甜菜糖度财政补贴1 660万元），比上年的13 208万元下降2.7%；实现税金19 615.9万元，比上年的17 180万元增长14.18%；完成销售收入178 205.6万元，比上年的152 716万元增长16.7%；出口产品品种由上年的48种，增加到55种，产品交货值10 638万元，比上年的7 060.95万元增长50.66%。主要产品产量，列入国家计划的7种产品，都比上年有增长；列入部计划的24种产品，比上年增长的有18种。

主要产品产量完成情况

主要产品	计量单位	1986年产量	与1985年相比±%
机制纸及纸板	吨	507 316	－3.55
其中：新闻纸	吨	78 408	－11.12
糖	吨	75 916	6.24
啤酒	万吨	22.69	20.95
自行车	辆	425 972	28.92
表	万只	90.00	16.67
钟	万只	46.98	－1.88
日用玻璃制品	吨	119 352	19.29
合成洗涤剂	吨	30 637	1.39
保温瓶	万个	447.00	8.23
灯泡	万只	3 172.00	5.14
肥皂	吨	24 356	22.81
罐头	吨	12 947	27.41
乳制品	吨	4 919	96.13
葡萄酒	万吨	1.46	12.31

列入部、省技术开发项目68项，有40项已鉴定验收；纳入部、省科技发展项目57项，已鉴定验收64项。获吉林省科技进步奖6项、获国家攻关项目奖2项、国家科技进步奖1项。

职工教育，在上年完成“双补”任务的基础上，有37 337名工人参加了各级各类技术、业务学习，其中有12 241名工人参加了中级技术培训，共结业25 466人；还组织成立了中国轻工业工程师进修刊授大学吉林一轻分校，参加学习的学员200人。

安全生产明显好于上年，职工死亡6人，比上年减少2人；重伤12人，比上年少10人；火灾5起，事故损失29.5万元，比上年少损失60.1万元，是1980年以来安全生产最好的一年。省轻工业厅、石岘造纸厂、白城市造纸厂、长春市搪瓷厂被轻工业部评为劳动保护先进单位。

【经济体制改革】 随着经济体制改革的深入发展，省轻工业厅的职能初步由单纯的管理型向指导服务型转变，厅机关内部实行了岗位目标责任制，共制订了90个岗位的责任制。厅属的5个专业公司中,已有4个公司完成了向实体性公司的过渡，实现了自主经营，自负盈亏。吉林省一轻工业有90%的企业实行了厂长负责制，并对264名厂长进行了培训。据8个市(地)的182个企业的调查，在企业的内部实行了以计件工资、联产计奖、层层包干等15种形式的经济责任制。敦化市和大安县对6个小型企业实行了租赁制试点，长春市钟表厂实行了一厂两制，即总厂厂部按全民所有制经营，把16个分厂、车间改为全民所有而集体经营，实行单独核算，自负盈亏，取得了明显的经济效益，1986年在原材料提价近三分之一的情况下,扭亏为盈，实现利润28.2万元。生产效率在集体经营前，生产一台钟需用2.2个工作日，现在用一个工作日可生产2.2台钟。

全系统实行横向联合的企业105个，已与上海、北京、天津、辽宁、广东等19省、市建立了183项经济技术协作关系。省内的联合，在造纸、制糖、白酒、葡萄酒、造纸机械等5个行业中出现了生产企业与原料基地一条龙的企业集团。如吉林市以吉林造纸厂为龙头,与地区12户造纸厂和3处林业基地实行了联合，向集团企业发展。据参加各种联合企业的不完全统计，新增产值13 087万元，新增利润1 484万元。

【全面质量管理】 1986年吉林省一轻工业系统普遍重视和强化了全面质量管理工作。省轻工业厅年初成立了质量管理处,长春、吉林等4个市局成立了质量管理科，许多企业设立了质量管理办公室。通过各种培训形式，培训质量管理干部、质量检查员700多人，提高了质量管理干部的素质，多数企业在向全员、全部门、全过程质量管理迈进。共同特点是：实行质量方针目标管理，使基础工作程序化、科学化；建立完善保证体系，使基础工作单位化、协调化；开展创优升级活动，使基础工作群众化；加强技术进步，使基础工作现代化。因而产品质量显著提高。重点产品质量稳定提高率，轻工业部考核的产品达到100%,比上年提高10%；省考核的产品达到100%,与上年持平。优质产品率由上年的26.51%提高到28%。吉林、石岘两个造纸厂生产的新闻纸，两次国家质量抽检，合格率均为100%,比全国平均水平高41%。辉南县味精厂生产的“口得福”味精在巴黎国际食品博览会上获得金牌，打破了50年代以来吉林省一轻工业产品没有国际金牌的历史。1986年，鹿牌沥青防水纸板、金龟牌粉状大豆分离蛋白等9种产品获轻工业部优质产品称号，思美德人参防皱蜜等85种产品获省优质产品称号，其中新评省优产品47个，重评省优产品38个。被评为轻工业部优秀管理企业1个，国家和部优秀ＱＣ小组3个，省优秀ＱＣ小组6个。吉林造纸厂获国家设备管理优秀单位和部优秀管理单位称号，石岘造纸厂获国家设备管理先进单位和部企业管理成效显著单位称号。

【基本建设和技术改造】 1986年，吉林省下达的一轻工业基建、技改项目共137个，计划投资31 081万元，比上年增加了61.48%。全年共完成固定资产投资26 316万元，为年计划的84.67%，比上年增长了63.84%。全年建成投产和交付使用项目共86项。资金落实数、完成的投资额和设计审查项目、竣工验收项目均是建国以来最多的一年。主要特点是：(1) 已完成的固定资产投资额中，基本建设项目为3 608万元，技术改造项目为22 708万元，基建与技改二者投资比例由1985年的1：1.18调整到1：6.29，技术改造项目增多，效益更好，一些老企业得以新生。如长春市嘉美制罐厂已有36年历史，技术改造中引进并安装了日本电子分色机、卧式联晒机、英国双色印铁机、意大利模塑瓶盖生产线，年产值往年不到500万元，增至720万元，利税由不足65万元增长到217万元，成为长春市一轻系统的盈利大户。(2) 用于生产性建设的投资25 353万元，占总投资的96.3%。非生产性建设比重仅3.7%。(3) 在国家和省下达计划的73个项目中，新开项目27个，只占项目总数的37%；续建项目46个，占项目总数的63%。(4) 占有优势地位的行业投资比重大，对食品工业投资13 270万元，占完成投资的50.4%，用于米、大豆资源和长白山野生资源的开发利用，扩大出口创汇产品、市场短缺产品、新产品上。对造纸行业投资8 045万元，占完成投资的30%。(5)大项目多，投资比较集中。全系统1 000万元以上项目共19个，计划投资1.6亿元，占全部投资的51.5%。在全省70个大项目中，一轻系统占11个。(6) 技术引进、利用外资、出口创汇项目较多：引进项目26个，占引进项目的19%；利用国外贷款项目8项，占全省同类项目总数的61.5%；利用外资款总额21.14万美元，占全省利用外资贷款总额的86%。

【新产品开发】 1986年，吉林省各地轻工业主管部门和企业普遍重视了新产品的开发。其特点：(1) 层层落实责任制。省与市、地轻工业厅、局落实计划，基层管理部门与企业落实任务，企业将研制任务落实到人，签订技术承包合同，一般与经济效益挂钩，奖罚分明。(2) 把开发山珍食品列为工作重点。上半年，省计委经委主任牵头，轻工业厅和4个市、州的有关局负责人参加成立了“长白山山珍食品技术开发”领导小组。开发重点由原先4个县扩展到9个县13个点，其中通化县为点中之点，均安排有研究单位与生产厂。重点开发山葡萄、草莓、山楂、山梨、花粉、山梅、玉竹、矿泉饮料等13个系列产品。(3) 普遍注重了发挥本企业的科技人员的作用，并积极与科研、大专院校进行技术协作联合。1986年，联合的科技项目110项。全年开发新产品340种，比上年增加88.9%。其中达到国内先进水平或填补国内空白产品31项，获吉林省优秀产品奖的24项，省科技进步奖6项；玉米黄酒获国家科技进步奖，甜菜育苗纸筒、甜菜高糖丰产栽培技术获国家科技攻关成果奖。

【企业利润下降】 1986年，吉林省一轻工业突出的问题是减利较普遍。主要原因是：

1. 原材料、动力提价。造纸用木材，于10月份起每立方米平均提价83元；白酒、酒精、淀粉生产用玉米每吨提价120元；啤酒用大麦平均每吨提价120元；化工原料纯碱平均每吨提价75元，烧碱平均每吨提价150元；能源中原煤平均每吨提价7.5元，电每度加价0.008元。轻工业所用原辅材料、燃料提价后，轻工产品价格原则上仍要保持稳定，因此，尽管在1986年产值比上年增加11.57%，税收增加14.18%，利润还是锐减。

2. 主要原材料缺口较大。制糖工业7个企业，年处理甜菜能力为120万吨。1986年计划种植甜菜113万亩，因种甜菜的的经济效益低于种玉米，甜菜只落实了75.4万亩，加之洪涝灾害，实际收购甜菜只有59.2万吨。甜菜糖度比正常年度降低2度左右，致使制糖行业全行业亏损。

国家对主要物资的供应逐步由计划分配转向市场调剂，1986年度吉林省一轻系统一些主要原材料缺口较大，如按产量计划，需通过计划外解决钢材1.6万吨、马口铁2 889吨、黑铁皮1 000吨、木材18.5万立方米、烧碱1.4万吨、纯碱2.6万吨、商品浆3.6万吨等等。有些企业的指导思想还未转到有计划商品经济的轨道上来，原材料组织不力，影响了正常开工。本年度糖、自行车零件、日用搪瓷、干电池、印铁制品等品种由于原材料供应不足而没有完成产量计划。

3. 企业开支过大。其中包括企业管理不善造成的损失浪费，名目繁多的各样摊派，加重了企业负担。

4. 部分企业素质较差，产品竞争力较弱，如白酒、灯泡、火柴、牙膏等一度市场趋于饱和，造成积压。

为扭转被动局面，吉林省各级轻工业主管部门采取了一系列积极措施：(一)一个企业一个企业地制定扭亏措施，并有责任制，积极组织实施。(二)积极发展经济效益好、产销对路的名、优、新产品，在材料和资金等方面予以保证，对一些质量不高、销路不畅的产品，予以停产和限产。(三)千方百计抓原料，保证生产正常进行。(四)抓好企业管理和挖潜、降低消耗、增收节支。(五)理顺产品价格，实行优质优价，并扩大销售队伍，增加销售网点。这些努力起到了积极作用，下半年企业经济效益有了明显好转。但减利因素超过了企业现有的消化能力，全系统 232 个预算内企业，盈利低于上年的有 116 个。亏损企业数由上年的10户，增到24户。亏损额1 106万元，比上年增加了721万元。这些企业除范家屯制糖厂外均为小型企业，其中市属企业 5 个、县属企业19个。

【思想政治工作研究会】 吉林省各地轻工业部门，普遍于1985年末和1986年初成立了思想政治工作研究会，多数企业建立了相应的组织。先后召开年会、研讨会、成果发表会42次，发表论文 469 篇，其中有89篇分别获得省局、市局、厂级优秀论文奖。

各级思想政治工作研究会，围绕经济建设这个中心开展了政工研究，取得一定成果，较好地发挥了各级党委的参谋助手作用。其主要特点是：

1．调查企业职工的思想现状，检查思想政治工作在改革中的作用。如四平市油脂化工厂，通过不记名答卷与开座谈会得到了许多有价值的数据和材料。如对精神文明建设的回答，103人答充满信心，79人答有信心，11人答信心不大，7人没有答。再如对最关心的问题的回答，124人答企业的生存发展，12人答关心子女的就业，36人答奖金，17人答住房。通过调查使厂领导认识到，企业离不开思想政治工作，重视和加强思想政治工作，是企业发展的重要保证，这是企业面临的新课题。

2．调查实行厂长负责制的新情况，理顺政治与业务的关系。普遍认为思想政治工作要围绕“三个一”来进行，即，一个权威——厂长责任制的权威；一个中心——以生产为中心；一个目标——生产经营目标。党的工作做到三不，即对生产指挥做到建议不决策、建议不干预，支持不拆台。

3．调查当前思想政治工作的现状，探索思想政治工作的新途径。吉林市长白山葡萄酒厂党委，为了适应政治工作由“帅位”转变到“服务”地位，通过调查研究认识到，这不是思想政治工作的“降位”，而是科学的“正位”。为此，厂党委针对职工思想的实际，在思想政治工作中坚持做到七结合：在工作的组织上，坚持健全机构与健全制度结合；在工作队伍建设上，坚持提高专业人员素质与培训基层骨干结合；在布置工作任务上，坚持计划目标与灵活安排结合；在对待工作对象上，坚持一般性与特殊性结合；在教育内容上，坚持讲道理与解决职工切身利益结合；在教育方法上，坚持灌输教育与形象教育结合；在调动职工积极性上，坚持思想教育与关心职工生活、工作、学习结合，保证了企业生产发展，1986年被吉林省人民政府命名为“六好企业”。

各地和企业还就目前职工思想的新特点，新规律，在经济体制改革中，政治体制如何改革等问题，都做了有效的探索，促进了思想政治工作的开展。

(沙永良　段　锐)

吉林省二轻工业

【概况】 1986年底，吉林省二轻系统共有企业 2 987 个，职工总数32万人。全年完成工业总产值25.2亿元，比上年的22.9亿元增长 10 %；销售收入27.2亿元，比上年的24.7亿元增长10.1%；实现利润 8 583 万元（不含区街），比上年的 8 022 万元（不含区街）增长7%，弥补历史亏损 2 600 万元；上缴税金18 894万元，比上年的17 853万元增长5.8%；全员劳动生产率为 8 482 元，比上年的 7 771 元提高9.1%。1986年全系统，在继续抓好职工文化补课、技术工人中高级培训和干部教育的同时，分别进行了局长及厂长的短期培训。全省各类二轻学校为企业输送合格毕业生比上年增加了一倍，办学条件有所改善。

全省二轻工业存在的主要问题：(一)亏损增加。1986年末亏损企业 196 户，亏损额 979 万元，均高于上年。(二)潜亏严重，全省二轻系统1980 年底潜亏 12 400万元，虽经“六五”期间的努力弥补了 6 500 万元，1986年国家财政部补贴了 500 万元，但由于同时又出现了新的亏损，潜亏总额有增无减；离退休职工5.1万人，1986年劳保福利费达 4 351 万元，占全系统年工资总额的19.5%。(三)产品竞争能力差，1986年末产成品资金达33 479万元，比年初的29 445万元增长13.7%，占年末定额流动资金实际占用额的37.3%。

1986年，吉林省二轻系统涌现出了 3 名吉林省特等劳动模范，及许多先进集体、模范人物。

全省二轻系统根据控制基本建设和更新改造投资规模的精神，技术改造项目比上年有所减少。完成技术改造项目42项，投资8 679万元，用汇1 249万美元；全省还安排了“星火计划”项目86个，各地本着投资少、见效快的原则，上了一批“短平快”的小项目。1986年，全省固定资产投资项目26项，新创产值1.7亿元，新增利润1 375万元，税金 924 万元。长春市洗衣机厂注意引进技术的消化吸收工作，使双桶洗衣机的年生产能力由设计时的20万台，当年提高到25万台，

主要产品产量完成情况

产　品	计量单位	1986年产量	1985年产量	1986年比1985年增减(%)
塑料制品	吨	53 765	45 266	18.8
洗衣机	台	342 500	241 979	41.5
日用精铝制品	吨	1 692.5	1 447	17.0
皮革(折牛皮)	万标张	64	49	30.6
皮鞋	万双	457	440	3.9
大型及专用衡器	台	1 431	1 209	18.4
家具	万件	134	131	2.3
民用镜	万面	125	139	－10.1
电熨斗	万个	13.4	9.5	41.1
铁锅	万口	86.8	67.5	28.6
锁	万把	758.7	610.3	24.3
台案秤	台	5 640	1 068	428.1
地毯	平方米	47 625.5	39 924	19.3
民用灯具	万支	20.3	9.6	111.5

1986年生产君子兰牌单双缸洗衣机共34万台，创产值1.2亿元，利税1 400万元，成为全省二轻工业的盈利首户，并被国家经委命名为全国技术改造全优先进单位。

1986年，全省二轻系统开展横向经济联合的已有243个企业，比上年增长84%，占工业企业总数的18.7%，与外省市达成联合协议和意向性协议有52项。在省内成立了吉林省洗衣机工业集团，还组织了一批企业为“一汽”进行协作配套生产。联合的方式开始向多种形式、不同层次发展，普遍把联合同技术改造，同引进技术的消化吸收，同开发新产品、调整产品结构，同质量管理结合起来。1986年，全省二轻系统联合企业新增产值2亿元，利润1700万元。

【深化改革】 1986年，吉林省二轻系统坚持落实经济承包责任制。1986年上半年，由于政策界限上没有划清，很多企业经济责任制合同没有兑现，加之工资套改后，活钱变死钱，挫伤了承包者的积极性。全省二轻系统实行经济责任制的企业由上年的93%一度下降到63%，严重地影响了生产的发展，多数企业利润水平大幅度下降，自1982年以来，首次出现了经济效益停滞不前的状态，1986年全系统实现利润3 975万元，比上年同期的3 966万元仅增长0.23%。针对这种情况，狠抓了全省经济工作会议制订的落实和完善经济责任制十六条规定的贯彻执行，坚持承包合同兑现，使中断承包的企业又重新恢复起来。到年终统计，实行承包的企业，已由上年的93%，增加到97%，经济承包责任制得到普遍落实，又被广泛接受。因而，下半年产值稳步增长，盈利额开始上升。在落实和完善承包责任制中，有40%的企业还实行了厂长任期目标责任制，增强了厂长的事业心和责任感，克服了当年红的思想，有力地促进了企业内部各种经济责任制的进一步落实。

推行租赁制。1986年，吉林省二轻系统部分企业按照资产所有权和经营权分离的原则，全系统已有47个企业实行租赁，在进一步扩大企业经营自主权，增强企业活力上进行了有益的探索。敦化市二轻系统有11个企业从1986年9月开始实行租赁经营，大致经过五个步骤：第一步，在充分调查和借鉴外地经验的基础上，做出推行租赁制工作的总体规划和部署。第二步，组成联合清理财产小组，把企业固定资产、流动资金，特别是多年虚盈实亏、历史损失等底数，一笔笔搞清楚。在清产核资基础上，确定租赁期限和逐年租金（参考租赁前3年平均利润和变化情况)。第三步，实行公开招标，面向社会，不拘一格，广招人才。由企业职工代表、有关专家组成考核委员会，对揭标者的能力、抵押财产、担保人等主要条件逐一进行分别考核，确定人选（多人揭标的则选出2—3人参加答辩)。第四步，凡参加答辩中标的租赁者，都要经职工代表大会正式选举，然后由上级主管部门任命，取得企业法人地位；承租者及担保人，财产当场抵押，进行法律公证。这是一个严肃的实行民主与法制的过程，彻底解决了民主选举中的形式主义。第五步，深化企业内部改革，实行层层承包。承租者上任后，都重订或修订了厂规厂法。改革厂内人事、用工、分配、福利制度，层层签订各项承包合同，经济责任制更加落实，彻底打破了大锅饭，进一步调动了全厂职工的积极性。实行租赁经营已取得了初步成效：

（一）一批人上了台，以厂为家，精心组织生产，企业面貌开始改变。据对21个企业的承租者结构分析：由原任厂长承租的11个，由原副厂长承租的2个，技术人员或一般干部承租的2个，本厂工人承租的2个，外来人员中标承租的4个。企业出现了生机。如敦化市造纸厂，从1978年起连续8年亏损。累计欠银行贷款125万元，全厂产不抵债153万元。从1980年1月17日起停产放假。承租前，厂领导要100万元维修厂房设备，方能恢复生产；租赁答辩时，只要10万元，用两个月恢复生产。9月20日本厂技术员高明全承租后，为赶在包装纸销售旺季前投入生产，他吃住在工厂，组织工人加班检修设备，仅用一个月时间、花了3.5万元，就使两台纸机全部恢复生产。10月份发出了十个月来的第一次工资。

（二）工人关心企业，自觉遵守纪律，积极为厂长搞活企业出力。

（三）经济效益明显提高。如敦化市二轻系统的11个租赁企业，1986年实现利润8.7万元。橡胶二厂1986

年承包利润5 000元，实现1万元，产值、利润都翻了一番。职工收入也增加了。金属容器厂在生产旺季月工资人均由120元提高到170元。

【新产品开发和提高产品质量】 1986年，吉林省二轻系统共开发新产品330种，比上年增长了75%，实现产值2.5亿元，利税3 000万元。其中：填补国内空白14种，省内空白59种，国内先进水平的31种，被轻工业部和省评为优秀新产品25种，完成科研项目11项。地处边陲山区的长白县二轻局，立足本县木材优势，通过联合与招聘，从上海和当地农民中引进各类人才37人，开发生产了钢琴音板等十几种新产品，使全县二轻工业扭亏为盈。

同时抓紧产品质量，名优产品均有增加。1986年省重点考核的12种产品质量稳定提高率为100%，省厅考核的50种产品质量稳定提高率为98%，省、省厅、各市、地、州考核250种产品质量稳定提高率为93.9%；省厅抽样检验117种产品，质量合格率为73%。经轻工业部检查批准，有衡器、洗衣机等4种产品发放了生产许可证。创优质名牌产品73种，比上年增长了8.4%；其中：部优9种，省优64种，优质品产值率为8%；有43个质量管理小组获各级优秀质量管理小组称号。有3个企业获省级质量管理奖，长春市衬衫厂获轻工业部授予的质量管理奖。各级质量管理部门，还重点抓了产品标准化工作，全省2 670个主要产品中，采用国际标准的占7.3%，执行国家和部颁标准的占36.5%，执行省级标准的占3%。产品标准化覆盖率为91%。

【活化资金】 1986年，吉林省二轻系统注意挖掘企业内部潜力，重点加强资金活化工作，当年全系统活化资金1.2亿元，减少银行利息960万元。上年初，全省二轻工业企业对扩大再生产普遍感到资金不足。省厅通过调查研究后，提出了“眼睛向内、挖掘潜力、活化资金、提高效益”的方针，主要通过加强产品销售、处理闲置的固定资产和积压物资，回收各种欠款（应收货款、职工欠款、其他应收款），压缩开支（企业管理费和车间经费、专用基金、非生产用工），降低消耗（原辅材料、能源），扩大职工集资入股等办法，重点对1985年底以前企业的各项经营活动进行清产核资，变死物为活钱，共回收各种欠款达5 664万元，销售积压产品3 432万元，处理闲置固定资产3 33万元。全系统从省厅到企业，一抓到底，采取了以下几项措施：

1．推广典型。1986年初省厅在榆树县召开了全省二轻系统活化资金现场会，总结推广了该县二轻的经验。榆树县扑克原纸厂1983年初，银行贷款高达365万元，占企业全部流动资金的90.4%，全年需支付利息26.4万元，企业包袱越来越重，造成连续三年亏损135万元，在这种情况下，他们采取“眼睛向内挖潜，活化资金增益”的措施，使企业发生了可喜的变化，1985年共节约回收挖潜资金172万元，实现利润92.8万元，比上年增长2.3倍。1986年又实现利润110.8万元。

2．把活化资金指标纳入经济承包合同中。省厅推广了浑江市二轻局的做法，1986年他们在与企业签订经济承包合同时，把活化资金作为主要指标，这样就把加强销售，减少资金占用，加速资金周转与企业全体职工的利益联系起来，调动了企业活化资金的积极性，全年共活化资金455万元，产成品库存比年初下降24.6%，定额流动资金周转天数比上年减少28天，利润比上年增长21.9%。

3．把活化资金作为加强企业管理的长期任务。1986年末，省厅对在资金管理上做出突出成绩的三个市县二轻局进行了表彰和奖励，他们普遍把活化资金作为加强企业管理的重点，不是边活化边积压、而是采取“停、限、增”的原则，即停止积压产品的生产，限制滞销产品的生产，增产适销对路产品，达到了增产增收的目的。

（郭顶权）

附：长春市一轻工业

【概况】 长春市一轻工业1986年所属企事业单位57个，职工22 066人，其中全民职工18 946人，集体职工3 120人，固定资产原值16 470万元，净值12 011万元。1986年原材料涨价近1800万元，并且缺口很大，仍然全面完成了各项经济指标：工业总产值为23 802万元，比上年20 884万元增长13.97%；实现利润1 640万元，比上年增长54.5%；上缴税金2 906.8万元，比上年下降12.8%，（主要原因是由于1986年税率变动以及减免税共301万元）完成销售额25 006万元，比上年提高15%。主要产品产量如下表

名　称	单位	1986年产量	比1985年±(%)
自行车	万辆	42.6	29.1
钟	万只	30.4	0.7
灯泡	万只	2288	2.7
搪瓷制品	吨	3757	－7.3
陶瓷制品	万件	1790	8.9
保温瓶	万个	447	8.4
机制纸及纸板	吨	13273	19.7
印铁制品	吨	1337	122.3
白酒	吨	8416	103.4
啤酒	吨	23703	103.0
汽水	万瓶	5543	98.4
蜂蜜	吨	3677	119.1
糖果	吨	2779	80.0

全员劳动生产率12 139元，比上年提高10%；流动资金周转天数149天，比上年加快2天；可比产品成本较上年提高7.8%；亏损企业3户，亏损额120万元；一年中全局开发研制新产品35项，创产值1 800万元，比上年下降68%，实现利润234万元，比上年下降60%（主要原因是上年联合生产的飞鸽牌自行车列入了新产品计划）。1986年全系统产品质量很大改观，重点产品质量稳定提高率达到100%。五型气压保温瓶、葆力啤酒、民用石英钟、防霜液面计等8个产品被评为吉林省优秀新产品，铜板纸、酸三色水果糖等11个产品被评为长春市优秀新产品。飞鸽牌28自行车、民用石英电子钟、长方型糖盒、搪瓷火锅、24cm洗手碗、气压保温瓶、长字牌果酒瓶、扭歌糖、果酱饴糖等9种产品被评为吉林省优质产品。全年出口额达到2 100万元，比上年1 050万元增长一倍，创汇564.5万元。

1986年有1 700名干部参加了正规化理论学习，119名干部文化水平提高到高中程度，派出170名干部、工程技术人员到国内、外各类院校学习，839名工人参加了中级技术培训。长春市轻工业学校、长春市一轻局技工学校的食品、轻工机械、工业发酵、家用电器、食品工业、硅酸盐6个专业向全省招生240人。科研工作也取得了新的成果，4个项目通过了省市鉴定，20个项目参加了吉林省科技成果展览。

【体制改革】 1986年长春市一轻企业体制改革有新的进展：

（一）用工制度。开始破除终身制和铁饭碗，有16个全民所有制企业中录用合同工554名。

（二）经济承包。在16个全民企业中，进行了13种不同形式的承包，年末实现承包利润1 640万元，超计划16.3%。9个企业推行滞销产品承包奖，8个企业推行原材料节约奖，7个企业推行紧俏物资采购奖，促进了销售，降低了消耗，加强了物质管理。

（三）在全民制企业中认真抓了厂长任期目标责任制。规定了厂长任期五年，党委书记任期三年，工会主席任期二年的任期年限，各企业围绕生产经营的主要方面，确定了任期目标。16个全民制企业成立了工厂管理委员会。长春市一轻局制定了厂长任期目标责任制考核细则，建立了任期目标考评册。

【横向联合】 1986年长春市一轻局大小联合项目79项，创产值7 525万元，占全局工业总产值的31.6%，比上年横向联合实现的产值增长了113.7%；实现利润771.5万元，占年利润总额的47%，比上年横向联合实现的利润增长63.8%。

1986年长春市一轻系统深化了联合，主要有4种形式：

（一）以名牌产品为龙头的联合体。有4个企业参加到名牌产品生产企业所组织的群体中，紧紧围绕生产名牌产品对企业管理、产品图纸、工艺装备、技术标准的要求进行全面整顿，在产品达到挂牌水平之后，同总厂实现统一计划、统一管理、统一标准、统一供应、统一销售、统一分成。这4个企业是：长春市陶瓷总厂参加了东北电瓷联合体；长春市自行车厂参加了天津飞鸽牌自行车联合体，长春市保温瓶厂参加了上海保温瓶联合体，长春市钟表厂参加了上海中国钟厂联合体。

（二）建立原材料基地联合体。面对工业不断发展，原材料供应日趋紧张的形势，一些企业开始着手建立原材料基地联合体。长春市第一食品厂，原有1 200吨奶粉与2 000吨罐头的生产能力，1986年又新上5 000吨罐头生产线，为了保证生产能顺利进行，先后同长春市农安县联合建立了5 000亩番茄基地，300亩黄瓜基地，并同吉林省双阳县、吉林农业大学农场、长春市二道河子区建立一个以各县区为主的原材料基地联合体。

（三）建立本地区行业联合体。1986年长春一轻系统充分利用自己的优势，努力向外地区幅射，积极组建了地区性联合体8个。

（四）其它形式的联合。全年还组成了6个生产与科研的联合体，两个资金联合体。也收到了较好的效果。

【技术改造、技术引进】 1986年长春市一轻系统技术改造项目共25项，总投资6 726万元，实际完成6 084万元，占计划的90.5%，其中新开项目9项，结转项目16项。已经投产见效项目9项，创产值2 000万元，占全局净增产值的70%，实现利润467万元，占增长利润的77%。改造后的企业生产手段、技术水平、生产能力、接近了国际水平，收到了明显的经济效益。长春市嘉美制罐厂改造前年利润一直在40万元左右，1986年从意大利引进的瓶盖机，铁皮利用率达到95%，比改造前提高10%；全年实现利润177万元，比改造前增长3倍多。

【销售工作】 注意市场，注意销售，这是近几年长春一轻系统始终抓住不放的重要措施。主要抓销售队伍建设，自销体系建设与政策鼓励3个环节。

在销售队伍建设上，到1986年末全局已拥有14个自负盈亏独立核算的销售机构，专业销售人员由30余人增加到416人。在自销体系建设上，几年来建立各种固定和经常性的自销网点400家，并在深圳参加了轻工业部组织的振华轻工企业有限公司，派出董事1人，常驻办事人员1人。在秦皇岛租赁了一栋6 500 m^2大厦，开办旅馆业务。1986年在长春、秦皇岛举行了大型的长春一轻名、优、新产品的展销定货洽谈会。

全国各地620多个单位到会参观订货，两次会议成交额达3 100万元。长春市钟表厂还以广州南方大厦为基地，经销关系扩散到各地区，每年销售木钟占全厂产量的60%。在政策鼓励上，主要是推行了销售承包责任制和滞销产品承包奖。1986年全系统84种主要产品，除5种滞销积压外79种都畅销或季节性畅销。

（王　宁）

长春市二轻工业

【概况】 1986年底统计，长春市二轻系统共有工业企业104个，其中全民企业15个，集体企业89个；在册职工37 180人，其中全民职工9 421人，集体职工27 759人。全年产值、销售收入、利税又创历史最好水平：完成工业总产值43 251万元，比1985年增长12.3%；其中，出口产值为2 462万元，比上年增长218%；工业净产值为12 418万元，比上年增长11.1%；实现利润3 181.7万元（不包括处理潜在损失），比上年增长14.7%；实现税金2 613万元，比上年增长15.6%；完成销售额51 510万元，比上年增长23.3%；资金周转天数为123天，比上年加快4天；全员劳动生产率为12 417元，比上年增长14.4%；可比产品成品率比1985年提高2.9%；亏损企业9户，比上年增加1户，亏损额为140.8万元，比上年增加54.8万元。

全系统1986年继续狠抓产品质量，开展产品创优活动，长春市洗衣机厂的君子兰牌新水流双桶洗衣机，市制革厂的大力牌黄牛正面革，市涤纶拉练厂的“CDL”螺转6.5mm拉锁，市西装厂的长进牌风雨衣以及市洗衣机厂君子兰牌单桶洗衣机（重评）、衡器厂的方向牌SGT-3型地上衡（重评）等6种产品又获轻工业部优质奖。长春市二轻局考核的36种产品中，可比的有33种，其中质量提高的6种，质量稳定的27种，稳定提高率为100%；由于占优质品产值较大的单缸洗衣机减少，因此优质品产值为6 147.9万元，比1985年减少2 967.5万元，优质品率为14.2%，比1985年降低9.4%。

1986年，完成1985年技术改造和技术引进结转项目7项，完成投资额1 055.8万元，土建竣工面积2 896平方米。引进技术设备项目所签约成交的4项，其中有刺绣工艺厂引进的意大利电脑行缝机，地毯厂引进的英国考贝尔簇绒地毯设备，扑克厂引进的联邦德国海德堡印刷机设备，塑料八厂的药棉棒生产设备；国内技术改造4项。上述8项总投资1 173万元，其中当年计划用款499.6万元，财务支出400.8万元，用汇40.3万元，实际完成工作量333.26万元，为年计划的66.7%。1986年有经济效益的14个项目，新增产值1 325万元，实现利润1 088万元，税金完成480.99万元。

主要产品产量完成情况

主要产品	计量单位	1986年产量	1985年产量	1986年比1985年度+(-)%
塑料制品	吨	8 974	8 394	6.9
洗衣机	万台	34	24.2	40.5
精铝制品	吨	1 491	1 225	21.7
大型及专用衡器	台	1 431	1 209	18.4
铁窗纱	万米	2	1.8	11.1
锁	万把	343	340	0.9
民用灯具	万只	20	9.6	8.3
皮鞋	万双	111	100.6	10.3
皮革	万张	12	8.6	39.5
算盘	万架	136	125	8.8
家具	万件	26	29.4	-11.6
拉链	万米	177	566	-68.8
地毯	万米	3.4	3	13.3

【新产品开发】 1986年，列为长春市二轻局、长春市、吉林省各级新产品试生产计划的41种中，长春市洗衣机厂的君子兰牌新水流双桶洗衣机，市眼镜厂的高档镀金金属眼镜、市工业刀片厂的硬质合金园锯片，省永安电机厂生产的洗涤、脱水微型电机以及针刺地毯，防紫外线大棚膜，大量限钢卷尺，高级装饰灯具等33种新产品投产，全年创产值14 066.11万元，利润1 366.74万元，税金540.11万元。其中仅君子兰牌双缸洗衣机就创产值9 908万元，占全系统工业总产值的22.9%，占新产品值的70.4%。市刺绣厂的喷绣制品，市皮鞋一厂的软腰胶粘皮鞋，市第二布鞋厂生产的升华牌PVC注塑发泡童鞋，市衡器厂的EDP-2 000M100型称重显示控制器，市铝制品厂的压力锅、电水壶等637个花色品种投产，创产值2 664.7万元，利税377.97万元。

1986年，完成重大科研成果5项，其中长春市衡器厂生产的电子汽车衡，市起重工具厂生产的HS型起重链条被评为轻工业部科技进步三等奖；长春市二电机厂耐磨铸铁的研制及YSI-80、120、160型水冷器，衡器厂的HSC电子汽车衡标准项目被评为长春市科技进步二等奖。

【企业改革与管理】 1986年，长春市二轻系统的改革工作向纵深发展，抓紧搞活企业这一中心，完善配套改革，较好地理顺了各方面的关系。有86个企业开展了企业内部多形式、多层次的经营承包，如纯利包干、综合指标承包、纯利润承包。部分企业还根据本企业的具体实际开展了销售、紧缺原材料采购、清理陈欠款承包，实行了原材料节约奖、节约能源单项奖等；

有69个企业同主管部门签定了全面的经济承包合同；推广了长春市榆树县皮革厂开展租赁制的经验，在长春市高压电器厂、硬铝厂、刀剪厂等3个微利企业进行了租赁制的试点；按照集体经济的特点，扩大集体企业职工集资入股，全年已达317万元；开展了劳动用工制度的改革，招收全民企业合同工450名；为解决集体企业技术人才缺乏的状况，在市铝制品厂进行了系统内技术职称评定及聘用制工作的试点。

改革促进了管理，企业素质普遍得到了提高。在完成了三年的企业整顿以后，市二轻局本着“巩固、消化、补充、完善”的方针，开始了企业升级起步工作，局及所属公司都制定了升级规划，开展了培训；按照轻工业部全面质量管理检查验收细则对部分企业进行了检查，达到优秀的15个，良好的14个，合格的35个。市洗衣机厂被评为全国技术进步优秀企业，市衬衫厂被评为轻工业部优秀质量管理企业。地毯厂洗毯车间QC小组等6个集体分别被评为轻工业部、吉林省、长春市的优秀QC小组。各企业积极开源节流、活化资金近2 000万元。长春市二轻局被评为吉林省二轻系统活化资金的先进单位。

【横向经济联合】 1986年，长春市二轻系统的横向经济联合在内容、形式、范围上都有所发展，初步形成了多形式、多层次、多方位的横向经济联合网络。据统计，有42个企业与98个单位开展了横向经济联合。其中，联产项目5个，联营项目3个，引进技术项目3个，工商工贸联合项目2个、加工网点77个等。跨地区、跨行业、跨不同所有制的吉林省洗衣机工业集团，于1986年10月26日通过章程，11月25日在长春正式成立。该集团以长春市洗衣机厂为龙头，在“自愿互利、双方受益、扬长避短、共同发展”的原则基础上组成的生产微电机、马达定时器和主要塑料件配套的联合企业，即由长春市洗衣机厂、吉林省永安电动工具厂、公主岭市微电机厂、长春市塑料彩印包装厂、长春市标牌厂、长春市日用电器厂、梨树县塑料厂、长春县市钢家具厂等8个紧密联合型企业；和吉林松源洗衣机厂、吉林市塑料二厂、四平市塑料一厂、辽源市塑料九厂、长春市塑料三厂、蛟河县塑料二厂等6个半紧密联合型企业，共14家组成。它们力图通过联合使该企业成为国内同行业中实力雄厚，竞争力强，产品水平高的现代化联合企业。

（刘铁钧）

黑龙江省

黑龙江省一轻工业

【概况】 1986年黑龙江省一轻工业系统共有企业648个，职工24.7万人。其中集体所有制企业145个，职工3.6万人。全民所有制企业全员劳动生产率12 659元，比上年的12 624元略有提高。全年完成工业总产值26.76亿元，比上年增长6.3%；净产值8.6亿元，增长7.6%。

制糖工业由于甜菜减产，1986年开机生产的22个糖厂，共加工甜菜286.7万吨，比上年少加工甜菜40万吨，少产糖3.1万吨，影响工业产值3 740万元。

全年实现利税共4.6亿元，比上年增长5.3%，其中税金2.9亿元，增长6%，利润1.7亿元，增长2%。亏损企业99户，比上年增加20户，亏损额4 365万元，比上年减少1 245万元，减亏22.2%。

列入产量计划考核的33个品种，超额完成计划的有17种，占51.5%，其中超过10%以上的有机制纸及纸板、乳制品、白酒、手表、合成洗涤剂、肥皂、精甘油、日用搪瓷制品、自来水笔、自行车零件、缝纫机零件等11个品种。

主要产品产量完成情况

主要产品	计量单位	1986年产量	1985年产量	1986年比1985年+(-)%
机制纸浆	吨	409 355	342 484	19.5
机制纸及纸板	吨	467 863	449 762	4.0
自行车	辆	160 008	91 421	75.0
手表	万只	58.5	50.2	16.5
木钟	万只	21.2	18.2	16.5
日用玻璃制品	吨	93 206	69 268	34.6
灯泡	万支	3 407.8	3 256.8	4.7
铅笔	万支	3 501.1	3 401.8	2.9
合成洗涤剂	吨	20 071	16 603	20.9
机制糖	吨	393 000	423 529	－7.2
乳制品	吨	59 927	47 227	26.9
罐头	吨	23 121	19 200	20.4
白酒	吨	176 100	148 332	18.7
啤酒	吨	395 700	365 841	8.2
果露酒	吨	28 000	26 551	5.5

1986年开发省内缺门的新产品、新品种161种，已有菠萝豆、黑加仑饮料、胡萝卜系列产品、强化婴儿奶粉、骨泥罐头、餐具洗涤剂、异型表壳、搪瓷成套烧锅、儿童车、高强度卷烟纸、妇女卫生巾等115种新产品投入批量生产，共创产值7 494.5万元，新产品产值率5.6%。

产品质量稳定提高。轻工业部考核的7种，比上年稳定上升的4种。评为优质产品的114种，其中获轻工业部优质产品称号的30种，黑龙江省级优质产品84种，优质产品率24.1%，优质产品的产值6.4亿元，比上年增加1.07亿元。

1986年轻工产品自销完成14.8亿元，比上年自销额11.49亿元增长28.8%，占轻工产品销售总额的58.2%，占全系统商品总值的69.7%，是历史上少有的一年。

轻工产品出口交货值首次突破一亿元大关，打破前几年出口交货值6 000万元左右的徘徊局面。全年出口产品26种，交货值11 427.8万元，创汇4 054万美元，交货值和创汇额均比上年增长72%。部份出口骨干品种增长幅度较大，新品种细尾毛比上年增加11 986公斤，增长4倍；奶粉比上年增加1 000吨，增长1.9倍；猪鬃增加了5 014箱，增长1倍；纸袋纸增加1 727吨，增长86%。瓦楞纸、罐头、甜炼乳、搪瓷制品、辅地砖等都有增加。

全系统用于增设教学设施、改善办学条件的投资300万元；在校生由上年的1 870人增加到2 200人，企业职工脱产上大学、上中专的2 100人，工程师考入刊授大学进修的203人。省轻工业厅举办全系统各类专业人员培训班13期，培训档案、人事、财务、纪检、企业管理等专业人员600名，对提高职工队伍素质和企业管理水平已见明显效果。

【经济联合】 据636个轻工企业统计，至1986年底已有125个企业实行不同形式的经济联合，占企业总数的19.7%，联合项目共168项，其中由省厅直接组织的82项，占48.8%，联合共创产值1.8亿元。在联合形式上又有新的突破，向四个方面转变：(一)由自发的联合向有组织的联合转变。1986年各地、市组织企业发展经济联合外，省轻工业厅4月份组织了一次规模较大的跨区域的横向经济联合活动，由省厅领导带队，组成有厅直属各专业公司，哈尔滨、齐齐哈尔两个市轻工业局及部分重点企业代表参加的经济联合代表团，去深圳、珠海两个特区和广州、江门、佛山三个市进行经济联合考察，签定意向性协议27项，其中引进技术10项，开发新产品10项，开发出口创汇产品7项。哈尔滨保温瓶厂引进广州市保温瓶厂的“红棉”牌气压式保温瓶生产技术，于5月28日就正式投产。省厅还与广东、宁夏两省区厅局为双方所属企业建立了对口经济联系，相互引进和输出技术。(二)由结对子联合向集团型转变。较大的企业集团型联合，有佳木斯造纸厂、北京市造纸包装工业公司等7家企业共同发起组成的“东方制浆造纸企业集团”；以沈阳啤酒厂的名优产品雪花牌啤酒为龙头，有黑龙江省牡丹江、绥化县、肇东县、东宁县、密山县、梅林县、绥芬河市、黑龙江省技术贸易开发总公司和吉林、内蒙、宁夏共13个单位组成的“沈阳啤酒联合公司”，于8月23日在哈尔滨市成立。以黑龙江省乳品机械总厂为龙头，组织国内各乳品机械厂参加的“乳品机械企业集团”，形成了全国范围的乳品机械工业的配套体系。(三)由引进输入向扩散输出转变。黑龙江省制糖工业公司组织红光糖厂向宁夏平罗糖厂输出制糖生产技术，由红光糖厂一名副厂长带领技术服务队，为平罗糖厂平衡设备，改进工艺，组织生产，取得了良好效果。同时省厅还与宁夏回族自治区轻纺工业厅签订了出售甜菜种籽、转让甜菜纸筒育苗移植栽培技术和新建青铜峡糖厂进行生产联营的意向性协议。牡丹江钢纸总厂与广东省佛山市造纸厂签订了共同兴建工业技术用纸生产线、与珠海特区第二轻工业公司共同兴建加工钢纸制品工厂的意向性协议。在省内以佳木斯市佳凤牌啤酒、哈尔滨市太阳岛牌啤酒、牡丹江市镜泊湖牌啤酒、齐齐哈尔市鹤乡牌啤酒质量为攻关目标的技术扩散型的松散联合群体，发挥4个中心城市生产名优产品厂家的技术优势，带动4个地区12家啤酒厂提高产品质量，增加经济效益。(四)由联牌生产向联合办厂转变。哈尔滨自行车工业公司与上海自行车三厂于1985年达成联牌生产凤凰牌自行车协议后，公司经过一年的全面技术改造，形成年产20万辆凤凰牌自行车生产能力，首批试生产的1 000辆凤凰牌自行车于1987年1月20日通过技术鉴定，开始定牌生产；同时哈尔滨自行车工业公司正式挂上“上海自行车三厂哈尔滨分厂”牌子，成为跨地区的联合企业。双城县儿童乳品厂与瑞士雀巢食品公司签定合资经营婴儿乳品的联合协议，吸引外资2 800万元。

【升级竞赛】 黑龙江省一轻工业系统从1984年起开展的以“指标升级增效益、质量升级创‘三优’、企业升级争先进”为内容的“三升级”竞赛，以行业为主，按不同行业确定竞赛指标、考评标准、企业升级档次(划分为一、二、三、四级企业，不足60分的为级外企业)，半年初评，年终总评，得总分最多者为行业第一名，获竞赛优胜流动奖杯，连续三年获优胜单位，奖杯永久保留。1986年参赛的有省厅直属的5个专业公司，15个行署、市轻工业局（公司）和制糖、造纸、乳品、啤酒、白酒、印刷、陶瓷、搪瓷、玻璃、日用化工、轻工机械等11个行业389个企业。经过逐级推荐，行业检评，全省总评，黑龙江省轻工业公司在省直5个专业公司中获第一名，哈尔滨市轻工业局居15个行署、市轻工业局（公司）之冠，佳木斯造纸厂、852造纸厂、牡丹江印刷总厂、齐齐哈尔糖厂、牡丹江啤酒厂、伊春市啤酒厂、鹤岗市白酒厂、哈尔滨白酒厂、讷河县老莱陶瓷厂、哈尔滨轻工机械厂、哈尔滨猪鬃工厂、拜泉县乳品厂等12个企业居全行业榜首，共14个单位被评为1986年“三升级”竞赛优胜单位，奖给流动奖杯，其中佳木斯造纸厂、牡丹江印刷总厂、齐齐哈尔糖厂、牡丹江啤酒厂、鹤岗白酒厂、讷河县老莱陶瓷厂等6个企业获“三连冠”优胜单位，奖杯永久保留。在参赛的389个企业中，评为一级企业的145个，占参赛企业总数的37.3%，比上年增加了31个企业。全系统有5个企业被评为全国轻工业系统单项先进企业称号，即：佳木斯造纸厂、齐齐哈尔乳品厂获设备管理优秀单位称号；佳木斯造纸厂、哈尔滨日用化学厂获质量管理优秀单位称号；牡丹江钢纸总厂、哈尔滨猪鬃工厂获企业管理优秀单位称号。

【生产建设】 1986年黑龙江省一轻系统共安排基本建设和技术改造项目43项，总投资2.18亿元，实际完成2.1亿元，为计划投资的96.3%。基本建设项目19个，比上年减少17.4%，其中新开项目5个，计划投资5 613万元，比上年减少43.9%，年末累计完成投资5 355万元，为计划投资额的95.4%，新增固定资产6 504万元。技术更新改造项目24个，安排投资16 184万元，实际完成15 689万元，为计划的96.9%。其中本年投资12 994万元（不含结构资金），比上年增加3 937万元，增加43.5%，新增固定资产10 357万元。截至本年底，已有19个建设改造项目竣工投产，投产率为44.2%，建设进度和完成情况都好于往年。新增生产能力主要有：食糖6万吨、啤酒3万吨、啤酒瓶2万吨、酒精8 700吨、纸张17 500吨、造纸回收碱1 000吨、合成洗涤剂4 000吨、火柴7万件。佳木斯造纸厂的3号纸机二期改造工程，已于10月23日全部竣工投产，新增生产能力1万吨，纸机达到了国际上80年代初期的装备水平。黑龙江造纸厂的碱回收改造工程，增加了静电除尘系统，与制浆形成了黑白两条生产线。从国外引进的冰淇淋、速溶豆粉、花样面包、啤酒罐装线和乳品机械系列设备生产线等均已投产见效。

【科技成就】 1986年黑龙江省一轻系统承担轻工业部和省的重大科研攻关项目78项，年内已有孕妇奶粉、啤酒酵母菌种选育、野生浆果剖析、提高黄酒质量、啤酒花优良品种选育、利用沼气提高白酒质量和产量、制鞋纸板工业化生产试验等23项拿出了科研成果，有的已转化为生产力。在新技术推广中，着眼于以应用量大面广、经济效益最佳为重点，推广10项重大新技术，都取得了显著效果。甜菜纸筒育苗移植栽培新技术，全省推广应用面积达11 200亩以上，平均亩产2.1吨，最高达到4吨，比直播甜菜亩产平均提高1倍。从国外引进、培育的“龙轻”16号啤酒酵母新菌种，已在21个啤酒厂推广应用，有7个啤酒厂已全部取代了老菌种，阿城县玉泉麦芽厂仅试验应用一年就为啤酒厂增产啤酒700吨，质量也有明显提高。在开拓新技术方面，从“六五”后两年开始引用微电子新技术，至1986年全系统已有58个企事业单位开展微机应用项目85个，微机总数160多台，主要应用于制糖、造纸、乳品、啤酒、玻璃制品等重点行业，其中应用于企业管理方面的占24%，用于生产过程控制的占76%。已经正式投入使用的微机应用项目40项，直接为企业创造经济效益800多万元（不含税金），并涌现出佳木斯造纸厂、牡丹江啤酒厂、绥滨啤酒厂、肇东糖厂等一批应用微机的先进企业。1986年，各级轻工业部门和企业还注意了技术市场的开拓，省轻工业厅组织4次较大型的技术市场交易活动，全系统提出参展的交易项目36项，企业提出难题招标项目42项，成交额77万元。这一活动有利于科技攻关，并为新技术转让和新技术交流开辟了广阔途径。

（金仕儒）

黑龙江省二轻工业

【概况】 黑龙江省二轻工业1986年有工业企业3 681个，其中国营企业101个，集体企业3 578个，中外合资企业2个。共有职工363 933人，其中全民所有制职工29 785人，集体所有制职工334 031人，中外合资企业职工117人。

1986年完成工业总产值300 093万元，比上年的271 257万元增长10.6%；实现利润16 602万元，比上年增长7.9%；完成销售收入263 000万元，比上年增长8.2%。在列入计划的主要产品中有46种的产量比上年增长20%以上，有23种产品比上年略有下降。

产品名称	计量单位	1986年产量	1985年产量	1986年比1985年增减%
皮鞋	万双	903.6	785.0	15.1
家具	万件	309.5	370.6	－16.5
冰刀	万副	17.5	17.2	1.7
木玩具	万元	156.8	20.8	653.8
塑料制品	吨	80 567.0	64 697.0	24.5
日用精铝制品	吨	2 964.0	2 579.0	14.9
不锈钢制品	万件	128.9	105.0	22.8
剪刀	万把	79.1	64.5	22.6
门锁	万把	54.9	32.1	71.0
铸铁锅	万口	169.4	133.9	26.5
拉链	万米	392.9	255.5	53.8
洗衣机	万台	6.9	20.1	－65.6
玉雕	万元	135.4	102.3	32.4
烟花炮竹	万元	1 158.0	724.2	59.9
眼镜	万副	2.8	0.9	211.1

1986年投产的新产品、新品种406种，比上年增加33%，其中有5种达到国际先进水平，有17种填补

了国内空白。有75种产品出口，比上年增加7种，出口额为8 680万元，比上年增长1倍多。

1986年创省优、部优和国优产品17 5种，比1985年增加6种，其中哈尔滨市抽纱厂生产的编结衣获国家银杯奖；齐齐哈尔市黑龙江制革厂生产的三环牌猪正面服装革、双鸭山市皮革鞋帽厂生产的连双牌牛皮线缝女皮鞋等14种产品获轻工业部优质产品奖。省服装公司设计的女装，在第52届巴黎女装博览会上获优秀作品二等奖。有14 0种产品获省优质产品奖。20种工艺美术产品获省百花奖。产品质量稳定提高率由1985年的89.8%提高到90.8%

从1980年到1986年全省二轻工业共引进改造项目350个，总投资近4亿元。“六五”期间引进的277个项目已经全部投产，1986年已有87项引进项目开始考察和洽谈，15项安装投产。共建成49条塑料加工生产线，8条服装生产线，8条板式家具生产线，1条电冰箱生产线。虽然设计能力还没有充分发挥，1986年已新增产值38 000万元，创利4 100万元。据工业普查统计，哈尔滨、齐齐哈尔、牡丹江、佳木斯4个市的二轻工业，已经更新改造的设备，占原有设备总数的48%以上。

职工教育有新进展。1986年省厅同各市县二轻工业主管部门签订了职工教育责任状，实行了奖励措施。全年全系统参加大专院校学习的人数有824人，超过计划的4%；参加中专和高中学习的职工有2 573人，超过计划的25%；培训各级各类干部8 000多人；培训中级技术工人16 000多人，已有4 000多人取得了中技培训合格证。对职工普遍进行了“四有”教育和法制教育，职工队伍素质有了进一步提高。

1986年黑龙江省委、省政府为了发展城镇集体经济，落实党对集体经济的政策，于9月16日制定了关于发展城镇集体经济若干问题的规定24条，进一步放宽了政策。1986年国家和省政府对二轻工业企业生产支农产品、军工产品造成经济损失的，给予退赔，共退回金额为1 620多万元。1986年全省二轻工业系统还有800多名集体干部转为国家干部，解决了多年没有解决的问题。

【试行股份制】 1986年黑龙江省二轻工业系统在部分集体企业中试行了不同形式的股份制。试点企业由年初35户增加到104户，绝大部分已经划股到人，年终分了红利。

1986年重点进行了全部财产股份制、新增财产股份制、现金入股股份制等厂内股份制的试点。(一)重点抓职工现金入股，扩大入股金额。由过去职工入股平均50～100元逐步增加到100～200元，个别企业达到300元。动员职工集资，作为浮动股份，定期退还。1986年全省二轻工业职工入股集资金额已由上年的2 500万元增加到3 460万元，这一年增加960万元。(二)将属于集体企业职工自己创造的积累或将新增积累（当年实现的利润），划分为集体股份，按职工的工龄长短、技术高低和贡献大小等3个条件为划分股份的主要依据，划股到人作为分红的依据。划给职工的股份，有效范围只限在厂内，不准转让、买卖、抵押或随意抽出，使用权和管理权均由企业控制。个别企业允许继承集体股份的20%，可继续参加分红，多数企业不准继承，职工调离工厂即行收回。

实行厂内股份制，完全采取企业自愿，经职工同意在有条件的企业进行，不强行试点，不搞一种模式。例如哈尔滨市二轻局就采取了多种形式的试验，既有全部财产股份制、部分财产股份制、社会集资股份制、中外合资的股份制，还有股份制和承包经营相配套、纵向横向股份相结合的多方位的多元化股份制形式。实行股份制的企业一般都认真清理了财产，划清了财产归属，划清国家股、联社股、企业股、集体股、合资股和个人股，制定划分集体股份的办法和企业股份制章程。然后召开股东大会或股东代表大会，通过企业股份制章程、利润分配方案和分红办法，宣布职工个人分得的集体股份数额，选举董事会和董事长，改革企业的领导体制。有的试点企业还增设了监察机构，成立了监事会，小企业选出监察人，对股份企业的经济活动进行监督。在选举董事会的同时，任命了企业的厂长（有的小厂由董事长兼任），实行厂长（经理）任期目标责任制，规定了任期的企业发展目标、经营目标、强化管理目标和兴办集体福利事业目标等等，推进了集体经济的发展。

通过股份制试点，起到了以下作用：(一)打破了过去单一的所有制形式，形成国家、联社、企业、集体、个人股份等多种股份的联合、使其更加适应商品经济发展和经济改革的需要。(二)提高了职工在企业中的经济地位，增强了职工的主人翁意识，有利于企业实行民主管理和群众监督。(三)改变了企业的领导体制和管理体系，使其适应经济改革的需要。(四)打破了过去单一的按劳分配的办法，实行按劳分配与按股分红相结合，对进一步调动和发挥职工潜在的积极性、智慧和创造力起到了积极作用。(五)扩大了职工入股集资金额，职工将消费资金投向生产，既缓解了部分企业资金紧张的状况，又减轻了市场的压力，对生产发展起到了积极作用。

目前，经济界和理论界对实行股份制的看法不一，如将集体积累划分给职工做股份是不是化公为私？划分给职工的股份只作为分红的依据有何意义？是实行“实股”好还是“虚股”好？是否可以转让、买卖、继承？等等问题，尚须进一步探索。

【推行租赁制】　1986年下半年，黑龙江二轻工业开始在各市县的集体企业中作租赁制的试点，到年末试点企业增加到49户。试行租赁经营的主要形式有：个人承租、集体承租、全员租赁以及企业间租赁。

目前，进行租赁经营试点的企业，大致有以下几种类型：（1）连年亏损，产不抵债，而未按破产处理的企业；（2）处于停产或半停产状态，有沉重的经济包袱，处于亏损边缘的微利企业；（3）长期无固定产品，生产方向不稳定，无力在短期内扭转落后局面的企业；（4）产品质次价高，缺乏竞争能力，企业内又无人能改善经营扭转亏损的企业；（5）领导班子无能或软弱涣散，长期不能改变落后面貌的企业；（6）虽有适销对路产品，但经营管理不善，盈利甚微，企业潜力未能充分发挥的企业等等。还计划在一些规模稍大的盈利企业进行租赁经营试点。

各试点企业的做法是，租赁程序分为4个阶段：(一)准备阶段。首先清理出租企业的财产，测算确定租金，制定公开招标的标底（选择承租人的条件和经营目标、租金等等），起草合同书，并组成对投标者的考评委员会。(二)公开招标。选择投标人，筛选出承租候选人，并让他们到企业考察，写出投标书。再经过对投标书审查和通过答辩，合格者即可当选为“租赁厂长”。(三)签订租赁合同。租赁期一般为3年。承租人要交一定的保证金或拿财产抵押，还要找两个保人担保，合同经公证部门公证，具有法律效力。(四)承租人进厂交接，清点财产。出租者还要作“扶上马，送一程”的工作，以保证租赁企业正常组织生产经营。

试行租赁的时间虽短，但效益明显。林口县二轻工业1986年有4家企业出租，3家经营形势开始好转，如朱家农具厂停产3年，欠债19万多元，出租后工人上班了，企业开始盈利。哈尔滨市前卫汽车修配厂出租给国营哈尔滨发动机制造公司，大厂承租了小厂，使汽车修配厂生产经营大扩展，职工技术水平迅速提高，过去不能修理进口车，现在就能修理了。

当前的问题是：有经营能力的承租人不一定能拿得起保证金，找得到保人；出现严重亏损时，承租人又无力赔偿全部经济损失；如何确定租赁企业的经营目标、租金和对原来企业的债权、债务的处理等，尚待进一步探索。

【实行厂长任期目标责任制】　1986年黑龙江二轻工业系统有764个企业实行了厂长任期目标责任制。在签订厂长任务书之前，各企业普遍清理了财产，然后经全厂职工充分讨论制订企业的发展目标，并将目标分解到各业务部门和车间班组，同时制订了一系列的实现企业发展目标和经营目标的保证体系。形成了以厂长为核心的行政指挥系统，使厂长对生产经营全面负责，处于中心地位，起到中心作用，同时建立目标管理控制体系、考核和奖励办法以及企业内部的信息反馈网络。实行这种办法有效地促进了生产的发展。1986年鸡西市二轻工业全面推行厂长任期目标制，完成工业产值3 715万元，比上年增长13.1%，实现利润293万元，比上年增长37.4%。

牡丹江市东安区的59户区街工业中有57户的厂长，同主管部门签订了3年任期目标合同。1986年完成头年任期目标的企业占80.7%，完成工业总产值2 009万元，比上年增长28.5%；实现利税总额294.2万元，比上年增长40.2%。对签标厂长的奖惩办法有3种形式：(一)根据工厂的实际情况，重定厂长工资。对达到任期目标的厂长，发给80～130元的岗位工资，当年达标成绩显著者优先考虑晋升一级工资，连续三年达标再考虑晋升一级工资。(二)按不同层次发给奖金。(三)根据区街工业的实际情况，为解除职工的后顾之忧，凡是实现厂长任期目标的企业，经考虑按人均40～70元提取社会保险基金，存入保险公司，做为职工退休开支。全年兑现合同，有46名厂长受奖，最高奖金超过2 000元，平均在1 000元左右。有11名厂长受罚，最多罚740元，平均罚款300多元。对3名未达到任期目标的厂长，预计1987年仍不可能达到的，已解聘免职，在企业内重新安排工作。

松花江地区二轻局进一步发展了厂长任期目标责任制。1986年实行了地区二轻局、各县二轻局和企业三级领导干部的任期目标责任制。分别立不同的目标，分层次进行奖励，完不成目标即自动辞职或接受处罚。1986年地区二轻局长和各县二轻局长都立了标，有122个企业实行了厂长任期目标责任制，其中有82个企业上了新产品，经济效益好于往年。1986年全地区二轻工业完成的产值比1985年增长15%，利润增长34.9%。他们的做法是：对三级领导干部分别制订了任期目标，实行系统目标管理，形成一个全系统的目标管理网络体系。1986年，各县二轻工业生产都有发展，还救活了方正县和宾县的二轻工业，这是全地区最困难的县份。实行领导干部任期目标责任制以后，方正县二轻局局长与2/3的干部深入基层帮助企业开发新产品，进行技术改造，1986年完成产值比上年增长27.1%，实现利润21.2万元比上年增长一倍多。宾县二轻局长首先在机关抓目标管理，将局长的指标分解，落实到人。然后又同22个企业订立3年任期目标责任状。局长全年在企业工作180多天，两名副局长200天以上，全县12个立标企业有9个发展了适销对路产品，2个停产企业重新恢复了生产，全年产值利润都创历史最好水平，该县二轻局长被松花江地区评为模范干部，县政府兑现政策，为局长邓少民晋升一级工资。

【横向经济联合有新进展】 1986年黑龙江二轻工业新增各种经济联合体203个，累计达到600多个，同省内外1 000多个企业开展了不同形式的联合。引进资金300多万元，解决木材8 000多立方米，通过联合还扩大厂房面积6万多平方米，增加技术人才和管理干部740多人。1986年新增产值11 000万元，利润1 029万元。

8月下旬，省二轻厅在哈尔滨市召开了二轻工业横向经济联合邀请会，邀请了北京、天津、上海、广东等10个省市的二轻厅局领导干部。省内各市县二轻局和企业同省内外110多个企业、科研部门、大专院校签订了各种合同、协议、意向书284项。其中组织联牌生产的32项，合作生产的123项，引进技术49项，转让技术46项，还有联合销售、物资协作等等。

哈尔滨市二轻系统以产品为龙头组成的42个集团式企业群体，生产发展快，经济效益明显。哈尔滨市铸管厂同双城、巴彦等5个县的24个企业联合生产上下水道铸铁管件，产品品种由108种增加到334种，产量由1 500吨增加到6 000吨，用户在总厂就可买到各种管件。哈尔滨市理发工具厂以获国家银质奖的产品冬羽牌电热毯为龙头，同市内以及呼兰、绥化的9家企业组成的冬羽电热器联营总厂，1986年的产量比上年增长40%多，盈利130万元。比上年增长30%以上。

佳木斯市二轻局按照“家家有联合，厂厂有靠山”的要求，提出在横向联合向“四大”靠拢，即向大企业、大城市、大专院校、大科研单位“攀高结贵”。1986年同省内外9所大专院校、7家科研单位建立了经济协作关系，引进12项新技术、合资经营2个项目，开发6种新产品。1986年新增产值648万元，新增利税114万元。

【室内装饰装修行业兴起】 室内装饰行业是一个亟待开发的新行业。1986年黑龙江省二轻厅受省政府的委托成立了室内装饰行业协会与室内装饰工业公司。公司分管系统内五金制品、木制家具和部分为室内装饰行业生产配套产品的企业。下属两个公司：一是同香港客商合资经营的龙港室内装饰工程公司，一是艺术装饰装修工程公司，这两公司共有职工120多人，其中工程技术人员22人。1986年共承包兰天宾馆餐厅、小天鹅饭店室外装饰、大庆东风宾馆和海拉尔宾馆翻修等6项工程，创产值507万元。实现利润96.7万元。

这个新兴行业发展很快。仅哈尔滨市就有30多家，有物资、纺织、建材、文教部门办的，还有个体户合伙经营的。其中比较大的9家，共有职工795人，其中技术人员71人，设备和工具大部分是引进的，有固定资产309万元，流动资金1 154万元，全年创产值1 217万元，实现利润211.7万元。

全省二轻系统中室内装饰配套的企业主要有51家，包括五金制品、家用电器、塑料制品、木制家具、工艺美术品、灯具、建材、不锈钢制品和厨房设备等行业，能为室内装饰生产配套产品400多种，但远远满足不了需要，一些较大的宾馆、饭店室内装饰工程所需要的材料和配套产品，仍有40～50%要从国外进口，和平村宾馆、北苑饭店等七、八处大型高级装饰仍由外商承包。

当前的主要问题：(一)没有一个权力部门统一管理室内装饰行业，省内生产的配套产品档次低、缺门多、不配套。特别是卫生洁具比进口的差距大。铝合金型材制品、厨房机械也亟待提高。(二)缺乏高水平的设计人员与现代化施工技术。(三)室内装饰行业是多行业的综合体，尚缺少各行业的进一步协作、配套和联合。

(李春阔)

附：哈尔滨市一轻工业

【概况】 1986年哈尔滨市一轻系统有企业102个，其中全民所有制企业38个，集体所有制企业64个，还有事业单位14个。全系统职工45 814人，其中工程技术人员1 405人，占职工总数的3.07%。固定资产原值33 452万元，净值22 054万元。全年工业总产值57 030万元，比上年增长12.42%。实现利税9048.9万元，比上年增长15.5%；其中利润3 044.9万元，比上年增长55.32%，税金6 004万元，比上年增长2.27%。上缴利润900万元，比上年增长17.5倍。亏损企业比上年减少2个，亏损额640万元，比上年减亏37.9%。全员劳动生产率12 643元，比上年增长11.8%。销售收入52 382.9万元，比上年增长19.34%。定额流动资金周转天数119天，比上年慢7.2天。出口创汇1 861万美元，比上年增长55.1%。全系统获省优以上的优质产品共24种，其中轻工业部优质产品8种。优质品产值率30%，比上年提高3.64%。在列入计划的44种产品中，有40种产品质量有所提高，质量稳定提高率为90.9%，比上年提高3.23%。

在与上年可比产品中，有40种产品产量增加，超计划的有22种。主要产品产量完成情况表见下页。

【改革】 1986年哈尔滨市一轻系统深化企业配套改革，取得了显著效果。

(一) 抓厂长负责制和经济责任制。全系统普遍推行了厂长负责制，并在关于实行厂长负责制有关几个

产品名称	计量单位	1986年产量	1985年产量	1986年比1985年±%
手表	万只	58.5	50.2	+ 16.5
灯泡	万只	1 570.5	1 750.5	− 10.3
轻工机械	台/吨	33/362	34/325.5	−3/+11.2
罐头	吨	6 067	6 146	− 1.3
铅笔	万支	35 011.4	34 017.9	+ 2.9
啤酒	吨	51 473	54 145	− 4.9
自行车	辆	155 373	87 599	+ 77.4
保温瓶	万个	158.9	123.7	+ 28.5
酒精(96°)	吨	32 447	22 151	+ 46.5
猪鬃成品	箱	8 433	4 853	+ 73.8
平板玻璃	重箱	570 901	273 086	+109.1
干电池	万只	6 016.5	5 900.4	+ 2.0
肥皂香皂	吨	18 991	16 116	+ 17.8
细尾毛	公斤	11 575	—	—
乳制品	吨	1 143	676	69.1

问题的规定中，明确了一些有关原则问题。总结推广了哈尔滨猪鬃二厂、哈尔滨酿酒厂等推行厂长负责制的经验。明确了厂长在企业的中心地位和党政工三者的关系。为了落实市轻工业局长任期目标，把推行经济责任制作为“牛鼻子”，按责权利结合原则，将全局任期目标沿纵横方向分解，形成了从局机关到各企业，从局长、处长到一般干部的纵横目标分解体系。四月初局长与38个国营企业厂长签定了经济责任状，把各项经济指标，特别是全年上交利润900万元的目标落实到每个企业中。各企业层层分解，将目标落实到每个班组、个人。同时，从局长开始，把目标分解到副局长、处长、副处长、一般干部，建立了落实任期目标的工作保证体系。黑龙江省合成洗涤剂厂、呼兰火柴厂、哈尔滨手表厂、哈尔滨白酒厂等单位实行了销售承包和多种形式的经济责任制，取得了明显的效果。由于全面推行经济责任制，全局有哈尔滨猪鬃二厂、哈尔滨中国酿酒厂、哈尔滨化工三厂、哈尔滨啤酒厂等企业实现了超利润目标，做到以丰补欠，保证了全局上交利润目标和其他各项计划的实现。

（二）改革管理体制。哈尔滨市轻工业局根据工作职能的转变，从实际出发，按照有领导、有步骤、分层次、先易后难的原则，对局属钟表公司、印刷公司、酿造公司、日化公司、玻陶公司、制笔公司进行了改革，解决了这些行政性公司转轨变形的问题。同时重新组建了局集体经济管理办公室，实行了集体企业统一管理，调整了组织机构，配备了管理干部技术干部，有利于集体经济发展。与1985年相比，集体经济产值增长9.5%，利润增长11.6%，税金增长1.6%，销售收入增长2.9%。

（三）改革干部制度。全系统建立了领导干部离任审计制度、干部评议制度及能上能下制度，打破了领导职务终身制。坚持“四化”标准，德才兼备，能者在位的原则。把改革意识强不强做为选拔干部的一个重要条件，调整了企业领导班子。经过调整，在各级领导班子中充实了一批改革意识强、勇于创新务实、开创新局面的干部。如哈尔滨猪鬃二厂厂长耿顺祥，坚持改革方向，勇于开拓进取，注重掌握国际市场变化，不断调整产品结构，大力增产细尾毛、马鬃尾、猪鬃和裘皮制品等出口产品，同时开发羽绒、饲料、猪鬃、地毯等新产品，使经济效益大幅度提高。1986年工厂实现利润720万元，比上年增长332.84%，出口创汇1 060万美元，比上年增长61.5%，被轻工业部授予企业管理优秀单位的称号。

（四）改革分配制度。针对企业工资调整后出现的新的“大锅饭”问题，在所属38个国营企业中实行了全额计件工资、超额计件工资、升级工资浮动、工资总额包干、单项承包奖等多种分配形式，做到死级活用，把部分工资浮动和奖金捆起来使用，调动了职工的积极性，对深化企业改革起到了积极作用。

【扭亏增盈】 1985年哈尔滨一轻系统利润计划完成不好，比1984年降低了45.2%。1986年初，轻工业局制定了落实上缴利润900万元目标的具体措施，建立了自上而下的经济责任制体系和工作保证体系，扭转了经济效益下降的被动局面，实现了生产效益的同步增长。

（一）重点抓了十几个盈亏大户。先后派13名局长、经济联络员到这些企业，派局总工程师挂帅的工作组进驻哈尔滨自行车厂、建立了生产协调会和“讲清楚”制度，强化生产调度指挥，集中解决了这些企业生产经营中的重大问题。经过上下努力，1986年亏损企业比上年减少2户，亏损额减少500万元，减亏48.5%。

（二）调整产品结构，开发新产品，增产适销对路产品。全年共完成四新产品598个，其中新产品38个，新品种40个。有303照相机快门、无固相冲洗剂、电池能量参数综合测试仪等7个产品填补了国内空白。有5项被授与哈尔滨市科技进步奖。新产品、新品种创产值5 257万元，利润743.76万元，产值率达9.39%，产值利润率22%，分别超年计划12.7%和20%。全年共完成重大科技革新项目195项，增加经剂效益263万元。

（三）狠抓提高质量、降低消耗，抓好质量管理定级升级工作。经过检查验收，全系统有14个企业达到质量管理二级水平，有4个企业达到三级水平。哈尔滨日用化学厂成为全系统第一个被评为轻工业部质量管理先进单位的企业。全系统ＱＣ小组发展到79个，其中被评为轻工业部优秀ＱＣ小组2个，市ＱＣ小组

8个。在1986年全国同行业质量评比中，有8个产品获满分或名列第一。在原材料消耗方面，市轻工业局制定了主要原材料消耗节约奖考核方案，加强对国营企业主要材料消耗的月份统计和分析，逐月对哈尔滨啤酒厂、哈尔滨白酒厂、哈尔滨酿酒厂、哈尔滨中国酿酒厂、哈尔滨龙滨酒厂等重点消耗大户进行检查。全系统主要原材料消耗比上年节约155万元，节约能源95.3万元。

（四）抓好供应、销售、物价等经营环节。轻工业供销部门利用各种渠道解决煤炭、燃料油、木材等缺口问题；组织企业参加国内大型订货会议8次，成交额18 000万元。同时组建了轻工业局联合销售办公室，实行联合销售和销售承包等办法，取得了明显效果。对物价调整，积极争取和落实啤酒优质优价政策；按国家物价政策调整了搪瓷制品、酒精、印铁制品、肥皂等15个品种的价格。

（五）加强企业管理，使企业素质有新的提高。在32个国营企业中深入推行了价值工程、目标管理等现代化管理方法、不断扩大应用范围。上半年，全系统有33项成果获省、市现代化管理成果奖，其中获省二等奖1个，省三等奖17个。全系统职工中完成中技、高中、中专教育的1 600人次，完成大专教育552人次，经过短期业务培训的7 177人次。为全系统1 078名技术人员评定、普升了专业技术职称。举办了外语微机应用、系统工程、全面质量管理、档案管理、装潢美术等培训班，有600多人次参加了学习。

【技术进步】 1986年，哈尔滨一轻系统对技术改造工作建立了项目目标责任制，采取了分层次、保重点的管理办法，加快了技术改造工作的进度。(一)把扶植出口创汇企业作为改造工作的重点。先后落实了哈尔滨松江罐头厂实罐车间、哈尔滨搪瓷厂烧锅、哈尔滨中国标准铅笔公司细笔芯、哈尔滨猪鬃工厂改造等4个出口创汇项目。(二)紧紧围绕开发新产品、新品种、改变产品结构、抓好技改工作。重点抓了哈尔滨松江罐头厂的冰淇淋、哈尔滨印刷一厂与哈尔滨印刷三厂的彩印、哈尔滨日用化学厂复合管牙膏等项目。(三)适应轻工市场变化快的特点，较快的上了硬脂酸、橡塑电缆料、高容量闪光灯、搪瓷卫生洁具等一批“短平快”项目。(四)成立了专门班子，集中精力抓了啤酒、酒精等千万元投资以上的大项目，以确保增强“七五”后期轻工生产的后劲。到1986年底，全局总计落实资金4 223万元，共完成技改项目36项，有12项结转到1987年。

【联营联合】 1986年初，哈尔滨市轻工业局与广州市轻工业局结为友好局，与各省、市、地区达成保温瓶、五加白酒等正式联合协议43项，意向项目35项，涉及产品品种37个。通过联合，全年增加产值3 000万元，利税900万元，外汇285万元。重点抓了哈尔滨猪鬃工厂与哈尔滨松江罐头厂联合，两个酿酒厂联合、五加白酒联产联销等。为建立出口创汇、原料基地、增加拳头产品优势创造了有利条件。这些联合体、企业集团正在成为哈尔滨市轻工行业今后发展的重要支柱。

1985年，哈尔滨市自行车与上海自行车三厂签定的联合生产凤凰牌自行车的协议，到1986年底，哈尔滨自行车厂对原自行车生产线、工艺等进行的全面改造基本完成，试制成功了凤凰牌自行车，并通过了技术鉴定。

1986年，哈尔滨市一轻工业横向联合又有新发展。哈尔滨酿酒厂和哈尔滨中国酿酒厂在互利互惠的前提下，自愿联合组建了哈尔滨酿酒总厂，开展了“五加白”优质酒的联产联销工作。哈尔滨猪鬃工厂和哈尔滨松江罐头厂，为了发挥企业出口产品的优势，制订了联合方案，联合的内容是组建哈尔滨市畜牧产品联合工业总公司，经营猪鬃、马尾、刷子、细尾毛、裘皮制品、羽绒制品、罐头、乳制品等产品，建立出口创汇基地。

（周剑涛　赵东奇）

哈尔滨市二轻工业

【概况】 1986年哈尔滨市二轻系统以改革为主旋律，克服原材料、能源、运输价格上调的困难，生产建设仍取得较大进展。全年完成工业总产值10.7亿元，比上年增长8.3%；利润指标完成8 147万元，比上年增长19.3%；销售收入98 175万元，比上年减少4.6%。到年末亏损企业27户，亏损额160万元，比上年末增加7户，增亏81.6万元。资金周转157天，比上年慢12天。上缴指标，全年完成各项财政收入1 000万元，比上年减少0.3%。

近年来，二轻局、公司、企业三级开展职工教育，接受培训的职工占职工总数的90.7%，全局现有职工院校19所，其中大专2所，中专3所，中技14所。截止1986年底，在青壮年中完成“双补”教育的占应补人数的95.6%；参加中、高等文化、技术、企业管理、专业知识学习的人数约占职工总数的10%，全系统从中等文化、技术专业学校毕业的有1 200多人；从高等院校毕业的有1 400多人。工程技术人员已有2 746人，占职工总数的2.29%，比1980年增加3倍；各种专业人员有1 940人。哈尔滨市二轻局认真办职工教育，进行智力投资，从1980年起，每年以全局管理费的15%作为教育费专款，一年大约60万元。广大职工的文化技术素质和科学管理水平不断提高，有力地促进了全局生产的发展。几年来，全系统创国家银质奖 4 个；获轻工业部优质奖29个；获黑龙江省优质产品奖 192 个与百花奖 21 个，获哈尔滨市新产品奖 1000 多个。

鉴于前一阶段哈尔滨市集体经济管理体制存在的种种弊端，市委、市政府于1986年12月25日决定，对全市集体经济管理机构进行了重大调整，主要是“一撤、二归、三建”：撤销了二轻局、乡镇企业局和区街工业处；归口实行行业管理；组建了市集体经济办公室。並指出，这样做的目的，就在于加强市对集体经济工作宏观上的全面规划和统一领导，加强行业管理，充实与强化区县的集体经济管理部门，以便从上到下地解决对集体和国营经济管理上的“两层皮”问题。根据上述精神，哈尔滨市二轻局将服装公司及所属49个企业归口移交市纺织工业局领导外，其余公司和373个企业交给了市轻工业局。于1969年 6 月在原市手工业管理局基础上组建的哈尔滨市二轻局，已完成了自己的历史使命。

【体制改革与横向联合】 哈尔滨市二轻局从1985年 2 月开始，在两户试点企业的基础上全面推行厂长负责制，经过 1 年多的时间，1986年已推行于174户企业。这些企业实行厂长负责制后 1 年，实现利润5300万元，比实行前的 1 年增长30％。

在推行厂长负责制的同时，全系统继续抓好经济承包工作，迅速提高全局的盈利水平。在不断总结几年来全局推行厂长任期目标责任制同完善经济承包责任制相结合的经验基础上，要求把厂长任职期间的目标，层层分解落实到车间、班组、人头，正确处理好国家、集体、个人三者关系，做到责、权、利相结合。全局结合厂长任期目标责任制，已有181户企业在内部实行各种形式不同的承包，1986年这些企业实现利润5 990万元，比上年增长18.4％，占全局实现利润总额的73.5％。

1986年哈尔滨市二轻系统的横向经济联合工作，结合本系统比较落后的现状，确定了南北大联合，东西大流通的指导思想，开始突破纵向封闭的链条和部门所有、条块分割的格局，形成了市局、公司、企业经济协作中三位一体，联产、联销、科协三个层次的站点结合的横向联合网络。截止1986年末，全局共组建了以局属 117 个企业为主的，有系统内外 284 个企业、院校科研单位参加，组建了以21个联营总厂为主的各种类型联合体131个。据1986年1—10月全市二轻系统统计，共完成工业总产值86 866 万元，比上年同期增长4％，实现利润6 621万元，比上年同期提高2.9％；而开展横向联合的局属117个企业完成工业总产值36 892万元，比上年同期增长16％，实现利润2 800万元，比上年同期增长5.6％。1986年在联合过程中通过各种渠道还解决资金1861万元，厂房1.74万平方米，设备 115 台套。在1986年初，全局系统召开联营联合工作经验交流会，总结推广了金属器皿一厂、灯具联营总厂、冬羽电热器联营厂、铸管联营总厂等13个单位的经验。全局根据局领导提出的“南北大联合、东西大流通、南花北移”的指导思想，和要组织上百人，在全国辐射 500 个市县的要求，为深入开展横向联合工作，在市政府的驻外地办事处，局都派人常驻，作为局的联络站。公司、企业把外市县、油田、林区、矿区、牧区等联合项目所涉及的单位做为联络点。现在已辐射25个省、市、自治区，28个大中小城市，110个县，驻在人员达116人，其中常驻25人。这些派驻人员仅半年时间，就提供经济技术、信息216项，並已达成协议 6 项，正在落实14项。

【新产品的开发】 1986年哈尔滨市二轻企业通过各种方法和渠道，开发了大量适销对路的新产品。全年共开发了10种新产品，150 种新品种，2 200 种新规格、新花色，创产值11 000 万元，创利润 840 万元。

在开发新产品中，各企业还充分依靠本市大专院校、大研究所、大工厂的力量。许多企业同大专院校搞联合，成果转让，聘请专家当顾问，开发了有发展前途的新产品，如 5 家塑料厂与市塑料研究所、哈尔滨工业大学组成的联合体，生产出24 000个热收塑套，创产值 114 万元，获利22万元。

引进设备、引进技术也是开发新产品的途径。如哈尔滨制革厂引进的片皮机，可片四层皮革，既保证了产品质量，又使得革率提高了一倍，同时也开发了猪皮苯胺革新产品，用该产品做的箱包深受用户欢迎。

【开辟新的销售渠道】 1986年是哈尔滨二轻销售工作困难较多的一年，由于1985年创销售额历史最高水平，因此销售任务面临着“高起点、高指标”的形势。更由于紧缩信贷，控制消费基金，加剧了供求变化，销售疲滞困难。全年的销售决策主要是：集中全力开拓自销领域，广泛建立全方位的自销体系，同时紧紧依靠商业合作系统的批发主干道，巩固本地市场，开拓新市场，广结网络。从产品流向分析，1—10份累计销售总额中，商业收购9 754万元，比上年同期增长5.82％；外贸收购2 060万元，比上年同期增长67.89％；工业内调7 580万元，比上年同期增长15.87％。而自销举足轻重，达66 872万元，占销售总额77.52％。局、公司、工厂，建立了多层次、多形式的销售网络。“党政工青一齐抓销售”，把销售工作当作“龙头”摆在首位，已初步取得可喜成效，并积累了一些经验。

依靠地方商业，充分发挥主干道的作用。以地方商业批发阵地为依托，不失时机地组织商业进行看样、选货、订货、补货。1986年邀请省、市30余家商业批发部门，组织了12次大型的专业对口签约定货会和补货会，为全局近200个生产小商品的厂家，创造了签约定货机会，全年总额达1.1亿元，为企业以销定产奠定了良好基础，取得了大批量、交货方便、回款快、周转灵的效果。

积极组织企业参加哈尔滨市举办的大型展销会。利用展销会阵地，宣传二轻产品，广交朋友，建立网络，扩大产品销售辐射能量。全年二轻局先后组织各公司300多个厂，2 000多人次参加了市政府举办的“冰雪节展销会”、“第七届工业展销会”、“庆祝哈尔滨解放四十周年展销会”等多次大型展销会，由于客户广、规模大、时间长、影响深，效益甚佳，通过展销，把二轻产品触角延伸到全国26个省、市、自治区，初步构成了遍及全国的销售网络。

按照二轻局提出的“面向三北，面向林矿牧区，开拓农村市场”的要求，首先以海拉尔为阵地，开辟了内蒙古自治区东部市场，以“哈尔滨二轻产品海拉尔展销会”的形式，组成了“展销大军”。事先通过呼伦贝尔各级报社、电台、电视台，广为宣传，使呼盟25万平方公里的4市9镇的草原牧区家喻户晓；连其毗邻的哲盟、伊盟、昭盟的客户，也闻迅从千里之外赶来赴会。仅3天即成交500万元，使二轻产品流入内蒙东部，从而与海拉尔、牙克石、扎兰、大兴安岭等林、牧、矿区的百货、针织、五金交电商业二、三级站及300多个零售网点，建立了购销关系。

开展横向产销联合，扩大产品辐射面。在向省外开拓方面，塑料十四厂利用“庆祝哈尔滨解放四十周年展销会”之机与丹东旅游工艺厂组成生产配套、联销的横向联合，并以部分产品返哈尔滨代销，使塑料十四厂重获生机。在西安，哈尔滨的一些产品如电褥子、汽化炉、人造革箱等已与“西北贸易中心”商定建立联合联销关系。器皿三厂生产的汽化炉，现已覆盖了西安至乌鲁木齐一带的市镇矿区牧区，成为千家万户必需的热门货，仅张掖市一个月就销售出1000多台。与重庆二轻局，互相交流产品。並在天津国际商场建立“哈尔滨二轻专柜”。

【开发信息资源】 近年来，全局各级领导通过实践逐步认识到当今社会已进入了信息时代，谁掌握了信息谁就掌握了主动权，不掌握信息就没有决策权和指挥权，因此都很重视信息工作。1986年共出刊《哈市二轻信息》120期，传递各方面重要信息360多条，其中有30条被市政府转发，有116条被中央、省、市报刊电台选用。这些信息受到了市委、市政府和省二轻厅领导的重视，一部分被市委、市政府领导作了重要批示，这对于上级决策部门掌握情况，推动全局生产经营和各项工作的发展，都起到了一定的作用。1986年局信息站被评为市先进单位。

为了把零星分散的信息迅速集中起来成为具有社会性的共同财富，全局建立了一个组织严密，高效率的信息网络。从1985年3月开始，经过了大量的组织工作，逐步形成了局、公司(总厂)、企业三级信息网。即局建立信息总站，公司（总厂）建立信息分站，企业设信息员。全局共建信息分站23个，专职兼职信息员415人。全局已形成4支骨干队伍：一是以局调研室为主的综合信息队伍；二是以供销处商情科为主的商情队伍；三是以情报研究所为主的科技信息队伍；四是以局工会、宣传部、团委为主的职工思想政治工作信息队伍。这4条线分别对口报送信息。这些信息专业性强，传播面广，作用大，效果好，很受领导特别是基层企业领导的重视。

全局信息系统的建立给企业普遍带来信息灵、决策快、经济效益高的新气象，整体观念有了加强，盲目生产引进与重复建设的现象有所克服。许多基层、领导干部都能亲自动手捕捉市场信息，指导生产经营，取得了可喜的成果。如哈尔滨体育用品厂，根据体育界的信息，了解到国家体委急需一批高档的蓝球架，工厂领导和科技人员立即去北京与国家体委进行商谈，获得大量国外资料，很快开始了试制工作，工厂仅仅几个月的时间就生产出国内首创的液压自动行走蓝球架，受到国家体委的称赞。到年末已创产值30万元，获利润4万元。

（宋春华）

上　海　市

上海市一轻工业

【概况】 1986年，上海市轻工业局系统共有工业企业362个，其中全民所有制企业292个，集体所有制企业65个，全民与集体联营企业4个，中外合资企业1个。另有合作社82个。年末职工总数25.35万人。1986年工业总产值93.71亿元，比1985年增长6.75%。全民工业企业全员劳动生产率37 162元，比1985年提高0.63%。

1986年，根据市场变化趋势，大力增产名优、紧俏产品，自行车、缝纫机、手表、洗衣粉、啤酒、搪瓷制品等分别比1985年增产3%至19%。调整了部分产品品种结构，如中高档和花色自行车生产436.89万辆，比1985年增加19%。有62种新产品投产，其中有永久牌高级轻便车4万辆、FB型家用缝纫机2万架，

主要产品产量完成情况

主要产品	计量单位	1986年产量	1985年产量	1986年比1985年+(-)%
纸及纸版	万吨	37.79	37.71	+0.2
啤酒	万吨	7.82	7.57	+3.3
味精	吨	4470	3890	+14.91
肥皂	万吨	9	8.85	+1.69
香精	吨	8076	6947	+26.1
香料	吨	5171	5284	-2.14
化妆品	万元	41637	34086	+22.15
牙膏	亿支	3.91	3.33	+17.42
自行车	万辆	811.01	697.13	+16.34
缝纫机	万架	328.11	320.13	+2.49
手表	万只	1200	1155	+3.9
钟	万只	608	570	+6.67
搪瓷制品	万吨	3.3	3.19	+4.43
保温瓶及胆	万个	1820	1548	+17.57
日用玻璃制品	万吨	17.44	16.89	+3.26
自来水笔	万支	8485	8066	+5.19
打字机	架	143845	132055	+8.92
感光胶片	万m^2	406.55	406.23	+0.08

等等。

产品质量稳定提高。主要工业产品质量稳定提高率为77.78％，比1985年提高12.38％；优质品产值19.77亿元，占工业总产值的比重达到21.1％，比1985年提高1.67％。1986年，永久牌26英吋自行车、凤凰牌26英吋自行车和春蕾（上海）牌SB1H型机械男表获国家银质奖；金雀牌电子秒表、上海牌黑白胶卷等37项，被评为全国轻工业优质产品；上海牌防酸牙膏、枫叶牌装饰板表层纸等32项，被评为上海市优质产品；飞鹿牌盼客欣果胶软糖、梅林牌回锅肉罐头等5项，被评为上海市优质食品；天鹅牌R2O型铁壳高性能电池、英雄牌110、120型手提式外文打字机等19项，被评为上海市工业赶超优质产品；白猫牌超浓缩合成洗衣粉、高纯铝箔、海达牌S 3-2机械女表等59项，被评为上海市轻工业局优良产品。全面质量管理进一步开展，中国版纸厂获全国轻工业优秀质量管理奖；上海协昌缝纫机厂、上海钻石手表厂获上海市质量管理奖；新华金笔厂、上海手表厂、上海儿童食品厂获上海市轻工业局质量管理奖。列入计划的12家企业通过全面质量管理验收。采用国际标准扩大到37项，制订企业标准150项、计量定级企业91家，其中钻石手表厂获一级计量合格证书，获二级计量合格证书企业60家，获三级计量合格证书企业30家。

加强基础工艺技术开发和新型材料开发，全年完成新产品170种，新品种630种，新花色1 450种，新包装250种。其中有电脑家用缝纫机、中外文电脑打字机、水下彩灯、工业X光胶片、食用干冰、无水柠檬酸、身份证反拍机等具有80年代初期国际先进水平和国内外市场热销的产品。有95种产品获上海市优秀新产品奖，其中，图形数字化仪、高镍合金眼镜架、海鸥牌SHY-1型闪光幻景投影仪等3种产品获一等奖。新产品开发的重点是智能化产品、特种自行车、服装加工线、新型食品和宾馆配套产品等五大门类。特种自行车开发了风载功率车、206型BMX运动车、三轮旅游车等新产品，服装加工线完成了第一阶段的攻关任务，开发了GC型三自动高速工业平缝机、双针平缝机、单针锁式钉裤带环机、多针链式缝纫机等；新型食品开发了大豆蛋白冰淇淋、微胶囊固体饮料等12种新产品；宾馆配套产品开发了吊平顶、卫生洁具、外墙清洗剂等。

1986年，完成科研项目31项，异型塑料仿木钟壳、红宝石牌手术刀等一批新的工艺技术和新的材料加工科研项目通过鉴定。1986年全局有13个项目获国家科技进步奖，有30个项目获上海市科技进步奖。

1986年完成的新技术推广项目，有微机自动控制抗蚀装饰氮化工艺应用等6项。计算机应用推广项目，完成了上海新型发酵厂工业锅炉控制系统等9项。

1986年，60项主要产品的能源、原材料消耗指标，以及30项市考核的消耗指标，都达到目标要求。万元产值综合耗能比1985年下降0.035吨标准煤，下降2.4％。综合能源消费弹性系数为0.16％。

1986年，全局全民所有制企业实现利润17.16亿元，比1985年下降5.37％；税金10.4亿元，比1985年增加1.23％；税利总额27.56亿元，比1985年下降3％。

1986年，完成基本建设及各类投资51 773万元，比1985年增加21.79％，新增固定资产32 597万元，比1985年增加16.38％。住宅建设竣工面积18.6万平方米，比1985年增加0.54万平方米。基本建设完成工作量14 067万元，技术改造完成工作量37 706万元，竣工252项，已验收83项。属于上海市重点引进、技术改造项目计划的49个项目全部竣工投产。

【产品出口】 1986年，上海轻工业产品出口有较大幅度的增长，全年出口交货总金额达到12.98亿元，创汇3.51亿美元，分别比1985年增长25％和21.8％，创造了历史最高水平。全局出口产品的企业有165家，占企业总数的45.55％；主要出口产品有200多种，其中创汇在1 000万美元以上的产品7种；产品出口到五大洲的100多个国家和地区。

在全局38种主要出口产品中，1986年出口量比1985年增长的有30种，占79％。

1986年出口较大幅度的增长，改变了上海轻工业产品出口多年来徘徊不前的局面。出口形势的转变，除了国际市场变化等因素外，主要是国家对出口采取了鼓励扶植政策，以及上海轻工业健全了出口生产体系，调整出口产品结构，扶植拳头产品和加强工贸联系等，适应了扩大出口的需要。

全局有出口基地企业9家，出口扩权企业13家。机电产品出口形成了以出口基地企业为龙头，出口扩权企业为骨干，一般出口企业为补充的三个层次。1986年全局机电产品出口交货金额5.99亿元，创汇1.62亿美元，比1985年增长33.4%，其中出口基地企业和出口扩权企业的出口交货金额5.38亿元，占总金额的89.8%，增长率为34.22%，高于平均水平。各出口基地企业都建立了以厂长为首的负责出口产品生产经营的机构，协调出口产品的生产和经营。

上海轻工业1986年加速调整出口产品结构，开拓新的市场。在手表出口中，增加了女表和镀金表的比重，出口女表165.3万只，镀金表29.7万只，分别比1985年增长1.35倍和4.2倍，占手表出口量的49.73%和8.91%；在照相机出口中，DF、KJ、X-300型等135型照相机出口量比1985年增长1.42倍；发展非烧器类搪瓷制品，搪瓷制品已进入美国、澳大利亚、新西兰、波兰等国家，上海不锈钢器皿厂研制并小批量生产贴花装饰不锈钢器皿和不锈钢复铝锅，1986年出口交货金额比上年增长近一倍，产品从销往东南亚和港澳地区扩大到欧美市场；上海自行车三厂按照国际流行款式，研制成功8个自行车新品种，其中27英寸6飞12速运动车、铝合金轻便车等，采用国际流行的亚光黑涂料和镀黑铬闸把，1986年出口2万辆，上海的自行车开始进入联邦德国及南美国家；上海牙膏厂的美加净牙膏发展了新品种，形成列系，连续二年在联合国非洲救济招标时中标，1986年出口1.05万罗；上海油墨厂的牡丹牌印刷油墨质量已达到美国标准，1986年进入美国市场，外商已向工厂订货到1988年。

1986年，有一批技术引进和技术改造项目投产，扩大了出口。上海自行车三厂引进的自行车喷漆线和车架多咀焊接机投入生产，使出口自行车质量显著提高；上海玻璃器皿一厂引进铅晶质玻璃器皿生产线，生产出质量较高的成品，其透光度与法国产品不相上下，1986年有4万件进入澳大利亚市场。一批出口产品的重点项目正在建设中。

1986年增强了工贸联系，多渠道多形式组织轻工产品出口。在扩大轻工产品出口的同时，还开展来料加工、补偿贸易、合资经营等，以多种渠道和多种形式增加出口。并积极筹组自行车、钟表等工贸联营的进出口公司。

【发展横向联合，扩大名优产品生产】　到1986年底，上海市轻工业局系统13个大行业同19个省和2个部建立的各种形式的经济联合体共有330个。开展横向经济联合的单位也从生产轻工产品的工厂，发展到轻工机械制造企业、建筑企业、供销企业和科研单位。联合的内容以工艺协作、零部件生产、原料生产、定牌生产、发展到联合生产、联合经营、联合销售和出口商品的生产、经营，以及商业和服务性行业。联合的对象从乡镇工业、区县工业、大中型工业企业，发展到同商业、外贸企业的联合。1986年联营生产产品的产值已达到7.68亿元，比1985年猛增74.32%，已占全局工业总产值的8.19%。同1980年相比，增加87.3倍。通过横向经济联合，扩大了名牌、优质产品和紧俏商品的生产，向市场提供了更多的轻工业名牌、优质产品，同时也使工厂能腾出场地、设备，调整产品结构，扩大新产品和出口产品的生产。如自行车，1986年联营产量达到198.05万辆，比1985年增长一倍以上，占上海名牌自行车总产量的24.42%，大大丰富了市场，减轻了市场对名牌自行车的压力，并使上海的自行车生产企业能腾出力量来，调整产品结构，增产了中高档和花色自行车70万辆，自行车出口量也增加31.25万辆，比1985年增长28.4%。不少企业通过横向经济联合，把一些传统产品转移到联营企业生产，为本厂调整产品结构创造了有利条件，加速了新产品的投产，推进了轻工产品的升级换代。横向经济联合的迅速发展，也为上海轻工业进行技术改造创造了必要的条件。

【行政性公司的改革】　上海市轻工业局系统的行政性公司，大多数是在1956年前后，为适应社会主义改造和高度集中的经济体制而建立起来的。

上海市轻工业局系统行政公司的体制改革工作，从1986年起，通过调查研究，制订规划，在统一思想认识的基础上，分步实施各阶段的改革目标。为保证行政公司改革的顺利进行，局制定了公司改革的程序网络图，统一了改革工作的程序和具体步骤。行政性公司的体制改革，是在明确上交政府行政管理职能和下放企业经营管理权限的前提下，根据各个行业的不同情况，采取不同的方式，具体实施的。

全局有13个行政性公司，1986年9月3日，上海市自行车公司首先宣布撤销。到12月24日为止，上海市缝纫机公司、上海市电影照相器材工业公司、上海市日用化学工业公司、上海市钟表工业公司、上海市玻璃制品工业公司、上海市包装装潢工业公司、上海市轻工业装备公司、上海市木材工业公司、上海市食品工业公司、上海市制笔工业公司、上海市搪瓷保温瓶工业公司等11个公司先后撤销，上海市造纸工业公司改建成为企业性的上海造纸公司。原有的一个企业性的上海市轻工业建筑工程公司并入了新建的企业性的上海市轻工业技术咨询工程承包公司。至此，上海市轻工业局系统的行政性公司全部解体。

为加强对重点企业的管理，在行政性公司解体的同时，将上海照相机总厂、上海感光胶片总厂、上海自行车厂、上海自行车三厂、上海手表厂、上海钟厂、上海缝纫机一厂、协昌缝纫机厂、上海制皂厂、上海牙膏厂、英雄金笔厂、新华金笔厂、上海梅林罐头食品厂、天厨味精厂、上海高压容器厂等15个重点企业，列为局的单列企业，由局进行重点管理。

在行政性公司撤销后，在局内设立了过渡性的各行业管理处。原行政性公司的部分行政管理职能，按业务内容，转移到局的各业务处室；原行政性公司承担的某些社会职能，凡能转移出去的就转移出去，如职工住宅建设工作转移给上海市轻工业住宅建设经营公司，现在还无法转移的，暂时仍由各行业管理处进行管理，在条件成熟时再转移出去；属于企业的经营管理权限，都下放给企业。各行业管理处的主要职能，一是研究和编制行业规划和进行生产协调等行业管理职能。二是负责行业的统计、财务、劳动工资等业务的综合工作职能。其行业管理职能将为今后组建大行业管理创造条件，其综合工作职能，只是保留通道，将随着改革的深化而逐步转移。

原由各行政性公司兴办的经营服务单位，区别不同情况，有的予以保留，有的加强，有的进行改建。在原材料供应、产品销售、工程设计、技术开发等方面，继续为各企业提供服务。这些行业性的经营服务单位与工厂是经济伙伴关系。

1986年下半年开始进行并基本完成的行政性公司改革，促进了生产的发展。横向经济联合更快地发展，出现了跨部门、跨地区的企业集团。局的行政管理也开始逐步从直接管理向间接管理转变。

【组建企业集团】　上海市轻工业局系统在撤销了行政性公司以后，开始组建企业集团。1986年组建的跨部门、跨地区的企业集团，主要有永久自行车企业集团、凤凰自行车（集团）公司、天厨味精集团联合体等。这些企业集团均以名牌产品和主体厂为依据，实行紧密的或松散的联合。在国家计划指导下，进行商品生产，通过联合，充分发挥名牌产品的优势，利用主体厂技术，普遍提高企业集团内各厂工艺技术水平和管理水平，增加名牌产品产量，提高质量，开展多种经营，增强竞争能力和取得更大的经济效益。

永久自行车企业集团，以上海自行车厂为主体，由上海自行车厂各联营分厂、定牌整车厂、挂牌零件分厂和配套件厂等，直接或间接为本集团提供各种服务的企业和上海交电批发公司组成，于1986年12月1日成立，基本成员有上海、江苏、山东、陕西、湖北、安徽等六省市的14个单位，职工总数22 000人。1986年共生产永久牌自行车440.81万辆，其中主体厂上海自行车厂生产289.29万辆，集团内其他企业生产151.52万辆。集团的工业总产值超过8.5亿元。永久自行车企业集团用法律与经济手段协调集团内成员之间的关系，集团成员之间一切生产经营活动，均通过合同或协议形式进行。

凤凰自行车（集团）公司，以上海自行车三厂为主体厂，由上海自行车三厂各分厂、联营厂、定牌整车厂、配套厂、零件加工厂等组成，于1986年12月9日成立，其成员有上海、浙江、江苏、安徽、江西、山东、湖北、河北、山西、黑龙江、新疆等十一个省、市、自治区的21个单位，职工总数27 800人。1986年共生产凤凰牌自行车335.56万辆，其中主体厂上海自行车三厂生产289.03万辆，集团内其他企业生产46.53万辆。集团的工业总产值9.47亿元，税利2.67亿元。凤凰自行车（集团）公司实行理事会领导下总经理负责制，在集团内统一计划、协调配件供应、联合经营销售，以及产品的工艺技术、产品质量和技术检验的协调工作。

天厨味精集团联合体，以上海天厨味精厂为主体厂，由上海、江苏、浙江等三省市的16家味精厂、原辅料厂、商业经营单位等组成，于1986年12月23日成立。集团联合体的成员中，有全民所有制企业，也有集体所有制企业。是一个多层次、多形式的经济联合体。天厨味精集团联合体在不改变各成员单位法人地位的基础上，实行互惠互利，在联合体内进行计划调节，生产经营上采用以销定产的方式，发挥各自优势，组织联合生产。集团的成员厂生产的味精成品，达到了上海味精厂佛手牌味精质量标准的，就以佛手牌包装出厂；成员厂生产的半成品或符合佛手牌味精质量标准的粗粉，由上海味精厂加工成佛手牌味精。集团联合体内的工商之间，组织味精的联合销售。通过联合生产和联合销售，推动联合体内各厂的技术进步，加速味精和氨基酸系列产品发展，扩大名牌产品的产量和销售量，提高集团联合体内各成员单位的经济效益。

（张志龙）

上海市二轻工业

【概况】　1986年，上海二轻系统年末企业数为613个，其中，国营企业328个，集体企业282个，中外合资企业3个；年末职工人数为242 407人，其中，国营企业为128 125个，集体企业为114 282人，全局完成工业总产值70.49亿元，比1985年增长1.2%；实现税利总额12.65亿元，比1985年下降13.6%，其中，实现利润为9.01亿元，比1985年下降17.1%。1986年，上海二轻系统全员劳动生产率达到2.92万元，比1985年提高1.9%。

主要产品产量完成情况

产品名称	计量单位	1986年产量	比上年增长（%）
地毯	万平方米	16.58	8.9
童车	万辆	176.01	27.7
长毛绒玩具	万元	1 949.9	8.0
塑料玩具	万元	5 260.7	18.9
铝合金门窗	平方米	21.697	49.7
洗衣机	万台	54.26	54.5
电冰箱	台	39.034	115.8
成套家具	套	42.002	－13.3
钢琴	架	7.500	20.0
皮鞋	万双	1 707.77	7.3
其中：运动鞋	万双	375.12	0.9
手提箱	万只	134.5	20.2
聚氯乙烯硬片	吨	7 282.2	33.2
聚胺脂泡沫	吨	6 617.6	4.2
塑料周转箱	万只	207.6	12.0
电饭锅	万只	8.96	23.9
电动剃须刀	万把	107.54	39.2
锁具	万把	6 603.24	12.1
电风扇	万台	95.07	18.8
不锈钢制品	万件	1 809.24	51.3

全局调整产品结构，增产紧俏适销产品。35个重点产品落实增产措施后完成产值16.61亿元，比上年增长14.9%；日用小商品生产继续受到重视，完成产值17.6亿元，比上年增长9.3%，基本保证了市场供应。

根据国务院和市政府的有关指示精神，二轻系统的服装公司成建制划归纺织系统的管理体制改革工作，也于年末顺利完成。

一年来，上海二轻系统新建联营企业91个。到年底，全局已建立各种经济联合体405个。联营企业完成产值8.37亿元，比上年增长62.0%，净增产值3.18亿元。

1986年，举办厂长和安全干部的安全教育轮训班，接受培训的厂长达到全局厂长总人数的95%；到年底，全局重大工伤事故比1985年下降7.5%，因工死亡事故下降57%。

1986年，上海二轻系统局、公司（行业）和企业三级共同筹集资金948万元，为115户企业新建或改善了职工食堂79个，浴室72个，更衣室69个，医务室25个，托儿所27个，厕所37个；资助186户企业达到了上海市规定的职工生活设施最低标准。全年为上下班路程较远的2 548名职工做好调动工作单位或调换住房的工作。一年来，陆续竣工的职工住宅达12.14万平方米，4 000多户职工乔迁新居。

1986年，上海二轻系统参加各类文化、技术培训的职工达到1.36万人次，其中各级管理干部8 358人次，占61.5%。局各级各类学校毕业学生1 265人，招收新生1 832人。340名厂长参加了国家组织的企业领导干部统一考试，成绩合格率达到90%以上，比1985年增加4倍多。

【改革行政性公司】 上海二轻系统行政性公司改革工作于1986年7月起步。到年底，全局原有12个工业公司（除服装公司）初步完成了改革。改革的基本要求是：政企责职分开，增强企业活力；形成产品集团，提高经济效益；促进行业发展，壮大集体经济。具体采取“由点到面、先易后难、成熟一个、改革一个”的方法，和“多数撤销、少数完善、个别转性”的方式。

12个公司中，先后撤销了日用五金、建筑五金、工具设备、塑料制品、文教用品、家具、照明灯具、家用电器、工艺美术等9家。公司撤销后，为妥善解决企业小、数量多、局直接管理一时无法承受的困难，在局内暂设基层工作处和行业管理处两个临时过渡机构，分别承担部分原由公司担任的党政工作。这一做法保证了体制改革和经济工作破立结合、不断不乱。

上海二轻系统1979年经国务院批准成立的“工贸合一”的玩具进出口公司，和1980年组建的公司级的华生电扇总厂，都是具备了从事生产经营活动权力和能力的经济实体，是拥有独立的资产，实行独立核算，自负盈亏，具有法人资格的企业性公司，因此，继续保留，摆脱承袭行政性公司管理模式的影响，进一步向企业性公司方向发展。

上海皮革工业是由制革、制鞋、制件三个自然行业为主体，另有皮革化工、皮革配件等企业为辅助组成的传统工业。长期来，已形成了从生皮毛坯制革再深度加工成各种制品的专业化协作配套体系，内在联系十分紧密，全行业生产所需的主要原辅材料90%由公司组织供应，产品销售上也需要发挥联合经营的优势。因此，对原行政性的上海市皮革制品公司采取了直接转为企业性公司的改革方式。转变性质后的上海皮革公司具有法人地位，所属企业同时保留法人资格；财政结算到公司，内部考核到工厂；公司实行经理负责制，同时成立管理委员会协助经理决策重大问题。

【扩大出口，多创外汇】 1986年，上海二轻工业出口生产摆脱了连续4年徘徊的局面，全年完成出口生产总值18.90亿元，比1985年增长14.9%；完成出口交货总值16.84亿元，比上年增长15.9%；出口创汇约5.08亿美元，增长15.0%。

长期来，上海二轻局出口创汇在全国二轻系统经常名列前茅；在上海市各工业局中，也仅次于纺织系统而位居第二。上海二轻发展出口生产具有一定的优势：(一)出口生产企业多。1986年直接承担出口生产任务的企业有326户。占全局企业总数的一半以上，年出口创汇在100万美元以上的企业就有142个；(二)大宗出口产品多，常年出口的大类产品有300多个，其中年创汇在500万美元以上的产品有14个，100万至500万美元的有50个，出口回旋余地大；(三)换汇成本比较低，“六五”期间的平均换汇成本为3.30元换1美元，1986年，玩具、工艺美术品、皮革制品、文教用品等大类产品的平均换汇成本，仍低于或接近国家规定的汇率；(四)出口产品销售地区比较广，从主销港澳地区和东南亚一带，逐步扩展到北美、西欧、大洋洲、非洲等130多个国家和地区，从主销第三世界国家，逐步发展到主销工业发达国家；(五)工业基础比较好，管理水平、技术水平、出口竞争能力和综合经济效益在全国同行业中居领先地位。前几年上海二轻系统有19个产品在国际上获奖。1986年，上海皮革服装厂的绵羊皮男式茄克衫，在民主德国“莱比锡秋季国际博览会”上，获金质奖。这是我国皮革制品在国际比赛中获得的第一块金牌。一年来，又有液化气体炉、电咖啡壶、打气炉等10多个新产品，通过外贸部门积极试销，开始进入国际市场。

附表：

各公司（行业）出口生产完成情况

单位：万元

单位	出口生产总值		出口交货总值	
	1986年完成数	比1985年增长（%）	1986年完成数	比1985年增长（%）
全局合计	188 957	14.9	168 441	15.9
工艺美术	15 801	32.1	13 222	27.9
玩具	8 023	12.5	8 413	24.7
工具设备	5 078	49.1	5 292	59.0
建筑五金	6 737	9.9	6 891	13.3
照明灯具	1 442	81.6	1 352	75.5
家用电器	4 374	145.4	4 784	146.4
服　装	87 474	5.5	73 153	4.6
家　具	1 996	38.6	1 996	38.6
文教用品	9 229	0.9	9 060	7.6
皮革制品	16 919	17.5	16 433	18.5
塑料制品	3 363	8.3	2 531	2.4
日用五金	23 120	21.3	20932	21.4
华生电扇总厂	5 401	67.3	4382	58.2

注：本表生产总值不包括为对外旅游销售提供的产品产值，交货总值按外贸计划收购计算。

【产品质量】　1986年，上海二轻局重点考核的73种产品(其中80%是出口产品)，技术经济指标计划完成率为93.2%，质量稳定提高率为91.8%，考核实物质量的69种产品100%达到指标要求；以上三项质量指标均比1985年有所提高。这一年，上海洗衣机总厂的水仙牌双桶洗衣机获国家银质奖，上海玉石雕刻厂的玉雕珊瑚《释迦牟尼降生图》获中国工艺美术珍品奖，上海工艺编织厂的顺风牌艺术镶拼棒针衫、上海绣衣五厂的牡丹牌百合花牌达美牌手绣绣衣获中国工艺美术银杯奖，亚洲皮鞋厂生产的美中牌女皮鞋、上海童车厂生产的红花牌两轮儿童越野自行车等61种产品分获轻工业部优质产品奖和中国工艺美术品百花奖（部优），上海皮革服装厂生产的金羊牌绵羊皮革服装等45种产品获上海市优质产品奖和赶超国际优质产品奖。上海金属品厂被评为全国轻工系统优秀质量管理企业，上海工艺编织厂获得了上海市质量管理优秀企业奖。上海宇宙金银饰品厂整体精密铸造质量管理小组获得国家级优秀质量管理小组的称号。

这一年，上半年全局开展质量大检查，首先检查厂长的质量意识。制订了《厂长质量意识评价表》，具体列出对全面质量管理知识的掌握程度、质量与产量发生矛盾时的处理态度等10个方面，对每个厂长按评价标准评分，定量判断厂长质量意识的强弱。对得分不及格的企业领导，分期举办学习班，补上全面质量管理课。这一活动对厂长促进很大，为全面提高产品质量打下了思想基础。

全局12个公司（行业）的质量监督检查站经过人员调整、制度健全、设备更新和级别提高(晋升为市、部、国家级质监站)，普遍得到加强。一年来，监督抽查产品282个次，一次合格率为91.8%，复查合格率为94%；其中，属国家、轻工业部、上海市级优质产品182个次，一次合格率为95.1%，复查合格率达到98.4%。如1985年曾一度产品质量下降的上海电冰箱厂，1986年经工商行政管理部门和国家经委的多次检查，双鹿牌冰箱始终保持合格和优良水平。

一年来，全局采用国际标准和国外先进产品标准的有13项。通过认真做好各项准备工作，已有5个企业6个产品取得了生产许可证。全局1 900多个产品大部分实行了质量“三包”。

【新产品开发和科技攻关】　1986年，上海二轻系统共开发“四新”产品17 993种，比1985年增加15.3%；其中，新产品395种，新品种1998种，新花色15 442种，新包装158种。上海皮革研究所研制的超薄型保暖服装内衬材料和上海体育器材四厂试制的航空牌碳素纤维网球拍，获上海市优秀新产品一等奖，奋发金属品厂试制的不锈钢城市烟气灶等19个新产品获二等奖，上海中饭锅厂试制的定时中饭锅等57个新产品获三等奖。

1986年，上海二轻安排的科研项目共111项（其中1985年结转60项），共分三类：为开发新技术、新工艺、新材料、新产品作准备的技术储备项目；为“六五”国家攻关项目填平补齐的项目和“七五”国家攻关配套项目；科研成果鉴定后急需形成生产能力的项目。全年有28个项目通过鉴定验收。其中：服装计算机辅助设计和自动裁剪系统开发成功，将使服装行业设计、裁剪工序从传统的手工生产方式变为先进的电子技术，可大大提高劳动生产率，并对增加服装的花色品种、节约布料、提高质量也有明显效果，这个项目在全国计算机应用展览评比中获一等奖。微电脑控制激光裁剪尼龙伞面科研项目的工业性试验取得成功，一个装备6台自动裁剪机的伞面裁剪车间已经建成。其他如沙发用棕丝泡沫成型浇铸软垫技术、漆器灰心新材料、晶翠兰工艺品及其设备推广应用等科研项目也先后完成，转化为生产力后对扩大出口创汇、提高经济效益等都有重要意义。为加快产品开发和科研攻关的步伐，1986年上海市二轻局引进国外智力的工作开始起步，草拟了《引进国外智力暂行规定》，上报批准了管乐器制造工艺技术等4个智力引进项目，其中2项已经执行。全年共组织出国科技考察和参加国际学术交流活动7批18人次，组织了有350人次参加的14项对外技术座谈和交流活动。

【技术改造和技术引进】 1986年，上海二轻系统固定资产投资实施项目共502项，全年完成固定资产投资共41 622万元，比1985年增加40.1%：其中，基本建设（不包括住宅建造）完成3 678万元，比上年增加23.2%；住宅建造完成4750万元，增加1.49倍；各类技术改造措施项目完成33 194万元，增加33.8%。全年土建竣工面积（不包括住宅）为27.36万平方米，比1985年增加65.9%。1986年是这个局历史上固定资产投资完成最多的一年。年末，全局固定资产原值为149 778万元，比1985年增加18.7%；固定资产净值为101 727万元，比上年同期增加21.8%。

在1986年完成的502项固定资产投资项目中，技术引进项目有57项，完成投资人民币16 323万元，比1985年增加48.4%。上海电冰箱二厂电冰箱生产线等3项上海市重点技术引进项目于1986年陆续竣工投入试生产。

——上海洗衣机总厂从日本引进年生产能力为10万台的新水流双桶洗衣机生产技术和关键设备。在一年多时间里完成施工，于1986年8月8日投入试生产，到年底已生产双桶洗衣机5万台。产品质量达到目前日本国内产品的同等先进水平。引进的装配流水线上主要装配工作都由机械手完成，整条流水线由电脑控制，并配有完善的电脑控制自动测试线和自动包装堆垛设备。具有80年代初先进技术水平，是国内最先进的洗衣机生产线之一。年生产能力为10万台洗衣机。

——上海电冰箱二厂从日本引进家用电冰箱制造技术、8条流水线生产设备以及工夹模具等，与日本三菱电机株式会社技术合作开发生产上菱牌双门间冷式（无霜）家用电冰箱。引进项目于1986年12月竣工。板金、真空成型、总装测试、包装等8条流水线，先进设备同机械化传送装置和电器控制装置密切相连，整个生产过程自动化程度较高。产品为165、180、216、230升等5种规格的间冷式（无霜）双门家用电冰箱，具有耗电省、噪声低、自动化霜、制冷迅速、使用方便、外型美观等特点；在国内首次采用了全封闭旋转式压缩机。产品样机经严格测试，各项性能指标达到设计要求，在目前属于国内最好水平。上海电冰箱二厂按设计能力，单班年产量为20万台，是目前我国规模最大的电冰箱生产厂之一。

——为了给上海电冰箱二厂上菱牌电冰箱配套，上海冰箱压缩机厂和日本三菱电机株式会社技术合作，开发制造了全封闭旋转式冰箱制冷压缩机。这种压缩机与传统的往复式压缩机相比，具有零部件少、份量轻、体积小、制冷迅速、效率高等优点，是国外最新开发的产品，上海冰箱压缩机厂从项目签约到试出样机仅用1年零9个月时间，1986年7月底投入试生产。年设计生产能力为40万台。

（胡野鹤　王海鸟）

江　苏　省

江苏省轻工业

【概况】 1986年江苏轻工系统共有工业企业3 306个，职工890 686人，总产值124.97亿元，比1985年净增10亿元，增长速度为8.69%，如剔除黄金首饰加工比上年减少3亿元的因素，则增长11.6%。

1986年全省轻工业生产增长速度波动较大，第一季度增长速度迟缓，第二季度速度往下掉，第三季度掉到“低谷”，从九月份起，轻工业生产开始逐渐回升，稳步发展。纵观全年轻工业生产，主要特点是“四增一转移”。

一是市场适销产品增长幅度大。如家用电冰箱、自行车、啤酒、名优曲酒的增长幅度都是二位数。据对100种主要轻工产品分析，畅销的占35%，平销的占55%，滞销的占10%。

二是小商品增长幅度大。据对50种主要小商品统

1986年县以上独立核算企业主要财务指标

指　标	单位	1986年	1985年	1986年比1985年增长　%
工业总产值	万元	1 050 866	974 857	7.8
销售收入	万元	1 001 633	878 447	14.02
实现利润	万元	79 486	85 542	−7.08
税利合计	万元	153 089	161 579	−5.25
产值利润率	%	7.56	8.77	−1.21
产值积累率	%	14.57	16.57	−2
资金利润率	%	14.38	19.60	−5.22
资金积累率	%	27.73	37.02	−9.29
定额流动资金周转	天	92.58	83.61	减慢8.97天
全员劳动生产率	元	16 167	15 899	1.69
亏损企业	户	102	44	增加58户
亏损金额	万元	1 767	741	138.46

1986年主要产品产量（含计划归口产品）

品　种	单位	1986年	1985年	1986年比1985年增长　%
机制纸及纸板	万吨	60.15	50.00	20.3
缝纫机	万架	82.75	97.93	−18.34
自行车	万辆	419.04	375.07	11.72
手　表	万只	466.97	447.18	4.43
日用玻璃制品	万吨	35.77	39.79	−11.24
日用陶瓷制品	万件	19 729.79	18 123.46	8.86
合成洗衣粉	万吨	8.92	7.67	16.30
塑料制品	万吨	35.70	32.97	8.28
罐　头	万吨	10.25	10.16	0.89
啤　酒	万吨	29.48	19.41	51.88
皮　鞋	万双	34 06.91	2 858.49	19.19
家　具	万件	916.19	926.53	−1.13
不锈钢制品	吨	428.00	214.33	99.69
家用电冰箱	万台	24.85	14.17	75.37
家用洗衣机	万台	49.54	75.07	−51.53
电风扇	万台	556.25	463.92	19.90

计，比1985年增长的有40种，占80%。

三是出口产品增长幅度大。全年出口产品收购额比上年增长45.14%，是江苏口岸开辟以来从未有过的好形势，创汇是历史最好水平。

四是苏北轻工业增长速度快于苏南。苏北六个市的轻工业总产值完成62.4亿元，占全省轻工总产值的49.9%，比1985年增长13.5%；苏南五市轻工业总产值62.5%亿元，比1985年增长4.28%。

五是经济效益部分转移到其他产业部门。市政建设、地方办文化福利事业等等，四面八方向企业伸手摊派，增加企业负担；原材料、能源价格上升，而大部分轻工产品价格不动，使加工工业的经济效益一部分转移到农副产品、工业原料和交通运输等部门，影响了轻工业经济效益。1986年全省轻工企业实现利润比上年减少5 900万元，而全年轻工业所用原材料因价格上涨就多支出约5亿元。

1986年全省轻工业固定资产投资共完成6.4亿元，比1985年增长25.5%，其中基本建设项目完成8 995万元，比1985年增长35%，占投资总额的14%；技术改造项目完成5.5亿元，比1985年增长24%，占投资总额的86%。全年新增固定资产5.4亿元，占完成投资额的84%，比1985年增长4%；施工项目865个，竣工投产的590个，占施工项目的68%。

1986年全省轻工系统普通中专寒暑假毕业生共730名，计划建立的25个中级技术培训行业服务站全部建立，系统内共培训技术工人57 173人，占技术工人总数19.6%；培训各级各类干部13 464人，占全省轻工系统干部总数的25.3%；继续举办了大中型企业厂长、经理国家统考培训班，共培训经理、厂长196人，基本完成了任务。还开展了军队转业干部上岗的专业培训，得到省军转办的表扬。

1986年对部分价格严重背离价值的轻工产品进行了价格调整，其中省管价格以上的轻工产品价格上调的共有56个品种和规格，总计上调价金额4 791.81万元，发挥了经济杠杆作用。

【进一步优化产品结构】 1986年，全省轻工行业举办质量学习班共140期7 300人次。省轻工业厅制订了“七五”期间推行全面质量管理的规划。根据规划要求，组织了有120人参加的“咨询诊断员”培训班，对228个企业进行了诊断和验收，锻炼了人员、积累了经验。各地轻工加强了企业计量和标准化工作，有200个企业通过计量验收合格，有30个产品采用国际标准生产。在群众性的质量管理方面，有1个ＱＣ小组获国家经委奖，有4个ＱＣ小组获轻工部奖，有9个ＱＣ小组获省计经委奖，有38个小组获省轻工业厅奖，共发表ＱＣ小组成果368项。全系统669项主要产品质量指标稳定提高的595项，稳定提高率85.2%，由于重点抓住畅销产品和名牌产品的质量管理，优质产品产值率由1985年的19.25%提高到23%。

1986年，有10个产品获得国家质量奖，65个产品被评为轻工业部优质产品，155个产品被评为江苏省优质产品。

在调整产品结构方面，大力增产名优产品，如洋河和双沟大曲、啤酒、香雪海电冰箱、长城和菊花电扇、金狮牌自行车、燕牌搪瓷烧锅、天文牌工艺台笔、珍珠系列化妆品等等，同时压缩了缝纫机、拉链、手电筒等长线产品。1986年全省轻工系统共研制成功新产品、新品种1 617个，投产的新产品产值8亿多元，税利7 900万元，这对增强企业发展后劲，促进轻工产品更新换代，提高江苏产品在国内外市场上的竞争能力，都起到积极作用。

【苏南帮苏北发展薄弱地区轻工业】 1983年中共江苏省委和省人民政府提出了“积极提高苏南，加快发展苏北”的战略方针，省轻工业厅贯彻执行这一方针，采取一些针对性措施，取得了实效。1982年，苏北轻工业总产值占全系统44.7%，获国家、国际金、银牌的产品数占全省轻工同级获奖总数的35.3%，到1986年，苏北轻工业总产值占全省轻工业的49.9%，金、银牌占全省轻工同级获奖数的46%。主要措施有四条：

一是帮助苏北建立农副产品原料基地，加快发展苏北的优势行业。如帮助苏北发展烟叶、甜菜、红粮、葡萄、芦苇等原料基地，加速了苏北食品、制革、造纸等行业的发展。在苏北淮阴迅速形成了“三沟一河”(双沟、汤沟、高沟大曲和洋河大曲）名优酒生产基地，不仅使名优酒的产量迅速增加，而且质量稳定提高。

二是按行业组织厂与厂之间的帮学活动，解决苏北轻工生产中的“老大难”问题。省轻工业厅在日用玻璃、搪瓷、电光源、日用化工等行业组织了8个南北帮学对子，先后完成了帮学项目25个，帮助苏北开发了23个新产品，培训了各类技术骨干和管理干部77名，解决了一些技术难关和管理上的薄弱环节，使受帮企业直接受益100多万元。

三是以科学技术进步推动苏北轻工业的发展。省轻工业厅协同省轻工协会，组织大专院校和科研部门的有关专家、教授、工程技术人员到苏北举办轻工科技讲座，进行现场咨询、论证，帮助苏北轻工企业解决生产上的技术难关。苏南日用化工、玻璃、搪瓷、电光源等行业先后派出48批280人次的技术人员和管理人员，前往苏北对口企业进行调查研究和技术诊断，共诊断了11个项目，解决了苏北轻工企业的一批技术难题。

四是积极支持苏北13个财政补贴县轻工业的发展，帮助这些县脱贫致富，共安排了20个项目，5 916万元。1986年，苏北的13个贫困县总产值比上年增长26.8%，实现利润增长7.2%，均高于全省轻工系统平均水平。

【扶持小商品生产和经营的政策】 为了贯彻落实国家经委关于组织好小商品生产和经营的有关指示，研究制订江苏省扶持轻工企业发展小商品生产、经营的具体政策措施，组织交流搞好小商品生产经营的经验，经省政府同意，于8月19日至23日，由省计经委、轻工业厅、商业厅、供销社在苏州联合召开全省小商品会议。省政府秘书长段绪申代表省政府对小商品生产所需物资保证做到三条：第一，在1984年实供的水平上不减少供应计划；第二，缺口部分尽量通过多渠道给予串换并给予优惠价供应；第三，废钢铁回收坚持贯彻“先利用，后回炉”的原则，核定小商品企业回收指标实事求是，不搞一刀切。在税收方面，江苏对有困难的小商品生产、经营企业给予减免税的照顾，在掌握上既考虑到国家财政、税务方面的规定，又考虑企业实际困难，实事求是，区别对待，妥善解决，让企业过得去。

省商业厅在已经开放价格的小商品中，选择价低利微的近80个小类品种，征得省物价局同意，把价格彻底放开，还规定了适当扩大这类小商品的批零差率，有些单价几分钱的小商品可以扩大到100%或更多一些，有些单价在一、二角钱的小商品，可以扩大到50～80%。为鼓励零售企业拆零供应，方便群众，拆零价格由零售企业自行决定。

省物资局、冶金厅等有关部门从各个方面筹集了平价钢材5 500吨，生铁2 000吨，以及一部分铜、铝、锌等有色金属，重点安排91个企业69个品种，其中有民用剪刀230万把，民用锁200万把，三针两钉160吨，铁锅60万口，铁制饮具70万件，以及鞋钉、鞋扣、领钩、裤钩、鞋眼、儿童床、学生圆规、书报架、火钳等小商品，产值为6 000万元。

省人民政府为了扶持小商品生产和经营，于10月份批转省计划经济委员会、省财政厅、省商业厅、省轻工业厅、省对外经济贸易委员会、省供销社、中国人民银行江苏省分行、中国工商银行江苏省分行、省物价局、省劳动局、省物资局、省城镇集体工业联社等12个部门《关于扶持发展小商品生产、经营有关政策的报告》。原材料供应方面，在稳定国家计划原材料供应基础上，地方适当增加供应量。小商品生产所需能源供应优先满足，对增产市场需要的小商品而超计划用电部分，经批准给予平价供应。对议价电维持现有水平不再增供，随着统配电力供应增加，相应地由议价电改供平价电。生产和经营小商品的企业，照章纳税确有困难的，可按税收管理权限的规定，经批准后给予定期减免产品税、批发税、所得税的照顾，掌握上可适当从宽。在资金扶持方面，省工商银行每年根据省轻工业厅、省集体工业联社排出的800万元左右小商品贷款项目，负责与各市行联系，根据贷款条件，择优安排落实。经批准使用银行贷款的项目，其自筹资金比例按10%执行；还款有困难的经省辖市税务局批准，允许税前归还贷款80%。此外，还要求各市有关部门制订本市(包括县、区)的小商品生产、经营发展规划，编制审定小商品生产、经营目录，以此作为考核小商品企业的主要内容，并落实到工业、商业、供销社企业，定期监督检查。

由于省人民政府和有关部门制订了扶持小商品生产和经营的政策措施，1986年江苏小商品生产有了较大的增长，据对50种主要小商品统计，比1985年增长的有40种，其中刮脸刀片增长119％，园艺工具增长86.62％，理发剪增长83.17％，铁皮文具盒增长72.62％，桅灯增长50.28％，钢骨布伞增长44％，锁增长33％，民用镜增长27％。较好地适应了市场对日用小商品的需求。

【多渠道、多层次、多种形式的供销工作】 随着封闭式的产品经济向开放式的有计划的商品经济转变。江苏轻工企业和主管部门采用多渠道、多层次、多种形式做好供销工作。

在原材料供应方面，除了认真搞好计划内原材料的订货、分配等工作外，着重是通过各种渠道积极组织计划外物资。一是利用一些知名度较大的名优新特产品的优势，同各地钢铁企业、煤矿、油田、林区进行协作串换物资；二是组织轻工企业与原材料生产企业开展横向经济联合，建立跨地区、跨行业的原材料基地网络；三是主动与化工、冶金、物资等部门联系，疏通渠道。据不完全统计，1986年全省轻工物资部门从市场调剂中解决的物资有钢材140 809吨，有色金属17 949吨，木材8万立方米，化工原料39 377吨，各种油脂100吨。省轻工业厅属各专业公司通过各种渠道组织了一批计划外的纸张、树脂、牛皮、猪皮、晴纶、金属材料等物资供应基层企业。此外，还筹集外汇，增加必须进口的原材料，以补国内原材料供应的不足。1986年，除了轻工业部安排给江苏的进口原材料和省经委安排地方外汇800万美元外，省轻工业厅负责同志还同各市市长商谈，从各市筹集地方分成外汇1 288万美元，进口高压聚乙烯、薄板、马口铁等轻工生产专用原材料。

各市轻工业主管部门还积极主动牵头组织各种物资协作或调剂订货会，组织不同内容、不同层次和各种形式的物资经营联合。南京、无锡、苏州、常州、镇江、扬州6个市的轻工供销部门10个单位组建苏南轻工供销联合会，在充分利用各自的财力、物力和供销渠道的前提下，联合开发各类原材料资源，联合开拓产品销售市场，促进了轻工生产。

【技术改造和科技进步】 1986年全省轻工系统引进技术及设备，完成对外签订合同项目共计101个，使用外汇4 420万美元，其中技术引进为63.9万美元，进口设备为4 356.1万美元，这些设备，均在1986年度订货，并已部分到货。

1986年签订中外合资经营合同、章程，并经批准的企业有10个，总投资（注册资本）为1 296万美元（折合人民币4 795万元），其中外商投资487万美元，占37.6％。这10个合资企业是镇江宝马有限公司（涂塑铁丝制品），南通博佳特有限公司（化妆品），淮海皮革有限公司（公文箱）、南通大东有限公司（餐巾）、南通通庆有限公司（塑料制品）、淮阴和高有限公司（电子钟表）、盐冠联合发展有限公司（塑料编织袋）、威扬塑料有限公司（仿皮革）、扬中华达有限公司（皮鞋）、扬州远扬有限公司（旅游箱）。1986年投产的中外合资企业有9个，即南通悦泰有限公司（卫生巾）、南京苏威有限公司（人造革）、昆山赛露达有限公司（发泡塑料）、常州兰宝有限公司（工艺灯）、南通苏桑有限公司（山羊革）、南通华丰有限公司（人造革）、苏州国际眼镜有限公司、昆山友联有限公司（皮鞋）、南通南冠有限公司（塑料编织袋）。

由于情况的变化，省经贸委已经撤销了镇江拉链有限公司、无锡大发拉链有限公司两个中外合资项目。

1986年全省考核的重点产品万元产值能耗比1985年下降8％以上，无锡搪瓷厂和常州勤业塑料厂获全国行业节能先进企业（银牌）称号，获轻工部节能优秀企业7个，省先进9个，省表扬10个，在环保工作方面，对全省轻工系统污染源进行了调查建档，下达了第二批限期治理企业名单和具体要求。

1986年完成轻工业部“六五”攻关项目和重点科研项目4项。其中非银缩微胶片产品性能及主要指标已接近国外同类产品水平。还完成省科研项目4项，列入国家和省的星火计划10项。

省及各地轻工协会围绕为江苏轻工业生产建设服务的方针，举行国内外学术交流、技术讲座57次，参加的科技人员有2 800人次；开展专题调查、考察8项；组织聘请专家进行决策论证、研讨会14项，承接技术咨询26项，还举办专业技术培训班19次，出版各类刊物37期。1986年7月份，省轻工业厅、省轻工协会、省老龄问题委员会对老龄人消费品经过联合调查，提出了改善全省老龄人消费品生产和供应状况的意见，省政府批转了这个调查报告。

（孙家骥　端木义和）

江苏省制盐工业

【概况】 江苏省盐业公司直属8个国营盐场，横跨连云港、盐城两市的五个县区。全省盐田总面积85 454公顷，其中直属场63 361公顷。全省原盐生产能力170万吨。盐业职工45 000人，其中省盐业公司全民所有制职工20 671人，集体所有制职工12 000人。近年来，在专业化生产与综合发展相结合的工业布局原则指导下，充分发挥地区资源优势，拓宽了行业门路，走出了盐、化、虾、多种产品全面发展的道路。

工业总产值：1986年实现2.23亿元，比1985年的1.89亿元增长11.89%，其中直属企业1.81亿元，比1985年的1.6亿元增长1.31%；实现净产值1.56亿元，比1985年的1.33亿元增长17.29%。

主要产品产量

产品名称	单位	1986年	1985年	1986年比1985年（+、-%）
原盐(全省)	万吨	189.44	167.10	13.37
原　　盐	万吨	141.54	131	8.05
粉 洗 盐	万吨	4.96	2.66	86.3
低 钠 盐	吨	230	94	244.68
再 制 盐	吨	13 664	7 100	192.45
氯 化 钾	吨	4 946.31	3 854	28.36
溴　　素	吨	412.43	312.8	31.85
氯 化 镁	吨	50 144	41 056	22.14
对　　虾	吨	1 829.61	1 401.36	30.56

注：凡未标全省的均为直属企业。

1986年新增产品：空气吹溴221.36吨，十溴联苯醚7.33吨，溴氢酸20.37吨，溴化钠43.26吨，药用氯化钠5.26吨。

原盐质量：氯化钠含纯94.63%，比1985年的94.93%下降0.3%。

固定资产投资：全年完成投资额2 546万元，比1985年的2 275.3万元，增加11.19%。其中基本建设投资884万元，比1985年787万元增加12.3%。东山电厂扩建工程于1986年8月开工，至年底完成投资额54万元。

税金、利润：全省上缴盐税1.33亿元，比1985年的1.25亿元增加6.4%，其中直属场9 998.57万元，比1985年的9 197万元增加8.7%。直属企业实现利润1 660.97万元，(其中产区898.42万元，比1985年的649.96万元增长38.23%；销区762.55万元，比1985年的1081.1万元减少29.5%）。

全员（全民）劳动生产率人均8 479元，比1985年的7 925元增长6.99%。

出口换汇649万美元，比1985年的589.7万美元增加10.1%。

另据华东石油地质局勘探，淮安县境内盐矿资源丰富，盐矿储量在2 500亿吨以上，面积200多平方公里，埋藏较浅，盐层厚达240米至1 000余米。

1986年省公司根据国家计量局要求，从加强企业的基础工作、降低消耗、提高产品质量和经济效益入手，有8个企业获三级计量证书。

【生产发展，原盐超销】 1986年气象条件对海盐生产较为有利。全年蒸发量为1 617.1mm，降水789.9mm雨日88天。针对年初卤水少，生产基础差的情况，从强化原盐生产指挥入手，尽快清除前几年消极限产的影响，各级领导检查、指挥、服务到第一线，抓原料水的积储，卤水提制和量卤灌池，在雨季前主动收缩结晶面积4万公亩，确保塑池结晶安渡雨季；同时，还由于落实盐田技术改造措施和盐工增产与分配挂钩的经济政策，因而改变了原盐生产4年徘徊不前的状况，全省增产原盐24万吨。自1981年起，原盐销量逐年增加，产不敷销的市场形势拉大了销大于产的差距，1983年至1986年，累计超销近80万吨，产、销、存比例严重失调，原盐的滩坨存量下降到近10年来的最低点，仅为平均储备量的54%。

1986年春节前，国家经委和轻工业部发出紧急调运原盐的指示，省直属盐场克服缺油、冰冻等困难，经过15天的努力，突击完成近4万吨盐的调运任务，保证了上海、浙江和苏南的重点化工用盐户。省内购盐69.3万吨，比1985年增加13.47%；销盐66.64万吨，比1985年增加8.07%。10月中下旬，抓盐的调运平息了四省交界的徐州市郊的抢购食盐风，5天销盐800吨，相当于平时两个月的销盐量。其中：销精细盐32.92万吨，人均5.3公斤，比1985年实际4.2公斤增加27.86%；销加碘盐4.46万吨，较好地完成了全省十县550万人的地甲病区碘盐供应工作。

1986年的盐化工生产又有长足进展。全年盐化产值达950万元，比1985年增长近1倍；实现利润400万元，比1985年翻一番；人均创利2 790元。氯化钾、溴素的卤、煤单耗分别为51.7M^3/吨、133.7 m^3/吨和5.16吨/吨，5.09吨/吨，均比1985年降低，达到同行业先进水平。

在对虾养殖上围绕“大规格、高单产、高效益”，做到抓头抓早，实行科学管理，注重加工销售。省直属盐场对虾平均单产突破百斤，台南场高达176斤。全公司虾体12公分以上的占26.4%，加工出成率为58.9%。青口、台北、台南三场的对虾利润首次超过了原盐和化工利润。部分县、乡盐场出现“废盐养虾”，影响了盐业生产发展，全省近三年减少原盐生产能力3.2万吨。如干于县近年废盐田506公顷，占1983年底1 398公顷的36.1%。此外，多种经营及机械、建筑、电力等行业也有新的进展。1986年新增经营单位7个，服装、钢窗等产、销两旺。销区分、支公司实现多种经营产值2 194.03万元，突出的是东海县支公司，他们抓信息吃准行情，组织农副产品的收购和加工出口，仅一个月的时间，即为国家创汇104.19万美元。

【抓技术改造，增企业后劲】 1986年完成了省直属盐场盐田技改7 000万元投资的立项、设计、论证和获批，并组建了技改领导班子。各盐场按照盐田结构合理化、工艺管理科学化、生产操作机械化和扬水、制卤、结晶、集坨四集中的方向，采取分单元制卤、集中结晶和盐虾综合发展的生产结构，开展了前期工作。徐圩盐场实行投资与增产、增产与分配“双挂钩”，16个单元盐产量全部实现翻番目标。南通地区盐场，自1980年起，抓结晶池铺塑料布垫层防渗措施，平均年产盐量增加一成以上，现有塑池结晶面积8 816公亩中，有3 402公亩实现“上防雨，下防漏”。对盐化工生产突出了设备配套，增添和改造主体设备，扩大储卤设施，改进操作工艺，提高了生产能力。全公司增铺输卤管道39.5公里，比1985年增收卤水12万m^3，平均进灌卤浓度31.91β^0e'，含钾量为25.52g/e，比1985年分别提高0.61β^0e'、1.17g/e，钾、溴取得率比1985年分别提高1.02%和1.91%。在对虾养殖方面，上半年投资450万元，改造虾塘18 000亩。台南盐场改造后的虾塘面积，每块只有40～50亩，水深增加到1.3～1.5米，日换率提高15%，因而单产最高。为解决水产养殖业技改资金不足困难，1986年8月27日经国家对外经贸部批准，省盐业公司与香港集中开发(远东)有限公司以补偿贸易方式开发养殖基地，港商提供495万美元，供新建虾塘一万亩，分3年以所产对虾还清本息。这项投资已分别在台南、徐圩、青口、射阳4个盐场组织实施。

【完善经济责任制】 为打破企业内部分配上的“大锅饭”，省公司与各基层企业实行定额上缴（补贴）超利自留的办法，各基层企业把其承担的经济指标逐级分解落实到各工区(车间)、班组，实行领导目标责任制。一线盐工实行吨盐工资含量的分配办法，实践表明，这种把职工利益与实物产量挂钩的做法，对于调动盐工的生产积极性，发展盐场生产力，促进挖潜增产起到明显的促进作用。省公司直属盐场1986年比1985年增产原盐11万吨，提高了劳动生产率，全公司吨盐工资含量的比重由原来的每吨8元下降到7.44元。在对虾养殖等行业落实了以承包为核心的经济责任制和投入产出责任制。一部分职工由于辛勤努力，贡献大先致富。徐圩盐场改变过去利益平均分配、“抽肥补瘦”的做法，对工人实行超奖、欠罚的工资政策，该场伏运芹单元由于加强管理，措施得力，产量翻番，去年人均超产收入达1 200元；台南盐场养殖公司1985年超利分成14.8万元，人均1 100元，个人最高得4 800元，也有人赔款2 900元，1986年人均得奖3 000元，最高的达11 000元。

【改革领导体制，巩固完善厂长（经理）责任制】 省盐业公司于1985年对三个基层企业实行场长(经理)负责制，1986年又得到进一步提高、完善。如盐业机械厂，在前几年机械行业萧条的情况下，濒临亏损，由民主选举厂长并推行厂长负责制，形成了厂长的指挥权威，强化了生产经营和行政管理的统一领导，该厂生产经营在全省同行业58家企业中效益、速度名列前茅。台南盐场实行场长负责制后，首先破除平均主义旧观念，实行“分灶吃饭”，层层经济承包。该场水产养殖公司实行聘任经理，任职两年，对虾单产一直名列全省之冠，1986年实现利润229.1万元，是1985年的4倍，受到江苏省人民政府和盐务总局的表彰。其次，大胆放权，充分调动基层企业单位的积极性。该场针对自己是一个盐化虾联合企业的特点，给场属企业以经营、机构、干部、资金、物资、销售、分配、奖惩等8个自主权。该场所属化工厂灵活运用自主权，内部实行“七包一奖”经济责任制，1986年提前142天超额完成年度任务，产品由滞转畅，实现利润96万元，比1985年增长69.49%。再次，各单位广泛开展横向经济联合。如内部单位间联合，形成群体优势，增强集团竞争力；同类产品销售进行联合，提高了经济效益。台北盐场海州湾实业公司，加强横向经济联合，拓宽了生产经营门路，1986年实现利润450万元。他们的特点：一是以开发本地资源为内容开展横向经济联合。台北盐场滩涂广阔，水质稳定，但资金短缺，为了取长补短，发挥优势，先后与连云港市国际经济技术开发公司和沪锡连三联贸易有限公司达成协议，共同开发对虾养殖。二是以开发紧俏产品为目标，开展横向经济联合。他们瞄准市场，与大连轧钢厂等单位进行技术合作，开辟了轧钢业，一年盈利30万元，收回投资50万元。

【盐场“十难”引起关注】 盐业生产、生活的困难，引起党和国家以及省政府等有关方面的重视和关怀，给江苏省盐业一些优惠政策。如盐工实行一类工资标准；实施盐业岗位津贴；省公司产销一本帐，内部资金得到融通；销区部分单位税前还贷，减免调节税；计划实行单列；特别是国务院文件的颁发，解决“十难”资金600万元，使改善职工生活有了财力；省政府文件的发布，使在农场的盐工子女调回盐场有了政策依据，1986年计落实调工932人，多渠道招收1 529个全民合同工，700个集体合同工。

省公司1986年计筹资900万元，为职工办了七件实事：(1)解决部分职工住房难，产区新建住房27 675m^2，已有600多户职工搬进新居。台南盐场的盐工开始住上楼房；销区建房8 000m^2，大部分职工住房有了改善。(2)解决一些盐滩职工吃水难。共铺设自来水管道44.5公里，新建水井6口，水塔5座。(3)解决盐场内部交通难，陈港到头罾段43公里公路建成。(4)解决盐场内部职工洗澡难，新建浴室3座。(5)安排资金50万元建盐业培训中心。(6)安排资金72万元，增加医疗设备，改善了医疗卫生条件。(7)为职工购买副食品、水果、蔬菜等125余万公斤，人均近20公斤。文教工作“双补”上正轨，完成了省下达的普及初等教育四项指标，入学率达99.78%。建立了教师业务档案，教学质量有所提高，考取各类大、中专学生170人。文化事业有发展，全公司现有职工俱乐部108个，图书馆（室）63个，参加读书自学的有5 985人。

（冯同智）

附：南京市一轻工业

【概况】 1986年南京市一轻工业共有47个企业（不含县郊归口企业，下同。)，年末职工总人数为36 222人。全年完成总产值54 858.89万元，在47个企业中，比去年同期增长的有31个企业，平均增长幅度为14%；但由于缝纫机、手表、自行车的产量大幅度下降，与上年同期相比，全局总产值仍下降0.98%。列入局考核的28个主要产品的产量，除白酒、酒精、牙膏、缝纫机、手表等8个产品外，均完成了年计划，其中增长幅度在10%以上的有11个产品。列入市考核的18项产品质量指标，全年累计稳定提高率为88.89%；优质品率市考核为24%，实际完成34.65%；全年获部优产品3个，省优产品4个。列入市考核的21项新产品试制计划已全部完成，其中有4项投入批量生产。全年完成基本建设、技措技改项目总工作量为4 059万元，其中技改、技术引进为3 008万元，全年施工面积76 257M²，竣工40 041M²；总投资为10 870万元、年产12万吨的南京啤酒厂于1986年10月21日在南京市郊动工兴建。局属47个企业实现税利8 359.2万元，比上年下降28.18%，净减税利3 279.8万元，其中实现利润2 921.2万元。比1985年下降35.49%，净减利润1 606.5万元。据分析，利润减少的原因主要有五个方面：一是各种原辅材料和外购配套件提价，全年减利1 987.84万元；二是各种燃料和水电提价、议价，减利253.8万元；三是开征城市维护建设税，减利193万元；四是工资及各种费用增加，减利601.6万元；五是银行贷款利息提高等，减利552.3万元。1986年末全系统有亏损企业2个，亏损金额38.2万元，与上年相比，亏损企业数不变，亏损额减少84.9万元。全员劳动生产率为15 282元，比1985年的15 743元，下降2.93%。1986年全系统外贸出口产值为5 067万元，收购值为4 877万元，比1985年增长45.18%，占全局工业总产值的比重由1985年的6.03%上升为8.9%。

主要产品产量完成情况

产品名称	计量单位	1986年产量	1985年产量	本年度与上年度相比＋－%
手表	万只	213.47	242.96	－13.81
缝纫机	万架	25.48	50.30	－97.41
自行车	万辆	27.42	30.10	－ 9.78
闹钟	万只	67.59	51.64	30.9
啤酒	吨	28 006.34	20 084.68	39.44
干电池	万只	2 919.02	2 601.96	12.19
罐头	吨	10 943.08	10 483.69	4.38
自来水笔	万支	405.59	280.26	44.68
圆珠笔	万支	1 226.03	1 159.03	5.78
肥皂	吨	19 886.54	20 282.03	－ 1.99
牙膏	万支	4 587.4	4 620.02	－ 0.71
保温瓶及胆	万只	550.87	402.92	13.67
普通灯泡	万只	1 308.61	1 275.11	2.62
宝石轴承	万粒	13 101	11 504	11.38

【探索改革新路，增强企业活力】 1986年，南京一轻系统大胆探索体制改革的新形式、新路子。一是继续抓好厂长负责制和厂长任期目标制的试点工作。在改革中明确三条指导原则，即：实行厂长负责制必须与厂长任期目标制同步进行；实行厂长负责制和任期目标制必须实行严格的奖惩制度；实行厂长负责制要和干部制度的改革紧密结合。一年来，南京钟表材料厂、南京保温瓶厂两个试点单位，取得了显著成效。在市场竞争十分激烈的情况下，这两个厂1986年的产值与上年相比，分别增长18.05%和15.9%，利润分别增长3.3%和93.5%。

二是积极探索企业所有制的新形式，进行股份资产经营责任制的试点。1986年10月下旬，国务院经济体制改革领导小组办公室和国家体改委，确定南京市为全国试行股份资产经营责任制的试点城市。南京市有关部门和市一轻局经过调查论证，选定南京金笔厂作为全国第一家试点企业。股份资产经营责任制是以公有制为主体的用股份经营形式组织起来的新型的企业体制。它吸取了租赁制、股份制和资产经营责任制的优点，并加以融汇发展。它的特点是企业所有权和经营权适当分离，使企业真正成为自主经营、自负盈亏的商品生产单位，避免租赁制带来的企业经营者的短期行为，通过企业资产的分散化、人格化，调动经营者和职工的生产积极性。南京金笔厂的试点工作，在南京市体改委和各综合部门的指导帮助下，从1986年11月开始，用了二个多月的时间，完成了制定章程和实施细则，测算标底，公开招标，对投标人进行业绩考评等各项工作。最后，五名投标人在机会均等的条件下，经过公开答辩，由原厂长温华以最高得分中标担任厂长，并由他聘任四名副厂长组成新的领导班子，宣布就职。接着，会同市有关部门核定企业资产、折股和发行股票以及组成企业理事会。实行股份资产经营责任制以后，明确宣布企业与主管局的关系，不再是领导与被领导的关系，主管局作为国有股的代表参加企业理事会，并担任理事长。

三是抓企业内部的配套改革。南京一轻系统于1986年上半年组织力量赴杭州市学习该市轻工系统全面实行部分工资与奖金捆起来浮动的企业内部二次分配改革的经验，在全系统14个企业推行，收到了较好的效果。如南京第二灯泡厂基本工资的浮动额达到了30%，有力地促进了职工的生产积极性，该厂1986年产值、利润同步增长，并创建厂以来最好水平。

【狠抓外贸出口，提高换汇水平】 1986年，南京一轻系统把加强外贸出口，提高换汇水平放在十分突出的位置上，采取有力措施，抓紧抓好。首先，在下达各企业全年经济责任合同书时，明确规定完成出口指标给予重奖。同时，在考核办法中也扩大了按照任务完成情况实行加减分的比例。其次，根据各企业外贸出口额在总产值中的比例，保证生产用电，对燃料油等缺口也给予一次性补贴。再次，认真落实国家规定的鼓励出口创汇的政策，加强工贸双方的联系。第四，在抓产品质量的同时，努力开发新的出口产品，为拓宽国际市场准备物质条件。上述措施有力地促进了出口产品的生产，全年出口产值创造了1980年以来的最好水平。出口地区由过去的港澳、东南亚、中东和非洲增加了苏联、东欧各国，以及一些工业发达国家。1986年全系统出口企业由1985年的11家增加到19家，出口产品由15种增加到24种。其中，南京酿酒总厂的金陵啤酒系江苏省首次独家出口；南京电池厂飞鱼牌五号电池，进入了英、法、日等国市场；南京搪瓷厂1986年出口创汇达124万美元，经国务院有关部门批准被列为全国第二批外贸扩权企业，被南京市政府评为1986年完成50项奋斗目标的立功单位。

【开拓销售渠道，实现产销同步】 随着社会消费结构的迅速变化，1986年下半年起，南京一轻产品产销矛盾日益突出，部分产品由畅销转平销、滞销。为争取全年产销同步，局供销公司和各厂销售部门，千方百计开拓销售渠道，扩大工业自销量。在老“三大件”全年销售额下降达4 903万元的情况下，仍完成销售总额47 507.6万元，基本保持产销同步，其主要措施是：(1) 组织企业参加各种展销会，扩大产品影响。全年参加全国性和地区性各种展销会15次，总成交额达3 323万元，占企业自销总额的12%。(2)深入“边、老、贫”地区，了解消费需求，按需定产，扩大销售。全年先后两次组织35个企业，带了50多种产品到东北满州里和山东、山西老解放区，了解当地消费习惯和需要，同当地商业部门，建立了联销、联购关系，拓宽了销售渠道。(3)加强市场调研，及时掌握信息。全年组织钟表、自行车、缝纫机、化妆品、罐头等7项专题调研活动，收集各方面的销售信息，经过综合分析，提出有价值的资料和数据，及时召开信息发布会和编印《一轻商情》，向企业反馈信息，指导生产。(4)扩大销售队伍，提高人员素质。先后召开5次销售人员经验交流会和工作会议，推荐15个销售工作成绩突出的企业的经验，促进了销售人员素质的提高。

【重视技术引进，推动技术进步】 1986年加强了对技术引进工作的组织领导和具体实施工作。一批具有国际或国内先进水平的新设备、新技术陆续投入生产。从1980年起至1986年底止，共有21个企业，从11个国家和地区引进设备或技术共37个项目，已投产的17项，其中1986年6项，是历年来最多的一年。其余的项目，除有10项尚待进一步审批外，都已签约或到货。在1986年投产的项目中，不少是国内首次引进，具有国际先进水平。(1)搪瓷贴花纸生产线在南京搪瓷厂建成投产。采用贴花工艺生产各种搪瓷制品是一项新技术。它能提高搪瓷制品的饰花效果，提高劳动生产率，改善劳动条件和环境状况，节约瓷釉，提高经济效益。1985年该厂投资248万元，从日本引进丝网印刷搪瓷贴花纸生产线，共13台(套)设备，并被轻工业部作为全国搪瓷贴花纸生产定点厂，1986年12月正式投产。该生产线年产贴花纸150万张，产值182万元，税利65万元。除供应本厂需要外，还部分供应杭州、武汉、扬州、常州等兄弟城市搪瓷厂使用。(2)全国第一条成型灯丝生产线在南京钨钼材料厂安装调试。生产灯泡所用的各种灯丝，过去系手工操作成型，灯丝利用率一般仅40%左右。1984年该厂投资294万元，从瑞士引进成型灯丝生产线一条，并由轻工业部定为全国灯丝生产重点厂之一。该生产线系80年代水平，能满足各种电光源生产对灯丝加工的要求。年产灯丝3 000万根，产值204万元，创税利40.8万元。(3)省内第一套活动铅笔“三爪夹头”生产专用机床在南京圆珠笔厂投产。1984年该厂从瑞士引进具有70年代水平的“三爪夹头”生产专用机床1套(2台)，购置国内配套设备15台，于1986年9月投产使用，并被轻工业部定为全国9家生产细芯活动铅笔的工厂之一。该设备年产350万支，产值约200万元，创税利25万元，每年可节约木材110M^3。

【加强横向联合，发展名优产品】 1986年南京一轻工业的横向经济联合开始向深度和广度发展。到年底，全系统已有25个企业以名优产品为龙头，或以生产、技术优势为主体，先后组织或参加了36个经济联营联合体，其中南京地区(含县、郊)25个，跨地区11个，联合体双方都收到了一定的经济效益。联合的主要形式有六种：一是跨地区靠牌生产名优产品。如南京自行车总厂与常州自行车总厂签订了联合生产26英寸金狮牌自行车的协议，产品正式通过鉴定，符合金狮车标准，开始批量生产；南京化学厂与上海牙膏厂联合生产白玉牌牙膏365.93万支；南京金笔厂与上海金笔厂联合生产英雄牌金笔 100万支。二是以本系统名优产品为龙头组织联合体。如南京金笔厂以本厂名优产品南京牌金笔和天文牌工艺台笔为龙头，组织南京、江宁、兴化、宜兴、武进、溧水等市县17个单位成立“南京天文企业经济联合体”，共同开发自来水笔、工艺台笔及文教办公用品，使这个仅有600余人的小型企业，全年完成产值 1 210万元，利润 120万元，连续四年保持产值、利润同步增长。三是以骨干企业为依托组织联合体。如以南京照明器材工业公司为主体，联合工艺相近的南京国营企业和县郊企业，发展工业和民用灯具。南京钨钼材料厂以技术和设备优势与浙江青田化工厂，联合开发当地的钼资源。四是以技术进步为目标的联合。南京第二灯泡厂与南京市郊江东乡联合成立分厂，采用“钛汞齐”新技术，解决了该厂长期存在的环境污染问题，既促进了乡镇工业发展，也加快了该厂技术进步。五是科研、生产“一条龙”联合体。南京香料厂与上海香料研究所联合，共同研制各种混合型烤烟用香精，已形成批量生产能力，年产约20吨，1986年国庆节，已由南京烟厂使用该香精生产“雨花石”牌香烟投放市场。六是工商联合销售。1986年10月，南京手表厂与南京市百货公司成立全市第一家紧密型工商销售联合体——南京手表联营公司，共同推销钟山牌手表，缩短了产品滞留、资金周转和信息传递的时间，联营以来，已销售钟山表70万只，联营双方都获得了较好的经济效益。

1986年，南京一轻系统还先后组建了两个企业集团，即:“南京日用化学工业联合公司”和“金陵酿酒饮料总公司”。南京日化公司于1986年7月开始筹建，同年11月正式成立。它是由南京肥皂厂、化学厂、香料总厂、化妆品厂、火柴厂和电池厂等六家工厂自愿联合组成的横向经济联合体。其主要任务是：联合销售，协作配套，统一规划，联合开发新产品，充分发挥南京日化工业的优势，形成具有南京特色的日化“拳头”产品，增强市场竞争能力和出口创汇能力。金陵酿酒饮料总公司由南京酿酒总厂及其所属的酒精厂、白酒厂、啤酒厂、六合酒厂、高淳酒厂、江宁酒厂和南京玻璃仪器厂组成，以南京酿酒厂为依托，以金陵牌啤酒为“龙头”产品，于1986年 5月成立筹备组，进行组建工作，到年底已基本就绪。

（全政效）

南京市二轻工业

【概况】 1986年末，南京市二轻局归口企业共188个，59 147人。其中县郊工业 102个，21 118人；市属企业86个，38 029人。市属企业中有集体企业79个，32 650人；全民企业 6个， 4856 人；合营企业 1个，523人。

1986年，是南京二轻工业近几年来遇到困难最多的一年，也是全体职工努力拚搏艰苦前进的一年。全年完成工业总产值 69 942.62万元，其中县郊企业完成产值 19 415.62 万元，较1985年增长9.4%；市属企业完成产值50 526万元，较上年下降14.2%，但较上年增产的有56个企业，增产产值 4 458.6 万元。增产百万元以上的有万里皮鞋厂等15个企业，计增产 2 792.4 万元。较上年下降的有30个企业。减产的主要是四大家,即金属工艺厂首饰金加工减少6 880万元，南京木器厂缝纫机台板因受缝纫机滞销影响计划落空，以及洗衣机厂因产品质量问题停产整顿近一年，快速热水器厂因无使用安全装置指令限产，这四个厂共减产10 691.81万元，占全局减产总值的83.39%。

分析原因，主要是对急剧变化的市场行情估计不足，计划制订不够切合实际，一些重点技改项目进展缓慢。

主要产品产量完成情况如下：

重点产品完成情况

产品名称	计量单位	1986年产量	比1985年±%
洗衣机	万台	6.2	－69.15
其中：双缸	万台	5.1	－54.46
热水器	万台	6.1	－40
大专衡器	台	3 378	＋3.84
搪瓷浴缸	只	17 185	＋30.77
电风扇	万台	7.5	＋19.05
出口服装	万件	530.16	＋39.63
皮鞋	万双	201.09	＋9.9
皮革(折牛皮)	万张	38.18	＋7.55
低发泡类型材	吨	427.1	＋20.57
塑料人造革	万M^2	144.6	－24.73
塑料周转箱	吨	203.6	－14.63
首饰	万元	2 696.84	－67.32
涤纶金银线	吨	71.7	＋31.56
板式家具	件	22 170	＋277.8

由于生产下降影响，1986年市属企业销售收入49 039.5万元，比上年下降5％；实现利税5 606.3万元，下降22.2％；产值利润率由上年的7.3％下降到6.1％；全员劳动生产率13 346元，下降14％；亏损企业6个，亏损金额267.9万元；全年人均工资收入1 174元，比上年提高12.8％。

1986年全局外贸出口创历史最好水平，完成收购值13 102.33万元，其中市属企业完成5 131.7万元，比上年实际增长40.73％，在全市12个工业局（公司）中名列第二位。生产出口产品的企业由1985年的46个增至53个，出口产品也由39种增至48种，其中服装、皮革制品、五金工具、镀锌丝、羽绒服装等产品的出口量大幅度增长，收购值均在100万元以上，成为全局出口的重点产品。

【深化体制改革，增强企业活力】 1986年改革工作的六个方面：(1)改革企业领导体制。在27个企业推行了厂长负责制和厂长任期目标责任制，明确厂长在企业的中心地位作用。同时，对55个企业的领导班子作了调整充实。南京洗衣机总厂由市委从大型企业南京机床厂调来厂级领导、中层干部、工程技术人员共16人的全套班子，加强了对这个厂的领导。(2)对市属86个企业全部实行经济承包，签订经济责任书，实行奖罚兑现。(3)改革企业内部分配制度，在57个企业实行了部分基本工资加奖金捆在一起浮动工资制，较好地解决了工资套改后出现的"重开大锅饭"问题，调动了职工积极性。南京塑料七厂、十四厂还实行了全额工资加奖金浮动工资制。南京钢锉厂金刚石什锦锉车间，实行封闭式大承包后，经济效益显著提高，14个人的车间，一年就创利8.1万元，比1985年提高60.4％。(4)在南京金属家具总厂、江南机械厂等集体企业，试行股份制。着重组织职工内部入股，实行入股分红，不入股不分红，包括劳动分红。企业利益与职工利益捆在一起，一荣俱荣，一损俱损。企业集体资财属于集体共有财产，不搞折股分到职工。(5)改革企业内设管理机构，不搞上下对口。金属家具总厂采取大胆探索，将原设科室全部撤销，厂长与管理人员坐在一个大办公室办公，全厂生产经营管理分别由厂长、副厂长、厂长助理分工负责，减少了中间层次，使原来的科室人员减少了30％，办事效率大大提高。(6)完善二级公司体制改革。1985年局属7个行政性公司，除五金公司因厂多难度大，暂予保留过渡外，其余6个公司已转为经济实体。一年来的实践，各公司都能做到人员全部自我消化，经费完全独立，服务方向不变，受到企业欢迎。为完善公司体制改革，1986年，家电工业公司与五金工业公司合并，改名为"五金家电工业公司"。服装工业公司，鉴于服装各厂自立能力较强，决定予以撤销。根据公司转变管理职能之后工作的需要，由局委托各行业协会担当一部分行政业务工作，如生产财物统计报表等，充分发挥行业协会在新旧体制转换中的作用。

【调整产品结构，发展横向联合】 以生产名、优、新产品的企业为依托，联合城乡企业组成松紧结合的生产联合体，来扩大名、优、新产品的生产能力。先后组建和扩大的8个生产联合体有100多个企业参加，经营效果显著。

1986年，全局60种主要产品质量稳定提高率为91％，优质产品产值率占19.64％，科研新产品产值率达13％。全年有13个产品分获部、省优质称号，其中获国家银质奖3个，获全国工艺百花奖、银杯奖各1个。

同时，结合行业调整，把长年亏损的阳伞厂并入第二锁厂，发展各类用锁，压缩雨伞生产，把工艺相近的沙发厂与软体家俱厂合并组建为南京软件家具总厂，利用软体家具厂引进的设备发展生产，节省了投资。

1986年新组建的万里皮鞋、友谊服装、玩具生产3个集团性企业，联合了城乡23个企业参加。皮鞋厂发展联合体，把大量的内销鞋转入乡镇企业生产，自已集中精力开发新产品和外销产品，生产高档皮鞋，1986年共设计新花色品种490种，当年正式投入生产的有69种，其中有2种被评为省优产品。投产的新花色品种当年实现的产值为1 351万元，占全厂总产值的83％，扩大了外销量，1986年外销产品收购值比上年增长53.3％，人均创利增长23％。全局还广泛扩散产品零部件，增强产品的辐射力。产品协作配套项目共490项，金额达8 500万元。其中本市协作项目219项，4 550万元；扩散到上海协作区的有165项，1 227万元；其它地区106项2 743万元。发展跨行业、跨地区经济联合共110项。金线金箔厂、汽枪厂、运动器具厂等还与南京工学院、华东工学院、南京紫金山天文台等大专院校、科研单位进行技术型联合，研制了一批具有较高水平的科研产品。

【开展"双搞活"和立功竞赛活动】 为了搞活企业经营，根据年初市场情况急剧变化，大部份企业产成品库存上升，资金短缺，生产发生困难，研究决定在全局系统广泛开展"双搞活"活动，狠抓销售工作，一年来，各厂组织专业、中小型产品订货会百余次，促使产品库存大大压缩，企业生产经营转活。局供销工业公司也先后在省内外组织各种展销订货会24次，成交总额达6 000多万元，帮助一些企业打开了产品销路，搞活了资金。全年共搞活资金2 447.8万元，占年初排出的沉淀积压资金总额的62.2％。为了抓好销售工作，以销促产，市二轻局做出了"强化销售工作，认真开拓产品销售市场"的10条决定，对销售方式、销售价格政策、销售奖励、供销队伍建设等，都作了明确的规定，使销售人员工作有所依，调动了他们的积极性。

与此同时，在各企业和广大职工中开展了"六比六赛"立功竞赛活动，即：比配套改革、看企业活力；比质量提高，看创夺名优；比材料节约，看消耗降低；比管理加强，看效益增长；比人才开发，看职工培训；比政治工作，看精神面貌。通过竞赛活动，群策群力，许多企业都迅速改变了面貌，涌现了一批立功竞赛开展较好，经济效益明显提高的先进企业，有南京钢锉厂、江南机械厂、万里皮鞋厂、服装一厂等27个企业。对立功单位的先进集体和个人分别由局和企业给予记功奖励。

（鲍启鑫）

南通市轻工业

【概况】 1986年，南通市轻工业系统共有企业505个，其中全民企业43个、集体企业456个（含镇办企业295个）、中外合营企业6个。职工105 919人。全员劳动生产率17 129元。完成工业总产值14.9454亿元，比1985年增长13.07%，其中一轻工业完成5.385亿元，增长15.3%；二轻工业完成9.56亿元，增长12.15%。县区轻工业的发展速度高于市区。县区轻工业完成7.98亿元，增长14.93%；市区轻工业完成6.98亿元，增长11.43%。镇办工业从1985年的高速发展趋向正常，1986年完成总产值4.32亿元，比1985年增长13.64%。

主要产品产量

产品名称	计量单位	1986年产量	1985年产量	1986年与85年相比+（-）%
载重自行车	辆	560 292	500 462	11.95
日用玻璃制品	吨	78 044	76 281	2.31
香料	吨	2 780	2 217	25.39
清凉油	万盒	3 414.71	1 121	204.61
玩具	万元	535.55	211.57	153.13
塑料制品	吨	30 245.	30 797	-1.8
服装	万件	3 306	2 688.55	22.96
布鞋	万双	595.03	260.38	128.52
皮鞋	万双	595	505.18	17
味精	吨	2 987	2 628	13.66
啤酒	吨	45 691	31 550	44.82
黄酒	吨	82 337	57 318	43.64
刺绣抽纱工艺品	万元	11 412	10 209	11.89
罐头	吨	18 562	17 056	8.82
计量杠杆	万套	26.89	23.67	13.60

产品质量稳定提高。市考核的21个产品有18个产品质量保持稳定，占81%。42个主要质量指标，稳定提高的有37项，稳定提高率为88%。

名优产品发挥优势。1986年优质产品产值完成27 384.53万元，比1985年增长47.92%。优质品率为18.32%，比1985年提高5.77%。1986年新增优质品产值中属1985年创优的有13个产品，产值达5 377万元，占60.06%。其中梅花牌一号双胶纸、雅光牌变色眼镜片、棉布扎染及关东绞扎染等优质品产值均达800～1 000万元。金质奖白熊牌薄荷脑、省优质薄荷素油和留兰香共完成2 780吨，比1985年增长25.39%，其产值达11 282万元，创历史最好水平。

出口产品大幅度增长。1986年共完成出口值28 635.19万元，比1985年增长40.78%，占全市出口值的25.94%，高于全市的增长幅度。其中一轻工业完成6 319.93万元，增长55.13%；二轻工业完成9 864.75万元，增长31.15%；工艺美术服装工业完成12 447.29万元，增长42.35%。

经济效益不够理想。全系统县以上203个企业1986年实现利润7 299万元，比1985年下降5.9%。完成利税总额14 215万元，比1985年减少1.26%。

1986年技术改造项目投产的有13项，啤酒新增能力2万吨，如东酒厂、启东酒厂各引进罗马尼亚灌装线一条，投产后较好地发挥了效益，啤酒总产量完成4.56万吨，比1985年增长44.58%。自行车总厂引进了静电喷漆设备、市罐头厂引进了小方听生产设备、南通县印刷厂引进了海德堡印刷机，这些技术改造引进项目都已投产，不仅提高了产品质量，而且取得了明显的经济效益。海门县光色玻璃厂增加了一条50立升坩埚自动滴料模压成型生产线。提高了产品质量，增加了规格品种，扩大了批量，变色眼镜片产量达152.8万副，比1985年增长1.25倍，实现利润200万元，比1985年增长了1.42倍。

1986年研制成功"四新产品"212个，其中新产品63个。完成四新产品产值12 450万元，其中新产品产值6 315万元，实现利税1 200万元。获省轻工厅美术设计奖18个，其中一等奖7个，二等奖8个，表扬奖3个，总名次名列全省第三。基本建设和更新改造投资有新的进展。基本建设总投资为3 131万元；更新改造投资5 374万元；引进设备13项，总投资974.3万元，其中用汇201.05万美元。新建合资企业4个，即南通博佳特公司、南冠公司、大东公司、通庆公司等，总投资644.5万美元，其中：中方投资456.4万美元，外商投资188.1万美元，引进设备415万美元，投产后增加产值4 721万元，利税1 123万元，创汇666万美元。达成补偿贸易项目一个，即南通火柴厂的和镆3.6万箱。

【产品结构】 1986年，从一开始就狠抓了产品结构的适应性调整。通过努力，有11个产品实现了增产目标，六个公司完成了市、县下达的增产任务，共增加产值4 350万元，弥补了市塑料公司的欠产，保证了全系统完成全年计划14.97亿元，并超额完成1.23%。市二轻公司、南通县二轻公司、如东县轻工公司对小农具生产中的问题作了专题调查，市政府专门召开了农具工作会议，制定了扶持小农具生产的若干规定，会后各县分别召开了农具生产会议。如东县帮助小农具生产企业解决流动资金贷款，安排供应了钢材、煤炭、柴油等。对多品种的企业，从原材料、能源、技术力量上保证农具生产，调动了职工的积极性，增加了产量，缓和了供需矛盾。有的县区保持了一定的库存量，并做到品种齐全。在小商品生产出现萎缩的情况下，引起了各级领导的重视，市政协还专门组织力量进行了调查，广泛听取意见，并向市政府提出了建议。省轻工业厅1986年增拨了一批小商品专用钢材，有力地支持了生产。轻工小商品在1986年也有较大增长，如镀锌铁丝、锁增长50%以上，汤罐增长49.5%，铁皮文具盒增长30%，民用镜、民用剪、煤油灯头都增长20%以上，市薄荷厂在原有清凉油、风油精、驱蚊香雾3个品种的基础上又增加了清凉精、白花油、洗发香波3个新品种。老产品清凉油完成1 881万合，比1985年增长了67.84%，小商品车间全年实现利润达70多万元。

【经济联合】 1986年，在经济联合的深度和广度上都有一定发展，工艺美术、服装、自行车、五金工具、农具等行业通过厂外加工和专业化协作，发展了与乡镇企业的联合，如皋工艺美术公司为了发扬传统特色工艺品，扩大出口创汇，在现有91个加工点、56 629名加工队伍的基础上，建立了5个总厂，条件具备的加工点拟逐步建立分厂。丝毯总厂以获银杯奖的敦煌工艺丝毯为龙头，建立了5个分厂，从设备技术上给予支持，稳定和壮大了加工队伍，扩大了出口创汇能力，带动了乡镇企业的发展。该厂1985年底已与上海市工艺品进出口公司实行工贸联营，建立上海市工艺品进出口公司敦煌丝毯联营厂，上海投资50万元，签订10年收购合同，并给予无息贷款、设备贷款以及预付贷款共100多万元，在资金上给予支持。除供应丝毯全部用平价绢丝原料外，还支持优惠价钢材、木材，用于联营厂技术改造。由于走横向经济联合发展名优产品的路子，1986年已初见效果，全年完成出口交货量10 380m^2，比1985年增长92%。海安县辐条厂生产的A牌辐条是省优质产品，有“辐条大王”之称，为全国50多家自行车厂配套，为了扩大能力，该厂在厂外加工的基础上与仇湖、花庄自行车配件厂、营溪轻机厂签订了年加工4 500万支辐条的协议书，统一安排供产销，建立了3个分厂。南通自行车行业联合体在南通自行车总厂的带动下，经过两年多的发展，目前已拥有22家成员厂。南通罐头厂在原有一个建湖分厂的基础上，1986年又建立了如东县湖桥分厂，从技术上给予支持。市工具厂、大力钳厂、南通县铁木机械厂、刘桥农机厂等企业根据出口工农具的畅销形势，把部分加工任务扩散给乡镇企业加工，南通童车厂与乡镇企业协作生产了新品种儿童自行车。市扎染厂与省外贸实行了工贸联合，三明眼镜公司与上海市黄浦区眼镜公司发展了工商联合，如皋罐头厂与农场联合发展芦笋、草莓原料基地。这些联合有利于拓宽销售市场，扩大原料来源，搞活经营，发展生产。

【经济责任制】 市轻工业局结合每季度一次财务分析分别在海安、启东、如皋、南通县组织了四次活动，交流经验和业务辅导，收到了良好的效果。南通县一轻公司举办了业务培训班，并组织南通县啤酒厂到如东酒厂学习。如东县轻工公司所属66个企业有53个生产社，大部分生产小农具，有的企业没有主产品，多数微利，少数亏损，客观条件的变化尤其使这些企业无法承受。如东县经委、县轻工公司加强了对扭亏增盈工作的领导，健全了以县经委、公司经理、企业厂长为主的扭亏增盈责任制，统一部署、明确责任，层层负责，前后三次召开了专业会议，制订规划，限期扭亏。同时，采取了相应措施：(1)市、县主管部门优先安排供应计划内物资；(2)争取技措贷款，进行设备改造，争取流动资金贷款，解决资金不足；(3)组织专业化协作配套，解决部分企业任务不足的困难。轻工机械厂出口任务足，把部分零配件扩散给亏损企业拼茶塑料农机厂生产，减少了亏损。如东县塑料二厂的塑料糖罐给华丰生产社生产，使其扭亏为盈。由于领导重视，措施得力，组织力量到亏损企业蹲点，帮助企业改变了面貌。该公司1985年有6个亏损企业，亏损18万元。1986年减少为4个亏损企业。亏损3.35万元，亏损金额下降81.4%。

企业内部经济责任制，在自费套改工资一部分进入成本后，资金来源有所增加，有些企业从基本工资中拿出小部分与奖金、加班工资捆在一起，随经济效益指标完成情况浮动，取得了一定效果。市自行车总厂零件、电镀车间以基本工资小部分与奖金、加班工资捆在一起，实行超定额计件，调动了职工的积极性，保证了全年56万辆增产计划的完成，实现利锐达2 200万元。启东造纸厂推行了“五定承包计酬制”，把经济责任制落实到班组，健全了考核制度，把考核重点放在节约煤、电、浆、碱的消耗上，全年增产节约共计

102万元，消化了外部提价增加成本92万元的不利因素。海安县辐条厂把推行经济责任制和全厂目标管理结合起来，把实现全厂目标利润120万元，辐条产量2.6亿支，曲柄肖1 800万只，与职工人均收入1 300元，包括奖金300元挂起钩来，把全厂目标层层分解落实，合理修订定额，使职工有产可超，调动了全厂职工的积极性，超额完成了原定目标，实现利润150万元，完成辐条2.9亿支，曲柄肖1 800万只，创历史最好水平，职工人均收入达1 500元，其中奖金从300元增加到500元。

【职工教育】 1986年全员培训12 811人，占职工总数的27.5%，其中：高等教育1 513人，占学习人数的7.42%；中等专业教育319人，占2.5%；高中教育1 471人，占11.48%；初中教育868人，占6.8%；小学扫盲65人，占0.5%；干部技术业务进修337人，占2.6%；工人技术业务培训8 800人，占68.7%。1986年的培训工作有如下特点：(1)进一步明确了围绕生产办学的方针，使全员培训工作有了新的发展，目前正在向按需为主、技术业务为主和中高级方向发展；(2)重点比较突出，职工技术业务培训发展快。采取了系统内组织自培与外系统、省内兄弟市联办，以及送外系统培训三种形式。玻璃行业第一期培训班已结束，制浆造纸、轻工机械都已开学；(3)适应了生产需要，调动了办学单位的积极性。造纸、二轻机械、塑料等行业技术培训服务分站已陆续建立，南通造纸厂为办好中培联校加强了领导，配备了人员。南通市玻璃二厂、工具厂领导也积极支持办好本行业中培班。

1986年还举办了一期转业干部企业管理培训班，共33人，为期4个月，为转业干部适应轻工业管理，工作打下了初步基础。

（陈　豪）

连云港市轻工业

【连云港市轻工业公司】 连云港市轻工业公司系统共有33个企业，1986年底，有职工11 923人。全年完成工业总产值16 395万元，比1985年增长4.5%，其中中外合资企业完成产值704.7万元，增长11.6%。实现利润833万元，比1985年下降17.7%，出现三个亏损企业。28种国家、部、省下达的计划产品，有12种完成和超额完成计划。(主要产品产量完成情况见附表)。产品质量稳定提高率达到70.9%。优质品率达到27.17%，比1985年提高3.17。开发新产品18项，鉴定投产12项。全年完成基本建设和技术改造项目45项，完成投资额3 231万元。1986年工业净产值4 754万元，比1985年增长16.1%，实现税金969万元，比1985年增长2.2%。

主要产品产量

产品名称	计量单位	1986年产量	1985年产量	1986年比1985年+(－)%
机制纸及纸板	吨	18 100	16 983	6.58
啤酒	吨	15 770	14 197	11.08
日用玻璃	吨	7 393	5 223	41.55
罐头	吨	10 403	10 373	0.29
酒精	吨	4 290	3 347	28.17
果露酒	吨	1 244	563	120.96
火柴	万件	28.43	34.37	－17.28
柠檬酸	吨	1 888	1 622	16.4
铁锅	万口	49.98	42.8	16.78
剪刀	万把	17.96	16.4	9.51
服装	万件	174	157.8	10.27
酶制剂	吨	2 873	1 945	47.71

1986年，连云港市轻工业公司系统的生产面临原材料价格上涨，能源紧张等许多不利因素，抓了四个方面的工作：①调整产品结构，增强企业竞争能力。首先，对全系统产品进行排队，分析市场行情，按国内外市场需要研究对策，大力增产啤酒、山楂酒、水果、蔬菜罐头等适销对路产品和出口创汇产品。1986年完成出口产品产值5 365万元，比1985年增长45.43%，出口产品产值占总产值的比重由1985年的23.5%上升到32.8%。其次，加强市场预测和情报调研工作，大力开发新产品。墟沟玻璃厂开发了仿生物玻璃系列烟具等新产品，打开了销路，企业扭亏转盈。与轻工业部太原日用化学研究所技术合作的两性表面活性剂——咪唑啉，为我国填补一项空白产品。第三，坚持质量第一，以优取胜。将33个企业分成3个档次加强质量管理，全系统产品质量稳定提高率达到70.9%。优质品率达到27.17%，比1985年增长3.17%。②抓好产品推销，清仓利库。落实销售鼓励政策，调动供销人员积极性。组织和参加各种订货会、展销会，宣传产品，建立产品形象。全系统有20%的厂长、70%的副厂长带领销售人员，走南闯北，公司领导带领有关人员参加边境交易会，搞活经营。1986年，全系统产成品占用资金由上半年的2 175.6万元下降到年底的1 656.7万元，压缩了520万元。全年实现销售收入14 864.3万元，比1985年增长11.9%。③抓好企业内部的分配制度的改革，搞活企业。从一季度开始，在全系统范围内，从整顿劳动定额、奖金定额和物资消耗定额入手，重新修订了经济责任制，有75%以上的企业实行了浮动工资及其他形式的工资制度，调动了职工积极，性，企业出现了活力。1986年，集体企业实现利润

175.3万元，比1985年增长15.3%。④利用本地资源，抓好技术改造，增强企业后劲。第一，利用连云港市对外开放的有利条件，利用外资，引进芦笋罐头生产线，新增3 000吨芦笋罐头生产能力；引进低克重纸机，新增3 500吨的出口卫生纸。第二，利用苏、鲁、豫、皖产棉区的棉短绒资源，开始扩建2万吨棉浆板工程，项目已破土动工。投产后，利用棉浆板原料扩大出口卫生纸的生产，棉浆板供国家调配和出口。第三，做好中日合资的江苏三得利食品有限公司的扩建工程，形成年产3万吨啤酒、1万吨大麦芽的生产能力。第四，利用本市经济技术开发区的有利条件，与开发区合营，引进日本的纸塑复合包装线。

为便于轻工业职工的技术培训和文化培训，连云港市轻工业公司于1986年自筹资金45万余元，建成了一座占地7 500m²，教室、会议室、办公室、休息室配套的1 320m²的“轻工教育中心”教学大楼。

（苏礼霞）

【连云港市工艺美术工业公司】 连云港市工艺美术工业公司1986年共有企业8个，其中7个集体所有制企业，1个全民企业(还没有投产)，职工1 145人。

1986年完成工业产值1 376万元，比1985年减少50%，如果剔除黄金首饰不可比因素则比1985年增长34.5%；销售收入完成1 429万元，增长98.6%；利润总额完成114万元，增长58.8%；销售税金完成48万元，增长52.4%；定额流动资金周转天数94天，比1985年减少55天；可比产品成本217万元，上升12.4%；全员劳动生产率11 824元。全年无亏损企业。

1986年，公司以港口、开放城市为优势，以名优产品为龙头，大力发展横向经济联合，先后成立了连云港编织工艺品公司、连云港贝雕总厂等经济联合体。从而，扩大了生产和出口创汇能力。连云港编织工艺品公司原先是个只有64名工人的集体小厂。1986年初与苏、鲁、豫、皖接壤地区的25个单位进行横向经济联合，形成了松散型的联合群体，在10月份与其中的17个企业建立了半紧密型联合体，成立了连云港编织工艺品公司，主要生产出口柳制品，全年完成产值比1985年增长2.6倍，实现利润增长4倍多。1986年，公司出口商品交货总值502万元，比1985年增长79%，其中柳制品增长2.7倍，桐木制品增长84%，其它出口工艺品比上年略有提高。

1986年初，公司对集体企业全面推行了经济承包责任制，并制定了一系列包、保、核制度。各厂根据本厂生产流程、工艺制作的不同情况，实行了纯计件工资制、超定额计件工资制、浮动工资制等多种形式。从而调动了职工的积极性，增强了企业的活力。连云港贝雕总厂实行的“三类九档累进工资制”，优质多奖、优产多得，拉开了工资档次，克服了人浮于事，长期吃大锅饭的弊端。如：同样工种技术级别差不多的两个工人，一个人月工资拿到180元，而另一个工人仅拿42元。年底这个厂在全省轻工行业作了经验介绍，被评为市先进企业。

1986年公司注重了产品结构的调整和新产品、新品种的开发。连云港编织工艺品公司，对我国传统的柳编工艺进行大胆的设计创新，共开发了300多个新品种。这些产品除了在式样和制作上有创新外，在原材料的选用上也有了新的突破，其中柳草结合、柳纸结合、柳瓷结合和柳木结合的柳制品在国内属首创，在春秋两季广州交易会上，成交额达100多万元，居全省同行业之首。贝雕工艺品全年一直是供不应求，一方面是保证了部优质产品的质量；另一方面是针对不同地区的风俗习惯、文化水平和欣赏角度的差异，对贝雕工艺品的色调、构图选型的要求不一，进行定点、定向设计。全年共开发了100多个花色品种投放市场。其它还开发了金银首饰系列产品，金属立体摆件。玉雕、羽毛画的品种也有更新。

（肖开山）

【连云港市皮革塑料工业公司】 1986年底，连云港市皮革塑料工业公司下属12家企业，其中全民所有制企业5个，集体所有制企业7个；职工总数4 470人，其中全民所有制企业职工2 213人，集体所有制企业职工2 257人；拥有固定资产（原值）38 156万元。

全公司1986年生产保持了旺盛发展的势头。全年完成工业总产值达7 952万元；比1985年增长11%；主要产品产量完成情况见附表；实现利税785.1万元，比1985年增长21%；全员劳动生产率达18 319元，比1985年增长4.8%；销售总额达8 005.5万元，比1985年增长14.3%；实现利润445.3万元，比1985年增长25.4%。

1986年，由于原材料短缺、价格上涨，电力供应紧张，严重影响了企业生产的正常进行和生产能力的发挥，据统计资料分析，全系统由于原料涨价，增加成本约388万元；电提价增加成本86万元，调整产品税率增加成本6万元，征收城市建设税增加成本34万元，职工调资进入成本62万元，合计545万元，再加上因停电和原材料短缺等因素而造成停产损失40万元，企业增本减利高达600万元，相当于全系统实现利润额的1.4倍。在困难条件下，连云港市皮革塑料工业公司切实做好为企业服务工作，为企业排忧解难，疏通供产销渠道，加强企业管理，增强企业内部消化吸收能力，实现了经济效益持续、稳步提高。全公司消灭了亏损企业，年利润超百万的企业由1985年的1个增加到3个，占全公司企业数的25%，连云港市塑料

主要产品产量

产品名称	单位	1986年产量	比85年增长(%)
皮革	万张	24.32	14.7
皮鞋	万双	26.01	0.8
人造革包	万个	9.45	-4.5
衣箱	只	20 967	104.5
出口手套	万付	18.29	10.2
塑料制品	吨	9 124.43	13
聚酯拉链	万米	245.75	95
电石	吨	4 524	-11.7
烧碱	吨	4 160	1.2
2379酯	吨	412	25.6
聚氯乙烯树脂	吨	1 300	-22.2
盐酯	吨	2 740	10.7
液氯	吨	893	20.2
地毯	m^2	3 009.49	25.2

厂、连云港市制革厂首次突破年利润百万元大关。连云港市塑料五厂产值利润分别比1985年增长80％。

1986年，公司积极引进先进技术，对现有企业进行技术改造，技改投资额完成1 189.5万元，引进了PVC板材、PU发泡床垫、双色注塑鞋、无毒PVC管材、管件、KB-50中空成型机、背心袋生产线等项目，有引进项目的单位占全公司所属企业的58％。同时，加强了内联工作。连云港市电化厂与盱眙天明化工厂合资生产瓶装乙炔、与轻工部二轻公司合资生产糊状树脂；连云港市地毯厂经省土畜产进出口公司牵头与大丰县、淮安地毯厂三家联合成立地毯联营厂等。

连云港市皮革塑料工业公司新产品开发步伐加快、产品质量提高、品种增加。全年开发新产品、新品种60种，其中新产品开发已完成10项，鉴定投产的有5项。新产品、新品种新增产值1 250万元，占公司总产值的15.7％。同时，所属企业普遍开展了产品质量普查活动，推行全面质量管理，强化质量检验机构，完善检测手段，初步形成了质量管理网络。1986年全系统检查考核的35种主要产品，质量合格率平均达95％以上，质量稳定提高率达80％。撕裂薄膜、压延薄膜等产品的优质品率达100％；连云港市塑料厂的乙纶渔网和连云港市塑料包装制品厂的交叉复合重包装袋两个产品获江苏省优质产品称号；连云港市塑料四厂的PP编织袋、连云港市塑料包装制品厂的普通人造革在江苏省塑料行业四大产品评比中同获第二名；连云港制革厂在江苏省皮革行业的检查评比中获得第三名；同时，单丝、渔网、人造革、编织袋等产品分别获得连云港市优良产品奖。

职工教育工作有了较大的发展，全系统中级技术工人培训超额完成上级要求的3—5％的指标，培训97人，占应培对象的7％；1986年举办班组长培训班4期，共99人，受培面达28％；送高校全科学习22人，中专技校学习3人，高中文化学习183人，年终统计在校生374人，占职工总数8.7％；举办六期各类专业培训班，培训157人；公司举办了两个电视大学教学班，在校生58人；两个职业高中班，在校生110人；全公司125名干部参加《政治经济学》(社会主义部分)的正规化理论学习和考试，合格率达100％；连云港市皮革塑料工业公司被江苏省轻工厅和连云港市人民政府评为1986年度职工教育先进单位。

(刘连喜　童良)

浙　江　省

浙江省一轻工业

【概况】1986年，浙江省一轻系统归口企业493个，比上年增加5个，其中全民所有制企业402个，集体企业91个。职工180 451人，其中全民企业162 866人，集体企业23 585人。

1986年实现工业总产值398 811万元，比1985年增长13.71％。按财务口径统计，全年实现税利129 954万元，比上年增长14.02％，其中税金92 114万元，比上年增长16.16％，利润37 840万元，比上年增长9.12％(产值和税利中含烟草工业)。在原材燃料提价，职工工资福利和各项费用支出增加的情况下，仍取得了较好的经济效益。据393个全民企业统计，1986年产值增长12.63％，销售收入增长20.33％，税利合计增长11.61％，利润增长10.5％。全员劳动生产率为18 345元，比上年提高3.8％。万元产值的综合能耗折标准煤为3.17吨，比上年降低4.23％，全年节约原煤40 000吨，燃料油2 800吨，电力3 700万度。

适销对路产品扩大，产量增长较快，46种计划产品有42种是畅销和适销的。

产品质量提高，新产品开发进展较快。对20个主要产品的25个质量指标分析，比上年稳定和提高的有20个，占75％。在部和省组织的质量评比中，有5个产品获得全国同行业评比第一，有17个产品被评为部优质产品，84个产品被评为省优质产品。在“四新产品”开发方面，被列入部和省新产品开发计划的180个项目，已通过新产品鉴定的有44项。全年共试制成功新产品279种，其中已投产的有159种；新品种348种，其中已投产的220种；新花色401种，采用新包装103种。试制投产的新产品创造产值达8 929万元。试制投产的新产品大都畅销国内外市场，如三门电冰箱、

主要产品产量

产品名称	单位	1986年产量	1985年产量	1986年比1985年增长%
机制纸及纸板	吨	338860	327160	3.58
日用玻璃制品	吨	142170	114008	24.7
铜版纸	吨	13157	8896	47.89
自行车	万辆	191.03	169.7	12.6
圆珠笔	万支	4245	4043	5
香精	吨	1717	1447	18.66
罐头	吨	123113	126464	−2.65
灯泡	吨	5102	4681	9
合成洗涤剂	吨	24025	19086	25.86
黄酒	万吨	11400	15003	−24.02
啤酒	万吨	34.9	24.7	41.3
肥皂	万箱	497	466	6.65
日用搪瓷制品	吨	5975	5255	13.7
日用陶瓷器	万件	14573	14065	3.64
保温瓶及瓶胆	万只	1053	1048	0.48

117立式钢琴、高折射玻璃微珠、高效荧光灯具、蘑菇醛等，不仅受到国内消费者的欢迎，而且有的已开始进入了国际市场。

出口产品增长幅度较大。1986年，由于国家实行了一系列鼓励出口的优惠政策，进一步调动了企业增产出口产品的积极性，全年外贸收购出口产品总值35 156万元，比上年增长35.18%，出口产品总值已占工业总产值的10.7%。

主要出口产量及数量：罐头69 911吨，炼乳2 661吨，绍兴酒8 521吨，青瓷83万件，硬脂酸947吨，骨胶266吨，肥皂1.6万箱，铁壳热水瓶及瓶胆122万只，搪瓷杂件93万只，闹钟5.2万只，干电池39万打，机制纸15 514吨，书写纸4 107吨，卷烟纸3 526吨，拷贝纸682吨，打字蜡纸23万盒，卫生纸692吨，自行车2.4万辆，自行车零件930万元。

除了增产传统和名优出口产品外，各企业还努力开发新产品和新品种。外贸部门第一次收购的产品有石英钟5万只，三门电冰箱400台，钢琴50台等，有的产品已挤入国外市场，扩大了影响。有些产品如龙泉青瓷、长兴紫砂产品、搪瓷杂件等，按照国外市场的要求，做到小批量、多品种快交货，受到了外贸部门的好评。

科研、教育事业有了发展。有3个项目获得轻工部的技术进步奖，20个项目获得浙江省科技进步奖，其中杭州酒厂和浙江大学联合研究成功的食用高级酒精的提纯技术，获得省科技成果二等奖，这项成果已投入了生产，取得了较好的经济效益。

在人才开发方面，浙江轻工和造纸两所中专学校毕业生162人，比上年增加43.3%，在校学生646人，比上年增加46.8%。参加各类高等学校学习的职工2 238人，已毕业的有328人；参加中等学校学习的有913人，已毕业的有63人，全系统各类工程技术人员达3 771人，比上年增长10.9%，工程技术人员占职工总数的2.02%，各地还举办了各种技术业务培训班，参加培训的干部和工人达6 647人，占职工总人数的3.56%。

1986年，浙江省啤酒社会总产量53.2万吨，比上年增长53.6%，产量跃居全国第一。其中一轻系统企业生产的有34.9万吨，比上年增长41.3%。

浙江啤酒工业起步较迟，但近几年来发展速度一直很快。一轻系统企业“七五”第一年的啤酒产量比“六五”第一年增长4.6倍，平均每年增长92.7%。不仅产量增长快，而且质量也上得很快。1984年在全国啤酒评比中，杭州啤酒厂生产的西湖牌啤酒获得了金杯奖，海盐啤酒厂的海燕牌啤酒获得银杯奖。1985年，西湖牌啤酒获得国家银质产品奖。1986年，又有南极、浪花、浙东、双龙洞、海狮、白鹿城、舜江等7个牌子的啤酒被评为浙江省的优质产品。

【基本建设和技术进步】 1986年，浙江一轻工业在建项目68项，固定资产投资计划工作量12 755万元，财务数21 423万元；年末完成投资工作量12 312万元，财务数18 027万元，分别完成年计划的96.53%和86.95%。在建设工作上，重点突出了技术改造和引进先进技术。完成了23个技改项目的扩初设计和实施方案的审批。对“七五”期间大中型骨干企业的技术改造项目，经过组织专家论证，已有华丰造纸厂、杭州热水瓶厂、绍兴酿酒总厂、新华造纸厂、舟山水产食品厂等五个企业，被批准列入全国第二批大中型企业的技改计划。全年在建技改项目50项，以罐头、啤酒、造纸和日用化工行业的项目居多。完成投资工作量72000万元，财务数10 261万元。新增固定资产6 925万元，其中技术改造新增固定资产5 205万元。固定资产交付使用率为72.3%。

1986年，建成投产项目22个，其中技改项目17个，新增生产能力主要有：啤酒2.2万吨，黄酒1.04万吨，罐头8 000吨，饮料制品600吨，味精500吨，铜版纸6 600吨，电容器纸30吨，茶叶滤纸1 000吨，自行车油漆件40万付，缝纫机15万架，变色眼镜片35万付，罐头涂料铁4 000吨，香皂3 000吨，这些生产能力在正常生产情况下，每年可新增产值14 228万元，税利3 296万元，创汇90万美元。

在引进国外先进技术设备工作方面，1986年新批准引进项目9个，总投资2 860.53万元，需用外汇537.13万美元。已经批准可行性研究报告的引进项目，对外签约成交的有9项，合同金额为207.1万美元。全年在建引进项目（包括历年结转项目）共40项，总用汇额3 864.8万美元，年底止已有10个引进项目建成投产，开始发挥经济效益。

【推行经济责任制】 1986年，企业管理工作迈开了新的步子，重点推行了经济责任制。全系统已有三分之一以上的企业实行了厂长负责制，其中一部分企业同时实行了厂长任期目标制。嘉兴民丰造纸厂和杭州手表厂被评为全国和轻工部的企业管理优秀单位。对自行车、缝纫机、手表、日用玻璃、电光源、罐头、啤酒、制盐等13个行业制订了省、地（市）级的先进企业标准，并已选择11个管理基础较好的企业作为第一批企业升级的试点单位。

各地主管部门同企业签订的经济责任制形式主要有：1.工资总额与上交税利挂钩，上下浮动，使国家、企业和职工的三者利益紧密结合起来，达到“水涨船高”,促进企业改进经营管理，提高经济效益；2.签订经济承包责任制合同，超过承包部分给企业和厂级领导一定的奖励，无正当理由完不成承包指标的要受到一定的经济处罚；3.对经济效益提高显著的企业，增加职工奖金额度。如绍兴市和嘉兴市，规定利润比上年增长10％的企业可以多发一个月奖金；4.同意企业把一年一个半月的加班工资同奖金一起捆起来使用，以增加奖金额度；5.规定企业可以从留利中提取1－2％，作为厂长基金，厂长有权使用这项基金。

企业内部实行经济责任制的形式，更是“百花齐放”,办法多样。主要有：1.把部分工资同奖金捆起来浮动，拉大差距，奖勤罚懒。工资参加浮动的额度和比例有多有少，一般占10－30％，也有个别企业实行全额浮动。2.实行不同类型的计件工资制。3.企业内部划小核算单位。实行车间、科室和班组经济承包。4.实行百分计奖、计酬经济责任制，把产量、质量、消耗、安全、出勤率等指标化解为一定分数，按照完成情况，给予记分计奖或计酬，使职工的经济利益更具体化，看得到，算得清。5.单项承包。对技术攻关、原材料采购、产品销售、节约原材料和能源等可以单独计算的项目，确定奖金额度，实行经济承包。6.工时定额和超定额计奖责任制。对机修工、保全工等规定每月完成的工时定额，超过定额工时的给予多少不等的奖励。除此之外，还有超定额计件、联产计酬、联质计奖、联合承包、超利润提奖、科室车间一条龙承包、责任系数计奖等。实践证明，实行经济责任制，进一步理顺了分配关系，对改善企业经营管理，提高职工的生产积极性和企业的经济效益都起到了良好的作用。1986年，浙江一轻工业能够实现生产发展与经济效益同步增长，与推行经济责任制是直接有关的。

【横向经济联合】 1986年，浙江省一轻工业贯彻执行国务院《关于进一步推动横向经济联合若干问题的规定》,跨地区、跨行业、跨所有制的横向经济联合有了新的发展。突出表现在：

1．参加联合的企业增多，范围进一步扩大。据不完全统计，全系统已有144个企业开展各种形式的经济联合，比上年增长84.6％。杭州市一轻系统已有93％的企业同310个单位开展横向经济联合，经济联合的单位比上年增加65％，辐射面从1985年的12个省、市、自治区，发展到1986年的21个，并同美国、日本、联邦德国、意大利、法国、荷兰、英国、丹麦等国家及港澳地区的一些厂商开展了经济技术协作活动，经济联合和协作项目达201个。

2．联合形式开始向紧密型、高层次方向发展。为了开发灯饰产品，已集资成立了浙江灯饰成套联合公司，组织上虞、瑞安、杭州、椒江、安吉、萧山等地的灯泡、灯具、玻璃、陶瓷、模具等工厂联合生产灯饰成套产品。杭州市轻工系统已建立了有50个单位参加的4个经济联合群体。杭州、嘉兴、温州、丽水、绍兴等市已同商业、供销社、外贸等部门合办了20个联合企业，增强了适应国内外市场变化的能力。

3．在开展短期单项性合作的同时，更注重向长期稳定型方向发展。罐头、乳制品、酿酒、香精香料等行业积极在农村开发原料基地，与农民建立长期的经济合作关系，有的还同当地合资办了分厂，为工厂提供初加工产品。杭州香料厂与黄岩县和磐安县合办了两个分厂，1986年已提供天然香料25吨，合成香料30吨，不仅促进了当地经济的发展，也为该厂发展生产提供了原料来源。杭州市一轻系统横向经济联合的项目中，有一百多个是属于增强企业发展后劲的项目，对今后的发展将会产生重要的作用。

4．注重与大专院校、科研单位开展经济技术联合。据初步统计，全省一轻系统企业已同中国科学院、上海光机所、复旦大学、浙江大学、浙江工学院、军事学院、上海硅酸盐研究所、北京太阳能研究所等几十个单位进行了经济技术合作，共同发展的主要新产品有高折射玻璃微珠、大环麝香、蘑菇醛、稀土防紫外线玻璃容器等。

5．联合的经济效益明显增长。据不完全统计，1986年通过横向经济联合，实现工业产值51 511万元，比上年增长116.7％，利润5 514.9万元，比上年增长71.9％。

1986年，横向经济联合虽然发展较快，但从全省来看仍然存在着不平衡，杭州、舟山、金华、绍兴等地步子比较快，有的地方由于领导思想认识不足，政策、体制上障碍较多，步子迈得不快。（章庆荣）

浙江省二轻工业

【概况】 1986年，浙江省二轻工业共有企业 3 698 家（其中：全民所有制企业47家、集体所有制企业 3 637家、各种合营企业14家）；职工 557 115 人（其中：全民所有制企业职工18 022人、集体所有制企业职工535 521人、各种合营企业3 572人）。

全省完成工业总产值80.5亿元，比上年增长13.9％，净增产值9.82亿元。占全国二轻工业总产值的比重由上年的8.99％上升到9.5％，仅次于广东省，居全国同行业第二位。继1985年全省20个市、县二轻工业总产值突破亿元后，1986年，又有象山、黄岩两个县二轻工业总产值也突破亿元关。就行业而言，除缝纫业、工艺美术制造业完成产值比上年下降外，其他 9 个主要行业均比上年增长。

主要产品产量

产品名称	计量单位	1986年产量	1985年产量	1986年与1985年对比＋(－)％
塑料制品	吨	156924.45	153172	2.4
家用洗衣机	万台	132.58	115.18	15.1
家用电冰箱	万台	13.71	8.24	66.4
皮革	折牛皮万张	320.06	279.19	14.6
皮鞋	万双	1097.96	1034.51	6.1
家具	万件	309.60	289.26	7.0
钢骨伞	万把	1135.98	848.86	33.8
家用电风扇	万台	246.94	199.22	24.0
日用精铝制品	吨	7262.84	5449	33.3
日用不锈钢制品	吨	920.12	476	93.3
二轻机械	吨	23599.77	15586	51.4
地毯	万平方米	50.15	37.58	33.4
玩具	万元	4064.59	2768.25	46.8
抽纱	万元	11023.01	6352.43	73.5
绣衣	万元	5897.86	2918.63	1.0

质量提高品种增加，省考核的17种主要产品的质量稳定提高率为82.35％，优质产品率达12.47％。各地开发“四新“产品 9 600 多种，有 100 种新产品填补省内空白。另外，还有90种产品获浙江省名优新特产品金鹰奖。

技术改造有了新进展，全省安排落实技术改造、基建项目 399 项，总投资35 671万元，其中：自筹资金 6 644 万元，各种贷款28 927万元。在技术改造和基建项目中，引进项目39项，计划用汇1 469.55万美元。成立中外合资企业 6 家，引进外资 395 万美元。这 6 家中外合资企业是：温州艺联工艺服装有限公司、余杭兰美塑料有限公司、宁波阀门有限公司、宁波新宇玛瑙有限公司、余杭中新石材有限公司、余杭杭泰塑料有限公司。此外，还争取补偿贸易 4 项，补偿金额 146 万美元。到年底，已竣工投产的技术改造和基建项目 191 项，可新增年产值58 147万元，新增税利8 553万元。

经济效益逐步回升。1986年，浙江二轻工业面临着原材料涨价、各类费用增加的困难，一季度，全省二轻工业利润比上年同期下降9.04％。通过各地努力，情况逐月好转。全年实现税利 10.37 亿元，比上年增长0.59％。其中，为国家提供税金总额达6.46亿元，为利润总额的102.87％，为集体工业企业留利总额的4.65倍。但亏损企业由上年的 233 户增加到 398 户，增加亏损1 164万元。全员劳动生产率由上年的13 761元，提高到15 127元。

1986年在物资供应上，计划供应的比重小，各级二轻供销部门采取多种形式，扩大计划外物资特别是短线物资的采购。据不完全统计，全年组织计划外钢材15万吨。省二轻供销公司组织的计划外紧缺原材料有：薄钢板12 175吨、矽钢片590吨，铝3 130吨、胶合板1 214立方米、人造丝141吨，省二轻工业总公司与华能原材料公司开展横向经济联系，落实专用外汇1 010万美元，组织进口冷轧薄板11 000吨、马口铁10 000多吨，从而确保了电冰箱、洗衣机等适销产品的增产。省二轻供销公司、皮塑公司还积极支持小商品生产，在供应原材料时让利 300 万元。在产品销售上，各级二轻工业主管部门积极组织各种展销会、订货会，帮助基层企业疏通产销渠道。省二轻供销贸易中心召开的看样订货会，免费为基层企业提供交易场所，通过本身的业务渠道，邀请全国商业代表近千人，成交额达 1 亿元，基层企业比较满意。

【企业改革进一步深化】 浙江省各级二轻工业主管部门，根据当地集体所有制企业比重大、行业多、企业小的特点，着重在增强企业活力方面，探索各种改革措施。在完善经济责任制方面，推广了杭州、兰溪市将全部或部分定级、升级、套改工资与奖金捆起来浮动，扩大了浮动工资的比重，搞活了奖金分配。据对1 139家企业调查，实行工资全额浮动、工资部分浮动、工资奖金与企业经济效益挂钩浮动等分配办法的企业约占40％。到1986年年底，全省实行各种形式经济责任制的企业约占企业总数的80％。兰溪市按照企业的不同类型，采取多种形式的经济责任制，充分调动了各方面的积极性，有力地促进了生产发展。1986年，该县完成工业总产值1.38亿元，比上年增长22.1％；全员劳动生产率达到18 656元，比上年提高18.2％；

实现利税2 128万元，比上年增长15.78%；全县25家企业无一亏损，职工人均收入比上年增长17.7%。在推行厂长负责制方面，全省厂长负责制的试点企业已扩大到300余家，接近全省二轻工业企业总数的10%。在此基础上，普陀、定海等县还试行了厂长任期目标制。定海县二轻工业总公司在推行厂长任期目标制中规定，厂长任期每届为三至五年，确定以1985年产值、利润实绩为基数，至1990年两项指标翻一番为总目标，给厂长在任期内以八大权力，即生产经营决策权和指挥权，中层干部任免权，职工奖惩权，抵制平调摊派权，行政机构设置权，产销安排和价格浮动权，企业资金、物资处置权，向上级主管部门请求裁决权。同时，还对厂长任期届满或中途调离严格了审计手续。这样，调动了厂长的积极性，奖惩分明，有利于长规划、短安排，增强企业的发展后劲。在探索企业所有权与经营权分离方面，绍兴市已有10家二轻集体所有制企业试行了股份制；平阳县还对9家长期经营不善的小企业进行清理，分别采取转让、变卖、抵押、租赁、承包的方法，让企业恢复生机或关停歇业。在解决退休职工老有所养方面，全省已有20多个市、县实行了退休费统筹，改善了退休职工的生活条件。在发展横向经济联合方面，全省约有1 000多家企业加入了跨地区、跨行业、跨所有制的联合体。浙江省二轻工业总公司与华能原材料公司合资组建的浙华联合开发公司已于11月1日签约，利用华能原材料公司在国内开发和国外进口的原材料，发挥浙江省二轻工业企业现有生产设施和生产技术的潜在力量，进行原材料的深度加工，发展能源交通和轻工市场所需的产品。

【出口产品迅猛发展】 1986年，全省二轻工业出口产品生产创历史最高水平，完成出口交货值11.61亿元，比上年增长68.5%，超过1983年、1984年两年出口产品交货值的总和。出口产品占全省二轻工业总产值的比重已由上年的9.8%提高到14.4%。

1986年底，全省78个市、县中，有71个市、县的570家企业从事出口产品的生产。杭州、宁波两市的市区出口产品交货值均已超过1亿元，出口产品交货值超过2 000万元的县（市）已由上年的9个增加到14个。萧山花边厂，乐清乐申鞋厂、海宁皮件厂、台州麻帽草编厂、台州绣衣厂、温岭花边厂、湖州南浔皮件厂、杭州棉毛针织厂等8家企业的出口产品交货值超过1 500万元；交货值在500万元以上的还有50家企业、浙江塑料机械厂、杭州张小泉剪刀总厂等6家企业，已被国务院机电出口办公室批准为出口基地企业和外贸扩权企业。

按11种主要大类出口产品分析，1986年的出口交货值均比上年有较大幅度增长、。增长幅度超过全省平均水平的有日用电器、仪表机械、纺针织品、文体用品、服装等。抽纱、建筑用金属制品、电冰箱、洗衣机、电风扇、皮衣、皮鞋、玩具、折伞等出口交货值均比上年增长1倍以上。此外，新增和恢复出口的产品有183种，完成出口交货值9 070万元，占全省二轻工业出口产品新增交货值的19.2%。

浙江二轻工业在发展出口产品生产中，坚持开拓新的出口渠道，在确保本省口岸需求的前提下，实行多口岸出口。1986年，省外口岸收购的出口产品占全省出口产品交货值的30.1%。在新增和恢复出口的183种产品中，有77种产品是省外口岸出口的。萧山县通过市场调查，积极开辟新的出口渠道，使出口产品生产迅猛发展。全县出口产品生产企业已由上年的8家增加到14家，出口产品的品种由上年的20多种增加到58种。1986年，该县出口产品交货值达6 658.7万元，比上年翻了一番。浙江省工艺品进出口联合公司发挥工贸联合的优势，自营出口的品种由上年的66种增加到69种；出口创汇也由上年的4 214万美元增加到5 484万美元，增长30.1%。

【百种新产品填补省内空白】 全省开发新产品、新品种、新花色、新包装9 600多种，新增产值9亿元左右，约占全省二轻工业总产值的11%，KC-14型家用空调器、GJ4C6-160(180)型绷平干燥机、气动园艺剪、圆棒接榫空芯板板式家具、SM系列塑料光导纤维、双缸半自动洗衣机等100种重点新产品通过省级鉴定，填补了省内空白。

在组织基层企业开发“四新”产品的过程中，各级二轻主管部门着重抓了四项工作：(一)分级制定新产品试制计划。省、市、县二轻工业部门确定专人抓好这项工作，项目落实到人，限期完成。对列入省、市计经委新产品开发计划的项目，在新产品通过鉴定、正式投产后，可享受减免税，从而调动了基层企业开发新产品的积极性。(二)积极为基层企业提供信息。省二轻工业总公司通过各种刊物、简报等形式，向基层企业提供国内外新产品信息上千条；从国外引进日用消费品样品628件（套)，组织仿制创新；自行组织和参加全国、全省名优新特产品展览4次，开阔视野、交流成果。(三)科技攻关和新技术推广应用。全省完成省级科技攻关项目10项，新技术推广应用10项。在推进技术进步方面也做了很多工作。浙江塑料机械厂、宁波铝制品二厂、湖州市德泰顺制革厂荣获浙江省技术进步先进企业全优奖；丽水金笔厂、兰溪市塑料总厂、海宁制革厂、台州麻帽联营总厂、浙江皮革化工厂获浙江省技术进步先进企业单项奖。杭州洗衣机总厂和杭州电扇总厂还获全国技术进步单项奖。(四)从资金上扶持新产品开发。有65项重点科技项目，通过轻工业部、省计经委、省科委拨款317万元、贴息贷款586万元。省二轻工业总公司也拨款134.5万元，对77项重点新产品开发给予资金上支持。各级二轻工业主管部门也拨款弥补新产品试制费。解决了基层企业资金不足的困难。

1986年，开发的重点新产品当年投产并见效较好的有：GJ4C6-160(180)型绷平干燥机（湖州皮革机械总厂）、管膜法双向拉伸聚丙烯薄膜(海宁塑料厂)、双缸半自动洗衣机(杭州洗衣机总厂)、圆棒接榫空芯板板式家具（海宁家具总厂）。

【获奖产品居历年之冠】 全省创省以上优质产品175种，比上年增加50种，是建奖以来获奖最多的一年。其中，获国家银质奖1种，全国工艺美术百花奖金银杯奖6种；获轻工业部优质产品证书的28种；省优质产品证书的140种。全省优质产品产值达10.05亿元，比上年增长42.14%，占全省二轻工业总产值的12.47%。

在抓好创优的同时，各级二轻工业主管部门十分重视产品质量，使主要产品的质量保持稳定和提高。省二轻工业总公司对41家企业的17种重点产品进行质量考核，质量比上年改善的有14家企业，占34.15%；与上年相比，质量保持稳定的有21家企业，占51.22%；质量下降的有6家企业，占14.63%。17种重点产品中，质量比上年改善的有猪皮绒面服装革、双缸洗衣机、冰箱、普通电熨斗、民用剪等5种，占29.41%；质量保持稳定的有塑料机械、胶粘皮鞋、唱片片基、编织袋、空调器、普通门锁、绣衣、钢骨晴雨伞、男衬衫等9种，占52.94%；质量下降的3种，占17.65%。宁波洗衣机总厂认真听取消费者意见，从产品设计、工艺技术到零部件配套、销后服务等生产流通全过程进行整改，并加强了质量保证体系，推行全面质量管理，使产品质量明显提高，新乐牌双缸洗衣机一次送检合格率由上年的82.06%提高到87.6%，被评为轻工业部和浙江省优质产品。浙江塑料机械厂和宁波铝制品二厂还分别获得轻工业部和浙江省质量管理奖。

产品质量的提高建立在管理工作加强的基础上。到1986年底，全省已有78家企业全面质量管理验收合格；245家企业标准化整顿验收合格；277家企业计量考核合格（其中：二级计量考核合格企业14家）。另外，还新制（修）订省企业标准22项、市地企业标准141项。

（陆安根　马浙林）

附：杭州市一轻工业

【概况】 1986年杭州市轻工业局下属自行车、缝纫机、手表、日用化学4个工业公司和46个生产企业（不包括市辖7县，含杭州卷烟厂，简称烟厂。下同）。其中：全民所有制29个，集体所有制17个；大中型企业15个，占企业总数的32.6%。

1986年底，共有职工41 553人(烟厂1 997人)，其中工业生产企业41 183人，占99.11%。在工业生产企业职工中，固定职工24 941人，占60.56%；工程技术人员1 285人，占3.12%，全员劳动生产率33 697元，比1985年的31 391元，增长7.35%，不含烟厂，全员劳动生产率25 840元，比1985年的23 616元，增长9.42%。

年末固定资产原值38 861万元（烟厂2 249万元），净值28 600万元（烟厂1 774万元），拥有各种专用生产设备7 794台（套），其中进口设备270台（套）。

按1980年不变价计算，1986年完成工业总产值138 016万元（其中烟厂37 035万元），占全省一轻工业总产值的42.01%。比1985年的123 385万元，增长11.86%。其中全民所有制企业完成79 118万元，比1985年的72 315万元增长9.41%；集体所有制企业完成21 863万元，比1985年的11 711万元增长18.09%。

按现价计算的工业净产值完成65 506.48万元，比1985年增长15.4%。不含烟厂为34 133万元，比1985年增长14.55%。

主要产品产量

产品名称	计量单位	1986年产量	1985年产量	1986年与1985年相比+(−)%
机制纸及纸板	吨	62 619	65 308	−4.12
铜版纸	吨	9 242	7 954	16.19
缝纫机	万架	50.5	50.5	平
自行车	万辆	90	85.04	5.83
搪瓷制品	吨	3 468	2 997	15.72
日用玻璃制品	吨	34 035	33 668	1.09
保温瓶及瓶胆	万只	1 053.3	1 048	0.51
灯泡	万只	2 171	2 034	6.74
其中：普泡	万只	1 815	1 078	68.37
液体洗涤剂	吨	5 878	3 151	86.54
肥皂	万箱	170	164.5	3.34
甘油	吨	1 065	1 056	0.85
牙膏	万支	7 722	7 719	0.04
罐头	吨	15 904	16 209	−1.88
黄酒	吨	20 005	16 205	23.45

全年新增省优以上优质产品16种。截止1986年底，全系统共有省级以上优质产品101种(烟厂4种)，其中国家级优质产品7种、部级优质产品33种、省级优质产品61种。全年优质产品产值66 921万元，比上年

增长30.54%，占全部工业总产值的48.49%。不含烟厂优质产品产值为55 320万元，比上年增长26.43%，占全部工业总产值的54.78%。

省、市重点考核的17种产品的17项质量指标，全部达到计划要求。其中稳定提高的有16项。计划完成率100%。稳定提高率94.12%。有14种产品在全国同类产品评比中取得好成绩。火柴、日光灯、乳化香精、孔凤春洗发精、声力牌R 6电池、哈蜜瓜夹心糖等11种产品在全省同类产品评比中获第一名。

1986年出口产品生产企业，由1985年的16家增加到20家。出口产品交货值7 907.29万元，比上年增长16.47%，占全部（不含烟厂）工业总产值的7.83%。

技术改造、基本建设工作取得新的进展。全年累计有技术改造、基本建设项目143项，施工面积147 856平方米。年内开工102项，开工率71.33%；竣工62项，竣工面积68 005平方米，竣工率60.78%。完成投资额5 888万元，其中基本建设项目完成2 428万元，占41.24%；技术改造项目完成2 893万元，占49.13%；技术引进项目完成1 596万元，占技术改造项目完成额的55.17%；危房翻建和零星土建项目完成567万元，占9.63%。全年新增固定资产5 526万元。

年内竣工的62项基本建设、技术改造项目中，有26项属于直接增产项目。这些项目相继竣工投产，使自行车、铜版纸、茶叶、滤纸、奶粉、普通灯泡等10多种市场适销产品，新增了生产能力。据统计，每年因此可新增产值16 944万元，不含烟厂为12 444万元，新增利税5 123万元，不含烟厂为2 058万元。

1986年实现利税23 044万元，比上年增长6.5%。含烟厂为53 568万元，比上年增长11.77%。税利在500万元以上的有15个企业，占企业总数的32.6%。其中税利在1 000万元以上的有8个企业，占企业总数的17.39%。没有亏损企业。亏损产品（包括小批量试产而亏损的新产品）有88种，亏损金额283.23万元。

1986年杭州市轻工业局节能工作，从加强管理入手，积极推广节能技术，认真落实节能措施，取得明显效果。华丰造纸厂、东南化工厂被评为全省节约能源先进企业。杭州卷烟厂、新华造纸厂、杭州灯泡厂、杭州热水瓶厂、杭州手表厂、杭州自行车总厂等企业被评为全省行业节约能源先进企业。

【深化改革，搞活企业】 1986年，杭州市轻工业局系统的企业领导体制改革，已从试点转入大范围推广。到1986年底，全系统共有37个企业实行了厂长负责制，占企业总数的80.43%。华丰造纸厂、杭州热水瓶厂、杭州手表厂、杭州缝纫机厂、杭州钟厂、杭州油脂化工厂等7个企业实行了“工资总额与上交税利挂钩浮动”办法，取得明显效果。工业总产值完成39 715万元，比上年增长11.38%，税利完成9 565.5万元，比上年增长9.67%。

企业经营机制的改革，开始起步。对国营小型企业杭州模具厂实行为期二年的集体租赁经营，使经营者的责、权、利更加分明，进一步调动了企业职工的积极性。全年实现产值133万元，比1985年增长25.47%。实现利税24.4万元，比1985年增长1.9倍。对集体企业杭州玻璃器皿厂长期亏损的器皿车间实行了计件工资制。全年产值比上年增长5.9%，产量比上年增长35.77%，实现利润8 634元，扭转了上年亏损40 969元的局面。

随着劳动合同制的全面推行，合同制工人增加较快。1986年末，全系统合同制职工已达2 275人，比1985年末的1 441人增长57.88%。

在国家计划经济指导下，各工业企业积极开拓流通领域和资金渠道，全年举办各种形式的展销会、恳谈会、订货会150多次。全年销售收入143 584万元，比1985年增长16.57%。不含烟厂为99 224万元，比1985年增长16.4%。全系统有15个企业采取各种方法共筹集资金715万元，这对搞活经营，发展生产，扩大市场起了积极推动作用。

1986年3月杭州市人民政府命名华丰造纸厂、新华造纸厂、杭州热水瓶厂、东南化工厂、杭州缝纫机厂、杭州钟厂、杭州制笔总厂、杭州酒厂、杭州油脂化工厂、杭州手表厂等10个企业为杭州市企业整顿先进单位。

为了搞好企业升级基础工作，积极推行现代化管理方法，全年局和厂共举办目标管理、全面质量管理、价值工程、ＡＢＣ管理等各种培训班51期，共培训了工程技术人员，管理干部和生产骨干12 024人次。

【推进横向经济技术联合】 1986年杭州一轻系统从努力发展轻工生产，满足人民群众需要出发，坚持开展横向经济联合。

横向经济联合地域不断扩大，项目不断增多。1986年末横向经济联合辐射面，已从1985年全国12个省、市、自治区，扩展到21个省、市、自治区，并和美国、联邦德国、日本、东德、意大利、荷兰、丹麦、法国、英国、澳大利亚等国家和港澳地区的一些厂商、开展了经济技术协作活动。全系统，截止1986年底，共与国内外、省内外的310个单位，建立了不同程度和不同形式的横向经济技术协作关系，比1985年的187个单位，增加了65.78%，协作项目共计201个，比1985年的180个，增加了11.67%。

横向经济联合企业不断增加，形式不断发展。通过一年来的努力，全系统参加各种横向经济联合的企业共43个，占企业总数的93.48%。实践中共涌现了技术服务、科研开发，联合经营、合资经营、产品扩散、专业协作、定牌生产、建立分厂、工商联营、工贸联营、中外合资、企业群体等12种不同层次、模式各异的横向经济技术联合形式。

横向经济联合不断发展，效益不断提高。1986年，据不完全统计，全系统通过横向经济联合共实现产值7 509万元，比上年增长1.1倍，占系统产值总数（不包括烟厂）的7.44%。实现利税 2 259 万元，比上年增长2.15倍，占系统税利总额的9.8%。

【发展职工教育，做好科技工作】 1986年在制订全局“七五”生产发展规划的同时，制订了相应配套的“七五”职工教育规划。

全年培训大，中型企业正副厂长18名。全系统有正副厂长 144 名，已培训77名，占53%。同时，利用局教育中心现有条件，为外单位培训厂长、经理 186 名。

全年轮训组织、宣传、纪律检查干部94名。组织219名企业管理干部补习初中文化知识。

全年培养职工大学毕业生59名，电大会计专业和工业企业管理专业毕业生98名，轻工技校酿酒专业毕业生36名。

全年培训中级技工 845 名，已结业 426 名。为了摸索培养高级技工的经验，杭州手表厂试办了高级技工培训班。

组织教师自编了电工基础、机械制图、企业管理、食品制造和数学、物理、化学等七门专业和基础课的中技教材，共计70多万字，解决了轻工行业多、工种杂，开展中级技工培训缺少教材的困难。

局教育中心的建设得到进一步完善和发展。扩建教育用房2 400多平方米。现有专职教师66名，比1985年增加了13名。并添置价值22万元的教育设备。

1986年底，局教育中心所属职工学校在校学生1 378名，比1985年增加226名。其中杭州轻工职工大学319名、杭州轻工中等专业学校448名，杭州轻工技工学校292名，7所行业联校在校中技培训生319名。

由于职工教育成绩显著，杭州市轻工业局1986年2月获市人民政府颁发的“六五”期间“职工教育先进单位”称号。

为提高企业标准化、质量和计量管理人员业务素质，局先后举办了全面质量管理、计量规范、计量技术、TQC辅导员等各种专业学习班，参加学习的共计 420 人次。为了提高企业的质量意识，加强产品质量管理，局先后制定了“质量奖惩办法”、“横向联营中产品质量监督管理暂行办法”、“关于联营定牌生产产品投产质量鉴定的若干规定”。

截止1986年底，全系统共有23个企业办起了23个科研开发机构。全年通过技术鉴定和评审的科研新产品项目35项，其中科研项目 9 项，新产品开发23项，其他 3 项。获省轻工业厅优秀四新产品奖43项、获市优秀新产品、新技术奖17项。

全面质量管理工作深入开展，涌现出一批优秀质量管理企业和QC小组。杭州手表厂被评为轻工业部质量管理奖企业。杭州手表厂、新华造纸厂被评为省质量管理奖企业。东南化工厂、杭州热水瓶厂被评为浙江省轻工业厅质量管理奖企业。杭州牙膏厂被评为杭州市质量管理奖企业。全系统有QC小组超过500个，发表优秀成果44项，其中26项获省优秀成果奖。有 5 个QC小组获省先进QC小组称号，7 个QC小组获市先进QC小组称号。

1986年开发四新产品535种，投产率86%。其中新产品115种，投产率50%；新品种98种，投产率81.6%；新花色、新装潢 322 种，全部投入生产。四新产品产值达9 000万元，占工业总产值的8.91%（不含烟厂）。

1986年全系统共实现合理化建议和技术改进项目327项。年经济效益1 078万元，其中年经济效益在万元以上的有 106 项。全年经各种渠道派遣出国进修生 3 名，邀请和接待了国外 9 位专家来系统 4 个企业讲学和传授应用技术。全系统现有 3 个经国家专利局批准的专利代理人，共有 4 个企业 7 个项目申请了专利。到1986年底，全系统通过标准化和计量定级验收的企业，已从1985年的21个增加到28个。

（郑　敏）

杭州市二轻工业

【概况】 1986年，杭州市二轻工业系统（不包括市辖 7县，下同）共有工厂 104 家，其中全民所有制企业12家，集体所有制企业92家，年末职工39 000人。1986年，全年完成工业总产值120 571.9万元，比1985年增长19.9%，工业总产值继续在杭州市工交各系统和浙江省二轻系统中居第一位。

由于不断调整产品结构，大部分产品适销对路。1986年全系统产品销售收入达110 407.63万元，比1985年增长21.81%，超过产值增长幅度。

1986年，由于原材料提价、各种费用增加等，全系统减利因素达4 000万元，相当于1985年实现利润的39.15%。1～4月，实现利润比上年同期下降5.85%。为此，总公司提出“十路出击，提高效益”的措施，从调整产品结构、加快产品开发、管好用活资金等十个方面，努力提高经济效益。通过各方面努力，全年实现利税18 191.48万元，比上年增长11.24%；其中利润12 121.16万元，增长18.64%。全系统已连

主要产品产量

产品名称	计量单位	1986年产量	1985年产量	1986年比1985年±(%)
家用洗衣机	万台	70.05	55.08	27.18
电扇	万台	87.46	56.25	55.48
塑料制品	吨	37 193	33 457	11.17
剪刀	万把	2 341.44	1 965.93	19.1
钢骨伞	万把	468.36	365.4	28.18
日用精铝制品	吨	2 535.8	2 030.24	24.9
日用不锈钢制品	万件	29.88	11.71	155.17
家具锁	万把	252.11	200.01	26.05
羊毛地毯	万平方米	16.67	14.24	17.06
刺绣工艺品	万元	1 428.57	1 154.32	23.76

续三年无亏损企业。由于生产发展和效益提高，全系统全员劳动生产率突破3万元大关，达到31 083元，比上年提高21.33%；人均创利税4 690元，增长12.82%；可比产品成本比上年降低4.65%。

技术改造增添了企业后劲。1986年，杭州市二轻系统共完成技术改造和基本建设投资8 285万元。其中国内技改项目27个，完成投资2 578万元；技术引进项目19个，完成投资4 572.6万元，杭州洗衣机总厂从日本引进洗衣机生产技术和关键设备，总投资1 587万元，其中用汇440万美元，竣工投产后，新增年产22.5万台双桶洗衣机的生产能力，每年可新增产值1亿元，利润1 750万元，税金875万元。1986年，杭州电扇总厂和杭州洗衣机总厂还获得全国技术进步企业单项奖。

【产品升级换代】 1986年，杭州市二轻系统的产品质量稳定提高。总公司考核的49种主要产品质量，全部完成计划指标。48种可比产品质量指标，稳定提高的有41种，稳定提高率为85.42%，比上年提高19.35%。杭州塑料厂生产的水晶牌食品包装用PVC硬片，获国家银质奖；金鱼牌双桶洗衣机等12种产品获轻工业部优质产品奖；飞鹰牌铬鞣猪皮细面革等32种产品获浙江省优质产品称号。全年优质产品产值28 351.28万元，比上年增长42.63%；占全部总产值的23.51%，全系统继续加强各项基础工作。已有43家企业推行全面质量管理，占企业总数的41.35%，比上年增加8.75%；建立起群众性质量管理小组160个，比上年增加28%，总公司成立了产品质量监督检查组，不定期地对优质、名牌、出口、紧俏产品进行检查，还制订了《关于对联营产品实行质量监督的若干规定》。

1986年，全系统共开发新产品、新品种、新花色、新包装4 656种，其中投产的有3 105种，投产率达66.69%，比上一年提高15.19%。“四新”产品的产值达36 356.23万元，占工业总产值的30.15%，比上年增加15.24%；创利润4 152.16万元，占全年利润总额的39.26%。为了充分调动产品开发人员的积极性，加快新产品的开发步伐，杭州市二轻系统对新产品开发实行分级管理的办法。总公司重点抓好15项新产品的开发工作，与有关工厂签订了新产品开发承包责任状，实行“四定”、“四保”，即定项目、定人员、定时间、定奖罚；保质量、保数量、保进度、保效益。按责任状要求在年内完成的13项新产品开发项目，已完成12项，并创产值95.64万元，获利20.06万元。传统名牌产品张小泉剪刀也不断推出新产品，向多功能、系列化方向发展，已有不锈钢厨房多用剪、文具多用剪、旅游多用剪等投入生产。

【大力发展出口产品生产】 1986年，杭州市二轻总公司努力抓好出口产品生产，使企业逐步朝“外向型”发展。全年出口产品交货值达16 281.81万元，比1985年增长80%；比历史最好水平的1980年增长72.19%；出口值占全部产值的比例由上年的9%上升到13.5%。1986年，全系统出口产品生产企业有60家，占企业总数的57.7%；出口产品达74种。

杭州市二轻系统大力加强工贸联合。杭州地毯厂、杭州织带厂、杭州木器厂等企业，分别与上海或浙江省外贸部门建立联营厂，使出口生产得到较大发展。1986年，全系统出口交货值在1 000万元以上的企业，从1985年的1家增加到5家。杭州张小泉剪刀厂和杭州洗衣机总厂，被批准为扩大外贸自主权企业。

1986年，杭州市二轻系统在工艺美术、五金、家具、服装等传统行业出口产品稳定增长的基础上，还积极开拓皮革、塑料、家用电器等新兴产品的外销渠道，扩大出口产品门类。杭州市家电行业1986年已有双桶洗衣机、吊扇、立扇、换气扇、电饭锅、多功能美发器、灯具软管等10个产品首次出口，其中出口洗衣机3万台，电扇1.47万台。与1985年相比，全系统1986年新增加出口产品生产企业9家，新增加出口产品26种，新增出口交货值1 857.03万元，占全系统出口交货值的11.41%。

【开展“全方位”经济联合】 1986年，杭州市二轻系统把开展多形式、多层次的“全方位”联合，作为一项重要战略措施来抓，逐步做到了三个转变：

一、形式上，从生产加工型向技术协作、工贸联合型转变。前几年杭州市二轻系统的横向联合，主要是以加强生产协作，扩大产品生产能力为重点。1986年，在此基础上，围绕着新产品开发、技术改造、技术培训等方面，加强了同大专院校、科研单位的技术协作。如杭州家用电线电器厂同电子工业部二十三研究所合作试制射频电缆，并通过省级鉴定，填补了省内空白。1986年，全系统有50%的企业同大专院校、科研单位开展了技术协作，有力地促进了产品开发。

二、区域上，从本地区向全国尤其是西南、西北转变。杭州市二轻总公司派出两路人马到西南、西北考察，了解当地的物资资源、销售市场、生产布局等，并在本系统选出13家企业作为协作单位，在《经济参考》上刊登招标启事。短短一个月，共收到全国28个省、市的来信来函 382 封。五月底，总公司在杭州举办了经济技术协作洽谈会，邀请宁夏、陕西、内蒙、广西等12个省、市、自治区25个单位代表洽谈。并同本系统企业签订了包括技术协作、联营办厂、产品换料、开设“窗口”等形式的意向或协议23项。

三、组织上，从松散联合向企业群体转变。1986年，杭州市二轻系统以优质名牌产品为龙头，以骨干企业为核心的企业群体和企业集团有了新的发展。杭州洗衣机总厂、杭州电扇总厂从杭州市家用电器工业公司中划出，单独建立了以金鱼牌洗衣机、乘风牌电扇为龙头的杭州市洗衣机工业公司和杭州市电扇工业公司。杭州市洗衣机工业公司在省内外与 170 多家企业联合，加强对协作厂的业务指导和协调，使金鱼牌洗衣机又有较大增产。张小泉剪刀工业公司建立以来，已通过产品联合、工序外扩、成品脱壳等形式，建立 8 家分厂和 8 个外协加工点，初步组成了新型的企业集团。

【以销促产】 1986年，杭州市二轻总公司先后组织所属企业，举办了三次大型的展销会。其中九月份举办的杭州市首届二轻产品交易会，是杭州市二轻系统历史上规模最大、展销产品最多、成交额最高的一次展销会。有全国28个省、市、自治区共3 000多名代表前来参加，成交金额高达51 700万元。不但使杭州二轻产品在全国的知名度有了提高，而且为1987年的二轻生产打下良好基础。杭州洗衣机总厂、电扇总厂、灯具总厂、张小泉剪刀厂四家企业，已在全国设立联销、代销、特约经销点 790 个。1986年，全系统二轻产品自行销售的比重，占全部销售收入的70%以上。

在搞活经营的同时，杭州市二经总公司还努力抓好原材料的组织供应。1986年全系统需钢材 6 万吨，70%要靠自己组织，各级供销机构采取来料加工、物资串换、建立原材料基地、产品换料等多种形式，全年共组织到计划外物资54 566吨，其中钢材3.21万吨，生铁8 234吨，有色金属760吨，塑料树脂5 512吨，服装面料117万米，木材3 051立方米。

【落实和完善经济责任制】 1986年，杭州市二轻总公司和各公司抽调 156 名机关干部，分别到33家企业调查，帮助企业落实和完善经济责任制。各企业坚持从实际出发，不搞“一刀切”，因而形式多样。从企业与国家的关系上看。全民所有制有工资总额包干浮动、租赁和奖金同企业经济效益挂钩三种，集体所有制企业有全额计件工资、两税工资率、岗位工资制和利税发奖率四种。企业内部，则根据各自的实际情况，抓住重点和薄弱环节，分别采取措施，有供、产、销一条龙承包、分线分产品承包、销售承包、个人承包、新产品开发承包、联产联利计酬、超额计件累进奖等多种形式。许多单位还把1985年套改升级的工资全部拿出来，同职工的产量、质量、出勤等指标挂钩浮动，按月考核，从而把“死”钱用“活”，调动广大职工的生产积极性。各企业还做到三个“扩大”，即经济责任制的范围从生产车间扩大到科研、供销和管理部门；具体的指标考核从一线工人扩大到行政科室和二线人员；职工的收入分配从奖金浮动扩大到部分或全额工资浮动。

在落实和完善经济责任中，杭州市二轻系统实行层层承包。总公司与所属各公司签订了经济承包责任状；各公司也分别与各厂签订经济承包合同；各厂又围绕着企业的目标，将经济指标和责任分解到各科室、车间、班组、直至个人，形成了“千斤担子大家挑，人人头上有指标”的多层次的经济承包网络，有效地保证了杭州市二轻工业的持续稳定发展。落实和完善经济责任制，也带动了企业内部的配套改革。许多企业精简机构和行政人员，充实和加强了生产、科研和供销“第一线”。有的企业根据实际，划小核算单位，并给车间下放生产调度、人事调动、班组长任免、奖金分配等权力，使车间责、权、利得到统一。

（章智源　宣森钟）

宁波市一轻工业

【概况】 1986年，宁波市轻工业局所属工业企业有60个（不包括卷烟厂，——下同），其中市区企业18个，郊县企业42个。有全民所有制企业48个，集体所有制企业10个，其他 2 个。1986年实现工业总产值38 091.67万元，比1985年增长22.29%。其中市区19 041.38 万元，比1985年增长10.37%。工业净产值为11 888.10万元，比1985年增长26.85%。

1986年，销售税金4 194.50万元，比1985年3 744.6万元增长12.01%。实现利润3 704万元，比 1985 年2 829.9万元增长8.63%。税利总额为7 268.5万元，比1985年增长10.56%。全员劳动生产率15 975元，比1985年增长7.16%。

1986年底，宁波轻工业固定资产原值18 145.6万元，固定资产净值14 047.3万元。

主要产品产量

产品名称	单位	1986年产量	1985年产量	1986年比1985年±%
火柴	万件	38	38.33	－0.86
机制纸	吨	10 972.35	11 771.32	－6.79
日用玻璃制品	吨	34 875.93	26 622.66	31
日用搪瓷制品	吨	1 452.82	1 199.41	21.13
圆珠笔芯	万支	9 605.51	7 885.4	21.81
罐头	吨	34 184.57	34 346.53	－0.47
原盐	吨	175 022	155 047	12.88
胶印	万印	28 378.66	268 18.06	5.82
内涂料	吨	17 117.5	14 258.18	20.05
干电池	万只	4 274.76	3 530.6	21.08
饼干	吨	1 795.98	1 455.41	23.4
糖果	吨	5 467.34	6 108.44	－10.5
啤酒	吨	65 997.11	45 045.93	46.74
黄酒	吨	60 761.18	56 884.75	6.66
日用瓷	万件	2 576.65	2 452.98	5.04

1986年，宁波轻工业各企业为了克服原材料、能源紧张的困难，坚持节约挖潜，在财税部门的支持下，进一步修改、完善“节能奖”和“大宗原（辅）材料节约奖（罚）制度”，一年节电173.68万度，节约燃料油2 721吨，节约纯碱598.47吨，价值100.29万元。

【创优创新】 全年产品质量稳定提高率已达88%，全年优质产品产值比1985年增长95.84%。“六五”期间22种获得省级以上优质称号的产品，经检测复查，全部保持优质。1986年内又有14种产品获省优质产品称号，2种产品获浙江省儿童生活用品优质奖。

宁波轻工各企业在1986年内共开发了四新产品276项，其中新产品68项，新品种57项，新花色127项，新包装24项。其中，117型工艺钢琴，把宁波的古老嵌镶木器工艺应用于钢琴，使117型钢琴既是乐器，又是一件工艺品。RP 8C1型全自动鲜奶包装机，是消化国际上先进技术试制成功的，经部级鉴定，达到国际上同类产品水平，已投入批量生产，使鲜奶包装机国产化。WDC系列微机皮带秤，具有自动显示、自动定时、自动零点调整和配比失调或空库报警等多种功能，可广泛用于水泥、冶金、矿山、煤炭、运输、食品、饲料等生产部门，1986年6月通过省级鉴定。QX-13型多功能吸尘器，广泛适用于家庭、宾馆，使用方便。聚丙烯油管圆珠笔芯，提高了圆珠笔档次。

1986年四新产品产值达5 720.27万元，比1985年提高1.54%；实现利润745.8万元，比1985年提高9.55%；增加税收492.83万元，比1985年增长26.14%。

276项四新产品中，有36种产品被评为局级优秀四新产品；26种产品被评为浙江省轻工业厅优秀四新产品；8种产品获浙江省名特优新产品《金鹰奖》。

【引进设备、技术，改造老企业】 1986年引进9台（套）设备，共用外汇209.63万美元，总投资1 108万人民币，分别安装、调试、投入生产，收到了效果。

宁波圆珠笔厂在1985年引进M-116拉管机之后，1986年又引进一台M-116拉管机和冷墩机、20功位铜头车，运用引进设备，试制成功聚丙烯油管圆珠笔芯和DA-1直灌式档案圆珠笔，均获得1986年浙江省优秀四新产品称号，从而结束了该厂只能生产低档圆珠笔的历史，使产品向中、高档发展，增加产值170万元，多创税利118万元。

宁波食品设备制造厂，根据西安轻工机械研究所测绘的国外鲜奶软包装机资料，发扬艰苦创业精神，仅用三个月时间试制成功两台样机，经北京、杭州分别用于牛奶、果汁包装，主要技术指标达到国外同类产品设备标准，受到用户的好评。1986年11月通过部级技术鉴定，得到有关专家的肯定，已投入批量生产，使鲜奶、果汁、饮料软包装机械国产化，可为国家节约外汇。此产品评为1986年度浙江省优秀四新产品。

【扩大轻工产品出口创汇】 1986年轻工产品出口创汇比1985年增长15.44%，出口值占总产值的22.32%。

原有出口产品，在1986年均有不同程度增长，增长幅度较大的有以下产品：

罐头。1986年共生产各类罐头34 184.57吨，出口24 814.72吨，出口罐头占总产量的72.59%，比1985年增长33.59%。出口罐头主要是肉类、蔬菜和水果三大类。

扑克。1986年扑克总产量为6.26万罗，出口扑克为3.1万罗，占总产量的49.52%，比1985年2.47万罗增长25.51%。出口的扑克是宁波扑克彩印厂生产的《敦煌牌》扑克，1976年开始出口时仅0.56万罗，1986年已达3.1万罗，十年间增长4.5倍。

干电池。全年共出口88.27万只，比1985年12.25万只增长6.2倍。

糖果。全年出口量比1985年增长35.19%。

1986年增加了新的出口产品有：《长江牌》钢琴25架。玻璃纸200吨。搪瓷制品7.29万只。此外，奉化第二陶瓷厂利用溪口镇附近丰富的紫砂陶土资源，生产紫砂杯胆，配套生产“九龙”紫砂杯出口创汇。

【开展劳动竞赛，促进生产发展】 宁波市轻工业局在1986年开展了以创新、创优、创水平，增效益为主要内容的“三创一增”劳动竞赛活动。从局到各企业均有领导小组；全系统80%以上职工参加竞赛活动，一年中提出各种合理化建议3 830条，有近500人获得合理化建议成果奖，创利近400万元。宁波玻璃厂的《努力争创特等窑，进一步降低油耗》、宁波糖果饼干厂的

《科室搞竞赛，效益大提高》两个竞赛课题，年终获宁波市竞赛委员会评定的一等奖（共设两个一等奖）。

宁波玻璃厂4号炉啤酒瓶车间，是1985年6月建成投产的，本身已集中了该厂多年来技术改造的优秀成果，并吸取了近年来国内玻璃同行业的先进技术，是技术装备较先进、自动化程度较高的专业生产啤酒瓶车间。在竞赛中，车间职工，围绕《争创特等窑，进一步降低油耗》这个课题，从适当提高机速，应用数字测温仪表，改进玻璃配方，安装自来水自动停水报警，调节流液洞风量，改善成型条件，等十一个方面提合理化建议，采纳实施后，啤酒瓶产量由平均月产1 270.56吨提高到1 310.76吨，油耗由竞赛前月平均每吨啤酒瓶耗油207.67公斤，下降为191.85公斤，创厂历史最好水平，达到轻工业部特等窑水平的要求。

宁波糖果饼干厂在工人开展竞赛的同时，在全厂13个科室115名管理人员中也开展了：以提高服务质量，改进经营作风，帮助车间解决生产中的难题为内容的优质服务竞赛；扩大生产能力，加强质量管理，努力降低消耗，提高经济效益为内容的经济指标赛；革新挖潜，打开销路，不断更新产品为内容的信息建议赛；奋力进取，开拓前进，逐月完成预期工作任务为内容的目标登高赛。通过竞赛提高了办事效率，改进了企业管理，扩大了产品销售。1986年比1985年产值增长20.19%，利润增长22.74%，税金增长22.94%，劳动生产率增长16.24%。

（俞明亮）

宁波市二轻工业

【概况】 1986年，宁波市二轻工业共有企业575个（全民所有制企业10个，集体所有制企业556个，国内联营企业7个，投产的中外合资企业2个）。其中市区企业89个（全民所有制企业4个，集体所有制企业84个，投产的中外合资企业1个）。年末职工总数97 509人（全民所有制职工2 683人，集体所有制职工92 347人，国内联营企业2 289人，中外合资企业职工190人），其中市区职工28 833人（全民所有制职工1 216人，集体所有制职工27 536人，中外合资企业职工81人）。拥有固定资产原值45 067万元，净值34 508万元（市区原值20 312万元，净值15 689万元），定额流动资金平均余额40 983万元，其中市区16 071万元。

全年完成工业总产值17.32亿元，比上年增长13.76%，其中市区8.7亿元，比上年增长15%，高于全省二轻系统平均增长水平。全系统创净产值43 477万元，其中市区18 719万元，分别比上年增长10.95%和11.8%。

主要产品产量

产品名称	计量单位	1986年产量	1985年产量	1986年比1985年+(-)%
洗衣机	万台	61.29	50.11	22.3
洗衣机电机	万台	65	40.13	62
定时器	万只	268.7	209.03	28.6
网眼袋	万条	6 320	4 036	56.5
合成革	万米	74.43	60.19	23.7
精铝制品	吨	2 650	2 171	22.1
出口工具	万件	1 904.45	1 437.43	32.5
钢家具	万件	56.14	45.92	22.3
工艺伞	万把	142.96	121.47	17.7
出口服装	万件	280	211.19	32.58
日用不锈钢	吨	912	295.73	2倍

全年产品销售收入为143 661万元，比上年增长12.5%。其中市区72 891万元，比1985年增长12.49%。市区二轻86种主要产品保持畅销，平销的74种，占86%，基本上做到了销售与生产同步增长。

全局重点考核的30种主要产品质量稳定提高率达到85%。优质产品产值达18 866万元，占全部工业总产值的11%左右，比上年增长24.43%，其中市区为14 933万元，比上年增长24.28%。至1986年底，系统内有3种金银奖产品，16种部优产品，77种省优产品。

全年开发的新产品70种，新增品种184种，新花色706种。

全年技术改造和基建项目有7项，总投资额5 012元。当年竣工投产的有5项，新增产值500万元，新增税利75万元。截止年末，累计成立中外合资企业5家（其中投产的2家），引进外汇81.5万美元。这5家中外合资企业是：宁波甬米人造革有限公司，宁波波美拉链有限公司，宁波铜阀门有限公司、余姚长城精工钢卷尺有限公司、宁波新宇人造玛瑙有限公司。

全年实现利润14 246万元，比上年下降4.4%，其中市区7 846万元，比上年增长1.03%；人均创利1 400元，其中市区2 302元；上交销售税金7 836万元，比上年增长3.09%，其中市区4 085万元，比上年下降1.95%；亏损企业有新增加，1986年底是36家，亏损金额为194万元，分别比上年增加44%和104%。

全员劳动生产率已由1985年的16 624元，提高到18 458元，增长率11.03%，其中市区提高到30 989元，增长12.73%。

全年出口产值完成24 413万元，比上年增长49%，其中市区完成13 861万元，比上年增长53%。目前，共有生产外贸产品企业89家，占全部企业16.45%，其中市区44家，占市区企业的49.4%；1986年交货值在百万元以上的有50家（市区28家），千万元以上的有8

家(市区6家),出口产品交货值占企业总产值50%以上的有40家(市区17家)。

1986年,许多企业加强销售力量,选择一批懂业务,会经营的人员充实到销售工作岗位上来,已有销售人员1 200人。对销售人员实行了经济责任制。把他们的责、权、利紧密联系起来,提高了他们的工作积极性。空调器厂、洗衣机总厂等单位在西南、西北和重点城市建立了销售办事处,使产品销售面越来越广。市区二轻仅下半年召开订货会、展销会128次,订货总额达5亿多元。

【企业内部改革】 1986年以经济责任制为突破口,采取了三条改革措施:第一,综合考核生产指标。如对市区二轻企业经济责任制考核由原来单纯考核利润指标,改为产值、利润、产量、销售额、质量、安全综合考核。第二,对厂级领导干部实行生产责任制。凡是完成生产任务的企业(包括产量、利润、质量、产值)、厂级领导(包括正付厂长、书记)工资上浮一至二级,生产计划完成差的企业,扣发厂级领导3～6个月奖金。第三,落实企业内部分配制度。全系统除个别企业外,都制订了适合本单位生产特点,基本上能体现按劳分配原则的工资与奖金一起参与浮动的经济责任制考核办法。如日用不锈钢总厂实行了结构工资制,把现有的等级工资变成"档案工资",只用于职工的调动、退休。实行结构工资制以后,工人收入完全取决于劳动成果,实行同工同酬,多劳多得;又如木器家具一厂实行基本工资和奖金全额浮动,定额计件的办法,做一件算一件,不做没有工资,直至取消全部工资;再如拉丝厂实行效益工资,规定全厂月利润低于30万元,全厂职工不拿工改升级工资,超过30万元,按不同岗位,每月每人分别增发效益工资6元至15元。

由于分配制度的改进,打破了"上班拿工资、干活拿奖金"的旧观念,一种新型的"厂兴我喜,厂衰我忧"的企业与职工的关系逐步形成。

【产品质量和新产品开发】 各企业以提高产品质量为重点,以开发市场紧俏产品为中心,向质量和创新要效益,重点抓了三个方面的工作:

一是加强产品质量的基础工作,针对系统内有些企业产品质量有所下降的情况,采取了必要的措施:1.建立了局级主要产品质量下降信息反馈制度,对呈现下降趋势的产品,通过数据分析提出改进措施。据今年下发的九份反馈单证实:骨木嵌镶、手用钢锯条、空调器、洗衣机电机等九种产品经过检查分析,质量都有明显改善。2.充分发挥局质量监督部门的作用,在进行日常质量抽查同时,组织重点产品的突击抽查,市区二轻今年抽查了三次,被抽查的有60余种产品,根据抽查结果,及时进行重点帮助。3.加强质量管理基础工作。全年分别举办了计算管理学习班,TQC学习班,标准化学习班。市区二轻有200多人次接受了教育。树立了宁铝二厂等一批质管工作先进典型,培养了一批专职或兼职质管人员。宁波拉丝厂、宁波绣服厂等14个单位TQC验收合格,20个企业标准化单项验收合格,31个企业计量升级定级,获省QC成果奖3项,市QC成果二等奖4项。

二是抓产品的更新换代,加速新技术开发。经过一年努力,全系统实现双革四新项目1 000多项,其中新产品有:三型喷淋洗衣机、五型铝壳洗衣机、压力锅、涂复银触点、锡青铜阀门、纸制茶叶方圆桶、工艺针布等70种;新品种184种;新花色706种,四新产品产值达2.2亿元,占全部工业总产值的12.7%。四新产品中已有21种通过技术鉴定。其中:KC-14家用空调器、茶叶纸箱填补了国内空白,双桶洗衣机达到国内先进水平。

三是抓好许可证发放,科技档案普查等工作。为了提高企业素质及产品质量,根据国家经委关于实行生产许可证的要求,组织力量,按轻重缓急,有步骤地进行考核工作。已有洗衣机、出口服装等14种产品获得了国家发放的许可证。例如宁波洗衣机总厂的质量保证系统已获得轻工业部颁发的合格证,新乐牌双缸洗衣机被轻工业部推荐为"七五"期间国内理想的12种洗衣机之一。

此外,市区二轻还对系统内19个单位,32种重点新产品的技术档案进行检查,有3个单位受到市经委的表扬。

(史才元　夏德霖　陈英俊)

温州市一轻工业

【概况】 1986年,温州市一轻系统管九县二区(鹿城区、龙湾开发区),所属轻工企业101个(其中集体所有制企业44个),职工总人数14 546人(其中市区11 884人)。全年轻工业总产值完成24 791.84万元,比1985年增长12.07%,其中市区完成13 716.59万元,增长9.65%。

1986年,温州市一轻系统列入考核的20项主要产品质量指标,提高和持平的有17项,主要产品质量稳定提高率为85%;列入温州市工委考核的6项主要产品,提高和持平的有6项,稳定提高率达100%;优质品率达30%。温州市搪瓷厂的搪瓷制品一等品率达到80%以上,居浙江省搪瓷行业之首。

1986年,温州市区有19种轻工产品评为第三届最佳温州货;温州乳品厂生产的江心牌奶油,温州啤酒主要产品产量（温州市区）：

主要产品	计量单位	1986年产量	1985年产量	1986年比1985年+(－)%
机制纸	吨	10 355.92	9 811.66	5.55
其中：滤油纸	吨	617.63	529.25	16.70
绉纹卫生纸	吨	891.12	745.70	19.50
箱板纸	吨	2 726.25	2 576.89	6.18
铁笔蜡纸	万箱	126.46	119.13	6.15
精甘油	吨	469.04	353.40	32.72
肥　皂	万箱	108.58	102.82	5.60
硬脂酸	吨	1 101.72	892.74	23.41
火　柴	万件	15.43	17.14	－9.98
皮明胶	吨	206.43	156.08	132.26
日用玻璃	吨	16 318.20	9 033.05	180.65
工业缝纫机	台	2 209	2 084	5.99
罐　头	吨	5 011.69	4 436.51	12.96
乳制品	吨	3 077.11	3 134.16	－1.82
啤　酒	吨	14 269.95	12 858.76	10.97

厂的白鹿城牌啤酒，温州制皂厂的钻石牌Ⅰ级硬脂酸、癣尔灭香药皂，温州打字蜡纸厂生产的工业滤油纸，温州蜡纸厂生产的企鹅牌绉纹卫生纸等7个产品，获浙江省优质产品称号；组合罐头，木炭素描纸，粉画纸等获浙江省“金鹰奖”；钻石牌Ⅱ级硬脂酸，警钟牌铁笔蜡纸，雪花牌绉纹纸，擒雕牌甜炼乳4个产品获轻工部优质产品称号；另外，温州电池厂的R^6五号电池，获全国评比总分第一；温州玻璃厂获全国包装大检查先进奖杯。1986年新试制成功的新产品有硬化油，液体皂，日用化妆品，复铜板原纸，代革纸，水彩画纸等32种，经过鉴定已投产的有26种，是历年来最多的。

1986年，20种主要产品的能源、原材料消耗指标都达到目标要求。全系统总耗煤为56 821吨，耗电2 405万度，按万元产值耗能计算，全年节电206万度。全年产品销售收入为14 802万元，比1985年实际增长8.97%，上缴税金1 202.03万元，增长2.07%，实现利润802.28万元，全系统职工人均收入达到1 140元。

1986年，温州市一轻有基建、技改项目29项（含上年结转），其中技改项目20项，基建项目9项，总投资为4 076万元，至1986年底止，已完成投资额1 145万元，为计划的136%，财务支出1 927万元，为计划的124%。累计新增固定资产950元，完成施工面积19 950平方米，竣工额度为1 174.40万元，竣工率为43.5%。引进技术项目（含上年结转）13项，总投资为1 782万元，已竣工投产的10项，竣工率为77%。这些项目投产后，创产值331万元，利润65.4万元，税金32.7万元。

温州市轻工业总公司在1985年企业整顿验收和工业普查的基础上，逐步推行多种形式的经济责任制，主要有：(1)单位产量工资含量包干；(2)超定额计奖或计件；(3)计件工资制；(4)除本分成；(5)单项承包等五种基本形式。对企业领导，公司制订了厂级领导干部的奖惩办法，在优质安全生产的前提下，与产值利润指标挂钩，实行超奖降罚，调动了各级领导干部的积极性，效果十分明显。温州乳品厂推行“吨含量工资总额包干”的经济责任制后，保证了企业各项经济技术指标和各项工作的完成，增强了企业的自我消化能力，1986年，该厂在奶源减少的情况下，注意开发新产品，增加新品种，实现工业总产值1 333.81万元，比上年增长6.43%，实现利润81.75万元，比上年增长35.98%。

【经济联合与增加出口】 据统计，全系统有二十几家企业与省内外，市内外有各种经济技术协作关系，已联合的项目达17个，全年增加产值612万元。横向联合形式多样，模式各异，地区广泛，效益明显。如温州制皂厂与温州化工厂合成氨分厂联合生产硬化油，每月可增加产值100万元，利润3万元，而且结束了温州制皂厂长期以来生产用硬化油靠外地调运的被动局面，光运输费一项，每年就节省开支30多万元。

1986年，担负出口生产任务的温州乳品厂、温州明胶厂、温州食品罐头厂、温州蜡纸厂、温州市搪瓷厂等，完成出口总产值达到1 948.46万元，比1985年增长78.75%。出口产量增加，其中乳制品761吨，比上年增长42.75%；绉纹卫生纸891吨，增长19.50%；罐头4 255.34吨，增长41.05%；皮明胶96.80吨，增长49%。与此同时，温州市搪瓷厂生产出口的搪瓷茶盘，温州市自行车配件厂生产出口的车锁等产品也都有相应的增产。

（朱寿海）

温州市二轻工业

【概况】 1986年温州市（包括9个县）二轻工业共有942个企业，其中全民企业5个，集体企业937个，职工98 605人，全年完成工业总产值68 137.5万元，比1985年增长10%。

1986年列入检查的46种产品，上半年质量稳定提高率为57.78%，到年底达到92%。矛牌旅行剪获部优产品称号，获省优质产品称号的有：火车牌运动鞋、金锚牌家用猪皮箱、鹰牌合成和毛油3种，开发新产品132种，产值7 220万元，占总产值10.9%。轻型薄绒装饰面料，谐波减速器、涤纶花、芥酸酰胺、涤盖棉植绒运动服等新产品市场前景良好。

主要产品产量

主要产品	计量单位	1986年产　量	1985年产　量	1986年比1985年＋(－)％
剪　刀	万把	2 219.26	1 812.03	22.47
锁	万把	1 818.58	1 639.80	10.89
铝制品	吨	1 218.48	1 002	21.6
家　具	万件	25.45	19.89	27.95
钢骨布伞	万把	64.60	46.93	37.65
猪皮革	万张	48.63	45.33	7.27
皮　鞋	万双	277.59	247.38	12.21
工艺鞋	万双	796.47	601.44	32.42
烟　花	万箱	10.83	9.34	15.95
十字花台布	万套	63.19	56.90	11.05
运动鞋	万双	23.05	8.23	180
塑料单丝	吨	1 061.69	908.48	16.86

1986年基本建设项目44个，总投资1 392万元，本年竣工项目31个，完成投资873万元，新增产值3 585万元，利润200万元，税金95万元。完成技术改造投资4 276万元，其中引进项目12个，竣工项目96个，新增固定资产3 830万元，新增产值21 577万元，利润1 612万元，税金977万元。1986年温州市二轻系统上缴税金4 517万元，比上年增长4.4％，由于企业的负担加重，效益和产值的增长不同步，实现利润2 954.2万元，比上年下降8％。全员劳动生产率7 914元，比上年增长10.6％。1986年，为了适应经济体制改革形势的发展，更好地放权服务企业，减少管理层次，温州市二轻总公司撤消了市区五金、塑料、皮革、家具杂品、服装5个二级行政性公司（保留工艺美术公司），组建专业科。

由于温州乡镇家庭企业的高速发展，二轻工业面临严重的挑战，温州市人民政府为搞活二轻集体企业采取了三项措施：(一)搞活企业内部分配。二轻集体企业在处理好国家、集体、个人三者分配关系缴纳各项税收后，有权自主支配企业留利；有权自定工资形式，在税利增长率高于工资总额增长率的前提下，工资总额可计入成本。(二)扶持微利企业。对年利润在10万元以下的二轻集体企业减征所得税40—50％，减免的税款直接转入企业发展生产基金。固定资产折旧率在1985年的基础上，1986年起提高1％。年利润在10万元以下的二轻集体企业的经营费，可以增加0.5％。为鼓励企业扭亏转盈，1986—1987年用盈利弥补亏损。(三)改革用工制度。企业可根据生产需要，向社会公开招聘，经过考核，择优录用。企业之间允许职工流动，能进能出，新招职工实行合同制，由主管部门办理手续。由于市人民政府的有力措施，使二轻集体企业增强了活力，为推动下半年生产起了积极作用。

【坚持小商品生产】 温州市手工业有悠久的历史，是我国手工业名城。温州皮革及皮鞋、皮箱等早在500多年前已被列为贡品。20世纪30年代，温州市皮鞋、皮箱等革制品产销已相当兴旺。温州矛牌剪刀始于清嘉庆年间，早已遐迩闻名。温州的烟花等同样具有悠久的历史。在传统的手工业基础上发展起来的温州二轻工业继承发展了传统的手工业名牌产品，而且不断地开发出众多的新产品，使各种小商品更加丰富多彩。温州市二轻工业小商品产值占总产值一半以上。市区161个企业，从事小商品生产的有77家，占市区企业总数的47.8％，产值占市区二轻总产值的54％，产品品种达1 000多种，品种繁多，产品大至几十元，小至几分几厘的发夹、匙扣等。近年来，二轻从事小商品生产的企业，对小商品生产有高度的责任感，他们既注重企业的经济效益、又重视社会效益，小商品生产得到迅速发展。不仅满足了当地人民生活需要，而且销往全国各地，成为小商品生产的重要基地。在大力发展小商品生产中，有以下特点：

（一）重视市场需求，坚持薄利多销。由于小商品值小利微，近年来许多企业纷纷转产。造成小商品供需矛盾突出。温州二轻企业看到温州小商品生产有一定的优势，并以满足市场为指导思想，重视在小商品上做文章。如温州日用五金厂，1981年建厂，当时只有13名职工、2万元资金，几台旧设备。几年来该厂坚持小商品生产，薄利多销，收到了较好的企业经济效益和社会效益。该厂生产的产品出厂价最高只有0.73元，低的只有二分多，匙扣之类只有五厘利润。煤油灯头，需48道工序，出厂价只2角一分，年产20万只，利润还不够买一台18寸的彩电。该厂为了适应小商品的竞争发展，在工艺改革和边角余料上挖潜力，同时积极开发新产品，以廉以新取胜，新产品人无我有，人有我优，每年都有三四种新产品投放市场，几年来企业发展很快，1986年产值达72.25万元，利润实现4.52万元。

（二）重视出口创汇。向外向型发展。目前，温州市区77家生产小商品的二轻企业，已有43家产品出口，先后生产了64种产品，并使产品结构不断适应国际市场需要，二轻工业出口产品中，形成了一批年出口交货值在100万元以上的“当家产品”，如运动鞋、工艺鞋、剪刀、门锁、塑料网眼袋、十字花台布、草席等小商品。

（三）重视原料供应，积极支持扶植。温州二轻从事小商品生产企业，相当多的原材料没有计划，历年来国家供料只能满足1/3，在物资供应紧缺的情况下，二轻总公司充分发挥各级供销部门的作用，一方面积极争取国家的支持，另一方面通过自行采购，调剂串换，协作等途径去组织原材料，千方百计解决原料不足的困难。

【横向联合】 温州市二轻系统1986年有100多家企业与省内外企业单位进行了横向经济技术协作，温州市二轻总公司为加强横向联合工作指导服务，成立了专门机构。全年共与各省、市的47个经济协作代表团进行了接触，洽谈项目29个，签订意向书45项，实现联营项目7项，吸收外来资金135万元，达成技术产品配套项目22个。横向联合，开辟了技术进步，上档次，上质量，优化产品的捷径，为企业插上了腾飞的翅膀。温州市塑料制品二厂生产塑料编织袋，因各项费用增加负担过重，连续几年亏损。该厂为改变企业落后面貌，调整产品结构，投资1 200万元，引进日本塑料复合软包装生产线，通过与交通部上海航道局的联营，成立了申瓯软包装分厂，解决了资金120万元和生产场地，从批准立项到试车投产仅只8个月时间，塑料复合软包装产品投产，该厂可新增产值1 000万元，新增利润100万元。温州市矛牌剪刀厂是国内有名的剪刀专业厂，1985年产值达1 275万元，出口创汇116万美元，中国轻工业进出口公司等外贸部门看到该厂的潜在优势，决定由总公司及浙江省进出口分公司、温州支公司与温州矛牌剪刀厂建立工贸结合，技贸结合的经济联合实体，以进一步发展矛牌剪刀生产，扩大出口创汇。

（严普恩　宋文龙）

安　徽　省

安徽省轻工业

【概况】 安徽省轻工业系统归口管理42个行业（不包括烟草）。1986年年末企业数为2 489个，职工359 082人，其中全民所有制企业412个，职工148 367人，集体所有制企业2 077个，职工211 715人。固定资产原值19.01亿元，净值13.6亿元，其中全民所有制企业固定资产原值12.51亿元，净值9.1亿元，集体所有制固定资产原值6.5亿元，净值4.51亿元。

1986年，克服了原材料紧缺、价格大幅度上涨和部分地区遭受洪涝灾害等严重困难，生产建设在上年发展较快的基础上，又取得了新的进展。全年完成工业总产值39.2亿元，比上年增长15.45%。

全年共创省级以上优质产品102个，其中12个产品获部优产品称号。参加全国同行业评比的32个产品，获前5名或得满分的19个，占参评产品的59.4%。

全年企业消化能力有所提高。依靠改革，调动职工积极性，增产增利、调整产品结构、节约挖潜等共消化不利因素2.63亿元，其中企业内部消化占37.4%。全年实现税利5.5亿元，比上年增长4%，其中税金增长12.8%，工业企业上交税利增长10.83%。涌现了一批人均创税利万元以上的企业。在安徽省1986年度“创最佳经济效益”劳动竞赛中，有17个企业获“夺魁单位”，32个企业获“先进单位”。

主要产品产量

主要产品名称	单位	1986年产量	1986年与1985年相比 +(－)%
机制纸及纸板	吨	286 071	12.7
自行车	辆	1 124 448	25.2
缝纫机	架	155 007	10.5
日用搪瓷制品	吨	4 559	6.3
日用陶瓷制品	万件	9 943.17	4.7
日用玻璃制品	吨	209 085	16.9
保温瓶及瓶胆	万只	1 604.3	31.8
饮料酒	万吨	39.86	9.8
其中：啤酒	万吨	10.87	41.4
罐头	吨	32 120	38.8
合成洗涤剂	吨	54 750	20.8
塑料制品	吨	76 542	31.1
皮鞋	万双	385.78	24.6
羽绒制品	万件	35.5	10.1
电风扇	万台	28.62	22.9
电冰箱	台	42 800	81.6
宣纸	吨	864	66.2

人均创税利万元以上企业情况表

企业名称	人均创税利（万元）
合肥化妆品厂	2.15
合肥元件七厂	1.38
凤阳光色玻璃厂	1.37
淮北市口子酒厂	1.34
合肥自行车厂	1.28
亳州古井酒厂	1.28
安庆市拉管厂	1.26
合肥日用化工总厂	1.13
蚌埠肥皂厂	1.10

但是，全系统利润下降2.33%，定额流动资金周转天数延缓5.58天，产成品资金增加25.59%，可比产品总成本上升10.37%，亏损金额增加81%。其主要原因是：原材料、燃料价格调高5 329万元，议价煤、电、油增支2 214万元，用议价原材料增支4 206万元，议价农业原料增支8 794万元，电力基金492万元，公路养路费提价141万元，银行利息增支1 454万元，教育费附加及增支城建税547万元，工资调整及离退休增加补助费3 487万元，共影响利润2.66亿元，

为全年实现利润2.089亿元的127.3%。

1986年新开展的联合项目564个，这些项目的实现，可新增产值3.9亿元，税利6 500万元。联合形式已从过去的联合经营、技术转让、补偿贸易、定牌生产等，向组建、参加企业集团发展。如安庆地区组建以安庆市造纸厂为龙头的造纸企业集团，合肥市自行车厂、自行车二厂，分别参加了上海的“永久”、“凤凰”自行车集团，合肥电冰箱总厂与全国8个冰箱厂组成阿里斯顿电冰箱工业集团。

全年完成出口交货值2.1亿元，比上年增长75%。创汇百万美元以上的企业由上年的11个增加到19个。

全年基建、技措和引进项目109个。其中基建、技措85项，总投资计划30 415万元，已完成28 997万元，占计划的95.3%。基建计划11 588万元，已完成10 145万元，为计划的87%，技措投资计划18 827万元，实际完成18 852万元，为计划的100.3%。引进成交21项，利用外资3项，总投资5 621万元，用汇893万美元。这些项目全部投产后，可新增产值49 978万元，税利10 914万元。

【经济体制改革】 1986年，厂长负责制基本全部推行，并有26%的企业在厂长负责制的基础上实行了厂长任期目标责任制。企业实行工资套改后，原来的部分活奖金变成了死工资，削弱了奖惩手段，扩大了“大锅饭”，影响了职工的积极性，针对这一弊端，对企业内部分配制的改革进了探索。合肥市自行车厂，把基本工资的20%拿出来和奖金捆在一起，与企业内部经济责任制挂钩，按职工的劳动成果浮动付酬。蚌埠市一轻系统所属企业，全部试行了浮动工资制。他们的经验，在全省轻工系统推广。

企业内部机制的改革，也有新的进展。淮南瓷器厂、阜阳印刷厂等企业，划小核算单位，成立专业化分厂，分级分权管理，增强了职工主人翁责任感，加强了管理基础工作，提高了工作效率。合肥雨具厂实行股份制，全厂82%的职工积极投资入股，盈利共享，风险共担，提高了企业自我发展的能力。合肥制笔厂试行资产经营责任制，公开招标，选贤任能，给懂经营、善管理的人才创造均等的条件。从11月25日起至12月10日止，公开在全省范围内招标，经过角逐，原厂长叶惠民中标任厂长。

国营小型企业试行集体经营。2月6日，省厅起草了《关于轻工业国营小型企业实行集体经营的报告》，2月13日，省政府批转了报告，批文指出：“轻工业国营小型企业实行集体经营，是城市经济体制改革的有益尝试，各地、各部门应积极支持。轻工业主管部门要注意研究新情况、总结新经验，逐步完善各项改革措施，促进轻工业的发展。”合肥市二轻系统6个国营小型企业实行了集体经营，滁县、阜阳等地区，也结合经济承包责任制逐步试行。

【调整产品结构】 按照市场需求的不断变化，采取多种办法，调整了产品结构，保证了产品适销对路。

扩大名优产品批量。1979年以来，全系统共创省级以上优质产品288个。在技改项目安排、原材料供应等方面，优先安排名优产品上批量，上速度。1986年名优产品产值率由上年的15%上升到16%。六安地区二轻系统名优产品产值比上年增长7.7倍。

努力开发新产品。全年共完成新产品、新品种开发828项，投产600项；新花色新包装共1 436项，“四新”产品产值率达8%；获省级以上优秀新产品奖108项，芜湖市工艺美术厂的瓷盘铁画荣获轻工业部中国工艺美术品百花奖优秀创作设计二等奖。池州烧碱厂走以开发新产品为主，狠抓内涵改造的路子，经济效益比上年翻一番。

提高产品档次，发展系列产品。肥皂行业全部由全油脂皂改产复合皂，不仅提高了肥皂的去污力，增加了社会效益，而且扭转了全行业面临亏损的局面。家具以发展板式、组合式、部件拆装、折叠、多功能的高档产品为主。电热毯、牙膏、化妆品等都已形成药物保健、疗效系列。饮料酒坚持优质化、低度化、系列化发展原则，扩大名优白酒批量，限制普通白酒的发展，增加啤酒、果酒、露酒的产量，名优白酒已批量生产38度、45度、53度等系列产品。

【企业管理】 安徽省轻工业厅认真贯彻《工业产品质量责任制》，先后办了114期训练班、学习班，培训管理人员4 564人。从质量目标入手，狠抓全面质量管理，以芜湖市光华玻璃厂、安庆市香皂厂等15个企业为全面质量管理试点单位。芜湖市光华玻璃厂被国家经委命名为全面质量管理先进企业，安庆市香皂厂被轻工业部预定为优秀质量管理企业。

省厅还以节约降耗为中心，加强能源和设备管理。重点抓了18个耗能大户的能量平衡测试，推广了灵璧县酒厂和安庆市酒厂利用废糟液生产沼气的经验，推广了蚌埠市酒厂低温蒸煮工艺以及口子、明光等酒厂提高出酒率的经验。芜湖东方纸版厂建立厂部、车间、班组三级节能网，从加强基础工作入手，完善能源管理和使用的规章制度，能耗逐年下降。安庆市塑料公司制订能耗奖惩制度，万元产值平均耗电比上年下降4.62%，受到了供电部门的嘉奖。对11个地市的87个企业进行了设备检查，完好率达92%，评出了32个设备管理先进单位。

对国家经委推荐的18种现代化管理方法，全省轻工系统已有330个企业分别运用了14种。合肥市一轻系统，推广应用了11种现代化管理方法，效果显著，取得了300多万元的经济效益。

【供销工作】 由于原材料缺口大，市场变化快，产品竞争激烈，供销工作已摆上重要日程：

（一）多渠道抓原材料。计划内的原材料，经过努力，基本按时拿足，并广开渠道组织计划外原料。年初抓山芋干等酿酒用粮，保证了酿酒行业的正常生产。全年通过协作，拿到计划外钢材6 363吨，马口铁435吨，化工原料8 841吨，纸张3 850吨。塑料行业敢于吃议价料，巢湖、阜阳、徽州等地区自找原料占1/3。屯溪塑料厂全年吃议价原料1 700吨，满足了生产的需求，通过节约挖潜，产值、产量、实现税利分别比上年增长50%，48%和13.2%。

（二）改善经营，扩大销售。确立全心全意为消费者服务的指导思想，坚持立足省内，服务全国，扩大出口的销售战略。滁县地区一轻系统狠抓销售工作，以销促产，销售收入比1985年增长34%。屯溪罐头厂一手抓出口创汇，一手抓国内销售，全年创汇200万美元，销售收入比上年增长25.2%，超过产值的增长水平。合肥市搪瓷厂，产品获2个部优，4个省优，仍然坚持狠抓产品质量，以优质取信誉，靠信守合同、完善“三包”巩固老客户，发展新客户，产品畅销不衰。

（三）实行工商工贸联合。合肥市一轻局与武汉市商业系统联营，年销售额在300万元以上，在武汉建立了稳定的产品销售基地。合肥市金笔总厂与全国102个商业一、二级站联营，并与上海、天津和本省外贸实行包产包销联合，每年出口金笔45万打左右。秋季广交会上，产品出口量仅次于上海，居全国第二位。安庆市胡玉美食品公司与外交部门联合，产品销售150多个国家大使馆，年创汇300万美元。

（四）推行销售承包经济责任制。大多数企业都从实际情况出发，实行各种形式的销售经济承包责任制，有的把销售人员的工资、奖金、加班费、差旅费、招待费等捆在一起，实行定额销售承包。安庆市造纸厂推行销售承包，销售科向厂部承包销售额、货币回笼额，四个销售组又向供销科承包，促进了快运输、快回笼，使产成品无积压，加速了资金周转。

【智力开发】 1986年，经省政府同意，省教委批准，新建了蚌埠服装工业学校、淮南陶瓷职工中专、六安家具职工中等专业学校、省轻工业干训班改为省轻工业干部中专学校，经省劳动局批准，新建了蚌埠市一轻技工学校和淮南陶瓷技工学校。无锡轻工业学院在合肥设立了函授站。合肥业余职工中专在一轻系统开设3个职工中专班。

全省轻工业普通中专招生455人，职工中专招生254人，职工大学招生41人，技工学校招生966人。无锡轻工业学院合肥函授站招生86人，由轻工业部定向培养招收大专生10人，轻工业大专起点本科师资班招收4人，送外省轻工院校协作代培110人。省内普通中专毕业生334名，技工学校毕业生213名。

表彰了1985年全省轻工业系统教育先进单位47个，先进教育工作者和先进教师87人。受轻工业部表彰的从事教育工作30年者23人，省职教委表彰的职工教育先进教师3人。

调动工程技术人员积极性。酿酒行业，充分利用现有工程技术人员的力量，办了18个厂办研究所，古井酒厂技术人员利用黄泉水提取呈香物质，研制酒尾回收器、试验架子制曲等科研项目都取得了可喜的成绩。

广泛借用社会科研力量。已有30%的企业开展了与大专院校、科研单位或科研人员的联合协作。酿酒行业的协作项目50多个，如高炉酒厂与安徽中医学院协作，研制了海马回春酒，庐江酒厂与生化学会共同研制了花粉封缸酒。芜湖市工艺美术厂与合肥工业大学协作，使铁画制作工艺提高两倍工效。合肥洗衣机厂与航天工业部508研究所共同研制了洗衣机定时器，填补了国内空白，为国家节约了大笔外汇。

积极开展对外技术交流。省造纸工业公司组织参加了美国、日本、英国、联邦德国、比利时、丹麦、芬兰和瑞典等8个国家制浆造纸技术交流，参加交流人员达165人次。

【实行集体企业职工退休基金统筹】 为了切实保障退休职工的基本生活，解除在职职工特别是老年职工的后顾之忧，巩固和发展集体经济，从1983年起，先后在6个县、市进行了轻工集体企业退休费用统筹的试点。到1986年年底，全省已有15个县、市轻工系统实行了统筹。

统筹的形式不拘一格。先试点的单位采取在二轻系统内以主管局、联社为统筹单位。随后，又出现象贵池县那样的由县保险公司、县二轻局牵头承办的统筹。安庆市在全市范围内不分行业、产业，所有老集体企业一律统筹。

统筹的内容逐步增加。能统几项就先筹几项，一般先统付退休费、副食品价格补贴；经济负担条件许可的，统付医疗费、抚恤费等。对于统筹费用的提取比例，根据各企业退休职工多少和经济能力划分档次提取。如天长县规定，凡退休费占工资总额不足12%的企业，均按12%提取；超过12%的，则按16%提取，做到合理负担。

统筹的原则是“以支定收，略有结余，一年一定，提前列支，专户储存，专款专用”。统筹之初，先提取相当于一个月的退休费用，以作周转。有的地方，还由财政拨给周转金，安庆市财政已拨出10万元。统筹基金当年若有结余，转入下年继续使用，若有不足，下年适当补足。

统筹的组织机构是退休统筹基金委员会。由主管部门领导负责，吸收基层企业参加，具体工作则由局、联社的人事和财务部门承担。委员会的任务是制定统筹实施细则，审批退休人员，管理和监督统筹基金的收拨，进行调查研究，总结经验。有的地方还成立了由计经委、劳动、人事、财政、税务等部门负责人参加、分管市长负责的统筹管理委员会，负责协调工作。

（杜长棣）

附：合肥市一轻工业

【概况】 合肥市第一轻工业局系统（不包括自行车工业公司、食品工业公司和市属郊县，下同）1986年共有企业27个（全民所有制企业15个），职工15 004人（全民所有制职工11 654人）。

1986年完成工业总产值25 021万元，净产值8 069万元，分别比1985年增长15.5%和12%，其中，出口产品产值724万元，优质产品产值8 723万元。

主要产品产量

产品名称	计量单位	1986年产量	1985年产量	1986年比1985年+(−)%
机制纸及纸板	吨	11 608	13 024	− 3.5
手　表	万只	68.14	57.98	17
日用搪瓷制品	吨	3 643	3 592	1.4
日用玻璃制品	吨	38 981	31 835	22
自来水笔	万支	975.1	505	93
灯　泡	万只	1 405	1 305	7.7
灯　头	万只	3 061.5	2 000	28
洗衣粉	吨	25 000	21 392	17
牙　膏	万支	9 223.5	9 217	0.1
化妆品	吨	187	71.2	163
干电池	万只	7 527	6732	12
软木砖	立方米	4 889	4 571	7
电木粉	吨	1 478	1 805	−18

市考核的12种主要产品的13项质量指标，全年平均稳定提高率为100%，高出上年33.3%。在1986年全国同行业产品质量评比中，30型金马牌金笔、铃兰牌715高级铱金笔、新农村牌3 103普通铱金笔，分别获得第一名、第三名和第四名；三星牌36厘米搪瓷面盆、8厘米搪瓷仿陶杯、9厘米搪瓷口杯、20厘米搪瓷花食盆均获得满分；玉华牌洗衣粉包装袋获华东地区优秀印刷品奖；芳草牌药物牙膏被全国大型百货商店推荐为1986年最受消费者欢迎的160种轻工业产品之一。1986年创5项省优质产品，2项轻工业部优质产品，全系统优质产品率达到35.3%比上年上升4%。

全年完成销售收入21 971万元，比1985年增长9.9%。其中工业自销16 035万元，占销售总额73%。实现税利5 417万元，比上年增长1.83%。其中15个全民企业现实税金3 161万元，利润1 896.6万元，分别比上年增长1.7%和6.4%。全员劳动生产率为16 676元，其中全民企业为19 899元，分别比上年提高15.7%和13.4%。

在15个全民企业中，1986年实现税利超过100万元以上的有10家，占全省轻工行业120家“百万富翁”的8.3%。其中，超过1 000万元以上的有2家，占全省轻工行业6家“千万财团”的1/3。在合肥市1986年度劳动竞赛评比中，有4家获“创新杯”奖，3家获“效益杯”奖。同时，有3个企业分别获技术进步、安全生产和节能降耗单项奖。在省轻工业系统创利税千百万元“黄山杯”竞赛中，玻璃总厂、化妆品厂等6个企业被评为先进单位；手表厂、日化总厂和搪瓷厂、电池厂被评为省创最佳经济效益单位，分别获得“金杯奖”和“银杯奖”。

合肥市一轻局系统1986年的主要经济效果指标高于全国的平均水平。但同1985年相比，增长幅度明显降低。全民企业实现利润的增长幅度由1985年的52.77%降低为1986年的6.39%；百元产值利税率和百元固定资产净值提供利税分别由1985年的24.28%和83.54%降低为21.83%和73.14%。经济效益降低主要由于原材料和能源大幅度涨价，企业利润被大量挤压转移。仅据15个全民企业的主要原材料涨价这一项统计，1986年增加支出1 800多万元，约占全系统实现利润总额的87%。

【经济联合】 1986年有13个企业先后同省内外32个工商企业、大专院校、科研单位签订33项经济联合与技术协作协议。其中，紧密型占18%，半紧密型占56%，松散型占26%。全年联合部分产值5 315万元，税利1 540万元，分别占1986年全系统工业总产值和税利总额的21.24%和28.42%。

合肥手表厂1985年与上海手表二厂进行技术协作，定牌生产宝石花牌手表，1986年生产手表68万只，其中宝石花牌手表47.66万只，分别比1985年增长17.2%和45.3%。产品质量得分率由91.2上升到93.85，提高2.65。完成工业产值4 939万元，实现利税1 475万元，分别比1985年增长17.4%和20.5%。合肥日化总厂、合肥电池厂、合肥金笔总厂等1986年分别同上海牙膏厂、上海洗涤剂厂、上海汇明电池厂、上海新华金笔厂签订了联合或定牌生产白玉牌牙膏、白猫牌洗衣粉、白象牌和大无畏牌电池、永生牌自来水笔等协议共9项，占全部联合项目的27％以上。

合肥金笔总厂与天津文化用品批发站挂钩联营，厂家按照天津站规定的商标和需要量，全年定牌生产四花牌自来水笔268万支销售到天津市场，占该厂总产量的27％以上。

日化总厂于10月份与合肥百货站联营，成立“合肥市牙膏、洗衣粉联合经销部”。厂方按出厂价牙膏让价5％，洗衣粉让价3％；百货站按全年1亿支牙膏，1.9万吨洗衣粉收购，由“联合经销部”经营，盈利由工厂、百货站、“经销部”三家按3、5、2比例分成。1986年在全国同行业多数厂家生产下降的情况下，该厂的牙膏生产仍比上年略有增长。

合肥市一轻局供销公司同省轻工业厅供销公司实行联营，成立安徽省合肥轻工贸易联合公司，在继续坚持工厂与商业以单一产品联营的同时，利用全省轻工产品的总体优势，组织产品群体，进行集团式综合联销，同武汉百货公司和重庆百货站分别签订对合肥7家企业的8大类产品的联营合同，初步形成了中南以武汉、西南以重庆为中心的两大市场基地。

1986年市一轻系统通过产品扩散，零部件加工招标和协作生产、技术咨询等形式，先后同市属一郊三县签订8项经济联合和技术协作协议。如合肥金笔总厂将农村市场需要的轻工业部优质产品新农村牌3 103普通铱金笔扩散给长丰县，由县在城关镇集资创办起金笔总厂第四分厂，总厂派出技术人员和管理人员到分厂进行帮助指导，扶植了县办工业，发展了制笔生产。1986年金笔总厂的产量、产值和实现利税分别比上年增长93％，22.5％和30％。

【技术进步】 1986年9个更新改造项目完成投资1 482万元，占全部固定资产投资完成额2 028万元的73％，比上年增长1.23倍，创历史最好水平。到年底已完成的项目有：造纸长网机改造、低温搪瓷多层烧架新工艺、牙膏车间改造及配套工程、圆珠笔生产线改造、泡花碱车间改造、皮革涂剂饰剂车间工程等6项；年增生产能力：机制纸2 500吨，牙膏4 700万支，中高档圆珠笔30万支，商品圆珠笔芯500万支，泡花碱3 000吨，皮革涂饰剂50吨，年增产值1 038万元，利税343万元。年节约标煤1 100吨。

全年在办的技术引进项目8个，总投资额7 353万元，累计完成投资额3 648万元。其中，1986年批准项目4个，总投资额2 249万元，成交300万元。在8个引进项目中，已完成2项：从联邦德国和瑞士引进的牙膏铝管生产线，牙膏自动包装线和宝珠笔、派克笔、活动铅笔生产设备，总投资额为1 918万元占累计完成投资额52.57％。完成考察任务进入成交阶段有4项：从意大利引进的洗衣粉生产三氧化硫磺化和后配料工艺装备；从瑞士引进的指针式石英电子表技术设备；从美国引进的平板型搪瓷生产技术设备和玻璃模具加工设备，总投资额4 318万元，已完成1 730万元，占40％，为累计完成投资额的47.43％。根据引进项目的可行性报告，8个项目全部完成后，将形成年产值1亿元以上，利税3 900多万元的后劲，为合肥一轻工业持续发展创造了条件。

1986年完成市下达的氮化钛真空镀膜装置等3项新工艺科研计划，开发新产品23项，完成计划的164％。其中，有12项投入生产，创产值1 700万元，税利300万元。如合肥新光印刷厂从机械工业部通用机械研究所聘请顾问，并与该所和徐州齿轮厂开展技术协作，实行科研、试制、生产三结合，开发出涂塑复合软包装材料，填补了省内空白。合肥化妆品厂与安徽中医学院协作，联合研制出中草药系列化妆品，具有美容、防冻等多种功能。全年有锦纹合丝等7项获合肥市科技进步奖；涂塑复合软包装材料、水乳型聚氨脂皮革涂饰剂、铃兰牌微孔笔等7项获合肥市优秀新产品奖；6#低温搪瓷釉配方，YH单端节能荧光灯、芬草加酶加香洗衣粉等3项获省科技进步奖；搪瓷保温啤酒罐、高级薇薇药性防冻美容霜等3项获省轻工业厅优秀新产品奖；芳草儿童牙膏、瓦尔顿美容系列化妆品、快达牌高氯化锌5号纸板电池、羽绒清洗剂等4项获安徽省轻工产品百花奖。合肥市一轻局、合肥化妆品厂分别被省轻工业厅授予“科技开发先进单位”称号。

【企业管理】 据不完全统计，1986年全系统运用各种管理手段直接获得效益600多万元，将涨价因素消化掉30％以上。

1986年举办了标准化工作、能源管理、设备管理、物资供应、产品销售、现代化管理等骨干学习班8期，培训骨干300余人；举办17次“现代化管理知识讲座”和“企业管理基础工作知识讲座”，受教育近千人次。各企业发挥学习骨干作用，普遍开展企业管理知识教育和班组长培训。其中举办班组长培训11期，培训班组长920余人。全系统自办电光源、手表和日用玻璃制品3个专业电视教育中专班，3 000多人参加学习。选派7名厂长和225名干部到省、市举办的厂长(经理)培训班和各类大专院校学习。

1985年冬和1986年春，合肥市一轻局结合工业普查组织发动全系统对7项企业管理基础工作进行检查、完善。具备计量定升级条件的9个企业通过三级计量验收合格，其中手表厂完成了二级计量升级任务，保证了工业普查资料的准确性，较好地完成了工业普查任务。4月份起在合肥搪瓷厂进行完善企业管理基础工作试点，以提高经济效益为中心，突出提高产品质量，降低物质消耗为重点，按照“补缺、健全、提高”的原则，运用企业诊断的方法，对7项基础工作进行全面完善，并经省、市经委验收合格。在试点基础上，制订了《合肥市一轻企业完善企业管理基础工作考核标准》和完善企业管理基础工作规划，并在日化总厂、手表厂、玻璃总厂、灯泡总厂进行第二批试点，以点带面，取得了经济效益，如合肥搪瓷厂在原材料涨价100多万元，铁皮限量供应，增产受到限制的情况下，1986年完成工业总产值1 526万元，实现税利508万元，分别比上年增长11.4％和31％。搪瓷面盆、口杯、杂件的一等品率分别比上年提高3.56％、4.65％和8.05％。

1986年合肥市一轻局从本系统实际出发，制订“七五”期间推行现代化管理规划，在15个全民企业中，已推广应用“一制四全”，目标管理，价值工程，滚动计划，市场调查，微机等11项现代化管理方法和手段。据可测算的项目统计，直接取得经济效益300 多万元。

（王运中）

合肥市二轻工业

【概况】 1986年末，合肥市二轻系统有工业企业59个，科研所6个，技工学校1所，供销企业9个，固定职工18 508人（不包括塑料、县区工业，下同）。全年完成工业总产值27 738万元，比1985年增长14.7％。产值跃居合肥市工业系统第二位。纳入省级以上指导性计划的71种产品，比上年增产的有49种。适销对路产品产量，均有较大幅度增长。

主要产品产量

产品名称	单位	1986年产量	比1985年增减％
家用电冰箱	万台	4.27	81.2
洗衣机	万台	9.2	－29.4
其中：双桶洗衣机	万台	6.7	795.5
电风扇	万台	21.78	14.5
电热毯	万条	111.52	7.7
民用锁	万把	147.56	14.2
可锻铸铁制品	吨	1 867	26.1
机制铜锹	万把	80.48	－18.4
晴雨伞	万把	52.59	35.4
钢家具	万件	12.8	24.6
木家具	万件	6.5	6.9
皮革（折标皮）	万张	17.38	－4.3
皮鞋	万双	27.76	－11.8
服装	万件	197.49	0.4

有11个企业的计量定级通过单项验收，8个企业的全面质量管理验收合格。主要产品质量稳定提高率为82％，高于上年水平。1986年获安徽省优质产品证书的产品9种，获安徽省工艺美术百花奖的产品1种。

1986年安排重点技改引进项目18项，总投资6 459.5万元，其中当年计划用款4 150万元，年内完成投资额5 498 万元，占总投资额的85％，超过当年计划用款额的32.5％，至年终陆续竣工投产的有引进涂塑折迭纸盒设备、牛轻革生产线改造等11个项目。6个技改基建项目，已竣工面积28 896平方米；市计委安排的自筹基建项目，到年底竣工面积12 748平方米。

全年完成出口总额1 380万元，比1985年的792万元增长74.2％。从事出口产品生产的企业由上年的12个增加到18个，新增的出口产品有长毛绒玩具、铝合金异型材、自行车鞍座、油压千斤顶、皮票夹等。

1986年，实现税利3 109.4 万元，比1985年下降6.9％，其中实现利润1 795万元，比上年增长5.4％，并且涌现了合肥电冰箱总厂、合肥洗衣机总厂、合肥制革厂、合肥电扇厂、合肥雨具厂、安徽黄山电扇厂、合肥元件七厂、合肥东风化工厂、合肥家具厂、合肥锅炉厂等10个年利税超过100 万元的骨干企业。

1986年底，召开了间断25年之久的合肥市集体工业联合社职工代表大会，选举产生了第四届联社领导机构，修改了社章，审查并通过了联社工作报告和财务工作报告。

【经济体制改革】（一）完善经济责任制。在总结几年来推行经济责任制成败得失的基础上，合肥市二轻局对企业的提高经济效益责任制、创优质产品责任制、降低能源消耗责任制和降低主要原材料消耗责任制的考核和奖惩办法作了规范，制定并实施了《企业经济效益考核的办法》、《优质产品奖励的办法》、《重点产品主要原材料实行消耗承包的办法》和《对耗能重点企业实行能源消耗承包的奖惩办法》，初步建立了企业外部经济责任制体系。这些经济责任制贯彻落实后，取得了良好的实效。企业内部的经济责任制，重点解决了企业工资改革后在分配上出现的新的平均主义倾向，大力推行各种内容的专项承包责任制，出现了如玛钢配件厂的浮动工资制、合肥电扇厂的PQC记分计奖制等新的经济责任制形式，进一步体现了按劳分配原则。（二）试行企业股份制。1986年在合肥雨具厂和合肥玛钢配件厂两个集体企业进行股份制试点。其基本做法，以合肥雨具厂为例：一是依据企业有效资产的不同来源，将股份划分为公股、企业股、个人股三种。公股即建厂以来由国家拨给企业的资金；企业股即历年来本企业留利形成的生产资金；个人股即职工集资入股，分为固定股和浮动股，固定股每股500

元，职工必购1股，浮动股每股100元，自愿认购，数额不限。二是实行董事会领导下的厂长负责制，由职工代表大会选举产生厂董事会董事。由董事会作出企业生产经营中的重大决策，决定企业的收益分配。三是本着“资金共筹、风险共担、收益共享”的原则，进行股票计息和损益分配。公股和企业股不计息，个人股按年计息。企业留利按公股、企业股、个人股的比例分配。公股红利转入企业公积金；企业股红利按公积金、公益金、职工红利三大块分配，职工红利占20%；个人股按不同比例，扣除风险基金外分给个人红利。当企业亏损时，先以风险基金抵补，不足时股票相应贬值，股票贬值率不高于30%。试行股份制后，该厂有239人入股，金额达26万元，在一定程度上弥补了生产资金不足。股份制把职工由“客体”变为“主体”，充分调动了生产经营者的积极性，使该厂当年产值、利税均创历史最好水平。(三)开展横向经济联系。1986年横向联系的产品已扩展到电冰箱、洗衣机、铁家具、服装、玩具等100多种；联系的范围由本地区本行业延伸到跨地区跨行业，如电热毯与新疆哈蜜地区联产，制革原料和成品与乌鲁木齐厂家联营；联系的形式由专业化配套协作发展到委托加工、合资经营、工农联合、工商联营、物资协作，如合肥锁厂与合肥五交站成立联营销售公司，双方投资，利益均沾，风险共担。依靠多渠道，多层次，多形式的横向经济联系，1986年全系统新增产值5 000万元，新增利税700多万元。

【开发新产品】 1986年有微波炉等36种新产品投入生产，总产值4 598万元，新产品产值率为16.6%。其中8种新产品获得安徽省轻工业优秀新产品奖。新品种、新花色200多种，其中庐阳花布连衣裙、红丝绒闪光晚礼服两种服装在巴黎国际时装展览会上获奖，14种新式服装在安徽省黄山杯时装设计大奖赛上获奖。1986年合肥市二轻工业在新产品开发方面有以下特点：

一是依靠技术进步抓好重点产品的开发。开发了双门双温电冰箱、Ⅲ型双缸洗衣机、微波炉等一批重点产品。

二是针对小企业“船小掉头快”的优势，开发了模压箱、三用暖锅、铝合金异型制品、成套快餐设备、长毛绒玩具、药物保健服装等20多个小型产品。

三是借助大专院校、科研单位力量，加快产品开发，有镀铜焊丝、药物保健电热毯等10多项。

四是狠抓新产品投产，增加经济效益。1986年试制成功的17种新产品，当年投产的就有16种，创产值1 344.6 万元。

五是为新产品开发创造必要的条件。如赋予企业开发新产品自主权，组织技术咨询和市场调研，争取税务部门的支持等。

【广开供销渠道】 1986年继续实行部分计划物资对企业直供的同时，积极组织计划外物资的供应。主要原材料钢材全系统年计划6 400吨，而实际需要量是2万吨。为确保均衡生产，主要采取：一是尽快拿足计划内材料，多取多超。对没有纳入计划的小商品和新产品生产用材，反复向上级汇报，多方求援，先后为不锈钢厨房餐具、电饭锅等小商品争取到计划内钢材1 308吨。二是用局供销公司、各工业公司和企业“三家抬”的办法开拓计划外材料的供应渠道。参与市场调节，“找米下锅”，获取计划外钢材1万多吨。三是调剂、串换材料，保证重点产品的生产。如洗衣机、电冰箱所需的0.8cm　板紧缺，及时用其他材料串换200吨。四是加强全面物资管理。在仓库物资管理百分赛的基础上，完善制度，狠抓消耗定额管理，开源节流。

产品销售上，重在开拓全国市场。其一，组织产品订货会。1986年召开的第十届、第十一届合肥二轻产品订货会，广邀全国客户，成交额突破1亿元，创历年最高记录。其二，组织产品在全国各地巡回展销。服装、电热毯、电熨斗、电饭锅、电冰箱等产品均运往北京、上海等大城市大商场展销，合肥元件七厂“雀翎”牌电热毯在天津劝业场展销期间每分钟售出5条，其三，积极疏通商业主渠道，大力开展工商联营。其四，各企业普遍推行销售承包。工资、费用与销售额挂钩，充分调动了销售人员的积极性。由于措施得力，全系统1986年完成销售额23 578万元，其中工业自销19 607万元，占销售额的83.2%。

(孙恭沛　王传江)

福　建　省

福建省一轻工业

【概况】 1986年，福建省一轻工业共有40个行业558家企业。其中：全民所有制企业503家，集体所有制企业51家，中外合资企业4家，职工总数214 651人，全员劳动生产率12 469元。固定资产原值19.64亿元，净值为14.73亿元。

1986年，全省一轻工业完成总产值26.78亿元，比1985年增产7.7%。各行业普遍增长。

43种主要产品中，除火柴、黑白感光胶片、相纸和玻璃瓶罐滞销外，大多数产品产销两旺，各种名牌优质产品供不应求，特别是纸、盐、酒精、糖、保温瓶、肥皂、搪瓷制品、自行车、缝纫机等产品社会需求量大，始终处于供应紧张状况。全年一轻工业销售收入达28.62亿元，比1985年增长13.3%，实现税利6.35亿元，(包括盐税0.68亿元)，比1985年增长10.2%，超过产值增长速度。全省一轻工业企业留利0.64亿元，比1985年增长6.6%；人均留利346元，比1985年增长2.1%。百元资金提供利税26.39元，较上年略有提高；定额流动资金周转天数为102 天，与上年持平。

1986年，制盐工业由于调整了经济政策，盐工生产积极性高涨，亏损企业从1985的7个减少到2个，全行业盈利160万元。酿酒和其它食品工业则由于粮食等原辅材料提价新增亏损企业11个，亏损金额增加588万元。1986年，全省一轻工业抓了节能降耗这一薄弱环节，主要从建立健全各级节能管理机构和完善各项规章制度抓起，到年底为止，大部分企业均建立节能领导小组及三级节能网，配备了具有专业知识的工程师和技术干部从事节能工作，对三级节能网明确规定了工作范围和相互关系，使节能工作逐渐走上了群众性的科学管理轨道。为了提高节能干部的管理水平，由省厅主办了8期节能培训班，自编讲义共培训了560个节能骨干。另外，在企业中实行了分级分等节能奖励制度和合理化建议奖，调动职工群众节能的积极性。与此同时，全省一轻工业着手改进落后的设备和工艺，推广节能新技术和省能型设备。如在制糖行业中搞热电结合，更新改造锅炉，蔗渣流态干燥；在造纸行业搞白水封闭循环；在陶瓷和玻璃行业改烧油为烧煤、改造窑体，提高热能的利用率。这些节能措施都已收到较好的效果，全省一轻工业年节约能源折标煤达7万吨以上，受到省计划委员会的表彰，节能改造部分项目的技术达到国内外先进水平。如泰宁造纸厂的全沸腾炉以低质无烟煤为燃料，热效率达80.8%，是目前全国热效率最高的锅炉之一；漳州陶器厂设计建造的一条以白煤为燃料的隧道窑为国内首创，烧成陶瓷产品的合格率达80%以上；大田瓷厂的半水煤气烧瓷一次试烧成功，为改变全省陶瓷工业的燃料结构闯出一条新路。

1986年，全省一轻工业有1个产品获得国家银质奖，26个产品获轻工业部优质产品称号，还有厦门食品厂生产的双灯牌花生酥，泉州源和堂蜜饯厂生产的水仙花牌蜜李片，福州造纸厂生产的白鹭牌牛皮纸等39种产品获得“福建省优质产品”称号。全省一轻工业的优质产品率为19.5%，比1985年提高6%。

此外，福州味精厂和泉州味精厂生产的“口得福”大颗粒结晶味精达到国际质量标准，在巴黎国际食品博览会上获金牌奖。福州茶厂生产的闽毫茉莉花茶被评为全国名茶，综合型茉莉花茶荣获国际质量金桂叶奖。

1986年，全省一轻工业共筹集195 万元资金用于增添教学设备，改善办学条件。省集美轻工业学校和侨兴轻工业学校的在校学生总数为1 548人(包括为外省代培115人)。集美轻工业学校为适应对外开放形势的需要，增设了涉外经济管理专业，培养涉外经济管理干部。省轻工业干部学校采取与专业公司，企业联合办学的形式扩大招生，在3个地区设立5个教学点，增加7个教学班，充分发挥现有的教学力量，培养轻工业干部。福州市轻工业局集资办起了一个职工培训中心，因地制宜、因陋就简地开展职工教育活动并逐渐向正规化、系统化发展。经过3年的努力，目前已拥有1 200平方米的教学楼，400多套课桌椅，还有电视机、录象机等现代化教学设备。中心设有企业管理、工业会计、工业统计和各种专业函授班，已培养各类大专毕业生308 人，技工155 人。南平造纸厂、青州造纸厂也根据自己特定的环境和条件，投资搞闭路电视教育，开展中级技术工人培训。

1986年，全省一轻工业共有18个项目获得省科技进步奖，其中一等奖1项，二等奖1项，三等奖16项，还有1项获得国家科技攻关进步奖。

1986年，全省一轻工业共开发投产70项新产品，其中通过省级鉴定属于国内首创的有11项，达到国内先进水平的有12项，有23项产品获得省优秀新产品奖。全省一轻工业的“四新”产品有1 274 项，新产品的产值达8 366.09万元，占总产值的31.3%。

【经济体制改革】　全省一轻工业经济体制改革，主要有三种类型:

1. 福州铅笔厂。从1984年起，由厂领导在全厂职工代表大会上立下责任状，代表全厂与福州市财政局、轻工业局签定经济目标承包协议，承包3年的产值，产量和入库利润。他们在企业内部实行四定，四包、四放权。“四定”是:定员、定额、定消耗指标、定车间经费；“四包”是;包产量、包工资总额、包质量、包安全生产；“四放权”是:有权任命车间干管人员和班组长，有权进行车间内部生产安排，有权决定工资和奖金发放方法，有权按厂规厂法进行车间内部立法管理。实行承包后，生产年年发展。1985年，该厂消化各种涨价因素80多万元，还增加盈利70多万元；1986年各种原辅材料提价因素有增无减，企业要增支减利近100 万元，该厂进一步落实经济责任制，合理调整各生产车间的承包定额和各项指标，不仅在企业内部消化了增支部分，全年又盈利89万元。

2. 漳州糖厂。实行目标管理，全厂抓四大指标(上缴税利、产品产量、质量、职工奖金总额)，把这四项指标分解成1 227 项下达到车间，车间再把这些指标分解成2 422项下达到班组，班组再分解成30 169项落实到每个工人，层层包干。同时厂部放三权给车间：①用工权。车间主任自由组阁、安排人员，超编人员可以退回厂部。②奖金分配权。车间、科室可以有小金库，作为调节使用。③对外经营权。车间在完成生产任务的前提下，有权对外联系业务，所得收入按比例与厂部分成。为了发挥各职能部门的作用，该厂在科室设立专项奖，包括节能、安全、质量、创优、创新、劳动纪律等，由科室对车间直接管理。此外，该厂根据不同生产性质和部门实行不同的承包方法。如：连续性的生产车间实行指标分管，评分计奖；综合部门则采取利润包干，超额分成计奖；机修车间实行大包干；各职能科室采取评分计奖，50%的奖金和车间的生产挂钩，50%的奖金则由车间按科室的职责来评定，把科室和车间紧紧地扭在一起。二年实践证明，这套方法对连续性生产的大型企业比较适合。

3．连江县调味厂。原来连年亏损，即将倒闭，1985年由三个技术员出面承包，年上交利润5万元。承包后他们针对市场的需求变化，调整产品结构，打开销路，通过横向经济联合，解决原料供应，发展了生产。1986年就扭亏为盈，全年盈利36万元，与此同时职工的收入也比往年增长32—35%，企业面貌焕然一新。

采取类似这样做法迅速改变企业面貌的还有晋江磁灶陶瓷厂、华安县龙经糖厂，南安县洪濑食品厂。

【基本建设和技术改造】 1986年，全省一轻工业基建项目共26项，总投资3.5亿元，含外汇6 340.1万美元（不包括厦门特区三个项目130万元）。其中厦门彩色感光材料工程为国家重点建设项目。1986年，共完成基建投资2.47亿元，占计划投资的70%，是历年来完成投资额最好的一年，新增固定资产3 305万元。主要建设项目中：厦门彩色感光材料生产线的公共工程基本完成，部分交付使用；主要生产性设施中涂布楼基本封闭，设备已开箱交付安装，乳剂制备楼机械设施已安装35%，可保证在预定时间内投产。福安赛江糖厂已正式试车投产，形成日榨700吨的生产能力。

1986年，全省一轻工业共安排307项技术改造（包括上年结转项目在内），其中投资金额在100万元以上的有55项。到年底共完成投资2.12亿元，占年度计划的76.3%，新增固定资产1.62亿元。1986年，技改项目中全部建成投产或交付使用的共149项，可新增产值2.02亿元，增加税利4 493万元，增加出口换汇327万美元。新开发的产品有：低定量胶印新闻纸，伸性纸袋纸、环型荧光灯、低温固化油墨、母乳化奶粉、水晶软糖、闪光电化铝、活动铅笔、液体肥皂、搪瓷电热锅等10个产品。1986年技术改造项目的技术装备水平较高，有的达到70年代末80年代初的国际水平。如青州造纸厂的废纸处理系统，南平造纸厂的一号纸机，福州灯泡厂的拉管机，异型灯生产线，厦门包装纸箱厂的瓦楞纸箱生产线，福州啤酒厂的啤酒罐装线，泉州糖果厂的软糖自动浇注成型机等。

【出口换汇】 1986年，全省一轻工业产品出口创汇1.1亿美元，比1985年增长7.6%。创汇在1 000万美元以上的有罐头、茶叶2种，创汇在100万美元以上的有陶瓷、纸张、香料、脱水蔬菜、蜜饯、盐、保温瓶、药酒、糖果饼干、钟表、调味品和铅笔等12种。国务院颁发的鼓励企业出口换汇政策后，全省一轻工业积极调整产品结构，提高产品档次、质量，扩大出口。增产幅度较大的行业有：钟表增269.7%，盐68.12%，中药酒84.1%，糖果饼干类77.8%，调味品56.5%，保温瓶44.5%，纸张32%，铅笔30.3%。厦门自行车公司近两年引进美国乐思化学有限公司多层镍电镀工艺和部分关键设备，法国西米斯公司高速静电喷漆生产线，法国CPM公司车圈成型和车轮装配生产线，联邦德国P.ORO公司车架组装焊接清理生产线，提高了产品质量，使该公司生产的武夷牌自行车进入国际市场，也是福建省首次整车出口。该公司在引进国外先进技术的同时，还和外商鉴订了产品返销合同，不断扩大出口换汇。福州保温瓶厂狠抓产品质量，增加花色品种，采取灵活贸易方式，开拓国际市场，积极换汇。1986年该厂生产的各类产品出口换汇200多万美元（包括末收汇）比上年增长一倍多。

【产品质量】 1986年，全省一轻工业产品质量基本保持稳定。重点产品质量完成考核率为75%，全年累计重点产品质量稳定提高率为83.3%。各行业中，造纸行业的产品质量提高幅度较大，1986年生产和试产的47个品种中有16个品种的质量较上年度提高，全年平均送检合格率为55.7%，比1985年的平均水平43.5%提高了12.2%。

全省一轻工业共有46个企业达到国家二级计量标准，11个企业达到国家三级计量标准，通过国家计量考核的企业占企业总数的28%。

1986年，厦门罐头厂获轻工业部质量管理先进企业的光荣称号，厦门电池厂获省质量管理奖。漳州糖厂和泉州味精厂的全面质量管理小组被评为全国优秀质量管理小组，宁德茶厂和福州香料厂的全面质量管理小组评为轻工业部优秀质量管理小组，还有15个企业的质量管理小组被评为福建省优秀质量管理小组。

【环境保护】 从1982年到1986年，全省一轻工业共完成“三废”治理项目69项，总投资4 835万元。主要治理项目有92台锅炉消烟除尘，安装废气处理装置166套，废水处理设施16套。年废水处理能力为3 600万吨，处理率为25.4%，年处理有害气体为12.32万立方米，处理率为19.2%，年处理废渣能力为28万吨，处理率达34％。

“三废”处理的重点是造纸行业，主要措施是采取限制浆量控制总碱量，为进口废纸供应部分沿海小纸厂；禁止新建、扩建无碱回收的小型浆纸厂，同时把有条件的小纸厂扩建改造成万吨纸厂配套碱回收装置。

在“三废”的综合治理和技术攻关方面，也取得一定的成效。漳平造纸厂的MN型木素，磺酸钠和邵武纸厂的MS型木素磺酸钠二个项目已建成投产，这个综合利用技术既可解决部分黑液污染问题，又可以提高企业效益。南平造纸厂与福州大学共同研制的“AF-8010型”和“652型”消泡剂以及漂白硫酸盐木浆污水处理表曝工艺都取得成功。这两种消泡剂适用于漂白硫酸盐木浆污水生化处理，效果良好，还可以用于碱法草浆污水的生化处理，各项指标均能达到国家规定的排放标准。漳州糖厂的“厌氧发酵——沸石拦钾——将氧活性污泥曝气”治理酒精废液的方案经过12个榨季的生产试验，从取得数据分析，在排放标准上，除化学耗氧量一项指标外，其他均能达到国家排放标准，每天可以回收860立方米的沼气（相当于6.2吨标煤）和1.2吨的碳酸钾、用以补偿“将氧曝气”处理的费用，经济上可以维持平衡。

（卢　孚）

福建省二轻工业

【概况】 1986年，全省二轻工业企业2 712个，其中，集体企业2 584个，占95.28%，中外合资企业21个，占0.8%；职工 278 963人，其中，集体企业职工163 889人，占58.75%，中外合资企业职工 4 070人，占1.46%；全员劳动生产率 8 897元，其中，集体企业为8 226元，中外合资企业为16 325元；固定资产原值6.74亿元，其中，集体企业为5.05亿元；固定资产净值4.61亿元，其中，集体企业为3.33亿元；工业总产值22.88亿元，比上年增长11.61％，占全省工业总产值14.51％，其中，集体企业为12.86亿元，占二轻工业总产值56.21%，中外合资企业为6 086万元；出口交货值4.62元，比上年增长44.85％，占二轻工业总产值20.19％，出口创汇1.31亿美元，比上年增长30%，占全省出口创汇总额23.5%；年实现税利1.62亿元，比上年增长3.25%，其中，集体企业占66.01％。

由于技术改造和引进先进技术，进一步改善了企业的生产手段，提高了生产力水平，调整了产品结构，充分发挥鼓励出口政策的作用和国际市场的好转，使二轻产品出口出现大幅度增长的喜人局势，全年保持均衡、高速的发展。除个别产品外，全面高速发展，有的产品则成倍增长，创历史最好水平。

1986年，二轻产品出口交货值53 400万元，相当于工业总产值的23.3%，出口创汇15 100万美元，比1985年增长43.8%。出口创汇在1 000万美元以上的产品有2种：泡沫塑料拖鞋2 000万美元，布鞋2 000万美元，出口创汇500万美元以上的产品有3种：劳保手套500万美元，蚊香600万美元，服装900万美元，出口创汇100万美元以上的产品有9种：编织袋170万美元，皮鞋310万美元，家具200万美元，锡箔300万美元，漆器200万美元，木画200万美元，石雕100万美元，美术陶瓷120万美元，玩具300万美元。

1986年，全省共开发“四新”产品6 291种，工业总产值达2.59亿元，占全省二轻工业总产值11.35％。推广新技术35项，技术革新35项。二轻产品共采用国际标准15项，制订省地方产品标准43项，新产品标准审查21项，引进技术和进口设备标准化审查10项，创国、部、省优产品67种，其中获国家工艺美术百花奖金杯奖2个，银杯奖1个；获轻工部优质产品证书5个，电子部优质产品证书2个；获福建省优质产品和工艺美术百花奖共56个。此外，还获轻工部工艺美术优秀创作设计希望杯2个，二等奖12个。全年优质产品产值率为10.3%。福州市第二塑料厂还获轻工部优秀质量管理企业和福建省质量管理奖的荣誉称号，福州市第一塑料厂电缆车间与福州市第三塑料厂地膜包装车间，获轻工部优秀“QC”小组。全省共鉴定新产品28项，获1984—1985年度福建省科学技术进步奖有15项，其中二等奖1项。获轻工部1986年度科学技术进步三等奖7项，获福建省1986年度优秀新产品荣誉称号有26种。

全年实现税利1.62亿元，比上年增长3.25%，其中税收增长9.70%，而利润下降3.19%，资金周转天数减慢，比去年增加8.3天，亏损企业也增加56个，亏损金额达1149万元，比上年扩大34.7%。

【技术改造】 1986年，全省完成固定资产投资1.31亿元，其中，更新改造0.91亿元，占69.43％。本年度新增固定资产1.18亿元，施工面积52.33万平方米，竣工面积23.06万平方米，占51.31%。施工项目394个，竣工项目283个，占71.83％。竣工项目可新增工业总产值1.64亿元，税利2 851万元。

1986年，全省有265个企业在生产、流通、科技领域进行横向经济联合，新增产值17 140.91 万元，占二轻工业总产值的7.49%，新增税利2 053.5万元。其中跨省市联合（联营）的有53个企业，新增产值9 039.8万元，占联合新增产值的52.74％，实现税利983.8万元，占联合新增税利的47.91％。

【人才培训与引进】 泉州市二轻局采取市属企业教育经费统筹的办法，发挥二轻职工中专、培训中心和业余工校等教育基地的作用，大力开展职工培训，1986年市举办两期厂长经理国家统考辅导班，40名厂长经理考核全部合格；举办两期现代化管理基本知识辅导班，337名管理人员经考核全部合格，领取省经委颁发的“合格证书”；开办《车间核算》、《物资管理》业务辅导班和“五大”教育、中专教育等。在“双补”扫尾中合格率达90％，从而提高了职工素质，有力地促进了生产的发展。厦门市二轻局也针对企业存在“三低二少”状况（文化、技术和管理水平低，技术人员和三师少），投资建设培训中心，增添教学设备，调配教职工，采取因人制宜、灵活多样、多层次、多形式、多学科的办学，既有政治、文化、技术教育，又有结合生产的多种培训，既有课堂教育，又有函授、刊授、电视教学以及岗位练兵，操作表演，既有自培也有外送代培，既有业余半脱产，又有脱产学习。总之，按成人、在职、业余的特点，社会化办学，从而提高了职工的文化素质，大专文化程度由110人增加到348人，提高2.16倍，高中文化程度的人数也提高了46.1％，大大促进了生产。宁德选矿设备厂与12个省、市，18个大专院校、科研单位建立经济技术协作，聘请了十余名科技人员当顾问，开发了20多种整机系列产品，其中有11种产品通过部级鉴定、10种产品获部科技成果奖，2种产品获国家发明成果奖和省优产品的称号，产品远销全国16个省、市，使一个加工土烟丝的集体企业发展成为拥有150万元固定资产、产值170万元、税利25万元的企业。霞浦电子仪器厂先后聘请13位科技人员到厂共同攻关，研制了ＬＹ－1型电推拿机和ＬＹ－5型电子针灸按摩器新产品，获部优产品奖并进入国际市场，1986年实现产值355万元，税利70.2万元。

【莆田鞋业出口基地】 莆田县地处沿海南部，木兰溪下游，盛产荔枝，故称“荔城”。该县鞋业生产出口居全省首位，1986年鞋业出口交货值达5 682万元，占二轻产品出口总值的94.04％，仅莆田鞋革厂1986年工业总产值就达4 700.1万元，产品全部出口，为1980年的二倍多，平均年递增19％，创汇达1 000万美元，占莆田市的50％，占全省鞋类出口的40％以上，已初步形成福建省鞋业出口的生产基地。省委书记陈光毅称赞其“靠一双鞋走出了一条路”，故又誉为“鞋城”。

莆田地少人多，劳力富余且鞋业生产历史久，工艺精细、产品优质。以莆田鞋革厂为“龙头”，出口产品为“拳头”，城市带农村，逐步向外幅射扩散，先后在17个乡镇建立45个附属厂、联合厂和数以千计的作业点，从事鞋业生产人员达5万余人，形成出口产品的企业群体。同时还通过与北京工艺进出口公司和福建省鞋帽进出口公司联合，组织工贸一体化的三联鞋厂；利用县橡胶厂引进侨资，办福祥塑胶有限公司等多层次、多方位、多形式的经济联合，逐步向鞋业出口企业集团发展，加快“外向型”经济发展的步伐。1986年，鞋革厂创新产品1 734种，占出口量的80％。

【对外经济窗口】（一）福建省家具进出口公司于1981年成立，与福建省家具工业公司合署办公，归福建省第二轻工业厅领导，将原福建省外贸家具进出口业务划归福建省家具进出口公司经营。1981年来，在国外家具市场不十分景气的形势下，进出口业务仍不断发展，1986年度进出口额达905.3万元，其中出口交货额450.3万元，创外汇79万美元（不包括厦门口岸出口），比上年增长51％，比成立前历史最高水平增长46.15％，进口额455万元，其中原材料355万元，占78.02％，引进设备100万元。为全省家具行业技术改造和生产发展服务，家具进出口公司的经营范围包括竹、木、藤、棕等各种制品、半成品的出口和原辅材料、设备、零配件等的进口以及室内成套用品和装饰材料的业务。同时，为全国兄弟省市代理或联营上述范围内的各种进出口业务，充分发挥家具行业的对外窗口作用，更好地为全国同行业服务。

（二）在厦门经济特区，1984－1985年经批准厦门市二轻局所属的17个公司、工厂享有进出口经营权。由于企业有了自营进出口的经营权后，进一步调动了企业组织产品进入国际市场竞争的积极性，更好地发挥工业企业的优势，扩大了出口创汇，提高了经济效益。1986年二轻产品出口交货值完成3 096万元，比上年增长158％，创汇687万美元，比上年增长147.9％，其中由外贸专业公司出口的占48％；由企业自营出口和委托自营出口公司出口的则占52％。现在出口产值占本企业工业总产值50％以上的有厦门市皮鞋厂、皮件厂、不锈钢制品厂、珠拖厂、石雕厂、服装厂、制革二厂、华源服装公司、佳顺公司等9个企业，占30％以上的有4个企业，加快了向“外向型”企业发展的步伐。

厦门市政府为发挥经济特区对外窗口作用，吸引外资促进联合，向内地辐射，更好地服务全国，于1986年7月1日颁发了三个优惠政策。①《厦门市与国内各地区、各部门联办企业有关投资形式和利润分配问题的暂行规定》；②《厦门市内联企业征税办法的暂行规定》；③《厦门经济特区关于鼓励内联企业出口创汇的暂行规定》。如：在外汇留成上优惠，规定了“凡外地在特区内的内联企业，其产品经外贸公司收购列为计划外出口，所得外汇的分成办法：属省内各地区、各部门来厦门的内联企业，与厦门市实行‘一·九’

分成，即市得一(以中国银行当天外汇牌价结算)，企业得九；属省外各地区、各部门来厦的内联企业，与厦门市实行‘二、八’分成（以中国银行当天外汇牌价结算)，企业得八。特区内联企业开发新产品出口，其收入的外汇，两年内全额留给企业，并允许按出口总值提取5％的开发资金，用于技改、开发新产品和扩大出口商品再生产。内联单位自筹建设投资，在1986年至1990年期间，暂缓征收建筑税。”

（三）香港窗口。经上级批准，1981年福建省皮革塑料工业公司在香港合资创办“香港晴晖行有限公司”。现任经理卜伟标（也是省皮革塑料工业公司的副经理)。地点设在：香港干诺道西35－36号时峰大厦十二楼，电话：5-471638、5-471746，电挂：香港2532，电传：64026 CHIFAHK。它已成为福建省二轻系统在香港的窗口，积极为二轻产品的出口和二轻产品所需的各种原辅材料、技术设备、零配件等的进口服务。目前已逐步发展为国内兄弟省二轻企业服务的窗口，为兄弟省二轻系统提供所需的有关信息，接受兄弟省二轻系统委托进出口二轻产品和设备、原辅材料等业务。

（陈志海　黄宝兴）

附：福州市一轻工业

【概况】 1986年，福州市一轻工业系统共有101家企业，其中市属企业36家(国营34家，集体2家)，县属企业65家(国营61家，集体2家)。全系统年末职工总数48 071人，比上年增加2 571人，其中全民职工46 582人，比上年增加2 357人，集体职工1 489人，比上年增加214人。全年完成工业总产值59 521.8万元，比上年增长9.9％，其中市属企业完成产值45 138.4万元，增长11.87%，县属企业完成产值14 383.4万元，增长4.3％。40种主要产品产量，比上年增长的有28种，其中增长幅度在20%以上的有原盐、茶叶、非酒精饮料、自行车、电子表、合成洗涤剂、甘油、内涂料、电化铝、轻工机械、味精等11种，产量比上年下降的有火柴、光学玻璃、日用陶瓷、保温杯等12种。

【产品质量稳定提高】 1986年59种产品的质量，完成计划考核指标的有58种，占总数的98.3％。新评上各种名优质产品31种，是近年来评上优质品最多的一年。其中评为国际金牌奖2种，部优质品6种，省优质品18种，市优质品4种。福州茶厂生产的综合型茉莉花茶被评为法国国际金质奖，福州味精厂的口得福牌大颗粒结晶味精获巴黎国际食品博览会金牌奖。被福建省人民政府授予1986年度省优产品的有：福州造纸厂

主要产品产量完成情况

主要产品	计量单位	1986年	1985年	1986年与1985年相比+(－)％
机制纸及纸板	吨	58 894	56 892	3.5
罐头	吨	16 364	17 073	－4.2
饮料酒	吨	42 803	35 922	19.2
味精	吨	2 616	2 115	23.7
糖果	吨	7 507	7 722	－2.8
蜜饯	吨	5 177	4 674	10.7
自行车	辆	212 987	169 097	25.9
缝纫机	台	161 662	153 502	5.3
电子表	只	363 414	203 870	78.3
灯泡	万只	3 149	2 794	12.7
日用玻璃	吨	22 213	18 787	18.2
钟	台	70 274	61 892	13.5
日用搪瓷制品	吨	3 426	3 107	10.2
铅笔	万支	28 868	29 418	－1.9
肥皂	吨	12 427	10 657	16.6

白鹭牌着色牛皮纸、福州化纤厂双福牌透明玻璃纸、福州搪瓷厂地球牌10厘米搪瓷机制口杯、福州印刷厂214涂料马口铁和出口印铁茶叶罐、福州保温瓶厂闽江牌气压保温瓶、福州灯泡厂卤钨汽车灯泡、福州铅笔厂燕子牌501十二色彩色铅笔、福州糖果厂双灯牌龙虾酥夹心糖、福州罐头厂水仙花牌糖水龙眼罐头和香菇猪脚罐头、福州香料厂白兰牌茉莉浸膏、福州制皂厂健康牌透明皂、福州缝纫机台板厂榕花牌缝纫机台板、福清华侨罐头厂水仙花牌清汤蛏罐头、永泰蜜饯厂水仙花牌果汁加应子、福清第二食品厂三福牌特级酱油、福清糖厂融福牌一级白砂糖。全年创新产品、新品种119种，新增产值2 235.08万元；新花色、新规格、新包装573种，新增产值1 533.21万元。

1986年，全系统完成利润4 882.9万元，比1985年4 853.7万元增长0.6%，其中市属企业完成利润4 174.5万元，比上年3 689.4万元增长13.15%，县属企业完成利润708.5万元，比上年964.2万元下降26.5%。市属国营企业百元产值利税率为18.34元，比1985年18.93元减少3.12%，市属企业完成销售税金3 98.96万元，比上年增长3.4%，入库利润1 869.9万元，增长5.5％；出口产值5 415.9万元，增长4.5％，归还专项贷款和基建贷款2 200.2万元，增长2.5％；全员劳动生产率14 662元，增长9.1％。1985年亏损的福州钟厂、福州第二酒厂和福州儿童食品厂3家全部扭亏，扭亏增盈额为130.3万元，全系统消灭了亏损户。1986年可比产品总成本27 433.3万元，比按上年单位成本计算的25 654.1万元提高6.9％，剔除原材料、动力燃料提价1 724.01万元和压电增成本127.7

万元后，实际降低成本72.5万元，降幅0.28%。定额流动资金平均余存额为15 761.3万元，比上年增长26.9%。定额流动资金周转天数为122.3 天，比上年108.02天缓慢，主要原因是：(1)原材料提价，使资金占用量增大；(2)生产发展，所需要的资金增加；(3)流通渠道改变，企业自销比重扩大；(4)结算不及时，在途资金占压增大；(5)市场发生变化，有的产品一时压库。

【增产增收】 1986年，福州一轻国营企业因原材料、燃料、动力提价，以及企业工资套改增加支出和压电限产等因素的影响，要减利2 810万元，等于1985年全年利润的76.6%。在此情况下，通过挖掘企业内部潜力，扩大名、优、新产品的生产、厉行节约，消化了减利因素，产值比上年增长11.7%，利润增长13.2%。主要措施是：(1)调整产品结构，增产适销产品，36种主要产品中有24种产品的产量比上年增长，增加产值4 584万元，增利458.34万元。福州铅笔厂出口、内销的比例从1985年的1：2.75调整为1986年的1：2.24，又将彩色笔与石墨笔产量的比例从1：6.3调整为1：3.46，调整了这两项的产品结构，增利29.9万元，占全厂年利的11.3%；(2)创优创新，增产增收，全系统当年增利377万元。福州保温瓶厂增加部优质产品五磅保温瓶胆和省优产品铁壳热水瓶的产量，由于实行优质品价格上浮政策，增利61.7万元，占年利润的17.5%；(3)加强横向经济联合，到年底止跨地区、跨行业的经济联合体已发展到113对，可增产值900万元，增利104万元。福州自行车厂以鹿牌自行车为龙头，组成配套生产和销售经营的联合群体，参加联合群体的企业从10家发展到29家，使1986年的产量、税利分别比上年增长25.9%和20.1%；(4)多出口，多创汇。全年完成出口产值5 356万元，超计划13.6%，比上年增长4.5 %。福州保温瓶厂一年出口产值就达到882.5万元，比上年425.5 万元增长107.4 %。福州罐头厂、福州铅笔厂、福州香料厂、福州蜜饯厂、福州第二造纸厂年出口产值都在百万元以上；(5)降低物资消耗，列入局核定上报的企业主要产品原材料消耗指标111个项目，其中单位产品消耗比上年下降的有56项，持平的两项，上升的53项，总节约金额达243.66万元。

以上五项措施，消化了减利因素1 383万元，加上由上级批准的部分产品调价，“议进议出”，季节性上浮等项增利1 038.22万元，以及部分工厂产品税一次性减免或改征增值税而“税转利”389.2 万元，再加上技改引进发挥效益，使全系统取得增产增收的较好成绩，不但消灭了亏损户，而且取得实现利润增长13.15 %的好成绩。市属工厂税利百万元以上的企业达到24家。其中税利500万元以上的有福州保温瓶厂、福州啤酒厂2家，税利在500万元以下、300百万元以上的有福州造纸厂、福州搪瓷厂、福州灯泡厂、福州制皂厂、福州香料厂、福州罐头厂、福州味精厂、福州印刷厂、福州第三印刷厂、福州油墨厂、福州自行车厂等11家。

【技术改造】 1986年，福州一轻系统列入引进技改和国内技改项目有34项，其中续建21项，新开发13项，总投资14 569万元，含用外汇1 652万美元。属引进技改项目15个，总投资11.113万元，含用外汇1 652万美元；属国内技改项目19个，总投资3 456万元。到年底止，已完成和基本完成的有18项，其中引进技改8项：福州味精厂赖氨酸关键设备、福州灯泡厂环型荧光灯生产线和玻璃拉管机设备、福州啤酒厂二期工程、福州印刷厂方圆罐设备、福州第二印刷厂自粘胶商标印刷设备、福州铅笔厂活动铅笔生产线、福州油墨厂低温固化涂料油墨技术和设备；国内技改完成102项：福州玻璃厂瓶罐改造、福州保温瓶厂煤气系统和装潢设备、福州第一酒厂“黄啤合一”生产线、福州第二酒厂糖化酶生产线、福州罐头厂冷库、福州自行车厂电镀喷漆生产线、福州糖果厂涂衣巧克力生产线、福州第三印刷厂电化铝生产线、福州味精厂一至二千吨味精填平补齐。上述项目建成投产，每年新增产值14 466万元，创税利3 679万元，创汇128万美元，全年新增固定资产4 311万元。一年来，轻工系统同外资合营开工的项目有：福州手表厂与香港ＥＶＥＲＹＥＡＲ公司合资加工电子表、福州铅笔厂与香港华榕公司合资经营文教用品等两项。

福州灯泡厂从日本引进的异型荧光灯生产线和玻璃拉管设备于9月份正式投产，产品合格率达到了合同要求，在广交会上，外商已订货异型荧光灯管100万支；福州味精厂从联邦德国引进的赖氨酸生产设备，于12月份基本建成，第一台200立方米不锈钢新发酵罐经调试情况良好，已于12月29日正式投料；福州啤酒厂从西德引进年产3万吨的瓶装生产线于4月正式投产，糖化车间三锅一槽已全部建成，不锈钢露天发酵罐已安装完成29个，已经形成年产3万吨啤酒的生产能力。这批引进项目陆续建成投产，为福州市轻工业的持续增长提供了充足的后劲。

【现代化管理】 1986年，本系统的企业管理现代化试点企业从上年的3个扩大到19个。通过点面结合、厂校挂钩等办法分期培训企业管理干部，全系统获得福州市经委颁发的现代化管理学习结业证书的有1 938人。上半年着重做好现代化管理立项工作和1985度现代化管理成果评比工作，下半年主要抓立项计划的实施检查、落实和成果发布。1986年全系统现代化管理立项项目计划84项，其中列为年内开展的73项，经过一年的努力，这些单位着重加强标准化、检测计量、定额管理、信息、规章制度、管理基础教育等基础工作，推广应用现代化管理方法，在挖掘企业内部潜力、提高产品质量、降低物耗上取得明显成绩。1986年获得市、局一级成果奖的有14个工厂26个项目，占年内开展项目总数的35.6%。福州罐头厂“以目标成本管理为主的现代化管理综合应用之实践”和福州铅笔厂“价值工程——控潜降耗增效益”获福州市1986年现代化管理成果一等奖；福州造纸厂“推行全面计划管理、提高经济效益”、“量本利分析”，福州铅笔厂“经济责任制探索”、福州罐头厂“应用电子计算机辅助企业管理”、福州保温瓶厂“目标成本管理”等五项获福州市二等奖。这些企业由于推行现代化管理，取得较好的经济效益。福州罐头厂推行目标成本管理，使冬菇罐头消耗由上年每吨934公斤下降到913公斤，节约资金达36.2万元；福州铅笔厂推广应用价值工程，在保证产品功能的前提下，通过工艺改革，改薄铅笔板厚度，每月节约木材50立方米。

（林功章）

福州市二轻工业

【概况】 1986年，福州市二轻工业企业共有904个，其中全民46个，集体361个，街道496个，中外合资1个。与1985年比，全民企业减少1个，集体企业增加9个，街道企业减少8个，中外合资因基层企业误将与港澳合资视作中外合资，故减少4个。

全系统职工总数85 076人，其中全民7 328人，集体42 988人，街道34 440人，中外合资320人。与上年比全民增406人，集体增2 040人，街道减2 975人，中外合资减226人，职工总数实减755人。

全年完成工业总产值50 896万元，比1985年增长13.1%。

主要产品产量完成情况

主要产品	计量单位	1986年	1985年	1986年与1985年相比+(-)%
运动鞋	万双	106.0		42.75
成衣	万件	282.4		19.86
制革(折牛皮)	万张	24.70		28.87
电饭锅	万口	12.0		19.28
丝钉	吨	8 224.1		－9.20
民用锁	万把	548.2		4.44
家具	万元	1 510.0		－7.10
皮鞋	万双	102.8		61.31
布鞋	万双	457.3		－0.95
精铝制品	吨	975.7		27.03

全年开发新产品89种，新花色992种，分别比上年增加46种，392个花色。由于批量少，产值仅增加5 292.86万元，比上年减少2 947.14万元，占总产值的比重从上年18.6%下降到10.58%。

1986年，由于压缩基建规模，紧缩外汇，因而技术改造项目相对减少。全年计划基建技措项目仅48项，固定资产投资683.34万元，建筑面积61 205平方米，与上年对比，项目减少45项，投资额减少1 805.66万元，建筑面积只减1 463平方米。全年完成的基建技措项目26项，转入固定资产金额578.75万元，竣工面积20 442平方米，均比上年分别减少项目58项，金额1 600.25万元，面积24 255平方米。

1986年，实现利润1 714.2万元，比上年下降2.37%；缴纳税金1 617万元，比上年增长3.47%；工业企业人均利税777元，其中人均创利385元；资金周转天数132.7天，比上年缓慢了13.9天；工业企业每百元产值成本75.45元，比上年下降4.2%；可比产品总成本2 489万元，比上年上升2.85%；亏损企业40个，比上年增亏5个，亏损金额303.8万元，比上年增亏额61.68万元。

全系统全员劳动生产率人均6 629元，比上年提高10.87%。其中：全民企业人均12 355元，比上年下降2.1%；集体企业人均7 765元，比上年提高9.7%；街道企业人均4 147元，比上年提高12.3%；中外合资企业人均9 598元，比上年提高27.77%。

全年完成出口交货值10 199万元，比上年增长63.78%。出口品种62种，比上年增加48.78%。

全年完成销售额41 885.49万元，比上年增长8.16%。其中：商业收购6 600.95万元，比上年增长40.74%；外贸收购6 914.3万元，比上年增长45.34%；工业自销28 370.24万元，比上年下降1.69%。全年产品销售收入30 721.1万元，比上年增长4.83%。增长额1 414.4万元。年末库存6 515.67万元，其中市属1 890.91万元，比上年1 378.98万元增大511.93万元。

1986年服装、家具、皮革、市二轻局四个研究所，经过整顿验收合格。科技人员从上年的15人增加到30人。实现新技术推广3项，其中有电饭煲电脑自动检测线与皮鞋电脑优化辅助设计。实现科研1项，即市皮革公司研究所的F 501胶粘剂。全年还获得省科技进步奖3项，市科技成果奖8项

1986年国家有关鼓励出口政策的落实，推动了出口企业创汇的积极性，展现了福州二轻工业出口前所未有的好势头。全年出口产值与出口交货值均破亿万元。出口产值达11 168万元，比上年增长59.43%，出口比重由上年15.17%上升到21.4%。出口交货值达

10 199万元，比上年增长63.72%，“两值”均提前实现“七五”计划末期的指标要求，创历史最高水平。出口交货值占全市出口的25%，占省二轻系统的19.1%。

出口产品62种，比上年增加了21种，增长48.78%。其中15种主要出口产品中有11种比上年增长。增长幅度较大的有皮鞋、运动鞋、人革塑拖、小刀、纺织服装、羽绒服装、纸伞、电木粉、工具类。

出口产品企业达105个，比上年增加了20个，其中出口产值占总产值50%以上，亦即达到外向型企业水准的有58个。出口专厂38个。年出口值50万元以上的企业由上年的26个增到38个，其中百万元以上的27个。千万元以上有皮革、服装两个市属公司和一个福清县二轻局。

【横向经济联合】 1986年参加联合企业已达150个，计148项。其中：与系统内联合23个企业，与系统外联合105个企业，与商业、外贸联合18个企业，与科研、院校联合4个企业。联合投入的资金达2 802.44万元，其中对方投入1 339.93万元。1986年联合企业实现的工业总产值达9 852.82万元，产品销售收入7 547.83万元，实现利税1 109.16万元，分别占工业总产值的19.36%、产品销售收入的17.69%、利税的21.1%。比上一年新增工业总产值2 904.13万元，产品销售收入1 944.56万元，利税264.73万元。

1986年福州市二轻工业横向经济联合范围遍及全国十多个省、市，以名优产品为“龙头”，以骨干企业为依托的组建了“飞蝶牌”电饭锅、“茉莉牌”旅游鞋、“奈克牌”运动鞋为龙头产品，成立了“福州电饭锅总厂”“福州鞋业总厂”“福州运动鞋联合公司”三个企业群体，有37个企业分别参加上述三个联合体。福州鞋业总厂的中心厂福州市第四皮鞋厂，1985年亏损一百多万元，后来开发了“茉莉牌”旅游鞋，组建联合体，大力发展生产，企业扭亏为盈，效益显著。还帮助成员厂福州第二运动鞋厂也转亏为盈。电饭锅联合体组建后，零部件形成专业化定点生产，并实现了国产化，产值、利润均比上年有大幅度增长。运动鞋联合体组建后，已有五条生产线投产，扩大了出口能力，创汇200多万美元，创历史最高水平。

有12个企业分别参加系统外福日电视机厂、福州市开关总厂、福州市自行车总厂等五个联合体，在协作配套中求生存、求发展。福州市服装机械厂和福州市自行车二厂，一因产品滞销，一因业务不足均负债亏损，后来分别参加开关总厂和自行车总厂联合体，甘当配角，均使企业展现生机，扭亏为盈，职工增收。

福清县服装厂利用侨乡优势，与侨商合资，引进4条牛产线，并联合县内7个企业，组成一条龙生产加工联合体，扩大出口生产能力，年产值达1 000万元，增长64.4%，年利40万元，增长21%。该县另一个鞋革厂也联合当地几个企业，形成松散型联合体，促进了生产发展。目前，服装、鞋革已成为该县二轻的两个“拳头”产品。

市属骨干企业之一的福州凯旋服装厂与罗源县服装厂联合承接出口羽绒服来料加工业务，获得共同发展。市凯旋服装厂实现创汇130万美元。罗源分厂产值由上年的8.7万元增至96万元。福州伞厂联合乡镇11个企业，走部件扩散，就地取材、就地加工途径，扩大了出口纸伞生产，全年出口交货值增长34.52%。

此外，在联合开发资源、联合销售方面也有一定发展。从锦州、常州等地解决了猪面革25万尺，从常州、南昌等地解决了服装紧缺的面料。福州市电饭锅总厂还在各地建立119个商业销售网点，建立了10个工商联营联销点。福州鞋业总厂也在北京等地建立了39个工商联营联销点。

【加强质量意识，提高产品质量】 针对上年质量下降、事故增多的问题，1986年福州市二轻局强化了质量管理机构，单独成立质量管理科，充实了专职干部，制定了《强化质量意识，提高产品质量的十条暂行规定》的小立法文件，把质量考核指标和工作标准，与企业评比、晋级、给奖挂钩。由于制定了质量奖惩条例，实行质量否决权，推动了全系统质量工作上水平。全年实现创部优2项(金凤牌高级兰黑墨水、熔断丝管)、保优2项(多开刀、花纸伞)、创省优9项、市优13项。这样省优以上达13项，创历史最高纪录（1986年前已获的部优、省优仅18项)。

企业的质量意识在逐步加强，有29个企业32项产品积极申请1987年创部优、省优。全年质量稳定提高率从上年的90.29%上升到96.05%，优质品率也从上年的2.04%上升到5%。各项质量管理的基础工作得到加强。采用国际标准6项，已通过审定的省、市地方标准5项。计量工作1985年达三级标准的仅8个企业，1986年增到24个企业，其中达二级标准的5个企业。有15个企业推行了全面质量管理。有7个QC小组参加省市成果发布会获优秀QC小组称号。

【倒闭、停产、亏损企业增多】 1986年已出现7个县属企业破产倒闭，13个区、县属企业停产或半停产。据统计资料分析，亏损企业和亏损金额从1980年的9个企业、42.1万元，一直逐年上升到1986年的40个企业、303.8万元，分别增亏3.5倍和7.2倍。据1984年以来统计，因亏损而倒闭的企业17个，合并掉3个，停产或半停产的15个。1986年尚有151个微利企业（利润在一万元左右)，其中不少是虚盈实亏。这样在福州地区二轻系统306个集体企业中。将有超过半数以上的企业濒临亏损和破产边缘。之所以会出现上述的问题，既有主观、内在的因素，也有外部的环境与条件。从主观上讲，这些企业领导班子素质差，手工业传统意识较浓，思想守旧，缺乏改革进取精神，基础工作薄弱，管理不善，因而不适应商品经济的发展，在"优胜劣汰"的竞争中被淘汰；从客观上讲，也缺乏一个平等的竞争条件。与乡镇企业、个体户比税负重，1986年仅上交产品税、所得税就占利润总额73.03%，集体企业留利仅有26.97%。集体企业人均留利264元，其中市属集体企业仅仅159元，尤其服装行业人均留利才91元。因此企业连简单再生产也难以维持。与全民企业比，在信贷政策上，诸如流动资金贷款、基建技措还贷、能源税上同税不同耗等等都处于不平等的待遇。因此导致生产增长、效益下降；利润水平大幅度衰减；许多企业濒临亏损、破产边缘；小商品生产萎缩，使企业失去维持生存能力等局面。

（林群）

福州市塑料工业

【概况】 福州市塑料工业公司于1983年9月经市人民政府批准从市二轻局独立出来，直接管辖市区内第一、二、三、五、六、七、八、九塑料厂、橡胶塑料厂、塑料实验厂、塑料机械厂等11个企业（其中国营4个，集体7个）及供销公司、塑料研究所、塑料技工分校3个单位。1986年职工总数为8 052人，其中国营4 424人，占54.94%、集体3 628人，占45.06%；工业总产值为1.61亿元，比上年增长10.01%，占全省塑料工业总产值的29%，其中国营2 750.01万元，占17.08%，增长13.43%，集体5 385.86万元，占33.45%，增长3.78%；全员劳动生产率为20 293元，比上年增长10.02%，其中国营为25 334元，增长10.34%，集体14 211元，增长4.63%；出口交货值达3 132.94万元，比上年增长41.37%，占工业总产值的19.44%，占全省塑料制品出口值的32.77%；实现税利总额1 722万元，比上年下降6.06%，其中利润总额964万元，下降14.84%，主要是集体企业税利下降40%，其中利润下降58%。亏损企业2个，金额达37万元，比上年增加184%。

从塑料原料结构看，主要是聚氯乙烯制品占42.5%，聚乙烯制品占37.5%，聚丙烯制品制品占14.1%，其他是聚苯乙烯、聚铵酯、ABS等制品。

1986年底固定资产原值5 762.3万元，比1983年独立成局时增长36.81%，固定资产净值4 308.31万元。在1985年的基础上，1986年又开发新产品23种，新花色品种110种，推广新技术4项，技术革新8项，

主要产品产量完成情况

主要产品	计量单位	1986年	1985年	1986年与1985年相比+（-）%
合　计	吨	35 185	34 609	1.66
其中：塑料薄膜	吨	6 253	6 088	2.71
塑料板管材	吨	1 251	1 641	-23.77
塑料丝及编织品	吨	5 418	4 918	10.17
塑料包装及容器	吨	1 192	1 644	-27.49
日用塑料制品	吨	15 390	12 921	19.11
电缆料及电器用品	吨	2 956	1 151	156.82
泡沫塑料	吨	751	780	- 3.84

从而进一步改善了产品结构，从1983年以鞋类为主体的结构逐步趋向合理，加快了塑料工业的发展。

1986年创省优产品7项，市优产品3项，福州第二塑料厂被轻工业部授予"优秀质量管理企业"，其"白鸽牌"PVC微孔泡沫拖鞋从1979年获国家"银质奖"保持至今，1986年出口1 343.33万双，比上年增长12.97%；福州第一塑料厂"QC"小组获轻工部"优秀QC小组"称号，聚乙烯单丝出口不断扩大，1986年出口937.21吨，比上年增长145.54%；第三塑料厂编织袋、聚乙烯薄膜等产品出口1 386.91吨，比上年增长57.19%，第三塑料厂聚丙烯网眼袋和第七塑料厂人革包袋被列为出口免检商品，基本上实现了厂厂有直接或间接出口创汇，加快向"外向型"企业发展。1986年，全行业出口交货量6 112吨，交货值3 133万元，比1985年增长28.14%，其中泡沫塑料拖鞋1 554万双，交货值1 873万元，比1985年增长11.9%，塑料丝及编织品2 065吨，交货值1 006万元，比1985年增长134.4%，薄膜361吨，交货值121万元，比1985年减少5.23%。

企业领导体制的改革，目前已有第一、二、三、六塑料厂和塑机厂等五个企业推行厂长负责制，占企业数45%，并制订了厂长任期目标和党政工职责权限及实施试行条例，打破了企业以党委为核心的旧格局，建立以厂长全权负责的新系统，使企业领导体系趋向制度化。横向经济联合，今年又有进一步发展，如第七塑料厂人革包袋出口产品在郊县扩散联合10个加工点；第三塑料厂引进设备易损配件联合全国同行29个企业共同分工仿制国产化以及第九塑料厂与苏州嘉美钮扣厂、塑机厂与上海电工机械厂的联合等，促进了生产的发展。

1986年实现利润下降，亏损金额增加，除企业内部经营管理和个别企业领导班子问题外，其主要增支因素有：原材料提价、能源提价、产品降价、工资套

改等共影响利润708万元，占当年实现利润总额的73.44%，其中原材料、能源提价增支则占63.7%。同时，由于企业从纯生产型转变为“生产经营型”后，产品自销比重不断增大，产品流通过程的占用资金也随之增加（过去企业没有核定这部分资金）及生产的发展，自有流动资金没有得到相应补充，1986年末定额流动资金中，自有资金仅占12.65%，其中集体为17.97%，第一塑料厂仅1.97%。结果造成企业银行信贷猛增，利息负担沉重，1986年末银行信贷比1982年增加2.13倍，全年多付利息385万元。随着固定资产投资由拨款改为贷款后，企业的技术改造主要靠银行贷款发展生产力，1986年末已达4 786.3万元，其中国营3 648.99万元，占76%，还贷任务重，缺乏自我改造能力。

（陈志海）

主要产品产量

主要产品	计量单位	1986年产量	1985年产量	1986年与1985年相比＋(－)%
合　计	万元	4 023	7 496	－46.3
石　雕	万元	172	165	4.0
木　雕	万元	122	85	42.9
金首饰	万元	1 299	4 945	－73.7
脱胎漆器	万元	554	462	19.7
漆　筷	万付	257	297	－13.4
木　画	万元	809	686	17.9
竹编工艺	万元	349	155	125.5
美术瓷	万元	60	68	－33.3
角　梳	万把	101	96	－88.5
草　席	万条	94	91	38.6
人造花卉	万元	269	208	29.4

福州市工艺美术工业

【概况】 福州市工艺美术局的前身是福州特艺管理局，建局至今已30周年。（其间于1968年底并入福州市二轻局，1975年8月分出。）该局直接管辖市区内第一、二脱胎漆器厂、雕刻总厂、木画厂、漆筷厂、首饰厂、角梳厂、草席厂和美术瓷厂等24个企业（其中全民3个、集体21个），雕刻和漆器两个研究所，供应和装饰两个公司，经理部、经销部、服务部及技工分校、工艺美术学校（中专）等单位。1986年职工总数6 263人，其中全民1 381人，占22.05%，集体4 882人，占77.95%；工业总产值4 022.8万元，比上年下降46.33%（主要受黄金加工因素影响3 600万元），占全省工艺美术总产值32.90%，其中全民624万元，增长13.04%，集体3 399万元，下降51.05%；全员劳动生产率6 423元，比上年下降45.27%，其中全民4 522元，增长15.68%，集体6 846元，下降47.95%；出口交货值2 107万元，比上年增长38.8%，占工业总产值47.62%，占全省工艺品出口交货值33.49%（系统内）；实现利税总额437万元，比上年下降2.89%，其中利润总额149万元，增长37.96%，其中全民增长10.71%，集体增长47.5%。下降原因主要是黄金加工速减额大而影响销售税金减少；亏损企业4个，金额达59万元，比上年增加31.28%。

改善企业管理，落实经济责任制。局属已有10个企业推行厂长负责制，占41.66%；已落实经济承包责任制有20个企业，占91%，效果良好。（一）各项经济指标取得“两位数同步”增长的，如第二脱胎漆器厂比上年总产值增长22%，销售收入增长36.41%，利润增长30.65%；（二）强化原材料管理，降低物资消耗。把47种主要原材料指标全面调整后，软木、粗生漆、木材等降耗3%；玻璃、金银箔等降耗2%，提高了经济效益；（三）搞活经营，扩大销售。由于落实经济责任制，扩大了企业自主经营权，调动了积极性。经理部一年组织三次商品交易会，订货500多万元，年销售金额破千万元；雕刻总厂还组织精干供销队伍，走南闯北，经营越搞越活，1986年总产值比上年增长20.4%，税利增长45.9%。

【创优与创新】 （一）创优：举办了质量管理知识讲座，开展“ＱＣ”小组活动，实行全面质量管理。1986年福州第二脱胎漆器厂的“印锦翻模新工艺ＱＣ小组”和福州漆筷厂的“自动机灰攻关小组”都获轻工部“ＱＣ”小组成果发布会先进小组；福州第一脱胎漆器厂“飞马牌”和第二脱胎漆器厂“地球牌”脱胎漆器，双双获得百花奖金杯奖；漆筷厂“兰花牌”中高档漆筷也同获百花奖银杯奖。还有漆器研究所的“漆膜装饰新材料桌屏“获希望杯，第一脱胎漆器厂的“渔舟唱晚”漆画被中国工艺美术馆收藏。（二）创新：1986年共设计创新产品、新花色906种，其中有福州第一脱胎漆器厂的“漆木印章”、第二脱胎漆器厂的“四大天王”、美术厂的“人物挂框”及漆器研究所的通过省级鉴定的“811漆膜装饰材料和改性大漆线色漆”等科研项目。

传统工艺美术的发展，加快了工艺美术产品出口的发展。1986年全行业出口交货值2 107万元，比1985年增长38.8%。出口在百万元以上的有第一、二脱胎漆器厂、木画厂、草席厂、美术厂等五个企业，1986年出口交货值达1 083万元，占工艺美术产品出口总值的51.4%。

【保护鼓励政策】 为了调动艺人多设计创新、多为国家创外汇的积极性，采取了几个较好的措施。一是召开设计人员专业会和纪念沈绍安创始福州脱胎漆器200周年纪念会，并给对工艺美术事业发展有成就的人员颁发了“荣誉证书”；二是改革分配制度，采取鼓励政策。对设计创新人员，有的实行专利承包责任制，有的则实行定货额按比例奖励，对其中有突出成就者组织旅游、疗养等活动，给予物质上鼓励；三是组织出国展览。艺人出国办展览，既进行技术表演，又开展技术装饰，如雕刻总厂、石雕厂、装饰公司等，到日本、香港举办工艺美术展览，都是技术表演和装饰、订货相结合的，不但获利30多万元，而且扩大了社会影响。

振兴工艺美术，得到政府的关怀与重视。福州第一脱胎漆器厂全国人大代表王维韫工艺师，1986年4月出席全国六届人大期间，呈送了“关于保护发展福州工艺美术的意见”的提案，大会简报刊登了。6月4日又写信给省市领导补充了二点意见。为此，福州市工艺美术局于1986年6月8日上报了《关于保护、发展福州工艺美术的建议》，市委和市人民政府领导都作了批示，并由市委办公厅印发了批示与报告，引起了各部门领导的重视。市经委本着“抢救”、“改革”的精神、于8月12日、29日、30日召开了有省顾委、省委调研室、经委、财政厅、二轻厅及市委（府）的有关部门20多个单位，80多人次参加的“保护、发展福州工艺美术研讨会”，会后，市经委、工艺美术局于9月1日联合写了《关于保护、发展福州工艺美术研讨会情况汇报》，阐述了三个问题：一是关于福州工艺美术的地位和存在问题；二是当前急需解决的问题；三是关于体制改革的问题。

（陈志海）

厦门市一轻工业

【概况】 1986年厦门经济特区一轻系统拥有27个企事业厂家，其中市属国营工业企业17家，集体工业企业2家，县属工业企业6家（注：1986年年鉴未统计），事业机构1家，经营企业1家。（注：厦门自行车厂1986年划归自行车公司），全部职工年末人数18 776人，其中国营企业17 733人（含全民带集体工人1 704人），集体企业331人。

1986年完成工业总产值30 098.7万元，比1985年增长8.82%，其中市属企业产值28 552.77万元，比1985年增长8.73%。税利实现6 367.38万元，比1985年增长17.74%，其中市属企业6 082.51万元，比1985年增长17.81%，人均创造利税0.36万元。百元固定资产创造利润27.53元。资金利税率34.95%。可比产品成本提高4.4%，未完成提高2%的计划指标。全员劳动生产率16 935元，比1985年提高1.96%。21种计划产品有19种完成或超额完成计划。

主要产品产量完成情况

主要产品	计量单位	1986年	1985年	1986年与1985年相比 +（－）%
干电池	万只	10 006	9 723	3.5
日用玻璃	吨	20 169	17 256	16.9
灯泡	万只	2 292	2 087	9.8
机制纸	吨	5 013	4 212	19.0
圆珠笔	万支	1 329	1 290	3.1
肥皂	吨	9 314	6 144	51.6
罐头	吨	24 815	23 342	6.3
食糖	吨	31 756	24 570	29.2
饮料酒	吨	9 349	9 329	－0.2
饮料	吨	8 693	4 737	83.5
糖果	吨	9 120	8 157	11.8
中式饼干	吨	825	881	－6.3
饼干	吨	3 405	2 625	29.7
蜜饯	吨	3 779	3 341	13.1

1986年考核36种产品质量45项指标，完成考核指标的有40项，占88.89%，低于1985年。产品质量稳定提高的有31种，稳定提高率为68.89%，低于1985年。1986年有4种产品获轻工部优质产品证书（优级白砂糖、糖水龙眼、椰蓉月饼、豆蓉月饼），获省优产品2种。累计获得优质产品称号的有40种，其中国优银质奖3个，部优奖19个，省优奖18个。

厦门罐头厂获轻工业部“优秀质量管理企业”奖；厦门电池厂获福建省“优秀质量管理企业”奖；厦门食品厂获福建省轻工业厅“优秀质量管理企业”奖；厦门罐头厂获轻工业部“全国轻工业管理优秀单位”奖。

优质产品产值8 622.77万元，占总产值的30.26%，其中食品行业优质产品产值7 363.61万元，占食品行业总产值的39.82%；轻工行业优质产品产值1 259.16万元，占轻工行业总产值的14.64%。

轻工产品出口产值7 221.39万元，比1985年增长20.23%，占总产值的24%。

【基本建设与技术改造】 1986年基本建设计划5项（其中1985年结转1项），计划总投资8 866.5万元，土建工程量40 296平方米，其中2项中外合资企业——中华瓷器有限公司，华厦生活纸有限公司，占总投资额的97.36%；职工宿舍三项，占总投资额的2.64%。

完成投资额4 330.1万元，完成计划的48.83%，其中建筑工程782.5万元，安装工程482.5万元，设备购置2 887.2万元；竣工土建工程量24 677平方米，占年度施工量的61.24%，其中中华瓷器有限公司竣工21 343平方米，为该项目计划的89.96%；糖厂职工宿舍竣工3 334平方米。

1986年引进技改计划44个项目（其中引进技术设备10项），计划总投资额5 921万元，用汇484.84万美元，土建工程量42 685平方米。1986年完成投资额1 812万元，占总投资计划的30.6%，完成年度计划的63.4%。其中土建工程700万元，安装工程116万元，设备购置994万元。竣工土建工程量20 021平方米，占年度施工量的46.9%。

新增固定资产2 932万元，有11家企业23个项目完成投产，对超额完成1986年生产计划起了保证作用。

引进技改投产新增利润400万元，占总利润的13.42%，厦门糖厂蒸汽机改造，当年实施，当年见效，百吨甘蔗耗煤由6.48吨，降为6吨，全榨季可节约煤1 900吨；厦门玻璃厂继1985年4号全保温炉改造成功，1986年再改造1号全保温炉，8个月完成投产。吨玻璃油耗由368公斤，降为200公斤，一年可节油1 652吨；厦门第一印刷厂引进意大利皇冠盖生产线，投产半年，创利润23万元；厦门第三印刷厂引进日本复合薄膜包装线，1986年正式投产，新增产值370万元，创利润36万元。第三印刷厂经过消化、试验、开发，取得用90%国产原料代替进口原料的重大成果，仅油墨、CPP薄膜二项，就降低成本32万元；大中华食品厂利用引进日本珍珠果生产线，经过消化吸收。开发试验，投产6个新品种，形成系列，开拓了市场。1986年销售收入增长26.95%，税金增长27.96%，利润增长13.25%；厦门电池厂引进扣式电池生产线，已有94.1%的产品返销出口创汇。

【科技教育】 全系统有15个项目列入市重点开发项目，总投资102万元，其中市拨款14万元，贴息贷款88万元。

研制投产的新产品、新品种53个，新增产值2 666.9万元，占市属企业总产值的9.36%，其中食品行业26种，产值1 763.33万元，占食品行业产值的9.54%；轻工行业27种，产值903.57万元，占轻工行业产值的8.98%。

厦门食品厂产品开发中心，被福建省轻工厅授予"新产品开发先进单位"，1986年研究投产新产品11种，产量450吨，占总产量的4.93%，创利润27.9万元，占总利润的16.42%。该厂新产品白鹭牌雅明香软性中糖是赶超国外产品项目，是一种把具有香、酥、脆的中式糖果与食用胶结合起来的第二代产品，以蔗糖、芝麻、椰丝、花生、食用胶为原料，采用传统工艺和现代化技术精制，产品风味独特，口感软润，果仁酥香，营养丰富，含大量蛋白质和人体必需的八种氨基酸，是一种老幼适宜的高级食品，达到国外同类产品水平。1986年投产49吨，创产值22.93万元，利润5万元，税金1.23万元。白鹭牌椰丝口口爽是一种界于琼脂软糖和棉花软糖之间的新型糖果，以蔗糖、葡萄糖浆、琼脂、椰丝等原料精制。产品组织结构柔软，富有弹性，人口软柔，易溶化，口感鲜美，椰香突出，食用方便。1986年投产57吨，创产值49.89万元，利润11.78万元，税金2.67万元。白鹭牌果胶软糖选用蔗糖、淀粉糖浆，食用柠檬酸等原料精制。产品水果风味突出，酸甜适口，造型多样，含有丰富的纤维素，能补充人体纤维摄入之不足。1986年投产17吨，创产值16.21万元，利润4.27万元，税金0.87万元。该厂新产品质量优良，兼之包装装潢新颖，美观大方，形成系列，一投产就供不应求。

厦门造纸厂新产品鹭岛牌一号图画纸列入1986年福建省新产品开发计划，填补福建省空白。产品以长、短纤维木浆和草浆为原料，用长网造纸机抄造，各项技术指标经省市组织技术鉴定和检测，全面达到部颁QB 102-79标准，其中紧度、耐破度、白度、施胶度等技术指标达到苏联ROCT 7277-67 A国家标准，产品达到国内平均先进水平。1986年投产103吨，创产值20万元，创利税3.16万元。经出口香港、新加波、马来西亚50吨及福建、广东五个地区试销，反映良好。鹭岛牌二号静电复印纸列入1986年福建省新产品开发计划，填补福建省空白。产品选用长、短纤维木浆和草浆等为原料，用长网造纸机抄造，各项技术指标，经省市组织技术鉴定和检测均达部颁标准，1986年投产364吨，创产值91万元；创利税19.8万元，经出口香港、新加波60吨和福建、广东、哈尔滨、西安、南京、上海、四川10几个省市地区试销，用户(包括外商)认为可以与国内外产品媲美，纷纷要求订货，供不应求。

1986年获厦门市1979—1986年科技进步综合奖14项，其中2等奖3项（厦门罐头厂实罐磁性输送机、厦门食品厂吸氧剂及防止中糖油脂的膻败研究、鱼皮花生烘烤炉)；3等奖3项(珍珠果、液体CO_2、平丝结合瓷花纸)；表扬奖8项（定位留空涂料铁、NG 250高压钠灯、R 14纸板电纸、槟榔芋扣肉罐头、膨化食品表面添加剂、维儿康营养卷糖、水仙花牌洗洁精、果汁软糖气流式烘房）。

1986年轻工系统的教育、智力开发、人才培训工作继续发展。一年来，组织职工参加各层次、各类型文化、技术、业务学习和培训达4 334人，政治、法律培训教育达24 241人次。文化技术"双补"工作在1985年达到国家要求基础上，1986年底已全部完成。

【经济技术联合】 1986年厦门轻工业各企业与全国各

省市地区签定联合办厂合同14项，签定协议书4项，意向书30多项。已经批准联合建厂的企业13家。1986年建成投产的联合企业有：鹭宁电器有限公司、燕闽实业有限公司、厦门包装分厂、漳厦电池炭棒厂、厦门纸筒芯厂、海峡综合加工厂、汕头隆都果子厂、高甫密饯包装厂、东孚密饯包装厂等9个企业。1986年新增工业产值604万元，利税73万元。已签订合同的内联企业有：新厦食品罐头厂、东山县糖厂罐头车间、京厦糖果食品厂、漳浦包装分厂等4个企业。内联企业总投资851万元，投产后将新增产值2 416万元。

（黄前谧）

厦门市二轻工业

【概况】 1986年，厦门市二轻工业企业（包括内联工业和“中外合资、合作经营、外商独资的三资”企业）共243个，其中，直属工厂172个，工厂兴办的商业企业35个，其中，内联商业15个，旅社、招待所12个，共拥有896个床位，职工教育中心和职工医院各1所，游乐场1家。全系统年末职工总数25 007人，其中，直属企业职工10 579人，全民职工2 151人，县、区办企业职工14 248人。

1986年，厦门市二轻系统工业总产值、销售收入、税收、全员劳动生产率等四项经济指标均比1985年有不同程度的增长。其中，完成工业总产值33 779万元，占全省二轻工业总产值14.76%，比1985年增长14.63%。销售收入30 685.4万元，增长9.8%，上缴税收1 782.24万元，增长9.06%，全员劳动生产率1.3508万元，增长15.26%。但由于产品原辅材料涨价以及职工调整工资等因素，实现利润1 685.16万元，除直属企业增长8.1%外，全系统平均利润下降3.36%。每百元固定资产利润率25.59%，人均创税利1 533元，其中，人均创利润795元。

直属企业省、市考核的22种主要产品产量中，有15种产品产量增长两位数以上，占68%。

在直属企业省、市考核的22种产品、32个质量指标中，完成年计划的有19种产品、28个指标，分别占品种和指标数的86.36%和87.5%。省重点考核的6种产品，除西装停产无法比较外，其余5种产品的质量指标均有不同程度的提高。其中，镀锌铁丝一级品率达97.4%，提高1.4%；元钉一级品率达98.7%，提高1.7%；黑色不透光薄膜合格率达98.49%，提高8.49%；猪半苯胺革合格率达99%，提高0.8%；硫化皮鞋合格率达99%，提高1%。全系统有5种产品被评为福建省1986年度优质产品，其中有：双鹭牌食品级聚氯乙稀扭结薄膜、美家牌801高级卧房套装家具、双猫牌

主要产品产量完成情况

产品名称	计量单位	1986年	1985年	1986年比1985年增减%
塑料制品	吨	7 868.2	7 142.8	10.2
皮革（折牛皮张）	万张	19.27	17.7	8.8
皮鞋	万双	29.09	24.76	17.48
革制品	万元	209.7	141.1	48.6
皮胶	吨	139	70.5	97.1
日用精铝制品	吨	241.6	187.6	28.8
民用锁	万把	151.9	127	19.6
台秤与案秤	万台	1.3	0.98	32.6
镀锌铁丝	吨	2 090.6	1 876	11.4
菜刀	万把	9.997	9.07	10.2
自行车零件	万元	260.9	208.1	25.33
家具	万元	550.4	450.8	22.1
蚊香	万标箱	2.38	1.75	36
化妆品	万元	734	308	138.3

JKDP电热恒温培养箱、鹭岛牌非接触骨架式橡胶密封圈和浪声牌ESI-8微型耳塞机。

1986年直属企业共研制新产品、新品种15项。已投入生产的有12种，新花色、新包装47种，其中有强力电子化粪坐便器、聚氯乙烯塑料板材（五种）、黑金刚手套革、点珠布手套革、猪全粒面苯胺革、高级保健蚊香，以及填补省内空白的照像明胶、塑料玩具、化妆品等等。

【技术改造】 厦门市家具厂于1985年底引进的板式家具生产线，在1986年初正式投入生产，使企业提高了机械化、自动化程度。全厂原有80%的木工活，已被现代化的机器所代替，减轻了工人的劳动强度，扩大了生产能力。1986年外销家具比1985年增长1.29倍。据统计，1986年，二轻系统的直属企业共完成技术改造项目1 752.76万元（含外汇288.3万美元）。其中，有用于老企业的技术改造，有用于内联企业的服装出口基地的建设，以及“三资”企业新项目投资等。这一批技改和引用外资项目，有的已在1986年投入生产，当年受益。全部投产后，可新增产值1 400万元至1 500万元，创税利150万元以上。为“七五”计划上水平、增效益、添后劲。

【横向经济联合】 厦门市二轻工业到1986年底止，内联工贸企业38家，其中工贸结合的企业（或单纯从事产品再生产企业）24家，新增内联企业1家。与1985年比较，联合企业的工业总产值完成8 482.45万元，占全市二轻工业总产值25.1%，增长133.9%，利润550.2万元，增长169.1%，税金461.65万元，增长124.5%。与此同时，直属内联工贸企业或单纯贸易性企业也有新的进展。1986年与1985年比较，营业总额5 672.9万元，增长3.19%，利润308.1万元，增长9.26%，税

金73.32万元，增长11.43%。

1986年，根据经济特区的实际情况，厦门市人民政府制订了7个关于发展横向经济联系优惠政策规定，72条细则，如特区范围内的内联企业，不论经济性质和隶属关系，一律按15%的税率缴纳企业所得税；内联企业开发新产品，可减征或免征产品税(增值税)，减免的税款，专用于技术开发；特区内联企业开发新产品出口，其收入的外汇，两年内全额留给企业；兴办的出口生产体系或专业厂，其产品出口收汇实行单独结算的，从1986年起，3年内全额留给企业；内联企业的内地一方，可将分得的外汇调至对方开户银行，亦可将分得的外汇，委托特区代办进口所需物资、原辅材料及机器设备；内联企业利润分配，原则上按投资比例分成，也允许外地一方分利高于实际投资比例；内联企业的内地一方人员，可享受厦门特区生活补贴的待遇，奖金、福利与内联企业厦门一方职工享受同等待遇，等等。这些政策给内联双方增强了信心。上海家用化学品厂厦门联营厂，由于优惠政策的落实，在资金不足的情况下，他们发动联营双方职工集资入股38万元，加快了生产发展步伐，使1986年工业生产有了较大幅度的增长。全年实现工业总产值774万元，超额完成年计划46.8%，产值利润率由原来的6%提高到9%。创税利255万元，比1985年增长1.69倍。厦门市与省皮塑公司合资兴办的福建省塑料联营公司厦门分公司，在积极做好原材料的调拨供应工作中，重视履行国家经济法规，1986年签订合同15份，营业总额1 644万元，履行率达100%，被评为厦门市1986年度“重合同、守信用”先进单位。

【“三资”企业】 厦门市二轻工业在积极发展内联企业的同时，还积极发展同海外华侨、港澳、台湾同胞及国际友人的密切联系。截至1986年底，已有“三资”企业16家。其中，从事工业生产12家，1986年，工业总产值、利润、税金三项指标都有明显的增长。这些“三资”企业的发展，促进厦门市二轻工业向“外向型”企业转化。利用外资，填补缺门，扩大出口产品，为国家多出口创汇。

“三资”企业经济指标统计

项　　目	单位	1986年	1985年	1986比1985年增减%
工业总产值	万元	2 000.75	542	269.14
利　　润	万元	177.44	80.95	119.2
税　　金	万元	95.96	19.12	401.9

厦门华源塑胶工业有限公司采取“以进养出”的做法，为省外口岸来料加工产品出口，先后争取聚丙烯、聚乙烯原料900多吨，1986年实现工业总产值1 021.45万元，比1985年的378万元增加643.45万元，增长1.7倍。出口编织袋1 553.2万条，比1985年的525万条增长1.96倍。

【出口创汇】 随着厦门经济特区的发展，给厦门市二轻工业对外贸易创造有利条件，出口换汇取得可喜成绩。1986年全系统出口总值5 830.5万元，比1985年增长73.2%，其中，直属企业出口总值3 096.2万元，增长1.87倍，创历史最好水平，结束连续五年徘徊不前的局面；自营出口换汇总值99.5万美元，增长38.5%。目前，这个系统已有50多种产品远销世界100多个国家和地区。市二轻局外经科和厦门皮鞋厂分别获得厦门市1986年度出口创汇先进单位称号。

二轻局组织30人次，分别参加各种国际性博览会、展销会及考察市场。1986年3月，厦门工艺美术公司首次在香港举办工艺美术品展销会，一举获得订货40万美元，有的客商还继续签订回头货。厦门皮革工业公司于1986年5月间，组织考察小组，携带样品，参加香港国际皮革展览会，许多客户了解厦门皮革工业的潜力，纷纷洽谈业务，使这个公司出口创汇有了新的进展。1986年出口总值379万元，比1985年增长1.5倍。

厦门皮鞋厂为适应国际市场需要，积极改造一条生产线，使皮鞋生产能力大大提高。1986年完成出口皮鞋20.75万双，比1985年的7.1万双，增长1.92倍。

厦门市珠绣拖鞋厂已在本市和毗邻地区的同安、南安、惠安、龙海等县的城镇、乡村，建立20多个加工点，提高出口生产能力。1986年出口珠绣拖鞋53.83万双。

据统计，全系统来料加工创汇42.08万美元，比1985年增长3.8%，其中、直属企业来料加工比1985年增长16.4倍。厦门市思明区工业部门，从实际出发，坚持不计利多利少，业务大小，都承接。加工项目由手织毛衣、珠绣毛衣扩大到尼龙拉链、塑料线打扣、电子表心、儿童塑料笔、镀银餐具、线圈等。使全区来料加工业务比往年有新的增长。

1986年，全系统新增出口产品有明胶、不锈钢餐具、涤纶花、塑料玩具、双龙伴塔牌蚊香等10多种。

【厦门“中联”公司成立】 我国第一家塑料行业跨省、市大型联营企业——厦门中联塑料实业股份有限公司，于1986年7月1日在厦门成立。它已成为内地塑料行业对外贸易的“窗口”。

“中联”是由江苏、浙江、安徽、常州、无锡、杭州、合肥、广州、福建、厦门等15个省、市塑料工业公司和生产单位联营的工贸结合的经济实体。总投资额500万元，实行独立核算、自负盈亏，享有自营进出口权，具有对外经济法人资格。主要经营联合体成员单位的产品出口和“三来一补”业务，可提供出口产品有塑料包装制品、塑料建筑装饰材料、农用塑料、工程塑料、日用塑料制品等5大类1 000多个花色品种。这个公司旨在为国内塑料行业的厂家沟通信息，开拓国际市场，拾遗补缺，互通有无，并帮助非联营成员单位，将产品打入国际市场。产品出口的外汇收入，按特区有关规定进行比例分成。

这个公司自成立至1986年底止，半年中，营业总额511万元，并组织办理11批塑料产品出口业务，创汇10.2万美元。

（陈明山）

江　西　省

江西省一轻工业

【概况】 1986年，江西一轻系统内县以上企业有391个(含卷烟厂2个，下同)，其中：全民所有制企业323个，集体所有制企业68个。按企业规模划分，大型企业10个，中型企业28个，小型企业353个。年末职工总人数为144 983人(含卷烟2 434人)，比1985年增加4.09%。其中全民所有制企业124 778人，集体所有制企业20 205人。在职工总人数中，工程技术人员2 723人（含卷烟51人)，占职工总人数的1.88%，比1985年减少0.11%。

1986年工业总产值完成15.07亿元，比上年增长6.88%，(如不含卷烟工业产值增长8.29%)。

1986年，在考核的33种主要产品中，除卷烟，保温瓶及瓶胆、日用搪瓷制品、火柴、香料五种产品比上年下降外，其余28种产品均有不同程度增长，其中：增长15%以上的有钨钼材料、自行车、自行车零件、木钟、日用玻璃制品、香料、油墨、轻工机械、啤酒、乳制品、酒精、味精等16种产品。

1986年，全省308个预算内一轻企业，实现税利39 970万元，比上年增长7.4%，其中实现利润9 488万元，比上年下降7.95%。1986年，由于原材料提价等种种原因影响，增大了企业亏损面，亏损金额也相应增加，全年亏损企业有34个，比上年的14个增加20个，亏损金额达593万元，比上年亏损金额183万元增加2.24倍。上述各项效益指标中，卷烟工业实现利税16 221万元，比上年增长7.4%，其中实现利润201万元，比上年下降7.95%。

1986年，江西一轻工业系统主要出口产品，由1985年的15种产品增加到23种，1986年出口交货值完成13 465万元，比上年的10 109.14万元增长33.2%，

主要产品产量

主要产品名称	计量单位	1986年产量	1985年产量	1986年与1985年相比+(-)%
机制纸及纸板	万吨	22.79	22.17	2.8
糖	万吨	13.66	13.57	0.6
自行车	万辆	39.17	30.65	27.8
灯　泡	万只	4 459	4 272	4.38
日用玻璃制品	万吨	8.09	6.75	19.85
罐　头	万吨	2.99	2.43	23.05
味　精	吨	3 515	3 018	16.47
饮料酒	万吨	21	18.71	12.24
其中：啤酒	万吨	6.23	5.2	19.81
钨钼材料				
其中：钨丝	亿米	2.71	2.23	21.62
钼丝	亿米	0.16	0.1	56.13
日用陶瓷器	亿件	4.16	3.72	11.83
保温瓶及瓶胆	万个	309	348.81	-11.42
日用搪瓷制品	吨	2 248	2 301	- 2.3
干电池(折手电池)	万只	10 833	9 859	9.88
牙　膏	万支	3 818	3 713	2.83
三聚磷酸钠	吨	5 687	5 071	12.15

主要产品的出口交货量：瓷器10 218.05万件，罐头6 777吨，机制纸3 118吨，绞合钨丝812公斤，仲钨酸铵483吨，饮料酒10 824吨，分别比上年增长46.99%、11.54%、60.33%、65.71%、13.11%、53%。匡算换汇总额为4 461.69万美元，比上年增长25.68%。

1986年，赣州钨钼材料厂、江西第二造纸厂、江西油脂化工厂、景德镇宇宙瓷厂、景德镇光明瓷厂、吉安啤酒厂被江西省人民政府命名为“六好企业”。另有30个企业被江西省人民政府表彰为全省的经济效益的先进单位。

【产品升级换代】 1986年，江西省一轻系统企业在产品创优方面，取得了较好成绩。如景德镇光明瓷厂生产的玩玉牌青花玲珑45头清香西餐具，获莱比锡1986年春季国际博览会的金奖。大余县南安板鸭厂生产的南安牌板鸭获国家银质奖。景德镇艺术瓷厂生产的景德镇牌“四爱图”瓷板画，获国家颁发的中国工艺美术百花奖的金杯奖。景德镇景兴瓷厂生产的磬声牌陶瓷薄胎皮灯获国家百花奖的创优二等奖。有8种产品获轻工业部优质产品奖，52种产品获江西省优质产品奖。景德镇宇宙瓷厂的全面质量管理工作，已向质量管理档案化、管理保证体系全面化发展。该厂在行政管理系统中，设置了“全面质量管理办公室”，下设质量检验站、标准计量站、测试中心室来管理全厂质量工作，而且厂部授予“全质办”行使质量否决权，并采取了“浮动工资、联质计酬”等措施。使该厂1986年的日用瓷一级品率达到73%，比上年提高10%，出

口瓷合格率达到70.3%，比上年提高3.9%，彩瓷一、二级品率达到85.2%，比上年提高10.4%，全年实现利润210万元，做到了超计划、超上年、超历史，获轻工业部优秀质量管理企业称号。赣州钨钼材料厂重视与科研单位和大专院校的技术协作，(如与中南工业学院进行了钨粉还原的应用研究、与江西冶金学院进行钨粉掺稀土的研究)，建立质量保证体系，使产品质量得到较快提高。钨粉一级品率，由1983年的30%，提高到99.6%，高温性能指标达到100%。40瓦、60瓦、100瓦普灯丝和40瓦日光灯丝在1985年轻工业部的钨丝质量评比中获第一名。1986年，这四种产品又获省优质产品证书。

1986年，江西省一轻系统在调整产品结构方面，开发新产品100个，增加新的花色品种420多个。如江西第三糖厂指导当地农民种甜叶菊350亩，利用甜叶菊提炼甜菊糖增添了江西省糖源新品种；景德镇宇宙瓷厂生产的《红楼梦十二金钗》系列彩盘，美国订货一增再增，1986年销售46.9万件，比1985年增长25倍；以生产青花瓷闻名中外的景德镇人民瓷厂，不断调整产品结构，1986年，青花瓷产量比例由过去的60%多，提高到95%。1984年来，连得三块国际金牌、一块国家金牌的青花梧桐瓷其梧桐重工花面的产量比例，与相应由过去的37%提高到56%，使每件瓷的平均单价由上年的0.65元上升到1986年的0.75元。1986年销售总额达1 100万元，比上年增收200万元，实现利润155万元，比上年增长23.02%。

【基本建设与技术改造】 1986年，一轻工业系统内的基本建设和技术改造计划安排了125项，总投资22 825万元，实际完成18 065万元，为计划总投资的79.15%，比上年增长2.6%，是近几年完成工作量较多的一年，其中已竣工项目有50个，完成投资额4 849万元。新增年生产能力的产品主要有：儿童食品3 000吨、啤酒瓶21 000吨、啤酒22 000吨、优质酒1 000吨、日用瓷490万件、普通白炽灯泡412万只、机制纸9 516吨、罐头412吨等等。景德镇陶瓷工业的技术改造以名优产品为“龙头”，以原料的标准化、系列化、提高产品质量为重点，发展传统瓷和高档日用瓷，1986年完成工作量1 601万元，比上年翻了一番。新建年产1 600万件日用瓷的景德镇华风瓷厂，1986年，在做好基建收尾完善工作的基础上，攻克窑炉等设备上的生产难关、整顿企业管理和落实各项经济责任制等措施之后，发挥新设备、新工艺、新技术的优势，进入批量试生产，一年生产日用瓷581万件，产品合格率已达91%。一级品率达到43%，取得了较好的效果。日产100吨板纸的抚州造纸厂，已于1986年12月26日正式破土动工兴建。

1986年固定资产投资完成情况

投资类别	1985年实际完成 项目（个）	1985年实际完成 投资额（万元）	1986年实际完成 项目（个）	1986年实际完成 投资额（万元）	其中：已竣工 项目（个）	其中：已竣工 投资额（万元）	1986年完成投资额比上年±%
合计	160	17 606	122	18 065	50	4 849	2.61
基本建设投资	41	8 779	35	7 121	15	1 303	−18.9
技术改造投资	119	8 827	87	10 944	35	3 546	23.98

【科研与教育】 1986年，江西省一轻系统在科研、新技术推广方面取得了较好的成绩，主要有赣州钨钼材料厂的兰钨掺杂、钨丝酸洗及其装置，江西造纸厂沈祖相等的造纸微机调度管理系统获轻工业部科技进步二等奖；景德镇瓷用原料化工厂的亮白银水、景德镇艺术瓷厂的稀土元素在彩色玲珑釉中的应用、萍乡酒厂的苏轼蜂蜜酒、江西省陶瓷工业公司等的降低陶瓷制品烧成温度试验——锂云母在高档瓷釉中的应用、南昌手表厂的手表整体擒纵叉工艺等共12项获轻工业部科技进步奖等奖，奉新联合造纸厂的湿地松造纸丰产林试验项目获国家三委、一部“六五”攻关项目表彰奖励和全国绿化委员会的奖励；景德镇陶瓷获全国陶瓷新产品创作设计奖14项，取得江西省微机运用优秀奖有4项和江西省优秀新产品奖26种。而且还有江西省陶瓷研究所、赣州地区糖业公司、江西工业造纸厂获江西省1986年微型计算机应用先进单位称号。

1986年，江西省轻工业厅直属江西轻工业学校、江西省陶瓷工业学校、江西省轻工业技工学校和景德镇陶瓷职工大学共招生664人，毕业生252人，1986年年末共有在校学生1 716人。此外，还为外省的轻工系统代培了陶瓷热工、陶瓷装饰、陶瓷工艺、轻工机械、食品等专业人才，并在省轻工业学校、陶瓷工业学校设有职工中专班。

【经济联合】 1986年，江西省一轻企业，本着扬长避短，发挥各自优势，互利互惠的精神，通过联工、联农、联商、联校、联科研等多形式、多层次、多方位的协作联合，有新的进展。

一、以骨干厂的名优产品为“龙头”，组织联合扩大生产，并带动了乡镇企业的发展。江西樟树四特酒厂生产的“四特酒”，以“清香醇纯、回味无穷”著称。该厂在慎重选点、规定严格条件、质量第一的原则下，与本县乡镇酒厂和附近县酒厂联合生产“酒基”，由樟树四特酒厂负责技术指导，各联营厂生产的四特酒“酒基”交由樟树四特酒厂勾兑出厂，以发展四特酒的生产。这样既发挥了地方名优产品的技术优势，在短期内形成较大的产品生产能力，又满足市场需要，并带活了参加联合的乡镇酒厂，取得了少投入，多产出，双方得益的成效。仅清江县参加联合生产“酒基”的企业，由1985年的11个，到1986年发展到25个，四特酒“酒基”产量，由1985年的1 765吨，到1986年达到15 000吨，增长7.5倍。这一年清江县的四特酒联营企业仅实现税收就有2 200万元，占该县一年财政收入的53.46%。1986年，江西樟树四特酒厂本厂生产的四特酒达5 763吨，比上年增长4.68%，实现税利1 340.3万元，比上年增长4.22%。

二是与大专院校和科研单位进行技术协作联合，这样对攻克技术难关，加速新产品开发，提高产品质量，起到了重要作用。如江西火柴厂，在1986年面临火柴严重积压的情况下，积极调整产品方向，开发新产品，该厂与中国科学院高能物理研究所进行技术合作，引进该所专利，生产负离子发生器，已形成年生产能力5 000台，摆脱了困境。

三是利用生产技术优势与省内外同行业进行经济技术联合，如南丰罐头酿酒厂利用本地蜜桔资源和本厂生产蜜桔可乐的质量优势与本省南昌酒厂、吉安罐头食品厂的技术优势进行联营，并发展到与福建省的企业联合生产，由南丰厂供应可乐原液扩大生产蜜桔可乐。这一年使南丰罐头酿酒厂的产值比1985年增长11.66%，税利实现52.1万元，比上年增长50.57%。

四是城市生产企业与原料产地的生产企业进行技术经济联合，这样把生产技术优势与丰富的原料优势结合起来，扩大了生产，如南昌罐头啤酒厂、赣州市酒厂利用其生产技术强、产品质量好和销售渠道广的优势与地处农村的企业进行联合，南昌罐头啤酒厂与原料丰富的余干罐头厂和新干罐头厂联营，分别生产马蹄罐头和桔子罐头，扩大了生产，双方得利，1986年三个厂的果菜罐头分别比上年增长63.8%、99.5%、32%；赣州市酒厂与宁都县酒厂联营生产章贡酒，1986年两个厂的产量，分别比上年增长43.68%、59.7%，适应了市场需要。

【优惠政策】 为了振兴景德镇陶瓷，从1986年上半年开始，在免征瓷厂的调节税之后，江西省人民政府又给予景德镇五条发展陶瓷工业生产的优惠政策：一是从1986年1月1日起，对瓷厂上缴的55%所得税，由财政返回20%给企业，用于归还技术改造贷款和发展生产，返回的金额由省、市财政分别负担；二是从1986年1月1日起，提高固定资产折旧率，折旧基金全部留给企业，用于瓷厂的技术改造；三是从1986年1月1日起，对艺术瓷的产品税率从12%降至5%，税务部门仍按规定税率征收产品税，以财政返还7%给企业；四是为了搞活艺术瓷出口渠道，凡符合出口的艺术瓷，首先由江西省外贸部门销售，如外贸部门销售不了的，允许企业或江西省陶瓷工业公司自营出口或委托其他外贸口岸出口；五是从1986年起技术改造资金贴息贷款的还款期由3～5年延长为5～7年，对企业30%的自筹资金，可以允许不少于10%。上述的优惠政策实施以来，对激发景德镇陶瓷工业生产，增强企业的改造能力，调动企业生产积极性、搞活企业，起到了促进作用。1986年江西省陶瓷工业公司系统完成工业总产值2.36亿元，比上年的2.17亿元，增长6%，日用瓷产量完成3.2亿件，比上年的2.89亿件，增长10.73%，其中高档瓷产量1986年比上年提高4.74%；出口瓷交货量完成1.03亿件，比上年增长55.96%；出口换汇为2 505万美元，比上年增长24.94%，全年实现税利4 500万元（其中利润2 820万元），比上年增长18.17%（其中利润增长13.13%）。这一年全公司系统56个企业中出现10个企业盈利超过百万元，8个瓷厂的出口换汇在100万美元以上。

为了加快发展烟叶生产、以解决长期以来江西卷烟工业所需烟叶主要靠省外调进的被动局面，江西省人民政府于1986年11月制定了发展烟叶生产一定四年不变的政策和措施：一是实行价外补贴，按照优质优价逐步拉开档次的原则，确定补贴标准，而且补贴不计征烟叶产品税；二是由江西省烟草公司按照4亩左右一个烤烟房的规模给予80元的烤房补助；三是按照农民交售规定数量等级烟叶1比1回供平价化肥，三是实行合同订购，由烟草公司以贴息贷款形式预付20～30%定金给烟农，待售烟叶时归还。此外，对技术培训、煤炭供应、领导机关和有关部门各应承担的职责都做了明确规定。这对发展烟叶生产、稳定烟叶收购数量、调动烟农种植烟叶的积极性等将起到重要作用。政策与措施虽定下不久但这一年年底比较顺利的为下年度落实烟叶种植面积13.57万亩，并与产烟县签订交售烟叶13万担的计划，是近几年最多的一年。

（曾繁清）

江西省二轻工业

【概况】 1986年，全省二轻工业企业有2 496个，其中全民企业49个，集体企业2 438个，各种合营企业9个。在集体企业中，县以上集体企业1 168个，城镇街道企业1 217个。在企业总数中，独立核算企业2 349个。年末职工总数达到210 888人，其中全民企业职工10 750人，集体企业职工200 138人。拥有固定资产原值47 019万元，净值38 211万元，在固定资产原值中，生产用资产32 456万元，占69.03%。全员劳动生产率7 632元，比1985年增长6%。

1986年工业总产值153 746万元，比1985年增长16.85%，净增产值22 173万元。独立核算企业净产值43 617万元，占同口径总产值的29.15%，比1985年占30.34%的比例有所下降。二轻工业总产值占全省工业总产值的比重由1985年的8.87%上升到9.11%，占全省大轻工总产值比重由1985年的18.66%上升到19.47%，占全国二轻总产值比重也由1985年的1.71%上升到1.81%。

列入国家和轻工业部管计划产品18个，1986年产量完成数与1985年比较，增长的有14个，占77.78%。其中增长30%以上的有日用精铝制品、皮革、成衣服装、电扇、电熨斗、台案秤，增长20—30%的有皮鞋、大型衡器、锁、玩具等。

主要产品产量

产　　品	计量单位	1986年产　量	比1985年增长(%)
塑料制品	吨	43 790	5.17
日用精铝制品	吨	1 634	38.01
皮　鞋	万　双	298	26.60
皮革（折合张）	万　张	108	34.65
其中：猪皮（自然张）	万　张	191	46.14
布　鞋	万　双	609	3.74
民用家具	万　件	278	－16.96
成衣服装	万　件	1 680	33.72
电风扇	万　台	56	42.65
锁	万　把	499	25.52
台案秤	万　台	4.23	37.34

1986年，出口交货值达到11 993万元，比最好年份的1985年增长60%，换汇约2 700万美元，其中皮革制品出口交货值3 043万元，比1985年增长80.27%，换汇约600万美元；机电产品出口交货值1 824万元，比1985年增长98.05%，换汇约420万美元；工艺美术品出口交货值3 234万元，比1985年增长38.50%，换汇约770万美元；服装鞋帽出口交货值3 801万元，比1985年增长51.63%，换汇约905万美元；家具出口交货值91万元，比1985年增长1.02倍，换汇约24万美元。根据国际市场需求和江西生产出口条件，产品结构开始趋于向技术型、换汇高的产品发展，各类出口产品结构有了变化，皮革制品由1985年占22.52%上升到25.73%，机电产品由1985年占12.29%上升到15.21%，家具出口开始起步，由1985年的占0.6%上升到0.76%。

基建、科技完成好，投资增加多，1986年投资完成7 270万元，比1985年增加投资2 486万元，增加51.96%。其中基本建设完成415万元，占全部投资5.71%，技术改造完成6 855万元，占全部投资94.29%。在基本建设中，集体自筹项目投资完成306万元，占基建投资73.73%。1986年施工项目188个，其中当年开工项目127个。在施工项目中，基建32个，已竣工投产的有14个，新增固定资产666万元；技改156个，已竣工投产的有84个，新增固定资产4 484万元。在全部竣工项目中，土建面积11.14万平方米，其中住宅面积3.11万平方米占土建面积27.92%。已竣工投产新增生产能力：造纸3 800吨，塑料制品3 580吨，制革15万张，皮鞋9万双，服装75万件，灯具100万元，工艺美术品1 750万元等。在技改项目中，有中外合资华丰塑胶有限公司项目1个，完成投资370万元，新增编织袋能力700吨。

【经济效益】 1986年，销售增长，税利下降，亏损上升，经济效益差。据占全部企业72.76%的1 816个企业财务统计，实现销售收入129 671万元，比1985年增长3.95%，占同期产值80.81%，上交销售税金6 227万元，比1985年下降0.24%，实现利润4 018万元，比1985年下降24.52%。亏损企业由1985年的169个增加到245个，亏损额由1985年的231万元上升到785万元，亏损面由9.56%上升到13.49%。可比产品总成本提高4.12%。效益差的主要原因是：(1)经营管理不善，产成品资金占用比1985年增加12.16%，资金周转由1985年3.2次放慢到2.77次。(2)留利水平低，自有资金少。1986年全省二轻企业自有资金11 221万元，占定额流动资金24.04%，比1985年下降1.22%。1/3的地、市自有资金占定额流动资金在15%以下，有的单位只占9.38%，故银行流动资金贷款逐年增加，1986年比1985年增加23.43%。支出项目逐年增多，留利水平低，据1 769个集体企业统计，1986年实现利润3 392万元，减去所得税1 142万元、能源交通建设基金219万元和其它费用后，所得无几，留利只有1 133万元，占实现利润的33.4%，因此自我改造、自我发展的能力薄弱。(3)内部消化能力低，据上述企业统计，除去内部消化后，还有因国家调整主要原材料价格而增加成本的864万元，从市场购进原材料差价增加成本

929万元，两笔加起来影响总成本提高2.33%。(4)企业负担重。二轻企业多数是1956年合作化组合起来的，基本队伍老化，1986年底退职、退休、离休人数高达25 585人，占企业职工总数的17.91%，约5个在职职工负担1个退休退职职工。1986年支付退休金共1 585万元，占实现利润的39.45%。(5)设备陈旧，技术水平低。二轻生产设备，除了近两年引进和国内购置了少数比较先进设备外，多数是大工业替换下来的，有的还是自制简单设备，有的超过了服役期，完好率差。据工业普查统计，60年代、70年代技术水平的设备占51.3%，50年代，甚至40年代技术水平的设备占48.7%。职工的素质也低，一般工程技术人员全省二轻企业只有910人，占职工总数的4.32‰，约三个企业只有一个技术人员。因此，生产效率低，消耗高，效益差，质量不稳定，产品更新换代慢，竞争能力薄弱，不少设备能力放空，如服装生产能力利用率只达到28%，塑料制品（按二班计算）也只有34.19%，多数设备能力利用率不到一半。

【产品质量与科技进步】 1986年，轻工产品好销，有的企业领导片面追求产量、产值、利润，忽视了质量，放松了管理，产品质量有所下降，上半年质量稳定率只有57.14%。下半年，各地分别进行了检查，增强了质量意识，多数企业内部推行了全面质量管理，切实抓了基础工作，制定创优规划和措施，产品质量有了好转。1986年荣获国家百花银杯奖1个，获国家百花创优一等奖2个，获国家百花创优二等奖2个。有6个产品获轻工业部优质产品奖，42个产品获江西省优质产品奖，33个产品获江西省轻工业厅优质产品奖。获轻工业部优秀QC小组称号的2个，还有11个企业的小组被评为江西省优秀QC小组，27个企业的小组获江西省轻工业厅优秀QC小组称号。获江西省轻工业厅优秀质量管理奖有5个企业。南昌市电扇厂低耗电扇获轻工业部科技进步三等奖。1986年全省优质产品产值9 561万元，占总产值6.22%，比1985年占9.01%，下降2.79%。

为适应市场需求，1986年开发青花瓷系列灯具、自行车爬杆器、浮雕贴墙纸、组合家具和一些小商品等新产品123个，其中20个获江西省优秀新产品奖。这些产品都已批量或小批量生产，投放市场，受到欢迎，增加产值占总产值的3.25%。

1986年底，江西二轻中等专业学校在校学生80人，江西二轻技工学校在校学生97人，毕业48人。江西省工艺美术、服装鞋帽两个研究所在册职工107人，其中科研人员26人，占24.30%。还有家具、五金、塑料制品、皮革、衡器、乐器等六个科技情报站，兼职科技情报员45人。

【政策与改革】 江西二轻工业，中型企业仅1个，其余全是小型企业，集体企业占98.04%，设备技术落后，小商品生产量小利微，还要承担城市就业任务，这个行业在人民生产生活中是必不可少的。几年来国家重视，并制订了一系列扶持、保护和发展集体经济的政策，江西省政府每年要重点抓一两次，并制定相应的政策和措施，促进了二轻工业改革和生产的发展。

1986年3月，由江西省政府主要领导同志带队，组织了省直有关部门和各地、市经委、二轻局负责同志参加的参观学习考察团，赴浙江学习发展二轻工业的经验。嗣后，根据国务院的有关规定精神，江西省政府于7月25日作出关于加快发展二轻集体经济若干政策问题的暂行规定，规定在缴纳税收、技措贷款、税前还贷、产品开发、物资供应、集资办厂、工资福利和解决二轻技术力量等方面给二轻工业一系列优惠政策和措施，江西省政府研究决定，拨给二轻1 000万元小商品生产专项贴息贷款，各地、市政府也从财政拿出一部分钱给二轻企业贴息贷款。这一文件下达后，推动了二轻集体经济以“一包四改”(即经济承包责任制，改干部委派为民主选举制，改固定用工为自愿组合、自主用工制，改固定工资为计件、浮动工资制，改单一的信贷资金渠道为集资入股制。)为主要内容的改革，增强了企业活力。到年底，全省集体企业签订承包合同的企业有2 121个，承包面达87%，709个企业实行了民主选举或招聘厂长，占企业总数的29.08%，实行厂长任期目标责任制企业347个，占企业总数的14.23%，集资入股金额达到992万元，占企业自有流动资金总数的13.48%。还发展了横向经济联合，到年底参加联合的企业有187个，约新增产值5 600万元。由于政策贯彻落实，江西二轻工业生产保持了持续稳定发展。

1986年6月8日江西省政府转发了《国务院批转轻工业部、全国手工业合作总社关于纠正平调二轻集体企事业资产问题报告的通知》，要求各级人民政府要加强这项工作的领导，组成联合检查组，对本地区、本部门所发生的平调二轻集体企事业资产问题，切实采取措施，认真加以纠正。通过检查统计，全省被平调的二轻集体资财总额达7 894万元，占集体企业现有资财的20.48%。其中1978年以前被平调的有5 777万元，占平调总额的73.18%，1979～1980年被平调的有857万元，占平调总额的10.86%，1981年以后被划走的企业有134个，产值达6 049万元，被平调资财1 260万元，占平调总额的15.96%。各地根据“先易后难、先近后远，分别处理”的原则，边清理，边纠正，到年底已经划回被划走企业8个，退回被平调资财270万元，占1981年以后被平调资财的21.43%。九江市政府决定，将1978年前被商业平调的二轻工艺服务大楼提前归还原主。这一政策贯彻落实后，振奋了二轻干部职工的当家作主精神和生产热情。

为了体现社会主义制度优越性，解决集体企业职工“老有所养”问题，9月13日江西省政府批转江西省轻工业厅、保险公司《江西省二轻集体所有制企事业单位职工退休退职保险金统筹暂行办法》的通知。根据“统筹统支，以支定筹，略有节余”的原则，参照全民企事业单位标准，按月发给退休退职职工退休费和生活费。这个办法下达后，得到各地政府的支持和广大二轻干部职工的欢迎。江西省手工业合作联社为了推动这项工作的开展和实施，成立退休退职保险金统筹管理委员会，分两年（到1988年）全省实行退休保险金统筹。这一办法的贯彻执行，鼓励和调动了广大二轻干部职工的生产积极性。

（袁仁民）

附：南昌市一轻工业

【概况】 1986年，南昌市一轻工业，由南昌市轻工业公司和南昌市食品工业公司分管，两公司系统共有企业51个，比1985年的46个增加5个。按所有制分：全民所有制企业28个，集体所有制企业23个；按规模分：大型企业1个，中型企业8个，小型企业42个。年末职工总人数为30 097人，比上年增加2.91％，其中工程技术人员690人，占职工总人数的3.29％。在上述企业和职工人数中，南昌市轻工业公司所属企业有41个，其中全民所有制企业23个，集体所有制企业18个；大型企业1个，中型企业7个，小型企业33个。在41个企业中公司直属企业18个，1986年年末职工人数为23 649人，比上年增加7.92％。南昌市食品工业公司所属企业有10个，其中全民所有制企业和集体所有制企业各5个，中型企业1个，小型企业9个；1986年年末职工人数为6 448人，比上年减少8.56％，该公司的直属企业有6个。

1986年，南昌市一轻工业总产值完成3.82亿元，比上年增长11.37％，占全省一轻工业总产值的29.25％，其中市轻工业公司所属企业完成产值3.11亿元，比上年增长13.09％；市食品工业公司所属企业完成产值0.71亿元，比上年增长4.41％。

1986年在16种主要产品中，除日用搪瓷制品、自行车、保温瓶及瓶胆、火柴、饮料酒等6种产品比上年下降外，其余10种产品比上年有不同程度增长。

1986年，南昌市一轻系统内企业共实现税利6 037.3万元（轻工业公司属企业4 991万元，食品工业公司属企业1 046.3万元），比上年下降13.84％（轻工下降15.06％，食品下降11.64％），其中利润2 436.4万元（轻工2 372万元、食品64.4万元），比上年下降7.2％（轻工增长2.55％，食品下降79.4％），亏损企业共5个比上年增加2个，亏损金额达104万元，在亏损企业中，轻工业公司属企业4个，亏损金额80万元，比上年增加50.66％。

主要产品产量

主要产品名称	计量单位	1986年产量	1985年产量	1986年与1985年相比+(－)％
机制纸及纸板	万吨	6.21	6.12	1.47
手表	万只	85	80.05	6.18
灯泡	万只	1 781.59	1 679.31	6.09
日用玻璃制品	万吨	4.86	4.08	19.11
木钟	万斤	6.15	5.01	22.75
干电池(折手电池)	万只	4 003	3 956	1.19
牙膏	万支	3 818	3 713	2.83
罐头	吨	8 753	7 082	23.59
饮料酒	万吨	2.59	2.82	－8.2
其中：啤酒	万吨	1.04	1.2	－13.3
味精	吨	678	700	－5.2

1986年主要出口产品的交货量：罐头3 493吨，铁壳保温瓶22.7万个，灯泡120万只，日用搪瓷杂件110万件，蒸制骨粒1 150吨，味精40吨等，总计出口交货值为1 888.8万元，比上年增长8.79％。

1986年有江西油脂化工厂的洪都牌硬脂酸（3级）和南昌味精厂的99％金鸡牌味精获轻工业部优质产品奖；南昌手表厂的庐山牌206型35mm照相机、江西第二造纸厂的BI-10μ全温低损耗高可靠性电容器纸等4种产品获江西省优秀新产品奖；江西油脂化工厂获轻工业部优秀质量管理企业称号，获江西省优秀QC小组称号的有2个，获轻工业部科技进步奖二等奖和三等奖各一个项目。这一年有65种新产品、新品种批量生产投放市场。

1986年，南昌市一轻工业系统内基建与技改计划项目15个，计划投资3 028.45万元，实际完成投资额3 350.27万元，比上年增长15.25％，其中南昌市轻工业公司基建与技改计划项目8个，投资额702.45万元，实际完成投资额1 415.8万元，比上年减少16.7％；南昌市食品工业公司的基建与技改计划项目7个，计划投资2 326万元，实际完成投资额1 934.47万元，为计划的83.17％，比上年增加60.14％。1986年竣工投产新增年生产能力的产品主要有啤酒瓶21 000吨，儿童食品3 000吨，普通灯泡412万只，味精500吨。

【经济体制改革】 1986年，南昌市一轻企业以补充、改善的手段，在领导体制、管理机构、奖金分配与生产挂钩等方面深化改革，使企业进一步提高了管理素质和管理水平，经济责任制得到进一步完善。如南昌灯头厂，从1971年建厂到1986年的15年中，有13年亏损(共亏损120万元)，1986年该厂以改革为动力，公开招聘厂长，实行经济承包负责制，狠抓管理，层层落实经济承包和设备、工艺上的调整完善，打了一个翻身仗，1986年灯头产量完成3 393万只，比上年增长51.6%，盈利3万元，一举搞掉了多年亏损的帽子，成为扭亏增盈的先进企业。B22d/25×26插口灯头和E27/27罗口灯头，在全国灯头质量评比中，双双获得全国第二名。1986年，南昌一轻系统，以不同特点，多种形式发挥各自优势，发展横向经济联合，从而增强了企业活力，出现了新的气象，取得了较好的成效。如南昌飞轮厂与上海飞轮厂进行经济技术协作，在上海厂的帮助下，通过调整工艺、改进设备、技术攻关，使该厂的自行车飞轮质量由联合前的40分，提高到1986年的85分，飞轮产量达到56.52万只，比1985年增长1.15倍，实现利润11万元，扭转了多年亏损的局面。

（曾繁清　邹兴国　章和平）

南昌市二轻工业

【概况】 1986年，南昌市二轻工业由上年的速度偏高、“过热”转入正常发展轨道，生产稳定、持续、协调发展。电风扇、日用精铝制品、皮革、工业明胶、铁锅、民用剪、民用锁、钢木家具等二十多个主要产品产量比上年增长20%以上。年总产值56 075万元，比上年增长13.95%，约占全省二轻工业产值的1/3多。实现利润2 306.2万元，比上年下降16.6%，占全省二轻工业实现利润的2/3。实现销售收入43 187.9万元，比上年下降0.1%。成本有所增加，少数产品有积压，产成品资金略有上升，经济效益不够理想。

全年发展新产品100个，新品种、新花色1 000种。列入省市计划的37个项目当年完成试制任务的有25项，通过省市级鉴定的有18项，其中有16槽节能电扇、干粉灭火棒、小四轮童车、灭蝇纸等22项新产品填补了省内空白。据统计，新增产值4 342.37万元，利润380.31万元，产品质量创历史最好水平，稳定提高率达86.7%。列入上级重点考核的并且可比的15项质量指标，有13项比上年有提高。创优产品获得大面积丰收，南昌工艺美术厂的瓷板画荣获国家质量评审委员会颁发的全国工艺美术百花奖银杯奖，成为全局范围第一个夺得国家质量奖的企业。在江西省评选优质产品总指标数减少的情况下，全系统有压力锅、地中衡、工业明胶、自行车锁、普通蓝黑墨水等12项产品获省优产品的称号，比上年增加6个。此外，还有镀铬圆立镜，模压箱、皮服装等12项产品被评为江西省第一名。

1984年投资80多万元筹建的南昌二轻中专学校，1986年4月正式竣工投入使用，成为二轻人才的培养中心基地。一年来举办两期厂长(经理)国家统考培训班。在办1984级电大班的同时，又开办了1986级电大财务会计班。在上年完成“双补”任务的基础上，开展了高中、中专教育，开办高中文化补习班9个，有400多人参加业余学习，采用了多层次、多渠道培训人才的办法，全局参加各类学习。培训的有4 381人，其中全科生1 203人，参加高等教育学习的154人，中等专业教育的29人，通过培训教育，职工文化、技术素质有了提高。

【改革、开放与搞活】 1986年，坚持以搞活企业为中心，进行内部配套改革。一是推进了企业领导体制的改革，全面推行了厂长负责制，确立了厂长的中心地位，加强了生产经营的统一指挥，在一部分企业还推行了厂长任期目标责任制和目标审计制。二是改革了企业经营机制，使企业所有权和经营权适当分离。80%的企业推行和完善了经营承包制；南昌橡胶制品六厂实行了租赁制、租赁后一个月就扭转了连续三年亏损的局面；还有南昌塑料八厂等五家企业实行了股份制，进一步调动了职工关心企业生产经营的积极性。三是发展了横向经济联合。全市二轻企业与省内外建立横向联系项目140个，新增产值1 678万元，新增利税210万元。四是抓了调整工作，对少数亏损、困难企业实行了“关、停、并、转”。南昌五金消防器材厂连续4年亏损，企业濒于倒闭，并入南昌锁厂后，既扩大了自行车锁的生产，又开发研制生产了“干粉灭火棒”这一新产品，自行车锁的产量比并厂前增加二十多万把，达到了共同发展的目的。南昌圆木厂长期停工停产，亏损20万元，经常借钱发工资。南昌电扇厂由于厂房不够，制约了生产的发展。两厂合并后，增加场地面积1.2万平方米，改善了生产车间和仓库条件，使电扇产量比上年增加4万多台，产值增加300万元，利润增加5万多元。

【技术改造】 1986年，完成技改投资1 633.41万元，增添各种设备483台(套)，改造厂房面积1.8万平方米。其特点：一是技改竣工项目创历史最好水平，全年有南昌钮扣厂不饱和树脂钮扣生产线等12个项目竣工投产。二是技改项目发生了横向转移，纵向深入，技改重点已从塑料转向五金家电行业，并由局属企业深入到县区二轻企业。三是出现了多层次的技改格局，有合资项目1个，有国外引进技改项目7个，有国内技改项目33个，其中投资1千万元以上的大项目2个，

5万元以下的小项目5个，还有22个“短、平、快”项目。四是资金来源多渠道，除计划考核技改项目外，还有“短、平、快”专项款项目，“金融债券”贷款项目，“专用基金”贷款项目。在这些资金中，有轻工业部拨款、省财政借款、市财政拨款、人民银行、工商银行、建设银行、中国银行贷款以及设备租赁公司贷款等。通过技术改造新增固定资产472万元，新增加厂房面积17 389平方米，其中竣工面积6 215平方米，可新增产值400万元、利润200万元。为进一步发展全市二轻工业增强了物质基础。

（陈中漳　李千笃）

山东省

山东省一轻工业

【概况】1986年山东省一轻工业保持了持续稳定发展的局面。到年底全系统分11大门类、38个行业共有工业企业844户。其中全民所有制企业468户，集体所有制企业376户，职工总人数37.27万人。其中全民所有制26.26万人，集体所有制11.01万人。工程技术人员8 691人占职工总数的2.27%，1986年完成工业总产值54.88亿元。比1985年增长14.9%，净产值19.32亿元，增长12.98%；实现销售收入55.8亿元，增长23.8%，第一次出现销售额超过工业总产值。实现利税10.95亿元，增长6.7%；产值利税率19.95%。固定资产原值37.29亿元、净值28.22亿元。

51种主要产品产量，比1985年增长的有37种。日用玻璃、火柴、白酒、木钟、三胶、啤酒、葡萄酒产量继续保持全国领先地位，啤酒(系统内产量)、合成洗涤剂产量跃居全国第一位。

全员劳动生产率15 213元。比1985年提高5.7%，万元产值耗能（标准煤）4.85吨，降低5.83%，全年节约16.46万吨标准煤。

1986年出口产品交货值完成3.73亿元，比上年增长31.3%，创历史最好水平。啤酒、钟、食盐、自行车零件、三胶、日用陶瓷、铁壳保温瓶、灯泡、日光灯管、纸张、铅笔等出口量都有较大幅度的增长。

1986年的主要问题是经济效益不高。一是亏损企业和亏损额增加，1986年底亏损企业达到53户，比上年增加26户，亏损额1 387万元，增加1.64倍。二是百元产值利税率下降，只有20.35%，比上年减少1.59元。三是资金周转慢，周转天数104.6天，比上年慢4.3天。出现上述问题的主要原因：一是增支因素增多，可比产品成本大幅度上升，1986年因原材料价格上涨增加支出3.3亿元（农副原料提价增支2.6亿元，化工原料提价增支0.4亿元，各种金属材料提价增支0.3亿元），燃料、电力、水等涨价增支0.5亿元，工资及各种费用增加1.9亿元。以上共增加成本5.7亿元。二是生产、基建银行贷款增加过猛，利息支出增加，各种摊派繁多，企业负担过重。三是原材燃料全面涨价而轻工产品的价格变动很小。企业的消化能力不能适应，难以全部承受。四是企业管理水平低、潜力还没有充分挖掘出来。

1986年主要产品产量完成情况

产品名称	单位	1986年产量	1985年产量	1986年比1985年增减(%)
纸及纸板	万吨	65	56.47	15.1
原　盐	万吨	225.68	189.14	19.3
自行车	万辆	209.57	223.34	－6.2
缝纫机	万架	49.7	48.62	2.2
手　表	万只	389.17	351.28	10.8
灯　泡	万只	7 830.1	7 146	9.6
干电池	万只	25 743.07	22 471.79	14.6
日用陶瓷	万件	30 568.31	31 911.62	－4.2
罐　头	万吨	12.89	11.26	14.5
味　精	吨	5 773	4 979.00	15.9
木　钟	万只	225.97	211.19	7
啤　酒	万吨	37.14	28.65	29.6
葡萄酒	万吨	6.76	5.5	22.9
合成洗涤剂	万吨	10.05	8.13	23.6
火　柴	万件	300.51	374.54	－19.8

【产品质量和新产品开发】1986年产品质量由下降趋向稳定提高，年初除钟表、陶瓷、原盐等行业的产品质量比较稳定外，造纸、食品、日用化工、日用机械、轻工机械等产品质量出现了不同程度的下降。5月检查了676种产品的理化指标，不合格的有171种，占25.3%。

为了扭转产品质量下降的局面，省厅发出了“关于迅速解决部分产品质量下降问题的通知”，组织检查了433个企业，817种产品，推广了泰安市一轻公司抓产品质量工作的经验。对产品不合格的企业进行通报批评，限期整改。对造成产品质量严重下降负有重要责任的少数领导干部，追究责任，采取行政措施。同时制订了45项高于国家标准的优质产品内控标准和49项省企业标准，落实到企业严格执行。到10月份产品质量下降的局面明显改变。产品合格率达到88.1%，轻工业部考核的27项质量指标，稳定提高的17项，占63%。

1986年获国家、部优、省优质量奖产品71种。优质产品产值率24.3%，比1985年增长1.2%。真空镀铝纸获国家银质奖。白头芦笋罐头等61种获部优质产品称号。康巴丝石英钟等36种产品获省优质产品称号。

1986年共研制开发新产品、新品种278种，投产313种（包括上年度未投产的），产值4.52亿元，占总产值的8.23％。主要新产品有：不锈钢板衬垫纸、真空镀铝用醇水型高固涂料、黄单胞粘多糖、乳化桔子香精、整体摆钟、钟用步进电机、500毫升轻量罐头瓶、大型组合搪瓷煤气灶、八组双滴料制瓶机、高效芦笋罐头生产线、唐龙健美酒等。

【基本建设和技术改造】 1986年在建基本建设和技术改造项目228个(基建48个，技术改造包括引进项目180个)，计划总投资5.48亿元（基建1.55亿元，技术改造3.93亿元)，是历年投资最多的一年，全年完工投产项目137个（基建19个，技术改造118个，包括引进项目45个)，占在建项目的60.1％，全年完成投资额4.99亿元（基建1.32亿元，技术改造3.67亿元)。施工面积62.4万平方米，竣工面积36.91万平方米，形成固定资产3.045亿元。新增主要生产能力，啤酒5.38万吨，日用玻璃8.9万吨，纸及纸板4.17万吨，优质粮食酒0.4万吨，葡萄酒1万吨，饮料1.6万吨，石英钟20万只，自行车25万辆，高性能电池2 500万只，罐头0.4万吨，节煤1.72万吨。

1986年大中型企业基本建设和技术改造项目中，青州市至羊角沟75公里的运盐专用铁路线已基本建成，威海市啤酒厂3万吨啤酒已部分投产，坪上、龙口和安邱3个玻璃厂技术改造新增能力6.4万吨已全部竣工投产。通过技术改造，青岛印刷厂、烟台罐头总厂由中型企业升为大型企业；滕县啤酒厂、济南印刷厂、烟台第二化工厂等14个厂升为中型企业。到年底共有大中型企业117个。

【引进技术和利用外资】 1986年引进技术装备签约37项，用汇2 744万美元，利用外资签约8项，其中合资项目4个，补偿贸易项目4个，客商投资1 632万美元，比1985年增加1倍多，连同1985年引进的设备和利用外资项目共投产55项。通过引进技术设备提高了现有企业的现代化水平。建成了青州铝箔纸厂的纸杯纸碟车间、青岛印刷厂和烟台印刷厂制版胶印车间3个现代化生产车间。济南瓷用花纸厂的小膜花纸生产线、济南罐头食品厂高频焊生产线、青岛味精厂的复合味精生产线、济南印刷二厂转移印花生产线等10条现代化生产线。印刷行业通过引进电子分色机和各种规格的胶印、彩印和制版设备，基本上改变了整个行业技术装备落后面貌。

引进技术设备的消化吸收工作也有进展。青岛市一轻局在引进设备生产需用的80种进口原材料中，已实现国产化的36种，在4 556种进口配件中，实现国产化的已有2 373种。

【科研和智力开发】 1986年全系统有市地属以上科研单位17个，职工1 240人，其中厅直属科研所(室)5个，职工634人。1986年通过正式签字的科研成果19项，其中微生物多糖发酵和后提取工艺等5项填补了国内空白，葡萄组织培养快速育苗技术等3项达到国内先进水平。一部分成果投入生产取得明显效益，“β射线测厚仪”用于纸机定量和水份自动控制，节约了原料，提高了产品质量，仅薄画报纸一种产品年收益16万元。“陶瓷金红颜料降金”投入生产，年节约黄金25公斤，价值80万元。

1986年有29项科研成果获轻工业部科技进步奖，其中罐式发酵香槟酒、80米节能隧道窑等5项获二等奖。有16项科技成果获省技术进步奖。其中中性亚氨法箱板纸、溴素空气吹出酸法吸收新工艺获一等奖。ＤＴ56-91双滴供料机等3项获二等奖。

通过科技成果中试小批生产技术成果转让，技术服务咨询等办法，加快了研究所由封闭型向开放型转变，由单纯科研向科研与生产经营相结合转变，增强了自立能力。据6个科研所统计，1986年中试产品和纯技术性收益共280多万元，相当于财政拨给事业费的2.4倍。

1986年全系统有各类学校22所，其中大学一所，中专10所，技校11所。新增3个专业，教育投资806.4万元，新建校舍1.5万平方米，教学条件得到进一步改善。全日制学校招生2 477名。毕业学生1 433名，在校学生6 300名，分别比1985年增加17.95％、34.55％和2.25％。另建立了造纸、啤酒、日用玻璃等10个行业的中级技术培训咨询服务中心。县级和大中型企业厂长统考培训工作基本结束，77人参加了统考培训，占培训对象的84％。

【经济联合】 1986年参加横向经济联合的企业169户，达成经济技术协作项目411项，实现产值1.46亿元，利税2 750万元。建立了以木钟、罐头、葡萄酒、味精、饮料、造纸和轻工机械等优质名牌产品为龙头的企业群体11个，参加联合体的企业152户。青岛汽水厂“崂山可乐”群体已发展到18个省市81个厂家，年产能力16万吨，产值8 000多万元，利税1 600多万元，参加群体企业得到较好的效益，青岛厂两年也获利100多万元。以德州纸厂为龙头，以亚铵法工艺为主，形成了德州地区凸版纸生产联合体。

跨省市经济联合有新的发展。自行车行业打破了省际界限，烟台自行车厂加入“永久”自行车集团，已生产“永久”车23万多辆，产值3 700万元，实现利税800万元。鲁南自行车厂加入“凤凰”自行车集团，开始挂牌生产“凤凰”车。通过联合提高了技术水平和管理水平，调整了产品结构，提高了产品质量，变重型为轻便花色型，使自行车生产走出了困境，恢复了生机。自行车行业的联合有发展，但是也经过波折，有教训。以“金鹿”为龙头的山东省自行车联合公司，由于行政干予过多，没有真正坚持自愿互利的原则，加上市场变化，没有适应市场需求及时调整产品结构，生产处于困境基本解体。

以淄博陶瓷为主体，以烟台葡萄酒为主体的企业集团正筹备成立。

1986年省厅召开了第二次东西部地区经济技术协作洽谈会，签订技术协作16项，参加了全省技术协作会议，落实协作项目28项，实现27项，产值3 500万元，利税700万元。聊城地区的茌平味精厂与青岛味精厂进行联合，死而复生。年产量达到500吨，产值达到350万元。实现利税30万元。扶持贫困地区，进行对口支援，签订了新的支援项目18项，预计产值800万元　利税215万元。

（顾寿达　蒋则栋）

山东省二轻工业

【概况】 1986年，山东省二轻工业系统共有企业2 122个，职工总数431 870人。其中：全民所有制企业96个，职工34 492人；集体所有制企业1 700个，职工364 865人；区街工业企业320个，职工29 641人；合营企业6个，职工2 872人。

1986年，山东二轻工业生产和经济效益实现同步大幅度增长。工业总产值突破50亿元大关，实际完成56.77亿元，比上年净增产值9.67亿元，增长20.27%。几个主要行业的产值均比上年增长。省二轻厅重点考核的与上年可比的44种产品中，比上年提高的有34种，占77.27%。

1986年，产品销售收入46.36亿元，比上年增长23.77%；流动资金周转113天，加速率为2.59%；全员劳动生产率13 551元，比上年增长14.8%，全民和县属以上集体企业由于提高了劳动效率增加产值5.9亿元。县属以上1 392个独立核算二轻企业实现利税5.6亿元，比上年增长18.60%。其中利润3.2亿元，增长20.54%，净增利润5 431万元，创历史最好水平；上交利税3.26亿元，增长12.12%。万元产值耗能降低9.33%，节约标准煤2.63万吨。提高钢材利用率1%，节约钢材3 900多吨。但由于各种增支减收因素的增加，使可比产品成本比上年提高4.47%，亏损企业96个，亏损额达494万元，比上年增亏37.6%。

1986年，企业改革进一步深化。在完善内部经济承包责任制的基础上，1 701个县属以上企业中，有60%实行厂长民主选举制、40%实行厂长负责制、50%

主要产品完成情况

产品名称	单位	1986年实际	1985年实际	1986年为1985年（%）
服　装	万件	8 992	7 104	126.6
皮　鞋	万双	2 122	1 886	112.5
布　鞋	万双	5 829	5 108	141.1
鞣制皮革（折牛皮）	万张	592	472	125.4
人造板（系统内）	m^3	50 816	37 499	135.5
家　具	万件	600.61	551.37	108.9
塑料制品	吨	169 671	147 067	115.4
扳　手	万把	1 945	1 358	143.2
合　页	万付	7 258	4 821	150.5
日用精铝制品	吨	6 640	5 594	118.7
挂　锁	万把	6 156	4 996	123.2
缝衣针	亿支	31.16	30.54	102.0
电冰箱	台	53 956	16 613	324.8
电风扇	万台	120.71	94.12	128.3
洗衣机	万台	32.72	36.37	90.0

实行厂长任期目标责任制。企业全面整顿工作已基本结束，列入整顿规划的1 415个县属以上企业经检验合格的占95%。

1986年，省二轻厅先后组织了22个调查组、200多人次，深入到县市和重点企业调查研究，现场办公，帮助基层拟定生产发展规划，解决生产中存在的实际问题。在机关基础工作建设方面，首次编辑印刷了中英文对照的《山东二轻》资料手册，内容包括：二轻工业发展历史沿革，机构设置，名优新产品，出口产品，对外合资，引进技术项目等，在对内对外交往中发挥了应有的宣传作用；首次举办了“山东二轻工业1949年以来生产建设成就综合展览”并开始接待各方宾客参观；建立了“山东二轻经济技术信息中心”，并已安装微机2台，初步开发了工资管理、计划财务、统计等软件；购置了电视摄像设备，并摄制部分宣传、资料片，其中提供给省级以上电视台采用的新闻、专题片有31条。

【质量品种和出口创汇】 1986年，山东二轻工业完成优质产品产值10.83亿元，优质品率为19.07%，比上年提高41.12%，创历史最高水平；主要产品质量稳定提高率达75%；获国家质量奖金牌奖1个，银牌奖1个；中国工艺美术品百花奖金杯奖3个，银杯奖3个，优质品奖3个；轻工业部优质产品奖29个；省优质奖93个，省百花奖19个。有9个产品、11个厂家在全国同行业评比中名列首位，8个产品获得第二名。全系统通过整顿和加强质量技术基础工作，建立健全了质量管理和保证体系。有738个企业推行了全面质量管理，建立质量管理小组1 646个。有37种产品采用了国际标准，新订和修订企业创优标准81种。电冰箱、洗衣机、电熨斗、锁类、衬衫、布鞋、皮鞋、地毯、抽纱等一批产品的质量达到国内领先水平。试制投产了厨房成套用具、卫生洁具、儿童智力玩具、健身器具、浮雕壁纸、全自动滚筒洗衣机等200多种。小商品恢复发展到4 000多种。

1986年，山东二轻系统县属以上出口产品生产企业发展到560家，生产300多种(类)出口产品。以出口产品生产为主的各种形式的工贸联营企业有58个，其出口产品量占全系统出口产品总数的60%以上。全年，实际完成出口产品交货值12.51亿元，比上年增长51.1%，换汇3.89亿美元，居山东省各工业部门首位。与上年可比的31种主要出口产品中，出口交货量增长的有24种，占77.42%。电冰箱、洗衣机等产品首次进入国际市场。

【固定资产投资】 1986年，山东二轻工业系统共完成固定资产投资额4.07亿元，完成年计划的90.2%（其中部、省计划完成168项、投资额2.26亿元，占计划的93.2%）。同年，引进技术设备签约成交的项目共有57项，引进国外先进设备（包括模具、样机）672台(套)，用汇2 278万美元，配套人民币1.17亿元。1986年完成的基建、技术改造项目，新增加固定资产3.96亿元，固定资产形成率为97.4%。

1986年，山东二轻工业固定资产投资工作实行“四个坚持”：一是坚持立足于现有企业的技术改造，合理调整投资方向。在全部固定资产投资中，属于技术改造项目的占97%；二是坚持把提高产品质量，增加花色品种，扩大名优适销产品生产放在首位，按实际完成投资额分析，属于扩大名优适销产品的项目占73.6%，属于增加品种的项目占23.6%；三是坚持以发展出口产品生产、增加出口创汇为重点，改造扩大外贸自主权企业和出口产品基地企业以及工贸联合企业。到1986年10月底，工贸联营与合作生产出口产品企业的总投资达1.31亿元、外汇910.45万美元，当年出口基地和扩权企业技术改造专项贴息贷款1 630万元；四是坚持与新产品、新技术开发相结合，加速产品升级换代，当年研制的新产品200种，已投产150种。

【科研教育】 1986年山东二轻系统完成科研项目5 403项，新增产值17 347万元，创利2 254万元。多数科研项目工艺技术水平较高，经济效益较好。家具行业研制成功的“刨花模压家具部件一次成型工艺”项目，改革了家具传统制造工艺，推动了家具的更新换代，填补了国内一项空白，为我国木材的综合利用开拓了新的途径。同原工艺相比，新工艺生产效率提高了3倍多，成本下降了2/3。新技术推广项目的经济和社会效益明显。济南地毯厂和临沂地毯厂推广稀土染色新技术，地毯着色率提高，节约染料10—15%；地毯色差小，染色均匀，正品率提高5—10%。年产3万平方米地毯，可增加利润27万元。到1986年末，全系统有科研人员5 224人，占职工总数的1.21%，其中有中级以上技术职称的545人。全年，培训县属以上企业领导干部2 176人，中专招生987人，大专招生124人。济南、青岛、烟台、潍坊四个城市开展校外办班，与省内落后地区联合办职工中专学历教育班6个，扩大招生200多人。

【经济联合与金属材料供应体制变动】 1986年，山东二轻工业系统有80%的企业开展了经济技术协作和联合。县、乡、镇“一条龙”加工生产联合形式得到进一步恢复和发展。如工艺美术行业组织的厂外加工人员，由上年80万人增至100多万人。服装行业有各种联合体46个，年增产服装390万件、布鞋124万双、帽子22万顶，增加产值4 700万元。一批刺绣企业与外贸和商业建立了产销结合的联合体，既发展了出口产品，又开拓了内销市场。1986年，山东二轻系统重点组织了省内二轻东部先进市地与西部薄弱地区实行“一帮一”对口支援，互相促进，共同发展的“东西对话”。济南、青岛、烟台、潍坊、淄博等市二轻工业主管部门都先后分赴鲁南、鲁西北地区以及湖区、新开发区调查访问，研究措施，组织联合，初步达成经济技术联合或协作项目300多个。

山东二轻工业生产所需的金属材料，一直是由省二轻厅组织直供代供。1985年9月18日山东省人民政府办公会议确定把由二轻工业主管部门直供代供的金属材料改为物资部门一个“漏斗”供应，自1986年下半年执行。由于这一供应体制的变动，带来了一些新的情况和问题。山东省二轻厅于当年8月召开了首次供销工作大会，要求各级二轻主管部门，特别是供销部门进一步解放思想，积极转轨变型，由单纯抓计划内原材料供应，转向大搞市场调节，组织联供联销活动。据统计，全年二轻厅供销公司和各市地供销部门通过市场调节，为企业调剂解决和供应钢材20多万吨，较好地解决了金属材料供应不足和品种规格不对路等问题。

（曲东涛　曲文刚）

附：济南市一轻工业

【概况】 1986年，济南市一轻工业（含造纸和烟草）共有市属企业单位69个，事业单位5个，其中全民企业27个，集体企业42个，共有职工45 634人，其中全民30 393人，集体15 241人。1986年完成工业总产值

92 889.05万元，比1985年增长15.5%（其中，一轻局系统完成51 136万元，比上年增长13.9%；造纸工业公司完成17 507万元，比上年增长16.4%；烟草分公司完成24 246.05万元，比上年增长16.2%）；实现利税33 445万元，比上年增长15.4%；出口交货值，一轻局系统4 059万元，比上年增长38.1%；造纸公司677万元，比上年增长151.7%。全市一轻工业全员劳动生产率43 114元，比上年提高12%。重点考核的25种主要产品产量，有16种超额完成了国家计划，有6种增长20%以上。

主要产品产量

产品名称	计量单位	1986年	1985年	1986年与1985年相比+(－)%
纸及纸板	吨	85 624	78 670	8.8
石英钟	万只	31.5	12.32	155.7
合成洗涤剂	吨	26 105	18 535	40.8
肥皂	吨	28 000	28 279	－ 1
酒精	吨	30 522	33 913	－ 10
保温瓶	万只	672	657	2.3
干电池	万只	643	1 111	－ 42
火柴	万件	97.15	122.46	－ 20.7
油墨	吨	1 798	1 438	25
搪瓷制品	吨	4 265	3 887	9.7
铅笔	万支	30 224	29 642	2
骨胶	吨	1 512	1 520	－ 0.5
摩托车	万辆	4.56	5.22	－ 12.6
卷烟	万箱	42.57	40.46	5.2

1986年，根据市场需要，调整产品结构，在原有53种省以上优质品基础上，1986年增加到57种。造纸工业的各种印刷用纸、工业配套用纸和包装装潢用纸都有较大的发展。与上年相比，装饰纸增加72吨，高级铸涂玻璃卡纸增加1 120吨，白板纸增加2 270吨，镀铝原纸增加946吨，真空镀铝纸、特白烟纸、背胶邮票纸、涂料纸、打孔电报条纸产量都有较大的增加。1986年，造纸工业有11种新产品投产，创产值2 140万元。卷烟工业有3个新产品投产，创产值190万元；省优产品琥珀牌香烟1986年生产116 341.6箱，创产值8 141.61万元，比上年增加28 402箱，增加产值3 621.26万元；滤咀大鸡烟生产19 132箱，创产值2 640.31万元，比上年增加5 809箱，增加产值1 307.1万元。

全系统1986年比1985年净增产值6 230万元，全是由新产品、优质品、出口产品和高中档产品增加的。1986年投产了37种新产品（包括去年研制今年投产的15种）产值达6 111万元，比1985年增加1 080万元，优质产品产值达到14 951万元，比上年增加2 400万元，出口值达4 059万元，比上年增加1 130万元，高中档产品1986年增加1 620万元。一轻局系统在总产值中，出口产品、优质产品和新产品占50%左右。

1986年，济南市一轻局系统经销队伍由500人增加到700人，由于加强销售工作，1986年销售总收入完成55 571万元，比上年增长21.4%。全局17种主要产品200多个品种有90%畅销，石英钟、啤酒、彩色自行车和搪瓷制品供不应求，原来滞销的火柴等销路也基本打开。

1986年，济南市一轻工业对技术改造和技术引进工作把重点放在发展出口创汇产品和名优产品，提高产品质量以及开发新产品等方面。各行业技术改造和技术引进共有69项，其中，技术改造27项，技术引进42项；总投资28 624万元，当年投资13 783万元；完工43项，其中，技术改造8项，技术引进35项，完成投资9 889万元。通过技术改造和技术引进，从而使一批企业的技术装备水平大大提高，储备了后劲，增强了竞争能力，为提高企业的经济效益发挥了重要的作用。新增产值达24 727万元，利润2 400万元，税金11 053万元。

【产品质量和创优升级】 1986年，济南市一轻工业把提高产品质量、创优升级放在首位。一轻局系统产品质量稳定提高率92.31%，造纸公司产品质量稳定提高率达到80%以上。一轻工业优质品产值30 060万元，优质品率达32.4%，其中，一轻局系统优质品产值14 951万元，优质品率29.22%；造纸公司优质品产值4 327万元，优质品率28.5%；烟草分公司优质品产值10 781.92万元，优质品率45%。全年有2个产品获部优，2个产品获省优。1986年，飞轮牌芦笋罐头获巴黎第12届国际食品博览会金奖。山东造纸总厂东厂的梅花牌低定量涂料画报纸和济南罐头食品厂的430克白头去皮芦笋罐头获部优质产品证书。济南钟表厂的JSZ-1型康巴丝石英钟和济南日用化工厂的新雅牌风油精获省优质产品称号。在全省同行业产品质量鉴定评比中，济南市一轻工业有20多种产品参加，搪瓷面盆、佳丽牙膏和白鹤牌自行车等9个产品获第一名；济南火柴厂获质量评比总分第一名。济南卷烟厂的省优质品滤咀大鸡牌香烟和琥珀牌香烟在全国三次评比中均名列前茅，并再次被评为省优质产品。

【开发新产品与科研】 1986年，济南市一轻工业各企业采取专业设计人员与广大职工相结合的方法，狠抓产品开发，努力增加花色品种，全年研制新产品54种，正式投产51种，比上年增长37%，新产品创产值8 441万元。获省一轻厅新产品奖的有搪瓷家用煤气灶、胶印金墨和银墨、改性PVA树脂板、枝砂印花原纸和不锈钢板衬垫纸等17种；其中，山东造纸总厂西厂的铸涂纸和济南印刷研究所的复合式静电吸附带获一等奖。济南卷烟厂生产的齐鲁、红宝和金大鸡3个卷烟牌号的新产品投入市场后，供不应求。其中，齐鲁牌卷烟系列产品在1986年全国包装装潢比赛中，经专家评比获三等奖。

1986年，济南市一轻工业完成科研项目25项，其中有8项达到填补国内空白水平，如绢纺双酶法新工艺、苄基异戊基醚研制和转移印花原纸等。科研项目的研制成功，提高了企业的经济效益，济南保温瓶厂采用薄型镀银新工艺，一年可节约硝酸银1 069公斤，合人民币32万元。济南印刷研究所的改性ＰＶＡ树脂板，一年可增加产值180万元，利税45万元，节约外汇250万元。济南造纸厂生产的不锈钢板衬垫纸一年可增加产值100万元，利税30万元。山东造纸总厂东厂生产的低定量涂料画报纸一年可节约外汇40余万元。

【横向经济联合】 1986年，济南市一轻工业因地制宜、扬长避短，发挥各自优势，进一步加强了多层次、多形式、多方位的横向经济联合，参加联合的省内外企业和单位121个，开展经济技术协作项目69项。一轻局系统横向经济联合项目创产值2 925万元，利税617万元。济南瓷用花纸厂与北京中国工艺品进出口公司联营，可使花纸产量增加500万张，增加产值660万元，利税164万元。济南制胶厂与青岛汽水厂联合生产饮料，产量增加1 000吨，产值150万元，利税15万元。济南罐头食品厂与章丘县联合建分厂，扩大芦笋生产基地，增加产量1 500吨，产值600万元，利税80万元。济南日用化工厂与山东医科大学寄生虫教研室联合生产海群生膏新产品。横向经济联合使企业增加了活力，提高了经济效益。济南卷烟厂与英国乐富门国际公共股份有限公司实行联合，合作的“将军”牌卷烟生产线已经建成。乐富门公司是世界四大国际卷烟厂商之一，1985年8月在北京签署了乐富门公司向济南卷烟厂无偿提供先进设备，培训管理技术人员的协议，该公司向济南卷烟厂提供打叶生产线、卷、接、包机组共38台（套）；国内自制卷烟专用设备31台（套）。这条生产线具有80年代水平，生产的“将军”牌卷烟是我国目前具有国际水准的第一流产品，它将填补山东省烤烟型高级香烟这一空白。

【经济体制改革】 1986年，在积极推行经济承包责任制和厂长负责制的基础上，一轻局、造纸公司先后在17个企业推行了厂长任期目标责任制，并在各企业普遍实行了目标管理、分解指标、层层签订承包合同的制度，保证了全年任务的完成和超额完成。造纸公司直属6个厂，全部超额完成了1986年的产值计划和厂长任期目标的产值目标，其中，有5个厂完成和超额完成了1986年的利润计划和厂长利润目标。济南搪瓷厂坚持厂长任期目标责任制，划小核算单位、层层落实承包，使企业生机勃勃，不断发展，1986年创利润217万元，比上年增加84.5％；完成利税423万元，比上年增加20.5％。济南印刷三厂在内部分配上按照本行业特点，积极推行工费包干责任制，有力地调动了职工的积极性，生产有了较大幅度的发展，1986年完成利润115.3万元，比上年增加52.9％，完成利税145.6万元，比上年增加44.6％。还有部分企业对关键工序、关键岗位和薄弱环节推行了一些单项承包办法，如济南瓷用花纸厂对销量大、用户要求时间紧的网印产品，搞了工时定额承包，工效提高20％；济南啤酒厂针对装瓶酒损大的关键，搞了酒损单项承包，1986年上半年酒损为22.1％，下半年降到了9.8％。

【推行现代化管理】 1986年，济南市一轻工业狠抓企业管理，继续深入开展“进档、升级、创一流”活动，认真推行现代化管理方法，并制定了《企业管理升级规划》、《现代化管理规划》和创良好企业、优秀企业的细则以及检查标准细则。1986年有20多个单位制定了升级规划，有9个单位自己试套良好，5个单位试套合格。通过试套，找出差距，明确了方向，制订了措施，为企业的进档升级工作打下了良好的基础。有23个单位制定了现代化管理规划。一轻局系统推行现代化管理方法有：目标管理、ＡＢＣ重点管理法、正交试验，价值工程、微机应用、经济责任制、全面质量管理、量本利分析、市场预测等13种，先后举办了两期学习班，培训骨干490名，召开了两次现代化管理成果发表会，共发表成果29项，其中，保温瓶厂的量本利分析、山东酒精总厂的正交试验已由省一轻厅向全省推荐；酒精总厂和罐头食品厂的量本利分析、牙膏厂的市场预测及灯泡厂的能源审计管理法等在全系统都有推广价值。由于现代化管理的推广和应用，增加经济效益达240万元。山东造纸总厂东厂推行价值工程，证券纸由原来配比棉短绒20—30％改为配比估棉，生产1 800吨，降低原材料费用53万元。

（邹源华　顾本西　李建国）

济南市二轻工业

【概况】 1986年，济南市二轻工业系统完成总产值61 827万元，比上年增长15.2％；利润4 590万元，比上年增长12.8％；实现利税7 889万元，比上年增长12％；销售收入6亿元，比上年增长15.4％；开发新产品54种，已投产44种，投产率为81.5％，新产品产值率为19.4％，比上年提高10.1％；完成技术改造项目28项，完成投资2 512万元，比“六五”期间年均额度增长14.2%。全系统所有亏损企业全部扭亏为盈。

1986年济南市二轻工业实行了多层次、多形式的经济承包责任制。局领导干部制定了目标责任制，在此基础上，局与企业签订了“七五”工厂目标领导干部年度责任书。1986年实行内部全面承包的企业占企业总数的90.1%。在完善企业内部经济责任制中，各企业注重划小核算单位，实行分级分权管理，目前济南二轻系统已有1/4的企业建立了分厂。

1986年，济南二轻工业生产面临着原材料提价，工资费用增加等因素，对提高经济效益影响较大。为了消化不利因素，各企业狠抓了管理工作。在提高企业素质方面重点抓了四项工作：一是狠抓增盈大户，全局实现百万元以上利润的企业由1985年的9户增加到17户，利润额占全局利润总额的65%。二是对9户企业实行了利润定级定比包干，解决了“鞭打快牛”的问题，调动了企业的积极性，这样做9户企业完成年利润占全局利润总额的23%，比1985年提高92%。三是第四季度中对两个重点企业推行了“成本控制法”,取得显著效果，该季度这两个企业就降低成本达11万元。四是狠抓了扭亏增盈，到年底全局消灭了亏损户。

为了提高产品质量，济南市二轻工业注重搞好质量管理技术基础工作。全系统有48个企业开展了全面质量管理，突出做好计量定级和标准化工作，有23个企业达到了要求。

为了适应商品经济的发展，加快由封闭型向开放型转变，截止1986年底，济南市二轻系统供销队伍已由原来800多人扩大到1 300人。群众性的供销专业团体——济南市二轻工业供销协会于1986年11月14日成立。协会的宗旨是组织广大供销人员研究探讨供销业务改革，全面提高供销管理水平和业务素质，为搞活企业服务。全系统有34个集体会员和194个个人会员参加。

供销协会成立后，完善了供销工作的各种责任制，积极推行了“定额包干”、“单项承包”、“联购联销承包”等多种形式的责任制，把责、权、利紧密结合起来，推动供销工作的开展。

1986年济南市二轻工业普遍开展了“一厂一品”上新创新活动，促进了产品的更新换代。

截止1986年底，全系统有180个新产品投产；有122项科研成果获市级以上优秀成果奖励；42种产品获省以上优质产品称号；有48类产品出口80多个国家和地区。

截止1986年底，济南市二轻工业系统已成立了22个经济联合体，横跨全国17个省市，396个单位。全年横向经济联合体共完成产值19 154.9万元，占全市二轻工业总产值的30.9%，比上年提高15.7%。

济南市二轻工业外引、内联、扩散、经济协作项目达687项，涉及18个省、43个地区。1986年通过技术协作项目的开展，新增产值2 615万元，占济南二轻工业全年新增产值的30%。

为了解决集体职工的后顾之忧，自1986年4月份起，济南市二轻集体工业联社开始对所属企业退离休职工实行社会福利保险基金统筹，所属企业每月按工资总额的15%～20%提取福利保险基金，上交市联社，市联社按各企业实际支付的退离休费和各种补贴的金额拨给企业。解决了集体职工老有所养的问题。

（丁　钢）

青岛市一轻工业

【概况】 1986年全市一轻系统（不含卷烟）有直属企业51个，职工51 845人（年末数）。其中市一轻局直属企业30个，职工33 300人；市饮料工业公司直属企业4个，职工4 838人；市自行车工业公司直属企业11个，职工9 754人；盐业公司直属企业6个，职工3 953人。市一轻局另有六县六区归口企业108个，职工15 951人。

1986年全市一轻系统生产保持了持续稳定发展的趋势。工业总产值完成112 918万元，比上年增长了12.56%。其中市一轻局78 153万元，比上年增长了11.11%(含六县归口直属企业)；另有六县归口乡镇企业完成14 618万元，比上年增长37.7%。市自行车工业公司20 398万元，比上年增长0.3%；市饮料工业公司8 024万元，市盐业公司6 343万元，分别比上年增长21.03%和12.72%。

列入重点计划和调度的27种主要产品，比上年增长15%以上的有10种；增长15%以下的有8种；有不同程度下降的有9种。几种主要产品产量如下：

产品名称	计量单位	1986年产量	1985年产量	1986年度与1985年度对比+(－)%
机制纸及纸板	吨	55 590	55 264	0.59
缝纫机	架	460 000	450 100	2.2
手表	万只	163.12	150	8.75
木钟	万只	21.7	19.01	14.15
火柴	万件	65.4	74.71	－12.46
肥、香皂	吨	25 643	23 244	10.32
饮料酒	吨	98 129	76 281	28.64
青岛啤酒	吨	100 442	85 053	18.1
自行车	辆	1 224 542	1 250 018	－2.04

续表

产品名称	计量单位	1986年产量	1985年产量	1986年度与1985年度对比+(-)%
日用玻璃	吨	198 468	157 643	25.9
日用搪瓷	吨	889	570	55.96
味精	吨	2 376	1 924	23.49
原盐	吨	395 545	384 902	2.76

1986年，青岛市一轻局虽继续保持了全行业无亏损企业的局面，但直属企业利税实现13 763万元，比上年下降4.19%；市自行车工业公司利税完成3 811万元，比上年下降15%。市饮料公司、市盐业公司分别完成利税 3 811 万元和 5 852 万元，分别比上年增长了24.9%和69.8%。

全员劳动生产率，市一轻局为20 262元（直属企业），市饮料公司17 051元，市自行车工业公司21 435元，市盐业公司16 581元，分别比上年增长8.49%、15.8%、1.82%和10.2%。

【经济承包和联合经营】 全市一轻系统继续完善企业内部各种经济承包责任制，局直属11个国营企业（占局直属企业总数36.7%）开展了联购承包，8个国营企业实行了联销承包，即定责联利，严格奖罚，使超基数的紧缺物资采购总值达 2 962 万元，促进了生产的积极平衡，净增产值5 291万元，净增利税1 303万元，分别占全年国营企业总产值、总利税的14%和15.6%；使超基数售出的滞销产品增加销售收入3 220万元，占国营企业年销售收入总额的8.27%。并在15个企业推行了原材料节约奖，节约价值达313.5万元。青岛市对该局重点考核的18项原材料消耗指标，1986年有13项继续下降，稳定降低率为72.12%；全局全年万元产值综合能耗为3.077吨，比上年下降7.7%，节约标准煤16 655吨，相当于该局一个月的用煤量。市饮料公司在组织经济承包合同中，重点抓消耗定额管理，按照三年平均先进水平，制定出各项消耗指标，组织实施和考核。全公司计划考核的12种消耗指标有4种比上年下降，青岛啤酒厂万元产值综合能耗比上年降低了16.2%，全年节约标准煤4 758吨。

全系统继续发展横向经济联合。市饮料公司所属青岛汽水厂同全国18个省市的81家企业建立了横向经济联合，正式投产的有64家，生产能力达16万吨，年产值 8 000 多万元，利税1 600 多万元。青岛啤酒厂、青岛晶华玻璃厂组织技术咨询、技术协作，共派出技术人员 228 人次，厂内接受技术培训 475 人次，支持了县办和乡镇企业的发展，两厂也增加收入45万元。市一轻局1986年与省内外又签订了各项技术协作和经济联营合同42项。由青岛纸箱厂扶持即墨造纸厂组织联合经营，生产出高强度瓦楞纸，代替了进口，一年可产3 000吨，可节约外汇120多万元。

【优化产品质量】 青岛市一轻局组织复查省优以上28种产品质量，100%达到合格标准。全年又有5种产品被评为轻工部优质产品，有8种产品被评为山东省优质产品。截止1986年底，全局已有各类优质产品113种（部优、省优57种，省厅优良产品56种）。优质产品产值率达到32.78%（按省一轻厅统一口径统计，全局为43种），比上年提高了2.03%；产品质量稳定提高率为88.89%，比上年提高了5.56%。市自行车工业公司完善了以考核产品质量为重点的经济目标承包责任制，实行了质量横向内控考核，加强原材料、配套件入库、领用检验制度，设立了质量控制点，全公司已有199个ＱＣ小组，强化了全面质量管理体系。全年有29个ＱＣ小组，发表了活动成果，为企业创造经济效益77 866元。市饮料公司的青岛啤酒厂趁4月10日工厂“提高质量纪念日”七周年之机，在职工中开展了强化啤酒质量，永保名牌声誉的宣传教育。按照12度啤酒国家检验新标准的要求，修订提高了质量内控指标，对出口啤酒实行了超国际标准的新规定，严格了技术操作和卫生管理，全年优级品率为99.99%。

市一轻局按照市场需求进一步调整产品结构，中高档产品已由1985年的60%左右，提高到70%以上。全年研制、开发、生产的 126 种四新产品（新产品、新品种、新花色、新包装），新增产值11 785万元，占全局工业总产值的18.1%；新增利润 1 346 万元，占全局总利润的20.9%。市自行车工业公司组织产品结构调整，16英吋轻便车，20英吋BMX运动车批量试产试销，全年形成了三个系列轻便车生产线，生产各种轻便车24万辆，占成车总产量的20%，比上年提高1.2倍。并试制生产了 420 摩托链条，25H摩托发动机链条，新型彩色车铃3种，鞍座5种。

市一轻局1986年8月份组织了一次部分名优产品、饮料咨询服务表演会，邀请全市12大宾馆经理和餐厅主任参加，运用舞台化妆表演的形式，形象化地宣传了青岛大香槟酒、即墨老酒、青岛白葡萄酒、琅琊台白酒等产品的历史、特点、风味，展示了仿古传统式的酒具，介绍了配制鸡尾酒，开启大香槟酒等知识。会后还专门组织了服务队，深入有关部门，接受咨询，宣传产品。使这些名优产品饮料扩大了知名度，涌进全市12大宾馆的销售部、宴会厅，扩大了销售。

【技术更新和消化吸收】 市一轻局“六五”期间，直属企业组织技术引进的有15个单位，占企业总数的50%。技术的更新，年创产值17 000余万元，利税3 844万元，投资实际利税率为51.65%。1986年全局已有23个企业组织了引进，占企业总数的82%。对引进的544台设备，消化吸收成果率达52%。进口原材料80种，已实现国产化36种；进口配件4 556种，已实现国产化2 373种；对引进设备和工艺的改进、创新93项，综合以上一年节约外汇497万美元。全年引进汇泉啤酒灌装线，夏合味精生产线等14项，新增工业总产值5 974万元，利税1 415万元。市饮料公司所属青岛啤酒厂10万吨扩建及其配套的晶华玻璃厂3号炉工程1986年8月份通过了国家鉴定验收，该公司全年新增生产能力的产值利税率比上年提高了2.08%。市自行车工业公司所属电镀厂通过中美合资深圳华美公司，引进了美国罗斯公司的电镀添加剂和工艺技术，对本厂双层镍铁添加剂进行了系列工艺转化，改进了外来技术，提高了电镀质量，总结出一套适应本厂生产的工艺规程和管理制度。

【产品出口】 全市一轻系统进一步发挥沿海城市对外窗口的作用，提高出口和创汇水平。市一轻局全年出口总值完成3 948万元，比上年增长了32.85%（其中局直属企业3 052万元，比上年增长21.3%）。出口创汇1 459万美元（其中局直属企业创汇1 017万美元）。出口产品由上年的19种，增加到43种。市饮料公司1986年春秋两届广交会，与亚洲、欧洲、美洲、大洋洲等20多个国家和地区的客户近60家，共成交青岛啤酒合同34 901吨，矿泉水1 699吨，分别比上年增长了25%和25.4%，小瓶啤酒年销量突破了100万箱。全年还接待了15个国家和地区的外商57批106人次来青岛洽谈贸易，全年出口总值5 309万元，比1985年增长了32.6%，创汇2 722万美元，比上年增长了72.61%。市自行车工业公司开拓国际市场，出口成车1 000辆，加上出口车铃、脚闸、软座、链条、辐条等各种零部件，出口总值为993万元，出口创汇167万美元，分别比上年增长了8.1倍和5.3倍。青岛手表厂第一次出口金锚牌坤表和单历表10.35万只，机芯1.5万只，创出口值和外汇分别为696万元和83万美元。

【职工教育和人才培养】 市一轻局在文化、技术双补工作基本完成后，围绕提高职工的工作岗位能力，扩大教育成果。第一、重点组织中等技术培训。先在青岛手表厂、青岛纸箱厂、青岛日用化工厂、青岛建华玻璃厂四个单位展开，第一批230人，逐步推广扩大，全年有1 336人参加了中技培训，占应培训总数的15%，并已有910人结业（授课600小时）。为推动培训，在青岛印刷厂、青岛板纸厂组织了考工晋级试点。对三级工以上的职工，采取先考核，再培训，后定级的办法。第二、组织班组长培训试点。在青岛缝纫机厂、青岛明胶厂、青岛手表厂三个单位摸索经验，按照省统一教材，组织班组长分期分批进行为期一个多月的脱产轮训，提高班组长应知应会知识水平和班组管理能力。第三、巩固发展学历教育。参加各类高、中等学校学习的有2 955人，占职工总数的9%，修业已满，当年毕业749人。在3 176名干部中，接受中高等教育的有352人，占11.1%。市自行车工业公司接受大专学历教育的有218人；参加中专学习的也有218人；参加各类技术、业务培训的有811人，比上年增加了398人。盐业工业公司在输送职工外出学习的同时，举办了电大一处，录取学员14名；中专四处，录取学员218名。市饮料公司举办了电大、电视中专、工程师函授进修各一个班，共有学员110名。本着“先培训，后就业”的原则，与普通中学合作，新办了机械电器班和啤酒工艺班，学员100人。

（宋楚林）

青岛市二轻工业

【概况】 1986年，青岛市二轻工业系统共有297个企业，职工102 496人，其中局属企业95个，职工55 102人；区、县归口企业202个，职工47 394人。全系统全年完成工业总产值137 354万元，比1985年增长14.9%；工业净产值38 749万元，增长19.7%；实现利税15 359万元，增长14.9%；实现利润9 546万元，增长16.2%；上缴利税9 385万元，增长6.5%；完成销售收入107 435万元，增长24.5%；全员劳动生产率19 649元，增长10.5%。主要产品，特别是家用电器产品增长幅度较大。主要产品和重点短线产品产量完成情况如下：

产品名称	计量单位	1986年产量	1985年产量	1986年比1985年增减(%)
家用电冰箱	台	53 956	16 613	224.8
电风扇	万台	15.4	8.2	87.8
洗衣机	台	12 700	4 800	164.6
液化气钢瓶	万个	17.1	15.1	13.2
服装	万件	3 611.6	2 737.3	31.9
皮革	万张	84.7	69.3	22.2
皮鞋	万双	546.1	517.7	5.5
家具	万件	63.3	48.8	29.7
抽纱刺绣	万元	6 964	5 599	24.4
地毯	万平方米	15.6	13.2	18.2
塑料制品	吨	36 590	25 698	42.4
日用精铝制品	吨	2 908	2 652	9.7
缝衣针	亿支	24	23.5	2.1
鞋钉	吨	5 019	4 380	14.6
活扳手	万把	219.5	187.6	17

1986年，青岛市二轻局实行了经济目标责任制，以工业总产值和实现利税为主要经济责任目标，同时考核产品质量稳定提高率、定额流动资金周转天数、出口交货值和安全生产等四项经济责任目标，局机关与市经委签订了经济责任目标承包合同，各公司、企业也层层签订经济责任目标承包合同，调动了广大干部职工积极性，促进生产发展。全局工业总产值承包指标为79 400万元，实际完成82 603万元，比承包指标增长4％，比1985年增长15.5％；利税承包指标为11 530万元，实际完成12 605万元，比承包指标增长9.3％，比1985年增长12.6％；其余四项经济责任目标也均达到承包合同要求。

1986年，青岛市二轻局注重提高产品质量，加快产品更新步伐。产品质量稳定提高率93.3％，比1985年提高6.3％；优质品率27.1％，提高8.8％；创轻工业部优质产品10个，山东省优质产品28个，山东省工艺美术百花奖优质产品7个，轻工业部工艺美术总公司优秀质量管理小组2个，山东省二轻工业优秀质量管理小组4个。获山东省经委技术进步单项奖1个，山东省二轻厅技术进步单项奖3个，山东省二轻厅优秀标准奖4个。完成科研、新产品70种，获山东省优秀新产品奖6个，新产品投产率70％，创产值9 000万元，利润900万元。设计创新花色品种5 500种，投产率72.7％。

1986年，青岛市二轻局各级供销工作部门加强市场预测，拓宽物资供应和产品销售渠道。全局288种重点产品所需金属材料86 000吨，木材49 000立方米，煤炭110 000吨，全部满足需求。全年完成商品产值116 486万元，比1985年增长16.5％；　完成销售额115 841万元，增长19.1％，销售率99.5％，其中商业收购21 556万元，增长42.4％；外贸收购24 924万元，增长40.5％；内部调拨3 720万元，降低10.7％；工业自销65 641万元，增长9.6％。

1986年，青岛市二轻局在进行工业普查和企业整顿复查验收的基础上，根据二轻工业特点逐步推行现代化管理。经复查验收，局属企业中整顿合格或基本合格企业87个，占91.6％；有10个单位被评为山东省二轻系统1986年度企业管理优秀单位；27名厂长在企业管理方面取得显著成绩，其中17名被授予山东省二轻系统1986年度优秀厂长称号，10名受到省二轻厅表扬。

【产品出口】 1986年，青岛市二轻工业系统297个企业中，生产出口产品的企业有78个，占企业总数的26.2％；从事出口生产职工3.6万人，占职工总数的36％；主要出口产品品种稳定在50种左右，行销全世界70多个国家和地区。全年共完成出口交货值30 851.5万元，比1985年增长43.5％；出口交货值占全系统工业总产值的24.6％，占全市工业出口交货值的23.7％，占全省二轻工业出口交货值的25.1％。

1986年，面对原材料、能源紧张状况，为扩大出口生产，青岛市二轻局采取对出口生产企业优先安排计划，千方百计保证原材料、能源供应的办法，调动了企业生产出口产品的积极性。服装、皮革、五金、塑料、工艺美术等行业所属企业主动与外贸部门联系，争取出口任务，使多种传统出口产品产量大幅度增长。全年出口服装1 206万件，比1985年增长46％；工艺美术品出口交货值达11 622万元，比1985年增长33.6％，其中地毯出口15.3万平方米，增长10.9％；抽纱刺绣出口交货值达4 825万元，增长43.7％；皮鞋、塑料制品、挂锁等出口产品产量成倍增长。家用电器行业所属企业积极开发新的出口产品，全年出口电冰箱11 753台，占电冰箱总产量的23.5％，填补了青岛家用电器产品出口空白。在扩大出口产品产量的同时，各出口生产企业注意提高出口产品质量，上档次，上水平。青岛皮鞋三厂、青岛皮鞋六厂、青岛平度锦华服装厂等出口生产企业从原材辅料进厂到产品出厂各个环节均严格质量管理，提高了出口产品质量和信誉，外贸部门对这些厂家的出口产品实行质量免验。青岛东方衬衫厂加强产品结构调整，发挥引进设备优势，由生产低档出口产品转为生产中、高档产品出口，1986年该厂共出口中、高档丝绸产品27.8万件，比1985年增长1.3倍。

1986年，为进一步促进出口生产发展，青岛市二轻局实行定出口厂家，定出口品种，定生产出口产品人员，从组织上保证出口生产企业各项管理水平的提高，以适应发展外向型经济的需要。青岛刺绣厂、青岛草制品厂、青岛发制品厂等23个企业被定为传统的工艺品出口厂；青岛地毯厂、青岛地毯二厂被定为地毯出口专厂；青岛皮件二厂、青岛皮鞋八厂、青岛工具一厂、青岛制针厂等11个企业分别被定为皮革制品、五金制品出口厂；青岛电冰箱总厂被定为机电产品出口基地企业；青岛制钉厂、青岛锁厂被定为机电产品出口扩权企业。青岛崂山县二轻工业公司除确定出口生产企业外，非定点出口生产企业也增设出口生产车间，所有出口生产企业或车间均保持出口产品品种和从事出口生产人员相对稳定，促进出口生产日益发展，1986年共完成出口交货值1 738万元。占全县二轻工业总产值的70％。

【技术引进】 1986年，青岛市二轻局所属企业共安排技术引进项目41项，计划总投资15 700.4万元，其中外汇3 219.2万美元；完成投资额6 207万元，其中外汇1 218.5万美元；已竣工投产项目21项，完成投资额5 542万元，其中外汇1 143.5万美元，投产项目计划年增产值32 466万元，实现利税5 919.3万元。引进技术项目的企业，坚持起点高，将引进项目的技术先进性、周期和产品竞争能力作为第一位的问题反复对比论证，优中选优，稳中求胜，以保证引进项目早投产，见实效。青岛电冰箱总厂、青岛冰柜厂、青岛红星电器总厂分别从联邦德国、丹麦和日本组织引进的“琴岛——利勃海尔”电冰箱、“琴岛——得贝”电冰柜、“琴岛——夏普”洗衣机三条生产线，为争得引进技术的保证条件，均附签了5～7年的技术合作合同，成为“琴岛系列三支花”，其中电冰箱、洗衣机两条生产线均系当年设计、当年引进、当年建设、当年投产，并保持引进设备技术和产品性能的先进性。两种产品分别以其四星级、深冷冻、耗电低、噪音小和多洗衣量、大波轮、新水流、造型美的优势，在国内竞争激烈的家用电器市场中畅销不衰，并且双双步入国际市场。

1986年，青岛市二轻局实行大中小引进项目结合，除引进技术难度较高的生产线外，更多的是引进关键设备和单机。从投资额看，有的项目已达3 000万元左右，有的项目则仅仅几万元或十几万元。不少企业引进项目投资很少，收效较大。青岛电工合金厂用13万美元引进两台冷焊冷墩机，投产九个月，产量达2.6吨，实现利润38万元，不仅当年还清贷款，还节约白银1.56吨，价值80万元，成为省内银铜合金触头重点加工厂。为适应国际先进技术设备不断更新发展的形势，保持引进项目的后劲，许多企业注意近期项目与远期项目结合，统筹安排，逐层递进。青岛塑料五厂引进KB50中空包装容器生产设备，投产后产品迅速达到国际标准，外贸部门将该产品选定为化工原料出口的标准容器，并支持该厂先后引进KB25、KB150、KB250机组，形成中空包装系列化重点企业。青岛电冰箱总厂在引进生产线投产后，根据市场不同层次需求，及时签订了开发双门双温大冷冻室、自动显温的豪华型家用电冰箱生产技术和模具的引进合同。

1986年，青岛市二轻局注意加强引进技术的消化吸收。一是围绕主机配件组织国产化配套。电冰箱171个部件中，国产化率达66%，国产部件产值占42%；洗衣机159个部件中，除计时器外均实现国产化。二是引进样机和制造技术进行仿制翻版。青岛制钉厂、青岛木工机械厂分别引进鞋钉机、元钉机、木螺丝机、木工砂光机进行翻版仿制，已获成功。三是联合全国同行业攻关。青岛塑料九厂为使引进的塑料编织园机零部件国产化，联合国内有同类引进设备的企业分工自制，相互供应。四是分别派员出国或到国内有同类引进设备的企业培训，吃透引进设备性能，增强操作、维修和自制能力，加快引进技术消化吸收步伐。

【横向经济联合】 1986年，青岛市二轻局所属95个企业中，有56个结合工业布局，调整产品结构，更新改造设备，扩大横向联合，占企业总数的58%。执行各类横向联合项目协议94项，其中投产70项，完成产值3 816万元，实现利税515.2万元，分别占局属企业完成产值和实现利税的4.6%和4.1%。青岛二轻企业从联营企业分得纯利润165万元。联营企业提供木材2 630立方米，玻璃510标准箱，猪皮革15万张，资金175万元。横向联合的主要特点是：(一)以名优产品为龙头，以骨干企业为依托的经济联合正向群体型发展。青岛木器一厂以优质家具为龙头，与青岛市4个县乡镇企业联合，形成了拥有5个分厂、6个加工点、1个油漆中心和14个销售联营点进行专业化协作生产的一条龙群体。青岛衬衫厂以部优产品男女衬衫为龙头，与14个乡镇企业联营，1986年共生产衬衫82.9万件，比1985年增长9.1%，改变了以往“大厂吃不了，小厂吃不饱，用户买不到”的状况，提高了经济效益和社会效益。(二)跨地区、跨行业的联合生产，联合开发，联合经营，联合技术攻关不断深入。青岛钢锉厂与南京钢锉厂联合生产什锦锉140万支，实现利润20万元，既解决了南京钢锉厂任务不足的困难，又提高了青岛钢锉厂的生产技术水平。青岛锁厂与具有先进技术、设备的上海玩具一厂联合生产惯性汽车、声控汽车等中、高档玩具7 352件，完成产值4.6万元，加快了企业新产品开发步伐。(三)工贸之间的横向联合，发挥了双方在货源、技术和出口渠道、国际市场信息方面各自的优势，促使企业向外向型发展。青岛刺绣厂与中国抽纱出口总公司和山东抽纱出口公司联合经营抽纱出口，厂方派三名技术人员长驻国外考察市场，及时反馈信息，组织产品出口，使该厂出口生产生机勃勃，1986年完成出口交货值921万元，换汇247万美元，比1985年增长59.3%。(四)城乡经济联合，支援了“老、少、边、穷”地区的经济建设。青岛市二轻局先后组织9个单位赴山东省沂水、沂南两县签订11项对口支援协议，派出工程技术人员74人次，为两县培训各类技术人员46人次，提高了对口支援企业的技术水平。青岛皮鞋二厂帮助沂水县皮鞋厂培训技工30人。提供鞋楦、鞋样18个，该厂1986年完成产值50万元，比1985年增长3倍，实现利润5万元，企业扭亏为盈。(五)企业与原料基地联合，解决了原材料短缺的困难。青岛制革厂与山东省日照县制革厂联营，以技术换原料，促进双方生产发展。日照制革厂提供猪皮革15万张，增加了盈利；青岛制革厂原料充足，生产迅猛发展，产值、产量、利润分别比1985年增长22%，15.1%和35.2%。青岛制楦厂与吉林省安图县林业局建立木材联营，获木材800立方米，可生产鞋楦8万双，既解决该厂原料不足的困难，又满足了青岛市靴鞋行业木楦的需要。

【职工教育】1986年，青岛市二轻局新开办电视中专班3个，职业高中班3个，参加各类学校学习的职工5 704人，其中电视大学、职工业余大学、函授大学、大专培训班510人，电视中专597人，高中1 290人，初中3 042人，职业高中265人。全局共有专职教育干部55名，职工教师53名。局教育科被评为全省二轻系统职工教育先进集体，4名教育干部和16名职工教师分别被评为省、市职工教育先进工作者。在职工教育中，重点抓好由初级文化、技术教育向"三中一高"教育的转移。一是实现办学体制和教学内容的新转变，变注重学历教育为技术、岗位培训和学历教育并举，以技术、岗位培训为主的办学体制，充分调动多方办学积极性，增设具有二轻特点的家用电器、塑料模具、服装设计3个专业，开办统计、审计、财会、政治理论、教育理论5个学习班，招收本系统550名学员进行专业培训，有计划地培养二轻专业人才。二是认真抓好干部、班组长培训和专业人员知识更新。选送28名厂长（经理）和110名班组长分别参加国务院规定的厂长（经理）统考和班组长岗位职务培训；组织初中或初中以下文化程度，45岁以下的中青年干部参加区办夜校和局设文化补习班学习，提高文化水平；利用理论讲座、定向培训等多种形式，开展各种专业科技人员和经济管理干部新知识、新技能的继续教育、加快知识更新步伐。三是大力开展中级技术培训，在自下而上调查摸底的基础上，确定全局培训人员11 000人，培训工种82个，采取交叉办学、联合办学、协作代培、考工晋级等多种形式，有的放矢地进行单学科中级技术培训。青岛衡器厂年初即将培训工作列入厂长工作责任目标，成立技术教育领导小组，举办有23名学员参加的机加工培训班，进行技术培训。局及时推广该厂经验，促进全局中级技术培训深入开展。

（林则福　杨傅生）

烟台市一轻工业

【概况】1986年，烟台市一轻工业系统共有企业139个，其中国营64个，集体75个；年末职工人数55 920人，其中国营35 018人，集体20 902人；工业总产值87 877万元，比上年增长16.99%，增长绝对值12 327万元，为山东省一轻系统增长绝对值71 101万元的17.3%；净产值32 619万元，比上年增长22.6%；列入计划考核的28种主要产品产量，有23种比上年提高。

主要产品产量完成情况

主要产品	单位	1986年产量	1985年产量	1986比1985年+（－）（%）
纸浆	吨	82 290	74 224	+10.9
机制纸及纸板	吨	80 951	72 314	+11.9
工业缝纫机	架	36 950	36 115	+ 2.3
自行车	万辆	33.02	24.59	+34.3
自行车零件	万元	2 812	1 932.3	+45.5
日用陶瓷	万件	1 757.8	2 795	−37.1
日用玻璃制品	万吨	23.80	17.19	+38.5
肥皂	吨	22 800	20 245	+12.6
原盐	吨	383 000	280 757	+36.4
罐头	吨	77 598	70 830	+ 9.6
饮料酒	吨	182 441	156 673	+16.4
印刷及纸制品	万元	5 977	5 348	+11.8

1986年，烟台一轻系统继续加强质量管理，开展质量升级创优活动。全局系统累计有80个企业推行了全面质量管理，占企业总数的58.4%，建立了1475个QC小组。在年终全市一轻系统的成果发表会上，有31个小组获奖，其中掖县酿酒厂的大曲酒科研小组，威海石英仪器厂的提高镜片合格率小组等11个QC小组，获烟台市经委和山东省一轻厅QC成果奖；芦笋罐头、自行车链条和锌、锰电池等16种产品采用了国际标准，为烟台市一轻系统首批向国际标准靠拢的单位。全系统考核的21项质量指标，稳定提高率为90%，与去年持平。8种产品，被评为轻工部优质品；4个产品，被评为山东省优质品。1986年，全局系统试制成功的新产品、新品种、新花色共192种，已投产168种，投产率为87.5%，比上年提高9.1%；投产的新产品、新品种的产值为9 819.4万元，占总产值的11.7%。在全省一轻系统举办的新产品评比会上，有18种（包括钟表行业6种）选中，名列全省同行业第一，其中9项新产品填补了国内空白，有9项填补了省内空白；3个新产品，在山东省经委举办的儿童用品展览会上获金杯；有17个科研项目通过省、市、县三级鉴定；烟台张裕葡萄酒公司的烟台高档白兰地获山东省科委二等奖，3个产品获省科委三等奖，有3个产品分别获烟台市科委的二三等奖。

1986年，全局系统基本建设与各类更新改造投资额，实际完成18 748万元，比上年增长97%，其中外汇1 352万美元；已竣工投产项目44个，竣工面积78 850平方米，比上年增长30.8%；新增生产能力产值为10 201万元，利税为3 356万元，新增能力主要有：啤酒5.2万吨，罐头0.4万吨，日用玻璃2.59万吨，日用陶瓷274万件，机制纸浆1.18万吨，机制纸及纸板1.86万吨。

1986年，全局系统实现税利19 657万元，比上年提高17%，其中利润9 397.6万元，比上年增长18.9%，增长绝对值1 495.6万元，比全省一轻系统增长绝对值1 410万元，高6.1%。全局系统为了提高经济效益，面对原材料涨价的不利因素，狠抓内部挖潜，消化增支因素5 000多万元，但由于增支因素过大和个别产品销路不畅，仍有文登糖厂、乳山糖厂、蓬莱造纸厂(以上为国营企业)、牟平乳品厂、福山发酵厂(以上为集体企业)等企业亏损120.1万元，比上年增亏74.9万元。

1986年，全局系统工业企业全员劳动生产率为16 429元，比上年提高1.7%，其中，全民17 921元，比上年提高0.9%，集体13 996元，比上年提高5.8%。

1986年，全局系统出口产品20种，比上年增加7种，出口值为8 726.7万元，比上年增加45.8%；换汇额约为2 000万美元。烟台罐头总厂，全年出口罐头16个品种，4 318吨，销往50多个国家和地区，出口总值1729.6万元，居全省同行业之首。

1986年，全局系统立项合资项目3项，总投资9 903万元，其中直接利用外资1 139万美元；新开8项补偿贸易项目，利用外资27.9万美元，其中1项已投产，利用2.5万美元的外资，并在当年用20吨芦笋罐头偿还。引进设备主要有两条啤酒灌装线、八段双滴料制瓶机和退火炉全电加热供料道、一次成型高脚杯生产线、洗包装生产线和酿酒蒸馏设备、R_{20}和R_6电池主机、苹果压榨机、沙发床生产线、印刷及制版设备等。全年，烟台印刷厂共投资820万元，先后从日本、瑞士等国，引进34台(套)具有80年代先进水平的烫金、电分、拷贝等印刷设备，可提高胶印能力4.5倍，并使产品向高、中档发展，当年初见效益，实现利润208万元，比上年增长6.7%。

【经济体制改革】 1986年，烟台一轻系统的经济体制改革又有新的进展。一是，经济责任制得到了进一步的落实。据统计，95%以上的企业普遍健全了经济责任制，主要形式有：目标承包责任制，限额浮动工资加百分考核责任制，超定额计件加百分考核责任制和实行定额、利润、成本等专项承包、超额分成责任制等。各种形式责任制的实行，给企业带来活力。如文登陶瓷厂是1977年建成的小型国营企业。开始时生产缸、坛、瓷管等产品，因管理不善，产品质次价高，造成产品滞销，连年亏损；后又改产釉面砖，也未扭转亏损局面，7年亏损56万元。1984年起逐步完善了以承包为中心的经济责任制，把经济责任制从奖金领域，扩展到工资领域，把工资奖金捆在一起考核分配，实行工资浮动，彻底打破了大锅饭，使企业起死回生，当年盈利10.5万元，1985年完成利润71万元，1986年又创利润153.5万元，成为全县经济效益增长幅度最大的企业。

二是推行了厂长负责制和厂长任期目标责任制。1986年，烟台一轻系统在72个企业中实行了厂长负责制和厂长任期目标责任制，并在5个直属企业中进行了试点。这5个试点直属企业共完成工业总产值14 822万元，实现利税5 132万元（其中利润2 286万元）分别比上年提高28.72%和29.97%(利润提高44.85%)。

三是横向经济联合由松散型变为紧密型，由技术协作变向企业群体发展。如烟台张裕葡萄酿酒公司，在去年与日本建立中外合资企业的基础上，今年又与福建南安糖茶站建立了闽南葡萄酒分厂，还与烟台市的蓬莱县酒厂和招远县酒厂分别建立了一、二分厂；烟台罐头总厂先后与山东省荷泽罐头厂、曹县罐头厂及烟台市的黄县、蓬莱、招远、文登等县的小型乡镇罐头厂共17个企业合资联办，把这些企业做为自己的分厂等等。

烟台自行车厂与上海自行车厂联合，挂牌生产永久牌自行车，质量达到合格要求。1986年上海两次抽样质量鉴定，该厂的产品质量是永久自行车四个联合厂的第一名。年终，该厂被聘为永久自行车企业集团的常务理事，成为这个集团企业的骨干厂家。当年，该厂共生产永久牌自行车24万辆，完成利润800万元，为全市利润超过800万元的八大厂家之一。

【盐业与水产养殖】 1986年，烟台一轻系统在抓盐业生产中，坚持调整、改革的方针，积极开拓新的领域，全面提高经济效益。全年生产原盐38.2万吨，溴素499.1吨，对虾1 663.6吨，分别比上年提高36.2%，200.5%和59.6%，完成产值5 443.2万元，利润1 081万元，分别比上年增长46.3%和110%。全年制盐行业的特点是：

一、根据市场需要，重新布局盐业生产，狠抓修滩制卤。1986年，全系统共修盐滩30多万公亩，更新塑苫4 000余公亩；原盐质量稳定提高，平均氯化钠含量达到96.4%。在全国盐业质量评比中，荣成县张蒙盐场、文登县高岛盐场、掖县莱州盐场、海阳县小滩盐场等四个单位，分别获第二、四、五、七名。

二、充分利用当地沿海资源，大力发展养殖业。首先，突出“水”字抓配套。新建扬水站10座，配套水泵57台(套)，每小时增加扬水能力19.2立方米，日平均换水量达20%以上；其次，坚持大改小、浅改深、单变双的原则，改造了1 800亩鱼池；第三，加强对虾育苗管理，保证苗全、苗旺、苗足，全年共育苗6.2亿尾，除自给外尚有部分投放市场，每亩养对虾平均单产66.4公斤，比上年提高40.0%，其中，牟平林业盐场养殖虾平均单产达159.9公斤，为全国同行业之最。同时，还扩大了养虾面积，1986年增加到12 529公亩，比1983年提高1.34倍。

三、养殖业给企业带来生机。烟台一轻盐业行业，由于改革单一经营模式，采取晒盐和养殖两条腿走路的方针，改变效益低的状况，为国家做出了贡献。1986年，出口虾302吨，出口值为571.4万元。牟平县莒城盐场建厂30年来，一直晒盐，收入极少，最多年份收入不超过七八万元。1982年后，实行晒盐、养殖并举，经济效益猛增，1986年实现利润241.5万元，比上年增长724.2%，等于前30年的总和，人均创利8 327元，换取外汇130万美元，人均创汇4 000多美元，比上年增加60%，居全省同行业首位。

【企业管理】 1986年，烟台一轻系统共有21个企业分别推行和运用了目标管理、价值工程、网络计划技术、市场预测、量本利分析等现代化管理方法，共取得26项成果。有8个企业已开始将微机用于企业管理，开发了工资管理系统、生产统计系统、仓库管理系统等应用软件，并获得明显效果。烟台第二化工厂利用价值工程，将低价松香的比例由25%调为28%，棉油脚由8%增为16%，以此取代了价格高并缺口较大的油脂,内部消化增支因素262万元，全年完成利润340.3万元，比上年增长84.2%。

1986年，烟台一轻局根据山东省人民政府和烟台市人民政府关于加快乡镇企业发展的指示，于当年10月成立了乡镇企业科，同月召开了各县市区公司经理(局长)会议，制定了烟台一轻加强乡镇企业产品归口管理的办法，开展对乡镇企业摸底调查，并开始办理了乡镇企业归口手续。到年底，属于一轻管理范围的有176个乡镇企业，其中有16个已办理了归口管理手续。归口的企业职工2 553人，产值5 000万元,占全系统利税总额的5.1%(其中利润681.5万元，占利润总额7.3%)。

（谭锡山）

烟台市钟表工业

【概况】 烟台宝时造钟厂创建于1915年。至1937年，先后又有5家钟厂开业，为烟台制钟工业的发展奠定了基础。被誉为“钟之巨匠”、“国表先驱”的烟台钟表，1928年即销往海外。烟台的钟表技术工人，自1932年先后到华北、东北、华东等广大地区传播造钟技术，创建了近10家钟厂，为我国制钟工业的发展做出了贡献。各造钟厂，于1954年实行了公私合营，1962年完成了社会主义改造。为加速发展烟台钟表工业，1975年按专业化分工，实行了协作配套生产。1977年5月成立钟表工业公司，隶属于烟台市轻工业局。1978年10月改为市属局(科)级公司，1984年2月又升为市属局（县）级公司。

烟台钟表工业公司是我国目前较大的一个系列化钟表产品生产基地。既生产民用、工业用产品，又生产国防、科研、天文、地震、航海、航天等产品；既生产机械钟表,又生产石英钟表。烟台钟表出口产品1962年即被外贸部门列为免检产品。在北极星钟表系列产品中，15天机械报时摆钟1978年在全国首次质量评比中，即以97.479分夺魁；1979年又以97.855分居全国同类产品之冠，获国家优质产品银质奖，并获轻工业部优秀产品称号；1982年再以99.274分第三次获全国质量评比第一名；1983年又以99.42分列全国同类产品之首；第二次获得国家优质产品银质奖，并获对外经济贸易部颁发的出口产品荣誉证书；在1984年和1985年的全国质量评比中，分别以99.6分和99.8分继续名列榜首。北极星钟表系列产品在国内百余个大中城市辟设了销售网点，并畅销世界五大洲近百个国家和地区。

烟台钟表工业公司辖属的11个企业中，山东烟台木钟厂1982年被省政府命名为“山东省先进单位”；1984年获山东省“质量管理先进企业”称号；1985年9月被轻工业部授予“设备管理优秀单位”称号；同年，还获得山东省设备管理、节能、企业整顿、企业管理优秀单位称号和轻工业部质量管理奖。烟台钟表工业公司1985年6月被省职工教育管理委员会和省政府分别授予“职工教育先进集体”称号和“尊师重教先进单位”称号。在实行专业化生产的基础上，烟台钟表工业公司已形成了从钟表材料、元配件加工到整机装配，从人才培养、科学研究到生产经营的较完整的钟表工业体系。

1986年，烟台钟表工业公司辖属4家主机厂、8家原材料、元配件的专用设备制造厂、1所钟表研究所，1所钟表技工学校，1所钟表职工中等专业学校。全公司占地面积47万平方米，建筑面积32.28万平方米。年末职工人数12 833人，其中工程技术人员617人。工业总产值和净产值分别为23 433万元和8 404万元，比1985年分别增长14%和13.7%。全员劳动生产率19 352元，比1985年增长11%。

产品质量持续稳定提高。产品的优质品率为58.48%，产品质量稳定提高率为100%。1986年，在全国同行业质量评比中，15天机械报时摆钟、机械闹钟和女表钻均获第一名；统机表钻获第二名。机械闹钟还被授予出口产品免检证书。统机手表在山东省两次质量评比中均获第一名，继在省优质产品复查中重获优质产品称号之后，在全国质量评比中超过优良线

主要产品产量

产品名称	计量单位	1986年产量	比1985年±%
木　钟	万只	204.27	6.0
闹　钟	万只	120.00	20.0
手　表	万只	92.01	2.0
钟发条	万条	540.08	17.0
表发条	万条	160.00	33.0
表游丝	万条	458.40	56.0
手表钻	万粒	13 826.10	13.0
手表防震器	万套	525.08	1.0
手表壳	万只	216.05	28.0
钟表材料	吨	1 693.50	26.0
石英钟	万只	20.00	—
技术用钟	只	878.00	—

标准，继续保持轻工业部优质产品称号。Z3F落地钟获省优质产品称号。

1986年考核的20项原材料消耗指标中，有14项指标好于1985年水平。万只木钟耗木材124立方米、耗铜材5 381公斤，万只闹钟和万只手表耗铜材分别为1 571公斤和880公斤。万元产值耗标准煤和耗电量分别为0.86吨和0.13万度，较1985年分别降低0.34吨和0.05万度。

1986年，销售总收入172 38.1万元，实现利税总额5 756万元(利润为3 089.5万元)，较1985年分别增长12.3%和2.67%。可比产品总成本为8 180.3万元。

1986年，山东烟台闹钟厂被确定为闹钟出口基地企业，山东烟台木钟厂被批准为出口扩权企业。继木钟、闹钟出口之后，石英钟和石英表机芯又成为新的出口产品。石英表机芯销往美国。1986年出口木钟、闹钟分别为13.44万只和88.09万只，较1985年分别增长101.3%和22.2%。木钟出口创历史最高水平，年出口总值达1 549万元，较1985年增长42.6%，占工业总产值的6.61%。

1986年，烟台钟表研究所完成了6项课题研究，取得了阶段成果。同时，还开发了技术用钟的2个新花色品种；完成了塑料壳船钟的设计和样机试制，完成了双历船钟的初样试制。

1986年立项的技术引进项目共11项。其中，引进年产100万只石英报时挂钟机芯（包括马达技术和设备）的生产技术及设备，已与联邦德国荣汉斯公司正式签约成交。

与所引进的各条生产线配套的土建工程已相继破土施工。其中，年产100万只石英钟的一栋7 500平方米装配大楼主体工程和年产100万只石英表的一栋7 500平方米装配大楼基础工程，已于1986年内完成。

【新产品开发】 1986年，开发了悬丝扭摆钟、∮19.4女表钻、∮19.4女表防震器、BZⅡ型钟用步进电机、石英整体摆钟、表壳脉冲镀金、异型表壳、薄型石英电子女表、多功能校表仪及双历机构等10项新产品、新工艺。

脉冲镀金工艺、是“七五”期间国家经委重点推广的生产工艺。利用该工艺生产的产品，在达到与传统直流镀金工艺相同技术指标的前提下，可节省黄金20—30%，且结合强度高，耐腐蚀性强,耐腐性能好。由于脉冲电镀电源使用微机控制，因而，效率高、成本低、质量稳定。

表壳脉冲镀金，系我国首次研制成功的产品，并通过了正式技术鉴定,质量创国内同行业的先进水平。石英整体摆钟，有电磁摆躯动和操纵躯动两种结构，质量达到国外同类产品水平。薄型石英电子女表，是由目前国外最流行、适应变幻款式最强且国内最薄最小型的6×8机芯制成的，并首次进入国际市场。所开发的新产品，均于当年投入生产。

在新开发的产品中，薄型石英电子女表、多功能校表仪获轻工业部新产品开发三等奖，并与BZⅡ型钟用步进电机、悬丝扭摆钟同获省一轻厅新产品开发二等奖。石英整体摆钟获省一轻厅新产品开发一等奖。

此外，还开发了五分钟全塑洗衣机定时器、Yc系列微型电机、热力去毛刺机、SSK-1型数字时间控制仪、电动玩具、饮料用品等产品。五分钟全塑洗衣机定时器，获省一轻厅新产品开发二等奖。

在新开发的142种花色中，木钟64种、闹钟51种、手表27种。在获省钟表外观创新奖的45种花色中，特等奖1个，优秀奖32个。3个手表新花色，在首届全国钟表博览会上被评为二等奖。

【全面质量管理】 1986年，制订出各级标准近20项，采用国际标准5项。执行各级标准30余项。北极星钟表系列产品不仅标准齐全，而且产品在生产过程中均严格执行企业内控标准。计量器具配备率和检测率均达100%。公司所属10个企业的计量工作，达到国家三级标准的3个，达到国家二级标准的7个。全公司有10个企业成立了以厂长兼任主任的全面质量管理委员会，下设全面质量管理办公室。车间设质量管理领导小组和专、兼职质量管理员。1986年，全公司有专、兼职质量管理员167人，设质量管理点128个。在61名专职管理人员中，有工程技术人员22名。公司建立了钟表产品质量检测中心，形成了北极星钟表系列产品的质量保证体系。在加强产品质量监督检验的同时，还加强了对各企业检验机构的业务指导，对产品质量实行两级监督、双层把关。1986年，全公司增添检测仪器12台，增加检验人员100多名。检验人员由占职工总数的5％增加到6％。各企业的检验机构直属厂长领导，独立行使职权，严格按照技术标准要求，对生产各个环节进行质量监督，保证了北极星钟表系列产品质量的优异。

在1986年内，举办全面质量管理学习班1次、培训班2次，为企业培养骨干64人。在全公司458个QC小组中，年内涌现出省优秀质量管理小组1个；省一轻厅优秀质量管理小组4个；市优秀质量管理小组4个，并取得了180项QC成果。

公司所属企业中，山东烟台手表厂获市质量管理奖；烟台宝石轴承厂被评为省一轻厅质量管理先进单位；山东烟台木钟厂被评为“国家质量奖”预评单位。同时，烟台钟表工业公司被省一轻厅评为质量管理先进单位。

【企业管理现代化】 1986年先后举办了企业升级基础工作培训班、全面劳动人事管理学习班、市场预测与经营决策学习班等，有117人次参加。公司及所属各企业还有针对性地举办了各类培训、学习班94次，共有4 579人次参加。其中，厂级干部129人次，中层干部1 324人次。

山东烟台木钟厂、山东烟台闹钟厂和烟台宝石轴承厂等企业，还开展和应用了价值工程、网络技术、全面设备管理、看板管理、信息网络、微机应用等项现代化管理方法和手段。年内，全公司取得管理成果33项，其中重大管理成果13项，可获经济效益467万元以上。

山东烟台木钟厂利用ABC分类法控制定额流动资金，既减少了定额流动资金占用额，又节约了银行利息，并使定额流动资金周转天数达到64.71天，再创全国同行业先进水平。在综合设备管理中，利用日检点和全员设备维修(TPM)的方法加强重点设备管理，使设备利用率达到82.4％，设备完好率达到90.6％，并应用微机辅助管理，节约大修理费万余元。在生产管理中，应用微机辅助日常库存管理，用生产指令视板、产前准备视板、月度生产实施视板配合月度生产作业计划协调生产。以对讲机、调度电话等现代通讯设施加强日常生产衔接，使生产均衡率达到“四三三”。

1986年，山东烟台闹钟厂获烟台市企业管理先进企业称号；烟台宝石轴承厂获市企业管理先进企业称号和轻工业部企业管理表扬单位；山东烟台木钟厂获市企业管理最佳企业和轻工业部企业管理优秀单位称号。

（杨登先）

烟台市二轻工业

【概况】 1986年烟台市二轻工业系统完成工业总产值13 6748万元，比1985年增长24.17％。服装、家用电器、皮革、塑料制品、锁、家具、日用五金、工艺美术等主要产品比1985年都有较大幅度的增长。

主要产品产量完成情况

产品名称	单位	1986年产量	1985年产量	1986比1985年+(−)(%)
服装	万件	1 601.34	1 113.05	+43.8
布鞋	万双	2 487.15	2 149.28	+15
皮革	万张	199.98	174.55	+14.5
皮鞋	万双	815.95	746.05	+ 9.3
皮手套	万付	456.28	278.88	+63.3
聚氯乙烯制品	吨	11 989	10 886	+10
聚氨酯制品	吨	2 264	247	+ 8.3倍
挂锁	万把	5 136.04	4 082.43	+25
抽头锁	万把	456.28	399.28	+ 5
暗门锁	万把	157.98	119.52	+32
自行车锁	万把	523.43	416	+25
电风扇	万台	84.89	67.95	+24
洗衣机	万台	4.15	4.4.25	−23.5
地毯	万平方米	25.8	14.56	+77
工艺美术	万元	22 312.43	19 940	+11

1986年经局考核，全系统优质产品率达32.6％。又有4个产品获得国家金质奖；有3个产品获得国家银质奖；有14种产品获得轻工业部优质产品证书；有42种产品获得山东省优质产品证书。在全国、全省同行业的质量评比中，有8种产品获得第一名。蓬莱绣花厂获得轻工业部质量管理奖；烟台造锁总厂、烟台木材工业公司和威海地毯一厂分别获得山东省质量管理奖。

全局完成销售总额12.2亿元，比1985年增加26.2％，占工业总产值的89.8％。其中外贸收购为4.1亿元，占销售总额的34％，比1985年增加51％。

在1986年主要出口产品中，增长幅度较大的有：服装，年供货量472.18万件，比1985年增长13％；皮鞋，年供货量51.95万双，比1985年增长67％；皮手套，年供货量387.03万付，比1985年增长82％；挂锁，年供货量3 483.98万把，比1985年增长43％；扳手，年供货量494.69万把，比1985年增长1.8倍；布鞋，年供货量262.13万双，比1985年增长82％；电风扇，首次进入国际市场，年供货量3.67万台；塑料制品，年供货量3 022吨，比1985年增长64％；地毯，年供货量17.52万平方米，比1985年增长68％；工艺美术品，年供货量22 085万元，比1985年增长37%；民用镜子，年供货量150.93万面，比1985年增长86%。

全系统由于不断强化管理，立足于企业内部挖潜，提高了对各种减利因素的消化能力，取得了较好的经济效益。全年实现利税1.6亿元，比1985年增长26.11%，实现利润9 386万元，比1985年增长30%。资金周转为112天，比1985年加快了3天。全员劳动生产率为1.9万元，比1985年提高12.4%。

【技术改造】 1986年烟台二轻系统围绕着发展新兴行业、发展出口产品和现有的企业配套，加快了技术改造的步伐。经省、市下达的技术改造、利用外资项目共74项，总投资人民币10 478.9万元，共用外汇1 311万美元，引进设备769台(套)，购置更新设备892台(套)。其中，引进项目24项，投资人民币4 986.7万元，用汇825.3万美元；改造项目39项，投资人民币3 257万元；直属企业10项，投资人民币2 130万元，用汇398万美元；利用外资项目11项，投资人民币2 235.2万元，用汇485.7万美元。

1985年未完工程结转计划43项，总投资为12 948.6万元，外汇1 911万美元。其中引进项目34项，总投资1 106.6万元，外汇1 911万美元；改造项目9项，总投资1 885万元，本年投资623万元；直属企业9项，本年投资1 661万元，用汇263万美元。

在全部58个引进项目中，已完工25项，完成投资7 626万元，用外汇1 415.5万美元；设备已签约、陆续到厂的在建项目17项，投资4 766.6万元，外汇532.5万美元。

在全部48个改造项目中，已完工36项，完成总投资2 583万元，本年完成投资2 321万元。已开工在建项目7项，计划投资390万元。

截止1986年底，烟台二轻系统已建成投产的利用外资项目14项，用外汇934.8万美元。

【横向经济联合】 1986年烟台市二轻系统横向经济联合一方面在现有企业之间搞配套协作，积极创造条件，组织企业集团；另一方面，积极与国外合资、与先进地区的先进企业和名牌产品联合，发展二轻产品及出口创汇产品。截止1986年底，共建成经济联合企业78家，其中，中外合资企业4家，共引进资金181万美元；建成工贸合资联营企业27家，共引进资金1 307万元；建成合资联营分厂28家；还有正在形成多方面联合的三环牌造锁和金龙牌电风扇企业群体。全年联合企业完成产值16 637万元，比1985年增长150.1%，从联合企业分得利润为1 518万元，比1985年增长164%。同时完成向乡镇扩散加工点1 200个，年支付加工费12 000元。

(孙克琪)

河 南 省

河南省轻工业

【概况】 1986年3月，中共河南省委和省人民政府决定，撤销省第一轻工业厅和第二轻工业厅，成立轻工业厅，统管全省轻工业。全省轻工业系统共有企业4 053个，其中全民所有制企业510个，集体所有制企业3 542个；年末职工总数63.09万人，其中全民所有制职工21.72万人，集体所有制职工41.37万人。全年完成工业总产值55.18亿元，比上年增长13.1%，其中国营企业完成24.36亿元，比上年增长8.37%；集体工业完成30.79亿元，比上年增长16.26%；全民、集体合营工业完成214万元，比上年增长13.23%。主要产品产量如表：

主 要 产 品 产 量

产品名称	计算单位	1986年产量	1985年产量	1986年与1985年相比+(-)%
啤酒	万吨	18	10.45	72.2
合成洗涤剂	吨	75 299	62 775	20.0
日用搪瓷	吨	8 378	6 249	34.1
日用陶瓷	万件	14 707	12 536	17.3
自行车	万辆	173.89	153.46	13.3
缝纫机	万架	19.75	11.52	71.4
机制纸及纸板	吨	855 784	797 309	7.3
鞣制皮革(折牛皮)	万张	260.22	180.74	44.0
塑料制品	吨	96 868	82 756	17.1
锁	万把	672.41	572.34	17.5
电风扇	万台	33.72	31.38	7.5
电冰箱	万台	2.44	0.936	160.7
电熨斗	万个	15.48	10.98	41.0
地毯	万平米	5.99	4.49	33.4
抽纱	万元	433.1	235.5	83.9
刺绣	万元	950.15	432.88	120.0

新产品开发。全年开发新产品150种，比上年增长10.6%；开发新品种610种，比上年增长9.8%。其中洛阳食品添加剂厂的食品填加剂葡萄糖酸锌；沁阳县皮带厂的骡马皮服装革；新乡风动工具厂的中空麻花钻杆；新乡轻工机械厂的TCY10葡萄除梗机；长葛绒厂的粘麻混纺毛毯、粗花呢；开封予应力厂的XM系列予应力张拉锚具；安阳炭素厂的透气量均匀炭精棒以及安阳电筒厂的防水电筒等，均达到了国内先进水平。

技术改造和科研项目。轻工技术改造在建项目166个，完成投资额2.22亿元，占全年计划的107%，完成投资项目99个，新增产值3.46亿元，新增利税 6 967 万元，新增出口创汇能力 619 万美元。技术引进重点安排了23个续建项目，当年投产14项。在轻工业部举办的首次全国轻工技术进步奖大会上，新野县自行车辐条厂的硫酸盐光亮镀锌工艺及镀锌辐条，洛阳工艺美术厂、洛阳美术陶瓷厂的唐三彩平面陶板壁画及立线新工艺等18个项目，获科技进步奖。全年奖省级科技奖22个，其中新乡制革厂、开封制革厂和省皮革塑料研究所共同承担的“提高汉口路山羊皮革质量的研究”获国家科技攻关表彰奖和河南省科技进步一等奖；扶沟县皮毛厂的“羊皮静电植绒毛革两用裘皮”、上蔡县铝厂的“稀土合金铁锅及压铸新工艺的研究”、周口市酿酒总厂的“乙酸ＬⅡ与酯化菌液态发酵生产浓香型调味酒”、民权葡萄酒厂的“豫东黄河故道优质葡萄品种选育”四个项目，获河南省科技进步二等奖。

经济效益。全年实现利税6.37亿元，比上年增长2.4%；全员劳动生产率达到 9 619 元，比上年增长3.1%，其中全民所有制企业为13 496元，增长12.5%，集体所有制企业为 7 955 元，增长 3.4 %；实现利润2.64亿元，比上年下降 3.9 %，其中全民所有制企业下降 4 %，集体所有制企业下降3.9%；亏损企业448个，比上年增加 107 个；亏损金额 1 767 万元，比上年增加53.7%，其中全民所有制企业增加89.7%，集体所有制企业增加28.2%；百元产值利润率5.56元，比上年降低0.82%；百元产值利润率 13.42 元，比上年降低1.03%；可比产品总成本 23.99 亿元，比上年上升 8.9 %。出口情况。出口交货值达2.97亿元，比上年增长 61.95 %；出口产品创汇额 7 610 万美元，创历史最好水平。

轻工教育。全年全系统普通中等专业学校招生488人，毕业 293 人；成人高等教育招生 7 725 人，毕业750人；参加中级技术培训工人 9 800 人，结业9 020人；参加高级工培训的 825 人，结业 200 人；参加初级工培训的 204 250 人，结业18 800人；参加岗位职务培训的 3 500 人，结业 3 460 人；参加其它短期技术培训的 174 000 人，使全省轻工系统的职工培训面达到67.5%。企业厂长，经理参加国家统考 540 人，拿到合格证的 511 人，还有 1 190 人参加现代化管理基础培训， 350 人参加现代化管理培训。截止年底，全省轻工系统各类专门人才的总数已由1985年的9 213人增加到11 496人，由占职工总数的1.65%提高到2.05%。

【扶持贫困地区】 遵照省委、省政府的部署，轻工业厅对口扶持淮滨县。

淮滨县位于淮河中上游，闾、洪、白露河环绕四周，淮河横贯其中。沿淮低洼易涝，1949年以来有32年发生水灾。1986年省轻工业厅党组成员分别到该县调查研究，针对那里适宜种植速生杨的实际情况，派出扶贫工作队，帮助当地政府和干部群众，充分利用当地资源优势，发展商品生产。

一、建立造纸木浆基地。到1986年，淮滨县已种植速生杨25万亩。准备在淮滨县建立造纸木桨厂，年产杨木浆 2 万吨，纸 1 万吨，正在进行前期准备工作。

二、培养人才。在厅属各类学校学习的淮滨县的在职人员，从1986年11月 1 日起，实行免费培训；厅属普通中专毕业生，根据该县实际需要，在专业对口的前提下，将戴帽下达计划分配到县。近两年省厅各学校招生，都给该县留一定数量指标，实行定向招生，毕业后回县安排工作。

三、优先提供资金技术。轻工业厅支援该县5.18万元，帮助发展轻工业生产；省集体工业联社从基金中拿出 8 000 元，支援该县二轻集体企业，科技处拿出 2 万元，帮助该县轻工企业发展新产品；设计院向该县优惠提供设计资料；食品处帮助县酒厂提高产品质量；厅属各公司还优惠供应该县钢材10吨，塑料原料10吨，以及胶合板、洗衣粉、自行车等生产、生活物资。

【横向经济联合】 全省轻工系统横向经济联合企业已发展到 820 个，实现产值 19.36 亿元，实现利润1.25亿元。其中以名优产品为“龙头”的企业56个，工业总产值为1.10亿元，实现利润 690 万元。横向联合的内容，已发展到资金、技术、人才、物资、信息等多位一体的全面联合；联合的范围已发展到工工、工商、工贸、工农，以及与金融、科研、大专院校等跨地区、跨部门、跨不同所有制的联合，郑州市钢木家具厂已与全国 6 个省市、 9 个县的24个厂家联合，初步建立起以“少林牌”钢木家具为“龙头”的企业集团，产量由年产家具10万多件发展到28.1万件，其中80%的零部件是联合厂提供的，产品销往全国20个省、市、自治区，经济效益比联合前增长 1.5 倍；安阳电池厂采取产品扩散、技术转让、工贸协作等多种形式，同南阳电池厂、山东临清电池厂、以及深圳市轻工业公司、轻工业部深圳振华公司等单位联合，创办了深圳市金钟电池有限公司，主要生产出口电池。过去，深圳电池市场被日本、美国、香港占领，现在深圳市220个大商场和蛇口工业区 5 个大商场都销售金钟电池。 6 月份，该厂还同中国轻工业进出口总公司天津分公司联合出口“太空”牌电池，半年时间就出口10.5万多打。1986年，安阳电池厂的销售市场已发展到欧、亚、美、非35个国家和地区，换汇80多万美元，换汇额是上年的 8 倍；民权葡萄酒厂以发展原料基地为重点，组成了一个企业群体，其中包括果农2万多户，占用劳力44 000多人，种葡萄创产值1 543多万元，获纯利1 081万元，8个基层发酵站加工原汁7 000多吨，获利200万元；联合的21个企业，其中国营企业2个，集体企业5个，乡镇企业14个，年创产值664万元，获利税65.5万元。民权葡萄酒厂全年实现税利980万元，人均税利9 330元。以民权葡萄酒厂为“龙头”所组成企业群体，初步显示了以下几方面的优越性：一是黄河故道纱区农民找到了依靠种植致富的道路，全县葡萄种植专业村已发展到22个，葡萄总产量2 572万公斤，户均收入964元，有的户一年人均收入千元以上；二是促进了农业生产的良性循环。全县水果产值占农业总产值的14.8%，其中葡萄产值就占水果产值的55%，占农业总产值的7.85%；三是改变了生态环境。现在果园面积已占总耕地面积的18.5%，葡萄种植面积占全国的1/12。过去的沙窝变成了水果之乡；四是带活了一批企业，印刷厂、纸箱厂、造纸厂、瓶塞瓶盖厂从生产无门路转向为葡萄酒厂印制商标，提供包装物，年创产值355万元，上交税利55.7万元；建筑队、汽车队为葡萄酒厂服务，收入也达300万元。葡萄酒厂在市场激烈竞争中，实现产值和税利都达到了建厂以来的最好水平，产品销往20多个国家和地区。

（古　烈　张国钦　张泽珉）

附：郑州市一轻工业

【概况】 1986年郑州市一轻工业系统工业总产值完成30 065万元，比1985年增长8.5%。市一轻局直属企业工业总产值完成26 284万元，比上年增长7.8%。其中，全民企业完成22 544万元，比上年增长6.7%；集体企业完成3 474万元，比上年增长19.4%。实现利润2 181万元，比1985年增长3.4%。列入计划考核的22种产品，有13种完成或超额完成了产量计划，与1985年相比（下同）增长幅度较大的产品有：搪瓷浴盆增长91.9%；灯泡增长29.4%；日用陶瓷增长24.8%；肥皂增长13%；牙膏增长106%；啤酒增长16%；罐头增长15.4%。

产品质量进一步提高。产品质量稳定提高率为80.8%，优质品率为17.5%，比1985年提高6%。53型中州肥皂及军用布棉鞋被评为轻工部优质产品；甲种工业甘油、白牡丹二级香皂、嵩山牌红烧牛肉罐头、火车牌豆沙冰糕、火车牌娃娃奶糖等5种产品，被评为河南省优质产品。

试制、投产的“四新产品”有27种，产值962.9万元，增加税利104万元。有11项科研成果和新产品通过省、市级鉴定。主要有：墙壁原纸、妇女卫生巾、珍珠瓜罐头、鸡肉松（软包装）、鸡尾酒、十全补血糖、微孔墨水笔，出口图画纸、钪钠灯及配套灯具以及玻璃玛赛克、新型合成材料在解放胶鞋的应用等。

一轻系统基本建设和技术改造在建项目21个，有10个建成投产，共完成投资额2 818万元。其中有：郑州食品总厂引进的汽水罐装线，郑州日用化工厂的牙膏自动制管线，郑州灯泡厂玻璃车间技术改造工程，郑州玻璃厂建成投产的自动配料线等。

市一轻局进一步调整产品结构，组织增加市场需要的肥皂、浴盆、日用陶瓷、铝箔纸等适销对路产品的生产，减少滞销产品的生产。生产的56种产品，畅销的30种，产值占61.8%；平销的16种，产值占24%，滞销的10种产值占14.2%。

出口换汇。生产出口产品的企业由1985年的5个增加到8个。出口产品有：机制纸、日用细瓷、精陶、搪瓷浴盆、日用搪瓷制品、罐头、梭芯套。出口产品交货总值1 827.35万元，比上年增长1.56倍，换汇406.36万美元。产品销往20多个国家和地区。

【一轻集体经济迅速发展】 1979年郑州市一轻工业局有14个集体企业，其生产规模小、产品品种少、质量差，发展缓慢。1984年国务院颁布了《关于轻工业集体企业若干问题暂行规定》以后，集体经济迅速发展。1986年与1979年相比，一轻集体企业发展到18户，职工由2 390人增加到3 365人，增长41%；产值由1 306万元增加到3 476万元，增长1.66倍；利润由65万元，增加到143万元，增长1.2倍；固定资产由338万元增加到829.3万元，增长1.5倍。八年共为国家提供积累1 686.6万元。其发展主要特点是：1.改革分配制度，把职工的收入同企业盈利挂钩，实行了多种形式的经济责任制；2.恢复了集体职工的入股分红制度；3.改变产品方向，调整产品结构，将原郑州汽车修配厂改为郑州罐头厂，生产各种肉类和果蔬类罐头，总产值达近千万元，成为一轻系统重点集体企业；4.抓技术改造，主要是围绕设备更新和工艺改革进行改造。郑州市味精厂自1982年以来投资百多万元，改造了发酵工艺，精制车间，安装了3万立升发酵罐和3千立升结晶锅等，使味精生产能力达到年产400吨以上；5.增加花色品种。产品品种由1979年的33种发展到53种。

一轻系统从1979年开始兴办以社会服务为主的就业组织，到1986年底，已建立就业组织26个，兴办各类网点65个。其中：工业14个，商业33个、饮食业2个、服务修理业10个、搬运劳务业3个、其它3个。拥有固定资产164.2万元，流动资金187.2万元。从1979年到1986年八年，累计工业总产值920万元，商业总销售额2 992万元，实现税利483万元。1986年工业总产值320.6万元，比1982年增长2.6倍，商业总销售额1 078万元，比1982年增长2.8倍。

【深化企业改革，增强企业活力】 1986年，郑州市一轻工业进一步深化企业内部改革，增强企业活力。首先是以承包为中心的经济责任制有了新的发展。在大中型企业推行了目标管理，试行了以利润为中心的目标管理责任制，使利润同工资总额挂钩全额浮动；同奖金挂钩差额浮动，从而扩大了工资、奖金差距，拉开了挡次，起到了激励职工赶超先进目标，提高经济效益的作用。小型企业按照各自特点，实行了多种形式的经济责任制，主要有定包奖（罚）责任制（如“五定”一浮动、“五定”一包）、工资含量包干责任制（如吨纸工资含量包干、千件瓷工资含量包干）、多挡次目标承包责任制、以及物资和产品购销单项承包等。郑州瓷厂自1982年以来，由于企业管理不善，造成产品质量差、挡次低、消耗高，连续4年累计亏损181.8万元，是郑州市的亏损大户之一。1985年6月份，市一轻局确定该厂实行承包后，当年即控制了亏损局面，1986年扭亏为盈，实现利润51.55万元，并创出总产量、总产值、出口瓷产量、出口瓷销售收入、全部销售收入、利润、全员劳动生产率、职工人均年收入等八项指标历史第一。郑州灯泡厂1985年10月份到了亏损边缘，当月实行承包后即开始逐步扭亏，1986年扭亏为盈，共盈利42.8万元，比1985年增长3倍。二是推行厂长负责制和厂长任期目标责任制。1986年一轻系统有12个企业实行了厂长目标责任制。这12个企业年计划总产值为17 159万元，实际完成18 214.7万元，为计划的106.2％，比上年增长5.5％；实现利润1 684万元，为计划的110.5％。其中5个企业实现了速度、效益、税利、销售收入同步增长。12个企业职工的年平均收入与1985年相比，1个持平，11个提高。

【横向经济联合进一步发展】 一轻局横向经济联合在内容和形式方面有新发展。联合成员厂达到53户。分布范围为：市区4户、郊县35户、省内2户、省外6户、沿海开放城市6户。联合形式有紧密型和松散型。联合的内容包括企业之间联合、生产与科研联合、生产与流通联合、产供销联合等。共实现产值1 763万元。横向经济联合进一步发展有以下几个特点：

一、巩固发展了与先进企业的联合。郑州日用化工厂与上海牙膏厂联合生产白玉牌牙膏，在对方协助下新建了一条牙膏生产线，使产量增长1倍，产值增长1.1倍，利润增长3.5倍，全员劳动生产率提高1.13倍，固定资产原值增长45％。郑州油脂化学厂与上海制皂厂联营生产绿宝、蜜蜂香皂，与天津制皂厂联营生产马兰花牌香皂，总产量1 538吨，产值569.6万元，占全厂总产值的14％，增加税利95.3万元。郑州电池厂与新乡电池厂联营后，采用对方先进的工艺技术，产品质量明显提高，扩大了销售市场。

二、为实现城乡一体化发展，发挥市带县的作用，一轻局向市属六县和郊区发布联合项目信息，签订联合意向书143项。为发展原料基地建设，除市辖县外，与登封、新郑、禹县等地签订了薯干产销合同，与孟县、中牟县签订了麦芽加工合同。

三、出现了企业群体。以郑州市搪瓷厂为龙头企业，联合市内外15个企业，共同生产搪瓷产品，开发新产品。形式有工工联合、工农联合、工商联合。15个联合群体企业1986年产值550万元。

【年产3万吨啤酒生产线建成试产】 郑州葡萄酒厂年产3万吨啤酒工程，于1984年9月动工兴建，1986年12月14日建成试产。工程总造价2 780万元。这条生产线的发酵系统采用丹麦工艺及丹麦酵母；酵母分离和发酵成品酒的过滤，采用联邦德国的酵母分离机和硅藻土过滤机；成品酒灌装采用罗马尼亚的灌装线。试生产的新啤酒经化验的九项指标，四项超过国家标准，四项达到国家标准，一项超过部颁标准，卫生指标符合国标要求。啤酒溶解氧含量经专家测试为0.07mg/升，已达到并超过国际标准。这条生产线的建成投产，使郑州市啤酒产量扩大近10倍，质量提高到一个新的水平。

（崔新峰　王宏勋）

郑州市二轻工业

【概况】 1986年局属二轻工业企业85个，其中国营企业8个；年末职工人数23 134人，其中，女职工14 497人，国营企业职工3 918人；完成工业总产值28 517万元，比1985年提高7.3％，净产值8 010.3万元，比1985年提高6.2％；交纳税金2 316.3万元，比1985年增加55.9％，实现利润2 072.7万元，减少7.95％，全员劳动生产率12 806元，增长6.9％。

健全检查机构。全系统建立健全了质量检查机构，加强了质量检查队伍，在20个企业中推行全面质量管理。1986年产品质量稳定提高率78％。全年获省优质产品奖的有六种，获省工艺美术百花奖的产品有两种。

科研项目。完成科研、新产品开发项目32项，其中：复合彩印膜、聚氨脂泡沫塑料、防水旅游革、箱包革、聚丙烯膜裂纤维等项目已通过鉴定，并投入生产。全年完成新产品、新花色4 000余种。

1986年基本建设、技术改造项目30个，实际完成投资额3 678万元，扩建改造厂房、仓库44 000平方

主要产品产量完成情况

主要产品	计量单位	1986年产量	1985年产量	1986年比1985年+(-)%
服装	万件	627.79	584.9	7.3
玛钢零件	吨	1 783.6	1 554.6	14.7
木制家具	万件	5.59	6.52	-14.3
钢木家具	万件	35.26	32.78	7.6
布鞋	万双	516.87	449.06	15.1
皮鞋	万双	85.82	79.06	8.6
皮革	万张	24	18.3	31.1
面镜	万面	120.4	106.73	12.8
皮箱	万只	10.84	11.96	- 9.4

米，扩建职工住宅 3 400 平方米，更新改造生产线15条，其中引进国外设备的生产线12条。由轻工业部部分投资，我国目前规模最大的西服生产线之一的郑州市第四服装厂年产50万套西服生产线工程，自1985年5月15日开工到1986年8月15日峻工试车生产，工期提前了六个月。全年新增生产能力49万件。郑州市第三塑料厂和中国银行合资经营，投资 1 393 万元，引进联邦德国的彩色塑料铺地材料生产线，自1985年8月18日开工，到1986年12月建成投产，新增生产能力1.01万吨。

出口情况。出口值 4 451.7 万元，比1985年增长35.7%，换汇 990 万美元，比1985年增长23.4%。服装出口值占郑州市二轻出口总值的86.9%。服装出口换汇占郑州市二轻出口换汇总值的93.3%。

企业亏损。1986年有 6 个集体所有制企业亏损，亏损额20.3万元。主要原因有三，1.原材料大幅度涨价，根据财务核算，全系统因此减少利润 513 万元；2.原材料紧缺，家具行业生产用的胶合板经常缺货，造成产量下降，利润减少；3.电力供应严重不足，虽也采取了调整班次，避开用电高峰，增开夜班等措施，仍因电力不足损失利润 180 万元。其它方面原因如调整工资等。

经济联合。局属企业发展横向经济联合项目106个，有生产协作型、资金联合型、产供销联合型、技术管理合作型等多种方式。横向经济联合出现了一些以名牌产品为龙头的企业群体，有钢木家具总厂为主体的“少林”牌钢木家具联合体；有亚美童装厂为主体的“花蕾”牌童装生产联合体；有玛钢总厂为主体的“金钱”牌玛钢管件生产联合体等，大大增强了企业的竞争能力。

简政放权。1986年底郑州市服装鞋帽工业公司、皮革工业公司、塑料工业公司、家具工业公司、五金家电工业公司、工艺美术工业公司停止行使向企业收取管理费权、干部调配任免权、计划物资分配权、项目审批权。

【实行毛利润分成法】 毛利润分成法又叫利润奖金率。自1983年以来在推行厂长负责制，经济承包责任制和任期目标责任制的同时，在集体企业中对以往提奖办法进行了改革，实施了毛利润分成法。毛利润即含奖金、加班工资、计件工资和超额计件工资超过标准工资30%以内部分以及纯利润四个部分的总和。利润奖金率是以前三年的平均奖金额与前三年的平均毛利润额的百分比。在提取奖金时即以当期毛利润额乘以利润奖金率得出奖金提取金额。在实践中，毛利润分成法受到集体企业的普遍欢迎。自1985年又辅之以累进加奖法，即在利润超上年20—80%之间分出档次，增长部分再加奖 3 — 7 %。这个办法实行四年来，逐步完善达到企业效益好，国家、集体、个人收入同步增长，而且三者之间的分配比例关系基本稳定。国家收入在50%上下浮动，1986年实际为52.8%；集体收入在30%上下浮动；个人收入在23%上下浮动，职工实际收入金额在不断增长，极大地调动了职工生产积极性，增强了企业的活力。

（漆先枝）

湖　北　省

湖北省一轻工业

【概况】 1986年，湖北省一轻工业（不含卷烟）有工业企业 905 个，职工21万余人（其中国营企业418个，职工 14万人）。全省一轻工业完成工业总产值 28.55 亿元，比1985年增长 11.1%，略高于全省工业和全国一轻工业的增长速度。重点考核的21种产品，比1985年增长的有17种，其中增长15%以上的有合成洗涤剂、自行车、啤酒、罐头、原盐、饮料、干电池、钟、缝纫机等 9 种；下降的有火柴、灯泡、手表、酒精、糖果、糕点等 6 种。产品产销率达到95%，比1985年提高2 %。

全省一轻工业按财务口径614 个企业统计拥有固定资产原值16.6亿元，净值12.3亿元。实现税利总额 4 亿元，比1985年下降2.95%，其中利润为15 815 万元，比1985年下降 6.3 %。可比产品成本上升额达1.17亿元，比1985年上升8.43%；亏损企业达到78户，比1985 年增加40户，亏损面为12.7%；亏损企业的亏损总额为 1 308 万元，比1985年增加1.7倍。

经济效益不够理想，从减利因素来分析：一是火柴、灯泡、白酒等产品因质量及市场变化，价格下浮减利 686 万元；二是因国家调整主要原材料、燃料价格和使用议价原材料、燃料增加成本减少利润10 915

主要产品产量完成情况

主要产品	计量单位	1986年产量	1985年产量	1986年比1985年+(-)%
机制纸及纸版	吨	363 660	346 059	5.1%
原盐	万吨	94.45	79.11	19.4%
啤酒	万吨	19.44	15.92	22.1%
自行车	辆	1 449 174	1 154 741	25.5%
手表	万只	85.8	90.02	-4.7%
灯泡	万只	8 495.58	9 273.26	-8.4%
日用玻璃	吨	236 011	213 079	10.8%
干电池	万只	39 486.17	25 312.56	56%%
罐头	吨	39 967	31 767	25.8%
合成洗涤剂	吨	92 906	72 411	28.3%
白酒	万吨	21.2	19.75	7.3%
保温容器	万个	1 210.98	1 074	12.8%
钟	万只	49.52	40.1	23.5%

万元；三是因国家开征城建税、房产税、车船使用税及教育费附加，减少利润213万元；四是一部分企业原材料、燃料及动力消耗上升，增加成本减少利润912万元；五是调整工资，人均每月7.5元进成本，减利1 569万元；六是贷款利率提高和贷款额增加多付利息减少利润1 235万元。这六项相加共减利为15 530万元，与增利因素（如部分产品和名优产品适当上浮出厂价、国家调整产品税率和对部分微利产品减征产品税、企业自销产品增利、增加生产和调整产品结构增利、降低物耗等）相抵后，净减利为1 063万元。从增加成本的因素分析，主要受原材料价格上涨、工资调整、利息增加等三个因素的影响。据各地、市上报的资料汇总，全省一轻工业仅以上三项共增加成本支出为9 800万元，占整个可比成本上升额的83.8%，其中原材料价格上涨，增加可比产品成本支出达7 800万元，占可比产品成本上升额的67%。从定额流动资金周转情况分析，全省一轻工业定额流动资金年末占用数为8.74亿元，比1985年6.78亿元增加1.96亿元，增长28.95%。定额流动资金周转天数为110天，比1985年的102天延缓8天，相对多占用定额流动资金5 602万元，增加利息支出444万元。

全省一轻系统创省优产品75个、部优产品18个、国优产品1个，比1985年有较多的增长。优质产品产值为4.6亿元，优质产品率由1985年的11.7%提高到16%。省质检部门四季度抽查25种一轻产品，有24种合格，合格率达到96%，18种优质产品的合格率达到100%。"四新"产品达到2 100种，其中新产品、新品种470种，批量投产的有350种，投产率为65%，新产品、新品种产值为1.85亿元，约占总产值的6.5%。全省安排的60个科研和"星火计划"项目（不包括武汉市和各地安排的项目），总投资为2 034万元，实际完成1 200万元。1984年引进的一部分样品也正在消化、吸收，并已开发出疗养车、微控真空包装机等一批较有水平的新产品。

出口产品完成交货值0.95亿元，比1985年增长64%，改变了前几年徘徊的局面。28种出口产品比1985年增长的有24种，其中自行车、硬脂酸增长4至7倍，干电池、柠檬酸增长2倍。精制盐的出口形势也很好。沙市热水瓶厂换汇突破500万美元，出口产量占全厂生产总量的80%。

全省一轻工业列入基本建设和技术改造计划的项目共有186个，投资额为3.22亿元。不计武汉市，列入计划的项目有119个，投资额为2.18亿元，实际完成投资计划的77%。到年底，已有89个项目竣工投产，沔阳麦芽厂已建成投产。

1986年全局物资供应工作，适应改革形势，对计划内的原材料做到分到、订到、拿到，并实行直达运输，减少环节。并从计划外争取有关部门的支持解决钢材、木浆、纯碱、烧碱、塑料等4万多吨，还有一部分有色金属和生铁。同时，还从市场调节中拿到钢材、重油、马口铁、有色金属、两碱、木浆等物资1.7万吨；争取到省国拨外汇和留成外汇130万美元，进口马口铁及马口铁原板、自行车卷板、木浆、玻璃卡纸、白版纸、烧碱、塑料等一批物资，为完成全年生产计划起了重要作用。

参加不同形式联合的企业达398个，比1985年增加一倍多。联合企业实现的产值、利润也分别由1985年只占全省一轻系统的18.3%和23.4%，上升到37.8%和49.8%。武汉、沙市的自行车厂分别参加"凤凰"、"永久"集团。生产肥皂的郧县化工厂与浙江兰溪化工总厂联合后，扭亏为盈。

【改革的新进展】 湖北一轻工业1986年着重抓了四个方面的改革：一是贯彻国务院关于企业领导体制改革的"三个条例"和劳动制度改革的四个暂行规定。二是为搞活企业，按照国家规定减少了调节税，增加了折旧提留，放开了部分价格，如自行车、缝纫机由国家定价改为由企业自定出厂价；省下放了十多种产品的定价权，调高了肥皂、火柴、保温瓶胆、部分纸张及部分优质酒等产品的价格；优质产品实行质量差价；对制盐生产运销企业以减税增利方式来解决企业负担过重，实行城乡差价，以调动基层供销社销售盐的积极性。还有一部分优质产品实行了减免税收。各地在财政部门的支持下，对中小型一轻企业采取了减税让利的变通措施，使一些中小企业在原材料大幅度涨价的情况下能以维持简单再生产。三是巩固和完善经济责任制，据全省财务口径614个企业统计，企业内部实行多种形式经济责任制的企业达514家，占同口径企业数的83.7%。在推行经济责任制的企业中，已实行厂长负责制的企业达190家，占同口径企业数的37%。武汉、贡石等地国营企业按所有权和经营权相分离原则,探索租赁经营。四是整顿行政性公司，推动企业转轨变型、增强活力。武汉市一轻系统在1985年撤销、改组部分行政性公司的基础上，1986年又进一步减少管理层次，将食品工业公司由管理型转变为经营服务型。省局机关本着精简、效率、服务的精神，精简行政机构，加强或组建供销、包装、轻工机械三个独立核算的经济实体性公司。各级主管部门在整党中采取措施，调整了领导班子，增强了适应和开拓能力。

【加快县级市和基地县一轻工业发展】 加快县级市和基地县一轻工业的发展，是年初全省一轻工业局长工作会议上作为“七五”规划的一项措施提出来的。除十二个县级市外，还确定枣阳、宜城、襄樊郊区、蕲春、广济、汉川、通城、嘉鱼、江陵、潜江、监利、松滋、钟祥、宜昌、枝江等十五个县（区）为湖北一轻工业基地县。这样做，是因为湖北的一轻工业过去主要集中在大中城市，而县级市和县的一轻工业基础很差，要使湖北一轻工业有较快的发展，必须在发展大中城市一轻工业的同时，使小城市和有条件的县的一轻工业发展得快一些。通过近一年的努力，帮助这些市、县解决生产建设和发展中的疑难问题和解决这些市、县发展中的资金、技术不足等困难，取得明显效果，已出现一轻工业产值过亿元的县。如枣阳县1986年一轻工业产值已突破1.5亿元，成为全省县办一轻的典型。

【为企业升级做准备工作】 第一，制订企业升级规划，积极进行企业管理现代化试点。年初，组织各地轻工业部门和重点企业通过贯彻全国轻工业首届企业管理经验交流会精神，制订了全省一轻系统推行企业管理现代化分阶段实施规划，并重点抓了沙市日化总厂、襄樊市造纸厂等10个企业推行现代化管理的试点工作，并两次组织全省地、市轻工主管部门和有关企业负责同志，现场观摩学习了沙市、宜昌、鄂州等地一轻系统应用现代化管理成果发布会，推动了现代化管理方法的推广和应用，企业管理基础工作也得到加强。第二，培训骨干，为企业上等级准备专业人才。在各地设立企业管理机构，配备专职干部的基础上，省轻工部门先后举办了两期有主管部门负责人和重点企业领导参加的企业管理培训班，各级轻工部门和企业以国家经委推荐的18种现代化管理方法为基本教材，结合实际开办各类训练班，使受训干部达1万人次，增强了各级轻工部门和企业领导加强企业管理的意识。第三，强化基础工作。抓住标准、计量、定量、信息、教育、规章制度、班组建设等七项管理基础工作，向先进、准确、齐全、配套的方向努力。一些大中城市和重点企业都加强了对升级的领导。第四，抓紧制定升级标准，在对549个县以上一轻企业的管理现代化进行调查摸底、分类排队。在收集整理了造纸、日用机械、食品、盐业、硅酸盐、一轻机械等七个行业的40个主要产品的质量、物耗和综合经济效益的基础上，制定了省级企业管理升级标准。通过这些工作，企业管理工作有所改善，特别是推广应用现代化管理方法已初见成效。据300多个已推广应用现代18法的企业统计，共取得应用成果155项，获得直接经济效益3 000多万元。同时企业的自我消化能力也有明显加强，全年仅主要企业由于原材料、运费涨价增加支出9 000万元，各企业立足于加强管理，内部挖潜，使全省一轻利税总额仍能接近上年水平。在质量管理方面，据统计，1986年全省一轻系统已推行全面质量管理的企业有229个，比1985年增加29个；其中获全面质量管理验收合格证书的企业有43个，比1985年增加30个，武汉防锈纸厂、白云边酒厂获部、省优秀质量管理奖，还有46个质量管理小组分别获部、省、局优秀质量管理小组称号。

（喻中权）

湖北省二轻工业

【概况】 1986年底，湖北省二轻系统有企业3 429个，职工366 657人，其中全民所有制企业140个，职工32 417个，分别占4.1%和8.8%；集体所有制企业3 286个，职工198 305人，分别占95.8%和54.1%。集体企业中,城镇街道工业企业2 060个，职工135 935人，分别占集体企业的62.8%和68.5%。大中型企业10个，占企业总数的0.3%，小型企业3 419个，占99.7%。

全省二轻系统完成工业总产值440 454万元，比1985年净增43 295万元，增长9.8%。主要产品产量比1985年增长情况如下表：

产品质量稳定提高。据省标准局抽查，产品合格率一季度为5.4%，二季度80%，三季度达到100%；重点考核的14项指标，稳定提高的有10项，稳定提高率为71.4%，比1985年下降15.2%；内、外销皮鞋、内销服装、铁锅、木家具、钢家具等7种产品合格率指标达到全国平均水平。获部优质产品14个，工艺美术百花奖1个，省优质产品59个，优质产品率为6.8%，比1985年上升1.5%。

新产品开发取得进展。开发四新产品[illegible] 710种，

主 要 产 品 产 量

产品名称	单位	1986年产量	1985年产量	1986年比1985年＋（－）％
塑料制品	吨	99 353	88 865	11.8
洗衣机（系统内）	万台	37.19	34.07	9.2
其中：双缸洗衣机	万台	17.28	3	476
电冰箱（系统内）	万台	11.58	7.33	58
其中：双门电冰箱	万台	5.33	2.01	165.2
皮革（折牛皮）	万张	228.26	146.81	55.5
精铝制品	吨	4 475	3 265	37.1
电风扇（系统内）	万台	69	61.33	12.5
不锈钢制品	吨/万件	397/213.6	210/187.14	89.1/14.1
地毯	万平方米	39.27	32.64	20.3
铝合金门窗	万平方米	254	162	56.8
家具	万件	538.33	448.65	20
其中：木制家具	万件	182.04	127.69	42.6
玩具	万元	3 417.57	2 683.55	27.4

投产 6 065种，产值3 499.12万元，投产率为90.3％。其中：新产品有414种，投产353种，投产率为85.3％，产值 16 142.56万元。在新产品中，有16种是用引进项目生产的，创产值 4 100万元，约占新产品产值的1/4。全年完成科研项目14项，推广应用新技术 6 项，全省二轻系统26个单位应用微机有效果；围绕企业现有设备的改造和工艺革新，完成“四小”成果500项；举办了技术交易会。

技术改造和引进。全省二轻系统完成基本建设 7 项，技术改造 175 项，完成总投资14 863万元，投资完成率为69.9％。其中：技术改造投产 120项，投产率为68.6％。技术改造投产项目中，技术引进项目投产43项，完成投资 8 411万元，投产率为63.2％；利用国内技术改造投产 772项。投产项目的固定资产交付使用率为90.2％。

出口创汇有较大突破。全省二轻出口产品收购值为3 561.24万元，占当年二轻工业总产值的 8.1％，比1985年增长67.4％。

教育与人才培训。全省二轻系统（不含武汉市）5所全日制中等专业学校，招生 448人，输送毕业生308人，目前在校学生 1 241人，是1980年以来在校学生最多的一年；委托高校代培和师资培训共67人；以省二轻经济管理干部学校为基地，举办了三期有厂长、经理和县轻工局局长共 132 人参加的培训班；全省二轻县局以上单位和大中型企业，共举办各种形式的短训班562次，培训人数达23 680人。

【经济效益】 1986年产销基本平衡。实现利润11 363万元，利税总额为24 591万元，分别比1985年下降23.4％和12％。可比产品成本上升 4.6％。亏损企业182户，亏损面达13％，比1985年扩大 6.6％，亏损金额为 1 553万元，比1985年增加3.3倍。造成经济效益不好的原因，除了主观上存在的问题外，客观方面的不利因素对经济效益的影响很大，主要有：

1．原材料价格上涨，超出了二轻企业，特别是一些生产小商品企业的承受能力。据不完全统计，1986年全省二轻企业仅原材料提价一项减少利润有3 160多万元。

2．企业资金短缺，银行贷款增加。全省二轻系统平均占用定额流动资金93 693万元，比1985年增长24.6％，产值资金率由1985年的27.1％上升到30.8％，上升 3.7 个百分点，流动资金的增长幅度超过了生产和销售的增长幅度。而全省二轻企业自有流动资金占定额流动资金的比重，到1986年末，集体所有制企业仅为16.5％，加之二轻企业留利水平很低，1986年人均留利只有142.93元，其中集体所有制企业为105.93元，比1985年减少37.2％，税后留利参与流动资金周转余地不大。因此，企业正常经营所需流动资金90％靠银行贷款解决，1986年银行贷款比1985年上升26.2％。因国家调整银行流动资金贷款利率影响利润约404 万元。

3．各种乱摊派无明显好转。据调查，全省二轻系统各种摊派名目达 100 多种。沙市市二轻系统仅上半年摊派金额达128 138元，占该系统留利总额的19.6％；按被摊派的27个单位的职工总数 8 271人计算，人均负担9.29元。荆州地区各种摊派名目达46种，有的摊派占企业留利的60％以上。

4．工资性支出增加。据不完全统计，1986年全省二轻企业工资性支出比1985年增加2 950万元。

5．其它减利因素，如国家征收教育费附加减少利润43万元；还有一些企业集中处理历年遗留的各种财产损失1 264万元。

上述各项，全省二轻系统共影响利润7 821万元，扣除国家对少数产品改变征税办法和按规定提高产品售价等增利因素1 130万元，仍有6 691万元的减利因素。由于企业努力增产适销对路产品，千方百计增强消化能力，消化不利因素3 230万元，消化率为48.3%。

【深化企业改革】 全省二轻工业改革主要是向“三改一联”的方向发展，即：

1. 改革企业经营机制。试行的形式：一是股份制，即在清理资财的基础上，组织职工入股。这种形式在集体所有制企业中开展得较为普遍。武汉市二轻系统在首批45户清资企业中，首先开展各种形式的职工集资入股，使职工与企业利益同享，风险共担；二是租赁经营。主要在经营管理不善和微利、亏损企业中试行，据武汉市二轻系统在4个国营小企业中试行的情况看，都取得了明显的效果，有三个厂的利润大幅度增加，一个厂租赁三个月即扭亏为盈；三是资产经营责任制，在少数国营企业中试行；四是经营承包责任制，即由经营者承包企业的主要经济指标，并按照经营承包的规定享受权利，承担责任。实行这种形式的企业较多；五是结合厂长负责制实行厂长任期目标责任制。

2. 改革企业的领导体制，主要是推行厂长负责制。全省二轻系统推行厂长负责制企业的面进一步扩大。有的集体小企业为了有利于解决书记、厂长“双轨制”的协调问题，还实行厂长兼书记的“单轨制”。实行租赁、承包经营的企业、租赁者或承包者在合同期间负有厂长的职责。

3. 继续完善和发展经济承包责任制。1986年，经济承包责任制在承包对象、承包基数、承包内容和承包结果上，都有新的变化和发展。在承包对象上，通过层层承包、人人承包，把经营者的任期目标分解，落实到科室、车间、班组、机台和个人，使每个岗位都有明确的目标、责任和利益；在承包基数上，通过不断调整，使承包基数更趋合理；在承包内容上，突出了降低消耗、降低成本、增收节支的重点，还开展了产品设计、新技术开发和供销等方面的专项承包；在承包结果上，坚持承包兑现。

4. 改革企业内部的分配制度。目前全省二轻系统企业的分配形式主要有：工资奖金同利税挂勾、定额超产计件、除本分成、联产联利计酬、计件工资、岗位工资等。有的还扩大“活工资”的比重，把部分工资同奖金捆在一起浮动，使职工收入适当拉开，在保证国家增收，集体多留的前提下，真正体现多劳多得。宜昌市二轻局改革分配制度，在全系统23个企业中试行利税与工资总额挂勾的分配方法，调动了职工的积极性，经济效益明显提高。从9月到12月，试行挂勾的23个企业，利税完成157.15万元，比1985年同期增长15.7%；其中税金完成99.47万元，增长21.9%；利润完成57.68万元，增长6.4%。挂勾后的月均利税额比挂勾前的1至8月增长15.7%。同时，企业的工资总额和个人收入也随着增加，挂勾后的工资总额比1985年同期增长6%，职工个人收入人均月工资由上年同期的91.41元上升到96.94元，提高了6%。

5. 横向经济联合进一步发展。全省二轻系统30%的企业发展了多种形式的经济联合，取得较好的经济效益和社会效益。孝感市二轻系统60%的企业分别开展工工、工贸、工商、工农等方面的联合，1986年全系统完成工业总产值6 441万元，实现利税510万元，分别比1985年增长28.3%和26.7%，其中通过联合带来的产值和效益占25%以上。

随着横向联合的发展，出现了一批以优质、名牌、紧俏骨干产品为龙头的企业群体和集团。武汉电扇厂在省内外97个企业开展协作配套生产；天门塑料花总厂组织松散型经济联合，发展到17个分厂；沙市电冰箱厂按照专业化分工、在市内外，省内外开辟了300多个配套点，形成无区划，条块结合的经济网络，并着手组建“沙松集团”；武汉荷花洗衣机厂通过投资和零部件扩散，与武汉地区系统内外13家企业组成“武汉荷花洗衣机联合公司”，1986年完成产量36.1万台，工业总产值10 709.35万元，销售收入9 652.84万元，利润705.04万元，分别比1985年增长15.8%，50.7%，48.7%，26%，创汇200万美元，利税总额突破1 000万元。

【物资供应和产品销售】 全省二轻各级供销部门和企业，面向市场，“找米下锅”，全方位开发物资渠道，取得较好成绩。据统计，全系统计划切块的主要物资落实较好，钢材落实117%，生铁落实109%，铝落实113%，塑料落实59%，自筹钢材79 822吨，生铁26 448吨，铝3 497吨，塑料原料41 789吨；还积极筹集各种外汇1 162.75万美元，进口紧缺的塑料原料8 410.5吨、胶合板7 220立方米，马口铁1 800吨，电冰箱压缩机13 500台，氯丁胶24吨，对促进全省二轻工业生产起到较大作用。汉川县脉照钢管厂是一年吞20 000吨钢材大户，但全年生产没有一吨计划材料，他们靠发展横向联合，同全国十多家原材料企业建立稳定的联合关系，1986年组织钢材10 000多吨，保证了生产的需要。

近几年，全省二轻产品自销比重逐年增大，1986年达到78%以上。自销形式多种多样，除充分发挥全省二轻系统一万多人的销售队伍，1 600多个销售网点的作用外，重点抓了联销和展销、仅省二轻贸易中心就举办和参加了省内外大型展销会7次。

（陈正国）

附：武汉市一轻工业

【概况】 1986年底，武汉市一轻工业企业（含卷烟）共有161个。其中市一轻局所属企业130个，汉阳、武昌、黄陂、新洲四县所属企业29个，市烟草公司所属企业2个。在局属企业中，全民企业62个，集体企业68个。全局所管行业有：造纸、包装装潢印刷、食品（含酿酒、发酵）、日用化工、日用硅酸盐、日用机械、制笔等。武汉卷烟厂于本年划归市烟草公司管理。全局年末职工数61 427人，其中全民职工48 493人。

全市一轻工业总产值为13.96亿元，与上年相比增长5.4％。其中局属企业10.04亿元，比上年增长0.97％；武汉卷烟厂3.32亿元，比上年增长0.8％。

列入全市20个拳头产品的一轻产品有5个，其生产批量都比上年增长：胶印书刊纸增长30％，高中挡卷烟增长130％，合成洗衣粉增长15％，啤酒增长26％，优质白酒增长2％。自行车、味精、保温容器、合成脂肪酸、冰淇淋、防锈纸等一批受到市场欢迎的优质产品和适销对路的产品产量也比上年增长。全局优质产品产值率达20％，比上年增长4.8％。但是手表、缝纫机、灯泡、日用玻璃制品、固体饮料、火柴等产品，分别比上年有不同程度地减产。

主要产品产量完成情况

主要产品	计量单位	1986年产量	1985年产量	1986年与1985年相比＋(－)％
机制纸与纸板	万吨	9.74	10.35	－5.9
自行车	万辆	51.45	43.71	17.7
手表	万只	85.8	90.02	－4.7
日用搪瓷制品	万吨	0.47	0.48	－2.1
卷烟	万箱	50.54	59.77	－15.4
干电池	亿只	1.27	1.22	4.1
灯泡	亿只	0.28	0.30	－6.7
肥皂	万吨	2.41	2.39	0.8
合成洗涤剂	万吨	4.1	3.51	16.8
啤酒	万吨	2.78	2.20	26.4
味精	万吨	0.26	0.19	35.7

在30种可比的重点产品中，质量比上年稳定和提高的有27种，稳定提高率达到90％，比上年增长4.3％。列入市一轻局考核的106种产品，完成质量指标计划的有96种。有25种产品分别获轻工业部、湖北省、武汉市优质产品，其中月湖牌二级硬脂酸、水晶牌喷泉式冷饮器、黄鹤楼牌橙汁汽水（中糖）等11个产品获部优。全局系统共试制完成新产品（品种）73项，其中已鉴定16项，投产58项，新创产值7 087万元，新产品产值率为7％。有18个新产品获武汉市优秀新产品奖，江汉食品厂评为全市新产品开发先进企业。

全局全年完成固定资产投资6 795万元，比上年增长28％。基本建设项目25个，完成投资3 196万元，比上年增长60％。汉阳造纸厂9 000千瓦自备热电站，于10月正式竣工验收投入运行。长江啤酒有限公司土建工程、汉阳造纸厂年产2万吨胶印书刊纸改造项目相继开工。技术改造项目42个，完成投资3 600万元，比上年增长8.5％。其中年产3 000吨味精改造项目、年产1 200吨巧克力生产线、啤酒过滤灌装生产线、模塑瓶盖生产线、引进的四色胶印机等20个技术改造项目相继投产，新增产值1.2亿元，新增利润1 824万元。

市一轻局不断完善销售承包的形式，推动工业自销。有74户企业实行销售承包，比1984年增加了十余户。全局系统参加全国或地区性的产品展销会、订货会和交易会达170多个厂（次），成交额达5 100万元。他们还组织企业走访了省内30多个县、市近百个经销单位，沟通销售渠道，掌握产品销售趋势，及时向工厂反馈信息，增强产品的应变能力。全局完成销售收入9.9亿元，比上年增长8.3％。

全局62户预算内企业全年税金7 909万元，比上年下降12.6％。实现利润6 447万元，比上年下降20.3％。上缴利润2 025万元，比上年下降12.3％。亏损企业8户，亏损额533万元，比上年增亏468万元。导致全年经济效益不佳的主要原因：一是全年原材料、能源、运输费用等大幅度提价因素达5 600万元，企业难以承受和消化；二是产品结构调整慢，不适应市场需要，年末库存成品资金比上年增加12％；三是企业内部管理较差，浪费、消耗大，可比产品成本比上年增长8.8％。

但全局仍有相当一部分企业经济效益比上年增长，62户预算内企业中有25户实现利润超过上年同期水平。东风造纸厂、武汉味精厂等8户企业被评为湖北省一轻工业全面提高经济效益的先进单位。

全局全员劳动生产率人均16 641元，比上年增加1 880元，其中全民企业劳动生产率人均21 107元，比上年增加449元。

全年出口产品交货值达3 036万元，比上年增长1.5倍，创汇675万美元。武汉自行车二厂已成为全市出口额在100万美元以上的创汇大户。

【经营责任制】 全局在巩固发展各项改革成果的基础上，突破原有的企业经营机制，推行多种形式的经营责任制。

(1) 在大、中型国营企业实行厂长负责制。1986年底，已有39户国营企业实行厂长负责制，占国营企业的63%。同时，在9户企业中推行厂长任期目标责任制，任期为4年，把经营者的短期行为和企业的长远发展有机结合起来。

(2) 国营小型企业实行租赁经营。全局先后有6户企业实行租赁。武汉金笔厂原副厂长喻志强，将价值4 000元的私人财产作抵押，租赁有550名职工、250万元固定资产的武汉金笔厂。租赁当月金笔产量由40万支提高到46万支，实现利润2.7万元，比没有租赁前的上半年利润总和增长5倍。该厂生产的彩色铱金笔在全国质量评比中由第10名上升到第2名，职工收入也有较大增加，该厂还被评为全省一轻工业全面提高经济效益的先进单位。武汉明胶厂由原厂长刘林生租赁后，将原来的企业内十几个行政部门合并为4个管理指挥系统，对干部实行聘用制，同工人签订劳务合同，对生产车间采取各种承包形式，扭转了上半年亏损16万元的被动局面，全年盈利25万元。6户租赁企业，均提前一个月完成全年效益目标，平均增长率达到15%。

(3) 部分企业试行资产经营责任制。10月，市一轻局以江汉食品厂、武汉饮料一厂两家国营企业为试点，向全市公开招标选聘经营责任人，12月，市一轻局又对武汉酒厂、武汉啤酒厂实行资产经营责任制。

(4) 联利承包责任制。全局有43户企业实行奖金、浮动工资、部分基本工资捆起来与劳动成果挂钩的分配办法，打破原来"工资管饭、奖金管干"的局面，促进生产发展。武汉造纸厂在6个生产车间划小核算单位，实行联利承包责任制，使工资中的弹性部分达到收入的40%，调动职工生产积极性，全年产值比上年增长3.6%，利润增长14%。武汉味精厂试行超额计件工资，味精产量比上年增产36%，增销42%，实现税利增长59%，人均留利水平比上年增长81%。汉阳造纸厂的吨纸工资含量包干、自行车二厂的成本控制法、武汉电池厂的目标成本经济制等分配形式，也收到较好的效果。

【经济联合】 全局有49个企业与22个省、市和计划单列城市的222个企业签订联合、协作项目248个，引进资金1 044万元，新增产值8 311万元，创利税1 026万元，获技术转让费、咨询费182万元。联合有以下两个特点：一是积极发展与上海名优产品的联合，由技术输出转向引进开发新产品（品种），提高产品档次水平。武汉缝纫机螺丝厂率先与上海第一水泵厂联营，引进该厂多级离心泵生产技术，联营后2个月就扭亏为盈，全年产值比上年增长19%。武汉自行车二厂同上海自行车三厂签订在武汉定牌生产凤凰牌QF767型自行车的协议，年内已生产2 800辆投放市场。自行车一厂与上海自行车四厂联合生产飞达牌ＱＣ451型、ＧＨ452型自行车，年内已小批量投产。武汉计时器厂也与上海钟厂在武汉定牌生产钻石牌闹钟。二是注重系统内企业之间的联合，以名优产品为龙头组建企业集团。武汉糖果厂与生产经营状况被动的武汉缝纫机台板零件厂在自愿的基础上联合，利用台板零件厂的厂房发展棉花糖生产。全局还先后组建2个实体性的企业公司。由局内3家日用化妆品工厂组成的武汉日用化妆品公司，集中力量发展武汉地区的日用化妆品行业。另一家黄鹤自行车工业公司，由自行车二厂和3家零件厂组成，该公司以自行车二厂为龙头，集中优势发展黄鹤牌系列自行车，同时定牌生产凤凰牌自行车，使武汉自行车生产形成外引内联双轨并行的横向联合新格局。

【质量管理】 市一轻局围绕提高产品质量、强化质量意识，采取改进考核、行使质量否决权等措施，取得一定成效。他们一是注重产品实物质量指标考核。饮料二厂全年对汽水实物质量检查1 365批次，合格率达98%。武汉糖果厂全年对棉花糖的实物质量检测6 210次，各项指标均达到部颁标准。全局考核的177项实物质量指标，项目达到率为98.3%。二是全局从3月份起对所属企业实行"质量否决权"，凡产品质量未完成指标的企业减扣当月奖金。武汉造纸厂制订了6章37条否决权方案，有32个班组249人次的奖金被扣除，19个班组159人次受到嘉奖。由于奖罚分明，产品质量得到保证，主要产品油毡原纸合格率保持100%。三是推行全面质量管理。全局已有31个企业推行全面质量管理，已注册登记的质量管理小组334个。全年先后召开2次质量管理小组成果发表会，14个企业的质量管理小组发表27项成果，共获经济效益224万元。有6个小组分别被评为部、省、市优秀质量管理小组，汉阳造纸厂复写原纸ＱＣ小组被评为全国优秀质量管理小组。列入国家经委第一批推行全面质量管理的武汉灯泡厂、汉阳造纸厂、武汉油脂化学厂、武汉手表厂、武汉印刷厂5家企业，按照轻工业部全面质量管理验收细则全部达到良好标准。武汉防锈纸厂被评为全国轻工业优秀质量管理企业。由于强化产品质量管理，使一批产品在全国同行业评比中获得好名次。武汉食品厂的糖水莲子罐头获得第1名、清水马蹄罐头获第3名；武汉饮料三厂和饮料二厂的橙汁汽水分别获第2名和第3名；武汉圆珠笔厂的武汉牌724圆珠笔获并列第1名；武汉金笔厂的普通铱金笔获并列第2名；武汉印刷厂的黄鹤楼条包烟盒获第2名；武汉搪瓷厂的搪瓷菜锅、高脚痰盂、搪瓷口杯和搪瓷汤盘获并列第1名；武汉灯泡厂的普通灯泡连续3年被评为第5名，荣获一等奖。

【中德合资长江啤酒有限公司】 由我国4个经济实体（武汉酿造总厂、光大实业公司、中国轻工业对外经济合作公司、武汉市建业投资公司）和联邦德国的3个公司（汉堡安时公司、慕尼黑史柏登公司、DEG金融投资公司）合资经营的长江啤酒有限公司，是我国实行对外开放政策以后，啤酒酿造业与联邦德国合资的第一家大型企业，也是我国啤酒工业最大的合资企业。该公司工程投资总额达8 528万元。注册资本2 340万元（人民币），其中中方4家公司资本1 690万元，德方3家公司资本（折合人民币）650万元。外汇贷款5 000万马克，投产后用返销啤酒还款，国内配套资金贷款2 739万元。全套酿酒工艺由安时公司提供，原材料及包装配套工程由国内解决，设备能力为年产啤酒10万吨。

该合营公司于1984年9月开始进行前期工作，成立公司董事会，由中国武汉酿造总厂赵树发任董事长，光大实业公司和汉堡安时公司各一人任副董事长。董事会下设筹建处，由武汉酿造总厂薛永健任筹建处主任，联邦德国安时公司瑞特先生任副主任。筹建处主任行使总经理责权，在建设工程结束以后经董事会决定解散。

5月11日，武汉长江啤酒有限公司举行成立暨奠基典礼。全国政协副主席、光大实业公司董事长王光英、轻工业部长杨波、联邦德国副大使佳斯克尔以及湖北省、武汉市领导等中外来宾300多人参加奠基仪式。第一期工程已在年内开始动工，将于1988年初建成试车，年产11.5度浅色熟啤酒、浅色一级啤酒、浅色鲜啤酒5万吨，其中1万吨浅色熟啤酒将返销联邦德国。

（邓　乔）

武汉市二轻工业

【概况】 1986年底，武汉市二轻系统共有企业315户，其中集体企业265户，为全系统企业总数的84.1%；职工人数88 625人，其中集体企业职工人数72 667人，占全系统职工总数的81.9%。全年完成工业总产值11 4558万元，比上年增长0.01%，其中集体企业完成工业总产值85 209万元，占工业总产值总数的74.38%，比上年增长3%。全员劳动生产率12 976元，比上年增长0.42%。列入局考核的20种重点产品，累计完成产值37 814万元，占全局工业总产值的33.01%，其完成情况是：

主要产品	计量单位	1986年度产量	1985年度产量	本年度与上年度相比+（－）%
拉链	万米	575.55	1 001.34	－42.5
锁	万把	414.17	359.72	15.1
洗衣机	万台	36.16	31.23	15.8
电扇	万台	38.11	35.26	8.1
灯具	万件	124.67	110.15	13.2
钢锯条	万扎	505.90	589.71	－14.2
塑料制品	吨	28 039.94	23 759.77	18
皮革投水量	万张	134.09	83.86	59.9
皮鞋	万双	315.0	337.43	－ 6.7
箱子	万口	38.41	45.14	－14.9
童车	万辆	66.36	71.11	－ 6.7
服装	万件	971.78	1 026.05	－ 5.3
布鞋	万双	979.40	1 036.87	－ 5.5
钢制家具	万件	234.52	225.80	3.9
精铝制品	吨	3 062.09	2 028.70	50.9

全系统生产30种小商品的26户企业，全年累计完成工业总产值4 333万元，比上年增长9%；产量比上年增长的有20种，占66.67%，初步缓和了小商品供应断档脱销的状况。出口创汇有了较大的发展。全系统完成出口交货值9 499万元，比上年增长64.67%；出口产品创汇额1 328万美元，比上年增长10.69%，超历史最好水平0.01%。在46种重点出口产品中，有36种比上年有所增长，其中，获国家银质奖的“剑鱼牌”钢锯条增长242%；水砂纸增长70.95%；抽纱制品增长32%；尼龙牙刷增长78%；棘轮板手增长43.83%。新优产品有所增加。到十二月底，全局累计开发新品种540种，投产415种，投产率为76.85%，新产品产值累计完成20 139.06万元，新产品产值率为17.58%，比上年提高6.86%；全局共创48项优质产品。其中部优产品12种：有大桥牌儿童自行车、荷花牌双捅洗衣机等。省、市双优产品18种：有冰峰牌聚苯乙烯泡沫板、宇宙牌聚四氟乙烯模压板等。列入局考核的20种产品质量稳定提高率达84%，优质产品产值完成16 228万元，比上年提高30.17%。全年在建技术改造项目79项，总资金10 874.55万元（其中结转39项，资金7 973.97万元；新开40项，资金2 900.58万元）。年底已完成45项，完成工作量5 965.6万元。全年技术改造更新和新增设备930台，采用的工艺装备达到国内同行业先进水平的有17项，提高产品质量争创优质名牌的有25项，其中创国优的有4项，创部优的有3项，创省、市优的有18项。增加新产品14种，新品种24个，改建扩建车间面积24 688平方米，使一批设备陈旧、工艺落后、生产水平低的企业的技术装备得到明显改善。一年新增产值7 600万元，新增利润650万元。技术改造和技术引进工作主要采取了

以下几种形式：一是利用工贸联合、租赁、聘请外国专家诊断、留展等形式引进设备和技术，武汉电扇厂经过日本专家诊断确定了技改项目；二是与技术研究部门发展横向联合，武汉钢锯厂与武汉钢铁学院共同研制成功微型双面锯条；三是发动群众集资搞改造。工艺塑料花厂、塑料十三厂、大桥按扣厂、中华内衣厂等企业共筹措改造资金32万元；四是对引进设备的吸收消化，加速国产化的进程。武汉牙刷厂对西德进口的植毛机，根据其特点加以改进并自行设计制造了一台用电脑控制的双色植毛机。

1986年全局工业企业完成税金5 570万元，比上年下降13.09％。实现利润5 577万元，比上年下降40.96％。亏损企业52户，比上年增加2.46倍，亏损额884万元，比上年增加10.05倍。造成经济效益差的主要原因：一是全年各种费用的增加与企业的承受能力和消化能力不相适应；二是生产的产品与市场的变化不相适应；三是管理干部的经营思想与商品经济的发展不相适应。

【横向经济联合】 全局系统有121个企业与市内外707个企业建立了横向经济联合关系，共签订710多条经济技术协作项目。其中建立企业群体3个，建立经济联合体50个，共实现产值15 158万元，占全局工业总产值的13.23％；实现利润1 500万元，占利润总额的26.90％。全系统横向经济联合主要在以下三个方面有较大的突破：一是以名优产品为龙头，以骨干企业为依托，组建“企业集团”、“企业群体”有所突破。一年来组建了以武汉洗衣机厂为骨干，以荷花牌洗衣机为龙头的“荷花洗衣机联合公司”；以武汉童车厂为骨干，以大桥牌童车为龙头的“武汉大桥童车制造公司”；以武汉铁木家具厂为骨干，以“白鳍豚”钢制家具为龙头的“白鳍豚钢木家具联合公司”等“企业群体”，共建立了460多个企业和销售点，其中省内180多家，三郊四县80多家，省外200多家。二是在引进国内先进技术和管理经验及名优拳头产品上有所突破。武汉金星铝制品厂引进中国有色金属总公司科研所广州分所“高频弧焊接技术”的新工艺，解决了不锈钢压力锅锅底铝板焊接技术的难关，使不锈钢压力锅10月批量投产。武汉长江铝制品厂从沈阳压力锅公司引进了全国名优产品“双喜”牌压力锅生产工艺，并投入了小批量的生产；武汉铝制品厂引进天津铝制品厂铝片生产技术和先进的管理经验，使轧片一级品率由40％提高到80％，轧片月产量由70吨上升到300吨。三是在发展工贸联合、工工联合、产销联合上有所突破。曙光童装厂、武汉塑料三厂、红光皮件厂分别与中国纺织品进出口公司湖北省服装公司、中国轻工业进出口公司武汉分公司、中国畜产进出口公司武汉分公司等外贸部门实行工贸联合，促进了出口产品生产的发展。武汉皮件厂与深圳远东机械有限公司实行工工联合，组建武圳旅行箱有限公司，生产注塑旅行箱，年生产能力可达30万只；武汉塑料十厂与上海电缆研究所和武汉电线厂组建科研、生产的横向联合、共同发展目前国内空白的新型电缆料——耐候电缆料，年生产能力可达3 000吨，创利110万元。

【体制改革】 武汉市二轻系统为深化企业改革对小型国营企业实行租赁经营；对集体企业进行清理资产，划分归属，试行股份制。

小型国营企业租赁经营有发展。全局继武汉市第一个实行租赁经营的武汉低压灯泡厂试点成功之后，又对武汉钢锉厂、武汉伞厂、武汉制锁厂实行了租赁经营，实现了生产稳步发展，经济效益逐月增长的目标。到年底，武汉低压灯泡厂、武汉锁厂、武汉伞厂的利润分别比上年增长65.2％，50％和134％。租赁前帐面亏损3.16万元，实际亏损12万元的武汉钢锉厂，租赁后的3月至12月除补亏外还盈利6.58万元。在国营小型企业中普遍推行租赁经营的同时，在集体企业中推行以“资产抵押、签订合同、依法公证”等为主要内容的租赁承包经营形式，已在亏损户的武汉人造革厂、武汉长江皮件厂2户集体企业试行。

集体企业清理资产、划分归属。武汉市二轻系统的132个集体企业根据市联社常务理事会决定，按企业发展的三个历史时期，划分归属的工作，通过清理，弄清资金构成来源，按上级有关划分资金归属的规定，核定联社、企业、职工各自占有资金份额，并由各自占有的股份按资金比例承担经济责任与分配经营收益。第一批45户企业已清理完毕，并按市联社拟定划分归属的七条标准，经专业联社初审，市联社审定，企业同意，公证机关公证。

集体企业职工扩资入股。武汉市二轻系统恢复劳动分红制度，其主要形式有以下几种：一是终身股，有的企业采取一次性的扩资入股，每人一股，每股200～500元不等。职工年老退休离厂可以退还股金。二是逐年增加股。三是占有股，武昌电扇厂除每个职工入股300元，骨干入股600元外，还根据该厂历史情况将60万元的原积累，划出25％折股到人，按照工龄、技术等级划给职工占有，并规定，这种股金不能带走、转让，限于厂内有效，对退休职工也划一部分工龄股。实行利益均分、风险共担，企业盈利按股分红，亏损则按占有股的比例弥补。四是浮动股，这种股份的特点，第一带有时间性，即三至五年不等；第二带有利益性，与利润挂钩，有利分红，无利不分；第三带风险性，企业亏损要扣除浮动股份，这种办法很受群众欢迎。

【产品开发】在二轻系统一批传统产品有了新的发展的同时，开发新产品工作也取得新的成绩。

武汉金银制品厂继承传统工艺并引进石腊浇铸即项练设备和各种激光焊接项练机，对轧条机细管切断，奖杯刻字、打孔、镀黄等工艺进行了改进，开发新产品24个，近70种花色。出口新产品12个，计34种花色，为市外贸银饰的首次出口。还试制完成了20K、22K镶石点琅金手镯，并批量投产。此项成果获得北京外贸创新三等奖，评为武汉市新产品一等奖。还基本完成18K金线的试制及高丝、麻花丝二个机制产品。共获得二个市优秀新产品一等奖，三个造型设计三等奖。

武汉市1986年钢家具产量234.52万件；折叠式钢丝床有二折叠单横头、三折叠双横头、三折叠加花双横头等品种为国内首创。产品行销全国20多个省市，远销香港、东南亚、欧美等几十个国家和地区。武汉钢制家具厂生产的双箭牌双翻椅和铁木家具厂生产的白鳍豚牌双翻椅均获得湖北省、武汉市优秀产品奖。“壁丽牌”PVC发泡壁纸是由武汉塑料十四厂从美国引进的一条壁纸生产线生产的一种建筑的装饰材料。该产品外型美观，立体感强，具有吸音隔热作用。塑料十四厂1984年引进了壁纸生产线，1986年6月试产，到年底，共生产发泡壁纸56.68万平方米，销售48万平方米，创利润22万元。

（吴绪霞）

湖　南　省

湖南省一轻工业

【概况】1986年湖南一轻工业企业共570个，比上年增加17个(其中系统外划入22个，基建竣工投产2个，分厂增加企业2个；划出4个，关、停、并5个)，其中，全民企业446个，集体企业122个，中外合营企业2个；大中型企业49个，小型企业521个。共有职工18.92万人。拥有固定资产原值16.76亿元，净值11.58亿元。全年完成工业总产值22.33亿元，比上年增长11.72％，略高于全国一轻工业平均增长水平。20种主要产品产量有14种完成和超额完成了年计划，比上年增长10％以上的有自行车、日用陶瓷、日用玻璃制品、灯泡、干电池、合成洗涤剂、糖、味精、非酒精饮料和轻工机械等10种。销售收入完成21.68亿元，比上年增长11.41％。

主要产品产量完成情况如下表（见表1）

全年主要产品质量稳定提高率达到80％，优质产品产值率达到17.1％。有3个产品，即城乡造纸厂的一号打字纸、邵阳造纸厂的一号书写纸和沅江罐头厂的糖水湘莲罐头获1986年轻工业部优质产品称号。衡阳自行车厂双雁牌ZA—85型自行车、冷水滩造纸厂100克铜版纸、新衡化工厂南岳牌香皂等54个产品获省优质产品证书。全年开发新产品75种，新产品产值率为4％。主要原材料消耗稳定降低率达到80％。全系统预算内企业共实现税利34 785万元，比上年增长4.91％，其中利润16 273万元，比上年增长7.78％。亏损企业有45户，比上年增加12户，亏损金额915万元，比上年增加67.89％。出口创汇4 126万美元，比上年增长32％，创历史最好水平。其中日用陶瓷出口11 557万件，创汇2 832万美元，居全国第二位。

表1　主要产品产量

产品名称	计算单位	1986年产量	1985年产量	1986年与1985年相比+(－)％
机制纸及纸板	万吨	48.64	45.48	7.0
原盐	万吨	35.67	34.58	3.9
合成洗涤剂	万吨	4.22	3.11	35.0
饮料酒	万吨	28.45	25.88	10.1
罐头	吨	41 516	31 700	31.0
日用陶瓷	万件	57 216	57 165	0.1
日用搪瓷制品	吨	3 818	3 908	－2.3
玻璃保温容器	万个	499.63	497.77	0.4
日用玻璃制品	吨	201 731.84	175 995	14.6
肥皂	吨	52 983	49 348	7.4
牙膏	万支	5 763.25	5 745.77	0.3
干电池	万只	27 752.42	24 923.19	11.4
火柴	万件	124.14	125.04	－0.7
自行车	辆	410 371	963 567	46.41
缝纫机	架	260 052	314 990	－ 17.4

全年安排基建项目10个，竣工3个，完成投资2 408万元。技改项目284个，计划投资2.91亿元，竣工项目184个，完成投资2.1亿元。

系统内轻工学校招收大中学生453名，毕业生471名。年末在校学生1 026名。参加职大、电大、函大、夜大、刊大学习的干部工人共2 126名，毕业265名。此外，还进行了各级各类干部的业务培训和中等专业技术教育。

【工业普查】1986年全省一轻系统全面开展了工业普查工作，普查了截至1985年止的企业基本情况。

一是查实了工业企业的基本情况。到1985年止，全省一轻企业553个，其中全民企业432个，占78％；集体企业120个，占22％；集体与私人合营企业1个。按企业规模分，大中型企业45个，占8％；小型企业508个，占92％。按行业分，制浆造纸企业85个，食品饮料企业162个，日用硅酸盐企业87个，灯泡企业10个，日用化学制品企业29个，日用机械企业10个，文化用品企业6个，轻工机械企业5个，制盐企业2个，印刷企业133个，其他24个。

二是查清了企业资产。全系统总计占地面积2 969万m^2，房屋建筑面积867.49万m^2，其中工业用房面积504.11万m^2。固定资产原值16.37亿元，净值11.45亿元，流动资金实际占用7.11亿元。

三是核定了生产能力。造纸业能力为41.5万吨，机制糖业为10万吨，罐头业为5万吨，火柴业为132万件，合成洗涤剂业为4.17万吨，日用玻璃制品业为18.75万吨，日用陶瓷业为4亿件，灯泡业为7 864万只，自行车业为64.5万辆，干电池业为3.76亿只。

四是查实了设备技术状况。全省一轻重点企业主要设备的价值（按原值计算）为15 583万元，其中达到国际水平的156.6万元，占1％；达到国内先进水平的3 045.3万元，占19.5％；为国内一般水平的9 684.8万元，占62％；国内落后水平的2 697万元，占17.5％。

五是查清了劳力情况。全系统全部职工为18.1万人，其中固定职工、合同制职工127 592人，大中型企业62 390人，占35％，小型企业118 610人，占65％。职工构成：工人133 000人，占73.3％；学徒5 317人，占3％；技术人员3 732人，占2％；管理人员19 814人，占10.9％；服务人员13 215人，占7.3％；其他人员5 927人，占3.5％。在总数中，领导成员2 250人，占1.2％；女性73 120人，占41％；少数民族2 344人，占1.3％。

固定职工和合同制职工按年龄分组，21至35岁的占一半以上；按文化程度分组，初中以上文化程度的占60％以上。(见表2)

表 2　按年龄和文化程度分组表

按年龄分组	人数	占总数％	按文化程度分组	人数	占总数％
20岁以下	10 123	8	大专	3 335	2.6
21至35岁	69 737	55	中专	4 328	3.3
36至50岁	40 642	32	技校	3 616	2.9
51至55岁	5 296	4	高中	26 849	21.
56至60岁	1 600	1	初中	55 417	43.8
61岁以上	194		小学	31 454	25.
			文盲半文盲	1 794	1.4

按技术职称分：高级技术职称2人；中级技术职称称526人，占0.2％；一般技术职称3 437人，占1.9％。

六是普查了产品销售库存情况。全系统全年实际销售额18.56亿元，其中企业自销15.27亿元，占82％；出口9 231.3万元，占5％；商业销售24 100万元，占13％。目前紧俏产品有名酒、啤酒、新闻纸、铜版纸等；畅销产品有日用陶瓷、日用搪瓷、日用玻璃制品、肥皂、合成洗涤剂等；平销产品有自行车、灯泡、普通饮料酒、干电池、牙膏等；滞销产品有手表、缝纫机、圆珠笔等。

七是查清了历年投资和为国家创造积累的情况。全系统从1949年到1985年止，累计投资19.47亿元，为国家创造税利37.32亿元，(剔除卷烟行业）相当于投资总额的1.91倍。

八是普查了主要消耗指标。(见表3)

表 3　主要消耗指标情况表

指标名称	单位	1980年水平	1985年水平	指标名称	单位	1980年水平	1985年水平
每吨稻麦草浆耗碱	公斤	340	329	吨肥皂耗油脂	公斤	441.2	447
每架缝纫机耗生铁	公斤	32	31	吨肥皂耗纯碱	公斤	12.3	14
吨瓷耗标煤	吨	1.97	1.92	万件火柴耗原木	立方米	278	309
吨玻璃耗纯碱	公斤	178	196.	吨啤酒耗标煤	公斤	237	178
万个瓶胆耗标煤	吨	15.79	26 94	吨酒精耗粮	公斤	1 664	1 790
吨洗衣粉耗烷基苯	公斤	747	406				

九是摸清了系统外一轻企业状况。系统外一轻企业，包括社队、乡镇、区街、商业、二轻等部门主管的企业和10人以下的小作坊在内，共有2 128个，为系统内企业数的3.9倍，其中，全部生产一轻产品的

企业有1 441个；部分生产一轻产品的企业有305个。10人以下小作坊有382个。按行业分：造纸有273个，印刷有560个，日用陶瓷有259个，食品有439个。这些企业的工业总产值近10亿元。

【技术进步】 全省一轻系统技术改造争取了省人民银行、建设银行、农业银行、工商银行、中国银行和信托投资公司的贷款共计1.5亿元。引进技术设备项目共10个，用汇1 798万美元。全系统已有46个技术引进项目投入生产。湖南日化总厂和邵阳合成洗涤剂厂引进的三氧化硫磺化中和装置、永州市豆奶食品厂的豆奶生产线、株州汽酒厂的灌装线以及长沙、株州、益阳、常德等地印刷厂引进的专用设备，均已发挥效益。通过引进、技术改造和重点建设，新增生产能力：机械纸及纸板4.94万吨，日用玻璃4万吨，日用陶瓷2 000万件，酒精5 000吨，名曲酒3 750吨，罐头3 700吨，味精1 000吨，肥皂8 000吨，热水瓶500万个，电池3 600万只。

全年承担国家、轻工业部和省各类科技项目61项，共完成科技成果56项（含新产品50项）。推广鉴定了重点科技成果和新技术19项，内有33项已申请专利。熔融石英铝土匣钵参加了全国首届创造发明展览会。芦苇化学机械浆和湘浬盐矿的钛材推广应用属国内先进水平。南县造纸厂徐建单等发明的“黑液气浮分离器”获国家专利。全年获省科技进步奖11项，其中，澧县酒厂的中华猕猴桃酒获二等奖。

全系统评出省轻工优秀新产品一等奖12项，二等奖38项。优秀新设计一等奖7项，二等奖12项。其中微波炉瓷质餐具、碱性电池专用电解二氧化锰、新型电光源低锡焊料、无糖桂酱等新产品，是国内首创或独有的。

全年完成省企业标准制订、修订任务59项，有70个企业计量定级合格（1985年为33个），其中达到二级计量21个（1985年为11个）。49个大中型企业中，有32个计量定级合格，其中达到二级计量的有19个。厅属产品质量监督检测站在年终省级监督检测站评比中，陶瓷站获先进称号。

【增强企业消化能力】 全省一轻工业实现税利只比上年增长4.91％，幅度较小，主要是减利因素大。一是农副产品原料如芦苇、茹干、高粱等价格一涨再涨，减利4 704万元；二是计划内材料价格调高、计划外材料涨价，如烧碱、纯碱等提价减利3 252万元；三是全系统14.7万多名职工调整工资进成本，减利1 150万元，仅上述三项共减利9 106万元，相当于1985年利润的60％。

为增强消化能力从内部挖潜入手，提高质量，发展品种，增加产量，降低消耗，共计增利6 700万元。一是调整产品结构。增产适销产品，减产滞销产品，淘汰落后产品，计增利3 240万元；二是扩大产品销售。1986年比1985年预算内企业销售收入增加2.6亿元，增长14.52％，出口产品产值增加4 659万元，增长45％，计增利1 620万元；三是节约原材料和燃料，全年主要原材料消耗稳定降低率为80％，主要能耗稳定降低率达到76.4％，全年节能降低计669万元；四是加强管理，节省费用开支，组织劳动竞赛，注意点滴节约。湖南日化总厂年税利在1 000万元以上，由于原材料提价等原因，增加成本305万元，该厂采取多种措施进行消化：①增产上档，调整结构，消化115万元；②节能降耗消化58万元；③择优选取原材料，消化80万元；④通过财政、税务、物价等部门支持，调整减税，消化265万元；⑤组织劳动竞赛，人均争做贡献200元，消化26万元。全厂共消化500多万元，全年实现税利1 500万元，居全系统之首。

为增强自我消化能力，全系统狠抓了经济责任制的落实。如冷水滩造纸厂按照企业各部门特点，采取多种形式承包：①对生产车间实行联产、联质、联利承包；②对科研、科技部门实行单项效益承包；③对业务科室实行联责、联利承包。在企业内部实行分级分权管理，进行二级核算，车间实行联产、联利计酬，车间上缴税利总额与车间核定的工资总额挂勾，上交税利增加1％，工资增加0.3％。承包与个人利益挂勾，生产效益明显增长，1986年实现利润600万元，比上年增长25.52％。又如，石湾瓷厂全面实行经济承包责任制，从上到下层层承包，形成纵横连锁的包保体系，制定内部核算办法，即“七下五定，成本包干，以质计产，以产计酬，毛利计奖，百分到人”。“七下”就是产量、产值、质量、消耗、成本、生产毛利、劳动生产率七项指标，由厂部下达车间，车间核定到班组、机台直至个人。“五定”就是对车间定岗位人员，定质量指标、定品种产量、定物资消耗、定车间费用。形成了制度管人，数据说话，调动了职工的积极性，提高了经济效益。1986年实现利润165万元，比上年增长1.17倍，在全省内销陶瓷行业中属于领先地位。

（胡定国　韩碧霞　薛燕雲）

湖南省二轻工业

【概况】 1986年，湖南省二轻工业系统共有企业5 382个，其中全民所有制企业70个，县以上集体企业1 987个，城乡街道企业3 319个，全民与集体合营、集体与私人合营企业各3个。年末全部职工人数391 452人。全年完成工业总产值356 550万元，比上年增长15.5％，高于全省工业平均增长11.2％的水平。产值总额在全省各工业厅局中连续三年居第一位，占全省工业总产值的12.15%。在总产值中，县以上二轻企业完成235 149万元，比上年增长14.5%。电冰箱、皮革、皮鞋、日用精铝制品、抽纱刺绣、玩具、草席、蚊香等25种产品增长幅度较大，主要产品产量完成情况见表。

主要产品产量完成情况

产品名称	计量单位	1986年产量	1985年产量	本年度与上年度相比+(-)%
塑料制品	吨	93 872	84 123	11.6
皮革（折合牛皮）	万张	354.54	281.30	26.0
皮　鞋	万双	11 113	932	21.9
日用精铝制品	吨	738	2 907	28.6
铁　锅	万口	622	536	16.0
家用电冰箱	台	126 419	55 417	128.1
家用洗衣机	台	22 275	42 069	-47.1
电风扇	万台	74.12	55.81	32.8
民用灯具	万只	54.8	45.2	21.2
布　鞋	万双	22 035	1 858	9.5
抽纱刺绣	万元	4 949	3 285	50.7
其中：湘绣	万元	1 491	1 266	17.8
草　席	万条	1 076	912	18.0
烟花炮竹	万箱	246.75	284.30	-13.2
蚊　香	万箱	33	24	37.5

产品质量有所提高，主要产品质量稳定提高率达90%，优质产品率为5.8%。浏阳县出口花炮厂生产的红灯牌礼花弹，获第六届中国工艺美术品百花奖金杯奖，并在8月摩纳哥举行的第21届国际烟花大赛中荣获“世界第一”。另有13种产品获部优质产品奖，57种产品获省优质产品奖。全年开发新产品新花色400多种，其中通过省级鉴定的新产品44个，比上年增加9个，并有24个新产品获优秀新产品称号。产品出口增加，全年出口交货值28 413万元，占全省外贸收购总额的16%，比上年增长54.7%。皮革及皮革制品、刺绣、建筑五金制品等7种产品出口量比上年增长60%以至几倍。全年县以上二轻企业实现利税24 110万元，比上年增长9.9%，其中利润12 089万元，增长9.8%，产品销售税金12 021万元，增长10%。1986年全系统全员劳动生产率9 720元，比上年增加1 178元。

全系统安排固定资产投资项目399个，计划投资16 156万元，比上年压缩26.5%。竣工228个，完成投资15 939万元。其中利用外资引进技术设备项目24个，竣工18个，完成投资额3 921万元。通过技术改造和技术引进，新增固定资产16 966万元，比上年增长47.2%，年新增生产能力电冰箱10万台、皮革92.5万张、铝型材1 000吨、纸箱1 600万平方米、登山旅游鞋80万双。

科研工作取得了新的成绩。1986年安排科研项目69个，已有18个项目通过了技术鉴定。其中热烫印箔、花炮卷筒机等7项填补了国内空白，导电皮鞋等5项处于国内先进水平。有12项获部级和省级科技进步奖。两项获国家专利。醴陵出口花炮厂研制的“微型闪光炮”，改变了传统的鞭炮工艺，由原来72道工序减为5道，提高工效40倍以上，降低成本50%，具有安全、燃放后无纸屑等优点，已获国家专利。省湘绣研究所创作的旅游新产品《九龙双寿图》，参加1986年9月第六届中国工艺美术品百花奖评比，获创作设计一等奖，被授予希望杯。

省二轻系统积极推进改革，重点推行了厂长负责制和职工集资入股两项改革。零陵地区把实行厂长负责制与厂长任期制、任期目标责任制、干部考核制、奖惩制有机地结合在一起，形成“五制结合”的配套改革措施，在全区70%的二轻企业中推广后，收到了很好的效果，1986年完成的产值、利润分别比上年增长27.4%和54%。据不完全统计，到1986年底，全省二轻系统有20万职工集资入股，入股资金达1 146万元。武岗县22个二轻企业，除一户租赁经营外，都搞了集资入股，入股职工2 751人，占职工总数的90%。全县二轻工业实现利润比上年增长1.46倍，创历史最好水平。

省二轻集体工业联社第三届职工代表大会及“洞庭笔会”。1986年4月7日至9日，在长沙市召开了湖南省二轻集体工业联社第三届职工代表大会。出席代表370人，特邀代表24人，省长熊清泉、全国手工业合作总社副主任季龙出席大会并作了重要讲话。

9月20日至23日，省二轻厅在岳阳市召开了湖南省二轻集体工业首届理论讨论会——“洞庭笔会”。会议收到论文（调查报告）42篇。笔会以改革为主题，围绕搞活企业，提高经济效益这一中心，理论联系实际地进行了深入的探讨，提出了许多意见和设想。

（李金格）

【横向联合】 省二轻系统及县市以上企业中，有264个企业开展了多种形式的经济联合，这批企业全年工业总产值42 650万元，实现利润2 466万元，同1985年相比，参加联合企业增加105个，所占全部企业比重由上年的8.5%提高到14%，增加工业总产值9 249万元，利润574万元。横向联合有以下几个特点：

1. 跨地区的联合有了发展。至1986年底，全省有109个二轻企业开展了跨省市的联合，1986年实现工业总产值14 880万元，利润1 220万元，企业数、产值、利润占全部参加联合企业的比重分别为41%、35%、49%，湘西自治州自1985年11月以来，全州82个县市以上二轻企业中，有20个企业与省内外企业开展了横向联合。大量引进技术、人才、设备、资金及管理经验，不仅救活了一批处于困境的企业，而且带动了整个二轻工业的发展。1986年全州二轻工业总产值完成6 463万元，比1985年增长23.9%，改变了联合前长期徘徊的局面。

2．产、供、销和工、农、商全方位联合有发展。1986年底，全省参加联合的 264个企业中，有 190个企业同二轻系统外的企业进行了联合，1986年共完成产值 3亿元，利润 1 743万元。其中与商业、外贸部门联合的有38个企业，与农业联合的有16个企业，与系统外工业企业联合的有64个企业，益阳市蚊香总厂与益阳市日杂公司联合成立了蚊香联营处，融产销为一体，又与省土畜产进出口公司联合，产品优先保证出口。联营后产品扩大销售到全国21个省市，1986年销售蚊香达27.5万箱，销售收入 800万元，比1985年增长30%，比联营前销量最多的1982年增长 1.3倍。许多企业同乡镇企业的联合，也由过去单纯的零部件扩散，发展到品种扩散，办分厂，联合开发原材料基地等高层次的联合。

3．重视同科技部门的合作，共同开发新产品、新技术。全省二轻系统与科研单位，大专院校进行联合协作的有43家企业，比上年增加产值 1 073万元、利润62万元。常德市绣品总厂先后与北京化工研究所、湖南省工艺美术研究所等十多个科研单位联合，三年来共开发新产品50多个，在国内机绣产品中首创“闪光”、“清香”、“夜光”、“喷绣”新工艺，其中“闪光”印花机锈五件套获轻工业部优质产品证书，“清香”和“夜光”新工艺获湖南省科研成果奖。衡阳市第三塑料厂与湖南大学联合研究生产的聚氯乙烯防水卷材，获城建部优质新产品奖。

（谈治权）

【邵东小商品市场】 邵东县小商品市场自1982年开放以来，现已发展成为联结全国的湖南省最大的小商品市场。全县有综合的小商品市场 1 个，小五金、小皮革、眼镜等专业市场 3 个。1986年成交额共达9 527万元。县城两市镇小工业品市场，上市小工业品2 800多个品种，每天入场人数达1 5000多人次，成交额20多万元。毛家栗山小五金市场是全国闻名的专业市场，上市的小五金来自全国18个省市，品种规格齐全，共有 2 000多个品种。廉桥镇太阳材眼镜市场也是全国知名的专业市场，经营眼镜的专店有95家，品种有280多个。邵东小商品市场具有鲜明的特点：

一是小而全。上市的商品，大都是城市大厂不生产，国营商店不愿经营而群众需要的小商品，以“缺”见长，以“全”取胜。两市镇小工业品市场，小百货、小针织、小五金、小塑料、小玩具样样俱全，大多是几厘、几分、几角钱一件。毛家栗山小五金市场经营，别处难买到的灰刀，土钉、刀把、顶针、鞋扣、鞋刀等小五金。

二是薄利多销。这里的小商品大都是来自本地廉价劳力生产的地方产品或贩进外地厂店的残次积压商品，面向农村，薄利多销，以廉取胜，售价一般比国营商店低30%以上，利润在10%左右。

三是经营灵活。批零兼营，以批发为主，批发的起点低，作价灵活，随行就市，经营方式既有自产自销，自购自销，也有联购分销，寄销代销等。

四是地方特色鲜明。上市的商品中邵东本地产品约占36%，特别是一些传统手工业产品，具有很大的吸引力。如仙槎桥的刀剪、廉桥的眼镜，都有三四百年的生产历史，民间能工巧匠多，家家有生产习惯。仙槎桥等 3 个乡有几十个刀剪专业村，“家家炉火旺，户户铁锤响”。檀山铺乡联营村 374 户，有 250 户从事小五金生产，1986年生产门扣 2 000 万套、顶针500万只、发夹 200 万个、垫圈 325 万个，产值33万元。县五金厂的“三刀”等名牌产品更是供不应求。民用剪和木工凿已评为轻工业部优质产品。1986年出口刀剪96万件，创汇22万美元。

五是辐射面广。邵东市场的小商品销往本省各地和全国20多个省市。全县有二万多人的长途贩运队伍。

邵东小商品市场的兴起，对疏通流通渠道，满足群众需要，搞活本地经济，起到了显著的作用。

一、疏通了商品流通渠道。不仅把当地产品推销出去，而且将外地大量小商品转销全国各地。外地货源大多来自沿海省市，主要销往西南各省。他们叫做“江浙产品，邵东纽带，西南市场”。同时，搞活了一些工厂、商店的呆滞商品。如1985年山西、吉林五金站积压多年的钢丝钳（20万把）、扳手（18万把）、钢锯条（100多万条）、肢木烟斗（30万只），都是通过邵东贩运户贩进来，再通过专业市场销出去的。1986年本省和广东、福建、吉林、天津等省市商业部门积压的塑料凉鞋共 480 万双，也是通过邵东小商品市场销售一空。

二、搞活了农村经济。小商品市场的发展，推动了农村封闭式经济的进一步解体，改变了农村产业结构，促进了乡镇工业，特别是家庭工业的崛起，廉桥镇太阳村有联办、户办眼镜加工厂24家，年产值50万元，成为眼镜专业村。邵东过去没人搞人造革制品，小商品市场兴起后，由一人从外地出差买回一根保险皮裤带做样品仿制，带动多家做人造革产品，由裤带到包、袋、五金配件，发展到附近三乡一镇十几个村五千多人的加工队伍，象这样“一家办厂几家跟，几家起来带全村”的情况已较普遍。全县涌现了“一村一品”的专业村155个，占总村数的16%。全县乡镇工业总产值达到2.53亿元，占全县工业总产值的84%，其中家庭工业产值1.03亿元，占乡镇工业总产值的40%。农民人均纯收入达到420多元，比1980年翻了一番。

三、带动了各业兴旺。县城两市镇小商品市场开放后，流动人员增至1万多人，镇上新办招待所3个、旅店61家、饮食摊店49家，近郊农民有303户出租房屋514间，1986年房租收入达12万元。随着市场容量扩大，1986年和1980年相比，全县公路客运量增长4.4倍，货运量增长1倍多，邮电部门营业收入增长80%，个体工商户交纳税金增长89倍。

（谈治权　吴镇巍）

附：长沙市一轻工业

【概况】 1986年全市一轻工业共有企业34户，其中市直属企业26户，浏阳、宁乡、长沙、望城四县所属企业8户；全民所有制企业18户，集体所有制企业16户。职工总数为23,279人。全年完成工业总产值28 698万元，比上年增长6.8%。34户企业中，完成和超额完成计划的有22户，比上年增长的有26户。全员劳动生产率12 328元，比1985年的11 495元增长7.2%。

主要产品产量完成情况如下表：

产品名称	计量单位	本年度产量	上年度产量	本年度与上年度相比+(－)%
自行车	辆	1194 438	222 751	－12.7
日用搪瓷制品	吨	2 612	2 755	－5.2
日用陶瓷器	万件	5 355	4 848	10.5
日用玻璃制品	吨	15 316	20 739	－26.1
玻璃保温容器	万个	429	435	－1.4
灯泡	万只	1 315	1 151	14.2
合成洗涤剂	吨	2 223	15 646	44.6
肥皂	吨	24 406	23 510	3.8
牙膏	万支	5 763	5 745	0.3
干电池	万只	6 564	5 972	9.9
油墨	吨	984	1 000	－1.6
罐头	吨	1 549	1 974	－21.5
饮料酒	吨	31 379	24 665	27.2

产品质量稳步提高。市考核的日用细瓷、合成洗涤剂、牙膏、保温瓶、搪瓷口杯、手电池等10项主要产品，稳定提高率为100%。80型时珍药物香皂、300W直管型石英紫外线低压汞灯等6项产品获省优质产品称号。全系统优质产品产值占总产值的36.3%，比上年提高5.6%。

开发投产的新产品有12种，其中前奏曲直线型西餐具、反射型黑光高压汞灯、多力士运动饮料获省优秀新产品。

产品销售收入为26 853万元，比上年增长6%。合成洗涤剂、啤酒、陶瓷、1号手电池、香皂、药物牙膏、大磅保温瓶、搪瓷面盆等一批产品大幅度增销；自行车、普通白酒、罐头销量大幅度下降。外贸出口产品继续增长，出口交货总值3 982万元，比上年增长23.8%。

全系统实现利、税总额4 869万元，比上年增长7.1%，其中利润比上年增长41%，税金比上年下降12.2%。集体企业的经济效益继续好于全民企业，实现利润比上年增长115%，税金比上年增长6.4%，全部为盈利户。预算内企业有3户，亏损162万元，亏损户数比上年多2户，亏损额增高9万元。

【提高企业消化能力】 长沙市一轻工业公司全系统实现利润2 324万元，比上年增长41%，扭转了近几年来实现利润连续下降的局面。公司帮助企业解决原材料、电力紧缺、产品销售不畅、责任制不落实等方面的问题和调整产品结构、进行技术改造。各工厂也积极采取措施，挖掘内部潜力。据市管15个主要工厂统计，一是采取调整产品结构，增产适销对路的产品和新产品，提高产品的质量、功能，增利212万元；二是采取降低原材料、能源单耗，紧缩和控制各项开支，增利179万元；三是围绕提高经济效益，推行现代化管理方法，增利63万元；四是择优选购原材物料，控制内配件、半成品价格，增利41万元；五是广开生产门路，实行多种经营，增利22万元。上述五项消化措施共增利517万元，消化了全年由于原材料价格、工资费用等成本升高将减利1 141万元的45.3%。铜官陶瓷公司全年减利因素达237万元，通过采取消化措施实现增利232万元，基本上消化了减利因素。全公司实现利润345万元，比上年增长2.75倍，创历史最好水平。

【推行现代化管理】 在三年企业整顿验收合格的基础上，1986年市一轻工业公司在市管企业推行现代化管理方法，共取得推广运用成果21项，创直接经济效益296万元。共举办了32期现代化管理18法学习班，培训了1 340名管理人员。

推行现代化管理方法，紧紧围绕提高企业经济效益，综合应用决策技术、价值工程、全面经济核算等多种方法，提高了企业的管理水平和素质。长沙热水瓶厂运用决策技术，选用最优方案，采取控制生产衔接，改变劳动班次等一系列管理、保证措施，使八磅瓶胆破损率下降28%，一等品率上升4%，半年创效益49万元。长沙第二玻璃厂针对原材料等提价给企业经济效益带来的困难，综合运用价值工程、ABC分析法和全面质量管理等方法，做到了产品功能不变，成本降低，全年节约原材料费用27万元。长沙搪瓷厂把全面经济核算和经济责任制结合起来，推行企业内部售买制。车间、部门原材料领用，半成品、产品转移，劳务提供都通过买卖货币形式结算，月末按各自投入及产出的效果考核，并以此计算工资、奖金收入，促进了责、权、利的结合，推动了定额、计量、统计、核算等各项管理工作的加强。全厂全员劳动效率比上年提高7.7％，搪瓷总制品合格率上升2.5％，主料铁皮利用率提高1.9％，节约煤耗560吨，回收利用珐琅粉价值5万元，全年实现利润147万元，比上年增长近一倍。

【技术改造】 全年技术改造项目17项，总投资额为3 450万元，实际完成投资额2 007万元，完成土建面积3万平方米。17个项目中，竣工投产的有9项，其中当年立项、当年施工、当年竣工投产的有5项。

新增生产能力主要有：合成洗涤剂5 000吨、食用硬化油500吨、啤酒2 000吨、保温瓶50万个、小号纸版电池1 000万只、釉面瓷砖13万平方米，肥皂2 000吨、油墨150吨等。预计年增产值1 950万元，年增利税330万元。

湖南日用化工总厂从意大利引进三氧化硫磺化装置，生产洗衣粉用原料烷基苯磺酸钠，与年产5万吨洗衣粉能力配套，一次试车成功，在全国首家生产出的国内急需的脂肪醇聚氧乙烯醚硫酸钠，为发展液体洗涤用品突破了原料靠进口的困难，每年可为国家节省外汇270万美元。圆珠笔、灯头等关键设备的引进，提高了技术装备水平和产品竞争能力。圆珠笔铜头加工线的引进，使铜头的加工精度提高，工效提高4倍多，铜耗下降38％，单位成本降低44％。铜官陶瓷公司通过对生产出口炻瓷的设备填平补齐和逐步改造，使炻瓷出口量比上年增长45％，提高了出口创汇能力。

（周再昆）

长沙市二轻工业

【概况】 1986年长沙市市属二轻工业及县属轻工业企业共计193个，年末职工人数为38 096人。其中市属企业104个，比1985年减少5个，年末职工人数为25 262人。全年共完成工业总产值49 246万元，比1985年增长10.6％，其中市属企业完成34 382万元，增长7.7％；完成工业净产值14 005万元，比1985年增长10.9％，其中市属企业为8 700万元，增长3.68％；实现利润3 574万元，比1985年下降1.7％，其中市属企业为2 507万元，下降8.74％。另外市属供销企业实现利润184万元，比1985年下降16％。

主要产品产量如表

主要产品	计量单位	1986年产量	1985年产量	1986年比1985年+(－)％
电冰箱	台	13 110		
皮革	万标张	36.12	30.54	18.37
皮鞋	万双	231.66	229	1.2
精铝制品	吨	1 219.67	962.54	26.7
塑料制品	万件	13 995.83	12 934	8.2
出口服装	万件	110.53	107.84	2.5
出口湘绣	万元	759.31	215.5	250.7
抽纱	万元	1 043.28	775.43	34.5
烟花炮竹	万箱	12.84	18.06	－28.9

长沙市考核的10种产品的质量稳定提高率为90％全年获部优、省优质产品证书的共20项产品。获部优称号的是真丝化纤绣衣、“银河牌”线缝男皮鞋、“强华牌”牛皮胶粘足球等三项产品。市属企业全年的新产品率为12.11％，其中双金属锯条填补了国内空白。

全市二轻企业的全员劳动生产率为13 197元，比1985年年增长18.3％，其中市属企业为13 801元，增长13.13％。1986年所缴税金（含产品销售税、所得税、交通能源基金）为4 254.8万元，比1985年增长0.5％，其中市属企业缴纳2 970万元，减少3.81％。9户全民企业没有亏损；集体企业亏损户共13家，亏损总额42万元，比1985年下降62.24％。全年出口交货值为7 434万元，比1985年增长49.73％，换汇约1 500万美元。市属企业经批准立项的技改项目8项，总投资703万元。已完成财务支出585万元，全年基建计划投资432万元，完成投资357万元。

企业的计量定级、升级工作取得了较大的进展，经省、市计量部门审核发给证书的市属二轻企业有30个。其中定为国家二级计量标准的企业2个，其余定为三级。计量定级企业占市属企业的28.3％，占长沙市已获计量定级企业数的21.42％。这对加强企业的基础工作，提高产品质量有着重要的作用。

开展“开拓杯”竞赛与评选优秀厂长的活动。厂际“开拓杯”竞赛以企业七项经济技术指标作为考核内容，均与上年同期对比，按增长幅度予以计分，总分为100分。每季考核一次，全年进行总评，通过竞赛，较好地调动了企业的积极性。年终总评时，有31个企业获得竞赛优胜奖，前10名授予了“开拓杯”奖。有20名县属以上企业的厂长由湖南省二轻厅授予“优秀厂长”称号。

1986年3月10日至12日，市联社召开了第五届职工代表大会（上届社员代表大会是1965年12月召开的）。出席会议的代表共320人。会议决定将原“长沙市手工业联社”改名为“长沙市二轻工业联社”。

职工教育，在抓好初中文化补课的同时，并认真抓了初级技术培训。市属企业已领取文化补课合格证的为10 511人,占应补课人数的95.4%;应参加初级技术补课的职工15 428人,已领取合格证的达14 988人,合格率为97.2%。市二轻职工中专在校中专班6个，学员225人；电大班3个，学员158人，并开办了各类非学历岗位培训班15个,参加学习的人员达1 367人次。六所职工联校共开办各类文化班77个，入学人员3 324人次。

【重要引进项目】 长沙电冰箱厂从意大利梅洛尼公司引进电冰箱生产线。于1986年4月正式投入生产，首批用进口散件组装的230立升“中意”牌电冰箱于5月1日投放市场，受到消费者的欢迎，以后又陆续在京、津、沪、杭等二十几个大中城市试销，产品一直供不应求。

长沙电冰箱厂的前身是友谊机械厂。1984年省、市政府决定上电冰箱作为省、市重点建设项目。在当年10月份举行的湖南省技术引进洽谈会上，与外商进行了接触，并在择优的基础上于11月4日与意大利梅洛尼公司正式签订了引进电冰箱生产技术和设备的合同。从正式签订合同到投入试生产，前后不到一年半的时间。其中，按规定要400天才能完工的5 000平方米的厂房，从破土动工到建成只花了135天时间。整个项目共投资2 600万元人民币、建成后单班产电冰箱10万台。

这个厂除了引进散件组装230立升冰箱外，还自行生产了185立升冰箱以适应消费者的需要。

江南纸箱厂从日本引进的瓦楞纸生产线，总投资为800万元。从1985年4月批准到1986年12月安装调试完毕。这个项目投资后，对提高出口包装的质量有促进作用。

【新产品】 长沙工具厂试制成功双金属锯条，1986年6月20日通过湖南省二轻厅组织的省级鉴定，认为达到了80年代世界同类产品的先进水平，这个厂经过一年多的探索性试验与生产性试验。终于取得了成功。这种双金属锯条采用高速钢与合金弹簧钢通过电子束焊接的国产复合材料制成。经湖南浦沅工程机械厂等单位试用，一致认为，新产品具有较高的耐磨性，良好的抗折断能力，其寿命比碳素钢锯条高10倍以上。通过与国外产品对比试验，该产品的切削性能优于美国赛门子公司的同类产品。

【浏阳烟花获国际大赛第一】 第21届国际烟花节的比赛于1986年7月22日至8月12日在摩纳哥举行。具有东方特色的中国烟花以绚丽的色彩、优美的造型和精湛的质量。战胜了竞争对手，夺得了本届比赛的第一名。

这次比赛是世界焰火赛中规模最大、要求最高的一次、参赛国为中国、西班牙、意大利、葡萄牙、荷兰等烟花生产国，浏阳县出口花炮厂第一次代表我国出席这样重大的国际比赛。他们进行了较长时间的准备，重点抓了礼花弹品种的创新、编组设计和燃放技术、燃放手段的研究。在参赛过程中，又根据现场比赛情况及时调整节目内容和燃放方法。8月9日晚上9点30分，中国烟花的燃放收到了理想的效果，为祖国赢得了荣誉。

浏阳县出口花炮厂出口产品占产量的90%以上，品种近68个，远销欧美、日本、港澳等国家和地区，在国外享有比较高的声誉。产品合格率平均达到96.5%,高于部颁标准的规定，出口产品合格率达到99.5%。从1981年起，湖南省外贸部门对这个厂的出口产品实行“免验”出口。

这个厂的出口花炮在夺得世界比赛第一名后，又于1986年9月，在中国工艺美术品“百花奖”中获金杯奖。

（李　俊）

广　东　省

广东省一轻工业

【概况】 1986年广东省一轻工业系统*共有企业923个，比上一年增加12个。其中全民所有制企业776个，集体所有制企业113个，其他经济类型企业34个。年末职工人数395 732人，比上年增加18 964人。

全年完成工业总产值67.3亿元，比1985年增长14.0%；净产值22.2亿元，比1985年增长15.3%。

主要产品产量大部分比上年增长（见表）。按51种计划产品考核，增长的有36种，其中增长20%以上的有手表、钟、干电池、合成洗涤剂、罐头、饮料酒（含啤酒）等14种。市场稳中带旺，产销基本平衡，全年销售收入为66.21亿元，比上年增长15.8%。

产品质量稳定提高率为65.4%，优质产品率为19.4%。全年共有51种产品获得省优质产品称号，20种产品获得轻工业部优质产品奖（包括复评的4项），还有72项复评后仍然保持省优质产品称号。兴宁县味精厂生产的口得福牌味精在10月举办的巴黎第12届国际食品博览会上获得金牌奖。全系统共试制“四新”产品2 610种，新产品投产率从1985年的75%上升为78%。“四新”产品产值为4.8亿元，利润7 200多万

* 1986年的概况已剔除了省陶瓷公司、省盐业公司、省烟草公司的数字。

主要产品产量完成情况

主要产品	计量单位	1986年产量	1985年产量	1986年度与1985年度相比+(-)%
机制纸及纸板	万吨	58.14	52.64	10.5
糖	万吨	192.59	172	11.97
自行车	万辆	221.42	205.09	7.96
缝纫机	万架	160.01	160	0.01
手表	万只	2 359.30	879.10	168.4
灯泡	万只	9 027.6	8 052	12.1
干电池(折手电池)	万只	80 907.96	60 546	33.6
合成洗涤剂	吨	67 038.37	54 167	23.8
日用玻璃制品	万吨	31.83	27.96	13.8
日用搪瓷制品	吨	3 984	3 821	4.3
感光胶片	万平方米	188	172.33	9.1
照相纸	万盒	76.20	120.91	-37.0
肥皂	吨	54 611.44	52 333	4.4
罐头	吨	92 906.41	66 469	39.8
饮料酒	万吨	48.30	36.43	32.6

元，比上年增长16.7%。全年试制成功并通过技术鉴定的项目22个，大部分已应用或投产。在获奖项目中，有国家科技成果奖1项，国家计委、经委、科委“六五”攻关奖3项，省经委技术开发进步奖15项，省科委技术进步奖12项。

全省一轻工业固定资产原值为434 507万元*，净值为321 974万元。固定资产投资共完成6.71亿元*，比1985年增长4.0%。基建投资完成3.01亿元，比上年减少0.17亿元；技术改造投资完成3.7亿元(包括节能技改和优惠贷款)，比上年增长0.43亿元。在重点安排沿海地区出口项目技术改造的同时，增加了对山区的投资比重，后者在技术改造投资完成额中已占20%。增加了对食品、轻工机电产品和重点节能项目的投资。

全年共实现税利12.43亿元，比1985年增长6.5%；上缴所得税、利润1.41亿元，比上年下降2.9%；人均税利为3 667.5元，比上年增加2.6%；全员劳动生产率为18 386元，比上年增长5.4%。

全系统出口交货值总计7.17亿元，比1985年增长76.2%，比1980年的历史最高水平4.86亿元增长47.5%。纳入统计的32种主要出口产品交货量比上年增长的有25种，其中增长20%以上的有21种。全年引进技术、进口设备5 124.12万美元，其中利用外资1 831.62万美元，项目112个。

主要问题是成本上升，利润下降，亏损增加。与1985年相比，可比产品总成本为394 065万元，上升6.6%；亏损户135户，增加8户；亏损额3 702万元，增亏42.1%；利润总额为452 74万元，下降2.8%。主要原因一是价格体系不合理和生产资料价格、运费及银行利率提高。全年因主要原材料、能源提价共增加成本18 050万元，占可比产品总成本上升值24 262万元的74.4%。二是一部分企业经营管理不善，消耗高，劳动生产率低。三是企业活力不够，多数企业利润留成低，有三分之二的工厂技术装备未根本改造，缺乏自我发展能力。

（韩济人）

【出口情况】 1986年广东一轻工业出口产品交货值总计7.17亿元，比1985年的4.07亿元增长76.2%，比1980年的历史最高水平4.86亿元增长47.5%。

经省人民政府批准，增加了广东省自行车联合公司和阳江地方国营小刀厂2个轻工机电产品出口基地企业和5个扩权企业；帮助11个有自营出口权的企业解决部分原材料等问题，省一轻系统有自营出口权的企业第一次实现了自营出口，交货值达1.15亿元，占出口交货值总额的16%。

为发展出口生产，许多企业都从只注重内销转到内外销并重，从单纯增加产量转向提高产品质量、档次和加工深度，增加创汇额。由于投资环境有所改善，合资、合作项目迅速发展，1986年新增加了30个项目。合资、合作企业的出口交货值已占总额一成多，这种出口方式已成为一种新的出口渠道。由于优质产品的增加和包装装潢的改进，销售市场从以港澳为主逐渐转向欧美，1986年销往欧美市场的产品比例已占出口总额的两成。

1986年全省各市、地公司出口生产普遍增长。有出口任务的19个市、地公司中，除汕头感光化学材料工业公司下降外，其余均有不同程度的增长。增加较快的有：广州市轻工局增长117%，佛山糖纸工业公司增长109%，深圳轻工业公司增长100%。两个开放城市和三个经济特区全年的出口交货值为4.27亿元，比上年增加82%，占全省一轻工业出口增长额的70%。出口生产一向较少的韶关、梅县、惠阳、肇庆几个轻工业公司的增长幅度均达到65%以上。各行业出口交货值的增长速度分别为：制糖、造纸工业15 418万元，增长8.5%；食品工业26 583万元，增长54.4%；日用品工业25 345万元，增长182.5%。与1985年相比，交货量增加较多的产品有：自行车增长2.7倍，缝纫机增长2.6倍，新闻纸增长2.4倍，保温瓶增长78.9倍，日用搪瓷增长3倍，灯泡增长2.4倍，味精增长5.7倍。下降的产品有：照相纸下降29.7%，优级白砂糖下降15.2%，鸡精下降17.4%，非酒精饮料下降46.9%。主要原因是这些产品不适应国际市场需要，造成积压或减产。　（刘向集　韩济人）

* 包括广州一轻系统。

【横向经济联合】 全省一轻系统实行联合的企业有200家，项目201个，总投资为1.23亿元。全年因实行联合共增加产值2.34亿元，增收税利4 435万元。其中与外省市联合的项目有56个，涉及23个省、市、自治区。从行业看，食品饮料行业有120项，制糖造纸行业有21项，日用品行业有117项。跨行业联合的企业52个。

在联合方面做了下述工作：第一，组成不同类型的企业群体，促进了生产发展和技术进步，密切了产销联合，提高了经济效益。特别是一些地处山区、穷区、老区的企业，利用本地的资源、场地和享有优惠政策等优势，引进资金和技术，开始改变落后的面貌。第二，打破地区、行业、所有制界限，按经济的合理流向，实行全方位联合。1986年与商业、外贸、科研、农业等部门实行的联合项目已占联合项目总数的25%以上。第三，加强领导，沟通信息。省一轻厅积极为企业牵线搭桥，下半年向商业、银行、物资、科研等50多个单位发出了“联合意向调查表”，帮助企业沟通联合信息，还建立了横向经济联系信息网络和技术咨询服务公司。广州一轻系统1986年签订了57项意向书，实行联合的企业有31家，已执行的项目115项，分别占全省总数的15.8%和57.2%，居全省首位。

经济联合对生产有显著的促进作用。1.通过联牌生产、联产联销、生产协作，增强了优质、名牌产品的凝聚力和辐射力。广州自行车工业公司和缝纫机工业公司组建经济实体性公司以来，与各市地零配件厂进行生产协作，提高了专业化水平，1986年的产量分别增长近2倍和2倍多。广州亚洲汽水厂通过省内外协作，建立了15家分厂，产品已销售到省内各市、地和北京、新疆等地。2.通过技术协作、技术转让，促进了新产品开发和技术进步。由科研部门、大专院校和企业共同研制、生产的“冠力”高能运动饮料、貂油系列化妆品、不锈钢保温瓶外壳焊接新工艺等新产品和新工艺，都是成功的例证。3.通过合资经营、合作生产、技术支援，提高了企业管理水平。制糖行业的技术协作和承包效果最为明显。4.通过物资协作，建立原材料基地，解决了某些生产急需的原材料。广州缝纫机工业公司与河南、贵州、湖南等省建立焦炭、矽铁、生铁协作后，不但解决了这些材料长期供应的问题，而且材质、价格稳定，1986年共节约采购费用86.3万元。

（韩放春　韩济人）

【蔗糖生产情况和问题】 1986年，广东制糖工业再创历史最高水平。本年度全省糖厂总榨蔗量为1691.19万吨，产糖192.59万吨，分别比1985年增长9.1%和11.7%；实现税利46 884万元，比1985年增长9.5%。

1986年11月，省政府下文规定取消1985年制定差价款由各级有关部门分摊的做法，收购糖蔗的变通价差价款按每吨蔗14.98元的标准，由省统一兑现。减轻了有关部门和糖厂的负担，受到普遍欢迎。各蔗区采取多种措施提高甘蔗单产和含糖份，加上夏、秋两季气候较为干旱，有利于糖份积累，全年蔗糖份达12.95%，比1985年增长0.12%。

1986年制糖行业积极推行了现代化管理方法，其中全面质量管理开展的范围较广，大小糖厂产品质量都有提高。许多糖厂把目标管理和经济责任制结合起来，把目标分解落实到班组和个人，带动了全面工作，针对1985—1986年榨季生产安全率下降的情况，1986年修机期间进一步完善了修机责任制，严格把好设备检修质量关，强化了设备管理，对部分设备进行了更新。节能工作有新进展，全省糖厂平均等折标准煤与蔗比为6.44%，比上榨季降低0.21%，比部颁指标降低1.40%，相当节约标准煤24万吨，价值2 160万元。

1986年共有112个糖厂开展了综合利用，占糖厂总数的71%。产品有纸、酵母、酒精、药品、味精、甘油等48种。1985—1986年榨季，全省制糖业综合利用产值达1.33亿元，占全行业总产值的6.4%；利润2 155万元，占利润总额的17.5%。还有不少糖厂经营食品饮料生产、机械加工、运输，增加了收益。经济联合从物资串换、技术支援发展到技术协作、生产联合、资源联合，其中以技术联合、生产联合效果最好。

1986年蔗糖生产出现了新问题，甘蔗种植面积比1985年减少55万亩。全省糖厂有25个亏损户，比上年增加9个；亏损额1 040万元，增长50.7%，占全省一轻工业亏损总额的28.1%，成为全省一轻系统亏损第二多的行业。

经济效益差的原因主要是以下几方面：蔗糖的价格体系不合理。近几年各种生产资料价格成倍增长，而蔗糖的出厂价（1000元/吨）却20年来未变。甘蔗的生产成本也逐年增加，1吨甘蔗的纯收益已从1984年的29.60元降到1986年的17.98元，远不如其他经济作物获利丰厚。不少市、地区为稳定蔗糖生产，把收购甘蔗的综合变通价提到75元/吨，有的达到80元/吨以上，这对各级财政部门是一个沉重的负担。

国家、各级财政部门、企业三者利益不协调。粮糖挂钩和甘蔗综合变通价的政策对促进制糖工业的发展有重大作用，但执行得不够稳定。中央给广东每吨糖的粮差补贴由1981年的244元已降到1986年的97.7元。1986年省财政部门从中央得到的粮差款和化肥差价款比上年减少7 300万元。省政府又把中央少给的5 200万元粮差款转由各市地、糖厂及有关部门分担，影响了各蔗区种蔗积极性。

部分糖厂技术和管理水平低。"六五"期间广东制糖工业发展较快，一些新建、扩建厂的技术和管理水平不高。全省糖厂中只有大型糖厂和历史较长的中型糖厂基础管理工作较好，其余糖厂都比较薄弱。全行业有25个亏损企业，这些糖厂纪律松弛，生产安全率低，产品质量下降，物耗增加。另外，农村体制改革后，糖厂普遍存在甘蔗收购管理"砍、运、榨"失调的问题，使甘蔗新鲜度差，糖份低，也是成本上升，亏损增加的重要原因。

（韩济人）

【广东省第一轻工业协会】 该会前身是1980年成立的广东省轻工学会。由于二轻、纺织、制盐、陶瓷、烟草等行业相继从广东省轻工业局分出，1985年4月，广东省轻工学会改为现名。1986年有团体会员93个，个人会员 260人，还聘请有专业知识的在职和离、退休人员62人组成顾问委员会。会员分布在全省一轻系统科研、生产部门及广州地区的部分高等院校。该会设有质量管理、啤酒专业两个二级协会及一个科技咨询服务公司，缝纫机、轻工机械和钟表等专业协会尚在筹办中。1986年，该会主要开展如下活动：

开展国内外学术交流。一年来，同美、英、法、日、挪威等国家及港澳地区的学者、专家先后就调味品、造纸、聚酯包装、果汁汽水、卡拉胶、冰淇淋、钟表、化妆品、珠宝首饰及节能等技术问题进行了15次交流活动，约有 2 300人参加。组织各种研讨会、征询会共 4次，对本省一轻工业的质量管理、技术引进、长远发展规划以及推广应用微机等进行了探讨和论证。

开展科技咨询服务。向省内外客户提供咨询项目20个。主要是对客户引进国外先进设备提供外商资信、设备性能及价格等方面的资料，并帮助其选出先进、适用、价格相宜的设备。此外，组织顾问成员对本省轻工企业工程投资项目进行可行性研究；组织科技成果向系统内外企业推广应用；协助山区轻工企业制订发展新产品规划；向一批企业提供经济、技术及市场信息等方面的情况。

协同有关部门举办国际展览会。12月，协同广东国际贸易展览公司在广州举办"国际钟表、首饰、化妆品工业设备展览会"，展品来自日本、瑞士、意大利、英国及港澳地区近20家公司（厂）共60台(套)设备，全国14个省市98个单位共 160 多人参观了展览。展览会期间进行了 6 场国外技术交流。在这次展览会上，由该会洽谈现货成交的设备及检测仪器有16台（套)，总值24.4万美元，占展出样品总值的40.9%；帮助广州化妆品厂、江门肥皂厂等 5 个单位与外商谈判订购期货，协议书金额31.8万美元。

举办各种短期培训班。全年共办 7 期，受训人员380人。

加强省际间轻工协会的联系。 4月，邀请全国16个省、市、自治区24个单位的轻工协会、科技处和情报站的负责人共39名代表到广州交流经验和发表科技成果。会后该会将部分成果介绍给本省有关企业，如将福建省的芳香涂料和柑桔全果利用的成果介绍给茂名市轻工业公司，推动这两个单位商议技术转让协议。

（胡瑞贞）

广东省二轻工业

【概况】 广东省二轻工业1986年归口管理企业3 083个，职工 668 932人。与1985年对比，由于划进划出等因素，企业总数增加1.15%，职工总数增加7.17%。完成工业总产值 80.60亿元，比1985年增长17.50%，按现行价格计算，全系统完成工业净产值22.08亿元，比1985年增长17.16%。

广东二轻工业组织实施了 496项基建和技措项目，竣工313项。竣工投产率达到 63.10％。完成固定资产投资6.18亿元。是历史上完成投资最多的一年，全行业新增固定资产4.13亿元，固定资产原值达到22.44亿元，净值达到16.04亿元，分别比1985年增加26.21％和31.79％。全行业全员劳动生产率达到人均15 040元，比1985年增长11.95%。

广东二轻工业系统全年在国内外举办或参加了 8次大型产品展销会，全系统实现销售收入 76.46亿元，比1985年增长7.29%，其中工业销售收入58.2亿元，比1985年增长 15.74％，实现工商税金3.34亿元，比1985年增长 9.9％。实现利润3.74亿元，与1985年持平，其中工业利润3.43亿元，比1985年增长8.6%。

产品创优创新。二轻工业有4种产品在国际上获奖；万宝牌冰箱获国家银质奖；有 4 种产品获工艺美术百花奖金杯，16种获银杯；有25种产品获轻工业部优质产品称号；有113种产品获省优质称号，131种产品重评再获省优质称号。全系统主要产品质量稳定提高率达到86.7%，优质品率达到 14.98％，完成优质产值12亿元，比1985年增长47%。全系统共有 9 493种"四新"产品投产上市。实现产值7.60亿元。职工教育事业有了新的进展。汕头市建立了地区性的技术培训中心，江门市二轻职工中专已正式对外招生。全系统有 9 657名干部参加了各类学习，其中参加中等、高等教育 3 589人、毕结业 1 100人；技术业务进修 5 618人，毕结业 3 649人。有10多万工人参加了各种技术业务培训，其中参加初级、中级技术培训23 253

人，结业12 973人；岗位职务及其它业务培训77 222人，结业27 597人。亏损企业369户，亏损金额2 752万元，分别比1985年增加16.40％和86.95％。

主要产品产量

产品名称	单位	1986年产量	1985年产量	1986年比1985年增长（％）
洗衣机	万台	106.26	77.87	36.46
电冰箱	万台	43.12	24.04	79.36
电风扇	万台	1 286.72	1 310.05	－1.78
塑料制品	吨	225 058	195 440	15.15
日用精铝制品	吨	7 072.50	5 738	23.26
玩具	万元	6 247.25	3 150.23	98.31
家具	万件	1 458.13	1 639.63	－11.07
指甲钳	万个	2 950.18	2 806.22	5.13
日用不锈钢制品	吨	7 072.50	4 758.98	48.61
锁	万把	15 801.87	12 023.04	31.43
钢琴	架	12 043	8 820	36.54
服装	万件	37 194	7 542.19	393.14
小刀	万把	2 212.64	2 032.95	8.84
大型专用衡器	台	935	865	8.09
台案秤	万台	18.11	14.95	21.14

【出口生产】 广东二轻工业全年完成外贸总产值21.87亿元，比1985年增长63.46％，其中正常贸易出口18.41亿元，增长71.80％，“三来一补”加工值3.45亿元，增长30.1％，共创汇5.3亿美元，为历史最好水平。电风扇、电冰箱、藤木家具、提琴、皮包皮件、煤油炉等21种(类)产品出口比1985年增长1倍以上。机电产品出口完成出口交货值6.2亿元，占全省机电产品出口总值的36％，占全省二轻产品出口总值的1/3。广州电筒工业公司、广州万宝电器工业公司、广州洗衣机厂、湛江家用电器工业公司、南海飞行风扇厂、中山洗衣机厂、阳江不锈钢器皿总厂、阳江国营小刀厂等36个企业，出口创汇均在100万美元以上。创汇较高的产品有：电风扇1 500万美元，洗衣机1 360万美元，锁1 400万美元，电筒1 430万美元，贱金属制品1 000万美元，电冰箱750万美元，电饭煲700万美元。

广东二轻工业出口生产的主要特点：第一，对重点出口企业优先安排生产计划、技改项目和原材料、能源供应；对以出口为主的企业特别是出口专厂，保证其留利水平和工资福利高于同类产品内销生产厂；对集体所有制的出口企业，适当减免缴纳合作事业基金和管理费，从而调动起企业出口创汇的积极性。全系统17个公司均提前完成出口计划。第二，大力发挥沿海地区、特区、中心城市出口创汇的骨干、核心作用。仅广州、佛山、汕头、江门四市，1986年就有4 000种以上产品由以内销为主转向以外销为主。出口交货值达到14.16亿元，占全系统出口总值的76.89％。毗邻港澳的惠州市二轻工业实现了“三个过半”的目标，即外向型企业占企业总数过半，外贸产值占总产值比重过半，出口创汇在全市工业出口创汇中比重过半。第三，注意发掘山区资源优势，扩大对外辐射扇面。肇庆、韶关、梅县等边远山区，广泛开展横向经济联合。开发利用本地竹、木、石资源，发展玩具、工艺品、竹木杂品、地板砖等出口产品。创造良好的投资环境，吸引外商合资、合作生产，扩大产品返销出口，小商品做成了大生意，外贸产值平均比1985年增长60％以上。

【技术改造和技术引进】 广东二轻工业技术改造项目数和完成投资额均为历史最高水平。实施项目231个，计划总投资53 895万元，到年底止累计完成投资40 970万元，其中当年完成投资29 386万元。资金来源：国家财政补助32万元，国内贷款20 912万元，利用外资3 074万元，地方和企业自筹3 861万元，其他投资1 507万元。竣工投产项目145个，占在建项目的62.7％，并已发挥较好的投资效益，新增工业产值3.42亿元，税利4 420万元，创汇860万美元。全系统1986年引进技术、进口设备共6 423.73万美元，其中通过“三来一补”引进技术设备1 108.90万美元，通过中外合资经营、合作生产引进技术设备2 012.78万美元。

技术改造加速了广东二轻工业的技术进步。一是促进了重点行业技术装备的更新。广东塑料制品工业，到1986年止引进设备占主要设备的比重已达80％，生产技术达到国际80年代初水平的占12.5％，达到国际70年代中末期水平的占80％。二是扩大了重点产品的生产能力。通过技术改造新增生产能力：塑料制品2.68万吨，皮革（折牛皮）15.50万张，洗衣机10万台，电冰箱25万台，服装289万件，家具38.20万件。三是提高了产品质量和档次。家用电器工业通过引进技术，62％的产品技术指标已达到国际70年代同类产品先进水平，成为广东出口创汇的支柱行业之一。四是通过对引进设备的消化吸收，逐步形成对内辐射能力。如塑料制品工业引进的高密度聚乙烯微薄薄膜机、自动真空吸塑成型机、塑料高度混色机、塑料打包带机等设备，已经形成国内批量生产能力。有的经过改进创新，在技术、效能等方面有了新的突破。如高密度聚乙烯微薄薄膜机，引进样机仅能生产直径400毫米的产品，而改进设备已能生产200毫米、600毫米、1000毫米等系列产品，解决了国内各种规格包装袋生产的需要。

【企业、公司改革】 1986年，广东二轻工业以搞活企业为中心，继续深化改革。在增强企业活力方面，主管部门着重解决简政放权过程中的“中梗阻”问题，

80%的企业已具备自主经营的外部环境。其中40%搞得较活；同时，还在一定程度上制止了对二轻企业的平调、摊派风，维护了集体企业的合法权益。广东陆丰、揭西两县，已将过去划走的70家二轻企业重新划还二轻系统管理。在改善企业内部经营机制方面，一是改革企业领导体制。据对25个市、县的928个企业检查，1986年已有489个企业实行了厂长负责制（其中12个县、市已全面推行)，有117个企业试行了厂长任期目标责任制。二是改革用工制度。全系统现有合同制职工14 931人，其中全民所有制企业3 117人，集体所有制企业10 338人，各种合营工业1 476人，已占全系统（不包括街道工业）职工总数的3%。三是改革集体企业经营形式。佛山、江门、茂名等市试行了股份制。四是改革传统的企业管理方法，推进管理现代化。据11个市区的326个企业调查，大部分企业在生产和管理上已自觉运用现代化管理方法，推行单项以上现代化管理项目的已达90%以上。有5个厂开始应用微机进行管理。中山市洗衣机厂运用全面质量管理、价值工程、量本利分析、目标管理等现代化管理项目，1986年每台洗衣机成本比1985年降低12.4%，生产效率提高20%，全员劳动生产率人均达到37.3万元，人均创利税5.14万元。

在公司改革方面，广东省二轻厅直属8个专业公司，绝大多数已初步具备自我改造、自我发展的能力。公司改革的基本做法大致可分三种类型：第一，兴办实业，向生产经营、服务型迈进。省塑料皮革工业公司，以省联社下放的合办厂为基础，通过集资入股、投资合办、产供销联营、提供技术服务等方式，着手兴办产业，到1986年底公司已拥有合办企业17家，职工5 260人，合作对象冲破了行业的界限，包括工、农、商、学、兵，合办企业产值和销售收入均近2亿元，利税超过2 000万元，每年可为公司提供收入200万元。第二，开拓经营，从经营起步向经济实体过渡。省工艺美术工业公司，根据自身的经济状况，充分利用现有设施，兴办了三个商场，一个拥有200个床位的招待所和拥有600个座位的餐厅，从扩大第三产业起步，向经营服务型过渡。第三，发展联合，使公司成为行业生产联系的纽带和产品配套的中枢。省室内装饰公司，采取纵横结合，紧密联系和松散联系结合的方式，在自身成为一级法人的同时，将系统内外的同行组织起来，建立按统一的商标、产品标准协作生产的企业群体和协调开展业务的拥有800人的室内装修队伍，加速了室内装饰用品生产的专业化、系列化和国产化。1986年，广东室内装饰、装修行业已具备承接高标建筑物室内装修业务的能力，室内陈设用品的国产配套能力也达到90%以上。

【横向经济联合】 据不完全统计，全系统经济联合项目已由1985年的252项发展到400项。约85%的经济联合跨越行业或地区。据其中250个企业分析，行业内部联合的65个，比去年增加14%；与其它工业部门联合的18个，比去年减少21.74%；与农业联合的3个，比去年减少40%；与商业联合的11个，比去年增加37.5%；与外贸联合的38个，比去年增加26.66%；与科教单位联合的26个，比去年增加62.5%；与其它部门联合的89个，增加71.15%。单纯的生产加工合作减少，为生产服务的多边联合增加，以技术协作为主的软件联合项目比重有所扩大，增长速度由1985年的24%，提高到62.5%。通过横向经济联合，新增工业总产值2.37亿元，新增利润821.70万元。

横向联合的扩展，使广东二轻工业队伍内部构成正在逐步发生着深刻的变化。目前在全系统3 087个企业中，合营企业已有140个以上，其中全民与集体合营的企业16个，全民与私人合营的企业2个，集体与私人合营的企业23个，中外合资经营、合作生产的企业近100个。合营工业已逐步成为全系统的一支重要队伍，总产值达到2.3亿元。二轻企业的生产日益社会化，继湛江家用电器工业公司以后，新型的集团性企业不断出现，如广州万宝电器工业公司，佛山塑料皮革、家用电器、服装工业公司，吴川家具总公司等。

(李小卫)

广东省陶瓷工业

【概况】 1986年全省陶瓷工业总产值完成43 456万元，比1985年增长35.84%；销售收入，据99家企业统计，完成36 894万元，比1985年增长33.54%；实现利税7 130万元，比1985年增长39.67%；日用瓷总产量完成71 118万件，比1985年增长25.10%；出口交货量完成21 833.37万件，比1985年增长38.61%；建筑瓷总产量完成2 349.28万平方米，比1985年增长52.53%；全省出口交货值共完成8 701万元，出口创汇3 413万美元，比1985年增长21.68%。实现利润按99家企业统计，完成3 657万元，比1985年增长40.98%；亏损额为211万元，比1985年减少43.7%。全省陶瓷总产值、总产量、销售收入、出口创汇、实现利税均创历史最好水平。

基建总投资1 600万元，其中飞天燕瓷土矿精选项目完成6 90万元，占总投资额43%。已列入技术改造项目5项，总投资达9 119万元，其中外汇1 121万美元。

优质产品　1986年获省优产品的有：佛山市石湾瓷

厂的白鹅牌陶瓷锦砖；佛山市石湾耐酸陶瓷厂的海鸥牌梯级砖；潮州市国营彩瓷厂的鸿运牌玉晶纹彩釉花瓶；潮州市第三瓷厂的飞燕牌新向阳45头西餐具；潮州市华侨瓷厂的春燕牌灶－桌两用咖啡具；大埔赤山瓷厂的韩江牌20头、45头釉下青花餐具。

科研成果 枫溪陶瓷研究所研制成功“半硅质适用于氧化焰烧成匣钵”，经省陶瓷公司组织有关单位于1986年10月鉴定，研制出的隧道窑氧化焰烧成匣钵，使用次数超过原匣钵6倍，已推广使用。枫溪陶瓷研究所还研制成功“常温彩料”，经省陶瓷公司组织有关单位于10月鉴定，该颜料光泽良好，颜色鲜艳，产品质量达到进口产品水平。佛山市石湾化工陶瓷厂研制成功的“重油半隔焰辊道窑”，经省科委于9月鉴定，该窑炉比普通隧道窑单位制品能耗节约60%，经济效益显著，达到国内先进水平。佛山市石湾化工陶瓷厂研制成功“陶瓷劈开砖”，是建筑陶瓷新材料，经省科委9月鉴定，该产品各项技术指标基本达到联邦德国DIN8166标准。佛山市陶瓷机械厂研制成功“QMP 3000×4600型（14吨）球磨机”，经广东省陶瓷公司组织有关单位于7月鉴定，认为该机的各项工艺技术参数已达到进口同类球磨机的水平。

创新产品　全年创新品种和新花色达2694种，平均投产率达30%，有8项新产品列入省“重点开发新产品项目”已投入生产。在创新产品中，由省陶瓷公司组织试制的230个美术陶瓷新品种，已有165个对外成交。

省陶瓷公司从美国引进专家，在电白瓷厂展开了强化瓷具的研制开发工作，到年底获得成功。该产品是国际市场近年出现的一种新兴陶瓷产品，它具有强度高，耐冲击，破损率低的特点。产品经过专家鉴定，各项物化指标均达到国际先进水平，现已投入批量生产。

工艺美术大师和工艺美术家　1986年11月广东省人民政府命名陶瓷行业“工艺美术大师”荣誉称号的有：刘传、庄稼、赵国恒；“工艺美术家”荣誉称号的有：刘泽棉、廖洪标、梅文鼎、曾良、林鸿禧、陈钟鸣、王龙才、谢金英、王儒生。1986年国家科委批准广东省陶瓷研究所付所长陈钟鸣同志为国家级有突出贡献的专家。

（马云）

广东省制盐工业

【概况】 1986年全省盐田生产面积14 402.91公顷，其中国营盐场9 437.01公顷，集体所有制盐场4 965.90公顷。国营生产企业22个，年末职工人数13 146人，运销企业12个，年末职工人数1 617人。工业总产值5 776万元，比1985年5 465万元增长5.69%，其中国营5 285万元，增长4.4%。国营生产企业净产值5 744万元，增长16%。原盐产量64.82万吨，增长11.2%，其中国营盐场50.53万吨，增长9.5%。原盐质量优、一级品率54%，其中国营盐场64.62%，莺歌海盐场的日晒优质盐获得轻工业部1986年全国优质产品称号，广州精盐厂的五羊牌精制盐评为省优质产品。生产企业税金、利润499万元，增长106.2%。运销企业利润总额694.1万元，增长67.9%。生产企业亏损户5个，比1985年减少1个，亏损金额103万元，下降48.67%。国营盐场全员劳动生产率3 877元，增长4.5%。

全年盐的销量增大，市场稳定。各类盐销售情况如下：

盐　　类	计量单位	1986年	1985年	1986年比1985年增长＋（－）%
总　　计	吨	700 691	641 060	9.3
广东省内合计	吨	679 440	625 044	8.7
食　　盐	吨	427 760	410 277	4.3
其中：加碘盐	吨	61 379	47 728	28.7
工　业　盐	吨	189 332	156 899	20.7
农　牧　盐	吨	1 947	5 687	－65.8
渔　　盐	吨	60 401	52 181	15.8
供应省外(湖南)	吨	—	357	—
出　　口	吨	21 251	15 659	35.7

在食盐销售中，推广多品种和小包装的销售，精细盐销量比上年增长39.04%，调味盐、汤料盐、低钠盐、禽畜盐的试产试销逐渐扩大。防治地方性甲状腺肿病的加碘盐供应量完成年度计划4万吨的153.45%，全省已有27个县计500多万人口（占地甲病区人口的60%）达到省规定基本控制和消灭地甲病的标准，累计治愈30万病人。梅县盐业公司在加碘盐供应方面做了大量工作，使病区的患病率明显下降，获得中央防治地方病领导小组授予的防治地方病先进集体称号。

出口创汇有所上升。出口收汇值182万美元，增加1.67%。出口产品除盐外有元明粉、卤水、丰年虫等，销往香港及马来西亚等地。

海水养殖有新的进展，情况如下表：

1986年广东产盐区海水养殖面积继续扩大，因地制宜。如海南岛的东方盐场养殖江蓠藻条件较优越，就以发展江蓠藻为主，已由自然繁殖进为人工繁殖；粤西的电白、阳江盐场以养殖对虾为主；惠阳地区各盐场以混合粗养鱼、虾、蟹为主，兼养殖江蓠藻。1986年精养对虾池共有2 721.5市亩，比1985年1 036市亩增加1.63倍。在发展养殖的同时，抓紧配套工程

种　类	1986年 养殖面积(市亩)	1986年 产量(吨)	1986年 产值(万元)	1985年 养殖面积(市亩)	1985年 产量(吨)	1985年 产值(万元)
总　计	19 549	456.41	477.81	17 800	131.60	81.69
对　虾	13 746	222.78	419.35	10 036	65.20	42.50
鱼　蟹	4 211	147.78	36.46	6 364	50.85	31.00
贝　类	30	—	4.50	—	—	—
江　蓠	1 562	85.85	17.50	1 400	15.55	8.19

的建设，扩建和新建育苗场，购置饲料加工机组，以解决缺苗和饲料不足问题，同时增设冷藏设备，从美国引进1座日产3吨的急冷库和50吨的冷藏库。为解决水产专业人员缺乏问题，1985年以来，除选送100多人到湛江水产学院等有关部门举办的短期训练班学习外，并从水产部门和大专院校调入水产工程技术人员5人。为加快开发水产技术人材，在广东省盐业中专学校举办三年制的水产养殖班。

经济承包责任制继续落实和完善。1986年，逐步完善企业内部承包，通过划小核算单位，实行承包制、租赁制，发展横向经济联营。在工资制度上，东方盐场试行“四联两浮动”(联系产量、质量、利润、多品种多种经营，奖金、班组长职务津贴浮动)，海康盐场试行“打破级别全浮动”，阳江盐场试行租赁制和家庭承包制，从而基本革除了过去企业吃国家“大锅饭”，职工吃企业“大锅饭”的弊病。企业和职工千方百计完成产、销任务，并发展了多品种和多种经营，提高了经济效益。

（陈兆海）

附：广州市一轻工业

【概况】 到1986年11月15日，广州一轻行业已全部撤销原有的5个行政性公司，并从当年6月14日开始，先后组建了广州市糖业公司、广州市电池工业公司、广州市罐头工业公司、广州市食品联合公司、广州市日用品玻璃联合公司等5个企业性公司，基本完成了行政性公司的体制改革。公司改革后，广州一轻行业下属8个企业性公司，全系统有企业96户，其中全民企业48户，集体企业40户，中外合资合营企业8户；全部职工人数90 911人，其中全民企业67 593人，集体企业21 697人，合营企业1 621人；固定资产原值114 554万元，其中全民企业103 788万元，集体企业10 766万元；固定资产净值79 759万元，其中全民企业72 465万元，集体企业7 294万元。

全系统完成工业总产值205 791万元，比上年增长9.4％，完成工业净产值72 426万元，比上年增长9.2％。列入计划考核的37种主要产品产量，均完成或超额完成年度计划。产量比上年增长的产品有24种，占64.9％，其中啤酒、罐头、闹钟、干电池、合成洗涤剂、味精、铅笔等14种产品的增长幅度超过10％以上。

主要产品产量完成情况

主要产品	计量单位	1986年产量	1985年产量	1986年与1985年相比＋(－)％
自行车	万辆	183.1	180.2	1.6
缝纫机	万台	160	160.	0
手表(机械表)	万只	111.2	96.5	15.2
钟	万个	152.1	101.5	50.5
机制糖	万吨	10.25	12.16	－15.7
机制纸及纸板	吨	154 378	159 377	－ 3.1
合成洗涤剂	吨	53 394	44 712	19.4
其中：洗衣粉	吨	39 146	33 130	18.2
干电池	万只	41 701.2	36 737.6	13.5
罐　头	吨	25 123	17 756	41.5
啤　酒	吨	125 825	69 952	79.9
灯　泡	万只	2 714.3	2 665	1.9
保温瓶及瓶胆	万个	378.1	354.3	6.7
日用玻璃制品	吨	178 143	168 938	5.4
日用搪瓷制品	吨	3 984	3 821	4.3

列入质量考核的40种主要产品全部完成年度质量指标计划，产品质量稳定提高率达97.4％，比上年略有提高。全年试制成功的新产品有双针高速平缝机、超浓缩洗衣粉、天然茶素貂油洗发香波、不锈钢壳活塞式保温瓶、塑壳电子秒表、神功沐浴酒等76个，其中已投产的有53项。试制成功新花色新品种443项，已投产的有358项。新产品新花色新品种的总投产率为79％，共创产值42 187万元，创利润6 300万元，新产品率达20.5％，比上年提高3.5％。全年有5羊牌66厘米自行车获国家银质奖；亚洲牌柠檬汽水、双钱牌20公分花卷边食盆等9个产品（包括复评产品，下同）获轻工业部优质产品奖；有雄鹰牌固体鲜橙饮料、榴花牌优级白砂糖等38个产品获广东省优质产品称号；有五羊牌自行车飞轮等11个产品获广州市优质产品称号。全年优质产品产值达84 003万元，优质品

率为40.8%，比上年提高4.3%。优质品率和新产品率两项指标均提前4年超过轻工业部“七五”规划提出的目标要求。

基本建设和技术改造进展较快，完成固定资产投资额21 369万元（含外汇2 287.5万美元），引进技改竣工项目35个，引进设备1 448台（套），其中生产线16条，土建竣工面积90 778平方米。已竣工的35个项目，可新增产值16 500万元，增利润2 310万元，增税收1 620万元。

全系统（财务指标只含全民企业、集体企业）实现利润23 287万元，比上年24 244万元下降3.9%，其中全民企业利润20 611万元，比上年下降4.2%。大部分轻工产品处于旺销状态，全年产品销售收入207 962万元，比上年增长11.1%。产品销售税金20 897万元，比上年增长1.3%。全系统有2户企业亏损，金额84.2万元。全员劳动生产率为22 637元，比上年增长4.8%。

全年完成出口交货总值26 331万元，创历史最好水平，比上年增长1.18倍，已初步扭转了自1981年以来的被动局面。全局出口交货总值占工业总产值的比例，已从1985年的6.4%上升到12.8%。

【合资企业】 1986年，经上级批准成立的合资合作企业有6户，合同总投资额1 587万美元，其中合同规定利用外资568万美元。

全系统利用外资企业已经投产或部分投产的有7户（其中，中外合资合作企业6户）。这些企业有如下三个特点：

一是建设速度快，投产见效早。利用外资企业一般均能按照合同规定的建设工程期限，如期竣工。广州美特容器有限公司铝合金易拉罐项目，从1985年9月14日正式打桩开始，到1986年5月已完成21 753平方的土建工程，到6月，第一条铝合金易拉盖生产线试产成功，第二条铝合金易拉盖生产线又于7月份投产。铝合金罐身生产线也于11月试产成功。投产当年就生产铝合金易拉盖1.4亿个，完成产值2 862万元，出口创汇238万美元。

二是引进的技术、设备先进，生产出来的产品具有竞争力。广州美特容器有限公司和广美食品有限公司2户企业被广州市政府批准为第一批“先进技术企业”。广州美特容器有限公司引进的铝合金易拉盖生产线，年产能力为5亿个，废品率在2.5%以下，金属材耗不多于0.8公斤/千个；铝合金易拉罐身生产线年产能力为2.5亿个，废品率在4.5%以下，金属材耗为3公斤/千个。这些设备的生产能力和技术参数均达到国际80年代的先进水平，生产出来的铝合金易拉罐可替代进口。实行补偿贸易的珠江啤酒厂所引进的设备和工艺，有14项是我国啤酒工业近期内技术攻关的项目，其中由比利时阿托瓦啤酒集团提供的啤酒快速发酵工艺，将优质啤酒的发酵期从旧工艺的70多天缩短为12天，产品风味独特，竞争力强。

三是利用外资企业已有盈利，有不少产品已经出口创汇。7户已投产的利用外资企业全年盈利714.8万元，税利合计达1 706万元。最早开办的广美食品有限公司从1986年5月起扭亏为盈，全年盈利255.2万元。目前还有广威制塑厂、友利模具有限公司2户利用外资企业亏损，亏损金额10.5万元。利用外资企业生产的啤酒、电子表、模具、铝合金易拉盖等产品或半成品已出口创汇，全年完成出口交货值5 544万元，创汇999.3万美元，成为轻工产品出口创汇的新力军。广州科苑电子有限公司生产的各款电子表、潜水表，九成以上返销国外市场，全年产品出口创汇达708万美元。科苑电子有限公司和友利模具有限公司被广州市政府批准为第一批“产品出口企业”。

【厂长任期目标责任制】 广州一轻从1984年7月起试行厂长负责制。到1986年底，已有38户全民企业实行了厂长负责制，占应实行厂长负责制企业总数的83.4%。实施厂长负责制后，企业中厂长对生产行政的指挥权、党组织的保证、监督作用和职工的民主管理等方面都得到了加强。在大多数全民企业已实行厂长负责制的基础上，进一步推行厂长任期目标责任制。本年7、8月间，广州油脂化工厂、广东玻璃厂、广州啤酒厂先后宣布实行厂长任期目标责任制，成为广州市最早实行这一新的领导体制的试点企业。到年底，全系统共有5户企业实行厂长任期目标责任制。

广州一轻行业的企业主要从10个方面来制定厂长任期目标：①、生产发展速度、企业经营目标；②、实现税利目标；③、出口创汇目标；④、技术改造、技术引进目标；⑤、新产品开发、产品质量和创优目标；⑥、降低消耗目标；⑦、人才开发目标；⑧、推行现代化管理目标；⑨、创建文明单位目标；⑩改善职工生活福利目标。既有整个任期的总目标，又有每年阶段性的具体目标。厂长任期目标经主管局批准后，厂长再将目标层层分解到副厂长、科室、车间、工段和班组，并层层签订任期目标，同时公布于众，组织实施。企业党委、工会则围绕全厂的奋斗目标，相应制订出保证措施，确保厂长的任期目标顺利实现，并进行有效的监督。

一年来，实行厂长任期目标责任制的广州油脂化工厂、广州啤酒厂、广东玻璃厂、广州铅笔厂、广州瓶盖厂5户企业，实现工业总产值平均比上年增长24.5%，实现利税总额平均比上年增长18.7%，都大大高于全系统平均增长水平。　（关惠英）

广州市二轻工业

【概况】 1986年，广州市第二轻工业局下属有17个工业公司，并有二轻供销公司、二轻建筑工程公司、穗华企业公司、二轻房产开发公司、二轻局工程设计室、冰箱压缩机工程指挥部、二轻科技研究所、二轻教育培训中心等8个直属单位。全局职工总人数101 106人。其中独立核算工业企业245户，职工95 360人，全民工业企业51户，占全局企业户数的20.8%，职工27 494人，占全局企业职工总人数的27.2%；集体工业企业194户，占企业户数的79.2%，职工67 866人，占企业职工总人数的67.1%；其他5 746人，占5.7%。固定资产原值69 805万元，其中全民企业21 892万元。集体企业47 913万元；固定资产净值49 518万元，其中全民企业14 907万元，集体企业34 611万元。

全年完成工业总产值231 531万元，比上年增长11.3%，占全市工业总产值的13%，占全省二轻工业总产值的28.72%。

广州二轻局的工业总产值在全市各工业局中名列首位，在全国7个计划单列城市（沈阳、哈尔滨、大连、武汉、重庆、西安）二轻工业中居第一位。局管的42种主要产品中，比上年增长的有手电筒等27种，占64.29%，其中增长幅度在15%以上的有家用电冰箱、钢琴、手电筒、家用洗衣机、布伞、电饭煲、乒乓球、日用精铝制品、皮革、皮鞋等15种。

全年销售收入209 721万元，比上年增长17.94%。实现利润20 291万元，比上年增长5.24%。企业亏损有所上升，全年亏损企业14户，均为集体所有制企业，比上年增加6户；企业亏损金额241.3万元，比上年增加215万元。

全年出口交货值57 833万元，比上年增长74.48%，比历史最好水平的1982年增长33.07%；出口换汇12 627万美元，比上年增长48.94%；出口总值占全局工业总产值的25%，占全市出口交货值的29.02%。全局6个自营出口企业完成出口收汇2 016万美元，比上年增长241%。

全年完成基建投资20 985万元。竣工面积150 116平方米，竣工项目20项，主要有：电筒公司石井工区厂房建设、钢琴厂木工车间、人民制革厂扩建厂房、冰箱压缩机土建工程等。完成技改项目33项，总投资10 352万元，其中外汇1 505万美元。主要改造项目有：广州塑料鞋厂引进塑料鞋生产设备，电筒公司翻版仿造三条镍铁电镀生产线，宇宙金属制品厂引进不锈钢石油气炉生产关键设备、广州冷柜厂引进5万台冷柜生产线、广州洗衣机厂全自动洗衣机国内配套等。

1986年全年劳动生产率24 402元，比上年提高12.94%。

全年试制成功新产品92项，已投产79项，占85.87%。开发新花色、新规格5 700个，已投产5 400个，其中填补国内空白的有不占台面乒乓球柱、塑料壁扇、改性ＰＶＣ防护靴、ＸＱＢ25—11全自动洗衣机、旋转式保温柜、石油气火锅，带烤箱石油气炉、自开三摺伞、一次性使用塑料注射器、铝合金塔尺等10种，填补省内空白的有：天然气炉、改性ＰＶＣ弹性密封材料、宝珠笔墨水、012古典吉它、保险式自动抽油烟机、ＸＢＢ—95双桶半自动洗衣机等20种。近几年崛起和发展的家用电器系列、不锈钢厨房设备、室内装饰配套、高级灯饰、高级乐器等中高档产品产值，从1985年占全局工业总产值的比重35%提高到50%。

可比产品质量稳定提高率为95%。共获优质产品称号75个。其中：获国家银质奖的产品有万宝牌双门直冷式家用电冰箱；获轻工业部优质产品称号的有高宝牌（五羊牌）双缸洗衣机、宇宙牌（三角牌）电子石油气炉等19个；获省优质产品称号的有萌芽牌不锈钢厨具、电塔牌男衬衫等28个；获市优质产品称号的有钻石牌（万宝牌）自动电饭煲等27个。在国际上获奖产品有：工农服装厂的羽绒女大衣在东德莱比锡秋季国际博览会上获优秀品质奖和奖状；广东乐器厂和乐器公司研究所的高级小提琴在美国俄勒冈州波特兰市举行的第七届国际提琴创作比赛中获工艺优异奖和音色优异奖。全局优质品产值从1985年占工业总产值的25%，上升至30%。主要产品完成情况见表

主要产品完成情况

产品名称	计量单位	1986年度产量	1985年度产量	1986年度与1985年度对比+(−)%
家用电冰箱	台	376 175	208 395	80.51
家用洗衣机	台	465 398	382 000	21.83
电风扇	万台	54.2	56.56	− 4.17
电饭煲	万个	154.47	124.65	23.92
塑料制品	吨	45 148	44 717	0.96
日用精铝制品	吨	3 321	2 740	21.20
皮鞋	万双	296.26	257.27	15.16
服装	万件	1 088.41	961.66	13.18
不锈钢厨房设备	吨	456	460	− 0.87
钢琴	架	12 023	8 820	36.32
电筒	万支	8 206.71	6 811	20.49
民用锁	万把	7 154.64	6 278.62	13.95
金属家具	万件	176.18	195.34	− 9.81
木家具	万件	21.92	21.95	− 0.14

通过多种形式办学，二轻职大、中专、职中、技

工学校共新招学生354名。全年办16期业务培训班，参加学习干部1 848人，占干部总数18.62％。分期分批为青年工人进行脱产短期政治轮训，参加轮训青工4 6144人，占应轮训人数的94％。局所属公司已全部建立了读书指导委员会，建立读书小组的企业占95％，共计1 553个读书小组，参加读书活动职工人数共有7万人，占全局职工总数70％。

【经济体制改革】 一是对集体经济进行了多方面的改革。为了增强企业自我发展能力，对集体所有制企业上缴基金办法进行了改革，从过去按利润总额分档次提缴改为按人均创利总额分档提缴，对解决部分人均留利过低企业的困难起到一定作用。对市联社拨付给各专业联社（公司）的管理费，从过去的预算拨款，不足追加的办法，改为“核定基数，定额包干，超收分成，节约留用”的办法。进一步完善集体企业经营承包办法，实行了多种形式的分配方式：有工资总额或奖金、福利金与销售、利润挂钩，“三金”与利润挂钩；按工资一定比例计提奖金，计税工资，纯计件工资，“一金”与利润挂钩，与应交产品税、所得税挂钩等，调动企业和职工增产增收积极性。二是在全民企业中，对7户大、中型企业减免了调节税，免税额为367万元。对12户小型全民企业继续实行联销联利浮动奖励金、福利金的办法。全局51户全民企业没有出现亏损户。三是推行厂长负责制工作，全局已有149户工业企业实行了厂长负责制，健全和完善了企业的民主管理制度，促进了企业内部的改革。四是制定了行政性公司改革为企业性公司的总体方案，完成了塑料、日用五金、金属家具、室内装饰配套、文体、乐器六个行政性公司的改革工作。

【经济联合】 广州二轻工业的横向经济联合，又有新的突破，实行内联项目有18项，投资总额2 402万元，其中省内联合的项目有5个，跨省联合项目有4个。主要从三方面进行：一是突破企业界限，实行内联。如广州指甲钳厂与同行业为民电镀厂联合，后者为广州指甲钳厂解决产品电镀，淬火等工艺流程，有效地提高指甲钳产量。二是突破行业，地区界限，实行外引，生产配套成龙。乐器公司与黑龙江苇河林业局联合生产吉它。除可大幅度增产吉它外，全行业所需的主要原材料木材也得到较好的解决。广州塑料电器厂与四川宁江机床厂合资联营，生产洗衣机自动程控器，投产后将基本解决洗衣机程控器配套问题，并可为国家节约近千万元外汇。三是突破产业界限，进一步扩大产品出口。省、市外贸部门根据国际市场情况，工贸联合，对企业进行技术改造或帮助进口国内紧缺物资，工贸双方共同努力，扩大出口生产能力。如省机械设备进出口公司对家乐洗衣机厂投入外汇额度50万美元，协助引进万克注塑机设备，提高企业生产能力。

【技术引进】 广州二轻工业加强国际间的贸易联系，努力实现创汇——引进——扩大出口——再引进的良性循环。至年底止，全局已有40％的企业和重点产品生产车间得到了改造。广州二轻局围绕引进技术国产化的问题，在增强自我配套能力和提高消化吸收能力上下功夫。如万宝电器工业公司的冰箱1983年至1984年两年间，采取贷款和补偿贸易方式，引进了两条价值500多万美元，年产能力10万台的冰箱生产线。经过消化吸收、改造和扩建，1986年生产冰箱37.6万台，产品质量显著提高，1986年获国家银质奖。出口香港和东南亚，实现利润5 380万元，比1985年增长82％，已偿还了引进改造贷款80％以上。广州钢琴厂经过第一期的技改工程，钢琴产量大幅度提高，1986年产量12 023架，比上年增长36％，成为全国质量最好、产量最高、出口最多的名优产品。

【出口与换汇】 至年底，承担出口产品生产的企业有177户，比上年增加27户，占全局企业户数的72.24％。年出口换汇在100万美元以上的产品从1985年18种增加至29种，新增了指甲钳、小刀、皮鞋、羽绒被、帆布书包袋、牙雕、乒乓球、伞、电风扇、铝制品、煤油炉等11种。全局17个工业公司都超额完成了出口计划，其中万宝公司增长4.6倍，家电公司增长81％。广州塑料鞋厂通过市场调查开发科技信息资源，研制和生产国际市场流行的新一代塑料鞋，产品向多工艺、深加工、多种材料结构方向发展，出口产品已发展到30多种和200多个花色规格，产品进入了欧美市场，全年出口产值723万元，占全厂工业总产值59％，实现了“外向型”的转变。

广州二轻工业利用广东省实行“特殊政策，灵活措施”的有利条件，充分发挥本局华侨港澳同胞，归侨侨眷较多，邻近港澳的优势，积极创造“小气候”，通过改善投资环境，加强与外商合作共事。至年末，共建立了16户合营企业，其中合资企业12户，合作企业4户，合同投资总额2 205万美元。在1986年4月开业的与外资合营的联发鞋业有限公司，到年底，9个月生产皮鞋38.8万双，产品全部出口，出口总值200万美元，为投资额的5倍，创利润100万元。整个皮鞋行业出口皮鞋71万双，超历史最好水平。

（谢伯璋　张永铨）

广州市包装工业公司

【概况】 广州市包装工业公司管辖10个全民企业、13个集体企业以及美术装璜设计公司、包装供销公司、包装研究所和包装技工学校，共27个单位。年末职工总数12 521人，其中全民所有制职工 6 980人，集体所有制职工 5 541人。全部工业企业固定资产原值10 171万元，其中全民企业 6 356万元，集体企业3 815万元；固定资产净值 7 474万元，其中全民企业4 926万元，集体企业 2 548万元。主要业务和产品有：包装装璜印刷、书刊名片印刷、零件票证印刷、纸箱纸盒、纸管纸桶、各式纸制品、罐头内涂铁、印铁制罐、塑料复合包装、吸塑包装、泡沫衬垫包装、电化铝烫金箔、电分制版、油墨涂料以及瓦楞原纸、纤维板等，承担广州市工业产品所需包装装璜印刷量、运输包装瓦楞纸箱量以及销售包装纸盒量50%以上的生产任务。

广州市包装工业历史悠久。解放初期就有不少分散从事印刷、制簿制袋、纸箱纸盒等包装装璜制品生产的手工业合作社。30多年来，经过组合、归并形成了印刷行业和包装制品行业两个相对集中的行业，分属于市轻工局和市二轻局管理。由于广州市包装工业长期以来基本上是分散管理，没有统一的规划，不可能对包装企业进行根本的改造，以致企业设备陈旧、技术落后、产品老化，成为广州市经济发展的主要薄弱环节之一。1983年12月广州市政府决定将市轻工局属下的文教印刷工业公司、轻工美术设计公司和市二轻局属下的二轻包装装璜工业公司、二轻美术装璜设计公司合并，于1985年1月组建成为广州市包装工业总公司。

1986年，包装工业总产值23 116万元，比上年增长2%；销售收入21 186万元，比上年增长6.5%；利税总额3 391万元，比上年增长4%；全员劳动生产率21 250元，比上年增长1.5%；人均创利2 090元，比上年减少1%。其中，全民企业工业总产值13 586万元，比上年增长5.4%；销售收入10 899万元，比上年增长9.7%；利税2 232万元，比上年增长6.5%；上缴利税804万元，比上年增长9.8%；人均创利3 065元，比上年减少2%。在全系统的两个主要行业中，包括9个全民企业和5个集体企业的包装装璜印刷业实现工业总产值14 466万元，比上年增长1.5%，利税2 364万元，比上年增长7.2%；包括1个全民企业和6间集体企业的纸包装制品业实现工业总产值7 414万元，比上年增长2.1%，利税844万元，比上年减少0.7%。（“主要产品产量完成情况”见附表）

企业改革。集体企业继续推行工资总额与销售收入挂钩的政策，调动了企业和职工的积极性。8个全民企业实行了厂长负责制，并且开始推行厂长任期目标责任制工作，企业党、政、工三者关系逐步理顺，突出了厂长在企业里的中心地位。17个企业制定了“抓管理、上等级、全面提高企业素质”的“七五”规划，企业各项管理工作逐步完善。此外，还成立了包装企业管理协会，进行了试点企业划小核算单位的筹备工作和企业实行股份制的摸查工作。

全年共完成技术改造项目10项，投资总额为人民币2 867万元，其中用汇609万美元。与上年相比，完成投资额增长1.3倍，用汇增长71%。按合理配套的原则引进印刷、制版、油墨、塑料复合、瓦楞纸板等生产专用设备共74台（套），新增固定资产为上年固定资产原值的32%。广州照相制版厂从联邦德国、日本引进凹印制版成套设备，人民印刷厂从日本引进的塑料复合生产设备都达到国际80年代初的先进水平。

胶版印刷在包装装璜印刷中的产量比重由上年的43%提高到48%，彩盒产量比上年增加2.7倍，吸塑包装产品产量比上年增加91%。全年增加新产品6个，创产值53万元，比上年增加43%，优质品产值达176万元，比上年增加8.6%。全部产品严格按照工业产品技术标准进行生产，质量指标完成率达100%。送出参加各级质量评比的产品，获奖率达35.5%。11种印刷产品在广东省包装装璜印刷评比中被评为优级品，占全省的58%。东方纸箱厂生产的10×2毫升针药包装纸箱被评为轻工业部优质品，羊城纸箱厂生产的雪山牌洗衣粉包装纸箱和东方纸箱厂生产的保济丸包装纸箱被评为广东省优质品，广州油墨厂生产的6 104胶印墨、7 504滚涂型印铁墨以及东方红印刷厂生产的虎头牌电池系列招纸被评为广州市优质品。红卫彩印厂已经使用国产MCF——1型反射式彩色密度仪和MCF——1型透射式彩色密度仪，对印刷产品墨色和墨量进行监测，有效地保证产品质量的稳定性。该厂承印了亨氏婴儿营养米粉、麦氏速溶咖啡等一些中外合资企业产品的高档装璜包装盒。由东风印刷厂印制商标或包装盒的5种日用工业品和金帆牌英德红茶分别获得第二届“羊城杯”质量奖和1986年巴黎国际美食旅游协会颁发的国际商品“金桂奖”。全系统直接出口产品收购值达377万元，比上年提高22%；间接出口收购值达3 710万元，比上年提高18.5%。

存在的主要问题是：企业经营管理水平不高，应变能力不够强，致使主要产品销售市场占有率比上年有所下降，据广州市12种主要民用工艺产品的瓦楞纸箱供需情况表明，这个系统产品的市场占有率只有63.6%，比上年下降3%；全系统工业总产值只完成年度计划的96.3%，实际产值增长幅度比全市增长平均水平低；可比产品成本比上年增加9.8%。特别是集体企业产值和利税分别比上年减少2.6%和0.4%，可比产品成本增加10.4%。

【深圳市轻工业公司】 深圳市轻工业公司（以下简称

主要产品产量完成情况

产品名称	计量单位	1986年	1985年	1986年比1985年增长%
瓦楞原纸	吨	7 924	8 456	－6.3
油墨	吨	1 081	1 125	－3.9
内涂料油	吨	83	52	59.6
印涂料铁	吨	16 273	12 641	28.7
印花铁	万印	8 394	8 691	－3.4
包装装璜印刷	万印	200 412	210 231	－4.7
瓦楞纸箱	万平方米	2 643	2 669	－1
瓦楞纸盒	万个	1 611	1 533	5.1
铜锌电版	万平方米	2 694	2 894	－6.9
书刊印刷	令	80 282	174 375	－54
日记本	万本	2 868	1 843	55.6
吸塑包装	吨	88	46	91
泡沫衬垫	吨	86	80	7.5
纤维板	立方米	2 903	3 141	－7.6

（江永祥）

“公司”）1986年底，拥有自办国营、内联、中外合资共43家企业，比1985年增加8家。其中正式投产的工业企业19家，贸易公司7家（包括公司直属专业性进出口公司2家），部分企业尚在筹建之中。年末职工总数为2 465人，比上年增长48.3%。全年工业总产值达6 434万元，比1985年增长119.2%，净增总产值3 499万元，其中出口产品产值为3 500万元，占工业总产值的55%，比1985年增长1.2倍。全公司固定资产原值6 400万元，净值5 800万元，分别比1985年增长44.4%和48.3%。全年劳动生产率为43 240元，比1985年提高53%。主要产品产量完成情况见附表。

所属中华自行车有限公司生产的各种型号的赛车、旅游车、爬山车、轻便车、童车等，质量达到国际水平，进入欧美市场。该产品出口量占总产量的52%。琼胶工业公司生产的水果啫喱。被指定为第八届亚洲乒乓球锦标赛八种食品饮料之一。

全年基建总投资3 004万元，比1985年减少45.3%，其中利用外资1 018万元。年末已完成投资2 466万元。施工面积63 849平方米，比1985年减少3.8%，年末竣工面积为25 660平方米，比1985年增加了5.6%。全年销售收入总计2 596.3万元，比1985年增长23.3%。其中贸易销售收入达1 727.3万元，比1985年增长51.7%。全年销售税金307.9万元，利润总额为994.1万元，比1985年增长11.2%。1986年出口净收汇2 804.3万美元，创汇2 309.3万美元，比1985年增长112.5%。

1986年，参加培训的干部、工人共293人，比1985年增加5倍。至6月底，文化补课431人，合格396人，累计合格率91.9%；技术补课406人，合格300人，累计合格率73.9%。“双补”平均合格率为82.9%。

主要产品产量完成情况

主要产品	计量单位	1986年产量	1985年产量	1986年与1985年相比＋(－)%
瓦楞芯纸	吨	14 105.6	8 096.1	74.2
印刷品	千印	418 584	339 775	23.2
纸制品	万平方米	354.1	194.4	82.2
零件印刷	千印	95 164	89 925	5.8
自行车	辆	141 315	43 146	227.5
石英钟	只	48 338	39 355	22.8
中空玻璃	平方米	5 232.5	1 127	364.3
单片玻璃	平方米	52 560.7	—	—
塑料拖鞋	万双	30.2	—	—
丝绸绣衣	万件	3.14	0.248	—
5[#]电池	万支	80.4	—	—
7[#]电池	万支	34.96	—	—
琼胶	吨	5.96	—	—
啫喱	吨	410.7	—	—
泡沫塑料	吨	261.7	89.2	193.4
玉石雕刻	件	—	10 670	—

试行和推广经理（厂长）任期目标责任制。到年底，公司已经在所属的16家企业中推行了这一制度。经理（厂长）任期目标基本分为五大项：一、任期内经济技术指标；二、任期内发展目标；三、任期内管理目标；四、经理在任期内的权限和责任；五、考核与奖惩。任期目标层层分解，指标到人，如太平洋工贸企业公司。自1985年3月成立至1986年7月，亏损达130万元。试行经理任期目标责任制后，该公司一举扭转了企业亏损面貌。到1986年底，除补回亏损130万元以外，还盈利20多万元。

技术改造。1986年，公司从美国、瑞士、联邦德国、日本、荷兰等国家分别引进了具有80年代先进水平的设备。其中主要有：深日油墨有限公司的三辊研磨机、凡立水生产设备、平凹板油墨设备，深圳市中华自行车有限公司的自行车轮圈自动扳正机，深圳琼胶工业公司的水果啫喱全自动封缸生产线，嘉年印刷有限公司的四色印刷机，市印刷厂的甜筒纸杯机和造纸公司的污泥脱水机等。市印刷厂，是50年代宝安县老厂，1986年以来，市印刷厂进行了技术改造、设备更新，新增对开双色05型胶印机等6种机械设备，基本形成铅字图版零件印刷和彩色胶印两条生产线，提高了生产效率和竞争能力，该厂1986年工业总产值比1985年增长了12%。市造纸公司在上年技术改造的基础上，1986年又继续进行了三项大的技术改造工程，如安装

10吨锅炉和电器设备改造。使产量和产品合格率都有明显提高。

（张晓蕙）

【深圳市食品饮料工业公司】 1986年，深圳市食品饮料工业拥有16家专业性工厂、9家轻工类工厂。职工1 214人,其中科技专业人员134人，占职工总人数的11.03%，拥用固定资产原值4 855.9万元，净值4 591.5万元,分别比1985年增长76.89%和79.22%。

列入产量计划考核的8种主要产品中，除酱油和海鲜酱未完成计划外。其余均超额完成。其中，汽水产量43 773.59吨，比1985年增长16.85%；菊花茶产量5 752.16吨，比1985年增长237.52%；蚝油产量460.06吨，比1985年增长54.35%。未列入产量计划考核的5种主要产品，比1985年产量有较大幅度增长。

可比的主要产品质量指标比上年稳定提高。三井蚝油获得广东省科技三等奖，百事可乐汽水产品成品率达99.8%，产品合格率达98%以上，总成品耗损率不超过1%。

全年工业总产值6 648.79万元，比1985年增长26.97%，工业净产值2 327.06万元，比1985年增长25%。

全年实现利润总额1 215.7万元（其中工业利润1 003.7万元，商业利润212万元），比1985年增长34.78%。全年上交所得税119.4万元,销售税金218.7万元，分别比1985年增长1.7倍和51%。全年产品销售收入10 650.9万元，比1985年增长43.83%。全年出口产值3 081.14万元，创汇138万美元，分别比1985年增长35.26%和降低0.08%。1986年全员劳动生产率44 149元比1985年增长19.2%。

1986年，引进5条生产线，即深宝饮料厂软包装果汁生产线、三井食品厂蚝油食品生产线、东方速冻生产线、家品食品厂酱料生产线、东兴饮料厂饮料生产线，完成技术改造投资1 581万元，其中，深宝饮料厂的技术改造工作比较好，各项设备的生产能力均达到设计要求，设备性能良好，动力消耗下降32%，工资成本下降30.7%。

为了解决原材料提价，生产费用增加等困难，食品饮料工业公司努力降低产品的物资消耗，加强内部消化。在企业基础管理中主要抓了原始记录、统计表格、规章制度、标准化、计量检测和基础教育等等，使企业的产品质量稳定、劳动生产率和利润不断提高，而生产成本逐年下降。例如饮乐汽水厂全年每吨产品用水比1985年下降23.1%，耗电下降15.3%，耗二氧化碳下降32.1%,工资每箱降低3.5%，全年盈利700多万元，比1985年增长14%，创历史最高水平。年初扩建了食品研究所，该所和企业的科技人员共同进行新产品的试制、移植和开发的科研工作，有12位工程技术人员获广东省轻工厅四新产品设计优秀奖，企业产品在原有基础上，又增加了6个新产品，其中喜乐浓浆、柠檬茶、鸡蛋花汽水、天然矿泉水等4种产品,获得广东省轻工厅优秀四新产品设计奖。

（黄大鹏）

【深圳兴华轻工业联合股份公司】 深圳兴华轻工业联合股份公司(英文名称：Shen zhen Xing Hua Light Industrial Joint Stock Corp.）是轻工业部组织全国18个省市轻工业部门、联社及有关单位集资兴办的大型联合企业,受轻工业部和深圳市人民政府的双重领导，在当地注册营业，具有法人地位。公司于1982年开始筹建，1985年10月18日正式开业。到1986年已拥有完整的经营和配套设施,自有房产65 323平方米,包括12层的兴华大厦、15层的兴华宾馆、4层的兴华餐厅，还有标准厂房、经销部大楼、职工宿舍以及仓库等，成为工贸结合、独立经营、享有对外和对内经营权的经济实体。

公司实行董事会领导下的总经理负责制。到1986年底，股东有54家，包括轻工业部、深圳市和广东、北京、天津、上海、辽宁、吉林、河北、山东、河南、四川、安徽、江苏、浙江、湖北、湖南以及广州、沈阳、大连、哈尔滨、青岛、威海、西安、武汉、鞍山等省市轻工业部门，入股金额达4 019万元。

公司的宗旨是：遵照国家和经济特区的有关政策规定，充分利用经济特区的优势和股东省市的轻工业基础,通过引进外资，引进先进技术和科学管理经验,兴办各种形式的外向型工业企业，宣传和推销轻工业产品，收集科技情报和市场动态，把公司办成工贸结合，以工为主，以贸带工，以工促贸的全国轻工业技术，管理、信息和对外贸易的窗口，为特区和内地的轻工业现代化建设及扩大产品出口服务。

1986年公司对工业企业进行整顿，现有7个工业企业，产品大部分外销，其中中外合资的有东方裘皮有限公司、北京联合毛皮有限公司、四海羽绒制造有限公司、兴华眼镜有限公司；内联和独资的有恒业塑料有限公司、天兴电子表厂、华乐洗衣机厂。生产的产品有：各款裘皮服装、快餐饭盒、塑料薄膜袋、眼镜以及全自动洗衣机、石英电子表等。

1986年10月经广东省人民政府批准，兴华公司可以独立开展进出口业务。公司充分利用特区的优势，采取内贸与外贸相结合，批发与另售相结合，公司经营与股东自主经营相结合等多种形式，积极开展贸易业务。通过横向联合，为股东代进大批人造革、马口铁、干酪素及其它另配件,解决了部分企业生产所需；

为股东代出服装、电池、锁、手套等轻工产品；同时为内地单位推销、调剂大批家电和其它轻工产品。公司在兴华大厦开设兴华贸易中心，有30个股东在贸易中心设立了分部，独立经营，自负盈亏。各股东在自己设立的分部采取展销、批发、另售、代购代销、选样订货等多种形式，经营品种达 7 000多种，其中名优产品300多种。

公司设有技术开发部，已初步和全国18个省市轻工业部门建立起信息网络系统，编发了《兴华信息》，及时向内地轻工业部门通报公司情况和传递港澳、特区信息，促进了国内外经济技术合作和信息的交流。

兴华宾馆起到了为股东服务和与公司联系的纽带作用。设有高中级客房、中西餐厅、宴会厅、快餐厅、咖啡座、美发厅及出租车队。1986年宾馆客房部共接待宾客 1.8万人次，营业收入 166 万元，餐厅接待24万人次，营业收入 163 万元。全年宾馆除向公司上交70万元的房租、折旧费外，实现利润26万元。

公司从1984年以来，采取边基建、边营业的措施，充分利用已完工程，先试行营业。1984年－1986年全公司营业收入12 700万元，其中直属企业 5 610 万元，联营企业 2 290 万元，贸易中心 4 800万元；上缴营业税 198 万元，其中直属企业87万元，联营企业76万元，贸易中心35万元；毛利 1 092 万元，其中直属企业 417 万元，联营企业 243 万元，贸易中心 432 万元；扣减固定费用后，利润总额 207 万元，其中直属企业33万元，联营企业28万元，贸易中心 146 万元。1986年工业产值 1 189 万元，工业、贸易销售总额8 677万元，实现利润74万元，上缴税金 124万元，外汇收入91万美元。

（张雪岭）

【深圳艺华公司】 现有生产厂房 12 600平方米，生活配套设施面积 5 400 平方米，职 2 100 人。

公司创办以来，致力于发挥“四个窗口”的作用，通过外引内联，为发展内地工艺美术行业生产服务。1986年取得了新的成就，兴办了以室内装修工程为主的北方装饰实业公司。

进出口贸易。本着为行业服务的思想，坚持“一业为主、多种经营”的方针，不仅为内地工艺美术行业的产品出口扩大了渠道，促进了生产发展，而且进口了一批行业紧缺的原辅材料，解决了生产急需。既为国家创造了外汇，公司本身也取得了较好的经济效益。

充分利用深圳特区毗邻港澳的优势，发挥“信息窗口”的作用，创办了《港澳工艺品信息》报，为全国工艺美术行业提供信息服务。

开展了旅游销售业务，既为深圳市旅游业提供了服务，创了外汇，又增进了国际间的文化艺术交流。

1986年，公司认真贯彻了以生产为基础、积极开展进出口贸易的方针，取得了较好的经济效益，经营总额近 8 000 万元，实现利润 400 余万元。

（王少卿）

汕头市一轻工业

【概况】 汕头市一轻工业分设轻工业总公司、食品糖纸工业总公司、感光材料工业公司和陶瓷工业总公司四个单位。共有172个企业。其中全民所有制企业108个，集体所有制企业59个，中外合资合作企业 5 个。全年职工平均人数63 820人。

1986年，汕头市一轻系统（含市属八县一市），完成工业总产值57 162万元，比上年增长7.8％。归口轻工业部管理的17种主要产品，比上年增长的14种，下降的 3 种。全年销售收入58 425万元，比上年增长12％。实现税利 6 474 万元，比上年下降 6.9％，其中利润 657 万元，比上年下降64.2％；全系统职工平均年创税利 1 014 元，其中人均年创利润102.9元。全员劳动生产率9 122元，比上年增长 9％。

全系统有 2 个产品在国际博览会获金牌奖，1 个产品获部优质产品奖，12个产品获省优质奖。全年优质产品产值10 112万元，优质品率为17.7％，比上年提高 1％。全年创新产品 242 种，已投入生产203种，其中获轻工部新产品一等奖 1 种，二等奖 2 种，获省四新产品一等奖 6 种，优秀奖13种。

全系统全年完成技术改造和技术引进投资总额14 166万元，其中用汇 1 238 万美元。汕头市感光材料工业公司引进日本富士彩色感光材料生产线项目已正式开工建设，至年底已基本完成土建工程。汕头市轻工业总公司引进日本化妆品生产设备后，成立汕头化妆品厂，正式投入生产，潮州市彩釉砖厂引进意大利彩釉砖生产线，也已投产发挥了效益。全年出口交货值13 266万元，比上年增长53.3％

【汕头市轻工业总公司】 1986年汕头市轻工业总公司所属企业40户，其中全民32户，集体 5 户，中外合资合作企业 3 户，职工年平均人数14 479人。全年完成工业总产值13 800万元。比上年增长16.7％；销售收入13 403万元，比上年增长14.3％；实现利税2 024万元，比上年增长13.8％，（其中利润 961 万元，比上年增长29％）；职工人平均创利税13 97.9元，（其中人平均创利润 663.7 元）；全员劳动生产率为 9 583 元，比上年提高14.7％；出口交货值（含三来一补）626 万元，比上年增长91.5％。

一年来，全系统列入质量考核指标25项，完成24

主要产品产量完成情况

主要产品	计量单位位	1986年产量	1985年产量	1986年与1985年对比 +(−)%
机制糖	吨	67 700	63 100	7.3
罐头	吨	19 648	18 665	5.3
饮料酒	吨	15 925	12 806	24.4
其中：啤酒	吨	5 182	4 716	9.9
钟	万个	21.65	14.72	47.1
手表	万只	86.02	33.19	159.2
合成洗涤剂	吨	774	502	54.2
日用玻璃	吨	35 366	31 333	12.9
灯泡	万只	242	221	9.5
香精	吨	142.7	13.87	928.8
香料	吨	8.93	7.27	22.8
感光胶片	万平方米	188	172.33	9.1
感光纸	万合	76.2	120.9	−37
日用陶瓷	万件	45 150	35 125	28.5

项。在24个可比产品的25个考核指标中，有22个稳定或提高，稳定提高率为88%。全年优质产品率为15%，比上年提高 0.7 %。新增获省优质产品称号的产品有揭阳火柴厂的菠萝牌安全火柴。汕头钟厂、汕头电池厂、汕头钟表元件厂、汕头玻璃厂、汕头自行车厂、汕头肥皂厂和潮州市电池厂被评为市质量管理先进单位。

全年共创“四新”产品 110 个，已批量投产的有98个，新创产值 901 万元，创利润 158 万元，分别比上年增长 161.1 %和 409.6 %。有三项产品获省“四新”产品一等奖。其中汕头肥皂厂研制成功的花苑牌秀发灵（养发生发剂），汕头化妆品厂与广州市医药工业研究所共同研究开发的新型护肤品可人牌天然营养美容霜，汕头钟厂试制成功的DKJ60报时器，美星牌MW～06三叉全铜风扇吊灯和灯塔牌 861 型首饰表带等 8 个新产品获省“四新”优秀奖。

全年经批准的技术改造和引进项目共13项，完成381.2万美元。普遍推行目标成本管理，层层推行多种形式的经济责任制，发动群众，认真挖掘十个方面的潜力：即挖掘调整产品结构和增产增收潜力；挖掘降低原材料消耗潜力；挖掘提高产品质量和创新产品潜力；挖掘节能增收潜力；挖掘改革工艺，技术改造和提高劳动生产率潜力；挖掘节约车间经费和企业管理费潜力；挖掘资金占用，加速资金周转潜力；挖掘综合利用潜力；挖掘择优采购潜力；挖掘多种经营潜力；全系统还净增利润 216 万元。

（陈朝庆　李　德　林时平）

【汕头市食品糖纸工业总公司】 1986年，汕头市食品糖纸工业共有企业74个（其中全民所有制企业57个，集体所有制企业15个，中外合营企业 2 个），全年平均职工人数28 414人，其中工程技术人员382人。工业总产值完成27 643万元。比1985年增长6.5%，其中制糖工业完成 7 777 万元，增长16.5%，造纸工业完成 1 091 万元，增长 6.8 %，食品饮料工业完成16 133万元，下降 2 %，其他工业完成 2 526 万元，增长40.4%。

主要产品产量：机制糖完成67 688吨，增长 7 %；机制纸及纸板完成10 404吨，增长 8.3 %；酒精完成4 499吨。增长74%；饮料酒完成10 743吨，增长32.8%；啤酒完成 5 182 吨，增长10%；非酒精饮料完成4 200吨，增长57.4%；罐头完成19 648吨，增长5.3 %；味精完成1 814吨。增长 8 %。

出口产品交货值全年完成7 683 万元，增长73.7%；产品销售收入全年完成29 205万元，增长13.2%；产品销售税金 3 083 万元，增长19%；全员劳动生产率9 729元，增加 336 元，提高 3.6 %；人均税利为786元（其中人均利润299元）。

一年来，技改、引进项目共13项，开发四新产品128项，已投产 101 项，有九项被评为广东省第一轻工业厅四新优质产品。揭阳糖厂、汕头酒厂、惠来罐头厂、潮州潮安凉果厂等四个企业获1986年度汕头市质量管理先进企业，有 7 个产品获广东省质量奖；饶平罐头厂蘑菇罐头等11个产品分别在全国、全省行业评比中名列前茅；揭阳糖厂“蔗糖份速测技术”通过国家鉴定，获1986年国家科技攻关奖。该技术被认为方法可行，测算迅速准确，技术可靠，数字齐全。达到攻关要求。经国家鉴定后，国家经委、国家科委、国家计委、财政部给该厂颁发了证书。

蔗糖份速测技术即采用小样榨汁系数法测算蔗糖份，以人工随机抽样，从蔗捆中按“梅花点”位置，每车甘蔗抽样六条蔗，水运甘蔗每捆（吊）抽样六条蔗，送甘蔗按质论价，经化验室分析然后测算出甘蔗糖份。该方法操作简单、快速、准确。从样本分析到测算出糖份只需10～15分钟，比原来统一分析法提高效率 6 ～10倍。且该方法适合于我国蔗糖厂供蔗区较分散，交蔗户多、样本多的情况。该方法还有助于国家推行按质论价收购甘蔗的新方法。改变过去按重量收购甘蔗。从而促进高糖高产甘蔗良种的推广。提高甘蔗产量和糖份。

1986年食品糖纸工业出现新的问题：经济效益不理想，全系统57户国营企业利润总额由盈变亏，亏损户由1985年19户增加为25户。亏损额达855.1万元（其中汕头罐头厂处理积压蘑菇罐头 3 324吨，亏损648 万元）。

（郑添标　林梓桐）

【汕头感光材料工业公司】 1986年汕头感光材料工业公司调整产品结构，适当减少黑白照相纸的产量，增加适销对路产品，如135黑白胶卷、人相片、X光片等；还推出或扩大生产一批新产品：FP型低银微粒照相胶片、EF型微粒复制片、RCL证件专用相纸、IS型工业X光、LP型激光照相排字胶片等，新增产值1 677万元。产量和销量分别比1985年增长27.8%和20.9%。为满足广大用户的急需，还引进国外大轴半成品彩色感光材料，加工彩色照相胶卷111.29万卷、彩色照相纸7 510盒。对大宗产品如医用X光片、人相片等，不断改进其生产配方，降低这些产品的乳剂成本，全年节约材料价值140多万元。对相纸车间进行分期改造，至12月，已完成20个工艺项目的改革，并成功地试产出印刷制版胶片，涂布车速达到每分钟18米，生产效率比老车间提高3倍。全年自销额占总销售额52%，企业也获得增收。当年，全公司完成工业总产值8 410.8万元，实现利润417.3万元，税金共1 013.7万元。全公司共3 255人，人均年创税利4 396元。

主要产品产量完成情况

主要产品	计算单位	1986年产量	1985年产量	1986年比1985年+(−)%
感光纸	万盒	76.2	120.91	−37
感光胶片	万m^2	188	172.33	9.1

本年度，公元牌全色照相胶片（人相片）获广东省优质产品称号。至此，汕头感光材料工业公司五项大宗产品：黑白照相纸、黑白照相胶卷、黑白照相胶片、X光片及印刷制版片均获优质产品奖，优质品率达78.2%。汕头感光化学厂胶片车间降低X光片乳剂成本，还获得1986年度全国优秀QC活动小组称号。

新产品公元牌LP型激光照相排字胶片研制成功，并由轻工业部委托广东省第一轻工业厅主持，通过技术鉴定。该产品专门配套以氦氖激光器为光源的电脑照相排字机照相排版用，具有感光灵敏度高，反差高、清晰度好，适应于机械化冲洗等优点，它填补了我国印刷制版胶片的一项空白。同年，我国电信部门开始采用国产新型激光传真系统，也应用这一新型胶片取代原来的传真片，获得圆满成功。

由汕头感光材料工业公司引进的富士写真胶片株式会社彩色感光材料生产线，中日双方签订的合同于当年3月25日正式宣布生效。11月17日，该项目正式开工建设，总投资91 697万元，至年底，土建的基础工程已大部分完成，财务支出8 400万元。按规定，该项目在合同生效36个月后生产彩色相纸，46个月后各种彩色相纸和彩色胶片全面投产；生产规模为年产彩色相纸2 243万m^2和彩色胶片320万m^2。

（谢郭汉）

【汕头市陶瓷工业总公司】 汕头市一轻系统陶瓷行业现有企业57个，职工平均人数17 818人。1986年，全面超额完成了各项经济技术指标，取得了产值、产量、出口值、出口量、出口创汇、销售额六项历史最高水平。全年完成工业总产值7 308万元，比上年增长24%，日用陶瓷总产量完成45 150万件，增长28.5%；出口交货值4 482万元，增长36.6%；出口交货量14 136万件，增长29.7%；出口创汇1 834万美元，增长24.8%；销售额9 179万元，增长24.9%。30户国营、县级以上集体企业全年盈利125.2万元，比上年增长2倍，上缴税收657万元，增长31%。职工人均年创税利591元，增长137.3%，(其中人均创利95元)。全员劳动生产率4 101.5元，增长17.3%。出口瓷合格率67.6%，提高2.2%。

一年来创新产品4个：鸿运牌玉晶纹釉花瓶、飞燕牌新向阳45头餐具、春燕牌灶一桌两用陶瓷咖啡具、搪瓷贴花纸等。其中灶桌两用陶瓷咖啡具，规格大小不一，器型各现奇态，呈不规则的多面体，组合成套。两用咖啡具计有：煮具、盛具、各种杯、盘、碗、壶、漏斗齐全，还有三只规格不一的暖炉供加热保温之用。产品瓷质缜密、瓷化良好，晶莹光滑，格调独特，经测验符合国家GB 4 003 −83的标准；二是出口产品增加，外销国家和地区扩大。除了出口日用瓷、美术陈设瓷外。还增加了彩釉砖、瓷粉、花纸等出口。产品从过去主销港澳、东南亚，逐步转向需求量较大的北美市场。同时涌现出潮州市瓷一厂、瓷三厂，饶平饶洋瓷厂等一些出口创汇在100万美元以上的企业；三是创制了一批优质名牌产品，使优质品产值明显增加。在轻工部召开的全国陶瓷创作设计评比会上，枫溪陶瓷研究所的“十二金钗”、“琴声传知音”分别获一、二等奖，潮州瓷三厂的47头大鹏釉下西餐具获二等奖。一年来获广东省质量奖的产品计有潮州瓷三厂飞燕牌（新向阳45头西餐具）、潮州国营彩瓷厂鸿运牌（玉晶纹釉花瓶）、潮州市华侨瓷厂春燕牌（灶一桌两用咖啡具）等。枫溪陶瓷研究所创制的《堆雕通花瓶》一组六件，在保加利亚第三届普罗夫迪夫国际博览会上获金质奖；潮州市彩瓷总厂《堆金牡丹花鸟三百件花瓶》在民主德国莱比锡春季博览会上获金质奖。据统计，全年创优质品产值共470万元，比上年增长8.4倍。

一年来汕头陶瓷行业技改引进项目续建的7个，新开的2个，总投资3 432万元，至年底已完成2 573

万元，其中用汇 360 万美元。续建主要项目潮州市彩釉砖厂引进意大利年产60万平方米彩釉砖生产线及配套煤气设备，年创值 1 200万元，总投资额 1 962 万元，已投产发挥效益。新开项目有潮州瓷土矿精选高岭土年产 1 万吨，潮州美术瓷厂原料加工、窑炉改造等项目。至年底建成投产发挥效益的共有 3 个项目，其中潮州颜料化工厂年产60吨丝网颜料项目投产后，当年实现产值 258 万元，比上年增长78.7%，创利25万元，比上年增长38.9%。

汕头陶瓷工业总公司，与汕头经济特区发展总公司横向联营，合资成立汕头经济特区陶瓷公司，该公司经广东省人民政府批准，有权直接经营进出口业务，已正常开展陶瓷的对外贸易，并首次参加1986年秋季出口交易会，产品销售东南亚、澳、美、加以及中东等二十多个国家和地区，全年创汇 233 万美元。同时，利用特区优惠政策，创办了陶瓷工艺厂和纸箱厂 2 个外向型企业，现已投产发挥效益。一年来全行业继续贯彻以外贸出口公司为出口主渠道，同时通过汕头经济特区陶瓷公司和其它口岸有出口权的单位代理出口为渠道，以补充主渠道不足，从而促进了生产发展，增加了出口创汇。同时，还积极开拓内销市场，全年内销额达到 4 697 万元，比上年增长12.8%。

（章　甫　刘婵媛　黄瑞南）

汕头市二轻工业

【概况】 汕头市（市区）共有二轻工业企业74个，职工总数27 967人。其中全民所有制企业10个，职工共4 290人；集体所有制企业59个，职工23.149人；中外合营企业 5 个，职工 528 人。各企业由市二轻工业局所属四个工业公司分管。其中塑料皮革工业公司分管21个工厂，职工9 140 人；五金电器工业公司分管17个工厂，职工 5 995 人；日用工业公司和工艺美术工业公司各分管企业20个和16个，职工分别为 5 167 人和 7 665 人。全年完成工业总产值26 989万元，比1985年增长13.54%。其中全民所有制企业完成5 787万元，增长6.73%；集体所有制企业完成19 900万元，增长 12.06 %；合营企业完成1 302万元，增长144%。各工业公司中，塑料皮革工业公司完成13 306万元，增长 20.55 %；五金电器工业公司完成 3 916 万元，增长 12.35 %；日用公司和工艺美术公司分别完成3 840万元和5 925万元，增长13.02%和1.32%。工业净产值按现行价格计算完成 7 330 万元，比1985年增长 13.56 %。其中塑皮公司完成 3 102 万元，增长13.66 %；五金电器工业公司完成 1 489 万元，增长20.85%；日用公司完成 1 159 万元，工艺美术公司完成 1 579 万元，分别增长4.51%和9.1%。

全员劳动生产率为 9 650 万元，比上年增长了18.58%。

主要产品产量：按32种主要工业产品统计，比1985年增长的有元钉、绞链、铝合金窗架、日用精铝制品、日用不锈钢制品、皮革、皮鞋、布鞋、塑料制品、增塑剂、民用镜、吉他琴、羽毛球、羽毛球拍、服装、绣衣、机绣品、珠绣品、彩瓷器、花画工艺品、玩具等21种。

主要产品产量

产品名称	计量单位	1986年产量	1985年产量	1986年与1985年对比＋(－)%
元　钉	吨	2 230	2 066	7.9
无声绞链	万　付	124	102	21.6
日用精铝制品	吨	904	694	30.3
金属门窗	吨	1 306	1 551	－15.8
不锈钢制品	吨	27	2	12.5倍
木制家具	万　件	2.1	2.6	－19.2
民用镜子	万　面	149	126	18.3
羽毛球	万　打	159	133	19.5
羽毛球拍	万　副	13	12	8.3
吉他琴	万　把	19	10	90
塑料制品总计	吨	16 590	15 504	7
抽纱刺绣	万　件	146	96	52.1
绣衣服装	万　件	27	59	－54.2
玩　具	万　元	4.3	1.7	152.9
皮　革	万　张	8.1	6	35
布　鞋	万　双	5.3	4.4	20.5

全市区二轻工业企业共完成销售收入30 574万元，比1985年增长 10.68 %，其中全民所有制企业完成5 882万元，增长25.6%；集体所有制完成24 692万元，增长 7.6 %。各工业企业全年共上缴产品税 1 320 万元，增长23.5%；实现利润总额652万元，增长17.48%；平均人创税利705元。

1986年又有 4 个工厂与外地、外单位建立经济、技术协作关系。市纸箱一厂与福建泰宁造纸厂联营的“福鮀纸类包装用品联营公司”，1986年产销业务有较大的发展，全年销售额达 240 万元，并实现税利 9 万元。汕头市二轻工业局于年初向所属企业发出《倡议书》，引导各企业开展“挖掘增益”活动竞赛。不少工厂想方设法，努力挖掘生产资金、原材料、生产设备和产品质量的潜力，有效地缓和了困难，提高了经济效益。如市彩瓷厂加强用电管理，实施定额奖罚制度，合理使用电隧道窑，全年仅节电一项就降低产品成本4.23万元；市铝制品厂从挖掘产品质量潜力入手，降低原材料消耗，全年铝锅正品率比上年提高2.99%，实现税利分别比1985年增长30%和28%，被评为汕头市质量管理先进单位。

【深化企业内部改革】 汕头市区二轻工业层层落实和实行厂长负责制的企业已增至20个，占市区二轻企业总数的27%。已有17个企业成立了职工代表大会，在生产经营中发挥了民主管理和监督的作用。各企业普遍从原来的计时或计件工资制改革为以质与量为主的多项定额奖罚制，从而更好地调动了干部职工的生产积极性。

市日用工业公司1986年在所属20家企业推行目标管理，年初由各厂副厂长以上干部联名向公司签订承包责任书，承包内容包括经济效益、技术进步和精神文明建设目标共16项指标，年终由公司进行考核，实施奖罚。各企业再将指标逐项分解下达至车间和个人。全公司当年各项经济指标均比上一年有明显提高，全员劳动生产率 7 278元，比上年增长18.3%，实现税金和利润也分别增长13.6%和 7.9 %。市塑皮公司对所属13家工厂实施经济责任制以后，增强了企业搞好生产经营的责任感，企业内部管理普遍得到加强，如市农用塑料制品厂通过合理修改劳动定额，在落实岗位责任制的基础上严格执行奖罚，进一步激发了工人的劳动热情，全厂平均月产量比以往提高11%，一等品率提高2.5%。

【出口生产和特区企业】 汕头市区全年出口产值完成 5 501万元，比1985年增长38.2%，其中正常贸易完成 4 316万元，比1985年增长 46.45 %；"三来一补"加工值 1 185 万元，增长 14.71 %。主要出口产品有工艺美术品、服装、羽绒制品、日用五金制品、渔网、皮革、塑料制品和文体用品等。其中出口交货量比上年增长的有元钉、绞链、渔网渔具、塑料拖鞋、尼龙拉链、羽毛球、服装、机绣品、珠绣品、抽纱、绣衣、彩瓷器、玩具、木雕、花画工艺品等17种，并新增自拱螺钉和塑料制纱机二种产品出口。

市区二轻工业在出口生产中，坚持发挥侨乡和特区的优势，努力吸引和利用国外资金、技术发展生产。市塑料材料厂与香港富式公司、汕头国际信托投资公司合资经营"汕头塑胶装饰材料厂"，总投资2 335万元，主要生产印花压延薄膜、地板胶等塑料装饰材料，年生产能力 1.8 万吨，该项目正在建设中。市机绣厂与香港绞锦行合资兴办"蛇源电脑绣品厂"，投资200万港元，引进了电脑绣花机、高速平缝车等先进设备，同年 8 月有部分设备开始投产，至年底已创值80万元，创汇 8 万港元。目前，全市区中外合营项目共 6 个，利用外资总额已达 304 万美元。除个别项目尚在筹建外，大部分项目均陆续投产发挥效益。如汕头塑料薄膜厂1985年与马来西亚泰亚塑胶制品有限公司合作经营的"汕头远亚塑料制品厂"已于 6 月投产，至年底共创产值 127 万元；合资企业"市化纤棉制造厂"1986年完成产值 687 万元，并出口创汇 64.6万美元。

在发展特区出口生产方面，市工艺美术工业公司、二轻工业开发公司、产品销售公司和材料供销公司等单位利用特区的窗口和优惠政策，积极为企业传递市场信息，衔接"三来一补"业务，加速了各企业向"外向型"发展。市塑皮工业公司1986年与汕头特区企业发展公司合营开办"汕头经济特区塑料皮革公司"，采取工贸、企贸和进出口三结合形式，设立专业工厂，经营各种塑料制品的生产加工业务。同年，市区又有服装一厂、开关厂、制钉厂和市日用供销公司等 4 家工厂企业分别与特区单位联合开展出口生产和经营业务。

【技术改造】 1986年主要抓好上年的技改结转项目的落实和配套工作，尽快发挥设备效益。全年完成结转引进项目 5 个，总投资 1 922 万元，合计用汇 348 万美元，均已正式投产。主要包括市东方塑料片材厂的三层共挤板材生产线、塑料九厂的精密塑料注射设备、塑料五厂的"三合一"塑料水泥袋生产线及市文具厂的彩印设备等。市日用公司在技术引进中重视发展投资少、见效快的项目，全行业所属 6 个项目总投资157万元，用汇33万美元，创产值 359 万元，实现税利59万元，平均每万元投资创产值 2.3 万元，税利0.38万元，其中市家具厂每万元投资创产值 3.3 万元，税利0.68万元。

企业基本建设工作结合技术改造同步进行。据统计，市区二轻所属企业共完成厂房基建面积17 047平方米，至年底已全部竣工。

【产品质量和创新创优】 市区二轻产品质量有较大提高，优质产品比往年增多。其中获部优产品有市塑料二厂的航海牌聚乙烯彩条编织布、市东方塑料片材厂的海贝牌聚氯乙烯硬质片材和市农用塑料制品厂的喜雀牌24支瓶装啤酒塑料周转箱等三项；获省优质产品奖的有市羽毛球厂的灯塔牌羽毛球等 6 项。在本年度举行的全国工艺美术品百花奖评比中，汕头绣衣厂的水仙花牌化纤绣衣再次获得金杯奖，市工艺日用品厂的贵丽牌珠绣毛衫获得银杯奖。市剧装工艺厂的人造丝勾针连衣裙和蝴蝶套裙获轻工业部优秀创作设计二等奖。

汕头市区二轻工业在加强质量管理的同时，进一步树立"质量第一"的思想，把产品质量与职工利益挂上勾，层层把紧质量关，使产品信誉不断提高。市乐器厂为维护部优产品梅花牌吉他琴的信誉，不断完善质检手段。厂设立了三级质检网，对产品实行职工自检、互检和专检相结合，有效地杜绝了质量事故。

随着产品质量的稳定提高，各企业的创新创优工作也得到加强。据统计，全市区二轻工业共创新产品929项，比1985年多 291 项。如金属爬楼车、全塑百叶窗帘、塑料门窗、板式拆装家具、磁性跳棋和各式新颖服装鞋帽等深受消费者喜爱。

【职工教育和人才培训】 市区各二轻管理部门和企业继续通过多渠道、多形式抓紧职工的文化教育和技术培训。至年底，全市区二轻系统累计参加文化补课的有6 015人，其中及格者5 336人，及格率为88.7％。

在技术培训方面，市二轻局和各工业公司充分利用现有的培训中心和三个夜校，采取自培和代培相结合、脱产培训和业余培训相结合的做法，提高了职工的文化技术素质。四个工业公司共开办各种专业培训班49期，参加培训人数达1 917人。

市二轻技术培训中心自1985年创办以来，至1986年底已先后开设了抽纱刺绣、中外合资企业会计、企业管理、市场营销学、中专财会、统计等中、短期培训班10期，已结业人数 352 人，学员返回企业之后，有的已担任生产技术骨干。

此外，市区各单位累计选送干部职工到大专院校培训人数已达 213 人，另有 363 人利用业余时间参加电视大学、业余大学或函授大学等各种形式的成人高等教育。

（林耀昕）

海南行政区一轻工业

【概况】 1986年海南行政区一轻工业实现了产值、利税同步增长。全系统 113 户企业，共完成工业总产值40 575万元，比1985年的37 369万元增长 8.6％。完成利税总额 8 245 万元，比1985年的 7 575 万元增长8.8%。出口交货值完成1 228 万元，比1985年增长了21.7%。全系统全员劳动生产率达13 617元，比1985年增加10.7%。食糖、卷烟、酒精、罐头、陶瓷、玻璃、火柴、干电池、肥皂、节能荧光灯等主要轻工业产品的生产也比1985年增产。主要轻工业产品产量完成情况见下表：

产品名称	计算单位	1986年产量	1985年产量	1986年比1985年＋（－）％
糖	万吨	30.4	28.94	5.1
卷烟	万大箱	1.72	0.91	89.0
酒精	万吨	1.57	0.87	80.5
罐头	万吨	1.03	0.91	13.2
其中：糖水菠萝	万吨	0.84	0.65	29.2
陶瓷	万件	613	582	5.3
日用玻璃	吨	2 423	2 291	5.8
火柴	万件	10.78	7.04	53.1
干电池	万只	914	666	37.2
肥皂	吨	6 529	6 515	0.2
饮料酒	万吨	1.83	2.01	－9
机制纸	吨	4 120	4 583	－10.1

主要出口创汇商品糖水菠萝罐头的生产在1986年取得了两高一低（高产量、高效益、低消耗）的成绩。全区共生产糖水菠萝罐头 8 476吨，比1985年增产29.2%；每吨菠萝罐头耗鲜果量从1985年的2.756吨降低到1986年的2.36吨；各厂还积极开展综合利用，生产菠萝酶 3 090公斤；每吨菠萝罐头的平均利润从1985年的3.66元增加到1986年的 115.6 元。

文昌县食品厂创制的“椰海牌”原汁菠萝晶又获轻工业部颁发的优质产品证书。

企业亏损面有增加，亏损企业有35户，比1985年增加 8 户；盈亏相抵后，全年净盈利 276.1 万元，比1985年下降54%。在全区一轻工业中占比重较大的制糖工业实现利润从1985年的 973 万元减少到1986年的452万元，下降了53.5%。

1986年底止，全区轻工系统完成职工文化、技术“双补”人数达13 008人；组织干部职工参加各种培训班学习3 558人；选送到大中专院校学习的有362人。

全区一轻工业固定资产投资项目61项，总投资13 978万元，其中技术改造项目57项，投资10 028万元。在这些项目中，包括海口咖啡香料厂引进的丹麦速溶咖啡生产线，是国内引进的第一套速溶咖啡生产设备。海口罐头厂和海口饮料厂还分别引进了瑞典的利乐软包装饮料生产线、联邦德国的罐装饮料生产线等。

（周向东）

海南行政区二轻工业

【概况】 1986年，海南行政区二轻工业企业 194 个，其中：全民所有制10个；集体所有制 181 个；其他所有制形式 3 个。年末职工人数19 293人，其中：全民企业1 330人；集体企业17 785人；其它 178 人。全年完成工业总产值9 062.36万元，按可比口径，比1985年增长 3％。其中澄迈、定安、临高、陵水、昌江等县，工业总产值分别增长40％至 1倍。全年完成工业净产值3 130.36万元。

全区二轻系统15个行业中，有 8 个行业的生产有所增长。其中，塑料制品、家用电器、日用机械、二轻机械、食品饮料、其他工业（橡胶、纸制品、印刷）等增长10.7～31.8%。工艺美术和木藤竹棕草制品业增长5.1～9.5%。服装缝纫、民用家俱、衡器制造、皮革皮件、文体用品、金属制品等7个行业减产。新增加了芳香炮竹、彩色汽球、乳胶医用手套等新品种出口，出口总产值共达285.81万元，比1985年增长21.8%。其中,出口交货值243.10万元,“三来一补”产值42.71万元，分别比上年增长11.1～169.7%。

全区二轻系统在深化改革的过程中，重视抓“创建一批立足地方资源、抓紧技术改造、发展有后劲的企业”。如：澄迈县二轻工业公司、海口市制革厂、海口南岛厂、占县橡胶一厂、文昌县和乐东县工艺厂、琼山县藤竹塑料厂、陵木县和白沙县藤竹厂等企业。新创了收录机喇叭、乳胶直型手套、橡胶密封圈、橡胶按摩健身环、塑料彩色图案包装袋、火山岩石盆景、捁棕工艺品、藤编工艺品、竹编动物型和图案型工艺品、玻璃罩装珊瑚、童装、羽绒服装、旅行皮箱、皮件、皮鞋、太阳伞、旅游草帽及广东米酒等新花色品种180多种。

全区二轻工业存在的主要问题：一是生产发展不平衡，19个市县中有9个市县大幅度增产，10个市县减产。二是产品计划完成差，在28种主要计划产品中，仅有钢铲、皮革、藤编工艺品等3个完成计划，比上年增产的有钢铲、铸铁锅、熟铁锅、皮革、成衣、藤编工艺品、塑料制品、钢丝钳、炮竹、椰棕床垫等12种，占43%。三是经济效益降低，亏损户和亏损额增加。全区二轻工业利润（含全民和集体，不含街道工业）仅92万元，比上年调整后可比口径利润232.5万元下降60.4%；亏损31户，比上年增加15户，亏损面和亏损额分别比上年增加93.7%和42.7%。

（刘发智）

湛江市一轻工业

【概况】 1986年湛江市一轻工业（不包括糖纸工业，下同）有企业39个，比上年减少1个；职工人数18 639人，比上年增加1 004人；全员劳动生产率11 604元，比上年提高8.4%。

全系统1986年完成工业总产值21 629万元，比上年增长14.52%；完成净产值8 628万元，比上年增长40.5%。归口管理的主要产品产量，绝大部分比上年有较大增长，见下表：

产品名称	单位	1986年产量	比1985年增减 %
日用陶瓷	万件	5 627.2	27.9
日用玻璃	吨	21 894.5	8
火柴	万件	10.3	8.4
灯泡	万只	104.5	43.1
肥皂	吨	10 377.3	3.4
合成洗涤剂	吨	526.3	45.1
饮料酒	吨	31 880	58.5
其中：啤酒	吨	5 652	157.3
非酒精饮料	吨	7 893.6	63.4
罐头	吨	14 965.6	34.6
味精	吨	86	－15.1
糖果	吨	4 525.3	－0.2
饼干	吨	6 360.4	－7

全系统产品销售总额达24 737万元，比上年增加5 390万元，增长27.8%。产品基本适销对路，年底没有积压产品，实现产销两旺。

全系统出口产品交货值完成3 388万元，比上年增长44.2%。湛江酱料厂、湛江罐头食品总厂、廉江县红星瓷厂、吴川县瓷厂成为出口产品创汇百万美元以上的企业。

这一年着重抓了《食品卫生法》、《工业产品质量责任条例》、《全面质量管理检查评分办法》的贯彻落实，抓计量定级和标准化工作，有8个企业通过三级计量考核验收，确定了有关产品质量的检验基础标准、技术标准、方法标准共48项，使企业的产品质量管理水平有明显提高。全系统产品质量稳定提高率达到91.3%。有4个产品参加全国同行业同类产品质量评比，其中湛江油脂化工厂生产的42型运河肥皂被评为先进产品；湛江啤酒厂生产的“得力”啤酒被评为好产品；湛江罐头食品总厂生产的2 840蘑菇碎片出口罐头获评比总分第一名。湛江糖果厂生产的海花牌花生饴糖、廉江县河唇锅厂生产的银河牌压铸锅获省优质产品称号。还有6个产品评为市名牌产品，19个产品获市优质产品称号。

全系统1986年投放“四新”产品开发经费54万元，新产品投产实现产值1 354万元。其中湛江糖果厂1986年投放市场的新产品和新品种9个，实现产值近200万元，税利40万元，特别是塑料易拉盖系列饮料的投产，取得很好的经济效益。遂溪县烟酒厂，有4个新产品投产，产量占总量的65%，该厂全年实现税利130万元，比1985年增长31.8%。湛江油脂化工厂，先后研制出硬质表面清净剂等5种新产品投产，全年液洗产品上缴的税利占该厂上缴税利总额的60%。吴川县塑料制品印刷厂试制的PET（聚酯塑料）充气饮料瓶正式投产，为饮料产品提供了新的包装，湛江市第一食品厂的卡拉胶生产新工艺，于本年7月份通过了轻工业部的部级技术鉴定，主要技经指标符合要求，产品质量符合国际FAO标准。

技术改造、技术引进工作有新的进展。全系统完成技改投资1 621.6万元，有12个项目竣工投产发挥效益。新增加的主要生产能力有：威化饼年产能力1 200吨；啤酒年过滤能力30 000吨；汽水灌装年能力

60000吨;小磨芝麻油年产能力1 000吨；味精年产能力150吨；冰淇淋年产能力300吨；彩印胶印年能力7 200万印。

全系统实现税金3 241万元,比1985年增长67.8%；实现利润921.8万元，增长29.4%；亏损企业由上年的6户，减少到5户，亏损额由上年的137.9万元，减少为101.6万元，减少26.3%。

【经济体制改革】 全市轻工系统的改革,主要是巩固、消化、补充已有的改革成果。在劳动工资改革方面，所属企业全面开展内部工资改革，按国家关于国营企业内部工资改革的规定政策，初步理顺了工资关系，职工普遍增加了工资。如湛江人民印刷总厂，工资改革后的人均工资收入比上年增加240元。湛江饼干食品总厂、湛江油脂化工厂、湛江糖果厂继续实行工资总额与上缴税利挂钩的改革，效果比较好。湛江饼干食品总厂上缴税利比1985年增长11%，增加工资总额52 000元，人均月收入比上年增加13元，增长9.1%。

各企业进一步完善各种行之有效的经济责任制，把职工工作效果同工资收入挂起钩来。湛江罐头食品总厂，在厂内实行经济技术指标层层包干，节约有奖，超支自负，失职受罚的经济承包责任制，收到较好的效果。该厂单是生产菠萝、蘑菇罐头节约的劳力开支及原料价值达64万元，弥补了原料提价的部份开支。湛江啤酒厂，上半年亏损5.9万元，从下半年起实行经济承包责任制,“得力”啤酒每吨成本比承包前下降34.3元;“得乐”啤酒每吨成本下降37.1元，使企业扭亏为盈，年盈利7.4万元。

在企业领导体制改革方面，公司党委直属企业中的7个企业领导班子进行了调整，提拔8人担任企业的主要领导，实行厂长负责制，各轻工企业基本形成了以厂长为首的生产经营指挥系统。第四季度，在直属企业中，选择湛江罐头食品总厂、湛江人民印刷总厂、湛江饼干食品总厂、湛江糖果厂、湛江玻璃厂、湛江油脂化工厂、湛江酱料厂、湛江纸箱厂、湛江火柴厂、湛江啤酒厂等10个企业，作为推行厂长任期目标责任制试点。

【横向经济联合】 1986年10月11日至16日湛江市政府召开了横向经济技术联系洽谈会。应邀参加这次洽谈会的有来自全国23个省、市、自治区的领导和经济部门的负责同志，各地的专家、学者，以及港澳经济贸易界人士共888人。市一轻系统有14个企业共34个项目与客方签约，计划总投资4 371.8万元，其中外汇736.2万美元。到年底的不完全统计，全系统建立横向经济联合关系的单位，已由1985年的5个，增加到20多个，联合的形式有五种：一是工厂与工厂之间生产要素的联合。如湛江玻璃厂与遂溪县氮肥厂的联合，由湛江玻璃厂提供设备、技术，由氮肥厂提供厂房、劳力，联合办年产7 000吨玻璃瓶车间。二是工厂与原料产地的联合。如湛江罐头食品总厂与国营幸福农场、高州县、化州县等菠萝、蘑菇、青刀豆原料产地的联合。三是工厂与产品销售单位的联合。如吴川县酒厂同广东省糖烟酒公司和省外10多个商业部门建立的产销联营；湛江饼干厂在全国建立300多个产品销售点。四是工厂与大专院校、科研单位的联合。如廉江县食品厂与广西化工研究所联合搞“食用乳化剂蔗糖脂”生产，与广东省和广州市微生物研究所开展对虫草菌、金针菌、喉头菌的深层发酵生产试验；徐闻县酒厂与华南工学院合作生产万事可乐饮料等。五是工厂与市经济技术开发区的联合。如湛江罐头食品总厂与市经济技术开发区进出口贸易公司联合办的“湛江市经济技术开发区罐头食品实业公司”,由罐头厂提供设备、出口产品代号和商标，负责生产技术管理；由开发区进出口贸易公司提供场地、水电、通讯、运输工具，负责对外联系客商，办理产品出口手续，享受开发区优惠政策待遇。

通过开展横向经济联合，促进了生产的发展，如湛江酱料厂生产的小磨芝麻油，产品质量在省同类出口产品中一直名列前茅，1983年获轻工业部优质产品证书，但是，多年来一直受到原料供应和产品出口量的限制，年产量徘徊在300吨左右，1986年，这个厂先后与广东省粮油食品进出口公司，签订了每年生产供应1 000吨小磨芝麻油出口的长期产销联营合同；与湖北、河南、安徽等省芝麻产区，签订了1 500吨的芝麻购销合同。使该厂形成了农工贸、供产销一条龙的经济体系，生产迅速发展。1986年生产小磨芝麻油707吨，比1985年增长98.13%；出口量522.8吨，比1985年增长198.7%；创汇121万美元，获广东省人民政府表彰创汇超过一百万美元企业的《荣誉证书》。

（吴洲平）

湛江市二轻工业

【概况】 1986年。湛江市二轻工业企业共有22个，职工12 493人，工业总产值26 089.56万元,比1985年，增长32.5%，主要产品有较大增长，见下表：

全年销售额21 231.3万元,增长20.8%,占工业总产值的81.38%；全员劳动生产率24 237元，提高27.5%；利润总额640.7万元，增长18.7%，增长水平略低于产值、销售、劳动生产率的增长水平；上缴税金1 065.77万元，增长21.8%;销售利润率3.07%，比1985年下降0.03百分点。

产品名称	计算单位	1986年产量	1985年产量	1986年比1985年增长%
电饭煲	万只	203	148.81	36.41
光管支架	万支	223.34	152.16	47.1
百页窗架	万支	67.20	54.16	24.07
钢木家具	万件	20.70	17.2	20.34
劳动手套	万付	309.5	184.7	67.5
服　装	万件	108	61.31	76.15
皮　革	万张	15.78	11.93	32.27

湛江市二轻系统运用国家给予沿海开放城市的优惠条件，出口创汇产品和来料加工产品的生产发展快，全市出口交货量产值达到7 958.45万元，比1985年增长62.9%，外商来料加工工缴费收入39.27万元，比1985年增长14.4%。强力塑料包装工业公司引进的年产1 000万件塑料编织袋生产线，7月份投产后，产品一直供不应求，集装箱用的载重1吨的重型编织袋，为外商免进行试验便签约成交的产品，并为国家商品检验部门列为出口免检包装产品，行销日本、挪威、丹麦、塞拉里昂、香港等国家和地区，新增产值358万元。

到1986年底止，按工厂绝对数计算，市区33家工厂，搞了横向联系的25家，占75.75%。其中9家为集团式企业——湛江市家用电器工业公司的主力厂、骨干厂。7家与外商联合，引进外资和先进技术以及先进设备。9家与兄弟单位、科研部门联合，提高产品的质量和数量，提高产品挡次，改进包装装潢，增强产品在市场上的竞争能力。

1986年有12个厂引进的13条生产线陆续建成投入使用，同时新增厂房和附属设施面积38 356平方米，新增生产能力7 004万元。湛江市南港服装厂与外商合作生产皮手套出口，用补偿贸易方式引进先进的缝纫设备289台(套)，现设备款已全部还清，还为国家创汇509万港元。

一年来，共试制“四新”产品189种，其中投产的104种，占55%。产品质量稳中有升，被评为广东省优质产品的有双环牌摩托车干荷蓄电池和鸡牌白铁桶两种，市名牌产品两种，市优质产品12种。湛江市家用电器工业公司，被轻工业部命名为“全国轻工业企业管理优秀单位”。

湛江市第二轻工业局按照企业所有权与经营权分离的原则与企业订立“经营承包”合同，帮助企业全面改革内部的分配制度，普遍实行与产、销、物耗、质量、利润相挂钩的计件工资制和奖金分配制。二轻局对二轻集体企业，除保留了企业主要领导人的任免权和对企业贯彻国家政策的检查权和监督权外，其余的企业所有权、财产支配权、生产决策权、民主管理权、经营自主权、工资分配权、产品自销权、价格调整权、福利决策权、自行招工权、对违犯厂纪厂规职工的处理权、经济联合权、任命中层干部权都下放给企业自行处理。二轻局机关职能已逐步转向主要抓好生产规划、协调、咨询、服务上来。

（罗荣浩）

广西壮族自治区

广西壮族自治区一轻工业

【概况】 1986年，广西壮族自治区一轻工业有归口企业445家，其中全民所有制423家，集体所有制22家。职工122 642人，其中全民企业114 619人，集体企业5 741人。工业总产值完成146 945万元，比上年增长6.48%；全年实现利税21 926万元，其中税金14 369万元，增长8.49%；实现利润7 557万元，下降18.21%，如果扣除减利因素，则比上年增长20.76%；销售收入149 500万元，增长10.54%。主要产品产量见表：

主要产品产量

产品名称	计算单位	1986年实际	1985年实际	1986年比1985年+(−)%
机制纸及纸板	吨	152 707	149 614	2.07
缝纫机	架	115 010	80 106	43.57
自行车	辆	586 991	495 498	18.46
手　表	万只	61.20	50.68	20.76
木　钟	万只	22	16.50	33.33
日用搪瓷	万只	2 854	2 932	− 2.66
日用玻璃	吨	130 756	106 514.80	22.76
味　精	吨	3 031.93	2 483.31	22.09
灯　泡	万只	4 557	4 384.81	3.93
合成洗涤剂	吨	23 913	20 830	14.80
干电池	万只	18 247	16 567.35	10.14
原　盐	万吨	8.08	9.63	−13.7
罐　头	吨	124 907.71	100 808	23.91
非酒精饮料	吨	10 965	8 204.51	33.65

产品质量基本稳定提高，自治区一轻系统考核的八大类主要产品质量指标，稳定提高率为75%，主要原材料、燃料消耗降低率为55.56%。五市考核的主要产品，质量指标达到计划的占88.60%。南宁市康乐食品厂生产的银杯牌甜橙汽水、桂林味精厂生产的葵花牌99%结晶味精、南宁味精厂生产的荷花牌99%结晶味精三种产品评为轻工部优质产品。有33种产品获得自治区优质产品称号。优质产品产值为29.977万元，占总产值的20.4%。

四新产品(新产品、新品种、新花色、新包装)试制成功投放市场，新增产值13 225万元，新增产品产值率为9％。全年出口交货总值达14 428万元，比上年增长32.03％，创汇3 258万美元。全年技术改造计划投资为14 625万元，实际完成9 319万元，完成计划的63.6％，预计增加产值9 966万元，利税为1 993万元。

全区一轻系统全年完成小型节能基本建设和技改项目53项（未包括重点节能基建项目），总投资为1 060.14万元。其中国家拨款256.30万元，建行贷款471.65万元，自筹300.9万元。锅炉改造项目7项，总投资148万元。其中拨款28万元，建行贷款75万元，自筹45万元。能源消耗标准煤65.47万吨，平均每万元产值耗标煤4.44吨，比1985年万元产值耗标煤4.79吨，下降0.35吨，实际节能原煤12.8万吨，油35吨，电570千度。全年为国家节约了建设资金合人民币838.50万元。

生产取得了好成绩，但经济效益不理想，亏损企业增多，利润下降，成本上升。质量管理工作比较薄弱，有的名优产品质量不稳定。产品结构跟不上市场变化的需要，一部分产品积压、滞销，产成品资金占用比上年增加43.93％。相当一部分企业管理水平低，物耗高，应变能力不强。

【经济联合】 1986年，广西区一轻工业多形式、多层次的经济联合形式主要有：(1)以名优产品为龙头，开展外向紧密型合作。如玉林自行车总厂以总厂为主体，由6个分厂(国营4个，集体2个)、10个固定配套厂(其中市内5个，地区内5个)组成了经济联合体，并与上海自行车三厂建立了技术经济协作关系，上海自行车三厂从多方面给予指导和帮助，在1986年9月成立了“上海自行车三厂玉林分厂”。同年12月，该厂又纳入“凤凰自行车生产集团”，联合生产凤凰牌自行车。1986年生产自行车33.20万辆(其中凤凰牌自行车1.54万辆)，实现产值6 708万元，税金634.43万元，利润338.62万元。与1980年相比，产量增长5.78倍，产值增长4.47倍，税金增长6.46倍，利润增长5.32倍。(2)工农联合，开辟原料来源。南宁市罐头食品厂是广西最大的食品罐头厂，年产罐头2.6万吨，其中菠萝罐头占1/2，需要菠萝原料2万吨。这些原料单靠原来的老基地只能提供一半，又很不稳定。1986年与邕宁县的江东、滨江、五合、定陵等农场签订合同，投资种植菠萝1 050亩，取得了好的经济效益，实现了五个突破，即罐头总产量突破2.6万吨、外销罐头突破2万吨、出口创汇突破1 000万美元、罐头产值突破5 500万元、菠萝罐头产量突破10 000吨，创建厂28年以来的最好水平。浦北小江瓷厂开展工农、工贸联合使厂子扭亏为盈，获得生机。并且重新跻身国际市场。1986年完成产量1 213万件，总产值317万元，比上年分别增长1.06倍和2.86倍。产品合格率达90.41％，提高14.91％，出口产品64万件，实现利润21.9万元，彻底扭转了连年亏损的局面。(3)开展经济技术协作。如南宁市康乐食品厂生产的双喜红香槟，是老少皆宜的低度饮料酒，在区内外市场享有声誉。湖南保靖饮料厂，广西玉林饮料食品厂等厂家原来产品不对路，产品质量差，企业连年亏损。南宁市康乐食品厂根据这些厂家的要求，派人到这些厂作技术指导，并帮助他们考察市场情况，及时定下联营的方案，积极组织生产，产品一投入市场就被抢购一空，家家实现了盈利。目前，区内外已有9家企业和南宁市康乐食品厂联营生产双喜红香槟。全州纸板厂，1985年以前，投产10年，亏损7年。1984年亏损37万元，在这种困难的情况下走经济技术联合的路子，与上海宏文纸厂达成了经济技术协作的协议，采取利润分成办法，共同治理这个厂，效果显著。联合的第一年，即1985年一举扭亏为盈，实现利润42.5万元，1986年又盈利198.4万元。全年完成产量9 760吨，产值854万元，销售收入1 015万元，比1985年分别增长34％，63％和60％。全员劳动生产率达到23 400元，比1985年增长75％。产品质量比较好，畅销全国。

【加强企业管理】 一年来，自治区轻工业厅在加强企业管理工作方面做了以下工作：

一、开展宣传教育，提高各级领导的认识。长期以来，在一些干部中，“重技术、轻管理；重生产，轻经营”的旧观念相当严重，为了改变这一状况，采取了三个结合的措施。一是把简报宣传和办学习班培训结合起来。平时把一些企业管理的好经验在简报上登载，同时又选送一批干部参加部、外省和省厅办的学习班，接受企业管理知识和企业管理现代化教育的共有300多人。二是走出去参观学习和内部互相交流经验结合起来。先后到武汉市一轻局和湖南国光瓷厂、沈阳、大连的轻工企业，以及广州参观取经，开阔了眼界。在广西区内，积极组织企业学习柳州市第二空压机厂、梧州市印刷厂、梧州市电池厂的经验。三是把表扬先进与揭露矛盾结合起来，抓好两头。区轻工业厅，协助各地市主管部门除了表扬一些企业领导外，对一些按兵不动，或者抓技术积极，抓管理消极的企业，采取组织力量，揭露该企业管理中的问题，促使企业领导重视管理工作。

二、制定标准，打好基础。首先，制定了《广西一轻工业企业六项基础工作验收标准（草案)》，第一批制定了15个行业36种主要产品升级标准。作为全区一轻系统建设企业管理基础工作的依据。此外，还组织力量，先后对桂林市二纸厂、南宁市罐头食品厂、梧州市电池厂、梧州市印刷厂、梧州市日用化工厂进行了检查；南宁、柳州、桂林、梧州、北海5个市的一轻系统，举行企业管理例会，定期研究企业管理问题和总结经验交流。

三、制定规划，抓好试点。制定了《一轻工业推行企业管理现代化规划》，并确定南宁罐头食品厂、南宁商标印刷厂、柳江纸厂、桂林市二纸厂、梧州市电池厂、合浦县竹林盐场六个企业作为推行企业管理现代化的试点，使企业管理现代化工作扎实地迈出了新的步子。首先是全系统普遍实行一制(经济责任制)，部分实行三全（全面质量管理、全面经济核算、全面计划管理）的管理制度。全区一轻系统列入企业整顿规划的有387个厂，已验收合格的有347个，占规划数的89.66%。其中，实行多种形式经济责任制的205个。推广运用现代化管理方法、手段的119个。实行全面质量管理的企业43个，全面计划管理的企业19个，全面经济核算的企业21个。其次是试点工作取得了一定的经验。梧州电池厂从推行全面质量管理入手，开展企业管理现代化工作，建立从原材料投入到产品出厂、售后服务等一系列保证体系，实行了拥有质量否决权的经济责任制，开展了质量成本核算，全厂推行目标管理，工作越做越细，基础工作日益扎实，产品质量稳定提高。1986年被评为自治区“质量管理先进企业”和轻工业部“优秀质量管理企业”称号。

（韦世有）

广西壮族自治区二轻工业

【概况】 1986年广西二轻工业系统共有企业1 406个，职工127 090人，其中全民所有制企业54个，职工12 693人；集体所有制企业1 352个，职工114 397人。全年完成工业产值157 357万元，比1985年增长11%。其中南宁、柳州、桂林、梧州、北海5市二轻企业增长9.9%；县城二轻企业增长14.3%；82个县和县级市有28个增长幅度在20%以上。出口产品147 64万元，增长55%。

据财务口径1 247个企业统计，实现销售收入按1 247个企业统计，实现销售收入125 800万元，比1985年增长7.7%，其中5市增长4.73%；82个县和县级市增长14.1%。全员劳动生产率为118 28元，比1985年增长10%。实现利税150 09万元，和1985年基本持平。其中，国营企业、县和县级市二轻集体企业分别增长15%和16.7%；5市二轻和街区集体企业分别下降9.2%和27%。

更新改造投资完成119 46万元，新增固定资产

主要产品产量

产品名称	单　位	1986年	1985年	1986年比1985年增减%
塑料制品	吨	32 620.06	26 558.87	22.8
皮　革	万张	101.98	69.08	47.6
精铝制品	吨	2 778.19	2 306.55	20.5
电风扇	万台	77.434	61.60	25.7
洗衣机	万台	2.68	7.51	－64.3
电冰箱	台	32 849	16 060	104.5
手电筒	万支	573.42	447.85	28.0
白铁制品	吨	2 663.47	3 362.84	－20.8
大型衡器	台	78.00	102.00	－23.5
台案秤	台	28 707	22 925	25.2
电饭锅	万个	7.67	6.98	9.9
烟花炮竹	万箱	70.43	59.97	17.4
壮锦、苗锦	万元	35.49	35.62	－0.04
服　装	万件	1 362.08	957.15	42.3
皮　鞋	万双	273.57	235.70	16.1

118 77万元，基本建设小项目完成916万元，新增固定资产783万元。

全年投入工业性生产的主要新产品128项，新增工业产值5 812万元，利税857万元。列入国家“星火”计划和自治区新产品开发计划的35个项目，已有18个通过了省级鉴定，其中获轻工部、自治区科技奖7项。企业管理和创优创新取得了新成绩，全年获轻工部、自治区质量管理先进集体、个人奖10项，有13个产品获自治区优质产品奖和新产品百花奖。

【优惠扶持政策】 广西壮族自治区人民政府于1986年5月，颁发了新修订的《关于搞活工业经济的若干规定》(简称《十二条》)，把“大力发展集体经济”列为第一条，一方面明确规定城镇集体工业企业享有独立核算、自负盈亏、自主经营、民主管理的自主权，制止各方面不应有的行政干预和平调；另一方面在资金、物资、信贷、税收、工商管理、生产经营等方面实行变通放宽，采取一系列的优惠扶持政策，为全区二轻工业持续、稳定、协调发展创造了条件。不少县市人民政府根据《十二条》的规定，制定了实施细则，促进了二轻工业的发展。如荔浦县从本县情况出发，制定了城镇集体工业企业承包的奖励和收益分配、超产奖励、厂长任期目标、职工入股集资、企业干部管理、“四新”（新产品、新工艺、新技术、新材料）奖励办法等六个配套文件，调动了企业职工的积极性和创造性，全年的工业产值和利润分别比1985年增长28%和19%。横县人民政府为发展城镇集体工业，两次组织二轻、经委、财政、税务、银行、工商管理等部门根据《十二条》制定了六项专门规定，较好地解决了城镇集体企业改革放权，收益分配，原材料组织

供应，技术引进开发等问题，全县二轻工业产值、销售收入、利税分别比1985年增长30％、66％、72％。

【调整产业结构和产品结构】广西二轻工业基础薄弱，起步晚。许多企业家底穷，包袱重，技术严重老化，缺乏自我改造能力和竞争能力。1986年全区二轻系统继续坚持打破产业、行业、地区、所有制界限，进行产业结构和产品结构的调整，跳出原来十四个行业的圈子，开发利用地方资源，发展新的行业和产品。平乐县的12个二轻老企业，过去都围绕着玻璃制品，机械制造、金属制品、木材加工做文章，由于原材料供应、技术装备、市场信息、交通运输都缺乏优势，致使生产逐年下降，1984年行业性亏损总额达11.6万元，1/3的企业被迫解体。1985—1986年，围绕着开发利用本县农副土特产为主体，重新组建企业，发展地方小食品、建材、日用化工及其配套产品，1986年完成工业产值1 522万元，销售收入1 175万元，企业利润62.2万元，分别比1985年增长42.8％、25％、152％，产值、销售收入分别为1984年的1.5倍和1.3倍，成为广西二轻工业发展较快的一个县。1986年广西二轻工业生产经营的范围已扩展到30多个行业，二轻系统外产值已超过6亿元，占二轻工业总产值的40％左右。

【技术改造】1984年以前，广西二轻工业投入技改的资金每年最多2 000万元左右。1985年恢复各级二轻管理机构以后，各级主管部门和企业积极从企业内部和外部筹措资金，进行技术改造，投入11 100万元，改造项目251个。1986年总投人16 100万元，其中引进项目用汇922万元，技改项目32个，使一批重点行业和企业技术装备获得了更新，开发了上千个新产品，提高了产品的竞争能力。玉林市二轻工业1984年以前工业产值始终在3 000万元以下，在1985年投入150万元的基础上，1986年又投入400万元，先后改造了服装、皮革、织带、制鞋、五金制品等一批老企业，开发了羽绒加工、苎麻改性、玩具、涤纶花、蜜饯、香料(桂油)、合金电热元件等新产品，全年完成工业产值4 485万元，实现利税324万元，分别比1985年增长20.54％和24.3％。全区主要行业五金制品、家用电器在1985年投入4 000万元的基础上，1986年继续投入6 123万元，已完成5 801万元，占投资总额的95％，完成重点技改项目33项，使冰柜生产线、电扇电机生产线、电热管生产线、20万台洗衣机生产线、稀土铝合金窗纱生产线等项目陆续投入生产。1986年全行业完成工业产值38 118万元，实现利税2 463万元，分别比1985年增长17％和9.3％。

【深化企业改革】1986年抓了五个方面的改革：一是继续推行和完善经营承包责任制，工资、奖金和企业的经济效益挂钩，促进企业提高产品质量，降低消耗，降低成本；二是推行厂长任期目标责任制，促进干部努力开创新局面；三是推行目标成本管理，加强财务核算、促进企业增产节约，勤俭经营；四是开展多种形式的横向经济联合，取长补短，发挥优势，搞活经营；五是推行民主管理制度和职工入股集资，密切企业和职工的政治经济关系。这些改革已取得了初步成效。桂林市二轻系统确定1986年以提高经济效益为中心，围绕着资金、市场、分配三个环节深入进行改革。对一些生产规模过大、产品混杂、不便管理、任务不足、人浮于事的企业划小了核算单位；对1984—1985年新办的50多个集体所有制小企业进行分类排队，整顿、提高一批，停办了16个不具备开业条件的小厂；采取入股集资，催收应收款，处理积压产品和物资，强化资金管理等手段，挖掘资金883万元，缓解了资金困难；按照“三方(国家、集体、个人)得利、效益挂钩、劳酬结合、责任包干、分灶吃饭、形式多样、各得其所”的原则，完善承包制度，对企业实行新增利税活承包；根据市场要求，发展了56个横向联营项目；在抓好原有“拳头产品”的同时，开发了32种为旅游、出国、人民生活以及工业配套服务的新产品。全市二轻系统完成工业产值14 049万元，销售收入142 42万元，利税1 792万元，分别比1985年增长12.7％、14.4％、12.42％。

【民族用品生产】自从1985年恢复各级二轻管理机构以来，把发展民族用品生产列入了重要议事日程。1986年对138个民族用品定点生产企业、车间进行分类排队，巩固、提高部份重点企业，淘汰一些定点厂、车间。新发展一批少数民族急需的民族用品。并争取各有关部门支持，共同安排技改开发项目83个，使一批重点企业的技术装备得到了更新，已湮没多年的锈花鞋、马丁、马掌、民族乐鼓、锣、钹、雕花床、八仙桌等民族传统产品得到了恢复发展，有的民族用品如绣球、织锦挂包、绣衣等还批量出口；有20个企业、64种产品分别获得国家民委、轻工部、自治区民委和二轻局的奖励和表扬；区二轻局帮助民族自治县制定二轻工业发展规划，从技术、物力、财力等方面予以支持，使11个民族自治县有8个企业生产比1985年增长，其中增长幅度在12％至105％的有6个。138个定点企业的工业总产值、销售收入、利税分别比1985年增长16.4％、14.8％、16％。

【指导服务】广西二轻管理机构是在二轻工业生产7年徘徊不前的情况下恢复建立起来的。为开创新局面，振兴二轻工业，区二轻局自上而下在指导、服务上下功夫。(1)深入40多个县市调查研究，总结经验，向各级政府反映企业对政策的要求，为党委和政府的决策提供依据。前后参与政府制定已颁布的有利于二轻集体经济发展的三个文件，帮助企业理顺横向经济关系。(2)根据市场、资源、技术条件，因地制宜帮助36个重点地、市、县以及部份骨干企业搞好发展规划，进行产品结构调整。(3)积极筹措资金，推行职工入股制度，已有361个企业职工入股629万元。(4)协助企业进行技术改造和产品调整。(5)推行退休职工退休金分级统筹制度，解决部分困难企业退休职工“老有所养”的问题。(6)加强供销服务工作，帮助企业组织计划内、计划外的物资供应。(7)举办财会人员短训班，分批培训企业的财务人员和管理人员，提高企业的管理水平。(8)重视发挥各级手工业联社的作用，减少行政干预，加强指导、维护、协调和服务工作，使局、联社管理部门逐步从行政管理型向群众化、民主化、企业化的经济服务型过渡。

【主要问题】 广西二轻工业在全国仍处于落后的地位，面临许多突出的困难。主要表现在：(1)技术装备落后，基础差，经济实力薄弱，全区人均占有二轻产值仅及全国的50％。(2)企业管理、职工素质、技术、资金构成水平低，集中反映在经济效益差，同全国二轻工业平均水平比较，百元产品销售利税率低10％，利润率低20％，资金利税率低20％，企业亏损面高36％，亏损金额利润之比高60％。(3)生产发展严重不平衡，同1984年相比，仍有25个县生产处于停滞状态或者继续下降。

（陈经智）

广西壮族自治区糖业公司

【概况】 广西壮族自治区糖业公司主管甘蔗生产和制糖生产，1986年公司有干部职工54人。其中正、副经理各一人，总工程师一人，副总工程师一人，主任工程师一人。工程师9人，农艺师4人，经济师2人。全区机糖厂发展到87家。其中，日榨能力5 000吨的1家，2 000吨以上(含2 000吨)5家，1 000吨以上的（含1 000吨)23家。1 000吨以下的58家。原料蔗在1984、1985两年连续增产丰收的基础上，1986年又获得大幅度增产，使机糖产量上升到95.88万吨，比1985年增加30.79万吨，增长47.30%，创造了历史最高纪录，上调国家食糖49万吨。产糖量和上调量均占全国第二位。工业总产值为106 461万元，比1985年增加329 40万元，增长44.80％；实现税利总额334 72万元，比上年增加7 319万元，增长48.49％。

广西机制糖工业主要产品有白砂糖、赤砂糖、机制纸、酒精，近年还开发了轻质碳酸钙、糖化酶、蔗渣碎粒板等新产品。几家大型糖厂出产的白砂糖在国内享有盛名，并远销国外。贵县糖厂的榴(桂)花牌优级白砂糖、南宁糖纸厂的榴花牌优级白砂糖获得1986年广西优质食品百花奖，桂平糖厂的优级酒精获得广西新工业产品百花奖。全区白砂糖出口量达2.43万吨。

【原料生产】 广西在发展甘蔗生产中，把搞好科学种蔗，提高单产和糖份作为主攻方向。在不影响粮食生产的前提下，适当扩大甘蔗种植面积。1986年有收面积为310万亩。以1986/1987年榨季进厂原料蔗计算，亩产2.96吨，比1985年增产0.34吨，增长12％。1986年榨蔗量825.57万吨，比1985年增加262.16万吨，原料蔗所以能够大幅度增产，一是靠政策，二是靠科学。一、坚持粮蔗挂钩，继续实行购蔗奖粮政策。1985、1986年广西农业受灾，粮食减产，绝大部份县仍按吨糖吨粮的政策，实行一半给现粮，一半补给差价。同时，继续实行收购甘蔗综合作价。一些县还从财政补给蔗农每吨蔗5～10元补贴。此外，有两个厂继续试行收购原料蔗按质论价，对提高甘蔗糖份起到积极的作用。二、大力开展科学种蔗。(1)推广桂糖11号、选3、桂1、桂7、粤糖63/237、赣蔗等优良品种180万亩，比1985年增加60万亩，占甘蔗播种面积的58％。其中，桂糖11号达92万亩。(2)大力推广钾肥，实行氮、磷、钾合理搭配施用。这是不提高成本，不增加投入，可以提高单产，增加糖份的好办法。如邕宁县蒲庙良信村技术咨询点，采用这个办法，每亩增产1.5吨，蔗糖份提高0.3～0.8％左右。(3)示范推广使用薄膜栽培20万亩，比1985年增加5万亩。(4)喷施稀土微量元素。在1985年喷施14万亩获得增产增糖份的基础上，1986年扩大试验，推广施用面积达57万亩。区糖业公司和有关部门组织专家教授测产验收12个试验点，有11个点增产，平均提高单产0.3～0.5吨，糖份提高0.2～0.4％。

为了适应原料甘蔗大增产的形势，各地都注意改进砍运工作。根据“三先三后”(即早熟先砍，迟熟后砍；秋植先砍、春植后砍；宿根先砍、新植后砍）的原则和甘蔗成熟早、迟的情况，合理安排榨期。编制砍运计划，并由糖厂分别与蔗农、与运输部门订立砍运合同。加强管理，切实保证砍运工作顺利进行。桂平县大胆改革，实行“一次结算。过磅付款，两级调度，组织承包”的经验，即组织承包组，按照糖厂计划，实行县、乡两级调度。承包组按照乡的调度，负责装卸运甘蔗，把好质量关。负责过磅付款。这样做，既方便了蔗农和运输部门。又能做到糖厂不断槽，蔗场、田头甘蔗不积压，提高甘蔗入榨新鲜度。蔗农、糖厂、运输部门三满意。

【基本建设、技术改造和技术进步】 为了提高生产能力，增强企业后劲，1986年技改项日有20家糖厂，投资 4 417 万元。增加日榨能力 4 000 吨。新建的两家 1 000吨/日的平南糖厂和峦城糖厂已竣工投产。这样，1986/1987年榨季比1985/1986年榨季共增加日榨能力 6 000吨。

在节能和降低物耗方面，注意抓好基础工作，大厂成立节能管理机构，一般厂指定专人或兼职人员抓，对热效率偏低的锅炉进行技术改造；抽蒸发汁汽供加热煮糖用，节约用汽，全区每百吨甘蔗耗标煤从1985年的7.91％下降到1986年的7.64％，降低0.27个百分点。由于采取在生产中尽量减少无形损失和提高总收回率等技术措施，使吨糖耗蔗从1985年的8.88吨下降到8.82吨，降低0.06吨。西场糖厂从广东引进了节能设备和技术，加强用汽管理，充分利用各种热能，仅节能一项，三个月就节支47万元。

推广使用塑料编织袋包装食糖，全区有75万吨糖用塑编袋包装，以每吨节省包装费 6 元计，共为糖厂减少成本450万元左右。

由于企业内部进行技术改造，挖潜革新，增强了消化能力，虽然受原材料、燃料提价，工资增加等因素的影响，可比产品成本仍比上年减少 1 602 万元，降低2.2％。

技术进步方面，微机应用有所发展。"六五"期间有21家糖厂在煮糖、锅炉鉴控、财务成本核算、农务结算、化验室报表等项目应用了微机。1986/1987年榨季又有贵县、南宁、都安、隆安、蒲庙、伶俐、百色、大新等糖厂推广应用。在提高产品质量、降低消耗、减低工人劳动强度、提高管理效率上有了显著的效果。1986/1987年榨季还有伶俐、横县、明阳、蒲庙、崇左、西场等糖厂推广压榨机加装下送辊，平果、武利、怀远等糖厂应用蔗渣流态干燥等新技术，获得较好的经济效益。

【企业管理】 广西制糖工业企业管理有了较大改进，经济效益显著提高，出现了一批先进企业，贵县糖厂榨蔗量、产糖量、榨季总效益均居全国糖厂之冠，轻工业部授予该厂"全国轻工业企业管理优秀单位"的称号。

在企业管理方面，主要抓了三条：

一、推行目标管理，落实经济承包责任制。按系统内、外85家糖厂（未含两家新建成厂）统计，有 3 家厂未提出目标成本外，已提出的82家厂中，比目标成本降低的有51家厂，占糖厂总数的60％。如蒲庙糖厂狠抓经济承包责任制，实行奖金与生产指标和经济责任挂钩后，产值比1985年增长25.6％，产量增长40.04％，销售税金增长34.2％，利润增长50.30％。明阳糖厂1985/1986年榨季万吨甘蔗利润由1984/1985年榨季的 19.36 万元增加到 21.19 万元，跃居全国同行业的第三名。

二、狠抓重点企业。自治区各级制糖工业主管部门从推行现代化管理，抓好技术改造、搞好成本核算等方面帮助1 000吨/日以上的大型糖厂，改善经营管理，平衡和适当提高生产能力，更好地发挥大厂的骨干作用。贵县、南宁、桂平、蒲庙、伶俐、明阳等 6 个重点厂完成工业总产值、产品销售收入、实现税利、上交税利就分别占系统内全部制糖工业这 4 项的34.24％、34.12％、39.65％和65.79％。

三、加强工艺技术管理，提高产品质量。广西87家糖厂中，1 000吨/日以下的有58家，占66.6％，中小型厂占的比重大，部份小厂设备残旧，技术比较落后，几年来产品质量不理想。为适应白砂糖质量新标准的要求，区糖业公司与区制糖学会联合召开全区亚硫酸法糖厂煮炼技术座谈会，交流抓好澄清技术管理，提高澄清效率和产品质量的经验。各厂根据实际情况，推行蔗汁中和硫熏、糖浆低硫漂的工艺条件，获得质量较好的清汁，提高了产品质量。1986/1987年榨季从开榨到1986年12月底止，全区等外糖由1985/1986年榨季同期的1.88％下降到1.3％。

【职工教育】 各糖厂把加强职工教育，提高职工队伍素质，作为提高企业现代化管理和科学技术水平、提高企业经济效益的一项重要建设来抓。据53家糖厂的统计，参加文化补课的 7 834 人，技术补课的7 895人，合格人数分别为6 261人和6 241人，合格率分别达到79.9％和79.1％。在技术培训方面，一是各厂内部举办各类技术短训班，二是把职工选送到区内外各类技术业务培训班学习。据不完全统计，参加各类技术业务培训班学习的达 9 334 人次，其中干部 942 人次，工人 8 392 人次。同时根据人材需要，经过成人高校和其它渠道，输送到区内外普通大学、职大、电大、函大、刊大和职工中专、函授中专深造的有 627 人，其中大专 503 人，中专 124 人，已毕业回厂工作的大专 109 人，中专61人。此外，大多数大、中型厂厂长都参加了厂长（经理）统考培训。

（宋格普）

附：南宁市一轻工业

【概况】 南宁市一轻局1986年直接管辖19个工业企业(不含市管两个县的一轻企业，下同)。其中全民11个，集体 8 个。主要行业有制糖、罐头、食品、日用机械、日用化工、硅酸盐、印刷等。年末职工人数18 989人。

工业总产值完成30 299万元，比上年实际完成的27 179万元增长11.5％（注：1985年年鉴工业总产值为22 961万元，因1986年企业隶属关系变动，调出、调入企业各一个，故相应调整了1985年可比产值数字）。主要产品完成计划的有手表、自行车、机制糖、罐头、酒精、凉果、白酒等，未完成的有啤酒、糖果、饼干、肥皂、灯泡、日用玻璃(瓶)等。主要产品完成情况及与上年实际产量对比如下表：

产品名称	计算单位	1986年实际	1985年实际	1986年比1985年增长%
手　表	万只	61.16	50.61	20.8
自行车	辆	250 004	190 008	31.6
机制糖	吨	55 070	33 986	62.0
罐　头	吨	26 060	18 710	39.3
酒　精	吨	2 987	3 005	－0.6
糖　果	吨	17 727	25 153	－29.6
啤　酒	吨	6 106	4 407	38.6
65度白酒	吨	940	1 222	－23.1
肥　皂	吨	4 087	6 017	－32.1
灯　泡	万只	566.43	659.16	－14.1
凉　果	吨	1 018	878	16
日用玻璃(瓶)	吨	5 420	6 186	－12.4

实现利税总额5 523万元，比上年实际的5 737万元下降3.7%(其中实现利润2 126万元，比上年实际的2 894万元下降26.5%)；入库利税4 186万元，比上年实际的3 979万元增长5.2%(其中入库利润1 073万元，比上年实际的1 530万元下降29.9%)。

产品质量情况：在考核的48项指标中，比上年提高或持平的有37项，占77.08%；重点考核的14项指标中，稳定提高率达91.67%。

全员劳动生产率：年人均15 989元，比上年增长3.46%。

年计划安排技改项目35项(含1985年结转)，其中生产性25项，非生产性10项，计划总投资4 001万元。在25个生产性技改项目中，重点工程有饮料厂的由5 000吨/年扩至1万/年啤酒工程，肥皂厂的搬迁工程，新建南宁啤酒厂的3万吨/年工程，南宁糖厂的日榨由3 000吨扩至4 000吨并增建25吨锅炉一台工程，自行车总厂的金工车间扩建工程（平衡至年产25万辆生产能力)，糖果二厂的锅炉改造工程，以及引进国外的糖果厂淀粉软糖生产线，康乐食品厂的冰淇淋生产线，“可口可乐”饮料灌装生产线，万能点心生产线，商标印刷厂的联邦德国四色胶印机设备，人民印刷厂的联邦德国罗兰卷筒纸表格印刷机等6项工程等。

至年底止，生产性项目除饮料厂万吨啤酒扩建工程，糖果二厂的锅炉改造工程等9项未竣工外，已竣工投产的有16项，占总数的64%，完成投资额2 152万元，为计划的53.8%，财务支出2 388万元，为计划的59.7%。1986年的技改工程，无论从计划项目数和投资数或者从实际完成数等来检查，都为近几年来最多最好的一年，也无论从生产能力、产品质量、经济效益等方面来看，都比改造前有新的提高。

【企业升级规划和现代化管理】 根据轻工业部制订的部份行业国家升级标准(试行)和自治区轻工业厅颁发的部份行业自治区先进企业标准，市一轻局对所属企业的状况进行了分析和排队，并根据企业上报规划，制订了本系统的“七五”期间企业升级规划。

在1985年基本完成了企业整顿验收工作以后，1986年全局主要抓了厂级和中层干部的企业现代化管理知识和方法的业务培训工作，并在管理基础较好的大中型企业推行现代化管理方法的实践工作，如近一二年来，已有糖纸厂、罐头厂、手表厂、康乐食品厂等企业应用微机对生产和经营进行管理。上述这4个企业，均分别确定为自治区轻工厅和南宁市的现代化管理试点单位。

（江文钧）

南宁市二轻工业

【概况】 1986年，南宁市第二轻工业局（不含市辖县二轻，下同）下属有皮革、服装、塑料、家具等4个工业公司和二轻供销公司、二轻物资供应公司、劳动服务公司，并有技工学校1所，职工教育中心1座，职工医院1家；全系统共有工业企业40个，其中全民企业11个，集体企业29个。职工总数13 742人，其中全民职工5 284人，集体职工8 458人；全系统有工程技术人员244人，占职工总数的1.8%。

全系统工业总产值完成15 826万元，比上年增长5.6%。其中全民企业完成7 264万元，比上年增长13.7%，集体企业完成8 562万元，比上年下降2.3%；全系统净产值完成5 074万元，比上年增长18.4%，其中全民企业完成2 433万元，集体企业完成2 641万元；主要产品产量完成情况见下表：

全系统工业产品的质量比上年有所提高，列入自治区、南宁市强制抽检的电风扇、洗衣机、电饭锅、聚乙烯吹膜、聚乙烯油桶、皮鞋、轻革、打包带、铝桶、衬衣等10种产品的强检合格率由第一季度的50%提高到第四季度的100%；优质产品产值740万元，占工业总产值的4.88%，比上年增长100.7%；列入市考核的7个产品的8项质量指标，比上年稳定提高的有6项，稳定提高率75%；列入局考核的69项质量指标，达到年考核计划的有51项。在可比的37种产品的52项质量考核指标中，比上年同期提高和稳定的有30项；全系统工业产品获自治区“优秀产品”称号的2个，

产品名称	计量单位	1986年产量	1985年产量	1986年与1985年比+(-)%
镜画	万块	8.11	6.56	23.6
贝雕	万元	3.17	1.51	109.9
石雕	万元	0.09	0.18	-50
金属标牌	万元	19.27	22.96	-16.1
日用精铝制品	吨	1 880.5	1 726.5	8.9
台案秤	台	20 184	17 871	12.9
白铁制品	吨	490.6	614.6	-20.2
拉链	万米	168.86	166.36	1.5
元钉	吨	2 135.6	2 326.6	-8.2
合金水龙头	万个	45.36	53.8	-15.7
武术剑	万把	0.8	3.51	-77.2
电风扇	台	127 451	103 356	23.3
电饭锅	万个	0.48	0.58	-17.2
家用洗衣机	台	4 399	31 006	-85.8

获自治区“百花奖”的2个，获市“最佳产品奖”2个，获市“优秀新产品奖5个，获自治区各行业产品评比优胜奖的15个；1986年投产的新产品有62种，191个品种，总产值达974.33万元。

安排基建项目12项，总投资为179.6万元，完成投资153.5万元，施工面积16 403平方米，竣工面积8 740平方米；技术改造项目21个，投资总额1 050.6万元，其中引进项目中规模较大的有塑料制品厂的双螺杆管材挤出机组、日用塑料厂的中空成型机组、木器厂的木家俱生产线和衬衣厂的时装生产线等。本年度技改项目财务支出累计为803.8万元，完成投资额1 076.4万元，完成项目14个。建成投产的项目全年可增加工业总产值1 920.8万元，税利248.6万元。

全系统销售收入完成15 602万元，比上年增长3.5%。其中全民企业完成7 290万元，比上年增长16.2%，集体企业完成8 318万元，比上年下降5.6%；销售税金完成1 024万元，比上年下降11.1%。其中全民企业完成525万元，比上年下降2.2%，集体企业完成499万元，比上年下降18.8%；实现利润完成1 064.4万元，比上年下降11.9%。其中全民企业完成824.8万元，比上年增长32.4%，集体企业完成239.6万元，比上年下降59.1%；本年度亏损企业2个(洗衣机厂、工艺美术厂)，亏损总额达109.4万元，比上年增加90.8万元。

全员劳动生产率为11 517元，比上年增长0.2%。其中全民企业13 748，比上年增长3.6%　，集体企业10 123，比上年下降1.4%。

【经济体制改革】 市二轻局所辖的皮革、服装、家俱、塑料等几个二层专业公司，是80年代初成立的行政性公司。从1985年开始，逐步调整了各公司的管理职能，明确各公司对企业不再行使管理的职能。

1986年11月，南宁市经委《关于撤销市二轻局几个二层工业公司的通知》下达后，市二轻局组成了公司改建工作小组，确定了“原则明确，坚定不移；分类处理，分步推进”的工作方针，贯彻市经委的通知精神，协调各方工作，做好撤销公司的善后工作。有的转为独立经营、自负盈亏的企业，并统一易名，不保留工业公司的名称，做到名实相符；有的则并入本行业的企业，妥善安排各种人员，做到各得其所；有的公司则因亏损严重，业不抵债，尚在处理之中。

市二轻局现有的供销公司和物资供应公司（以下简称两公司）是负责全系统物资供应和产品销售的机构。近年来，两公司与企业的关系不够协调，为企业生产服务的积极性不高，影响了企业的生产经营活动。局于8月成立了供销科(筹备组)，以加强对全系统供销工作统一有效的管理。其职能是：对全系统企业生产所需的原材料的供应工作进行平衡、协调、指导。督促两公司及时组织供应企业生产急需的原材料，监督国家计划内原材料的分配供应；负责协调企业与各级物资计划（供应）部门的关系；向企业提供市场信息，指导企业的产品销售工作，并组织所属企业参加系统内外、自治区（市）内外的各种物资交流会和展销会。

（吴嘉洪　李建南）

北海市一轻工业

【概况】 1986年是北海市对外开放的第三年。一轻企业在充分运用中央给予优惠政策的同时，立足改革，放宽搞活，深挖潜力，不断增强企业的应变、消化能力，自我改造和自我发展能力，在竞争中发展，在改革中前进。

北海市一轻工业总产值3 626万元，与上年比较(以下同)增长27.36%；销售总收入4 207万元，增长26.95%；利税734万元，增长25.90%。每百元产值创造利税20.24元。每百元资金创造利税20.04元。全员劳动生产率9 940元。人均利税2 012元。

4种主要出口产品，除术菇淀粉比上年减少外，瓦楞芯纸、日用陶器、铁瓷3种出口数量分别比上年增长96.5%、100%和16.2%。

企业自筹资金进行技术改造的项目10个。总投资额1 447万元。当年完成投产的项目6个。新增产值770万元，利税127万元。

全市一轻工业推行厂长负责制的企业占40%。在企业内部普遍推行经济承包制，对供销工作的奖励进一步放宽，部分企业试行干部职工招聘制，取得较好

主要产品产量完成情况:

产品名称	计算单位	1986年产量	比1985年增长%
瓦楞芯纸	吨	6 300	91.17
机制糖	吨	9 270	13.53
罐头	吨	1 075	2.67
木薯淀粉	吨	1 850	－41.95
葡萄糖浆	吨	523	－44.29
饮料酒(混合量)	吨	1 700	－10.12
日用陶器	万件	39	110.60
日用玻璃	吨	6 730	36.07
酒精	吨	217	26.49
印刷品	万印	32 374	9.59
低压电瓷	吨	532	7.11
天府可乐	万瓶	13.4	260.22
香槟	万瓶	9.5	144.55

的效果。实行厂长负责制的企业，其经济效益高于一般企业的40%左右。第二淀粉厂实行了小组（个人）承包，从亏损30万元减亏到8万元。印刷厂实行供销业务承包。产值提高30%，利润增加1倍。造纸厂实行招聘制。管理人员压缩，劳动纪律加强，生产效率提高，厂风有了好转。1986年该厂经济效益出口外汇均创历史最好水平。

（兰世基）

北海市二轻工业

【概况】 1986年，广西北海市二轻局系统有二轻集体企业27个。职工 3 243 人。主要产品36种。年产值 4 467.53万元，比上年的3 929.94万元增长13.7%；全员劳动生产率14 480元，比上年的12 907元提高12.2%，销售收入3 498万元，比上年的 2 981 万元增长17.3%，创造税利494.49元，比上年的 449.8 万元增长10%，人均创税利1 659.92元，比上年的1 290.84元提高28.6%，职工人均月收入85元，比上年的70.47元提高20.6%，实现了增产增收。从七月份起，该局试行退休费统筹办法，退休人员的生活水平也有所提高：当年，全系统有退休人员1 285人，比上年的 1143 人增加142人，退休费支出54.20万元，比上年的41.30万元增加12.90万元，增长31.2%，平均每人每月退休费（或生活费）35.15元，比上年（统筹前）的30.11元提高16.74%。

北海市二轻工业借助中央给北海市经济开发区的优惠政策。积极筹集资金进行老企业技术改造，对丝棉、塑料、纸箱、商标、服装、制线、五金、造漆等 8 个厂投放资金500万元，投资比上年的276.30万元增加81%，这些项目正逐渐实现产出效果，为二轻工业的发展增加了后劲。（王国丰）

四　川　省

四川省一轻工业

【概况】 1986年一轻工业总产值(含重庆，不含烟草)完成34.5亿元。比上年增长4.7%，其特点，一是克服不利因素，生产持续发展。啤酒、自行车、手表、洗涤剂、乳制品、非酒精饮料、日用陶瓷、保温瓶、铅笔、干电池、肥皂、精甘油12种产品的年产量比上年分别增长10～49%。二是通过联营、联销和展销等方式，积极开拓省内外市场，扩大了轻工产品的自销。自销额占销售总额的2/3以上，销售收入达33.7亿元，比上年增长6.8%，占产值的98%。三是外贸出口总额23 538.4万元，比上年增长47%，创造了历史最好水平。四是产品质量稳定、花色品种增多。省考核的22个产品，44项指标的质量稳定提高率达86.4%，有16个产品获轻工业部优质产品称号，32个产品获省优质产品称号，优质产品产值达6.35万元，比上年增长23%。优质产品率达19%以上，比上年增加3.7%。乐山纸厂、五通桥盐厂、成都合成洗涤剂厂、万县电池厂、万县飞亚企业公司、贡井盐厂、巴中罐头厂、重庆热水瓶厂 8 个企业获得省轻工系统质量管理奖。1986年几所专业学校向各轻工企业输送制糖、造纸、轻机、化工、财会、管理、食品等10个专业共494名毕业生。还有6 000多名干部参加了各种教育培训。

【效益下降】 1986年经济效益不理想，全系统实现税利6.46亿元，比上年下降11.6%，其中利润2.39亿元，比上年下降25.8%，造成这种情况一是原燃材料短缺，价格上涨。据不完全统计仅20多种主要原材料提价转移利润达9 379万元；电、煤、气提价、议价共损失2 856万元，两者加起来为1.22亿多元，再加上银行利息、运输费用、固定费用的增加共达1.76亿元，占总成本上升额的91%。二是应变能力差。对市场发生的变化，一些轻工主管部门和企业领导束手无策，最突出地表现在玻璃行业上得过猛，而当年白酒、饮料等由畅销变疲软，玻璃包装制品受到了影响，但由于认识慢，很多企业没有及时调整产品结构；有些企业基础较差，品种单一，也不能及时转产，因而造成产品积压。不少厂由盈利变成亏损，加上罐头、白酒、牙膏、火柴也因市场变化，产量下降，共减少产值1.22亿元、税利 4 740 万元。三是企业管理不善，消耗高、损失浪费严重，省计经委考核的30项主要产品消耗指标有10项上升，使成本增大1 038万元。制糖业的总回收率仅为81.5%，比上年下降1.5%，多耗甘蔗2.96万吨，少产糖2 857吨，减少税利286万元；造纸行业的吨纸耗浆达1 045公斤，比上年上升1.0%，多耗纸浆4 000吨，价值440万元。

四川省一轻工业1986年经济效益下降还有一个重要原因是效益转移到其它各个行业。据不完全统计，向农业转移了2 785万元，向商业转移2 382万元，向林业转移了603万元，向重工化工转移了3 411万元，向能源部门转移了2 856万元，如果剔除这些因素，则当年的利润比上年不仅不减反而上升9.5%左右。

【基本建设与更新改造】 1986年四川一轻固定资产投资项目共安排534个，比上年减少144个，减少21.1%；投资增长率由1985年的65.2%下降到22.3%，低于全国轻工水平。当年施工的共有462个，开工率为86.5%，已全部建成投产或交付使用的301个，平均建设周期由去年的3.49年缩短到3.08年。其中基本建设由6.06年缩短为5.04年，更新改造由2.64年缩短为1.47年。全年共新增固定资产43 524万元，比上年增长62.8%。投资结构上，用在非生产方面的大大减少，住宅投资由上年的26.5%下降到12.2%，生产建设性投资由上年的64.9%，上升到80.8%，用于技术改造生产性的投资占95.2%，高于全省水平。1986年资金着重用于提高产品质量，增加花色品种，节约能源和开辟原料来源和节约原材料消耗等方面。通过基建和技改，1986年全省新增生产能力主要有：机制纸及纸板4.7万吨，日用陶瓷778万件，保温瓶7万只，日用玻璃11.1万吨，机制糖0.5万吨，罐头1.3万吨，啤酒5.5万吨，白酒1万吨，其他饮料酒1.1万吨，发电（装机容量）0.36万千瓦，灯泡3 530万只，合成洗涤剂1万吨，合成洗涤剂原料（芒硝）0.9万吨。这些项目绝大多数是技术更新改造项目，全年可增加产值56 636.5万元，税利14 131.6万元，每百元固定资产投资可增加产值由上年的115.95元提高到153.52元，可增加税利由上年的27.5元提高到38.31元，若按这个情况计算，仅用2.61年的时间就可收回当年的全部投资。

【经济改革】 1986年经济改革一是进一步强调了推广各种经济承包责任制和厂长（经理）负责制。雅安地区轻工系统推行“利税递增包干”等四种不同形式的经济承包责任制，全区轻工产值、利税分别比上年增长23.4%和27.4%，成为全省唯一无亏损企业的地区。二是对厅直属公司和处室又进行一次调整，撤销了食品饮料工业联合公司，保留了同天津自行车联合的省自行车工业联合公司、省造纸工业联合公司。将省日用品工业联合公司和省包装印刷工业公司合并，将省轻工进出口公司，省轻工机械公司，并入省轻工供销公司。三是针对一些轻工企业缺乏活力的问题，制定出《关于促进轻工发展的若干政策措施》，经省政府批准，已下发地、市、州轻工主管局，省厅和乐山市政府在乐山市一些轻工企业进行所有权和经营权相分离的试点，探索多种形式的经营责任制，深化企业改革，国务院1986年103号文件（即八条）下达后，各地区的轻工部门进行了研究和贯彻，有少数企业率先搞了不同形式的承包经营责任制。

【经济联合】 据不完全统计1986年的联合企业已由1985年的78个发展到106个，占全省轻工企业的14.5%，联合体的工业产值由1985年的2亿元提高到3.2亿元，实现利润4 000万元，其中轻工企业之间的联合（联营）为42个，工业总产值为12 678万元，实现利润1 585万元；与轻工业系统外其他工业企业联合联营的有18个，工业总产值5 434万元，实现利润679万元；与农业联合的有11个，工业总产值为3 322万元，实现利润为415万元；与其他部门（商业、外贸、科研、设计、大专院校、科技等）的联合共25个，工业总产值为9 751.53万元，实现利润1 421万元。企业经济实体间的联合逐步向以大中型骨干企业为依托的新型企业群体、企业集团方向发展。由四川省轻工业和农贸等部门牵头从我国首都和英国引进的“北京鸭”和“樱桃谷鸭”，经过一年多的饲养，已在四川30多个县、市安家落户，繁育下一代。一些市县例如绵阳市已把发展良种鸭的综合利用列入“星火计划”，打破地区、部门、行业界限，正在组织从饲养到肉类、羽绒、服装等一条龙系列产品联合加工群体，绵阳市罐头厂利用联合体饲养场供应的英国“樱桃谷鸭”加工制成的芦笋炖鸭、虫草鸭，魔芋烧鸭等药膳食品已销往日本，共创造畜牧工业产值100万元，农民纯收入达11万多元。四川省自行车工业联合公司1986年下半年与天津自行车厂正式联营，当年实现产值、产量、税、利同步增长，全行业无一亏损企业，初步摆脱了四川省轻工自行车行业长期徘徊、停滞不前的困境，走向上了稳步发展的道路。工业总产值达6 495.82万元，比上年增长29.5%，成车完成347.8万辆，实现税利1 073.47万元，比上年分别增长21%和15%，成车产品质量达到A级水平。

【科研工作与科技体制改革】 1986年列入国家、轻工业部、省科研项目共51个，完成49项，完成率达96%，其中国家经委下达的“天然气明焰烧成节能隧道窑”，是根据国际技术交流的需要而安排的节能科研项目。热能总利用率高达71.1%，每公斤瓷耗能只有4 135大卡，烧成合格率达到91%以上，通过部级鉴定，认为具有国际水平。高级内装饰彩色玻璃砖，从选点建厂，到试验投产，只用很短的时间，完成6个系列、5种形状、20种颜色的彩色玻璃砖研制任务，通过部级鉴定。

1986年开发的新产品有132项，有30个被评为省一轻系统优秀新产品，其中食品15个，如冰淇淋粉，麻婆豆腐拌料罐头、老人奶粉、鲜茹肉馅罐头、餐巾纸、妇女卫生纸、壁纸原纸；轻工机械3个，如KB14型罗茨真空泵，柔软度测定仪等；日化9个，如丽人高级洗发精，芙蓉复合皂，彩陶轴面砖等。

1986年重点推广微机的使用。全省共有21个项目，分布在造纸、制盐、制糖、玻璃、啤酒、酒精、罐头，电池等几个行业上，投资近120万元，产生效益达300万元，多数项目都是当年投资、当年见效，其效益均为1:1～1:2。例如微机控制煮糖，年投资额为3万元，基本是一年建成，其效益为5～7万元，又如微机控制罐头杀菌工艺投资3万元，一年建成，年产效益为5万元，为罐头出口在产品质量上提供了保证。此外，对省计经委下达的造纸白水回收新技术的推广也进行了检查验收。

全省一轻系统共有11个专业研究所、除开一个情报所，一个农业原料科研所以外，其余9个已经全部实行了有偿合同制的管理办法。四川省轻工业研究所先后与四川、云南、贵州、北京、陕西、西藏、广东、广西、河南等14个省、市、自治区的50多个市县签订了102项科技成果转让、技术转让、技术服务合同等，帮助中小企业和乡镇企业改建、扩建和新建了果蔬罐头、饮料、玻璃马赛克、墙地砖、彩釉砂、玻璃纤维、保温材料、化装品等工厂和车间39个，大部分已建成投产，显示出较好的经济效益和社会效益。四川省食品发酵工业研究设计院采用技术入股，销售分成；负责技术指导、参加企业管理；与企业、专业户联合办厂，收到了显著的效果，例如通江县利用盛产银耳的优势，与食品发酵设计院联合研制了银耳大曲第一代、第二代、花酒等16个新产品，使一个濒临倒闭的酒厂起死回生，生产、税利大幅度地增长。

1986年主要产品完成情况

项　目	单位	1986年产　量	1985年产　量	1986年比1985年＋－％
机制纸及纸板	万吨	42.04	41.05	2.41
火　柴	万件	268.08	282.37	－5.06
电　池	亿只	4.36	3.97	9.82
合成洗涤剂	万吨	5.62	4.85	15.88
手　表	万只	169.55	166.23	2.00
自行车	万辆	34.78	28.74	21.02
铅　笔	亿支	2.02	1.67	20.96
日用玻璃	万吨	31.12	33.01	－5.73
日用陶瓷	万件	18 197.07	16 136.6	12.77
啤　酒	万吨	9.51	7.34	29.56
酒　精	吨	11 100	12 224	－9.20
罐　头	万吨	11.51	12.27	－6.19
食　糖	万吨	16.22	16.27	－0.31
原　盐	万吨	160.05	147.93	8.19
白　酒	万吨	7.47	9.02	－17.18

（谢立钤）

四川省二轻工业

【概况】　四川省二轻工业1986年有企业5 491个，比上年增加1.9％。职工641 448人，比上年增加1.8％；其中工程技术人员5 119人，占职工总数0.8％。固定资产原值230 622万元，比上年增长25.9％；净值159 707万元，比上年增长28.1％，完成工业总产值480 366万元，比上年增长6.7％。销售收入482 632万元，比上年增长7.2％。实现利润28 496万元，比上年下降21.6％。年上缴国家利润和各种税金35 798万元，比上年下降2.7％。全员劳动生产率8 941元。比上年增长2％。省厅检查的150种主要产品产量，比上年增长的占56.7％。出口产品交货额24 472万元，比上年增长77.6％，占全省外贸出口总额的13.2％。

产品质量管理加强，普遍推行了全面质量管理。5个QC小组评为全国轻工业优秀QC小组，1个企业评为全国轻工业优秀质量管理企业，2个QC小组评为全省优秀QC小组。2人评为全国轻工业优秀质量管理工作者，1人评为省质量管理先进个人。列为省计经委考核的11种产品质量指标，稳定提高率90％以上。省厅考核的32种产品质量指标，稳定提高率80％。创部优产品13个，省优产品34个。优质产品产值占总产值的比例由上年的5.3％上升到6.5％，比上年增长25.5％。全年试制成功新产品、新品种1 100。新花色、新包装材料4 120个。“四新”产品产值占总产值的8.5％。

主要产品产量

产品名称	计量单位	1986年产量	1986年比1985年＋－　％
皮　革	万张	441.31	4.9
轻　革	万平方米	814.8	12.7
皮　鞋	万双	1904.14	7
塑料制品	吨	136 206	15.5
日用不锈钢制品	万件	99.49	－43.7
木制家具	万件	549.96	77.5
漆器工艺品	万元	828.77	0.4
布　鞋	万双	4 196.82	6.2
铸铁锅	万口	1 208.4	20.5
锁	万把	2 066.01	14.4
日用精铝制品	吨	2 976	2.2
台案秤	台	102 149	2.2
洗衣机	台	436 532	－31.2
电风扇	台	1 449 291	33.8
电冰箱	台	133 485	46.9

横向经济联合向纵深发展。据8个市、地统计，联合协作项目193项，具有一定规模的各种形式的企业联合群体146个，参加联合体的企业[illegible]个，联合协作项

目实现产值 6543万元。占市、地产值的10.3%，占新增产值的39.7%，引进资金2 724万元，缓解了技改资金不足的困难。阆中县11个二轻企业一面与上海、天津、广州、浙江等16个省市进行联合协作，一面向农村辐射，发展加工点137个，外加工人员近 1 万人。全年实现产值3 000万元，比1985年增长20.4%，实现利税506万元，比1985年增长34%。

1986年全省二轻工业企业发生事故163 起，比1985年下降44%；职工死亡44人，比1985年上升10%；重伤102人，比1985年下降49%；经济损失90万元，比1985年下降48%。1986年 8 月 2 日，宜宾地区兴文县大坝镇办硫磺厂一号矿发生瓦斯爆炸，炸死工人 9 人，重伤 4 人。

1986年，可比产品成本上升4.2%。亏损企业907个，比1985年增加60.3%。亏损面15.1%；亏损金额2 764万元，比1985年增加1.4倍。百元产值占用流动资金37.17元，比上年增加17.8%；提供税金7.53元，比上年减少7.6%。百元销售收入提供利润5.9元，比上年下降26.9%。百元固定资产创利润14.1元，比上年下降37.4%。向国家提供利税17.7元，比上年下降22.6%。资金利税率7.5%，比上年下降37%。职工人均创利润 495 元，比上年下降23.4%。原因是国家调整主要原材料价格减少利润3 096万元，购买计划外议价原材料减少利润7 220万元，调整产品税率减利 410万元，工资套改进入成本减利2 154万元，银行调整借款利率减利550万元，新开税种减利279万元，其它因素减利4 430万元，共计减少利润18 139万元。通过企业内部消化和增利因素，实际减少利润7 830万元。

全省施工固定资产项目1 084个。建成投产719个，完成固定资产投资 49 375万元， 比上年增长23.1%。全省固定资产投资完成额中，改建扩建占81%，新建投资仅占 6 %。皮革、塑料、五金、家电、家具、缝纫、工艺美术、二轻机械几个重点行业的投资完成额占全部固定资产投资额的64%。建成投产项目每年可增加工业总产值100 911万元，投入产出比由1985年的1:1.8上升到1:2.3。可增加税利14 753万元，可创外汇1 572万美元。

集体职工退休费用统筹。一般以县（市、区）二轻局、联社为统筹单位。在统筹基金内开支的项目包括：退休费、粮贴、副贴、因公致残护理费、医疗费、丧葬费、抚恤费、高寒地区取暖补贴等，尚未统筹的项目，仍在企业营业外列支。1986年底已参加统筹的企业1 317个，占企业数的37.6%，统筹职工47 320人，占合作企业退休职工数的44.3%。

【集体企业资产股份制开始试行】 省政府办公厅印发了省体改办、二轻厅《关于城镇集体企业实行资产股份制的试行意见》：一、为了更好地体现集体企业的性质和特点，可在省城镇集体企业中实行资产股份制。可广泛吸收本单位职工和外单位或个人投资入股。二、本企业职工入股资金，作为个人股份；企业自身的积累，作为集体股份，划到职工个人，作为分红的依据；联社投资形成的资产，作为联社股份；本单位以外的单位或个人以货币或实物及其它投资所形成的资产，作为外来股份；国家对企业投资形成的资产，作为国家股份。三、职工从企业集体股份中划作分红依据的额度和划股后每年企业用提留的生产发展基金增加的资产，用以增大在职职工的个人股份所发给的股份证书，不能买卖、转让和继承；职工死亡和各种原因离厂，从离厂之日起，证书废止。职工个人股金应发给股票。四、企业年终盈利，外来股份，按协议在所得税前或税后分配。其余股份，照章缴纳税、费和合作事业基金后的部分，作为分配利润，按股分配，国家股份用作增大国家股份额度，留给企业使用；联社股份，上缴联社或用作增大联社股份额度；集体股和个人股分得的部分，提留生产发展基金、集体福利基金，余下部份作为分红发给职工现金。企业破产倒闭，按股份份额抵还债务。五、实行资产股份制的企业，都要建立董事会，董事会的成员由股东代表组成，持股较多的股东，可分别担任董事会成员。厂长对董事会负责，实行任期目标责任制，行使董事会赋予的权力。

【制订发展集体经济政策】 四川省人民政府制订《关于发展我省城乡集体企业的补充规定》（川府发〔1986〕72号文件），主要内容有：

一、关于城乡集体企业自主权和经营承包问题。企业干部由委派制改为选聘制，招收新职工实行合同制。建立职工代表会议或工会，实行民主管理。对承包的个人收入，按1985年合同兑现。1986年签订承包合同时，做到国家、集体、个人利益三兼顾。承包者所得承包收入不在计征企业奖金税之内。

二、关于城乡集体企业税收问题。集体企业绝大多数实行计件工资，生产收入很不稳定，征收奖金税应将职工的超时收入和职工把企业的活带回家中，由家里人帮助完成的收入扣除，其扣除的超时工资部分，可控制在职工年标准工资的30%以内。对没有执行各种津贴、补贴制度的集体企业，按每人每月80元作为计征奖金税工资标准。对纳税困难和生产微利小商品的集体企业，年实现利润在3 000元以下的，由企业提出申请，可减免所得税。

三、关于资金问题。银行对集体企业贷款要尽可能照顾。集体企业要广开资金来源渠道，走集资、带资入厂入股、与国营大企业和省外合股、合资经营的路子，解决资金不足的困难。

四、关于城乡集体企业的出口创汇。集体企业产品出口创汇，比照国营企业创汇留成比例如数留给企业；奖励办法亦同。其收入作为企业税后留利对待。被定为出口基地的集体企业，同样享受国营企业出口基地的待遇。

五、人才问题。鼓励集体企业招聘党政机关的、全民所有制企、事业单位的离、退休各类技术、专业人才，经受聘人员原单位同意，其工资待遇由受聘人员与聘方商订，受聘人员在原单位的待遇不变。

六、改善和加强企业管理，提高产品质量，降低消耗。

七、关于物资及其他问题。集体企业所需生产资料，应由各地物资部门帮助组织市场供应。计划内物资，应保证分配给集体企业。

【企业自我发展能力弱】 目前二轻集体企业负担日益加重，消化能力弱，活力越来越小，自我发展难。一是税负多。除原有税种外，新开教育附加税、房产税、车船使用税等税种。虽然继续执行一些减免税措施，企业留利仍只占利税总额的16.9%。二是摊派多。八方向企业伸手，名目繁多。据15个市、地不完全统计，有7个大类87种社会摊派。这些摊派一部分进入成本，一部分只能在企业留利开支。据自贡、绵阳、达县9个市、地255个企业统计，年利润1～5万元的118个企业，社会摊派在企业留利中开支的占摊派总额的63.1%，占企业留利的17.3%，利润1万元以下的137个企业，各种摊派占利润总额的26.7%，从企业留利开支的占企业留利的49.5%。三是微利企业多。全省利润5万元以下的二轻集体企业2 558个(含亏损企业598个)，占企业总数的76.9%。其中1万元以下的企业1815个，占企业总数的54.6%。四是企业留利少。全省每个企业平均留利1.81万元，人均留利188元，年利润0.1万元以下的471个企业，平均留利295.1元，0.1～0.35万元的354个企业，平均留利1 146.8元；0.35～1万元的392个企业，平均留利2 752.5元；1～2.5万元的406个企业，平均留利5 366.9元；2.5～5万元的337个企业，平均留利10 700元；5～10万元的269个企业，平均留利19 346元。五是对职工“欠帐”多。职工收入少，福利待遇低。据10个市地年利润1～5万元的148个企业调查，职工人均月收入(含工资补贴、奖金等) 69.34元；年利润1万元以下的160个企业，职工人均月收入59.84元。308个年利润5万元以下的企业，职工住宅人均1.66平方米。很多企业没有职工宿舍，没有厕所。职工生病吃药、住院费，也享受不到全民企业职工待遇，一般只能报50～80%。因此，限制了企业自我改造和自我发展的能力。近几年国家虽对集体企业采取了扶持政策，企业开始有了生机，但因基础差，厂房陈旧，设备落后，流动资金严重不足的状况未能根本解决。

(谢维甫)

附：成都市一轻工业

【概况】 1986年成都市第一轻工业局直属生产企业31个，郊县企业46个，全局年末职工32 941人。完成工业总产值46 673.77万元。比1985年增长4.3%。全局销售收入完成48 220万元，比1985年增长6.3%。销售税金3 904万元，比1985年下降8.9%。实现利润3 419万元，比1985年减少1 041万元，下降23.3%。税利合计7 323万元，比1985年减少1 499万元，下降17.0%。定额流动资金周转为117天，比1985年减慢9.4%。百元固定资产(原值)提供税利23.05元，比1985年下降29.3%。百元产值创税利15.82元，比1985年下降19.9%。全员劳动生产率14 689元，比1985年下降4.4%。可比产品成本比1985年升高7.0%，亏损企业2户，亏损额132.8万元(1985年无亏损)，亏损产品163个。1986年经济效益下降的原因主要是：全局全年无计划停电6 040小时，停气924小时，影响产值1 080万元，影响税利168万元。成都玻璃瓶厂1985年税利合计为208.9万元，1986年受能源供应短缺的影响，亏损额达73.3万元。另外，农副产品、钢材、化工原料等原材燃料涨价，全年影响税利1 760万元。工资靠标进成本、营业外支出增大、银行利息增加等减少税利372万元。

主要产品产量

产品名称	计量单位	1986年产量	1986年比1985年+－(%)
纸及纸板	吨	57 245	3.7
日用玻璃	吨	12 571	－38.9
灯　泡	万只	2 494.41	7.6
日用搪瓷	吨	2 446	6.7
肥　皂	吨	19 417	14.6
合成洗涤剂	吨	36 174	10.5
骨　胶	吨	1 438	20.4
自行车	辆	200 175	19.5
罐　头	吨	8 947	4.8
啤　酒	吨	13 885	20.8

技术进步。全年有24个科研项目通过轻工业部、省、市组织的鉴定。全局综合产品质量稳定提高率为91.6%(1985年为89.7%)，创各级优质产品26个，优质品产值占工业总产值18.9%(1985年为15.6%)。1986年局直属企业基建、技改项目共35个，列入年度投资计划7 750万元，实际完成4 814万元，为1985年的123%。资金在100万元以上的引进项目投产和试产的有成都电池厂R6型纸板电池生产线(能力3 000万只/年)，省轻工机械厂的防盗盖生产线(能力1亿只/

年)，成都罐头食品厂的198克午餐肉封罐设备（3 000吨/年），成都造纸五厂复合罐生产线(2 000万支/年），青城纸厂壁纸生产线（400万平方米/年)，成都肥皂厂液洗生产线（1万吨/年）等。技术改造竣工投产项目新增生产能力为啤酒1万吨/年，冷冻能力1 500吨/次，纸制品15万打/年。已投产的引进和技改项目按设计能力，每年可增加产值4 969万元，税利1 169万元。

新产品开发。全局系统1986年共研制、开发新产品、新品种135种，投产99种。1985年试制成功、1986年投入批量生产的新产品、新品种45种。

【在国外建立合营企业】 成都搪瓷联合总厂1985年9月同莫桑比克人民共和国轻金属机械总公司签署了建立贝拉——成都合营有限公司，联合经营莫桑比克搪瓷厂的合同。1986年3月派出首批管理人员和技术人员共14名到莫桑比克贝拉市搪瓷厂工作。双方通过一年的努力，已取得明显成效。莫桑比克贝拉市搪瓷厂原来没有管理制度，工人无固定岗位，生产混乱，无工艺标准。中方人员首先帮助整顿建立了各项管理制度，工厂的面貌很快发生了变化。1986年销售收入比1985年增加1.5倍，受到了莫桑比克政府的称赞。

【横向经济联合】 1986年新形成的联合体有9个，其中有成都罐头食品厂与四川名山县、四川理县分别联办的罐头厂，成都啤酒厂与四川新都县、大邑县分别联办的啤酒分厂，成都搪瓷厂与四川双流县、灌县分别联办的搪瓷分厂，成都香料厂与武汉联办的香精厂等。成都峨嵋自行车厂1986年与天津自行车厂实行跨地区联合，在成都挂牌生产“飞鸽”牌自行车。工厂更名为天津自行车厂成都分厂，天津派人多次来成都帮助工作，先后开展了两次质量整顿，帮助工厂不断完善质量和技术保证体系。联合一年来共改造工装模具240套，投资达70多万元。工厂还加强了对外购零配件的检验，并收回了主要配套件由本厂生产。1986年底，天津厂派人突击抽查了分厂的产品质量，主要零部件得分均在85分以上。1986年下半年，共生产飞鸽牌加重车8万多辆，加上其它牌号，全年自行车总产量达20万辆，实现利润85.5万元，比1985年分别增长19.5%和3倍多。

（冯俊豪）

成都市二轻工业

【概况】 1986年，全市二轻系统完成工业总产值8.02亿元，比1985年同期下降1.0%，如扣除黄金首饰的不可比因素，则全年完成的总产值为7.93亿元，与1985年同口径相比，增长3.1%。

产品质量。市属企业考核的32种产品、43项质量

主要产品产量完成情况

产品名称	计量单位	1986年产量	1985年产量	1986年比1985年+(+−)%
塑料制品	吨	22 248	22 265	− 0.1
镀锌铁丝	吨	10 945	7 439	47.1
家用洗衣机	台	45 989	110 010	−58.2
黄金首饰品	万元	868	4 213	−79.4
金属家具	万件	34.76	33.06	5.1
民用灯具	万件	21.09	23.33	− 9.6
电风扇	万台	6.33	6.56	− 3.5
拉链	万米	377.77	277.01	36.4
布鞋	万双	632.8	664	− 4.7
皮鞋	万双	288.96	290.77	− 0.6
日用精铝制品	吨	380	413	− 8.0
抽纱刺绣	万元	1 142.42	856	33.5

指标都完成了当年计划，局考核的42项质量可比指标持平和提高的有33项。优质产品产值为6 034万元，优质品率为16.3%，比1985年增长4.8%。全年二轻系统有32种产品获得各种优质产品称号，其中：部优质产品5个，省优质产品9个。

技术改造和调整产品结构。1986年，共有42个技术改造项目纳入计划。其中结转项目15个，新开项目27个，计划投资3 276万元，已完成财务支出1 667万元，已竣工13个项目，完成投资639万元，这些项目包括成都市塑料三厂引进的7 000克注塑机、租赁项目中空容器机组，成都市塑料九厂的挤出发泡片材成型机组，成都市塑料二厂的音箱成型机组，成都市标准件厂的电缆粒料生产线，成都海洋洗衣机厂的全自动洗衣机模具及技术，成都电热器厂的电热驱蚊器，成都市制镜厂的磨边机，成都市制刀厂的不锈钢制品等。以上项目全部投产后可新增产值3 332万元，税利597万元。

全市二轻系统1986年试制成功新产品254种，新花色品种1 512种(其中省重点新产品20项，市重点新产品10项)，可新增产值4 510万元，新增税利656万元。成都市文化用品厂的插口相册，成都市电热器厂的药用电热敷，成都市制刀厂的不锈钢器皿，成都乐器厂的儿童小提琴，成都电器开关厂铝格栅灯具等新产品投放市场后，深受欢迎，供不应求。同时又陆续开发了一些新材料，采用了一些新技术，研制出一批新产品。成都市塑料十一厂的ＳＢＳ塑料粒料，可加工成各种鞋底，质轻耐磨；成都地毯厂的羊毛絮片，可加工成服装、被褥等，质轻舒适，保暖性强，可与羽绒媲美；成都金属工艺厂的金属壁挂、成都市塑料六厂的方块塑料地板也各具特色。

销售工作和对外贸易。1986年，全市二轻系统完

成销售总额7.46亿元，比1985年增长0.6%，其中：市属企业完成3.79亿元，下降2.9%（扣除黄金饰品因素后则上升2.8%）；区属企业完成1.67亿元，下降1.7%；县属企业完成1.99亿元，上升11.6%。轻工业部考核的33种主要产品中，销售总额1986年超过1985年的有19种，占57.6%。不同程度下降的有14种，占42.4%。

1986年末，全系统产品库存1.13亿元，比1985年同期上升22%。其中，9月份库存金额高达1.25亿元，比年初增长36%。市局专门召开了销售工作会议，在全系统进一步推行销售承包责任制，至年底产品库存降到1.13亿元，比9月份减少积压1 183万元，下降10%。全年二轻系统自销达到4.54亿元，占销售总额的60.6%，比1985年上升8.4%，工业自销已成为二轻产品的主要销售渠道。

1986年，全市二轻工业外贸出口交货值达4 217.22万元，比1985年上升71.5%，创历史最高水平。新发展的出口产品有尼龙拉链，兔毛纱、镀锌铁丝和黑铁丝等。为了确保出口商品的信誉，市二轻局积极配合成都市商检局，对二轻系统年出口产值较大的企业，进行了质量保证体系、生产技术管理的整顿、检查工作，在成都市第一批取得“出口商品认可证书”的30个工厂中，二轻系统有10个工厂，占1/3。

经济效益。1986年，全市二轻系统实现利润5 315万元，比上年下降24.4%。可比产品成本上升4.6%。亏损面与亏损金额增加，全系统共出现亏损企业92户，比上年同期上升124.4%。亏损金额495.74万元，比1985年上升143.4%。人均劳动生产率9 781元，比1985年下降0.9%。1986年经济效益下降的原因是多方面的，全系统由于原材料、燃料、动力提价，全年增支1 257万元，贷款额度上升和贷款利息提高多支付利息351万元，企业职工工资套改增大成本356万元。此外，国家又陆续开征了几种新的税种、原材料供应中计划外的比重增大等，亦使企业相对减利。同时，1986年黄金饰品的生产锐减，与1985年相比，净减少利润280万元。仅以上几项增支减收即达2 244万元。

【经济体制改革】 成都市二轻系统1986年的改革工作按局、公司和企业三个层次进行。

企业：重点抓了“两个完善、一个提高”，即进一步完善厂长负责制和经济承包责任制，提高企业管理水平。全民所有制企业，主要贯彻中央制定的厂长负责制、职工代表大会和基层组织工作“三个条例”，对集体所有制企业，修订颁发了“成都市二轻集体企业实行厂长负责制的实施细则”，在市属115个企业中，有88个企业同主管公司签订了承包合同和目标责任书。

工业公司：市属工业公司共有10个，按照精简机构、转变职能、加强管理和服务的原则，将服装工业公司与日用品工业公司合并，组建服装鞋帽工业公司。

局机关：按削减专业部门，加强综合部门的原则，调整了局机关处室职能机构，局机关的干部和职工由142人减为96人。

【成都市联社代表大会和四省(区)五市二轻工业供销协作会】 成都市二轻工业联社第四届第一次代表大会，于1986年12月3日至6日在成都举行，会议讨论了“成都市二轻集体企业实行退休费用统筹的试行办法”，“关于二轻集体所有制企业资产清理工作的意见”等文件，经成都市政府批准，“成都市手工业合作联社”更名为“成都市二轻工业联社”。

云、桂、川、黔四省(区)的昆明、南宁、贵阳、重庆、成都五市的二轻工业供销协作会第十二次会议，于1986年9月9日至11日在成都举行。与会同志交流了各地销售工作的情况以及对物资市场和产品市场的预测，并对共同关心的二轻供销体制改革问题、横向经济联合问题、物资市场状况、产品市场状况、如何加强供销工作等问题，进行了充分的讨论和交流。

（刘正一）

重庆市一轻工业

【概况】 1986年，重庆市一轻工业独立核算工业企业174个（不含包装印刷公司及烟草公司企业）。其中，全民企业111个，集体企业58个。共有职工72 944人，其中全民企业61 539人，集体企业11 305人。共完成工业总产值10亿元，比1985年增长6.4%。销售收入9.7亿元，比1985年增长6.9%。税金1.02亿元，比1985年下降7.1%。利润7 963万元，比1985年下降15.9%。全员劳动生产率1.376万元，比1985年增长3.4%。

主要产品产量

产品名称	计量单位	1986年产量	1985年产量	1986年比1985年(+－)%
机制纸及纸板	吨	85 076	90 307	－5.8
缝纫机	架	46 582	37 663	23.7
摩托车	辆	14 255	7 242	96.8
手表	万只	161.74	158.59	2.0
日用陶瓷	万件	5 090	4 801	6.0
日用玻璃	吨	145 677	122 243	19.2
灯泡	万只	4 093	3 890	5.2
日用搪瓷制品	吨	5 501	5 147	6.9
合成洗涤剂	吨	19 855	15 760	26.0
干电池	万只	14 356	13 008.5	10.4
罐头	吨	33 220	32 048	3.7
啤酒	吨	38 040	35 037	8.6
铅笔	万支	20 222	16 741	20.8

1986年，重庆市一轻工业电力缺口在26％以上。1－4月份因断电被迫停工影响工业总产值3 240万元，并造成一些企业设备损坏。1986年原料供应紧张，钢材、马口铁、烧碱、纯碱等17种主要原材料缺口达55.6％。购买议价原材料增多，使全局原材料成本增大2 300万元。轻工产品市场变化频率加快，原畅销产品销势走缓，上半年全局27个主要大类产品有14个销量下降，积压产品增多，资金更加紧张。上半年企业的储备资金和成品资金分别比1985年同期增加26.3％和57.9％。全局流动资金缺口达7 000万元。由于先后两次的特大暴风雨和雹灾，全局14个企业受到较大破坏，据不完全统计，直接经济损失达82万元。

1986年末局属企业建立的销售经营部已达166个，有销售人员1 200人。建立的自销、联销网点达7 571个，其中有跨省区联合经营网点120个。企业产品自销比例已达50～70％。1986年出口交货额完成6 678万元，比1985年增长52.5％。

【改革和搞活企业】 1986年重庆市一轻局进行了局机关小整风，广泛听取了企业的意见，制定了限期整改的方案。实行了“四多”(多关心、多支持、多帮助、多指导)，“四不准”(属于扩权给企业的不准拦截，不准上收，不准刁难，不准干预)。在管理职能上，主管局的行政管理向行业管理过渡。逐步变直接管理为间接管理。在局机关机构设置上，加强了综合性管理部门。并注意发挥协会、集体联社的作用。实行“五抓一摆脱”。即抓改革、抓方针政策、抓经济法规的贯彻执行、抓行业发展的战略决策、抓行业的协调和服务、摆脱生产经营事务。在企业体制改革方面，除在重庆灯泡工业公司试行“资产经营责任制”，在重庆沙坪坝造纸厂试行“租赁承包经营责任制”，以招标方式完成了厂长（经理）的选聘外，全局直属企业都推行了厂长（经理）任期目标责任制或经营责任制。并进一步完善经济责任制。主要内容是把产品质量和物质消耗作为重点，并包括企业发展战略、工厂方针目标管理在内实行全面承包。把生产第一线承包发展到后勤、销售、政工等各个部门都实行承包。把奖金浮动挂钩扩展到工资领域，将基本工资的20％、浮动工资的全部与奖金合在一起纳入经济责任制考核。1986年底止，全局经济责任制落实面已达98.7％。

【横向经济联合】 1986年局属联合企业由1985年的174个发展到204个，从联合体分得收入498万元，比1985年增收54.2%。在联合形式上开始了4个方面转化：(－)联合地区由中小城镇向大城市转化。重庆天府可乐饮料工业公司在轻工业部的帮助下，1986年元月与北京北冰洋食品公司达成联合生产天府可乐饮料的协议。（二）由生产联合向生产、销售联合转化。如重庆圆珠笔厂与桂林文具用品厂1986年签订了《经营联合协议》，重庆向桂林提供圆珠笔零部件及笔芯，桂林厂在销售本厂产品时也代销重庆产品。（三）由技术转让向生产——科研一体化转化。如四川省日用化学研究所与涪陵肥皂厂签订了为期5年的联合协议，规定该所每年向联合体提供2～3个科研新产品。（四）由单个联合向群体化发展。重庆钟表工业公司先后同昆明手表厂、贵阳手表厂、成都钟表厂等企业组织了跨省市的经济联合，形成了以重庆钟表工业公司为中心的西南地区钟表工业体系。以重庆饮料厂为主体联合全国20多个省市建立了有80多个分厂的“重庆天府可乐饮料工业公司”的联合体。

【质量管理和技术进步】 1986年，国家经委推荐的18种现代化管理方法，在全局已推广应用了15种，其中局属全民企业有62％推行了全面质量管理。1986年底，全局全民企业定级的计量单位已有25个，其中二级计量单位10个，三级15个。在检测64个企业生产的355个产品中，执行国际标准2个，国家标准28个，部颁标准144个，省市标准134个，其它标准24个，无标准23个。无标准的产品，企业也有内控标准。同时，主要原材料的标准审定工作也在开始，并对工作质量、工艺规程、操作规程进行了整顿，对各类人员的质量意识进行了抽查考核。通过上述工作，产品质量有了明显提高。全局优质产品和产值占工业总产值比重由1985年的10.8％，提高到12.3％。

1986年，更新改造项目55项，总投资1.72亿元。年度计划投资9 721万元，实际完成1.05亿元，比1985年实际完成额增长145.1％。在55个项目中，已投产或交付使用的40项。按投产的40个项目设计能力计算，年创工业总产值1.9亿元，税利5 131万元。技术改造的重点放在了大中型骨干企业和重点产品配套上。使局系统内技改项目配套趋于完善。全年投产的10个重点项目中，有8个已基本达到了设计能力。引进项目增多。全年有17个引进项目投产交付使用。还建立中外合资企业一个。这个项目当年签约实施，当年投产见效益，产品出口创汇5万多美元。

【科技和教育】 截止到1986年底，局属造纸、硅酸盐、日化和食品4个科研所（现有职工912人）实行了项目承包责任制。除食品所外，其余3个科研所改革了划拨科研事业费的办法，直接按承担科研课题划拨项目及人头费。同时，局属企业举办的20多个科研所、室（组）也实行了经济责任制。1986年全局完成科研项目24项，通过省（市）级鉴定的新产品24项，投产45项。其中获国际、全国和省(市)级奖17项。TDP辐射器1986年在南斯拉夫萨格勒布春季博览会和比利时布鲁塞尔国际博览会上两次获奖。据不完全统计，

1986年全局已投产的各项科研、新技术和新产品实现工业总产值1.4亿元，占全局工业总产值13.9%。实现税利3 431万元，占全局利税总额18.9%。

教育事业。重庆市一轻局现有轻工业职工大学1所（下设硅酸盐和钟表2所分校），轻工干部学校1所，轻工中等专业学校2所，技工学校5所，职工业余学校49所。1986年局属企业有2 365名干部参加了学习，占干部总数27%，有7 832名工人参加了技术培训，占工人总数18%。其中高级技术培训85人，中级1 590人；岗位培训2 653人。还有1 637人参加了成人高等教育学习，有489人参加了成人中等专业教育学习。1986年3月，一轻局会同市企业管理协会举办了“现代化管理基础知识讲座”，下半年对全局管理骨干进行了培训。1986年参加全国刊大、电大和大专院校学习的职工中，结业考试毕业的56人，并有87人报考录取参加了学习。

（温元良）

重庆市二轻工业

【概况】 1986年，重庆市二轻工业独立核算工业企业有857个，职工119 916人。完成工业总产值131 966万元，比1985年增长6.5%，销售收入120 859.9万元，比1985年增长3.9%；税金7 323万元，比1985年下降1.0%；利润总额8 672万元，比1985年下降29.7%；全员劳动生产率11 160元，比1985年增长6.2%；出口商品交货值5 330万元，比1985年增长38.4%；全年开发新产品106个，新产品产值达12 828万元，比1985年增长39.3%；创优质产品26个，其中部优产品4个，市优产品22个，优质产品产值与工业总产值比率由1985年的7.3%，提高到12.8%。

主要产品产量完成情况

产品名称	计量单位	1986年产量	1985年产量	1986年比1985年+(+－)%
塑料制品	吨	23 187	22 201	4.4
电冰箱	台	22 654	25 963	12.7
双缸洗衣机	台	132 178	32 139	311.2
电扇	万台	104	68	53.4
精铝制品	吨	2 559	2 209	15.8
不锈钢制品	吨	144	133	7.5
鞣制皮革	万张	90.83	85.4	6.4
重革	吨	1 591	1 478	7.6
轻革	万平方米	154.87	144.43	10.4
皮鞋	万双	381.64	431.86	－11.6
铁锅	万口	146	133	9.7
大型及专用衡器	台	651	638	2.0
锁类	万把	1 434	1 283	11.7
家具	万件	137	168	－18.4
玩具	万元	874	672	30.0

1986年重庆市二轻工业一季度工业总产值和实现利润总额分别比上年同期下降9.2%和42%。从二季度起“滑坡”被堵住，并且一季比一季好。工业总产值二、三、四季度分别比一季度增长40.6%、35.5%和38.7%。在全局29个公司、总厂、区县二轻局中，工业总产值比上年增长的有18个，占62.1%。1986年与1985年比较，重庆市二轻工业可比产品成本上升7.0%，产值利润率下降34.4%，人平创利下降31.3%，亏损企业达110户，亏损金额达657万元。主要原因是：(一)原材料价格上涨和供应不足。全年因国家调整主要原材料价格，比上年多支出材料成本3 020万元，而且计划内原材料仅满足全年需求量的34%，计划外原材料比重的增加，使产品成本进一步增大。(二)成品资金上升，资金周转减慢，银行信贷增加。1986年年末成品资金上升为19 210万元，比上年年末增加23.8%；流动资金周转天数为107天，比上年增加9天；年末银行流动资金贷款高达27 205万元，比上年上升44.4%。(三)工资费用增加、汇率调整。1986年增加职工工资，比上年多支出1 240万元，其中进入成本部分为560万元；因人民币汇率调整的影响，全年多支出人民币2 373万元。

【深化改革】 1986年，重庆市二轻工业在探索解决企业经营机制方面搞了几个试点：1. 对87个厂长负责制试点企业推行了任期目标责任制。2. 在重庆洗衣机厂和江北县石船服装厂等厂家进行了“破产警告、拯救一年”的企业破产制度试点。重庆洗衣机厂自1978年以来，由于经营管理不善，截止1986年2月底，这个职工不足300人，资金不过百万元的企业累计亏损金额达103.13万元，各种债务竟高达125万元。1986年5月经市人民政府批准，由重庆洗衣机二厂承包重庆洗衣机厂。帮助转产为洗衣机生产配套的脱水电机。重庆洗衣机厂6月份开始复苏。至年底实现利润总额20.63万元，企业重获新生。3. 在重庆机械尼龙制品厂进行个人租赁经营的试点。重庆机械尼龙制品厂仅有职工59人，固定资产净值11.9万元，1986年1至6月累计亏损金额达1.89万元，经市人民政府批准，市公证处公证，该厂从8月份起实行个人租赁经营试点，8至12月工业总产值比租赁前1至7月增长163.6%，减少亏损0.2万元，企业经营状况有了初步的改善。

1986年，重庆市二轻工业对集体所有制企业试行退休费统筹制度。有213个市属二轻集体企业，43 875名在职职工，13 547名退休职工参加了统筹。除荣昌、壁山两个县外，其余12个区县二轻局也分别对所属二轻集体企业实行了退休费统筹。

【抗灾救灾】 1986年，重庆市和荣昌、大足、双桥等11个区县连续遭到狂风、暴雨、山洪和冰雹的袭击，

90多家企业的厂房、机器设备受到了严重的破坏，受灾最严重的荣昌、大足、双桥等区县的31个二轻企业，直接经济损失达250万元。事后各级二轻局采取了有力的救灾措施，恢复生产。据初步统计，支援受灾企业的各种资金达1 126 739元(其中国家专项拨款95万元，系统内集体募捐支援168 680元，个人募捐支援8 059.5元)；各种生产物资65.5吨。受灾最重的荣昌、大足、双桥等区县二轻局在各方的大力援助下，生产很快恢复了正常。

【优化产品结构和技术进步】 1986年，重庆二轻工业系统制定了产品调整、优化、升档的规划，推动了以名优产品、新产品和出口产品为主导的多层次的结构体系初步形成。使适销对路产品的产量大幅度增长；新产品、优质产品比重增大，1986年，新产品产值占全部工业总产值的比重由1985年的7.4%上升为9.7%。

重庆二轻工业系统调整、优化产品结构主要是对适销对路产品、新产品和出口产品实行“三优先”原则。一是在技术改造和技术引进上优先安排。1986年进入实施的技改、引进项目59项，计划总投资21 045万元，当年投资计划15 409万元。其中，新兴发展的家用电器、塑料、日用五金、家具、玩具等5个行业的项目占39项，投资总额16 707万元，分别占在建项目和计划投资总额的66%和79.4%。在1986年完成竣工的30个项目中。适销对路的双缸洗衣机、电冰箱、电风扇、童车、厨房设备、金饰品、席梦思软床垫等产品占25项，占竣工项目的83%。二是在原材料、燃料上优先保证。1986年重庆二轻工业系统主要原材料缺口达70%以上。局通过积极向有关部门反映，采取多拨多配；组织余缺调剂串换；争取商业多投早投等方法，争取增拨计划内钢材300吨、生铁500吨、有色金属567吨、水泥280吨；采购计划外各类金属材料12 180吨，全部用于家电、家具、玩具等大类短线产品的增产。三是在流动资金上优先支持。1986年用于支持电风扇、洗衣机、电冰箱、精铝制品、灯具、童车、家具等适销对路产品增产的银行流动资金贷款达6 700万元，为新增流动资金贷款的98.5%。

技术进步。1986年重庆二轻工业系统以双缸洗衣机、电冰箱、气体打火机等产品为重点认真抓了引进技术的综合消化、吸收和创新发展工作。重庆洗衣机二厂组织了包括大专院校、科研单位在内的系统内外108个单位，开展联合攻关，组织协作配套生产，使引进的日本东芝公司双缸洗衣机生产线，做到了当年安装调试、当年投产、当年实现全部零部件国产化。投产后7个月就生产双缸洗衣机13.2万台，实现利税1 098万元。电冰箱、气体打火机、大型塑料中空容器，塑料模具等引进技术和设备的国产化工作也取得了明显进展。

（杨万全　张德威）

贵州省

贵州省轻工业

【概况】 1986年，全省轻工业系统共有工业企业1 599个。职工132 241人。其中：全民所有制企业263个，职工45 000人；集体所有制企业816个，职工63 276人，街道工业企业517个，职工23 670人；合营企业3个，职工295人。

1986年工业总产值93 703万元，比1985年增长12.3%，其中：一轻工业完成45 577万元，比1985年增长14.9%；二轻工业完成48 166万元，比1985年增长10.1%。各地、州、市均比1985年有所增长，只有六盘水市比1985年下降14.0%。

主要产品产量。在列入考核的61种产品中，比1985年增长的有43种，占70.5%。名优白酒、干电池、地毯等市场紧俏和出口创汇产品都比1985年有较大幅度的增长。

产品质量和新产品开发。产品质量稳定提高率为80.5%。有3种产品获轻工业部优质产品称号。在省第四届名优白酒评比会上，共有34个产品获奖，占获奖总数的70.8%。其中，金牌11个，银牌18个，铜牌5个。通过省级以上鉴定的新产品有20种。

基本建设和技术改造。计划投资22 051万元，相当于“六五”期间总投资额的42.4%，是建国以来投入最多的一年。共完成投资20 442万元，为计划的92.7%。其中：基本建设完成4 194万元，为计划的79.6%；技术改造完成16 248万元，为计划的101.4%。

人才培养。共招收各类新生505名。其中：普通中专360名，职工中专85名，职工大学22名，大专院校干部专修科8名，送高等院校委托代培30名。此外，厅和厅属公司、省二轻学校还举办了企业管理、财务管理、白酒生产技术、服装造型设计等短期培训班，共培训1000多人次。

【经济效益】 销售收入为77 646万元。比1985年增长3.9%。名优白酒、安顺蜡染等主要产品继续保持旺销和效益增长的趋势。1986年实现税利11 791万元，比1985年下降1.4%。其中，实现利润4 173万元，比1985年下降26.3%。

亏损201户，占汇总企业的20.5%，比1985年增加67.4%；亏损973万元，比1985年增加130.2%。其中：国营企业亏损67户，占汇总企业的26.5%。比1985年增加109.3%；亏损755万元，比1985年增加183.8%。集体企业亏损134户，占汇总企业的18.5%，比1985年增加52.3%；亏损218万元，比1985年增加25.3%。

影响经济效益的关键因素：(一)原材料缺口大，价格上涨。以酿酒、塑料行业为例：酿酒行业因其主要原材料高粱的价格从每吨480元上涨为每吨600－700元，上涨幅度最高达45.8%。使全行业利润比1985年下降500万元，下降幅度为21.5%；塑料原料（聚氯乙烯、聚乙烯、聚丙烯、增塑剂）计划内供货严重不足，计划外价格上涨幅度达40－50%，(如聚氯乙烯树脂计划内供货每吨1 950元，计划外采购每吨2 700元)还供应不上，1986年全行业获净利87万元，比1985年下降55.2%。(二)原材料价格上涨，使资金不足的矛盾更加突出，全省流动资金贷款从1985年的15 882万元上升为1986年的25 549万元，净增9 727万元，加重了利息负担。(三)管理差，成本高，费用大。贵州灯泡厂每万只灯泡成本为3 980元，出厂价仅 2 950 元，全年亏损94万元。由于设备利用率不高，加之甘蔗提价，省内四家糖厂除一家外，三家亏损52万元。(四)轻工集体企业，较普遍地存在资金少，负担重，技术设备落后等问题，经济效益难以提高。除贵阳市外，全省639个企业，利润总额仅721万元，平均每户仅11 283.6元。

主要产品产量完成情况表

产品名称	计量单位	1986年实际完成数	1986年与1985年比 +－%
饮料酒	吨	63 591.00	4.6
其中：茅台酒	吨	1 267.00	=
董酒	吨	1 266.84	60.7
机制纸及纸板	吨	43 867.46	11.8
干电池	万只	10 722.84	15.2
手表	万只	10.90	34.2
火柴	万件	22.74	－9.0
酒精(折96°)	吨	2 164.24	2.3
香料	吨	441.09	70.5
塑料制品	吨	13 270.74	15.5
皮鞋	万双	258.71	18.0
家用电冰箱	台	50 000	700.3
家用洗衣机	台	10 868	－61.6
大型及专用衡器	台	323	7.3
地毯	平方米	6 624.80	148.8
箫笛	万支	17.23	44.4

【省委省政府把轻工业列为"七五"发展重点】 1986年6月6日，中共贵州省委书记胡锦涛在连续视察贵州省清镇纺织印染厂、贵阳黔灵印刷厂、贵阳南明皮鞋厂等轻纺工业企业，并多次听取省轻纺工业厅负责同志汇报的基础上，在有各部、委、厅、局主要负责人参加的全省轻工业发展讨论会上，就全省"七五"时期把轻纺工业作为发展重点问题，讲了八个问题：一、轻工业在全省经济发展中的地位和作用。二、总体上论，轻工业现在不是全省的优势产业。三、"七五"期间轻纺工业发展目标和重点。四、市场战略。立足省内市场，扩大省外市场，开拓国外市场。五、地区发展战略。要择优扶持，重点发展。要有几个独具特色的、有一定竞争能力的产品。六、发展方针。要大家办轻工、联合办轻工。七、政策措施。(一)要增加对轻工业的投入。"六五"期间，包括基建、技改几个渠道共投入8－10个亿，增加产值15个亿。"七五"期间要增加产值20亿，就要投入10个亿。(二)对重点产业、重点产品或重点企业实行重点扶持。(三)对集体企业的政策要进一步放开。八、加强行业管理。省长王朝文在全省经济工作会议上也强调把轻工业作为全省"七五"期间的一个发展重点。

【贵州省第四届评酒会】 1986年12月31日，贵州省第四届名酒名单公布。这届评酒会分三段进行：

第一阶段：7－8月，由轻工、商业、标准计量局、乡镇企业局、省食品工业办的有关工程技术人员，深入各地推荐申报参加评比的38个酿酒企业，进行全面检查、评分。该项评分占总分的30%。

第二阶段：由省商业厅具体负责，邀请14个省、市，42个单位的95名代表举行用户座谈会，对通过第一阶段评比的产品的内在质量、外观质量、在当地市场上的销售情况等三个方面的12个指标进行征求意见打分。该项评分占总分的10%。

第三阶段：由省评酒委员会采取密码编号顺位品评的办法，对通过前两个阶段的产品进行评比，该项评分占总分的60%。

进入第三阶段评比的70个产品中，有48个分别获得金、银、铜牌奖和"贵州名酒"称号。其中：轻工系统获得34个，占获奖总数的70.8%。

（刘德义）

附：贵阳市一轻工业

【概况】 1986年贵阳市轻工业局共有18个企业，其中包括1个集体企业（贵阳金笔厂）和3个公司（技术开发公司、供销公司、劳动服务公司），一厂两制（全民所有和集体所有制）的贵阳手表厂和轻工基建队。另有贵阳啤酒厂和贵州玻璃厂2个筹建处。全系统共有职工7 524人，其中包括合同制工人351人，占4.7%，计划外用工1 845人，占24.5%。1986年工业总产值9 468万元，比1985年增长6.9%。净产值3 221.7万元，比1985年增长26.9%。国营企业全员劳动生产率人均13 300元，比1985年增加1 159元，增长9.6%。列入计划考核的20个主要产品产量，完成或超额完成13种，占65%。1986年出口交货值464.81万元，占全年总产值的4.9%，比1985年增长496.1%。

主要产品产量及质量

产品名称	计量单位	1986年产量	1986年比1985年±（%）	平均合格率（%）
机制纸及纸板	吨	9 847.37	9.8	96
手表	万只	10.8989	34.2(走时分)	50.47
日用搪瓷制品	吨	1 167.71	3.1	89.6
日用玻璃制品	吨	11 700.02	－33.6	54.5
肥皂	吨	1 3720.05	14.4	99.0
精甘油	吨	541.28	16.6	100.0
牙膏	万支	207.97	－4.7	99.0
干电池	万只	8 635	7.8	99.5
油墨	吨	94.97	－9.7	98.1
香精	吨	1.78	－52.2	100.0
香料	吨	224.09	5.0	100.0
饮料酒	吨	3 600.07	9.5	100.0

在产品创优方面，被评为1986年度省优质产品 2 个：贵阳大曲和黔春酒。在1986年省第四届评酒会上贵阳大曲和黔春酒获金牌，黔春特醇获银牌。1986年全系统研制成功新产品和新品种28个，批量投产20个。投产新花色、新包装、新规格共193种。在开发的新产品中，获1985——1986年度贵州省优秀新产品称号的有 3 个。市一轻局还获1986年市政府颁发的“新产品开发工作管理奖”。

1986年销售收入1.02亿元，比1985年增长12.7％。上缴税金1 296.2万元，比1985年增长25.8％。利润额391万元，比1985年降低45.9％。影响利润的主要原因是：原材料价格大幅度提价；3 家玻璃厂和模具厂因市场变化，产品滞销；惠水造纸厂纸机改造时间过长等。共计减利474万元。

1986年基本建设和技术改造项目19项。其中基建 7 项，计划总投资7 271.5万元，完成 930.8 万元。技改12项；计划投资2 997.97万元，完成2 211.23万元。本年度技改新增产值846万元，税利249.7万元。

1986年全系统普遍开展了全面质量管理教育，有60％的企业教育面达80％以上。全系统52个ＱＣ小组中，被评为优秀小组的有：市级 4 个，省厅级 5 个，省级 4 个，部级 3 个。全局20种主要产品中，除日用璃璃外，其余19种合格率均达到或超过考核指标。

销售承包制的建立。1986年许多企业实行了多种形式的销售承包责任制。如单项产品包销、滞销产品定额销售提奖、销售市场分片包干和全销包干等责任制。

【经济联合】 到1986年底止，全局系统共建立紧密型和松散型经济联合体26个。据不完全统计，1986年联合体（分成后）共创产值524.18万元，税利 45.69 万元，分别为全局同期产值、税利的 5.7 ％和 2.7 ％。1986年出现了 3 个特点：一是以名优产品为龙头的群体化联合初具规模。贵阳酒厂先后与省军区酒厂、十三公里酒厂、三江农场和龙洞堡畜牧场等单位建立了统一商标的名优酒专业化生产联合群体，将形成贵阳大曲和黔春酒各1 200吨的生产能力。二是与技术先进的沿海城市的横向经济联合取得了初步效果。贵州金笔厂与天津金笔厂进行技术协作，引进天津厂全铝高级铱金、圆珠两用笔全套技术及部分装配件。1986年 4 季度已投产，年产量40万支。贵阳模具厂与浙江宁波家用灶具厂联合，共同生产宁峰牌 8671——A型和Ｂ型两种家用多功能双孔高级电子打火燃气灶。三是通过横向联系，建立定向产销网络，扩大销路。贵阳轻工设备厂开展以技术协作和开拓市场结合的横向联系，先后与省机械、化工、建筑、建材、冶金、轻纺、煤炭和粮食等部门的科研和设计部门建立了协作关系，以这些部门提供的各类机械输送设备项目，进行专项生产和配件加工。改变了等米下锅的局面，使该厂提前两个月完成了全年生产任务。

（王国健）

贵阳市二轻工业

【概况】 贵阳市第二轻工业局1986年管辖98个工业企业和11个供销企业。其中全民所有制工业企业13个，集体所有制85个。供销企业中，全民所有制 2 个，集体所有制 9 个。全局系统1986年末有职工22 408人。其中全民4 606人，集体17 802人。1986年完成工业总产值17 013.7万元，比1985年增长3.5％。其中全民企业完成3 842.5万元，比1985年增长7.0％，集体企业完成13 171.2万元，比1985年增长2.6％。全系统劳动生产率人均7 714元，比1985年增长3.2％。1986年，工业企业利润额734.9万元，比1985年下降31.0％，其中全民企业下降184.5万元，下降幅度30.9％，集体企业下降550.4万元，下降幅度35.3％。1986年利润下降的主要原因是：原材料价格调整减利161.8万元，产品调价减利18.3万元，提高固定资产折旧率及新增折旧额38.7万元，理顺工资关系增加支出109.6万元，以及增加排污费、保险费、教育费附加、房产税等50.3万元，共减少利润378.7万元。1986年销售收入为16 049万元，比1985年增长3.6％。其中全民企业收入4 281.1万元，集体企业收入11 767.9万元，分别比1985年增长7.5％和2.2％。上交工商税、所得税，全局系统1 076.5万元，比1985年减少11.9％。

1986年安排重点设备、技术改造项目19个（包括 7 个续建项目），投资3 780万元。年底已有10个项目通过鉴定验收，完成投资额914.2万元。每年可增加产值1 345万元。1986年全局系统开发新产品19种，新花色480个，共创产值1 714.3万元。并获市级以上各种奖励24项。1986年底止，全局所属企业已有138个全面质量管理小组进行经常性活动，其中获省厅级优秀小组称号的3个，市级优秀小组9个，局级10个。

主要产品产量完成情况

主要产品	计量单位	1986年产量	1985年产量	1986年比1985年＋(＋－)%
塑料制品	吨	4 779.0	4 431.2	7.9
重革	吨	360.6	329.6	9.31
轻革	万平方米	30.7	21.1	45.5
皮鞋	万双	106.9	77.7	37.6
服装	万件	200.3	198.0	0.5
抽纱刺绣	万元	97.6	77.8	25.5
纸箱	万只	237.1	298.0	－20.4
洗衣机	万台	1.09	2.83	－61.5
民用镜	万面	155.9	144.7	7.7
民用锁	万只	180.2	153.6	17.3
铸铁锅	万只	38.1	30.1	27.7
日用精铝制品	吨	963.6	849.3	13.5
大型及专用衡器	台	323.0	301.0	7.3
台案秤	万台	2.83	2.15	31.9
家具	万件	12.8	15.0	－14.7

1986年市二轻局制订了集体所有制企业的《经济承包责任制的具体规定》和《销售承包奖励办法》，确定工业总产值、利润、销售收入、产品质量、安全生产等考核企业负责人的主要指标。年前对32个企业进行了抽查，其中25个企业取得了较为显著的效果，实现了增产增收。利润比1985年增长两位数以上的有18个企业，占抽查总数的56.3%。1986年市二轻系统有46个企业被省、市人民政府表彰为先进单位。有14家企业与省内外13个工厂、3个科研单位、高等院校进行了合资经营、产品扩散加工、产品联销、技术协作等形式的经济合作。贵阳海光皮鞋厂等3个鞋厂帮助长顺、罗甸等县的皮鞋厂提高皮鞋生产中的制帮技术水平，而后这些县（镇）的5家鞋厂为海光皮鞋厂等3家工厂加工了20多万双半成品鞋，使市二轻皮革制品行业皮鞋年产量1986年突破了百万双大关。天乐金属工艺品厂与贵州省民族贸易公司实行民族饰品供产销一条龙联合，省民贸公司向天乐厂提供资金设备，使侗族、苗族等少数民族同胞喜爱的首饰恢复了一定规模的生产并畅销全省。

1986年7月市二轻集体所有制企业第三届职工代表大会召开。会议决定联社更名为贵阳市二轻集体企业联社。

【集体企业统筹职工退休金】 1986年7月30日，经市人民政府批准，实行职工退休金统筹试行办法。按规定，二轻所属集体所有制企业一律实行职工退休金统筹，退休（含离休）职工的退休工资、副食差价补贴、额定生活补贴等为统筹项目。统筹金按“以支定筹，略有积累”的办法筹集。1986年按企业在册职工工资总额与离退休职工退休金总额之和的25%比例计算提取，由企业在营业外支出中列支。以后每年的提取比例，按上年收支情况据实调整。统筹基金用专门户头存入银行，专款专用。银行按同期储蓄存款利率计息，利息转入统筹基金。税务部门不对此项社会福利事业性质的基金征税。市保险公司承担统筹基金管理、使用的责任，在公司内专门成立了统筹办公室，对市集体企业职工养老金保险理事会负责，并向其报告工作。退休金统筹后，退休职工同原单位不脱离关系，应享受的医疗费、困难补助、抚恤金等不属统筹范围，仍由原单位负担。

10月份集体企业开始实行统筹，当月有76个企业参加，占应参加企业总数的85.4%，年底扩大到87个企业，占总数97.8%。年底结算，提取的统筹金在开支后尚有少量节余，节余部分全部转入积累。实行统筹后，有730名已到年令的职工补办了退休手续。对这一办法，大部分退休职工反映良好，认为解除了他们一大心病。企业也可以轻装上阵搞经营，同时又调动了在职职工的生产积极性。　（刘小伟）

云　南　省

云南省轻工业

【概况】 1986年全省轻工系统总产值完成21.87亿元，比1985年增长11.0%。其中集体企业产值完成10.07亿元，比1985年增长1.0%。据1 459个县属以上的轻工企业财务报表统计，产品销售收入为17.5亿元，比1985年增长14.9%，税利合计3.06亿元，比1985年增长5.2%。亏损企业209户，比1985年增加62.0%，亏损金额866万元，比1985年增加1倍。可比产品成本比1985年提高8.8%，定额流动资金年末占用额比1985年增加24.2%。1986年全省轻工业基本建设项目77个，实际完成投资9 230万元。其中制糖工业建设项目11个，完成投资额8 250万元，造纸工业建设项目1个，完成投资额100万元，香料工业建设项目1个，完成投资30万元，民族用品建设项目12个，完成投资120万元，轻工业部下达的集体自筹项目44个，完成投资560万元。1986年全省轻工业技术改造项目70项，实际完成投资6 660万元。1985—1986年度从国外引进技术设备45项，1986年竣工投产40项，包括5条服装生产线，7条塑料制品生产线，啤酒及饮料灌装线，皇冠盖、瓦楞纸板纸箱、香料精馏、面包和板式家具等生产线。1986年重点考核了22个产品，42项质量指标，质量稳定提高率为83.3%。有15个产品获云南省优质产品称号。在质量管理上，对蒙自电池厂，个旧制鞋厂的全面质量管理工作进行了验收，其中个旧鞋厂达到轻工业部优秀质量管理企业的标准。全省轻工系统中还有4个企业的质量管理小组获轻工业部优秀ＱＣ小组称号，8个企业的质量管理小组获云南省优秀ＱＣ小组称号。1986年计划内安排的新产品开发项目14个，经费252万元。到年底已投放市场的新产品有：室内装饰灯具、无影放大手术灯、电炒锅、压花餐巾纸，和大功率H型稀土节能灯。另外，高铜球型银合金粉牙科新材料已通过省级鉴定，形成了批量生产能力，参加此项新材料鉴定会的有中南、西南、西北、华南各地20多位牙科专家。1986年全省轻工系统共开发新产品362个，新花色1 909个。有7个产品获云南省优秀新产品奖。1986年云南轻工业新制订产品标准6个，修订标准2个，并对全省轻工业产品标准现状进行了全面调查，共调查产品1 877种，有标准可依的占52.8%，不少产品还处于无标准可依的状况。1986年列入轻工业部科研课题1个：魔芋的开发利用。列入省科委科研课题11个，1986年已完成鉴定的科研项目5项，其中蓝桉制造强韧箱板纸，模用石膏新工艺推广，盐卤除铅等项，已投入生产。1986年全省轻工系统委托省外代培的大中专生回省112名，尚在省外学习376人。省轻工中专学校制糖工艺班1986年首届毕业51人。

主要产品产量

产品名称	计量单位	1986年产量	1985年产量	1986年比1985年±（%）
机制纸及纸板	吨	94 031	84 787	10.9
糖	万吨	45.82	31.61	45.0
原盐	万吨	27.56	29.04	−5.1
啤酒	吨	20 745	15 028	38.0
罐头	吨	6 445	4 054	59.0
非酒精饮料	吨	10 275	10 028	2.5
香料	吨	913.95	518.1	76.4
合成洗涤剂	吨	30 593	19 198	59.4
三聚磷酸钠	吨	55 191	52 162	5.8
日用塑料制品	吨	26 584	24 824	7.1
皮革	万张	73.05	59.81	22
皮鞋	万双	300.48	279.36	7.6
日用精铝制品	吨	2 093	1 803	16.1
服装	万件	962.05	1 370.72	−29.8
木家具	万件	90.54	86.13	5.1

【落实集体经济政策】 1985年末和1986年初，集体经济政策一度波动，造成思想动荡，使1985年的经济承包合同难以兑现，1986年的经济责任制和承包合同迟迟不能落实。在此期间，中共云南省委和省政府领导同志讲了关于集体经济政策不变的精神，推动了集体企业经济责任制逐步落实。从1986年3月，省轻工厅在省政府的统一安排下，进行了关于新形势下集体经济政策的调查研究，7月上旬参加了省政府召开的全省城乡集体经济现场会，总结推广了通海县发展城镇集体经济的经验。参加讨论和制订了中共云南省委、云南省人民政府《关于发展城乡集体企业有关政策问题的补充规定》。这个文件肯定了省人民政府[1984]103号文件要继续执行，并规定了若干新的优惠政策。要点是：（1）对技术改造任务重、人均留利300元以下的集体企业，经县人民政府批准，免征1－3年所得税。（2）集体企业生产性建设、技术改造和兴办第三产业的建设投资，"七五"期间免征建筑税。（3）集体建筑企业的建筑营业税由3%减为1.5%。（4）贫困地区的集体企业免征所得税。（5）奖金税的计税标准工资按人均80元计，奖金额在4个月标准工资以下、加班工资在1－1.5个月标准工资以下不征奖金税。（6）建立集体企业发展基金，由财政部门拿出一部分资金作为发展城乡集体企业周转资金。（7）固定资产折旧率可提高到8%。（8）城镇集体企业要以地、州或市、县为单位，推行统筹社会保险。县、市征收的城镇集体企业的奖金税，全部用作社会保险基金。

1986年9月，全省轻工集体企业生产开始回升，到年底统计，产值比1985年增长1%。

【积极完成工业普查任务】 云南省轻工业厅在1984年10月8日组建了工业普查领导小组，于1986年底完成了全省轻工系统工业普查任务。共收到普查表1 829本，其中甲类表308本，乙类表1 119本，丙类表402本，系统内大中型企业普查表58本。经审校、查询、订正，按期向轻工业部报出基层表1 427本，经轻工业部检查验收合格。省厅普查办公室还汇编《云南省轻工系统全国第二次工业普查汇编资料》共4册。各级轻工管理部门和企业还写出分析研究论文近300篇。

【发挥轻工学会作用】 云南省轻工协会下属14个专业学会，共有会员2 188人，团体会员99个。1986年主要活动是：（1）围绕建设和改革开展学术交流活动。各学会一般在行业召开专业会议同时，结合召开专业学会，进行学术交流。轻工管理学会在11月举行了第二次轻工经济讨论会，交流学术论文32篇。（2）开展技术咨询服务。皮革学会为陆良皮革厂承担的扭亏增盈咨询项目，收到显著效果，工厂要求1987年继续帮助。盐学会、塑料学会、日用硅酸盐学会也开展了咨询服务。（3）开展技术培训，为基层企业提高技术水平服务。日用化学学会和省香料工业公司、省香料研究开发中心联合举办了云南省天然香料生产与加工技术培训班，有来自十多个地、州、市的32人参加了学习。(4)出版学会刊物，传递经济技术信息。省轻工协会出版了《云南省轻工协会通讯》和《学术交流资料》。各专业学会也都有专业通讯出版物。1986年共出版65种(期)，18 062份杂志。

【改革行政性公司】 云南省轻工系统1986年9月确定了改革方案，经省及有关部门批准，四季度实施改革。对9个专业公司，分3种类型进行了改革。第一种，对原批准为企业的盐业和造纸工业公司，成立以来已有一定工作基础，要求按企业性公司的模式继续办好。第二种，对有条件转为经济实体的糖业食品工业公司、工艺美术工业公司，创造条件，从1987年起过渡为经营服务型公司。第三种，对没有条件转为经济实体的一轻工业公司、二轻工业公司、香料工业公司、皮革塑料工业公司、轻机五金工业公司，予以撤销。撤销的5个公司110人，留省厅工作组建行业管理处35人，其余75人到厅属企业性公司工作。5个公司9名经理、副经理，安排任职3人，其余6人自然免职，安排做具体工作。

（张之钝）

附：昆明市一轻工业

【昆明市轻工业公司】 下辖15个企业及研究所和供销处，共17个单位。1986年底，全公司共有职工8 069人，其中工程技术人员304人，社会科学专业人员193人。1986年工业总产值完成1.66亿元，比1985年增长13.9%。产品质量稳定提高率为90%，比1985年提高9.3%。1986年产品销售收入1.6亿元，比1985年增长14.3%。

主要产品产量

产品名称	计量单位	1986年产量	1985年产量	1986年比1985年(+-)%
香料	吨	793	518	53.1
香精	吨	372	390	-4.7
合成洗涤剂	吨	18 514	16 369.4	13.1
肥皂	吨	11 769	10 385.34	13.3
精甘油	吨	443	370.61	19.5
化妆品	吨	202.55	111	82.5
机制纸及纸板	吨	17 955	16 604	8.1
印刷品	万印	92 292	76 059	21.3
自行车	辆	200 180	150 073	33.4
手表	只	78 700	72 400	8.7
电池	万只	7 858	7 842.05	0.2
火柴	件	214 284	238 449	-10.1
牙膏	万支	1 831.26	2 503.66	-26.9

销售税金1 319万元，比1985年下降2.2%。实现利润1 485万元，比上年增长16.3%。1986年全公司无亏损企业。出口产品11种，交货值1 009.51万元，比1985年增长346.7%。全员劳动生产率人均21 120元，比1985年增长12.8%。

1986年，有3种产品被评为云南省优质产品：金鸡牌载重自行车、龙门牌洗衣粉、依兰牌中草药皂。7种产品被评为市优质产品：依兰牌药物健肤霜、云牌加酶洗衣粉、丽洁牌餐具洗涤剂、山茶牌药物卫生纸、50克包装纸、食用水质香精及食品印刷包装盒。1986年全公司试制新产品31种，新花色22种，新规格15种。其中获云南省优秀新产品奖5种。市优秀新产品奖2种。获云南省科技进步奖3项，市奖9项。

横向联合。全年共完成经济技术协作项目109项，其中省外51项。按类别划分有(1)技术协作26项。如昆明香料厂协助下关雪茄烟厂进行烟用香精调配；轻工研究所利用怒江州兰坪县的红罗卜资源，联合进行红罗卜素提取等。(2)共同开发新产品12项。如昆明日用化工厂与昆明动物研究所共同研制的高级护肤霜、KB酶等。(3)科研攻关3项。如云丰造纸厂与云南工学院联合研究应用微型计算机控制蒸煮温度项目，用微机自动控温、检测、显示、记录。提高了蒸煮质量，降低了能耗、碱耗。(4)联合建厂3项。如昆明香料厂与贵州榕江县联建香料厂，生产山苍子油、桐油等。另外，还有物资协作20项，产品联销26项，人材培训16项，资料交流2项，商标转让1项。

（杜瑞林）

【昆明市食品工业公司】 1986年完成工业总产值5 240万元，比1985年增长8.4%。销售收入5 392万元，比1985年增长12.5%。销售税金558.6万元，比1985年增加14.9%。实现利润409.9万元，比1985年下降30.3%。1986年原辅材料价格平均上涨11.5%，企业因材料提价增加支出达311万元，可比产品成本上升11.5%，流动资金占用增加28.3%。劳动生产率人均15 255元，比1985年提高7.1%。1986年完成了昆明啤酒厂的扩建。引进民主德国和联邦德国的啤酒灌装机和杀菌机正在安装调试。完成了德和罐头厂综合车间、味精厂蛋白饲料车间、淀粉厂淀粉车间的改造。南坝食品厂从罗马尼亚引进的面包生产线已在12月竣工投产。公司系统总计全年完成技术改造投资781万元。增加啤酒灌装能力5 000吨，蛋白饲料能力260吨，面包糕点能力1 000吨。从上海华光啤酒厂引进高醪发酵新工艺并短期移植成功，通过了技术鉴定。这项新技术投资少，见效大。1986年列入考核的17个主要产品，质量稳定提高率87.5%。开发了猪肉米饭、12度黑啤酒、大晶体味精、火腿月饼、玫瑰茄浓缩汁等新产品

29个。其中有21个新品种已投入批量生产，新产品产值507万元。1986年，有891人通过了双补文化考试，占应补人数93.2%。全公司共有390名职工参加了各种学习和培训，其中接受高等教育的162人。为发挥中心城市的主导作用，公司为各地、县举办了小食品培训班，为各地、县培训学员58名。

横向经济联合。公司与寻甸县柯渡区联办了“昆明柯渡清真罐头食品厂”。昆明官渡区太和冷作铆焊厂（乡镇企业）和五华区西站食品厂（街道工业）挂靠公司后，改为昆明食品机械厂和昆明昙华食品厂。

（张之钝）

【昆明市玻璃搪瓷工业公司】 1986年，有企业9家，年末职工人数5 244人。1986年工业总产值完成4 164.13万元，比1985年下降5.3%。列入公司考核的5个主要产品的产量：日用搪瓷制品2 339.11吨，比1985年减少2.6%。灯泡1 382.29万只，比1985年增长5.7%。保温瓶及商品瓶胆120.98万只，比1985年减少19.4%。日用玻璃22 291.82吨，比1985年减少21.7%。镜片及加工玻璃57 907平方米，比1985年增长19.2%。列入公司考核的19项质量指标，质量稳定提高率由1985年的37.5%上升到68.4%。1986年实现利税623万元。重新出现1家亏损企业。定额流动资金周转114.64天，比1985年减缓24.25天。公司考核的22项消耗指标中，煤耗、碱耗普遍上升，万元产值综合能耗10.07吨，高于1985年9.75吨水平。销售收入4 245.13万元，比1985年减少4.3%。在体制改革方面，针对工资理顺后出现的新情况，全公司及时对经济责任制作了调整，以调动职工的积极性。1986年全公司主要实行了6种形式的责任制：全额计件工资占职工总人数16.6%，浮动工资占17.1%，利润承包及提成占14.9%，小指标分解百分计奖占19.4%，产值工资含量包干占15.3%，综合奖占16.6%。

横向经济联合。1986年共签订各种经济联合协议13项，已完成10项，正在执行3项。有联产联营、新产品开发、技术及物资协作和产品部件加工等形式。

技术改造。1986年技术改造项目共18项，已完成14项，完成投资379万元，主要有新建胶乳海绵车间、更新行列式制瓶机等设备以及其它生产配套项目。昆明保温瓶厂通过改造玻璃熔炉和瓶胆加工生产线，从1986年7月起全部改用城市煤气，年末两个月产量达到历史最好水平，瓶胆合格率比过去有较大提高。

职工教育培训。基本完成了职工技术补课，已有1 755人技术补课合格，占应补课对象的99.2%。截止到1986年底，已有10名厂级干部参加厂长（经理）统考前培训，并经统考合格。职工业务培训：进大专培训和进修的共有229人，中等专业技术培训16人。此外，公司与云南省轻工厅原一轻公司联合举办了窑炉技术培训班，全省有8家玻璃厂共30名学员参加了培训。通过采用课堂学理论和车间进行实地操作，使学员很快掌握了煤气发生炉的操作技术、熔炉砌筑技术和熔炉维护保养方法。经考核，全部合格。

（黄松进）

昆明市二轻工业

【概况】 昆明市第二轻工业局1986年管理的市属公司有：塑料、五金、皮革、服装鞋帽、包装装潢、工艺美术、家用电器等7个工业公司和局供销公司。市属企业113个，年平均职工23 319人，其中集体所有制企业100个，职工19 498人。1986年全局工业总产值完成27 688万元，比1985年下降4.0%，净产值8 785万元，比1985年增长8.3%。实现利润2 953万元，比1985年下降11.0%，上缴税金2 081万元，比1985年下降11.3%。全员平均劳动生产率11 874元，比上年下降4.5%。出口交货值648万元，比上年增长59.2%。按局考核的57个品种、60个指标质量稳定提高率为87.8%，比1985年提高4.4%。报春花牌塑料编织袋评为省优质产品，昆明伞厂的太阳伞被评为省优秀新产品，还有工艺火锅等27个新产品被评为昆明市优质小商品，占全市优质小商品总数的38%。1986年全局开发新产品224个，新花色1 184个，每年可新增产值1 667万元，新增利润148.9万元。1986年全局新增基本建设项目18项，技术改造措施项目5项，加上1985年结转的项目共84项。其中基建共50项，技措共34项，投资总额共7 697

主要产品产量

产品名称	计量单位	1986年产量	1985年产量	1986年比1985年±(+－)%
日用塑料制品	吨	14 163.74	13 846.74	2.3
皮　革	万张	26.81	25.3	6.1
皮　鞋	万双	130.81	132.56	－1.3
日用精铝制品	吨	1 969.83	1 718.82	14.6
大型及专用衡器	台	637	518	23.0
台秤与案秤	台	31 999	27 008	18.5
民用锁	万把	283.38	144.74	19.6
印铁制品	吨	506.86	862.63	－19.9
服　装	万件	195.32	294.06	－33.6
布　鞋	万双	214.21	228.46	－6.2
民用灯具	万盏	18.57	19.88	－6.6
电动工具	台	4 193	3 202	31
民用镜	万面	7.11	6.24	11.3
机制纸板	吨	3 669.68	3 287.21	11.6
玩　具	万元	46.88	13.13	257.0

万元，到年底完成基建项目19项，技措项目21项。其中引进项目20项。引进了皇冠盖生产线、瓦楞纸箱生产线、项链生产线、铝合金型材挤压生产线和三条服装生产线及专用设备45台。1986年，“昆明市二轻产品质量管理协会”和“昆明市二轻产品质量监督站”成立，制定了《昆明市二轻产品质量管理条例》。1986年在全省质量大检查中，局属113个企业，自检产品5 351个，合格率达到99.3％。全局有4个QC小组被评为昆明市1986年度的先进小组。1986年底已有27个单位取得三级计量合格证，占全市工交企业取证数的44.4％。标准化工作方面，年初局系统成立了标准化委员会，新订标准24个，修订老标准25个。1986年全局完成小改小革226项，其中有显著成效的27项。市塑料包装材料厂经改造使用循环水泵后，从月耗水9 000吨的用水大户减为月耗水60吨。此外，在共青团开展的劳动竞赛和“小发明、小创造、小设计、小建议、小窍门”的五小活动中出成果440项，其中两项获轻工业部百花奖，45项获省级奖励，21项获市级奖励。有30％的成果投产并取得了效益。

1986年生产下降幅度最大的有两项：一是黄金供应剧减，使黄金首饰产值从1985年的1 833万元减到446万元，仅此一项就减少全局1 387万元产值。二是服装销售量下降，产量大减，减少产值1 404万元。1986年利润下降主要是原材料、燃料、动力调价减利714万元，工资增加减利183万元，贷款利率调高减利114万元，还有停产损失（主要是服装业）、离退休人员费用增加、提高折旧率等因素减少利润1 476万元。

【企业改革和基础管理】 1986年企业的内部改革一是承包责任制进一步完善，推行了供应、销售承包。供销人员取消固定工资，按供应、销售承包指标考核和按比例提取收入，全局70％左右的企业推行了这一办法。另外，对不便实行全面承包的项目采取了单项或个人承包，实行纯利分成或包干上缴利润等办法。二是改革干部制度，逐步改企业领导的委任制为民主选举和招聘制。企业的中层干部基本上都实行了聘任制。还对7个公司和厂级领导班子成员按政治素质、知识结构、能力水平和工作成效四个方面进行了群众性的民主测评，共考核了443名领导干部。参加测评职工9 843人。

基础管理。一是对整顿验收合格的企业又进行了复查验收，共复查了109个企业，占应复查总数的97.3％。由于市二轻局在企业整顿工作中成效较好，市人民政府授予“企业全面整顿先进单位”称号和奖状。二是利用工业普查促进了企业管理，全局1 324人参加了培训和普查，到年底局属112户企业已验收合格。经过工业普查，各企业新增和修订原始记录1 070项，各种规章制度1 300份，台帐5 700种，并增置各种计量设备和工具350台（件）。全局收到据普查资料写出的分析文章123篇，其中3篇获市级奖励，12篇被省、市报刊采用。三是开办了管理现代化讲座，聘请了昆明地区高等院校的教授、讲师授课，全局有280多人参加了学习。

【扶持集体企业新措施】 1986年中共云南省委、省政府颁发了《关于发展城乡集体企业若干政策的补充规定》，对于集体所有制企业在新形势下出现的问题，作出了在政策上继续放宽和给予扶持的新规定。1986年省、市、区三级财政共拨给二轻局贷款贴息42万元。盘龙、五华两区财政共借给二轻局属企业流动资金110万元，按0.3％缴纳占用费和为期一年的贷款。信贷方面，面临企业的资金严重短缺，受市二轻局邀请，市工商银行及各办事处领导到局现场办公，先后解决了流动资金贷款共1 200多万元，使大部分局属企业资金紧张的状况得到了缓解。税收方面，1986年除继续执行超基数利润减半征收所得税外，并对因1979年利润基数高、没有享受到减半征收所得税的个别企业调整了利润基数。对因调整产品方向或企业合并而发生亏损的企业，实行冲减合并的损益计税，市税务局和各分局还为局属12家难度较大的企业采取了特别照顾措施。对于企业的技术改造，主要有以下三种支持办法：1．对有引进项目，贷款数额大，项目即将投产见效，但还款有困难的企业或有技术改造任务、资金严重不足的企业，采取以1985年上缴各税为基数，增长10％到15％，或以逐年递增额作为以后年度的上缴税金基数，超过部分由企业申请，由税务局视其困难状况决定期限，经批准后予以免缴，留给企业还贷或扩大生产。2．对面临旧城改造搬迁，危房修建和设备急需更新的困难企业，由企业申请，经税务局批准后可部分或全部免缴税金。3．对有引进项目，贷款数额大，尚未投产又需还款的企业，为促使尽快投产见效，采取在五年内用实现新增利润和折旧基金归还贷款。

（彭惠民）

西藏自治区

西藏自治区民族手工业

【概况】 1986年，是西藏自治区以旅游商品生产为龙头，大力发展民族用品，总结经验，开拓前进的一年。城镇以上民族手工业企业有108个，年末在册职工6 070人，其中：毛纺织企业15个，职工673人，占总人数的11.1％，服装企业16个，职工687人，占11.3％，铁木企业24个，127人，占20.93％，工艺美术及其它企业21个，职工1327人，占21.86％，卡垫（地毯）企业22个，职工1 287人，占21.2%，鞋帽企业8个，职工458人，占7.5%，制盐企业2个，职工367人，占6%。全区民族手工业总产值1986年完成3 575万元，比上年度增长了13%，全区民族手工业旅游商品全年销售收入达550万元，比上年度增长353.3%，各种产品的花色品种发展到738个，比上年度增加138个。

1986年主要抓了以下工作：

1．继续抓了地区民族手工业的组织形式和经营机制方面的改革。在贯彻国营、集体、个体比翼齐飞的同时，坚持以集体、个体为主，充分肯定集体、个体经济在西藏国民经济建设中的地位和作用，在生产经营活动中除了坚持过去的“四自方针”（自购、自产、自销、自定价格）外，今年在改革中又总结推广了新的“四自方针”（厂长自己选，工人自己招，工资自己定，盈亏自己负），同时还较普遍地实行了多种形式的生产经营承包责任制，划分核算单位，试行了多种形式的，如计件工资，浮动工资，岗位津贴，年终分红等劳动报酬分配制度。因此，较好地调动了广大职工的积极性，经济效益有了明显提高，增强了企业自身的活力。经过推荐，评比，审核，拉萨城关区儿童服装厂和日喀则镇铁器社被轻工业部、国家民委授于1986年度全国少数民族用品先进企业称号。

2．抓了旅游商品生产的发展和规划工作。从西藏的实际出发，充分发挥地区民族手工业和农畜产品的优势，生产出更多的旅游产品，是自治区发展国民经济的一项重大措施。自治区手管局在去年进行民族手工业调查的基础上对全区的旅游商品生产制订了长远规划，并与自治区旅游总公司联合向自治区政府递交了《关于加速发展我区旅游商品生产的意见报告》，报告中指出到1990年旅游商品的销售额要达到1 000万元、花色品种要达到1000多种，比1986年增长66.7%，争取基本达到旅游商品收入占整个旅游业收入的37%。

【开发旅游商品】 自从西藏实行对外开放政策以来，到西藏旅游、探险、登山、观光的外国人和旅居国外藏胞人数日益增加，据统计，1986年有2万人（次）。为了适应市场对旅游商品的需求，抓了旅游商品生产的落实工作。年初，自治区手管局组织了专门工作组，深入到重点旅游地区和旅游商品重点生产厂（社），帮助他们订计划，拟措施，搞调查，协助地（市）手工业主管部门落实组织领导，落实生产企业、落实产品品种、落实销售网点等项工作。为了提高旅游商品生产的质量，增加花色品种，交流经验，自治区先后在旅游产品的评比鉴定会上，推选出代表西藏的新、优产品参加了首次在香港举办的对外经济贸易洽谈会和北京国际旅游展览会，在上述活动中受到了国际友人和外商的高度评价。为了做好旅游商品生产的配套工作，区手管局组织专人去成都、重庆两市对旅游商品的包装装潢工作进行了考察。为1987年西藏建立包装装潢企业作了准备。通过以上工作，1986年自治区的旅游商品销售网点和专柜，由1985年的5个增加到11个，现在除阿里和新组建的林芝两地区外，都建成和即将建成旅游纪念品服务机构。

【狠抓技术改造，提高生产效率】 西藏民族手工业，生产技术条件一直是相当简陋的，多数仍然是手工作坊，生产效率很低。这种状况的存在，既影响职工的生产积极性，也不适应西藏人民物质生活不断提高的要求，特别是毛纺织行业都是手工操作，为了改变落后的技术状况，1986年，使用93.5万元对7个企业进行了技术改造。此外，由上海毛麻纺织公司，上海第一毛麻纺织机械厂研制适合西藏毛纺织行业用的“HI－851”型普鲁织机，1986年已通过鉴定。这种新设计的机器结构简单，操作方便，比原来的传统操作工艺提高工效3－4倍。

（许融成）

陕 西 省

陕西省一轻工业

【概况】 1986年，陕西省一轻系统（不含烟草，下同）共有企业360个、职工94 905人（内工程技术人员3 291人），其中大型企业6个、中型企业19个、小型企业335个。全民所有制企业243个、职工77 110人，集体所有制企业116个、职工16 521人，全民集体合营企业1个、职工1 274人；固定资产原值9.38亿元，净值7.31亿元；主要计划产品44种。全系统工业总产值10.16亿元，比上年同口径增长10.8%。全系统实现税利2.13亿元

主要产品产量完成情况

主要产品	计量单位	1986年产量	1985年产量	1986年与1985年相比＋（－）%
机制纸及纸板	万吨	22.85	18.8	21.54
造纸用网	万平方米	39.16	33.44	17.11
自行车	万辆	16.13	23.58	－31.59
缝纫机	万架	66.73	70.12	－4.83
手表	万只	156.16	127.58	22.4
啤酒	万吨	4.62	3.87	19.38
白酒	万吨	5.41	4.46	21.3
味精	吨	470	385	22.08
乳制品	万吨	1.19	0.8	48.5
合成洗涤剂	万吨	2	1.73	15.61
日用陶瓷	万件	4 070.3	2 910	39.87
日用搪瓷	吨	5 856	5 300	10.49
保温容器	万个	330	264	25
轻工机械	吨	3 964	3 684	7.6

(不含盐税369万元)，较上年增长7.88%；销售收入9.93亿元，比上年增长13.07%；出口创汇比上年增长159.9%。

但产成品资金占用增加过多，达31.62%；百元产值利税率为21.65元，比上年减少1.17元；全员劳动生产率10 940元，比上年减少1 932元；亏损户增加12户，亏损额增加220万元。此外火柴、粗瓷、散白酒已有积压。

列入陕西省轻工业厅考核的42种可比主要产品产量，较上年持平或增长的有33种，占考核品种的78.57%。

【产品升级换代】 1986年，陕西省各级一轻部门和企业注意把保证和提高产品质量、增加花色品种作为发展生产的根本措施来抓。一是从思想教育入手，牢固树立质量第一的思想，做到"四时四保证"。即：在确定指标时，要保证质量指标先进；制定计划时，要保证质量工作落实；布置生产时，要保证质量措施得力；考核评比时，要保证质量指标具有否决权。二是健全质量管理体系和检测监督机构。先后建立和健全了缝纫机、自行车、钟表、造纸、酒类、电光源等质量检验站室。三是拟定落实质量管理创优计划，抓点带面，进一步推行全面质量管理。四是狠抓创优质、争名牌、开发新产品工作。各项可比质量指标中，由省轻工业厅考核的28项，稳定提高率达85.71%；省经委考核的10项，稳定提高率达90%；优质产品产值完成2.18亿元，较上年增长31.24%，优质产品率达21.51%；研制开发并部分通过省级鉴定、投产的新产品、新品种232个。1986年有2个企业获轻工业部质量管理优秀企业称号，3个质量管理小组被轻工业部命名为优秀QC小组，5个质量管理小组被陕西省命名为优秀QC小组；3个产品获轻工业部优质产品奖，26个产品获陕西省优质产品奖，8个酒类产品被省政府命名为陕西地方名酒，21个产品获省优秀新产品奖，89种产品被省轻工业厅评选为优质旅游产品。

【深化改革与搞活企业】 1986年，陕西省一轻工业系统的经济改革又有新的进展。一是加强了行业管理，组织力量对全系统行业管理的现状、问题进行了调查，提出了行业管理的具体意见，另外选择产品标准、质量检评、行业协会和咨询服务等工作，率先面向全行业，打破本系统条条限制。宝鸡市轻工业局进一步简政放权，转变领导观念，调整领导机能，工作重点由已往偏重行政管理转向协调服务，工作范围由市属企业转向全市企业。西安市一轻局也在企业管理上转变了以前"紧抓市属、放开区县"的做法，注意了全市一轻所有归口企业和产品的管理。二是省轻工业厅及地市轻工业局进一步简政放权，将部分生产计划、物价调整权下放到基层、企业，减少了指令性计划产值指标，扩大了指导性计划范围，并将考核重点从产值指标转向综合效益。三是在189个企业先后推行了厂长负责制，其中半数以上还实行了任期目标制，进一步确立了厂长在企业生产经营中的地位和作用。四是普遍推行浮动工资、定额包干、责任承包等，改善了企业内部的分配制度，体现了按劳分配原则。五是开展了企业管理升级工作，组织制定、初审通过了7个行业30多种产品的省级先进企业标准，并促使10多家企业将40多台微机应用于经营管理。六是继续发展、完善了横向经济技术联合，共签订实施协作项目155项，比上年增加60多项，预计共新增产值8 400多万元，利润上千万元。通过上述改革，多数企业，特别是大中型企业开始逐步适应了国家计划体制、物资体制的改革，自我改造、自我发展的活力得到加强。据不完全统计，1986年全省一轻系统因原料提价和运费、利率、工资调整等共减少利润4 018万元，但经过企业增加适销产品、压缩可变费用、扩大产品自销等自我调节能力的发挥，内部消化了2 758万元，避免减利过多。1984年以来，实行了工资总额与经济效益挂钩试点的绝大多数企业，也收到明显效果。其中：西安蝴蝶手表厂上缴利税2 098万元，比上年增长19%，年人均工资1 415元，比上年增长9.35%；西安造纸网厂上缴利税569万元，比上年增长16.6%，年人均工资1 420元，比上年增长8.7%；陕西缝纫机厂上缴利税1 890万元，比上年增长11.8%，年人均工资1 385元，比上年增长8.97%。这三家财政积累和职工收入都较上年增长10%左右，超过了全省工业的平均水平。中国标准缝纫机公司、西安人民搪瓷厂坚持改革、开放，企业活，效益好，在竞争中不断发展，被轻工业部命名为经济效益显著企业。

【参与市场调节】 1986年，全省一轻工业物资缺口很大。其中烧碱、钢材、生铁、油脂、酒粮、木浆等短缺50%左右。年初因省内上年秋粮受灾减收，一些酒厂用粮不时告急。在这种情况下，省轻工业厅实行了"两个轮子一起转（国家与工业物资部门)、三套马车齐鼓劲（省厅、地市局及企业各承担缺口的三分之一)"的解决办法，在保证分到、订到、拿到国家分配物资的同时，走向市场，大胆采用议价物资，较好地缓解了原料供需矛盾。全年仅厅供销处就从市场调剂中组织计划外钢材、烧碱、胶合板、原木、酒粮等总值1.36亿元，占全年实际总购进量的32.4%。

面对商业包销锐减，市场选购激增的新形势，全系统普遍加强了产品销售工作。省厅在加强供销处建设，积极组织产品联展联销、参加外部看样展销的同时，还抽集资金加强了深圳振华轻工业股份有限公司陕西一轻分部的工作。各企业也普遍充实了销售人员，加强了产品宣传。如西安市日化公司、丹凤葡萄酒厂等企业，销售人员增加约1倍，广告费也成倍增长。为了划清行业不正之风与某些生产经营手段的界限，保护、鼓励产品经销单位和人员的工作积极性，省厅还及时吸收外地对企业销售人员实行定额奖售等办法，制定了奖售措施。同时，还根据市场变化，会同物价部门对9种产品价格作了必要的调整。通过上述工作，基本做到了产销平衡。全年全系统自销收入5.77亿元，比上年增长了9.37%。

【固定资产投资】 1986年，陕西一轻工业系统（不含计划单列的西安市，下同）共安排基本建设项目34个，计划投资7 439万元，实际完成6 167万元，为年计划的82.9%，比上年提高了8.6%；新增固定资产2 236万元，固定资产交付使用率为36.2%；竣工投产项目10个，新增生产能力主要有玻璃纸750吨、乳酸600吨、果酒224吨等。

在技术改造方面，全系统共安排了79个项目（其中续建47个、新开32个），计划投资10 814万元，实际完成8 063万元，为年计划的74.56%，比上年提高了1.27%；新增固定资产5 039万元，固定资产交付使用率为57.91%；竣工投产项目29个（另有收尾项目4个、单项投产项目8个），为施工项目的36.7%，比上年提高了10.45%；新增生产能力主要有机制纸3 220吨、玻璃纸16 600吨，香料0.4吨、糖1 400吨、罐头1 500吨、啤酒3 000吨、白酒5 180吨、果酒7 000吨等；投产项目年增产值6 873万元，投资、产值比为1:0.85；新增积累1 870万元，投资、产累比为1:0.23。技术改造中，完成计划较好的行业有造纸、制盐、食品等，完成较差的是电光源行业，投资完成量不足10%；投资方向主要用于食品（占62.1%，其中酿酒约占一半）、造纸（占17.3%）。

在技术引进方面，重点引进项目的消化吸收和投产达标工作较好。宝鸡灯泡厂从日本引进了24头吹泡设备工作较扎实，已于年初投产，产量大增，成品率也由70%左右提高到85%～90%，降低了消耗，增强了产品竞争能力。丹凤葡萄酒厂从意大利等国引进了葡萄破碎设备及制曲技术，已试制出桃红酒及新鲜果酒。陕西缝纫机厂引进日本高速平缝机技术后，基本实现零配件自给，加速了引进产品国产化的进程。

【科技教育】针对陕西一轻工业技术水平偏低、职工技术素质不高的情况，1986年认真开展了科技攻关、技术推广和职工技术教育工作。在科技方面，全年共实施科技攻关及新技术应用项目近百项，共研制成功新产品60余种，其中投产49种：新产品产值5 220万元，新产品产值率为5.14%（不含西安市新产品产值为1 707万元，新产品产值率为4%）。各企业普遍加强了职工岗位技术培训，使技术等级基本达到平均3级。为了改善企业经营管理，全系统还培训现代化管理人才2 876人，轮训财会、对外经济、质量管理专业人员570名，并组织中小企业厂长（经理）进行了国家统考的补习。省轻工业厅还改组了轻工技校的领导班子，加紧了校舍基建工作。全系统拥有各类专业技术学校11个（其中厅属1个、公司属2个、企业属8个），在校学生2 300人，毕业学生341人，还送外培训52人。

（阎树鹏　张化龙）

【陕西省烟草行业】 中国烟草总公司陕西省公司于1984年9月正式成立。两年来，在中国烟草总公司和陕西省政府的领导下，一边抓机构组建，一边开展各项工作。到1986年底，全省地市、县级烟草机构已经基本组建完毕，实现了人、财、物、产、供、销，内外贸集中统一管理。公司所属独立核算单位有8个卷烟厂（包括2个独立核算车间）、1个复烤厂、10个地市分公司、42个县公司等。有职工1.2万多人。

1986年，陕西省生产卷烟72.4万箱，比上年增长5.7%，完成产值3.69亿元，比上年增长13.4%，实现税利2.69亿元，比上年增长21%，卷烟销售73.4万箱，比上年增长6.5%，烟叶收购82万担，其中上等烟叶占6.1%。现全省卷烟工业生产能力95万箱，共有固定资产7 600多万元，占用流动资金1.76亿元，产品销售收入4.8亿元。近两年来，卷烟工业狠抓产品质量，努力调整产品结构，大力开发新产品，“金丝猴”、“巴山雪茄”、“农工”等产品畅销西北，并向东开拓市场。“钟楼”、“新星”、“华秦”、“海尔登”、“宝虹”、“冠”牌烟新产品先后上市。

烟叶生产是陕西轻工业的一个优势，现已发展到60万亩。烟叶质量不断提高，销量日益扩大，行销20多个省、市、区的40多家烟厂。全省10个地市中有8个地市种植烟叶，有烟叶基地县20个，试种县6个，试点县6个，延安地区行署连续两年被评为全国烟叶生产先进单位，宜川县1986年被评为全国烟叶生产先进县。

（季双雁）

陕西省二轻工业

【概况】 1986年，陕西省二轻系统共有企业1 509个，比上年增加了8.25%。其中全民所有制企业89个，集体所有制企业1 418个，全民与集体合营企业1个，中外合资企业1个。有大型企业1个，中型企业2个，小型企业1 506个。职中总数131 149人，比上年增长5.78%。县以上二轻工业企业拥有固定资产原值46 348万元，比上年增长17.08%，净值33 340万元，比上年增长16.06%。全年实现工业总产值101 991万元，占全省工业总产值182.6亿元的5.6%，比上年增长12.6%。县以上二轻企业实现税金4 887万元，比上年减少4.6%，其中营业税3 928万元，所得税959万元。县以上二轻企业实现利润3 376万元，比上年减少25.37%，其中全民所有制企业实现利润1 017万元，集体所有制企业实现利润2 359万元。全年平均劳动生产率8319.8元，比上年提高6.4%，其中全民所有制企业平均劳动生产率10 082.2元，集体所有制企业平均劳动生产率8 026.4元。全年出口值2 737万元，换汇值735.7万美元，均比上年增长114%。截止年底亏损企业113户，亏损金额432万元，分别比上年增长113.2%和136.07%。产品销售收入73 823万元，比上年增长6.6%。定额流动资金全年平均余额36 803万元，比上年增长16.96%。百元产值利税率8.86元，比上年减少22.96%。百元销售利税率9.89元，比上年减少19.07%。资金利税率10.92元，比上年减少26.61%。资金周转天数179天，比上年增加15%。

主要产品产量完成情况

产品名称	计量单位	1986年产量	1986年比1985年+(-)%
服装	万件	844.05	3.31
皮鞋	万双	205.19	26.82
皮革(折牛皮)	万张	80.29	19.44
毛皮(折绵羊皮)	万张	12.56	-31.84
人造板	立方米	7 162.00	51.03
家具	万件	270.37	8.53
塑料制品	吨	35 624.00	2.08
钳子	万把	4.74	67.73
锉子	万把	10.95	45.61
圆钉	万吨	4.81	192倍
合页	万副	1 053.04	48.73
日用不锈钢制品	吨/万件	31.43/0.31	195.12
锁	万把	447.05	7.22
铸铁锅	万口	107.68	-31.99
地毯	万平方米	3.41	24

【调整产品结构，提高产品质量】 1986年，陕西省二轻系统适应市场变化，及时调整行业结构与产品结构，努力扩大适销对路产品和名、优、新、特产品的生产。省重点考核的39种产品，2/3比上年都有增长。其中市场紧缺的圆钉、镀锌铅丝、不锈钢制品、地毯、漆器、玩具、大型衡器、民用镜、皮鞋、眼镜等12种产品增长幅度都在20%以上。

产品质量也有新的提高。省二轻厅重点考核的12种产品，质量稳定提高的有8种。

1986年是历史上获优质产品称号最多的1年。宝鸡市第二鞋厂的兰花牌16#～22#注塑童鞋、杨陵区工艺美术厂的两种刻绘屏风获轻工业部优质产品奖；有18种产品获陕西省优质产品奖。省以上优质产品的工业总产值4 625万元，占全省二轻工业总产值的4.51%。

1986年共有30个企业推行全面质量管理，共有250个ＱＣ小组。其中汉中市制鞋厂的注塑发泡、白水县菜刀厂的光洁度、西安市塑料一厂的壁纸、西安市冶炼铸造厂的铸铅车间4个ＱＣ小组获全国轻工业优秀ＱＣ小组称号。

【技术改造与技术引进】 1986年陕西省二轻系统共安排技术改造项目70个（不包括西安市），比上年增长了71%，其中续建、续贷项目21个，新开项目49个。计划安排3 922万元，实际共计完成4 474万元，大于计划数，比上年增长17%。竣工投产项目40个，比上年多10项。新增固定资产2 604万元。新增产值8 220万元，比上年增长4.71%。新增税利1 222万元，比上年减少3%。新增生产能力：塑料制品3 560吨，家具3.4万件，合页200千副，圆钉150吨，服装24万件，鞋110万双等。

在全部技术改造投资中，用于扩大名优产品生产能力、扩大出口创汇能力的资金共1 000万元，占总投资额的28%；用于增加花色品种，提高产品质量的资金共1 412.8万元，占总投资额的40%；用于引进国外技术和设备的资金1 127万元，占总投资额的32%。主要引进了塑料挤、拉、吹中空容器设备一套，塑料管材、异型材双螺杆挤出机一套，静电植绒生产线一条，ＰＶＣ地板材生产线一条，卧室套装关键设备，板式家具生产关键设备和薄木贴面家具生产设备，皮鞋底加工生产线。

【新产品开发】 1986年陕西省二轻系统开发新产品133种，有58种列入省一级新产品计划，有12种获陕西省优秀新产品称号；新品种117种。

主要新产品有：防臭、防汗、防脚气、防霉变的“四防”布鞋，旅游放看铜牌，ＳＢＳ便鞋，灭虫药纸，女高跟尖头牛仔鞋，大理石花岗石板材，布面彩色印花童胶鞋，胶粘羊皮包跟女皮鞋，塑麻交织袋，不饱和聚脂树脂，黄牛皮仿旧服装革，ＴＱＳ-1吸塑机，注塑调光系列灯具，微型汽车进排气总成，甘露聚糖，软帮旅游鞋，塑料宽幅窗纱，伤口冲洗手术工作台，8米吹塑薄膜，彩色晶羊革，洗衣机定时器，洗衣机电容器，聚氯乙烯微发泡凉鞋、拖鞋及改性橡塑发泡底布鞋，多功能学生防寒服，ＣＴ型硅胶体蓄电池，直流电致发光屏，铝合金杆称等。

获省优秀新产品称号的有：合阳县包装材料厂的HJ-1型免水胶带，汉中市橡胶厂的布面彩色花童胶鞋，岐山县红旗机械厂的JZＹ2-B、JZＲZ-B型家用电子煤气灶，咸阳市第五服装厂的男、女将军式童大衣，商县皮鞋厂的操洋尚注塑女棉鞋，商县制鞋厂的ＳＨ-1“三防”解放鞋（防臭、防汗、防脚气）及橡塑发泡童鞋，汉中市制鞋厂的聚氯乙烯发泡注塑底布鞋，汉中市服装二厂的时雅牌男、女防寒服，汉中市塑料厂的聚乙烯混色注塑盆、桶，宝鸡市皮革厂的骆驼皮修饰鞋面革，三原县制鞋厂的高弹性女叉跟牛仔布鞋。

1986年投产新产品113种，其中列入省一级新产品计划38种，新增产值1 650万元，占全省二轻工业总产值的1.62%，新增税利270万元，占全省二轻工业税利的3.27%。

【横向经济技术联合】 1986年陕西省二轻系统采取信函、走访、考察、洽谈、参加各类会议等形式，与省内80多个企业、研究所和大专院校建立了经常性的联系，并与北京、天津、上海、河北、山西、辽宁、黑龙江、江苏、浙江、福建、河南、四川、甘肃、新疆、宁夏等15个省、市、自治区的100多个企业事业单位建立了各种经济技术协作关系。全年共签订经济技术联合合同及协议书203项，当年执行的合同有161项。其中较多的有渭南地区49项，宝鸡市35项，汉中地区31项。通过经济技术联合，全年新增工业总产值7 284.62万元，税利799.71万元，开发新产品79个。

一、合资经营或技术协作，联合开发新技术、新产品。宝鸡市服装制帽厂与西北电讯工程学院联合，将微机技术应用于服装设计、排料、信息储存和企业管理。宝鸡市新能源设备厂与西安交大联合开发的硅胶体蓄电池，被农牧渔业部列为“七五”推广项目。渭南市金属结构厂与西安冶金建筑学院联合开发了3个品种，18个规格，产品行销20多个省、市、自治区，并取得了省劳动局颁发的一类压力容器生产许可证和三级锅炉生产许可证。

二、形成了一批企业集团。白水县衡器厂与航空部172厂和空军5 702厂联合试制的铝合金杆秤在全国杆秤质量评比中名列第一名，成为轻工业部的铝合金杆秤定点厂家，现已联合了一批企业，成立了陕西省白水衡器总厂铝合金杆秤生产联合体，年生产铝合金杆秤300万支。咸阳市兴平秦岭家用电器厂、乾县电机厂、陕西省塑料厂与航空部115厂联合组建了陕西省秦岭家用电器总厂，开发家用电器系列产品。宝鸡市塑料厂、无线电六厂、电器机械厂与电子工业部凌云无线电厂联合成立了宝鸡市玩具总厂，开发儿童玩具系列产品。汉中市金银饰品厂与中原电测仪器厂、勉县黄金公司等企业联合，组成了金银首饰工艺品企业集团。

三、引进先进技术，扩大名优产品和新产品的生产。安康县制鞋制件厂与上海春雷皮鞋厂联合，在安康县组建了上海春雷皮鞋厂一分厂，上海方面转移技术，安康方面提供条件，现已能生产男、女各式名牌皮鞋54种，产品销往上海、西安、丹江口等地。汉中市第二化工厂与太原药厂联合，生产新产品单宁酸、芦丁后，扭转了亏损局面。

四、与乡镇企业联合，促进城乡一体化发展。西安市锦江刺绣厂，为扩大出口产品的产量，先后在农村扩散了20多个产品加工点，从业的农民人数达1 500多人。在不增加工房、不增加投资的情况下，全年完成工业总产值288.6万元，较扩散产品前增长了1倍多。

五、联合开发原材料基地。丹凤县纸箱厂与临潼县骊山镇、吊桥乡、安康县玉岚乡组成联和体后，不仅找到了纸箱销路，扩大了纸箱产量，而且还在临潼县与安康县建立了原材料供应基地，使企业克服了原材料不足，销路不畅等困难。

此外，还有少量的与商业、外贸部门结成的联合体及与外商合资联办的联合企业。

【乾县服装市场】 1979年下半年乾县城关镇少数妇女看到市场“买衣难”的情况，便学着加工服装，产品应市被抢购一空。于是，半年时间该镇就有200多户加工成衣。1981年发展到400户，年产成衣21万件，产值250万元。1982年，服装生产又由城关扩散到乡村。1984年普及到20个乡镇，从业户猛增到8 390户，占全县农户的9.5%，年产成衣527万件，产值3 600万元，占全县工业总产值的58%，从业人员20 450人，占全县农村劳动力总数的14.64%。1986年扩大到23个乡镇，从业人员增加到32 000人，占全县农村劳动力的1/6，年产服装1 000多万件，产值6 800多万元，纯收入580多万元。常年有3 000多名农民推销员在全国20多个省、自治区推销服装。

随着服装生产的发展，乾县成立了8个服装公司，形成了以城关镇三眼桥为中心的化纤布专业市场和县城桥梓口为中心的成衣批发市场。化纤布专业市场有坐桩摊位202个，年吞吐化纤布3 000多万米，成衣专业批发市场有摊位900多个，日上市人数万人，日成交额10—20万元，除本省许多县、市外，甘肃、宁夏、青海、新疆、山西、四川等省、市、自治区的客商也来这里经营布料及成衣。

（刘积仓）

附：西安市一轻工业

【概况】 1986年，西安市一轻工业系统实现工业总产值58 464万元，比上年增长9.56%。其中：全民企业52户，完成52 772万元，比上年增长9.78%；集体企业37户，完成5 692万元，比上年增长7.49%。局直属46户企业完成49 265万元，比上年增长9.49%。

列入计划考核的31种主要产品，完成和超额完成计划的有28种，占90.3%，未完成计划的有3种。

1986年西安一轻工业系统销售收入54 932万元，比

主要产品产量完成情况

主要产品	计量单位	1986年产量	1985年产量	1986年与1985年相比+(-)%
机制纸及纸板	吨	44 589	39 478	+12.95
造纸用网	平方米	391 631	334 369	+17.13
缝纫机	架	667 184	700 050	-4.7
其中：工业机	架	85 698	79 856	+7.31
自行车	辆	161 077	220 867	-27.1
手表	万只	130.81	106.5	+22.83
保温容器	万个	329.76	263.74	+25.03
自来水笔	万支	252.9	201	+25.82
灯泡	万只	1 106.32	1 002	+10.4
洗衣粉	吨	20 020	17 312	+15.64
干电池	万只	1 913	1 336	+43.2
明胶	吨	107	38	+44.03
方便主食品	吨	628	436	+181.5
啤酒	吨	17 774	17 006	+4.52
味精	吨	470	385	+22.07

上年增长5.96%，其中：局属企业实现45 679万元，比上年增长4.5%。实现利润6 624万元，比上年增长13.93%，其中：局属企业实现利润6 075万元，比上年增长16.27%；预算内全民企业实现利润5 965万元，比上年增长13.4%。

出口产品交货值完成2 519万元，创汇520万美元。其中：日用搪瓷制品比上年增长22.78%；缝纫机增长847%；玻璃器皿增长71.43%；保温容器下降20.04%。新增加的出口产品有：手表121 586只；明胶71吨，自行车鞍座8.45万个。

1986年局属企业试制新产品31种，已投产的有25种。新产品产值3 500万元，新产品产值率为7.14%。

优质产品产值完成14 741万元，优质产品产值率达到25.2%，其中局属企业优质产品产值完成14 690万元，优质产品产值率为29.8%，为西安市工交系统之首。

【经济体制改革】 1986年，西安市一轻局在全系统推行厂长（经理）负责制，局属29户全民企业中，已有15户企业制定和落实了厂长任期目标。西安市一轻局年初并与各企业厂长签定经济责任书，规定增长速度、上缴利税、产品质量、物资消耗为当年考核指标，主要产品产量、销售收入、资金周转天数、实现利润为当年考察指标，分别不同企业的特点，制定奖罚条件。1986年初总结了上年经济责任书执行结果，10名厂长受奖，2名厂长受罚。

为了深化企业改革，针对1985年工资改革后奖励基金减少，给企业落实经济责任制带来的困难，西安市一轻局采取了五条措施：（一）要求企业将工资的10%—15%同奖金捆在一起浮动；（二）质量和消耗指标达不到要求不得奖；（三）扩大奖金来源，在一部分具备条件的企业中实行原材料、能源节约奖和上缴利润目标超额留成的办法；（四）在大、中型企业推行划小核算单位，实行分级分权管理，自计盈亏、联利计奖；（五）抓经济责任制的落实，坚持奖惩兑现，调动企业和职工的积极性。各企业根据本企业的实际，采取了不同的形式，主要有指标包干，百分计奖、工资总额与生产成果挂钩全额浮动、超定额计件、全额计件、利润承包、超额或节约分成、单项承包、吨合格产品工资含量包干等。

【提高产品质量，降低物资消耗】 1986年，西安一轻工业系统制定了产品质量创优规划，举办了质量管理学习班，召开了质量管理成果发布会，成立了西安一轻系统质量管理协会，任命了35名质检代表，代表一轻局对企业的产品质量进行监督检查，并按照行业成立了7个质量管理小组，分行业展开质量抽检活动，协助企业对质量下降的产品查找原因，落实了产品质量的否决权，在考核指标中明确规定达不到质量指标，取消任何奖励，促进和保证了产品质量的提高。全年列入计划考核的25种产品质量，完成计划的有24种，质量稳定提高率达85.7%。1986年，西安市一轻系统参加全国行业评比的21种产品，有10种获得同行业的第一名。西安玻璃制品厂钟楼牌汽水瓶、红旗手表厂ZHQB机械单历表、西安牙膏厂“真优美”高级药物牙膏、西安图书设备厂雁塔牌钢书架、西安啤酒厂西安牌特制啤酒5个产品获省优质产品称号。西安风雷仪表厂电子校表仪、西安宝石轴承厂19钻宝石轴承、宝华牌宝石、玉石项链、西安太阳能设备厂SWX铝翼型太阳能集热器、西安人民搪瓷厂33×44长方盘5个产品获市优质产品称号。陕西省手表零件一厂牙齿修复机械、西安风雷仪表厂数字校表仪、计时器、西安牙膏厂“真优美”高级药物牙膏、西安味精厂方便面、西安造纸厂箱板纸、陕西缝纫机厂尼龙拉链机7种产品被评为陕西省优秀新产品。西安红旗手表厂获轻工业部和西安市优秀质量管理奖，西安人民搪瓷厂、西安玻璃器皿厂被评为全国包装质量先进企业。

为了抓好企业降耗工作，西安一轻局成立了降耗领导小组，制定了降耗节能措施和考核奖励办法，修订了消耗定额，并对符合条件的企业实行原材料、能源节约奖。计划考核的46种主要原材料消耗，有28种较上年有所下降，仅局属企业统计，共节煤17 000多吨，节重油7 000吨。西安日化公司、西安玻璃厂、西安人民搪瓷厂、西安保温瓶厂、西安造纸网厂、西安牙膏厂等单位增产节约工作收效显著，受到西安市政府的表彰和奖励。

【加快技术进步】 1986年，西安一轻工业系统在建基建项目5个，投资计划12 577万元，到年底累计完成投资3 457万元，其中，当年计划投资3 448万元，完成投资2 392万元，为年计划的70%。技措在建项目50个，总投资12 864万元，截止年底累计完成投资9 165万元，其中，当年完成投资5 827万元。技改、引进项目竣工28项，项目投产率为56%，全部建成投产的有西安第二印刷厂、第三印刷厂电脑联单机，包装装璜生产线，西安造纸网厂的三线网车间改造，西安玻璃制品厂引进的八组双滴料生产线，西安金笔厂引进的圆珠笔芯生产线，陕西缝纫机厂的工业缝纫机项目，西安钟表材料厂的洗衣机定时器，不锈钢发条项目，西安电池厂全包电池生产线等9个项目。1986年，新增生产能力的有三线铜网3万平方米，圆珠笔芯1 000万支，玻璃瓶罐15 000吨，淀粉2 000吨，食品5 500吨，缝纫机20.3万架，洗衣机定时器、不锈钢发条200万条。印刷制版和包装装璜、印刷能力已达80万印。西安造纸网厂、陕西缝纫机厂被国家经委评为技术进步全优企业。

轻工业部和西安市的重点建设项目西安啤酒饮料总厂的10万吨啤酒建设工程，第一期工程投资8 281万元，1986年6月奠基开工，到年底完成了土建工程工作量815万元，达到计划进度要求，累计完成财务支出4 491万元。

【横向经济联合】 1986年，西安一轻工业系统为了进一步巩固发展经济联合，重点抓了联合体的整顿和建设，并积极发展以名优产品为“龙头”的联合、与乡镇企业的联合、合资经营、工贸联营、生产科研联合体及技术经济协作等多种形式的联合群体。中国标准缝纫机公司改革了领导体制，明确了核心企业对联合体进行管理的原则，正式通过了公司章程，使联合体有了共同行动的准则，并根据市场需求，及时调整了部分联合企业的产品方向，进一步强化了联合体内部的质量管理工作，向联合企业派出了驻厂专职检验员，改进了对商标、贴花、合格证的管理办法，开展了厂际之间的质量考核评比，使联合产品的质量稳步上升，品种对路。1986年，中国标准缝纫机公司联合体实现产值2.4亿元，占全国同行业第二位，缝纫机产量120万架，为全国同行业第三位，其中，工业机13万架，居全国同行业之首。以名优产品为“龙头”的经济联合也有了发展。西安自行车一厂投资430万元，定牌生产上海“永久”ZA51型载重自行车的技术改造项目已于年底基本完成，两厂已签定了联合生产协议；西安金笔厂和上海英雄金笔厂联合生产“英雄”冰花高级铱金笔已试制成功；西安日用化学工业公司和云南昆明三聚磷酸钠厂联合生产优质产品“山丹丹”洗衣粉等。西安人民搪瓷厂通过委托加工、产品扩散、综合利用、联合经营、合资经营等多种联合方式，开拓和扩大“骆驼”搪瓷制品，1986年和港商在深圳合资建立以出口搪瓷产品为主的工厂，全部建成后产量可达160万件，年底前已投产盈利；和乡镇企业利用下脚料联合建设氧化铁红厂及联办工业搪瓷管厂等已初见成效。此外，西安电池厂和轻工业部化学电源研究所建立的生产科研联合体，西安市一轻企业和外贸公司建立的工贸联合体等都取得了较大的进展。

【一轻集体工业新发展】 1986年，西安市一轻工业局为了加强对集体企业的管理，搞好协调服务工作，落实国家对集体企业的政策，设立了一轻集体企业管理办公室，并成立了一轻集体企业联社筹建处，组织了“一轻集体企业厂长研究会”，开展有关集体经济政策、管理模式、经营方式等多方面的调查研究，摸清了一轻集体企业的现状和存在的主要问题，制定了发展西安一轻集体企业的措施。积极抓好试点企业的资产清理和测算，为实行股份制和租赁制做了准备。还组织人员学习外地改革经验，根据一轻集体企业负担过重，经济政策不落实等情况，制定了《关于从政策上扶持，搞活一轻集体企业的意见》，使一轻集体工业有了新发展。1986年，西安一轻集体企业37户，实现工业总产值5 692万元，比上年增长7.49%，其中，局属17户集体企业完成2 929万元，比上年增长10.7%，销售收入实现3 200万元，利税完成320万元。集体企业生产的出口产品明胶、皮胶和自行车鞍座比上年有了较大增长。1986年，又增加了省优质产品雁塔牌钢书架和市优质产品威宇牌铝翼型太阳能热水器。

（李殿元　文　林）

西安市二轻工业

【概况】 1986年西安市二轻系统共有企业424个，其中：直属企业102个，区县企业322个；按所有制性质划分，全民企业15个，集体企业407个，中外合资企业及其他企业2个。全系统共有职工54 737人，其中工程技术人员649人，占1.18%。固定资产净值13 646万元。共有14个行业，生产92个大类产品。1986年全系统完成工业总产值46 788万元，比上年增长5.56%，其中，全民企业完成8 299万元，比上年增长6.88%，集体企业完成28 560万元，比上年增长1.32%；局直属企业完成28 200万元，比上年增长1.56%。

1986年全系统销售收入36 800万元，比上年增长0.7%；其中局直属企业28 729万元，比1985年增长0.71%。上缴税金1 999万元，比上年增加318万元。实现利润1932万元，比上年减少818万元，其中局直属企

主要产品产量完成情况

产品名称	单位	1986年	1985年	1986年比1985年增减%
电风扇	万台	2.27	0.65	249.2
不锈钢制品	吨	31.43	10.65	95.1
皮革(折合牛皮)	万张	29.42	18.00	63.4
台案秤	台	10 686	7 400	44.4
漆器	万元	121.96	94.81	28.6
刺绣	万元	800	629	27.18
民用灯具	万套	24.68	21.56	14.78
二轻机械	吨	757.1	710.78	6.5
皮鞋	万双	70.26	67.26	4.86
镰刀	万张	518.65	495.9	4.58
精铝制品	吨	720.49	690	4.42
民用锁	万把	373.62	365.12	2.33
布鞋	万双	297.59	302	－1.46
塑料制品	万吨	1.6	1.7	－5.6

业实现利润1807万元，比上年减少609万元，下降幅度分别为29.8%与25.2%。全员劳动生产率为9128元，比上年提高6.87%。定额流动资金占用达16 377万元，比上年增长59.2%，其中产成品流动资金占用达6727万元。可比产品总成本14 453万元，比上年增长28.84%。全系统有亏损企业31家，亏损金额131万元，其中有直属企业3户，亏损金额7万元。

局属102个企业中，由市经委考核的12个产品质量指标全部完成。局考核的55个产品质量稳定提高率达81.25%。优质品率达7.19%。优质品产值达2 220万元，比1985年增长35.9%。1986年全系统有12种产品分别获得省、市优质品称号，其中，西安塑料制品厂生产的西塑牌软聚氯乙烯塑料（普通扩层级）、华西皮件厂生产的小雁塔牌ＰＵ革折叠包、锦江刺绣厂生产的朱雀牌色布被罩获得陕西省优质产品称号。西安市工艺研究所生产的“套装小秦俑”，获中国工艺美术品百花奖优秀创作设计奖，西安美术陶瓷厂生产的“云彩瓷板装饰画”获二等奖。

1986年签定投产的新产品18种，完成“四新”产品400余项。西安市艺术雕刻厂生产的原子印、西安市灯具厂生产的直流电致发光屏、西安市软垫家具厂生产的席梦思床垫等受到消费者好评。1986年底举办的全市二轻名、优、特产品展评会，共展出38个大类378种新产品，41种优质品，1 300多种新款式新花色。

1986年完成出口产品交货金额1 397万元，其中：服装66万元，革皮手套673万元，漆器屏风83万元，刺绣工艺品197万元，其他工艺品151万元，都比上年有所增长。

【技术改造】 1986年在建技术改造项目54个，总投资10 151.62万元。其中引进项目35个，投资8 328万元，用汇1 135.68万美元。

在建项目中，上年结转项目44个，工作量为2833.5万元，投资7 662.62万元，其中用汇938.48万美元；1986年新开项目10个，投资2 489万元，其中用汇197万美元。

1986年完工验收项目26个，投资2 079.62万元，用汇318.68万美元，实际新增产值1389.6万元，新增税利197.95万元。

【横向经济联合】 1986年共组建联合体22个，其中，军民联合的5个，科研生产联合的4个，城乡联合的5个，工贸联合的1个，其他联合的7个，引进资金281.9万元。此外，还发展初级的联合体加工点121个，完成工业总产值2 172万元，实现利润191万元，分别占全局的8.27%和10.57%。

1、军民联营。如西安市水卫器材一厂企业小、产品老、质量差、积压严重。通过同国营4401厂联营，引进资金38万元，共同开发10千伏高压真空断路器，投产仅三个月，即完成产值28.3万元，盈利1.6万元。

2、生产科研联营。如西安衡器厂同618研究所等单位联营，建成“西安电子衡器联合公司”，已研制成功有线无线电子吊衡、电子机械两用衡、30吨无地坑汽车电子衡等五种新产品，受到用户的好评。

3、城乡联合。如西安市包装装潢研究所、塑料研究所等分别同河南省巩县、西安市莲湖区等塑料厂联营，提高了产品质量，扩大了销路，使这些企业转亏为盈。

4、工贸联营。如西安市锦江刺绣厂同兰州市百货公司实行工贸联营，由该商店销售刺绣厂12种主要机绣产品。第一期联营目标80万元的销售量提前5个月完成。企业资金周转天数由原来的140天缩短为95天。

5、扩大外加工点。如西安市兴华皮鞋厂在农村联营8个外加工点，每年外加工皮鞋15万双，工业产值占企业的46.6%，生产成本比厂内低50%左右。8个加工点有从业人员351人，加工费支付16.2万元，增加了农民的收入，也帮助了乡镇企业的发展。

【现代化管理成果】 1986年全系统共推行82种现代化管理方法，取得了明显的经济成果。据对81个重点项目考核，成功率达32%，受嘉奖的成果有26项，其中有二等奖1项，三等奖13项，四等奖12项。通过推行现代化管理方法，不少企业提高了管理水平。增强了企业素质。如西安市第一印刷厂在设备搬迁中，运用“网络工程”原理，使搬迁工程总工期由298小时缩短到112小时，增加利润13.09万元。西安市塑料一厂在原材料管理中，推行ＡＢＣ分类法，按生产需要量、消耗定额、储备定额，确定各类物资的储备量，加强了对Ａ类物资的管理，定期盘存，保持产、供、销的平衡，使原材料平均库存资金占用由1985年的166万元，降低到83万元，下降50％。西安衡器厂运用目标管理，把企业全年10大目标分解为29个分目标，120个子目标和377条措施，逐级落实。一年来，他们开发了电子衡器7种，其中5种受到表彰。全年获利57.5万元，比1985年增长6.8％。

为了推行现代化管理，全系统共举办培训班16期，参加培训人数达1 400多人，考核合格者1 104人，合格率达78.85％。

【经济体制改革】 1986年全系统在坚持改革，搞活企业方面主要抓了以下几项工作。

1、深化企业内部的配套改革。对8个试行厂长负责制的全民企业进行了巩固、完善和提高。修订和补充了实行厂长负责制的实施细则。明确和理顺了企业党、政、工三家的关系，确立了以厂长为首的生产指挥和行政管理的中心体系。推行了厂长任期目标责任制。在集体企业中，全面推行了厂长负责制，强化了生产指挥体系，克服了无人负责、无法负责的现象，同时还加强了民主管理。推广了复新冶炼厂、兴华皮鞋厂、红星胶鞋厂等企业划小核算单位，分级管理，层层承包，群众集资等改革经验，增强了集体企业的活力。

2、变行政性公司为经济实体。1986年12月，塑料公司、家具公司经过充分准备，相继改组为经济实体，在行政领导上和企业脱钩，围绕企业生产搞经营，围绕行业发展搞服务，设立了经营部、技术开发服务部等，有的还协商组建了行业协会，受主管局委托办理行业管理方面的事务。

3、推行资产股份制试点。西安市特种工艺厂、制镜二厂、红星胶鞋厂、先锋鞋厂4家集体企业实行股份制试点。制定了试行股份制的办法，明确了管理体制和股息、红利的分配办法及扶持措施等。试行股份制的企业不再向西安市联社上缴合作事业基金、企业管理费、固定资产折旧费和流动资金占用费，享受同国营企业一样的税前还贷待遇。　　（付汝俊）

甘肃省

甘肃省一轻工业

【概况】 1986年3月，甘肃省委、省政府决定，原隶属省轻工业厅领导的省二轻总公司变为独立部门，统一管理全省二轻工业，业务上归口省经委和轻工业部的领导。原省轻工业厅只管理全省一轻工业和纺织工业。

1986年，甘肃省一轻系统共有企业155个（不含卷烟，下同），其中全民所有制企业145个，集体所有制企业10个；职工平均人数为35 362人。

全年完成工业总产值40 636万元、净产值14 194万元，比上年分别增长15.7％和17％；大部分产品的产量比上年也有较大幅度的增长。

主要产品产量完成情况

主要产品	计量单位	1986年产量	1985年产量	1986年与1985年相比+(－)％
机制纸及纸板	吨	69 512	52 229	+33.1
日用搪瓷	吨	1 720	1 531	+12.3
日用陶瓷	万件	1 345	1 504	－10.6
日用玻璃制品	吨	39 098	31 193	+25.3
玻璃保温容器	万个	210	215	－ 2.2
灯泡	万只	2 047	2 126	－ 3.3
合成洗涤剂	吨	21 149	18 661	+13.3
肥皂	吨	6 343	5 028	+26.2
火柴	万件	61	58	+ 5.2
干电池	万只	2 065	2 035	+ 1.5
油墨	吨	4 287	3 727	+15
糖	万吨	5.3	3.94	+34.5
酒精	吨	20 518	18 168	+12.9
饮料酒(混合量)	万吨	5.2	3.5	+48.6
乳制品	万吨	788	597	+32

1986年，甘肃一轻系统产品质量稳定提高率达到80％。在全省优质产品评比中有8种产品获得省优产品证书。在全国同行业评比中，有9种产品参加了评比，其中沙棘汁（低浓）、凸板纸、20厘米出口菜盘夺得第一名，沙棘汁（高浓）获第二名。甘谷油墨厂耐晒桃红色源QC小组、天水啤酒厂质量创优QC小组被评为轻工业部优秀QC小组，兰州啤酒厂酵母通氧QC小组被评为甘肃省优秀QC小组。

据不完全统计全年试制成功新产品56种，批量投产的有30种，其中，有10个被评为甘肃省优秀新产品，4个获轻工业部科学技术进步三等奖。稀土耐热瓷的开发成功，攻克了细瓷不耐烧的技术难关。

1986年固定资产投资计划11 781万元，实际完成10 958万元，占年计划的93％，比上年增长47.2％，超过历史最好水平。从资金来源看，通过各种渠道贷款和企业自筹部分占实际完成总额的85.8％。全年基本建设完成投资5 032万元，比上年增长45.2％；更新改造措施完成5 926万元，比上年增长48.9％。用补偿贸易方式从日本引进日产90吨颗粒干粕生产线一套。当年新增固定资产3 756万元，其中基本建设新增597万元，更新改造措施新增3 159万元。固定资产交付使用率为34.3％。建设项目建成投产率为45％。房屋建筑面积竣工率为34.1％。新增生产能力：机制纸及白纸板2 400吨、合成洗涤剂8 921吨、火柴1万件、罐头880吨、白酒2 400吨、饮酒汽酒1 900吨、豆制品2 400

吨。投产项目新增效益：工业总产值5 327万元、利税1 055万元。

1986年，甘肃一轻利税增长幅度超过产值增长幅度。据对114个独立核算企业统计，全年消化原材料价格变化、职工工资调整等减利因素2 194万元后，完成利税8 144万元，比上年增长17.3％。其中实现利润4 150万元，税金3 994万元，分别比上年增长19.5％和15.1％。

1986年利润增加的因素比较多，除生产增加外，主要是：1.调整产品结构，开发新产品，开展综合利用，增加利润421万元，占实现利润总额的10.1％。2.继续扩大工业产品自销，自销量占销售总额的61.3％，增加利润477万元，占实现利润总额的11.5％。3.部分产品调价增加收入937万元，占实现利润总额的22.5％。4.按照有关规定部分产品减免销售税金和调节税增利394万元，占实现利润总额的9.5％。5.部分企业新建、改建、扩建独立车间、分厂、附属工厂增利292万元，占实现利润总额的7％。6.节约原材料、燃料，减少支出215万元，占实现利润总额的5.2％。另外，不少企业深化内部配套改革，开展横向经济联合，促进了技术、资金和管理的合理交流，增加了收入。

1986年，甘肃一轻亏损企业4户，与上年相同，但亏损金额由上年的125万元下降到76万元，扭亏幅度为39.2％。

1986年全系统定额流动资金全年平均余额为13 902万元，资金周转天数为114天，比上年加快了6天；企业留利1 816万元，比上年增加14.2％；出口产品交货值为1 514万元，比上年增长1.1倍；全员劳动生产率为11 491元，比上年提高4％，其中全民所有制企业为11 939元，比上年增长20.7％，集体所有制企业为6536元，比上年下降6.3％。

【经济体制改革】 1986年，甘肃一轻系统围绕搞活企业，进行了一系列的改革：(一)在全系统普遍推行了厂长负责制，基本上形成了一个懂管理、会经营的管理层次。企业由执行型转向了决策型，领导素质得到改善。部分企业开始实行厂长任期目标责任制。(二)对大中型企业，实行分级分权管理，建立内部“银行”，实行企业内部的商品买卖关系，从而调动各方面的积极性，提高了经济效益。对小型企业开始实行租赁经营试点，把法律手段引进了经济改革，使企业经营自主权真正得到落实。(三)改革分配制度。大部分企业在理顺工资关系的基础上，把浮动工资和奖金捆在一起，与实现利润、产品质量挂钩，上下浮动，从而进一步调动了职工的生产积极性。(四)调整了机制纸及纸板、搪瓷、热水瓶、油墨、酒精、啤酒的价格；对甘谷油墨厂等企业实行分类折旧试点。(五)进一步开展横向经济联合，有工商、工农、工工等联合，以解决资金、原材料、技术问题，开发系列产品。

在经济体制改革中加强了行业管理。有造纸、制盐、食品、酿酒、制糖、日用陶瓷、火柴、日用化工、印刷等9个重点行业，把原来分属于各个部门，省、地、县、乡镇和街道4个层次管辖的生产同类产品的企业组织起来，加强行业内部的横向联系，开展全面协作，多次组织固定资产、生产能力和资源调查，讨论行业发展规划，调整企业布局，对一些萎缩的产品进行调整，更新换代。对一些粗制滥造、浪费能源和原材料的企业进行调整和整顿，个别企业实行关停并转。对一些名优产品和畅销产品，多方组织原材料，满足生产需要。在酿酒行业举办了70多人参加的酿酒技术员培训班，为企业培养了急需的专业技术人才。

【企业管理】 1986年，甘肃省轻工业厅召开两次企业管理座谈会，年底又进行了一次普遍检查，经过一年的努力，企业管理有了新的进展。(一)基础管理工作有所加强。标准化：各企业对现有产品标准进行了整顿，基本上消灭了无标准生产，其中6个产品采用了国际标准。在抓好技术标准的同时，还制订和完善了管理标准。计量：各企业逐步配备了能源、工艺、质量管理、经营管理的计量器具。有30个企业获得了计量合格证书、10个企业进入计量二级企业行列。信息：各企业的原始记录、台帐、统计报表基本上做到了及时、准确，各种资料的齐全合格率达到85％以上。大部分企业有专人从事信息收集、整理和处理工作，建立和沟通了企业外部的信息网络渠道。定额管理：各企业进行了一次认真的检查和测定，凡是定额不完善的，做了必要的补充完善，定额面基本上达到了90％以上，对一些水平偏低的定额作了调整。规章制度：各企业在前几年整顿中都不同程度地恢复和建立了一些规章制度，1986年是抓落实和执行工作。基础教育：主要是开展了工人的中级技术业务培训和职工的高、中等专业教育，有重点地定向培训了各级各类干部。中级技术业务培训率达到了技术工人总数的6％，各级各类干部的培训率达到应培训干部总数的20％。班组建设：主要抓了班组长的配备和培训，认真开展了班组经济核算和全面质量管理小组活动。(二)普遍推行了企业现代化管理。据不完全统计，全省有70％的企业开展全面经济核算，60％的企业应用了全面计划管理，65％的企业实行全面质量管理，20％的企业实行全面设备管理，“四全一制”配套推行的企业占10％。国家经委推行的18种现代化管理方法中，应用较多的有市场预测、目标管理、ＡＢＣ分类控制法、价值工程、量本利分析、滚动计划、信息系统、投入产出法、看板管理等9种。部分企业已把电子计算机应用于企业管理和生产之中。(三)制订了企业升级考核标准和规划。根据国务院《关于加强工业企业管理若干问题的决定》精神，省轻工业厅在广泛调查研究的基础上，与企业共同商定，初步草拟了18个行业、52种产品的省级先进企业标准。省厅和部分企业根据轻工业部拟订的国家级企业标准和省级先进企业标准制订了“七五”期间企业升级规划。省厅选择了兰州日化厂和甘谷油墨厂作为企业升级试点，各地主管部门也分别选择了一两个企业进行试点。

【开发和利用瓜果、甜菜资源】 甘肃是有名的瓜果之乡，兰州的白兰瓜、冬果梨、百合，天水的花牛苹果、唐汪川的桃杏，酒泉的葡萄，在国内外享有盛誉。野生植物中，淀粉及酿造类植物有橡子、酸枣等20多种，野生果类有沙棘、猕猴桃、山葡萄等100多种。此外，甘肃又是全国十大牧区之一，牛羊肉也比较多。近两年，甘肃一轻工业利用这些丰富的资源，开发了许多新产品，其中有白兰瓜、西瓜、籽瓜、蜜瓜、甜瓜、苹果、梨、桃、杏、草莓、猕猴桃、海棠、李子、葡萄、樱桃等瓜果罐头15种；百合、辣椒、西红柿、风尾菇、银耳、黄瓜等蔬菜罐头6种；牛、羊、猪、兔、鸡、驴肉等肉类罐头7种；果汁汽水、桔子汽水、酸枣汁、山梨汁、沙棘汁等饮料多种。沙棘资源在甘肃分布面积约172万亩，占全国沙棘总面积的17%，年产鲜果2500多万公斤。据不完全统计，近两年各地投资1 600多万元，办起7家沙棘饮料厂，生产出沙棘汁、沙棘酒、沙棘香槟、沙棘糖浆、沙棘油、沙棘浓缩冲剂、沙棘果丹皮、沙棘糕等系列产品，有些产品如沙棘浓缩冲剂已进入欧洲市场，换汇率较高。甘肃河西地区面积宽广，水源丰富，土地微碱，适宜种植甜菜，亩产比全国平均亩产1.1吨高0.9吨，含糖量比全国平均15.4%高1.4%。甘肃省政府从政策上积极扶持甜菜和甜菜糖的发展。1980年实行甜菜奖粮政策，调动了农民的生产积极性，甜菜产量从1980年的5万吨增加到1985年的47万吨。糖厂的生产期由原来只加工三、四十天延长到1985～1986年榨期的5个月以上。1986年取消奖粮政策后，发现农民种植甜菜的积极性有所下降。10月份，省政府召开全省甜菜会议，对取消奖粮政策后农民减少收入的部分，用调整甜菜收购价的办法予以补偿，即在原来收购价85元/吨的基础上再上浮4～5元/吨。企业提高收购价的损失，省财政每吨补贴3.5元。此外，用提供平价复合肥、免费药剂拌种、赊销超薄地膜、废丝返还等办法鼓励农民生产甜菜的积极性，到年底各企业与农民签订了1987年64.7万吨甜菜种植计划。在鼓励农民种植甜菜的同时，国家先后投资14 000万元，在河西地区建起了4个糖厂，甜菜日处理能力由1980年的1 000吨，扩大到3 200吨，甜菜糖产量由1980～1981年榨期的6 500吨，增加到1985～1986年榨期的5.6万吨，增长了7.6倍。正在筹建中的张掖和民勤两个糖厂建成后，甜菜日处理能力将增加到5 400吨，产糖量将上升到10万吨。

（马贞俊）

甘肃省二轻工业

【概况】 1986年，甘肃省二轻工业管理机构进行了调整，省二轻工业总公司由省政府直接领导。1986年底，全省共有二轻企业975个，其中集体企业894个，全民企业81个；共有职工86 093人，其中集体企业职工68 863人，全民企业职工17 230人。拥有固定资产原值43 018万元，其中集体企业为27 053万元，全民企业为15 965万元；固定资产净值为29 481万元，其中集体企业为17 337万元，全民企业为12 144万元。

1986年，甘肃省二轻工业总产值为7.4亿元，比1985年增长13.3%，其中集体企业工业总产值为5.2亿元，比上年增长14.7%，全民企业工业总产值为2.2亿元，比上年增长1.3%；实现利润总额为4 622万元，比上年增长1.1%，其中集体企业利润总额为2 741万元，比上年增长1.2%，全民企业利润总额为1 881万元，比上年增长0.8%；产品销售收入为65 687万元；上缴两税为5 372万元，其中工商税3 859万元，所得税1 477万元。

1986年底，甘肃省二轻工业主要产品生产能力是，皮革75万标准张，皮件20万件，皮鞋200万双，塑料制品5.3万吨，布鞋1 500万双，服装1 000万件，帽子500万顶，家具180万件，五金制品2.9万吨。

1986年，二轻工业总产值按行业划分，服装鞋帽及其他缝纫制品业占全省二轻工业总产值的21.6%，塑料制品业产值占15.6%，日用金属制造业产值占12.6%，毛皮及其制造业产值占8.8%，工艺美术品制造业产值占7.2%，家具制造业产值占5.6%，轻工机械业产值占1.5%，日用杂品工业产值占1.3%，其他工业产值占25.8%。

主要产品产量情况

产品名称	单位	1986年产量	比上年增减（%）
塑料制品	吨	23 474.5	6.2
皮革	万张	59.4	7.7
皮鞋	万双	169	21.9
布鞋	万双	1 176.4	23.6
服装	万件	620.3	1.8
帽子	万顶	263	－5.4
地毯	平方米	178285	57.4

甘肃省二轻产品70％以上靠企业自销。1986年底，全系统已建立销售机构（包括前店后厂）398个，配备销售人员4 983人。1986年销售总额达51 762万元，比上年增长17.5％。

1986年二轻出口产品有地毯、漆器、草编工艺品、夜光杯、服装、劳工手套、篮排足球、各种球网等9个种类，创汇1 181万美元，其中地毯出口15万平方米，创汇1 004万美元，继续保持甘肃省创汇最多的单项产品的地位。

【产品升级换代】 1986年，甘肃省二轻系统试制成功并投产的新产品有10种，发展新产品、新花色、新包装27种，新产品、新品种实现产值3 150万元，占全省二轻工业总产值的4.3％。雕漆刻花屏风获全国工艺美术品百花奖银杯奖，兰州二轻科研所阮文辉创作的4种微雕葫芦被收藏为国家珍品，双时牌聚丙烯复合水泥包装袋、双八牛光面全胶底内八皮鞋、五泉山牌PVC低发泡注塑布鞋、陇青牌毛呢男长大衣、添彩牌羊皮航空服、美乐牌聚丙烯打包带、方菱牌啤酒塑料周转箱、兰星牌钙塑地板条、展翅牌聚丙烯塑料彩印袋、泾龙牌注塑男橡胶筋鞋、神光牌塑底平跟橡筋童鞋、马身把毛、金城牌板式小写字台等13种产品被评为甘肃省优质产品，雕刻葫芦、帆船牌漆器镶嵌博古屏风、酒泉牌雕刻仿古风杯、飞天牌90道机抽洗地毯、飞天牌机抽洗C 8402京彩式地毯、草制工艺品桌垫等9种产品获甘肃省工艺美术品百花奖。

【技术改造和智力开发】 1986年，甘肃省二轻系统安排技术改造项目65项，已完成45项；总投资为3 429万元，实际完成4 970万元（包括上年结转部分），占年计划的144.9％，可新增产值8 755万元。1986年，对外签约的引进项目计14项，成交额783万美元。二轻系统服装鞋帽、工艺美术品、塑料制品等行业，结合本行业实际情况，有重点、有选择地引进了一些先进设备和工艺技术。全系统还与有关单位签订37项产品扩散联合项目，扩大了生产能力，增加了经济效益，全年新增产值1 761.9万元，新增利税148.7万元。

人才培训和智力开发工作有了新的进展。1986年全系统先后举办了财会、美术创作设计和塑料检测等3个学习班，有158人次参加；各类学校全年招生123人，毕业63人。青壮年职工文化、技术补课合格率达91％。1986年底，全省二轻系统共有专门人才870人，占全系统职工总数的1％，其中工程技术人员445人，占全系统职工总数的0.5％。

【经济改革】 1986年上半年，甘肃省二轻总公司在深入调查的基础上，确定了一些对小商品生产进行扶持的优惠政策。为了加强行业管理，经过批准，对服装、皮革、塑料、工艺美术品行业实行科研、生产、管理统一管理体制。将总公司皮革塑料处改为皮革塑料公司，同皮塑研究所、试验厂合署办公；服装处并入服装研究所，成立服装工业公司；工艺美术公司同工艺美术研究所、工艺美术厂合署办公，逐步过渡为经济联合体。

为了进一步搞活企业，武威市二轻系统所属企业推行了厂长任期目标责任制，进一步明确完善了厂长的职权、责任、考核办法和保证体系措施；冲破地区封锁、部门分割的局限，积极发展横向经济联合，实行跨地区、跨行业的工商、工农、工贸、工工、商商联营，全系统22个企业中的20个企业参加了各种联合，建立了7个不同形式、不同层次的经济联合体；共引进资金123万元，引进技术43项，引进人才50多名，收到显著效果。省二轻工业总公司及时总结推广了武威市二轻系统深化改革的好经验、好作法，推动了全省二轻系统经济体制改革的深入进行。

（陈志华）

附：兰州市一轻工业

【概况】 1986年，兰州市一轻工业系统共有工业企业26户，比上年减少2户（划入白银市）；职工11 398人，比上年减少478人；完成工业总产值13 948万元，比上年增长7.3％（对比时，上年完成数作了调整）；全员劳动生产率12 269元，比上年提高11.3％；列入计划的主要产品产量完成情况是：

主要产品产量完成情况

主要产品	计量单位	1986年产量	1985年产量	1986年与1985年比+(－)％
啤酒	吨	14 508	12 500	16.1
合成洗衣粉	吨	20 321	18 203	11.6
机制纸及纸板	吨	20 259	17 147	18.1
日用搪瓷制品	吨	1 720	1 531	12.3
日用玻璃制品	吨	34 956	31 194	12.1
玻璃保温容器	万只	211	216	－2.32
灯泡	万只	1 456	1 603	－9.2
肥皂	吨	6 340	5 025	26.2
白酒	吨	208	558	－62.7
骨胶	吨	684	623	9.8

1986年，兰州市第一轻工业局所属的17户全民所有制企业完成工业总产值11 649万元，比上年增长7.8％；销售收入13 186万元，比上年增长11.6％；在可比产品总成本升高826万元，降低率为－10.1％的情况下，实现利润1 233万元，比上年略有提高；定额流动资金周转天数为117天，比上年延缓14天。

1986年，兰州市一轻系统产品出口交货值完成591万元，比上年增长65%，创本系统历史最好水平。其中，兰州搪瓷厂在原材料十分紧缺的情况下，优先安排出口产品的生产，全年出口搪瓷杂件交货214万件，比上年增长91%。

1986年，技术改造项目5项，完成投资额701万元，其中两个项目通过了预验收。3个基本建设项目的进度也达到计划要求，其中兰州啤酒厂扩建项目是省、市重点建设项目之一，总投资4 650万元，1985年12月动工后建设进度较快，已完成投资1 309万元，到1986年底，麦芽醣化两个车间的主体工程已完工，部分设备开始安装。1986年，全系统完成或已落实的引进项目有4项。兰州啤酒厂引进罗马尼亚灌装线已投产，设备运行正常，保证了当年任务的完成。兰州灯泡厂从匈牙利引进的白炽灯自动装配线，已在11月安装完毕。

1986年，全系统有538名职工参加了脱产、半脱产或业余的中等或高等教育，毕业48名；有390名干部参加了甘肃省统一组织的正规化理论教育考试，及格率90%；有5 633名工人参加了技术补课，合格率为98.7%有1 208名工人参加了中级工或等级工培训考试，合格率达到99%；职工初中文化补课已基本完成任务。

1986年，兰州市一轻工业系统各企业坚持改革，挖掘内部潜力，调整产品结构，加强销售工作，增强了适应能力。与此同时，也得到了地方政府及有关部门的积极扶持。全局各企业得到流动资金贷款1 866万元。1986年1至5月累计，兰州玻璃厂等5户硅酸盐企业的利润比上年同期下降63%，只完成年计划的14%，2户亏损，1户全面停产，生产面临很大困难。针对这一问题，甘肃省轻工业厅和兰州市第一轻工业局联合调查这5户，主要问题是：原材料、燃料调价幅度大，超过企业消化能力；负债过重，无偿还能力；留利水平低，无自我发展能力；奖励基金少，工作条件艰苦，职工队伍不稳定等。调查组提出，除企业自身强化经营管理、增强消化能力外，建议政府在政策上予以扶持。省政府领导在兰州市现场办公会上决定政策上给以扶持，并责成有关部门根据各企业的不同情况，分别减少了产品税、所得税和调节税。1986年已有3户企业受益，金额达93.7万元。这一政策为减轻企业压力，增强活力，发展生产创造了有利的条件。

【经济体制改革】 1986年，兰州市一轻工业系统主要从以下4方面完善和深化企业内部改革。(一)在探索所有权与经营权相分离的经营方式上迈出了第一步。12月，对生产经营面临困难，经济效益差的兰州酿酒厂实行了全省第一户租赁经营。早在9月，兰州市一轻局还对濒临破产的兰州第二玻璃厂实行或转让、或联营、或租赁经营的面向全国的公开招标。此举产生了较大的社会反响，省内外有40余个单位和个人招标或了解情况，由于该厂负债过重，丧失了正常生产所必需的条件和手段，加之一些政策性问题难以解决，因而1986年内未能解决。(二)推行厂长负责制。兰州市一轻局所属企业1985年以前已全部实行了厂长(经理)负责制。1986年，兰州市一轻局召开改革工作会议，总结交流了实行厂长负责制以来的经验和存在的问题，旗帜鲜明地支持实行厂长负责制，满腔热情地保护厂长改革的积极性。认真贯彻执行中共中央、国务院关于国营工业企业的3个《条例》，检查"扩权十条规定"和省、市有关规定的落实情况，不折不扣地给企业放权，充分保证厂长在生产经营、用人、行政指挥方面的权力，积极为厂长改革创造宽松和谐的环境，使厂长负责制得到健康的发展，促进了生产的发展。如兰州市一轻局建筑安装公司实行经理负责制后，采取一系列配套改革措施，坚持走一业为主多种经营的路子，企业面貌发生了很大变化。1986年，该公司完成产值508万元，超额70%完成计划；实现利润60万元，超计划71.4%。(三)进一步改革企业内部分配制度。面对企业理顺工资后出现的新的"大锅饭"，兰州市一轻系统大部分企业都推行了"死套活拿"的分配形式，将平套和高套的工资以及奖励基金捆在一起使用，把"死"工资标准变为"活"的分配方法。如兰州胶鞋厂对18个车间、部门实行了10种不同形式的经济责任制，将个人收入同劳动成果紧密挂钩，充分体现了多劳多得的原则，调动了广大干部、工人的积极性。1986年该厂提前34天完成生产任务。(四)横向经济联合有了新进展。1986年已有13户企业与省内外有关单位建立了横向经济联系，共签订正式协议15项，意向性协议19项。通过开展横向经济联合与协作，实现产值902万元，利税108万元，初步形成以名优产品为"龙头"，以开发原材料基地为重点的内引外联的新格局。

【产品升级换代】 1986年，兰州市一轻系统共开发新产品、新品种42项，其中19项通过了省级签定，有29项投产，新产品产值1 400万元。这些新产品的性能、质量、销售、经济效益都比较好，改变了过去新产品大多停留在礼品、展品、样品"三品"阶段的老情况，向实用化、系列化、效益化方向迈进了一步。兰州日用化工厂加强与科研单位和大专院校的协作，积极采用正交试验法等现代化的研制手段和方法，大力开发新产品，全年共推出新产品10项，新产品率达到54%，增强了企业的适应能力和竞争能力。

1986年，省、市重点考核的20种主要产品的质量稳定提高率达到90%。飞天牌Ⅰ类洗衣粉等5个产品被评为省优质产品。优质产品实现产值4 000万元，优质品率为27％。1986年全市一轻系统产品在参加质量检查评比的66种产品中评出优良产品11种，一类产品29种。参加检查评比的16种优质产品，全部保持优质水平。各厂加强质量基础工作，制订、修订质量管理制度867条；采用国际标准2项，修定制定产品标准7项，10户企业的标准化工作经整顿后验收合格，杜绝了无标准生产的现象；在上年基础上，又有2户企业的计量工作达到3级标准，4户企业由3级升为2级，累计有16户企业取得计量合格证书。局属企业全部设立了质量管理机构，共有专职质量管理人员81人，专职兼职检验化验人员536人，初步形成了包括检验化验、质量监督、质量管理的监督保证体系。市一轻局抓了全面质量管理，坚持在广大干部职工中深入进行全面质量管理教育，初步树立了“质量第一”、“一切为用户服务”、“下道工序就是用户”的质量意识，坚持按“五不准”精神进行生产。QC小组活动广泛开展，全局共成立QC小组176个，1986年发表成果30篇，其中一部分取得了一定的经济效益。2户企业被国家经委列为1986年全国重点推行全面质量管理企业；兰州日用化工厂等4户企业通过了省、市组织的全面质量管理“千分验收”，为企业进等升级打下了基础。

兰州市一轻系统重视市场信息，及时调整产品结构，滞销的白酒、瓦楞纸、牙膏等产品减产或者停产，避免了新的积压；畅销的啤酒、洗衣粉、胶鞋等产品增加了产量，较好地满足了消费者的需求。

（杨吉祥　李彦龙）

兰州市二轻工业

【概况】 1986年兰州市二轻工业塑料制品行业划出后，共有企业292户，比上年减少2户。其中国营企业30户，集体企业262户；全年平均职工人数3.42万人，其中国营企业职工1.02万人，集体企业职工2.4万人，分别占全系统职工总人数的30％与70％。1986年全系统总产值3.03亿元，可比口径比上年增长11.2％，占全市地方工业总产值的22％；主要产品产量除服装外，比上年都有不同程度的增长。全员劳动生产率为8 976.18元，比1985年减少了14.12元。兰州市二轻局直属企业的全员劳动生产率为11181.3元，比上年增加1 011.3元。1986年共实现利润1 849.7万元，销售收入为24 516万元，均比1985年有不同程度降低。市属二轻国营企业1986年上缴利润296.7万元，比上年增长6.8％。1986年实现利润超过100万元的企业有：兰州钢材改制厂、兰州布鞋总厂、兰州皮革厂和兰州铅丝厂。

主要产品产量完成情况

主要产品	计量单位	1986年产量	比1985年增、减（％）
皮革	万张	24.1	4.2
皮鞋	万双	119.78	77.82
布鞋	万双	463.65	23.68
服装	万件	314	－18.38
木器家具	万件	32.52	2.3
镀锌铁丝	吨	5 400	19.03
圆钉	吨	2 400	4.2
日用精铝制品	吨	433.2	23.1
地毯	万平方米	1.79	5.3

1986年兰州二轻系统列入计划的技术引进项目有7项，已有5项按计划分别投产或安装完毕。其中兰州木器厂引进的板式家具生产线和兰州大庆木器厂引进的高级床垫生产线投产后，分别完成产值150万元和122万元，利税各28万元，超过了原订计划。列入计划的3个技术改造项目也已完成，开始投入使用。

1986年兰州市二轻系统成立了二轻职工教育中心，配置了电教设备，年内共举办6期培训班，培训人员270人次；这个教育中心还开设了企业管理专业电视中专班，有71名职工参加学习。此外，全系统有196名职工在电大、夜大、刊大、函大等就读。1986年市直属二轻企业职工教育的各项指标均按计划完成。

兰州市手工业联社在“文化大革命”中停止工作，1984年恢复活动，与兰州市二轻局合署办公。1986年4月1日至3日召开了兰州市手工业联社第四届职工代表大会。这次会议与上届手工业联社社员代表大会相距23年。

【加速产品升级换代】 1986年兰州市二轻系统已淘汰老产品13种，开发新产品20种，增加新花色、新品种200余种，加速了产品的更新换代，提高了市场竞争力。如兰州布鞋总厂在竞争中加快开发新产品，试制生产了具有西北地区特点的男女花跟注塑布鞋、牛仔鞋和仿港式族游注塑布鞋等55个花色品种，受到广大消费者的欢迎，全年完成产值1 090万元，实现利润160万元，均创历史最好水平。

全系统积极推行全面质量管理，开展群众性的QC小组活动，建立了质量责任制，严格把关，明确奖惩，有一套较完整的质量保证体系。1986年市直属二轻企业产品质量稳定提高率达到90％，比上年提高1％；优质产品率达到20％；创省优质产品7个。兰州市二轻系统累计获轻工业部和甘肃省优质产品称号的已达33个产品。兰州市二轻科研所工艺美术师阮文辉创作的儿童游戏图、唐诗宋词配图、唐诗204首、敦煌飞天等四件微雕葫芦被轻工业部列为国家珍品，收藏于中国艺术博物馆。兰州服装厂、兰州新兰服装厂、兰州红旗服装厂经甘肃省商品检验局检查验收，质量管理机构健全，各项规章制度较完备，产品质量稳定优质，被首批颁发了出口产品许可证。

1986年二轻局直属企业标准化整顿验收合格的有30户，占局企业总数35户的83%。

【继续扩大经济联合】 1986年兰州市二轻系统认真总结了前一段发展横向经济联合的经验和教训，在巩固成果、努力发展新的协作项目中，把提高经济效益和保证扩散产品质量作为重点来抓，取得了较好的效果。市二轻局开展横向经济联合的企业有24户，占局属企业总数的68.57%，比上年增加了3户。同省内外建立联营单位有136个，比上年增加20个，参加联营的人数约8000人。通过扩散联合新增工业总产值867.59万元，利税85.84万元，分别占全局工业总产值的6.78%和实现利润的7.46%。

1986年兰州市二轻工业经济联合的特点：

1．由原先扩散产品为主，发展为技术输出，合资经营等多种类型。兰州铅丝厂利用技术优势，与甘南藏族自治州五金厂联合建起一条年产500吨镀锌低炭铁丝生产线，于5月下旬正式投产，到年底实现利润4万元；该厂还与武威职工教育中心和永昌铁工厂协商联营，援建武威天马制网厂和铅丝、圆钉生产线。

2．城乡经济联合，促进了二轻工业和乡镇工业的共同发展。以兰州地毯总厂为主体的“兰州地毯工业联合公司”联合了五县一区的41家乡镇企业和个体企业，在所有制性质不变、隶属关系不变、财务核算不变的前提下，实行供、产、销、技术、质量五个统一领导。总厂将半成品加工全部安排到公司内的各乡镇企业，并对这些乡镇企业从资金、设备、技术、管理上给予大力扶持，给贫困地区的农民创造了致富之路，总厂的生产能力和经济效益也有显著提高。兰州地毯总厂1986年比1985年工业总产值增长了46.33%，产量增长了43.43%，地毯出口创汇额增长了79%。

3．生产企业与大专院校科研单位的联合。兰州粉沫冶金厂利用中国科学院兰州化学物理研究所的研究成果，生产出齿轮润滑成膜膏、聚四氟乙稀模压材料和金属塑料复层材料等。兰州电焊机厂与吉林工业大学和甘肃工业大学挂钩，联合研制和引进了新型焊机，使产品达到了国内先进水平。

4．工业企业和商业部门的经济联合。兰州铝制品厂与兰州、张掖、天水、咸阳四个百货站联合，由四个百货站资助30万元资金，兰州铝制品厂负责安排生产铝壶，并用产品分期抵还借款。兰州市二轻企业为扩大产品的销售途径，搞活经营，通过各地商业系统设立了一千多个销售网点或专柜，除西北地区外，产品还幅射到华北、东北、西南许多地方。

【深入进行经济体制改革】 1986年兰州市二轻系统在改革中，围绕搞活企业这个中心环节，主要做了五个方面的工作。

1．坚决推行厂长负责制。1986年兰州市二轻局直属企业中完全实行厂长负责制的有26户，占局属企业总数的74.3%。其中有4户还签订了厂长任期目标责任书。

2．进一步落实经济责任制。采取的形式大体有：基本定额保基本工资、超定额计奖和超定奖计件制；计件工资制；百元产值工资含量包干；集体承包，实现利润分成；专项承包；按岗位责任制任务完成好坏评分计奖制等。有的企业划小核算单位，实行了分级分权管理，增加了企业内部消化能力。为了解决职工吃企业“大锅饭”的问题，大多数企业将理顺工资和奖金捆在一起，采取“死套活拿”的办法，调动了职工的积极性。

3．实行了方针目标管理。1986年初兰州市二轻局同所属35个企业签定了方针目标管理责任书，编制了方针目标展开图，制定了考核、奖惩办法。随后局属各企业又将责任目标层层分解，落实到车间、班组、以至个人。从实施情况看，大多数企业实现了预期目标，年终兑现了奖励。2个未完成指标任务的企业的领导，受到了处罚。

4．抓了小型国营企业租赁的试点。在公开招标、考试论证的基础上，对兰州皮鞋厂实行个人租赁。另外在兰州布鞋总厂进行了企业股份制的试点工作。

5．坚持简政放权，转变局机关职能，搞好全行业的“统筹、规划、协调、服务”。1986年二轻局除了编制长远规划，统筹全市二轻工业的发展，协调各部门、企业间的关系，按权限任免干部外，为企业提供了8个方面的服务：（1）帮助决策，咨询服务；（2）沟通渠道、信息服务；（3）调济余缺，供销服务；（4）增强实力，技术服务；（5）行业发展，协调服务；（6）提高素质，培训服务；（7）横向联合，搭桥服务；（8）联社资金，统筹服务。

（孙武生）

青　海　省

青海省轻工业

【概况】 1986年，青海省轻工业系统共有企业436个，比1985年减少9个（关停7个，合并2个），其中全民所有制企业54个，集体所有制企业382个；全省无大型企业，仅有中型企业2个，其余434个均为小型企业。年末职工人数39 003人，比上年增加2 959人，其中全民所有制企业职工12 215人，集体所有制企业职工26 788人。在职工总数中，有工程技术人员306人，占0.84%。全员劳动生产率9 991元，比上年提高10.8%。固定资产原值26 043万元，净值17 086万元。1986年，全省轻工业取得了全面增长的好成绩：

1. 生产保持了较高的增长速度。1986年，系统内轻工业总产值完成4.11亿元，较上年增长19.7%，其中全民所有制企业完成1.97亿元，增长33.1%；集体所有制企业完成2.14亿元，增长9.7%；烟草完成870万元，增长12.99%。净产值完成1.68亿元，较上年增长30.23%。销售增长22.2%；实现利税5627万元，较上年增长10.9%（不含盐税2890万元）。列入青海省轻纺工业厅考核的48种主要产品产量，有33种比上年增长，其中增长15%以上的有20种，占41.67%。

主要产品产量完成情况

主要产品	计量单位	1986年产量	1985年产量	1986年与1985年相比+(−)%
灯泡	万只	768.14	576.31	+33.29
合成洗衣粉	吨	9 329.47	7 359.94	+26.76
原盐	万吨	70.18	34.62	+102.72
奶粉	吨	613.89	695.92	−11.79
骨胶	吨	901.80	792.20	+13.83
服装	万件	266.23	249.07	+ 6.89
皮鞋	万双	100.63	100.85	− 0.22
皮革	万张	27.50	23.86	+15.26
塑料制品	吨	3 356.64	2 886.37	+16.29
日用精铝制品	吨	1 365.26	1 434.83	− 4.85
地毯	万平方米	7.34	6.89	+ 6.53
布鞋	万双	213.92	184.12	+16.19
铁锅	万口	5.58	4.72	+18.22
红矾钠	吨	1 668.61	1 469.76	+13.53

2. 产品质量比较稳定。列入厅计划考核的13项质量指标，比上年提高的有10项，质量稳定提高率为76.92%，较上年提高19.78%。牛牌骨胶、仙桃牌女高跟注塑布鞋、菜花蜂蜜、吉星牌大四平马鞍被评为1986年青海省优质产品。

全年开发厅级新产品38种，增加新花色145个。其中虫草美人霜、尼龙拉链、隔电子、塑料建材、新型皮箱、仿底革、卡片柜、墙内保险箱、仿羔皮服装绒、无纺织布等10种产品已通过省级鉴定，投入了批量生产。

3. 出口产品增长幅度较大。1986年全省轻工业出口产品交货总值1 306万元，较上年增长72.29%，创历史最好水平。出口产品产值比重由1985年的2.2%提高到3.2%。海北乳品厂出口精炼蜂蜜1 467吨，被评为外贸信得过产品。

4. 基本建设技术改造完成较好。全年基本建设计划28项，投资2 584万元，完成2 513万元，占年计划的97%；技术改造16项，投资1 746万元，完成1 787万元，占年计划的102.3%。1986年新增生产能力：糖果700吨，冷饮950万支，人造革箱（包）6000只，服装5.5万件，地毯10.5万平方米，板式家具1.6万件，压力锅8万只，白酒30吨。形成的生产能力可新增产值1 533万元，新增利税275.4万元。

【湖盐产销首次突破50万吨大关】 青海省湖盐资源十分丰富，全省共有大小盐湖70多处，总储量约936亿吨，具有晶粒大、含量高（含氯化钠96%以上）、采掘方便、投资少、经济效益高等特点。盐业资源的开发和利用，是青海省发展经济的一大优势。建国后建成了柯柯、茶卡、格尔木、昆特依等盐场，生产能力已达80万吨，但长期受运输销售的限制，青海湖盐产、销数量一直在20～30万吨之间徘徊。1983年以来，国内盐业市场需求量日益增长，省政府派出代表团到东北和山东、上海、江苏、浙江等地洽谈盐的运销问题，着重开辟南方销区，并进一步落实盐业经济政策和各项经营承包责任制，调动广大盐业职工的增产积极性。从而，使1986年青海湖盐的生产、销售均首次突破50万吨大关，各项经济指标全面大幅度提高。原盐产量达到70.18万吨，较上年增长102.72%；销售54万吨，较上年增长83%；实现税利3 651万元，较上年增长47%；全员劳动生产率达到了4.3万元/人年，较上年提高23%；可比产品总成本较上年下降17.6%；企业人均留利1 361.88元，较上年提高291%。

【民族用品工业的发展】 青海省是多民族聚居的地方，少数民族人口约占全省总人口的40%。1981年以来，民族用品生产企业不断增加。1986年，通过大力开展横向经济联合，从北京、兰州、武汉等地引进资金、技术、人才和新的品种花色，使民族用品生产又有了新的发展，总产值达到4 035万元，较上年增长161.4%；实现利润350万元，较上年增长140%。全年开发新产品50多个，增加新花色100多个。青海省生产的少数民族马鞍、马靴、礼帽、毛花普鲁、毛加翠普鲁、藏毯、民族地毯、民族铝制品、各种单棉帐房、蒙古包、各式民族服装、民族用镜等产品，行销19个省、市、自治区，受到各地少数民族群众的喜爱。省轻纺工业厅、省民委于9月在西宁召开了第二次民族用品先进企业评比表彰大会，评选出青海民族用品厂、西宁民族金银首饰厂、互助县搪瓷厂、西宁城东民族皮件服装厂、民和县锅厂、西宁明胶厂、刚察县皮革总厂7个企业为青海省民族用品生产先进企业。其中西宁民族金银首饰厂、互助县搪瓷厂、青海民族用品厂还被评为全国民族用品生产先进企业，受到了轻工业部和国家民委的表彰。

【横向经济联合】 1986年，青海省轻工业坚持从本省实际情况出发，把促进本省轻工业技术进步和产品开发作为联合的重点，与全国12个省、市的大专院校、科研单位、工商企业开展了多层次、多渠道、多种形式的联合和协作，签订项目协议书140多项。省内轻工产品生产企业与原料生产企业，轻工企业与商业、外贸企业、科研机构之间的联合与协作也有了新的发展。整个联合活动大体上按照两个层次进行：一个是西宁地区的轻工企业积极向沿海和内地的先进企业靠拢，通过联合求得沿海和内地在资金、技术和人才上的帮助，以求把西宁地区轻工产品档次和质量搞上去，逐步增强西宁地区轻工企业对州县企业联合的吸引力和凝聚力。另一个是在省内充分发挥西宁这个中心城市的作用，向州县辐射，帮助州县和乡镇企业发展轻工业生产，为逐步做到按产品联合起来形成企业群体或企业集团创造条件。一年来的实践证明，按照上述路子发展青海轻工业的联合，是符合青海具体实际的，经济效益是比较好的。如：西宁第一皮鞋厂与青岛皮鞋研究所达成技术指导协议，帮助该厂改造了生产流水线，培训了60多名技术工人，使该厂产品合格率提高到99.8%，花色品种由原来的70多个增加到150多个。西宁民族金银首饰厂通过与清华大学、青海师范大学建立技术咨询服务联合，并与武汉金银制品厂建立产销联合，使该厂花色品种由原来的2类20多种增加到5类100多种，产品质量合格率达到99.5%，产值、利润分别比上年增长44.2%和38%。刚察县皮革总厂与兰州皮革厂联合生产后，一年内产值较联合前增长5倍，利润增长75倍。

【经济体制改革】 1986年，青海省轻纺工业厅直属的青海铝制品厂、青海造纸厂、青海灯泡厂已下放到西宁市管理。至此，省厅直属轻工企业除青海轻工机械厂（集体企业）外，已全部下放完毕；为了发展青海的地毯工业，搞活地毯销售，发展地毯对外贸易，省政府又决定组建产、供、销三位一体的青海省地毯工业公司，原厅属青海地毯一厂、地毯二厂（集体）连同新组建的地毯公司一并划为省经贸厅管理，省轻纺工业厅只在行业上进行管理。

在下放省直属轻纺企业的同时，西宁市对城市工业管理体制进行了相应的改革，市轻纺局、二轻局机构被撤销，管理业务并入西宁市经委，市经委下设轻纺办公室，负责西宁地区轻纺工业的行业管理。

省直属轻纺工业企业全部下放以后，省轻纺工业厅一方面积极做好下放企业的跟踪服务工作，帮助西宁市理顺产供销渠道和各种经济关系；另一方面立即着手研究面向行业管理的问题，对行业管理的必要性、任务、职能、办法、手段以及厅机关职能转变和内部组织结构调整等已提出具体方案报省政府审批。

根据青海省轻工企业基本上是小型企业且集体企业比重很大这一具体实际，1986年改革的重点继续放在搞活国营小企业和集体企业上，采取的主要措施是：1. 把党中央、国务院、省委、省政府已经明确的各项政策规定，结合各行业、各地区的实际情况，制订和补充实施办法，逐项逐条抓贯彻落实。2. 进一步完善企业内部的“小配套”改革，以完善经济承包责任制为中心，使企业领导体制、工资奖金分配、职工民主管理、劳动制度等各项改革措施相互协调配套。全省逐级实行经济承包的轻工企业，已占企业总数的95%以上。

（王国祥）

宁夏回族自治区

宁夏回族自治区轻工业

【概况】 宁夏回族自治区轻工业系统1986年共有企业346个，职工3.4万人。其中：全民所有制工业企业30个，集体所有制企业312个，全民与集体合营工业企业2个，集体与私人合营工业企业1个，中外合资工业企业1个。还有研究所2个，职工中等专业学校1所。

1986年完成工业总产值3.49亿元（包括系统外轻工业则为7.64亿元），比上年增长16.43%。计划考核的36种主要产品中，有30种比上年有所增长，增长幅度在10%以上的有26种，其中洗衣机电机、电风扇电机、日用搪瓷制品成倍增长，日用陶瓷制品、精铝制品、攻丝机、钢丝刷增长幅度在94%以上，其余如机制纸及纸板、糖、盐、合成洗衣粉、白酒、啤酒、日用玻璃制品、罐头、乳制品、骨胶、肥皂、精甘油、塑料制品、皮鞋、地毯、纤维板、民用镜、木制家具、铁锅、粗铝制品等增长幅度也较大。火柴、皮革、洗衣机、金属家具、毛皮裁制比上年有所下降。

1986年出口商品交货总值1 118.25万元，超额36%完成计划。超年度计划较多的有卫生纸、打气筒、塑料编织袋、裘皮服装、皮褥子。

1986年实现利润3 295万元，比上年增长3.39%；税金1 181万元，比上年下降49.7%；全员劳动生产率11 980元，比上年提高17%。

【横向经济联系】 1986年以来，宁夏轻工业企业积极贯彻“开放、搞活”的方针，广泛开展横向经济联合，到年底已有30个企业与本区及外省、区建立了经济联系。开展经济联合的方式有联合经营、联合生产或加工，联合开发新技术、新产品，联合培训技术、业务人员等多种。部分企业或单位分别与甘肃、上海、北京、浙江、河北、山东等省、市的对口企业或单位建立了横向经济联系，例如宁夏中卫县皮鞋厂与北京东单皮鞋厂联合生产的八达岭牌皮鞋，在市场上销售很畅。此外，区内轻工企业与其他工业部门的企业也进行了联合，这些横向经济联合，有力的推动了宁夏轻工业生产建设的发展，促进了技术进步和经济效益的提高。到年底已形成产值6 945万元，新增利润1 737万元，新增税金509万元。

【科研与教育】 1986年宁夏轻工业科学研究工作有较快的发展，一批科研成果引起各方面的重视。宁夏轻工业研究所研制成功的“红曲色素”，经国家科委选拔参加了日内瓦国际发明展览，被国家经委列为“七五”攻关项目，由国家投资进行中间试验。宁夏甜菜糖业研究所开展高产高糖甜菜试种，已取得局部成功。糖粮套种亩产小麦350公斤、甜菜3吨，含糖17％～18％。单种甜菜试种500亩，亩产甜菜4吨，含糖也在17％以上。此外，有“红花黄色素的提取与应用”、“凤尾菇菌种选育”、“甜菜废蜜利用”、“枸杞系列产品”等科研项目均取得一定的成果。

宁夏轻工业系统“双补”对象有18 580人，文化补课人数达16 722人，技术补课13 563人。轻工业系统有1 200名职工分别参加了电大、刊大、业大、函大的学习，1986年毕业的有680人。全员培训工作也得到了发展，职工教育遍及各个行业，骨干企业的厂长(经理)有33％的人员参加了全国厂长（经理）统考培训，有60％以上的中层干部和95％以上的中青年后备干部参加了不同类型、不同层次的专业理论学习。一年来，举办各种类型短训班30期，有近万名职工参加了企业管理、会计、标准化、质量管理、家具设计、商情、锅炉检修等专业的学习。宁夏轻工业职业中专一边建设，一边开展教学工作，1986年开设了3个专业，招收4个班级，共有学员200名。

【管理与质量】 1986年宁夏轻工业系统从推行全面质量管理和目标成本管理入手，加强了各项基础管理工作，在提高产品质量，降低物质消耗和产品的创新创优方面均取得进展，促使经济效益有新的提高。

各企业在加强企业管理方面，（一）全面推行内部经济责任制，使国家、企业和职工三者利益紧密结合起来，体现了包括生产任务、产品质量、物质消耗等多方面结合的综合经济效益。(二)从推广现代化管理入手，开展全面计划管理、全面质量管理和全面经济核算。在全面质量管理工作中，广泛开展ＱＣ小组活动，成果比较明显。青铜峡造纸厂制浆车间的ＱＣ小组被评为轻工业部优秀ＱＣ小组。银川市篷布沙发厂被轻工业部授予企业管理成效显著的先进单位。

在产品创新、创优方面，1986年试制新产品49种，批量投产的有34种，产值1 440万元，占工业总产值的4.13％，创利税559.2万元。三圈牌四号皱纹卫生纸、滩羊牌三号皱纹卫生纸、峡光牌四号皱纹卫生纸、塞北牌包装纸、星星牌元明粉、西夏牌红方腐乳、北塔牌维生素强化奶粉、丰硕牌塑料圆筒编织袋、ＰＥ农用塑料地膜、贺兰山牌蓝黑墨水等21种产品被评为自治区优质产品。

【技术改造】 1986年，宁夏轻工业系统竣工投产的100万元以上重点技术改造项目有9项，累计完成投资3 035万元。从竣工投产项目来看，由于采用了新工艺、新技术，从而降低了消耗，提高了产品质量，增加了花色品种，并新增了一些短线产品的生产能力，扩大了部分出口产品的数量，使宁夏轻工业企业在技术进步方面有了较快的发展。1986年通过技术改造，可新增的生产能力主要有：啤酒5 000吨，洗衣粉3 000吨，肥皂500吨，塑料编织袋1 600万条，元明粉1亿元，板式家具2万件，并且有席梦思床垫、胶版印刷纸、复合水泥袋等新工艺、新产品填补了宁夏轻工业的空白。

石咀山市瓷厂是宁夏轻工业系统中技术改造成果显著的企业。该厂是有40年历史的老厂，但是发展一直比较缓慢，到1982年基本上还处于亏损。从1983年到1986年，该厂连续4年进行技术改造，1986年度完成了原料净化，滚压成型，链式干燥，生产用气供暖，原料、燃料、材料计量的改造和动力、供水、供气的工艺改造。使落后、混乱、浪费的生产状况逐步得到改观，企业已走入正轨，形成合理的3条流水生产作业线。1986年实现纯利润76万元，产品畅销全国各地，经济效益日趋好转，职工收入逐年增加。

（李品三）

附：银川市轻工业

【概况】 1986年，银川市轻工业系统共有企业49个，职工8 891人，固定资产原值7 283万元，净值5 672万元。全年工业总产值9 757万元，比上年增长6.4％。其中一轻工业1 766万元，比上年增长18.7％；二轻工业7 991万元，比上年增长4％。全民所有制企业工业总产值4 655万元，比上年增长13.1％；集体所有制企业5 102万元，比上年增长9.4％。全员劳动生产率11 063元，其中全民企业11 820元，集体企业10 452元。

全市列入考试的30种主要产品中，日用搪瓷制品、合成洗涤剂、肥皂、骨胶、饮料酒、皮鞋、纤维板、木制家具、钢木家具、铸铝制品等10种产品的产量比1985年有不同程度的增长，其中增长30％以上的有肥皂、饮料酒、皮鞋和钢木家具。受原材料供应不足等因素的影响，皮革下降37%，塑料制品亦减产。家用洗衣机由于销路不畅，较1985年下降42%。

银川市轻工业系统经济效益较1985年有了改善，但不够理想。全年销售收入9 785万元，与上年基本持平。其中全民所有制企业4 523万元，比上年下降2.5%；集体所有制企业5 262万元，比上年增长4%。全年利润总额完成627万元，比1985年增长3.1%。其中全民企业256万元，下降3.2%；集体企业371万元，增长8.4%。上缴工商税、所得税776万元，比1985年减少5.9%。1986年亏损企业2户，亏损额9万元，比上年减亏77%。1986年可比产品成本较上年上升，其中集体企业可比产品成本882万元，比上年上升18.5%。银川化工厂深化内部配套改革，企业管理水平进一步提高，利润总额比1985年增长47%。银川火柴厂由于产品滞销、原材料涨价成本上升33.6%，全年仅实现利润9800元，比上年减少26万元。

全年安排技术改造项目18个，投资726万元。已完成项目13个，完成投资673万元，为全年投资的92.7%，当年新增产值270万元，创利税45万元。银川市第一塑料厂引进日本的塑料编织袋生产线竣工投产，年产量达600万条，产值达600万元。银川市篷布沙发厂引进席梦思床垫生产线建成投产，年产床垫达2万只，产值达335万元，产品质量达到设计要求，深受用户欢迎。

【横向经济联合迅速发展】 1986年，银川市轻工企业认真执行市委、市政府制定的《关于进一步推动横向经济联合的实施办法》，发展了横向经济联合。(一)联合的广度和深度上有了新的进展，同兄弟省、市的经济联合由过去以上海为主发展到江苏、浙江、北京、天津等省、市和东北、西北等地区；自治区内的城乡之间、企业之间的联合由物资协作串换、产品推销、技术支援发展到以优质名牌、适销对路产品为“龙头”，以大中型企业为依托的各种经济联合体。(二)经济联合的范围、形式、内容有了新的突破。在联合范围上由生产领域发展到流通、科研多方面的联合；在所有制上已扩大到全民、集体、个体各种性质企业之间的经济联合；在形式上由简单协作发展到专业化生产协作，生产企业与科研单位的联合、合资经营、引进技术、扩散产品等。1986年，全市已有联合项目31个，其中有市内的联合，有与区外的联合；有大厂带小厂、城市带乡镇的联合。彩色印刷厂广开门路，积极与科研部门、原材料生产企业、乡镇企业实行半紧密与松散型联合，经济效益有了显著提高。1986年实现产值386万元，比上年增长28.6%；实现利润42.3万元，增长32.2%。产值、利润比1984年翻一番，在全区轻工装潢印刷质量评比中，该厂的3种产品获全区第一、二、三名。

【深化企业改革与开发新产品】 银川市轻工企业内部进一步完善了承包责任制，逐级签订责任制合同。在内容上除产值、利润外增加了销售收入、新产品开发、优良产品率、安全生产等项指标，并明确了检查、考核、奖惩办法。全市已有26个企业实行了厂长(经理)负责制和任期目标责任制，占全部企业的53%。部分企业从实际出发，进一步理顺企业内部分配制度，采取工资与出勤、完成任务挂钩浮动、车间班组工资奖金包干、百分超额计奖、超定额计件、岗位工资等办法，拉开了分配档次，巩固和落实了经济责任制。从推行全面质量管理和目标成本管理入手，全系统运用行之有效的管理手段和方法加强了对产品质量、物资消耗等指标的考核、控制，积极采用国际标准，开展产品升级换代、创优上等级活动。组织厂长（经理）、质量管理人员培训学习。

1986年通过鉴定和投产的新产品有10种。建新搪瓷厂开发新产品整体拉伸搪瓷浴盆，填补了自治区的空白。银川化工厂不断开发新产品，产值突破1 000万元，新产品产值占60%。1986年又有元明粉、08型沙发、双凤牌喷淋式双缸洗衣机等6种产品获自治区、银川市优质产品称号。其中元明粉连续2年获自治区优质产品称号。篷布沙发厂被轻工业部评为全国轻工业企业管理成效显著先进单位。建新搪瓷厂、棉毯厂被轻工业部、国家民族事务委员会评为全国少数民族用品先进企业。彩色印刷厂被评为自治区轻纺工业“双文明”先进企业。

（许润成）

新疆维吾尔族自治区

新疆维吾尔族自治区轻工业

【概况】 1986年，新疆轻工业系统归口管理的企业由上年的933个增加到1 014个，其中大中型企业39个，在制糖、制盐、制革、酿酒、塑料制品行业中，有全民所有制大中型企业17个。全系统共有职工11.25万人。

1986年全区轻工业总产值首次突破10亿元大关，达到11.03亿元，比上年增长14.5%（上年总产值原数为9.5亿元，调整后为9.63亿元）。在自治区关于要抓好基本经济单位县（市）工业的发展的要求下，全区84个县（市）中，有58个县（市）的轻工业产值比上年有所增长，其中年产值超过1 000万元的县（市）由上年的6个增加到8个：奎屯市6 700万元，吐鲁番市2 565万元，伊宁市2 518万元，喀什市1 435元，呼图壁县1 387万元，沙湾县1 114万元，奇台县1 107万元，焉耆县1 023万元（其中沙湾、焉耆两县是新增上来的）。

全区国家和部管的38种轻工业计划产品，有30种的产量比上年有所增长。由于自治区对畜产品的收购和价格全部放开后，畜产品加工工业获得了充分的原料，产量出现了近几年未曾有过的快速增长，乳制品和罐头的产量分别比1985年增长1倍和1.45倍，皮革工业一举突破亿元产值大关，达1.2亿元。制糖工业由于1984年甜菜大丰收，糖厂对多余的甜菜未组织好“外调外销”，挫伤了糖农的积极性，1985年甜菜播种面积和产量大幅度下降，致使1986年第一季度甜菜供不上，3个月的榨期只开机1个月，产糖量比上年减少1.25万吨；工业产值（包括副产品产值）仅8 830万元，比上年1.03亿元下降14.3%，这是近8年来制糖工业所未有过的情况，“第一车间”——甜菜的种植、收购非抓好不可！

主要产品产量完成情况

主要产品	计量单位	1986年产量	1985年产量	1986年与1985年相比+(-)%
机制纸及纸板	万吨	4.9	4.17	17.5
机制糖	万吨	5.95	7.2	-17.36
原盐	万吨	40.1	36.35	10.3
啤酒	万吨	1.4	0.89	57.3
自行车	万辆	6.05	4.2	44
日用陶瓷	万件	858.6	767.2	11.9
日用玻璃制品	万吨	2.45	1.8	36.1
保温瓶	万只	84.23	49.7	69.48
罐头	万吨	1.47	0.6	145
葡萄酒	万吨	1.8	1.99	-9.5
干电池	万只	5 192.4	5 074.2	2.33
塑料制品	万吨	2	1.8	11.1
地毯	万平方米	8.57	6.73	27.3
皮革	万张	104	78.22	32.96
皮鞋	万双	218	185.5	17.52

1986年，全区轻工业系统实现税利2.3亿元，比上年增长2.1%。新疆轻工业厅直属企业在层层实行效益目标承包制的推动下，实现利税6 065.8万元（含盐税），比上年增长5.95%，其中利润2 080.3万元，比上年增长14.46%。全区轻工业系统利税增长速度高于全区总的增长速度。

【基本建设和技术改造】 1986年，全区轻工业固定资产投资计划为1.2亿元，实际完成1.08亿元，为年计划的90%。其中基本建设投资完成7 959万元，比上年增长18.6%；技术改造投资完成2 843万元，比上年增长72.6%。全年有18个项目建成投产。新增生产能力：啤酒1.3万吨，优质白酒500吨，奶粉2 700吨，蕃茄酱罐头3 000吨，民族特需用品方块糖2 000吨，哈密瓜浓缩汁1 200吨。额敏糖厂日处理甜菜1 000吨项目已于12月中旬投料试车。在上述投产项目中，伊宁县乳品厂当年奶粉产量已接近设计能力，上缴利税34.5万元，经济效益之好成为全区的典型。

1986年，自治区政府为扶持二轻集体工业的发展，专项拨出1 000万元财政低息贷款，到年底大部分项目已分别投入生产。轻工业系统中还完成了350万元的危房改造和老企业专项补助贷款项目的建设。

【产品质量管理】 1986年，全区轻工业系统在产品质量管理工作方面有新进展。全年共制订和修订产品标准55个，使全区主要轻工产品标准复盖率由上年的77%提高到81%；在现行产品标准中，有国颁、部颁标准190余项，地区企业标准186项。还制订了优质产品技术条件43项。

1986年各地共举办了各种全面质量管理学习班115期，参加学习的达4 155人次；新建ＱＣ小组95个，取得了21项成果，有3个ＱＣ小组被评为自治区优秀ＱＣ小组，盐湖化工厂盐场ＱＣ小组被评为全国制盐业优秀ＱＣ小组。

继续开展质量评检工作。举办了玻璃瓶罐质量评检会，对酿酒行业的81个产品，以葡萄、哈密瓜、杏子为原料的64种食品加工产品和其他重点产品分别进行了不同深度的评检。全年有23个产品被评为自治区优质产品；工业盐、绵羊正面服装革、绵羊革皮服装和绝缘胶布4种产品分别被评为轻工业部和商业部优质产品。

1986年，全区轻工业优质产品产值率由上年的4.35%上升到9.73%，轻工业厅直属企业优质产品产值率达30.5%；全区轻工业产品质量稳定提高率由上年的70.6%上升到91.3%。超过自治区计划80%的要求。

【科技和新产品开发】 1986年，经自治区轻工业厅组织和参加鉴定了25个科技攻关项目，并申报评比。天然结晶芒硝气流粉碎工艺（新疆盐湖化工厂）、锂质陶瓷耐热锅研制（轻工业设计院）、现代维吾尔服装裁剪与缝制（轻工业设计院）3项获轻工业部科技进步奖；全麦汁香型啤酒（新疆啤酒厂）、三花葡萄酒（轻工业设计院、吐鲁番红柳河葡萄酒厂）、水蜜桃夹心糖（奎屯食品厂）、绵羊毛革两用皮试验（皮革公司）4项，获自治区科技进步奖。

1986年已经鉴定和投产的新产品有97个，新产品产值率由上年的2.8%上升到4.65%。甜菜颗粒粕、Ｒ14Ｃ高容纸板电池、香精系列品、雪莲葡萄酒、民族儿童皮棉马靴、食用鲜酵母、线性低密度聚乙烯超薄地膜等16种新产品被评为自治区优秀新产品。石河子八一糖厂和乌鲁木齐市酿酒厂、保温瓶厂、天山布鞋总厂、塑料厂5个单位被评为自治区开发新产品先进单位。

【联合与引进】 横向经济联合的项目大量增加，据不完全统计，全区轻工企业在区内之间和国内各省市之间新签订的横向联合合同或组织实施的项目共137个。乌鲁木齐市二轻系统先后与国内26个省(市)有关方面建立了经济技术协作联系,1986年与区内10多个县市开展横向经济联合，全年共完成协作项目36项，有26项初见成效，共新增产值660.3万元，新增税利119.1万元。伊犁哈萨克自治州二轻系统与湖北、辽宁、浙江、江苏、河南等地对口企业和区内的有关企业建立了各种不同形式的经济技术协作关系，全年联营协作项目40多个，新增产值417万元。吐鲁番瓜果实业公司与上海、北京、南京、陕西等地的饮料厂、食品厂合资生产各种瓜果汁和葡萄汁饮料，还与区内数十个企业开展横向经济联合，已初步形成了一个松散型、半紧密型的企业集团。

1986年全区轻工业系统经正式批准的与国外的合资、技术引进项目共20个，均有不同程度的进展。到年底已有伊犁方块糖生产设备、吉木萨尔县油榨土豆片生产设备、乌苏县啤酒厂灌装设备三条引进的生产线安装投产。

【企业升级准备工作】 区轻工业厅于第四季度制定出了“新疆轻工企业升级实施细则”和“轻工行业主要产品自治区区级企业等级标准”(征求意见稿)。所列产品有造纸、日用玻璃、灯泡、洗涤剂、制盐、甜菜糖、酿酒、乳制品、罐头、皮革毛皮、塑料制品、家具、洗衣机、服装、精铝制品、制锁、铁锅、地毯共18个产品。考核评定的指标有：产品质量指标（主要产品一次合格率，主要产品一级品率，优质品率等),物质消耗指标（能源、主要原材料消耗),经济效益指标（产值利税率，资金利税率，人均创利税，全员劳动生产率)。自治区一级企业所应达到的指标，按自治区1985年同行业先进水平制定；二级企业所应达到的指标，按自治区1985年同行业的平均先进水平制定。

（徐绍政）

典型企业篇

【北京双合盛五星啤酒厂】 是全国著名的五星啤酒的生产厂，建于1915年，是中国第一家由民族资本投资兴办的啤酒厂，已有72年的历史。该厂在北京市宣武区广安门外，占地面积35 753平方米，建筑面积42 000平方米，现有职工764人，固定资产原值1 728 万元，净值1 218 万元，年产啤酒35 000吨，比解放前增长了473倍。1986年工业总产值1 738万元，比上年增长26.8%，实现利润841 万元，比上年增长26.2%，上缴利税 839.6万元，比上年增长24.5%，自1983年企业整顿至1986年底，四年累计向国家上缴利税3 527.1万元，相当本厂固定资产净值的2.89倍。该厂现有“五星”系列产品15种，其中4种获部优和市优，并打入美国、英国、香港等国际市场，1986年创汇90万美元。吨酒利润281.4元，在全国同行业中处于领先地位。

该厂在完善企业管理基础工作的同时，学习和运用现代化管理方法。全厂用水、蒸汽流量实现了微机监测与控制，1985年曾获全国微机应用二等奖。财务管理、生产统计、销售收入应用微机管理程序1986年底完成了主体设计，并进行试运行。

面对国内外市场对五星啤酒需求量的不断增加，1985年该厂从联邦德国引进“易拉罐”啤酒灌装线，不到一年时间便建成投产，填补了北京地区罐装啤酒空白。1986年7月，由日本引进的小瓶啤酒灌装线正式投产，并首次出口美国3 500 箱，受到消费者的欢迎。同年9月中旬在旧金山第49届啤酒淡酒展销会上，在1 000多种啤酒中，五星啤酒吸引了众多客户，一次定货就达50万箱，大大超过了五星啤酒出口的能力。

国家为了发展五星啤酒的生产，“七五”期间投资8 000万元对五星啤酒厂进行重点技术改造。目前一期工程主体已经完成。二期工程完工后，设备全部实现自动化，达到国内先进水平，在产品结构上，淘汰低档酒，全部生产中高档五星啤酒。

该厂本着“积极、稳妥、量力”的原则，从1984年起到1986年底，已与黑龙江、青海、河北、河南、山西、福建等七个省市的十家企业进行多种形式的联合，并于1986年8月20日在北京成立全国啤酒行业第一家跨省市、跨行业、跨所有制的北京双合盛五星啤酒联合公司。这不仅支援了老、少、边、穷地区和兄弟省市发展啤酒的需要，而且扩大了五星牌啤酒的知名度和市场覆盖率，提高了企业的经济效益和社会效益。北京双合盛五星啤酒厂被评为1986年度北京市工业系统优秀管理企业。

（齐立林）

【北京日用化学三厂】 该厂是生产全国名牌“奥琪”系列化妆品的工厂。该厂1975年在北京日用化学一厂化妆品车间的基础上建立起来。生产化妆品已有30多年的历史。现有固定资产原值945.9万元，净值866.8万元，有职工429人，其中女职工240人，工程技术人员36人。1986年工业总产值4 075.5万元，比上年增长34.4%；实现利润605万元，比上年增长30%，人均年创税利2.9万元；全员劳动生产率达到95 009元/人。各项指标均创历史最高水平。

该厂坚持产品求新，先后研制出具有特色的“宝贝”、“素馨”、“奥琪”三个系列共16个品种。产品畅销全国29个省、市、自治区，其覆盖面达到100%，并小批量出口日本、意大利等国，受到消费者的喜爱。日本还专门成立了“奥琪”株式会社，经销该厂“奥琪”产品。该厂结合我国化妆品的变化趋势，开始生产新一代华姿美容化妆品。目前该产品已小批量投放市场。该厂坚持质量求优，即在保证健康的基础上追求美容效果。做到产品均具有营养、护肤、增白、美容多种功效才能投放市场。生产过程中严格执行卫生标准，保证了产品质量的稳定提高。其中灯塔洗发膏、宝宝嫩肤霜获1983年市优，素馨洗发膏、宝宝营养霜获1984年市优；奥琪抗皱美容霜、素馨玉容香粉获1985年市优；奥琪增白粉蜜获1986年市优。素馨洗发膏和奥琪抗皱美容霜还获轻工业部1985年优秀新产品奖。1986年质量鉴定会上，9个产品均保持了优质和一类产品称号，产品质量稳定提高率达100 %。

该厂重视产品的宣传。通过广告、电视等多种形式，把产品尽快介绍给广大消费者，使产品销往全国各省市的100多个百货店和全国最大的15家百货商场。1986年他们用于产品宣传费用达100万元，先后制作7部产品广告片、分别在中央台和北京、上海、沈阳等近20个地区的电台做了宣传。还参加赞助柯达杯、ＴＤＫ杯国际足球邀请赛，设立了奥琪杯。与北京男子篮球队签约，正式命名该队为北京奥琪男子篮球队。通过多种形式的宣传，提高了产品的知名度，1986年的销售额达到3 839.5 万元。

北京日用化学三厂，1986年度被评为北京市工业系统优秀管理企业。

（齐立林）

【北京市洗衣机总厂】 该厂的前身是北京市民用炉厂，集体企业，主要生产民用炉。1973年转为全民所有制企业。1977年10月由广安门外小马厂迁建于芦沟桥城南，同年交给北京市二轻局管理。1979年底转产窗式空调器。1981年1月29日，同北京市洗衣机厂合并，组建北京市洗衣机厂。由于两厂所有制不同和搬迁困难等原因，名合实未合。1982年4月1日单独成立洗衣机总厂，更名为北京市洗衣机总厂。它现有职工965人，占地面积53 592平方米，建筑面积35 776平方米；固定资产原值2 292.3万元，净值1 945万元。1986年完成产量21.6万台，比上年增加29.3%；利税 1 194.3万元，比上年增加157.5 %。

该厂在消化引进新技术、实现国产化、开发系列产品方面成效显著。

(一)借诊断促引进。1981年12月，日本国际协力事业团派出以电子机械工业会理事竹内芳郎为团长的6位专家（有2人是东芝公司的），来该厂进行为期20天的企业诊断，并写出《洗衣机总厂技术改造的意见》书面报告。通过专家介绍和查阅刊物，了解到东芝公司1980年的新产品——银河ＳＤ-100喷淋双桶洗衣机是“当代洗衣机中的一个革命”，它可以使衣物洗涤与漂洗同时进行，节水省电，操作简便，特别适用我国双职工家庭。向日方提出引进此机的技术。

(二)抓引进重国情。在引进ＳＤ-100洗衣机过程中，确定不全盘引进，由中日联合设计，中方制造方案。仅用一年时间，一条适用国情的双桶洗衣机生产线于1985年6月竣工投产。总造价40万元人民币，比国内同类生产线节约投资30万元，节省大量外汇。此外，在吸收中日共同设计的组装线经验情况下，把原单桶洗衣机组装线自行改造为双桶洗衣机组装线，为扩大生产能力打下基础。

(三)抓消化吸收，实现产品国产化。第一，该厂组织全厂技术骨干，对日方提供的ＳＤ-100洗衣机的图纸、资料，重新绘制、复核，标准转换，绘制成一套符合我国标准的图纸；第二，抓原辅材料国产化。经过多次调查实验，解决了轴套、刹车块、压盖等零部件生产用原辅料的国产化问题。第三，产品零部件国产化，在保证整机性能和寿命的前提下，对原设计进行了部分改进。经过一年多的努力，整套洗衣机的零部件全部实现国产化，主要质量指标达到了国外同类产品的先进水平。

(四)引进一个产品，开发出一个系列。在引进ＳＤ-100型（即“白菊”牌Ⅱ型）洗衣机的基础上，1986年开发了“白菊”Ⅲ型、Ⅳ型洗衣机。Ⅴ型半自动新水流和适用型带水泵的洗衣机，正在研制开发之中。

在产品质量管理方面，1986年，严格把住四道关：1.设计关。在设计新产品时，考虑不同层次、不同居住条件的用户需要。2.配套关。加强进厂件的质量检验与控制，放单件加工进厂为组装件加工进厂。成立专门的“外检组”。3.装配关。1986年举办装配工培训班，合格者上岗。4.销售服务关。自1986年7月1日起，在全国实行联合保修制度，凡持“白菊”牌洗衣机保修单的用户均可就近维修。另规定卖者必须具备维修技术，否则不予签订供货合同。

“白菊”Ⅱ型双桶喷淋洗衣机，1985年投产当年就获北京市科学技术进步奖、市优秀新产品一等奖，“白菊”商标被评为著名商标，1986年获全国优秀新产品一等奖，评为部优质新产品。该产品还先后在苏联、波兰、亚太地区国际博览会上展出，受到国外客户的好评及订货。

该厂重视经济联合，发展94家协作加工点。1986年与其中的河北省文安县苏桥团结塑料厂和霸县任庄子塑料厂、山东省蓬莱滤清器厂进行联合，使原来三个纯加工点，发展成为三个分厂，为发展“白菊”洗衣机的群体（或集团）打下了基础。

（姚学高）

【北京塑料三厂】 北京市塑料三厂自1985年以来，连续被评为北京市企业管理先进单位，1986年被评为全国轻工业系统企业管理优秀单位和轻工业部优秀质量管理奖企业。该厂前身是北京市糖厂，建于1958年。1960年北京塑料皮件厂并入，更名北京市化工塑料制品厂，1965年改用今名。该厂现拥有固定资产原值1959万元，净值1 209万元，职工总数1 068人，工程技术人员占6%，专业管理人员占11%。主要生产人造革和塑料拖鞋，有五条人造革生产线（其中四辊压延人造革生产线是从日本引进的）和一条拖鞋生产线。年产能力11 000吨。“金牛”牌布基泡沫人造革是国家银质奖产品，产品行销全国。布基一般人造革、10×10泡沫人造革、ＰＥ人造革、“羽毛”牌微孔泡沫拖鞋等产品均为北京市优质产品，其中“羽毛”牌微孔泡沫拖鞋自1964年试制投产以来，一直是出口创汇产品，销往南美、中东和北非的十几个国家和地区。

1986年工业总产值6 657万元，比1985年增长2.7%；实现利润1 013万元，比1985年增长8.7%；上缴利税1 021万元，比1985年增长9.4%；全员劳动生产率63 582元，比1985年提高4.8%；人均创利9 675元，比1985年提高10.9%。

1986年初，该厂面临三大困难：原材料平均涨价41.2%，资金不足，企业竞争激烈。该厂立足内部消化，采取以下措施：

抓市场，促推销。该厂注重市场预测，每年进行两次以上全国市场和同行业的预测调查。将市场具体划分为箱包市场，沙发靠垫市场、衣着市场、工业用品市场，以便选择和开发。还将ＡＢＣ管理法运用于市场销售管理，将用户划分为Ａ、Ｂ、Ｃ、Ｄ四大类，制定了“巩固Ａ类、发展Ｂ类、照顾Ｃ类、灵活对待Ｄ类的具体销售对策。1986年销售收入6 577.3万元，比上年增长7.3 %。

抓消耗，降成本。该厂原材料费占产品成本的85%以上，为此建立全厂核算中心，再划小核算单位。科室、车间和班组之间的经济往来业务，都以托收承付的方式进行计价结算，将生产消耗(成本)与生产成果(收入)进行对比，以分析其经济效果。1986年将原材料代用和节约指标分解到车间、班组和部门，并与奖金挂钩，年底实现降耗211.8万元。由于经营管理先进，增强了自我消化能力，1986年消化了减利因素516.7 万元。

抓质量、增效益。全厂建立17个工序管理点，48个质量管理小组，改变了“工人管干、检查员管检”的事后把关的传统管理方法，使产品质量稳步提高。产品质量提高率达100%。增利26万元。

抓品种、增后劲。成立产品开发科，制订新产品开发的长期规划和近期目标。近期开发项目实行招标制。1986年开发 5 个新产品，增加11个新品种，新花色。增利65万元。

横向联合。1986年先后同内蒙通辽第一塑料厂和宁夏银川橡塑厂进行联合,完成技术输出和转让工作，并一次试车成功。与日本大尼光公司结为民间友好企业，并制定了联合的长远规划。

（姚学高）

【北京市地毯五厂】 是生产传统名牌羊毛手工栽绒地毯的专业厂家。其前身是由北京“祥立永”,“震东”等十几家私立手工工厂合并而成立的公私合营地毯一厂。1956年与北京市第三地毯生产合作社合并为北京西城地毯厂。1969年称北京地毯五厂,为全民所有制企业。现有职工388人。固定资产177万元。历史创利最高水平达201万元。固定资产利润率曾居全国同行业第一位。全厂有图案设计、平活、洗毯、片剪、整修五道工序，以生产机抽洗90道手工羊毛打结地毯为主，年生产能力 3 万平方米。产品远销日本、美国、西德、加拿大、中东等39个国家和地区。

该厂过去只生产机抽洗90道、机拉洗90道高级羊毛地毯。1979年以后适应国际市场的需要，相继研制成110道、120道、150道高级拉绞羊毛地毯和高级艺术壁挂毯。近几年又创新设计了“古纹式”、“花鸟式”、“古绣式”、“民族式”、和“宫殿式”等。做工精巧、式样美观、色彩明快、古朴典雅、坚固耐用，深受外商欢迎。该厂生产的多工艺艺术壁挂，构思新颖，突破了传统的挂毯编织工艺，采用了十几道工艺技能，画面分十余个层次，达到了高浮雕艺术的效果。其代表作“柳毅传书”以别具一格的图案和优质的制做，开创编织工艺的新领域。

北京地毯五厂以产品质量过硬而著名于全国地毯行业。70年代初，该厂在编织工序创造采用了“点头织作法”,在片剪工序统一推广“小园剪口”操作要则，对产品质量的稳定提高起到重要作用。在质量检验中，实行领导干部、技术人员和工人相结合，自检、互检与专检相结合。对外加工回厂半成品全部进行复验，实行倒验制,发现上道工序质量不合格产品,下道工序不投产。将质量与经济利益挂钩，对外加工点的加工费实行优质优价。厂内职工每生产一个标准定额的优质品加发0.30元，生产一个标准定额的二级品扣罚0.40元，出现次品者不记产量，扣罚0.60元。对技术差的工人开办“技术培训班”进行技术培训，对技术水平中等的工人开办“优质培训班”,促进技术升级。

工艺艺术壁挂“柳毅传书”获1986年轻工部优秀创作设计一等奖,获百花奖“希望杯”,150道机拉洗地毯获轻工部优秀创作设计二等奖。

由于在产品质量管理方面成绩突出，1986年被轻工业部命名为“优秀质量管理企业”,该厂厂长被评为北京市质量管理优秀厂长。

（王奎俊）

【天津市第二日用化学厂】 该厂属天津市一轻局牙膏化妆品工业公司,专营化妆品生产的集体所有制企业。其前身为瑞金塑料厂，自1979年转产化妆品以来，已形成独具特色的郁美净系列，100多个品种规格，在全国化妆品制造行业占有重要一席。现有职工562人,1986年工业总产值3 347万元,实现利润271万元,利税合计872万元,全员劳动生产率 60 855元；年生产能力:袋霜5 000万袋、瓶霜 300 万瓶，头油 400 万瓶、花露水 2 000万瓶。

1986年完成净化车间的改造项目，化妆品生产已达到行业卫生标准。目前正在进行投资1 200万元的引进技改项目，项目完成后，生产装备先进,工艺合理，具备无菌操作条件，净化生产水平更高，将成为全国先进的大型现代化综合性美容化妆品生产企业，预计年产值可达9 000多万元，实现利润1 300多万元，利税合计2 800万元,出口创汇 360 万美元。

1986年投放市场的主要产品94个，其中新产品25个，占26.6%，传统产品市场稳定，新产品如花蕾丰乳露、郁美净、抗皱霜、防晒霜、祛斑霜、男友霜、郁美净868系列、婚礼系列及郁美净化妆品盒等，也倍受欢迎。该厂在天津市开办了“郁美净美容厅”,为美容化妆品消费市场信息反馈增加了一条更直接的渠道。

自85年以来，已分别在新疆乌鲁木齐、福建晋江和湖北潜江建立了三个联营分厂，郁美净珍珠霜、郁美净多效硅酮霜、郁美净多效花露水和郁美净儿童霜分别于1981年、1983年和1984年获天津市优质产品奖；其中儿童霜、多效硅酮霜1983年获国家经委金龙奖；郁美净婚礼头油在1986年全国化妆品行业评比中获第一名；郁美净牌产品被全国大型百货商场推荐为1986年最受消费者欢迎的轻工产品。

（傅金生）

【天津自行车二厂】 天津自行车二厂是我国名牌红旗自行车的生产厂，1986年又生产名牌飞鸽自行车。1986年被中国企协授予全国管理优秀单位，被天津市政府授予企业管理优秀单位；其产品OⅠ型、11型轻便车获得轻工业部优质产品奖，17型、18型轻便车获得国家经委优秀新产品称号51型、52型男女轻便车获得国家经委优秀新产品一等奖，17型、01型轻便车获天津市优质产品奖。年产量由8.5万辆发展到现在的265万辆。

该厂建于1956年，现有职工7 574人。自行车的品种由建厂初期的单一品种发展到现在16英寸、24英寸、26英寸、28英寸四个系列60余个品种。其中大批量生产的有20多个品种。1986年工业总产值34 317万元，比1985年增长6.1%，其中出口产值1 260万元，比1985年增长833.3%，创汇330万美元，比1985年增长768.42%。实现利税1.1643亿元，比1985年增长26.14%。

1986年8月全厂分配制度实行当量工资含量分配办法，总厂对分厂、车间、科室下达综合经济承包任务书，根据工作环境，劳动强度、技术高低的条件，奖励基数上限为53.8元，下限为26.4元，最高岗位奖金是最低岗位的3倍。现在车间、分厂内部基本有全额计件、全员集体承包、超额计奖、超时计奖等四种形式。

1986年红旗牌自行车在全国质量跟踪发布会上由地方名牌升为全国名牌产品。

（娄新生）

【天津制鞋厂】 该厂建于1945年，天津解放后由中国人民解放军华北军需后勤部接管，生产军用皮鞋、皮件。1957年10月1日移交地方管理，改名为“天津制鞋厂”，开始生产民用男、女皮鞋。1979年，在全国皮鞋质量评比中，新港牌1104模压男线鞋被评为全国一类产品第一名。并获轻工部、化工部、商业部、国家标准局联合颁发的奖状。1979年，引进捷克斯洛伐克胶粘生产线，同时，新建了7 000平方米新厂房，安装专用设备1 000余台，改变了厂房、设备陈旧落后的面貌。

1984年以来，开展经济联合，除在厂内组建了两个新型集体分厂外，并在原有15个部件加工厂的基础上，在武清、静海、宁河等县建立了8个城乡联营企业。

加强市场预测，实行产销见面，建立了3个经销部和2个联营商行，在华北、西北、东北等地建立了22个特约商店，聘请了近30名信息员。还在深圳建立了经销部，作为国际信息窗口。在企业管理上，引进了国外的先进管理方法，电子计算机、彩色闭路电视监控、电传已初步应用于经营管理。在技术开发上，建立了设计试制车间，承担着全厂和25个联合体的产品设计、技术咨询和技术培训。

1986年，该厂完成工业总产值4 307万元，比1985年增长12.4%；皮鞋产量完成283.4万双，比1985年提高13.2%；利税实现1 079.3万元；利润实现782.9万元，比1985年增长20.75%。被国家经委命名为“经济效益先进单位”，被轻工业部授予“企业管理优秀单位”称号，该厂生产的新港牌男线鞋和金百合牌女鞋，分别获轻工业部优质产品和天津市优质产品称号。该厂1986年获得5项认证：全面质量管理认证、工艺管理认证、采用国际标准认证、商标认证、计量管理认证、同时被天津市标准局授予二级计量站单位。

（孟　群）

【天津裕年空调器有限公司】 是我国第一家中外合资生产经营空调器的厂家，该公司系由天津市机械修造五厂、天津国际信托投资公司与香港裕年器材有限公司合资经营企业。于1986年7月9日正式投产开业。裕年公司投资总额210万美元。占地面积13 500平方米。职工人数231人。年产能力为3万台空调器。

裕年公司生产各种型号的分体式空调器及其它制冷产品，主要产品有：各种落地分体式，立柜分体式、吊顶分体式、壁挂分体式。风冷型、单冷、冷暖空调器及各种明装、暗装、立式、卧式闪机盘管空调器，计算机房专用空调机组等。并可根据用户需要，专门设计制造其它制冷设备。其特点为：产品结构先进，外型美观，品种规格齐全系列化，主机及关键配套件均选用美国和国外优质产品。

裕年公司从国外引进四条生产线。即：蒸发器、冷凝器生产线，表面喷涂及两条装配线。生产效率及自动化程度高；同时还引进国外的生产技术和全套的工装模具，制造工艺先进；在中外技术专家的密切合作下，运用科学的管理手段，对生产的全过程进行全面质量控制，从而能够同国外同类产品相媲美。

裕年公司产量在达到设计能力后，年产值将比合营前的二轻机械修造五厂增长42倍，利润增长55倍。产品外销收汇600万美元。人均创利7.1万元，居国内同行业前列。

裕年公司正式投产以后，在半年的时间内产品畅销全国25个省市地区，建立销售服务网点92个。多次参加全国展销订货会，得到用户广泛好评。裕年公司十分重视产品售后服务工作，设有专门维修服务队伍，为用户提供安装、调试等服务。并为用户供应易损原件，产品免费保修两年。

（杨敬诚）

【天津市宇华制衣实业公司】 天津市宇华制衣实业公司是在横向经济联合中诞生的企业群体，是工贸结合，中外合资、城乡联合、工商兼营、多种经营的新型经济实体。

该公司前身是服装十五厂，始建于1956年，是由若干个缝纫手工业组合营成立的，当时名称是“天津市第三十缝纫生产合作社”，有职工140人，主要产品为手套、套袖、童装等。1966年企业更名为“天津市中华服装厂”，1978年改为“天津市服装十五厂”，有职工517人，固定资产总值39.75万元，各种设备380台，产品产量176.24万件，工业总产值1 238万元，实现利润104.77万元。1986年建筑面积达15 762平方米，固定资产总值达594万元，有设备1 310台，有职工1 508人，产品产量完成376万件，实现产值4 230万元，利润523.84万元，出口创汇突破1 000万元。企业由一个生产企业变化为拥有5个直属厂、3个产品经营部、1个中外合资企业、一个集体企业、5个工农联合企业、6个加工协作厂的企业群体，产品由单一品种发展到以衬衣为主，同时生产裙衣、服装、造型工艺品、各种工业、民用刷子、各种缝纫设备维修制造等，产品由过去的中低档上升为中高档，其中“乘风”、“茶梅”男女衬衣被评为天津市和轻工业部优质产品，产品80%以上出口，销往美国、日本、香港等20多个国家和地区。该厂先后获天津市“文明生产单位”、“企业优秀单位”、轻工业部“企业管理成效显著表彰单位”等称号。

（王金波）

【沧州市东风塑料厂】　沧州市东风塑料厂是一小型集体企业，自1983年以来，连年被河北省委、省政府授予“先进企业”、“文明企业”称号，赵紫阳总理1986年8月到该厂视察，对该厂的工作予以肯定。该厂前身是1960年成立的沧州市民政局福利草袋社。1968年生产塑料证章书皮，始称东风证章厂。1970 年生产全塑凉鞋，更名为沧州市东风塑料厂。该厂现有职工866名，固定资产净值782万元，主要产品有全塑凉鞋、“席梦思”床垫、聚乙烯薄膜、输水管、聚氨酯塑料泡沫等，年生产能力8 690吨。年销售量800万双，“明珠牌”席梦思床垫打入京、津等地市场。1982年，该厂在因上年积压凉鞋70多万双，亏损达35万元的困难下，改革内部管理体制，实行各种形式的经济承包责任制，个人劳动效率与经济效益直接挂钩，扭亏为盈，创利25.9万元。尔后，逐步推行现代化管理方法，经济效益显著提高，1983年、1984年分别盈利92万元、157万元。1986年实现利润570.8 万元。

节约挖潜，增产增收。该厂成立以厂长为首的目标成本管理小组，对各种产品的成本、消耗、获利能力及发展前景进行科学分析。1986年仅原材料涨价一项，影响利润220多万元。在不利因素下，采取挖潜增产增收措施，实现盈利570.8万元，比1985年增长45%。

全塑凉鞋是该厂的“拳头”产品。他们把凉鞋花色品种的更新换代，新产品设计研制当作提高企业经济效益的战略措施来抓，对专职设计人员制订了新设计岗位责任制，同时广泛调动广大职工搞设计的积极性。几年来，该厂对塑料凉鞋的造型、配色、款式等几方面进行了数百次改进，设计，研制出实色、水晶、翡翠、仿革式等新花色、新品种345种。1986年研制新花色、新品种31种，创利186万元，占凉鞋利润的50%，其中仅6 001型女网眼凉鞋年销量达130万双，创利54万元。

该厂1986年从联邦德国、挪威引进了全套具有80年代国际水平的聚氨酯“席梦思”床垫生产线。从立项到试车仅用3个月时间，五月份试车调试一次成功。八月份顺利通过了省级技术鉴定，开始批量生产。12月份项目全面验收合格。投产仅4个月，即销售床垫1.3万个，泡沫348吨，完成产值613万元，实现利润188万元，创汇13万美元。产品质量达到国内同类产品先进水平。

（卢　旭）

【山西应县陶瓷厂】该厂是1971年新建的县营业企，以生产陶瓷碗类产品为主。目前年生产能力已达到1 300万件，产品行销全国20多个省市。1981年以来累计实现利税相当于前10年利税总额的11倍，有6项经济技术指标连续4年名列全国同行业的榜首，获全国轻工业系统经济效益显著企业称号。

应县陶瓷厂建厂投产头10年，基本上采用旧技术、旧设备，生产只是一种传统兰边碗，企业竞争能力很弱。1979年以来，全国日用陶瓷业面临出口订货锐减，内销产品积压，许多企业纷纷停产，改产或濒于倒闭。该厂为彻底摆脱生产经营的被动局面，把企业发展重点转向加快技术改造，推动技术进步以增强企业创新，创优能力和发展后劲上。1981年开始对原料处理、成型干燥和产品烧成三大主干车间进行改造。把半手工、半机械化、分散作业的生产工序，集中改造成2条机械化、连续化生产流水线。生产效率当年就翻一番：1986年日产水平相当于改造前的3倍，全年人均工效达38 000件，居全国同行业首位。从生产薄弱环节入手，把原有干式粉碎设备，自行设计、制作为湿式磨料设备，生产效率提高1.4倍；粉尘浓度由153mg/cm^2，下降为3mg／cm^{2}以下，达到国家要求标准。把保温快速烧成窑炉更新，当年施工、投产、见效。更新前后的烧成时间由144小时，缩短为17小时；吨瓷耗煤由4.14吨下降为2.8吨。1986年降为1.02吨，创全国同行业先进水平。该厂还曾先后攻克技术难关30余项，其中重点攻克了匣钵质量的老大难问题。研制成的堇青质薄壁匣钵，热稳定性好，导热系数高，机械强度高，体积小。匣钵周转次数由原来5－7次，提高到90-110次，增加了单车装匣量。

几年来产品一级品率和创优率年年都有新的突破，二龙戏珠豆青碗精益求精，连续多年保持省优质产品；新增花色品种达40余种，产品在市场上一直供不应求。为解决因扩建资金不足的问题，用户自动筹集资金85万元，支援厂方扩大生产。目前该厂已开始三期技改，竣工后年产量可突破2 500万件。在全国日用陶瓷业面临困境下，该厂不随大流、赶热门，而是填空白、补缺门。坚信人民需要碗，生活离不开碗，不以微利而嫌弃小商品。抢先把升级换代的二龙戏珠豆青釉碗投入市场，出现前所未有的产销两旺好势头。1986年产值利税率41.24 %、资金利税率51.3%、销售收入利润率39%、定额流动资金周转58天，这几项指标连续4年均领先于全国同行业。

（白世忠）

【山西长治洗衣机厂】　1985年被山西省人民政府命名为企业整顿先进企业和优秀质量管理先进企业。该厂从1979年开始生产洗衣机，1983年海棠牌洗衣机被山西省和轻工业部评为优质产品，在国内享有较高信誉，几年来产品畅销不衰。

该厂现有职工600名，厂内设7个车间、12个科室，拥有固定资产原值2 370万元，净值2 217万元，生产单、双缸洗衣机。

该厂引进国际投资银行的资金，引进日本松下电器公司具有80年代国际先进水平的双缸洗衣机制造设备和技术。通过消化、吸收和创新，用不到一年的时间，就生产出XPB30-ⅠS型“海棠”牌双缸洗衣机，于1986年4月投产。该机采用凹型波轮，产生心形水流，使洗涤物不易缠绕，是目前市场上较理想的洗衣机，投放市场以来，销量日增。

该厂根据企业特点，先后进行了两次大的改革，推行“冻结基本工资、实行档次结算、利润工资挂钩、上下浮动不限”的分配制度，在保证国家利益的前提下，兼顾了企业和职工利益。1986年实现利税750万元，比1984年翻了三番，人均月工资达到120元，在没有增加人员的前提下，实现了经济效益连续5年翻番。

为及时掌握国内外市场行情和最新技术的发展动向，1982年以来，该厂建立了以厂长为首的情报信息网络。现有专职信息员75名，兼职信息员108名，这支队伍与国内外有广泛的联系。4年来，该厂收到各种信息情报7 000多条，根据用户需要对“海棠”牌洗衣机进行了3次32项改革，产品一次合格率、优质品率分别达到90%和97.8%。该厂以本厂优质产品为龙头，以提高质量为前提，先后向所在地乡镇企业扩散洗衣机零部件6种，扶持办起了6个配套厂，既加快了乡镇企业的发展，又使该厂在少投资的情况下，自身得到迅速发展。

（常湎生）

【吉兰太盐场】　吉兰太盐场是内蒙古自治区轻工行业中大型骨干企业之一。现有职工2 000人，拥有固定资产6 100万元，创税利4 765万元。1983、1986年连续两年被自治区政府授予“先进企业称号”，并受到轻工业部1986年度“企业管理成效显著”奖。

吉兰太盐场，地处乌兰布和沙漠西侧，东临巴彦乌拉山。盐湖总面积为120平方公里，总储量在一亿一千万吨左右，是我国内陆大型盐湖之一。久负盛名“大青盐”就产于此地。湖内盐层厚度平均在3～4米，最厚处可达5.9米。盐湖再生能力强，是我国一座天然宝库。

吉兰太盐场，早在1812年清朝嘉庆年间开始人工小规模挖掘，至今已有170多年历史。解放前盐湖属阿拉善王爷私人家产。据阿拉善盟左旗旗志书记载：“清王朝期间因阿王平叛有功，将女儿嫁给阿拉善五代王爷，把吉兰太盐湖作为嫁妆陪给阿王”。1953年将盐湖收归国有后，仍有很长一段时间，每年由盐场付给阿王万担黄米作为盐池租赁费。

解放前，生产方式落后、交通不便，产量很低，最高的1946年仅为5 000 吨。1958年，乌达至吉兰太盐场的公路正式通车，由原来十万峰骆驼运盐改为汽车运输。1959年盐产量达到46万吨，比1946年增长92倍。1967年，乌达市至吉兰太盐场火车专用线正式通车，才彻底解决了吉盐外运问题。

国家为了尽快开采吉兰太盐湖资源，从1965年开始，对该场进行扩建和改建。历时10年，吉兰太盐场已从手工发展到全部机械化采盐，产量增到70万吨。1986年，吉兰太盐场又新建成了年产5万吨精盐加工车间。从1965年～1985年，共产盐645.8万吨，上缴利税四亿六千万元，相当扩建投资的14.72 倍。

吉兰太盐场主要产品有：大粒盐、加工洗涤盐、再生盐、滩晒盐、精制盐等五个品种。吉盐又称大青盐、因颗粒大、色泽白、原盐氯化钠含量高而闻名全国。大粒盐一级品氯化钠含量在96.5%以上，二级品在94%以上。洗涤盐经过焙烧洗涤工艺，除去了硫酸钙的优质品氯化钠含量可达97%以上，再生盐含量在98%以上。吉盐除供食用外，还是制碱工业优质原料。由于盐场注重产品质量，加强从采盐到包装各道工序质量管理，产品质量不断提高，再生盐1984年被命名为自治区优质产品称号。五个盐种销往全国十二个省市自治区。

（冀占军）

【沈阳味精厂】　沈阳味精厂建于1937年，当时以豆粕盐酸水解法生产味精，设备陈旧，工艺落后。年产量仅13吨。1966年开始采用以淀粉为原料发酵法生产味精，这是一个转折点，从此生产日新月异，其产量逐年增加，1966年完成591吨，1972年完成1 318吨，1976年完成2 600吨，1980年完成3 460吨，1984年完成4 933吨，1986年完成5 449吨。沈阳味精厂坚持“原材料不合格不准投产，成品质量不合格不准出厂”的“质量第一”的方针，生产出的红梅牌味精，于1979年和1983年两次获得国家金质奖。该产品含麸酸钠99%，小柱状白亮结晶，口味鲜美，驰名中外，畅销30余个国家和地区。

为了丰富广大消费者对调味品的需求，沈阳味精厂近几年又研制出新产品“复合味素”。该产品是普通味精与5′—呈味核苷酸钠按一定比例经复合精制而成，其鲜味比普通味精鲜味高3～4倍，呈牛肉、鸡肉、海产品等味道，是理想的调味营养佳品。因此深受广大消费者欢迎，并获得轻工业部优秀新产品奖。

沈阳味精厂在国家、省、市各级领导机关的关怀支持下，组成了一支力量雄厚的科研设计队伍，分别就有关发酵、提取、自动化、设备等方面进行试验研究，并备有多种精密仪器，以适应不同试验的需要。多年来承担了国家、省、市领导部门下达的多项重大攻关项目。其中如前述发酵法生产味精工艺的研究成功，对改变该厂生产面貌起了决定性作用，使落后的生产工艺一跃而进入先进行列，彻底改变了味精产量长期徘徊不前的低产局面。再如低糖流加法提高谷氨酸发酵产酸率的试验研究成功，使我国味精生产发酵工艺水平接近世界先进水平。又如核苷酸发酵的研究，用生物工程的细胞融合新技术进行谷氨酸抗噬菌株的选育等项目的研究，增加了该厂技术储备，提高了企业应变能力，均为改变生产面貌做出了积极贡献。

沈阳味精厂多年来不断提高经营管理水平，已从生产型逐渐走向生产经营型，同时狠抓质量管理，实行了目标成本管理，使企业素质不断提高，于1985年荣获轻工业部颁发的优秀质量管理企业奖，1986年荣获沈阳市环保局颁发的环境保护先进单位奖。

为了满足广大消费者需要，国家决定在“七五”期间对沈阳味精厂进行全面技术改造，使其味精产量由现在的5 500吨提高到150 00吨，并在产品、工艺、装备、管理水平上达到80年代世界先进水平。

（刘帼君）

【沈美日用品有限公司】 沈美日用品有限公司是沈阳市解放后第一个中外合资经营的企业，是由沈阳市日用金属工业公司与美国吉列（Gillette）刀片总公司合资经营的，座落在沈阳北部，它占地面积10 073平方米，建筑面积4 500平方米，1986年职工人数94人，包括4名常驻外籍人员。

1980年7月，在轻工业部的安排下，沈阳市日用金属工业公司与美国吉列刀片总公司接触，在一年多的时间里双方经过互相考查，进行可行性研究，于1981年12月16日签定了《合营合同》。1982年5月获辽宁省人民政府和国家有关部门批准，同年8月国家工商总局颁发了营业执照。1983年1月沈美日用品有限公司正式营业，5月5日剪彩，7月开始批量生产。《合营合同》规定，合资经营年限一定20年，经营所得利润按双方投资比例分成。中方以厂房、设施、部份设备和人民币投资，美方以机器设备和美元投资，双方投资各占50%。

沈美日用品有限公司主要生产经营的产品是碳钢和不锈钢涂敷犀牛牌刮脸刀片及全塑犀牛牌刀架。1983年8月上述两个产品经吉列刀片总公司研究中心测试，均达到了它同类产品的技术标准，吉列公司同意使用他们的商标向国际市场销售，同时经我国质量标准检测局同意，向国内市场销售。由于合营企业设备精良，采用美国吉列公司的先进工艺和先进质量控制检测手段，加之引进了刀片刃口涂敷等新工艺，产品内在质量好。刀片刃口锋利度高，弹性强，剃须光滑舒展；刀架角度合理，轻便耐用，使用方便。3年时间，产品经销已扩散到29个省、市、自治区和亚洲部份国家与地区。在国内外市场上都获得了良好的信誉。

沈美日用品有限公司，在企业经营管理上，实行总经理办公会议制。公司的总经理和副总经理，分别由中外人员轮流担任，一年一轮换。负责工厂生产、质量控制、市场开发、人事、财务等部门的6名经理，也分别由中外人员担任。经理们每周召开一次例会，研究制定、部署企业的生产、经营大事及各项重要工作。从总经理到具体经营工作人员，都有各自明确的《工作职责范围》和《管理日记》，并做为考核每个人的工作效率和成果。对每个员工都有严格的培训和考核制度。新职工入厂要经过6个月的培训，考试合格后方能上岗工作。对在岗的员工还要进行各岗位轮训，使其达到一专多能。该公司根据企业经营管理工作的实际需要，制定了自己的人事管理和工资、奖金发放办法。如工人工资，在其合营前原得工资（包括基本工资、保留工资、副食补贴等）基础上，增加30%。对于工作马虎、疲沓、有碍生产、上班迟到、下班早退者，给予警告。受到一次警告者扣发其一个季度奖金的一半，受到两次警告者扣发一个季度全部奖金。对于违犯企业规章制度、旷工3天、无故不服从分配工作、打架斗殴、赌博等，一经发现即被解雇。对于管理人员，从1984年3月开始发放岗位津贴，公司的工程师、会计师等专业管理人员的岗位津贴标准定得比较高。然而，无论是管理人员的津贴，还是工人的奖金，不搞群众评议，是由每个人员的直接领导先定出等级然后报主管经理进行审查、调整，最后由经理办公会议确定。在审议中不论是那一层领导，在确定其下属人员奖金或津贴时，都要详细说明理由。

在上班时间内，沈美日用品有限公司的全体员工，工作是紧张的，厂内很少有人走动，车间、办公室里从没有人闲谈。从总经理到每一个工人，都在忙碌着各自的工作。该公司不仅工作紧张，而且不少人是身兼数职。如，汽车司机，他的职责是开车、装卸、通讯、采购；电工的职责是既要看护变电所，又要看护真空泵、空压机和搞好电器维修。不论谁如在指定的时间内，不能完成指定任务，就要受到相应的批评或处罚。

沈美日用品有限公司，由于依照《合营合同》、《技术转让协议》及其他有关规定，从国外引进了成套技术设备，并通过送出国和请进技术专家的办法，对全体员工进行了技术培训，从而使职工技术素质与企业管理水平，都有较大提高。3年时间，在中外人员的共同努力下，各项工作进展较快，1986年刀片产量为6 537万片，比1985年的6 425万片增长17.4%；刀架产量为402万支，比上年的372万支增长8%；工业产值完成406万元，比上年的373万元增长8.8%；销售收入完成619万元，比上年的527万元增长17.5%；由于原材料、燃料涨价因素，1986年实现利润95万元，比上年的143万元下降33.6%；1986年投资利润率为14%。

（王兴武）

【鞍山市钢木家具厂】 辽宁鞍山市钢木家具厂改建于1949年，其前身是“工群”木工合作社。随着家具市场需求变化，1971年开始试制、生产钢木家具，到1980年初具规模，企业正式更名为鞍山市钢木家具厂。现有职工1 300人，通用、专用设备315台，厂区占地面积49 500平方米，建筑面积19 000平方米，固定资产原值538万元，净值402万元，具有年产80万件钢木家具的生产能力。“六五”期间，鞍山市钢木家具厂狠抓了经营管理、质量管理和经济体制改革，企业经营活力不断增强，经济效益大幅度提高。1986年实现工业总产值1 920万元，产量745 700件，利润176.4万元。分别是1980年的3.15倍、2.76倍、6.65倍。由于狠抓了全面质量管理，建立健全了质量保证体系，自1981年以来，先后有8种主要产品分别获得优质产品奖。其中：7 609型电镀全软折椅获国家银质奖；29-2型烤漆全软折椅、7920A型电镀餐台、7920型烤漆餐台获轻工业部优质产品奖；6906型电镀塑面板椅、06-3型烤漆塑面板椅获辽宁省优质奖；7 924型烤漆折凳、81-104型衣柜获鞍山市优质奖。

鞍山市钢木家具厂自1984年以来，针对企业内部管理体制和分配制度方面存在的弊端，进行了探索性的改革：(一)改革领导体制，实行厂长负责制。坚持以“三加强”为核心，以理顺国家、集体、个人三者关系为重点，制订了试行厂长负责制暂行规定，把党、政、工三者的职责、权限与分工用企业内立法的形式规定下来，出现了党、政、工各司其职，各尽其责，共同围绕生产经营中心拧成一股绳的新局面，企业更富生机与活力。(二)改革分配制度，建立、完善以经营承包为主的多种经济责任制。实行了“产销自主，联利计酬”、“指标考核，产品工资包干”、“指标考核、联责计奖”及“计件工资”等5种分配办法，打破了“大锅饭”，调动了干部、职工的积极性。(三)改革管理方法，在企业内部实行简政放权。将以下5种权力归车间：①人员组阁权。按厂部编制定员，车间有对管理人员、班组长、工人的选用、调动权；②奖惩权。按厂职代会通过的奖惩条例，车间有对管理人员、工人奖罚的决定权和奖金分配权；③对班组、工序、岗位劳动定额的调整权；④对工人、工种的调整和生产班次安排权；⑤承揽工业和个人加工定货权和产成品销售权。致使车间领导腰板硬了，敢管敢负责，聪明才智得以发挥，各项工作有声有色。(四)是改革用人制度，选贤任能。既注意发挥现有科技人员和自学成才的能人作用，又积极创造条件，向社会招聘科技人员。现在全厂科技人员由原来的28人增加到46人，厂领导根据他们的特长，合理使用，委以重任。这4项改革明显地促进了企业发展，提高了企业的竞争能力。

鞍山市钢木家具厂1971年开始生产钢木家具，当时技术装备陈旧，生产工艺落后，直到1981年，近千人的企业年产量仅20余万件。1981到1985年，该厂共投资263万元用于技术改造。①新建一条年产2 500吨的高频焊管生产线；②建成一条年产50万件的冲压生产线；③建成一条年产60万件的板面压合生产线，并采用较先进的电解质加热新工艺；④引进了日本烤漆生产线；⑤对原有的落后的木家具生产线进行了改造。并广泛发动群众搞革新挖潜，实现较大技术革新和工装改造30余项。这些都有效地挖掘了潜力，提高了家具生产能力和工艺技术水平，增强了后劲。

鞍山市钢木家具厂十分注重新产品的开发，厂内设有产品开发科、设计室、研制组，随时收集市场情况，了解家具消费趋势，产品品种由1980年的5种发展到现在的29种。由于产品结构合理，款式新颖，质量可靠，价格适宜，1981年来畅销到国内70多个大中城市，远销20多个国家和地区，1984年创汇139万元，1985年155万元，1986年已上升为195万元。

（刘承恩）

【长春市洗衣机厂】 长春市洗衣机厂现有职工1 752人，是一个具有现代化技术和设备的中型集体企业，位于吉林省长春市岭东路十四号。该厂是1981年在原市二轻机械厂停产倒闭的基础上转产洗衣机的，在较短时间内，自力更生，建起冲压、烤漆、总装三条生产线，试制投产了君子兰牌洗衣机。靠横向经济联合与技术改造，逐步走上了健康发展轨道。1983年君子兰牌单缸洗衣机，被轻工业部评为优质产品。不久，又在全国五金交电科技会议评比中，与北京白兰和上海水仙并列洗衣机第一名。产品质量不断提高，增产畅销，经济效益一年比一年好，1984年被轻工业部列为全国10个生产洗衣机重点企业之一。当年底引进国外具有现代水平的技术设备，于次年11月竣工投产，该厂进入了高速发展的新阶段。长春市洗衣机厂是吉林省先进企业和六好企业，现有固定资产原值2 541万元，净值2 145万元，厂区面积4.5万平方米，厂房建筑面积2.6万平方米，生产专用设备43台(套)，年生产洗衣机能力50万台。1986年生产君子兰牌洗衣机34.25万台，产值1.2亿元，利税1 400万元，分别比上年增长41.5%、154.3%和115%。

该厂横向经济联合有三个阶段。第一阶段：1981年企业转产洗衣机初期，为了争时间，省资金，由长春市二轻系统17家企业组成配套网，使君子兰洗衣机发芽破土。第二阶段：1983年随着产量的逐步扩大，在自愿互利的基础上，开展了跨地区、跨行业的115家联合协作，生产能力增长一倍多，超额完成了10万台的生产任务。1984年初，又按照“质量好、价格低、供货及时、稳定可靠”的原则，经过筛选，淘汰了40多家，重点培养74家，年底，组成了君子兰牌洗衣机松散型生产联合体，成立了联合体管理委员会，制定了《生产经营联合体章程》，联合迈进了一大步。第三阶段：1986年经吉林省政府批准，成立了以长春市洗衣机厂为主体厂的吉林省洗衣机工业集团，由属于紧密型和半紧密型的14个企业组成，按专业化组织生产，在竞争中形成了强大的威力。

该厂在技术引进和技术改造过程中，主要坚持两点：一是引进的技术设备既要先进又要合理。该厂在调查研究的基础上，引进了日本夏普株式会社1983年新开发的高波轮、新水流、多功能洗衣机生产设备。在确定引进什么样生产线的时候，考虑本厂属于劳动密集型企业，职工的素质不高，资金又有限。就决定引进半自动化的生产线，而对主要依靠电脑控制和机械手操作的全自动生产线，则待下一步考虑。这样多数人经过适当训练后，都能正常操作、保养和维修，达到了尽快全部消化吸收的目的。二是在保证产品质量的前提下，力争实现整机配件国产化。洗衣机上的洗涤桶、脱水桶和底盘，是三个较重的塑料件。该厂在国内考察中了解到，有的厂家没有引进生产这三个部件的大型注塑设备，常常因为生产质量和运输困难而影响整机的装配。因此，他们从产品质量和生产效益出发，引进了三台大型注塑设备，占用投资外汇的39%，代价虽然高一些，但产后避免了不配套的现象。待国产定时器质量提高后，即可实现全部国产化。

该厂全面加强质量管理，主要做法：一是建立健全质量管理机构和管理制度；二是质量管理人员有否决权，实行质量责任制；三是完善检测手段，抓好每道工序和配件的质量关；四是提高职工技术水平。因而产品质量不断提高，1986年君子兰牌单双缸洗衣机均被评为轻工业部优质产品。

该厂重视售后服务，对出厂产品实行三包，在北京、长沙、唐山、长春4个城市设立了维修服务中心，配备专职维修人员68人，还在197个市、县委托设立了维修服务点，整机免费保修一年，发生故障登门修理，使产品信誉进一步增强，逾期只收更换部件成本费。他们把售后服务作为改进产品质量的一条途径，提供信息的一个窗口，增强企业信誉的一种手段。

（郭顶权）

【石岘造纸厂】 石岘造纸厂位于吉林省延边朝鲜族自治州图们市石岘街，南邻嘎牙河，北靠牡图铁路线，是始建于1936年而有50年历史的老厂。早期为年产人造丝木浆、纸浆共1 500吨的纸浆厂。1945年9月日本侵略者投降时，工厂遭到破坏。1946年，东北人民政府军工部和东北日报社接管该厂，进行了3年的恢复建设。1949年以来，石岘造纸厂多次扩建，现已发展成为我国制浆造纸和综合利用的大型造纸骨干企业之一。全厂现有职工5 861人，固定资产原值12 468万元，净值4 131万元，厂区占地面积133.9万平方米。全厂有3个制浆车间，蒸煮锅4台，抄浆机2台；有5个造纸车间，抄纸机8台；1个综合利用车间和3个生产辅助车间。1985年，浆、纸及综合利用产品的综合生产能力达到10万吨。

1985年，推行了以厂长任期责任制和以承包为主的经济责任制，充分调动了各方面的积极性。1986年，克服了第一季度枯水、第三季度暴雨洪水威胁以及原材料大幅度涨价等不利因素的影响，取得了好成绩：全年工业总产值9 920万元，比上年增长7.6%；浆、纸及综合利用产品总产量109 672吨，比上年增长6%；实现利润1 605万元，比上年增长3.46%。可比产品成本比上年降低了0.11%。创省优质产品1个，全部优质产品产值率占63.1%，主要产品新闻纸经国家质量抽查，合格率达到100%，比全国平均合格率高41%。

石岘造纸厂为国民经济建设和造纸工业的发展作出了卓越贡献。1949年至1986年累计实现总产值23.97亿元，生产商品浆120.16万吨，纸及纸板101.33万吨，向国家上缴利税7亿多元，是国家基建总投资的12倍。

向全国兄弟制浆造纸企业输送了2千余名生产技术骨干。50年代，石岘造纸厂创造性地施行了生产指示图表，有节奏地指挥生产，在全国造纸行业中推广。建国以来取得科研成果150多项，内有全国重大科研成果14项，其中利用阔叶树生产机械木浆，亚硫酸镁盐基化学木浆和描图木浆，彩色胶印新闻纸，硫化床红液炉燃烧红液，喷碱法磨杨木浆工艺，49g/m^{2}低定量新闻纸等成果填补了国内空白。建厂初期，只有A_2浆、B_1浆和新闻纸3种产品，到目前已发展到15种：BK浆、B_1浆、A_2浆、AK浆、新闻纸、胶印新闻纸、杂志纸、胶版纸、箱板纸、复印机纸、卫生纸、酒精、粘合剂、酵母粉、木精。并先后试制成功了毛选薄页纸、晒图纸、桦木浆、锯沫浆等20多个品种。这些产品主要供给我国26个省、市、自治区的250多个新闻、出版、印刷、造纸、化工、机械铸造等单位和厂家，部分产品销往港澳地区和东南亚、西欧。由于质量管理工作的加强，出现了一批名优产品：白麓牌A_2浆和白麓牌BK浆分别于1980年和1984年被评为轻工业部优质产品；胶印新闻纸于1981年和1983年分别获得轻工业部优秀新产品和吉林省优质产品称号，低定量新闻纸1983年获国家银质奖，胶版纸与粘合剂分别于1984年、1986年被评为吉林省优质产品。其中，白麓牌低定量新闻纸的年产量居全国同类产品之首，这种薄型纸用于报纸印刷，每吨纸可比普通新闻纸多印3 000对开张，深受《人民日报》、《工人日报》等10多家报社的欢迎，被称为“细粮”。

石岘造纸厂各级党、团、工会围绕企业改革开展思想政治工作，也取得了可喜成果。厂工会连续多年被评为延边朝鲜族自治州优秀职工之家；厂团委连续多年被评为全州、全省企业共青团工作先进单位；计划生育工作成为全省、全国的先进单位；普法教育多次受到市、州、省和国家司法部门的表扬；职工教育坚持办学30余年，7次被国家、省、州评为先进单位(集体)。民族团结的加强与民族教育事业的发展，有74名朝鲜族干部担任厂、处（科）级领导，占厂、处级干部的37%。职工生活福利不断改善，建立了子弟中小学、职工医院、电视差转台、职工疗养所、敬老院、托儿所、幼儿园、少年宫等文化福利设施。

近年来，石岘造纸厂连续4年被评为省、州质量管理先进企业，连续3年被省政府评为先进企业。1985年一年内被评为轻工业部质量管理优秀企业与设备管理先进单位，吉林省安全生产6面红旗之一、并被命名为六好单位，同时被吉林省轻工业厅评为全省轻工业系统经济效益显著单位和现代化管理优秀企业。

（段　锐）

【吉林省梨树县淀粉厂】 吉林省梨树县淀粉厂始建于1942年，原为四平市“同寿仁”一家姓李的资本家创办的。1948年土改后曾改作地方粮库使用，1951年恢复淀粉生产，并更名为梨树县淀粉厂，产量逐年扩大，并先后生产过淀粉酶土霉素、四环素、酵母粉、肥皂等10多种产品。近年来，为了发挥主产品优势，停产其它产品，集中力量生产玉米淀粉。该厂现有固定资产1 300万元，占地62 000平方米，职工1 177人，科技人员31名。1986年玉米淀粉产量13 000吨，在同类产品的企业中居全国第二位。

为了增强企业活力，提高经济效益，1986年这个中型专业工厂与主管部门签订了经济承包合同。随之厂内加强了企业管理，实行内部承包，做到了上有总目标，下有分目标，人人有指标，形成了纵横联锁的目标管理网和经济责任网络，在技术改造任务很重的情况下，产值和利润都达到了历史最高水平。1986年按承包合同，超额完成了各项指标：淀粉产量超6%，产值超16.4%，利润超80%，上缴利税比1985年增长185%，成为淀粉行业经济效益较好的企业之一。

梨树县淀粉厂是我国玉米淀粉生产历史最长的老厂之一，技术力量较强，生产和经营经验丰富。该厂地处我国玉米的主要产区，原料资源丰富。凭借这些优势，该厂产品质量和生产成本，在同行业中具有较强的竞争能力，在味精、制药、食品等用户中信誉较高，不仅东北、华北地区大量使用该厂产品，江南的一些省市也有很多用户不嫌运输距离远而竟相购买梨树淀粉厂的玉米淀粉。该厂十分注重提高产品质量，本着对用户负责的精神，产品内控标准要求很严，因而赢得了用户的信誉。

为了满足市场需要，提高经济效益，梨树淀粉厂从1985年开始进行技术改造。从美国引进了22台(套)关键设备，总投资1 400余万元，新增淀粉年产能力30 000吨。1986年在保证正常生产的情况下，所有设备已经安装完毕。新设备在1987年投产后，可以新增工业总产值2 125万元，新增积累479万元，投资利润率25.9%，投资回收期4.84年，年实现利润368万元，年产能力可达43 000吨，将成为当前全国最大的玉米淀粉生产企业，并将开展综合利用，生产蛋白粉、胚芽饼、玉米油、玉米浆、肥皂、低热微膨胀水泥等。

（齐庆中）

【齐齐哈尔糖厂】 齐齐哈尔糖厂是“一五”计划期间694项限额以上的建设项目之一，原设计日加工甜菜能力1 000吨。1954年开始筹建，1957年11月竣工投产。至1986年底累计基本建设投资3 342万元，总建筑面积78 123平方米，其中生产性建筑面积40 426平方米，日加工甜菜能力扩大到2 000吨，年加工甜菜量40万吨，产白砂糖5万吨，酒精1 500吨，颗粒粕22 000吨，硅酸盐水泥6 000吨，成为全国大型甜菜机制糖厂之一，现有职工2 482人，其中工程技术人员162人。

齐齐哈尔糖厂自投产以来，共完成工业总产值87 801万元，生产砂糖66.2万吨，“6 14”7 209吨，酒精1.3万吨，白酒7 410吨，水泥6.4万吨，颗粒粕4.2万吨，加工原糖6.2万吨，共实现利润6 623万元，上缴利税16 555万元，相当于建厂投资总额的5倍。1985年，黑龙江省人民政府命名为“六好企业”，齐齐哈尔市委、市政府命名为“文明工厂”，1986年市委检查验收定为实现党风根本好转单位。

1986年工厂在面临原材料涨价、各种费用增加的不利形势下，坚持经济活动分析，实行经济指标层层分解，和目标管理，自身消化减利因素400万元，实现盈利256万元，8项技术经济指标突破或达到历史最高水平。产品一次合格率达到100%，制糖工艺总损失降到2.89%，比1985年降低0.6%，百吨甜菜耗标准煤6.98吨，比1985年减少0.31吨。在全省一轻工业系统“三升级”竞赛评比中，工厂进入一级企业行列，15项竞赛指标得总分居全省制糖行业之首，获“三连冠”优胜单位奖。

1986年工厂为适应商品经济发展的新形势，根据国际市场颗粒粕走俏的形势，改造了干粕燃烧炉，增添了颗粒粕设备，扩大了生产能力，增加了出口量，1986年出口颗粒粕15 214吨，比1985年增加4 530吨，创汇288万元。同时加强了企业基础工作建设，强化了生产经营指挥系统，共完善、建立各项管理制度和岗位操作规程288项，制定各种定额4 826种，全面推行了价值工程，量本利分析，正交试验，ＡＢＣ管理等7种现代化管理方法。由于健全了质量管理体系，严格执行质量标准，主产品蜂花牌白砂糖连续4年在全国同行业质量评比中名列前茅，酒精质量达到国家二级品标准。颗粒粕产品含砷低、外观好，受到外商欢迎。1986年省政府授予该厂“进出口商检工作先进单位”称号，颗粒粕产品评为齐齐哈尔市优质产品。

（姚立新）

【冬羽电热器联营总厂】 哈尔滨市冬羽电热器联营总厂是以哈尔滨市理发工具厂为基础，以生产获得国家银牌奖的冬羽牌电热毯为龙头，由9个小厂联营发展起来的企业群体。

1980年以前，虽然理发工具厂也生产名牌产品天坛牌理发推子，并试制生产了烫发剪、旅行电熨斗等一些新产品，但因缺乏生命力，没坚持多久都下马了。

1980年经过对市场的调查研究，该厂决定生产电热毯（俗称电褥子），短短的几年，一个老产品滞销停产，新产品又没有发展起来的企业，从一年只挣28 000多元钱变成了盈利百万的富厂；一个不起眼的电褥子发展成为名牌产品，畅销全国。

该厂认真抓产品质量，推广了全面质量管理，改进产品设计和生产工艺，使产品质量稳步提高。经过五、六年的苦心经营，产品不断提档升级，现在已经从开始试制的第一代产品更新到第五代。1982年冬羽牌电热毯被评为省优质产品，1983年被评为轻工业部优质产品，1984年获得了国家银质奖。为了保持名牌的信誉，总厂为各分厂培训了技术工人和质量检查人员，还派出35名质量检查员常驻分厂或进行巡回检查。总厂为各分厂制订了统一的质量标准，提供与总厂相同的质量检验工具和仪器，分厂的产品由总厂最后检验，统一出厂。

为了扩大企业的生产规模和产量，该厂决定走联营联合的道路。他们首先同本市的金属表带厂、东升电器厂、自立电子仪器厂、钨钼材料厂实行联合，后又同呼兰、宾县、绥化、青冈等市县的4家企业联合，组成了一个跨地区、跨行业的松散型的企业群体。各分厂出人、出设备、出厂房、还出部分资金，按总厂计划生产，产品统一由总厂推销。

现在，该厂年产量达到100万条，全国有96个市、1 150家商店经销他们的冬羽产品。参加联营的厂家，家家盈利，原来亏损没活干的，都已扭亏为盈。1986年主体厂——理发工具厂获利润130万元，比1985年增长30%，比1980年提高40多倍。　（李春阔）

【上海手表厂】 上海手表厂是我国最大的一家手表制造工厂。现有职工5 200余人，其中工程技术人员211人，拥有专用设备3 735台，建筑面积48 800平方米，目前生产的产品有上海牌和春蕾牌手表的统机男表、女表、薄型表、石英指针式电子表等5个系列、12个品种。其中ＳＢ$_1$Ｈ薄型男表被国家授于银质奖，1986年生产手表555万只，出口手表130万只，创汇900余万美元，产品质量和工厂的各项技术经济指标在国内都处于领先水平。

1955年9月26日，上海手表厂首创了我国第一批18只细马手表，为我国手表工业填补了空白。以后，又经过8批手表的试制，为国产手表的大批投产作了充分的准备。1958年，上海牌手表正式投产，在引进设备和革新创造的同时，生产效率大大提高。从1958年到1960年手表产量由1.35万只上升到45万只，走时日差±90秒，1961年，将Ａ581型手表改为ＳＳ1型的结构，走时日差降低到±45秒，连续走时由40小时提高到45小时，零件数量由145个减少到137个。1968年，手表产量113万只，1970年，手表产量达220万只。1971年，又将ＳＳ1型的慢摆结构改进为SS1A—Ｋ型快摆结构，提高了表机的抗干扰性能和走时精度，手表的出厂标准由±45秒降低到±30秒，达到轻工业部颁布的一级表水平。从1974年开始，又转为生产ＺＳＨ型统机手表，并制成快拨瞬跳单日历和双日历手表。

党的十一届三中全会以来，上海手表厂进入了经济振兴时期。1980年，上海牌手表获得了轻工业部和上海市优质产品称号，并被授予上海著名商标荣誉。从1982年起，该厂的年产量连续突破500万只。

近年来，该厂注重加强企业整顿工作，逐步推行现代化科学管理，强调企业的各项基础管理，健全全面质量管理组织，建立强有力的质量保证体系。在全厂范围内，根据手表零件质量和成品质量，建立了1 000多个质量巡检点和16个工序质量受控的管理点，建立和健全了质量信息反馈网。现代化的科学管理和扎实的基础工作，使该厂的手表质量明显提高，1985年，上海手表厂被评为上海市文明单位，上海牌男表再次获得全国质量评比第一名，1986年，该厂产品在全国质量评比中全部超过轻工业部颁布的优良等级线标准，并在中国钟表博览会上举行的我国首次举办的外观款式评比中，该厂产品获４个一等奖，８个二等奖，奖牌数均占参加各评比单位之首。目前，上海牌(春蕾牌)手表已被列为上海市优质名牌产品并获得优质产品出口奖、国家银质奖状。

为了搞好企业的转轨变型，由生产型工厂转为生产经营型，从1984年开始，该厂首创了用旧表贴换新表业务，并对调换下来的旧表采取全部销毁的办法，受到社会好评。1986年９月26日，该厂还对各种手表在70米和100米的高空用直升飞机进行高空投掷试验，参加投掷的300只手表全部经受了考验，最大误差不超过±15秒。

建厂31年来，上海手表厂累计产量7 500万只以上，按全国手表拥有量计算，平均每４个戴表者中就有一人戴该厂产品；上交税利47亿元，相当于固定资产原值的74倍。目前，该厂已被列为国家机电产品出口基地企业，今后产品在满足国内消费的同时，企业逐步转为外向型企业，进一步开拓国际市场，为国家多出口多创汇。预计到1990年，该厂将有50％的手表出口。

(符建新)

【上海家用化学品厂】 上海家用化学品厂是我国最大的化妆品生产专属企业。它与我国民族化妆品工业同时起步，具有最悠久的生产化妆品的历史。

该厂的前身主要有1896年创建的香港广生行有限公司，和1941年创办的明星香水厂等。解放后，经改组合并，遂更名为“上海家用化学品厂”。

上海家化厂是上海市的大中型骨干企业之一，也是唯一进入这个行列的化妆品厂。上海家化厂占地面积17 040平方米，现有职工800余人。1986年，实现产值1.8亿元(包括联营企业产值2 000万元)，比1985年增长34.7％；实现税利6 501万元，比1985年净增近1 100万元，上缴税利6 100万元。该厂日产值近60万元，年产膏料1.2万吨，全年有３亿件产品投放市场，销售总额占全国同行业的1/6强，1986年出口创汇近500万美元，在全国居首位。

目前，上海家化厂在不断改造原有设备的基础上，引进了一大批国外先进的生产设备。产品的原料是严格按照美国食品、药品、化妆品协会（ＦＤＡ）的国际标准选用的。它还和有关科研、医疗单位协作，用科学的方法研制新产品。

上海家化厂不仅生产“明星”、“双妹”等传统老牌产品，而且生产当今畅销的“露美”、“美加净”、“蓓蕾”等高级系列化妆品，另外还有“友谊”、“春雷”、“上海”等其他牌号的产品。该厂产品门类俱全、生产的护肤护发美容品有：营养霜、发乳、洗发精、花露水、指甲油、香水、粉饼、唇膏、眼部化妆品等15个大类，250多个品种。

上海家化厂产品质量创优。该厂的“美加净”发乳获国家银质奖和上海市优秀出口产品奖，“明星”花露水获轻工业部优质产品奖，“美加净”银耳珍珠霜获轻工业部和上海市优质产品奖，“露美”、“美加净”２个牌号的系列化妆品获上海市名牌产品称号，其中“露美”产品不但获全国优秀产品包装奖，而且还是向国宾馈赠的“国礼”。

上海家化厂根据市场的需要，在企业的经营和管理方面作了一些成功的改革，提高了企业的竞争能力，搞活了企业。

企业经营　(１)开拓消费市场。我国化妆品的消费水平很低，至于美容知识和技巧，更是鲜为人知。

该厂成立了一支以“指导消费，扩大消费”为宗旨的美容服务队。这是我国化妆品企业的首创。这支队伍走南闯北，活跃在祖国各地。举办各类美容知识专题讲座，作生活淡妆、新娘妆等示范表演。她们先后组织了100多场（次）各类美容咨询活动，使万余人受益。美容队的服务活动在社会上引起了强烈的反响，扩大了产品影响，打开了美容产品的销路，使得该厂1986年美容品增产近800万元。

另外，为了开拓消费市场，该厂还在上海和全国各地举办了各类产品展销会达20多次。展销会沟通了产销渠道，反馈了市场信息，同时也扩大了产品的销路。如1986年11月中百一店展销会上日销售额达4.4万元，是平时销售额的2.5倍。(２)树立企业形象。企业产品在消费市场的地位和影响需要有良好的企业形象来巩固。上海家化厂注重企业形象——厂标的宣传。该厂以“香飘万里”为主题的厂标，图形优美简洁，色泽鲜明。厂标不但发放给每个职工佩戴，而且被广泛应用于有关广告宣传媒介。该厂的信笺、名片、产品说明书、塑料包装袋都印上了厂标，同时还要求广告制作单位在路牌和车厢、报刊等广告制作中突出宣传厂标的主题。

企业管理　上海家化厂是一家老企业，随着生产的发展，产值不断上升。企业人员、场地已过度饱和。(该厂万元产值占地只有0.8平方米)，原有的生产布局已影响了企业的发展。现在要使企业适应市场的需要，提高经济效益又要不增加投资和场地，只有挖掘企业潜力，走内涵发展生产的道路。

(1) 根据市场需要，开发新优产品。该厂1986年从市场需要出发，共推出了“品种新，包装精、见效快”的产品34种。这些大都是世界流行，国内首创的新产品。其中有80年代风靡欧美的“美加净”护发美发定型摩丝、鸡蛋香波、青草香波、蛋白护发素、“露美”磨面清洁膏；还有香味雅、留香久的“美加净”国际一号、东方一号香水、色彩丰富的“美加净”多色唇膏，以及最新珠光系列化妆品，珠光唇膏、珠光粉饼、珠光眼影粉。这些产品一上市，就被争购一空，供不应求。

(2) 调整产品结构，移出低档产品、发展中高档产品。上海家化厂根据日益增长的消费需要，积极寻找有生产化妆品条件的企业，和它们建立经济联合体，将厂内原有的销路较少的低档产品移出，腾出人员、场地来大力发展市场需要的中高档新优产品。经过一年的努力，该厂已建立了2个联营企业，2个合作生产单位，移出了低档雪花和头腊等产品，减少了6 000吨的年吞吐量，腾出的5条生产线生产中高档产品，创造了产值3 000万元，另外联营企业又使该厂产值增加了2 000万元。现在，该厂的生产布局已基本理顺，企业的潜力得到了进一步的挖掘，为今后的发展打下了基础。

1986年上海家化厂取得了卓著的成绩。正是在这一年该厂实现了8年内产值翻两番（从1978年的4 600万元——1986年的18 000万元）。

（陈亦珉）

【上海益民食品六厂】　上海益民食品六厂是专业生产各类糖果、巧克力的全民企业，始建于1946年。原名：大乐糖果厂，现有职工777人，固定资产原值718.5万元，厂房占地面积4 666平方米，厂房建筑面积7 149平方米。主要产品大类有：硬糖、软糖、半软糖和巧克力。

几年来，这个厂狠抓企业管理，不断开拓进取，依靠技术进步，加快技术改造和新产品开发步伐，运用各种手段提高企业素质，逐步发展成为一个生产技术水平较高、产品质量较好、花色品种较多、管理手段科学、经济效益较高的企业。1983年该厂取得了企业整顿合格证书。1985年获上海市文明卫生单位称号。1986年获国家经委“六五”全国技术进步先进企业称号（单项）。

最近3年来，产值平均每年递增19.7%，利润平均每年递增26.8%，有4个产品获轻工业部优质产品证书。一个系列产品及2个产品获市优质产品称号，5个产品获市轻工业局优良产品称号，1986年，围绕“加强管理降消耗，技术改造蓄后劲；保质创优赶国际，出口创汇多贡献”的厂长方针，采取有力措施，主要技术经济指标都创造了本厂历史的最好水平，与1985年相比，工业总产值增长21.6%，产量增长10%，实现税利增长10.5%，全员劳动生产率增长22.2%，出口创汇增长109.5%，有17个新产品、新品种、新包装投入生产或使用，主要考核产品的质量指标都超过上海市轻工业局的要求。

近年来，从企业实际出发，一手抓宏观规划，一手抓微观决策，致力于改革创新，主要做了四方面工作。

一、搞好经营，形成三大优势

1．技改求快，形成技术优势。1984年，率先从国外引进了高级夹心糖生产线，设备从开箱到试车成功仅用了一个半月时间。应意大利CM公司之邀，这个厂成为该公司在中国的技术服务中心，先后为广州、柳州、津市、宿县等地的六家糖果厂提供了引进设备的技术服务，解决了聘请单位的生产难题。

2．产品求新，形成品种优势。不断用新产品来淘汰老产品，平均每年有6～7个新产品问世，1982年，当该厂的鸳鸯奶糖、维生素C夹心糖等产品在市场上还很畅销时，一个新产品的方案就已在科研人员头脑中形成。经过2年的潜心研究，成功地把该厂独特的工艺，溶合在先进的引进设备之中，制造出了油脂型、酱芯型和果仁型高级夹心糖。仙桃汁夹心糖诞生后，很快在上海和全国引起了一股“桃子热”，连续2年畅销不衰，它以晶莹的果体，宝石般翠绿的芯子，浓郁逼真的清香，博得了广大消费者的青睐，全国10多家新闻单位为该产品作了专题介绍。

3．销路求广，形成适销优势。1986年糖果市场出现了旺季不旺，淡季滞销的严重局面。这个厂一方面进行产品结构调整。增加适销产品的比重，另一方面，积极倡导和组织糖果行业的五厂联销，并主动与边远城市、沿海城市联系，先后同全国18个省、市的48家企业单位建立了供货关系，不仅摆脱了近期的销售困境，更为以后的扩大自销奠定了基础。

二、加强基础工作，提高企业消化能力

1986年，由于原材料提价等原因，直接影响该厂效益120万元，相当于1985年利润的42.4%，针对这一情况，这个厂通过4条途径来降耗挖潜，增加收益。

1．抓住重点，搞好商标纸的节约。修订商标消耗指标，加强商标检验，扩大以塑代纸范围。仅商标节约一年就增加效益4万多元。

2．积极处理呆滞物资，减少浪费，有计划地处理了一批包装材料和原料，共计节约金额达6万多元。

3．严格工艺纪律，提高成品得率。加强工序管理，狠抓准确投料，使不良品率明显下降，一类品率迅速上升。

4．配合技改，搞好节能工作，实行清水、混水分道，充分利用回水，一年节水7.5万吨；通过对锅炉的改造，半年就节煤30多吨，并使三废排放得到了控制。

三、推进现代化管理，提高企业管理水平

1．用方针目标管理来保证厂长方针的实现，1986年，围绕厂长方针，分解制定了60条目标值，层层展开，按月考核，从而使年度计划中的各项任务得以圆满完成。

2．用全面质量管理来保证产品质量的稳定提高。一抓全员全质培训，二抓产品中途管理，建立了工程技术人员的上岗检查制度，完善了三级检验制度，在原材料、产成品的整个过程中设置了8个质量管理点，在创优产品中建立了13个攻关QC小组，7个现场QC小组。通过这些措施，使产品质量得到了稳定的提高，1986年酱芯果味夹心糖和盼客欣软糖分别被评为创优赶超产品和上海市优质产品。

3．用价值工程和目标成本管理来提高企业效益，针对葡萄糖严重超耗的问题，应用价值工程原理进行分析，选择最佳工艺，增加效益22万元。同时，还在1985年的基础上，将目标成本管理推广到4个主要产品中去，此项成果又为企业创利13.1万元。

另外，为了及时解决生产中的问题，还建立了红绿卡、信息反馈制度，提高了管理人员的办事效率。

四、运用多种形式，加强企业文明建设

在形式上采取点、线、面全方位的教育形式，纵横配合、齐抓共管；在内容上，做到虚实结合，开展“三热爱”(即热爱六厂，热爱六厂产品，热爱本职工作）的活动。

通过一系列的活动，使职工的精神面貌有了较大提高：一年内共收到职工合理化建议179条；全厂文明班组36个，占73%。　　（毛玉琪）

【上海缝纫机一厂】 上海缝纫机一厂创建于1924年，前身为私营“阮耀记机器厂”，专业生产飞人牌缝纫机。解放前，职工仅五六十人，设备简陋，工艺不全，品种单一，生产方式落后，年产最多为2 000台左右。现在，全厂职工共3 300余人；装备先进，配置有专用、高效设备达1 300余台，各种自动线、流水线30余条；工艺配套齐全，拥有铸造、烘漆、电镀、金切加工、热处理等5大工艺。年总产量达90万台左右，主要生产JA型、FB型、JH型、GP型等5个系列13个品种的家用和工业缝纫机。产品远销亚洲、非洲、东欧、北美等60多个国家和地区；在国内外市场上均享有较高的声誉，是国内专业生产缝纫机的大型企业之一。几十年来，上缝一厂生产总量达到1 200余万架，占全国社会总拥有量的1/7；总产值达到12亿元；为国家提供资金积累约5亿元。

近年来，上缝一厂结合企业整顿工作，认真加强基础管理，积极推行现代化管理，取得了一定的成绩：1984年，被轻工业部命名为全国轻工业质量管理优秀企业，并获得上海市优秀企业管理奖；1985年，又取得上海市优质出口商品生产企业称号，并由于企业管理成效显著受到轻工业部表扬。1986年，被国家经委、国家科委和轻工业部分别授予全国经济效益先进单位、“六五”期间技术进步全优单位和轻工企业管理优秀单位称号。

1986年，各项经济技术指标也有新的突破：工业总产值达到8 556万元，比上年增长1.9%；实现利润2 406万元，比上年增长21%；人均利润为7 260.6元，比上年增长20.5%；主要产品的整机质量分均超过指标91分要求，其中JA1-1型达到93.145分，JH8-1型达到92.15分；全员劳动生产率人均为25 810元，比上年增长1.4%。

为了提高企业素质，上缝一厂坚持改革，积极推行以全面质量管理为重点的现代化管理，切实提高企业管理水平。在“联系实际，总结经验，渗透改进，逐步完善”的思想指导下，坚持贯彻“在‘全’字上求深，在‘管’字上求严，在‘用’字上求效益”的原则，围绕产品创优，从生产现场工序的质量管理，逐步扩展到原材料、外协作的质量管理；从生产制造全过程的质量管理，逐步扩展到产品设计和售后服务的质量管理，形成了从产品设计到售后服务各个环节的质量保证体系。同时，为了进一步创名牌、保名牌，提高产品质量，在全厂范围内还开展了群众性的“三保”、“四优”活动（三保，即：保证为下道工序提供优质产品、零部件；保证为下道工序、车间提供均衡生产条件；保证为下道工序提供满意服务。四优，即：创优质产品、零部件；创优质工序、流水线；创优秀班组、优秀QC小组；创推行全面质量管理的优胜车间、部门)，并加强了协作厂、联营厂的质量管理工作，初步建立了“飞人”协作厂、联营厂的厂际质量保证体系。

通过推行现代化管理，上缝一厂的产品结构更适应市场需要，实物质量始终名列全国前茅，多次获得部、市、国家经委颁发的各种产品奖：JA1-1、JA2-3型均获得轻工业部和上海市优质产品奖；FB1-3、JH8-1型获得国家经委优秀新产品金龙奖；JH8-1型还获得国家优质产品银质奖，并在缝纫机行业中第一个获得美国UL电器安全标准的认可，成为我国第一个进入欧美市场的家用缝纫机。飞人牌缝纫机还获得上海市名牌产品称号，并在1986年度全国部分家庭消费品民意评选中名列第一，获得“金鸥杯”奖。

为了进一步适应和满足国内外不同层次、不同类型、不同要求的消费需要，上缝一厂已研制成功电子、电脑中、高档缝纫机。同时，还积极引进国外先进技术，与日本日钢——胜家公司进行技术合作，共同设计、生产具有国际先进水平的电子缝纫机，进一步开拓国际市场，增强产品出口竞争能力。

在“七五”期间，上缝一厂努力根据“七五”规划要求，以稳定和提高质量为重点，以加速新产品开发、降低消耗、提高综合经济效益为中心，坚持“两个文明建设”一起抓，力争在1990年达到国家一级企业的目标。

（冯　益）

【上海地毯总厂】 上海地毯总厂通过多层次横向经济联合逐步建成了外向型的企业集团。它是全国地毯行业重点企业之一，产量、质量、创汇、创利各项经济技术指标均位居行业的前茅。

上海地毯行业从京、津传入，有80多年的发展历史。上海地毯历来以出口外销为主。抗日战争前曾经一度有大小工场30多家，从业者4 000多人，年产量达9万平方米。后因战争和海运封锁，行业急剧衰落，至解放前夕，从事地毯的手工业者仅20人左右。

解放后的上海地毯行业是在党和政府的重视和扶植下，重新招回了转业和流散在外的地毯艺人，联营组织合作社，并于1958年改造建立地方国营上海地毯厂。当时有职工482人，当年产量为7 616米。1979年通过经济联合，扩建成为上海地毯总厂，地毯的生产得到突飞猛进的发展。

上海地毯总厂现有职工1 400人，有专用设备268台，通用设备191台，固定资产原值480万元，净值354万元。生产的品种有90道机抽洗、机拉洗地毯，110、120、150道艺术挂毯，150道高档机拉洗地毯，近年来为适应国内消费者需要，又开发了日用胶背毯和针织壁毯。产品的特色：一是布局合理，案样新颖，既有民族传统又有时代风貌；二是选料精良，拉力强，弹力大，耐磨性好；三是色牢度强，洗涤后光泽足，有丝光质感；四是手工编织，制织精细，剪花形象逼真，花纹层次分明，具有“软浮雕”的立体艺术效果。地毯图案式样有古朴典雅的传统京式图案；有借鉴西欧古典建筑的美术式图案；有撷取奇花异草的彩花式图案；有翻印古代丝路花雨的敦煌式图案；有朴素淡雅的素凸式图案；还有表达现代人丰富想象的组合式图案。

1986年，工业总产值2 952万元，比1985年增长2.7%，为总厂建立前1978年的2.9倍；产量12.8万平方米，比1985年增长16%，为1978年的3.2倍；出口产值2 758万元，创汇逾1 000万美元，比1985年增加17%。一年内实现利润超过厂里固定资产净值。

松鹤牌机抽洗羊毛地毯获国家银杯奖；手工机拉洗羊毛地毯获轻工业部优质产品证书和上海市优质出口产品证书；上海素毯获轻工业部进步奖。这家企业各项经济技术指标名列全国行业前茅，连续多年被轻工业部评为工艺美术行业的一类企业。产品畅销美国，联邦德国、日本、意大利、瑞士、瑞典、科威特等40多个国家和地区。每年来厂参观的外宾和国外旅游者达5万人次以上。

突破行业框框，解放生产力。从宫廷织造发展形成的地毯行业，封建邦会色彩较浓，一是只准男工造，不收妇女工；二怕技术外流，只准厂内做，不发展厂外加工。因此，受劳动力、厂房、设备的制约，在1961年到1971年的整整10年之内，上海地毯厂的年产量一直停滞徘徊在1万平方米的低水平。70年代开始，上海地毯厂突破行业框框，一方面在厂内招收培养了大批妇女工，同时，依靠社会的资金、厂房场地和人力，大力开展外加工协作。1972年产量跃进到2万平方米，比上年增长了60%。到1986年底，这家总厂有外加工单位75个，从业人员7 000余人，相当于本厂职工人数的7倍，加工量扩大到7万平方米以上，质量完全符合出口要求。

专业化协作配套，增强生产能力。地毯生产有洗毛、梳毛、纺毛、染色、织毯、洗毯、剪花等19道工序。发展地毯生产必须具备处理生产污水和纺织毛线的配套能力。而原来上海地毯厂处理污水能力最高限制在7万平方米产量之内。为了扩大处理污水的能力，上海地毯总厂与郊县金山县的金卫乡联合建立了上海地毯总厂金卫联营地毯厂。这家联营厂地近金山石化总厂，可以利用金山石化总厂先进的污水处理系统，因而为总厂的毛纱染色和洗毯两道工序增建了10万平方米地毯的专业协作配套能力。上海地毯厂建厂后所需的羊毛毛纺原来都是委托毛纺厂加工的。地毯生产发展后，纺织部门不愿继续加工，不得不转向外省市分散加工。出现了毛纱质量和利用率低，运输成本高，还因原料经常供应脱节影响生产。1982年，地毯总厂与宝钢劳动服务公司协谈，充分发挥宝钢征地吸收进来的农工作用，联合建立了上海地毯总厂宝钢毛纺分厂，既建立了上海地毯总厂毛纱的自纺能力，还使毛纺的加工成本降低了2.5%。

建成供产销“一条龙”经营体系。1986年7月，上海地毯厂与外贸部门上海畜产出口分公司建立了工贸联系的上海松鹤地毯联营厂。工贸双方扬长避短，互惠互利，形成了供产销一体的外向型企业集团的综合优势。工贸联营后，双方密切配合，共同商定生产和出口收购计划。不但当年生产任务落实，而且热销品种和老客户都能隔年订货，有计划进行安排。生产原料也有了可靠保证，外贸以进养出提供进口羊毛，还利用与产毛区的传统业务关系帮助工厂采购国产羊毛。

（胡野鹤　王海鸟）

【上海环球玩具有限公司】 上海环球玩具有限公司是上海二轻系统与国外合资经营的第一家企业，也是上海闵行新工业开发区的第一家合资企业：它由上海玩具进出口公司、上海市投资信托公司、上海市爱建公司、中国银行上海分行和香港环球玩具集团有限公司共同投资合作经营。这家合资企业引进国外设备、工艺，各方面采用国际通行的管理办法，卓有效率地组织新型的锌合金玩具出口生产经营。

这家合资企业投资上马快，经济效益高。它是一个全部新建的企业，又几乎是和闵行新区的开发建设同步进行的。在建造厂房，安装设备以及开始生产阶段，遇到的问题和困难较多。但得到了市领导和有关部门的大力支持，创造了优惠方便的小气候。因此1984年7月破土开工建造厂房，同时交叉进行设备的引进，安装和调试，总共只花了1年时间，1985年6月底，1万多平方米的厂房和250多台（套）设备基本上竣工，安装完毕。

该公司现有职工500人。1985年投产的半年里生产各种玩具小车214万只，其中出口外销190万只；1986年生产各种玩具小车1 456万只，其中出口到美国、英国、联邦德国、法国、日本、澳大利亚等国1 140万只，占总产量的87%；实现利润160万元，超过了董事会确定的目标两倍半。预计三四年内可以挣回全部投资。

外向型经营体制锌合金玩具是有发展前途的产品，负责出口经营的港方香港环球玩具集团有限公司是一家有实力、有能力的国际玩具经营集团。这家集团公司自1982年成功地收买了在美国有37年历史、销售网遍及欧美各国、早已举世闻名的MATCHBOX（火柴盒）公司，并将机器设备运来远东继续生产，达到了降低成本和提高质量的双重目标。“MATCHBOX”商标的锌合金玩具原占美国市场的11%，现已跃升到45%，占锌合金玩具销售数量的第1位。现在产品已在120个国家和地区畅销。这家集团公司来上海建办合资企业后，由于工资和其他费用更低，使产品在国际市场上又增强了竞争能力。坚持外向型经营体制的这家合资企业，既使港方集团感到合资经营有利可图，又使合资企业有了稳定可靠的出口创汇渠道，在充分利用国外先进设备、原料的同时，并做到了外汇收支平衡有顺差，还为我国开拓了新门类玩具。

质量第一的管理方针，该公司严格把住出厂产品质量关，对产品质量坚持标准，从严要求，从不作任何迁就和让步。该合资公司管理人员仅30人，约占职工总数的6%。但对质量管理除4名质量管理员之外，还配置了9名不属于管理人员的检验技工。因此，产品质量信誉第一的企业方针，落实到了全厂上下，成为共同的意识和保证目标。投产以来，根据本厂品质部检验统计，成品合格率达到99%，根据香港QA部门检查，出货合格率在98.7%水平，1986年外销1 140万只玩具小车，分76批运往国外，从无退货和索赔现象发生。

合理的分配制度和严格的劳动管理，合资企业的中方人员原来都是上海玩具进出口公司系统的职工，工人中的大部分是从社会上招收进来的新工人和从农村中雇来的临时工，其素质不比一般同行业的企业高。但合资企业的全员劳动生产率却为行业之首。这是因为合资企业打破“铁饭碗”，建立不吃“大锅饭”的分配制度和劳动管理，充分调动了职工生产的积极性。这家合资企业职工的工资比一般企业工资标准高出25%，使职工从物质利益上对本企业这只“金饭碗”有了凝聚力和怕被打破的“危机感”。开始生产阶段，由于管理工作跟不上，这家企业也沿袭了国内盛行的内部分配制度上的“大锅饭”。每月完成定额人人拿平均奖金，不能调动职工的生产积极性，月产量徘徊在40万只左右。1986年开始，企业实行超产计件的奖罚办法，超产计奖，欠产及次品超率扣奖，上不封顶，下不保底。同时，这家企业根据国家的《中外合资经营企业劳动管理规定实施办法》制订了《职工劳动纪律实施条例》，对工作制度，公司纪律、安全生产、工厂文明、遵纪守法等方面都作了规定，订明违犯处理细则，并把它视同企业“法律”，严格执行。在分配制度和劳动管理制度上实行拉大差距，重奖重罚。据这家企业统计，实行超产计件奖励后企业的月工资奖金比原来增加了33%，而月产量从原来的40万只增加到现在的150万只，提高了2.75倍。劳动生产率成倍提高，工缴和企业固定费用支出相对减少，单位成本下降，是这家企业迅速扭亏为盈，有了美好发展前景的根本因素。

（胡野鹤 王海鸟）

【上海文教针厂】 上海文教针厂是生产小商品“文教三针”（大头针、回形针、订书钉）的小企业。这家厂在商品生产开拓经营的思想指导下，多方位延伸发展，小商品攥成了“拳头”产品，小工厂办成了群体企业。

这个厂的前身是信昌机器厂，创建于1932年，是国内第一家自制设备生产文教用针、以国产代替进口的工厂。

1986年，这个厂虽和其他企业一样处于原料和工缴成本开支增加，而产品价格又必须保持稳定不变的严峻情况下，依靠企业内部的消化承受能力，仍然实现了产利的大幅度同步增长，全厂产值2 650万元，比1985年增长7.4%；利润611万元，比1985年增长10.1%；出口创汇267万美元，比1985年增长23%。职工劳动生产率5.8万元，人均创利1.35万元，人均创汇6 000美元；每平方米厂房占地面积达到产值1.2万元，创利2 793元，创汇1 220美元。

这个厂的内销产品上海牌订书针、大头针、回形针均列为轻工业部优质产品，出口的长城牌订书钉，菊花牌大头针，四方牌回形针均系工厂自己注册的外销商标，在国际市场上，特别在东南亚地区有较高信誉。先后获市企业整顿表彰单位，市文明单位，市政治思想工作优秀企业，轻工业部高效益表彰单位称号。厂长陆俭国评为1986年上海市优秀厂长。

上海文教针厂正确处理“守业”和“创业”的关系，敢于突破几十年“文教三针”的局限，根据市场需要及自身条件，开发新领域、新产品，如：妇女烫发用的钢丝刷成为热门货，钢刷行业需要配套工业平头针，该厂就积极上马平头针的生产。此外，还大力开发了电视机需要的木壳钉、台钟需要的钟壳钉等16种工业用钉，扩大了企业经营领域。

这个厂还注意处理好“企业”和“副业”的关系，不受行业限制，产品门类向一主多副方向发展。从油墨行业转过来、熟悉油墨生产经营的厂长陆俭国，看到塑料印刷油墨是大有发展前途的新门类产品，国家每年要花外汇从国外进口相当数量，因此决定开发这一副业。他们克服困难，利用改造旧设备来生产“新产品”，一次试制成功“美加灵”塑料印刷油墨，当年投产，到1986年底，已有了20多个直供用户，在此基础上，他们还发展了复合胶合油墨、糖果纸油墨、牙膏软管等品种。从1981年到1986年，不用国家一分投资，却为国家创利600万元。

上海文教针厂积极向外向型经济发展。主要抓了三个方面的工作：

一是加强工贸合作，开拓欧美新市场。如1985年，他们通过多次同外贸部门联系，使外国客商首先到上海，在客商看了该厂的产品质量和井井有条的生产秩序后，决定取消再去外地的原定计划，就与上海文教针厂签订了比该厂全年内外销回形针总销量还大1倍的要货合同。上海“文教三针”产品也从此开始进入了工业发达的欧美市场。二是吸引外资，与港澳商人在特区筹办合资企业，专业生产各种出口的工业用针。三是以技术和劳务输出形式，由文教针厂提供专用设备，输出技术工人，在喀麦隆、阿拉伯联合酋长国兴办工厂或合资经营企业。上海文教针厂逐步建成以外为主，内外并举的外向型企业后，不但文教针类小商品逐步开拓成为出口创汇的“拳头”产品，而且也增强了企业的承受和应变能力，经得起市场变化的风浪。

文教针厂领导在治厂时十分重视“两个文明”一起抓。在企业管理上十分注意处理好“严”与“亲”的辩证关系，从而延伸挖掘了人的主观能动因素，逐步把工厂办成现代化的，高效率的文明企业。

首先治厂必严。厂领导在对企业进行全面整顿时，就从治理“乱、散”入手，改变手工业、小生产方式，建立严格的各级经济责任制，制订落实规章制度，责、权、利结合，赏罚分明。厂里结合实际，学习运用价值工程、系统工程、行为科学等现代管理知识，推行了全面目标管理、全面质量管理、目标成本管理、全面计划管理等科学方法。着手筹建电脑控制室，应用微机新技术来高效率地管理，目前已从广泛横向经济联合中形成了企业群体。

另一方面，厂领导关心职工生活。横向联合后，赢得了一定的空间，利用来开设了两班托儿所，孕妇休息室，停车库，更衣室，浴室、阅览室、文娱活动室。为了减轻职工繁重的家务劳动，厂里办起了“职工服务之家”。领导群众义务参加劳动，绿化美化了厂区环境，在层层楼房的走廊外吊悬盆景，厂房的平台上，造起了苏州园林式的小花园。工厂还与周围街道里弄和睦相处，相互帮助，共同办成了文明单位。

“亲”、“严”相济，“两个文明”一起抓的结果，上海文教针厂对职工的吸附能力和凝聚能力大大加强。“是我工厂、爱我工厂、建我工厂”已经成为职工共同的理想和行动。

（胡野鹤 王海鸟）

【工贸合营常州自行车总厂】 常州自行车厂建于1976年，1979年成立总厂。1981年，常州自行车总厂与中国出口商品基地建设总公司合资经营，定名为“工贸合营常州自行车总厂”，为我国较早的工贸合营企业。1986年，经国务院批准，这个厂成为中国出口商品基地企业之一。

工贸合营常州自行车总厂是一个大型企业，占地面积25.33万平方米，建筑面积15.77万平方米。拥有各种设备1 458台(套)，其中引进国际先进设备167台（套）。总厂下设10个直属车间，7个分厂与1个研究所。目前，总厂固定资产原值为4 998万元，净值3 906万万元，现有职工5 524人，其中科技与专业人员近300人。

总厂生产的金狮牌自行车有8英寸、12英寸、16英寸、20英寸、24英寸、26英寸、27英寸、25英寸8个系列产品，其主产品是26英寸自行车，该系列获1986年国家银质奖。金狮牌自行车内销29个省市，外销34个国家与地区。1986年，总厂完成工业产值1.96亿元，生产整车115万辆，全年实现利税3 876万元，年积累为常州市的第一位；人均利税8 644元，全员劳动生产率35 138元。近年来，"金狮"整车与零件出口换汇达1 100多万美元。到1986年止，总厂累计利税达1.44亿元，相当于现有固定资产的3倍。

这个厂在生产中坚持了"以质量求生存，以品种求发展，不与同行比产量，敢与名牌赛质量"的经营指导思想，始终把产品质量放在第一位，使"金狮"车连续评为全国同行A级产品，产品质量逐步升级，1982年获得江苏省优质产品称号，1984年获得轻工部优质产品称号，1986年获得国家优质产品称号。

1984年起，总厂及其分厂实行厂长负责制，以产品或工艺划定车间，调整科室，疏理内部关系，适应现代化生产要求。1985年全国自行车行业整顿验收被评为一类企业。1986年获"全国轻工业企业管理优秀单位"称号。

1986年，全面质量管理教育面达95％以上，QC小组发展到55个，产品质量控制点有29个。采用双轨制考核办法，产品质量分对奖金发放有否决权。1985年、1986年，先后三次发放"用户评议卡"进行质量跟踪，从中汇总项目，限期攻关解决。

从1985年起开始了第三期技改工程，围绕填补国内同行空白，利于产品出口创汇的要求，引进了变速器、反射器等生产线。到1986年止，全厂形成了32条生产流水线。1986年"金狮"26英寸彩车比例上升到50％以上，24英寸女车比例占该系列95％以上。

为提高"金狮"产品信誉，总厂服务工作亦向"三保"(保证提供优质产品，保证提供优质配件、保证提供优质服务）过渡。

1985年形成了"金狮"群体，形成联合的四个层次：一是紧密型实体，指总厂所属的分厂，实行党、政、群、产、供、销、人、财、物九统一管理；二是半紧密联合体，挂分厂厂牌，实行"三不变"，即所有制不变，隶属关系不变，财政渠道不变；三是定点协作配套，指具有一定实力、产品质量可靠的零配件专业厂；四是一般性工艺加工，即定点发外加工的专业厂。群体内开展"金狮"杯创优活动，优化所有零部件，以零保整。

经过10多年的经营，总厂形成了"金狮"精神："敢于攀登、质量求精、工艺创新，服务文明"。1986年获得江苏省文明单位称号。

（马忠道）

【江苏省盐业机械厂】 江苏省盐业机械厂，系省盐业公司所属的一家小型全民企业。有职工288人，1986年固定资产总值303.1万元，比1985年220.35万元增长37.51％。1986年工业总产值316.49万元，比1985年年283.39万元增长11.68％，速度比省内同行业高；1986年销售收入301.2万元，比1985年192.41万元增长56.54％；1986年实现利税80.8万元，比1985年39.27万元增长48.6％；1986年劳动生产率10 515元，1986年出口铸件换汇19.08万美元，近5年累计换汇近200万美元。

该厂1979年濒临亏损，人均利润仅为42元，1980年起冲破行业界限，"找米下锅"，开发新产品。在机械行业不景气的条件下，确定以皮革机械为突破口，先后有190多人次跑遍全国有关研究、设计、军工和用户单位，并与上海机电产品对外咨询服务公司建立情报关系，派员参加各级轻机产品订货展销会。历时半年的引进、消化、创新，试制成功通过式烫皮机，被省授予重要科技成果奖、优秀新产品奖，并被轻工部列为定点产品，到1986年底已有9种新产品投入市场，其中熨皮机的市场覆盖率达80％，1986年该产品又获省优质产品奖。该厂生产发展速度及经济效益在江苏省58家轻机行业中名列前茅，1985年被省企业整顿领导小组、省计划经济委员会命名为省直10个企业整顿先进单位之一。该厂自1984年起实行厂长负责制，建立以厂长为主的"四自一包"的经济责任制：即自定厂内机构、自选中层干部、自选工资形式、自聘贤才能人，上交利润包干。厂长负责制的实行，形成了厂长的指挥权威，强化了生产经营和行政管理的统一领导，同时，党、政、工明确职责、权限，各负其责，合作协调，互相补台。该厂注重售后服务，在销售过程中，做好包安装、包调试、包教、包会、包用、包修、包运输的"七包"，建立销售档案，做到跟踪服务，赢得了用户好评。

（冯同智）

【南京服装一厂】 南京服装一厂是江苏省外贸出口裘皮、羽绒服装的重点企业，从1976年开始生产出口服装以来，共生产出口服装100多万件。其中1986年生产的出口服装产量达35.22万件，比上年增长71.22%；完成出口产值2 040万元，比上年增长68.18%，是历年出口产值增长最多的一年。主产品羽绒服装在全省同类产品质量评比中获第一名，并获得省、市首批颁发的出口服装质量许可证书。该厂产品以设计巧、工艺新、缝制精赢得外商的欢迎。产品远销至联邦德国、美国、加拿大、苏联等10多个国家和地区。出口服装生产质量要求高，交货期短，该厂在实践中摸索出一套搞好外贸生产的经验，即产前准备工作抓早、抓好，适时调整生产布局，严格工艺程序，产品质量和交货期同时抓。几年来，该厂在外贸生产中从未发生过质量索赔问题，履约率达100%，在与外商的交往中赢得了信誉。为此，联邦德国"埃尔福"公司总经理于1985年和1986年先后两次专程来南京开庆功会，赠给该厂彩电、石英钟及银质奖杯。对该厂的产品质量、生产设计水平及按期履约均给予高度的赞扬。

（鲍启鑫）

【瑞安百好乳品厂】 浙江省瑞安百好乳品厂，是我国乳品工业创建最早的一家企业，至今已有60年的历史。擒雕牌炼乳早在30年代已闻名于世。现在该厂生产的出口甜炼乳占全国出口总数的一半以上，被人们誉为"中国炼乳之乡"。

百好乳品厂的创始人是浙江省著名的民族资产阶级实业家、中国乳品工业的开拓者吴百亨。1925年，他先在温州百亨药房里土法试制炼乳，获得成功。1926年，他选中牧草丰富，农民有饲养奶牛习惯的瑞安县马屿沙垟，创办了百好乳品厂。在30年代，百好乳品厂从日本、德国引进了一批先进设备，提高了产品质量，增强了竞争能力，擒雕牌炼乳声誉雀起。但以后由于日本侵华战争的破坏，国民党政府的腐败统治，百好乳品厂逐步衰落，到1949年初已处于奄奄一息之境地。

新中国成立后，百好乳品厂走上了健康发展的道路。政府给予了大量贷款，帮助重选厂址，兴建厂房，增添设备，改革工艺，开发奶源，发展生产。1954年实行了公私合营，以后又转为国营企业。经过37年的建设，企业面貌发生了巨大的变化。目前，工厂占地面积达27.6万平方米，建筑面积3.1万平方米。职工655人，其中工程技术人员和有高中文化的120人，占职工总数的18.3%。拥有12辆大型鲜奶运货车、3台10万和7.5万大卡的冷冻机、1套350匹马力柴油发电机组、3台4吨和6.5吨自动快装锅炉，并从国外引进了奶油菱形搅拌器、超高温瞬间灭菌器、自动装奶机、三用分油机等先进设备，基本上达到了机械化、自动化生产。产品由过去单一生产炼乳，发展到生产甜炼乳、奶油、奶粉、麦乳精、葡萄糖、冰淇淋粉、甜美素、儿童食品、华夫饼干、糖果等10大类20多个花色品种。已成为我国技术设备和管理水平比较先进的中型乳品加工企业，并被评为浙江省两个文明建设先进单位。

1986年，完成工业总产值1 765万元，比上年增长14.5%，销售收入1 943万元，增长8.9%，实现税利共194.8万元，超过包干指标27.65%。人均劳动生产率27 201元，比上年提高12.7%。全年生产出口乳制品1 414吨，其中甜炼乳1 355吨，比上年增长1.6倍，为国家创汇108.6万美元。

百好乳品厂经过企业整顿，实行了厂长负责制。现在全厂设生产管理、经营功能、技术开发、原料基地和政治工作等5个部、3个办公室（厂部办公室、全面质量管理办公室和现代化管理办公室）、6个车间（乳品、制罐、综合、葡萄糖、动力、修配），1个乳品研究所，2个奶牛场等机构。企业内部实行了各种形式的经济责任制和经济承包，把产值、产量、质量和实现税利同职工收入同步浮动，使国家、企业和职工的三者利益紧密地结合起来；同时，加强了职工的思想政治工作，进一步调动了职工的生产积极性。现代化管理方面，也取得了较好的效果。全厂建立了21个群众性ＱＣ小组，参加活动人数占职工总数的23%，有5个小组先后被评为省、市和县的先进ＱＣ小组。省政府已命名该厂为企业管理先进单位。

这个厂近几年来，每年都开发新产品。1986年初步试制成功果汁炼乳、菊花晶、猕猴桃果酱等3个新产品。擒雕牌牛奶冰淇淋粉获得省优秀四新产品奖，熊猫牌阿华乐获得省名、优、特、新产品金鹰奖。新产品甜美素已出口到新加坡，为国家创汇17多万美元。1986年新产品的产值已占到全厂总产值的13.6%。擒雕牌炼乳在1929年获得"中华国货展览会"一等奖，1930年获得"西湖博览会"特等奖。解放后，产品质量精益求精。1979年擒雕牌炼乳获省优质产品证书，1983年先后获得轻工部优质产品证书、国家银质奖和外贸部荣誉证书。产品行销20多个国家和地区。现在该厂生产的5个主要产品，即擒雕牌甜炼乳、白塔牌奶油、擒雕牌全脂奶粉、可可麦乳精和强化麦乳精，全部获得国优、部优和省优产品称号。全厂优质产品率达到73.08%。

（章庆荣　叶尧平）

【杭州洗衣机总厂】 杭州洗衣机总厂是轻工业部定点生产洗衣机专业厂，建厂于1979年。目前该厂占地面积6万平方米，建筑面积4.5万平方米，现有职工1 200人。该厂拥有箱体成型、磷化电泳、粉末喷涂、单桶和双桶洗衣机整机装配、注塑成型等23条生产线，是目前国内最大的洗衣机生产厂家之一。

该厂自1983年以来先后开展了3期较大规模的技

术改造。1985年与日本松下电器产业株式会社合作，引进松下公司具有80年代先进水平的新水流双桶洗衣机生产技术。同时又引进日本东芝公司的先进技术和部分设备。目前，该厂主要生产金鱼牌XPB-6型单桶洗衣机、XPB 20-3S 双桶洗衣机、XPB 30-5S 新水流双桶洗衣机、XPB 20-7S 半自动双桶洗衣机等产品。

杭州洗衣机总厂十分注重产品质量，生产的金鱼牌洗衣机已成为国内名牌产品。自建厂至1986年底，已累计销售各种洗衣机 203 万台，在全国各洗衣机厂中独占鳌头。该厂产品曾相继获轻工业部和省优质产品奖，以及国家经委的优秀新产品奖，畅销全国各省、市、自治区。该厂还努力完善售后服务，在全国各地设有的技术服务部399家。1986年，金鱼牌洗衣机（出口商标为葵花牌）首次进入国际市场，创汇 220万美元。

（谢　珂）

【浙江塑料机械厂】　浙江塑料机械厂是轻工业部定点生产塑料机械的专业重点厂，也是我国机电产品出口企业之一。1986年底，共有职工 848 人，其中工程技术人员82人；厂区占地10万平方米，建筑面积为4.6万平方米；固定资产原值约 2 000 万元。1986年，完成工业总产值2 180.75万元，实现利润 588.26 万元，全员劳动生产率达26 148元，主要经济技术指标居全国同行业前列，其中产值利润率、人均净产值和品种抽查合格率名列第一。

该厂一直坚持把工作重点放在提高企业素质、加强质量管理和完善经济责任制上，是浙江省二轻工业中较早推行全面质量管理和经济责任制的企业之一。1983年，该厂胜利通过省企业整顿验收，成为浙江省第一批企业整顿合格单位，同年获省质量管理奖。1984年被省人民政府命名为“六好企业”。

1986年，该厂着重推广工厂方针目标管理、价值工程和质量成本分析等现代化管理方法，取得了显著成效。形成了从计划到实施、检查、处理全过程的方针目标管理体系，并正在使其日臻完善。在设计开发和设备维修中推广应用价值工程之后，仅6 300克注塑机的注射部件，就下降成本 4 000 余元/台。在全部产品中推广实行质量成本分析以后，加强了对产品质量成本有关数据的收集、整理工作，用第一手资料为质量目标的制订提供了原始依据，从而促进了全面质量管理。同时，该厂实行生产现场质量监控，及时反馈质量信息，完善设计、工艺质量保证体系，使产品质量稳步提高。经轻工业部和省计经委严格检查，各项得分均在优秀分数线以上，被评为轻工业部质量管理和设备管理优秀企业、轻工业部和浙江省的企业管理成效显著单位，以及浙江省安全文明生产先进单位。

该厂自1980年起与联邦德国巴登费尔德公司实行合作生产。目前双方正在合作生产的BK型注塑机，是具有国际先进水平的新品种。该机采用先进的微机处理控制，可对机器使用过程中全部成型同期的速度、压力、温度及时间等参数进行精确的控制，并具有模具记忆功能。该厂还在消化、吸收国外先进技术的基础上，自行创新设计，制造出SZ系列注塑机。1986年，开发了SZ系列的第二代产品，从而使产品规格增加到16个，实现了产品系列化、标准化、通用化。目前，该厂产品畅销国内市场，并远销世界17个国家和地区，颇享声誉。

该厂还积极探索国际合作的新途径。1986年，与阿拉伯联合酋长国签署了在阿联酋合作办厂的协议书，派技术和管理人员去阿联酋建厂。

该厂生产的各种规格的注塑机曾多次获奖。其中：SZ系列 200 克注塑机先后获国家经委颁发的优秀新产品“金龙奖”和轻工业部颁发的优质产品证书；SZ系列 6 300 克注塑机先后获轻工业部颁发的优秀新产品奖和浙江省名优新特产品“金鹰奖”；SZ系列160克注塑机获省优质产品奖；SZ系列 150 克注塑机和与联邦德国合作生产的HK 170 克注塑机均获国家经委颁发的优秀新产品“金龙奖”；SZ系列 4 000 克注塑机获轻工业部优秀新产品奖；西湖牌XS-ZY-125A 注塑机获轻工业部优质产品证书。

（姜颂彭）

【厦门罐头厂】　厦门罐头厂始建于1908年，原名淘化大同罐头有限公司（1908～1937）。解放后于1954年由政府拨款筹建复办，1955年 1 月正式开工生产，定名为公私合营厦门罐头厂。1957年改为福建省华侨投资公司厦门罐头厂，1966年改为地方国营厦门罐头厂，厂址在厦门市后滨路8号。现有在册职工2 311人，全厂占地面积13.7万平方米，建筑面积9.7万平方米。1986 年末固定资产原值 2 449 万元，净值 1 839 万元。1986年生产罐头24 573.7吨，其中出口罐头21 313.6吨，占罐头生产总量的 86.73％，工业总产值为 8 059.8万元，实现税利970.14万元，出口换汇 1 800 万美元。

厦门罐头工业历史悠久，在国内仅次于上海同行。厦门罐头厂历来是轻工业部和福建省的重点企业之一，其罐头产品久负盛誉，名扬国内外，30年代就有产品获得巴拿马国际奖章，80年代，该厂生产的水仙花牌豆芽菜罐头再度获得巴黎国际美食及旅游协会金质奖。现在该厂的主要产品有蔬菜、水果、肉类、水产等7大类80多个品种。

厦门罐头厂50年代首创的水仙花牌食品罐头进入国际市场后，以其独特的风味和上乘的品质，赢得客户的好评，销售量年年看长，保持良好的增长势头经久不衰，是我国出口罐头的主要牌名之一。厦门罐头厂以“出口为目标，创汇为己任”的口号来鞭策自己，十分重视根据不同市场、不同销售对象、开发设计新产品，增加新品种，努力使产品适销对路。在五、六十年代，他们选择港、澳及东南亚各国为主销区，选用福建省名水果、土特产为主要原材料，设计、生产一批具有闽、粤侨乡口味的各种罐头产品，以适应广大海外侨胞、港澳同胞的需求；七、八十年代，为适应我国对外贸易迅速发展的新形势，他们瞄准欧洲、北美等新市场，又研制开发了青刀豆、豆芽、蜗牛罐头等一批新品种，扩大了销售市场。到目前为止，该厂的出口罐头系列产品达30余种，销售范围也扩大到80多个国家和地区，据统计，32年来，该厂共生产各类罐头 273 777 多吨，其中出口的有 245 900 多吨，累计换汇2.3亿多美元。

厦门罐头厂长期坚持以创优促创汇的原则，始终不渝地把产品质量放在首位，重视加强企业管理的基础工作，建立健全质量管理体系，完善各种管理制度，制订创优、企业升级规划加强职工文化技术培训，设立计量检测中心，推行标准化生产，改革生产工艺，贯彻《食品卫生法》，使产品的内在和外观质量都较好地处于控制之中，从而保证产品质量的稳定提高。美国食品药物检验局（FDA）曾派专家到厂实地考查生产的卫生设施和生产过程，对该厂的生产情况表示满意并签发了产品进入美国市场的许可证。由于该厂在企业管理和创优工作方面抓得较紧，从1979年到1986年，共有8个产品获得优质产品称号。其中，香菇肉酱罐头和425克蘑菇罐头获得国家银质奖；糖水荔枝罐头、豆芽菜罐头和特级酱油获轻工业部优质产品称号；香菜心罐头、糖水龙眼罐头和香菇猪脚罐头被评为福建省优质产品，该厂生产的豆芽菜罐头还于1985年获得巴黎国际美食和旅游协会颁发的金桂叶奖。厦门罐头厂还先后获得轻工业部企业质量管理优秀单位，全国贯彻食品卫生法先进单位，全国轻工业企业管理优秀单位，福建省质量管理奖，福建省企业管理优秀单位等奖励。

为满足国际市场日益增长的需求量，厦门罐头厂十分重视企业的技术进步，不断改善生产条件，扩大出口换汇能力。到1986年底，已基本完成主车间、冷库、成品库等10多个改建扩建项目。目前已拥有符合出口卫生要求的3个实罐车间和1座冷库，引进4条空罐自动生产线和10多套国内较先进的专用设备，年生产出口罐头能力已达2.5万吨以上。该厂是福建省和厦门市的重要创汇基地，1984年经厦门市人民政府批准，该厂享有自营进出口的权利。1986年又经国家批准该厂列入“七五”时期重点发展出口产品的生产基地，计划到1990年，把该厂办成大型综合性食品罐头生产出口企业。

厦门罐头厂厂区环境优美、厂房设计布局合理，到处花木繁茂、四季常青，被厦门市政府评为“花园式工厂”，1986年又被评为“福建省文明单位”。

该厂坚持出口换汇30年，为国家作出了很大的贡献，受到中央领导同志的赞扬。　（卢　孚）

【泉州人造花厂有限公司】 概况　该公司由泉州工艺美术公司和嘉华（香港）贸易公司于1980年6月合资兴办，当年7月正式投产。主要产品为各种涤纶花。现有职工 510 人，全员劳动生产率为1.46万元。

涤纶花的开发，填补了当时我国涤纶花种的空白，于1984年获省优产品证书。品种从办厂初期的29种发展到现在的技花、盆景、挂藤三大类 170 多种。

该公司坚持“以外养内，出口为主，兼顾内销”的经营方针，外销比例占销售额的80%以上。1985年后，企业开始产品自营出口，远销5大洲29个国家。同时，内销客户分布19个省、市。企业信誉好，被海关及中国银行誉为信得过企业，列泉州市第一家保税工厂。

该公司是福建省最早兴办合资企业之一。1980年来，在合资双方精诚合作、齐心合力下，走过了艰难而成功的道路，受到党和国家的重视。1982年起，党和国家领导人多次到厂视察指导，给职工以极大的鼓舞。世界各国驻华使节也多次来厂参观考察，花的世界给客人留下深刻的印象，纷纷赞誉该企业不愧为斑斓夺彩的闽南侨乡一枝花。

企业管理　(1) 劳动管理：制定了一整套严格的规章制度，运用“打卡机”对职工出勤进行考核，上至经理，下至临时工，一视同仁，奖罚分明。实行计日、计件、超定额工资制，工资水平高于同行业、同工种的30%至50%。对生产中有发明创新、改进技术、改善经营管理者及时给予奖励，多劳多得，奖罚结合，打破吃大锅饭的陋习，并持之以恒。(2) 技术管理：在生产流程、原料配方、岗位操作、投料方法、产品检验5个方面严格把关，专人管理，层层负责，以保证产品质量，降低成本，提高劳动生产率和安全生产。办厂至今，产品出口合格率达100%，送验抽检合格率达99%，从未发生因产品质量或其它原因而造成客户退货或索赔事故。(3) 职能管理：设财务、生产、业务三大部门，各司其职，各尽所能，一般事务有权在本部门处理，部门之间形成既分工又合作的良好气氛。(4) 计划管理：制订一整套年、季、月生产作业计划，并在实践中不断完善，使生产长期有节奏地进行，从未发生贻误与客商签订的交货日期。此外，还注意做好班组原始生产记录，建立生产进度表，编制明细统计报表等，达到随时有据可查。

经济效益　涤纶花以造型逼真，形态优美，色泽鲜艳，水淋日晒不褪色，揉搓轻压不变型而饮誉国内外。从1980年以来，产品出口创汇156.68万美元，实现利润223.52万元。其中1986年的工业总产值为677.98万元，产量为178.27万打，出口创汇41.94万美元，实现利润84万元，均创历史最高水平。

（陈志海　黄宝兴）

【福州市第三塑料厂】　概况　该厂是福建省重点中型塑料制品企业，是1984年福建省55位厂长（经理）松绑放权单位之一。1956年建厂时仅是200多职工的国营小企业，目前已有职工857人，其中大、中专科技人员44人（工程师6人），占地面积近5万平方米，建筑面积2万多平方米，固定资产1 800多万元，主要设备200多台套，其中从奥地利、联邦德国、日本、香港等地引进具有80年代国际先进水平的设备占固定资产总额的90％以上。主要产品有聚丙烯编织布、编织袋、网眼袋、捆扎绳、涂塑布及聚乙烯工农业薄膜、农用地膜、超薄地膜、背心袋、垃圾袋等27个品种，年产量可达8 000吨，产品采用国际标准，拳头产品聚丙烯编织袋、聚乙烯工业用膜、地膜评为省优产品，聚乙烯农业薄膜评为市优产品，产品畅销东南亚、北美及西欧等地。

引进技术、开发新产品　“六五”期间，该厂是福建省第一家以租赁方式大胆引进70年代末、80年代初世界先进水平的设备，使企业素质一举得到根本改造。引进之后，通过自身消化、吸收，取得14项技术革新成果，继而牵头与国内29个厂家联合开展引进设备配件国产化技术攻关，获得6个方面较大突破，解决了59项配件国产化问题，节约外汇近30万美元。

获奖情况　实行厂长负责制后，企业活力增强了，主要经济指标跃居全国同行业先进行列，计量工作达到国家二级考核标准，被全国塑料编织联合中心推选为副理事长厂，并被福建省人民政府授予“引进先进技术改造现有企业先进奖”（1984年），轻工部授于“企业管理成效显著奖”（1985年），还被国家经委、国家科委分别授于“引进先进技术改造现有企业全优奖“（1985年），”全国设备管理先进单位”（1984～1985年度）和“科技进步三等奖”（1985年）。福州市政府已将该厂列为“七五”期间20家重点发展单位之一。

经济效益　该厂从1981年以来保持连续递增的好势头，产量、产值和税利平均持续增长率分别为16.58％、20.55％和26.26％。人均创税利达5 001元，超过了上级暂订国家特级企业4 800元的标准，全员劳动生产率为3.8万元，超过了国家暂订一级企业3.2万元的标准。1986年产量达6 267吨，产值为3 210万元，实现税利422.77万元，分别相当于1980年的2.51倍、3.07倍和4.05倍。出口创汇达195.44万美元，在1985年增长1.2倍的基础上又增长170％，向“外向型”企业迈出了可喜的一步。

（陈志海　黄宝兴）

【江西赣州钨钼材料厂】　江西赣州钨钼材料厂的前身是原赣州市冶金研究所，由14名知识青年进行生产少量钨酸的小厂，1970年在此基础上建立赣州灯泡材料厂，1981年改名为赣州钨钼材料厂。1986年末共有职工777人，其中工程技术人员60人。从1984年到1986年三年的技术改造累计实际完成投资1 094万元，到1986年底止拥有固定资产（原值）1 433万元。由于全厂职工历年的艰苦奋斗和不断加强企业管理、提高技术、开发新产品、提高产品质量，生产得到较快发展，尤其是自1983年从日本钨公司引进钨丝生产线进行第一期技术改造以来，使企业面貌发生了深刻的变化。1984年荣获国家经委颁发的“引进技术改造现有企业全优奖”，1985年被江西省人民政府命名为“六好企业”，1986年荣获国家经委颁发的“六五期间技术进步全优奖”，同年3月被批准为全国第一批机电产品出口基地企业。

目前，该厂生产钨、钼两大类产品，计有“A、P、T”钨粉、兰色氧化钨、钨条、钨杆、钼杆、各种规格的钨丝、钼丝、绞合钨丝等10多个品种。产品畅销全国20多个省、市，并出口销往日本、英国、美国、波兰、联邦德国、香港等10多个国家和地区。受到国内外用户的好评。技术引进后，产品质量明显提高，绞合钨丝和酸洗钨条在1983年双双荣获全国优秀新产品“金龙奖”，仲钨酸铵、绞合钨丝获轻工业部和江西省的1985年优质产品证书，1985年轻工业部在6个规格的钨丝质量评比中，该厂的40W、60W、100W的普通白炽钨丝和40W的日光灯丝获第1名，1986年这4个规格的钨丝又获省优质产品证书，兰钨掺杂、钨粉酸洗科研项目被评为轻工业部的科技进步二等奖。

该厂自1983年引进日本钨丝生产技术装备开始，就很注重对引进先进技术的消化、吸收、并做到有所创新，他们采取“请进来、派出去”的办法，提高全厂职工的管理水平和技术水平。进口设备到厂后从安装到试生产，请来了30位日本专家进行技术指导和讲学，并派员到日本培训学习，到目前为止已有54人次出国考察、培训、从而很快地掌握了进口钨丝生产线的生产工艺，熟悉了设备性能。该厂在学习国外技术的同时，更重视利用国内技术力量对引进技术软件的消化、吸收和创新。他们的做法：一是充分发挥本厂职工特别是技术人员的作用，二是重视利用国内有关科研单位及大专院校的技术优势进行技术协作。从而解决了一些长期难以解决的问题，如裂纹、热处理、模耗、粉末、丝径均匀性等问题。并在消化、吸收引进技术的基础上，认真抓紧新产品的开发工作，特别是注重产品的“两个转变”，即由主要出口原料性的初级产品向主要出口制成品的转变，由主要出口粗加工制成品向主要出口精加工制成品的转变。当前正在抓好钨丝、钨杆、绞合丝等制成品的出口，1986年首次出口钨丝180万米。

为实现生产型管理向生产经营型转变，做到信息灵、应变快，该厂还与国内20多个省市有经营销售联系，并经常与国外厂商保持商情联系，为搞好经营决策起到了重要作用。该厂实行全面质量管理，建立质量保证体系，设立了科研、技术、设计、质管、检验、总化验等科室机构，并制定了30余种为考核生产、质量管理的纪录和图表，严格控制产品质量，使得生产活动处于受控状态，使之标准化、系列化、制度化。并以此为数理统计的依据，对生产活动进行分析，从而及时发现问题，解决问题。由于狠抓产品质量，钨丝一级品率由技术引进前的30%，1986年提高到99.6%，耐高温性能指标达到100%。

1986年，该厂完成工业总产值2 673万元，比上年增长23.4%，主要产品钨丝1986年产量为2.71亿米，比上年增长22.07%；实现利税456万元，比上年297.1万元增长53.48%；出口创汇1986年为320万美元，比1983年的20万美元增长15倍多。

（曾繁清）

【山东烟台木钟厂】 山东烟台木钟厂是生产北极星牌报时摆钟和石英钟的专业厂，1986年底有职工2 700人，占地面积9.52万平方米，固定资产2 200万元，拥有各类设备仪器1 046台，年产能力200万只，是国内生产规模最大的造钟企业。

该厂创建于1915年，由民族资本家李东山在烟台朝阳街创办“宝时”钟厂。后改名为“德顺兴”钟厂。解放前一度衰败，解放后生产得到恢复发展。

1956年“德顺兴”与“新德”、“永业”两个造钟厂合并，成立了公私合营烟台造钟厂，1959年产品注册为“北极星”商标。1962年公私合营烟台造钟厂改变为国营，更名为山东烟台钟表厂。为加快发展烟台钟表工业，走专业化生产的道路，1975年将烟台钟表厂撤销，分别成立了第一、第二、第三、第四钟表厂和1个钟表模具厂。1976年8月将第一钟表厂更名为烟台木钟厂。专业化生产给木钟带来了生机，到1978年木钟产量比1975年增长1倍。

党的十一届三中全会以来，该厂又得到很大发展。1986年总产量达到163万只（其中石英钟10.1万只），分别比1985年和1978年增长10.95%和171.67%；实现工业总产值5 950万元，分别比1985年和1978年增长11.21%和165%；实现利税2 302万元，分别比1985年和1978年增长10.5%和229%；木钟质量达到100分，均居全国同行业首位。

实行科学管理，坚持质量第一是该厂的一贯宗旨。在企业整顿验收合格的基础上，该厂又对定额、标准化、计量、信息、以经济责任制为核心的规章制度、职工教育和班组建设实行分口管理，严格考核，形成了技术基础工作扎实、各项定额、标准和规章制度完整齐全，成龙配套的标准化管理体系。厂计量工作达到国家二级计量标准。1978年以来，该厂又建立完善了全面质量管理体系和质量检测体系，广泛开展QC小组活动和工序质量管理点活动。使各项管理工作和产品质量又向前迈进了一步。几年来产品零部件合格率一直稳定在98.25%以上，产品质量总分95分以上。“北极星”牌15天报时摆钟先后7次获得全国钟表质量评比第一名。1984年该厂获山东省质量管理奖，1985年获轻工业部质量管理奖，1986年被预评为国家质量管理奖。

该厂是山东省推行现代化管理试点企业，建立了现代化管理委员会，形成了目标管理为中心的现代化管理体系，推行了ABC管理法、价值工程、目标管理、网络计划、量本利分析和看板管理等现代化管理方法，并将电子计算机应用到生产、技术、劳动工资等方面的管理上，使企业素质和经济效益明显提高。1985年轻工部授予“企业管理优秀单位”称号，1986年获山东省企业管理优秀奖。

该厂生产的“北极星”牌15天报时摆钟，连续走时、报时17昼夜以上，最大走时日差和报时误差都不超过±30秒，放置倾斜不大于2度时可自行调节正常走时。该钟机芯加工工艺有独到之处，一是擒纵叉采用镀硬铬工艺，二是销轮加工采用活销结构，使传递力矩平稳，磨损小，精度高，寿命长，提高了计时准确性。“北极星”牌木钟质量一直保持优秀，有较高的声誉，从1964年起外贸部门列为免检产品。1980年获得国家著名商标证书。1979年和1983年两次获国家优质产品银质奖，1986年银质奖复查合格。1983年获外经部颁发的出口产品荣誉证书。

该厂大力开发新产品、新品种，厂科研所研制的摆钟校对仪，1983年获国家经委颁发的“金龙”奖。31天机械摆钟、ZF落地钟、猫头鹰机械钟、飞鹰石英钟等7种产品获部级优秀新产品奖和外观创新奖。1985年引进了塑料钟壳和木质钟壳生产线，1986年引进石英钟机芯生产技术设备。为钟表向石英化、装饰化、多功能方向发展迈进了一大步。现在该厂有座钟、挂钟、双历钟、石英钟、石英整体摆钟、落地钟、子母钟等80多个品种花色，畅销全国各地及世界40多个国家和地区。1986年出口量达13.5万只，创汇200多万美元。

该厂既重视生产过程中的质量管理，又注意做好售后技术服务，同全国26个厂家一起倡议产品由“三包”发展到“三保”。“三保”期由1年改为3年，深受用户好评。

（刘明昌）

【威海制革厂】 山东省威海制革厂建于1951年，经过35年的生产建设，已成为具有丰富制革经验、一定生产规模、经济效益较好的制革专业厂。目前，企业有准备、鞣制、整理、机械维修等4个车间，职工550人，其中技术人员30人，厂区占地面积22 113平方米，建筑面积15 000平方米。拥有固定资产703万元，制革专用设备136台，其中进口的25台设备，具有80年代初国际先进水平。主要产品有“山海牌”猪正面、绒面服装革，猪修面革等30多个品种、100多个花色，年产生产能力100万张。1986年，各项指标创出了历史最好水平。其中：皮革产量90.94万张，比上年增长9.9%，工业总产值1 650.5万元。比上年增长8.1%；实现利润299.45万元，比上年增长22.1%。

1981年，企业在地区二轻行业整顿验收合格的基础上，进一步整顿、建立健全企业内部各项管理制度，使企业管理工作进一步完善。1983年取得地区整顿验收合格证。在企业内部，实行厂长负责制，推行以经济责任制为重点的三级管理、二级核算制度，工资总额与上缴利税挂钩，对行政管理人员和服务人员实行百分考核上下浮动，使企业每一个职工的利益与企业的生产、效益紧密联系在一起，积极性得到充分调动。1986年，鞣制车间克服设备少、人员技术水平低的困难，加强调度，见缝插针，充分提高设备的利用率。在不增加设备和人员的情况下，月产水平达到9.28万张，创历史最高纪录。采购人员为解决原皮短缺的矛盾，历经千辛万苦，跑遍全国各地联系货源，较好地解决了生产所需原皮，保证了生产计划的正常进行。

这个厂视产品质量如生命。为确保产品质量的提高，大力推行现代化管理。并用全面质量管理、市场预测、量本利分析、目标管理、价值工程、网络计划等方法，制定从新产品研制到生产经营等一套完整的科学的工艺。自1978年以来，在历次全国同行业产品质量评比中都名列前茅，获省优质品和轻工业部优质品称号的产品各2个。1986年，猪正面服装革获国家质量奖银牌奖。该厂产品出口或间接出口量占总产量的40%，远销美国、瑞典、香港等国家和地区。

1985年，企业根据生产发展的需要，进行了一次大规模的技术改造。新搬迁的湿车间占地8 000平方米。到1986年底，已筹集资金643万元，引进的10台设备已全部安装调试结束，有的已投入使用，发挥了效益。整个项目的设计施工进度受到轻工业部、省、市各级领导和行业厂家的高度评价，被誉为全国皮革行业一流水平。

在企业抓好物质文明建设的同时，高度重视精神文明建设，并不断取得新成绩。企业拥有图书馆、电视游艺室，并经常开展文体活动，为丰富职工的业余生活，改善职工的精神面貌，提高职工素质，发挥了重要作用。

（文　刚　建　波）

【山东塑料机械厂】 山东塑料机械厂（原名山东莱芜轻工塑料机械厂）的前身是青岛机械修配厂莱芜分厂。1966年由青岛迁至莱芜。到1986年底。企业总建筑面积达45 152平方米，其中工业生产用房21 464平方米，厂房高大、采光充分、配套完整，适合按现代化标准组织生产和管理，适应专业机械制造的各工序间的运行周转。1986年企业共有职工700人，工程技术人员37人；固定资产1 040万元，流动资金806万元；各类机械加工设备137台（套）。其中包括从日本引进的BMC-80数控加工中心、NH-1螺杆加工专业数控机床等10台精、大、稀关键设备。企业已具有年产塑机专业机械500台(套)、千吨设备的生产能力。在塑机专业研究、制造方面是省内唯一的一家规模大、设备全、水平高的企业，在全国轻工系统也属第一流水平。“六五”期间，企业以年产值、利润分别递增23.4%和25.3%的速度向前发展。1986年产值、利润分别突破千万元和百万元大关，全员劳动生产率19 536元，比上年增长15.3%。

1982年，企业首创我国第一台微膜设备DMF—65E微薄膜吹塑成型机组。轻工业部对该产品的技术鉴定是：“填补国内空白的新产品”，“技术上已达到日本70年代末同类产品水平”。被轻工业部评为优秀新产品。1983年，研究设计的WMF-65第二代微膜机组，被选入建国以来科技新成就、新技术成果项目，送交北京展览馆参展，获国家经委颁发的金龙奖。1985年，与日本普拉克公司合作产品PC-65微膜机组获轻工业部优质产品证书。1986年第一季度，该厂研制成功复合薄膜机，并于5月份参加了在北京农展馆举行的“全国塑料工业、塑料机械新成就巡礼”展览。被与会的国内外专家称为“标志着我国塑料机械发展到一个新水平”(见《经济日报》1986年6月9日第三版)。

为适应现代化大生产要求。这个厂在积累自身经验和汲取国外经验的基础上改革了管理体制。1985年把“垂直式”管理模式改为“矩阵式”管理。按各项工作在生产经营所处的位置、重要程度设立了综合管理部、生产经营部、技术开发部和后勤供应部。各部设部长一名，直接对厂长负责。这样，改变了以往的相互制约为相互协调，杜绝了扯皮现象，大大提高了工作效率。

从1982年至1986年，该厂先后同英国、日本、联邦德国的塑料机械公司进行了业务交往。1983年，同日本株式会社普拉克签订了为期6年的技术生产合作合同。企业引进的微薄膜单项技术，列入了"六五"期间全国550个机械电子工业重点技术改造项目，现已顺利完成，并通过了国家组织的验收。之后，又连续推出了代表国内最高水平的新产品，如3FM-1100IC复合膜吹塑成型机组。1986年，又被省经委列为重点技术改造企业，投资1 214万元，引进西德平挤复合膜制造技术。

（东涛　毕生）

【青岛印刷厂】 青岛印刷厂是全民所有制综合性包装印刷企业，创建于1949年，其前身为胶东新华书店印刷厂，1952年取名为青岛实业印刷厂，1965年定名为青岛印刷厂。该厂占地63.2亩，建筑面积39 200平方米，职工1 518人，固定资产2 472万元，1986年凸版印刷产量47 760万印，平印（含印铁）产量43 803万印。工业总产值完成2 538万元，比1985年增长9.2%，实现利税1 008万元，比1985年增长16.12%。

近年来，该厂经营管理水平不断提高，1983年企业整顿验收合格，被山东省一轻厅授予"为用户服务先进企业"、"质量信得过单位"。其印制的"孔雀年历》获文化部1984年优质产品奖，"出口刀叉餐具盒"获1985年轻工业部优质产品奖，"标准型模压塑垫王冠瓶盖"获1986年山东省优秀新产品一等奖。该厂产品套色准确，墨色一致，色泽鲜艳，层次丰富，质感强烈，为众多的外贸出口产品和轻工产品配上了赏心悦目的包装装潢。据不完全统计，仅1984、1985年两年就配合兄弟单位的30多种产品获得国家金牌、银牌和部优产品奖。还在有关部门的支持下，将原来在海外印刷的47种商标包装拿回本厂印刷，为国家节省了外汇，远销世界各地的"青岛啤酒"配套系列包装就是由该厂印制的。

该厂从1984年开始与日本联合进行技术诊断项目，国家经委投资进行全面的技术改造，总投资1 161万元，并以国外引进具有80年代先进水平的制版、印刷、压光上光、横切、印铁等设备40多台（套），这些设备到1986年上半年全部安装投产，建成了照相、制版、印铁、注塑冲盖、平凸印刷3个现代化生产车间。该厂目前拥有各种专用包装印刷设备共246台（套），其中引进设备占设备总量的30%，正在发挥越来越大的作用，正成为生产能力较强的包装印刷企业。

（刘仁夫　刘学杰　张芳）

【漯河市第一造纸厂】 漯河市第一造纸厂主要生产凸版纸、胶版纸、书写纸和有光纸。设计能力为年产机制纸5 000吨，1985年已达万吨以上。自1971年投产至1981年，由于管理不善，连续10年亏损，亏损额达407万元，相当于同期总投资的86.03%。1982年4月，调整了领导班子，推行了定产量、定产值、定消耗、定人员工资、定费用和包成本的"五定一包"经济责任制，当年摘掉亏损帽子。1984年以来，逐步完善管理制度，推行厂长负责制和现代化管理方法，生产又有较快发展。1986年机制纸产量达13 778吨，比上年增长36.6%，比1982年增长2.6倍；完成产值2 143万元，比上年增长37.8%，比1982年增长2.65倍；实现利润709万元，比上年增长67.9%，获得较好的经济效益；全员劳动生产率达到30 746元，比上年提高25.7%，比1982年增长2.14倍；百元产值提供利税43.1元，比上年提高15.9%；吨纸利润514.6元，比上年提高22.9%；人均利润10 172元，比上年增长53.2%。先后被轻工业部、河南省人民政府、省计经委命名为"企业管理优秀单位"，"经济效益显著单位"和"设备管理先进单位"。

以严治厂　在实行"五定一包"的同时，修订、完善了《厂规厂纪》和《职工奖惩条例》，确定了以严治厂的方针。领导以身作则，处罚不分亲疏，既治人又帮人，使工厂生产混乱、纪律涣散的局面很快得到了扭转。严格执行规章制度已变成干部职工的自觉行动。

精简管理机构和人员　为确保厂长任期目标的实现，该厂对行政科室进行了精简和合并，对超编的行政人员进行了调整，充实到生产第一线。职能部门由12个减为9个，行政管理人员由104人减为86人。在精简过程中，坚持不照顾面子，不设虚职。厂办公室只配2人，既负责厂办、党委的日常工作，还担负着政工、人事、宣传、纪检、现代化管理和经济体制改革的任务。机构精简之后，减少了推诿扯皮现象，提高了工作效率。每天车间生产情况当天即可汇总出来；每月全厂的各项技术经济指标月末最后一天厂长就能了解。

推行现代化管理　到1986年底，已推广应用11种现代化管理方法，大大增强了企业的活力。如①运用价值工程降低生产成本。制浆车间根据价值工程的原理，对原辅材料进行分析，决定选用蒽醌代替硫化碱，使得浆率提高3%，每年可节约材料费11万元。加上增加装球量、快速蒸煮、浆回收等工艺方法的采用，使吨纸成本降至455元以下，全年增加利润25万元。②运用网络技术，加快技术改选进度。1985年4月，该厂从北京购进一名短长网纸机。他们运用网络计划技术，合理调配力量，边拆边运边安装，42天全部完成安装任务，8月20日正式投产，当年增加盈利46.7万元，收回全部投资的3/4。这台纸机1986年又盈利208万元。与此同时，该厂还利用租赁贷款从上海购进一台1 760纸机成套设备。从土建到设备安装到投产，仅用了13个月（通常需要3年）。这两台纸机总投资580万元，使全厂产量翻了一番。③加强全员设备管理，提高综合效率。他们建立了一套群专结合的设备管理队伍，制订了一套管理制度，实行科学管理，层层把关，计划检修，成套更换，取消了大修和中修，小修仅给16至24小时。这样，每月至少节省3天检修时间，1年可增加收入70万元。1986年全厂设备完好率、设备利用率均达94.4%，安全运行率达到98%，日生产时间平均23小时以上，居全国先进水平。

（张国钦）

【周口地区味精厂】　1986年周口地区味精厂依靠技术进步，全年完成工业总产值2 319万元，比上年增长54.2%，味精产量完成1 885吨，比上年增长57.1%，实现利润172.8万元，比上年增长71.9%，上缴税金302.4万元，比上年增长93.6%，吨味精耗标煤4.67吨，比上年下降1.99吨，下降34.19%，劳动生产率达到25 207元，比上年增长40.52%。味精技术指标，产酸率达到5.7%，转化率达到45%，谷氨酸含量达到99.68%。“莲花”、“三乐”牌味精获河南省优质产品奖和“金龙杯”奖；“口得福”牌大颗粒味精获法国巴黎第十二届国际食品博览会品质金奖，产品行销20多个国家和地区。

周口地区味精厂是1983年10月由项城县味精厂和液糖厂两个濒临倒闭的小厂合并起来的。头一年，由于质量差，产品滞销，生产面临困境。厂领导通过广泛调查研究，了解到国内的味精市场广阔，有没有市场竞争能力，关键在于产品质量。因此，他们决心依靠技术进步，提高产品质量，改变企业落后面貌。到1986年，产品质量、产值、税利分别以67.1%、37.1%和68.1%的速度递增。三年上交税利1 000万元，是国家投资的2.63倍，该厂取得如此大的变化，主要做法是：

（一）与大专院校、科研单位加强技术协作。周口地区味精厂地处偏僻的项城县城，技术力量十分薄弱，靠自己培养人才，加速技术进步，远水解不了近渴。他们决定向人才荟萃的大专院校和科研单位求援。1 983年至1984年，厂领导同志南下苏杭，北上京津，走访了全国12所大专院校和科研单位，陆续聘请有关菌种培养、发酵工艺等方面的6名专家、教授作为厂里顾问，与8所大专院校、科研单位的15名专家、教授，建立了技术协作关系。如天津轻工业学院的味精发酵专家，近两年多次来厂实地考察，提出了17条意见，这些意见被采纳实施后，基本上消除了发酵中的染菌倒罐现象，每年可增产麸酸近百吨。

（二）更新生产工艺，提高产品质量。菌种是味精产品的心脏，菌种质量的好坏，直接影响产品的产量和质量。1985年上海复旦大学有关专家经过数十次试验，从几千支菌种中为周口地区味精厂挑选出一株名为上海T-613-1号的新菌种。这个新菌种投产后，产酸率由原来的5%提高到6%，大大提高了产品质量，味精产量也提高了18%到20%。1986年在有关专家的指导下，该厂还推广了激光选育谷氨酸生产菌、麸酸一步等电提取、大米代替薯干原料等新工艺，使转化率由原来的44%提高到47%，提取率由原来的71%提高到77%，收得率由原来的1.2%提高到1.5%，全年可为国家增收300万元。

（三）加快技术改造，提高经济效益。1983年到1986年，该厂味精生产能力由200吨提高到3 000吨，据有关专家计算：味精生产能力每增加一吨，设备投资不少于一万元。在有关专家的帮助下，全厂职工仅用400多万元就顺利完成了这些技术改造工程，投资还不到正规建设投资的1/6。如发酵罐是生产味精的主要设备，靠专门生产厂加工，每个500立方规模的发酵罐，需要17万元，而该厂在机械工业部设备专家的帮助下，加工1个只用10万元。近3年该厂累计改造各种设备90台件，新增生产线5条，节约投资近1 000万元。1986年他们利用技术改造拆下来的废菌种罐和液化罐，重新装备了一个液糖车间，对废水进行回收处理、加工成液糖，全年可为厂增收17万元。

（岳俊华　古烈）

【湖北沙市热水瓶厂】　湖北沙市热水瓶厂，开发新产品，扩大出口创汇，成效显著。1986年共生产保温瓶820.89万个，完成工业总产值3 356.64万元，实现利润381.66万元，分别比1985年增长13.7%、15%和137%。其中，出口产值达到2 182.52万元，创外汇总额达到631.64万美元，分别比1985年增长22.5%和20.31%。

该厂是1957年由上海四家公私合营的小厂合并后内迁湖北沙市，同年10月经国家经委批准成为外贸出口专业厂的。当时，全厂仅有职工216人，固定资产原值约60万元，只能生产1个磅别、4个品种、4种花色的保温瓶，年产量为35.14万个，产值不足177万元，利税总额只有5.5万元。

为了办好外贸出口专厂，工厂领导经常组织干部、工人开展“国家信任我们，我们应该怎么办”以及“我应该为厂做哪些贡献”的专题讨论，做到思想领先。同时注意引进设备，引进技术，培养专业人才，提高职工技术素质和干部管理素质。此外还建立了一支近百人组成的技术开发、市场开发、产品开发队伍，以及由249名干部、工人组成的质量管理队伍。把开发新产品同提高产品质量紧密结合起来。仅据1981年至1985年统计，这5年中，他们就开发新产品26个，新花样301个。其中：5磅彩花铁壳瓶两次获国家银质奖；0.5磅塑壳保温杯获省优质产品称号；4磅大口保温饭盒获部优质产品证书；5磅气压热水瓶全国评比获总分第一名和省优产品称号；仿不锈钢多功能旅游瓶获国家旅游产品优质奖。

在开发新产品方面，他们一是专群结合，有奖有罚。1986年他们两次组织专业队伍外出写生，回厂后举办汇报画展，设计的画稿由领导、喷花工、设计人员参加审定，并发动全厂职工投票选评优秀图案，凡被选上的分别给奖，创作数量达不到要求和创作质量较差的按一定比例扣发奖金。全年群众设计画稿达300多幅，不少画稿被采用后，深受广大消费者的好评。二是加强与大专院校联合开发产品，仅1986年，他们通过与本省大专院校联合，自制新产品模具80多副、零件近两千件，设计新花色200多个，新产品、新花色投产率达60％。

在提高产品质量方面，他们主要是“严”字当头，坚持抓质量第一思想的教育，树立一丝不苟的工作作风；抓工艺规程的制订，修改和完善，树立预防为主的思想，杜绝不合格产品滥造；抓全面质量管理，推行管理现代化，树立科学态度。仅1986年，他们除对115名检验人员进行近两个月的专业培训，对460名职工进行了现代化管理方法培训，对5个生产车间和供应科的17项指标检查外，还开展挂红、黄牌活动（即半成品质量差的挂红、黄牌）。制订和完善了1 030条产品标准。为推行国际标准，还完成了赶超日本的半成品标准262条及名词解释57条。同时制定了13条高于部颁标准的产品内控标准。从而使产品的质量合格率、收获率、成品率、一级品率得到提高，废次品率明显下降。如花壳外观过关率，通过挂红、黄牌活动，由原来10％～30％下降到7％。仅装配车间应用ABC法管理装配材料，全年就节约资金20余万元。

据统计，该厂内迁湖北近30年，共生产各类保温瓶1.08亿个，实现工业总产值3.55亿元。其中：出口保温瓶为5 381万个，占生产总量的49.33％；创出口产值2.1亿元，占全部工业总产值的59.04％；为国家创外汇总额6 578.59万美元，相当于国家外贸投资500万美元的13倍。

（喻中权）

【醴陵国光瓷厂】 该厂是1956年公私合营时由403家私营小厂合并改造而成的，属全民企业，是湖南省出口瓷生产的重点企业之一。现有职工2 447人，其中工程技术人员52人，拥有固定资产原值2 132万元，净值1 206万元，年产能力为3 000万件。生产餐具、茶具、文具等，产品主要销往美国市场。自1979年以来，该厂先后8次获得国家的表彰和奖励。多年被省人民政府评为先进单位。1985年被列为全国30家企业管理现代化试点单位之一。1984年和1986年该厂“一化三制八有”的管理经验，先后被选入《中国企业管理百科全书》和当代中国丛书中的《当代中国的标准化》。1986年被全国总工会授予全国先进集体光荣称号。

1979年以来，该厂以提高经济效益为中心，以改革为动力，不断提高企业素质，改善和加强经营管理，发展了出口瓷生产。现在，产品品种由过去的27个发展到623个，产品结构由单件转成套，由低档转中高档。销售市场由第三世界转向第一世界。单件换汇额由13美分提高到35美分。1986年在原材料、燃料提价，企业开支比上年增加230万元的情况下，消化了各种增支因素，取得了前所未有的经济效益。全年总产量达到3 407万件，比1985年增长14％，其中出口瓷产量达到2 125万件，比上年增长61％，创汇660万美元，比上年增长49％，占全省陶瓷出口创汇总额的23％。全年实现利润565万元，比上年增长76.56％。在全国陶瓷行业中，该厂出口品种、创汇、利润等指标均名列第一。

该厂在提高企业素质，加强企业管理，发展出口生产方面，主要做法是：

一、制订了一条灵活的经营方针。1979年以来，该厂在广泛进行国内外市场调查的基础上，及时作出了“以进入美国市场为目标，大打产品升级换代之仗”的战略决策，制订了一条“三多、三不、三取胜”的经营方针。“三多”，即多花色品种，多门类档次，多市场渠道；“三不”，即品种多不怕，批量少不嫌，难度大不推；“三取胜”，即花色品种以新取胜，产品质量以优取胜，生产交货以快取胜。几年来，该厂始终如一地贯彻这一方针，并在全省率先实行出口代理制，密切了工贸关系，获得了厂商见面，自主成交、自主经营、自负盈亏的自主权。同时，还坚持国际、国内两个市场一齐开，使企业越办越活。到目前为止，该厂在国内的客户由5家发展到62家，在美国的客户由3家发展到5家，并进入了东欧市场。

二、实行了一套严细的管理制度。该厂根据陶瓷生产的特点，从严从细抓管理，逐步建立了以“一化、三制、八有”为基础的企业内部经济责任制。

“一化”即标准化：全厂制定各类定额8 041项，生产技术标准17 313项，工作标准356项，做到了事事有标准。

“三制”即责任制、核算制、奖惩制。责任制：该厂对生产经营总目标进行层层分解，层层包保。全厂分解到科室和车间的小指标有386个，分解到班组的小指标有555个，分解到个人的小指标有8 732个，其中质量指标就有3 528个。这种责任指标化，指标数据化，使企业内部经济责任制落到了实处，年年实现优质、高产和低耗，产品一级品率连续八年稳定在80%以上，在国内同行业中一直名列前茅。

核算制：该厂核算到人，一切用数据说话。全厂各种台帐、报表和卡片有162种，每天记录着46 000多个数据，每月评比，张榜公布。

奖惩制：该厂先后制订了《奖惩条例》和《厂规》，明确规定了八条纪律和奖惩标准，即“十奖、十罚、十不评和十取消”，对于遵守厂规，大干四化的分别给予十个方面的奖励，对违反厂规的，按情节轻重给予罚款、不评月奖、取消浮动工资直至行政处分等处罚。

八有：即操作有规程，工艺有参数，质量有标准，劳动有定额，环境有要求，作业有纪录，成果有考核，好坏有奖惩。

这些制度有效地保证了企业正常生产，有力地促进了生产发展。

三、培养了一支过硬的职工队伍。该厂重视职工的思想政治工作，下功夫培养和建设一支具有“奋发向上、为国争光”的职工队伍。一是采取多种形式，经常对职工进行“知我国光”、“爱我国光”的思想教育，激发职工的主人翁精神；二是广泛开展立功竞赛、评先进树标兵活动，不断掀起学先进、赶先进的热潮，“爱我们的工厂，做企业的主人”，已成为全厂职工的自觉行动。1986年，广大职工在竞赛活动中，提出合理化建议1 946条，实现技术革新66项，为企业增加效益200万元。三是各级领导高标准、严要求。党政工三家互相支持，互相配合，一条心、一股劲办企业。领导自觉从严，为人表率，对干部的违纪行为，不姑息，不迁就，严肃查处。该厂正是依靠企业内部经济责任制和职工群众的政治责任心这两个动力，使企业的生产经营活动经常处于良性循环的状态，促进经济效益的不断提高。

（李昌生　韩碧霞）

【株洲市塑料厂】 株洲市塑料厂创建于1958年，初期生产聚苯乙烯梳子、钮扣等民用小商品，从1963年开始转向生产工业用塑料制品，1971年从日本引进2 500吨油压机，1978年投产，使聚氯乙烯硬板年产能力达到5 000吨。现已发展成为一个国内知名的塑料制品大型骨干企业。1986年初，拥有职工934人，固定资产原值1 148万元，年综合生产能力13 600吨。主要产品有电缆料、压膜、吹膜、硬板、硬管、注塑制品、氟塑制品等17大类60个品种。

株洲塑料厂的主要特点是技术素质较高，产品优质高产，经济效益好。“六五”期间，该厂抓了技术改造、改善经营管理和改革内部体制，落实了“三改”措施。技术改造以电缆料生产线的全面改造工程为重点，同时对板材、管材、氟塑制品等生产线进行了局部改造和填平补齐。电缆料生产线的改造工程仅用了8个月，年产能力由原有2 000吨提高到8 000吨，质量达到国内先进水平。投产后不到一年半时间，就创利税152万元，超过全部投资125万元的21%。1986年，从日本和奥地利引进的聚氯乙烯低发泡挤出板生产线和硬质透明片与软质压延膜两用生产线已建成投产。通过改造，技术素质大为改善。“六五”期间开发的新品种共有19个，1986年又开发11个新品种。电缆料、护层板、硬管、硬板均获省优质产品证书，电缆料被评为全国同类产品前2名。1986年硬管、硬板又获省优质产品奖励。全厂优质产品产值占总产值的70%以上。

“六五”期间，塑料制品市场竞争激烈。该厂的产品由计划收购转为全部自销，随后又遇到原材料供应不足和提价等新的困难。面对严峻的挑战，这个厂依靠挖掘内部潜力，改善经营管理，改革内部体制，同时调整产品结构、增产适销产品，按照“供-销-产”的顺序组织生产，不仅度过了困难，而且取得了较大的发展。1985年总产量突破1万吨比1980年翻了一番，总产值“六五”期间每年平均递增14.6%。1986年，塑料制品总产量完成11 360吨，比上年增长13%；总产值4 225.3万元，比上年增长12%；全员劳动生产率达到43 560元，比上年提高7.9%；实现利税628万元。这个厂建厂29年来，共向国家缴纳利税5 563万元，相当该厂固定资产原值的4.8倍，平均6年赚回1个同等规模的工厂。

（谈治权）

【广东玻璃厂】 **概况**　该厂是制造食品包装玻璃瓶罐的大型企业。1960年建成投产。建厂初期设有5个车间，600多名职工；固定资产原值为429万元，拥有1座73吨的大窑（后改建为90吨）；年生产能力916.6吨，生产酱油瓶、汽水瓶2个品种。经过20多年的发展，现已成为国内玻璃行业中机械化、自动化程度较高的企业。1986年有6个车间，2 254名职工，其中工程技术人员78人，占职工总数的3.5%；固定资产原值为5 419万元，净值4 276万元，拥有4座窑炉（其中2座被评为全国一等窑炉）、10条制瓶生产线、4条印花生产线。年生产能力13万吨，生产啤酒瓶，汽水瓶、罐头瓶共30个品种。产品销往全国26个省、市、自治区，及香港地区。

节能工作　这个厂逐步健全节能管理机构和能源

管理奖罚制度。围绕节能不断进行技术改造，1981年以来，相继完成了窑炉综合改造、空压机及退火炉改革、余热回收、储油罐保温和更新制瓶机等100多个项目。1986年又对三号窑炉进行改造，使吨成品油耗从0.289吨降至0.170吨，达到80年代世界先进水平；在熔炉生产中采用电脑控制窑内压力、油温、流量和温度等，全年共节约燃油949吨，价值23万元。技术改造使该厂生产年年上升，能耗年年下降：1986年与1980年相比，产量完成13.15万吨，增长105.8%；税利2 125.3万元，增长75.9%；吨成品耗油0.236吨，下降39.8%。多次被国家经委和轻工业部评为节能先进单位。1986年获得国家经委"'六五'时期全国技术进步全优奖"。

企业管理　该厂积极推行现代化管理方法，1986年在一号窑炉大修中运用网络计划技术作指导，采用统筹法立体交叉作业，只用了36天便完成任务，比计划提前24天，多生产玻璃瓶2 726吨，增加税利41.36万元。该厂已开始逐步在管理和生产部门中推广微机应用，并不断完善内部分配制度，在主要车间实行超定额计件奖、承包奖、保窑奖等。此外，把提高干部和工人技术素质作为加强企业管理的一项重要内容，1981至1986年，举办各种技术专业培训班共70期，受训人数达3 258人次；选送18名职工到大专院校脱产学习。从1985年起每年派200人日到美国欧文斯公司进行技术交流和接受培训(此项活动将延续至1989年)。1985年获得轻工业部"全国企业管理优秀单位"称号，1986年被评为"全国企业整顿先进单位"。

1985～1986年，该厂连续被中宣部、国家经委和全国总工会授予"全国思想政治工作先进企业"称号。

（胡瑞贞）

【广州洗衣机厂】　**概况**　广州洗衣机厂是轻工业部洗衣机定点生产厂，国家机电产品出口基地企业。现有职工1 450人，厂区占地面积4.3万平方米，建筑面积3.2万平方米，固定资产原值1 600万元，净值1 378万元。该厂生产的五羊牌、高宝牌家用洗衣机种类有：普通型、程控型、双缸半自动型、套缸全自动型四种。

广州洗衣机厂是由广州人民机修厂与广州群力木箱厂合并而成。1980年转产家用洗衣机以来，坚持引进、吸收、消化、创新，积极开发新产品，推陈出新，闯出了一条自我发展的新路，不仅取得良好经济效益，而且在国内外市场赢得了声誉。1986年该厂家用洗衣机年产量达30.34万台，比上年增长43.11%；出口10.63万台，比上年增长58.59%；创汇794万美元，比上年增长50%；工业总产值12 882万元，比上年增长57.74%；实现利润1 799万元，比上年增长60.31%；年人均创利12 763元。

技术改造　为了使产品更具竞争力，该厂注重引进国外先进技术，并加以吸收、消化、创新。1983年利用补偿贸易和租赁的方式，进行第一期技术改造，从日本引进了生产双缸洗衣机的10套关键模具和一台万克注塑机。1985年进行第二期技术改造，又从日本引进了生产全自动洗衣机的19套模具和11台锁模力200～1 250吨注塑机。通过引进先进技术，该厂产品的质量档次不断提高，市场竞争力大大提高。1984年双缸半自动洗衣机被评为广东省优质名牌产品，并获得经贸部出口产品"品质优良荣誉证书"，1985年获轻工部优秀新产品一等奖，1986年获轻工部优质产品奖。该产品的外型设计和质量达到国外80年代初同类产品水平，并销往港澳、中东、东南亚等地。同时，被国家选送参加1985年莫斯科，华沙、莱比锡等国际博览会展出。

该厂在引进先进技术的同时，积极消化、吸收、创新，依靠工程技术人员的力量，自行设计制造了为双缸洗衣机和套缸全自动洗衣机配套的模具300多套，建成两条总装生产线、洗衣机箱体冲压生产线和静电喷漆自动生产线，从而使引进设备得到完善配套，形成了年产30万台洗衣机的生产能力。该厂还消化、创新，选用经丙烯酸"三防漆"处理的优质镀锌铁作箱体，大大提高了箱体防锈能力。为了减少双缸洗衣机在衣物脱水过程中产生的振动，要在脱水桶顶部设置一个注有氯化钠溶液的平衡环，焊接这个零件，需要引进日本的塑料加热焊接机，为了节省外汇，该厂通过借鉴国外技术资料，经过半年的努力，只花了5 000元，便试制成功了两台塑料加热焊机，使用质量达到设计要求，为国家节省了7万多美元外汇。

产品开发　广州洗衣机厂转产家用洗衣机以来，注重积极开发新产品，先后推出了单缸普及型、单缸程控型、双缸半自动型、套缸全自动型4代洗衣机产品。1985年在香港举办的"广州市工业产品展销会"上，双缸半自动型洗衣机受到港商的赞赏，并且成为我国目前唯一销往国际市场的家用洗衣机。在发展洗衣机生产的同时，该厂根据市场信息开发其它种类的新产品。1986年，又推出了适合宾馆、家庭用的保险式自动抽油烟机，该产品除具有吸收室内污浊空气过滤净化功能外，还具有对有害气体自动报警，自动排污功能。

（朱妮达）

【广东惠州市玩具总厂】　惠州市玩具总厂是生产玩具的专业厂。该厂生产的乐乐牌电动玩具以造型独特、款式新颖而深受消费者欢迎，多次获全国儿童生活用品优秀产品奖和广东省玩具行业（电动类）评比第一名，并于1986年获得广东省新产品开发奖。

1982年，惠州市玩具总厂还是惠州市粉末冶金厂的一个来料加工车间，承接来料装配玩具。当时多方面信息表明：发展儿童玩具势在必行。为改变我国玩具业的落后面貌，凭着开拓玩具新领域的信心，该厂靠着几十个人和一些简陋的设备，从事起玩具的制造。初时，只能生产一些较低档的简单玩具。

在贯彻执行开放改革中，该厂率先贷款从国外引进了先进的技术和玩具生产设备近百台(套)，形成了初具规模的、较为先进的玩具专业生产厂。产品档次发展到中、高档，包括电子电动、机械、智力启蒙等3大类70多个品种。其中，锌基合金玩具填补了我国玩具行业的一项空白。1985年起，该厂实行边技改边生产，开发了几种新产品投放市场，效果良好。其中电动巡逻车获全国儿童生活用品金鹿奖和广东省优质产品称号，实现产值70万元。另7项新产品也获得广东省优质产品奖和新产品开发奖。当年产值485万元。

首期技术改造工程完成后，较大地提高了该厂的工艺、生产水平。在塑料模具制造方面，该厂成套引进了塑料模具加工设备，建立起具有较高水平的模具车间，为新产品的开发提供了条件。现在的惠州市玩具总厂已由原来的几十名工人发展到300名员工，年产电动玩具200万件；年产值500万元。

惠州市玩具总厂生产的乐乐牌各式玩具，采用聚苯乙烯等工程塑料制作外壳，注射成型，配以电动多级齿轮传动的回轮结构机芯，并根据各产品设计和造型，装配灯光、音响等设施，使产品能更好地启迪儿童思维。该厂在注重产品性能的同时，还十分注意产品的外观形象及内在质量，严格按照部颁（SG142～83）标准进行生产和检验，多种产品获广东省优质产品称号。为了进一步保障消费者利益，该厂还在北京、武汉、成都、广州等地设立玩具维修点，坚持“用户至上，信誉第一”的宗旨，努力做好产品售后服务，产品在消费市场上一直享有较高的声誉。

（孙海强、冯国梁）

【红星瓷厂】 该厂是全国出口瓷重点生产基地之一，主要生产成套日用瓷。现有五座隧道窑。全厂职工2 600多人，从1983年下半年开始，到1985年上半年止，这两年期间，广东陶瓷出口形势发生重大变化，给企业造成了很大困难，致使连年亏损。1986年切实改善经营管理，扭转了生产被动局面，各项经济技术指标与1985年相比，大幅度增长，工业总产值1 121.6万元，增长57.71％，创历史最高纪录；日用瓷总产量1 807.27万件，增长68.47％，其中出口交货1 059.79万件，增长79.44％，出口合格率72.5％，提高8.9％。建筑陶瓷完成49.5万平方米。产品销售总额1 238.67万元，增长78.7％；实现利润50.16万元（1985年亏损30.53万元），税金79.4万元。

红星瓷厂是在国家支持下发展起来的一间生产出口陶瓷的工厂，该厂树立以国家利益为重的思想，坚持以出口为主，内外结合的经营方针，积极配合出口需要，大力发展出口日用瓷，1986年为国家创汇101万美元，获得广东省人民政府颁发“出口创汇超百万美元出口生产基地企业”荣誉证书。

红星瓷厂努力挖潜节支。着重抓好以节能为中心的技术改造，利用膨胀珍珠岩保温材料，对现有4座煤烧隧道窑和一座油烧隧道窑进行保温，使窑体散热大幅度减少。经测试鉴定，改造前散热为11％，改造后散热为0.55％，按此计算，每年可节支22.7万元，在保证质量的前提下，对部份产品匣钵进行改型，提高窑体车台的装载量，1986年仅5个品种增产12.5万件，节煤66.3吨。由于进行技术改造，降低损耗，节约成本，从而在企业内部消化了原材料不断涨价的因素。

红星瓷厂善于运用市场信息，积极开拓国内外市场，生产适销对路的产品，做到产销密切配合。结果外销超额完成任务，内销产品供不应求，与此同时，还积极试制新产品，1986年共试制出新产品40个，投产率达39％，其中一套20头浮雕西餐具在1986年秋交会展出获得出口部门和外商好评。

红星瓷厂1986年在全省日用陶瓷行业中进行评比，获1986年度广东省陶瓷行业“立功创先劳动竞赛”先进单位光荣称号。

（马　云）

【柳州市美术陶瓷厂】 柳州市美术陶瓷厂是广西目前生产美陶的最大一家工厂，厂区面积58 800平方米，厂房面积12 600平方米，正式职工275人，目前生产的品种有美术陶工艺品、硬质陶和日用陶三个类别。

这个厂自1973年建厂至1983年的10年间，由于经营管理不善，再加上贷款建厂负担重，造成了每年亏损，一直是二轻系统的老亏损户。

1984年以来，企业采取了对内承包对外搞活的经营方针，在企业内部实行了多种形式的经济承包责任制，对外采取展销、联销等方法，一举扭转了长期亏损的被动局面。1985、1986年超额完成了各项经济指标。被柳州市政府授予“文明单位”的称号。联合国专家组于1985年7月28日来厂进行实地考察，同年末，决定给该厂无偿援助27.8万美元，用于配套69米隧道窑扩大生产能力。

近两年来，该厂抓了以下几项工作：

一、树立明确的经营思想。该厂的经营思想是薄利多销，以物美价廉占领市场。在原料、燃料价格上涨的情况下，企业采取“内部积极消化”的办法，用降低消耗，提高工效两个方面所取得的效益来弥补原材料的涨价部份。这样产品的价格一直维持数年前的水平，客户十分满意。

二、改革工艺，不断提高产品质量。企业经过反复实践，将过去的两次烧成变成一次烧成，同时将烧成温度由原来的1 080 ℃提高到1 170 ℃，不仅降低了生产成本，同时提高了产品强度，使釉彩光亮夺目。该厂生产的“奔马”获1984年全国优秀旅游产品奖，“母子马”“双龙杯”获全国工艺陶瓷品三等奖，仿古青铜系列产品获轻工业部颁发的中国工艺美术百花奖优秀创作二等奖。

三、工厂确立了“日用品工艺化、工艺品实用化”的生产方向。在工艺品造型设计上既考虑到艺术价值，又尽可能地发挥其使用价值；日用品设计上尽力达到工艺品的欣赏美观等需要。这个厂生产的各类花瓶、烟缸、笔筒、灯座等工艺品很受欢迎。

四、在国内外扩大柳州美陶的宣传影响。该厂为1985年10月在北京举行的第五届世界杯技巧赛，定制了7项比赛的全部奖品，按照7项比赛的动作造型，烧成后镀上金黄色，奖品光彩夺目独具一格，受到世界技巧联合会的称赞，说是有史以来最有意义的奖品。

柳州美陶销往全国26个省、市、自治区，为发展民族工艺品生产作出了贡献。

（胡光裕）

【梧州市电池厂】 概况　梧州市电池厂创建于1937年，是轻工业部14家重点电池厂之一。现有职工人数1 436人，固定资产原值770万元，工厂占地面积51 423平方米。年生产能力1.5亿只，“六五”期间，产值、产量，实现利税的平均递增率均在13.6％以上，1986年，完成工业总产值2 714万元，比上年（下同）增长4.5％；销售收入完成3 020万元，增长9.77％；实现利润269万元，增长10.29％；产品质量稳定提高率100％；三种主导产品：R20、R14型和R6型新华牌电池，1979年以来，多次荣获广西优质名牌产品奖。其中R20型新华牌电池连续23年平均间歇放电时间达1 000分钟以上（部颁标准800分钟）。优质品产值占全厂工业总产值86％以上，其中部优产品产值占84％以上，1986年获“轻工业部优秀质量管理企业”奖，获国家经委“六五”技术进步先进企业单项奖，获“广西企业整顿先进单位”、“广西企业管理优秀奖”称号并由于企业管理成绩显著还受到轻工业部的表扬奖励。这个厂主要做法是：

一、推行工厂方针目标管理。1985年初，梧州市电池厂按照现代化管理方法，开展了方针目标管理。制定有方针目标管理制度，坚持把质量和质量管理工作摆在工厂方针目标的首位。各科室、车间根据厂的方针目标，制定出各自的方针目标。

二、质量管理。他们一是建立以厂长为主任的质量管理委员会，车间设立以车间主任为组长的质量管理领导小组，班组设立有兼职质量员。二是在推行经济承包责任制中，注意处理好质量与产量等方面的关系，在承包中以质量为评奖基础，采用质量系数乘法〔（质量×产量％）±消耗±安全±文明卫生〕，使质量在奖惩中具有否决权作用。三是为了保证和提高产品质量，除认真贯彻执行产品的部颁标准外，还制定了高于部颁标准的企业内控标准，把全面质量管理与自已的传统管理经验结合起来。四是开展群众性的QC小组质量管理活动。每年开展一次质量月活动。每年“五一”和第四季度厂内部开展一次以质量为中心的劳动竞赛。从1981年到1986年，共有19个QC小组获奖。其中获轻工业部优秀QC小组1个，自治区优秀、先进QC小组11个，获市、局优秀先进QC小组7个。

（韦世有）

【博白县自行车零件厂】 广西博白县自行车零件厂1986年生产全链罩110.75万只，实现工业总产值1 002.34万元，税利92.2万元，分别比1985年增长62％、47.5％、33％，与1984年相比，产量增长1.5倍，产值增长1.1倍，利税增长1.53倍。全员劳动生产率达31 323元，比1985年增长25％，比1984年增长1.1倍。

自行车零件厂前身是由五个手工业社合并建立起来的农具厂，主要生产铁制农具和农用喷雾器。1972年根据市场需要，开始试产自行车全链罩。由于设备简陋，工艺技术落后，产品质量上不去，几乎被广东台山的同类产品挤垮。面对这种不利的现状，厂领导班子认真总结经验教训，分析市场发展趋势，贷款30万元改造了模具，更新了关键设备，提高了工效，节约了劳动力，一等品率从88.7％，提高到95％，1982年生产了全链罩71万只，开始占领区内市场，部分销往区外。

随着同行业的技术进步和原材料价格的放开，该厂的全链罩面临着更多质优价廉产品的挑战，1983年订货量开始下降，1984年比1982年下降37％。这一事实使该厂领导班子清醒认识到：只有改造技术装备和推行科学管理同步进行，才能在竞争中立于不败之地。于是他们先后贷款35万元，完善原有的静电喷漆生产线，新建一条磷化、底漆生产线，加速了链罩表面处理速度，强化了面漆质量；分别将一名厂长和十二名青年职工送到区经济管理干部学院等大专院校深造，提高管理人员的管理水平；技术厂长着手整顿企业管理，他们建立、健全各项工艺管理制度；把二十名事业心强、懂技术、会管理的生产骨干提拔到各科室、车间班组担任领导，组成一个强有力的生产指挥系统；举办机械识图、制图短训班，普及生产知识；派出生产技术骨干到上海“凤凰”自行车三厂接受培训，聘请上海厂的技术人员到厂作技术顾问。经过了两年的努力，全链罩的日产量比1982年提高一倍多，一级品率达到98.6％，提高3.6％，每只链罩可比成本降低0.623元。从1984年冬开始，该厂推行了以经济效益为中心的分级经营承包责任制。首先，由厂领导班子向主管部门承包产值、销售收入、税收、企业利润四项指标，按月考核，全面完成四项指标者，股长、车间主任、正副厂长（书记）除领取本厂职工平均奖金数额外，分别核发职务津贴15元至30元；欠产无奖金，每欠1％，扣发职务津贴2％，欠产50％，则全部取消职务津贴；四项指标比上年增长20％的，给厂长晋升一级浮动工资，连续保持两年，则转为固定工资。其次，推行车间成本承包，在核实各车间成本指标的基础上，各车间在厂部单独设立帐户，分灶吃饭；向厂部购买原辅材料和动力设备，承包产量、质量、利润、成本、工资、费用等，超支自负，节约者30％归车间作奖励基金；车间内部分配，由各车间自定，根据不同工种适当拉开挡次；各种原材料、成品、半成品、模具等，按厂部核定的不变价在厂内流动，按厂部核定不变价相互转帐核算；各车间对各自的产成品实行“三包”等等。实行承包后，使厂部与车间、车间与车间的关系转变为经济往来的关系，改变了过去车间吃工厂、工人吃车间“大锅饭”的现象，调动了职工的生产积极性。该厂还广泛发展横向经济联系。当他们获悉玉林自行车总厂和上海自行车三厂联合生产“凤凰”牌自行车的信息时，立即主动上门要求为他们配套生产全链罩；派出专人到上海“凤凰”自行车厂，请求发展配套协作。现在该厂已先后同玉林、南宁、武汉、西安、南京、北京、黄石、长沙、衡阳、哈尔滨等十多个自行车厂家建立了配套关系，为扩大全链罩生产找到了新的门路。此外，该厂还生产了微型汽车消声器，车箱底盘大梁等多种汽车配套产品，参加了“振华微型汽车联合公司”这一全国性联合群体，这种横向协作关系，促进了生产的发展，使该厂成为玉林地区第一个年产值超千万元的二轻集体企业。

（陈立权　李春艳）

【广西柳州市电扇厂】 广西柳州市电扇厂是轻工业部重点企业，是广西经济体制改革取得显著成效的八个重点骨干企业之一。现有职工2 000人，固定资产总值3 000万元，占地面积16万平方米，具有年产电风扇80万台、洗衣机20万台、吊扇15万台、电熨斗等日用电器数十万件的生产能力。1985年，该厂分别从日本、意大利引进电风扇、洗衣机成套生产设备。

15年前，该厂还是一个仅有职工75人，固定资产2万元，年产值14万元的街道工厂。该厂从1981年起逐步推行工商联营、社会化大协作、经济承包和公开招聘技术人员等一系列改革措施，从而推动了生产的迅速发展。1983年和1984年，电风扇产销量跃居全国同行业第二位。1985年、1986连续两年产值超亿元和实现年税利近2 000万元。1986年生产电风扇64万台，比1980年增长18倍，洗衣机产量也稳步增长。“双马”牌电扇1983年获轻工业部和广西区优质产品称号，1985年获中西南五省优质产品称号，历年复检质量稳定，以物美价廉畅销全国20多个省区。1986年该厂获轻工业部首批颁发的洗衣机生产许可证，成为广西第一个获得洗衣机生产许可证的厂家。

该厂重视新产品的开发，具有多功能的、款式新颖的产品陆续投放市场。该厂还具有完善的售后服务体系，已建立维修网点200多个，免费培训各经销单位的维修人员。

（朱鹤春）

【国营乐山造纸厂】 我国自行设计、施工、安装的第一家生产高纯度绝缘纸浆和电力、电子工业用纸的大型骨干企业，自1978年投产以来，现已发展成为我国具有相当规模、技术力量雄厚的电力、电子工业技术用纸的生产和科研基地。

该厂始终坚持由厂长亲自主持和领导全面质量管理工作。在产品生产过程中的各个关键工序均设置质量检测点，坚持自检、互检、专检“三结合”，开展了不定期，不定向的厂长质量诊断检查活动，对产品质量变化情况随时进行检测，运用控制图每班打点形式进行控制，再根据图表进行数理统计分析。工厂还建立了严格的从原材料进厂到成品出厂全过程的检验制度和采用先进的检测手段，对主导产品执行高于部颁标准的“内控标准”。做到不合格的原材料不投入生产，不合格的半成品不转入下道工序，出厂产品必须经检验合格并发放检验合格证，否则不许出厂。1986年，全厂产品质量的稳定率达到100％，进入全国先进水平。全厂5个主要产品——绝缘木浆、电容器纸、匝间绝缘纸、低压电缆纸、高压电缆纸分别获得国家质量银质奖，轻工业部、省优质产品奖，成为“质量全优工厂”。获省轻工业系统“质量管理奖”和“全国轻工企业管理优秀单位”称号。

（王崇山）

【古蔺县曲酒厂】 四川省古蔺县酒厂是1982年转产曲酒的，几年来边生产，边改造。到1986年仅用投资1 000多万元（其中自筹资金762万元），就形成曲酒生产能力2 000余吨，固定资产和流动资金2 000多万元。成为泸州市第二家大型曲酒厂。主要产品仙潭大曲，具有“窖香浓郁，醇甜净爽，幽雅细腻，回味悠长”的独特风格，1983年、1984年、1985年先后获地区、省、轻工业部优质产品称号，畅销全国，远销香港、澳门及东南亚各国。

该厂的基本特点是企业管理好。1984年以来，先后被评为县、市、省的先进企业。1986结合厂长任期目标责任制，该厂抓了全面经济承包。上至厂长、书记，下至炊管人员，都有承包合同。1986年全厂162名职工，签订承包合同115份。承包合同中明确规定实行“八包”，实行“定员定额，联产计酬，消耗定死，节约有奖，盈利分成，奖惩兑现”的定包奖惩制度。个人奖金与月计划完成情况挂钩，并对各级管理人员实行岗位津贴和浮动工资。厂容厂貌清洁整齐，井井有条。车间内外，看不到一点抛撒的酒糟和其它脏乱东西。窗明室净，秩序井然。

（沈　青）

【阆中县丝毯总厂】 四川阆中丝毯总厂现有固定职工240人，固定资产174万元，工厂占地面积1.2万平方米。1986年，完成工业总产值645万元，比1985年增长96.7%，出口创汇370万美元，比上年增长1倍，实现利润155万元，比上年增长1.7倍，丝毯产量13 210平方米，比上年增长1.1倍；质量稳定提高率99%。1985年四川省人民政府授予该厂“文明生产”先进企业称号，颁发银质奖章。1986年该厂被四川省经委、经贸厅定为出口商品生产基地厂。

1979年，该厂与上海口岸签订了1980年到1985年交货协议。当时生产能力不够，缺少厂房、宿舍和生活设施。于是总厂便提供必要的设备和原材料、技术，将丝毯初加工扩散到农村，再由总厂深加工出口。当年开设了7个加工点。该厂还与上海、北京、重庆等口岸实行工贸联合，成立了5家工贸联合丝毯分厂，1986年全县已有加工点103个，从业农工是固定职工的35倍，全年加工丝毯14.98万平方尺，满足了出口需要。

工贸联合，引进资金230万元，工农联合增加了生产，节省了投资，工厂少建厂房5 000平方米，职工宿舍6 000平方米，生活用房3 000平方米，节约固定资产投资200余万元。

联合促进技术更新。联合前，人力不足，自己无力设计图案，全靠上海提供，多是旧样，不受外商欢迎，粗加工扩散到农村后，总厂集中精力搞深加工、图案设计，开发新产品。短短几年，已培训出一支包括各种人材的技术队伍，配有专职设计人员18人，其中5人先后到天津工艺美术学院学习过丝毯图案设计，通过人员培训，使产品质量稳定提高。1982年该厂产品获省优质产品称号；1985年获全国丝毯质量评比第二名，工艺美术百花奖，全国第九届地毯交易会图案创新奖；1986年上海口岸观摩评比名列榜首，并获联邦德国托克斯定货套色全能奖。

（谢维甫）

【贵阳酒厂】 现有职工794人，包括各种工程技术人员、专业经济管理人员及大、中专知识分子61人。该厂是以生产名优酒为主的重点企业，拥有浓香型和麸曲酱香型两大不同风格的系列产品。产品畅销国内，并有出口。

该厂是1951年由140多家私人酿酒作坊实行联营的酒厂，当时日产普通白酒1吨左右。1958年改为国营贵阳酒厂。

1986年该厂白酒产量为3 600吨，比1985年增长9.5%。其中名优酒贵阳大曲1 228.8吨，黔春酒710.2吨，比1985年分别增长110.6%和216.0%。产品合格率为100%。全年出口贵阳大曲、黔春、贵阳特醇和黔春特醇共46.37吨，交货额33.21万元。占全省酒类出口第3位。

近几年来，该厂获国家经委、轻工业部和省、市各级优秀新产品奖共7项，省市科研成果奖4项。并获5项优秀包装奖，其中部级2项、省市级共3项。该厂研制的浓香型贵阳大曲1980年被评为贵阳省名酒和优质酒，并获对外经济贸易部优良出口产品荣誉证书和轻工业部优秀包装奖。他们与省轻工科研所1981年共同研制的麸曲酱香型黔春酒，采用“清蒸续渣，堆集发酵”新工艺。同时，将细菌纯种制曲运用到麸曲酱香型白酒生产中。该项目获省市科研成果奖，1983年又获国家经委优秀新产品奖。1984年，该厂分别以黔春、贵阳大曲为基酒，研制成功了38度黔春特醇和38度贵阳特醇，被轻工业部评为1985年优秀新产品。1986年贵阳大曲和黔春酒再次评为省优质名酒，并同时获金牌奖。黔春特醇获银牌奖。

1985年该厂与军工企业宇光电工厂联合开发了微波老熟白酒新技术。节省了酒库库窖，缩短了存酒周期，减少了贮存损耗，每年可节省资金20万元左右。为了因地制宜解决原料问题，该厂1984年研制成功了以当地产的玉米为原料的窖曲酒新产品“贵窖”，得到消费者的赞赏。1985年初，该厂建立了贵阳酿酒发酵研究所，研制开发新技术、新工艺、新产品。

1984年以来，贵阳酒厂与省军区和市郊有关单位，先后联办十三公里分厂，龙洞堡酒厂分厂，三江分厂及军区酒厂4个紧密、半紧密型联合体。1986年共生产贵阳大曲429.6吨，黔春酒897吨，中档白酒36.6吨。总产值达389.6万元，比1985年增长271%。1985年初以来，又先后与镇宁县等10多个酒厂建立了松散型联合体，由对方提供固体发酵基酒。现已生产甲秀大曲1 000多吨。1986年该厂与山东柳城县、河南郑州市、汉阳县、北京市有关单位建立了产销联营。还以补偿贸易方式从天津大港副食品公司和贵阳产销联营公司等单位引入资金150万元，用于建立联合分厂和扩大名优酒的生产。

（王国健）

【元阳罐头厂】 云南元阳罐头厂1982年建成投产。正式职工170人，合同工280人，每年加工旺季招用季节工1 000多人。主要产品是菠萝罐头。1984年以来工厂花大力气抓原料基地建设，抓产品质量管理，抓设备更新改造，取得显著成绩。1986年元阳罐头厂共生产罐头2 551吨，完成工业总产值670万元，实现利润40万元。出口罐头613吨，换汇36万美元。

元阳县水果生产有得天独厚的气候和土壤条件，又有种植菠萝的悠久历史。1970年菠萝种植面积4 000多亩。但产量不稳定。为了建立原料基地，增加原料供应，工厂采取了一系列扶持措施：1、每年拨出8—10万元专款，从外地购进优良种苗，供给菠萝生产专业户发展生产，1986年还从银行贷款100万元，扶持本县专业户的河口县农场发展菠萝生产基地。2、确定合理的收购价格，1983—1985年先后3次提高菠萝收购价，并向农民宣传工厂实行收购价与市场鲜销价大体平衡的价格政策，消除农民怕菠萝多了工厂降价的疑虑。3、不断改进收购方式，采取与专业户签订合同，按级定价，讲求信用，增设网点，随到随收，方便群众。4.建立菠萝栽培技术指导站，在每个乡设一名专职的菠萝栽培技术辅导员，常年巡回在菠萝种植户中，帮助专业户搞好科学管理，提高单产，并及时传递信息，解决菠萝发展中的问题。使当地菠萝种植面积由1982年的5 000多亩发展到1986年的1.4万亩，改变了原料供应不足局面，建厂第1年只生产56天，第2年生产156天，第3年生产200天，现在建立的原料基地已做到常年开工生产。

生产管理。坚持“卫生第一，质量第一，文明生产第一”三条标准，建立严格的岗位责任制和奖惩办法。特别是对空罐和实罐两个重点车间，实行了严格的质量管理，并组织职工到汕头、无锡、昆明等地学习罐头加工技术和质量检验技术。1986年还投资3万多元，从外地请进技师解决生产中技术问题，培训了封口操作技术人员40名，先后送到省内外培训学习财务、统计、经济分析、食品工艺、食品检验的人员共25人。1985—1986年先后开发了菠萝汁、清水香菇、糖水荔枝、什锦果脯、山楂汁等新产品。目前全厂生产的产品有水果罐头、肉类罐头、蔬菜罐头、各种果汁、各种果脯等5大类共40多个品种。(张之钝)

【昆明自行车总厂】 现有职工1 100人，其中科技人员113人。1981年建厂初期，年产量仅5万辆，连年亏损，到1983年累计亏损达255万元。1984年以来，由于坚持深入改革，狠抓技术改造，推行了层层经济承包责任制，大力提高产品质量，搞好销售服务工作，从而在3年时间内，使工厂翻了身，1986年产量达20万辆，产值达2 539万元，利润达130万元。

该厂原来生产批量小，成本高。1984年以来，在上海自行车三厂的帮助下，从改造落后的生产设备和生产工艺入手，扩大生产批量。经过一系列改造，形成了具有国内先进水平的40条专用生产线，生产自动化水平不断提高，年生产能力达到40万辆。

工厂建立了三级质量管理网，共配有60名专职检验员，生产班组配备自检质量员。设立成车鉴定室、化验室、金相室、计量室，按照国家标准，配置了必要的检测器具，严格按照轻工业部检测评分细则每月进行性能测试。从产品设计、工艺编制、设备设计及理化检测等方面，制订了一系列制度，使产品生产和检验严格按图纸、按工艺、按标准进行，并在经济责任制中坚持贯彻质量否决权，从而保证了产品质量稳步提高。目前该厂生产的“金鸡牌”自行车质量稳定在A级水平，ZA-41型载重车获1986年度云南省优质产品称号。

该厂从适应云南广大农村的需要出发，重点生产28英寸载重车，同时积极开发适合城市需要的26英寸轻便自行车。目前该厂已能生产26英寸、28英寸两个系列12个花色品种。1986年又同上海有关厂家洽谈，进一步密切技术协作，用“凤凰”名牌标准从严进行质量管理和进一步进行技术改造，争取在短期内达到“凤凰”水平。

经济责任制。实行两个挂钩。第一个挂钩是实行工资总额与上缴税金挂钩，全厂工资实行全额浮动。第二个挂钩是把职工个人收入与企业经济效益及个人劳动贡献挂钩，把企业对国家承担的各项经济指标，具体分为12项指标，下达到车间，由车间承包。把工人收入的20%拿来作浮动，从而使各项指标都落到了实处。调动了广大职工的积极性。

销售服务。该厂生产的自行车和昆明市交电采购供应站实行联营经销，工厂着重搞好市场调查和售后服务工作。在省内销售量1 000辆以上的地方，工厂都设立了维修站，并在上海、无锡、四川等地设立了维修站，目前共设维修站35个。工厂定期派人对维修人员进行技术培训，巡回检查，提供零件和易损件，并通过维修服务站了解市场信息，及时反馈到工厂，作为改进质量管理的依据。目前该厂生产的“金鸡”车在云南省内复盖面已达95%，省外已销往16个省、市、自治区。

（张之钝）

【拉萨市城关区儿童服装厂】 儿童服装厂是以生产儿

童服装和绣花帐蓬为主，兼生产藏装、汉装的集体企业。该厂于1970年组建，前身是先进缝纫机生产合作社，1982年改名为儿童服装厂。建厂初期只有职工32人，资金2 306元，机器设备21台（件），厂房面积100平方米，生产三种产品。到1986年职工增加到43人，流动资金96 000元，机器设备53台（件），厂房面积1 042平方米，固定资产189 000元，总产值实现243 000元，为1980年的3.2倍，职工收入2 813元，为1980年的2.8倍，公益金达19 300元，是1980年的2.2倍，产品花色品种24种（件）。1986年超额完成了各项经济指标，为实现“七五”计划打下了良好基础。

该企业自建厂以来有11种产品被评为自治区优质产品。1985年该企业生产的绣花帐蓬被轻工部评为优质产品，1986年该企业被国家民委和轻工部评为全国少数民族用品先进企业。

1980年以来，西藏自治区实行对外开放政策，国内很多同类产品不断大量涌入西藏，在市场激烈竞争中，该厂努力开拓，终于站稳了脚跟。

1. 大胆改革管理制度和分配制度。这个企业是1982年重新组建的新厂，底子薄、基础差，管理机构不健全，经济效益低。在市场日益激烈的情况下企业怎么办？老厂长经过一番调查研究后，得出的结论是，只有打破职工吃企业“大锅饭”，根除平均主义，企业才有活路，职工的积极性才能调动起来。经过努力，他们摸索建立了一套行之有效的制度，即：产量实行记件记分制，质量实行包干制，同时建立健全了全厂的质量检验机构，班组车间都设有专人检验。产品进库必须经过检验，不合格者一律自负经济损失。由于改善了管理，实现了产值、利润、税收的同步增长。在谈到改革给企业带来什么时，老厂长深有感触地说：“改革必然会冲击不利于社会发展的落后观点，对此我们要有充分的思想准备，为了中华民族的经济振兴，在改革的热潮中要树立“过河卒子只进不退”的精神。

2. 提高产品质量，增加花色品种。该企业刚改建时只是生产儿童服装和民族服装，为了满足市场需要，通过调查，了解市场信息，除了加强现有产品的质量检验外，还生产出各种不同规格的具有浓厚民族特色图案的绣花帐蓬，深受广大用户的欢迎，产品供不应求，光这一项1986年获利18万元。绣花帐蓬已被自治区手管局列为1987年新产品开发项目。

3. 开展技术培训工作。培训技术力量是提高产品质量，增强企业活力的关键一环。近几年，该厂除了靠国家拨给的培训费外，还自筹一部分资金组织职工去石家庄学习服装裁剪技术。1986年共培训了缝纫工、民族绣花帐蓬技术工等10名。

目前，他们正在找差距，订措施。这个企业新任厂长在谈到企业的前景时说：“改革是一股势不可挡的潮流，形势的发展将会比人们预料的要快得多，这就需要我们探索出一条劳动致富的新路子，尽责尽力，努力拼搏，为祖国创造出更多的财富”。

（许融成）

【西藏日喀则镇铁器厂】 日喀则镇铁器厂积极挖掘企业内部潜力，更新产品，提高产品质量，取得了显著的经济效益。1986年被评为全国轻工业系统少数民族用品先进企业。

日喀则镇铁器厂是在原日喀则镇铁匠互助组的基础上于1973年筹建的。建厂初期，条件很差，设备简陋，产品品种单调，全厂只有百余元的流动资金和8 000元的固定资产。当时由于“左”的干扰，实行了“吃大锅饭”的计时工资制，生产无任务，劳动无定额，收入无保障，集体生产发展缓慢，职工收入也不能及时兑现，严重挫伤了职工的生产积极性，党的十一届三中全会后，落实了党对民族手工业的政策，扩大企业的自主权，在改革的春风吹进了这个厂之后，促进了生产的发展，厂领导组织全厂职工讨论，大家一致认为不改革就没有出路，铁器厂就有倒闭的危险，于是他们实行了一系列的改革措施：如制订了“五定一奖”的经济责任制。一是定人员，根据不同的工种，全厂分为3个小队，每个小队又分为6个作业小组，每个小组由3～5人组成，以小队为基础实行单独核算。二是定原料，社里根据每个小组的生产项目，按用料标准发料。三是定产品，每个小组按社里的统一布署产品项目生产，小组将每月的产品交小队入库。四是定质量，对小组交付的产品由队、厂逐级验收，不合格不收，损失自负。五是定收入，对生产人员规定销售总额中除掉原材料成本外，向社里上缴13%的行政管理费和11%的公共积累，再向小队交适量的管理费，其余为个人收入。对销售人员，据市场销售情况，夏季按销售总额的7%，冬季按5%提取工资收入，运费和食宿费由个人自理。行政人员的工资按全社职工平均收入标准从行政管理费中发给。各小队所收的管理费中除去小队销售人员的工资运费等开支外，余下部份按贡献大小发给小组，对生产贡献大、劳动态度好的职工，由厂里综合解决，对无故旷工者每天扣10至15元，对偷工减料者按数罚款。1985年实行了厂长责任制，在此基础上他们又不断完善经营机制和管理体制。为了在市场竞争中求生存发展，注意市场动态，及时掌握信息，按需要组织生产。不断更新产品，增加和开发花色品种，加强质量管理，使出厂的产品质量可靠，实用性强，物美价廉。同时积极开发农牧区用户的生产、生活用具。为了打开产品销路，实行了送货上门，服务到家等措施，满足用户需要，从而赢得了用户的信誉，占领了市场。

改革搞活了企业，增强了企业后劲。该厂已有固定资产20多万元，1986年实现产值475 000元，比1985年增长13.7%，职工人均收入达到3 310元，比1985年增加689元。

（许融成）

【西安味精厂】 西安味精厂建于50年代末，是我国西北地区生产味精较早的工厂，也是轻工业部定点企业。1986年全厂拥有职工379人，其中工程技术人员占7.5%；人均产值1.63万元，上缴税利85.79万元；现有固定资产198.13万元。

西安味精厂生产的雁塔牌味精，用粮食发酵制成，从1980年起就一直保持陕西省优秀产品称号。1984年，西安味精厂生产的各种汤料口味的方便面，被评为陕西省十二届旅游优秀产品，并获陕西省优秀新产品奖。目前该厂在国内20多个城市和地区设有销售点，还开拓了广大的农村市场。1980年，雁塔牌味精远销港、澳、新加坡、西班牙等国家和地区。

西安味精厂于1984年初实行了岗位经济责任制、干部聘任制、合同工制等，通过一系列的改革，使企业增强了活力，取得了显著的经济效益。1985年被陕西省人民政府命名为“六好企业”，还多次被西安市人民政府评为先进单位。近几年来，该厂在主要工艺上采用了电子计算机程序控制，1986年被陕西省人民政府授予味精微机控制技术开发奖，还获得省科技三等奖。

（梁　东）

【石泉县印铁制罐厂】 陕西省石泉县印铁制罐厂地处秦岭山区，是1982年以来随着包装装潢行业的兴起而发展起来的集体所有制印铁包装小型专业厂家。该厂推行经济承包责任制和全面质量管理成绩显著，发展快，而且效益好，1985年被省、地、县命名为先进企业。

石泉县印铁制罐厂现有职工97人，固定资产原值52万元，净值42.14万元，印铁专业设备52台（件）。经过3次技术改造，形成了两条生产流水线，4年来迈了三大步。1986年实现工业总产值114.7万元，是1982年的8.45倍；实现税利17.03万元，是1982年的12.61倍；全员劳动生产率13 187元，是1982年的3.59倍，比上年增长了38.33%。主要产品有0.35公斤——16公斤10多种白铁、印铁油漆桶和医药、食品、饮料、香烟等7个类别的异型印铁听、盒。1986年产量120万只，是1982年的16倍，是1985年的2.19倍。

石泉县印铁制罐厂的前身是五金社。1982年转产前只有23人，本小利薄，主要生产白铁皮水桶、水壶及日用小五金制品。产品滞销，仅仅只能维持生活。1982年推行经济承包责任制后，该厂组织力量进行市场调研，分析了市场容器包装的现状后，决定自力更生，因陋就简开发白铁制罐产品。改制和仿制了锁桶机、滚轮机、点焊机、拉边机、封罐机等11台（件），购置大小冲床4台。基本上形成了白铁制罐产品机械化、半机械化生产能力。1983年迈出了第一步，实现工业总产值23.27万元，比上年增长74.05%；实现税利2.23万元，比上年增长65.18%。1984年厂里又组织力量生产用户急需的彩色印铁听、盒。当年出外考察学习，编报了可行性研究报告和项目设计任务书，选购了设备、培训了人员，修建了厂房，并试车投产成功。因产品质地优良、造型美观、图案新颖、色泽鲜艳、价格便宜而受到陕南、湖北用户的欢迎。1985年迈出了第二步，总产值51.48万元，税利4.42万元，均比上年翻了1番多。1986年一方面培养技术力量，先后派出10多名技术骨干赴武汉学习，并请来上海、温州、武汉的同行业的工程师、老技工讲课，传授技艺；另一方面在设备、工艺上积极向先进水平靠拢，减少白铁制罐产品，更新换代，增加印铁制罐生产能力。该厂按照国内较先进水平，进行技术改造和填平补齐，先后从南京购置了制版、烘版、磨版等关键设备，仿制了两台封罐机及辅助设备。投资少，见效快。1986年总产值比1985年增加122.8%，税利比上年增加285.3%，迈出了第三步。

石泉县印铁制罐厂积极推行全面质量管理，1982年以来整顿建立了70多种原始台帐、卡片、报表及制度，制定了计量管理实施管理办法，完善了质量检测手段，推行了目标管理、价值工程、网络计划技术等现代化管理方法，成立了5个QC小组，采用了PDCA循环，建立了程序化管理网络和质量保证体系。该厂产品经计量检测部门鉴定，0.4公斤、0.8公斤、1公斤、3.5公斤4种包装桶质量都超过部颁标准。该厂产品质量合格率经常稳定在98.5%以上。

石泉县印铁制罐厂积极推行经济承包责任制。从厂部到班组都建立了岗位责任制，以人定岗，以岗定责，人人有章可循。脱产管理人员仅5人，只占职工总数的5.15%。同时，该厂实行厂部、车间两级核算，企业内部实行流通券。厂部将产值及产品产量、质量、利润、成本、物耗等经济技术指标，以合同的形式，分解承包给各车间。收益分配实行超利润分成的办法。车间完成任务，厂部奖5%。车间超任务分超利润部分的30%，车间完不成任务罚任务的10%。凡质量不合格的半成品、成品，一律不记报酬并赔偿原材料费用。消耗及增产节约指标根据原材料到货情况临时签订补充合同。该厂职工一律实行浮动工资制度，根据成绩的大小付酬。高不限，低不补。工人工资低者50元左右，高者 150 元左右。由于重视思想政治工作，彻底打破了“大锅饭”、“铁饭碗”，将职工的收益分配与企业的经济效益挂起钩来，职工都很关心企业的生产经营及企业的命运前途。　　（刘积仓）

【西安市华强轻工机械厂】　西安市华强轻工机械厂是一个小型全民企业，有职工 526 人，固定资产原值 335.2 万元，净值201.96万元。主要生产MF-35型磨粉机、清选机；还生产大头针、钉书针、回形针和日用塑料制品。1986年该厂获“轻工业部管理成效显著企业”称号。

该厂是1956年建厂，原名西安市华强体育用品厂，后又改为华强体育器械厂、向阳磨粉机厂，1986年更名为华强轻工机械厂。早期生产篮球、排球、足球以及较低档的篮球架、鞍马、跳箱等。1965 年生产农用泵、磨粉机。1966年至今，仍以生产磨粉机为主。1984年和1986年相继并入两个亏损厂（西安市文化三针厂和塑料模具厂），人员增加了近一倍。现在厂内分磨粉机生产部、塑料制品生产部和文化三针生产部，实行封闭式管理，独立核算，自负盈亏。1986年完成工业总产值 437.4 万元，比1985年增长23.9%，销售收入达 416.4 万元，比上年增长8.8%；实现利润109.9万元（包括弥补原模具厂的产品报废损失32.5万元和欠亏36万元）比上年增长8%。1985年、1986年连续两年被西安市二轻局评为“先进企业”、“西安市为用户服务先进单位”。

该厂1985年推行厂长负责制试点，实行了厂长任期目标制、人事聘任制、职工组合制，推行了两级核算。1986年该厂实行经济技术指标承包制，分成17种承包形式，32项必保指标，实行层层承包。为了便于核算，还制定了厂内 9 大类 1 041 项单件价格。实行承包后的月产值和利润，分别增长11%和21.9%。1986年该厂先后推行物资管理和ABC法，量本利分析法、价值工程、全面计划管理、全面质量管理 5 种现代化管理方法。物资管理被评为“轻工业部系统先进仓库”；技术部门根据价值工程原理对磨粉机箱体进行了改造，减轻了重量55公斤，节约工时 8 小时，全年可节约钢材近百吨，约15万元，产品质量也有了提高。1986年有两项现代化管理成果获市三等奖。该厂从副厂长到科室领导实行选聘制。1986年围绕“上等升级”，建立和健全了长度计量、热度计量、力值计量、电学计量 4 大门类的量值传递系统和管理系统，投资 3 万元扩充了计量室，建成了面积 120 平方米的产品实验室，添购了测试噪音的声级计及半导体测温计、快速水分测定仪等标准计量器械21台（套），增加了现代化检测手段，使产品一次合格率达到88%。还根据部颁标准及同行业先进水平的技术参数，编制了本厂 4 个产品标准和 148 项原辅材料标准，5 项检验标准和一套工艺操作标准。修改工艺15次，新制工装38套，保证了产品加工精度的要求，使生产管理向标准化、科学化、规范化迈进一步。

（付汝俊）

【兰州日用化工厂】　甘肃兰州日用化工厂是一个生产合成洗涤剂、肥皂、牙膏和化妆品的大型综合性国营企业。创建于1943年，当时称为富陇毛织厂，主要生产毛织品，后来逐渐转产肥皂、油墨和纸张。1949年兰州解放，该厂被人民解放军西北军区接管，改名为西北化学厂，大部分产品供应部队。1952年 6 月，该厂交由甘肃省工业厅领导。次年 4 月，西北化学厂与兰州化工厂合并为兰州化工厂，分设肥皂、甘油、食品、酿造 4 个车间。1956年将食品和酿造两车间分出后，又更名为兰州肥皂厂。1958至1960年增加了牙膏和硬化油生产。1965年，兰州肥皂厂改名为兰州日用化工厂。1970年后又陆续增加了洗衣粉、液体洗涤剂、泡花碱和化妆品生产。目前已形成年产1.5万吨洗衣粉、1 万吨肥皂、1 000 万支牙膏、1 000 吨液体洗涤剂、7 000 吨泡花碱、300 吨甘油的生产能力，固定资产原值为 981 万元，净值 666 万元。产品有41个，职工700多人。

1984年以来，该厂在企业全面整顿的基础上，不断完善经营管理，走“挖潜改造，增产节约，扩散联营，开发搞活”之路，使企业充满了活力，主要经济技术指标连续 3 年创历史最好水平。1986年工业总产值达到 2 516 万元，实现利税 538 万元，全员劳动生产率35 644元，资金利税率为39%，年人均创利税7 631元，分别比改革前的1983年增长1.3倍、5 倍、1.3倍、3.3倍和4.9倍。1984年以来，共开发新产品28种，平均每年更新51%。1986年新产品产值率和利润率分别达到50%和67%以上，Ig—25型洗毛剂等 4 种新产品被轻工业部评为优秀新产品，获国家经委“金龙”奖和省优秀新产品奖。产品质量稳定提高，先后有 5 种产品获得省、部优质产品证书。1986年优质品产值率达到43%。职工工资由1983年人均 783 元，增加到1986年 1 393 元。另外基本上解决了职工住房问题。

兰州日化厂1984年被省政府命名为“六好企业”。1985年获全国“企业整顿先进单位”称号。1985～1986年轻工业部连续授予该厂“企业管理成效显著单位”和“提高经济效益成绩显著企业”称号。

1984年企业整顿验收合格后，该厂把过去 7 个统一核算、统一经营的生产车间，按照产品类型和生产性质，改为 6 个独立核算、自计盈亏、分口管理的专业化分厂，并赋予各分厂一定的人权、财权、经营管理权和利益分配权。从而形成了厂部抓战略决策，分厂抓经营管理，车间抓基层作业三个管理层次和三级核算单位。分配上实行“两定三浮动”工资制。两定即定利润、定产品质量，三浮动是浮动职工基本工资的30%，浮动一级奖励工资，浮动全部奖金。把工资奖金捆在一起，与产品质量、实现利润挂钩上下浮动。建立了完整的定额体系，形成了全厂的管理信息网络，所有产品实行标准化生产，计量达到国家二级计量水平；全厂推行方针目标管理、全面质量管理、全面经济核算、全面计划管理和全面设备管理；在一些职能科室中运用运筹学，不断求得全厂各项工作的综合平衡；在工作计划方面实行滚动计划，保证了计划的衔接；在成本控制和提高经济效益方面，运用投入产出法和量本利分析法，节约了原材料；在新产品开发中运用了正交试验法，加快了新产品开发；在技术改造、技术引进方面广泛采用了可行性分析法，避免了盲目性；在新产品的原材料使用、包装材料的选用和产品结构调整上，采用了价值工程，提高了产品的使用价值和保证了价值的合理性；在财务、销售、设备、劳资等方面使用了微机管理，及时为企业经营决策提供科学依据，提高了工作效率，每年可节约管理费13.6万元。

该厂从1984年开始，围绕提高产品质量、降低物质消耗、调整产品结构，进行了6项技术改造，共投资641万元，提高了生产能力与经济效益。

从1984年起，该厂利用自身技术和管理优势，先后同内蒙集宁化工厂联合加工泡花碱，与甘肃武威市共同投资兴办硬化油生产厂，解决原料紧缺困难。同时还积极扶植兰州雁滩纸箱厂扩大生产能力，以满足本厂产品包装箱的需要。科技方面，与兰州部队的军医研究单位联合研制的丝路防病牙膏具有防止脑炎流感和龋齿的功能，获军内科研成果三等奖。同化工部机械研究院联合攻关的洗衣粉工艺技术改造项目，提高了洗衣粉产量、质量和经济效益。同全国各地商业外贸部门建立联营联销网点400多个，主要产品不仅销往国内13个省市400多个县乡，还远销香港和马来西亚等地。

兰州日化厂近两年在职工文化、技术补课全面合格的基础上，双管齐下，一方面设立自学成才奖学金，鼓励职工自学。规定只要专业对口，考试成绩达到大学本科的奖励200元，大专程度的奖励150元，中专毕业的奖励100元，高中学历的奖励40元，还酌情报销部分学费。现在全厂参加各类大中专业余学习的职工有40多人，高中文化补课的44人，并已先后派出54人参加省、市有关部门举办的各种现代化管理短训班学习。同时利用厂微机管理人才的优势，在本厂举办电子计算机应用、数理统计工具应用、ＴＰＭ管理等各类学习班8期，培养了包括计划、供应、财务、统计、质量、设备、信息等人员250多人，为全面开展现代化管理创造了人才条件。

（马贞俊）

【西宁明胶厂】 西宁明胶厂是青海高原上生产少数民族用品车马挽具的唯一厂家，现有职工159人，是一个集体所有制小厂，座落在西宁市八一路地区的湟水河边。近几年来，该厂在改革、开放、搞活方针指引下，坚持走一业为主、综合利用、多种经营的路子，利用加工车马挽具的边角废料和畜产品加工的下脚料，发展明胶、皮胶、肉骨粉等产品的生产，使经济效益不断提高，1986年实现工业总产值155.48万元，较上年增长14.12%，实现利润12.32万元，上缴税金14.19万元。明胶远销到英国、日本、新加坡、菲律宾等国家。1986年出口销售量达550吨，创汇20万美元。肉骨粉是一种动物性蛋白饲料添加剂，对促进牲畜生长发育有良好的作用，在国内牧区供不应求，外商也一再要求增加出口供货量。肉骨粉被评为西宁市优质产品，获国家经贸部荣誉证书。该厂生产的大四平马鞍款式新颖，质地优良，被评为1986年青海省优质产品。企业被评为青海省少数民族用品生产先进企业。

这个厂建于1956年，原名城东区鞍毡社，是街道办的小厂，当时职工20多人，手工操作，产品单一，工艺落后，经济效益低。近年来，由于牛皮价格不断上涨，产品成本大幅度提高，对车马挽具生产造成很大威胁，曾一度出现亏损。面对新的情况厂领导及时作出了“保挽具、挖潜力，增品种，上质量，综合利用变废为宝”的经营方针。在企业管理上采取“突破一点，抓住两头”的措施，以抓产品质量为突破口，一头抓横向经济联合搞活生产经营；一头抓经济责任制的完善和落实，严格企业内部管理，从而调动了企业和职工的生产、经营积极性。

西宁明胶厂从五个方面狠抓产品质量：一是加强质量管理的基础工作，参照外地有关资料，制定了本企业产品质量标准；二是变过去厂化验室对产品只起控制职能为检查监督职能，做到材料进厂有化验，生产工序有检查，产品出厂有检验；三是不断加强对职工质量意识的教育，使职工自觉把好质量关；四是把产品质量和经济效益、职工工资挂钩，严格考核，重奖重罚；五是围绕提高产品质量搞技术改造，不断更新设备，加强技术培训，提高工艺操作水平。因而保证了产品质量的稳定提高。如皮胶按部颁标准粘度为5度，该厂产品达到了5.7度；肉骨粉含蛋白量为50%，实际达到了51.4%。

在发展横向经济联合中，该厂与青海海南肉联厂达成了联合生产肉骨粉的协议，由海南肉联厂为该厂每年提供200吨肉骨粉半成品和250吨杂骨，经该厂加工成肉骨粉成品后，每年可创产值40万元，利润2万元；该厂与青海省饲料公司联合销售肉骨粉后很快打开了销路，一直供不应求；一度销售不景气的明胶，经青海省粮油食品进出口公司"搭桥"，也很快在国际市场上打开了销路。

不断完善经营承包责任制，加强企业内部管理。对上与省皮革皮毛公司签订了经济承包合同，厂内实行了"二定五包"经济责任制，即：定任务、定人员，包产量，包质量，包原辅材料消耗，包超产节约，包安全生产。行政科室也制定了考核指标和奖罚办法，全厂上下形成了承包网，把工人的劳动成果、经济责任与经济利益结合起来。该厂在1986年正式实行了厂长任期目标责任制，一个以厂长为中心、党政工紧密配合、协调工作的企业新的领导体制已经基本形成，生产经营面貌和职工生产、生活条件不断改善。一年中新增溜化罐设备2台、耙式干燥器1台，使肉骨粉生产由手工操作逐步改变为机械化操作，年产量比1979年提高了10倍。同时修建了新车间与浴室，绿化美化了厂区，办起了托儿所，改变了工作环境。

（王国祥）

【吴忠市造纸厂】 宁夏回族自治区吴忠市造纸厂是个年产万吨纸以上的中型企业，总厂下设4个分厂、2个直属车间、2个独立核算自负盈亏的公司。共有职工1 244名。

1986年，吴忠市造纸厂完成工业总产值1 264万元，比1985年增长45%；产量完成9 239吨，比1985年增长54%；实现利润110万元，比1985年增长37.4%（1980年该厂亏损37万元）；上缴各种税金100.98万元，比上年增长77%；全员劳动生产率15 050元，比上年增长7.5%。

正确决策，制定科学目标。该厂派人去河南漯河第一造纸厂和一些同行业先进企业学习取经，借鉴漯河第一造纸厂的先进管理经验结合该厂的实际情况，制定出了"目标管理、指标承包、分级核算、联效计酬"的经营决策方案。在方案中，以历年数据为基础，充分挖掘潜力为前提，遵循可行性原则，制订出了总体目标。围绕总体目标制订出了72个中间目标和具体目标，做到人人有专责、事事有人管，形成了一套纵横联系、紧密协调的目标体系。

严格考核，抓目标落实。总厂以承包的形式，把中间目标和具体目标落实到每个部门负责人和职工身上，为了保证目标的实现，该厂主要采取以下措施：首先对各级领导进行聘任，由厂党总支和厂长经过考核聘任中层各部门正职，任期1年。再由各部门正职提出副职名单，由厂长审议任命。车间工段长、班组长由分厂厂长（车间主任）聘任。被聘任的各级领导，一律实行任期目标责任制，如连续二个月完不成任务和目标者，就免去其职务。在不超过工资总额的前提下，聘任后享受责任工资、补贴。对科员、工人实行聘用合同制。由科长、班长聘用科员、工人，聘用期一年，对工作不负责任、造成各种重大事故和经济损失，以及严重违犯厂规厂法、劳动纪律者，科长、班长有权解除合同，如没有班组和部门重新接受的，令其自找工作。如自谋职业、领到个体营业执照，每月必须上缴企业50元企业费，否则按自动离职处理。

实行指标承包，联效计酬。总厂对分厂、车间实行"五定一包"，即定人员、定产量、定质量、定消耗、定费用；包吨纸（吨浆）成本。每月算帐，联效计酬，兑现奖罚。如完成或超额完成指标，拿基本工资，超额部分按比例提奖。如完不成指标或发生亏损，按比例扣罚，甚至连基本工资也保不住。同时实行分级核算，搞好经济分析。总厂设内部银行，各部门之间统一使用厂内计划价格，分厂、车间对总厂实行购进原料卖出产品、独立核算、盈利提成、亏损扣罚的原则。总厂每10天进行一次生产经营活动分析，充分运用数据，掌握目标进度。每月进行一次全面核算分析，由财务科写出分析报告，召开经济活动分析会，肯定成绩，发现问题及时堵塞漏洞。

吴忠市造纸厂在产品畅销的情况下，更加重视产品质量。在加强完善质量检测的同时，狠抓"四率"（设备运转率、纸的抄造率、成品率、一等品率）。板纸机通过不断改造，产品产量、质量不断提高。1986年该厂应用微机控制蒸煮，提高了纤维收获率，稳定了蒸煮质量，降低了碱耗，效果很好。该厂生产的牛皮板纸、再生牛皮纸、有光纸、4#卫生纸都是适销产品。三圈牌卫生纸1986年复检后又被评为自治区优质产品；再生牛皮纸也继续保持自治区优质产品称号；牛皮板纸一等品率达98%。

（许先明）

【石咀山市瓷器厂】 宁夏石咀山市瓷器厂是一个有40多年历史的日用瓷器生产企业，但发展缓慢、多年处于亏损落后的状态。到1981年和1982年，仍继续亏损41.6万元。1983年初，调整了领导班子，新班子和广大职工开展了一系列的技术改造和配套改革，在产品滞销、市场不景气的情况下，当年扭亏盈利9.31万元。其后连年上升，1986年实现净利润76万元。产品已从默默无闻而闻名于全国，经济效益与职工收入逐步递增，职工人均年收入已从1983年的807.13元提高到1986年的1273.1元。

（一）振兴的关键是技术、设备、工艺的改造。该厂彻底屏弃并改造作坊式生产状态，完成3条生产作业线的技术改造。使企业能用先进的生产手段制造出有竞争力、物美价廉的拳头产品。1983年至1984年上半年，完成了烧成工艺的技术改造，用76米煤烧隧道窑取代7座间隙式倒焰窑，并完成隧道窑冷却带余热的回收利用。1984年至1985年上半年，完成了贴烤工艺的技术改造，用38米长自动辊道窑取代鼠笼式烤花窑，并完成半检、贴花、烤花、成检、包装工艺流水线的改造。1985年完成了原料净化，滚压成型，链式干燥，生产用气供暖，原料、燃料、材料计量的改造。1986年完成了动力、供水、供气的工艺改造。4年的技术改造使落后、混乱、浪费的生产状况逐步走入正规。目前，已形成了三条流水生产作业线，从而促进了各项工作。

（二）开发产品以开扩销路。造型单调、装饰陈旧、质量低劣是造成1983年以前经济效益不好的重要原因之一。4年的技术改造完全按照适应小批量、多品种、多花色的生产条件而进行的。这样可以随时根据市场需要，在较短时间内淘汰落后的品种，生产市场急需紧俏的产品。该厂产品从1982年的21个品种，增加到1983年的54个，1984年的83个，1985年的126个，1986年的130个；花色从1982年的30个增加到1986年的630个。这样，增加了客户的挑选范围，也加速了流动资金的周转，流动资金的周转天数从1982年的227天下降到1986年的102天。

（三）降低物资消耗。自1983年以来，该厂用的各种原材物料、燃料都相继提价，提价幅度在35％～95％之间。通过技术改造，该厂从企业内部消化了能接受的部分提价因素。1986年完成了原材物料、燃料、动力、水、汽的计量供应管理工作，并列入经济责任制考核。1986年与1981年相比，原料消耗由8 599吨下降到8 021吨；烟煤消耗由1.3万吨下降到903吨，吨瓷煤耗由3.56吨下降到2.11吨；电耗由152万度下降到148.1万度，吨瓷电耗由415度下降到346度；日用瓷万元产值耗标准煤由34.4吨下降到17.8吨。

（四）进行经济承包。技术改造、完善计量制度为经济承包工作创造了条件，使责、权、利能落实到班组和个人。1984年试行了联产联责部分工资浮动加奖励承包，1985年推行了经济承包合同制，1986年推行了全面经济承包合同，同年8月又推行了双百分奖罚办法，全厂上下、全员职工、全生产经营过程都编织在经济责任制中。

（五）进行科学管理。随着技术改造工作的深入开展，促使了该厂建立现代化的管理体系，针对技术改造、技术引进的具体项目运用数据化、标准化、程序化、制度化的思想、组织、方法和手段，对生产经营过程中的不同领域、部门采取不同形式的管理手段。开展了全面计划管理和全面经济核算工作，量、本、利分析滚动计划和全面质量管理，市场预测等。总之，现代化科学管理工作的开展是在技术改造工作的推动下进行的，而现代化管理体系的建立和完善又为技术改造功能发挥铺平了道路。

（刘灵康）

名优新产品篇

【三一牌干法静电复印纸】 三一牌干法静电复印纸是北京造纸一厂1984年投产的一种供干法显像静电复印机使用的专用情报纸。

该产品采用漂白硫酸盐针叶浆和漂白化学阔叶木浆为原料，纸浆内施加化学助剂，并经过表面施胶工艺处理，使用具有在线单参数仪表自动控制的1 760纸机抄造而成。此产品具有质地洁白、细腻、挺实、裁切整齐、纸屑少、复印操作卡纸率低等优点。适用于不同国家、不同型号的干法静电复印机，复印字迹清楚，底灰小，反差大，受到国内外用户的好评。目前产品已销售到全国24个省市，市场覆盖面积达40%，取代了进口复印纸，驻北京的不少外国使团都使用此产品。

干法静电复印纸经测试物理指标全项合格，其中五项指标超过了日本富士实物水平。1985年获全国轻工优质产品一等奖。1986年又获国家金质奖。

随着管理科学化的深入发展，干法静电复印纸的需求量不断扩大，1986年该产品产量已达4 794吨，但仍供不应求。为满足四化建设的需要，三一牌干法静电复印纸在规格和品种上正努力向系列化发展。

（齐立林）

【长城牌猪肉香肠罐头】 是北京市北冰洋食品公司首创出口的罐头产品。

该产品采用优质瘦猪肉、香料及其他辅料，经腌制、绞肉、加味调料、熏烤等先进工艺，制成无肠衣的猪肉香肠罐头。香肠是粉红色，具有独特风味，肉质紧密细嫩，弹性好，无肠衣，色味俱佳，广泛适用于家庭、旅游、野餐、学校、食堂，是一种食用方便的罐头食品。

该产品生产工艺不断革新，工艺日趋先进，采用现代化先进的质量管理方法，遵循一整套完整的工艺操作规程，严格执行原辅料和包装材料的质量标准，及工艺流程、操作要点、产品配方、技术标准和检化验手段科学化、系统化，从而保证质量稳定提高。该产品行销全国，出口东南亚、东欧、北欧等30多个国家和地区，深受国内外客户欢迎。

1986年产量，已达4 000吨。随着全面质量管理的不断加强，该产品的质量比部颁标准提高了2%，于1980年，获北京市优质产品称号，1982年被评为全国轻工业优质产品，1986年又获国家银质奖。

（谢广福）

【一得阁墨汁】 一得阁墨汁在国内外享有极高的声誉。早在魏晋以前，就有人用漆和石油进行书写，魏晋时出现了用漆烟、松煤制作的墨丸，而首创墨汁作为书写工具的是一得阁。

一得阁的历史，要追溯到清朝同治年间，安徽湘乡举人谢松岱深感在考场上研墨费时太长，延误答卷。于是他就开始用浸泡墨块方法制墨汁。后来经过多次研究、试验，终于搞出了直接生产墨汁的工艺。由于墨汁节约了书写时间，很受文人墨客的欢迎，销路很好。1865年他在琉璃厂开了一间店铺，设有作坊，定店铺名为“一得阁”，其由来是用该店内一幅对联开头的两字，即“一艺足供天下用，得法多自古人书”，并亲自手书匾额悬挂在门前。

谢松岱做生意是加工严格、质量求精。墨汁深受欢迎，买卖兴隆。后来，谢松岱因身后无子女，临终前把一得阁店铺传给徐氏学徒徐洁滨。此人越发地注重质量。虽然盈利不多，但是一直用谢松岱讲究的用料方法，严格按照传统配方制作。徐洁滨主店时的名牌“情如金”一直以桐油、麻油在特制的壁灶里燃烧最轻的上层烟制作的，俗称“云烟墨汁”；另有用花生油、豆油、煤油和动物油燃烧所得的油烟制成的墨汁。还有一种松烟墨汁是用上等的松香燃熏得的烟作原料的。

1956年公私合营，老字号“一得阁”扩建了厂房，成立了“公私合营一得阁墨汁厂”、“北京文化用品厂”；1979年又恢复了老字号，谢松岱亲手书的匾额——“一得阁”，又悬挂在厂门上方。一得阁墨汁厂虽几经沧桑，但始终坚持采用传统工艺和配方，保持了独特的产品风格。尤其是近30年，老字号更焕发了青春，宽敞明亮的楼房代替了平房四合院，人员由几十人发展到现在三百多人；产品发展到多种系列：特制中华墨汁、一得阁墨汁、书画墨汁等。其中，特制中华墨汁在全国质量评比中获银质奖，一得阁墨汁、103号墨锭获轻工业部优质产品奖。

近几年来，颇得书画家的赞扬。人大常委会副委员长许德珩为表达对一得阁墨汁的赞赏之意，亲笔题了“国粹”二字。著名画家李苦禅非中华墨汁不使。著名书法家启功写道：“砚池旋转万千磨，腕力终朝费几多，墨汁制以一得阁，书林谁不颂先河”。

（姚学高）

【皇冠（三箭）牌金属标枪】 是北京市唱机厂体育用品车间1975年开始试制的，后经过鉴定，小批量生产，专供国家体委训练队使用。1984年4月，河北省运动员使用“三箭牌”金属标枪打破了全国纪录，从此声誉全国。1980年“三箭牌”金属标枪及生产人员和设备全部调给北京市文教体育用品研究所，1982年起，该所通过对世界名牌标枪和国产标枪进行科学的分析、对比和研究工作，在北京大学、630所、208所和701所等有关单位的合作和协作下，经过一系列的研究试制，先后于1984年7月和1985年3月通过了由国家体委、轻工业部、市经委、市科委等有关领导和技术人员参加的分级标枪鉴定，推出了表面曲线符合空气动力学原理的新型标枪——“皇冠牌”金属标枪，填补了国内空白。

皇冠牌金属标枪，工艺精湛，滑翔性能好，刚性、弹性颇佳，重心准确，各项技术指标完全符合国际田联的标准。被国家体委第一个批准为正式比赛用器材，并得到国际田联技术委员会主席罗斯先生的赞赏。1986年5月，国家集训队运动员李宝莲，用皇冠牌标枪打破了亚洲纪录。国家体委规定，国内大型比赛原则上不再使用进口标枪。1986年皇冠牌标枪获轻工业部优质产品证书、北京市科技进步奖、北京市"达到国际先进水平的优质产品"证书。

1986年末，皇冠牌金属标枪的产品品种有10多种，年产量达4 000支。产品畅销国内29省市区，在历届国家体委专业供货会上，订货量始终居全国之首。目前，皇冠牌标枪已出口欧洲、亚洲、非洲和大洋洲等10多个国家和地区。

（姚学高）

【王麻子服装剪】 注有工字商标的王麻子服装剪，是北京市王麻子剪刀厂在建国后开发的又一系列产品。60年代国内使用的服装剪均依赖进口。1963年王麻子剪刀厂决定试制服装剪产品。由老工人马树正、朱生庆等人组成试制小组，参照日本庄子郎服装剪样品，采用老字号——王麻子的传统制剪工艺，仅用半年时间就试制成功，当年投产近万把，成为我国唯一能够生产服装剪的厂家。通过不断技术改造，目前年产量已发展到20多万把，尺寸规格从全长7吋至12吋，共6个品种。

服装剪两个剪把造型各异，并必须适合于各类手型，要求把握适手，剪切省力。剪把采用铸钢工艺，罩以优质烤漆后，剪体各部位呈流线型，剪把受力均匀，表面光亮，不用缠布，也不会磨手。剪把与剪头系对焊成型，再经过工艺先进的热处理，刃口铺钢均匀，硬度十分稳定。剪轴加一弹簧垫片，剪刀松紧度可自动调节，减少磨擦，一次剪16层布不觉费劲。还试制并投产了"左手把型剪"，以满足少数人的特殊需要。

20多年来，王麻子服装剪继承和发扬了王麻子剪刀的独特风格，质量管理极为严格，配备较先进的计量检测手段，质量层层把关，赢得用户的信誉。1980年在杭州全国9家服装剪的质量评比中，王麻子服装剪名列第一，1981年获北京市和轻工业部优质产品称号。1986年轻工业部全国日用五金产品质量检测中心对全国11家生产的服装剪进行测试，北京市王麻子剪刀厂生产的服装剪又获第一名。此产品除内销外，还远销欧美及东南亚等国家和地区。

（姚学高）

【双菱牌人造革衣箱】 双菱牌人造革衣箱，是北京市皮件厂生产的优质产品，已有20多年历史。1965年被轻工业部、对外经济贸易部定为出口产品。年生产能力10万只，产品规格有25英吋、28英吋、31英吋等。

双菱牌衣箱，适用于公务人员出差旅游及青年结婚存放衣物。箱体系选用优质胶合板，运用冷粘和热闷成型工艺，面料层选用优质人造革，采用强度较高的铝镁合金线条式口，并配装开关灵敏的蟹壳式锁。为适应旅游携带方便，特装制可供拆卸式走轮。衣箱衬里为华丽的丝绸，内设文件盖兜、化装、盥漱袋及衣物拢带。内腔体积较大，可承重25公斤。款式大方，丰满挺括平整，不易变形。

双菱牌衣箱在1982年、1984年和1986年三届全国衣箱质量评比中蝉联冠军，1983年被评为轻工业部优质产品，同年获北京市工商局授予的著名商标称号。自1965年进入国际市场以来，一直畅销香港、中东及东南亚等20多个国家和地区，在国内外享有一定的声誉。

（姚学高）

【北京金漆镶嵌】 北京金漆镶嵌，是我国漆器工艺在发展过程中形成的一个门类。经明清两代，北京的金漆镶嵌工艺形成了一套完整的工艺和独特的艺术风格。30多年来，经北京金漆镶嵌厂的艺人们在挖掘、总结、继承明清传统技艺的基础上，又吸收了现代艺术的营养，取得了优异的成就。

北京金漆镶嵌产品用料相当考究。胎型全部选用高级木材经科学处理而成，不变型，不脱落。装饰用料均采用天然大漆和天然颜料，以及名贵珠宝玉石，色彩经久不变并且具有耐酸碱抗腐蚀的特性。在工艺处理上，镶嵌，层次分明，雕工细微；彩绘，色彩典雅富丽，钩线匀称有力；雕填，刀法流畅，漆色沉稳，锦地规整；搜金，虚实相间，层次清楚，富丽堂皇。产品上图案、各类题材讲究构图；人物生动，比例合理，配景自然，花鸟、鱼虫栩栩如生。

1981年，北京金漆镶嵌厂所有产品都被外贸部门评为出口免检产品。产品销往亚洲、欧洲、美洲等国家和地区。在1982年和1986年全国漆器同行业评比中，该厂的屏风类获总分第一，并在第一届和第三届中国工艺美术品百花奖评比中，两次获金杯。

（朱　洪）

【北京雕漆】 雕漆是北京特有的驰名中外的传统工艺品。每年我国出口的全部雕漆制品中，北京雕漆厂的产品占90%以上。据我国明代漆工专著《髹饰录》中记载，在唐代雕漆技艺就已形成。当时雕漆多涂以朱红色大漆，再施浮雕，所以当时又称"剔红"。明代永乐年间，明成祖朱棣在北京建都，皇宫召募全国各地的能工巧匠来京制作雕漆器，雕漆工艺便集我国各地漆器名产地技艺之精华，而得以充分发展，北京雕漆工艺臻于成熟。到清代，北京雕漆工艺又有了新的进展。那时的北京雕漆从明代重磨工、藏锋而不露、漆色光润的风格转变为重雕工、精湛细腻的风格。1951年4月4日，北京民间的雕漆艺人组织起来成立了生产合作社，1958年1月1日又转为北京雕漆厂。成为北京雕漆生产的主要厂家。30多年后的今天，已涌现出一批技艺精湛的工艺大师。现在北京雕漆的品种有瓶、罐、炉、盘、家具、立体造型、仿古文物、首饰等15大类，1 000多种。

北京雕漆制作工艺，分设计、制胎、烧蓝、涂漆、画工、雕工、磨光等多道工序。雕漆的胎型多以紫铜为材料打制而成，也有用金、银、铁、铅、铝、皮、布、木材、纸等材料制成的。胎上涂的必须是中国产天然大漆，每件产品少则要涂几十层、多则几百层，每天只能涂两层。在涂好漆的胎上进行雕工是雕漆技艺中最难的。艺人运用特殊的刀具，施以深浅浮雕、镂空雕等技法，在漆胎上雕刻出各种花卉、鸟兽、人物、山水等层次分明、结构严谨、意境深远的图案和精细优美的装饰纹样，这需具备深厚的技艺功底和艺术造诣方可胜任。1914年，北京雕漆首次参加巴拿马万国博览会，引起轰动，获金奖。从1974年起，北京雕漆厂出产的所有产品都被外贸部门定为出口免检产品，远销世界42个国家和地区。1979年北京雕漆被北京市评为市优产品，1980年被轻工业部评为部优产品，1981年在全国漆器同行业评比中获第1名，1984年，北京雕漆厂特级工艺美术大师杜炳臣用他发明的镂雕技法创作了《镂空花篮盘》，在莱比锡春季博览会上获金质奖。在1981年、1986年的中国工艺美术品百花奖评比中，北京雕漆瓶又连续两次获金杯。

（朱　洪）

【海鸥牌手表】 海鸥牌手表是天津手表厂生产的，是我国的名牌手表。1986年获国家银质奖。

海鸥牌手表分为男女两个系列，有圆型、椭圆型、方型、异型等10多个花色品种。产品设计独特，先进，走时精确，外观秀丽、款式新颖。海鸥牌手表1986年产量达310万只，比1985年的285万只增长8.8%。手表质量稳定提高，花色不断翻新，海鸥表连年走俏，销售覆盖面已遍及全国城乡。自1973年开始出口，外销量不断扩大，1986年出口量已达111万只，比1985年的60万只增长85%，除香港市场外，产品销往欧、美洲等20余个国家和地区。

售后服务日益加强。目前在全国各大城市已建立130余家特约联保网点，顾客在联保商店买表，可在全国任何一家联保商店得良好的维修服务，并可包修、包换、包退和保用。每年在全国不同地区举办“海鸥表咨询服务周”活动，1985年、1986年的两年里，在北京、上海、广州、长春等20余个城市和地区举办此项活动，为用户提供免费服务。

海鸥表1986年获国家银质奖，“海鸥牌”日历女表多次被评为市、部级优秀产品，“海鸥牌”女表自1983年参加全国质量评比以来，一直名列第1。

（荣　杰）

【飞鸽牌自行车】 飞鸽牌自行车是天津自行车厂生产的全国名牌产品。天津自行车厂建于1936年。解放前，生产“铁锚牌”、“中字牌”自行车，年产量只有几百辆。1950年10月，第一辆飞鸽牌自行车诞生，它是国内第一种全部由自己设计、制造的自行车。从1952年至1986年的34年间，飞鸽牌自行车产量增长132倍，1986年总产量325万辆，总产值42 508万元，实现利税1.73亿元，出口40万辆，创汇1 480万美元。

飞鸽牌自行车以选材优良，设计合理，造型美观，加工精细，骑行轻快，质量稳定而著称，主要部件均采用锰钢制造。飞鸽牌自行车有不同规格品种以满足不同层次的消费者的需要。飞鸽QA22优型710毫米轮径男车具有强度高，机械性能好，骑行轻快的特点，并有涨闸车、变速车等式样。飞鸽QE45型、QF48型660毫米轮径高级轻便男、女自行车具有重量轻，低于16.5公斤，骑行轻快、加工精细的特点，安全标准满足ISO4210要求。飞鸽XN37型是适于中老年及青少年学生骑用的510毫米轮径自行车，具有骑行灵活、体积小、占地少的特点。飞鸽YC50型685毫米轮径运动车是天津自行车厂借鉴国外同类车设计的我国独特的运动车。该车骑行轻快、整车重量15公斤，安全标准符合ISO4210要求。“飞鸽”的质量长期稳定在A级产品水平，1986年达到部颁标准97.89分。自1980年以来，QA22型获国家银质奖章，PA01，PA62，QE23、QF24、XN37五个型号先后被评为轻工业部及天津市优质产品，QE45、QF48两种型号获国家经委优秀新产品“金龙奖”，QC56型获轻工业部新产品1等奖。

1986年，“飞鸽”增添了10个新品种，有轻便车、运动车、健身车、旅游车。其中：QE59型、QF60型660毫米轮径轻便男、女自行车是按照国际标准设计的新品种。QH65型(610毫米)选用V字型弯梁、杆式轮缘制动闸，整车重心低，稳定性好，尤其适于中、老年妇女骑行。XR49型(405毫米)在设计上脱离了童车概念，是成人车的缩小，强度高，坚固耐用，安全性好，鞍座、车把高度可自由调整。该车深受小顾客的喜爱。

“飞鸽”自行车自1955年首次出口以来，已行销50个国家和地区，几次代表中国自行车参加在意大利、美国等国举办的博览会。1986年，该厂被国家定为出口基地厂。到1986年，天津自行车厂已在全国

22个省、市建立了68个经过技术鉴定、整顿和培训的维修站，在北京设立了“飞鸽”自行车专营商店，在深圳特区建立了天津飞鸽自行车组装维修中心。

（芮似钢）

【蓝天牌高级牙膏】 蓝天牌高级牙膏系天津市牙膏厂的传统优质产品，1981年获国家优质产品金质奖。蓝天牌高级牙膏自1963年投放市场20余年来，产量不断增加，1986年生产了1 892万支，占该厂牙膏生产总量的23.6%。

蓝天牌高级牙膏采用科学配方，选用进口发泡剂、赋型剂和国产高级磨擦剂等优质原材料，通过先进生产工艺精制而成。膏体洁白细腻，理化性能稳定，包装精美华贵，香味幽雅绵长，泡沫丰富洁齿，杀菌力强，口感清凉爽快。蓝天牌高级牙膏销往亚非十多个国家和地区。

（李庚翔）

【飞鹰牌牛皮纸胶带】 于1965年试制并开始成批生产，是全国首创产品。该产品投产后一年就接近国外同类产品水平，并于1966年开始成批出口，是当时全国唯一出口的胶纸带产品。1971年更新配方，调整工艺，使初粘由300g提高到400g；1980年为使胶层厚度保持稳定采用小流量连续涂胶；1983年又从国外引进具有先进水平的设备，并于1986年采用国际最先进标准，改进产品测试方法，提高产品质量。

飞鹰牌牛皮纸胶带既不同于西欧胶带以植物淀粉为主要原料，也有别于日本胶带以化学原料为主要原料，而是利用我国丰富的骨源和植物填充剂制成的水溶性胶带。由于产品在配方、选料、工艺等方面独具特色，因而使飞鹰牌牛皮纸胶带不仅有效地解决了永久粘着力和初期粘着力低的问题，使其在这两项主要性能指标上都达到并超过了西欧和日本产品，而且在增强纸箱的抗压强度，耐高温、耐风化、耐老化等方面也有独到之处，同时该胶带还具有粘着牢固、无毒、无腐蚀、节约能源、减少环境污染、价格低廉等显著优点，这些都是任何诱剂型胶带无可比拟的。它不仅适于手工封贴，更适于机械化自动包装封箱。该产品在生产加工过程中有严格的计量管理，有严谨的涂布工艺，有先进的分切设备，尤其在采用1983年的日本国家标准（JIS）以后，建立健全了严格、科学、可靠的检测制度。

该胶带应用范围广。除卷烟行业外，日化产品、食品、家用电器、酒类、自行车、医药等各行各业的包装箱都离不开胶带密封。从工业生产到人们日常生活都与胶带产品密切相关。

飞鹰牌牛皮纸胶带长期以来在国内外享有声誉，于1979年和1983年两次被评为天津市优质产品，1980年为轻工部优质产品，荣获银质奖。该产品行销全国27个省、市、自治区共1 140个用户，20多年来一直是外贸部门的免验产品。销往香港、印尼、新加坡、菲律宾等十几个国家和地区，并成为国际市场上的名牌产品。年换汇100多万美元。该产品在一年一度的广交会上都是热门货，开幕不过3天，就被外商订购一空。菲律宾厂主动提出办合资企业。目前飞鹰牌牛皮纸胶带年产20万筒以上，占全国同类产品总产量的70%以上，并占全国同类产品出口量的80%以上。

（苏洪斌）

【太行牌炻器】 太行牌炻器是介于陶器和瓷器之间的陶瓷制品，1980年始产于邯郸市第三瓷厂，主要包括餐、茶具和盖杯等，有45头、20头、15头等多种套装产品，年产800万件。该产品自问世以来畅销不衰，市场不断扩大，供不应求。现除内销北京、上海、广州及东北、西北等地外，出口美国、加拿大、挪威、澳大利亚、香港等十几个国家和地区，外销量达500多万件。

产品特点　太行牌炻器利用当地资源精工细做而成，继承和发扬了磁州窑独特的地方特色和风格。造型浑厚潇洒、古朴大方；釉面平滑光亮、柔和明快；色调微黄、庄重清新；装饰典雅、丰富多彩。具有瓷质坚硬、热稳定性好、机械强度高、耐酸碱侵蚀、铅、镉熔出量低等优点。由于它适应高温蒸煮和机械化洗刷，深受现代化餐厅、宾馆、饭店的欢迎。

太行牌炻器1982年被评为河北省优质产品，1983年6月在江苏宜兴全国陶瓷行业同类产品评比中获总分第一名，获轻工业部优质产品称号。产品外销从来未曾有过外商索赔、退赔等现象，得到用户的一致赞誉。1984年在北京展览会上，太行牌炻器受到国家领导人的好评。

（刘怀林　卢旭）

【金杯牌出口技巧鞋】 以金杯牌为注册商标的金杯牌出口技巧鞋，是中国唯一出口技巧鞋的名优产品。由山西省大同市皮鞋总厂生产。金杯牌出口技巧鞋自1973年设计、研制成功，规格采用国际标号，以价廉物美而著称。

金杯牌出口技巧鞋运用于体操舞蹈表演、高级宾馆及家庭生活的男女老幼。穿着柔软、舒适、轻便、典雅、大方，富有弹性，透气性好。是以牛皮做底，各种高级布料做面，具有坚固耐穿、防水、易洗、快干等特点。金杯牌出口技巧鞋花色品种随着国际市场流行趋势同步递增。在生产过程中，有一套完整的全面质量和标准化管理体系。根据国外客户的要求，调节产品，实行各类产品系列化。金杯牌出口技巧鞋，包装细腻，根据不同品种档次，采用不同包装方式，一般分为白塑料袋、彩色塑料袋、单件手提式方便塑料袋。金杯牌出口技巧鞋年产量1973年1.57万双，1974年猛增到8.43万双，1979年增长到20.4万双，

1985年为28.4万双。1973年创外汇1.57万美元，1985年创汇达28.4万美元。产品主要销往美国、日本、法国、香港和东南亚各国和地区。

金杯牌出口技巧鞋1973年获天津出口公司“信得过产品”，称号一直免验。1980年被评为省优产品，1984年复查中又获省优，1985年获轻工业部优质产品。

（常淹生）

【兴安岭牌特制红豆酒】 红豆酒是内蒙古牙克石酿酒厂利用大兴安岭野生越桔浆果酿制而成。因越桔果为深红色，球形，好似“南国”的红小豆，所以当地群众都将这种野果称之为“红豆果”，红豆酒也因此而得名。越桔果是与针叶林伴生的小灌木，属杜鹃科，故而分布很广，约占大兴安岭森林覆盖面积的1/4，蕴藏量约4 000万斤。

越桔果经收集、分选、洗涤、破碎后采用分离发酵和混合发酵，添入人工酵母进行果浆发酵，原酒经陈酿二年以上，采用冷冻澄清等工艺处理后再行配酒，红豆酒酒度13%，糖度14%，总酸度为0.6—0.8%，成品酒储藏3至6个月即可灌装出厂。现年产量250吨。

越桔果没有受农药、化肥和其它污染，并含有多种氨基酸、维生素，因此以越桔果为原料酿制红豆酒，营养丰富，风味独特，饮用安全。红豆酒自1956年投产以来，已有30年历史，一直是畅销产品，颇受国内外的欢迎。特制红豆酒，1960年，被自治区评为“特产名酒”，1976年被黑龙江省评为优质产品，1980年被自治区评为优质产品，1984年重获自治区优质产品、轻工业部优质产品银杯奖，1985年获国家银牌奖。

（冀占军）

【海豹牌钢锹】 海豹牌钢锹是辽宁省丹东市钢锹厂设计制造的优质产品，1956年该厂创建时设计、试制并投产的。次年形成批量生产，仅10万把左右，以后该厂一直专业化生产机制钢锹。工厂占地面积1.2万平方米，现有职工389名，其中工程技术人员16人，拥有钢锹专业设备生产线百余台，早已形成工艺先进、设备齐全、技术力量雄厚、检测手段完善的全国重点机制钢锹生产基地。

海豹牌钢锹在设计上优选了国内外同类产品结构造型的优点，采用优质碳素结构钢，经开坯轧制、轧片、冲裁、拉伸成型、热处理、抛光美化等23道先进工艺精工制成。钢锹具有流线型的鼻筋和踏肩，形状点线端正，各部尺寸恰当，过渡处圆滑细腻，外观平整光洁，色调和谐，锃明瓦亮。钢锹质量达到部颁SG103～106—80标准，而硬度、弯曲强度、静载荷、冲击强度均超标准。硬度HRC46～51、均匀、耐磨，弹性弯曲60°，静载荷35公斤不折、不弯，冲击10公斤/1.6米、不破裂、不变形，达到国外同类产品的先进水平。海豹牌钢锹还有其独特之处：锹筋圆滑，吃土块阻力小、不粘土；锹刃锋利，挖、砍、撬、掘、铲不崩不卷；改进后的钢锹反手角符合人体工程学的要求，使用比较省力，减轻了劳动强度，适应工矿企业、农田水利、交通运输、基本建设和国防建设的需要。

海豹牌钢锹从原材料入厂筛选，材料物理分析，化学检验，生产工序检测，制成品出厂到技术服务，质量反馈等建立了完备的质量管理体系。锹坯轧制前使用煤气加热，采用国内首创的水爆清除氧化铁皮联动机，在热处理工序上采用先进的电加热盐浴等温淬火工艺，使钢锹获得“下具氏体”金相组织，抛光美化后采用远红外浸漆烘干。先进的工艺，严格的检测，保证了海豹牌钢锹的综合性机械性能和优美外观。

海豹牌钢锹共有尖锹、方锹、煤锹、农用锹等4个系列20个品种、规格、花样。年产量260万把，自建厂以来累计产量已达2 412万把，畅销国内28个省、市、自治区，供不应求。自1974年以来出口S 501、S 502等10多个品种，远销欧洲、美洲、非洲与东南亚地区，年平均出口在10万把左右，颇受外商与用户的欢迎。

海豹牌钢锹在1978、1980、1982、1986年全国同行业评比中连续四次被评为第一，质量居全国首位。1979年获轻工业部、辽宁省优质产品证书，1982年获国家质量奖银质奖章，使丹东市钢锹厂成为同行业第1个获得国家银质奖的厂家。海豹牌钢锹1985年又分别获得辽宁省、丹东市“最佳产品杯”与“振兴杯”。

（赵永刚）

【红梅牌12°B雪花啤酒】 红梅牌12°B雪花啤酒是沈阳啤酒厂为特需供应与出口而酿制的醇厚型淡色啤酒。这是1964年该厂为适应生产发展和出口创汇的需要，以“创优质名牌，拼搏进取”、“创出口产品，为国争光”的气概与决心，经过9次产品质量攻关，精心研制出的高级啤酒。由于这个产品泡沫洁白、细腻、持久、挂杯，酒液注入杯中犹如晶莹洁白的雪花，故命名为“雪花啤酒”。该产品还以色泽浅黄、清亮透明有光泽，二氧化碳气充足，醇厚爽口，有突出的酒花香气等成为目前国内最佳的醇厚型淡色啤酒。

雪花啤酒从1964年出口以来，一直畅销港澳、美国、新加坡和马来西亚，享有很高的声誉，深受消费者的欢迎。正如香港五丰行来函指出：“沈阳啤酒厂出品之雪花啤酒有口皆碑，享誉港澳一带良久，品质很高”。美国《国际日报》于1985年8月27日载文写道：“雪花啤酒经过两年来不断地研究、改良，无论从包装上、口味上、品质上，均能令您惊叹不已，是世界一流水准”。

红梅牌12°B雪花啤酒连年获得

市级、省级和国家级名牌产品和优质产品称号。1979年第三届全国评酒会上被评为国家优质酒；1980年全国啤酒质量评比会上获特制酒总分第1名；1984年在全国酒类大赛中获“金杯奖”；1985年在辽宁省开展的“百种产品万家评”中夺得总分第1名，获“状元杯”；1986年获国家银质奖，使雪花啤酒的声誉扶摇直上。

为了不断提高产品质量，沈阳啤酒厂在“改革、开放、搞活”的方针指引下，于1982年引进一套民主德国马得堡饮料设备厂生产的1.6万瓶/小时啤酒瓶装生产线，又于1985年从联邦德国H＋K公司引进一套具有80年代世界一流水平的2.4万瓶/小时啤酒瓶装自动罐装生产线。同时，还从英国中央装瓶与酿造公司引进2台硅藻土过滤机，使啤酒产量和质量得到进一步提高，为实现“保银牌、夺金牌”的奋斗目标奠定了物质基础。

雪花啤酒1986年年产8 413吨，其中：内销5 413吨，供应东北三省和北京、福建、深圳等地各大饭店；出口3 000吨，销往港澳和东南亚地区，并远销美国洛杉矶、纽约、休斯敦等大城市，深受国内外销费者的欢迎和赞誉。

（白玉玺）

【紫禁城牌老年香皂】 紫禁城牌老年香皂是吉林省辽源市油脂化工厂和中国中医研究院西苑医院于1983年5月共同研制成功的，有保健、护肤、美容多效能的新型香皂，开拓了利用中药生产有保健疗效香皂的新途径。1982年辽源市油脂化工厂，为了开发有竞争力的新产品，他们从北京西苑医院清宫医案研究室整理编写的《慈禧光绪医方选议》一书中，发现这样一段记载：“宫中讲求美容玉面，取各种香药与花瓣莲芯，用皂角制成……除去垢、芳香外，尚有嫩面玉肤作用”。厂长立即带领技术人员进京求教于西苑医院专家，经协议由西苑医院提供药物配方，厂方负责试制。厂里1982年8月组成技术攻关小组，按照配方结合现代制皂工艺，多次试验，选出最佳油脂配方、最佳助剂配方、最佳工艺和中药加入形态，进行了3次小批量制作。

为了验证试制产品的质量，该厂在北京友谊、西苑、解放军总医院等6家医院，从1983年2月到4月，经162例老年皮肤瘙痒症患者的临床验证，有效率为92.6%，显效率为53%，对中、青年人的皮肤瘙痒及皮肤保健也有较好效用。首批试制产品送给清朝末代皇帝的胞弟爱新觉罗·溥杰先生辩别时，他反复观察、细致回忆，称赞说：“这香皂的皂味同我在宫中曾用过的香皂很相近，不过那时皂形是圆的，皂体发暗，现在的香皂色泽和形状都比那时好多了”。并高兴地为香皂题写了“紫禁城”的牌名。

试用验证后，于1983年5月在北京进行了省级技术鉴定，专家们一致认为，该皂组方配伍严谨，临床疗效可靠，无副作用，可作为老年皮肤瘙痒症保健香皂，同意批量生产。

这种新型宫廷皂，椭圆型美观大方，粉红色，有清香，质地坚实，具有独特的活血、消风、润肌、止痒的保健效能。指标符合老年人皮肤生理特点，将原QB 384—81标准一级香皂的各标准中，游离苛性碱含量由0.1%降至0.05%以下，总碱量由0.3%以下降至0.2%以下，开裂由原3级以下降为0—1级。所用中药有4类：①芳香除秽、活血通络；②芳香行气、消肿止痛；③散风除湿；④补益护肤。其中大多数药物有抗菌消炎作用，能增强再生过程，促进伤口愈合。老年人把它作为生活必备品，青年人用它作为美容佳品，亲朋之间把它作为馈赠礼品，有的珍藏备用。

辽源市油脂化工厂是一个以生产香皂为主的中小型企业，由于老品种，销路不畅，曾连续3年亏损。1983年6月“紫禁城”老年皂投产后，1984年5月即扭亏为盈，当年盈利18.7万元。该厂对“紫禁城”老年皂的生产严格把紧质量关，选料、配料、检测、制作、包装均定人定岗位责任制；规定对脂肪酸、开裂、糊烂3项指标，每8小时检测一次，因而这个产品质量稳定，受到广大消费者的欢迎。1986年销售117.7吨，为1984年的1.5倍。该厂又进一步研制了紫金城嫩肤香皂、太子皂等系列产品，销往28个省、市、自治区，与495家客户直接建立了产销关系。部分产品已远销日本、美国、新加坡和香港等国家和地区。

紫禁城牌老年香皂，1983年被评为国家优秀新产品获金龙杯奖，吉林省优质产品奖，省科技成果奖，辽源市科技成果1等奖；1984年被评为轻工业部优质产品奖；1985年获国家优质产品银质奖。1986年参加亚太博览会和莫斯科博览会，受到外国朋友的赞誉。溥杰先生欣闻紫禁城牌老年香皂受到中外的赞誉，非常高兴，并题词一首：昔日宫廷皂，重阈灿翠华。今者更增辉，馨香飘万家。

（沙永良）

【鞣制灰鼠皮】 鞣制灰鼠皮是东北传统产品。吉林市毛皮厂于1972年才开始研制，经外贸部门鉴定，达到国内同行业先进水平，同意出口。1974年开始大批量生产，并成为出口裘皮和制成出口服装的名牌产品。该厂是生产高档珍贵裘皮及制品的专业厂，生产的东北细杂皮主要以出口为主，并且由原料出口逐渐变成半成品和成品出口，深受外贸部门的好评。企业从1980年开始推行全面质量管理工作以来，职工坚持质量第一的思想，各道工序建立了检查制度，主要工序设置专职检查员，每月召开一次质量分析会，落实质量目标管理责任制，使产品质量不断提高。特别是引进国外先进技术设备后，使做工更加精细，质量更加稳定，产量大幅度提高，增强了产品的竞争能力。

鞣制灰鼠皮色泽秀丽、毛绒松软、轻便耐磨、防寒性能强、皮板细腻完整，柔软丰满，延伸性好，水洗不退鞣，薄厚一致，无铲伤、无透毛；毛皮松散灵活，色泽光亮，牢固不断针，不掉毛，无灰尘，无异味。该产品是制做高档女式大衣、帽子、手筒和披肩等裘皮制品的理想材料。穿着挺括舒适、美观大方、轻暖而透气性好。

鞣制灰鼠皮以珍贵的灰鼠皮为原料，经过浸水、软化、鞣制、加脂、干洗、增色等化学处理及物理加工而成，质量指标达到和超过部颁标准。

近4年来，鞣制灰鼠皮产量逐年增加，1983年为26 700张，1984年为102 000张，1985年为118 000张，1986年为120 000张。产品全部供外贸出口，远销港澳和西欧等十几个国家和地区，是外商的抢手货。

鞣制灰鼠皮于1978年和1980年参加全国同行业评比均被评为同类产品第一名，1983年被评为吉林省出口优质产品，1985年获得吉林省优质产品证书，1986年被评为轻工业部优质产品。

（郭顶权）

【佳凤牌啤酒】 生产佳凤牌啤酒的黑龙江省佳木斯啤酒厂已有42年的历史，是全省啤酒行业中的骨干企业。这个厂是1944年日本人修建的，当时主要生产清酒，厂名为佳木斯造酒株式会社。1953年改为佳木斯啤酒厂，生产松花江牌啤酒，1978年开始研制、生产佳凤牌啤酒，至1986年底已形成年产2.5万吨啤酒的生产能力。

佳凤牌啤酒选用优质麦芽、大米和新疆一级酒花为原料，经低温发酵，长期后发酵酿造而成，各项理化和卫生指标完全符合部颁标准。佳凤牌啤酒具有色泽浅光亮透明，泡沫细腻洁白并持久挂杯，酒香纯正，杀口力强，清爽醇厚，浓郁的酒花香气等优点。酒中含有丰富的蛋白质、维生素、多种氨基酸和糖类等，长期定量饮用，能促进人体新陈代谢，有开胃健脾之功效。1980年评为黑龙江省优质产品，1984年在复评中又名列全省12度啤酒第1名，再次获得省优质产品称号，同年10月在轻工业部主办的全国酒类大赛中，以其独特的工艺和风格、泡沫持续时间长达5分30秒的成绩爆出冷门，超过老牌名酒，成为酒林新秀，夺得金杯奖。

佳凤牌啤酒装潢新颖别致。瓶盖印有“佳凤”字样的彩盖；商标基调为淡绿，正中由烫金的金杯和凤凰、佳凤二字组成的图案庄重富丽。在金杯的右上方，一只金色的凤凰目视远方，展翅欲飞，象征着向更高的目标奋起。这别具一格的商标装潢与获奖产品相配，可谓锦上添花，在东北地区商标设计大赛中获设计奖。

“佳凤一鸣，饮（音）誉四方”。佳凤牌啤酒问世以来，深受广大消费者欢迎，享有很高声誉，成为宾馆酒宴的上乘佳品。加拿大、新加坡、挪威、香港等国家和地区的客商纷纷要求订货，产品一直供不应求。

（姚立新）

【她他乐牌排烟罩】 她他乐牌排烟罩是哈尔滨市不锈钢制品厂1985年研制成功，并于1986年投产的。由于产品式样新、质量好，赋有时代感，一经投放市场，很快成为畅销的新产品，同年被评为省优质产品。哈尔滨市不锈钢制品厂是1982年在汽车配件三厂的基础上发展起来的，现有职工289人，主要生产不锈钢厨房设备和汽车配件。

她他乐排烟罩适合现代家庭厨房、宾馆、食堂、饭店、医院和化工试验室使用，是现代排除烟气污染的理想设备。它可以清除厨房油烟、蒸气，保持空气清新和环境舒适。如同其他不锈钢厨房设备配套使用，可以美化厨房，保持清洁卫生，会给主妇带来新的幸福。她他乐排烟罩的使用方法是悬挂于烟、雾、气挥发的地方，风筒通入墙内风道或窗外；机身装有4档变速琴键开关，还有照明、手动、自动等功能。具有排烟能力强，脱油功能好，可变速，耗电小，重量轻，体积小，安装简单，操作方便，安全可靠等特点，机上还装有烟油回收杯，可随时拆卸清洗。

她他乐排烟罩使用电源220伏，额定功率50赫芝，抽气电机35瓦，抽气风量每小时500立方米，照明40W，重量10公斤。

1986年下半年这个厂又推出第二代产品——他她乐牌保险式自动排烟罩，率先填补了我国室内排烟自动控制设备的空白。据有关科研部门提供的研究资料称：烧煤的厨房或以烧煤取暖的家庭，室内空气中含有害物质最高容许浓度为0.5毫克/米^3（一次值）的2.8倍。现在一般家庭排出的有害气体远远超出这个标准。如使用她他乐排烟罩第二代产品——保险式自动排烟罩，因其装有灵敏度极高的气敏探头，对液化石油气罐及煤气管道漏气，均能及时发出警报，并能自动打开开关，可以迅速将有害气体排出，夜间也可以有效地监测和保持室内空气清新。

她他乐排烟罩一经问世，即受到广大用户的喜爱，一直畅销不衰。北京、天津、辽宁、吉林、内蒙等地，用户同样反映良好。1986年这个厂生产第一代排烟罩3万多台，新增产值400多万元，实现利润40多万元。第二代产品保险式自动排烟罩，已开始小批量投产。1986年，这个厂完成总产值922万元，比上年增长84%，实现利润109万元，比上年增长20%多。

（李春阔）

【钻石牌SB1Z薄型机械男表】 上海钻石手表厂（原上海手表四厂）是一家生产各类钻石牌手表的专业工厂，该厂创建于1932年。该厂自行设计制造了装配直径分别为28毫米、25.6毫米、19.4毫米的SM1A、SB1Z、SB5Z的三大系列五个品种的钻石牌男女机械手表，目前正在研制的有日历女表、指针式石英电子表等，正在逐步形成钻石手表的系列化。

该厂拥有一支雄厚的科技队伍，有成套的现代化机械设备和高精度的检测仪器，年产量逾235万只，各项技术经济指标均为全国手表行业的先进水平。钻石牌手表以其独特的设计、精密的制造、准确的计时、可靠的性能，以及"象钻石一样过硬的质量"而蜚声国内，出口东欧、亚太、香港等国家和地区。钻石牌SB1Z薄型机械男表系该厂升级换代产品，有单机和日历两个品种，近七、八十种花色，此表的机芯直径为25.6毫米，节拍为每小时21 600次，延续走时≥40小时，镶钻17枚，机芯厚度为3.75毫米。该表采用了国际上普遍采用的偏心结构和薄型化技术，使产品外观便于造型，SB1Z型手表发条最大工作力矩≥850克毫米，发条长度为435毫米，工作圈数为9.4圈，从而降低了24小时力矩落差，增加了连续走时，提高了走时平稳性，减少了条夹板和传动系统的磨损，延长了表机的使用寿命。同时还采用了偏二轮三轮引出的传动结构，加大了条盒外径和摆轮，使其抗干涉性强，摆幅稳定，提高了走时质量，走时精度达到轻工业部部颁一级表日误差要小于30秒的标准，并具有良好的防水、防震、防磁性能。

SB1Z型机械日历手表是在单机表基础机芯上加上日历装置而成的，机芯厚度为3.94毫米。日历机构采用间隙传动的慢爬机构，比一般的慢爬机构快了3倍。弹性拨头驱动日历盘，日历结构设计合理，结构简单，工作可靠，具有换日时间短，倒拨时间快的特点。日历换日时间为35分钟，倒拨换日时间为1小时20分，即倒拨针1小时20分，（从跳日时刻算起），再顺拨针即可完成。由于设计合理，加工工艺精湛，部分日历零件采用磨削加工，从而保证了日历结构工作轻巧、灵活、准确，在换日过程中，丝毫不影响手表的走时精度。

钻石牌SB1Z型薄型机械男表是目前国内直径最小、机芯厚度最薄的机械男表，为轻工业部规定的男表尺寸系列中的新系列产品，它填补了我国机芯直径为25.6毫米尺寸系列的空白，产品质量达到并超过国家一级表标准。此产品自1983年问世以来，已分别获得轻工业部新产品开发一等奖；1983、1984年上海市优秀新产品奖；轻工业部科技进步奖；1985年全国轻工业优秀新产品奖；1986年上海市优秀赶超产品奖等荣誉称号。

款式新颖、花色繁多，是该表的又一大特点。目前该表有薄方全钢、薄全钢金圈、正方镀金日历、大椭圆镀金、薄八角型镀金日历等花色。表面、针亦十分新颖，有金色面、彩色面、夜光针等，一改过去圆头白面圆型壳的老面孔。该表以其质量优良、式样美观而深受国内消费者的青睐，并已出口国外。自1984年投放市场以来，已销售了近77万只，满产满销，供不应求，目前年产量为40万只。

（丁　愉）

【HZ24多工位钻孔攻丝机】 多工位钻孔攻丝机是手表工业生产中主要的专用精密机床之一，主要用于手表夹板的钻孔、攻丝、倒角等，也适用于仪表、照明，及日用轻工行业类似零件的加工。HZ24多工位钻孔攻丝机有24个工位，其中3个辅助工位（上料、检测、卸料）及21个加工工位，最多可安装21个工作轴，一次装夹工件可以完成21道加工。该机备有钻孔轴和攻丝轴，其中钻孔轴可以安装不同刀具，对直径3毫米以下的孔作钻、锪、铣加工，21个工位上可以安装同一种工作轴和刀具进行加工，也可以同时安装几种不同轴和刀具，进行钻、锪、铣和攻丝的综合加工。

HZ24多工位钻孔攻丝机吸收了同类多工位机床的优点，布局简洁，结构合理，制造精度高，且精度保证性好，定位精确可靠，工作效率高，是一种具有先进水平的手表专用机床。该机同国外70年代进口的同类机床相比，在结构上作了较大程度的改进和提高，机床制造精度达到和超过国际先进水平，生产效率比进口同类机床提高23%。经过几年来使用考核和技术鉴定，该机运转平稳，定位可靠，加工产品尺寸稳定，光洁度高，机床使用寿命长。上海制笔机械厂对该厂生产的，已使用多年的机床进行测定，其主要精度仍保持出厂时的精度。

HZ24多工位钻孔攻丝机是上海制笔机械厂根据轻工业部《钟表设备1978至1985年新产品新技术发展规划》的要求，于1978年开始设计试制的，1979年完成了样机试制，1980年经轻工业部通过鉴定，并投入批量生产，至今已生产了88台，销售到全国10多个省市27家工厂，应用面较广。该机过去一直依赖进口，自上海制笔机械厂投入生产以来，该厂生产的HZ24多工位钻孔攻丝机以精密、高效、高质量而取代了进口机床，经过多年生产考核，受到用户的普遍欢迎和好评。

该机经局部改型设计，已消化移植到照相机快门座钻孔、活动铅笔三爪夹头铣槽等生产领域，在取代进口机床，填补国内空白方面发挥作用。

HZ 24多工位钻孔攻丝机1981年获轻工业部优质产品称号，1982年获国家优质产品银质奖，上海市重大科技成果奖和上海市优质产品称号，1985年列为上海市500项赶超国际水平项目，当年通过质量评审检查，检查证明该机达到70年代末、80年代初国际先进水平，获上海市创优赶超奖。

（何　军）

【双圈牌微晶玻璃耐热器皿】 上海玻璃器皿二厂是吹制成型玻璃器皿的综合生产厂家，已有50多年的历史。该厂的传统产品——机吹印花杯、异形厚底杯、花底杯年产量在300万打以上。质优价廉畅销国内外，深受内外贸的欢迎。此外还生产微晶玻璃耐热器皿；离心浇注成型玻璃器皿；套料深刻玻璃器皿；成套茶具；酒具及艺术窑玻璃等品种。随着时代的潮流，技术的进步，该厂正向产品品种成套化，造型系列化，美化包装系列化纵深开拓。

上海玻璃器皿二厂试制成功的微晶玻璃耐热器皿，填补了我国在这一新材料领域里一项空白。产品从试制到批量生产有近17年的历史。微晶玻璃耐热器皿以吹制成型为主，如单节咖啡壶、过滤式咖啡壶、蒸发式双接头咖啡壶、砂锅等。也生产压制成型产品，如煎盆、蒸锅、腰圆锅、腰圆盆、西式餐具、耐热杯等。1969年首批产品用于上海各大宾馆、饭店的宴会上获得成功。此后，逐步形成以坩埚炉形式的小试生产。微晶玻璃的料方组份，熔制工艺，成型工艺，热处理工艺等在小试生产的过程中不断得到完善，稳定和成熟。1984年10月建成微晶玻璃耐热器皿中试生产线并正式投产。该厂通过多年的研制和技术数据的积累，制定了科学的热处理工艺和产品晶化温度曲线，采用微电脑程序控制，使微晶玻璃的晶体生长处于可控状态，从而获得透明微晶玻璃、半透明微晶玻璃和乳白色微晶玻璃，增加了产品的品种。通过对产品质量的测试表明，该厂的微晶玻璃耐热器皿的质量特别是内在质量已接近或达到国际上同类产品80年代初水平。1984年12月该产品通过了上海市轻工业局技术鉴定，1986年10月29日又通了上海市轻工业局创优赶超项目的鉴定。

微晶玻璃是60年代初发展起来的新型硅酸盐材料。由于它具有特别优异的物理化学性能和机械性能，已在许多工业领域得到广泛的应用。尤其是$Li_2O-Al_2O_3-SiO_2$系统用于制成日用餐具以来，微晶玻璃的产品品种和数量大幅度增长。上海玻璃器皿二厂的微晶玻璃耐热器皿系采用$Li_2O-Al_2O_3-SiO_2$系统的硅酸盐材质制成的中高档餐具。具有普通钠钙玻璃所不及的耐酸碱、耐高温、耐磨擦性能。微晶玻璃的膨胀系数小、机械强度高，可以用明火（煤气灶，电炉、煤球炉）直接加热而不爆裂，可以烧煮各种食品和饮料。是理想的家庭日用餐具。由于微晶玻璃材质又具有介电损耗少，微波透过率好的性能，是用作家用电器——电磁灶、微波炉、取暖器、烘干器的配套材料，因此具有广阔的发展前景。

该厂从1970年形成微晶玻璃小试生产至1984年上半年，每年的产品产量达5万件左右，产值达30万元以上。1984年中试生产线投产后，年产量达36.5万件，产值大幅度上升。部分满足了市场的需求。微晶玻璃耐热器皿也是当今世界上流行的餐具之一，国际市场上对该产品需求量日益增加，该厂正进一步提高产品质量，争取早日进入国际市场。

上海玻璃器皿二厂生产的微晶玻璃耐热器皿，1983年获得上海市轻工业局优质产品称号，并获得国家经委颁发的优秀新产品奖；1984年获上海市优质产品称号；1985年又获得轻工业部优质产品称号。

（路道俊）

【双工牌GJ4－2型钉钮扣缝纫机】 双工牌GJ4－2型钉钮扣缝纫机是上海缝纫机四厂自行设计的一种服装、针织行业的专用设备。具有以下特点：

1．最高缝纫速度可达1 600针/分，优于国外同类产品。

2．心脏部件勾线机构的设计成功，不仅省去一套复杂的分线器，方便了调试维修，降低了故障率，而且使我国钉扣机的设计水平在国际同类产品中取得领先地位。

3．采用针杆摆动，免除了因钮夹摆动造成的操作工人视力疲劳感。

4．针杆与梭勾同步摆动，大小钮扣都能适应。

5．运转平稳、制动冲击相对较小。

双工牌GJ4－2型钉扣机自定型生产以来，深受用户欢迎。但该厂并不自满，十多年来精益求精，不断改进。尤其从1983年起，瞄准国际先进水平，制订创优赶超目标，落实技术措施，使该钉扣机的质量取得明显提高。

1985年7月，上海市经济委员会质量处等44个单位对双工牌GJ4－2型钉扣机进行了“创优赶超”鉴定，鉴定会认为，GJ4－2型钉扣机采用了优化设计，产品结构先进合理，操作维修方面优于日本同类产品。产品质量稳定提高。该机工效高、使用可靠，已成为衬衫、服装、针织等行业更新换代、替代国外产品的设备。是用户信得过的产品。

双工牌GJ4－2型钉扣机是国内第一种赶上国际先进水平的缝纫设备。投产10多年来，已向全国27个省市的近500家企业提供了1万余台产品，几乎占国内市场的95%，国内一些企业即使在引进成套项目时，也往往要求剔除其中的钉扣机。上海市缝纫机研究所情报室在1986年3月发表的调研报告中指出：双工牌GJ4—2型钉扣机普遍受到用户的欢迎、赞扬，乐意采用。

双工牌GJ4—2型钉钮扣缝纫机于1979年被评为上海市轻工业局优质产品；1983年评为上海市优质产品；1985年评为上海市创优赶超优质产品；1986年评为轻工业部优质产品。

（赵文中）

【华生牌电扇】 华生牌电扇是我国最早生产的国产电扇，其第一台于1915年试制成功。1916年在杨济川、叶友才、袁宗耀的合作下，创立了华生电扇总厂的前身——华生电器制造厂。电扇之冠以“华生”商标，其原意为“为了中华民族的生存”。由于华生牌电扇外观优美，质量可靠，价格较进口货便宜，加上国内人民和海外华侨的爱国热情，华生牌电扇生产不久便在国内外市场崭露头角，销路日广。

经过几十年的发展，华生牌电扇产品现有台扇、落地扇、吊扇、壁扇、仪表扇、地铁扇、船用扇、火车扇、整经扇（纺织厂用）、中频抽风扇、转页扇等20个大类，30多种规格。

华生牌电扇的传统特色是质量可靠、坚固耐用、安全省电、外观优美。30年代，在海外华侨中就流传着这样一个趣闻。一对新婚夫妇到外地度蜜月，临行时忘关上电扇，几个星期后回家，电扇还在转动，没有发生任何异状。华生牌从此以传代产品出了名。至今许多国内的老人和国外的老华侨仍有着买电扇非华生牌不可的偏爱。1982年，香港消费者委员会抽查了香港市场上较为流行的9种台扇，其中日本6种，华生和其他国家的2种，得出的结论是：这批样品的水准大致相差不多，而华生牌电扇耗电量是9种风扇中最低的一种。现在的华生牌电扇，更以结构新、造型美、耗电省、运转稳、风量大，称著于国内外市场。

1986年华生牌电扇产量95万台，比1985年增长18.8%，是1949年产量1.5万台的63倍；产值2.56亿元，比1985年增长31.4%。当前国内市场上由于各地电扇的失控发展，出现了供过于求，滞销积压状况，但优质名牌的华生电扇仍是各地商业单位和消费者争购的对象。华生牌电扇从20年代开始行销东南亚地区和印度、尼泊尔等国家。目前华生牌电扇的销售覆盖面已遍及世界近100个国家和地区。1986年出口30万台，比1985年增长50%，创汇额由1985年的560万美元增加到800万美元，增加了40%。

华生牌电扇解放前在国外各种博览会上13次获得了特等、超等、最优等金质奖章和奖状。近几年来又多次被评为市优质产品、部优质产品，获得国家质量银质奖。

（胡野鹤　王海鸟）

【航空牌羽毛球】 航空牌羽毛球是上海羽毛球厂的产品。在国际市场上与英国“R·S·L”、日本“y·y”、丹麦的“D·S·T”同列为世界四大名牌，产品畅销于香港、印度尼西亚、英国、丹麦、瑞典、民主德国、联邦德国等羽毛球运动发达国家和地区。

我国羽毛球开始生产于1936年。从事生产的都是规模很小的工场和作坊。1957年公私合营改组成立天风羽毛球厂，1966年改名为上海羽毛球厂。现有职工两百多人。

航空牌羽毛球生产的发展与我国体育事业的崛起和发展紧密相联。开始时，工厂追求外表美观而不重视内在质量，因此国内专业体育团体也不能采用。自50年代后期我国乒乓球运动员首先在国际体坛崭露头角，并为迎接1960年在我国举行第26届世界乒乓球比赛，周恩来总理把各项运动器材都要赶上国际水平的重任托付给上海老基地工厂以后，促使上海体育器材行业的产品质量有了突飞猛进的进步。上海羽毛球厂职工在轻工业研究所协助下，首先研究攻克了球的重心部位、风速阻力、直线平稳等质量关键问题。之后又进一步改革了生产技术工艺，采取了化学定型等特殊加工处理方法，添置了科学质量检测设备，增强了中心牢度，改进了毛片式样、线圈的部位，绕线的用料和包头胶剂的配方，这样不但使航空牌羽毛球的各项技术指标全面达到了国际比赛用球的标准，而且使用寿命不断延长。航空牌羽毛球由于工艺不断求新，设备不断求精，产品日臻完善，终于跻身于世界名牌行列。

航空牌羽毛球生产制作上的特色是选料严格，加工精细，设备工艺先进。羽毛球需要多种天然资源，球毛要选适龄白鹅的刀翎毛，球托头子要天然软木，球托包皮要用白硝的绵羊皮。其中最关键的原料刀翎毛球毛，每只羽毛球需要16片，而一只适龄白鹅只有8根刀翎毛，这也是说宰杀了两只白鹅才够1只羽毛球的原料。由于我国地大物博，畜产资源丰富，航空牌羽毛球有着精选原料的“得天独厚”的条件，在精制加工中做到毛梗粗细均匀，毛叶规格标准，毛片组配合理。航空牌羽毛球的产品性能特点是：（1）头型圆正，富有弹性；（2）飞行稳定，落点准确；（3）适候性强，不同气候季节、地区都能使用；（4）坚固耐打而又洁白整齐醒目。世界各国运动员使用后，都称赞航空牌羽毛球上拍应手，飞速稳定，能够充分发挥扣杀，拉吊，抢救等技艺。厂里作过科学测试，在航空牌羽毛球头部悬重18公斤，来回甩动，能够做到球头不脱落，球身不变形。国际有关部门曾作过对比统计，同样是国际比赛用球，每举行一场两局的比赛，一般的需要调换羽毛球20到30只，而使用航空牌羽毛球，则调换3到4只就可以了。R·S·L的产地英国的一家体育刊物上也评论说：航空牌羽毛球确实是世界公认的国际比赛用球。

航空牌羽毛球畅销国内外市场，长期供不应求。它是我国出口换汇成本最低，创汇率最高的产品之一，每年出口创汇100万美元左右。

1981年航空牌羽毛球获国家银质奖。同年9月，国际羽联在美国伦敦对中国、英国、日本、印度尼西亚等国生产的7只世界名球进行测试评比，航空牌羽毛球以100分的最佳质量夺得桂冠。世界锦标赛、汤姆斯杯、尤伯杯、全英羽毛球赛、欧洲羽毛球赛等高水平羽毛球国际比赛中，都曾以航空牌羽毛球作为比赛用球。国际羽联负责人士致函上海羽毛球厂，称赞中国的羽毛球运动员和航空牌羽毛球都是世界第一流的水平。

（胡野鹤　王海鸟）

【双箭牌理发工具】 在40年代就获得"远东刀剪大王"称号的双箭牌理发工具是驰誉国内外市场的老名牌产品。

生产双箭牌理发工具的新中华刀剪厂创业于1927年，已有60年历史。

双箭牌的理发工具有理发推剪、理发剪、理发剃刀、电推剪、电动剃须刀5个大类23个品种，可以适应不同等级理发店、各类宾馆、家庭、个人等不同层次的消费需要。

双箭牌理发工具在生产制作上的特色，一是有国产的特炼钢材作为原料，钢材硬度、金相组织等技术要求，均根据理发工具的特殊需要研究制定；二是产品热处理有一套传统的、特殊的工艺方法；三是磨刀有自制专用特种设备和一批师傅相传、怀有绝技的手工磨刀技工。因此，双箭牌的理发工具，首先是锋利耐用。剪发理发最伤刀刃，因为人体发丝看似光亮细软，实际上布满微细毛孔的发丝，是一把把微型的"发锉"。一般的电推常因锋利度不够只能轧剪短发，普通的剪刀用来剪发，一两次下来就会发钝失去锋利，而采用特殊钢材制成，热处理硬度恰到好处的双箭牌理发工具，无论长发还是短发，都能"剪到发除"，坚固耐用。特别是近年来精心研制成功的双箭牌80型高级不锈钢理发刀，在刀刃锋利度，剃刮光洁度以及使用耐久度上都能达到国际著名的德国"双立人"牌的先进水平。这种刀磨一次，可以使用一到两个月，连续可以刮脸达五六百人次。该厂为了保证产品锋利耐用，还专门配制了特种的磨刀砖和磨刀油等配套附件，为用户提供方便。其次是刀刃角度科学，剪剃舒适安全。北京民族饭店的理发师经常称道这么一件事：有位外宾出于对国际名牌产品的偏爱，每次上门修面都要自带剃刀，一次他忘记带剃刀，不得不让理发师用店里的剃刀替他刮胡须。不料刮完后外宾连连发问，这剃刀产自什么国家，什么牌子的，刮在脸上是这么轻快舒适。理发师自豪地对他说：这是我们国产的双箭牌剃刀。第三是品种多样化，规格系列化，式样工艺化，造型美观，结构严密轻巧。推剪有电动、手动细齿、中齿和粗齿；理发剪有削发、美容、大规格及中小规格；剃刀有普及型和高级型剃刀；近年来问世的电动剃须刀，有电池单用和电池、交流电两用，有剃须单用和剃须、轧鬓角双功能。

双箭牌理发工具1986年总产值达到2 633万元，比1985年增长21%，为1966年的3.7倍。双箭牌理发工具的销售量占全国的60%左右。自40年代开始双箭牌理发工具即出口到东南亚地区，现在出口产值约占总产值的1/3左右。产品销售于亚洲、美洲、澳洲及英国，意大利、加拿大等42个国家和地区。1986年出口创汇138万美元，比1985年增长21%。

双箭牌理发工具的主要技术数据居国内行业的领先地位，接近于国际先进水平。200型理发剃刀、204型理发剪获轻工业部优质奖，RS～1电动剃须刀在全国质量评比中获一等奖，并获上海市优质产品奖。RS—4电动剃须刀在全国质量评比中获一等奖和造型奖。1983年赵紫阳总理访问非洲十国，曾以双箭牌电剃刀作为对外宾赠送的礼物。

（胡野鹤　王海鸟）

【洋河大曲】 历史悠久的中国名酒洋河大曲产于江苏洋河镇，它不仅以悠久的历史而称誉五洲四海，更以优良的质量和独特的风格而畅销国内外。洋河镇是个古老的集镇，位居白洋河和废黄河之间，距京杭大运河很近，水陆交通畅达。洋河大曲可考证的历史已有三百多年，据传早在唐代就已享盛名，到了明末清初就有"闻香下马，知味停车"之誉，明朝诗人邹辑在咏白洋河的诗中称道："白洋河下春水碧，白洋河中多沽客，春风二月柳条新，却念行人千里隔"。清雍正年间，洋河酒就行销于长江、淮河一带，颇受欢迎，享有"福泉酒海清香美，味占江南第一家"之美誉，曾被列为清皇室贡品。清乾隆皇帝在第二次下江南时，品尝洋河酒后举笔写道："酒味香醇，真佳酒也。"数百年来，在民众中长期流传着赞美洋河大曲的对联："酒气冲天，飞鸟闻香化凤；糟糠落地，游鱼得味成龙。"

洋河大曲属浓香型大曲酒，系用精选的优质高粱为原料，以小麦、大麦、豌豆培制的高温火曲为糖化发酵剂，用当地著名的"美人泉"水精工酿制而成。由于推行全面质量管理，采用"老窑发酵""延长发酵期""回沙发酵""漫火蒸馏""分等分类储存""精工勾兑"等传统工艺结合新技术，使洋河大曲口味日臻完美，形成了“甜、绵、软、净、香”的五字风格。酒液透明无色，酒味甘美醇净，绵软适口。适量饮用可促进血液循环，有益身体健康，又是举行宴会、馈赠亲友、居家和旅游之佳品。洋河大曲现有7个不同档次（敦煌牌60°、38°和羊禾牌55°、38°、28°、18°及当归童鸡酒），23个品种。瓶酒有500克、250克、125克、50克、25克装规格。实现了酒度系列化和包装规格系列化，包装装潢典雅精美。

洋河酒厂现有职工2 600人，占地面积47万平方米，1986年大曲酒产量1.14万吨，比1985年增长13.8%，产值增长15.3%，税收增长23%，利润增长2%。目前、洋河大曲畅销全国各省市、自治区（包括台湾省），远销美国、苏联、香港、澳大利亚、新加坡、马来西亚、日本、东南亚等20多个国家和地区，深受国内外消费者喜爱。28°、18°低度洋河大曲在日本被酒类专家誉为“中国洋酒”。

洋河大曲曾在1915年全国名酒展览会上获得一等奖。同年参加巴拿马国际博览会获金质奖章。1923年，在南洋国际名酒赛会上，获“国际名酒”称号，遂蜚声于海内外。1979年在全国第三届评酒会上一跃跻入全国八大名酒行列。其后，1984年在江苏淮安举行的第四届全国白酒评委考核会上，与会的80多位专家对洋河大曲给予了高度评价。全国酿酒行业的权威人士、该次考核专家组组长周恒刚工程师对洋河大曲的评语是：“香气纯正清雅、浓香正宗、典型性强、香与味平衡，香气之间的平衡十分协调，口味细腻悠长，尾子干净，回味甘甜”。在1984年5月全国第四届评酒会上，55°羊禾牌洋河大曲的品评得分为参评的148种白酒之冠，蝉联国家名酒称号，获得国家质量金牌奖，38°羊禾牌低度洋河大曲亦获得国家质量银牌奖。同年11月这两种酒参加轻工业部举办的酒类质量大赛又双双夺魁，获得两只金杯。

（黄远忠）

【“莫愁”牌洗衣机】 南京洗衣机总厂生产的“莫愁”牌洗衣机从1981年问世以来，取得了一定的社会信誉。但在1985年因一度追求产量，忽视了质量，使1型双桶洗衣机出现了问题，导致了产品信誉下降，用户意见很大。因而在1985年底，受到上级领导部门责令停产整顿处理。1986年企业的各项工作都是围绕整顿这一中心进行的，主要进行了综合治理：依靠科学管理，狠抓产品质量，开展全面质量管理，完善质量保证体系；加强技术管理，严格制订产品标准；加强设备管理，完善生产手段；引进技术设备，增强企业后劲；加强生产管理，搞好外协配套，注重人才开发，提高职工素质。通过整顿，先后通过了市、省、部三级标准部门的产品质量检测，11月份省计委和省标准局批准恢复生产。为了向用户提供优质洗衣机，该厂配备了全套产品检测设备，建立了产品检测中心，对全厂280多种仪器进行了鉴定，建立了质量管理制度，并大力开发全新结构的5型双桶洗衣机。5型洗衣机的最大特点是整体设计新颖，造型美观典雅，功能多，配有水位调节器，洗涤甩干调换注水口和自动过滤绒毛器，装有万向脚轮，移动灵活，双向水流，不缠绕衣物，并可自动消除皂沫，而且价格适中，比同类产品每台便宜40元，受到用户的赞美。投产后第一批500台洗衣机拿到市场不到1小时就争购一空。人们赞颂“家有‘莫愁’，洗衣不用愁”

（鲍启鑫）

【双圈牌茶叶滤纸】 双圈牌茶叶滤纸，是杭州新华造纸厂的产品。目前国内独此一家生产茶叶滤纸，在国外也只有日、美、英、联邦德国和意大利等五个国家生产茶叶滤纸。

新华造纸厂建厂于1953年，是一家专门生产工业技术用纸的企业，现有职工1 281人。1986年工业总产值3 601万元 实现税利1 105万元。其中利润710万元，均创历史最好水平。该厂技术力量雄厚，经营管理水平较高，是浙江省人民政府命名的“六好企业”。主要产品有：打字蜡纸、茶叶滤纸、擦镜纸、干燥剂纸、药用纸，定性、定量化学分析滤纸、色层定性分析滤纸、薄型包装纸、长纤维纸、光学玻璃纸、压洗袋纸等20多种长纤维特种纸。产品质量优异，全年优质产品率达到92%，有1个产品获得国家银质奖、2个产品被评为轻工部优质产品，2个产品被评为浙江省优质产品。茶叶滤纸是在轻工业部、外贸部的支持下，于1972年研制成功的。开始用溶剂法生产，1979年对生产工艺进行了改革，采用乳剂法新工艺生产，降低了生产成本，改善了劳动条件。1986年从国外引进了热封型茶叶滤纸机，进一步扩大了生产能力，增加了品种，使滤纸可以热压成袋，产量达133吨。茶叶滤纸的试制成功，填补了我国的空白，打破了我国出口袋泡茶要求助于从国外进口茶叶滤纸的局面，被人们誉为“争气纸”。从投产以来，已生产茶叶滤纸725吨，不仅满足了我国出口茶叶包装袋的需要，还为国家节约外汇365万美元。

双圈牌茶叶滤纸质薄、色白、纤维组织均匀，湿强度高，无异味，符合卫生标准，具有耐沸水浸泡，亲水性好，滤速快等特点。产品的主要质量指标已达到国际同类产品的先进水平。尤其是该厂生产的茶叶滤纸，是采用浙江丰富的桑树皮为原料，而桑皮又具有清凉、消炎、解毒等功效。因此，用于装袋泡茶和食用饮料，其优点是国外同类产品所没有的。已为越来越多的国内外客户所注重和赞尝。

茶叶滤纸主要用于做滤袋供装出口袋泡茶。目前已销往上海、福建、广东等21个省市，并出口到泰国、捷克斯洛伐克等国家。袋泡茶饮用方便，已成为国际市场上较时兴畅销的一种商品茶。随着人民群众生活水平的提高，茶叶滤纸的用途正在不断扩大，已发展到用于包装中成药、干燥剂、各种饮料及制作艺术品等方面，一些工艺制品厂用其制作艺术纸帘出口，也颇受外商欢迎。由于使用范围扩大，产品需求量成倍增加，出现了供不应求的局面。

双圈牌茶叶滤纸在国内外市场上有良好的声誉。1980年获浙江省优质产品称号，1981年获轻工业部优质产品证书和部科技成果奖，1983年获全国优秀包装产品奖，1984年又获得全国新产品金龙奖。使用茶叶滤纸包装出口袋泡茶不仅提高了我国出口茶叶的身价，增加了附加值，为国家多创外汇，而且受到了国际市场的好评。1982年，用双圈牌茶叶滤纸包装的出口鹭江牌保健美茶，获得了加拿大国际博览会金奖。1984年，又有新芽牌茉莉花茶、龙牌红茶、金帆牌英德红茶和鹭江牌保健美茶等4个产品获巴黎国际商品金奖。

（章庆荣）

【食品包装用PVC透明硬片】 以水晶牌为注册商标的食品包装用PVC透明硬片，是杭州塑料厂生产的名牌优质产品。该厂是轻工业部定点生产各类PVC硬片的骨干企业，生产塑料制品已有20多年的历史。1982年9月，该厂开始研制食品包装用PVC透明硬片，经过一年多时间的努力，在工艺和配方上进行了反复筛选和摸索，终于于1984年3月获得成功。经测试鉴定，该产品的卫生指标和物理性能完全符合国际PVC食品容器质量标准，有的指标还略优于日本的标准。同年，杭州塑料厂从联邦德国引进PVC硬片生产线的关键设备，提高了机械化水平和生产效率，年生产能力扩大到6 000吨。几年来，该厂在生产实践中积累了丰富的经验，建立了一套科学的生产工艺和分析检测手段，产品的透明度、光洁度、抗冲性、拉伸强度均有显著提高。

用食品包装用PVC透明硬片吸塑成型的瓶子盛酱油、食油、酒等液体饮料，或吸塑成型为盒子用以包装蛋糕、蜜饯、饼干、糖果等食品，均颇为理想。其透明度、气密性好，能见食品全貌，便于顾客挑选，而且轻便、卫生、美观，宜于运输和贮存，不易破损。

食品包装用PVC透明硬片自投产以来，随着市场需求量的增多，产量逐年增加。1985年为467吨，1986年达到629吨。目前，食品包装用PVC透明硬片除在国内市场销售外，还销往日本、美国、东南亚及香港等国家和地区。

食品包装用PVC透明硬片1984年获浙江省科技成果四等奖；1985年获轻工业部优秀新产品奖；1986年在全国同行业质量评比中名列第一，同年获得国家银质奖。

（郑一鸣）

【中都牌FG系列光致变色镜片】 中都牌光致变色眼镜片，是凤阳光色玻璃厂和中国科学院上海硅酸盐研究所在1975年共同研制的成果。光致变色镜片的问世，结束了我国不能生产变色眼镜片的历史。

凤阳古有“中都”之称，FG系列光致变色镜片商标因此而得名。

光致变色镜片随户外、室内或车内光线强度变化能自动快速变暗和褪色。这种特殊性能使眼科医生找到了保护眼球瞳孔不受强光刺激的理想材料。对于近视、远视眼疾病患者可以利用光色玻璃磨制成600度以内理想的远、近视镜片，既能矫正视力又能充当太阳镜使用。配戴光致变色眼镜使人视觉舒适、视野清晰，因而已日益引起消费者的兴趣和喜爱，它已成为国内外玻璃工业中一束引人注目的新花。

中都牌光致变色眼镜款式新颖美观、舒适实用，特别适合于旅游观光人员、汽车驾驶员、高炮、航空、高原雪地等野外作业人员配戴。

中都牌光致变色镜片由于质量稳步提高，在广大用户中赢得了声誉，特别是FG-7有底色茶色变色镜片，成为市场上争购的热门货，畅销全国各地，1986年300多万副FG系列光色镜片，全部投放市场，产值过千万元大关，人均创税利1.47万元。

党和国家领导人万里、张劲夫等十分关心光致变色镜片的生产，曾先后到该厂视察指导工作，赵紫阳总理在凤阳视察工作时专门听取了县委关于光致变色镜片生产情况汇报。

中都牌光致变色镜片1978年曾荣获全国科学大会奖、1983年获安徽省科技成果一等奖，1984年被评为安徽省优质产品、1985年被授于国家科学进步二等奖、全国轻工优秀新产品奖，并评为轻工部优质产品。

（石象斌）

【芜湖铁画】 安徽省历史悠久的民间工艺美术品。它以线条优美、画面清晰、形态逼真、独树一帜的艺术风格博得了人们的喜爱。1964年，郭沫若到芜湖市工艺美术厂视察时，挥毫题词：“以铁的资料创造优美的图画，以铁的意志创造伟大的中华。”

芜湖铁画具有优美的传统特色，它是艺人们综合运用了我国古代金银空花饰物的焊接技术，吸收了民间剪纸、木刻、砖雕的造型艺术，融合了国画的笔意和章法，按照设计的画稿，以低碳钢作原料，经过锻、锤、焊、接而制成，表面经过烘漆处理、色泽乌黑发亮，里衬洁白柔绵的宣纸，镶在推光漆的木框上，黑白分明、立体感强，能够长期保存，成为一幅幅不同于任何绘画的独特工艺品，悬挂在厅堂客室、素雅清新，给人以豪放而凝重，刚劲而又抒情的感受。

铁画由芜湖著名铁匠汤天池创始于清代康熙年间，以后，经过乾隆年间的梁在帮、清末的沈义兴，以及解放后的储炎庆等几代铁画艺人的继承和发展，技艺水平不断提高，题材更加丰富广泛，不但有山水、花草、飞鸟、走兽、人物等铁画，而且还有书法铁字，逐步形成了独具一格的芜湖铁画。

解放后，党和人民政府对铁画制作非常重视，把歇业多年的老艺人储炎庆找回来，由他带徒弟，在芜湖市成立了铁画生产组，以后扩大为现在的芜湖市工艺美术厂，使铁画生产得到迅速恢复和发展。1957年，铁画老艺人储炎庆出席了全国工艺美术艺人代表大会，以后又当选为第三届全国人民代表大会的代表，多次受到了朱德委员长和周恩来总理的亲切接见。党和国家领导人的关怀，使艺人们受到了鼓舞，进一步激发了创作热情，他们积极移植国画来制作铁画，首先以我国著名的国画家徐悲鸿的“奔马”作范本，精心制作出了“奔马”铁画。

从1958年到1959年间，芜湖市工艺美术厂的铁画艺人们，又相继制作了“黄山莲花峰”、“牛郎织女”、“松鹰”。等大型铁画，先后参加了社会主义国家造型艺术展览会和在巴黎举办的和平理事会展览会，受到了国际友人的赞赏和好评。1960年铁画艺人们为首都人民大会堂安徽厅制作了4.5米长、3米高的黄山“迎客松”巨幅铁画。1976年冬，芜湖铁画艺人们以毛泽东主席的书法手稿为范本，给毛主席纪念堂制作了8.8米长、2.3米高的“长征”诗句铁字，其中最大的字高达1.5米，重量十几公斤，制作技术十分复杂。由于艺人们精心制作，从而使铁字诗句如同原来手稿字迹再现。

党和人民对艺人们的辛勤劳动给予崇高的荣誉。1979年储炎庆逝世后，他培养的高徒、新一代铁画艺人张德才，又被推选为第五届全国人民代表大会的代表。现在，铁画的创作和生产，在新一代技艺人员的努力下，传统的技艺和独特的手法，不但得到了继承，而且吸收了现代美学的原理，在章法、透视、结构、解剖、质感、体积、造型及线面关系、疏密关系等方面，都有了新的提高，使画面更加清新优美。由于操作工艺的改革，产量增加，成本下降。1986年，芜湖市工艺美术厂的铁画产量，由1982年的1万件增加到6万多件，小型《迎客松》、《奔马》、《梅兰竹菊》等铁画更加畅销，并被国际友人当作旅游纪念品带往世界各地。1978年和1980年，均获得安徽省优质产品称号。1980年，《奔马》铁画获得轻工业部优质产品证书。目前，芜湖铁画不仅畅销全国各地，而且出口到国外许多地方。

（沙开铸）

【安徽中草药保健服装】 安徽省一些服装工厂在中医药专家、教授的指导下，运用了中医外治法的原理，把穿衣同防治部分慢性疾病结合起来，研制出暖胃背心、护背服、护膝裤、护腰服、平喘背心、防治冠心病中药透热服装和防治儿童腹泻、遗尿、咳喘等童装，对慢性胃炎、十二指肠炎、肩周炎、膝关节炎、腰肌劳损、支气管炎、冠心病和儿童腹泻、遗尿、咳喘等疾病，具有良好的防治作用。

安徽省研制中草药保健服装工作，是从1984年下半年开始的。在安徽中医学院教授、著名老中医查少农等人的指导下研究了配方，由无为县第一服装鞋帽厂设计制作暖胃背心、护肩服、护膝裤、护腰服、平喘背心等保健服装。这些服装是在胃、肩、膝、腰、胸、背等部位，分别安装上不同成分的中草药药袋。药袋里的中草药挥发出有效成份，经过皮肤和呼吸道吸收，对一些因受寒所致的疾病起到预防和辅助治疗作用，如暖胃背心中的药物有温中散寒、舒筋止痛功效，穿着以后，胃部因受寒引起的疼痛，可以预防其发作。在急性发作时，疼痛可得到缓解。护肩、护膝、护腰服中的药物，具有驱风燥湿、活血通络作用，对因风、寒、湿所致的肩周炎、膝关节炎、腰痛等疾病，具有良好的防治效果。平喘背心的药物，有宣肺化痰、驱风散寒的功用，对因风寒引起的慢性咳喘，有较好的防治作用。

这些保健服装试产试销以后，引起了社会上强烈的反响。据不完全统计，从1984年10月到1985年4月间，国内有45家报纸杂志登载了安徽中草药保健服装问世的消息。日本、美国、香港的报纸也有报道。无为县第一服装厂在1984年的第四季度内，共生产保健服2 000多件，很快销售一空。由于这些中草药保健服装确实有效，被轻工业部和安徽省轻工业厅评选为1984年优秀新产品。1985年和1986年，无为县的中草药保健服装均参加了法国巴黎国际女装博览会，并获得了中国服装工业总公司、中国服装研究所设计中心和《中国服装》杂志社颁发的二等奖和鼓励奖。

安徽省科学技术委员会1985年10月下达了“中草药保健服装临床验证研究”课题，由中国中西医结合研究会安徽分会组成了安徽省中草药保健服装临床验证研究组，并在安徽医科大学第一附属医院、第二附属医院和安徽中医学院附属医院开展临床验证工作，总计验证了224例，按照有详细记载资料的219例统计，总有效率达到91.78%。此外，六安市时装总厂在安徽中医学院附属医院麻醉科副主任马德林的指导下，1985年研制了防冠心病中草药透热服装。合肥市儿童服装厂在安徽中医学院附属医院儿科主任郭璋章的指导下，研制了防治儿童腹泻、遗尿、咳喘的童装。这些童装也是在不同的部位安置了中药袋、对儿童腹泻、遗尿、咳喘等疾病起到了防治作用。试产试销以来，效果良好，受到用户好评。

（沙开铸）

【永光牌环型荧光灯】 永光牌环型荧光灯是福州灯泡厂引进日本东芝公司具有 80 年代国际技术水平的全套生产设备生产的新产品，该产品于1986年11月正式投产，年生产能力 300 万只。现已投放市场的有：22 W、32 W环型荧火灯管和普及型、豪华型、单灯式、双灯式、多灯式及吸顶灯等多种环型灯。

环型荧光灯与其他灯相比，有较多的优点：一是造型美观，几何尺寸较小，适合与各种灯具配套，兼照明和装饰两种功能于一身，是宾馆、旅社、家庭住宅、轮船、车厢的理想照明光源；二是灯光比较集中，受照面的照度较高，可以有效地利用光源；三是发光效率比较高，节电效果显著。一盏电功率为22 W和32 W的环型荧光灯的亮度相当于75 W和 100 W的白炽灯泡；四是环型荧光灯的使用寿命可达5 000小时以上，是普通灯泡的 5 倍；五是环型荧光灯的光色柔和、接近天然光，显色效果好；此外，环型荧光灯的适应性较强，在没有交流电源的场所，只要装上一只专用的变流器，直流电源就可以使用。

福州灯泡厂的各类环型荧光灯，光线柔和、造型典雅大方，照明度高，还可以作为装饰品，美化居室环境，价格适中，目前，该厂1986年生产的环型荧光灯已全部被外商订购一空，年换汇可突破100万美元。

（卢　孚）

【厦门珠绣拖鞋】 **产品特点**　厦门珠绣拖鞋厂的“水晶牌”珠绣拖鞋有1 602个品种，主要分全珠和半珠（绒珠）两类。全珠是鞋面上全部绣满色泽鲜艳的玻璃珠子；半珠是丝绒面料上用玻璃珠、电光片绣各种图案。珠拖鞋款式繁多，有半跟、高跟、斜跟、平跟、软底、尖头、圆头、空头等。鞋面图案大都取材于传统的民间题材图案，如龙飞凤舞、双龙戏珠、狮子戏球、牡丹引凤、荷花鸳鸯、梅花双鹊、海棠白头等。此外，有的还绣有古色古香、优雅别致的玉龙八宝图案(葫芦、狮角、蕉叶、宝扇、书、画、琴、棋)，艺人们巧妙地利用珠子的特点，熟练地运用凹绣、平绣、串绣、粒绣、乱针绣、竖珠绣、叠片绣等各种传统技法，把珠拖鞋装饰的色彩斑烂、五光十色、惹人喜爱。在材料上，经过不断的创新和工艺改革，不仅使用丝绒做面料，还采用平绒、灯芯绒、花罗缎、桂花尼龙布、金葱尼龙布等做面料，还有皮革、人造革、植绒、仿革底、轻脂片、麻布等各种材料做底料，收到了良好的效果。

产品声誉及获奖沿革　厦门珠绣拖鞋厂是一家生产珠拖鞋的专业厂，产品以外销为主，尤其“水晶牌”珠绣拖鞋以其图案美观、绣工考究、彭线大方、穿着舒适等特点，倍受国内外顾客欢迎，远销欧美、东南亚和香港地区，同时畅销北京、天津、南京、上海、哈尔滨、广州、杭州等地，产品供不应求。1980年，“水晶牌”珠绣拖鞋被评为“福建省优质产品”，1982年被评为“轻工业部优质产品”，1985年获中国工艺美术百花奖——银杯奖。厦门珠绣拖鞋厂于1984年被省经委列入“福建省企业管理优秀单位”先进行列，1985年厦门市政府授予该厂为“企业管理优秀单位”。

经济效益　企业坚持增产与节约并重的方针，每年都超计划完成生产指标。“六五”期间，共生产“水晶牌”珠拖鞋451.5万双，完成工业总产值 1114.8万元，其中出口产值为 947.6 万元，占总产值的85%，为国家创汇 446 万美元，实现税利267.36万元。1986年产量为70.7万双，完成工业总产值 212.1 万元，实现税利35万元，出口收购值为220.7万元，外汇约 200 万美元。

（陈志海）

【福州漆器】 产品特点　我国的脱胎漆器工艺，源远流长，它始于楚国，成于唐代，精于近代。福州漆器，亦称福州脱胎漆器，它是继承了我国几千年来的传统漆艺，汲取雕佛夹纻制法等艺术特点而发展起来的，相传已有200年历史。产品质地坚固轻巧、造型古朴大方、装饰典雅绚丽、色泽光亮如镜，此外，入水久浸而不改常度，尚可蓄水养花。其中，以质地坚固轻巧为最大特点，有“视之九鼎兀，举之一羽轻”之美称。

产品声誉及获奖沿革　福州脱胎漆器与北京的“景泰蓝”、江西景德镇的瓷器，被誉为中国传统工艺的“三宝”。福州一直以生产最精美的脱胎漆器而出名，1898年，首次参加巴黎国际博览会展出，获得头等金牌奖而崭露头角。1910年，福州漆艺大师沈绍安后裔沈正镐、沈正恂两兄弟的脱胎漆器参加南京《南洋劝业会》展出，除获“一等商勋”金牌奖外，清政府又赐“四品顶戴”荣誉官衔，其作品被收藏为宫廷珍品，一举成为国内漆器之巨擘。此后，一直到1938年，先后又参加巴拿马、芝加哥、伦敦、巴黎、柏林、都灵、东京、菲律宾……等国际博览会、赛会，屡获金牌奖和各种奖赏，声誉大震，成为国际市场上的珍品，为国内外收藏家所收藏。解放后，这颗熠熠闪光的明珠更加灿烂夺目，闪烁出迷人的艺术魅力，其产品除大量供出口外，还先后出国参加莫斯科、雅加达、新德里、仰光等300多次国际博览会展出，被国外人士赞誉为“东方不可多得的艺术珍品”。在国内，曾多次参加大小型工艺美术展览会展出，得到中央领导人题词赋诗和工艺美术专家以及群众的一致好评。著名文学家、诗人郭沫若生前曾赞其为“精巧叹加工，玲珑生万物”、“天下谅无双，人间疑独绝”。1980年赵朴初参观福州第一脱胎漆器厂时，也赋诗云：“深切作造化，妙手现光华，夹纻传千载，榕城第一家。”1981年以来，福州第一脱胎漆器厂的“飞马牌”脱胎漆器和福州第二脱胎漆器厂的“地球牌”高级脱胎漆器，连续保持5年全国工艺美术百花奖银杯奖，1986年又双双摘取了百花奖金杯奖的皇冠。还有8种产品分别在第3、4、5届的中国工艺美术品百花奖评比中获优秀创作设计奖一、二等奖，成为当今中华艺术的瑰宝。

企业现状与产品销售　解放后，福州脱胎漆器行业，从分散的作坊，集中成为第一、二脱胎漆器厂，从艺人员多达1 332人，其中技艺精湛的脱胎漆器名艺人27人（不包括退休的名艺人），现产品种类已有传统工艺品、仿古复制品、日用普及品和旅游纪念品等18类1 200多种，产品色彩瑰丽，意趣古雅，具有很高的使用价值和艺术价值。目前，不仅畅销国内各省市，而且销往世界70多个国家和地区。1986年完成工业总产值521.2万元，税利62万元，为国家出口创汇239万美元。

（陈志海　黄宝兴）

【玩玉牌青花玲珑45头清香西餐具】青花玲珑瓷是景德镇的四大传统名瓷（青花、青花玲珑、粉彩、颜色釉）之一。其特色在明亮细薄的瓷胎上，施以镂空花纹(外国人称“米通”)，给人以“玲珑剔透”之美感。它是我国瓷器装饰中珍奇的传统艺术。光明瓷厂就是在景德镇陶瓷行业中生产青花玲珑瓷出口的主要企业。目前该厂生产各种类别的玲珑日用瓷、陈设瓷和艺术瓷共有102个品种，产品素以工艺精湛、风格独特、美观适用而闻名中外，深受国内外广大用户的喜爱，被誉为“青花玲珑之家”。1986年该厂的产值、税利、销售收入三大指标同步增长，分别比1985年增长8.41%、34%、24.34%，青花玲珑瓷出口交货量达1 059.43万件，创汇266.34万美元，分别比1985年增长21.29%和53.6%，各项指标实现了超计划、超上年、超历史的好成绩。1986年被命名为省、市级企业管理的先进企业。

该厂与红光瓷厂生产的玩玉牌青花玲珑瓷在1981年及1984年获国家金质奖后，由于始终坚持严格的质量管理工作和积极开发新品种，在继承传统工艺的基础上，采用了新的装饰工艺手法而创制了“青花玲珑45头清香西餐具”，这个产品于1986年3月在莱比锡春季国际博览会上荣获金奖，为祖国、为“瓷都”赢得了荣誉。

玩玉牌青花玲珑45头清香西餐具，其器型采用了流畅的线型，秀丽刚健，清晰明朗，装饰构图新颖，自由活泼，跳出了老十字边、芭蕉脚的框框，具有色料均匀，清新明快，图案纹样细腻，结构简炼，釉面光洁，工艺精湛的特点。摆于餐桌中，使人有消除疲劳，陶冶情操之感。国务委员方毅到景德镇视察工作时，看后高兴地题写了“玲珑生辉”的赞词。

该餐具色泽永不褪色，无铅毒危害，适于高级宾馆和家庭餐桌之用，也是陈设欣赏的工艺品和馈赠亲友的佳品。1986年该厂已生产青花玲珑45头清香西餐具108万件。出口与内销均供不应求。

（王宗涛　曾繁清）

【“梅花”牌低定量涂料画报纸】“梅花”牌低定量涂料画报纸是山东造纸总厂东厂1983年用引进的喷泉式刮刀涂布机试制成功，当年9月投入批量生产的。1984年经省主管部门及有关大专院校和主要用户鉴定，确认是填补国内空白的新产品。1986年产量4 000吨。

该厂的技术进步，获得山东省“引进技术改造现有企业单项奖”。

涂料画报纸采用100%木浆制成55克/m²原纸。再加工涂布为75克/m²涂布画报纸。经过几年的研制和不断改进涂料配方，采用合理的工艺路线，纸的质量不断提高，印刷性能越来越好。

低定量涂料画报纸能适应凹版和胶版两面印刷，主要用于印刷《中国画报》等对外发行的画报、画刊、杂志插页等。具有定量低、白度高、强度好、吸墨性能适宜、两面印刷不透影、印刷画面光泽好、层次清晰、立体感强等特点。《中国画报》从1984年起已全部用这种纸印刷，发行国内外，提高了画报的印刷效果。

低定量涂料画报纸质量稳定，按鲁Q1279—86地方标准检验，全部指标达到规定标准。1985年获全国轻工业优秀新产品奖、山东省科技进步一等奖和山东省优质产品称号，1986年被评为轻工业部优质品。随着低定量涂料画报纸产量的增加，该厂逐步用国产原料代替进口涂布助剂，取得了较好的经济效益。

（顾寿达）

【“金凤”牌字典纸】“金凤”牌字典纸是山东黄台造纸厂于1962年试制成功的，当年投入批量生产。填补了国内空白。到1965年先后试制成功18克/平方米到50克/平方米8个系列品种。为满足特种印刷的需要，又试制生产了10种不同颜色的28克/平方米字典纸。1986年产量达到2 360吨。

该产品选用强度好的棉浆、木浆，配用一定量的动物胶与植物胶，变性淀粉为施胶物质，碳酸钙作填料，经粘状打浆抄造后，再经超级压光机压光整饰，具有强度大，挺度高，吸收性强，不透明度高，耐老化的特点，质地洁白柔软，细腻平滑有弹性。用该纸印刷书刊，字迹清晰，图案美观醒目。笔锋秀丽，翻阅有舒适感，适宜凸版、胶版印刷，并能耐久保存。是印刷各种工具书、袖珍手册、字典、辞海等巨型书及特种刊物的理想用纸。

由于从原料到加工都有独到之处，保证了产品质量不断提高，用户一致反映：40克/平方米字典纸纸页簿，拉力大，平滑度高，正反两面差别小，白度一致，不透印，不掉粉不掉毛，着墨性能好，印版还原性好。商务印书馆用该纸印刷出版的《现代汉语词典》，1981年在全国印刷书刊评比中获"全优"。北京外文印刷厂用该纸印刷的《中国经济年鉴》在1984年全国第二次书刊质量评比中，获"全优"。

1984年根据中国造纸工业质量检测中心测试的数据，以（GB 1912—80）国家标准为依据，对40克/平方米字典纸进行全面分析鉴定，质量全项达到国家标准，在印刷密度、着色长度、渗透性、松软性等主要印刷性能上均超过1983年瑞典、美国、日本的同类产品，获国家质量奖银质奖。

（刘荣华）

【康巴丝牌石英钟】 康巴丝牌石英钟是济南钟表厂的主要产品。这个厂是轻工业部钟表定点生产厂，具有年产100万只钟表的能力。工艺比较先进，采用集成电路高频石英振子生产第三代指针式石英钟。以高于部颁质量标准10倍的内控标准考核产品质量，校验周期长，机芯日误差不超过0.03秒，整机日误差不超过0.05秒，走时准确，性能稳定，价格低于同类产品5％～10％，深受用户的欢迎。1983年获国家经委颁发的优秀新产品"金龙奖"，1985年8月获省优质出口产品奖。同年10月获轻工业部创新一等奖1个，二等奖2个，同时获省科技成果奖和包装装潢奖。1986年元旦和春节，中央电视台选作零点标准报时钟。

"康巴丝"在国内销售28个省市自治区，国外远销五大洲20多个国家和地区，在全国有104个特约维修站。1986年8月"两亨"(亨得利和亨达利专业表店）会议定为全国联保产品。

"康巴丝"产量逐年成倍增长，花色品种不断增加。1985年比1984年增长2倍，1986年又比1985年增长了2倍，年产量达到31.5万只。产品由单一民用钟，发展到供电控制仪、航空计时器、大气测量仪、体育比赛计数器等工业、军事、科研领域中去。有挂钟、仿古座钟、客厅钟、音乐报时钟、塔钟以及能同时反映出世界主要城市时差的世界时钟等70多个品种。

（曲东涛）

【青岛琴岛—利勃海尔牌电冰箱】 琴岛一利勃海尔牌电冰箱是我国电冰箱出口基地企业之一，国家定点的电冰箱生产厂家青岛电冷箱总厂的产品。该厂自1985年始，从联邦德国利勃海尔公司引进先进的生产设备，进行为期7年的技术合作，生产具有80年代国际先进水平的四星级、双门双温并具有速冻深冷功能的节能型电冰箱。年产能力20万台。BYD-212型电冰箱为双门直冷式。冷冻室容积46升，冷冻能力5kg/24h；冷藏室166升，具有自动化霜功能。

琴岛一利勃海尔牌电冰箱是我国第一个四星级产品，具有一般冰箱所不及的功能：①制冷速度快，冷冻室最低可达－30℃以下。适宜肉食品的保鲜和科研、医疗事业作低温处理。冷藏室温度控制在0～10℃之间，适宜储存各种饮料、禽蛋、水果和蔬菜等食品。②节能效果佳，按国际标准测定，日耗电仅为0.9～1.2度，与国内外同类型电冰箱相比，节电12～20％以上。③保温性能好，箱内绝热保温层比一般冰箱厚1/3，采用整体发泡、一次成型工艺，门封条平直，磁力强，封闭严，箱内冻结的食品，断电30多个小时后仍不解冻。④制作工艺精，箱体外壳采用0.75～1.5mm冷轧钢板制成。表面采用国际最先进的喷塑工艺，比喷漆更为耐腐蚀、抗撞击，所有紧固件均采用不锈钢制作，箱门有加固支撑部件，能承受重力而不变形。瓶座栏均采用符合国际标准的优质工程塑料制成，可按冷藏食品的高低而随意调节，变换自如，能有效地利用箱内空间，还可根据用户的需要而改变箱门的左右开启方向。⑤使用寿命长。产品在设计、用料、加工和质量等方面，都采用现代科学管理方法，每一台冰箱都按国际标准进行检测试验，确保其内外质量，社会返修率在4‰以下，低于国家规定的2％的指标，在全国同行业中返修率最低。主要零部件的使用寿命比日本等国家的同类产品长1倍以上。

琴岛一利勃海尔牌电冰箱自1985年投放全国26个省、市、自治区和出口东南亚等国家以来，至今仍是广大消费者争相购买的热销产品，被誉为"不凡的抢手货"、"电冰箱王国之骄子"，"现代化家用电器的科学结晶"。1986年获山东省优质产品奖、山东省优秀新产品一等奖。

（文刚、之明）

【三鸡牌布鞋】 三鸡牌布鞋的生产厂家文登县布鞋厂，始建于1953年，1972年设计研制注塑布鞋，1973年通过鉴定批量生产，1979年发展为生产注塑底和橡塑底布鞋的专业厂家，1984年启用注册商标"三鸡"牌。1986年，73个国家的驻华使节参观团，慕名到文登布鞋厂参观"三鸡"布鞋生产的全过程，交口赞誉"三鸡"布鞋的生产和产品水平。

"三鸡"布鞋，是布鞋产品中的精品。它采用先进的生产设备和制做工艺，内在质量和外观效果都属上乘佳品：子口严齐、粘合牢固、针码均匀、刹线合紧、底面耐磨、帮面别致、质地挺括、富有弹性、品种齐全。“三鸡”布鞋品种达1 000多个，高、中、低档搭配生产，服务面广，适应性强，老少咸宜。

三鸡牌布鞋，1986年生产340万双，畅销国内20多个省、市、自治区，出口美国、日本、荷兰、澳大利亚等20多个国家和地区。1986年出口170万双，占山东外贸公司注塑布鞋出口总量的90%；1981～1986年的6年间共出口700多万双，创汇700多万美元。

“三鸡”布鞋，是唯一获得国家银质奖的布鞋产品。1980年，获华东地区一等奖；1983年，在全省布鞋质量评比和华东地区第六届布鞋技术协作交流会上，分获第一和优秀产品称号；1984年，被评为山东省优质产品，获国家质量奖银牌奖；1985年，获国家颁布的儿童“金鹿”奖；1986年在华东地区二届一次布鞋评比会上获优良奖。

（文刚　张萍）

【“汝州”牌汝瓷】 汝瓷产于河南省平顶山市临汝县。隋炀帝大业初年（公元605年）置临汝为汝州。宋代在汝州烧造青瓷的窑史称“汝窑”，所产瓷器即称“汝瓷”。

汝瓷胎质细腻，釉彩浑厚，光泽柔和，近看洁如玉，远看明如镜，触之滑如脂，叩之声如磬。其釉色以古朴大方的灰兰、庄重静稳的虾青，海水碧玉般的豆绿，柔和淡雅的粉青等为主，尤以素有“雨过天青云破处”之美称的天兰釉最为名贵。汝瓷釉下遍布梨皮般的小斑点，釉面呈现纵横隐纹，并有细碎的冰裂纹，自然构成“梨皮、蟹爪、芝麻花”的独有特征，是专家们据以鉴定汝瓷的重要依据。

汝瓷始见于唐，成名于宋。宋人叶寘评价当时名瓷有“汝窑为魁”的说法；明代《宣德鼎彝谱》中关于宋代宫廷选用瓷器有：汝、官、哥、钧、定”五大名瓷的记载，可见汝瓷在中国陶瓷史上占有显著地位。可惜汝瓷盛时不久，即遇金人南侵，人亡艺绝。南宋时对汝瓷已有“近尤难得”之叹。据古陶瓷专家考证，汝瓷流传至今不足百件，为宋代五大名瓷中存世最少的一种，故历来被中外陶瓷专家和收藏家视为珍品。

解放以后，党和人民政府对恢复汝瓷生产十分关心。1956年，周恩来总理亲自指示：“要恢复和发展汝瓷生产”。同年，临汝县政府在汝河南严和店重建瓷窑，开始研制汝瓷。老艺人郭遂同志带领工作人员遍访县内每一个古窑址，研究古瓷碎片，寻找原料，精心仿制。经过上千次试验，终于摸索出汝瓷的胎釉配方和烧成工艺。1959年，临汝县汝瓷厂为刚建成的首都人民大会堂选送了玲珑剔透的汝瓷花盆和透花基座，受到中央有关领导人的表扬。1963年，第一批豆绿釉产品参加了全国古陶瓷博览会。1972年，汝瓷开始批量出口。1983年8月，临汝县工艺美术汝瓷厂试制失传八百多年的天兰釉获得成功，参加鉴定会的专家们一致认为接近宋代作品水平，几乎可以乱真。中国古陶瓷研究会主席冯先铭先生，著名书法家陈叔亮先生等都曾题词，鼓励他们为历史名瓷增添新的光彩。著名国画大师李苦禅先生在题词中赞誉：“天下博物馆无汝者难称尽善尽美也”。1984年5月，该厂的天兰釉、豆绿釉器皿在“全国旅游产品、内销工艺品展销会”上获二等奖；1984年9月，河南省人民政府给该厂产品颁发了“河南省工艺美术百花奖”；1985年6月，该厂的汝窑天兰釉被轻工业部评为“全国轻工业优秀新产品”；1985年7月，该厂汝窑天兰釉鸡心碗、蜘蛛炉获轻工业部颁发的“中国工艺美术品百花奖优秀创作设计二等奖”；1986年11月，该厂产品又获“中国工艺美术品百花奖金杯奖”。

现临汝县工艺美术汝瓷厂年生产能力为250万件，产品有仿古瓷、艺术瓷、日用瓷和包装瓷四大类150多个品种，产品不仅畅销国内，而且远销日本、美国、加拿大等许多国家和地区，每年直接出口或配套出口汝瓷制品120万件，占总产量的70%。1986年出口值达141万元，创汇47万美元，比上年增长87.25%。

（乔宪生）

【三九牌硫酸盐光亮镀锌辐条】 在1986年11月28日全国轻工业新产品新闻发布会上，河南省新野县自行车辐条厂的三九牌硫酸盐光亮镀锌辐条在强盐酸液中浸泡18分钟无任何斑锈，引起了大家的注目。

这个新产品是该厂1983年与上海轻工业专科学校共同研制成功的，获河南省重大科研成果奖；1984年11月经省科委组织鉴定验收，各项指标均超过了部颁标准；1985年被评为河南省优质产品和全国轻工业优秀新产品。1985年1月该厂应邀参加了在日本召开的第二届亚洲金属表面处理讨论会，并展示了这项新产品，发表了专题论文，受到了国外专家的赞扬。

该厂采用的这项硫酸盐光亮镀锌工艺，使自行车辐条镀层组织紧密，结晶细致、平整，表面光亮似镀铬辐条，提高了装饰性和防护性能，经中性盐雾试验，抗腐性能达到24小时以上，电镀周期比普通辐条缩短40分钟，成本降低3%。

这项新产品用45号中碳钢丝制造，表面电镀光亮锌后，产生银白色和红、橙、黄、绿、青、蓝、紫各种色调，其银白色辐条具有装饰铬的外表，中性盐雾试验48小时无锈迹，抗腐性能强，能长期保持光亮银白不变；各种彩色辐条还增添了美丽华贵的装饰性，为高档轻便自行车锦上添花。辐条条母采用H62黄铜制造，表面镀银辐条与条母组合后，抗拉力强度高，耐久可靠。

1986年该厂生产各类硫酸盐光亮镀锌辐条共1.5亿支，国内畅销西安、长春、沈阳、南京、上海等18个省市。上海自行车三厂要求全部包销该厂生产的彩色辐条，与新型“凤凰”牌自行车配套，扩大出口。这种彩色辐条还远销马来西亚、印尼、伊朗等国家。我外贸部门对该产品出口质量给予免检。

（岳俊华）

【君山牌猪皮服装革】 湖南省岳阳市制革厂生产的君山牌猪皮正面服装革，以优质猪皮为原料，采用酶法铬鞣工艺，经过42道工序精心制作而成。其特点为厚薄均匀，革里清洁，无散光裂浆，无松面管皱，革身丰满，富有弹力，手感轻软，色泽鲜艳，是制作男女皮服装的优质材料。

岳阳市制革厂，于1973年开始猪皮正面服装革的设计研究，1975年投入批量生产，以后在工艺上不断进行了大的改进。1976年在成都工学院皮革专业师生的帮助下，将灰碱法工艺改为有温有浴酶法工艺；1979年又采取湿堆置酶法新工艺，使这一产品在外观质量和内在理化性能指标上均达到国内先进水平。(经测试，九项技术质量指标均达到意大利康曼斯特公司同类产品质量水平)。1980年首次参加全国皮革产品质量评比，获同类产品一类革第一名。同年获湖南省优质产品证书。1981年获轻工业部优质产品证书。1984年5月，在全国皮革产品质量评比中，再次获得同类产品第一名。同年9月，获国家优质产品银牌奖。1983年还曾获对外经贸部出口产品荣誉证书。

近十年来，君山牌猪皮正面服装革一直是国际市场上的畅销产品，国内用它制作的高档皮服装，远销港澳及欧美市场。岳阳市制革厂1986年生产猪皮正面服装革4.3万张，出口3.9万张，内销0.4万张。

岳阳市制革厂在巩固提高猪皮正面服装革质量的基础上，1983年又研制出高档薄型猪皮服装革新产品。这种服装革厚度只有0.3～0.5毫米，比原有服装革薄一半，具有革身轻软、绒毛细致、部位差小、手感舒适等特点。制作这种服装革，除采用湿堆置酶法脱毛工艺外，用国产设备需进行两次片皮和两次削匀；同时改革鞣制工艺，先用24%的铬液初鞣，再加8%的铬液复鞣。过去只能利用二层革，现在三层革也可利用，一张猪皮多得革2平方尺以上，薄型服装革的成功，大大增强了产品的市场竞争力。这一新产品曾于1984年获轻工部优秀新产品奖。

（岳志革）

【活力28超浓缩无泡洗衣粉】 活力28超浓缩无泡洗衣粉，是湖北沙市日用化工总厂于1982年研究试制成功的洗涤剂产品。配方新颖、科学，由新型非离子表面活性剂为主及多种高效助洁物质复配而成。去掉普通洗衣粉中所使用的大量无效填充剂，采用无塔成型新工艺，减少了工序，是目前洗涤剂行业第三代节能性产品。该产品具有五大优点：含有特效荧光剂，洗后衣物洁白鲜艳；含有化学成份CMC，易漂洗；全水温配方，冷热水中均能发挥特强洁力；性质温和，不损皮肤，不损衣物；含有矽化合物，对洗衣粉桶金属表面无腐蚀。在价格上虽然比普通洗衣粉贵一倍，但是，去污力比普通洗衣粉强3倍以上，泡沫低2倍，清漂次数少2～3次。省时、节电、节水，是家庭经济的洗涤用品。

“活力28”于1983年投入批量生产，年产量为232吨，1986年扩大到8 000吨，居全国首位。不但畅销国内16个省、市、自治区，而且外销到香港、澳门、新加坡及美国、日本、法国等六个国家或地区。是我国首次进入港澳市场超浓缩洗衣粉，打破了英国“威洁33”在港澳市场的一统天下。

该产品1983年获国家经委优秀新产品证书、金龙纪念奖；1984年获湖北省优质产品证书；1985年获轻工业部和省优秀新产品奖；1986年获国家银质奖和轻工业部优质产品证书。

为保证“活力28”经久不衰，沙市日用化工总厂参照采用英国皇家公众健康及卫生协会标准和日本工业标准JIS家庭洗衣用合成洗涤剂K3 371——1976；建立完整的质量保证体系，实行三级检验网，做到从原料到产品出厂严格检验，层层把关，合格率达100%。

（黄少华　喻中权）

【釉下彩瓷】 醴陵釉下彩瓷历史悠久，早在1915年美国旧金山举办的巴拿马太平洋国际博览会上，获一等金牌奖。但国民党统治时代，釉下彩几乎失传。曾以其作品釉下花鸟瓶参加国际博览会得奖的老艺人吴寿祺，被迫还乡种田。1955年醴陵陶瓷研究所成立，才将吴寿祺请回来，传艺带徒，恢复釉下彩生产。

醴陵群力瓷厂为继承和发展这一民族传统工艺，从1958年以来，逐步发展成为年产能力已达600万件的釉下彩细瓷的专厂。釉下彩是一种古老独特的装饰工艺，已有一千多年的历史。它是采用低温素烧、高温釉烧二次烧成工艺，取用稀土和有色金属矿物研制的色料，以精细的手工装饰技巧、将花纹图案绘制在恒体上，然后喷上一层透明釉，经过1 400℃高温烧炼，使色釉融熔于胎釉之中，花纹透过釉层溢于瓷表，晶莹润泽，色彩缤纷，并具有耐酸碱侵蚀、不被磨损，不含铅、镉等有毒物质，花纹永不脱落变色。1979年该厂釉下彩餐菜具获国家金质奖，1985年釉下彩蓝海棠中餐具在全国陶瓷评比中获总分第1名，1985年“双凤牌”釉下彩中餐具再次获得国家金质奖。

醴陵群力瓷厂生产的釉下彩瓷，1964年被周恩来总理亲自选定为人民大会堂国宴餐具以来，先后为中南海、天安门城楼、钓鱼台国宾馆生产了一批批专用瓷器。随着我国对外开放，旅游事业的发展，该厂不断创新，开拓新产品，现在生产的器型和花面达一千多个，1986年产量达595万件。器型端庄，花面新颖，品种齐全，给人以清新明快、高雅洁净之美感。产品畅销60多个国家和地区，在国内全国28个省市的200多家豪华宾馆都采用醴陵群力瓷厂的釉下彩瓷器。

醴陵群力瓷厂生产的精细釉下彩瓷，包括国家用瓷、国家礼品瓷、出国展览瓷，是采用精选的优质原料配方，制作精细、工艺控制严谨，瓷质坚细，洁白透明，釉面硬度大，热稳定性好，釉面、花色、底足均很光滑，无明显缺陷，尤其薄胎制品，素有“白如玉，明如镜、薄如纸，声如磬”之称。产品种类，名目繁多，既有成套的餐具、茶具、咖啡具、酒具、烟具、文具，又有单件的瓶、罐、罈、缸、钵、杯、盂、盒、灯等等，以其质地优异，深为国内外人士所喜爱。赞称醴陵釉下彩瓷器，“既有适用性，又有艺术价值，是东方陶瓷艺术的精华”。

（吴旺楚　胡定国）

【公元牌ＬＰ型氦氖激光照相排字胶片】 **产品简历**　该产品是广东省汕头市感光材料工业公司于1986年6月试制成功的新产品。

照相排字工艺是当代印刷文字排版技术发展的新趋势。发展我国照相排字工艺是国家经委制订的《印刷技术装备“六五”、“七五”发展规划》中首项重要的技术改造任务。ＬＰ型氦氖激光照相排字胶片的问世，填补了我国印刷制版材料的一项空白。

该产品是专门与氦氖照相排字机配套使用的高反差制版胶片。其生产工艺是将明胶、卤化银全色性感光乳剂涂布在0.10毫米厚度的涤纶片基上，表面涂有防粘保护膜。

产品特点　1.感光度适当，反差较高，灰雾度小，最高密度大，颗粒细，分辨率高，适用于激光照相排版的要求。2.胶片拍照、冲洗后，透明度高，文字清晰，边缘过渡区小，质量接近国外同类胶片的水平。3.涂层薄，平整度好，药膜牢固，适用于机械自动照相排版和冲洗。产品现有盒装和卷装2种包装、共5个规格。

1986年产量为1 178平方米，产值3.65万元，该产品先后发送北京、天津、上海等地印刷照相排版中心，与进口、国产的激光照排机配套试用。经中国计算机技术服务公司、中国印刷科学技术研究所、中共中央办公厅秘书局和新华通讯社印刷厂等20多个单位试用，均认为该片“适合氦氖激光照相排字机使用，照相性能好”，“可取代同类进口产品”。1986年获广东省第一轻工业厅“四新”产品一等奖。

（胡瑞贞）

【鹦鹉牌塑料捆扎绳】 鹦鹉牌塑料捆扎绳是佛山市塑料三厂的主要产品。该厂从1978年底试制，1979年大批量投产。1986年塑料捆扎绳产量达3 289.5吨，其中出口1 100吨，为国家创汇121万美元，该产品分为盘型和球型两大类花式品种十多个，规格达到系列化，颜色多样，有红、绿、黄、蓝、白五种。该厂职工人数365人，其中工程技术人员10人，并拥有一批生产经验丰富的技术工人，拥有一定规模的国内较先进的生产设备。

产品的特点：鹦鹉牌塑料捆扎绳具有质轻、手感柔软、拉力强、耐潮湿、不霉烂、色泽鲜艳、使用方便等优点，应用于民用、商业、工业、农业等包装材料。

产品的销售情况：1979年以来，塑料捆扎绳已普遍推广使用，为了适应市场的需求，该厂狠抓了技术进步和管理，自行设计、研制出一套4 150ｍｍ挤出机组，使该厂的产量显著提高，比1979年翻了五番。产品驰名海外，远销日本、东南亚、非洲、香港、澳门等10多个国家和地区，国内畅销26个省市。

在产品质量上，由于该厂掌握了一整套先进生产工艺以及具有完整的检测设备和严格的检测制度，色泽方面有自己独特的配方，产品颜色鲜艳，不迁色，厚薄均匀，质量超过了香港、台湾、南朝鲜，赶上了日本同类产品的先进水平。外商对该产品的质量给予很高的评价，被香港天利企业公司誉为“品质超卓、国际一流”；香港时利和企业公司誉为“鼎业维新”；香港万泰实业公司誉为“扬名海外”、“精益求精”，并分别给该厂赠送了锦旗。

产品声誉和奖励沿革：1980年获轻工部“优秀产品”证书；1982年获全国评比第一名；1983年获国家经委和国家包装协会全国优秀包装产品奖；1983年参加全国出口商品生产基地、专厂建设成果展览会，被经贸部授予出口产品荣誉证书；1980年获广东省著名商标证书；1986年经广东省二轻厅、佛山产品检测所等部门复评鉴定，各项质量指标均超过部颁标准，继续保持轻工业部优质产品称号。

（刘　佳）

【熊猫牌藤笪】 熊猫牌藤笪是广东南海藤厂生产的名优产品之一。该厂生产藤制品已有140多年历史，从1985年1月1日开始自营进出口业务。目前，全厂占地面积10多万平方米，其中建筑面积9万多平方米；藤业专用机械设备有近200台；拥有职工3 000多人，其中有全国工艺美术家1人。省工艺美术家1人。技术人员100多人；厂设藤艺研究所专门从事新产品、技术、工艺的开发。1986年该厂工业总产值2 900万元，出口成交额1 030万美元。

销售总收入4 900万元，利润258万元。

产品的特点和用途。熊猫牌藤笪是采用热带雨林气候特有的自然植物藤条，专门挑选后经一系列独特工艺编织而成，即藤条削节、洗净、硫熏、挑选分类、机械开料（皮芯分离）和编织。藤笪的品种有眼笪、密笪、筛笪三类，熊猫牌藤笪乃眼笪中的二眼不驳花中笪。其规格多样、构图别致，象眼呈通花八角孔，均匀对称。多年来，该厂不断采用新技术，既保留了传统的工艺，又发展了机械化生产、化学处理等现代技术。采用国内外先进专用设备加工的藤皮光滑无毛，折口藤少；用无梳织笪机编织的藤笪规格标准，笪眼均匀，笪面平直、贴服、无泡，抗拉力强，能防虫蛀，色泽纯净、调和。产品出厂前均经严格的质量检验，历年合格率达100%，一级品率达95%以上，各项技术指标均达到国内、国际同行业先进水平。藤笪可用于制作家具、屏风、天花板等各类室内装饰，具有典雅、流畅、衬托、点缀、自然质感强等特点，集实用性与艺术观赏价值于一体。

产品销售范围。熊猫牌藤笪居该厂大宗产品之首，历年生产能力和销量都大于100万平方米。1986年其销量为129.45万平方米，销售收入400多万美元，产品全部出口，企业自营前主要通过香港转销世界各地。自营后逐步在港澳、美国、日本以及欧洲等地设立经销机构，直接远销五大洲50多个国家和地区，为国家创造了大量的外汇收入。

商品声誉及获奖沿革。外商称之“色泽纯净、结构牢固、规格标准”的熊猫牌藤笪，以其质量上乘、信誉良好载誉世界市场。比印尼、台湾、香港的藤笪质量好。1979年熊猫牌藤笪获轻工业部优质产品称号；1980年获国家银质奖；1983年参加藤制品“百花奖”评比，总分96分，居全国同类产品前茅，获国家工艺品银杯奖。

（谭维廉）

【虎头牌手电筒】 虎头牌手电筒，始创于1921年，是我国历史最长的电筒产品，又是全国首创前校光型的电筒产品。60多年来，以其质量稳定、外型美观、结构严紧、品种规格齐全等优点，赢得广大用户的喜爱，在国内外市场享有较高的信誉。

虎头牌手电筒分前校光型和固定光型两种集光形式，现已逐步向系列化、多样化和多功能方面发展。其产品有铁质、铜质、塑料、活节和防水电筒等共30多个品种规格，射程从8米至450米，该产品基本采用了半自动和自动化的生产形式，如电镀采用镍铁光亮合金工艺，零件的冲压和表面抛光采用多工位大行程和半自动、自动联合机进行生产，从而使各种零件达到标准化和通用化的要求。其开关性能、外形检验、螺纹配合等质量指标达到世界名牌电筒水平，集光效能超过世界名牌电筒水平。其中前校光型铁质电筒在1978年、1981年和1985年全国三次手电筒质量评比中均获第一名，1979年获得国家银质奖，1980年获国家著名商标证书，1981年获国家金质奖，1983年获经贸部荣誉证书，还参加全国优质名牌产品展出，1985年12月再次获得国家金质奖。是全国唯一获得金质奖的电筒产品。此外，虎头牌前校光“821”型100米铁质电筒和110米塑料电筒，1983年还获得全国金龙奖优秀新产品证书。

1986年电筒产量达到8 206万支，比上年增长20.5%。从1978年以来的8年间，该产品的产量和出口量分别占全国电筒总量和出口量的50%和60%，产品远销世界80多个国家和地区，1986年出口电筒319.7万打，创汇1 440万美元，上缴税利891.3万元。

（余锦文）

【银杯牌甜橙汽水】 银杯牌甜橙汽水是广西南宁市康乐食品厂生产的优质产品。随着人民生活水平的提高，人们对饮料的色泽、香味越来越趋向追求天然浑成，1983年，南宁康乐食品厂在研制甜橙汽水时，努力保持汽水的橙子天然色调，加入了该厂自行研制的橙乳剂，使甜橙汽水的色泽和天然的橙汁色泽接近，成为广西第一个采用橙乳剂为原料的汽水品种。

甜橙汽水采用优质白砂糖、食用酸、橙乳剂和二氧化碳等原料配制灌装而成。该产品在外观上具有天然的鲜橙色调，给人以新鲜的感觉，内在质量上具有香气纯正、柔和、二氧化碳充足的特点。入口酸甜适宜，爽口解渴。银杯牌甜橙汽水制作工艺精细，道道工序严格把好产品质量关，产品合格率历年都在98%以上。该产品曾于1983年获“广西新工业产品百花奖”、“南宁市新产品奖”；1986年获“全国轻工业优质产品奖”，这是广西第一个荣获部优质产品称号的饮料产品。

甜橙汽水是利用该厂引进的罗马尼亚汽水生产线生产的，技术设备水平达国际70年代水平，生产能力为3.78吨/小时。1983年、1984年、1985年、1986年产量分别是158吨、450吨、714吨、1 440吨。甜橙汽水大部分在广西南宁市销售，部分销往西南一些省、市，在市场上享有很高的声誉。

（韦世有）

【双精牌灯影牛肉】 四川省大巴山区的达县市灯影牛肉，初见于1896年，迄今已有94年的历史。早年由四川梁平县的一位酿酒和饮食兼营商和其徒弟李平光（今达县市人）等三人卤制的“五香牛肉片”演化而成。时人称“李平光牛肉”。1927年李平光带着产品参加了省府在成都召开的第10次“劝业会”。因产品色红片薄，灯照透影，酷似“皮影戏”中的皮影，遂被称为“灯影牛肉”。获甲级奖，从此名声大振。但由于生产工艺要求极高，不易掌握，且解放前生产方式极其落后，1949年全市的灯影牛肉年产量仅300公斤。1956年达县市生产灯影牛肉的3家个体经营者组织起来，成立了“四川省地方国营达县灯影牛肉厂”。1964年张爱萍同志亲自委托他人设计了商标，并多次为双精牌灯影牛肉的生产发展作了重要指示。1985年双精牌灯影牛肉年产量已逾30吨，是1949年的100倍。1979年到1986年，先后获得地、省和轻工业部优质产品称号。

双精牌灯影牛肉采用当地优良宣汉黄牛细嫩部分，经过严格卫生检验后切片，根据四季不同气温及牛肉质地、色泽变化等情况，佐以数10种高级香料及五香粉、生姜汁进行腌制，然后再精心铺于篙箕上烘烤，熟后妥为捂藏，装听时再加适量的特级花椒粉和优质小磨香油，严密封口，即为成品。特点是香脆可口，食而不腻。1961年，1966年中央领导先后两次调厂技工前往成都、北京作了“灯影牛肉”操作表演，1978年邓小平同志出访尼泊尔，巴基斯坦等国，以双精牌灯影牛肉作为馈赠外国友人的礼品。1980年赴美国费城展销，获得盛誉，同年10月峨嵋制片厂摄制的《巴蜀洞天》也将双精牌灯影牛肉摄入影片之中。1982年美国畜牧考察组和1983年联合国农业发展基金考察组到达县市灯影牛肉厂考察灯影牛肉生产工艺，参观了生产过程后，品尝灯影牛肉时，连声称赞：“是世界第一流食品。”

（何跃全　沈青）

【832型环球牌布卷尺】 四川省自贡市卷尺厂生产的三大系列卷尺产品之一。原系自贡市制线厂试制产品，1982年8月并入卷尺厂，重新设计研制，1985年4月通过技术鉴定。经全国工业五金产品检测中心检验，各项指标均达部颁标准和国家检定规程JJG5-80的技术要求，其中“缩水”性能专项检测结果高出标准要求，已达到国外先进标准JIS B7522-81的水平。

该产品主要零件尺带用麻纱和绵纱编织，经纱中均布6根铜丝，增加抗拉强度，尺面采用特殊涂料表面处理，具有较强的防水性能，并保证尺面色泽光洁、平滑、刻线清晰均匀。尺盒为ABS塑料制作，韧性强，1米高度自由落地不破裂。尺带收卷灵活，无卡阻现象。产品抽检合格率稳定在98—99%之间。

在产品结构上，将盒口“口帽”铆接定位改为尺盒注塑定位，尺尾由钉扣改为缝结，牢固可靠，防止了脱落质量事故，尺盒内空尺寸重新进行设计改造，保证了尺带平绕入盒，收卷灵活，经改进后尺盒成本还降低了17%。

此项产品1984年获自贡市二轻局和自贡市“布卷尺缩水性能攻关”成果发布优秀QC小组奖。1985年获自贡市二轻局和自贡市、四川省、轻工业部“提高布卷尺示值精度”成果发布优秀QC小组奖。1986年获自贡市二轻局和自贡市“提高布卷尺线纹质量”成果发布优秀QC小组奖。同年获四川省优质产品称号。1986年产量8.86万支，销售全国25个省、市、自治区。用户达1 160多家。

（谢维甫）

【松鹤牌棕竹手杖】 四川省垫江县工艺厂生产的传统旅游工艺品，已有70多年的生产历史。早年“龙、墙、郭”三家手艺人试制开发，解放初期组织合作组，1962年成为专业生产手杖的企业，并设计制作了“T型手杖”、“烟具手杖”、“方竹手杖”等新品种。发展了龙凤、熊猫、奔鹿等角雕系列手杖共20多个新花色。现在年产各式手杖已达5万余支。

松鹤牌手杖有鲜明的地方特色，以稀有的棕竹及水牛角为主要原料，主料棕竹，产于我国西南地区的高山峡谷地带，性喜阴湿，生植于腐植砾土上，高可达二三米，心实无孔。常绿，生长慢，成材周期一般需20多年。加工去皮后的棕竹，表层坚硬、无节疤，自然金丝竹纹，古朴、雅致，质地坚韧，制作手杖，别具风姿。经火焯、去皮，安装银焊铜圈、铸铜脚、加工牛角手柄、装柄取样、打磨抛光等项工序而成。产品杆直、平滑、细腻，造型美观大方，结构牢固，使用舒适。

近几年来，松鹤牌棕竹手杖外贸出口逐年上升，远销日本、东南亚各国及欧美各地。国内也已形成销售网络，有50多个经销点。

1982年松鹤牌手杖获四川省旅游优质产品奖。1983年获“中国国际旅游组织委员会”优秀作品奖，同年获四川省经委颁发的金色奖和银色奖。1984年获第十六届全国工艺品、内销旅游品评选委员会表扬奖。1985年获轻工业部颁发的全国工艺品“百花奖”设计、创作二等奖，同年获四川省优质产品称号。1986年开发的“多功能棕竹手杖”获四川省二轻旅游产品创新奖。

（谢维甫）

【贵州遵义董酒】 董酒在1963年第二届评酒会上被评为全国八大名酒之一，此后，在历届全国评酒会上均蝉联国家名酒称号，3次荣获国家金质奖章，1984年获轻工业部酒类质量大奖赛金杯奖。

董酒既有大曲酒的浓郁芳香，甘冽爽口，又具有小曲酒的柔绵醇和与回甜，并略带使人产生舒适的药香及爽口的酸味，香味协调、清爽利喉、余味绵绵。

董酒的风格独特，源于其香味成份独特和工艺独特，董酒在香味组成成份上，具有“三高一低”的特点。“三高”一是丁酸乙酯含量高，为其它名酒的3—5倍，二是高级醇含量高，其中主要是正丙醇和仲丁醇含量较高，三是酸含量较高，酸含量主要由乙酸、丁酸、已酸、乳酸四大酸类组成，总酸量是其他名白酒的2—3倍；“一低”是乳酸乙酯含量低，仅为其他名白酒的1/3—1/2。

工艺独特。1．生产中，大小曲均用，所用大小曲都以传统方法生产，共加百余味本省特产的名贵中药材；2．酿酒原料不粉碎，辅料用量少；3．串香工艺，用小曲制酒醅，大曲制香醅，以小曲酒醅串蒸大曲香醅得酒；大曲香醅发酵期长，这是形成董酒独特风格的重要条件；5．窖池筑法特殊。

建厂初期仅有职工53人，总产量90余吨，1986年总产量完成1 166吨，完成总产量和实现的税利均比1985年增长30%以上。现在职工总数已达767人，建筑面积达35 461平方米，固定资产原值为1 109.9万元，净值992万元，其产品除畅销全国各地外，还出口远销日本、美国、加拿大和西欧、东南亚的一些国家以及香港澳门地区。

董醇是该厂近年研制出来的新产品，它以董酒为酒基，酒度为38度，1986年元月，贵州省轻纺工业厅受轻工业部委托对此酒进行了鉴定，结论是“酒液晶莹透明，香气幽雅，药香协调舒适，入口醇厚，香味协调，甘爽味长，低而不淡，加冰加水不浑浊，口味仍佳，比较完美地保持了董酒的独特风格”。在1986年贵州省第四届评酒会上，“董醇”被评为贵州名酒，并荣获金奖，该酒除畅销北京、天津、西安、武汉、成都、重庆、广州等城市外，1986年还出口到日本、新加坡、马来西亚等国家和港澳地区。

（刘德义）

【贵州玉屏箫笛】 是我国民族乐器中的特艺珍品，始见于明朝万历年间，已有300多年的历史，因产于今玉屏侗族自治县而得名。它以取材独特，制作精巧，音韵清悦幽雅婉转而著称，是独奏或伴奏的理想乐器，由于历来都被列入进献朝廷的贡品，故又名“贡笛”。

玉屏箫笛取材于当地长年生长的水竹，肉厚，节稀，上下粗细匀称，质地坚韧，纤维性强，经过烘烤，打磨，变型等数10道工序的精心加工和开音、雕刻等特殊技术处理而成，它不开裂，不虫蛀，吹奏起来幽雅悦耳，柔和亲切。“龙凤平箫”则选材于扁平水竹，精致奇特，箫与笛，多以雌雄配对，吹奏时，雄的声音洪亮激越，高昂奔放，雌的音色柔娓，含蓄而隽永。雌雄并奏，酷似优美的男女声二重唱，气氛和谐协调，故有“神箫仙笛”的美称。民间有诗赞日：“仙到玉屏留古调，客从海外访知音”。

玉屏箫笛不仅以我国民族乐器中的珍品物名于世，而且还以高雅的工艺品蜚声四海，古铜色的箫笛管上的雕刻，山水、花鸟、龙凤，形象栩栩如生，构图新颖典雅，融诗、书、画为一体，相互衬托，相得益彰，给人以美的享受。

融民族乐器珍品和高雅工艺品于一体的玉屏箫笛在1913年伦敦国际工艺品展览会上和1923年巴拿马赛会上，分别被授予金质、银质奖。

解放后，成立了生产玉屏箫笛的专业厂家，目前不但产品品种已从单一的龙凤箫笛发展到曲笛，梆笛，洞笛，定调笛，短笛，口笛，学生笛等30多种，而且产量也比解放前成十倍地增加，1983年，玉屏箫笛又被评为轻工业部优质产品。

玉屏箫笛除畅销天津，湖南，广西，河南，陕西，广东，浙江，湖北，四川等省、市、区以外，还出口远销美国和西欧、东南亚以及香港，澳门地区。

（刘德义）

【吉祥牌宫廷火锅】 昆明市民族铜器制品厂生产，仿照清朝皇宫御用餐具制作，1984年试制投产，1985年产量1 415口，1986年产量2 550口。

该厂生产的宫廷火锅，利用云南红铜作锅体，黄铜作装饰，在红彤彤的锅体上饰以金灿灿的盘龙舞凤，造型别致，工艺高超。从外观上看，圣洁吉祥的莲座，拱托着端庄辉煌的锅体。整个火锅俨如金光闪闪的佛顶，堪称匠心独具。它不仅具有实用价值，而且也是一件珍贵的陈设工艺品。

宫廷火锅内壁镀银，以酒精为热源，温度高而稳定，每100克酒精可用20－25分钟，一锅冷水只需4－5分钟即可煮沸，安全卫生，不渗不漏，家庭或宴席均可使用。

宫廷火锅1985年被评为云南省优秀新产品和轻工部优秀新产业品，并经北京钓鱼台国宾馆同意，打上“钓鱼台国宾馆监制”的标志，作为国宾馆接待外宾的国宴餐具，并多次被列为我国领导人外事活动的馈赠礼品，赠送给日本、联邦德国、美国、法国、新加坡等国专家和友人。1985年我国领导人出访美国，携带一批宫廷火锅馈赠美国友人，吸引了外国商订货，1986年，4月美国客户订购的第一批50口宫廷火锅运往美国，从此打开了宫廷火锅在国外的市场。

（张之纯）

【云南围棋子】 简称“云子”，原产于云南永昌府（今保山地区），古称“永子”。《徐霞客游记》中“棋子出云南，以永昌者为上”的记载。关于棋子的制作，《永昌府志》（光绪版）有详细记述：“永棋，永昌之棋甲天下，其制法，以玛瑙石合紫英石研为粉，加以铅、硝、投以药料，合而煅之，用长铁勺蘸其汁，滴以成棋”。它是我国一种古老的传统工艺品，距今已有500多年历史，元、明、清三代均享有盛名，深受名士喜爱，常被选为贡品进献皇室。

但到解放前夕，云子生产已濒

临绝境，传统的生产工艺已经失传。解放后，围棋子生产受到党和政府的重视，1963年国务院副总理陈毅元帅指示要恢复和扩大围棋子生产。为此，云南省手工业联社拨款设厂。但刚起步，又遭“文革”之灾，人员四散，工厂未成即闭。文革后期，昆明市第十二中学在省体委支持下，成立云南围棋研制小组，根据有关资料进行研究，反复试验，终于获得成功。在轻工业部和省体委支持下，设立云南围棋厂进行批量生产。于是传统的工艺、体育文娱用品又获新生。近年来产量逐年增加，行销国外，并远销日本及东南亚国家。1986年共生产围棋子3 374付，出口620付。

云南围棋子按传统配方，精选原料，按科学方法熔炼。经国家有关部门鉴定，以及围棋界高手名家评价，认为棋子在外形、色泽、强度等方面的质量，都超过了老永子的水平。白子洁白如玉，黑子漆黑透碧，棋子折光柔和，不刺眼目，外形沉重扁园，古朴浑厚，着盘声铿。内在质量坚而不脆，永不变色。执棋在手，冬不觉寒，夏感凉润。

云南围棋1980年获轻工业部优质产品称号和包装装潢优秀作品奖，1983年获全国优秀包装装潢设计奖。历年来，云南围棋供国家围棋队重大比赛使用，并作为国家领导人和国家围棋队馈赠礼品、棋赛奖品之用。

（张之钝）

【丹江牌系列丹凤葡萄酒】 丹江牌系列丹凤葡萄酒是陕西省丹凤县丹凤葡萄酒厂的特产，共有20多种，享有“十卉四花”之誉，指其中有名酒4种，佳酿10种。

丹江牌五味香葡萄酒：此酒属于味美思型加香葡萄酒，选龙眼葡萄、野葡萄等优质原料，经破碎发酵，佐以丁香、肉蔻、陈皮、木瓜、香苜蓿等植物香料浸汁，调配后长期陈酿而成。酒色棕红，清亮透明，酒香宜人，诸味协调，酒体醇厚，风味独特，含有红葡萄营养成份。饮用有助于调气、健胃、止病、止咳。1981年起，连年被评为陕西省优质产品，1984年获省优质旅游产品称号，1986年获省酒类大赛“唐都杯”奖，同年列入陕西地方名酒。

丹江牌干白葡萄酒：以龙眼、白羽等良种葡萄为原料酿成，酒色浅黄清亮，风味鲜爽柔和，果香优雅，为佐餐佳品。1986年被评为陕西省优秀新产品和省优质旅游产品，在省酒类大赛中获“唐都杯”奖。

丹江牌干红葡萄酒：采用佳利酿、赤霞珠等优质葡萄原料酿制，酒呈宝石红色，醇和干爽、果香明显、余味悠长，亦佐餐佳酿。

丹江牌传统葡萄酒：为浓甜型红葡萄酒，以当地龙眼葡萄为原料，继承传统工艺，用橡木桶储存为陈酿。其色棕红，清亮透明，酸甜适口，香气浓郁，口味醇厚，含有多种葡萄糖、有机酸、维生素等营养成份，宜于宴宾、佐餐、健身。1980年以来被评为省优质产品，获全国包装奖。1985年在美国明尼苏达州展览时受到好评。1986年获省酒类大赛“唐都杯”奖，并被定为省府宴会名酒。

此外，以北醇、佳里酿等优质葡萄精工酿造的丹江牌丹凤红葡萄酒；以白羽、佳里酿等葡萄酿制、调配的丹江牌丹凤白葡萄酒；以当地木瓜、山梨、葡萄等家野生水果为原料，佐以木香、陈皮、丁香浸汁酿制而成的丹江牌木梨香葡萄酒；以玫瑰、龙眼、北醇等葡萄为原料原酒，经2年陈酿、调配酿制的丹江牌玫瑰葡萄酒；以酸甜适口、果香醇和、透明清亮见长的丹江牌葡萄酒；以金色清亮、协调醇美、酸甜可口见长的丹江牌白葡萄酒；以及以该厂红白葡萄原酒作基酒，调配加工的丹江牌葡萄小香槟、山萸酒、天麻酒、佐餐酒等也各具风韵。

丹凤葡萄酒厂位于陕西丹凤县龙驹寨。这里前临丹江，后倚凤山，盛产各类家植野生果蔬，素有葡萄栽种习惯。1911年，传教士华国文途经龙驹寨，为当地龙眼葡萄的繁盛所动，联合当地绅商办起了葡萄酒厂，成为当时国内最早的用西法酿制的葡萄酒厂之一。该厂经沧桑盛衰而延绵不绝。先后生产过“共和牌”、“葡萄牌”、“蜜蜂牌”、“四皓牌”、“丹凤朝阳牌”、“渊明牌”、“工农牌”等多种牌号的葡萄酒，过往客商称道：“到了龙驹寨，喝酒不需菜”，“住必饮，行必带”。当时行销陕、甘、宁、青、豫、鄂、江、浙、桂、粤、京、沪等地。30年代，西安、武汉等地曾设有专销店铺。

近年来，丹凤葡萄酒厂引种法国良种葡萄，办起2万余亩葡萄基地，引进法国、意大利、阿根廷等国成套设备和技术，已扩建为具有万吨生产能力、技术力量雄厚、雄踞西北、位列全国重点的葡萄酒生产厂家。该厂近年设立了产品研究室、检验室，并聘请西北农业大学葡萄专业教授和留法葡萄酒博士为高级技术顾问。1986年该厂运用引进技术，研制试产“桃红”、“鲜果”葡萄酒，在北京送展期间受到行家好评。

（阎树鹏　张化龙）

【建勋牌注塑鞋】 建勋牌注塑鞋是陕西省三原县制鞋厂的主要产品。该厂自1954年建厂以来，经历了三次大的技术改造，于70年代末和80年代初新建了一座6 000多平方米的生产大楼，安装了国内较先进的生产、测试、计量设备。现在全自动圆盘注塑机、高速平缝机、电动裁剪刀、橡塑专用设备、炼胶机、硫化机等98台件，形成了两条生产流水线，自动化程度比较高。建勋牌注塑鞋是现代技术和传统工艺相结合的产物。它设计独特、作工精细、结实耐用、款式新颖、美观大方、轻便舒适、更新换代快。80年代以来，每年有6个新品种、30多个新花色上市。1986年的新产品有方中跟鞋、平跟鞋、女尖头叉跟鞋、女高跟鞋、男尖头高跟鞋、中人旅游鞋、女酒盅跟圆头鞋等。新产品每年占企业工业总产值的1/3左右。

建勋牌注塑布鞋，根据消费者不同年龄层次的需要，分别选用坚固呢、牛仔布、元贡呢、软缎、丝绒、帆布、各色毛呢、平绒为面料，底料采用橡塑合成材料、热塑性弹性体、SBS及PUC发泡材料，配方合理、工艺先进，一次注塑成型，且粘结力强。具有发泡匀细、富有弹性、耐磨防滑、柔软轻便、不硌脚、不断底、着地无噪音等优点。鞋楦采用钢模具，帮样楦型设计合理，多为仿皮式，并不断变换五金件与缉明线等装饰物和镶贴物。

建勋牌注塑布鞋生产中推行全面质量管理，建立了程序化的现代化管理和质量保证体系。产品严格按照轻工业部SG170—84号标准考核，1980年以来产品质量合格率一直稳定在98.5%以上。商业部门称为"抢手货"、"信得过产品"。

建勋牌注塑布鞋进入80年代以来，以更新的姿态，产量、销量连年递增。1981年产量20万双，工业总产值68万元，1986年产量110万双，工业总产值360万元，1986年比1981年分别增长4.5倍和4.29倍。"六五"期间共生产布鞋420万双，实现工业总产值1 428万元，实现税利200万元。产品畅销西南、西北、中南、华北等地区。

1986年女尖头海圆口鞋、女方中跟一带鞋、男方中跟相巾鞋在陕西省同行业评比中各列前一、二名；女海圆口鞋获陕西省"唐城杯"信得过产品；女尖头海圆口鞋、女丝绒鞋、女软缎鞋、卫生鞋、男牛仔鞋曾先后获陕西省优秀新产品奖；童旅游鞋获陕西省"四新产品奖"。注塑女尖头布鞋获陕西省优质产品称号。

（刘积仓）

【沣镐牌65目高纬密半斜纹网】　沣镐牌65目高纬密半斜纹网，是西安造纸网厂生产的优质产品。该厂为我国目前最大的造纸工业用网生产厂家之一，原名国营西安铜网厂，是1965年起由国家分期投资2 100万元筹建的，1970年投产。该厂占地面积103 312平方米，厂房面积32 924平方米，固定资产原值2 061万元，净值1 366万元；拥有设备588台；现有职工952人，其中工程技术人员150人。

1972年，为了解决我国纸浆短纤维问题和适应高速纸机的发展，西安造纸网厂在大量收集国内外信息的基础上，结合我国纸浆的具体情况，加大网子纬线密度，提高经线含锡量，研制成功了65目高纬密半斜纹网，填补了我国造纸工业的一项空白。

65目高纬密半斜纹网，由于采用了国际先进的高锡合金配比，因而具有强度高、韧性好、耐拉、耐折、耐磨、抗酸碱腐蚀的特性。这种网采用半斜纹编织方法，承载面积比平织网加大，有效地减缓磨损，使用寿命比平织网延长30%以上；网孔型状与排列有利于脱水，滤水性能比平纹网提高15%；该网的纬密度、纬线间距短，编织紧密强韧，运行稳定，不易变形，网孔透光面小，有效地解决了短纤维浆料的漏浆、糊浆、顶浆问题，同时该网为蛇形摆动，减轻了真空箱面板对网子的磨损，对解顶浆也起一定作用；由于网面平整挺括，富有弹性，因而抄造性能好，内在质量好，主要适用于抄造凸版纸、新闻纸、有光纸、水泥袋纸、包装纸等，对浆料的适应性强，尤其在高速纸机上使用效果更佳。

目前国内的28个省、市、自治区的90家大中型纸厂均使用这种网，国内其它造纸网厂也采用了65目高纬密半斜纹网的合金配方和编织方法，通过广泛推广应用，取得了较大的社会经济效益。15年来，沣镐牌65目高纬密半斜纹网累计产量97.9万平方米，产值3 720万元。1979年该产品被评为西安市优质产品，同年还被评为轻工业部优质产品；1980年被评为陕西省优质产品；1982年获国家银质奖。

（李殿元　王兴龙）

【穿罗绣】　具有陕西地方特色的手绣佳品穿罗绣，亦称秦绣，是西安市锦江刺绣厂技术人员在继承纳纱绣传统针法的基础上，吸收陕西民间绣法"挑花"和"夹纱绣"的特点，于1977年创新发展的一个新绣种。其风格独特，针法组织丰富多采，丝缕分明，纹路变化光彩夺目。它的制做特点是按纱罗眼目，灵活而有规律地施针用线，绣品远看辉煌耀眼，近看花中有花，整体格调高雅，装饰性强，即使相同的图案施用不同的针法，也可以呈现出不同的效果。十年来，应用范围不断扩大，由原来的6、7种，发展到目前的3 000多种，产品从当初的"秦汉瓦当"，发展到仿古人物、花鸟绘画、装饰壁挂、静物风景等4个大类、30多个品种。

西安市锦江刺绣厂是1954年兴建的集体所有制的刺绣专业厂家，职工由数十人发展到372人，95%以上为熟练工人，实力雄厚，技艺娴熟。美术设计及技术人员达38人。1978年，该厂修建了有2 000多平方米的生产大楼，从联邦德国和日本引进了万能机、熨烫机等现代化生产设备。1986年工业总产值达330多万元，实现利润30余万元。秦绣是该厂主要手绣产品，畅销世界五大洲80多个国家和地区。1986年外销收入达257万元，创汇86万美元。该厂从1978年起为日本松村系店株式会社生产和服腰带，至今有

8年历史。

穿罗绣作为一种手绣佳品，1980年获省市科技成果奖，1982年获全国工艺品百花奖优秀创作设计奖，1983年获经贸部出口产品品质优良荣誉证书，1984年到1985年四次被“全国旅游产品、内销工艺品展销会”评为工艺品优秀奖，穿罗绣和服腰带被评为省、市优质产品。　（付汝俊）

【敦煌牌树脂胶印油墨】　敦煌牌树脂胶印油墨，是甘肃省甘谷油墨厂生产的优质名牌产品。注册商标为“敦煌莫高窟”。

多年来，该厂积极培养专业技术人才，努力提高职工队伍的素质，专职从事科研和质量管理检测的工程技术人员达120多人，熟练工人占73％以上。从1984年开始，从联邦德国、瑞士、比利时、日本等国进口三辊机、高速搅拌机、炼油树脂成套设备和检测仪器，提高了生产效率和降低了物质消耗。同时，重视产品的升级换代。从1978年以来，有12种产品分别获得国优、部优、省优产品称号和全国科学大会奖；1986年优质产品产值率达到57％以上。油墨从1972年建厂初期的9类73个花色品种，发展到1986年的20类300多个花色品种；颜料由1个品种增加到20多个花色品种；还开发了电化铝、涂料、油漆等产品。目前，甘谷油墨厂已成为中国生产各类印刷油墨、高级有机颜料等轻化工产品的综合性重点企业之一。

树脂胶印油墨是该厂建成投产后，首批研制生产的产品之一。投产初期的工艺配方中，连接料以二酚基丙烷、甲醛树脂为主体，1975年在连接料中采用部分聚合松香，1980年用烷基甲醛树脂代替部分二酚基丙烷树脂。随着树脂结构的改变，矿物油用量有所提高，植物油用量逐渐下降，加之新型助剂的引进，从而改变了该产品由过去的氧化结膜干燥型为目前的渗透凝胶干燥型。1982年参照日本大日精化公司的DIC同类产品标准进行生产，质量有很大提高。

树脂胶印油墨的花色品种由投产初期的18种，发展到现在的37种，即210桔红墨、211金光红墨、212大红墨、213大红墨、214深红墨、215深红墨、216桃红墨、217玫瑰红墨、218玫瑰红墨、219玫瑰红墨、220柠檬黄墨、221柠檬黄墨、222淡黄墨、223淡黄墨、224中黄墨、225中黄墨、226深黄墨、227深黄墨、231孔雀蓝墨、232孔雀蓝墨、233天蓝墨、234中蓝墨、235中蓝墨、236深蓝墨、237品蓝墨、238射蓝墨、239射蓝墨、241钛白墨、243白墨、251黑墨、252黑墨、261淡绿墨、262翠绿墨、263深绿墨、266深绿墨、271青莲墨、272青莲墨。

敦煌牌树脂胶印油墨是选用上等高熔点松香改性的酚醛树脂、干性植物油、高沸点溶剂油、高级颜料、填充料及辅料经科学配方混合轧制而成。其中高级颜料，如酞菁蓝BGS、立索尔大红R、联苯胺黄G等，都是该厂自产的名优产品。

树脂胶印油墨适用于胶版印刷机套印各种涂料纸和胶版纸，调配得当还可兼用于凸版印刷。对纸张的适应范围广泛，尤其对表面粗糙，吸水性差的纸张，具有较强的适应性。该产品粘性适宜、颜色鲜艳、网点清晰、光感好、固着干燥速度快。产品包装规格分为15公斤桶装和1公斤、2.5公斤听装3种。畅销全国24个省、市、自治区和香港地区。

敦煌牌树脂胶印油墨的产量逐年增长，1986年达到1 600吨，比投产初期增长34倍，约占全厂油墨总量的1/3，全国同类产品的1/10。该产品1983年被甘肃省评为优质产品，1984年获轻工业部优质产品称号。在近两年产品质量复查中，各种技术指标均保持原来水平或有所提高。　（马贞俊）

【天水雕漆刻花屏风】　甘肃天水雕漆刻花屏风，是一种选用上等椴木、红松和名贵石料、象牙、贝壳等精雕镶嵌而成的宾馆、厅堂陈设品。其历史悠久，享誉中外。

漆器生产工艺于1916年由川、陕传入天水，后经历代艺人的不断改进和创新，生产工艺日趋完善。解放后在党和政府的重视和支持下，于1953年成立了天水市雕漆生产合作社，后来随着产量的增加和规模的扩大，改名为天水市雕漆工艺厂。从1958年开始生产各类雕漆屏风。其工艺类型有石刻镶嵌、雕填、彩绘、平磨螺钿等4大类；产品图案有人物、花鸟、博古等多种。1986年，产雕漆屏风1 800余副，产品远销37个国家和地区。

天水地处秦岭北麓，小陇山横贯全区，森林资源丰富，气候温暖、湿润，为发展雕漆工艺提供了得天独厚的物质条件和地理环境。天水雕漆工艺厂生产的雕漆刻花屏风，用料考究，工艺精良。其木胎用料经充分干燥和特殊技术处理，不易开裂、变形；漆胎里嵌有经平磨螺钿组成的各种图案，镶有用名贵石料、象牙、贝壳精雕的各种浮雕图案，衬以用彩漆或金漆绘成的背景。规格有四扇屏、五扇屏、六扇屏三种。整个产品结构合理、漆色饱满、光亮如镜、螺钿满堂、图案典雅、色调协调、风格独特。

雕漆刻花屏风，在1972年被天津工艺品进出口公司定为质量信得过的免验出口产品；1980年获得轻工业部优质产品称号以及甘肃省优质产品称号；在1986年度全国工艺美术品百花奖评比中获银杯奖。

（陈志华）

【三排弹子多保险门锁】　DS 847型三排弹子多保险门锁是青海省西宁制锁厂产品（以下简称847门锁）。该厂是一个生产锁具的专业厂家，有30多年历史，前身是上海强华锁厂，60年代初由上海迁到西宁，当时只生产单一产品挂锁，逐步发展到生产普通门锁、双保险门锁、三保险门锁、组合门锁、抽屉锁、出口抽屉锁等，直至847门锁问世。847门锁从设计到制造共用了180天时间，于1984年9月29日试制成功，同年10月30日通过省级质量鉴定，投入批量生产。847门锁注册商标为"双犬"牌，"犬"是看门的，两只犬看门标志着847门锁比一般门锁更安全、更可靠。

847门锁设计采用国际上先进的十字槽锁芯，十字槽钥匙，造型美观大方，其特点：(一)、互开率低。由普通门锁的单排弹子改为三排弹子。不同牙花数由6 000把1组改为1 000万把以上为1组，按该厂生产计划，年产30万把，需要生产30年才能出现相同牙花。(二)、具有"四防"功能：1.防拔。由于是三排弹子结构，异物是无法开启的。2.防卸。因为锁体是用暗螺钉固定，关闭后锁体及锁头用螺丝刀也无法卸下。3.防撬。锁体的底板是由四只4×25的木螺钉固定在木门上，用一般铁件不能撬开。4.防锯。锁舌内设有钢柱装置，就是用锯条也无法把锁舌锯开。(三)、用料讲究，加工精致，锁头是采用HP659－1铜棒车制而成，锁头面字迹清晰，抛光处理，钥匙同样采用HP659－1铜棒，经切断、挤压而成。因整体成型与国外同钥匙相比提高强度一倍(国外匙把与匙柄采用焊接工艺)。锁舌也是采用HP659－1铜材，经浇铸、拉削等工序加工而成，并设有钢柱"防锯"装置。锁体是1.5mm薄板，经拉深、切边等工序加工而成，因是拉深件，表面平整光洁，其它零件都采用多种金属材料，由37种92个零件组装而成，表面都经过镀锌、发兰防锈处理，再加上表面装饰，喷涂各种彩漆和表面镀铬处理，使该产品更显得美观大方，既起到家庭安全，又起到室内装饰、装潢作用。

847门锁1987年生产可达3万把—5万把，由于批量小，不能满足市场需要。扩产50万把工程正在进行，1988年将年产30万把，1990年达到年产50万把。

847门锁于1985年被评为轻工业部优秀新产品，1986年获青海省西宁市重点科技进步奖。

（王国祥）

【博峰牌甜白葡萄酒】 博峰牌甜白葡萄酒是新疆鄯善葡萄酒厂生产的产品。鄯善葡萄酒厂始建于1976年，目前生产能力5 000吨，全厂职工近300人。产品有甜白葡萄酒、半干葡萄酒、干白及半甜葡萄酒等16个品种。经过10年来的努力，该厂生产的博峰牌甜白葡萄酒1984年在轻工业系统酒类质量大赛中获银杯奖，也是自治区优质产品。

新疆被称之为"水果之乡"，葡萄资源丰富，全区葡萄产量15万吨，占全国总产量50％以上。鄯善葡萄酒厂建在吐鲁番地区鄯善县园艺场内，这里历史上就以盛产葡萄而闻名，该地区有效积温高，降雨量少，日照时间长，昼夜温差大，葡萄无病虫害、无农药污染，而且含糖份高。仅园艺场内就有葡萄6 000多亩20多个品种，可为葡萄酒生产提供充足的原料。近年来，轻工业部大力支持该厂，从欧洲共同体引进10多种优良酿造品种，现长势良好。还建立了葡萄本园，为生产高档葡萄酒奠定了基础。该厂重视科研工作，成立了葡萄酒研究所，积极引用国内先进技术，产品质量不断提高。另外，该厂通过推行全面质量管理，进一步提高了企业素质，对生产工序严格把关，稳定了产品质量。

博峰牌甜白葡萄酒是选用当地优良品种葡萄为主要原料，经过破碎压榨、发酵、陈酿、过滤、勾兑调配、灌装而成。该酒具有酒液清亮透明，酒香果香谐调，酸甜适口等特点。酒度12°，糖度12°BX。

鄯善葡萄酒厂已被自治区列入"七五"重点改造计划，将于1987年引进先进技术及部分设备，增产更好更多的美酒。

（谷润兰）

附　　录

省会市、沿海开放城市轻工业局(公司)隶属事业单位机构名录

秦皇岛市轻纺工业总公司隶属事业单位机构名录

机构名称：**秦皇岛市轻纺工业总公司供销经理部**

主要负责人：李学义

地　址：秦皇岛市海港区河北大街2号

业务范围：经营轻纺、机械及配件等专用物资。

机构名称：**秦皇岛市轻纺工业总公司展销部**

主要负责人：陶万显

地　址：秦皇岛市海港区民族路3号

业务范围：轻纺产品、金属器材、百货、食品、五金交电等。

机构名称：**秦皇岛市轻纺工业总公司招待所**

主要负责人：陈志广

地　址：秦皇岛市海港区民族路3号

业务范围：旅店业。

（王乃平）

秦皇岛市二轻工业总公司隶属事业单位机构名录

单位名称：**秦皇岛市二轻工业供销公司**

主要负责人：王海元

地址：秦皇岛市建设大街桥头东侧

业务范围：负责供应全市二轻系统计划内原材料、燃料，协助企业搞好产品的销售工作。

单位名称：**秦皇岛市服装工业公司**

主要负责人：孟繁勤

地址：秦皇岛市建设大街桥头东侧

业务范围：负责协调、指导全市二轻系统服装行业的生产及业务活动，经营服装面料。

单位名称：**秦皇岛市二轻工业总公司招待所**

主要负责人：杨健民

地址：秦皇岛市新华大街23号

业务范围：负责市二轻系统来客的食宿接待及二轻系统内的会议接待工作。

（刘欣然）

太原市第二轻工业局隶属事业单位机构名录

机构名称：**太原市二轻工业大学**

主要负责人：张殿臣

地址：太原市府西街115号

专业设置：服装装潢设计、机械、电子。

机构名称：**太原市二轻工业研究所**

主要负责人：乔传发

地址：太原市并州路3号

业务范围：二轻工业新产品、新技术开发。

机构名称：**太原市工艺美术研究所**

主要负责人：李夜冰

地址：太原市建设北路17号

业务范围：新材料、新工艺的研制等。

机构名称：**红旗剧场**

主要负责人：王吉元

地址：太原市并州路5号

业务范围：接待省内外剧团演出。

（蔡惠芬）

沈阳市第二轻工业局隶属事业单位机构名录

机构名称：**沈阳市第二轻工业局供销公司**

主要负责人：王泰民

地址：沈阳市和平区中华路三段三号

业务范围：负责对沈阳市二轻工业企业部分所需物资的分配、调剂、仓储；组织二轻企业开展各类产品定货会、展销会；经营本系统产品和外省市轻工业的名优新产品。

机构名称：**沈阳市第二轻工业局劳动服务公司**

主要负责人：何云翔

地址：沈阳市和平区遂川街北七马路二段八号

业务范围：为沈阳市二轻系统培训待业青年；组织、指导二轻企业开发第三产业。

机构名称：**沈阳市二轻集体经济研究所**

主要负责人：李光昊

地址：沈阳市和平区遂川街北七马路二段八号

业务范围：负责沈阳市二轻工业集体经济战略开发和方针、政策的调查研究；为制定发展二轻集体经济政策提供意见、建议。

机构名称：**沈阳市第二轻工业研究所**

主要负责人：孙　阁

地址：沈阳市皇姑区松花江街一段四里三十号

业务范围：为各地日用五金产品提

供质量标准，承担质量检测，科技情报和咨询服务。承担辽宁省五金制品、燃气用具的检测和提供科技情报，咨询服务。

机构名称：**沈阳市二轻家具大学**
主要负责人：史香涛
地址：沈阳市沈河区大西路一段月窗里一号
专业设置：家具设计（大专班）、皮鞋设计（中专班）、企业管理、职工培训。

机构名称：**沈阳市二轻局工人俱乐部**
主要负责人：高志孝
地址：沈阳市和平区皇寺路二段三十九号
业务范围：承担沈阳市二轻工业系统大型会议；组织企业文艺宣传；组织系统内离休、退休职工参加文艺娱乐活动。

（王兴武）

长春市第一轻工业局隶属事业单位机构名录

机构名称：**长春市轻工业学校**
主要负责人：赵维忠
地址：长春市解放大路112号
业务范围：为全市培训专门技术、管理人员，同时也面向全省、全国。设有轻工机械、食品工艺、工业发酵、财务会计、家用电器五个专业。

机构名称：**长春市一轻局技工学校**
主要负责人：于亚杰
地址：长春市翔云街7号
业务范围：为全市一轻企业培训技术工人。设有卷烟、轻工机械、食品工艺、电子、电光源等专业。

机构名称：**长春市一轻局供销处**
主要负责人：牟村
地址：长春市东五条大街13号
业务范围：轻工产品原材料的分配供应，组织外协原材料，推销轻工业产品，举办轻工业产品展销等项工作。

机构名称：**长春市一轻局轻工加工配套公司**
主要负责人：谢言
地址：长春市
业务范围：管理长春市一轻系统内所属集体企业的产品创优、生产计划、原材料衔接、厂级干部任免等项工作。

机构名称：**长春市一轻局对外经济、技术开发公司**
主要负责人：杜平
地址：长春市西朝阳路
业务范围：负责全系统的产品出口，进口各种紧俏原材料，引进技术、资金等项工作。

机构名称：**长春市轻工设计研究所**
主要负责人：汪端云
地址：长春市斯大林大街6号
业务范围：研究试制轻工行业的新产品，推广新技术，收集、汇编、分析国内外轻工业最新技术情报

机构名称：**长春市一轻局包装装潢研究所**
主要负责人：王家林
地址：长春市上海路42号
业务范围：研究设计各种产品造型、包装、样本、名片、请柬、年历、广告。展览会、展销会展室布局。

机构名称：**长春-香港豪华服装公司**
主要负责人：孔祥甫
地址：长春市绿园
业务范围：面向全省、全国市场，制作各种高中档服装，并承办来料加工业务。

机构名称：**秦皇岛长春轻工企业有限公司**
主要负责人：蔡糯新
地址：秦皇岛市东白塔岭海滨大厦
业务范围：负责轻工行业产品销售，原材料采购，开办旅馆，商场业务。

（王　宁）

长春市第二轻工业局隶属事业单位机构名录

机构名称：**长春市五金工具工业公司**
主要负责人：梅文捷
地址：长春市大径路95号
业务范围：负责五金行业的企业经营管理，综合经济管理，党群工作。

机构名称：**长春市木器编织工业公司**
主要负责人：朱瑞义
地址：长春市大径路95号
业务范围：负责木器行业的企业经营管理，综合经济管理，党群工作。

机构名称：**长春市美术文体工业公司**
主要负责人：孙家宝
地址：长春市大径路95号
业务范围：负责美术文体行业的企业经营管理，综合经济管理，党群工作。

机构名称：**长春市塑料工业公司**
主要负责人：邢凯
地址：长春市大径路95号
业务范围：负责塑料行业的企业经营管理，综合经济管理，党群工作。

机构名称：**长春市皮革鞋帽公司**
主要负责人：赵志文
地址：长春市西四道街18号
业务范围：负责皮革鞋帽行业的经营管理，综合经济管理，党群工作。

机构名称：**长春市服装工业公司**
主要负责人：阎瑞林
地址：长春市西三马路7号
业务范围：负责服装行业的企业经营管理，综合经济管理，党群工作。

机构名称：**长春市五金电器工业公司**
主要负责人：胡景新
地址：长春市大径路95号
业务范围：负责五金电器行业的企业经营管理，综合经济管理，党群工作。

机构名称：**长春市二轻工业供销公司**
主要负责人：翟永恩

地址：长春市南京大街29号
业务范围：负责二轻系统物资供应，产品经营，开展商情调研及储运等工作。
机构名称：**长春市二轻技术经济情报研究所**
主要负责人：杨景华
地址：长春市胜利大街62号
业务范围：为二轻系统企业提供经济信息，经济情报，提供技术咨询，技术服务。
机构名称：**长春市二轻建筑设计室**
主要负责人：胡毓民
地址：长春市大径路95号
业务范围：工业与民用土建、水暖、电气设计。
机构名称：**长春市二轻工业学校（长春市二轻职工中专　长春市二轻技工学校）**
主要负责人：范纯荣
地址：长春市郊区胡家店
专业设置：工业造型、包装装潢、装潢美术、家具设计等专业。
机构名称：**长春市二轻局劳动服务公司**
主要负责人：刘德清
地址：长春市胜利大街62号
业务范围：负责二轻系统企业的知青厂的企业经营管理，综合经济管理。

（刘铁钧）

南京市第一轻工业局隶属事业单位机构名录

机构名称：**南京市一轻工业供销公司**
主要负责人：夏福炳
地址：南京市中山东路109号
业务范围：负责全局物资供应、产品销售和市场信息工作。
机构名称：**南京市轻工研究所**
主要负责人：李大成
地址：南京市御道街53号
业务范围：从事轻工业机械、电子产品和技术的设计研究工作以及新技术、新工艺的应用推广。
机构名称：**南京市一轻工业美术设计研究所**
主要负责人：李存耕
地址：南京市中山东路28号
业务范围：从事轻工产品造型、包装和产品宣传等设计研究工作。
机构名称：**南京市轻工设计室**
主要负责人：华才甫
地址：南京市珠江路220号
业务范围：承担工业及民用建筑设计任务。
机构名称：**南京市第一轻工业局教育中心**
主要负责人：过继高
地址：南京市御道街53号
专业设置：轻工机械、经营管理等。

（全政效）

南京市第二轻工业局隶属事业单位机构名录

机构名称：**南京市二轻工业供销公司**
主要负责人：季哉平
地址：南京市北京西路7号
业务范围：组织原材料供应与产品经营销售、物资管理、废品回收整制等。
机构名称：**南京市二轻工业技术研究所**
主要负责人：黄永庆
地址：南京市中山路384号
业务范围：新产品研制、新技术推广与服务、科技情报交流等。
机构名称：**南京市二轻职工中等专业学校**
主要负责人：刘康钊
地址：南京市佛心桥27号
专业设置：工业会计、轻工机械、企业管理。
机构名称：**南京市二轻局建筑设计室**
主要负责人：胡松华
地址：南京市北京东路31号
业务范围：厂房基建建筑设计。
机构名称：**南京云锦研究所**
主要负责人：汪印然
地址：南京市水西门外茶亭东街246号
业务范围：云锦织造技术研究、文物珍品复制等。
机构名称：**南京市工艺美术研究所**
主要负责人：许　炯
地址：南京市北京东路31号
业务范围：各种雕刻、彩塑小品、剪纸、印章、国画、雨花石制品、包装装潢等。
机构名称：**南京塑料工业研究所**
主要负责人：潘声生
地址：南京市石头城9号
业务范围：塑料制品开发研究与技术推广等。
机构名称：**南京市皮革工业研究所**
主要负责人：孙殿华
地址：南京市水西门外长虹南路38号
业务范围：制革工艺研究，新技术运用与推广等。
机构名称：**南京市家具工业研究所**
主要负责人：李　华
地址：南京市栖霞区马群
业务范围：家具设计和新工艺新材料运用与推广等。
机构名称：**南京塑料工业行业协会**
主要负责人：李春忠
地址：南京市中山南路146号
业务范围：行业管理、组织生产协调、供销网络、技术服务、以及接受政府委托代行一部分行政管理工作等。
机构名称：**南京工艺美术行业协会**
主要负责人：陈宏深
地址：南京市北京东路31号
业务范围：行业管理、生产协调、技术服务与交流、以及接受政府委托代行一部分行政管理工作等。
机构名称：**南京皮革工业行业协会**
主要负责人：韩仁超
地址：南京市中山南路146号
业务范围：行业管理、生产协调、技术服务与交流，以及接受政府委托代行一部分行政管理工作等。

附录　省会市、沿海开放城市轻工业局（公司）隶属事业单位机构名录

机构名称：**南京市装饰行业协会**
主要负责人：许炯
地址：南京市北京东路31号
业务范围：行业管理、组织协调、技术服务等。

机构名称：**南京市工艺美术职工中等专业学校**
主要负责人：叶文贵
地址：南京市中华路内桥
专业设置：工艺美术设计。

（鲍启鑫）

南通市轻工业局隶属事业单位机构名录

机构名称：**南通市一轻工业公司**
主要负责人：孙德培
地址：人民西路45号
业务范围：行政性管理。

机构名称：**南通市二轻工业公司**
主要负责人：王增祥
地址：青年路83号
业务范围：行政性管理。

机构名称：**南通市食品香料公司**
主要负责人：汤学欣
地址：桃坞路55号
业务范围：行政性管理。

机构名称：**南通市工艺美术公司**
主要负责人：陆西林
地址：环城东路126号
业务范围：行政性管理。

机构名称：**南通市塑料工业公司**
主要负责人：黄道光
地址：万象新路16号
业务范围：行政性管理。

机构名称：**南通市盐业公司**
主要负责人：季秀海
地址：濠南路17号
业务范围：行政性管理。

机构名称：**市轻工模具研究所**
主要负责人：冯祖扬
地址：南憩亭
业务范围：主要研制各种玻璃模具。

机构名称：**市工艺美术研究所**
主要负责人：江卓
地址：文峰路1号
业务范围：研制彩锦绣、扎染等工艺品。

机构名称：**市旅游品研究所**
主要负责人：陈彭庚
地址：环城东路北首
业务范围：研制各类旅游工艺品。

机构名称：**市服装研究所**
主要负责人：杨仲泉
地址：盐包坝后街31号
业务范围：研制各种男女服装。

机构名称：**启东县轻工业公司**
主要负责人：钱永福
地址：江龙镇江海路5号
业务范围：行政性管理。

机构名称：**海门县轻工业公司**
主要负责人：忻剑青
地址：海门镇解放路25号
业务范围：行政性管理。

机构名称：**如东县轻工业公司**
主要负责人：郑宝裕
地址：掘港镇北公路6号
业务范围：行政性管理。

机构名称：**如皋县轻工建材公司**
主要负责人：王祖彭
地址：如城海阳路4号
业务范围：行政性管理。

机构名称：**如皋县机械工业公司**
主要负责人：张明正
地址：如城海阳路4号
业务范围：行政性管理。

机构名称：**南通县一轻公司**
主要负责人：羌长岩
地址：金沙镇
业务范围：行政性管理。

机构名称：**南通县二轻公司**
主要负责人：费文彬
地址：建设路26号
业务范围：行政性管理。

机构名称：**海安县轻工业公司**
主要负责人：圣祥太
地址：县人民中路9号
业务范围：行政性管理。

机构名称：**海安县工艺美术公司**
主要负责人：徐娟
地址：县宁海路18号
业务范围：行政性管理。

机构名称：**如臬县工艺美术公司**
主要负责人：张新裕
地址：如城海阳路4号
业务范围：行政性管理。

（陈豪）

杭州市轻工业局隶属事业单位机构名录

机构名称：**杭州市轻工学会**
主要负责人：韦文姣
地址：杭州市国货路5号
业务范围：科技协作，科研开发，人才培养，学术交流，技术咨询，技术服务。

机构名称：**杭州市轻工业局科技情报站**
主要负责人：陈正馨
地址：杭州市国货路5号
业务围围：科技情报的收集、整理、交流。系统科技档案和科技情报网管理。

机构名称：**杭州轻工技术开发服务公司**
主要负责人：范梦陶
地址：杭州市国货路5号
业务范围：技术开发、技术协作，技术咨询、　技术服务、科技成果转让。

机构名称：**杭州市轻工业设计室**
主要负责人：宋杭林
地址：杭州市建国南路150号
业务范围：工业与民用建筑设计。

机构名称：**杭州轻工包装装潢设计研究室**
主要负责人：史正之
地址：杭州市中山中路251号
业务范围：各类包装装潢和各种广告设计和研究。

机构名称：**杭州轻工供销公司**
主要负责人：郑兆祥
地址：杭州市中山中路251号
业务范围：轻工产品所需金属材料、木材、建筑材料、化工材料、机电产品等原材料采购供应。物资协作、轻工产品销售、市场商情调研。

机构名称：**杭州市日用化学工业研究所**
主要负责人：张琤君、

地址：杭州市近江路12号

业务范围：日用化工、精细化工产品开发、应用技术研究、工艺技术咨询服务、科研成果转让。

机构名称：**杭州轻工职工大学**

主要负责人：吴一华

地址：杭州市环城北路6号

专业设置：轻工机械制造、食品工程、日用化工工程。

机构名称：**杭州轻工中等专业学校**

主要负责人：徐永赤

地址：杭州市环城北路6号

专业设置：企业管理、造纸、印刷、轻工机械。

机构名称：**杭州轻工技工学校**

主要负责人：陈立民

地址：杭州市环城北路6号

专业设置：酿酒、印刷、造纸、手表制造。

（郑敏）

宁波市轻工业局隶属事业单位机构名录

机构名称：**宁波市轻工业科学技术研究所**

主要负责人：张圣模

地址：宁波市镇安街25号

业务范围：技术开发，技术研究，技术咨询服务，食品，日化，沸石课题研究，产品装潢设计，环保分析测试。

机构名称：**宁波市轻工职工中等专业学校**

主要负责人：郑梦麟

地址：宁波市云石街53号

专业设置：化工分析、轻工机械、企业管理。

机构名称：**宁波市轻工供销公司**

主要负责人：丁锡财

地址：宁波市镇安街25号

业务范围：经营原辅材料，销售轻工产品。

机构名称：**宁波市轻工业局职工学校**

主要负责人：吴瑞锦

地址：宁波市开明街198—1号

开设专业：开设电视大学工科类，经济类专业班，培养大专生，各类专业干部培训班。

（俞明亮）

宁波市第二轻工业局隶属事业单位机构名单

机构名称：**宁波二轻工业研究所**

主要负责人：曹才甫

地址：宁波市柳汀街140号

业务范围：五金工具、铝制品、建筑五金产品质量测试。金属材料理化分析、测试。力学长度计量及精密测试。各种产品的装配，检测流水线及非标准设备、仪器设计、制造。

机构名称：**宁波市二轻工业技术学校**

主要负责人：谢松茂

地址：宁波市江东镇安巷49号

专业设置：塑料模具专业、刀口模具专业、家电维修专业、机修钳工专业。

机构名称：**宁波市二轻职工学校**

主要负责人：朱玉昆

地址：宁波市偃月街75号

专业设置：经济类财会专业、企管工程专业、党政干部专业、干部马列理论正规化培训、各类干部岗位职务培训、普通高中复习、青工政治轮训。

（史才元　陈英俊）

合肥市第一轻工业局隶属事业单位机构名录

机构名称：**合肥市轻工业技校**

主要负责人：袁仲毅

地址：合肥市望江路1号

专业设置：食品发酵、日用化工、造纸、硅酸盐等。

机构名称：**合肥市包装研究所**

主要负责人：吴　波

地址：合肥市长江路135号

业务范围：包装装潢、容器、模具造型。

机构名称：**合肥市一轻局供销公司**

主要负责人：郑光亮

地址：桐城路合肥市工业展览馆

业务范围：本系统原材料，能源供应和产品销售。（王运忠）

合肥市第二轻工业局隶属事业单位机构名录

机构名称：**合肥市二轻局劳动服务公司**

主要负责人：赵华

地址：合肥市宿州路72号

业务范围：待业安置、新办企业生产、经营管理。

机构名称：**合肥市二轻技工学校**

主要负责人：胡淑英

地址：合肥市安大路

专业设置：设置塑料、模具、皮革、服装专业。

机构名称：**合肥市五金工业研究所**

主要负责人：翁德宝

地址：合肥市长江路329号

业务范围：日用五金、工具五金、家用电器。

机构名称：**合肥市家用电器工业研究所**

主要负责人：汪尚太

地址：合肥市长江路254号

业务范围：家用电器。

机构名称：**合肥市皮革科学研究所**

主要负责人：钱泽林

地址：合肥市东七里站

业务范围：制革工艺、皮革制品。

机构名称：**合肥市工艺美术研究所**

主要负责人：夏华荣

地址：合肥市淮河路213号

业务范围：美术工艺、玩具。

机构名称：**合肥市家具工业研究所**

主要负责人：戴新生

地址：合肥市安庄路129号

业务范围：木家俱、钢家俱、籐器制品。

机构名称：**合肥市服装鞋帽工业研究所**

主要负责人：郝云年

地址：合肥市长江路54号

业务范围：服装、鞋、帽、纺织。

（孙恭沛　王传江）

福州市轻工业局隶属事业单位机构名录

机构名称：**福州市轻工业局文化技**

术培训中心

主要负责人：陈启华

地址：福州市群众路23号

专业设置：设有电视大学企业管理，工业会计、工业统计、中文四个教学班，函授大学统计班，纺织政工干部大专班，中国轻工业工程师进修大学福州工作站，干部中专班，政治学校，职工学校，轻工技工分校，同时在14家工厂设立了各类办学点，初步形成从初等、中等到高等的教育体系。

机构名称：**福州市食品工业研究所**

主要负责人：朱文浩

地址：福州市工业路

业务范围：从事方便食品、饮料类、罐头食品、蜜饯糖果、黄酒、白酒、啤酒和食品发酵的研究、分析和新产品研制。

机构名称：**福州市轻工业局供销公司**

主要负责人：林荣途

地址：福州市乌山路

业务范围：统筹、平衡福州一轻系统造纸、印刷包装、搪瓷玻璃、日用轻工和食品工业的物资供应和产品销售，调查研究市场动态，为轻工业生产服务。

（林功章）

福州市第二轻工业局隶属事业单位机构名录

机构名称：**福州市第二轻工业局职工中等专业学校**

主要负责人：陈增官

地址：福州市乌山路29号

专业设置：

机构名称：**福州市第二轻工业局工业研究所**

主要负责人：柯国泰

地址：福州市南门凯凝铺15号

业务范围：

机构名称：**福州市第二轻工业局经理部**

主要负责人：李荣生

地址：福州市五一路高桥大厦三楼

业务范围：

机构名称：**福州市第二轻工业局招待所**

主要负责人：孙美英

地址：福州市环城路西段杨桥大楼

业务范围：

（林　群）

济南市第一轻工业局隶属事业单位机构名录

机构名称：**济南造纸学会**

主要负责人：张源远

地址：济南市少年路23号

业务范围：组织造纸工业的各项学术交流，对外咨询服务，技术协作及大、中型技术改造的论证等活动。

（邹源华）

青岛市第一轻工业局隶属事业单位机构名录

机构名称：**青岛市第一轻工业局供销公司**

主要负责人：梁德刚

地址：青岛市胶州路 180 号

业务范围：负责本行业生产所需的原材物料、燃料的计划编报、供应、协调和服务工作。组织和帮助局直属企业与归口企业产品销售，市场开发，市场调研，信息反馈。承担全局节能管理，组织推广节能经验。

机构名称：**青岛市轻工业研究所**

主要负责人：潘学启

地址：青岛市信号山路23号

业务范围：面向轻工行业，重点为系统内部科研和生产服务，并开展技术协作和联合经营。着重研究食品发酵，酿造工艺，食品吸氧和抗氧化酶制剂的开发应用，精细化工及日用化妆品，包装装潢设计，理化计量分析检测以及科技情报、科技咨询、图书资料等技术服务工作。

机构名称：**青岛市食品工业研究所**

地址：青岛市冠县路89号

主要负责人：王岐山

业务范围：从事食品工业方面的科学研究和开发，新产品研制，组织技术协作和联营。技术服务的主要项目：各种罐头的加工、饮料、果酒生产及肉制品、调味品、仿生小食品、各种汤料的生产技术、海产、农副产品的深加工等。代培化验检测人员，承担英、日、德文食品技术资料的翻译。

机构名称：**青岛市第一轻工业局干部学校**

地址：青岛市大成路 108 号

主要负责人：任秉桐

专业设置：负责全系统的党、政干部的专业培训。有政治理论、企业管理、工程技术等方面的专业班。

机构名称：**青岛市第一轻工业职工中等专业学校**

地址：青岛市大成路108号

主要负责人：任秉桐

专业设置：财务会计、财务审计、政治工作、食品发酵、行政管理、硅酸盐。

机构名称：**青岛市第一轻工业学校**

地址：青岛市浮山北山

主要负责人：王少荣

专业设置：电镀、工业发酵、日用化工、化学分析

机构名称：**青岛市轻工技工学校**

地址：青岛市浮山北山

主要负责人：王少荣

专业设置：造纸、日用化工、食品发酵、机械、车工、钳工。

（宋楚林）

青岛市第二轻工业局隶属事业单位机构名录

机构名称：**青岛轻工业学校**

主要负责人：徐广利

地址：青岛市宁夏路

专业设置：工业企业财务会计、轻工机械、家用电器。

机构名称：**青岛包装学校**

主要负责人：徐广利

地址：青岛市宁夏路

专业设置：包装材料、包装设计。

机构名称：**青岛市服装职工中等专**

业学校
主要负责人：张承思
地址：青岛市西吴家村
专业设置：服装设计、服装企业管理。
机构名称：**青岛市服装研究所**
主要负责人：李述田
地址：青岛市市南区中山路91号
业务范围：服装设计，研究与创新；服装制作工艺及服装软课题研究；服装情报与信息调查；服装技术培训与技术输出；服装展销。
机构名称：**青岛市皮革研究所**
主要负责人：王文庭
地址：青岛市热河路71号
业务范围：交流国内外情报资料；研制制鞋新材料及化工粘合剂；中型生产氯丁胶粘合剂；制楦、制鞋样板设计；试制皮鞋；制鞋检测；为本行业培养制鞋设计人员。
机构名称：**青岛家具研究所**
主要负责人：张玉家
地址：青岛市函谷关路22号
业务范围：情报咨询、美术装潢、家具研制、技术服务。
机构名称：**青岛市地毯研究所**
主要负责人：邱立才
地址：青岛市沧口区永宁路4号
业务范围：研究地毯图样、地毯样品；进行地毯加工；生产绢花、装饰画。
机构名称：**青岛市塑料研究所**
主要负责人：白锡金
地址：青岛市小白干路143号
业务范围：塑料应用技术开发研究。
机构名称：**青岛市家用电器研究所**
主要负责人：于瑞芝
地址：青岛市热河路33号
业务范围：家用电器和太阳能推广应用。
机构名称：**青岛市工艺美术研究所**
主要负责人：姜宪法
地址：青岛市延安三路129号
业务范围：高层建筑装饰工程设计；高级室内装潢工程设计；庭园艺术装饰工程设计；各种产品包装装潢设计；研制各种民间工艺玩具、蜡果、装饰花，各种装饰、树皮烙画，各种长毛绒玩具；各种工艺，篆刻件，锲金版画及各类仿古画、油画。
机构名称：**山东青岛二轻工业设计室**
主要负责人：于永歧
地址：青岛市利津路1号
业务范围：二轻工业工艺设计；二轻工业建筑设计。
机构名称：**青岛市工业美术协会**
主要负责人：王长龙
地址：青岛市河南路51号
业务范围：组织全市工业美术工作者进行学术研究和交流，开展咨询服务。
机构名称：**青岛市二轻会计学会**
主要负责人：王长龙
地址：青岛市河南路51号
业务范围：组织二轻系统财会工作人员研究、探讨集体企业的财会工作，进行学术交流和财会工作经验交流。开展为基层服务的咨询业务。
机构名称：**青岛市装饰工程公司**
主要负责人：李玮
地址：青岛市河南路96号
业务范围：承办楼堂厦所、宾馆商场、展览馆厅、庭园美化、喷泉假山、橱窗门面、壁画雕塑等建筑室内外环境布置和装饰工程。提供国内外新技术、新设备及信息；办理培训辅导咨询业务，商业美术业务。
机构名称：**青岛市二轻局供销公司**
主要负责人：张国忠
地址：青岛市中山路6号
业务范围：为生产二轻产品的本市企业采购供应生产用原料、物料及设备；销售二轻产品；调剂系统内外生产用余缺物资。

（杨傅生）

烟台市第一轻工业局隶属事业单位机构名录

机构名称：**烟台市一轻局食品工业公司**
主要负责人：葛成然
地址：烟台市芝罘区西南河路71号
业务范围：负责对县（市）区食品单位实行业务指导，协助有关部门搞好市外、市内的协调联合，信息的收集与传递，产品质量的检查与评比，新技术的推广，《食品卫生法》的贯彻与监督执行，食品工业的调研以及协助所属企业发展食品工业原料基地等。
机构名称：**烟台市一轻局供销公司**
主要负责人：张道生
地址：烟台市芝罘区西南河路71号
业务范围：负责烟台一轻系统计划内、外物资的申请、平衡、调剂、分配和管理工作，会同有关部门制定原材料消耗定额，组织物资储运、调度工作，汇总各类物资统计报表等。
机构名称：**烟台市一轻局展销公司**
主要负责人：祁连民
地址：烟台市芝罘区海港路28号
业务范围：负责烟台一轻产品展销、批发和零售，汇总全局系统产品的生产、销售和库存报表，搞好市场信息等。
机构名称：**烟台市一轻局盐业、水产养殖公司**
主要负责人：战振业
地址：烟台市芝罘区西南河路71号
业务范围：负责原盐生产和水产品养殖及行政管理；盐业及养殖生产的调度、统计和产销平衡；报批各种专项资金、协助有关部门审批盐业基建项目与竣工验收。
机构名称：**烟台市轻工食品研究所**
主要负责人：郑光远
地址：烟台市芝罘区南通路71号
业务范围：负责轻工技术的研究、服务、咨询和技术成果的转让，研制开发新产品，开展食品检测和食品工业情报工作等。

机构名称：**烟台市轻工技工学校**
主要负责人：李世峰
地址：西沙旺
业务范围：培养罐头技术人才及培养酿造、硅酸盐、机加工的专门人才。

（谭锡山）

烟台市钟表工业公司隶属事业单位机构名录

机构名称：**山东烟台钟表研究所**
主要负责人：方虎权
地址：烟台市朝阳街76号
业务范围：引进钟表生产新技术；开发、试制钟表新产品、新花色；为烟台钟表工业的生产、经营、决策提供信息和情报；对北极星钟表系列产品进行质量检测和质量监督。

机构名称：**烟台市钟表职工中等专业学校**
主要负责人：蔡世明
地址：烟台市小太平街1号
专业设置：以培养中级技术人员为主。开设企业管理、计时仪器、塑料模具、石英钟表、钟表机制五个专业，学制三年。

机构名称：**烟台市钟表工业技工学校**
主要负责人：蔡世明
地址：烟台市小太平街1号
专业设置：培养中级技术工人、开设计时仪器、石英钟表、塑料模具、熔铸、表面处理等6个专业，学制三年。

（杨登先）

武汉市第一轻工业局隶属事业单位机构名录

机构名称：**武汉市一轻工业供销公司**
主要负责人：樊伟
地址：汉口北京路9号
业务范围：供应武汉地区一轻工业所属金属、建材、油料、化工、轻工、包装、农副产品等原辅材料及燃料。

机构名称：**武汉市印刷物资公司**
主要负责人：尹国润
地址：汉口大夹街335号
业务范围：负责武汉地区印刷机械、器材、油墨、纸张的供应。

机构名称：**武汉市一轻工业科研所**
主要负责人：刘安彪
地址：汉口宝丰一路83号
业务范围：设有情报、日用化工、香精香料、轻工机械、电子技术、工业微生物、分析技术、环境保护、新技术开发研究室，承担国家科委、轻工业部、省、市下达的科研项目

机构名称：**武汉市一轻局科技情报中心站**
主要负责人：汪开忠
地址：汉口宝丰一路83号
业务范围：编辑《武汉轻工科技》、《湖北省食品发酵》及内部科技动态等科技刊物。

机构名称：**武汉市轻工经济科技信息中心**
主要负责人：刘安彪
地址：汉口宝丰一路83号
业务范围：收集、储存、传递、交流全国轻工信息，编发《轻工业信息》。

机构名称：**武汉市包装装潢印刷科研所**
主要负责人：施光亚
地址：汉口统一街60号
业务范围：进行印刷研制开发、技术咨询、项目论证、人才培训、外文资料翻译，编辑发行《武汉印刷》、《包装印刷信息》。

机构名称：**武汉市造纸工业公司科研所**
主要负责人：刘道明
地址：汉口民意四路117号
业务范围：从事造纸行业新产品研究、技术咨询、技术转让。

机构名称：**武汉市食品工业研究所**
主要负责人：陈薇芳
地址：汉口岳飞街44号
业务范围：进行产品质量检测、技术咨询、人才培训、翻译国内外技术资料。

机构名称：**武汉市一轻工业设计室**
主要负责人：丁皓
地址：汉口扬子街20号
业务范围：承担轻工系统土建厂房、仓库及中小型烟囱、水塔、水池等构筑物设计，符合乙级建筑工程设计资格。

机构名称：**武汉市一轻工业科学技术协会**
主要负责人：吴华庆
地址：武汉市
业务范围：开展学术交流活动，推广科学技术成果经验，普及科学技术知识，及咨询工作。

机构名称：**武汉市第一轻工业局职工技术协作委员会**
主要负责人：吴华庆
地址：汉口中山大道920号
业务范围：组织工程技术人员、技术工人、技术领导干部进行技术协作、攻关；交流推广国内先进技术、管理经验；开展技术培训。

机构名称：**武汉市第一轻工业局企业思想政治工作研究会**
主要负责人：刘龙成
地址：汉口中山大道920号
业务范围：交流本系统思想政治工作经验，探讨新时期思想政治工作的新方法。

机构名称：**武汉市一轻工业企业管理协会**
主要负责人：赵树发
地址：汉口民主二街7号
业务范围：培训管理干部，总结交流管理经验，传播先进管理方法，开展咨询活动。

机构名称：**武汉市一轻工业会计学会**
主要负责人：赵树发
地址：汉口民主二街7号
业务范围：培训财会人员，交流传播财会知识，开展咨询活动。

机构名称：**武汉市日化工业协会**
主要负责人：杨德崇
地址：汉阳月湖路152号

业务范围：组织本市日化行业开展技术交流活动；协助有关部门进行产品质量检查；开展横向经济技术协作、咨询活动；收集、整理、编译、提供国内外同行业技术经济情报、信息。

机构名称：**武汉市造纸工业协会**

主要负责人：谭立超

地址：武汉市

业务范围：开展技术交流，进行技术咨询，交流技术情报、信息。

机构名称：**武汉印刷技术协会**

主要负责人：杨国斌

地址：汉口大夹街335号

业务范围：开展学术交流，组织调研考察，推广科技成果，普及印刷技术，开展技术咨询，加强同国内外技术团体、技术工作者的联系。

机构名称：**武汉市第一轻工业学校**

主要负责人：王存仁

地址：汉阳黄金口

专业设置：轻工机械、日用化工、包装装潢设计、会计。

机构名称：**武汉市一轻工业技校**

主要负责人：金友明

地址：汉口中山大道920号

专业设置：造纸、发酵、日用化工、硅酸盐、轻工机械专业。

机构名称：**武汉市第一轻工业局职工中等专业学校**

主要负责人：尹长荣

地址：汉口青年路黄家大塆

专业设置：食品烤焙专业。

机构名称：**武汉市第一轻工业局职工函授大学总站**

主要负责人：王锡年

地址：汉口中山大道920号

专业设置：轻工机械、制瓶、造纸、食品烤焙、发酵、党政干部管理专业。

机构名称：**中共武汉市第一轻工业局党校**

（武汉市第一轻工业局干部学校）

主要负责人：毛玲莉

地址：汉口民主二街7号

专业设置：马列主义理论、经济管理专业。

（邓　乔）

武汉市第二轻工业局隶属事业单位机构名录

机构名称：**武汉市二轻工业局供销处**

主要负责人：孙佩兰

地址：汉口中山大道750号

业务范围：组织供应、加工改制二轻系统生产所需的原、辅材料、燃料。销售二轻系统的产品。

机构名称：**武汉市二轻外贸服务公司**

主要负责人：陈逸农

地址：汉口花楼街256号

业务范围：组织二轻系统的产品进出口，开展国内外经济技术合作。兼营二轻系统自有外汇进出零星原材料、单机、散件、配件业务。

机构名称：**武汉市国营美术设计公司**

主要负责人：吴伯安

地址：汉口民生路150号

业务范围：包装、商标设计；美术，广告、灯箱、招牌、室内外装潢设计制作。

机构名称：**武汉市修理服务公司**

主要负责人：鄂志刚

地址：汉口花楼街256号

业务范围：申报、组织、分配全市日用品企业修理材料。修建、改造二轻系统所属企业厂房、统建职工宿舍。

机构名称：**二轻工业局劳动服务公司**

主要负责人：罗锐

地址：汉口花楼街256号

业务范围：从事培训、安置、分配二轻系统职工子女、待业青年的工作。

机构名称：**武汉市二轻工业局党校（干部学校）**

主要负责人：李玉和

地址：武昌民主路8号

业务范围：培养、训练二轻系统党员、基层干部，以提高马列主义理论水平和管理业务知识水平。

机构名称：**武汉市第二轻工业局教育中心**

主要负责人：汪闻达

地址：青山区冶金大道49号

业务范围：为二轻系统职工进行中专以上的学历培训，培养初级、中级技术人员和管理干部及技术工人。

机构名称：**武汉市第二轻工业局科研所**

主要负责人：陈荣基

地址：汉口解放大道441号

业务范围：完成国家、省、市下达的科研计划，为全系统技术改造、开发新产品提供信息、咨询服务。

（周绪霞）

长沙市第一轻工业公司隶属事业单位机构名录

机构名称：**长沙市一轻工业职工中等专业学校**

主要负责人：王振夫

地址：长沙市唯物岭36号

专业设置：工业企业管理、工业企业经营管理、工业会计、工业统计和机械维修等专业。

机构名称：**长沙市一轻工业研究所**

主要负责人：邵维国

地址：长沙市向家湾65号

业务范围：从事一轻工业产品开发和技术研究。设有新技术研究室、食品研究室、窑炉设计室和理化研究室等，并受省委托，担负全省搪瓷、玻璃、保温瓶质量监督检验中心站的工作。

机构名称：**长沙市一轻工业供销公司**

主要负责人：杨运生

地址：长沙市黄兴南路232号

业务范围：根据计划和企业需求进行物资筹划、调剂、分配工作，帮助企业搞好物资供应管理。组织和协助企业抓好产品销售，了解市场动态，及时向企业提供市场信息。（周再昆）

附录 省会市、沿海开放城市轻工业局(公司)隶属事业单位机构名录

广州市第二轻工业局隶属事业单位机构名录

机构名称：**广州市二轻工业供销公司**

主要负责人：黄巨芬

地址：广州市长堤路286号

业务范围：负责采购、调拨二轻系统所属企业生产所需的原材料和设备；销售所属企业计划外产品；负责系统内物资运输工作。

机构名称：**广州市二轻房产开发公司**

主要负责人：陈斯骢

地址：沿江西路147号

业务范围：经营本系统的房产开发业务。

机构名称：**广州市二轻工业建筑公司**

主要负责人：冯宝球

地址：广州市同福西路193号

业务范围：承担土木建筑、装饰、打桩、木电安装工程。

机构名称：**广州市二轻局工程设计室**

主要负责人：陈斯骢

地址：广州市同福西路193路四楼

业务范围：二轻工业和乙级工业民用建筑设计工程。

机构名称：**广州市二轻局科学技术研究所**

主要负责人：梁国柱

地址：广州市大新路311号

业务范围：金属表面处理技术，如电镀、氧化着色等，并包括所用的化学药品、添加剂、设备和工艺技术的研究与开发，技术情报咨询。

机构名称：**广州市第二轻工业局教育培训中心**

主要负责人：陈志刚

地址：大新路419号

业务范围：综合管理二轻系统教育、培训工作以及对局办的几个学校的领导。

机构名称：**广州市第二轻工业局职工大学**

主要负责人：丁炽祥

地址：广州市大新路419号

专业设置：轻工模具、工业自动化、家用电器工业企业管理、计算机应用、无线电技术、轻工机械。

机构名称：**广州市二轻中专学校**

主要负责人：陈定华

地址：广州市泰康路水母湾13号

专业设置：工业电气、工业企业管理、机械模具、弦乐器制作、皮鞋设计与制造。

机构名称：**广州市第二轻工业局职工中专**

主要负责人：丁炽祥

地址：广州市大新路419号

专业设置：轻工企业管理、财务会计、政工、服装设计、家具设计、小提琴制作、工艺绘画。

机构名称：**广州市二轻技工学校**

主要负责人：佟厚雄

地址：广州市光明北路697号

专业设置：家用电器、维修电工。

（黄庆惠）

广州市包装工业总公司隶属事业单位机构名录

机构名称：**广州市美术装潢设计公司**

主要负责人：叶珠

地址：广州市北京路313号 4 楼

业务范围：包装装潢设计、装修工程、摄影和照片冲印以及招牌、灯箱广告制做。

机构名称：**广州市包装供销公司**

主要负责人：何棣

地址：广州市中山五路38号

业务范围：包装、印刷产品、供应印刷材料、器材、机械、配件。

机构名称：**广州市包装研究所**

主要负责人：蔡树焯

地址：广州市惠福东路惠新东街24号

业务范围：包装技术研究与开发、包装造型设计、包装技术交流与成果转让、包装信息咨询服务。

（江永祥）

湛江市第二轻工业局隶属事业单位机构名录

机构名称：**湛江市第二轻工业供销公司**

主要负责人：朱忠生

地址：湛江市赤坝新华路16号

业务范围：负责二轻行业生产所需要的各种规格钢材、有色金属、塑料、化工原料的采购供应工作。

机构名称：**湛江市二轻产品物资公司**

主要负责人：陈炳

地址：湛江市霞山人民一路13号

业务范围：负责二轻产品的推销调拨和二轻产品所需要的原料采购供应工作。

（罗荣浩）

南宁市第二轻工业局隶属事业单位机构名录

机构名称：**南宁市二轻局职工医院**

主要负责人：蓝佳庭

地址：南宁市北际路 5 号

业务范围：负责本系统的防病、治病工作；接受系统以外的人员的门诊治疗工作。

机构名称：**南宁市二轻局技工学校**

主要负责人：高伟芬

地址：南宁市望州岭北二里17号

业务范围：培养中级技术工人。

机构名称：**南宁市第二轻工业局设计研究所**

主要负责人：黄雅珍

地址：南宁市望州南路 1 号

业务范围：为本系统企业和社会提供技术服务。该所受广西二轻局委托，承担全区五金工业科技情报的收集工作，并出版情报刊物。

（李建南）

西安市第一轻工业局隶属事业单位机构名录

机构名称：**西安市轻工业研究所**

主要负责人：刘湘久

地址：西安市五味什字街二号

业务范围：开展轻工产品、轻工机械、轻工自动化以及国内外轻工科技情报的收集和研究。

（李殿元）

西安市第二轻工业局隶属事业单位机构名录

机构名称：**西安市二轻局研究所**
主要负责人：商济
地址：西安市自强西路34号
业务范围：从事化工、皮革、粘接技术的研究和稀土推广应用研究。

机构名称：**西安市工艺美术研究所**
主要负责人：刘喜敏
地址：西安市友谊西路朱雀大街甲1号
业务范围：从事刺绣、染织、雕刻、民间工艺开发应用研究及旅游纪念品、包装、室内设计研究。

机构名称：**西安市包装装潢研究所**
主要负责人：张祖良
地址：西安市夏家什字125号
业务范围：研究装潢造型、印刷工艺、包装机械及室内装饰工艺等。

机构名称：**西安市五金家电研究所**
主要负责人：惠永茂
地址：西安市南大街157号
业务范围：从事电热器具发热原件、制冷器具、照明器具、五金制品及设备工具等应用研究，五金家电技术情报、产品信息、产品质量测试等业务。

机构名称：**西安市家具研究所**
主要负责人：田颖
地址：西安市友谊西路21号
业务范围：研究设计各类家具造型、结构、用料、装饰及功能，研究以刨花为主的人造板和各类制作家具的设备，研究开发家具用的各种胶料涂料，收集整理国内外家具情报资料，编辑出版《家具与生活》杂志。

机构名称：**西安市轻工机械研究所**
主要负责人：贾建武
地址：西安市兴隆巷52号
业务范围：研制轻工机械新产品、新工艺和新技术、测试机械性能、推广微机应用、收集轻工机械资料等。

机构名称：**西安市塑料研究所**
主要负责人：陈祥辉
地址：西安市东关柿园坊13号
业务范围：研究开发塑料新产品、新工艺，收集塑料行业的技术情报，研制塑料模具和设备等。

机构名称：**西安市室内装饰公司**
主要负责人：田颖
地址：西安市兴善寺西街11号
业务范围：从事旅游宾馆、饭店室内装饰设计、装饰材料的供应及装饰施工的组织等。

机构名称：**西安市经济技术开发公司**
主要负责人：王建民
地址：西安市雁塔路31号
业务范围：从事经济技术的引进、协调、联合等业务活动。

机构名称：**西安市二轻工业供销公司**
主要负责人：朱鸿信
地址：西安市自强西路34号
业务范围：经营西安市二轻系统生产、基建和维修用的各种原辅材料，经销二轻产品等。

机构名称：**西安市二轻产品展销中心**
主要负责人：杨子华
地址：西安市南大街5号楼
业务范围：经营、展销、批发西北地区和全国二轻产品，兼营百货、交电等业务。

机构名称：**西安市二轻工业技工学校**
主要负责人：高百忍
地址：西安东郊十里铺
专业设置：车工、钳工、电工、服装、装潢、塑料工艺、家具制作、油漆工艺、室内装饰、制革工艺、胶印等。

机构名称：**西安市二轻局干部学校**
主要负责人：贾忠义
地址：西安市太华路生产后村
专业设置：工业企业管理、党政干部培训、财务及其它专业培训等。

机构名称：**西安市二轻职工中等专业学校**
主要负责人：贾忠义
地址：西安市太华路生产后村
专业设置：企业管理、财会、塑料工程、家具设计、轻工机械、装潢设计等。

机构名称：**中华旅游纪念品开发总公司西安分公司**
主要负责人：杨珠江
地址：西安市长安路、西安宾馆北侧
业务范围：开发西安地区旅游纪念品，扶持企业，沟通信息，为发展旅游事业服务。

机构名称：**西安市二轻局劳动服务公司**
主要负责人：张官潮
地址：西安市大车家巷16号
业务范围：负责二轻系统知识青年的安置、就业以及知青集体企业的管理和协调工作。

(付汝俊)

港台和国外轻工业资料

美国造纸工业

【概况】 1985年美国纸张和纸板的产量7 162万吨比1984年6 900万吨增长3.8%。1986年产量增长2.0%，预计1987年的纸张和纸板产量将达到7 630万吨，比1986年增长0.4%。在纸张和纸板生产增长中，增长速度最快的是书写纸和印刷纸以及包装纸板，卫生纸的产量有所下降，箱板纸及包装用牛皮纸的产量停滞不前。

1985年商品纸浆的生产增长率不到1%，废纸占纤维半制品的总消费量的比重可能由1984年的23.2%提高到1987年的24.2%。

1985年美国制浆造纸工业的利润率为23%，纸张和纸板的生产能力利用率分别为95.8%和96.3%。1985年美国造纸工业部门有26.39万人，比1984年的25.82万人有所增长。1985年纸张和纸板消费量为6 800万吨。人均消费量达到288公斤。按石油折算的热力和能源消耗，1985年为5 450万吨，比1984年增加3.8%。其中电力占360万吨，重油占410万吨，煤占810万吨，木材下脚料和其它能源（包括自给能源）占3 000万吨。

近几年，美国印刷纸和书写纸的市场情况较好，1973年至1983年生产能力增加500万吨，提高36%，1984年产量达到1980万吨，比1983年增长92.1万吨。80年代以来，印刷纸和书写纸消费量的年平均增长率最高的是超级压光纸，平均增长10.2%；其次是机算机用木浆纸，为7.6%；复写纸为6.0%；计算机用纤维素纸为5.6%；铜版纸为4.5%；各种廉价图书纸为2.4%。

【保健用纸及其它】 1985年美国卫生保健用纸的产量增长20%，达到440万吨，生产能力利用率为93%。司格特(Scolt)公司正在建立一条生产流水线，专门生产21厘米宽的手巾纸以代替28厘米宽的卫生纸，这是节省原材料和降低产品重量的总趋势的一个反映。到1985年底，美国卫生保健纸的价格提高7%左右。

美国利用旧报纸并用实验方法生产新闻纸的历史很长，始于1950年，于1956年才在缅因州的一家纸厂进行生产试验。到1960年才在新泽西州建立用旧报纸生产新闻纸的工厂。1961年10月开始生产。1967年在加利福尼亚州又建立第二家。1985年两家纸厂先后进行改造，产量分别为21万吨和14万吨，消耗的旧报纸约占全国回收量的20%。现在美国的一些城市，新闻纸的回收率已超过50%，美国约有200家纸厂使用废纸作原料。为了满足对废纸的需要，在全国设有固定回收站和流动回收站。

根据美国商业部统计，1985年美国制浆造纸工业用于新设备的投资达75亿美元，占总销售额的10%以上，比1984年的71.3亿美元增加5%，超过历史最高水平。从部门内部的投资分配和构成来看，1984年至1986年木材制备车间占投资比重为5%，纸浆生产占21%，新型抄纸机占10%，机器改造占13%。能源占20%，其它车间和科室占25%，减少污染的净化设施和其它设备占6%。从投资的地区布局看，主要是南部，这里的制浆造纸部门占总投资的60%以上。

【进出口】 由于美国纸张和纸板的国内消费增长很快，还要依靠进口。例如，1984年美国新闻纸的产量提高7%，而消费量却增加10%，新闻纸进口大大增加。1984年美国纸张和纸板进口为1 000万吨。比1983年增长24%，特别是各种杂志纸、新闻纸和涂料纸的增长速度较快。其中新闻纸的进口增加15%，其它纸张的进口增加75%。据估计，今后几年美国纸张的需求量和进口数量仍将保持1984年的水平。

美国的纸张以供应国内市场为主，近几年出口也有所提高，1984年美国纸张出口414.8万吨，占国内总产量的12.2%，1985年出口451.5万吨，比上年增长9%，占国内总产量的13%。1985年纸板出口351万吨。

80年代初，美国进入了世界主要纸浆出口国的行列，1985年美国纸浆出口333.6万吨，其中向西欧出口纸浆120万吨，比前两年略有减少。这是因为1983年至1985年期间的美元汇价提高和国内生产费用增加，削弱了竞争能力，例如1978年纸浆生产能力按10吨计算的投资额为28.5万美元，1984年为49万美元，1986年达到67万美元。此外，美国废纸出口量增大，在很大程度上与纸浆供应商竞争，致使一些工厂转向生产供国内市场的商品纸浆和成品。

（刘　原）

加拿大造纸工业

【概况】 加拿大的制浆造纸工业目前有108家纸厂和34家纸浆厂，从业人数为822 000人。各种纸张、纸浆的生产能力利用率平均达到90%以上。其中：新闻纸为92%，纸浆为87%，书写纸和印刷纸为95%，包装纸和包装纸板为88%。1985年加拿大纸张和纸板的产量为22 238万吨，比1984年增长8%，其中新闻纸的产量提高7%，达到1 410万吨，占总产量的63%，其它书写纸和印刷纸增长16%，纸板增长9%。纸浆品的产量为2 020万吨，比1984年增长5%，两项合计为4 258万吨，而1980年纤维半制品、纸张和纸板的产量为2 000万吨，1985年比1980年的产量增长1倍多。加拿大造纸行业1985年外购能源的消费量（折合成石油当量）为713万吨，其中天然气186万吨，重油190万吨，煤22万吨，电力302万吨，其它能源13万吨。

【贸易情况】 加拿大造纸产品出口，在整个国家对外贸易中起着重要作用。1985年纸张和纸板出口520万吨，比1984年增长18%，纸浆出口660万吨。出口换汇160多亿美元。从出口市场分布看，其中出口美国占总额的75%，西欧占12%，其它国家占13%。据加拿大制浆造纸协会估计，自1975年以来，生产利润下降，原料费用上升，工资支出增加。同时，投资不足也造成了加拿大制浆造纸工业生产的竞争能力下降。为了扭转这种局面，造纸公司的代表们要求降低原料进口税和利润税，并准备采取措施降低生产费用和提高产品质量，以便提高在国际市场上的竞争地位。当前加拿大造纸行业正在仿效斯堪的那维亚国家，改变生产方向、调整产品结构。这些国家由于原料成本高都对生产结构进行了调整。例如25年来芬兰出口的主要产品是附加价值较高的纸张，而瑞典和挪威也相继改变了生产方向，在生产和出口中所占比重最大的是低密度涂料杂志纸、透印新闻纸和非涂料透印杂志纸。今后加拿大纸张出口的方向就是不断生产高附加价值的优质纸张，特别是扩大生产非涂料木浆杂志纸。

【投资改造】 加拿大造纸工业部门十分注意企业的设备更新和技术改造。据统计1985年制浆造纸工业的总投资为13亿美元，比1984年增长20%。各部门占总投资的比重为：木材制备车间占2%，纸浆生产占24%，新型抄纸机占10%，现有机器改装占26%，能源占6%，其它车间和科室占26%，减少环境污染的净化设施和其它设备占6%。许多大的造纸公司都把投资改造作为提高自己竞争能力的主要途径。有一家联合企业现有5台抄纸机，从70年代起一直生产较低质量的新闻纸，经改造后生产48.8克和45克两种标准新闻纸，由于质量得到了改进，并提高了附加价值，保证了公司的利润率。加拿大安大略省的一家制浆造纸联合企业投产一台加拿大最大的生产优质印刷纸和书写纸的造纸机，宽度为5.33米，年产量为12.3万吨优质印刷纸、书写纸、信封纸和特种纸，可代替3台旧式造纸机。新式造纸机由芬兰Uainet公司提供，装备有Symbormer成型装置，该机的设计速度为915米/分钟，生产纸张的密度范围为49—114克/米^2，主要采用漂白硫酸盐纸浆。联合企业的纸浆厂曾于1982年扩建，使漂白和本色硫酸盐纸浆的年产量由19万吨提高到25万吨，连续蒸煮锅的生产能力为726吨/日。此外，由于新闻纸需求量的不断增长，加拿大Reed Inc公司追加6 000万美元的投资对其所属一家造纸厂进行现代化改造，并以2.6亿美元对该厂进行改建，于1986年完工。改造后工厂的年产能力由10万吨增至42万吨，进入北美10家大型造纸企业的行列。公司的专家们认为，从长远看，新闻纸的需求量每年将以3至4%的速度递增，新闻纸的生产也将有进一步的发展。

随着设备更新和技术改造的深入进行，纸浆和纸张生产的资本密集程度越来越高，使加拿大造纸行业正面临着一个新的问题，即新的投资水平超过了由利润和折旧提成构成的自筹资金，投资的收回是一个迫切解决的难题。加上由于贷款付费很高，加拿大造纸行业采取以下三个途径迅速收回收投资：(1)改进现有生产设备和扩大现有企业，压缩新建企业的比例；(2)将大部分资金用于非物质生产领域，尤其是科研与实验设计部门；(3)收集市场信息，进行技术交流，培训和提高工人的熟练程度。

（刘　原）

巴西造纸工业

【概况】 巴西造纸工业共有14 000家企业，大都分布在巴西南部的圣保罗、巴拉那、圣卡塔林纳、里约热内卢、米纳斯吉拉斯等地区。巴西制浆造纸工业生产增长很快，在1974年至1984年的十年间，各种纸张和纸板的年产量由158.7万吨增加到342万吨，纸浆产量由115万吨增加到360万吨。其中漂白硫酸盐纸浆由37.6万吨增到209.9万吨。1984年巴西各种纸浆和纸张产量见下表。

但是，近几年来巴西国内经济不振，通货膨胀率下降。1984年巴西纸张和纸板的产量比1980年下降了1.5%。

到本世纪末，巴西制浆造纸工业还会有较快的发展。据有关部门预测，到2000年，巴西纤维半制品的生产能力可望达到1 490万吨，这就是说，在今后15年内纤维半制品的年平均增长速度应达到3.6%。届时，除了一部分新闻纸外，巴西的纸张和纸板几乎全部自给。

巴西的森林覆盖率较高，达到80%，适合于商业采伐的森林面积为3.05亿公顷，占国土面积的45%。到1984年，巴西人工造林（主要是

1984年巴西各种纸浆和纸张产量　（单位：万吨）

品　　名	1972年	1980年	1984年
纸张和纸板合计	134.5	346.7	341.8
新　闻　纸	10.7	10.9	10.6
印刷纸书写纸	36.2	84.0	95.1
卫生纸生活用纸	6.2	26.7	26.0
包装纸和包装纸板	60.3	169.3	159.9
其　它　纸　张	4.6	14.0	12.2
其　它　纸　板	16.5	41.8	38.0
纸　浆　合　计	92.5	345.9	360.0
木　　　浆	18.0	31.5	—
本色亚硫酸盐纸浆	4.0	2.1	2.6
漂白亚硫酸盐纸浆	4.9	2.3	2.0
本色硫酸盐纸浆	26.7	111.4	72.2
漂白硫酸盐纸浆	31.8	175.6	209.9
化　学　纸　浆	1.1	6.0	—
其它纤维半制品	6.0	17.0	—

松树和桉树）390公顷，居世界第四位。巴西鼓励植树造林始于1967年，当时为林场主提供了许多优惠。1967年至1974年期间，国家用于发展原料基地的投资为5 000万美元。例如，1978年巴西阿拉卡儒制浆造纸联合企业投产时漂白硫酸盐纸浆的生产能力为40万吨，到1984年增加到50万吨。为了保证企业所需要的原料，于1972年开始植树造林，至1973年森林面积达到26 700公顷。目前的年平均生长量为54至113立方米/公顷。

近几年来，巴西纸品出口发展较快。1984年纸浆和纸张出口总量为257万吨。换汇5亿美元，其中纸张占1.9亿美元，纸浆占3.1亿美元，1984年纸张和纸板出口量为41万吨，占总产量的12%，1984年纸浆出口量为216万吨，占总产量的60%，占世界纸浆贸易额的比重，从1978年的1%上升到1984年的4.5%。商品纸浆是巴西48家企业的主要产品，几乎都是利用外资建设的大型专业化企业，其产品主要提供出口。美国、日本、西欧的造纸公司的直接投资促进了生产能力的增长，使巴西制浆造纸工业获得较快发展。但是，进入80年代主要资本主义国家经济衰退和世界需求量的减少，使巴西制浆和纸品的出口利润下降，导致外资减少，只好靠贷款来进行巨额投资。（刘原）

世界造纸工业对废纸的利用

【概况】 1984年世界废纸市场的消费量明显增加，废纸的价格有提高的趋势，一些国家的废纸收购网在扩大，废纸贸易额有所增加。1984年世界废纸消费量为6 000多万吨，比1983年提高8.3%。美国市场的废纸需求量的增长和美元牌价的提高，使得美国向国际市场的废纸供应量减少，而象法国和瑞典这样一些非传统出口废纸的国家出口量增加。1985年在世界废纸市场上美国、西欧国家一度出现废纸需求量下降的迹象，废纸的价格也随之下跌。1986年美国和加拿大两国加工纸张和纸板二次原料的一些抄纸机和纸板机相继投产，同时一些利用废纸的企业恢复生产，因此1986年的世界废纸需求量又有所增长。1985年美国北卡罗来纳州一家以废纸为主要原料的生产卫生纸和生活用纸的新厂投产，其年生产能力为1.8万吨；加利福尼亚州的一家纸板厂投产，其年生产能力为17.5万吨。1986年加拿大魁北克省的一家废纸浆厂也投产。1984年联邦德国的废纸消费量为400万吨，比1983年的350万吨提高了14%。1985年联邦德国的废纸消费量又比1984年提高3%。1984年联邦德国的废纸回收量410万吨，比1983年增长15%。1984年联邦德国的废纸出口量比1983年增长39%，达到80万吨。1984年日本废纸的再生系数（废纸回收量的纸张和纸板消费量之比）达到50.5%，而废纸的利用系数（废纸消费量与纸张和纸板产量之比）达到48%。瑞典的废纸比重占各种纤维原料消费量的11%。在加拿大有43家企业加工废纸，废纸消费量由1975年的60万吨增加到1985年的140万吨。1984年法国的废纸消费量比1983年增长了10.9%，达到222万吨，1984年的废纸利用系数达39.9%，废纸回收量为232万吨，比1983年增长了10.6%，出口量为50万吨，比1983年增长了11.8%，进口量为39.9万吨，比1983年增长了12.8%。荷兰的废纸利用系数近年来常稳定在60%左右，据认为是世界上最高的。1984年荷兰的废纸消费量110.7万吨，比1983年增长了8%，比1980年增长了29%。

近几年来，西欧制浆造纸工业利用二次造纸原料生产纸张和纸板发展较快。尽管这些国纸张生产的增长速度不会太快，但对废纸的利用率会有较大增长。西欧国家所需废纸主要是从发展中国家及美国进口。1984年西欧国家的废纸消费量为1 280万吨，而美国的废纸消费量为1 400万吨，再生系数分别为31%和26%。根据欧洲造纸学会的资料，西欧美国纸张和纸板主要材料消费结构为：纸浆占45%，60%；木浆占15%，10%废纸占30%，25%；1985年某些西欧国家的废纸需求指数（以1980年100）为：奥地利为127，西班牙为123，荷兰为101，法国为121，葡萄牙为151，瑞典为118

瑞士为1 160。

西欧国家1980年至1985年的废纸资源及其回收量

单位：千吨

国家	1980	1983	1984	1985
废纸资源				
奥地利	350	400	420	450
芬兰	578	637	656	676
挪威	420	415	425	430
瑞典	415	1 414	1 430	1 450
瑞士	110	1 050	1 100	1 100
废纸回收量				
奥地利	263	300	310	325
芬兰	244	288	300	315
挪威	116	110	125	135
瑞典	576	630	645	660
瑞士	550	580	590	660

（刘　原）

世界自行车工业

【概况】 1985年，全世界共有66个国家和地区生产自行车，世界自行车总产量约为9 000万辆，其中亚洲5 600万辆，占世界总产量的62.2%，欧洲2 200万辆，占24.4%；美洲1 100万辆，占12.2%；非洲100万辆，占1.1%；大洋洲30万辆，占0.33%。

自行车年产量超过100万辆的国家和地区有：中国(3 235万辆)、我国台湾省(772万辆)、日本(678.5万辆)、美国(640万辆)、印度(550万辆)、苏联(536.2万辆)、西德(341万辆) 巴西(220万辆)、法国(156万辆)、意大利(195.3万辆)*、英国(159.6万辆)*、荷兰(145.5万辆)以及波兰、南朝鲜、西班牙等。(*为1984年数字)

目前，世界自行车的社会拥有量为9亿辆左右，平均每6.5人拥有一辆，欧洲、美国和日本一般2人左右一辆，国际贸易市场上自行车已趋饱和、世界市场自行车年贸易量为1 300万辆，占世界自行车年产量的14.4%。1985年主要出口国家和地区依次为：我国台湾省632.3万辆，占世界总贸易量的48.6%；意大利为150万辆，占11.5%；联邦德国为104.5万辆，占8.04%；日本为88万辆，占6.83%；印度为65万辆，占5%；我国64万辆，占4.92%。以上六个国家和地区占世界自行车总出口量的85%以上。

自行车进口量最多的是美国，1985年进口量为660万辆，占世界自行车总进口量的50.8%；欧洲的联邦德国、英国、荷兰、瑞士进口量约为170万辆，约占13%。自行车发明至今已有近300年的历史，其产品从结构、装饰和用途都已发生根本性变化，目前工业发达国家的自行车生产与市场均以运动、比赛、旅游和健身工具为主，发展中国家自行车仍作为交通代步和短途运输工具。目前自行车主要生产国家和地区可分为三大类：欧洲国家、日本和美国为主要生产和消费国；台湾和南朝鲜以自行车出口为主；我国以及印度、苏联和东欧国家以国内销售为主。

美国　为世界主要的自行车生产和销售大国。早在1973年自行车产量已突破1 000万辆，生产能力达到1 500万辆，年销售量为1 500万辆。由于自行车属于劳动密集型的工业，生产逐年下降，而自行车进口量则连年增加。这一趋势仍在发展之中。

从美国历年自行车进口情况看，六十年代美国自行车进口市场主要是欧洲产品，七十年代中期被日本的产品所取而代之；进入八十年代又逐渐被台湾的产品所垄断。目前美国市场台湾、日本、南朝鲜的自行车占主导地位，占美国进口自行车总量的90%以上。1985年，进口台湾自行车为444万辆，占美国自行车进口量的62.3%；进口日本自行车以高、中档为主，约61万辆，占9.2%。此外，美国每年从国外进口大量的自行车零配件，1984年仅从日本进口的自行车零配件价值就达1.5亿美元。

在美国，自行车主要用于消遣、娱乐、锻炼身体以及作为校园内的交通工具。对自行车要求花样新颖、使用方便、骑行轻快，所以美国进口的自行车中轻便车占主导地位。1985年轻便车占66%；20英寸小轮车占34%。1985年男女车销售比例为：男车占64.6%，女车占35.4%。

日本　为世界自行车主要生产国和出口国之一。日本的自行车产量1973年已达到941万辆，创历史的最高水平。在此之后，由于国内外市场不景气等原因，本国自行车生产呈下降趋势，但自行车零配件生产有较大进展。

1985年，日本自行车工业拥有整车厂61家，零配件生产厂127家。90%厂家为中小企业，50人以下的小厂占70%左右。1985年自行车产量为678.5万辆，其产品结构主要有：用于短途代步的小轮车、轻便型自行车，占市场的53%；用于旅游、锻炼的运动型自行车占22%；适合少年儿童骑用的儿童自行车，占22%。日本主要整车厂有石桥、宫田、松下、凡石、富士等十家，其年产量约占全国年产量的70%以上。日本石桥自行车公司为日本最大的自行车整厂制造厂，拥有职工1 690人，年产自行车130万辆，出口量为2.5万辆。

日本自行车零配件生产在自行车行业中实力雄厚，石桥自行车公司的资金不过18亿日元，而最大的零配件生产厂家岛野公司的资金达31亿日元。日本自行车零配件出口的比例较大，其质量优异、性能出类。目前世界上多数自行车生产国均配用日本制造的零部件。1980年日本零部件出口额创历史最高纪录，达3.25亿美元，为同期整车出口额1.04亿美元的3倍多；1984年日本出口总额为3.5亿美元，其中整车占28%，零部件占72%。日本制造的链轮曲柄、多级变速器、钳形闸、轴皮、多级飞轮等，已成为各国高档自行车竞相采用的“佳品”。

岛野工业公司现有职工770人，1985年销售额达2.39亿美元，占出口总额的60～70%。该公司从1983年以来大量投资改造生产技术，目前生产自动化程度已达70%。“岛野牌”系列产品已成为当今高档自行车必配备的名牌货。

近几年，日本的自行车进口量增长，1984年进口量为2.7万辆，主要进口自台湾，约为2.5万辆，这一趋势将会进一步发展。

英国　其自行车生产历史悠久，为自行车生产创始国之一，生产技术精湛。兰苓公司为主要生产厂家，集中英国自行车产量的80%左右。该公司生产兰苓、三枪、海格力斯、太阳、红手等牌号的世界名牌车。英国自行车售价一般比美国、日本的同类自行车高10～20英磅。英国的自行车的产品结构变化很大，以1984年销售的自行车为例，运动车占52%、旅游车占21%、小轮车占16%、儿童车占11%。目前，英国自行车多带变速机构，这类车一般占自行车总销售量的80%以上。

兰苓自行车公司有10家跨国公司，对自行车生产曾进行大规模的设备更新，采用新技术，改组生产管理，开拓健身车、BMX越野车等新品种，但在激烈的国际市场竞争中仍敌挡不住亚洲物美价廉的中、低档自行车的攻势。自1980年以来，其产品市场一直不景气，自行车贸易连年出现逆差，1983年逆差额高达3倍之多。1985年台湾自行车对英国出口量达19万辆。在廉价自行车的冲击下，相继失去一些国外销售市场，国外自行车却涌入英国，英国兰苓自行车公司职工人数由6 000人一再压缩到1 000人，近年自行车产量已不足100万辆，连续几年出现亏损。1985年赤字竟高达450万英磅。至此英国TI集团被迫将母公司20%以上的股权转卖给巴雷特公司，于1986年底以1 800万英磅卖给美国的德比国际公司。

联邦德国　欧洲的自行车生产第一大国，其产量居世界第六位。现有自行车生产企业60余家，其中整车厂18家，有奥托、卡尔克霍夫、基纳斯特、海德曼、海格利等。西德的自行车年产量，七十年代为200万辆左右，八十年代保持在300～350万辆之间，年出口量约为100万辆。1985年出口104.5万辆，其主要市场为欧洲国家，荷兰、瑞士、英国、奥地利和丹麦等。1985年自行车进口量为42.2万辆。

在联邦德国，自行车作为近程郊游、上学、购物用的交通代步工具，1985年的产品结构为：运动车21%、比赛用车和轻便车占34%、青少年和儿童车占21%、青少年比赛运动车占3%、荷兰式男女轻便型平车占5%、折叠车占1%、旅游车3%、越野车占12%。1986年联邦德国自行车市场以中、高档运动车、比赛车等车种需求量增长幅度较大。

联邦德国自行车工业也出现不景气现象，联邦德国的第二大厂家，卡尔克霍夫自行车公司曾拥有职工1 100人，资金700万马克，在激烈的价格竞争中终于在1985年11月中旬破产，同时波及其他自行车零件生产厂家。

【发展趋势】　1972～82年为自行车生产和销售高潮，目前对自行车的需求处于饱和状态，各主要生产国的自行车生产能力均处于过剩状态。近期国际自行车贸易总量起伏于1 000～1 500万辆之间，在美国自行车被视为大型玩具，市场对自行车要求“新颖轻便、快速、价廉”外观质量要求高，表面装饰年年变花样，重量轻，广泛采用铝合金、铬钼合金、钛合金等高强度的薄型管材。轻便车的重量约为11.2～12公斤、运动车为14.2～10.3公斤。为适合运动和比赛要求，不少厂家从空气动力角度进行研究，出现各种流线型铝合金车圈、扁形辐条、椭园形车架管等，减轻自行车的骑行阻力。国外自行车绝大多数装有变速装置，类似我国目前生产的品种，在国外正被淘汰。国外主要自行车市场向两个极端发展，一是廉价车，二是高级车。国际市场廉价车销售比例在上升，廉价车市场主要被台湾和南朝鲜占居，一些发达国家专门生产高档车的工厂也开始生产廉价车，为扩大市场寻求出路。高档自行车为西欧、日本和美国占主导地位，最近台湾、南朝鲜等低工资优势逐渐失去，开始向高档车生产方向发展。意大利、法国、英国、日本等为高档自行车生产国，以名牌和优质而在国际市场占居上风。

发展中国家在注意发展自己的自行车工业，由于生活水平较低，仍以自行车作为主要的骑行代步和短途运输的工具。品种以价格低廉的平车和轻便车为主，但近年来也出现需求变速车和小轮车的趋势，传统的自行车车种市场正在缩小之中。1986年由于美国采取贸易保护主义，对台湾输美自行车全部加19%的关税，迫使台湾开发中东和东南亚市场，直接影响我国和印度的出口市场。

据预测，进入九十年代之后，发展中国家对平车和普通轻便车的需求将逐步被多速轻便车取代。自行车社会拥有率将从5～10人一辆发展到3～5人一辆，再加上更新率加快等因素，发展中国家是未来的巨大自行车消费市场。

自行车生产的国际性协作配套将进一步发展。目前，自行车标准均已国际化，日本、意大利、美国、英国生产的零部件均已系列化、标准化和规格化，促进了整车生产的国际性配套。连英国的兰苓自行车也装用意大利、日本等国生产的零部件，目前国外生产的自行车已几乎找不到一辆所谓的全国货产品。世界自行车生产国和消费国将增加自行车零部件进口，不少国家限制整车进口，但不限制零部件进口或进口税收较低。因此零部件生产和贸易，将是主要自行车生产国的重要生产领域，其国际市场交易量将以比整车更快的速度增长。

（关越）

主要生产国家的自行车生产变化情况　（万辆）

	1980	1981	1982	1983	1984	1985
日　本	708.3	660.1	653.2	704.1	681.0	678.5
美　国	685	666.8	644.5	680	690	640
印　度	383.7	452.7	456.7	500	600	550
苏　联	473.6	483.7	497.8	506	528.1	536.2
联邦德国	364.2	349.3	308.9	333.4	303.1	341
法　国	225.4	239.5	209.5	215.5	218.3	156
意大利	270.1	239.7	229.7	197.4	195.3	—
英　国	169.6	—	172.8		159.6	—
荷　兰	90.45	120.9	129.57	130.27	145.5	—
波　兰	125	98.2	85.4	84.8	91.5	96.5
捷　克	72.8	72.7	74.8	72.2	79.0	84.2
民主德国	73.8	75.3	77.5	78.8	79.8	78.2

自行车主要生产国和地区出口情况　（万辆）

	1980	1981	1982	1983	1984	1985
意大利	112.8	105.6	114.2	143.9	151.8	150
日　本	112.8	116.7	70.7	86.4	85.6	88.3
联帮德国	80.6	77.9	75.7	82.6	95.9	104.5
法　国	63.8		50.5	51.4	48.8	
英　国	57.8	73.5	79.3	86.8	97.3	24.0

主要进口国自行车进口量　（万辆）

	1980	1981	1982	1983	1984
美　国	215.5	222.4	172.6	303.4	420.4
英　国	65.88	26.1	43.78	68.41	59.37
联邦德国	64.49	64.59	50.99	53.94	48.05
法　国	51.51		58.92	59.12	54.98
日　本	0.09	0.0869	0.218	0.61	2.75
意大利	3.65	4.28	2.26	1.51	1.31

台湾省自行车工业

【概况】 我国台湾省的自行车工业起步晚，始于1954年，90％以上的自行车生产厂家创办于1972年以后。现有自行车整车厂25家，零配件厂30家。1980年产量263万辆，1981年产量253万辆，1982年产量238万辆，1983年产量310万辆，1984年产量654万辆，1985年自行车产量达772万辆，80年代年均增长率为20％以上。台湾自行车产品款式新、色彩多、外观质量好，其价格便宜远低于日本、美国及其他欧洲国家。台湾自行车以出口为主，其出口量约为总产量的90％上下。1985年出口705.2万辆，其中出口美国496.67万辆，占70.4％；出口中东地区73.89万辆，占10.4％；出口东南亚和日本42.38万辆，占6％。目前台湾自行车有进一步向中东和东南亚增加的趋势。

台湾自行车在70年代中后期，因质量低劣，在美国市场尚属不受欢迎之列。为了扩大出口扭转局面，台湾当局采取一系列措施，如对自行车行业给予低息或无息贷款，鼓励业主从日本等引进技术，改造生产加工工艺；引进关键零配件，实行国际配套。目前台湾自行车零配件加工40％从日本进口。1986年利用欧洲自行车业处困境，零配件价格便宜的契机，转向从欧洲进口零件，在巩固美国市场的基础上，开辟欧洲自行车市场。台湾自行车生产特点是：1.重视产品质量。台湾生产的自行车绝大部分采用钛合金、铝合金，铬合金材料，材质轻，配以进口配件，所产自行车性能好、功能多、造型新。凡出口自行车均由设在美国的自行车工业协会发出口许可证方可出口，用以刺激厂家重视质量。2.充分发挥工资低的优势。台湾生产的自行车以中、低档车为主，靠物美价廉取胜。台湾出口自行车每辆售价43.5美元，为意大利车价的17％，英国车的30％，日本车的35％，3.信息反馈迅速。凡出口自行车的厂家均在国外设经销处、代办处等机构，台湾自80年代以来稳固占居美加市场，同时逐步开展对欧洲、中东和东南亚出口，悄悄地在发展高档优质自行车新品种，以迎接未来的市场变化。

据1986年统计，台湾自行车总产量已近900万辆，出口量为800万辆左右。

（关越）

国际缝纫机工业

【概况】 自1851年美国胜家公制造出世界上第一台缝纫机以来，目前，世界上有近50个国家和地区在生产缝纫机，其中主要生产国除中国外有日本、联邦德国、美国、苏联、意大利等。而在这些国家内，主要为几大公司所垄断；如美国的胜家公司、友宁公司；日本的东京重机、兄弟、三菱、蛇目、胜家日钢、爱新等公司；联邦德国的普法夫、杜可普、阿德勒公司；意大利的南奇公司，英国的约翰斯公司；瑞士的泰伐洛公司、瑞典的赫斯克互纳公司等。

目前世界缝纫机总年产量约为

2 000万台,其中工业机约占 200 万台。整个世界缝纫机市场的年销售量约为800～900万台。

【发展特点】 国外缝纫机主要生产国的缝纫机生产经过激烈的竞争，生产高度集中化，专业化程度很高,这些大公司使产、供销密切结合,十分重视产品售后的服务工作,如日本兄弟缝纫机公司有职工5 500人，其中负责销售维修的就有职工1 600人。又如联邦德国普法夫工业缝纫机厂,共有职工5 000人,其中销售部门就有 1 000 多人。国外主要缝纫机生产国拥有强有力的研究机构，从事研究开发具有国际先进水平的产品，如高级自动缝纫机，电子技术在缝纫机中的应用，整套服装的连续自动化加工，综合自动化的研究等。及时的更新换代，以适应市场竞争之需。近年来由于工业发达国家的缝纫机市场已达饱合状态,不仅家用机产量锐减,工业机生产能力也过剩约30%，由于缝纫机行业工人工资迅速增加，迫使许多大厂商向低工资国家投资，并将中低档缝纫机向低工资国家和地区转移,以降低产品成本。与此同时,他们加强工业机的生产和高级家用机生产，并开发第二类产品。

世界上三个最大的缝纫机生产国——日本、联邦德国和美国的生产特点:

日本——缝纫机工业建立在高度专业化协作基础上。家用缝纫机主机厂已由原有的 200 余家减少到现存的40来家，其中30家转产工业机。主要企业有东京重机、兄弟、蛇目、三菱、胜家日钢、爱新等公司。这些企业均实行专业化生产如东京重机公司,年产缝纫机30万台,其中工业机25万台。公司直属整机厂负责机壳加工、喷漆、热处理、高精度零件加工等，由20多个子公司和 120 多个协作厂提供各类产品零件。为了提高缝纫机的生产水平,以缝纫机协会为主制定了标准设计规格，统一了零件的标准图纸。七十年代起随着缝纫机在市场开始滞销，日本将中、低档缝纫机向南朝鲜和我国台湾等地转移，利用那里廉价的劳力来加强竞争能力并开发工业机生产和第二类产品。如日本最大的家用机生产厂兄弟公司，还在六十年代就在重点生产缝纫机,保持家用机技术为世界第一流水平的同时，大力开发家用手工编织机和打字机。从1984年兄弟公司总销售额看，缝纫机和打字机各占三分之一左右,

联邦德国——缝纫机工业由全能厂普法夫公司所垄断,它有120余年的缝纫机生产史,产品性能、质量居世界第一流，普法夫公司年产缝纫机34万台，其中工业机占64%,出口占总产量的70%。该公司生产200种基本型产品,10000种派生型号，它每年生产近千种。除台板、工业机电机、机针、尼龙齿轮带等由外厂协作生产外，其它零部件均由公司直属工厂生产。普法夫公司原来以生产家用机为主，随着家用机市场的饱和，其生产重点在六十年代开始转向工业机，目前主要发展高质量、高速度、高度电子化的工业缝纫机，其工业机产值约为家用机的二倍，1984年销售额9.38亿马克中，工业机占6.21亿马克。普法夫公司结合工业机的开发，为服装鞋帽等缝纫工业各部门提供全套设备，生产传递装置、包装装置、熨烫设备等，开发服装厂的全套流水线生产设备。

美国——缝纫机生产以胜家公司为代表，它是一家历史悠久，举世闻名的缝纫机专业厂商。该公司曾在欧洲、拉丁美洲和亚洲设置整机厂或装配厂,其产品多达3 000余种，占世界缝纫机品种的四分之三左右，五十年代，年产量 100 余万台。自六十年代起，胜家公司开始多种经营，把生产重点转移到其他产品，除一般机械产品外还兼营许多高度技术性的电子制品，如测量和控制设备，宇航导航装置，飞行模拟系统等。这类产品所占比重较大，估计很快将超过50%。胜家公司为扩大经营，还相继在国内外收买、合并和联营了许多著名的公司,目前，它已成为一个经营多样化、拥有尖端技术、生产高级技术产品的跨国公司。尤其近年来，它先后停止国内缝纫机的生产和关闭在欧美一些国家的工厂，将缝纫机制造技术和产品全部转到日本及一些发展中国家和地区生产，国内只生产最高档的电子控制家用机。缝纫机生产在总产值中比重大大下降，1984年缝纫机（包括家用电器）为7 482亿美元,占总销售额（25 788亿美元）的29.7%。

【家用缝纫机】 全世界每百户平均家用机的拥有率是53台，其中日本已达85台,美国为71台，联邦德国为66台，瑞典为77台,苏联为62台，瑞士为85台，英国为36台，法国为43台，意大利为22台。七十年代起缝纫机持续滞销，加之近些年国际成衣市场十分景气，家用电器等耐用消费品涌入市场，妇女就业率不断提高,致使家用机市场缩小。如联邦德国家用机销售额从80年的60万台减至目前的40万台，美国家用机市场年销量从七十年代初的 300 万台减至七十年代末不到 200 万台，八十年代仍继续下降。

世界上主要生产家用缝纫机的公司有日本兄弟公司、蛇目公司、力卡公司、美国胜家公司、瑞士泰伐洛公司、瑞典赫斯克互纳公司。美国的家用缝纫机长期以来曾在世界上是一统天下。由于高工资、缺劳力等因素的影响，使得在其国内生产家用缝纫机已无利可图，加上国际市场上的激烈竞争，美国已逐步放弃了世界家用缝纫机工业的领先地位。而由战后的日本逐渐取代了胜家公司，控制世界家用机市场三十年。但六十年代末以来，日本

也逐步将中、低档缝纫机转移到劳动密集型国家去装配，利用那里的廉价劳动力来加强竞争能力，使得七十年代后期，台湾产的中、低档家用机以其低价优势与日本抗争，1978年台湾产中、低档缝纫机出口量首次超过日本，1981年出口量相当日本出口量的三倍，占据欧美部分市场。1983年台湾中、低档家用缝纫机在美国、加拿大、法国、联邦德国、英国、荷兰等国市场居首位。如英国1984年进口缝纫机30万台，其中台湾产占50％，而日本产仅占15％。联邦德国仍要从国外进口中、低档家用机，10年来他们从日本进口了约20万台。而目前已主要从台湾进口，1985年仅1～9月份就从台湾进口21.7万台，占总进口量的68.2％。

国外家用缝纫机经历了普通机—半多能机—全多能机—全自动多能机—超级自动多能机和电子、电脑多能机的发展过程。近年来进一步向造型美观、多能、自动、轻量、操作简单、电子控制、即高级多能的方向发展。尤其是日本、美国、联邦德国等国，大幅度削减普通缝纫机和普通多能机，大量生产高档自动多能机。如日本1979年普通直线机产量仅占家用机总产量的9％，而高档多能机占90％以上，联邦德国生产的高档多能机占其家用机产量的99％，这种多能机一般采用轻合金压铸外壳，无铸铁机器，以微型电机代替脚踏机构，可以平缝、包缝、锁眼、钉扣、绣花、缝制花纹图案等等。目前在家用机总产量中，轻合金的缝纫机已占70％，

1975年美国胜家首先开发了家用电子缝纫机，这是缝纫机史上的重大突破，接着日本、联邦德国、意大利、加拿大等国也相继研制和发展了电子家用缝纫机。目前，电子技术在家用机上的应用已从控速等简单的功能发展到利用微型电脑代替凸轮控制整个缝纫过程，即全电子化家用机，使操作极为简便准确。如日本兄弟公司的 Compal—ACE 家用电子缝纫机，为全电脑控制，此机对任何缝料都能边缝边切，是当前第一流的电子产品。又如普法夫1 229家用电子缝纫机，有46种缝式由按键选择，用电子装置监视底线，梭心、复合送布并有指示灯显示正常或异常。尤其是日本兄弟公司的ZZ3—B855型“Compal Alpha”会讲话的家用缝纫机，在世界缝纫机行业中尚属独创。

【工业缝纫机】 目前，世界上主要工业缝纫机生产公司有联邦德国的普法夫、杜可普、阿德勒，日本的东京重机、三菱公司、丰田公司、飞马公司……。世界现有工业缝纫机年生产能力为200万台，市场需求量约为100万台。因此市场竞争十分激烈。日本、联邦德国、美国等工业机生产能力过剩30％。1984年全世界工业机总产量约为140万台，其中日本产约占73％以上，为工业缝纫机的出口大国。联邦德国的工业机产量虽然仅占9％，但多为高级工业机

当前，国外工业缝纫机约有4000多种，经常生产的有600余种。缝纫机的缝速一般为4 000～5 000针/分；平缝机最高速可达6 000针/分；包缝机可达8 000针/分，有的竟达10 000针/分；锁眼机可达4 500针/分。

国外工业缝纫机向高速、优性能、多工序合并、组合、自动及电子控制方向发展。

首先，在提高缝纫性能的同时，需添各种附加装置，组成各种系列。如自动拉线剪线器、自动压脚提升器、自动加固缝机构、机针定位机构、拉链导板、导架、打折器、滚边器、缝纫修边和衣边剪花机构及缝制品叠放器等等。此外，是合并工序，把原先要在几台缝纫机分几道工序完成的缝纫，集中在一台缝纫机上一次完成。如美REECE42型袋口镶边缝纫机，能自动按预定规格尺寸对西服或女式上衣的口袋进行自动打折型、镶袋四边、缝合、切袋口、修毛边等一系列工作。西德普法夫5463-833型缝纫机，一次完成长裤的包边、缝合等三道工序。

近年来，开发无线缝纫(高频、超声波粘接技术)、缝纫机中采用新兴技术（红外线传感器、激光等），尤其是应用微电子技术更加广泛成熟。采用传感装置的平缝机适用于缝贴袋、标签和领子，可精确完成转角处的缝纫。日本兄弟DB₂-EX EDRA 738高速自动平缝机除普通自动功能外，增加了红外线传感器来控制检测缝料的厚度。在工业专机上应用微电子技术，不仅提高缝速，更主要的是增多了功能，提高了缝纫的效率。

目前，各主要工业机生产公司注重发展组合缝纫台的机械化、自动化设备，即进入所谓机-电一体化的新时代。这类缝纫台综合利用了电气、液压和电子技术，能自动连续完成工艺流程。它由机头、台板和各种附加装置组成，能自动送料、自动缝纫。如西德普法夫442型组合缝纫台有加固、气动剪线、自动提升压脚等附加装置、缝好的缝料由卸料臂自动取出。普法夫3548型衬衫门襟缝制台是利用一台普法夫5642—840/04型4针、双链式高速缝纫机，并装备导料附件，上、下送带光电控制器等组成的组合缝纫台。再如阿德勒961-22-Z型组合缝纫台有检测故障的声响报警装置、光电管控制的剪线和垂落叠料装置。为了使这类缝纫台全自动化，达到无人化缝纫，各国正纷纷研制能完成辅助工序的机器人。

【生产设备和工艺】 缝纫机工业是一个综合性行业，包括铸造、机加工、表面处理、装配。国外七十年代以来，采用的先进的工艺和设备如下：

铸造方面，许多厂家的造型、浇注、落砂等工序已实现自动化、

连续化。七十年代的高压造型、无箱垂直分型造型和水平分型造型等工艺和设备日渐完善。为解决噪音、环保等问题，已出现许多新的造型、工艺和设备，如真空密封造型（简称“V”法造型），射压造型，气体冲击造型等。尤其是V法造型技术的经济效益极其明显，用此法即可提高铸件的表面光洁度，又可用木材等其它材料来代替以往的金属模型。日本还采用生产效率高，成本低，节约能量的冷芯盒制芯。此外，还采用少无切削的失蜡铸造工艺。西普采用失蜡铸造工艺，月产精密铸件80万件。主要为旋梭、旋梭架、送布牙、弯针等。该工艺只需少量金切加工，表面光洁度在6级以上，精度可控制在0.05～0.1毫米。日本兄弟公司和蛇目公司的精密粉末冶金车间采用粉末冶金工艺，生产16种以上家用机零件和工业机零件。

铝合金件采用先进的压铸方法，为少、无切削精密成型工艺，可节省大量金属材料和机加工设备，省掉电镀表面处理工艺，从而减少公害。目前日本生产的家用机零件70～80％采用此工艺。

金属切削加工方面已普遍采用数控和微处理机控制机床。数控机床用于少批量多品种的车壳加工。电子控制和气动逻辑元件控制的组合机床用于车壳底板加工。对小批量多品种、高精度的工业机机壳采用加工中心来加工机壳，进一步缩短改变品种所需时间。如胜家日钢有一条由8台加工中心组成的生产线，专门用来加工形状复杂，加工部位多，精度要求高的机壳。采用电子程序控制，每次最多可连续加工50个部位或工序。因此再复杂的机壳，经八台加工中心加工，也可全部完成加工任务，且只需几人照看。联邦德国拥有数控机床量仅次于美、苏，其中加工中心占18～24％。

日本兄弟公司研制成功并已投产的特种缝纫机柔性制造系统（FMS），其主要结构：自动手交换器的高效机器人运送材料；用计算机控制整条流水线中的各种工具操作，能算出加工时间；用光缆联接流水线中的各个设备；采用多层传送带。

表面涂饰方面：国外自七十年代末起进一步推广粉末喷涂。涂装工艺简单、省力省电，安全、无污染，涂料回收率可达98％，具有较好的经济效益。此外有采用电泳喷涂工艺和先进的省工省料省能、且改善劳动条件的压敏法贴花工艺。

热处理方面，国外已广泛采用气体渗碳或碳氮共渗工艺，设备一般采用辉光离子碳、氮共渗炉及滴注式箱式气体渗碳炉。

电镀方面，因采用铝合金等材料，缝纫机的电镀零件相对减少。国外普遍采用减少公害的无氰电镀工艺，设备为环形自动电镀槽。

（施非）

香港和国外手表工业

【生产与市场概况】 最近几年，世界手表产量逐年上升，1986年世界手表产量为5.3亿只，比1985年的4.65亿只增加14％。其中数字式电子手表产量上升31％，达到1.95亿只；指针式电子手表增加16％，为2亿只；机械手表减少5.6％，为1.35亿只。手表的主要国际市场为亚洲、欧洲、美洲。欧洲市场主要是欧洲经济共同体十国间的贸易，占国际市场的70％以上；亚洲市场主要是香港和沙特阿拉伯；美洲市场主要是美国。1986年世界手表的平均销售量为每千人98只，美国每千人的销售量高达371只。

目前，手表国际市场分散，香港、美国、联邦德国、沙特阿拉伯和法国5个主要进口国的进口总量仅占整个市场的50％。而生产国或地区却高度集中　瑞士、日本、香港垄断了国际手表出口量的86％，产量的76％。造成这种市场格局的原因，除了这些国家或地区有雄厚的钟表工业基础方面的因素外，更主要的是精密机械技术与微电子技术结合，大力发展石英电子手表的结果。目前，世界石英电子手表已占手表总量的75％，工业发达国家在手表的消费量中，石英电子手表占85～95％。产品特点：

1. 机芯石英化：石英化是手表工业的一次革命。近年来，世界电子手表的产量逐年上升，1982年为1.9亿只，占手表总量的57％；1986年3.95亿只，占75％。其中，尤以指针式电子手表的增长最为明显。1982～1986年世界手表产品结构如下表。

	世界手表总量（亿只）	机械表	指针式电子表	数字式电子表
1982	3.39	1.46	0.71	1.22
1983	3.81	1.39	0.95	1.46
1984	4.10	1.34	1.27	1.49
1985	4.65	1.43	1.73	1.49
1986	5.3	1.35	2	1.95

2. 零件塑料化：由于塑料件具有便于加工成型，生产效率高、适用性强、自润滑、耐腐蚀、重量轻、成本低等特点，已成为钟表产品发展的又一新特点。钟表工业发达国家每年用于钟表工业的塑料可达数百吨，这对微小的钟表零件来说是一个可观的数目。瑞士的全塑手表所用材料为含30％加强玻璃纤维的聚苯撑硫化物。近来，国外有关机构一直在对塑料零件材料的最佳选用、制造条件和制造公差、塑料传动件的温度特性、磨损特性、防油扩散处理办法、塑料模具的设计和制造等一系列问题进行深入研究。

3. 外观件高值化：目前，手表外观件价值已由过去占手表总成本的四分之一上升到三分之二。手表工业发达国家对外观件的生产非常重视，他们除了不断研究设计出新的生产工艺，如表壳冷挤压工艺、成型铣削工艺及全自动化的表壳柔性生产线外，还在外观材料及款式上大下功夫，开发有陶瓷表壳、全塑表壳、锑合全表壳、钛合金表壳、塑料与金属的组合材料、含金属镀层塑料及钢、金组合成的双色表壳、不锈钢镶嵌表带和“防划痕”硬质合金表带等。手表外观造型有矩形、曲线形、多边形等，表壳常配以花样多变的装饰圈，外观件的这种前所未有的变化，主要是石英电子手表发展的结果。

4．产品多档次化：七十年代末八十年代初，在国际手表市场上，瑞士、日本、香港三雄各霸一方，瑞士以其精湛的制表技术稳占高档市场；日本凭借其小批量多品种，经营销售有术，在中、高档市场中得益；而香港则以来件组装，价格低廉的优势称雄于国际低档市场。随着市场竞争的日趋激烈，各手表生产国都积极开发各档次手表，即使是一直声称退出低档表市场的瑞士也开始向市场投放低价全塑手表，并在逐年加大其生产量，日本的热门畅销表价格也急剧下降，价格为几千日元的低价手表在日本及国际市场都占销售量的一半以上。

5．手表多功能化：手表已从单纯的计时功能向使用功能及装饰功能方向发展，国际市场上出现了测温手表、微电脑手表、翻译手表、秘书手表、天气预报手表、音乐手表、报警手表、录音手表、调频调幅收音手表、辐射量监测手表等等，形成了“无处不计时”的局面。

（李夏）

瑞士手表工业

【概况】1985年是瑞士手表工业的新起点，其手表产量及出口量正在恢复以往水平。1985年瑞士手表总产量为4 050万只，比1984年增长11%；手表出口总值达431 120万瑞士法郎，比1984年增长12.2%。其中，整机表出口为2 510万只，比1986年增长40.9%，出口值为344 410万瑞士法郎，比1984年增长12.4%。

瑞士的手表工业为了挽回在国际电子手表争夺战中的损失，从领导机构到产品结构都有重大改变。目前，瑞士最高的钟表工业领导机构为瑞士微电子与钟表工业联合会，简称SMH，其目标是致力于发展电子手表。1982～1985年瑞士电子手表发展情况：

	手表总量（万只）	电子手表	机械手表
1982	3,480	1 740	1 740
1983	3440	2 170	1 270
1984	3650	2 620	1 030
1985	4050	3 180	870

1985年瑞士电子手表出口量占整机手表出口量的80.4%，达到2 018万只；出口值为85.758万瑞士法郎，占手表整机出口值的24.9%。

瑞士的电子手表技术发展很快，目前已拥有先进的石英钟表生产设备，瑞士凭借这些先进的设备及精湛的工艺技术，研制出各种系列的薄型和超薄型机芯。如ETA326型指针式电子手表机芯厚度仅为0.98毫米；瑞士发展电子手表主要是指针式电子手表，目前其指针式电子手表一方面向高档化小型化、薄型化发展，一方面又开发廉价的石英手表，其结构简单，比一般石英手表零件减少50%，价格在40瑞士法郎以下。

在大力发展电子手表的同时，瑞士手表业并未放弃发展精饰高档机械手表，往往一个光面的加工费用就值50瑞士法郎。对外观采用K金面，表带、表壳和表盘镶有许多宝石，精致华丽，售价一般在几千瑞士法郎以上。正是由于瑞士这种“高档精饰”的方针，才使得瑞士的手表产值在国际市场上位居第一。目前，瑞士各档次手表所占比重基本是：高档表占35%，中档表占50%，低档表占15%。

日本手表工业

【概况】1985年日本手表总产值为1.449亿只，比1984年增加26%，占全世界手表总量的31%，居世界第二位。1985年日本手表出口占手表总量的86%，达到1.25亿只，比1984年手表出口增加26%。但由于国际性的市场价格下降，出口值并未增加许多，1985年出口值为2 985亿日元，比1984年略增2.5%。产品结构方面，目前日本手表的石英化程度已达94%以上，1985年石英电子手表产量为1.37亿只，其中，数字式电子手表产量基本保持稳定，指针式电子手表产量上升明显。1985年指针式电子手表产量为9 680万只，占手表总产量的66.8%，比1984年增加46%。

1982～1985年日本手表生产及出口情况

	手表总量	机械表	电子表		出口	
			数字式	指针式	数量（万只）	金额（亿日元）
1982	8 150	1 220	3 190	3 740	6 260	2 342
1983	9 680	8 600	3 660	5 160	7 480	2 492
1984	11 490	1 000	3 860	6 630	9 180	2 911
1985	14 490	800	4 010	9 680	12 520	2 985

来源：日《时计通信》9/86；11/86。

目前，在低电压、低功耗集成电路方面，日本处于世界领先地位。全世界低电压、低功耗集成电路的销售额约为5 000亿日元，其中日本为3 000亿日元，占60%；全世界的产量约在20～30亿块，日本也占60%。在电子手表生产技术快速发展的同时，日本手表产品的款式已愈来愈多，据统计仅精工牌手表在世界各地可供销售的就有2 300余种。

此外，日本手表工业充分利用现有的精密加工技术和电子技术，开拓新产品门类。西铁城集团的非钟表产品约占43%，例如：生产计算机外围设备的精密打印机、携带式液晶电视机，自动装配机器等。精工电子工业公司经营的商品已多达41个门类，非钟表门类的销售额约占30%。附表一：指针式石英电子手表性能指标：

最低要求　（秒/天）

测试项目	6A级	5A级	4A级	3A级	2A级	A级
在标准温度时的平均日差	±0.02	±0.04	±0.10	±0.20	±0.50	±0.80
温度特性	±0.15	±0.20	±0.30	±0.40	±1.00	±2.00
气压特性	±0.10	±0.10	±0.15	±0.20		
防磁性	±0.10	±0.10	±0.15	±0.20	±0.40	±1.50
耐振动性	±0.10	±0.10	±0.15	±0.20	±0.40	1.50
防冲击性	±0.20	±0.20	±0.30	±0.50	±1.00	±2.00
稳定性	±0.01	±0.03	±0.04	±0.08	±0.10	±0.20

来源：日本1980年4月《石英手表测试规程》。

（李夏）

香港手表工业

【概况】 香港的钟表业近十年中有很大发展，是香港出口经济第三大支柱、仅次于成衣业和玩具业。1985年香港地区生产手表2.99亿只，比1984年增加37%，其中99.7%用于出口，出口量为2.98亿只，是国际上出口手表最多的地方。按出口额则仅次于瑞士、日本，位居世界第三位，1986年的出口值为100亿港元。香港生产的主要是数字式电子表，1985年数字式手表产量为2.67亿只，占香港手表总产量的89.3%。近年来，指针式电子手表竞争激烈，香港生产的指针式电子手表产量也增加很快。1982年为360万只，1983年为490万只，1984年为700万只，1985年为1 060万只，平均每年增加43%

目前，香港有手表厂1 300家，工人4万多人。其中，200人以上的手表厂只占3%，小表厂比重大。香港手表业的最大特点是搞组装，机芯另件大部分靠进口。指针式石英手表机芯的来源只限于日本、联邦德国、瑞士、法国、民主德国等国的10家公司，集成电路，石英振子、液晶显示屏、微调电容、电池等，主要来自日本，南朝鲜和部分东南亚国家，印刷线路板自给。其机芯成本比日本与瑞士的低20%。

香港手表业在来件组装过程中，重视改进生产技术、提高质量、降低成本。如集成电路芯片焊接后，由编制了程序的自动测试仪测定功能；对表壳表带用料（不锈钢，铜和模铸合金等）进行镀铬和气擦处理，以提高质量；一家表盘厂开发了一种丙稀酸树脂表面，价格比一般表盘低90%，并适合于电脑化生产等。

香港的手表产品以其功能多，价格低，款式新而具有竞争力，功能上除可显示时、分、秒、月、日外，还有附设计算器、响闹运动计时、电子游戏、私人记事、电脑电子合成音报时、英文—德文和英文—西班牙文翻译器等。款式上目前有深兰、红、墨绿、黑白等多种颜色，并正向中、高档市场进军，为了适合海外运动热潮和潜水爱好者的需求还生产可测量脉膊跳动并马上显示读数的运动表和可承受50～70个大气压的专业潜水表。（李夏）

国外制糖工业

【概况】 从80年代初期以来，生产过剩，国际市场食糖价格暴跌，生产一直处于不景气状态。1981—1982年制糖期，世界食糖产量10 040万吨，到1985—1986年产量降为9 853万吨。在世界食糖总产量中，近20多年来，甘蔗糖产量约占60%，甜菜糖约40%。甜菜糖主要集中在欧洲，欧洲共同体产量约1 300万吨，苏联840万吨。甘蔗糖国家绝大部分是处于热带和亚热带地区如巴西(852万吨)、古巴(720万吨)、澳大利亚(354万吨)、印度（709万吨）等国。1985—1986年制糖期，世界各国食糖产量及消耗量如下表：

1985/86制糖期世界各国食糖产量及消耗量

单位：千吨

国别	生产量			消耗量		
	85/86	84/85	83/84	85/86	84/85	83/84
比利时	942.3	906.2	877.4	422.8	420.4	424.8
丹麦	510.8	593.1	377.8	257.9	260.2	253.2
法国	4 270.0	4 303.3	3 869.6	2 085.0	2 070.0	2 090.3
希腊	342.4	284.2	285.6	336.0	331.2	339.1

续表

国别	生	产	量	消	耗	量
	85/86	84/85	83/84	85/86	84/85	83/84
爱尔兰	198.0	239.0	215.0	161.9	161.8	162.4
意大利	1 320.7	1 376.0	1 358.2	1 709.9	1 703.2	1 656.5
荷兰	978.0	1 016.0	806.6	818.0	830.0	821.1
英国	1 250.0	1 438.0	1 154.9	2 419.8	2 481.7	2 415.4
联邦德国	3 190.0	3 145.3	2 725.0	2 270.0	2 285.6	2 214.9
西班牙	1 071.5	1 126.2	1 319.3	1 062.6	1 079.2	1 116.2
奥地利	413.4	463.6	385.3	380.9	372.1	348.9
芬兰	99.0	128.0	156.0	197.4	196.7	205.4
瑞典	365.0	398.0	302.3	385.0	380.0	383.1
瑞士	122.0	131.0	124.0	285.9	285.0	285.2
土耳其	1 508.3	1 650.4	1 798.9	1 510.7	1 457.7	1 485.7
南斯拉夫	924.0	1 009.0	778.3	920.0	913.0	860.0
阿尔巴尼亚	40.0	38.0	40.0	63.9	62.2	60.2
保加利亚	143.0	145.0	100.0	435.0	430.0	420.0
捷克斯洛伐克	810.0	840.0	792.0	808.0	805.0	800.0
民主德国	660.0	720.0	691.8	835.0	825.0	776.9
匈牙利	485.0	543.8	493.0	563.0	560.0	44.0
波兰	1 848.0	880.0	2 141.0	1 940.0	1 950.0	1 855.7
罗马尼亚	820.0	806.0	8 585.0	725.0	720.0	681.0
苏联	8 400.0	8 650.0	760.9	13 450.0	13 370.0	13 200.0
阿尔及利亚	10.0	10.0	10.0	652.5	642.5	621.2
埃及	840.0	884.0	779.0	1 743.4	1 704.6	1 628.0
摩洛哥	510.0	489.0	444.0	720.3	706.6	693.3
突尼斯	16.6	15.5	12.0	1 198.5	196.7	180.4
加拿大	449.0	114.0	109.9	1 052.1	1 100.4	1 045.2
美国	5 302.7	5 311.1	5 279.0	7 290.9	7 502.0	8 029.2
智利	885.6	358.1	334.8	401.2	401.5	400.3
乌拉圭	184.3	79.3	73.3	98.3	96.0	100.9
中国	5 700.0	4 685.0	3 825.0	6 200.0	5 960.0	5 660.0
伊朗	31.5	694.0	728.3	1 427.2	1 324.0	1 426.0
伊拉克	21.0	20.0	26.0	614.8	608.0	569.0
以色列				278.3	269.9	247.4
日本	880.0	920.0	810.3	2 795.8	2 866.1	2 693.6
巴基斯坦	1 315.0	1 430.0	1 244.7	1 420.0	1 300.0	1 220.0
叙利亚	95.0	42.0	116.0	411.7	396.7	360.0
* 南非	2 385.0	2 668.2	1 740.4	1 374.9	1 305.3	1 413.9
古巴	7 200.0	8 096.9	8 331.2	754.7	759.3	748.3
多米尼加	765.9	1 103.7	1 192.1	266.7	265.4	260.2
墨西哥	3 550.0	3 499.5	3 297.5	3 567.5	3 353.3	3 230.2
阿根廷	1 217.9	1 314.0	524.7	1 007.0	1 002.1	1 053.6
巴西	8 528.5	8 537.1	10 211.4	6 104.6	6 141.1	5 966.3
哥伦比亚	1 135.1	1 323.6	1 274.1	1 085.6	1 044.6	1 001.9
印度	7 099.5	6 649.2	6 430.6	8 650.9	8 662.5	8 062.2
印度尼西亚	2 71.4	2 184.6	1 833.8	2 200.0	2 018.0	2 050.7
菲律宾	1 550.0	1 779.0	2 402.0	1 300.0	1 280.0	1 275.0
泰国	2 522.2	2 571.7	2 349.4	716.0	707.4	688.6
澳大利亚	3 541.6	3 465.0	3 738.3	759.3	754.3	762.6
世界总计	98 539.9	100 368.4	97 987.9	99 522.8	98 325.4	96 469.6

注：* 南非以下均为产甘蔗糖国家，产糖量在百万吨以上，

资料来源：李希特国际糖报，"世界食糖平衡"。1985.11.10.

（陈立平）

国外啤酒大麦

【概况】　大麦一般有啤酒用和饲料用大麦两种。大麦栽培历史较早，按简明不列颠百科全书说，可能在史前始于埃塞俄比亚高地和东南亚，据信在埃及可追溯到公元前5 000年，在美苏不达米亚，西北欧，中国分别始于公元前3 500年，前3 000年，前2 000年。中国在汉代即公元前200多年，大麦已作为主要粮食。而罗马人、希腊人、犹太人和大部分欧洲人到16世纪才把大麦作为主要粮食。大麦对气候适应性强于其他谷物，有适宜于温带，亚北极地区、亚热带的品种，在欧洲西部和北美的冷温潮湿地带于春天播种，在北非近沙漠地带于秋天播种。

全世界大麦播种面积在20世纪70年代末约0.96亿公顷，年产量近1.8 亿吨，约一半产量用作饲料，制造啤酒用大麦约10％以上，近2 000万吨左右，1984年大麦产量1.72亿吨，占世界谷物总产量的10％，啤酒大麦约2 300万吨左右。世界上大麦亩产较高的国家有：比利时317公斤，荷兰313公斤，联邦德国233公斤。产大麦的发达国家重视大麦种质资原收集。在1万份以上的有9个种质库。欧洲啤酒酿造协会（EBC），这个组织是由欧洲一些国家在1947年组成的。其EBC大麦委员会为该组织的执行机构之一，是当前国际上大麦品种的主要选育机构。EBC大麦委员会下设：1，新品种试验支会；2，情报支会；3，统计支会；4，制麦和啤酒酿造质量支会；5，土壤气候支会；6，小型制麦试验支会等。委员会最主要的任务是选育优良酿造大麦品种。每年由参加国在不同气候土壤的条件下，分别种植同类大麦新品种。根据不同土壤气候条件，通过至少三年以上的农业栽培试验和小型制麦试验，初步选出优良新品种，再由参加国组织有关研究机构和啤酒厂分别进行大、中型工业试验，决定新品种的酿造价值。

在每批试验品种中，有1－2个已经肯定的优良品种作为标准对照品种，随着品种改进而不断更新。育种试验有两个步骤：

一、农业观察。主要是大麦的形态、生理特点，适应土壤气候的情况，抗病虫害的能力等。

二，工业试验。大麦收获后，进行小型制麦试验，主要有：麦皮形态、干粒重量、休眠期、总含氮量、发芽率、糖化力、蛋白分解力、浸出率、麦芽溶解度、麦汁粘度、最终发酵度、制麦损失等。

国外啤酒大麦品种

国外多采用二棱春大麦，对品种选育重视，品种不断更新。近年来由于六棱冬大麦产量高，每公顷较二棱大麦高500 －1 000公斤，已开始重视研究，但由于浸出率低、色泽深、麦芽溶解度不稳定，正在继续研究改进中。

国外优良啤酒大麦特征(二棱春大麦)

品种	特　征
维拉（Villa)	粒形正齐肥大，千粒重量较低，皮薄，吸水速度一般，发芽快，浸出率高，蛋白质含量较低，最终发酵度高，产量中等。
卡雷纳（Carina)	粒形较正齐，千粒重量中等，皮薄，吸水速度一般，发芽快，浸出率高，蛋白质含量较高，最终发酵度高，产量中等。
坎诺娃(Canova)	粒形较正齐，千粒重量中等，麦皮厚薄一般，吸水速度较快，发芽较慢，浸出率中等，蛋白质含量较高，最终发酵度一般，产量较高
希尔德(Hilde)	粒形尚正齐，千粒重量中等，麦皮较厚，吸水速度一般，发芽速度一般，浸出率中等，蛋白质含量适中，最终发酵度较低，产量中等。
阿拉米拉(Aramir)	粒形正齐，千粒重量中等，麦皮厚薄一般，吸水速度一般，发芽速度一般，浸出率中等，蛋白质含量较低，最终发酵度较高，产量高，色泽深。
阿道拉(Adowa)	粒形较整齐，千粒重量高，麦皮厚薄一般，吸水速度一般，发芽快，浸出率中等，蛋白质含量较高，最终发酵度低，产量较高。

国外优良大麦的麦芽质量分析

分析项目	维拉	卡雷纳	坎诺娃	希尔德	阿拉米尔	阿道拉
浸出物%	81.7	83.0	82.0	81.9	82.1	81.2
α－淀粉酶(w－K)	92	104	72	91	79	87
糖化力(W－K)	213	228	220	272	203	239
色度(°EBC)	3.1	2.9	3.7	3.1	4.9	3.0
粗细粉浸出率差(EBC%)	1.4	1.6	1.0	1.9	1.4	1.9
总蛋白质(%)	10.2	9.2	9.0	9.8	9.9	9.1
库尔巴哈值(Kolbach Value)%	45.3	44.9	48.3	47.3	53.8	45.4
哈同值(Harlong Value)	41.5	43.3	47.9	46.0	52.9	42.4
外观发酵度(%)	82.4	81.9	81.8	81.0	82.1	80.0

法国啤酒大麦

法国盛产大麦（有啤酒大麦和饲料大麦两种），1985年种植约220万公顷，占耕地总面积13％，居种植作物第二位，（第一位小麦），年产量1 150万吨，其中饲料大麦占一半，啤酒用大麦占10％，出口40％。法国是出口大麦和麦芽最多的国家。

法国大麦近40年发展很快，1900－1950年种植约70万公顷，到70年代发展到270万－290万公顷，1985年约220万公顷。大麦亩产也有较大提高，1945－1950年每公顷平均为13－15公担，到1984年增加到54公担，增长近4倍。总产量1984年由1950年100万吨增长到1 150万吨。

法国对啤酒大麦质量要求：子粒发育率高(发芽率95％以上)，大小均匀，具有良好的酶活性（特别是α 和β 淀粉酶)，蛋白质含量低于11％。法国啤酒大麦主要是二棱大麦，目前种植的品种有BeKa和Triumph，法国曾研究用六棱冬大麦，但因种皮厚，大小不一，子粒小，萃取率低，还没有采用。

法国生产啤酒大麦地区主要有五个即白利(Berry)、中部(Centre)、香槟(Champagne)、布尔各尼(Bourgogne)，罗南(Lorraine)，这些地区的农民种植大麦是在麦芽厂联合会、啤酒厂联合会以及有关科研单位指导下进行的。每年收获后，均须将样品交麦芽厂联合会和啤酒厂联合会共同指定的单位进行化验，并把化验结果在啤酒杂志上公布。

日本的啤酒大麦

日本啤酒用大麦约100万吨，国内只能供应30%，约70%需要进口，日本目前种植大麦约12万亩，单产250公斤，年产量约30万吨。

日本重视啤酒大麦的育种，栽培、麦芽加工等的研究开发，日本的四大啤酒企业集团-麒麟(Kirin)，朝日(Asahi)、三得利(Suntory)，沙婆罗(Supporo)都设有啤酒原料研究机构。日本对啤酒大麦的品质要求：蛋白质含量为10－11%，发芽率为95%，含水量13%，整粒度80%以上、色泽金黄、皮薄粒饱、容重630克以上。

日本啤酒大麦育种的特点是，一，多点试验。全国有6个育种场所(其中有两处国营)，实行国营和私营（啤酒公司）联合攻关，统一布置多点试验、鉴定和进行交流推广。二，以高产、优质、抗病和抗倒伏为主要育种目标，根据总目标，结合本地区特点，确定本地区的研究重点。如关东地区针对黄化病害严重，1978年已育成高抗黄化病新品种“甘木二棱”。三，育种手段，当前仍以杂交育种为主。为了加快育种进程，利用地理条件优势，进行一年两代南繁北育；利用人工气室加代繁殖。大多数研究所设有细胞组织培养室和基因重组实验室。四，严格管理引进品种，对新引进的品种，必须按照国家规定进行区域性鉴定（一般为四年)，并指令机关检验分析。

现在日本种植啤酒大麦主要品种是“甘木二棱”占播种面积80%。

日本很注意采用合理的栽培措施：选择适宜土壤，不用花生等豆科作物作前茬；选择最佳播种期；合理密植和施肥，避免氮肥过多等等。

日本啤酒厂用大麦，主要采取与农户直接挂钩的合同式生产体制。并联合四大啤酒企业共同决定合同。合同的内容：播种面积、产量、品种、品质和价格等。厂家向农民提供所需品种，负责技术指导，农户交售的大麦，需经国家和厂家两级质量检验。

（孙立）

法国清凉饮料的生产与消费

【概况】 80年代法国清凉饮料生产增长快，1984年共生产各种清凉饮料13.75亿升。近几年法国清凉饮料生产增长情况：

单位：百万升

名　称	1980	1981	1982	1983	1984
果汁饮料	337	342	340	371	414
柠檬汽水	384	375	377	379	380
可　乐	177	175	185	206	226
苏打水	250	241	225	226	207
强身饮料	133	121	123	136	148

1984年法国各种清凉饮料的消费量15.4亿升，比1983年的14.7亿升增长5%。1983年全国居民在清凉饮料上的消费为125.6亿法郎，1984年达到140亿法郎，增长11.5%。清凉饮料在不含酒精饮料总消费量中的比重大约占30%，大大超过了果汁、蜜汁、糖浆，而仅次于矿泉水。夏季高温和采用先进的新型塑料包装是法国清凉饮料市场容量扩大的基本原因。法国各种清凉饮料的消费比例：

%

名　称	1980年	1981年	1982年	1983年
果汁饮料	30.7	30.7	32.1	34.5
柠檬汽水	27.3	27.0	25.3	23.1
可　乐	13.9	14.9	15.5	16.5
苏打水	16.8	15.8	14.7	12.5
强身饮料	8.4	7.9	7.8	8.4
其　他	2.9	3.7	4.7	5.1

1983年法国按人均计算的清凉饮料消费量为27.3升，每周购买饮料的开支是4.5法郎。法国清凉饮料的人均消费变化情况：

单位：升/年

名　称	1980年	1981年	1982年	1983年
果汁饮料	7.3	7.4	8.3	9.4
柠檬汽水	6.5	6.5	6.5	6.3
可　乐	3.3	3.6	4.0	4.5
苏打水	4.0	3.8	3.8	3.4
强身饮料	2.0	1.9	2.0	2.3
其　他	0.7	0.9	1.2	1.4

清凉饮料进口，法国1983年1.175亿升，总值3.542亿法郎，向法国提供清凉饮料的主要国家是邻近的比利时、卢森堡、联邦德国及荷兰。1983年法国出口清凉饮料2 760万升，总值1.302亿法郎。主要出口到中美洲国家。法国清凉饮料外贸情况。

单位：十万升

	1980年	1981年	1982年	1983年
进口总量	422.4	664.9	877.3	1175
其中：				
柠檬汽水等	410.7	629.1	844.6	1154.8
其他产品	11.7	35.8	32.7	20.2
出口总量	182.9	165.4	189.9	275.6
其中：				
柠檬汽水等	173.2	148.5	172.0	263.4
其他产品	9.7	16.9	17.9	12.2

（刘原）

国际食品添加剂

【概况】 食品添加剂是食品生产、储藏过程加入的少量物质，具有防止食品变质，增强感官性能提高食品质量，改善加工工艺等效果。广义的食品添加剂也包括发酵过程作中和用的纯碱，增稠用的淀粉以及甜味剂、酸味剂、调味品。现在大家常说的食品添加剂，主要指防腐剂、抗氧剂、食用色素、香精香料、乳化剂、强化剂、加工助剂等。随着食品工业发展，食品国际贸易增长，食品添加剂在国际上迅速发展。美国允许使用的食品添加剂有3000种，欧洲共同体有1 500～2 000种，日本有1 100种，我国1986年经国家批准的食品添加剂有100多种，食用香精300多种。

由于人工合成添加剂在食品中用得愈来愈多，其安全性问题引起了世界人们的重视。很多国家加强了对食品添加剂的管理，规定了使用的品种、范围和用量。但各国做法不尽相同，有的品种在这个国家同意使用，在另一个国家则禁止，因而给食品的国际贸易带来了困难和矛盾。这就出现了食品添加剂的国际性的问题。

1955年联合国粮农组织（FAO）和世界卫生组织（WHO）联合召开了第一次国际食品添加剂会议。1962年决定设立FAO/WHO联合食品标准委员会（CAC）。在其下设联合食品添加剂标准委员会（CCFA），该会于1964年召开第一次会议。会议决定设立联合食品添加剂专家委员会，它是联合食品标准委员会及联合食品添加剂标准委员会的重要咨询机构。各食品标准委员会起草有关食品添加剂条款和标准时，要依据专家委员会的毒理学评价报告。

联合国粮农组织和世界卫生组织联合食品添加剂委员会自成立以来，大体上每一年半左右开一次会议。中华人民共和国作为正式成员国于1985年参加了第18次会议，1987年3月在荷兰海牙召开的第19次会议是第2次作为正式成员国参加的。这次会议重点讨论了食品添加剂和污染物的摄入量、最多限量、标准、香料、助剂、取样分析等有关问题。会议对最近几年来国际上讨论纷纷的“味精有害的问题”，作出了结论。过去委员会规定的每人每公斤体重允许摄入量为120毫克，也就是说体重50～60公斤的人，每天允许食用味精6～7.2克，这次会议根据专家委员会的报告，决定取消味精每人摄入量的限制，即无须规定。因为味精人体能代谢，而且婴儿也能代谢。在日常生活中，作为一种调味料，加入菜肴中其实际用量也不会超过每人每天6克。

对不同的添加剂，有不同的每日允许摄入量。委员会还根据专家委员会的毒理学评论价，将食品添剂分别列为ABC三个表，A表是比较安全可靠的，B表是有尚未取得肯定一致意见的，C表是不安全的。其中A表又分A_1和A_2，A_1是指已经过安全评价并定出每日允许摄入量，或毒理学上不需要特殊规定的那些食品添加剂，A_2是暂定安全评价，包括评价尚不完备，但暂时允许使用于食品的食品添加剂。

（尤新）

国外塑料工业

【生产情况】 1983年以来，世界塑料工业随着世界经济的复苏又开始较大幅度增长。据报导，1985年全世界塑料产量达到了7 447.6万吨，比1984年7 221.8万吨增加了4.4%，1981～1985年平均增长速度为4.6%。其中美国4.0%，日本5.6%，联帮德国3.1%。苏联5.8%，法国2.3%，意大利3.9%。

1985年世界塑料产量前十名的国家是：美国2 200万吨，日本923.2万吨，联帮德国770万吨，苏联490万吨，法国337.6万吨，意大利290万吨，荷兰、比利时250万吨，英国198万吨，巴西150.8万吨。

【消费情况】 八十年代以来，随着塑料制品向薄型化、高强化发展，从而相应减少了塑料消耗量，又由于主要发达国家塑料制品市场渐趋饱和，需求萎缩，因此国内消费量的增长速度大大低于七十年代。从世界范围来看，人均消费水平芬兰最高，为109公斤，其次是联邦德国107公斤，瑞典92公斤，美国83.9公斤。从塑料制品的销售金额计美国占第一位，1984年近415亿美元，其次是日本281.46亿美元，联帮德国113.87亿美元。

主要国家国内塑料消费情况

（单位：万吨，公斤/人）

	1983		1984	
	国内消费量	人均消费量	国内消费量	人均消费量
美国	1776.7	75.8	1984.6	83.9
日本	691.9	57.8	789.3	65.7
联邦德国	624.4	101.9	653.9	107.0
法国	275.3	50.6	274.4	49.4
意大利	302.3	53.0	—	—
英国	231.0	41.0	241.2	42.8

几个国家塑料制品的销售金额

（单位：亿美元）

国家	1983	1984	1984/1983
国　家	370.00	415.00	12.16
美　国	246.60	281.46	14.14
日　本	113.26	113.87	0.54
联帮德国	78.26	80.40	2.73
加拿大	43.09	60.24	39.80
法　国	53.32	69.54	−7.10

【应用动向】 各国塑料的应用领域尽管有所不同，但总的趋向仍是以包装和建材为主，二者的比例占塑料总消费量的40～50%。包装用塑料，欧洲许多国家都高达30%以上。近年来，随着电子技术的发展以及汽车车体轻量化的要求，塑料在电子、电气及交通运输等方面的应用比例有所增加。

1984年几个主要国家塑料材料应用比例

单位：%

国　家	建筑	包装	电气电子	运输	家具	农业	玩具文体用品	家庭用品	织物鞋类	机械部件	其它
美　国	22.4	28.6	6.5	4.9	4.9	—	—	—	—	0.8	32.0
日　本	10.8	24.5	14.5	9.1	1.3	2.5	1.4	7.1	0.6	2.5	25.7
联帮德国	15.8	16.8	5.6	9.7	2.5	—	1.6	4.8	1.8	6.8	34.6
法　国	15.0	32.0	7.0	5.7	2.0	7.0	—	5.0	—	4.0	19.0
意大利	10.5	31.0	9.5	1.0	5.0	4.0	7.5	5.5	0.7	1.0	19.6
荷　兰	26.0	36.0	3.0	5.0	2.0	—	—	9.0	1.0	1.0	21.0
英　国	22.0	35.0	10.0	10.0	5.0	2.0	4.0	2.5	1.0	2.0	11.5
加拿大	22.0	33.0	6.0	6.5	7.0	4.0	4.0	3.0	3.0	3.0	5.0

（唐赛珍　李海鹰）

国外皮革工业

【概况】世界制革工业发达的主要国家有意大利、印度、美国、巴西等，其产量已占世界总产量的60%以上。

主要国家皮革产量

生产规模	国　名	1982	1978	1982年比1978增长
1亿米^{2}以上	意大利	1.36	1.10	24
	印　度	1.08	0.44	145
	美　国	1.00	1.15	－14
4 000万米^{2}以上	巴　西	0.52	0.56	－7
	日　本	0.48	0.52	－8
	阿根廷	0.48	0.65	－26
2 000万米^{2}以上	法　国	0.33	0.35	－6
	墨西哥	0.30	0.29	3
	联邦德国	0.28	0.28	0
	巴基斯坦	0.24	0.24	0
	英　国	0.20	0.32	－37

制革工业的发展、从地区来看，亚洲和太洋洲产量持续上升，80年代初为70年代初的2.3倍；拉丁美洲亦如此，产量增长72%；相反，北美、中东和非洲、西欧的产量则持平。反映了皮革工业由发达国家向发展中国家转移的趋势。

原料皮：制革原料皮供应仍偏紧，不少国家要依靠进口，美国为世界上最大的原皮出口国。

加工工艺：国外鞋面革质量的一个特点是柔软，因此在工艺控制上采取了一系例的控制措施。如浸水浸灰中使用渗透剂，使纤维加速软散分离；浸酸时采用有机酸甲酸，大牛皮浸酸过夜。使酸在皮层分布均匀；鞣制采取少浴，将浸酸液排去后，直接加入粉状铬鞣剂，后期不加温，使成革丰满；中和采用有机酸、小苏打，加油量达7～8%；整理操作特别注意水份的变化，干燥后，为达到柔软目的，还要在转鼓中摔软2～4小时。

各主要国家原料皮生产量和使用量（百万张）

数量＼国别	意大利	印度	美国	巴西	日本	阿根廷	法国	墨西哥	联邦德国	巴基斯坦	英国
生产量	4	22	31	9	2	13	7.5	4.5	5	2	5
使用量	15	22	15	9	11	10.5	4.5	7	4	2.5	3

制革机械：制革机械为满足高效率生产，已发展为大型化和通过式，主要品种为：（1）通过式去肉机：该机调整简单，精度较高不仅适用于重磅皮，而且，也适用于轻磅皮的去肉；（2）净面机：由于人工净面会增加浸灰工序成本且操作繁重，现已采用带刀轴的通过式净面机，操作非常方便。（3）星型转鼓和皮革加工器的重新讨论：星型转鼓和皮革加工器曾一度盛行，对旧式木转鼓是一种改良。但是，由于木转鼓是有更多优点，例如耐腐蚀性良好、热传导率低便于保温、容易拆卸和搬运，近年来，仍占主流，只是更加大型化，加之配以自动开启鼓门和管道加料系统等，使其更是先进性。（4）通过式挤水机：近年来，对通过式挤水机又加以改进，采用合成纤维网布取代毛毡，可以提高挤水效果。（5）在干燥工

序中采用一般的真空干燥机后，现已向通过式高效率真空干燥机发展。(6)伸展机：近2—3年间，未有明显变化，通过式伸展机能提高生产率、改善皮革质量和增加面积得革率。(7)拉软机：一种称为Mollisa的拉软机出现。使拉软工序出现重大变革，它可以根据皮革的厚度、大小和纤维结构不同，自动设计程序进行拉软。(8)自动绷板干燥机正在向轻量化、操作简单化发展。

三废治理：制革工业废水处理，主要采取改进工艺和最终处理两种方法。改进工艺的方法，主要是合并工序，节约用水，循环利用等。例如在进行制革最小浴量工艺试验，在制造铬鞣革时，每公斤原皮浴用水15.9升，水洗11.9升，总共27.8升，比标准铬鞣法用水量43.7升减少63.2%。不仅如此，采用小浴量制革，总排水的污染程度减小。

制革固体废料的综合利用，是一项极有经济价值的研究，据测算，成果占盐腌原料皮中无水物重量的比例分别为：中小牛皮约20%，大牛皮30%、猪皮约20%，其余部分均作为固体废料。近年来通过大量研究，以原皮、裸皮、铬革盾、废革边和废弃皮革制品为原料，已制成食用或工业用油、液体肥料、食用明胶、肠衣、胶原膜、固相酶、医用胶原制品、皮粉、饲料、胶原纤维、吸附剂、泸材、工业明胶、皮板、胶原特殊纸、复合材料、无纺布、氧化铬等。

意大利制革工业，近年来，欧美国家皮革工业日趋衰落，美国大量出口原皮，进口皮革制品，联邦德国有36%的制革厂关闭或转产，职工减少50%左右，产量减少19%，而意大利制革工业仍蒸蒸日上，皮革产量仅次于苏联居世界第二位，1982年已达1.36亿平方米。在欧洲经济共同体中，意大利成革销售量占68%，鞋面革出口占35.5%，羊革出口量占40%，进入七十年代以后，意大利制鞋、皮件加工机械出口量年平均增长27.9%，1982年出口量已占世界出口总量的48.1%。

意大利皮革工业的最大特点是把分散的皮革企业，逐步集中在四个地区，即伦巴第(米兰)、托斯卡纳(佛罗伦萨)、威尼托(威尼斯)和坎帕尼亚(那波里)，现有制革企业3 000余家，一般规模较小平均人数仅11.6人。工业区划集中，有利于技术交流、三废处理和机械维修，也可减少运输费用。

意大利制革工业的发展，主要是通过不断进行老厂改造取得技术进步来达到的，目前，仍有三种类型的工厂，一是已通过技术改造，更新设备和改造厂房达到先进水平，有的厂装有电视监控自动去肉机，有的装有数控量型转鼓和自动搭马机等一流设备，这类工厂劳动生产率大牛皮人均日产可超过20张。二是厂房虽较陈旧，人工控制生产参数，但由于原皮质量较好，生产控制较严，加上先进的生产设备和稳定的化工材料，在销售上采取国际联系，也同样取得了良好的经济效果，三是厂房简陋，设备陈旧，但由于管理上采取工人自治，将工人实际收益和工厂经营好坏直接联系起来，调动了积极性。产品销售通过地区中心皮革工司，减少风险。

为提高经济效益，意大利制革厂往往根据原皮的不同质量分别处理，做到物尽其用。优质原皮加工成全粒面打光苯胺革，每平方英尺价格可达3 500里拉；用质量较次的原皮经磨面、压花，制成家具革或劳保鞋革，每平方英尺也可售到1 500里拉；再次的原皮则采用贴膜的办法，制成仿蛇皮、仿鳄鱼皮。近年来，意大利流行一种山羊皮起皱革，皮革粒面用手工捏成鳞片状、酷似穿山甲皮。用这样的皮革制成高档女靴，每双可卖40—50万里拉。

意大利有两所较大的制革专业学校，即都买的巴德拉柯皮革工业技术学院和阿兹尼亚诺的国立伽里略制革化学工业技术学院，学制都是5年，课程的设置偏重于实践。学院拥有现代化的教学楼，实习工厂和试验室，拥有气相色谱仪等先进仪器。学生毕业后，即能担任制革厂工艺师或化学师。此外，学校还开设企业管理、工厂计划等课程。

意大利对外贸易协会(ICE)在推动意大利皮革工业产品出口方面起了重要作用。除每年在意大利举办数次皮革博览会，展出当年最新产品，并可现场定货外，意大利对外贸易协会还在世界各地设有办事处，从事组织本国厂商出访，举办专业展览会，介绍意大利产品等工作，使意大利的成革，革制品，皮革制鞋机械出口一直处于世界领先地位。

(钱家骕)

国外家用电冰箱工业

【生产情况】 70年代以后，世界上电冰箱产量超过100万台的国家依次为美国、苏联、意大利、日本、联邦德国、英国、西班牙。70年代末世界电冰箱总产量约3 900万台。1983年世界电冰箱生产总数为4 068万台。

表1　世界电冰箱主要生产国情况　单位：万台

国别＼年份	1980	1981	1982	1983
美国	514.0	540.9	466.9	567.6
苏联	593.2	594.4	581.6	570.0
日本	428.2	420.7	438.5	454.1
意大利	430.3	409.9	371.1	390.0
联邦德国	300.9	278.6	278.7	280.8
英国	101.1	102.5	108.0	117.4
西班牙	140.5	151.8	—	—
巴西	237.7	196.1	—	—

美国一直是世界上最大的电冰箱生产国，1985年产量为686.3万台，估计1986年可达到715.4万台。

日本是世界电冰箱生产的后起之秀，1984年生产 493.6 万台，1985年达到535.2万台。

国外电冰箱工业一般均集中在若干核心集团，如美国集中在五家集团企业，日本集中在八家。这些厂家对本国的电冰箱工业起着主导作用。冰箱总装厂一般只负责箱体成型、喷漆、真空成型、发泡、总装、检测及包装出厂，所有零部件均为专业协作厂配套。

【生产技术水平与动向】 1.钣金成型方面。主要采用高速度宽台面多工位冲床或箱体滚压成型设备。如日本的电冰箱箱体多采用整体成型结构，原料为5吨重的卷料，径开卷料，碾平机开卷并展平，送入数控下料机定尺寸切断，再自动迭片，送至箱体成型线。箱体成型可用压边法成型，利用多工位折边机，一次成型。此法适于10万台/年以下生产能力的工厂；此外还可用辊压法，即在辊压成型机上安装有形状逐渐变化的多组辊轮，将外壳平钢板送过此机，即被弯折成型，高速高效连续自动是这种方法的最显著特点。

2. 多工位真空成型。电冰箱内胆、门胆多采用四工位以上真空成型制做，四功位为上升、加热、成型、冷却。日本日立公司采用此法，内胆采用4～5mmABS板材，一台机组日产 800 个。南斯拉夫格莱涅冰箱厂用西德制造的四工位真空成型机，一人操作，45秒即可成型一个内胆，25秒钟即可成型一个门内衬。

3. 自动注塑一次成型。目前国外已有厂家研制成功一次注塑成型双层整体箱体，然后再往两层箱体中间充填硬质聚氨脂发泡层，所有附件如门合页、格架支座、门封的钢板条均能一次同时成型。

4. 连续注塑发泡成型。目前，国外已有日发泡能力达 1 600 台的连续注塑发泡机，箱体每25秒出一个成品，门体每15秒出一个成品。丹麦古兰姆公司将门封胶条与内外壳体结合在一起后整体发泡，不用螺钉紧固，省料省工，增加了内外壳强度，还可防止门封胶条下垂，提高了箱门口平度。

5. 装配工作连续化自动化。国外电冰箱装配线采用各种专用工具、自动检测技术，使装配工作实现连续化、自动化。如意大利梅洛尼公司有两种电冰箱总装流水线，一为线式，即每个工人在一固定工位完成一道或几道装配工作，最后一道工序才出成品，生产能力为400～600台/日；另一为岛式，即在每个“岛”上完成电冰箱的全部装配工作，直至出成品，其生产能力高于线式。

6. 生产设备与过程电子化。目前，国外电冰箱厂均在积极推行生产设备与过程的电子化，主要在以下几方面：电冰箱及相关模具设计的CAD与CAM，表面嘴涂机械手及自动材料输送机，检测与质量控制机械手或自动化，自动焊接机及焊接机器人等等。在CAD与CAM的基础上，FMS（柔性生产线）也在逐步推行，它可使电冰箱厂同时生产多种类型的产品。

【产品水平与动向】 向大容积、多门多温多功能发展。国外冰箱多在200升以上，300～400升的电冰箱也逐渐增大比例。同时门的个数已由双门发展到3门、4门以至5门。还出现了带有取水取冰装置及饮料存取小门的冰箱。

2. 电子化速度加快。采用电子技术的电冰箱，目前已做到可在箱内控制不同温区的温度，以满足所放食物的贮藏要求，而且可将箱内各室的温度显示在箱门前部面板的液晶屏上，使用户一目了然。有的电子冰箱还能自动记录食物的贮藏时间，按用户的要求控制箱温，并提醒用户何时取用，防止食物贮存过久而变质。有的电子冰箱还能“说话”，发出女人或男人的声音，提醒用户及时关闭箱门及其它注意事项，同时还能对冰箱各部位自动监测，在冰箱发生故障时它能自动“诊断”，通知用户发生了故障并指明故障地点，从而大大简化了维修工作。国外调查表明，1980年已有5.6％的电冰箱实现了电子化，到1988年将有21.9％的电冰箱实现电子化，而到本世纪末，发达国家的电冰箱将全部电子化。

【节能改进措施】 1.采用电子控制。电子冰箱具有极大节能潜力。它可以通过微机控制冰箱压缩机的“开一停”时间比，使夜间的运转时间比白天大大减少，达到节电目的。它还可以通过微机调节除霜期间制冷系统内的实际压力，达到高效除霜，进一步节电。目前已将厚膜电路用于冰箱运转控制，使其运转时间更为缩短，电子冰箱比同功率的其它冰箱可节电15～20％。

2. 提高冰箱绝热层性能。目前，已有多国厂商在研制新型冰箱绝热材料以替代目前使用最广泛的聚氨酯发泡材料。日本松下公司已提出采用真空粉末填充层代替聚氨脂的报告，据称其绝热效果提高近一倍。英国托伦公司则设计和制造了一种能“看见”箱体内部聚氨酯发泡情况的设备，以确保发泡均匀、充分，从而获得更好绝热效果。

3. 采用全封闭式冷凝器。日本的许多电冰箱公司于80年代初推出靠壁式冷凝器，它将冷凝器管贴附到冰箱后壁的内侧或两侧，利用冰箱箱体散热，这样可防止冷凝器上积灰或油垢。研究表明，仅此革新可节电20％。

（叶宗林）

国外洗衣机工业

【概况】 1867年世界上第一台洗衣机问世。1874年美国玉米播种器制造者比尔·布莱斯顿发明了一种具有现代洗衣机雏型的木制洗衣机。

1880年出现了第一台蒸汽洗衣机。到本世纪初，手摇洗衣机、水力洗衣机、汽油发动机带动的洗衣机等相继问世。1911年，世界上第一台电动洗衣机于美国问世。1920年美国玛依塔格公司研制成功了铸铝筒体，该公司还于1922年研制出搅拌式洗衣机。1936年，搪瓷筒体出现了。50年代以前，在欧洲主要流行滚筒式和喷流式洗衣机。50年代以后，日本在喷流式的基础上研制并批量生产了波轮式洗衣机。洗衣机上的干衣机构也经过长期的演进：1926年在美国首先出现了甩干机，并研制成了双筒半自动洗衣机。三十年代中期，美国本得克斯公司制出了第一台自动洗衣机，于1937年投放市场，到1941年就总共销出30多万台。1939年美国两屋公司制出了第一台全自动洗衣机，并于1941年投入批量生产。

第二次世界大战以后，洗衣机生产发展很快。

70年代末到80年代初，世界洗衣机总产量发展到2 800～3 000万台之间。

世界主要洗衣机生产国产量　（万台）

国别＼年份	1980	1981	1982	1983
美国	455.4	448.1	401.5	461.5
日本	487.9	475.9	478.7	498.1
法国	195.5	181.0	164.4	141.8
联邦德国	180.3	189.4	165.5	160.6
意大利	344.0	339.0	317.0	330.7
英国	131.9	111.7	123.1	137.1
苏联	382.6	392.8	399.5	425.0

资料来源：《联合国年鉴》（1984版）

【生产技术水平】 1.自动注塑和吹塑一次成型。国外洗衣机的内桶、盛水桶、顶盖板等均以聚丙烯、改性聚苯乙烯或ABS注塑成型。采用大吨位注塑机（一般须模力为800～1 250吨），一般90～95秒即可制一个洗衣桶。有的公司全自动洗衣机的洗衣桶、盛水桶及底座三大件用一套模具整体成型。半自动洗衣机的两个桶也连体一次注塑成型，效率高，质量好。

2．生产线上实现自动检测。国外许多洗衣机厂在生产线上的检测已实现电子化、自动化。如联邦德国AEG-德律风根研制成功一种分为三个阶段的自动洗衣机的微机控制检测系统。第一阶段能根据VDE的规定检测洗衣机的安全要求和基本功能；第二阶段检测60分钟的洗衣程序操作，此段共有50个可移动式试验台，均与中心测试站相联，故能同时检测50台洗衣机；第三阶段重复第一阶段的安全试验，以验试温度与注水时间在试验期间不会引起性能变化，同时还进行噪声与振动试验。全部数据记录在磁带上，试验结束后可以试验证书的形式给出。

3．装配过程自动化。国外洗衣机厂不仅在装配线上大量采用高效的专用设备与专用工具，大大提高了装配效率，近几年开始向装配过程自动化发展。例如意大利坝迪公司应用七个机械手完成滚桶式洗衣机内桶的装配（主要是焊合）。

【产品发展趋势】 1.对波轮的改进。

80年代以后，对波轮式洗衣机的改进重点之一是波轮结构。其中典型的有：①松下公司的大直径凹型波轮，可形成向外展开的心形水流，洗涤力强并较均匀，不会造成衣物的扭绞及局部过度磨擦。②日立公司的所谓“家乐万宝”波轮，这是一种将波轮式洗衣机的波轮与搅拌式洗衣机的搅拌器合二为一的“波轮一搅拌式”结构。它也可产生向外舒展的水流，不使衣物缠绕，洗涤柔合。③夏普公司的掌形波轮，也可产生新水流。④东芝公司将洗涤桶的整个下半部改为大波轮，洗涤时下半部转动起波轮作用，产生极大的洗涤推动力。这些机种在洗涤时的“转一停时间”均有较大改动。

2．电子化。世界上第一批电子洗衣机于1980年在欧洲首次投放市场。目前，带有微电脑的洗衣机不仅能提供50种不同的洗涤循环，而且能利用多种传感器（如水位、温度、湿度、压力、光等），自动测出水的硬度、洗涤剂浓度、织物重量、脏污程度、洗涤的洗净度、漂清的漂净度等数值，从而自动控制洗衣全过程，从脏衣投入，到浸泡-洗涤-漂清-甩干-烘干，连续自动完成。有的还有声音合成与声音识别系统，实现真正的人一机对话。1985年日本全自动洗衣机新投产机型已100%微机化，新型双缸洗衣机的微机化也达50%左右。

3．塑料化加速。80年代后，洗衣机的塑料化已达26.5%（重量百分比）。波轮式洗衣机的内桶几乎全部塑料化，且多采用整体注塑成型。滚桶式洗衣机的滚桶过去均以不锈钢或蒙乃尔合金板制做，目前已有用塑料制做的了。这种趋势仍在持续。在英国生产了一种全塑洗衣机，主要采用聚丙烯。日本每年用于洗衣机的塑料总量已达1万吨。

4．研制新型洗衣机主要有：①超声波洗衣机：这种洗衣机利用超声波振动产生的“空穴”现象，在洗涤液中不断产生大量气泡又同时不断在消失。用这种洗衣机洗涤时，一方面超声振动产生强水压，振动纤维，同时它还有乳化作用，使衣物上的油脂、污垢等很快脱落。

另外，水中气泡上升，产生从洗涤桶中部向外侧翻动的水流，使衣物翻滚摩擦，并与洗涤剂充分接触，产生有效的洗涤作用。这种洗衣机耗水少、洗涤均匀，不缠绕，不伤布，洗衣机可小型化，造价低。②电磁洗衣机：这种洗衣机不用电动机驱动，洗衣桶内有4个"洗涤头"，上面各有一只夹子，可以把洗涤物伸展夹住。每个洗涤头上有一组电磁线圈，当接通电流时，电磁线圈使洗涤头发生2 500赫兹频率的微击振动，使织物在洗涤液中很快洗净。据测试，这种洗衣机比传流洗衣机省电75%，省水50%。③高温泡沫洗衣机：这种洗衣机以高温泡沫代替水，洗涤液罐安在洗衣机底部，将衣物投入洗衣桶后，按下开关，鼓风机工作，将空气送入洗涤液罐，产生大量泡沫。用加热器将泡沫加热到70℃，并送入洗衣机，衣物很快被洗净。脏污的泡沫被收进洗衣机旁的消泡装置。洗1公斤衣物仅需21升水，时间为5～15分。④真空洗衣机：这是苏联研制的新一代洗衣机，据称它不需用洗涤剂，而仅凭真空作用即将衣物洗净。

【洗衣机的节能改进】 1.安装节电按钮，降低洗涤温度：如联邦德国西门子公司的全自动滚桶式洗衣机装有"半负荷"开关，适用于少量衣物的洗涤，这种措施可节水31%、节电19%。西德米尔公司将洗涤温度由95℃降到75℃(洗白色衣物)或60℃(洗有色衣物)，大大节省了电能。

2. 减少洗涤用水：各国洗衣机厂商在节水方面做了多种改进。如日本的洗衣机　有多档水位，以适应不同洗涤量。1973年日本全自动洗衣机每洗一次衣物需200升水，1974年由于采用节水循环而降到150升，1976年改进漂洗方法又降到130升，1978年采用边淋边甩的方法进一步降到120升。80年代以后的各种新型洗衣机节水更明显，如三洋公司的双缸半自动型洗衣机已降到90升。

3. 缩短洗涤时间：这是节能的一项有力措施。日立全自动洗衣机原每个洗涤循环需43分钟，现已缩短到34分，减少了约20%的时间。

（叶宗林）

国外家具工业

【概况】 西方国家的家具工业从六十年代中期开始发展最为迅速，八十年代中期由于市场不景气，发展速度减慢，年增长率为1.5～2%。1985年，西欧、美国和日本家具年产总值为3 22亿英磅，其中美国130.4亿、日本54.8亿、联邦德国49.8亿、意大利23.7亿、法国22.37亿、英国19.56亿、西班牙10.69亿英磅。1985年家具工业占国内生产总值的比重为：联邦德国1.28%、意大利0.85%、英国0.56%。

1985年西欧国家人均家具消费额分别为：挪威130.3英磅、西德73.8、瑞士61.8、芬兰89.6、丹麦57.1、瑞典49.6、法国47.8、比利时42英磅。西欧人均家具消费额为41.6英磅；消费大于生产的国家有法国、英国、爱尔兰、荷兰、挪威、瑞士、美国和日本。

美国、日本和西欧从事家具生产的企业共4.58万家，职工总数110.9万人，其中美国10 500厂家，职工28.4万；日本14 300厂家，职工17.6万；欧洲共同体国家38 700厂家，职工51.4万；各国家具厂家多数为中小企业，只有西班牙的家具厂规模较大，厂平均产值为7130万英磅，而联邦德国家具厂平均产值仅为380万英磅、英国220万英磅，其他国家家具厂规模还要小些。

家具生产用材的变化十九世纪后半叶开始使用冲压木和弯曲木。二十世纪20～30年代首次应用胶合板和板材作为家具生产的主料。50年代末到60年代初，开始大量生产刨花板、纤维板、平粘材、弯曲粘结部件等作家具生产的结构材料。60年代中期，塑料用于家具工业，各种异型薄壁钢管和铝管用于制作椅类支腿骨架。家具面料、胶料、油漆等变化较大，出现多种新型人造贴面材料、薄膜材料、新型胶料、油漆、颜料等。70年代到80年代初，在家具生产方面未出现全新的材料种类，主要是材料构成变化较大，尤其家具板材，越来越多地采用表面处理质量高级的各种刨花板，箱形家具开始广泛使用干法生产的纤维板、胶合板、聚氯乙烯塑料。板式家具多用针叶材等便宜材料贴面装饰，高级材贴面逐渐减少，而合成材料、单板、仿木纹纸、热塑薄膜材料等代用品日益增多。装饰材料结构也在变化，除聚酯、聚氯酯塑料外，开始采用高效乌光酸性快干漆以及各种彩瓷漆等。木材和木板压花工艺、精饰金属材料、精饰玻璃等广泛使用。框式家具普遍采用胶贴弯曲部件、胶合板、纤维板、彩色薄膜和一些其他材料代替木材，越来越多地使用桦木、松木和其他便宜木料以及金属和塑料。但是，刨花板的物理机械性能不如木材、木板材和胶合板，尤其持螺钉性能差、边角易破、受潮会产生各类缺陷近期预计刨花板仍将占居主导地位，但将被中密度纤维板挤占。刨花板生产中使用的甲醛树酯胶将用不危害身体健康的其他胶料代替。塑料在家具中的应用最近不会有较大进展，因为塑料加工工艺还很难达到家具工业的要求。金属家具以机关和公共场合使用为主。

在科学技术进步推动下，家具工业产品结构发生变化，二次大战后十年主要家具生产国以框、桌、椅、衣柜等单件家具为主，60年代末期由于材料结构变化、新工艺的应用开始生产组合式家具、格架式家具和多用途复合家具。框架式家具中，组合橱占主要地位。

60年代，起居室以及旅馆和办公室用成套家具、多件头的组合家具、镶入式家具、多项组合家具生产得到了发展。靠墙放置和作隔壁用的多件组合家具包括放冰箱和电视机的位置。软家具生产也发生本质性的变化，面料品种繁多，开始采用各种织物、人造毛皮和人造革等等。

70年代末，家具生产趋向采用松木，如斯堪的纳维亚式家具。以及以天然木材为原料的仿古家具。

美国　家具工业居世界之首，总产量中民用家具占55%，1985年产值为163亿美元，其中木家具65亿美元、软家具47亿美元、金属家具18亿美元。美国家具生产以传统式家具居多。有殖民时期风格的木家具，为长方形线条造型简样，用橡木、松木、槭木、桃木、小核桃木作面材，占美国国内市场销售额的30%。18世纪美式家具结构比较复杂些，多采用比较贵重的木材作面材，如红木、樱桃木和桃木等，约占市场销量的10%。法式家具多为曲线形，桌椅的弯曲腿，占总销量的5%。此外尚生产地中海式和现代潮流式。前者类似西班牙式，以红木为装饰材料，后者相当于斯堪的纳维亚式，部件多以松木料为主。美国新潮式家具与欧洲的类似，多以木料制作。美国的特种家具，主要是办公室用的金属家具。

1981～1983年，美国一些中、小家具厂倒闭500家，职工人数减少近2万人。1985年，美国拥有10 500个家具厂，职工28.4万人。美国最大的木制家具厂家为阿姆斯特朗家具工业公司和巴塞特家具公司；最大的软家具厂家为墨西哥工业公司和拉-捷特-包依公司；最大的办公家具公司为S tukeyc、和Miller公司。

美国国产家具只能满足市场需求的85～86%，其余部分靠进口解决。据估计，美国家具进口量将会进一步增大。

日本　家具产量居资本主义世界第二位，年产约为2万亿日元，其中85%为木制家具。家具总产值中，民用家具占97%，旅馆、饭店、学校和医院用特种家具只占3%。

日本生产传统民族型式家具和欧式现代家具两大类。最近几年家具工业迅速发展。木制家具中，书橱和五斗橱占25%以上，餐具橱、碗柜占10%，书架、格架、电视机橱、收音机橱、日式饭桌等占66%。金属家具中，座椅类占40%。

1985年，日本有14 260家具厂，其中木家具厂13 000家，职工15万人；金属家具厂1 260家，职工2.6万人。工厂规模以人以内的小企业居多，超过500人的为大企业，木家具厂仅7家，金属家具厂4家。生产高度专业化，分工协作。零配件由许多专业厂生产。家具生产用的木料60%以上靠进口，每年需从国外进口4 000万立方米方木和500万立方米板材。

联邦德国　为西欧最大的家具生产国，1985年家具总产值为189亿马克。在日用品工业行业中，家具工业仅次于纺织工业，为第二大行业。民用家具占家具总产量的85%。

据1985年统计，共有1 200家木家具厂，职工10.82万人，产值146亿马克；软式家具厂192家，职工2.63万人，产值35亿马克；金属家具232家，职工2.87万人，产值41亿马克。1985年木家具厂平均职工人数为90人，金属家具厂124人，软家具厂137人。

1976～80年家具工业发展迅速，家具总产值由122亿马克增至167亿马克，民用家具由104亿增至133亿马克。1985年家具总产值为189亿马克，其中民用家具为167亿马克。最近7～10年中，沙发(卧榻)、卧室组合家具、客厅桌和书橱等发展较快，安乐椅、单件柜橱、椅、床类产量趋于下降。大家具特点是质量高，以橡木、红木、桃木等天然木材作面料，桃木资源缺乏用量减少。

意大利　1985年，家具产值为58 370亿里拉。起居室家具约占总产量的一半左右，卧室家具占25%。家具生产以木家具为主，占60%以上；金属家具占20%；其他家具占20%。意大利家具以高档为主，其家具款式左右世界潮流。

据意大利家具商协会数字，1984年共有2.7万家具厂，职工总数为13.3万人，其中20人以上的厂家仅2 000家，职工人数为7.2万；不到20人的小厂为2.5万家，职工人数为6.1万人。

法国　1985年家具产值258亿法郎，居西欧第三位。法国拥有13 300家具厂，其中12 000家作坊式小厂，专门维修家具或按私人订货制作。家具行业职工总数约8万人。百人以上的大厂190家。法国生产的家具70%为古典式，新潮式家具只占30%。家具多用红木、法国橡木和其他珍贵木材作贴面材料，也使用当地产的松木和松木胶合板。

法国专用家具生产板为发达，其办公室家具产量仅次于美国和加拿大，居世界第三位。办公家具生产职工超过1万人，1985年办公家具产值估计为30亿法郎。

英国　1985年家具工业产值为19.56亿英磅，只能满足市场需求的44%。主要是生产工艺落后，木材靠进口，生产成本较高。1985年英国进口方木68.67万立米、刨花板165万立米、胶合板104.2万立米、纤维板30万立米、成木材11.6万立米、单板8.5万立米。家具款式变化不大，一些家具品种已生产30～40年。1985年主要家具品种为：椅类产值39 120万英磅、床具25 730万英磅、餐厅家具21 090万英磅、橱房家具37 800万英磅、木制办公家具11 090万英磅、金属家具8 990万英磅，其金属家具8 080万英磅、其他木制家具6 540万英磅，床垫和座垫19 800万英磅。最近十年英国椅和橱房家具类增长30%，起居室家具趋于下降。

1984年英国6人以上的家具厂1 100家，1985年家具行业职工总数为7.95万人。英国家具厂小型居多，15人以下的小厂占企业总数的65%，99人以内的家具厂占企业总数的89%，超过500人的厂仅占2%。

丹麦　其家具产量居资本主义世界第九位，1981～85年家具产值增长1倍；1985年达91亿克朗。其家具生产以框式家具和椅类占主导，多如斯堪的纳维亚式，产品质量高级，使用耐久，如古典式与现代式相结合的款式。丹麦家具按中等家庭设计，一般私人住房面积在100平米以上，故家具规格偏大，不适合世界市场的需求。

丹麦家具工业拥有650家具厂，职工总数为1万人，6人以上的小厂450家，100人以上的大厂25家，其余为2～6人的作坊式企业，约200家。

（关越）

国际制鞋工业

【概况】　70年代末至80年代初，是世界制鞋工业最动荡的时期。从产量上看，世界鞋类生产总量在40亿双左右，同前10年相比，仅增加10%。但从生产格局来看却发生了显著变化。发达国家的产量占世界总产量的比重由1972的80%左右下降到80年代初的60%。70年代初期，美国在世界鞋类市场居于支配地位，它的鞋产量占世界总产量的21%，现在下降到7%。发展中国家在企业界年产量的比重增加到35%。

制鞋工业在发达的国家里仍然未能实现高度自动化，与其它工业相比，仍然属于劳动密集型生产，而工资水平不断上涨，与工资水平低的地区产品竞争处于不利地位。1981年美国制鞋工人每小时工资为5美元，南朝鲜0.88美元，我国台湾省1.46美元。因此制鞋成本相去甚远。80年代生产1双鞋的成本，在西欧是14美元，在美国是16美元，东欧略低一些。组是在拉丁美洲和远东，生产成本却在8美元以下，而在南亚只有3美元。

世界制鞋工业生产以及鞋类贸易，近年来仍不断发展。1982～1984年间主要国家鞋类出口量增长20%，1984年世界鞋类总产量为84.3亿双，比1983年增长0.9%，而国际市场鞋类贸易量达24.11亿双，比1983年增长10%。

1984年世界主要国家和地区鞋类产销状况

单位：百万双

产量		出口量		进口量		国内消费	
中国	1 220	台湾	605	美国	842	美国	1 197
苏联	969	意大利	393	西德	216	苏联	1 109
台湾	637	南朝鲜	263	英国	163	中国	1 020
巴西	569	中国	200	法国	147	日本	541
意大利	496	香港	197	苏联*	131	巴西	443
日本	468	巴西	125	香港	129	印度	334
美国	365	西班牙	105	日本	87	法国	289
印度	350	法国	60	加拿大	61	西德	279
南朝鲜	307	捷克	57	荷兰	60	英国	273
法国	202	泰国	35	意大利	53	墨西哥	183

* 香港包括转口数。

目前，国际鞋类市场仍有较大容量，主要是鞋类消费量大的国家近年来制鞋工业萎缩，1971年至1985年的15年间，西德鞋产量减少45.2%，法国减少11.6%、英国减少33.5%，荷兰减少62.5%，比利时/卢数堡减少68.8%，爱尔兰减少55.9%，

世界生产的鞋类仍以皮鞋为主，约占总产量90%（包括合成革帮面）。

国外制鞋工业的生产组织有两种类型：一种是高度集中化。为苏联年产500万双以上的鞋厂占鞋厂总数的15%，产量占全国鞋产量的一半左右。大型企业的劳动生产率为小型企业的两倍多。"捷克光明制鞋公司"约有39 000人，年产量7 300万双；"8.29制鞋总厂"约有职工30 000人，年产量4 500万双，两个企业合计约占全国鞋产量的90%。法国有鞋厂536家，其中500名职工以上的仅占4%，而这些企业的产量却占全国88%，产值占90%，美国6家大公司的产量占全国30%。

一种是高度分散化。例如在欧洲经济共同体中，大约有1万家公司，雇佣了大约33万名制鞋工人，绝大部企业雇员人数不超过100人。在日本71.4%的制鞋企业雇佣的工人不超过9人。意大利鞋厂有9 000多家，13万2人，其中一半鞋厂只有10名左右工人，50人以下小厂占75%左右，50～500人鞋厂占24%左右，500人以上的只占0.1%。基本上都是小型工厂。多数发展中国家和地区的制鞋企业却属于分散型。

世界各国鞋的消费水平最高的国家是瑞士，年人均5.5双，其次是法国5.4双，以下是日本4.9双，美国4.7双，捷克斯洛伐克4.6双，联邦德国4.5双，英国4.3双，苏联4.1双。中国（不包括台湾省）1985年平均消费水平为1.4双。

世界几个主要国家的皮鞋产量 （单位：万双）

年份	美国	苏联	意大利	联邦德国	英国	法国	捷克	日本
1972	52 665	64 736	39 240	18 229	18 139	24 000	12 428	4 645
1975	47 308	69 810	34 090	13 811	16 101	22 620	12 544	4 909
1980	39 685	74 293	42 175	10 594	13 485	20 638	12 748	5 019
1981	37 200	73 797	44 500	9 778	12 771	24 051	12 796	5 122

资料来源：《联合国工业统计年鉴》。

【制鞋材料】 国外制鞋材料，在历史上很长一个时期都是以皮革为主，但是随着世界人口的增加和社会经济的发展，皮革资源不足的情况越来越严重。据统计，多年来，世界制鞋工业所需的皮革，短缺达50%左右。

本世纪50年代，合成材料开始进入制鞋工业的领域。

合成材料在制鞋上应用最广的是鞋底，现在国外生产的鞋有90%左右的鞋底使用合成材料。在外底材料中常用的有合成橡胶、聚氯乙烯、聚氨酯、热塑橡胶、乙烯-醋酸乙烯酯等。橡塑并用材料，近年来应用很多。微孔鞋底部件在一些鞋种上颇为盛行。

帮面材料现在60%左右仍用皮革，用合成材料做帮的鞋在鞋类总产量中仅占20%左右（与织物差不多)。合成材料帮面在英国70年代中期曾出现过高潮，达到帮面材料的40%以上，其后由于卫生性能赶不上皮革，价格又不比皮革便宜，因此逐渐衰落，目前大体稳定在30%左右，高于织物。

合成革帮面材料常用的有以下三大类：

（1）人造革。用织物做底基以聚氯乙烯为复层的材料。这种材料的使用率正在不断提高，1973年人造革帮面占总数23%，1977年增至25%，1978年在女鞋中占43.5%，进入80年代已经达到一半以上。因为这种材料色调极为广泛，对女服和女鞋比较适用。

（2）合成革。用无纺布做底基以聚氨酯为复层的材料。它是一种微孔结构的材料，富于弹性，其结构可分为单层、二层和三层。

（3）复合材料。用天然皮革与合成材料混合构成的帮面材料。在剖面革或有缺陷的皮革表面复上用聚氨酯、聚丙烯酸酯或橡胶浸透的纤维网作为面层，也可以用聚酯类、聚丙烯、聚酰胺、粘胶纤维或棉纤维的混合纤维网做面层。这种材料卫生性较好，外观和手感酷似天然皮革。

鞋里材料和内底材料对鞋的舒适性影响很大，必须具有良好的卫生性能，主要是吸湿性和透水气性。近几年来，在这方面采用合成材料的很多。国外常用的鞋里材料是以丁二烯丙烯胶乳或聚氨酯有机溶液或聚氯乙烯塑料溶液浸渍的纤维素材料制做，应用最广的是以无纺布做底基，以聚合物溶液处理，表面再加涂层的材料。

内包头和主跟大多数使用合成材料，主要是树脂浸渍过的织物或无纺布以及热塑性材料。热塑性材料的使用有两种方法：一是在鞋帮里面涂复热溶胶或聚合物溶液，然后令其固化；一是在厂外做成热塑性材料或部件，使用时通过热处理，将其粘在邦面上。

从鞋底材料看，国外70%以上采用胶粘法结合外底。作为胶粘剂成分的基料，除了氯丁橡胶和聚氨酯已使用多年外，目前的趋势是利用新型聚合材料，例如以热塑丁苯橡胶为基料的材料。绷帮用热塑性聚酰胺树脂、饱合聚酯类以及乙烯与醋酸乙烯脂的共聚物。

【贸易情况】 目前，世界鞋类出口集中在少数国家。最大出口国家和地区有：中国台湾省、意大利、南朝鲜、西班牙、捷克斯洛伐克、巴西、阿根廷等。台湾省1984年出口量占其总产量的98%，1985年出口鞋6.14亿双，换汇22.93亿美元，鞋类出口总量中60.58%销往美国。意大利1984年产鞋4.9亿双，出口3.9亿双，占国内生产总量的79%，主要是皮鞋，占世界皮鞋出口第一位。巴西近几年来鞋类出口增长快1984年为10.72亿美元，比1983年增长50.46%，1985年达到12.5亿美元，又比1984年增长16.6%。

美、英、法、联邦德国等发达国家在60年代末和70年代初曾是鞋类出口主要国家。进入80年代以后，已成为主要的进口国。

进口量占国内消费总量：美国70.3%，法国50.9%，联邦德国72.7%，英国59.7%。美国表现的尤其突出。

美国1960年鞋类产量6亿双，进口2 662万双，占消费4.2%，1965年产量6.26亿双，进口8 763万双，占消费的12.3%，自1976年至1984年美国自己生产的鞋逐年减少，进口的鞋逐年上升，工厂数和职工数也都下降很多。1968年美国有1 000多个鞋厂，到1983年只剩下547个鞋厂，年产鞋3.4亿双。1984年，美国进口非橡胶鞋8.43亿双，在美

美国鞋类生产与贸易情况

项　　目	单　位	1976年	1979年	1980年	1981年	1982年	1983年
产　　量	百万双	422.5	398.9	386.3	372.0	342.4	341.0
进　　口	〃　〃	370.0	404.6	365.7	375.6	479.5	581.7
出　　口	〃　〃	6.0	9.3	13.0	11.2	8.9	7.5
消　　费	〃　〃	786.5	794.2	739.0	736.2	813.0	915.2
进口占消费	%	47.0	50.9	49.5	51.0	59.0	63.6
职工人数	万　人	16.42	14.89	14.36	14.64	13.63	13.27
工　厂　数	个	669	629	613	594	571	547

国消费市场的份额已达到77%。

目前，美国已成为世界最大进口鞋的国家。其进口数量的金额分别为：台湾3.72亿双，占美国鞋类进口总量的45%，16.8亿美元；南朝鲜1.37亿双，占16.3%，9.9亿美元；巴西1.13亿双，占13.4%，8.7亿美元，意大利7 472万双，占8.86%，8.7亿美元；西班3 981万双，占4.7%，4.2亿美元；香港3 462万双，占4.1%，8 718万美元。

【机械设备情况】　近年来国外制鞋机械设备不断向电子计算机化、自动化、高效率、多功能的方向发展。

电子计算机在制鞋工业上的应用肇始于七十年代初，美国是先驱者，其后英、法、意、联邦德国等相继应用。现在电子计算机辅助设计和电子计算机辅相制造系统已进入一个新阶段，设备体积变小，结构更加紧凑，功能日益完善，数据储存量和处理速度大大增加，而价格下降很多，差不多一般制鞋企业都有能力购置。例如美国专门制造电子计算机系统的Camsco公司于1978年研究出一种定各为Apex的CAD系统，该系统用电子计算机来设计和缩放帮样，测定用料与每种尺寸帮样的周长。该系统所用的微处理机存储容量为384kB，磁盘存储量50兆字节，数据传输速度937.5kB/s。一个磁盘可以存放约1 000只设计样子，图样数据是经由3维或2维的数字转换器输入的。机内有磁屏蔽装置用来保护数据。输出用每分钟300行的高速打字机。一台128kB的高速管理计算机可控制5个图样显示器同时工作，在设计帮样的同时能做数字转换、缩放、帮样测算、故障诊断等。图样显示器的图样可以修改、移位、旋转、抹掉或变焦。类似这样的系统在1985年西德皮马森斯国际鞋机展览会上曾展出过四个，其中除美国的外还有加拿大、奥地利和英国的。所有这些CAD系统都有彩色图象显示，而且颜色可以渐变，供设计者进行比较和选择。关于电子计算机辅助制造系统有：(1)计算机控制下料。(2)计算机控制缝纫。(3)计算机控制刻楦机。(4)计算机控制的刁模制造机。(5)计算机控制的模具制造机。(6)计算机控制的绷帮系统，装置的微处理器可以容纳上百个鞋样，并用机械手拿运工件。(7)计算控制的折边样，可控制速度，胶粘剂数量、内外弧和角的折边动作。(8)计算机控制的鞋底修边机。如美国和联邦德国的一些公司的产品均可削修成任何形状的鞋底，包括跟高50mm的女鞋底，日产量达4 300至1 600双，一条磁带可存底样196个。(9)计算机控制的注塑机、浇塑机。这种机器现在已很普遍，美、英、联邦德国、意、德等国都已经生产。从制造塑料鞋楦、鞋跟、单元底到直接注底。目前，机器人也已进入制鞋业，美国早已有使用机器人的鞋厂，联邦德国、瑞士、苏联等国现都为采用机器人积极进行准备。此外还有电子计算机辅助经济管理系统，除了电子计算机化的机械和在原有基础上改进的设备外，还有一些全新产品。如法国思维尔公司在42届巴黎国际皮革展览会（1984年）展出的502A型多向压合机，用于胶粘鞋外底粘合。这种机器把鞋整个放在一个袋中封住口浸没于水箱内，然后向水箱增压，从四面向鞋施加均匀的压力粘合鞋底。该机工作压力6至8公斤/厘米^2，日产量1 200双。

【生产工艺】　国外制帮仍用传统的线缝方法，合成材料帮面有流动模塑整体制帮和高频焊接等方法代替线缝，但这种工艺用者很少，因为人为的假线迹外观不好，而且合成材料做的鞋仅为低档鞋，市场需求量不大。制鞋工艺最常用的是胶粘和注塑。据统计胶粘底鞋约为世界鞋类总产量的70至80%。注塑工艺国外也应用很广，特别是在运动鞋和各种胶鞋上。现在双色外底和不同密度、不同材料的夹层外底颇为流行。

但是，注塑外底一般较厚。现在鞋底式样趋向薄型化，而薄的鞋底则以冷粘为宜，因此注塑工艺在某些品种的鞋上的应用也有一定的限制。

工业化国家的皮鞋生产早已实现装配化，即由专业工厂生产各种鞋用部件。如鞋楦、外底、内底、鞋跟、主跟、内包头、五金配件和各种鞋用化工材料，如胶粘剂，涂饰剂等。而由鞋厂将这些部件组装成鞋。如联邦德国就有制零件业务促进会，是一家联合公司，专为本国和其它国家约2 500家鞋厂提供零件和胶粘剂等辅助材料。

国外较大的鞋厂帮底结合工艺主要采取流水线的方式。流水线有两种：一种是机械化流水线，这种流水线需要操作人员较多，自动化程度较低（当然比手工业还是高几倍)。如意大利施达高公司的机械化生产线长35米，15台机器，26人操作，8小时产量1 000双。又如布鲁奇机械厂专门生产底工流水线，11台设备，15人操作，8小时产量，不带鞋跟的单元底2 000双。另一种是自动化或半自动化生产线，这种生产线需要操作人员较少，生产效率更高。苏、意、法、联邦德国等自70年代初开始研制这类生产，现在已较普遍。如苏联于1972年建成一条生产线，用于生产男女成人和童鞋，鞋跟高在40毫米以内，胶粘法上底。生产线总长度17.8米，宽2.6米，高2.5，总重15.5吨，每小时产量100双。

意大利杰尔那工厂于1972年建成了半自动生产线，该线为矩形，尺寸为14×4米，周围有传送带，传送带链条上有平台，其上放置加工件，机器沿传送带安装。该线可用热塑性内包头和主跟以及单元底，外底压合时间8至10秒，可加工女鞋跟高达80毫米，也可加工男鞋。生产效率每小时150双，由4人管理。

法国于1975年建成利法克生产线，利用电控气压系统传动。所有工艺操作都是加工单只鞋，只有压合外底时除外。该线生产无鞋里的时髦男鞋，用成型橡胶坡跟外底。能同时加工三种尺寸的鞋。该生产线生产效率每小时约为130双，由4人管理。

（钱明）

轻工业部直属设计院简介

【轻工业部设计院】

轻工业部设计院建于1953年初，1983年5月成立中国轻工业北京工程咨询公司，是中国国际工程咨询公司的成员单位。该院占地面积32 700平方米，建筑面积40 754平方米，现有职工950人，其中工程技术人员和各方面专业人员约750人，配备有多种型号的电子计算机和先进的绘图、晒图、复印及资料检索装备。编辑出版了“设计参考资料”、“信息报导”、“标准化简报”，编印了“设计信息”、“情报资料索引”，拥有图书资料64 000多册，订有国内外期刊400多种。

三十多年来，轻工业部设计院为全国各地700多个大、中型轻工业企业提供了完整的工程设计和多种形式的技术咨询服务，为朝鲜、越南、阿尔及利亚等十几个国家的20多个轻工业项目进行选厂规划、工程设计或成套设备承包服务。

轻工业部设计院是轻工业部甲级工程设计及工程建筑设计单位，在造纸、日用化工、日用硅酸盐、食品、家用电器、轻工业专业设备及压力容器，公用工程和工业与民用建筑工程方面专业配套齐全，设计经验丰富。其业务范围涉及国内外轻工业工程及发展规划、工程项目报价、可行性研究及评估、厂址选择等项目前期工作；各阶段工程设计和设备设计；设备、材料供应和承包服务；施工、安装和生产指导；微机应用、技术开发及咨询等等。

1981年开展优秀设计评选以来，该院设计成果曾多次荣获各级奖励，其中：

福建青州造纸厂设计和青岛晶华玻璃厂设计获得1981年国家级优秀设计奖；

南京烷基苯工程设计获1983年国家级优质工程银质奖；

青岛啤酒厂糖化车间设计获1984年国家级优秀设计奖；

青岛啤酒厂糖化车间设计、双膜式三氧化硫磺化工程、年产5万吨合成洗衣粉成型技术荣获1985年国家科技进步奖。

此外，还获得全国科学大会、轻工业部和其他部委嘉奖的优秀设计、优秀科技成果30多项。

【轻工业部武汉设计院】

该院前身系1958年组建的湖北省轻工业设计院。1979年，该院分为轻、纺两个设计院，其中轻工设计院划归轻工业部直属领导，并正式定名为“轻工业部武汉设计院”。该院现有职工300余人，其中各类工程技术人员占职工总数的77%；占地面积1.67万平方米，建筑面积1.65万平方米；拥有固定资产451万元。“六五”期间，该院完成的年度设计投资额年平均增长率为30%，人均完成设计投资额40万元/年。该院拥有勘察、复印、晒图以及多种计算机，藏有国内外专业技术书籍2.2万册，各种技术档案资料2.5万余份，订有国内外期刊400余种。

该院主要业务范围包括工程咨询、勘察设计、工程承包、计算机应用、情报翻译等项，其主要设计咨询领域为造纸工业、食品工业、家用电器工业以及钟表、陶瓷、玻璃器皿等其他轻工业。该院历年来承担了数十个轻工业大中型项目及其他项目的勘察设计工作，曾数次受到轻工业部、湖北省的优秀设计奖励。

1983年起，逐步在院内部推行技术经济责任制，调动了各类人员积极性。该院还注意在设计工作中推动技术进步，与国外、国内有关单位协作配合，在造纸厂碱回收、食品专用面粉、冷柜制造技术等方面都有一定突破。

1985年，经轻工业部审核，可以承担一、二类低、中压力容器设计；1986年，被评为轻工业部甲级工程设计单位。

【轻工业部成都设计院】

1958年组建的四川省轻工厅设计院于1964年改名为四川省轻工业设计院，1978年正式更名为轻工业部成都设计院。该院现设有工艺、动力、土建、技术经济预算4个设计室、电子计算机站及相应的管理系统。

该院现有职工330余人，其中，工程技术人员占75%，主要承担食品、造纸、制革等轻工行业的整体工程和单项工程的设计、技术咨询、压力容器设计、公用工程及民用建筑设计任务。一些设计成果受到轻工业部和四川省的表扬和奖励。

该院拥有各种国内外书籍、学报、杂志5.3万册，并办有交流刊物《轻工设计》（季刊）和内部月刊《情报信息》。

该院为轻工业部工程设计甲级单位。

【轻工业部南宁设计院】

1974年元旦成立的广西壮族自治区轻工业设计院，1979年9月移交轻工业部，定名为轻工业部南宁设计院。该院现有职工320余人，其中工程技术人员占68%；占地面积1.61公顷，建筑面积1.85万平方米。该院订有国内外刊物180多种，技术图书近3万册；出版刊物有《广西轻设》、《情报信息》、《设计参考资料汇编》，约与200多个兄弟单位进行技术交流。

该院主要业务范围包括制糖、造纸、啤酒饮料、食品罐头等轻工行业的工程勘察设计、民用建筑设计、技术咨询、压力容器设计等项。该院历年来承担过多项大中型建设项目的设计任务，一批科研、设计成果多次受到轻工业部、广西壮族自治区嘉奖。

该院在造纸、制糖、啤酒、罐头等项目设计中积极采用新技术新工艺，推动技术进步，并且开发了一批电子计算机程序投入运行。

该院为轻工业部工程设计和工程建筑甲级单位。

【轻工业部长沙设计院】

轻工业部长沙设计院是由原北京轻工业设计院下放湖南的造纸、陶瓷、制盐设计室合并组建的，1976年开始建院，1979年集中于现址。该院占地面积约5公顷，建筑面积约3万平方米；现有职工460余人，其中工程技术人员310余人；藏有中、外文专业书籍4万余册、国内外有关设计标准、规范1万余册，订有中、外文专业期刊300余种；配套有电子计算机、晒图机、复印机；全院固定资产670万元。

该院五个设计室为专业室建制，分别承担硅酸盐、制浆造纸、制盐及盐化工、公用工程、土建等项设计。该院还作为中国国际工程咨询公司的成员公司，承接工程咨询业务。

近年来逐步实施设计改革措施，推行技术经济责任制，1986年完成的设计投资额为1980年的6倍。该院有两项科研成果已申请国家专利，多项技术开发工作正在进行，历年来承担过多项大中型轻工业项目的设计任务，其中湖南沅江造纸厂扩建工程1984年获国家级优秀设计奖。另有其他项目数次获轻工业部嘉奖。

该院为轻工业部工程设计甲级单位。

【轻工业部上海轻工业设计院】

该院系由1953年创建的轻工业部上海轻工业设计院和1956年创建的轻工业部上海食品工业设计院于1970年合并而成的。现有职工1000人，其中技术人员800余人，高级工程师24人。该院占地面积1.6万多平方米，建筑面积约1.3万平方米；藏有图书4万册，技术资料约10万份。该院生产部门设有勘察室，各行业的综合性咨询设计室及非标设备设计室等，技术后方有标准设计科和新技术开发室，铺助生产部门有完成科、情报档案室等。该院配备有各类计算机和微机系统多套，装备有成套的工程地质勘察设备、环境测试研究、电力节能研究设备及较先进的缩微、复印、晒图、印刷设备等。

该院为甲级勘察设计单位，目前其承接勘察设计和咨询的业务范围为：制浆造纸、罐头、食品、感光材料、家用电器、香料、钟表、自行车、缝纫机、照相机、轻工机械、日用玻璃、日用化工、五金、日用精铝制品和搪瓷等。

该院历年来承担过多项重要大中型项目的勘察设计工作。近年来，该院负责设计的工程项目中荣获国家级优秀设计项目5项；金质奖2项；部级优秀设计项目4项；等等。

【轻工业部广州设计院】

该院前身为1952年成立的广东省紫坭糖厂设计工程处，后几经调整变迁，相对集中了全国制糖、酿酒工业的设计技术力量，成为以糖酒工业为主体的设计院。

目前，该院共有职工500余人，其中工程技术人员近百人。主要承担甘蔗糖、高果糖、果酒、啤酒、酒精、淀粉、食品、酵母等行业项目的可行性研究、技术咨询、勘察、设计等工作。同时，还承担援外工程设计、成套设备出口、工程咨询、设备报价等任务。

建院以来，该院共承担过520项整体工程项目的设计，其中国内项目占89%，国外项目占11%。由该院承担设计的广东平沙农场2 000吨/日亚硫酸法甘蔗糖厂、马里第二糖厂被评为国家优秀设计。另有数项荣获部级优秀设计奖。该院把国内外最新科研成果应用于设计，研制成功的煮糖自动控制、甘蔗葡萄等高效破碎设备，节能高效，已在全国同行业广泛应用。

该院采用专业室的组织形式，设有制糖、制酒、动力、土建、技经预算、情报、勘察等专业科室。

该院拥有国内外专业技术图书杂志约5万册。

该院为轻工业工程设计、工程建筑设计甲级单位。

【轻工业部西安设计院】

该院创建于1958年3月。现有职工450余人，其中各类专业技术人员约330人，设有工艺、土建、公用、勘察和技经预算五个专业室，主要设计咨询范围包括食品、造纸、日用硅酸盐、日用化工等行业。主要服务项目有工程咨询、工程勘察、工程设计、工程承包、技术服务、电算应用开发、情报翻译等项。该院拥有各类技术资料13万余份。

建院近30年来，已完成各类工程勘察设计400余项，在重视采用国内外先进技术、科研革新成果等方面有了新的突破。

该院为轻工业工程设计甲级单位。

（肖玉环）

全国轻工业企业按经济类型划分构成

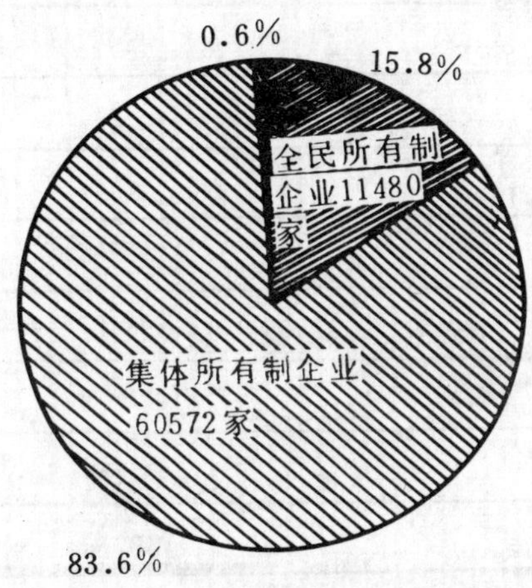

注:图中0.6%为其它工业企业391家

其它工业企业

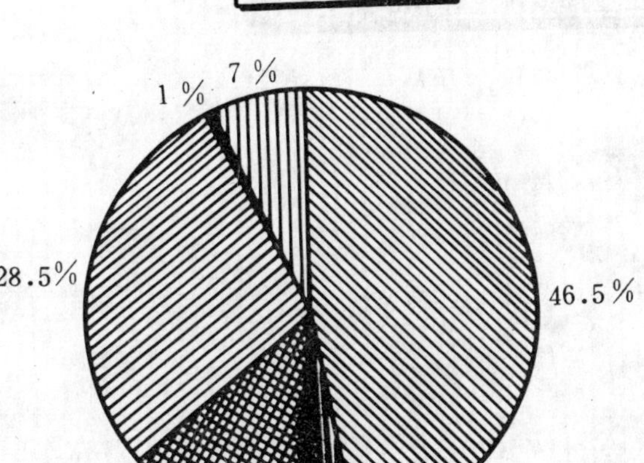

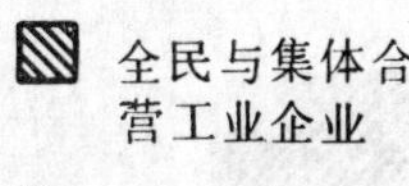

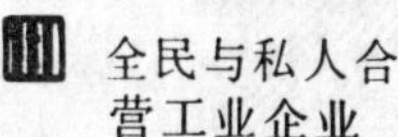

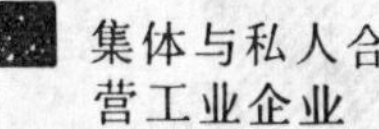

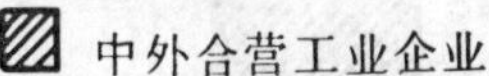

华侨港澳工商
者经营工业企业

其它企业

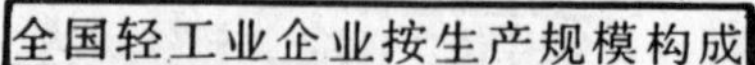
全国轻工业企业按生产规模构成

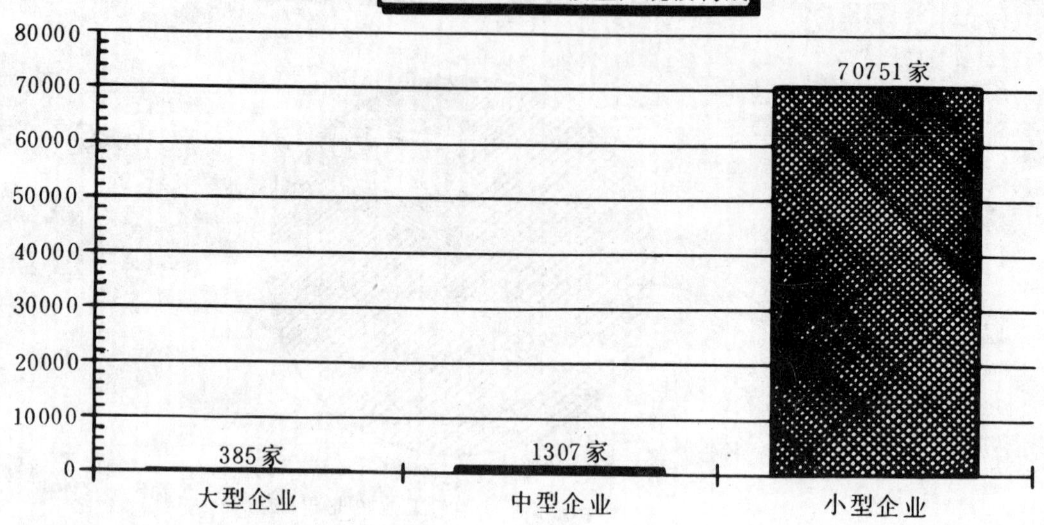
80000
70000
60000
50000
40000
30000
20000
10000
0
385家
1307家
70751家
大型企业
中型企业
小型企业

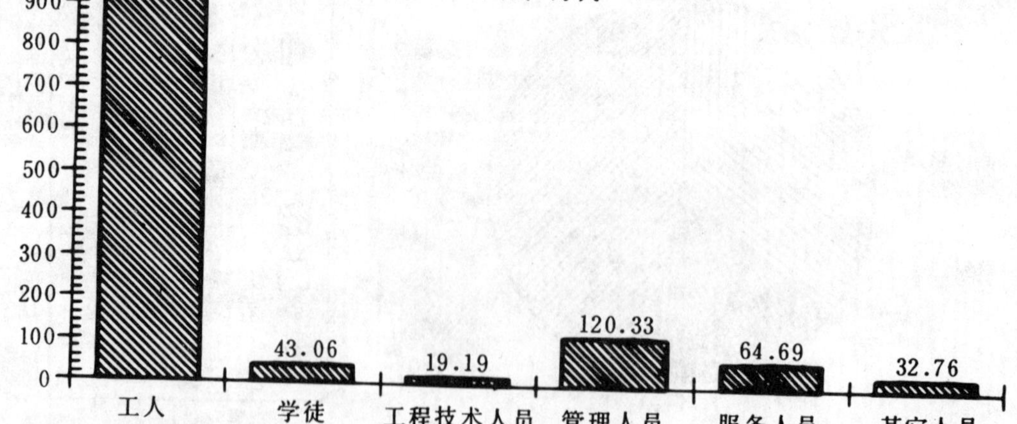
轻工业部系统工业企业职工构成
单位：万人
1000
900
800
700
600
500
400
300
200
100
0
959.64
43.06
19.19
120.33
64.69
32.76
工人
学徒
工程技术人员
管理人员
服务人员
其它人员

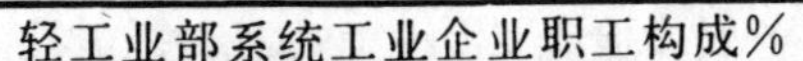

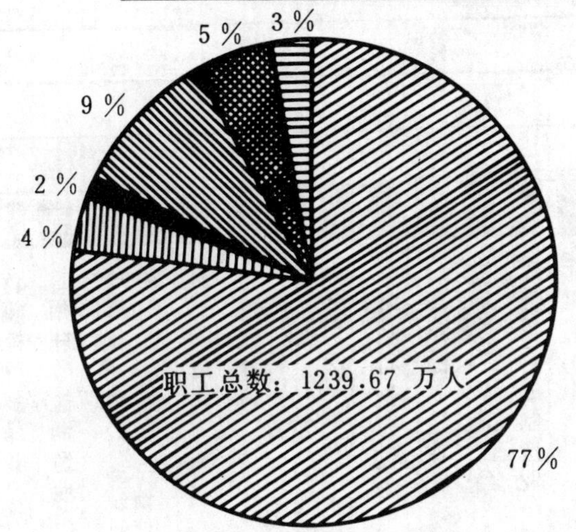

工人
学徒
工程技术人员
管理人员
服务人员
其它人员

全国轻工业企业、事业和机关职工构成

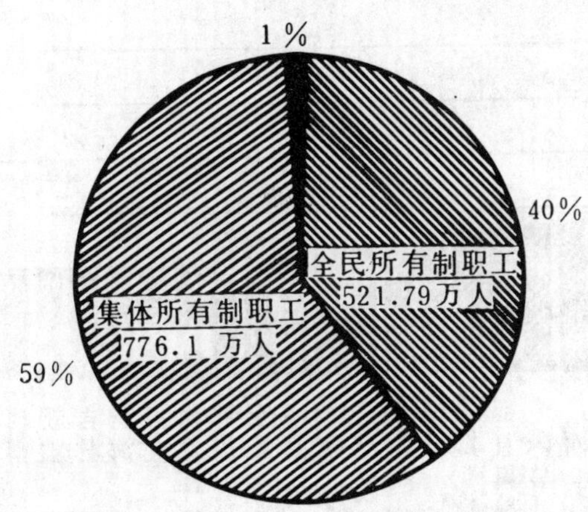

注：图中 1 %为其它所有制11.2万人

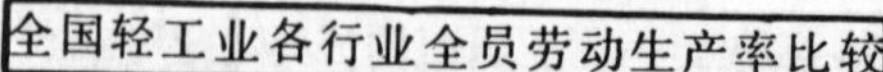
全国轻工业各行业全员劳动生产率比较

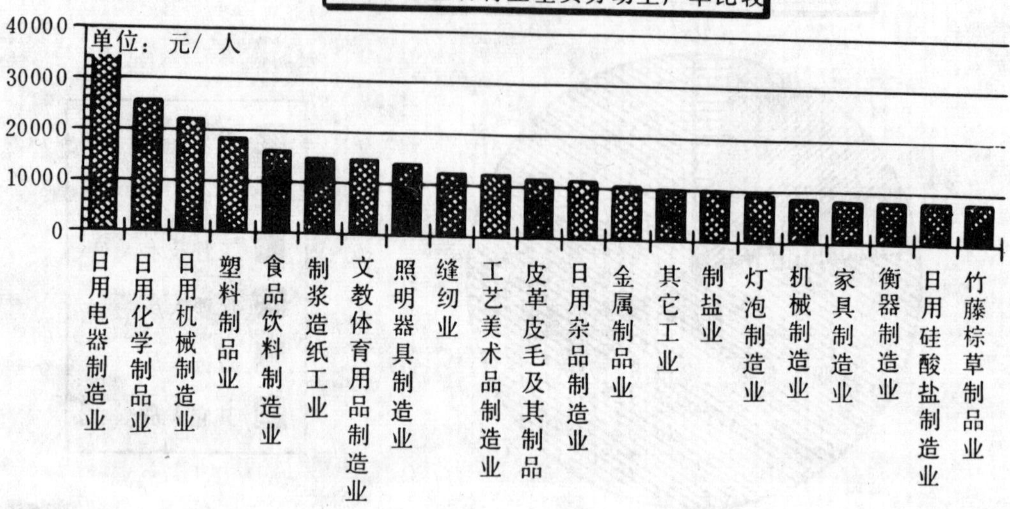
单位：元/人
40000
30000
20000
10000
0
日用电器制造业
日用化学制品业
日用机械制造业
塑料制品业
食品饮料制造业
制浆造纸工业
文教体育用品制造业
照明器具制造业
缝纫业
工艺美术品制造业
皮革皮毛及其制品
日用杂品制造业
金属制品业
其它工业
制盐业
灯泡制造业
机械制造业
家具制造业
衡器制造业
日用硅酸盐制造业
竹藤棕草制品业

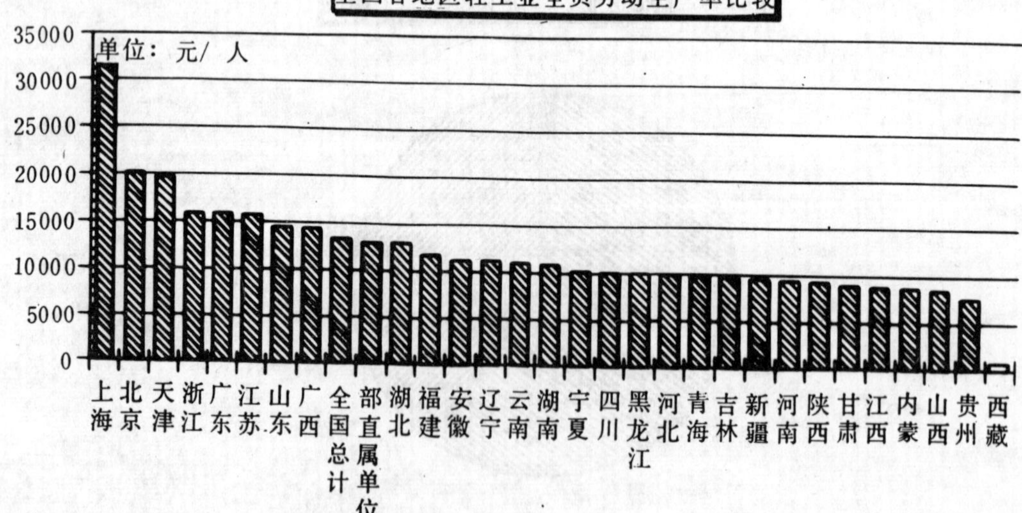
全国各地区轻工业全员劳动生产率比较
单位：元/人
35000
30000
25000
20000
15000
10000
5000
0
上海
北京
天津
浙江
广东
江苏
山东
广西
全国总计
部直属单位
湖北
福建
安徽
辽宁
云南
湖南
宁夏
四川
黑龙江
河北
青海
吉林
新疆
河南
陕西
甘肃
江西
内蒙
山西
贵州
西藏

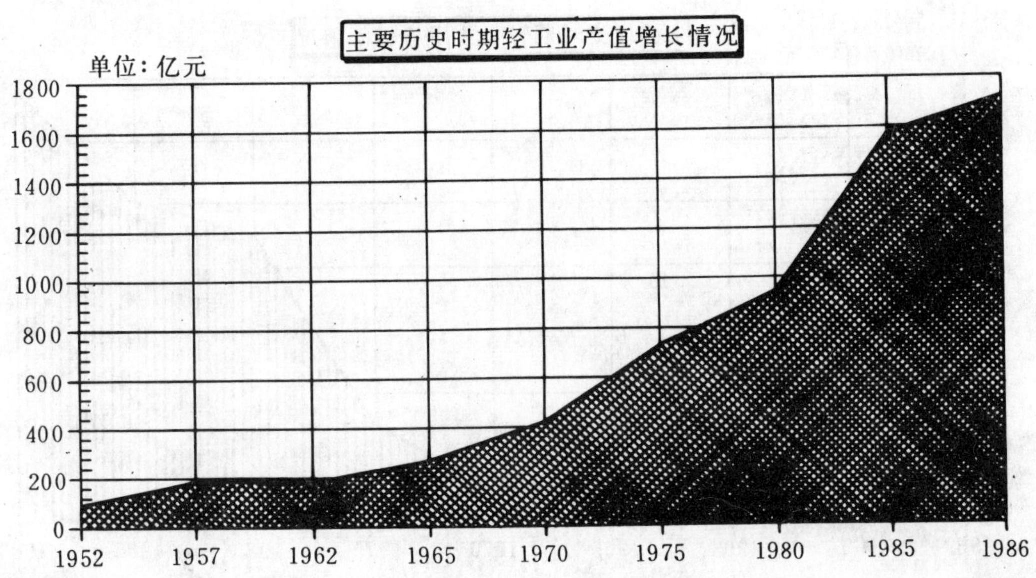
主要历史时期轻工业产值增长情况
单位：亿元
1800
1600
1400
1200
1000
800
600
400
200
0
1952
1957
1962
1965
1970
1975
1980
1985
1986

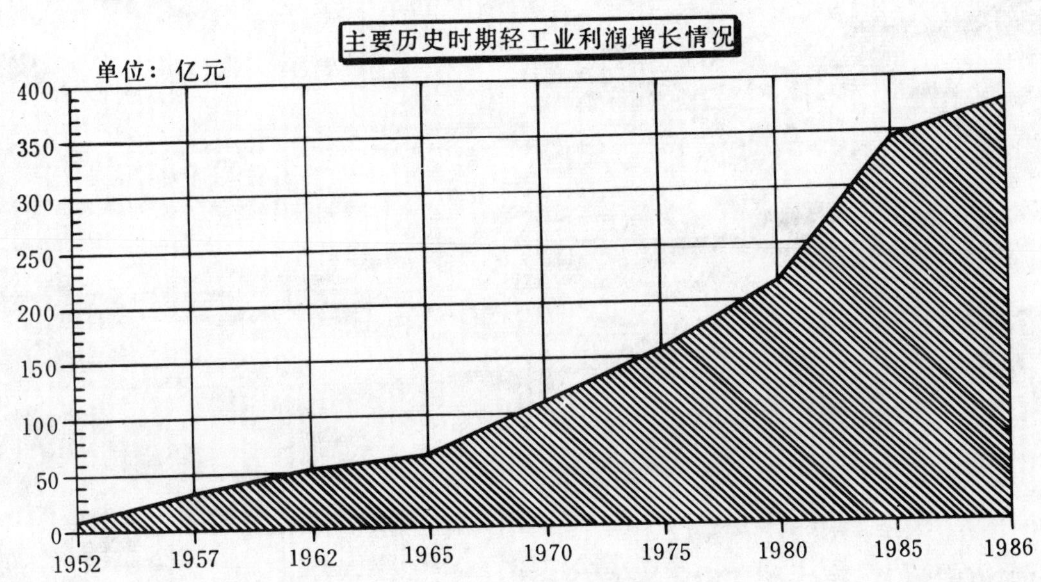
主要历史时期轻工业利润增长情况
单位：亿元
400
350
300
250
200
150
100
50
0
1952
1957
1962
1965
1970
1975
1980
1985
1986

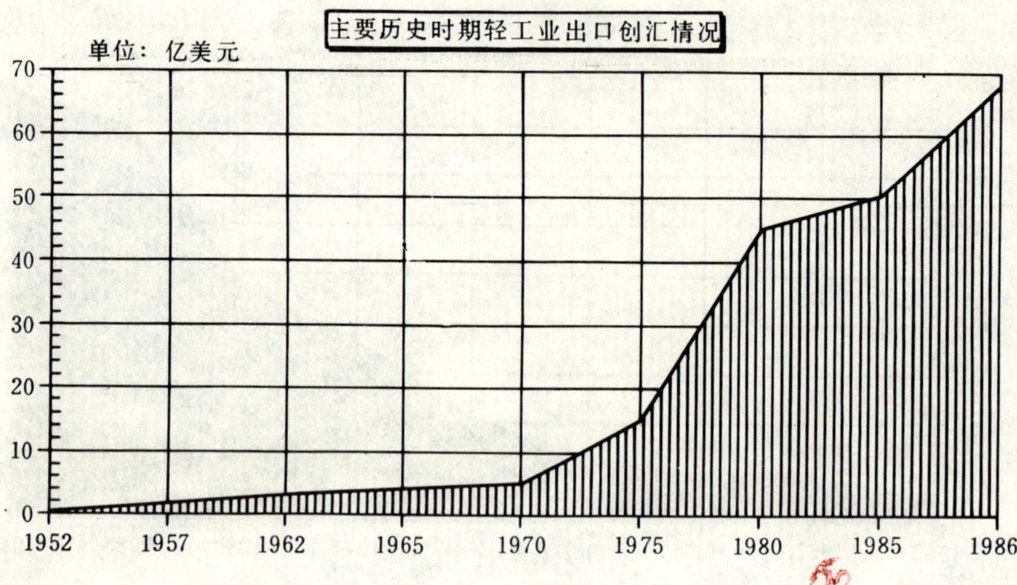
主要历史时期轻工业出口创汇情况
单位：亿美元
70
60
50
40
30
20
10
0
1952
1957
1962
1965
1970
1975
1980
1985
1986

上海灯泡三厂

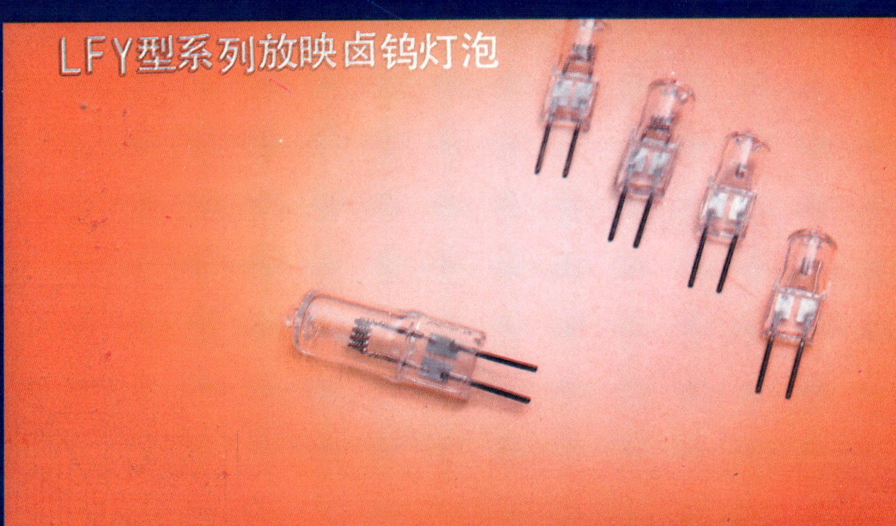

本厂有60余年的历史，技术力量雄厚，工艺先进，品种齐全，质量可靠，是我国目前规模最大的生产放映光源的专业厂之一。产品畅销国内外，深受用户欢迎！

放映灯，具有光斑集中；亮度高；光色好；结构紧凑；使用方便等特点。广泛地应用于各种不同规格的电影放映机上。

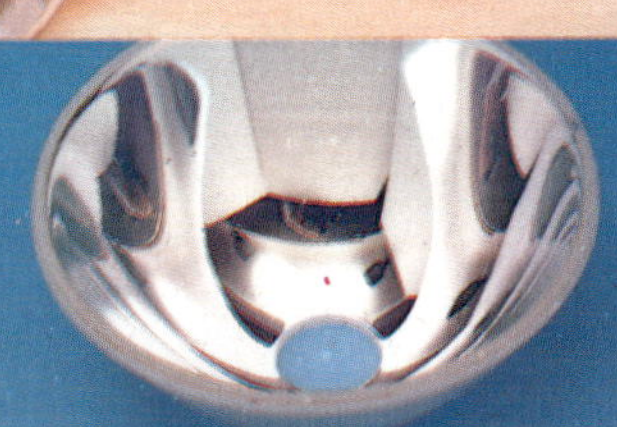

JF JFG型系列介质膜反光镜

本厂生产JF型系列介质膜反光镜及JFG型系列高温介质膜反光镜，产品采用先进工艺创作，膜层的牢固性能好，使用寿命长。与放映灯泡配合使用，银幕照度高，显色性好，片门温度低，适合于电影放映或其它类似的场合中使用。

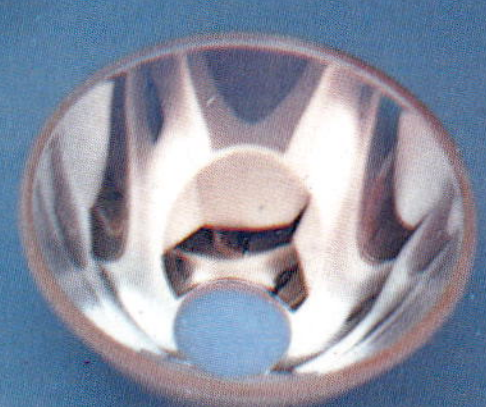

厂址：国宝路315号(邯郸路口)

电话：481145　电挂：8234

北京提琴厂提琴制作大师戴洪祥制作的星海牌小提琴。该琴曾于1983年在联邦德国卡赛尔第一届国际提琴制作比赛中获音质金奖。

北京提琴厂　供稿

广东省汕头乐器厂生产的梅花牌吉他。

汕头乐器厂　供稿

沈阳味精厂建于1937年，曾获轻工业部优秀质量管理企业称号。图为该厂生产的两次获国家金奖的红梅牌味素。

沈阳味精厂　供稿

广东省顺德糖厂是中国大型甘蔗糖厂之一，日处理甘蔗能力6000吨。

右图　顺德糖厂蒸发罐工段。

下图　顺德糖厂运输码头。

顺德糖厂　供稿

海南行政区积极发展出口菠萝罐头生产，1986年共建立菠萝原料基地2.5万亩。图为文昌罐头厂在万亭县龙滚区建立的菠萝基地一角。
海南行政区轻工业局供稿

湖北省沔阳麦芽厂是国内第一家专业商品麦芽生产厂，设计能力年产啤酒麦芽 2 万吨。
上图　麦芽车间发芽生产线。
左图　麦芽厂厂貌。
沔阳麦芽厂　供稿

1986年9月，中国参加52届巴黎国际女装博览会的部分展品。中国服装研究设计中心供稿

四川省宜宾造纸机械厂生产的2100造纸机压榨部。

宜宾造纸机械厂　供稿

中国四大名绣之一的湘绣佳作——双面全异绣西厢。

湖南湘绣研究所　供稿

上图：陕西省先进企业石泉县印铁制罐厂生产的印铁油漆桶。

杨明　摄影

下图：上海手表厂装配车间。

上海手表厂　供稿

深圳兴华轻工业联合股份公司是由轻工业部组织18个省市、54家轻工业部门投资兴办的大型经济联合体。

上图　兴华公司办公大楼。

中图　东方裘皮有限公司。

下图　兴华贸易中心。

兴华公司　供稿

上图：山东省烟台自行车厂是轻工业部生产自行车的定点厂之一，1986年该厂加入永久集团，定牌生产永久自行车。图为该厂的电镀环型作业线。

烟台自行车厂　供稿

右下：1986年中国工艺美术品百花奖珍品，上海玉石雕刻厂的玉雕珊瑚《释迦牟尼降生图》。

轻工业部工艺美术总公司　供稿

左下：河南省临汝县工艺美艺汝瓷厂生产的汝州牌汝瓷，1986年获中国工艺美术品百花奖金杯奖。图为该厂生产的豆绿釉汝瓷瓶。

河南省轻工业厅　供稿

左图：湖南省醴陵国光瓷厂是全国30家企业管理现代化试点单位之一。图为该厂的成型生产线。

醴陵国光瓷厂　供稿

下图：广西柳州市美术陶瓷厂是轻工系统第一个接受联合国无偿援助的企业。图为联合国官员考察该厂的生产车间。

轻工业出版社　供稿

沈阳市日用化学厂采用封闭式空调净化生产的派丽系列化妆品。

沈阳日用化学厂　供稿

上海家用化学品厂1986年向广大消费者提供的美加净成套系列化妆品。

上海家用化学品厂供稿

上图：山西省太行锯条厂生产的获国家银质奖的海鸥牌手用钢锯及部分新产品。　　太行锯条厂　供稿

下图：获陕西省优质产品称号的三原县制鞋厂生产的建勋牌注塑鞋。　　杨明　摄影

广东省汕头印刷厂的部分获奖产品。

汕头印刷厂　供稿

湖北省沙市市彩印厂是轻工业部包装印刷联合总公司的定点厂。

右图　该厂的五色胶印机。

下图　该厂的部分产品。

沙市彩印厂　供稿

北京双合盛五星啤酒厂创建于1915年，该厂生产的五星牌特制啤酒被定为国宴用酒，并获轻工业部酒类质量大奖赛金杯奖。图为该厂从联邦德国引进的易拉罐生产线一角。

张建伟　摄影

沈阳啤酒厂生产的红梅牌12° B雪花啤酒，该产品获轻工业部酒类质量大奖赛金杯奖，1986年又获国家银质奖。

沈阳啤酒厂　供稿

吉林省梨树县淀粉厂是中国生产玉米淀粉历史最长的企业，图为该厂从美国引进的新型淀粉精制设备TMI－350－108旋流器。

梨树县淀粉厂　供稿

浙江塑料机械厂在消化、吸收国外先进技术的基础上，自行设计制造的SZ-200/120塑料注塑成型机。

浙江塑料机械厂　供稿